ଭାରତୀୟ ଜନତା ପାର୍ଟି

ବିଶ୍ୱର ସର୍ବବୃହତ୍ ରାଜନୈତିକ ଦଳର
ଗୌରବ ଗାଥା

ଭାରତୀୟ ଜନତା ପାର୍ଟି

ବିଶ୍ୱର ସର୍ବବୃହତ୍ ରାଜନୈତିକ ଦଳର

ଗୌରବ ଗାଥା

ମୂଳ ରଚନା
ଶାନ୍ତନୁ ଗୁପ୍ତା

ଅନୁସୃଜନ
ନବଜ୍ୟୋତି ରାୟ

BLACK EAGLE BOOKS
2020

BLACK EAGLE BOOKS

USA address:
7464 Wisdom Lane
Dublin, OH 43016

India address:
E/312, Trident Galaxy, Kalinga Nagar,
Bhubaneswar-751003, Odisha, India

E-mail: info@blackeaglebooks.org
Website: www.blackeaglebooks.org

First International Edition Published by
BLACK EAGLE BOOKS, 2020

BHARATIYA JANATA PARTY: BISWARA SARBA BRUHAT
RAJANAITIKA DALARA GOURAB GATHA
by **Shantanu Gupta**
Translated by **Nabajyoti Ray**

Original Copyright © **Shantanu Gupta**
Translation Copyright © **Nabajyoti Ray**

All rights reserved. No part of this publication may be reproduced, stored in a retrieval system, or transmitted, in any form or by any means, electronic, mechanical, photocopying, recording or otherwise without the prior permission of the publisher.

Cover & Interior Design: Ezy's Publication

ISBN- 978-1-64560-136-4 (Paperback)

Printed in United States of America

ଅନୁସୃଜନ ପଛର କାହାଣୀ

ଜାଣେନି କାହିଁକି ବୋଧଶକ୍ତି ହେବା ପରଠୁ ନିଜ ଚାରିପାଖରେ ଘଟୁଥିବା ଘଟଣାବଳୀକୁ ନେଇ ମୁଁ ଅତ୍ୟନ୍ତ ସମ୍ବେଦନଶୀଳ। ଯେତେବେଳେ ଆମ ଏ ଦେଶ ଏକ ଗଣତନ୍ତ୍ର ଏବଂ ଏହା ଲୋକପ୍ରତିନିଧିମାନଙ୍କ ଦ୍ୱାରା ପରିଚାଳିତ ହୁଏ ବୋଲି ହେତୁବୋଧ ହେଲା, ମୋର ଖୁବ୍ ଆଗ୍ରହ ରହିଲା ଲୋକ ପ୍ରତିନିଧିମାନଙ୍କ ସମ୍ବନ୍ଧରେ ଜାଣିବାକୁ। ଧୀରେ ଧୀରେ ମୁଁ ଜାଣିଲି ଯେ ଏହି ପ୍ରତିନିଧିମାନେ ବିଭିନ୍ନ ରାଜନୈତିକ ଦଳର ସଦସ୍ୟ। ଯଦିଓ ଭାରତ ବହୁଦଳୀୟ ବ୍ୟବସ୍ଥାରେ ପରିଚାଳିତ, ତେବେ ଅଳ୍ପ କିଛି ଦଳ ହିଁ ମୁଖ୍ୟ ଭାବେ ପରିଗଣିତ ହୁଅନ୍ତି। ଏ ଦଳମାନଙ୍କ ମଧ୍ୟରୁ କଂଗ୍ରେସ, ବିଜେପି ଆଦି ଅନ୍ୟତମ।

ବିଜେପି ଦଳ ପ୍ରତି ଅନେକ ଲୋକଙ୍କର ପୂର୍ବାଗ୍ରହ ଥିବା ମୁଁ ଦେଖିଛି। ବିଶେଷ କରି ୨୦୦୨ ର ଗୋଧ୍ରା ଘଟଣା ପରେ ଯେପରି ଭାବେ ବିଜେପି ଦଳକୁ ଏବଂ ବ୍ୟକ୍ତିଗତ ଭାବେ ବର୍ତ୍ତମାନର ପ୍ରଧାନମନ୍ତ୍ରୀ ତଥା ତତ୍କାଳୀନ ଗୁଜରାଟ ମୁଖ୍ୟମନ୍ତ୍ରୀ ଶ୍ରୀଯୁକ୍ତ ନରେନ୍ଦ୍ର ମୋଦିଙ୍କୁ ଭିନ୍ନଭାବେ ଚିତ୍ରଣ କରାଯାଉଥିଲା, ସେଥିରୁ ବିଜେପି ଦଳ ବିଷୟରେ ଅଧିକ ତର୍ଜମା କରିବାକୁ ଆଗ୍ରହ ହେଲା। ଏହାପରେ ୨୦୧୪ରେ ବିଜେପି ଦଳ ପୂର୍ଣ୍ଣ ବହୁମତ ପାଇ କେନ୍ଦ୍ରରେ କ୍ଷମତାକୁ ଆସିଲା ପରେ, ଯେମିତି ବାରମ୍ବାର ତଥାକଥିତ ବୁଦ୍ଧିଜୀବୀମାନେ ଶ୍ରୀଯୁକ୍ତ ମୋଦି ଏବଂ ଦଳକୁ ସମାଲୋଚନା କରିବାର ତିଳେମାତ୍ର ସୁଯୋଗ ଛାଡିଲେ ନାହିଁ ଏବଂ ହଠାତ୍ 'ଅସହିଷ୍ଣୁତା' ଓ 'ମବ୍‌ଲିଞ୍ଚିଂ' ଆଦି ଶବ୍ଦର ବହୁଳ ପ୍ରଚାର କଲେ, ସେଥିରୁ ମୋର ବିଜେପି ଦଳ ବିଷୟରେ ଅଧିକ ଜାଣିବାର ଆଗ୍ରହ ପ୍ରବଳ ହେଲା।

ପୂର୍ବରୁ ବିଜେପି ସମ୍ବନ୍ଧରେ କିଛି କିଛି ବହି ପଢିଥିଲେ ମଧ୍ୟ ଗତ ଜାନୁଆରୀ ମାସରେ ଶ୍ରୀଯୁକ୍ତ ଶାନ୍ତନୁ ଗୁପ୍ତାଙ୍କର ଏହି ବହି 'ବିଜେପି- ଅତୀତ, ବର୍ତ୍ତମାନ ଓ

ଭବିଷ୍ୟତ' ପାଇଲି। ଖୁବ୍‌ଶୀଘ୍ର ବହିଟି ପଢ଼ି ସାରିବା ପରେ ମୋର ନିଜର ଅନେକ ଦ୍ୱନ୍ଦ୍ୱର ଉତ୍ତର ପାଇଲି। ଏହାପରେ ମୋର ଆଗ୍ରହ ହେଲା ମୋ ମାତୃଭାଷାରେ ମଧ୍ୟ ବହିଟି ଅନୁବାଦ ହେବାକଥା ଓ ଯେତେସମ୍ଭବ ପାଠକଙ୍କ ପାଖରେ ପହଞ୍ଚିବା ଉଚିତ୍। ତା'ପରେ ଲେଖକ ଶାନ୍ତନୁଙ୍କ ସହ ଯୋଗାଯୋଗ ହେଲା ଏବଂ ପ୍ରକାଶନ ସଂସ୍ଥା 'ବ୍ଲାକ ଇଗଲ୍ ବୁକ୍ସ' ସହ ବାର୍ତ୍ତାଳାପ ପରେ ବହିଟି ଅନୁବାଦ କରିବାକୁ ଲେଖକ ଅନୁମତି ଦେଲେ। ଏଇଠି କହିରଖେ ପୂର୍ବରୁ ୨୦୧୮ ମସିହାରେ ଭୁବନେଶ୍ୱରଠାରେ ଏକ ସାହିତ୍ୟ ଉତ୍ସବରେ ଲେଖକ ଶ୍ରୀଯୁକ୍ତ ଶାନ୍ତନୁ ଗୁପ୍ତାଙ୍କ ସହ ସାକ୍ଷାତ ହୋଇଥିଲା ଏବଂ ଆମେ ପରସ୍ପରକୁ ଜାଣିଥିଲୁ। ଏହି ପୁସ୍ତକ ପ୍ରକାଶନ ପାଇଁ 'ବ୍ଲାକ ଇଗଲ୍ ବୁକ୍ସ'ର କର୍ତ୍ତୃପକ୍ଷଙ୍କ ଭୂମିକା ପ୍ରଶଂସାଯୋଗ୍ୟ। ଏହି ଅବସରରେ ମୁଁ ପ୍ରକାଶନ ସଂସ୍ଥା 'ବ୍ଲାକ ଇଗଲ ବୁକ୍ସ'ର ନିର୍ଦ୍ଦେଶକ ଅଗ୍ରଜ ଶ୍ରୀ ସତ୍ୟ ପଟ୍ଟନାୟକଙ୍କୁ ମୋର କୃତଜ୍ଞତା ଜଣାଉଛି। ପ୍ରଚ୍ଛଦ ଶିଳ୍ପୀ ଓ ଅଳଙ୍କରଣରେ ସହାୟକ ଶ୍ରୀମାନ୍ ଅଶୋକ ପରିଡ଼ାଙ୍କୁ ମଧ୍ୟ ମୋର ଧନ୍ୟବାଦ ଦେଉଛି। ଡିଟିପି କରି ବହିଟିକୁ ସମ୍ପୂର୍ଣ୍ଣ କରିବାରେ ସହାୟତା କରିଥିବା ଶ୍ରୀମାନ୍ ତାପସ କରଙ୍କୁ ମୁଁ ମୋର ଧନ୍ୟବାଦ ଜଣାଉଛି। ସର୍ବଶେଷରେ ମହାପ୍ରଭୁ ଶ୍ରୀ ବଳଦେବଜୀଉଙ୍କ ପାଖରେ ଅନନ୍ତ କୋଟି ପ୍ରଣାମ ଏବଂ ମୋର ପରିବାରବର୍ଗଙ୍କୁ ମୁଁ ହୃଦୟଭରା କୃତଜ୍ଞତା ଜଣାଉଛି। ବର୍ତ୍ତମାନ ଏ ପୁସ୍ତକ ପ୍ରକାଶିତ ହେଲାପରେ ଏହା ପାଠକଙ୍କର।

ନବଜ୍ୟୋତି ରାୟ

ସୂଚୀପତ୍ର

ଉପକ୍ରମଣିକା ୭

ଭାଗ-୧

ଏକ ଜାତୀୟତାବାଦୀ ଆନ୍ଦୋଳନ କିମ୍ବା ଦଳର ଆବଶ୍ୟକତା କ'ଣ ? **୧୩**

୧. ବିଡ଼ମ୍ବନାଟି କ'ଣ ? ୧୫

ଭାଗ-୨

ରାଷ୍ଟ୍ରୀୟ ସ୍ୱୟଂ ସେବକ ସଂଘ ପୂର୍ବର ରାଷ୍ଟ୍ରବାଦୀ ଆନ୍ଦୋଳନ (୧୮୫୭ – ୧୯୨୫) **୩୭**

୨. ଘର ବାହୁଡ଼ା ଏବଂ ଗୋରକ୍ଷା କୌଣସି ନୂଆ ତର୍କ ନୁହେଁ ୩୯

୩. କଂଗ୍ରେସକୁ ମୁସଲିମ ତୁଷ୍ଟୀକରଣର ଶିକ୍ଷା କିଏ ଦେଲା ? ୪୫

୪. ଖୋଲାଖୋଲି ମୁସଲିମ୍ ତୁଷ୍ଟୀକରଣ ଉପରେ ହିନ୍ଦୁ ମହାସଭାର ପ୍ରତିକ୍ରିୟା ୬୧

ଭାଗ-୩

ଆରଏସଏସ୍.: ଭାରତୀୟ ଜନସଂଘ ଓ ଭାରତୀୟ ଜନତା ପାର୍ଟିର ଆଦର୍ଶଗତ ଦିଗବାରେଣି **୧୦୭**

୫. ରାଷ୍ଟ୍ରୀୟ ସ୍ୱୟଂସେବକ ସଂଘ କିପରି ସୃଷ୍ଟି ହେଲା ? ୧୦୯

୬. ବ୍ୟକ୍ତିଗତ ଏବଂ ଜାତୀୟ ଚରିତ୍ର ନିର୍ମାଣ ପାଇଁ ଆରଏସଏସର ଆହ୍ୱାନ ୧୧୯

୭. ଆରଏସଏସର ବିରୋଧରେ ଉଦ୍ଦେଶ୍ୟମୂଳକ ବଦନାମ ଅଭିଯାନ ୧୨୫

ଭାଗ-୪

ଭାରତୀୟ ଜନସଂଘ: ବିଜେପିର ପ୍ରଥମ ଅବତାର (୧୯୫୧-୧୯୭୫) **୧୪୭**

୮. ଭାରତୀୟ ଜନସଂଘର ପ୍ରତିଷ୍ଠା ୧୪୯

୯. ଶ୍ୟାମା ପ୍ରସାଦ ମୁଖାର୍ଜୀଙ୍କ ନେତୃତ୍ୱରେ ଭାରତୀୟ ଜନସଂଘର ଗଠନ ୧୬୯

୧୦. କଶ୍ମୀର ସମସ୍ୟାରେ ନେହେରୁଙ୍କ ଭୁଲ୍ ୧୮୧

୧୧. ଦୀନଦୟାଲ୍ ଉପାଧ୍ୟାୟଙ୍କ ଆଗମନ ଏବଂ ତାଙ୍କ ହେପାଜତରେ ଭାରତୀୟ ଜନସଂଘ ୧୯୯

୧୨. ଭାରତୀୟ ଜନସଂଘର ଅଧ୍ୟକ୍ଷ ରୂପେ ଶ୍ରୀ ଅଟଳ ବିହାରୀ ବାଜପେୟୀ ୨୨୭

୧୩. ଲାଲକୃଷ୍ଣ ଆଡଭାନୀ ଭାରତୀୟ ଜନସଂଘର ସଭାପତି ହେଲେ, ଜୟପ୍ରକାଶଙ୍କ ଆନ୍ଦୋଳନ ଏବଂ ଇନ୍ଦିରା ଗାନ୍ଧୀଙ୍କ ଭୟଙ୍କର ଜରୁରୀ ପରିସ୍ଥିତିର ପ୍ରଚଳନ ୨୪୩

୧୪. ବିରୋଧୀ ଏକତା ଏବଂ ଭାରତୀୟ ଜନସଂଘ ତଥା ଅନ୍ୟ ଦଳର ଜନତା ପାର୍ଟିରେ ବିଲୀନ ହେବା ୨୬୧

ଭାଗ-୫

ଭାରତୀୟ ଜନତା ପାର୍ଟି (ବିଜେପି) (୧୯୮୦ -୨୦୧୯) ୨୭୯

୧୫. ଭାରତୀୟ ଜନତା ପାର୍ଟିର ଗଠନ ଏବଂ ପ୍ରାରମ୍ଭିକ ବର୍ଷ ସମୂହ (୧୯୮୦ -୮୬) ୨୮୧

୧୬. ଲାଲକୃଷ୍ଣ ଆଡଭାନୀଙ୍କ ଉତ୍‌ଥାନ ଏବଂ ବିଜେପି (୧୯୮୬ -୧୯୯୬) ୨୯୭

୧୭. ବିଜେପିର ସୁବର୍ଣ୍ଣ ବର୍ଷ ସମୂହ, କେନ୍ଦ୍ରରେ ସରକାର (୧୯୯୬ -୨୦୦୪) ୩୧୬

୧୮. ବିଜେପିର ହାରିବାର (ହଜିଯାଇଥିବା) ଦଶନ୍ଧି (୨୦୦୪ – ୨୦୧୩) ୩୪୯

୧୯. ନରେନ୍ଦ୍ର ମୋଦି ଏବଂ ଅମିତ ଶାହଙ୍କ ଯୁଗର ଆରମ୍ଭ ୩୭୧

୨୦. ୨୦୧୯ ସାଧାରଣ ନିର୍ବାଚନରେ ମୋଦିଙ୍କ ଶକ୍ତିଶାଳୀ ପ୍ରତ୍ୟାବର୍ତ୍ତନ ୪୧୩

INDEX **441**

ଉପକ୍ରମଣିକା

୧୧ ଅଶୋକ ରୋଡ୍ ସ୍ଥିତ ଭାରତୀୟ ଜନତା ପାର୍ଟିର ପୁରାତନ କାର୍ଯ୍ୟାଳୟରେ ଏକ ଡିଜିଟାଲ୍ କାଉଣ୍ଟର ଟିକ୍‌ଟିକ୍ କରୁଥିଲା। ଦଳୀୟ କର୍ମୀ, କାର୍ଯ୍ୟାଳୟ ସହାୟକ ଆଦି ସମସ୍ତଙ୍କ ନଜର ଡିଜିଟାଲ୍ ପର୍ଦ୍ଦା ଉପରେ ଥିଲା। ଭାରତୀୟ ଜନତା ପାର୍ଟିର ସଭ୍ୟ ସଂଗ୍ରହ କାର୍ଯ୍ୟ ଅନ୍ତର୍ଗତ 'ନୂଆ ସଦସ୍ୟତା ଅଭିଯାନ' କାର୍ଯ୍ୟକ୍ରମ ଦ୍ୱାରା ପଞ୍ଜୀକୃତ ହୋଇଥିବା ସଦସ୍ୟମାନଙ୍କ ସଂଖ୍ୟା ଏହି ପର୍ଦ୍ଦା ଉପରେ ପ୍ରଦର୍ଶିତ ହେଉଥିଲା। ଦଳର ଜାତୀୟ ଅଧ୍ୟକ୍ଷ ଶ୍ରୀମାନ୍ ଅମିତ୍ ଶାହ ସେଦିନ ଦଳୀୟ କାର୍ଯ୍ୟାଳୟରେ ଉପସ୍ଥିତ ଥିଲେ। ଯେତେବେଳେ ଶ୍ରୀ ଶାହ ଡିଜିଟାଲ୍ କାଉଣ୍ଟରକୁ ଦେଖିବାକୁ ଆସିଲେ, ସେତେବେଳେ ତାଙ୍କ ଆଖିରେ ବାଳକ ସୁଲଭ ଆଗ୍ରହ ଥିଲା। ସୌଭାଗ୍ୟବଶତଃ ମୁଁ ସେ ମୁହୂର୍ତ୍ତର ସାକ୍ଷୀ ଥିଲି। ଡିଜିଟାଲ୍ କାଉଣ୍ଟର ନିର୍ଦ୍ଧାରିତ ଲକ୍ଷ୍ୟରେ ପହଞ୍ଚିବା କ୍ଷଣି ପୂରା କାର୍ଯ୍ୟାଳୟରେ ଉଲ୍ଲାସର ଗୁଞ୍ଜରଣ ଶୁଭିଲା। ଜଣେ କଠୋର କାର୍ଯ୍ୟପାଳକ ଭାବେ ଜଣାଶୁଣା ଉଲ୍ଲସିତ ଦଳୀୟ ଅଧ୍ୟକ୍ଷ ମଧ୍ୟ ନିଜ ଖୁସିକୁ ଲୁଚାଇ ପାରିଲେ ନାହିଁ। ଏହି ଉଚ୍ଚାଭିଳାଷୀ ସଦସ୍ୟତା ସଂଗ୍ରହ ଅଭିଯାନ ତାଙ୍କ ଚିନ୍ତା ପ୍ରସୂତ ଥିଲା। ତାଙ୍କ ବିଚାରରେ ବିଜେପିର ନୂତନ ଭାବେ ହାସଲ ପ୍ରତିଷ୍ଠାକୁ ଏକୀଭୂତ କରିବାକୁ ସକ୍ରିୟ ସଦସ୍ୟମାନେ ହିଁ ଆଧାର ସଦୃଶ ଥିଲେ। ପରଦିନ ପ୍ରତ୍ୟେକ ପ୍ରମୁଖ ସମ୍ବାଦପତ୍ର 'ବିଜେପି ବିଶ୍ୱର ସର୍ବବୃହତ ରାଜନୈତିକ ଦଳ ହେଲା' ଶୀର୍ଷକରେ ମୁଖ୍ୟ ସମ୍ବାଦ ପରିବେଷଣ କଲେ। ପ୍ରମୁଖ ସମ୍ବାଦପତ୍ର 'ଦି ଟାଇମ୍ସ ଅଫ୍ ଇଣ୍ଡିଆ' ଆହୁରି ପାଦେ ଆଗକୁ ଯାଇ କହିଲା 'ଗତ ୫ମାସ ମଧ୍ୟରେ ନିଜର ସଭ୍ୟ ସଂଖ୍ୟା ୮.୮୦ କୋଟିକୁ ବୃଦ୍ଧି କରି ଶାସକ ବିଜେପି ଦଳ ବର୍ତ୍ତମାନ ବିଶ୍ୱର ସର୍ବବୃହତ ରାଜନୈତିକ ଦଳ ସାବ୍ୟସ୍ତ ହୋଇଛି। ସେ ଯାଏଁ ଚୀନ୍‌ର କମ୍ୟୁନିଷ୍ଟ ପାର୍ଟି ୮.୬୦ କୋଟି ସଭ୍ୟଙ୍କ ସହ ବିଶ୍ୱର ସର୍ବବୃହତ୍ ପାର୍ଟି ରୂପେ ପରିଗଣିତ ହେଉଥିଲା। ବିଭିନ୍ନ ସ୍ରୋତରୁ ଏହା ଜଣାଗଲା ଯେ ରବିବାର ସୁଦ୍ଧା ୮.୮୦

କୋଟି ସଭ୍ୟ ସଂଗ୍ରହ କରିସାରିଥିବା ଦଳ ବିଚାର କରେ ଯେ ସେହି ମାସ ଶେଷ ସୁଦ୍ଧା ସଭ୍ୟ ସଂଖ୍ୟା ୧୦ କୋଟିରେ ପହଞ୍ଚିବ ଏବଂ ଗତ ନଭେମ୍ବରରୁ ସଦସ୍ୟତା ସଂଗ୍ରହ ଅଭିଯାନ ଆରମ୍ଭ ହେଲାବେଳେ ଏହା ହିଁ ଦଳର ଲକ୍ଷ୍ୟ ଥିଲା। ଆସନ୍ତା ଏପ୍ରିଲ୍ ୩ - ୪ରେ ବେଙ୍ଗାଲୁରଠାରେ ଅନୁଷ୍ଠିତ ହେବାକୁ ଥିବା ଜାତୀୟ କାର୍ଯ୍ୟନିର୍ବାହୀ ବୈଠକରେ ଦଳୀୟ ଅଧ୍ୟକ୍ଷ ଅମିତ ଶାହ ପ୍ରକୃତ ସଦସ୍ୟ ସଂଖ୍ୟା ଘୋଷଣା କରିବେ।

ସେହିଦିନ ମୁଁ ସ୍ଥିର କଲି ଯେ ଏହି ଘଟଣାର ବ୍ୟାଖାନ ସାରା ବିଶ୍ୱକୁ ଜଣାଇବାର ଆବଶ୍ୟକତା ଅଛି। ଯେହେତୁ ଦେଶ ଦଶନ୍ଧି ଦଶନ୍ଧି ଧରି କଂଗ୍ରେସ ଶାସିତ ଥିଲା ଏବଂ ଶିକ୍ଷାନୁଷ୍ଠାନ ସବୁ ବାମପନ୍ଥୀମାନଙ୍କ ଦ୍ୱାରା କବଳିତ ଥିଲା, ଆର୍ଯ୍ୟ ସମାଜଠୁ ଆରମ୍ଭ କରି ହିନ୍ଦୁ ମହାସଭା, ରାଷ୍ଟ୍ରୀୟ ସ୍ୱୟଂ ସେବକ ସଂଘଠୁ ଭାରତୀୟ ଜନସଂଘ ଏବଂ ଭାରତୀୟ ଜନତା ପାର୍ଟିର ଯାତ୍ରା ବିଷୟରେ କେବେ ବି ସମ୍ପୂର୍ଣ୍ଣ ଭାବେ ବର୍ଣ୍ଣିତ ହୋଇ ନ ଥିଲା। ଏହି ପୁସ୍ତକଟି ବିଶ୍ୱର ସର୍ବବୃହତ୍ ରାଜନୈତିକ ଦଳର ଅତୀତ, ବର୍ତ୍ତମାନ ଓ ଭବିଷ୍ୟତ ସମ୍ବନ୍ଧରେ ତଥ୍ୟଭିତ୍ତିକ ଉପସ୍ଥାପନା ପାଇଁ ଏକ ସାଧୁ ଉଦ୍ୟମ।

ଆଜି ଯେତେବେଳେ ମୁଁ ଏହି ପୁସ୍ତକ ଲେଖା ଶେଷ କରୁଛି ବିଜେପିର ସଦସ୍ୟ ସଂଖ୍ୟା ୧୮ କୋଟିରେ ପହଞ୍ଚି ସାରିଛି। ପ୍ରତ୍ୟକ୍ଷ ଭାବେ ଏବଂ ସହଯୋଗୀ ଦଳମାନଙ୍କ ସହ ମିଶି ବିଜେପି ଦଳ ୧୯ଟି ରାଜ୍ୟରେ ଶାସନ କରୁଛି। ଏପରିକି ପଶ୍ଚିମବଙ୍ଗ ଓ କେରଳରେ ମଧ୍ୟ ଦଳ ଭଲ ଭୋଟ୍ ପାଉଛି। ଦଳ ଏବେ ଆଉ କେବଳ ଉତ୍ତର ଭାରତୀୟ ବା ଗୋ ଅଞ୍ଚଳର ଦଳ ହୋଇ ରହିନାହିଁ। ବର୍ତ୍ତମାନ ଭାରତର ପ୍ରଧାନମନ୍ତ୍ରୀ, ରାଷ୍ଟ୍ରପତି, ଉପରାଷ୍ଟ୍ରପତି ଏବଂ ଲୋକସଭାର ବାଚସ୍ପତି ବିଜେପି ଦଳରୁ ଆସିଛନ୍ତି। ପୂର୍ବରୁ କେବେ ଭାରତୀୟ ଇତିହାସରେ କୌଣସି ଅଣକଂଗ୍ରେସ ଦଳ ଏତେ ପତିଆରା ସୃଷ୍ଟି କରିପାରି ନ ଥିଲା। ବର୍ତ୍ତମାନର ଧାରାରୁ ଅନୁମାନ କରାଯାଉଛି ଯେ ବିଜେପି ଦଳର ଏହି ପତିଆରା ୨୦୨୪ ପର୍ଯ୍ୟନ୍ତ ବା ତା'ପର ସମୟ ପର୍ଯ୍ୟନ୍ତ ଚାଲିପାରେ। ବର୍ତ୍ତମାନ ବିଜେପିର ସ୍ଥିତି ୧୯୫୦ ମସିହା ସମୟର କଂଗ୍ରେସର ସ୍ଥିତି ସହ ସମାନ କହିଲେ ଅତ୍ୟୁକ୍ତି ହେବ ନାହିଁ। ଆମେ ବୋଧହୁଏ ପୁଣି 'ଏକମାତ୍ର ଦଳର ପତିଆରା' ଯୁଗକୁ ପ୍ରବେଶ କରୁଛନ୍ତି ଏବଂ ଏହିଦିନ ଭାରତୀୟ ଜାତୀୟତାର ମୂଲ୍ୟବୋଧ ଉପରେ ପର୍ଯ୍ୟବସିତ।

ଯଦିଓ ଆନୁଷ୍ଠାନିକ ଭାବେ ୧୯୮୦ ମସିହାରେ ବିଜେପିର ପ୍ରତିଷ୍ଠା ହୋଇଥିଲା, ଏହାର ରାଜନୈତିକ ଯାତ୍ରା କିନ୍ତୁ ୧୯୫୧ରେ ଭାରତୀୟ ଜନସଂଘ ପ୍ରତିଷ୍ଠା ହେବାଦିନଠାରୁ ଆରମ୍ଭ ହୋଇସାରିଥିଲା। ଭାରତୀୟ ଜନସଂଘ ଏହାର ମୌଳିକତା ରାଷ୍ଟ୍ରୀୟ ସ୍ୱୟଂ ସେବକ ସଂଘ ଏବଂ ତା' ପୂର୍ବର ଧାର୍ମିକ, ସାଂସ୍କୃତିକ ଓ

ଜାତୀୟତା ଆନ୍ଦୋଳନରୁ ଆହରଣ କରିଥିଲା । ସୁତରାଂ ବିଜେପିକୁ ବୁଝିବାକୁ ହେଲେ ଆମକୁ ଭାରତୀୟ ଜନସଂଘ, ରାଷ୍ଟ୍ରୀୟ ସ୍ୱୟଂସେବକ ସଂଘ ଏବଂ ସେମାନଙ୍କ ପୂର୍ବରୁ ହୋଇଥିବା ଆନ୍ଦୋଳନ, ଆର୍ଯ୍ୟ ସମାଜ ତଥା ଏହା ମୂଳରେ ଥିବା ବ୍ୟକ୍ତିତ୍ୱ ଏବଂ ସେମାନଙ୍କ ଧ୍ୟାନ ଧାରଣାକୁ ବୁଝିବାକୁ ହେବ । ପାଠକମାନଙ୍କ ପକ୍ଷରେ ଏହା ଜାଣିବା ନିତାନ୍ତ ଆବଶ୍ୟକ ଯେ ହଜାର ବର୍ଷ ଧରି କେଉଁ ପ୍ରକାର ଶକ୍ତି ଉଭୟ ଭିତରୁ ଓ ବାହାରୁ ଭାରତକୁ ଦୁର୍ବଳ କରି ଚାଲିଥିଲେ ଏବଂ ଏହା ମଧ୍ୟ ବୁଝିବା ଆବଶ୍ୟକ ଯେ ଏକ ଜାତୀୟତା ଆନ୍ଦୋଳନ ଓ ଜାତୀୟତାବାଦୀ ଦଳର ଆବଶ୍ୟକତା କାହିଁକି ଥିଲା । ଏ ପୁସ୍ତକଟି ୧୮୫୭ ରୁ ୨୦୧୯ ଯାଏ ପାଖାପାଖି ୧୬୦ ବର୍ଷର କାଳଖଣ୍ଡର ଯାତ୍ରା କରିବ ।

ଆମେ ଏହି ୧୬୦ ବର୍ଷର ଯାତ୍ରାକୁ ମୁଖ୍ୟତଃ ୫ ଭାଗରେ ବିଭକ୍ତ କରିବା:- ଆମେ କାହିଁକି ଏକ ଜାତୀୟତାବାଦୀ ରାଜନୈତିକ ବିକଳ୍ପ ଚାହିଁଲୁ, ଆର୍‌ଏସ୍‌ଏସ୍ ପୂର୍ବର ଜାତୀୟତାବାଦୀ ଆନ୍ଦୋଳନ, ଆର୍‌ଏସ୍‌ଏସ୍ ଉପାଖ୍ୟାନ, ଭାରତୀୟ ଜନସଂଘ ଓ ପରିଶେଷରେ ଭାରତୀୟ ଜନତା ପାର୍ଟି ।

ଆଧୁନିକ ପାଠକ ମାନଙ୍କର ସୁବିଧା ପାଇଁ ମୁଁ ବର୍ତ୍ତମାନର ନେତା, ଗଣମାଧ୍ୟମ ଏବଂ ସମୀକ୍ଷକଙ୍କ ଦ୍ୱାରା ସଂଯୋଗ କରିବା ଜାରି ରଖିବି, ଯାହା ଦେଶର ବର୍ତ୍ତମାନର ରାଜନୈତିକ ଦୃଶ୍ୟକୁ ଭଲଭାବେ ବୁଝିବାରେ ସାହାଯ୍ୟ କରିବ । ମୁଁ ସନ୍ତୁଷ୍ଟ ଯେ ପୁସ୍ତକଟି ନୂତନ ରାଜନୈତିକ ପାଠକମାନଙ୍କଠାରୁ ଆରମ୍ଭ କରି ଗମ୍ଭୀର ରାଜନୈତିକ ବୈଜ୍ଞାନିକ, ଐତିହାସିକ, ସରକାର ଏବଂ ରାଜନେତାଙ୍କ ପର୍ଯ୍ୟନ୍ତ ବିଭିନ୍ନ ପାଠକଙ୍କ ପାଇଁ ଏକ ବ୍ୟାପକ କାର୍ଯ୍ୟ ଭାବେ ଉପଲବ୍ଧ ହେବ ।

ଭାଗ-୧

ଏକ ଜାତୀୟତାବାଦୀ ଆନ୍ଦୋଳନ କିମ୍ବା ଦଳର ଆବଶ୍ୟକତା କ'ଣ ?

ଭାରତ ଦେଖିଥିବା ଦଶନ୍ଧି ଦଶନ୍ଧି ଧରି ଜାତୀୟତାବାଦୀ ଆନ୍ଦୋଳନର ସର୍ବଶେଷ ରାଜନୈତିକ ପ୍ରଦର୍ଶନ ହେଉଛି ଆଜିର ବିଜେପି। ମୂଳ ପ୍ରଶ୍ନଟି ହେଲା - ଏହିପରି ଏକ ଜାତୀୟତାବାଦୀ ଆନ୍ଦୋଳନ ବା ତାକୁ ପ୍ରତିନିଧିତ୍ୱ କରୁଥିବା ଦଳର ଆବଶ୍ୟକତା କ'ଣ ? ପ୍ରକୃତରେ କ'ଣ ବାଜିରେ ଲାଗିଛି ବା ଏହା କି ପ୍ରକାର ବିପଦ ?

ଶତାବ୍ଦୀ ଶତାବ୍ଦୀ ଧରି ଶିକ୍ଷା, ଉଚ୍ଚଶିକ୍ଷା, ବିଜ୍ଞାନ, ପ୍ରଯୁକ୍ତି ବିଦ୍ୟା, ଭେଷଜ ବିଜ୍ଞାନ, ଧାତବ ବିଦ୍ୟା, ଜ୍ୟୋତିଷ ଶାସ୍ତ୍ର, ଗଣିତ ଏବଂ ସୀମାପାର ବାଣିଜ୍ୟ କ୍ଷେତ୍ରରେ ଭାରତ ସାରା ବିଶ୍ୱ ପାଇଁ ଏକ ବତିଘର ସଦୃଶ ରହିଆସିଛି। ଖ୍ରୀଷ୍ଟୋଫ ଜାଫରୋଲ୍ଟଙ୍କ ପସନ୍ଦ ପରି ପକ୍ଷପାତି ଆଖ୍ୟାନ ସବୁ କେତେ ଶତାବ୍ଦୀ ପୁରୁଣା ସୈଦ୍ଧାନ୍ତିକ ସ୍ୱର୍ଣ୍ଣ ଯୁଗ ଉପରେ ଭାରତୀୟ ଗୌରବର ଐତିହ୍ୟ ଗାଥାକୁ ଖାରଜ କରିଛି ଏବଂ ଭାରତୀୟ ସଭ୍ୟତାର ଏହି ରୂପକୁ ଏକ କାଳ୍ପନିକ ଅବଧାରଣା ଏବଂ ଅସ୍ତିତ୍ୱବିହୀନ କାହାଣୀ ବୋଲି କହିବାକୁ ମଧ୍ୟ ପଛେଇ ନାହିଁ। ଯେତେବେଳେ କେହି ଏହି ସୁବର୍ଣ୍ଣ ଯୁଗର ବିନାଶର କାରଣ ବୋଲି ଇସଲାମିକ ଓ ବ୍ରିଟିଶ ଆକ୍ରମଣକୁ ଦାୟୀ କରିଛି, ସେବେ ଜାଫରୋଲ୍ଟ ଏହାକୁ ହିନ୍ଦୁ ହୀନମନ୍ୟତା କହି ଚୁପ୍ କରେଇଛନ୍ତି। ବର୍ଷ ବର୍ଷ ଧରି ଭାରତୀୟ ଶିକ୍ଷା ବ୍ୟବସ୍ଥା ଉପରେ ବାମପନ୍ଥୀ ବୁଦ୍ଧିଜୀବୀମାନଙ୍କର ନିୟନ୍ତ୍ରଣ ମଧ୍ୟ ଏହିପରି ଅର୍ଦ୍ଧପକ୍ୱ ଛାତ୍ର ବୃତ୍ତି ପ୍ରାପ୍ତିକୁ ପ୍ରୋତ୍ସାହିତ କରିଛି। ମୁଁ ଦୃଢ ଭାବରେ ଅନୁଭବ କରିଛି ଯେ ମୋ ସମେତ ଭାରତୀୟ ଲେଖକମାନେ ବିଭିନ୍ନ କ୍ଷେତ୍ରରେ ଘଟିଥିବା ଶତାବ୍ଦୀ ପୁରୁଣା ଭାରତୀୟ ସଫଳତାକୁ ଦୋହରାଇବା ଅତ୍ୟନ୍ତ ଜରୁରୀ ଅଟେ, ଯାହାଦ୍ୱାରା ଭାରତୀୟ ସୁବର୍ଣ୍ଣ ଯୁଗର ପରମ୍ପରା ଓ ଐତିହ୍ୟ ଏ ସବୁ ମନଗଢା ମିଥ୍ୟା କାହାଣୀର ସମୁଦ୍ରରେ ହଜିଯିବେ ନାହିଁ ଏବଂ ଭାରତୀୟ ସଭ୍ୟତାର ଅବମାନନା ହେବ ନାହିଁ।

୧

ବିଡ଼ମ୍ବନାଟି କ'ଣ ?

ଜ୍ଞାନ ଆହରଣ ଏବଂ ଶିକ୍ଷାକୁ ପ୍ରାଚୀନ ଭାରତରେ କିପରି ଗୁରୁତ୍ୱ ଦିଆଯାଉଥିଲା ତାହା ପ୍ରାଚୀନ ଭାରତର ଶୈକ୍ଷିକ ପରିସଂସ୍ଥାର ଏକ ଅନ୍ତରଙ୍ଗ ନିରୀକ୍ଷଣ ଆମକୁ ସୂଚାଏ। ଆମ ଭାରତ ଭୂମିରେ ଥିବା ଅନୁଷ୍ଠାନ ଓ କୌଶଳ ପୃଥିବୀର ସର୍ବପୁରାତନ ସଭ୍ୟତାକୁ ଗଢିଥିଲେ ଏବଂ କିଛି ସର୍ବୋଚ୍ଚ ଓ ଅଗ୍ରଣୀ ଆବିଷ୍କାରର ସାକ୍ଷୀ ମଧ୍ୟ ଥିଲେ। ଏକଦା ଭାରତ ବିଶ୍ୱର ଶିକ୍ଷା ରାଜଧାନୀ ରୂପେ ପରିଚିତ ଥିଲା। ସାରା ବିଶ୍ୱର ଛାତ୍ର ଓ ବିଦ୍ୱାନ ଗବେଷକମାନେ ଭାରତୀୟ ବିଶ୍ୱବିଦ୍ୟାଳୟଗୁଡିକୁ ଅଧ୍ୟୟନ ପାଇଁ ଆସୁଥିଲେ – ଏ ତଥ୍ୟ ପ୍ରମାଣ ସିଦ୍ଧ। ଫାହିୟାନ ଏବଂ ହୁଏନଂସାଙ୍କ ପରି ଚୀନା ପରିବ୍ରାଜକମାନଙ୍କ ଗ୍ରନ୍ଥରୁ ଭାରତୀୟ ବିଶ୍ୱବିଦ୍ୟାଳୟ ଏବଂ ଏହାର ଶିକ୍ଷା ବ୍ୟବସ୍ଥାର ଯଶକୀର୍ତ୍ତିର ଯଥେଷ୍ଟ ପ୍ରମାଣ ମିଳେ। ସେ ଦେଖିଥିବା ବିଶ୍ୱବିଦ୍ୟାଳୟଗୁଡିକ ମଧ୍ୟରେ ନାଳନ୍ଦା ବିଶ୍ୱବିଦ୍ୟାଳୟକୁ ହୁଏନଂସା ଅତି ସୁନ୍ଦର ବୋଲି ବର୍ଣ୍ଣନା କରିଛନ୍ତି। ନାଳନ୍ଦାର ଏକ ବିରାଟ ପ୍ରବେଶ ଦ୍ୱାର ଥିଲା ଏବଂ ପ୍ରବେଶ ପଥରେ ପଦ୍ମମଣ୍ଡିତ ଅନେକ ପୁଷ୍କରିଣୀ ଶୋଭାପାଉଥିଲା। ବିଶ୍ୱବିଦ୍ୟାଳୟ ପରିସରରେ ଥିବା ଅଟ୍ଟାଳିକାଗୁଡିକ ଅବିଶ୍ୱସନୀୟ ଭାବେ ଉଚ୍ଚ ଥିଲେ- ଉଦାହରଣ ସ୍ୱରୂପ ବିଶ୍ୱବିଦ୍ୟାଳୟର ପାଠାଗାରଟି ନ' ତଳ ବିଶିଷ୍ଟ ଅଟ୍ଟାଳିକା ଥିଲା। ସେଠାରେ ୮ଟି ଅଧ୍ୟାପନା ପ୍ରକୋଷ୍ଠ ଥିଲା, ଯେଉଁଥିରେ କି ପ୍ରତିଦିନ ପ୍ରାୟ ଏକଶତ ଅଧ୍ୟାପକୀୟ ବକ୍ତୃତା ଦିଆଯାଉଥିଲା। ସେଠାରେ ସେ ସମୟରେ ଅଧ୍ୟୟନରତ ଛାତ୍ରଙ୍କ ସଂଖ୍ୟା ୮,୫୦୦ ରୁ ୧୦,୦୦୦ ଥିଲା; ଏବଂ ପ୍ରାୟ ୧୫୦୦ ଶିକ୍ଷକ ନିୟୋଜିତ ଥିଲେ ଅଧ୍ୟାପନା କର୍ମରେ। ସେଠାରେ ହେଉଥିବା ପ୍ରବେଶିକା ପରୀକ୍ଷାରେ ପରୀକ୍ଷାର୍ଥୀଙ୍କ

ମଧ୍ୟରୁ ମାତ୍ର ୨୦ ଶତାଂଶ ଯୋଗ୍ୟ ବିବେଚିତ ହେଉଥିଲେ। ବୋଧହୁଏ ଏହି ପ୍ରମୁଖ କାରଣ ଯୋଗୁ ନାଳନ୍ଦା ଚାରିପାଖରେ ଛତୁ ଫୁଟିଲା ପରି ବିଶ୍ୱବିଦ୍ୟାଳୟମାନ ଗଢିଉଠିଥିଲେ ଏବଂ ନାଳନ୍ଦାର ପ୍ରବେଶିକା ପରୀକ୍ଷାରେ ଉତ୍ତୀର୍ଣ୍ଣ ହୋଇପାରୁ ନ ଥିବା ଛାତ୍ରମାନଙ୍କୁ ନିଜ ବିଶ୍ୱବିଦ୍ୟାଳୟରେ ସ୍ଥାନିତ କରୁଥିଲେ। ଏହି ଭିନ୍ନ ବିଶ୍ୱବିଦ୍ୟାଳୟମାନଙ୍କରୁ କିଛି ହେଲେ ବିକ୍ରମଶୀଳା, ସୋମପୁରା, ଜଗଦଲ୍ଲା ଏବଂ ଓଦାନ୍ତପୁରୀ । ଆଜିକାଲିକାର ଅତ୍ୟାଧୁନିକ କୋଚିଂ ସେଣ୍ଟର ପରି ସେତେବେଳେ ମଧ୍ୟ ନାଳନ୍ଦାର ଚାରିପାଖରେ ଥିବା ଗାଁଗୁଡିକରେ ଶିକ୍ଷକମାନେ ନାଳନ୍ଦା ପ୍ରବେଶିକା ପରୀକ୍ଷା ପାଇଁ ଛାତ୍ରମାନଙ୍କୁ ପ୍ରସ୍ତୁତ କରାଉଥିଲେ ବୋଲି ଇତିହାସର ନଥିପତ୍ର ପ୍ରମାଣ ଦିଏ। କଶ୍ମୀରର ଶାରଦାପୀଠ ନିଜ ପାଠାଗାରରେ ଥିବା ଦୁର୍ଲ୍ଲଭ ପାଣ୍ଡୁଲିପି ପାଇଁ ପରିଚିତ ଥିଲା। କେରଳରୁ ଦାର୍ଶନିକ ରାମାନୁଜାଚାର୍ଯ୍ୟ ଏକମାତ୍ର ଗ୍ରନ୍ଥ ବୁଦ୍ଧାୟନୀତି ଗବେଷଣା ପାଇଁ ସେଠାକୁ ଆସିଥିଲେ। ପୁନଶ୍ଚ ପ୍ରାଚୀନ ଭାରତରେ ଶିକ୍ଷାର ମହତ୍ତ୍ୱ କେତେ ଥିଲା ଏକଥା ଏହି ତଥ୍ୟରୁ ପ୍ରମାଣିତ ହେଉଥିଲା ଯେ ସେ ସମୟରେ ମନ୍ଦିର ସବୁ ଶୈକ୍ଷିକ ପରିସଂସ୍ଥା ରୂପେ କାର୍ଯ୍ୟ କରୁଥିଲେ ଏବଂ ମନ୍ଦିର ପରିସର ସବୁ ଶିକ୍ଷାଦାନ ଏବଂ ଜ୍ଞାନ ଆହରଣ ପାଇଁ ବ୍ୟବହାର ହେଉଥିଲା। ଏହି ଶୈକ୍ଷିକ ପରିସଂସ୍ଥା ସବୁ ଆଖପାଖ ଗାଁ'ଗୁଡିକରେ ଥିବା ସମର୍ଥ ବ୍ୟକ୍ତିମାନଙ୍କଠୁ ଆର୍ଥିକ ସହାୟତା ପାଉଥିଲେ। ପ୍ରାଚୀନ ଭାରତରେ ଶିକ୍ଷାର ଗଭୀରତା କେତେ ଥିଲା ତାହା ଏହି ତଥ୍ୟରୁ ମାପିହୁଏ ଯେ ସେବେକାର ଜ୍ଞାନ ଆହରଣ ବ୍ୟବସ୍ଥାରେ ତର୍କ କରିବା ଏକ ଅନ୍ତରଙ୍ଗ/ଆନ୍ତରିକ ପଦ୍ଧତି ଥିଲା। ତର୍କଟି ବୈଧ କି ନୁହେଁ ସେଥିପାଇଁ କିଛି ନିୟମ ପ୍ରଣୟନ କରାଯାଇଥିଲା ଏବଂ କିଛି ପଦ୍ଧତି ଜଣେ ତର୍କକାରୀଙ୍କୁ ହାରିବାରେ ମଧ୍ୟ ସହାୟକ ହେଉଥିଲା। ସାଧ୍ୟ, ସିଦ୍ଧାନ୍ତ, ହେତୁ, ଉଦାହରଣ, ପ୍ରତ୍ୟକ୍ଷ, ଅନୁମାନ ଏବଂ ପ୍ରମାଣ ଆଦି ତର୍କର ବିଭାଗ ଥିଲା। ନ୍ୟାୟ ଶାସ୍ତ୍ର - ଯାହାକି ଜ୍ଞାନ ପଛରେ ଥିବା ବିଜ୍ଞାନ ଏବଂ ତର୍କକୁ ବୁଝାଇବାରେ ସହାୟକ ଥିଲା: ଭଲ ଓ ମନ୍ଦ ବିଚାର ମଧ୍ୟରେ ଥିବା ପାର୍ଥକ୍ୟକୁ ମଧ୍ୟ ବର୍ଣ୍ଣନା କରୁଥିଲା।[୯]

ଫାହିୟାନ ଏବଂ ହୁଏନସାଙ୍ଗ ପରି ଅନେକ ଭାରତୀୟ ବିଦ୍ୱାନ ମଧ୍ୟ ଚୀନ୍‌କୁ ଯାଇ ଅନୁବାଦ ମାଧ୍ୟମରେ ଜ୍ଞାନର ଆଦାନ ପ୍ରଦାନ କରିବାରେ ସହାୟକ ହୋଇଥିଲେ। ଏହି ବିଦ୍ୱାନମାନଙ୍କ ମଧ୍ୟରୁ ମନେ ପଡୁଥିବା କିଛି ବିଦ୍ୱାନଙ୍କ ନାମ ହେଲା କାଶ୍ୟପ, ମାତଙ୍ଗ, ଧର୍ମରତ୍ନ, ସଂଘବର୍ଣ୍ଣ, ଧର୍ମସତ୍ୟ, ଧର୍ମକାଳ, ମହାବଳ, ବିଘ୍ନ ଏବଂ ଧର୍ମପାଳ। ଧର୍ମରଚୀ ନାଁରେ ଅନ୍ୟଜଣେ ଦକ୍ଷିଣ ଭାରତୀୟ ବିଦ୍ୱାନ ପ୍ରାୟ ୫୩ଟି ମୂଳଗ୍ରନ୍ଥ ଚାଇନା ଭାଷାରେ ଅନୁବାଦ କରିଥିଲେ। କୁମାର ଜୀବ ନାମରେ ଅନ୍ୟ ଜଣେ ଭାରତୀୟ

ବିଦ୍ୱାନ ପାଖାପାଖି ୧୦୦ଟି ସଂସ୍କୃତ ଗ୍ରନ୍ଥ ଚୀନା ଭାଷାରେ ଅନୁବାଦ କରିଥିଲେ, ଯାହା ଏବେବି ଚାଇନା ଭାଷା ସାହିତ୍ୟରେ ଅତି ଉତ୍କୃଷ୍ଟ/ଉଚ୍ଚମାନର ଗ୍ରନ୍ଥରୂପେ ପରିଗଣିତ ହୁଏ। ଚୀନା ବୈଜ୍ଞାନିକ ପରିସଂସ୍ଥାରେ ଭାରତୀୟ ଜ୍ୟୋତିର୍ବିଦ୍‌ମାନେ ଉଚ୍ଚ ପଦାଧିକାରୀ ରୂପେ କାର୍ଯ୍ୟ କରୁଥିଲେ। ଭାରତୀୟ ବୈଜ୍ଞାନିକ ଗୌତମସିଦ୍ଧ ଅଷ୍ଟମ ଶତାବ୍ଦୀରେ ଚାଇନାର ସରକାରୀ ଜ୍ୟୋତିର୍ବିଜ୍ଞାନ ସଭାର ସଭାପତି ହୋଇ ନବଗ୍ରହ ପଞ୍ଜିକାକୁ ଚାଇନା ଭାଷାରେ ଅନୁବାଦ କରିଥିଲେ। ସେ ଭାରତୀୟ ସଂଖ୍ୟା ଚାଇନାରେ ପ୍ରଚଳନ କରାଇଥିଲେ। ଛାପାଖାନା ଉଦ୍ଭାବନ ପଛରେ ଚାଇନା ଯାଇଥିବା ଭାରତୀୟ ବୌଦ୍ଧ ବିଦ୍ୱାନମାନଙ୍କର ଅବଦାନ ଥିବା ପ୍ରମାଣିତ।[୨]

ଧର୍ମପାଳ, ଯିଏକି ପ୍ରାଚୀନ ଭାରତୀୟ ଶାସ୍ତ୍ରର ଗବେଷକ ଏବଂ ନାନାଦି ଗ୍ରନ୍ଥର ରଚୟିତା ଥିଲେ ସେ ଭାରତୀୟ ଗଣିତଶାସ୍ତ୍ର ଏବଂ ଜ୍ୟୋତିର୍ବିଜ୍ଞାନର ଉନ୍ନତି କିପରି ଅଗ୍ରଣୀ ଥିଲା ତାହା ପ୍ରମାଣ କରିବାକୁ ଅନେକ ଉଦାହରଣ ଦେଇଥିଲେ। ଏହିପରି ଏକ ଉଦାହରଣ ହେଉଛି ବନାରସ ଜ୍ୟୋତିର୍ବିଜ୍ଞାନ କେନ୍ଦ୍ର ଯାହାକି ୫ଟି "ମାନ୍ୟତାପ୍ରାପ୍ତ ବିଜ୍ଞାନ କେନ୍ଦ୍ର" ରୂପେ ବିଶ୍ୱ ଏନ୍‌ସାଇକ୍ଲୋପେଡିଆ ବ୍ରିଟାନିକାରେ ୧୮୨୩ ମସିହା ପର୍ଯ୍ୟନ୍ତ ମାନ୍ୟତା ପାଇଆସୁଥିଲା। ଯେ ପର୍ଯ୍ୟନ୍ତ ଭାରତୀୟ ପ୍ରତ୍ନତାତ୍ତ୍ୱିକ ଗବେଷଣା କେନ୍ଦ୍ର ଏହାର ପ୍ରତିଷ୍ଠା ତାରିଖର ଅନିଶ୍ଚିତତା ବିଷୟରେ କହି ନ ଥିଲା ଯେ ସମ୍ଭବତଃ ଏହା ଷୋଡ଼ଶ ଶତାବ୍ଦୀ ସମୟରେ ହୋଇଥିଲା, ଜ୍ୟୋତିର୍ବିଜ୍ଞାନ କେନ୍ଦ୍ରର ପ୍ରତିଷ୍ଠା ତାରିଖ ସେ ଯାଏ କଳହର କେନ୍ଦ୍ର ହେଉଥିଲା। ପୁନଶ୍ଚ କିଛି ଦକ୍ଷିଣ ଭାରତୀୟ ଜ୍ୟୋତିର୍ବିଜ୍ଞାନ ସାରଣୀରେ ପ୍ରାୟ ଗୋଟେ କଥା ସମାନ ଦେଖାଗଲା ଯେ - ସେମାନଙ୍କର 'ନବଯୁଗ' ଏବଂ କଳିଯୁଗ ପ୍ରାୟ ଏକ ସମୟରେ ଅର୍ଥାତ୍ ୩୧୦୨ ଖ୍ରୀ.ପୂ. ଆରମ୍ଭ ହୋଇଛି। ସେହିସବୁ ସାରଣୀରେ ଥିବା ଗ୍ରହମାନଙ୍କର ଅବସ୍ଥିତି ଆଧୁନିକ ଗଣିତ ଶାସ୍ତ୍ରର ସମୟ କଳନ ଏବଂ ମାଧ୍ୟାକର୍ଷଣ ମତବାଦ ସହ ପାଖାପାଖି ସମାନ ସ୍ଥିତିରେ ଅଛନ୍ତି। ଏହିସବୁ ସାରଣୀର ଗଠନଶୈଳୀ ଏହା ପ୍ରମାଣିତ କରେ ଯେ ସେ ସମୟରେ ଜ୍ୟାମିତି, ପାଟିଗଣିତ, କଳନଗଣିତ ଏବଂ ତ୍ରିକୋଣମିତିରେ ପର୍ଯ୍ୟାପ୍ତ ଜ୍ଞାନ ଥିଲା। ରୁବେନ୍ ବରୋ ଏବଂ ଏଚ୍.ଟି.କଲୋବ୍ରୁକ୍ ଯଥାକ୍ରମେ ଦ୍ୱିପଦ ଉପପାଦ୍ୟ ଏବଂ ଭାରତୀୟ ବୀଜଗଣିତ ସମ୍ବନ୍ଧରେ ଲେଖିଛନ୍ତି। ବରୋ ଲେଖିଥିବା ଦ୍ୱିପଦ ଉପପାଦ୍ୟ ଆଲେଖ୍ୟଟି ୧୭୯୦ ମସିହାରେ କୋଲକତାଠାରେ ପ୍ରକାଶିତ ହୋଇଥିଲା। ସେ ଯାଏଁ ଉପରୋକ୍ତ ଉପପାଦ୍ୟଟି ନିଉଟନ୍‌ଙ୍କ ଦ୍ୱାରା ଆବିଷ୍କୃତ ବୋଲି ଗ୍ରହଣ କରାଯାଉଥିଲା। ଅଧିକାଂଶ ଅଣ ଇଉରୋପୀୟ ଆବିଷ୍କାରର ଭାଗ୍ୟ ଏମିତି ହିଁ ଥିଲା – ସେ ସବୁ ଇଉରୋପିଆନ୍‌ମାନଙ୍କ ଦ୍ୱାରା ଆବିଷ୍କୃତ ବୋଲି ଗ୍ରହଣ କରିନିଆଯାଇଥିଲା

ଯେଉଁମାନେ କି ହୁଏତ ମୂଳ ଆବିଷ୍କାରର ଅନୁବାଦ ପଢିଥିଲେ କିମ୍ବା ମୂଳ ଆବିଷ୍କାରର ଅନେକ ପରେ ତାକୁ ପୁନଃ ଆବିଷ୍କାର କରିଥିଲେ ।

ଭେଷଜ ବିଜ୍ଞାନ ପରିସରରେ ଭାରତୀୟ ଚିକିତ୍ସକମାନେ ବିଭିନ୍ନ ଅସ୍ତ୍ରୋପଚାରର ଶୈଳୀ ଦେଶର ବିଭିନ୍ନ ଅଞ୍ଚଳରେ ପ୍ରୟୋଗ କରିଥିଲେ । ଧର୍ମପାଳଙ୍କ କହିବା ଅନୁସାରେ କଲୋନେଲ୍ କିଡ୍‌ଙ୍କ ଅନୁଯାୟୀ ସେମାନେ (ଭାରତୀୟମାନେ) ଚିରୁଜେରୀ (ଶଲ୍ୟ ଚିକିତ୍ସା ପାଇଁ ବ୍ୟବହୃତ ହେଉଥିବା ପୁରାତନ ଶବ୍ଦ)ରେ ଅତ୍ୟନ୍ତ ଦକ୍ଷ ଥିଲେ ଏବଂ ଅତି ଭୟଙ୍କର ଘା' ତଥା ଚର୍ମରୋଗର ଶଲ୍ୟ ଚିକିତ୍ସା କରିପାରୁଥିଲେ, ଯାହାକି ପାଶ୍ଚାତ୍ୟବାସୀଙ୍କୁ ବିସ୍ମିତ କରୁଥିଲା । ଭାରତରେ ପ୍ଲାଷ୍ଟିକ୍ ସର୍ଜରୀ ମଧ୍ୟ ବହୁଳ ଭାବେ ପ୍ରଚଳନ ଥିଲା ବୋଲି ଡକ୍ଟର ଏଚ୍. ଷ୍ଟଟ୍‌ଙ୍କ ମତ ।

ଭାରତୀୟ ଭେଷଜ ବିଜ୍ଞାନ ବିଶ୍ୱର ଅନ୍ୟସ୍ଥାନର ଭେଷଜ ବିଜ୍ଞାନ ତୁଳନାରେ କିପରି ବହୁ ଅଧିକ ଆଗୁଆ ଥିଲା ତାହା ବସନ୍ତ ଟିକାକରଣ ଏବଂ ଡ୍ରିଲ୍ ପ୍ଲାଓ ଉଦାହରଣରୁ ଜଣାଯାଏ ।[୩]

୧୫୩୮ ମସିହାରେ ଗୋଆରେ ରହୁଥିବା ଗ୍ରାସିଆ ଡି ଓରଟା ନାମକ ପର୍ତ୍ତୁଗୀଜ୍ ଡାକ୍ତର ଆୟୁର୍ବେଦ ଔଷଧ ସମ୍ବନ୍ଧରେ ବହୁ ସୂଚନା ଏକାଠି କରି 'ଭାରତୀୟ ଔଷଧ ଓ ଔଷଧ ସାମଗ୍ରୀ ସମ୍ବନ୍ଧରେ କଥାବାର୍ତ୍ତା" ନାମରେ ଏକ ଗ୍ରନ୍ଥ ଲେଖିଥିଲେ । ତାଙ୍କ ଏହି କାର୍ଯ୍ୟ ଭବିଷ୍ୟତରେ ଔଷଧ ଏବଂ ଭାରତୀୟ ଗୁଳ୍ମ ସମ୍ବନ୍ଧରେ ଅଧିକ ଗବେଷଣାର ସହାୟକ ହୋଇଥିଲା ଏବଂ ପରେ ଅତ୍ୟାଧୁନିକ ଔଷଧ ପ୍ରସ୍ତୁତିରେ ମଧ୍ୟ କାମରେ ଲାଗିଥିଲା ।

ପ୍ରସିଦ୍ଧ ଲେଖକ ସୀତାରାମ ଗୋଏଲ୍ କହିଛନ୍ତି ଏକଥା ବାସ୍ତବ ସତ୍ୟ - ଭାରତର ଐତିହ୍ୟ ଏତେ ମହାନ୍ ଯେ ସେ ସମ୍ବନ୍ଧରେ ଯାହା କହିଲେ ବି ଅତିଶୟୋକ୍ତି ହେବ ନାହିଁ । ସୀତାରାମ୍ ଗୋଏଲ୍‌ଙ୍କ ଅନୁଯାୟୀ ଗୁପ୍ତ ଯୁଗ ହିନ୍ଦୁ ଇତିହାସର ସୁବର୍ଣ୍ଣ ଯୁଗ, ଯେଉଁ ସମୟରେ ଭାରତୀୟ ଅଧ୍ୟାତ୍ମ, କଳା, ସାହିତ୍ୟ ଓ ବିଜ୍ଞାନ ଏମିତି ପରିପୂର୍ଣ୍ଣତା ଲାଭ କରିଥିଲା, ଯାହା ଏ ଯାଏ ଅନତିକ୍ରମ୍ୟ ହୋଇ ରହିଛି । ମହାନ୍ ଗଣିତଜ୍ଞ ଓ ଜ୍ୟୋତିର୍ବିଦ୍ ଆର୍ଯ୍ୟଭଟ୍ଟ ଏବଂ ଶାସ୍ତ୍ରୀୟ ସଂସ୍କୃତ ଭାଷାର କବି କାଳିଦାସ ଥିଲେ ଏହି ଗୁପ୍ତ ଯୁଗର ।

ମୁଁ ବୁଝିପାରୁଛି ପାଠକେ ଏହି ପୁସ୍ତକକୁ ଭାରତୀୟ ଜନତା ପାର୍ଟିର ଇତିହାସ ପଢ଼ିବାକୁ ଚୟନ କରିଛନ୍ତି ଏବଂ ଭାରତର ଏହି ସ୍ୱର୍ଣ୍ଣିମ ଐତିହ୍ୟର ବର୍ଣ୍ଣନା ସେମାନଙ୍କୁ ଅଲଗା ବିଷୟ ପରି ଲାଗୁଥାଇପାରେ, କିନ୍ତୁ କେଉଁ କାରଣରୁ ଏକ ରାଷ୍ଟ୍ରୀୟ ଆନ୍ଦୋଳନ ଲୋଡାହେଲା ଏବଂ ସେହି ଆନ୍ଦୋଳନକୁ ଆଶ୍ରାକରି ଏକ ରାଜନୈତିକ ଦଳର

ଅଭ୍ୟୁଦୟ ହେଲା ଏସବୁ ଏହାର ପଛରେ ଥିବା ସଭ୍ୟତାକୁ ନ ବୁଝିଲେ ବୁଝିହେବ ନାହିଁ। ଲୋକେ ହୁଏତ ପେଟ୍ରୋଲ୍‌ର ମୂଲ୍ୟ, କିମ୍ବା ଡଲାର ଓ ଟଙ୍କାର ବିନିମୟ ମୂଲ୍ୟକୁ ନେଇ ସରକାରର ଯୋଗ୍ୟତା ମାପିବାକୁ ଚେଷ୍ଟା କରିପାରନ୍ତି କିନ୍ତୁ ଏହାଠୁ ବହୁ ଅଧିକ କଥା ବାଜିରେ ଲାଗିଛି। ପ୍ରାୟ ହଜାର ବର୍ଷର ସଭ୍ୟତା ବାଜିରେ ଲାଗିଛି।

ହଜାର ବର୍ଷର ଇସ୍‌ଲାମି ଆକ୍ରମଣକାରୀଙ୍କ ଶାସନ ଭାରତକୁ ଭୟଙ୍କର ଭାବେ କରିଛି କ୍ଷତାକ୍ତ...

ଆମେରିକାନ୍ ଲେଖକ ଓ ଐତିହାସିକ ଉଇଲ୍ ଡୁରାଣ୍ଟ କହନ୍ତି, "ମୁସଲମାନଙ୍କ ଭାରତ ବିଜୟ ସମ୍ଭବତଃ ଇତିହାସର ସର୍ବାଧିକ ରକ୍ତାକ୍ତ କାହାଣୀ।" ଗଜନୀ ଦ୍ୱାରା ସୋମନାଥ ମନ୍ଦିର ଲୁଣ୍ଠନ ପରେ ବିଭିନ୍ନ ଇସଲାମ ଆକ୍ରମଣକାରୀମାନଙ୍କ ଦ୍ୱାରା ଭାରତୀୟ ମନ୍ଦିର ସବୁ ଧ୍ୱଂସ ହେବା ଏକ ସାଧାରଣ ପ୍ରକ୍ରିୟା ହେଇଥିଲା। ସୋମନାଥ ମନ୍ଦିରର ଶିବଲିଙ୍ଗକୁ ଭାଙ୍ଗି ଗଜନୀକୁ ନିଆଯାଇଥିଲା ଏବଂ ସେଥିରେ ଜାମା ମସ୍‌ଜିଦ୍‌ର ପାହାଚ ତିଆରି କରାଯାଇଥିଲା ଓ ଆଉ କିଛି ମକ୍କା, ମଦିନା ଓ ବାଗଦାଦକୁ ପଠାଇ ଦିଆଯାଇଥିଲା ସେହିପରି କାର୍ଯ୍ୟରେ ବ୍ୟବହାର କରିବାକୁ। ୧୨୦୦ ଶତାବ୍ଦୀର ଶେଷ ଭାଗରେ ମହମ୍ମଦ ଘୋରୀ ଦ୍ୱାରା ଇସଲାମିକ୍ ସାମ୍ରାଜ୍ୟର ନବୀକରଣ କରାଯାଇଥିଲା। ଏହି ସମୟରେ ସାରନାଥଠାରେ ଥିବା ବୌଦ୍ଧ ପୀଠ ଛାରଖାର ହୋଇଥିଲା ଏବଂ ନିର୍ମମ ଭାବେ ଭିକ୍ଷୁମାନଙ୍କୁ ହତ୍ୟା କରାଯାଇଥିଲା। କେବଳ ବନାରସରେ ସେମାନେ ୧୦୦୦ ମନ୍ଦିର ଧ୍ୱଂସ କରି ସେହି ଆଧାର ଉପରେ ମସ୍‌ଜିଦ୍ ତିଆରି କରିଥିଲେ। ୧୧୯୪ ଖ୍ରୀଷ୍ଟାବ୍ଦରେ ଘୋରୀର ସେନାପତି କୁତବୁଦ୍ଦିନ୍ ଆଇବାକ୍ ଦିଲ୍ଲୀରେ ୨୭ଟି ମନ୍ଦିର ଧ୍ୱଂସକରି ସେହି ଭଗ୍ନାବଶେଷରେ କୁଅତ- ଉଲ୍- ଇସଲାମ୍ ତିଆରି କରିଥିଲା। ଆଜମେର୍ ପ୍ରତ୍ୟାବର୍ତ୍ତନ ରାସ୍ତାରେ ଆଇବାକ୍ ବିଶଲାଦେବ ସଂସ୍କୃତ ମହାବିଦ୍ୟାଳୟକୁ ଧ୍ୱଂସ କରି ଏକ ମସ୍‌ଜିଦ୍‌ର ନିଅଁ ରଖିଥିଲା, ଯାହାକି ପଛରେ ଅଢାଇ ଦିନ୍ କା ଝୋପଁଡ଼ା ରୂପେ ପରିଚିତ ହୋଇଥିଲା। ଖିଲିଜିମାନଙ୍କ ଶାସନକାଳରେ ମଧ୍ୟ ମନ୍ଦିର ଧ୍ୱଂସ ପ୍ରକ୍ରିୟା ଜାରି ରହିଥିଲା। ଆଲ୍ଲାଉଦ୍ଦିନ୍ ଖିଲିଜ୍ ହିନ୍ଦୁ ମନ୍ଦିରକୁ ଭାଙ୍ଗି ମୂର୍ତ୍ତିଗୁଡିକୁ ଦିଲ୍ଲୀର ଜାମାମସ୍‌ଜିଦ୍ ତୋରଣ ସାମନାରେ ବିଛେଇବାକୁ ପଠାଉଥିଲା। ତୋଗଲକମାନଙ୍କ ଶାସନ କାଳରେ ଫିରୋଜ ସାହା ତୋଗଲକ ଓଡ଼ିଶାର ପୁରୀ ଜଗନ୍ନାଥ ମନ୍ଦିର ଏବଂ ଅନ୍ୟ ହିନ୍ଦୁ ତୀର୍ଥ ସ୍ଥାନଗୁଡ଼ିକୁ ଧ୍ୱଂସ କରିବାକୁ ଯାତ୍ରା କରିଥିଲା। ଏମାନଙ୍କ ପରେ ଆସିଥିବା ମୋଗଲ୍ ମାନେ ବି କିଛି ଭଲ ନ ଥିଲେ। ବାବର୍

ଅଯୋଧ୍ୟାର ରାମମନ୍ଦିରକୁ ଧ୍ୱଂସ କରିଥିଲା। ହୁମାୟୁନ୍ ଓ ପରେ ଶାହାଜାହାନ୍ ହିନ୍ଦୁ ମନ୍ଦିର ଧ୍ୱଂସ କରିବା ପ୍ରକ୍ରିୟା ଜାରି ରଖିଥିଲେ। ଆଉରଙ୍ଗଜେବ୍ ଆଉ ପାଦେ ଆଗକୁ ଯାଇ ଫରମାନ (ସରକାରୀ ଆଦେଶ) ଜାରି କଲା ଯେ ତାଦ୍ୱାରା ଧ୍ୱଂସ ହେଉଥିବା ମନ୍ଦିରର ମରାମତି କାର୍ଯ୍ୟ ମଧ୍ୟ ହେଇପାରିବ ନାହିଁ।[୪]

ଇସଲାମିକ୍ ଆକ୍ରମଣକାରୀଙ୍କ ଅସଂଖ୍ୟ ଦୁଷ୍କୃତିରୁ ମନ୍ଦିର ଧ୍ୱଂସ ଥିଲା ମାତ୍ର ଗୋଟିଏ ବିଭାଗ। ଏହା କେବଳ ସୁନ୍ଦର ସ୍ଥାପତ୍ୟର ବିଳୟ ନ ଥିଲା, ବରଂ ଶିକ୍ଷା ଓ ଜ୍ଞାନର ସମ୍ପୂର୍ଣ୍ଣ ପରିସଂସ୍ଥାର ବିନାଶ ଥିଲା। କାରଣ ପ୍ରାଚୀନ ଭାରତରେ ମନ୍ଦିରଗୁଡିକ ଶିକ୍ଷା, ସଂସ୍କୃତି ଓ ମେଧାର କେନ୍ଦ୍ର ଥିଲେ। ଆକ୍ରମଣକାରୀଙ୍କ ଏହି ପ୍ରଥମ ପଦକ୍ଷେପ ଭାରତ ଭୂମିର ସମ୍ପୂର୍ଣ୍ଣ ସାଂସ୍କୃତିକ, ସାମାଜିକ ଏବଂ ଅର୍ଥନୈତିକ ବ୍ୟବସ୍ଥାକୁ ଚୂରମାର୍ କରିବାରେ ସହାୟକ ହୋଇଥିଲା।

୧୦୦୦ ବର୍ଷର ଇସଲାମିକ୍ ଆକ୍ରମଣ ଭାରତକୁ ବହୁ ଭାବରେ କ୍ଷତାକ୍ତ କରିଥିଲା। ମୁସଲମାନ ଆକ୍ରମଣକାରୀଙ୍କ ଏହି ବର୍ବରତା ସପକ୍ଷରେ କହିବାକୁ ଯାଇ ଏବେକାର ବାମପନ୍ଥୀ ଐତିହାସିକମାନେ ମୁସଲମାନ ବଦଳରେ ତୁର୍କ, ମଙ୍ଗୋଲ୍ ଓ ଆରବ ଶବ୍ଦ ବ୍ୟବହାର କରୁଛନ୍ତି। ସେମାନେ ବରଂ ଏହି ଆକ୍ରମଣ କେବଳ ଆର୍ଥିକ ଓ ରାଜନୈତିକ ଉଦ୍ଦେଶ୍ୟରେ ହୋଇଥିଲା ବୋଲି ଏକପ୍ରକାର ବଳପୂର୍ବକ ବ୍ୟାଖ୍ୟା ଦିଅନ୍ତି, କିନ୍ତୁ ଧାର୍ମିକ ଉଦ୍ଦେଶ୍ୟକୁ ଅସ୍ୱୀକାର କରନ୍ତି। କିନ୍ତୁ ହଜାର ହଜାର ସଂଖ୍ୟାରେ ଧ୍ୱଂସ ହୋଇଥିବା ମନ୍ଦିର, ନାଳନ୍ଦା ଓ ତକ୍ଷଶିଳା ପରି ବିଲୁପ୍ତ ହୋଇଥିବା ବିଶ୍ୱବିଦ୍ୟାଳୟ, ମନ୍ଦିର ଏବଂ ସଂଗ୍ରହାଳୟରେ ସ୍ଥାନିତ ଅସଂଖ୍ୟ ବିକୃତ ପ୍ରତିମୂର୍ତ୍ତି ସବୁ ବାମପନ୍ଥୀ ଐତିହାସିକମାନଙ୍କ ମତ ବିରୋଧ ପାଇଁ ଯଥେଷ୍ଟ। ଏହି ଇସଲାମ ଆକ୍ରମଣକାରୀମାନେ ନାନା ପ୍ରକାର ଅତ୍ୟାଚର କରି ହିନ୍ଦୁମାନଙ୍କୁ ଧର୍ମାନ୍ତରୀକରଣ ପାଇଁ ବାଧ୍ୟ କରୁଥିଲେ। କିଛି ସ୍ଥାନରେ ଅଣମୁସଲିମମାନଙ୍କ ପାଇଁ ନିରୁତ୍ସାହଜନକ ଆର୍ଥିକ କର ଯଥା ଜିଜିଆ କର ଆଦି ପ୍ରଚଳନ କରି ମଧ୍ୟ ଧର୍ମ ପରିବର୍ତ୍ତନ କରାଉଥିଲେ। ଏହିପରି ଅପୂରଣୀୟ କ୍ଷତି ସହିବା ସତ୍ତ୍ୱେ ମହାନ୍ ସହନଶୀଳ ହିନ୍ଦୁ ସଂସ୍କୃତି ଉଭୟ ସାମାଜିକ ଓ ଦାର୍ଶନିକ କ୍ଷେତ୍ରରେ ଇସଲାମ୍‌ମାନଙ୍କ ସହ ସହଯୋଗ କରିଥିଲା। ୧୫୦୦ ଶତାବ୍ଦୀ ବେଳକୁ ଖ୍ରୀଷ୍ଟିଆନ୍ ଧର୍ମ ପ୍ରଚାରକମାନଙ୍କ କାର୍ଯ୍ୟକଳାପ ବୃଦ୍ଧି ପାଇଲା ଏବଂ ଅନେକ ଲୋକଙ୍କୁ ବଳ ପ୍ରୟୋଗ ଦ୍ୱାରା କିମ୍ବା ଲୋଭ ଦେଖାଇ ଖ୍ରୀଷ୍ଟିଆନ୍ ଧର୍ମରେ ଦୀକ୍ଷିତ କରାଗଲା। ଏହି ପ୍ରକ୍ରିୟା ବର୍ଷ ବର୍ଷ ଧରି ଭାରତୀୟ ଜନତତ୍ତ୍ୱର ଛବି ବଦଳାଇଦେଲା।

ଆଜିର ଭାରତୀୟ ଶିକ୍ଷା ବ୍ୟବସ୍ଥା ମୁଖ୍ୟତଃ ବାମପନ୍ଥୀ ବୁଦ୍ଧିଜୀବୀମାନଙ୍କ ଦ୍ୱାରା କବଳିତ। ବିଦ୍ୟାଳୟ ଏବଂ ମହାବିଦ୍ୟାଳୟଗୁଡିକରେ ଏକ ପରିବର୍ତ୍ତିତ ଇତିହାସ

ପଢ଼ାଯାଉଛି ଯେଉଁଥିରେ ଇସଲାମିକ୍ ଆକ୍ରମଣର ଜୟଗାନ କରାଯାଇଛି ଏବଂ ସେମାନଙ୍କ ଅତ୍ୟାଚାରର ଉପରେ ଘୋଡଣି ପକାଇ ଦିଆଯାଇଛି। ପିଢ଼ି ପରେ ପିଢ଼ି ଭାରତୀୟମାନଙ୍କୁ ଏ ପ୍ରକାର ନିଷ୍ଠୁରତାର ଜୟଗାନ କରିବାର ଶିକ୍ଷା ଦିଆଯାଇଛି। ଯଦିଓ ବାସ୍ତବରେ ସାଧାରଣ ଜନତା ପାଇଁ ଆଳୁ ପିଆଜର ଦର ଜାଣିବା ବେଶି ଜରୁରୀ, ତଥାପି ଯାହା ବାଜିରେ ଲାଗିଛି ତାହା ବହୁତ ଭୟଙ୍କର ।

"ଦୁଇଶହ ବର୍ଷର ଇଂରେଜ ଶାସନ ଭାରତର ଅଧିକ କ୍ଷତି କରିଛି"

ଇଷ୍ଟ ଇଣ୍ଡିଆ କମ୍ପାନୀର ପ୍ରବେଶ ସହ ଭାରତରେ ଆର୍ଥିକ ଦୁରବସ୍ଥାର ସମୟ ଆରମ୍ଭ ହେଇଗଲା। ପୁନଶ୍ଚ ବ୍ରିଟିଶ୍ ସରକାରଙ୍କ ସହାୟତାରେ ଇଷ୍ଟ ଇଣ୍ଡିଆ କମ୍ପାନୀ ତାହାର ପ୍ରଭାବ ବିସ୍ତାର କଲା ଏବଂ ଭାରତର ଆର୍ଥିକ ଦୁରବସ୍ଥା ଗତିଶୀଳ ହେବାକୁ ଲାଗିଲା। ଭାରତୀୟ ଶିଳ୍ପର ପ୍ରଣାଳୀବଦ୍ଧ ଭାବେ ହତ୍ୟା ଉପରେ ହିଁ ଶିଳ୍ପ ବିପ୍ଳବ ଗଢ଼ି ଉଠିଥିଲା। ଭାରତୀୟ ବୟନ ଶିଳ୍ପର ହତ୍ୟା ହେଉଛି ଏକ ପ୍ରକୃଷ୍ଟ ଉଦାହରଣ: ବ୍ରିଟିଶ୍ ବୟନ ଶିଳ୍ପର ଭାରତୀୟ ବୟନ ଶିଳ୍ପରେ ପ୍ରବେଶ ଏବଂ ଶୃଙ୍ଖଳିତ ଭାବେ ଭାରତୀୟ ଶିଳ୍ପର ଧ୍ୱଂସୀକରଣ ଇଂରେଜମାନଙ୍କ ଦ୍ୱାରା ହେଇଥିଲା। ଶଶୀ ଥରୁରଙ୍କ ପରି ବ୍ୟକ୍ତି ଯିଏକି ଇସଲାମିକ୍ ଆକ୍ରମଣକାରୀଙ୍କ ଉପରେ କହିବାକୁ ଲଜ୍ଜାବୋଧ କରନ୍ତି, ସେ ମଧ୍ୟ ବ୍ରିଟିଶ୍ ଶାସନର ଅନ୍ଧକାର ଯୁଗ ଉପରେ କହିଛନ୍ତି। ଶଶୀ ତାଙ୍କ ବହି ଏକ ଅନ୍ଧକାର ଯୁଗ (ଆନ୍ ଏରା ଅଫ୍ ଡାର୍କନେସ୍)ରେ କହିଛନ୍ତି "ବ୍ରିଟିଶ୍‌ମାନଙ୍କ ଦ୍ୱାରା ହସ୍ତତନ୍ତ ଓ କପଡା ରପ୍ତାନି କ୍ଷେତ୍ରରେ ଭାରତ ବଜାରରୁ ହେଉଥିବା ପ୍ରତିଯୋଗିତାକୁ ନିରୁତ୍ସାହିତ ଓ ବିଫଳ କରିବା ଆଧୁନିକ ବିଶ୍ୱବଜାରରେ ଅଣ-ଉଦ୍ୟୋଗୀକରଣର ଏକ ନୂଆ ଅଧ୍ୟାୟ ସୃଷ୍ଟି କଲା। ଇଂରେଜମାନେ ଭାରତୀୟ କଂଚାମାଲ୍‌କୁ ବ୍ୟବହାର କରି ଶେଷ ଉତ୍ପାଦକୁ ପୁଣି ଭାରତୀୟ ତଥା ଅନ୍ୟ ବିଶ୍ୱବାସୀଙ୍କୁ ବିକୁଥିଲେ। ସେହି ସମୟରେ ବିଲାତରେ ଭାରତୀୟ ହସ୍ତତନ୍ତ କପଡାର ବେଶ୍ ଚାହିଦା ଥିଲା। ସେହି ସମୟର ଉତ୍କୃଷ୍ଟ ଲେଖକ ଅଷ୍ଟେନ୍ ଏବଂ ଅନ୍ୟମାନଙ୍କ ବହିରୁ ଏହା ଜଣାଯାଏ ଯେ ବଙ୍ଗ ଦେଶ କପଡାର ମଧ୍ୟ ବେଶ୍ ଚାହିଦା ଓ ଆଦର ଇଂଲଣ୍ଡରେ ଥିଲା। ଏହିସବୁ ବହିରେ ସାଧାରଣ କଥାବାର୍ତ୍ତାରେ ମଧ୍ୟ ବଙ୍ଗଳାର ଉତ୍ତମ ପ୍ରକାରର ମସଲିନ୍ କପଡା କଥା କୁହାଯାଇଛି। ଅଷ୍ଟାଦଶ ଶତାବ୍ଦୀର ମଧ୍ୟଭାଗ ଯାଏ ବଙ୍ଗଳାର କପଡା ଇଜିପ୍ଟ, ତୁର୍କୀ, ପର୍ସିଆ (ବର୍ତ୍ତମାନର ଇରାନ୍), ଚାଇନା, ଜାପାନ୍ ଏବଂ ୟୁରୋପ୍‌ର କିଛି ଜାଗାକୁ ରପ୍ତାନି ହେଉଥିଲା। ୧୭୫୦ ଖ୍ରୀଷ୍ଟାବ୍ଦରେ କେବଳ ବଙ୍ଗଳାରୁ ପାଖାପାଖି ୧୬ ନିୟୁତ ଟଙ୍କାର କାରବାର ହେଉଥିଲା, ଯାହା ମଧ୍ୟରୁ ୫/୬ ନିୟୁତ ଟଙ୍କାର

କାରବାର ଭାରତରେ ଅବସ୍ଥାନ କରୁଥିବା ୟୁରୋପୀୟ ବଣିକମାନଙ୍କ ଦ୍ୱାରା ହେଉଥିଲା। ଏହା ସହିତ ପାଖାପାଖି ସାଢେ ୬ ନିୟୁତ ଟଙ୍କା ମୂଲ୍ୟର ସିଲ୍କ ମଧ୍ୟ ବଙ୍ଗର ରପ୍ତାନି ହେଉଥିଲା, ଯାହା ପରେ ୫ ନିୟୁତକୁ କମିଗଲା।[୫] ଇଂରେଜମାନେ କ୍ଷମତା ଅଧିକାର କରିବା ସହ ଏସବୁର ପରିବର୍ତ୍ତନ ହେଲା। ଅନୁଚିତ୍ କର ବ୍ୟବସ୍ଥା ଏବଂ ଭ୍ରଷ୍ଟାଚାରର ମାଧ୍ୟମରେ ଭାରତୀୟ ବୟନଶିଳ୍ପ ବଜାରକୁ ଏକ ସୁଗଠିତ ପ୍ରକ୍ରିୟାରେ ଧ୍ୱଂସ କରି ଦିଆଯାଇଥିଲା। ପ୍ରଥମ ପଦକ୍ଷେପ ହିସାବରେ ଇଂରେଜମାନେ ଭାରତୀୟ ବୟନ ଶିଳ୍ପର ରପ୍ତାନି ବଜାର ବନ୍ଦ କରି ଦୀର୍ଘ ଦିନରୁ ଅନ୍ୟ ଦେଶମାନଙ୍କ ସହ ଥିବା ବାଣିଜ୍ୟିକ ସଂପର୍କର ସନ୍ତୁଳନକୁ ବିଗାଡିଦେଲେ। ଅନେକ ଉଦାହରଣରୁ ଏହା ଜଣାଯାଏ ଯେ ଇଷ୍ଟ ଇଣ୍ଡିଆ କମ୍ପାନୀର ସୈନିକମାନେ ବଙ୍ଗ ବୁଣାକାରମାନଙ୍କ ତନ୍ତ ଧ୍ୱଂସ କରିଦେଉଥିଲେ ଏବଂ ସ୍ଥଳ ବିଶେଷରେ ବୁଣାକାରମାନଙ୍କ ବୁଢା ଆଙ୍ଗୁଠି ଭାଙ୍ଗି ସେମାନଙ୍କୁ ଲୁଗା ବୁଣିବାରୁ କ୍ଷାନ୍ତ କରୁଥିଲେ।

ଉପରୋକ୍ତ ସ୍ୱାଭାବିକ୍ ପ୍ରକ୍ରିୟା ସହ କିଛି ସୂକ୍ଷ୍ମ ଓ ଜଟିଳ ପ୍ରକ୍ରିୟା ମଧ୍ୟ ଭାରତୀୟ ବୟନ ଶିଳ୍ପକୁ ନଷ୍ଟ କରିବାକୁ ପ୍ରୟୋଗ ହେଉଥିଲା। ଅନ୍ୟାୟ ଭାବେ ଅତ୍ୟଧିକ ମାହାସୁଲ ଆଦାୟ ଓ ଅଯଥା କର ବସାଇବା ଏହି ଉପାୟ ମଧ୍ୟରେ ଅନ୍ତର୍ଭୁକ୍ତ ଥିଲା। ଏସବୁ ସତ୍ତ୍ୱେ ଯଦି କିଛି ରପ୍ତାନିଯୋଗ୍ୟ ବୟନ ବସ୍ତୁ ରହୁଥିଲା, ତା' ଉପରେ ପାଖାପାଖି ୭୦/୮୦ ପ୍ରତିଶତ କର ଲଗାଇ ଦିଆଯାଉଥିଲା। ଏସବୁ ପ୍ରତିକ୍ରିୟାରେ ରପ୍ତାନି ବ୍ୟବସ୍ଥା ପ୍ରାୟ ଭୁଶୁଡିଗଲା। ଏହାସହ ଭାରତୀୟ ବଜାରକୁ ବ୍ରିଟିଶ୍ ଲୁଗାକଳରେ ପ୍ରସ୍ତୁତ ଶସ୍ତା ଲୁଗାର ବନ୍ୟା ଛୁଟିଥିଲା। ଏସବୁ ପରେ ବି ଭାରତରେ କପା ଚାଷ ହେଉଥିଲା, କିନ୍ତୁ ସୂତାକଟା କିମ୍ବା ଲୁଗାବୁଣା ହେଉ ନ ଥିଲା। କଂଚାମାଲ୍ ରୂପେ କପା ବ୍ରିଟେନ୍‌କୁ ପଠାଯାଇ ସେଠି ଲୁଗା ତିଆରି ହୋଇ ଭାରତୀୟ ବଜାରରେ ବିକ୍ରି ହେଉଥିଲା। ବୟନ ଶିଳ୍ପ ଧ୍ୱଂସର ଫଳସ୍ୱରୂପ ଅନେକ ଲୋକ ଚାଷ କାମକୁ ବାଧ୍ୟ ହୋଇ ଆପଣେଇଲେ। ଯେଉଁ ଲୋକେ ଆଗରୁ ବୁଣାକାର ଥିଲେ ସେମାନେ ଏବେ କୃଷି କାର୍ଯ୍ୟ କଲେ କିମ୍ବା ଅନ୍ୟମାନଙ୍କ ଚାଷ ଜମିରେ କୃଷି ଶ୍ରମିକଭାବେ ପେଟ ପୋଷିଲେ। ଅନେକ ପରିବାରରେ ମହିଳାମାନେ ସୂତାକଟା ଓ ଲୁଗାବୁଣା କାର୍ଯ୍ୟ କରୁଥିଲେ ଏବଂ କୌଣସି ଏକ ଋତୁରେ ଯଦି ଠିକ୍ ଭାବେ ଶସ୍ୟ ଅମଳ ହେଉ ନ ଥିଲା, ତେବେ ପରିବାରର ଆର୍ଥିକ ଅବସ୍ଥା ଏଥିରେ ଠିକ୍ ରହୁଥିଲା। ଯାହାବି ହେଉ, ବୟନଶିଳ୍ପ ଯେତେବେଳେ ଆଉ ଲାଭଜନକ ହୋଇ ରହିଲା ନାହିଁ, ଲୋକଙ୍କର ସେ ପାଇଁ ଆଗ୍ରହର ମଧ୍ୟ କିଛି ଯଥାର୍ଥତା ରହିଲା ନାହିଁ। ଏଣୁ ଏହା ଅତିଶୟୋକ୍ତି ନୁହେଁ ଯେ ବ୍ରିଟିଶ୍ କାର୍ଯ୍ୟକଳାପର ସିଧାସଳଖ ପ୍ରଭାବ ଯୋଗୁ ଭାରତର ଗ୍ରାମୀଣ ଦାରିଦ୍ର୍ୟତା

ସୃଷ୍ଟି ହୋଇଥିଲା। ବୟନଶିଳ୍ପ ପରି ଦୁର୍ଭାଗ୍ୟ ଅନ୍ୟ ବ୍ୟବସାୟ ଯଥା – ଝୋଟ, ସିଲ୍କ, କୋଇଲା, ଅଫିମ, ମସଲା, ଚା ଇତ୍ୟାଦିର ମଧ୍ୟ ହୋଇଥିଲା। ଭାରତ ଦୟନୀୟ ଭାବେ କଂଚାମାଲ୍ ରପ୍ତାନିକାରୀ ଏବଂ ଶେଷ ଉତ୍ପାଦର ଆମଦାନୀ କରିବା ଦେଶ ହୋଇ ରହିଗଲା।

ବ୍ରିଟିଶ୍‌ମାନଙ୍କ ଉଚ୍ଚ କର ବ୍ୟବସ୍ଥା କେମିତି ଭାରତୀୟ ଅର୍ଥନୀତିକୁ ଧ୍ୱସ୍ତବିଧ୍ୱସ୍ତ କରିଥିଲା, ତାହା ସଠିକ୍ ଢଙ୍ଗରେ ସିନେମା ଲଗାନ୍ (କର)ରେ ପ୍ରଦର୍ଶିତ ହେଇଛି। ସାଧାରଣଭାବେ ରୋଜଗାରର ୫୦ ଭାଗ କର ରୂପେ ଦେବାକୁ ହେଉଥିଲା, ଯଦ୍ଦ୍ୱାରା ଲୋକେ ନିଜ ଗାଁ ଭୂଇଁକୁ ଛାଡ଼ିଯାଉଥିଲେ। ପଇଠ କରିପାରୁ ନ ଥିବା କର ବ୍ୟବସ୍ଥା ହିଁ ସମାଜରେ ବହୁଳ ହିଂସାର କାରଣ ଥିଲା। ଊନବିଂଶ ଶତାବ୍ଦୀ ଶେଷ ଆଡ଼କୁ ଭାରତୀୟ ସାମାଜିକ ବ୍ୟବସ୍ଥା ବ୍ରିଟିଶ୍‌ମାନଙ୍କ ଦ୍ୱାରା ଧ୍ୱଂସ ହୋଇସାରିଥିଲା। ଭାରତ ବ୍ରିଟେନ୍ ପାଇଁ ରାଜସ୍ୱ ଆଦାୟର ମୁଖ୍ୟ ସ୍ରୋତ, ବ୍ରିଟିଶ୍ ଉତ୍ପାଦ କ୍ରୟ କରିବାରେ ବିଶ୍ୱର ଏକ ନମ୍ବର ଦେଶ ଏବଂ ବ୍ରିଟିଶ୍ ପ୍ରଶାସନିକ ସେବା ଓ ସୈନ୍ୟବାହିନୀ ପାଇଁ ଲୋକ ଯୋଗାଇବାର ମାଧ୍ୟମ ହେଇଯାଇଥିଲା। ଉପରୋକ୍ତ ସବୁ ଜିନିଷ ଆମେ ଆମ ପ୍ରତି ହେଉଥିବା ଅତ୍ୟାଚାରର ମୂଲ୍ୟ ରୂପେ ଦେଉଥିଲୁ।

କେମିତି ପ୍ରଥମେ ଇସଲାମିକ୍ ଆକ୍ରମଣକାରୀ ଏବଂ ପରେ ମ୍ୟାକୁଲେ ଭାରତୀୟ ଶିକ୍ଷା ପଦ୍ଧତିକୁ ଧ୍ୱଂସ କରିଥିଲେ

ପୂର୍ବ ଅଧ୍ୟାୟରେ ଆମେ ବିଶଦ୍‌ଭାବେ ଆଲୋଚନା କରିସାରିଛନ୍ତି କିପରି ଇସଲାମିକ୍ ଆକ୍ରମଣକାରୀମାନେ ଭାରତୀୟ ଶିକ୍ଷା ପଦ୍ଧତିକୁ ଧ୍ୱଂସ କରିଥିଲେ- ନାଳନ୍ଦା, ତକ୍ଷଶିଳା ଓ ଅନେକ ବିଶ୍ୱବିଦ୍ୟାଳୟ ପରି ଉଚ୍ଚଶିକ୍ଷା ସଂସ୍ଥାନଗୁଡ଼ିକର ଧ୍ୱଂସ ଏବଂ ଅସଂଖ୍ୟ ପ୍ରାଚୀନ ପୋଥିର ଅଗ୍ନିଦାହ ଏହା ମଧ୍ୟରେ ଅନ୍ତର୍ଭୁକ୍ତ। ବ୍ରିଟିଶ୍‌ମାନେ ନିଜ ବୟନଶିଳ୍ପ ଦ୍ୱାରା ଭାରତୀୟ ବୟନଶିଳ୍ପକୁ ସ୍ଥାନାନ୍ତରଣ କରି କିପରି ଶୃଙ୍ଖଳିତଭାବେ ଭାରତୀୟ ଉଦ୍ୟୋଗକୁ ସମ୍ପୂର୍ଣ୍ଣ ନଷ୍ଟ କରିଦେଇଥିଲେ। ବୟନଶିଳ୍ପର ଧ୍ୱଂସ ତାହାର ପ୍ରକୃଷ୍ଟ ଉଦାହରଣ।

ବ୍ରିଟିଶ୍‌ମାନେ କିପରି ବାକିଥିବା ଅବଶେଷର ଧ୍ୱଂସର କାରଣ ହୋଇଥିଲେ ତାହା ଏକ ଭୟଙ୍କର କାହାଣୀ। ଗୁରୁକୁଳ ବ୍ୟବସ୍ଥା ଉଚ୍ଛେଦ କରି ସେମାନେ ଭାରତର ପ୍ରାଥମିକ ଶିକ୍ଷା ପଦ୍ଧତିକୁ ନଷ୍ଟ କରିଦେଇଥିଲେ। ବ୍ରିଟିଶ୍ ଶିକ୍ଷା ପଦ୍ଧତି ଦ୍ୱାରା ଭାରତୀୟ ମାନସିକତାକୁ ଉପନିବେଶବାଦୀ କରିବା ଥିଲା ଟମାସ ବାବିଙ୍ଗଟନ୍ ମ୍ୟାକୁଲେଙ୍କର ଏକମାତ୍ର ଉଦ୍ଦେଶ୍ୟ। ସେ ତାଙ୍କର କୁଖ୍ୟାତ ବହି 'ମିନିଟ୍ ଅନ୍ ଏଡୁକେଶନ୍'ରେ

କହିଛନ୍ତି – "ଆମର ସୀମିତ ସମ୍ବଳ ଭିତରେ ଏତେ ବିଶାଳ ଜନସଂଖ୍ୟାକୁ ଶିକ୍ଷିତ କରିବାର ପ୍ରଚେଷ୍ଟା ମଧ୍ୟ ଅସମ୍ଭବ। ଆମ୍ଭେ ବର୍ତ୍ତମାନ ଏମିତି ଏକ ଶ୍ରେଣୀ ପ୍ରସ୍ତୁତ କରିବା ଆବଶ୍ୟକ ଯେଉଁମାନେ କି ରକ୍ତ ଓ ବର୍ଣ୍ଣରେ ଭାରତୀୟ, କିନ୍ତୁ ମେଧା, ନୈତିକତା, ମତ ଓ ରୁଚିରେ ଇଂରେଜ୍ ହେଇଥିବେ - ଯିଏ ଆମ୍ଭମାନଙ୍କ ଦ୍ୱାରା ଶାସିତ ହେଉଥିବା ଜନ ସମୂହ ଏବଂ ଆମ୍ଭ ମଧ୍ୟରେ ମଧ୍ୟସ୍ଥ ଅବା ଦ୍ୱିଭାଷୀର ଦାୟିତ୍ୱ ତୁଲାଇପାରିବେ।" ବାସ୍ତବରେ ମ୍ୟାକୁଲେଙ୍କ ପଦ୍ଧତି ଦ୍ୱାରା ପାରମ୍ପରିକ ଗ୍ରାମୀଣ ବିଦ୍ୟାଳୟ ଯାହା ଲୋକଙ୍କୁ ପ୍ରାଥମିକ ଶିକ୍ଷା ଦେବାରେ ସହାୟକ ହେଉଥିଲା, ତାହା ଧ୍ୱଂସ ହୋଇଗଲା। ଗ୍ରାମୀଣ ବିଦ୍ୟାଳୟ ସ୍ଥାନୀୟ ଶକ୍ତିକେନ୍ଦ୍ରର ଏକ ଅନୁଷ୍ଠାନ ଥିଲା। ଯେବେ ବ୍ରିଟିଶ୍ ପ୍ରଶାସନ ଦ୍ୱାରା ଏକ ବିଦେଶୀ ଭାଷାରେ ଶିକ୍ଷା ବ୍ୟବସ୍ଥା ଗ୍ରାମୀଣ ସ୍କୁଲ୍ ବଦଳରେ ବ୍ୟବହାର ହେଲା, ତାହା ସାଧାରଣ ଲୋକଙ୍କ କାମରେ ଆସିଲାନି ଏବଂ ଦରିଦ୍ର ଶ୍ରେଣୀର ପିଲାମାନେ ଶିକ୍ଷା ବ୍ୟବସ୍ଥାରୁ ବାଦ୍ ପଡିଲେ। ଏହା ଦ୍ୱାରା ଭାରତର ଅଧିକାଂଶ ଲୋକେ ଅଶିକ୍ଷିତ ରହିଲେ।[୬] ଆମ ଶିକ୍ଷା ବ୍ୟବସ୍ଥାରେ ଯାହାକିଛି ଭୁଲ୍ ବୋଲି କୁହାଯାଇଛି ତାହା ବ୍ରିଟିଶ୍ ଶାସନରୁ ହିଁ ଆସିଛି। ଯେହେତୁ ବ୍ରିଟିଶ୍ ସମୟରେ ବିଦ୍ୟାଳୟ ଓ ମହାବିଦ୍ୟାଳୟଗୁଡିକ କେବଳ ପରୀକ୍ଷା ପଦ୍ଧତି ଉପରେ ନିର୍ଭରଶୀଳ ଥିଲେ, ଘୋଷାପାଠ ଏକମାତ୍ର ନିୟମ ହୋଇଯାଇଥିଲା ; ଏବଂ ଏହା ପାରମ୍ପରିକ ଭାରତୀୟ ଶିକ୍ଷା ପଦ୍ଧତିର ଗୁରୁ ଶିଷ୍ୟ ପରମ୍ପରାଠୁ ସମ୍ପୂର୍ଣ୍ଣ ଭିନ୍ନ ଥିଲା, ଯେଉଁଠି ଶିଷ୍ୟମାନେ ଗୁରୁଙ୍କ ସହ ରହି କେବଳ ସୂଚନା ନୁହେଁ, ଅସଲ ଜ୍ଞାନ ଆହରଣ କରୁଥିଲେ।

ଭାରତୀୟମାନଙ୍କୁ ଇଂରାଜୀରେ କ'ଣ ପଢାହେବ ତାହା ମଧ୍ୟ ମ୍ୟାକୁଲେଙ୍କ ବିକୃତ ପଦ୍ଧତିରୁ ନିର୍ଦ୍ଧାରଣ ହେଉଥିଲା। ତେଣୁ ଏଥିରେ ଆଶ୍ଚର୍ଯ୍ୟ ହେବାର କିଛି ନାହିଁ ଯେ ବ୍ରିଟିଶ୍ ଶାସନ କାଳରେ, ଭାରତୀୟ ସାହିତ୍ୟର ମଣିରୂପେ ଗଣା ହେଉଥିବା କାଳିଦାସଙ୍କ ଶକୁନ୍ତଳା ଭାରତୀୟ ବିଦ୍ୟାଳୟ ଓ ମହାବିଦ୍ୟାଳୟରେ ପଠନ ଅଯୋଗ୍ୟ ହୋଇଗଲା। ଏବେ ବି ଭାରତରେ ଦେଖାଯାଉଥିବା ମାନସିକ ଉପନିବେଶବାଦ ବ୍ରିଟିଶ୍ ଶିକ୍ଷା ପଦ୍ଧତିର ସିଧାସଳଖ ଅବଦାନ। ଶିକ୍ଷା ରାଷ୍ଟ୍ରକୁ ଗଢିବା କିମ୍ବା ଭାଙ୍ଗିବାର କ୍ଷମତା ରଖେ, ତେଣୁ ବିଡ଼ମ୍ବନାଟି ସର୍ବାଧିକ। ବ୍ରିଟିଶମାନେ ଛାଡିଯିବା ପରେ ମଧ୍ୟ ବ୍ରିଟିଶତ୍ୱ ଏବେ ବି ଆମ ଦେଶରେ ବିଦ୍ୟମାନ। କଂଗ୍ରେସ୍ ସମ୍ପୂର୍ଣ୍ଣ ଶିକ୍ଷା ବ୍ୟବସ୍ଥାକୁ ବାମପନ୍ଥୀ ବୁଦ୍ଧିଜୀବୀଙ୍କୁ ହସ୍ତାନ୍ତର କରିଦେଲା- ଯେଉଁମାନେ ବିଜ୍ଞାନ, ଭେଷଜ ଓ ଗଣିତ ଆଦିରେ ଥିବା ଭାରତର ସ୍ୱର୍ଣ୍ଣିମ ଉତ୍କର୍ଷତାକୁ ଘୃଣା କରୁଥିଲେ। ଏହା ଏକ ଅଦ୍ଭୁତ ତୁଳନା ହେବ ଯେ ପ୍ରୟାଗରାଜ (ପୂର୍ବନାମ ଆହ୍ଲାବାଦ)ରେ ଅନେକ ପରିବାର ମଧ୍ୟରେ ଦୁଇଟି ଉଲ୍ଲେଖନୀୟ ପରିବାର ରହୁଥିଲେ – ତନ୍ମଧ୍ୟରୁ ଗୋଟିଏ କେମ୍ବ୍ରିଜ୍

ଶିକ୍ଷାପ୍ରାପ୍ତ ନେହେରୁ ପରିବାର ଓ ଅନ୍ୟଟି ସଂସ୍କୃତ ଶିକ୍ଷାପ୍ରାପ୍ତ ମହାମନା ମାଳବ୍ୟଙ୍କ ପରିବାର। ଭାରତୀୟ ସ୍ୱାଧୀନତା ସଂଗ୍ରାମରେ ଗୁରୁତ୍ୱପୂର୍ଣ୍ଣ ଭୂମିକା ଗ୍ରହଣ କରିଥିବା ବନାରସ ହିନ୍ଦୁ ବିଶ୍ୱବିଦ୍ୟାଳୟ ଆମକୁ ଦେଇଛନ୍ତି ମହାମନା ପଣ୍ଡିତ ମଦନ ମୋହନ ମାଲବ୍ୟ ଏବଂ ନେହେରୁଙ୍କ ଦ୍ୱାରା ସ୍ଥାପିତ ଜବାହରଲାଲ୍ ନେହେରୁ ବିଶ୍ୱବିଦ୍ୟାଳୟରେ ଆମେ ଏବେ ଶୁଣୁଛୁ ବିଭେଦକାରୀ ସ୍ଲୋଗାନ୍। ତେଣୁ କେବଳ ବ୍ରିଟିଶ୍ ଶାସକମାନଙ୍କଠୁ ସ୍ୱାଧୀନତା ମିଳିବା ଯଥେଷ୍ଟ ନୁହେଁ, ଭାରତ ଏବେ ବି ବ୍ରିଟିଶତ୍ୱରୁ ମୁକ୍ତି ପାଇବା ଆବଶ୍ୟକ। ତେଣୁ ଭାରତୀୟ ଜନତା ପାର୍ଟି ଉପରେ ଆଲୋଚନା କରିବା ପୂର୍ବରୁ ରାଷ୍ଟ୍ରବାଦୀ ଚିନ୍ତାଧାରା ଏବଂ ଆନ୍ଦୋଳନ ବିଷୟରେ ଆଲୋଚନା କରିବା ଜରୁରୀ ଥିଲା।

ହିନ୍ଦୁ ସଂଖ୍ୟା ହ୍ରାସ: ବଳପୂର୍ବକ ଧର୍ମାନ୍ତରୀକରଣ

୧୮୭୧ ମସିହାରେ ବ୍ରିଟିଶମାନଙ୍କ ଦ୍ୱାରା ପଞ୍ଜାବରେ କରାଯାଇଥିବା ଜନଗଣନାରେ ଲୋକେ ହିନ୍ଦୁ ସଂଖ୍ୟା ହ୍ରାସର ଭୟାବହତା ଅନୁଭବ କଲେ। ବଳପୂର୍ବକ ଇସଲାମ୍ ଓ ଖ୍ରୀଷ୍ଟିଆନ୍ ଧର୍ମକୁ ଧର୍ମାନ୍ତରୀକରଣ ଏହାର ସ୍ପଷ୍ଟ କାରଣ ଥିଲା। ଜନଗଣନା ପଞ୍ଜାବରେ ହିନ୍ଦୁ ସଂଖ୍ୟା କମିବା ସ୍ପଷ୍ଟ ଭାବେ ସୂଚାଇଥିଲା। ୧୮୯୧ ମସିହାରେ ଏହି ରାଜ୍ୟରେ ଥିବା ହିନ୍ଦୁମାନଙ୍କ ସଂଖ୍ୟା ୪୩.୮ ପ୍ରତିଶତ ଥିବାବେଳେ ୧୯୧୧ ବେଳକୁ ଏହା କମି ୩୬.୩ ପ୍ରତିଶତରେ ପହଞ୍ଚିଥିଲା। ଏହି ସମୟର ଜନଗଣନାରେ ପଞ୍ଜାବରେ ଖ୍ରୀଷ୍ଟିଆନ୍ ଓ ମୁସଲମାନଙ୍କ ସଂଖ୍ୟା ବୃଦ୍ଧି ହୋଇଥିଲା। ୧୯୧୧ର ଜନଗଣନା ତଥ୍ୟରୁ ଜଣାଯାଏ ଯେ ୧୯୦୧ ରୁ ୪୦ ହଜାର ଓ ୧ ଲକ୍ଷ ୨୦ ହଜାର ହିନ୍ଦୁ ଯଥାକ୍ରମେ ମୁସଲିମ୍ ଓ ଖ୍ରୀଷ୍ଟିଆନ୍ ଧର୍ମରେ ଦୀକ୍ଷିତ ହୋଇଥିଲେ। ଏହା ହିନ୍ଦୁତ୍ୱର ଦୁର୍ଗ ପାଇଁ ଘାତକ ବୋଲି ଚିନ୍ତା ପ୍ରକଟ କରି ବ୍ରିଟିଶ ଜନଗଣନା କମିଶନର ଏଚ୍.ଏଚ୍. ରିସେଲ୍ କହିଥିଲେ ଯେ "ହିନ୍ଦୁଧର୍ମ କ'ଣ ନିଜର ପୂର୍ବ ଗୌରବକୁ ରକ୍ଷା କରିବାରେ ଭବିଷ୍ୟତରେ ମଧ୍ୟ ସମର୍ଥ ହେବ?[୭] ୧୯୦୯ ମସିହାରେ ୟୁ.ଏନ୍. ମୁଖାର୍ଜୀ ଏକ ପ୍ରବନ୍ଧ ଲେଖିଲେ ଏବଂ କ୍ଷୁଦ୍ର ପୁସ୍ତିକା ରୂପେ ବାଣ୍ଟିଲେ ଯାହାର ଶୀର୍ଷକ ଥିଲା – 'ହିନ୍ଦୁ ସମୂହ – ଏକ ଲୁପ୍ତ ହେବାକୁ ଥିବା ଜାତି'।[୮] ସେ ଏଥିରେ ଛଳନା, ହିଂସା ଓ ବଳପ୍ରୟୋଗ ଦ୍ୱାରା ମୁସଲମାନ୍ ଶାସକ ଏବଂ ଖ୍ରୀଷ୍ଟିଆନ୍ ମିସନାରୀମାନେ କିପରି ହିନ୍ଦୁମାନଙ୍କର ଧର୍ମାନ୍ତରୀକରଣ କରାଇଥିଲେ ସେ ସମ୍ବନ୍ଧରେ ପୁନର୍ବାର ଆଲୋଚନା କରିଥିଲେ ଏବଂ ହିନ୍ଦୁ ଧର୍ମ ଲୋପ ପାଇବାର ଆଶଙ୍କା ମଧ୍ୟ ପ୍ରକଟ କରିଥିଲେ।

ଭାରତ ସଦାସର୍ବଦା ଧର୍ମ, ଅଧ୍ୟାତ୍ମ ସାଧନା, ଦର୍ଶନ ଓ ଚିନ୍ତନ ପାଇଁ ଏକ ଉର୍ବରଭୂମି ରୂପେ ପ୍ରମାଣିତ ହେଇଆସିଛି। ଅନ୍ୟ ଦେଶରେ ଉତ୍ପୀଡନର ଶିକାର ହେଇଥିବା ଭିନ୍ନ ଧର୍ମାବଲମ୍ବୀମାନଙ୍କୁ ମଧ୍ୟ ଭାରତ ଆଶ୍ରା ଦେଇଛି। ଜୋରାଷ୍ଟ୍ରିଆନ୍ (ପର୍ସିଆନ)ମାନଙ୍କଠୁ ଆରମ୍ଭ କରି ଜିଉମାନଙ୍କ ପର୍ଯ୍ୟନ୍ତ ଅନେକ ଲୋକ ଭାରତକୁ ଆସି ଶାନ୍ତିପୂର୍ଣ୍ଣ ଭାବେ ବସବାସ କରିଛନ୍ତି। ସାମ୍ବିଧାନିକ ସଭାର ତର୍କ ସମୟରେ ପାର୍ସିମାନେ ସଫା କହିଛନ୍ତି ଯେ ସେମାନେ ଭାରତୀୟମାନଙ୍କ ଦ୍ୱାରା ହଜାର ବର୍ଷ ଧରି ଆଦର ଯତ୍ନ ପାଇଆସୁଛନ୍ତି । ସେମାନଙ୍କୁ ଦିଆଯାଉଥିବା କୌଣସି ପ୍ରକାର ସଂରକ୍ଷଣ କିମ୍ବା ଅନୁଗ୍ରହକୁ ସେମାନେ ଅତ୍ୟନ୍ତ ବିଜ୍ଞତାର ସହିତ ଦୂରେଇ ଦେଇଛନ୍ତି।[୯] ୨୦୦୭ରେ ଦିଲ୍ଲୀରେ ଅନୁଷ୍ଠିତ ହେଉଥିବା ଜିଉଜ – ହିନ୍ଦୁ ଆନ୍ତଃବିଶ୍ୱାସ ନେତୃତ୍ୱ ସମ୍ମିଳନୀରେ ଇସ୍ରାଏଲ୍‌ର ମୁଖ୍ୟ ରାବି ୟୋନା ମଜର କହିଥିଲେ ଯେ 'ଭାରତରେ ଗତ ୨୦୦୦ ବର୍ଷ ଧରି ଜିଉମାନେ ରହିଆସୁଛନ୍ତି ଏବଂ କୌଣସି ପ୍ରକାର ଆକ୍ରୋଶର ଶିକାର ହୋଇନାହାନ୍ତି। ସମଗ୍ର ବିଶ୍ୱର ମାନବ ଇତିହାସରେ ଏକଥା ବିରଳ।"[୧୦]

'ଫୋର୍ବ'ରେ ପ୍ରକାଶିତ ଏକ ଆଲେଖ୍ୟରେ ଗ୍ୟାରୀ ଉଇସ୍ କହନ୍ତି – 'ଯେବେ ଧର୍ମୀୟ ସହନଶୀଳତାର ପ୍ରସଙ୍ଗ ଆସେ ଭାରତ ଆମକୁ ଅନେକ କଥା ଶିଖାଏ। ଏହି ଉଲ୍ଲେଖନୀୟ କଥାରେ ମୋ ମନକୁ ଆସେ ଏକ ଅତ୍ୟଳ୍ପ ସଂଖ୍ୟକ ଜିଉ ସମ୍ପ୍ରଦାୟର କଥା। ବୋଧହୁଏ ସମଗ୍ର ବିଶ୍ୱ ଇତିହାସରେ ଭାରତ ଏକମାତ୍ର ଦେଶ ଯାହାର ଇହୁଦି କିମ୍ବା ଜିଉ ବିରୋଧୀ ପୂର୍ବାଗ୍ରହ ଆଦୌ ନାହିଁ। ନିକଟରେ ଜିଉମାନଙ୍କ ବଂଶାବଳୀ ବର୍ଣ୍ଣନ ପତ୍ରିକା 'ଆଭୋତ୍ୟନୁ'ର ଏକ ଆଲେଖ୍ୟରେ ଏହା ଦର୍ଶାଯାଇଛି।" "ବେନେ ଇସ୍ରାଏଲି ବା ଇହୁଦି ବା ଜିଉ ସମ୍ପ୍ରଦାୟ ପ୍ରାୟ ୨୪୦୦ ବର୍ଷ ଧରି ନିଜର ସମସ୍ତ ସାମାଜିକ, ଅର୍ଥନୈତିକ ଓ ସାଂସ୍କୃତିକ ସ୍ୱାଭିମାନ ସହ ପରିବର୍ଦ୍ଧିତ ହୋଇ ଚାଲିଛି ଏପରି ଏକ ସହିଷ୍ଣୁ ଭୂମିରେ ଯାହାର ଆଦୌ ଜିଉ କିମ୍ବା ଇହୁଦି ବିରୋଧୀ ମନୋଭାବ ନାହିଁ।"[୧୧]

ଏଣୁ ଅନ୍ୟ ଧର୍ମ ସହ ଶାନ୍ତିପୂର୍ଣ୍ଣ ସହାବସ୍ଥାନ ଭାରତର ସମସ୍ୟା କେବେ ହେଁ ନ ଥିଲା – କିନ୍ତୁ ଇସଲାମ୍ ଓ ଖ୍ରୀଷ୍ଟିଆନ୍‌ମାନେ ଭାରତକୁ ରାଜନୈତିକ ଭାବ ନେଇଆସି ବହୁ ଲୋକଙ୍କୁ ହିଂସା, ବଳପ୍ରୟୋଗ ଓ ଛଳନା ଦ୍ୱାରା ଧର୍ମାନ୍ତରୀକରଣ କରିଲେ ଏବଂ ଏବେ ମଧ୍ୟ ସେ ପ୍ରକ୍ରିୟା ଜାରି ରହିଛି।

୨୦୧୧ ଜନଗଣନାକୁ ବିଶ୍ଳେଷଣ କରି ଜନତତ୍ତ୍ୱବିଦ୍ ଡଃ. ଜେ.କେ. ବଜାଜ୍ ଦର୍ଶାଇଛନ୍ତି ଯେ "୨୦୦୧ ରୁ ୨୦୧୧ ମଧ୍ୟରେ ମୁସଲିମ ଜନସଂଖ୍ୟା ୨୪.୪ ଶତକଡା ବଢିଛି। ଏହି ଦଶନ୍ଧି ମଧ୍ୟରେ ସମ୍ପୂର୍ଣ୍ଣ ଜନସଂଖ୍ୟା କେବଳ ୧୭.୭% ବଢିଛି,

ହିନ୍ଦୁମାନଙ୍କ ଜନସଂଖ୍ୟା ମୁସଲିମଙ୍କ ତୁଳନାରେ ବହୁତ କମ୍ ମାତ୍ର ୧୪.୫% ବଢ଼ିଛି। ଭିନ୍ନ ଭିନ୍ନ ସମ୍ପ୍ରଦାୟ ମଧ୍ୟରେ ଜନସଂଖ୍ୟା ବୃଦ୍ଧିର ଏହି ଅସନ୍ତୁଳନ ଜନତତ୍ତ୍ୱ ସନ୍ତୁଳନ ରକ୍ଷା କରିବାରେ ସମ୍ପୂର୍ଣ୍ଣ କାଠିକର ହେବ। ୨୦୧୧ରେ ମୁସଲିମ ସଂଖ୍ୟାବୃଦ୍ଧି ଜାତୀୟ ବୃଦ୍ଧିଠାରୁ ୩୮% ଅଧିକ ଥିଲା; ୨୦୦୧ରେ ଏହା ୩୬.୮% ଥିଲା। ଅନ୍ୟ ପକ୍ଷରେ ଜାତୀୟ ଜନସଂଖ୍ୟା ବୃଦ୍ଧିଠୁ ହିନ୍ଦୁ ସଂଖ୍ୟା ବୃଦ୍ଧି ପ୍ରାୟ ୨୦% କମ୍ ଥିଲା। ୨୦୦୧ରେ ମୁସଲିମ୍ ଜନସଂଖ୍ୟା ୧୩.୪ ଥିଲାବେଳେ ୨୦୧୧ରେ ତାହା ୧୪.୨ ଥିଲା। ଜଣେ ଯୁକ୍ତି କରିପାରେ ଯେ .୮% ବୃଦ୍ଧି ଅତି ଅଳ୍ପ, ତେଣୁ ଚିନ୍ତାର ବିଷୟ ନ ହୋଇପାରେ। କିନ୍ତୁ ଅଳ୍ପ ସଂଖ୍ୟକ ବୋଲାଉଥିବା ଏହି ସମ୍ପ୍ରଦାୟର ବୃଦ୍ଧି ମଧ୍ୟ କିଛି କମ୍ ନୁହେଁ। ଏହିପରି ବୃଦ୍ଧି ଦୁଇ ସମ୍ପ୍ରଦାୟ ମଧ୍ୟରେ ସାମାଜିକ, ରାଜନୈତିକ ଓ ଭୌଗୋଳିକ ପରିବର୍ତ୍ତନର ଭୟଙ୍କର କାରଣ ହେଇପାରେ।[୧୨]

ଜାତିଭିତ୍ତିକ ଜନଗଣନା: ଭାରତ ବିଭାଜନର ଔପନିବେଶ ଷଡ଼ଯନ୍ତ୍ର

ଭାରତରେ ପ୍ରବେଶ ଦିନରୁ ହିଁ ଇଂରେଜମାନେ ଭାରତୀୟ ଜାତିପ୍ରଥା ପ୍ରତି ଆକୃଷ୍ଟ ହୋଇଥିଲେ। ସେମାନେ ଜାତିପ୍ରଥାକୁ ଭାରତର ବିପୁଳ ଜନସଂଖ୍ୟାକୁ ଭାଙ୍ଗି ଖଣ୍ଡ ଖଣ୍ଡ କରିଦେବା ଓ ସେ ସବୁକୁ ବିଶିଷ୍ଟ ଚରିତ୍ର ଦେବାରେ ସହାୟକ ହେବାର ଉପାୟ ଭାବେ ଦେଖୁଥିଲେ। ଆହୁରି ମଧ୍ୟ ଏହି ଜାତିପ୍ରଥା ଏକ ବିଭାଜକ ରେଖା ହେଇ ସେମାନଙ୍କ 'ଭାଗ କରି ଶାସନ କରିବା' ପରି ଔପନିବେଶିକ ପଦ୍ଧତି ହୋଇପାରିବ ବୋଲି ଗ୍ରହଣ କରୁଥିଲେ। ୧୮୫୭ର ବିଦ୍ରୋହ ପରେ ବ୍ରିଟିଶମାନେ ଭାରତକୁ ଭାଗ କରିବାର ସାମାଜିକ, ରାଜନୈତିକ କାରଣ ସବୁ ଖୋଜିବାକୁ ଲାଗିଲେ ଏବଂ ଜାତିପ୍ରଥାକୁ ବ୍ୟବହାର କରି ଭାରତକୁ ପ୍ରାୟ ୨୦୦ ବର୍ଷ ଶାସନ କରିଥିଲେ। କିନ୍ତୁ କିପରି ?

ରାଜୀବ ମାଲହୋତ୍ରା ତାଙ୍କ ପ୍ରସିଦ୍ଧ ବହି "ବ୍ରେକିଙ୍ଗ ଇଣ୍ଡିଆ"[୧୩]ରେ ଏହା କହିଛନ୍ତି ଯେ ୧୮୭୧ରେ ଇଂରେଜମାନେ ସାର୍ ଜନ୍ ରିସେଲି ନାମକ ଜଣେ ବର୍ଣ୍ଣ ବୈଜ୍ଞାନିକଙ୍କୁ ଜାତିଭିତ୍ତିକ ଜନଗଣନା ପାଇଁ ନିଯୁକ୍ତ କଲେ। ରିସେଲି ଭିନ୍ନ ଭିନ୍ନ ଜାତିମାନଙ୍କର ଏକ ତାଲିକା ପ୍ରସ୍ତୁତ କରି ନିଜ ମତ ଦ୍ୱାରା ତାହାକୁ ଉତ୍କୃଷ୍ଟ ଓ ତାହାକୁ ନିକୃଷ୍ଟ ରଖିବେ ତାହା ସ୍ଥିର କରିଲେ। ଅନେକ ସମୟରେ ଜନଗଣନା ସର୍ଭେର ପ୍ରତିବାଦୀମାନେ ସେମାନଙ୍କ ଜାତି ବିଷୟରେ ଅଜ୍ଞ ଥିଲେ ଏବଂ ରିସେଲିଙ୍କ କୁଟିଳ ପଦ୍ଧତିର ଶିକାର ହେଉଥିଲେ। ରିସେଲି ଜାତିକୁ ଗୋଷ୍ଠୀ କହି ଏକ ଚତୁର ତଥା ହାସ୍ୟାସ୍ପଦ ବ୍ୟାଖ୍ୟାନ ସୃଷ୍ଟି କଲେ, "ଜାତିର ସାମାଜିକ ସ୍ଥିତି 'ନାକ'ର ଗଠନ ସହ ବିପରୀତ

ଭାବେ ଅନୁପାତି” ରିସେଲିଙ୍କ ଅନୁଯାୟୀ ନାକ ଯଦି ଇଉରୋପୀୟମାନଙ୍କ ପରି ତୀକ୍ଷ୍ଣ, ଲମ୍ୱା ହୁଏ, ବ୍ୟକ୍ତିର ଜାତି ସେତେ ଉଚ୍ଚ। କେତେ ହାସ୍ୟାସ୍ପଦ ସତେ !!

ବାସ୍ତବରେ ସେମାନଙ୍କ ଅରଣ୍ୟ ସମ୍ପଦ ଓ ଭୂମିକୁ ଲୁଟିବାକୁ ଆସୁଥିବା ଇଂରେଜ୍ ପ୍ରଶାସନକୁ ଆଦିବାସୀମାନେ ବିରୋଧ କରୁଥିଲେ। କେବଳ ଏହି ଆଦିବାସୀମାନଙ୍କ ବିପକ୍ଷରେ ସଶସ୍ତ୍ର ଆକ୍ରମଣକୁ ବୈଧତା ପ୍ରଦାନ କରିବା ପାଇଁ ବ୍ରିଟିଶ୍‌ମାନେ ୧୮୭୧ରେ ଏକ ‘ଅପରାଧୀ ଆଦିବାସୀ ଅଧିନିୟମ’ ଆଣିଲେ, ଯେଉଁ ଅଧିନିୟମ ସୂଚାଉଥିଲା ଯେ ଏକ ନିର୍ଦ୍ଦିଷ୍ଟ ଗୋଷ୍ଠୀର ଆଦିବାସୀ ଜନ୍ମରୁ ହିଁ ଅପରାଧୀ। ସେ ସମୟରେ ବ୍ରିଟିଶ ସଂସଦରେ ଥିବା ସଦସ୍ୟ ଫିଟ୍‌ଜେମ୍ସ ଷ୍ଟିଫେନ୍ ଏ ସମ୍ବନ୍ଧରେ ଅତ୍ୟନ୍ତ ଅସଭ୍ୟ, ଜାତିବାଦୀ ଏବଂ ନରସଂହାରି ବାର୍ତ୍ତା ଦେଇ କହିଲେ ଯେ ‘ଏହି ଆଦିବାସୀମାନେ ଜନ୍ମରୁ ଅପରାଧୀ ଏବଂ ଏମାନଙ୍କ ବଂଶଧରମାନେ ନିର୍ମୂଳ ନ ହେବାଯାଏ ଆଇନକୁ ନିଶ୍ଚୟ ଅମାନ୍ୟ କରିବେ।’[୧୪] ତଥ୍ୟ ଅନୁଯାୟୀ ଅପରାଧୀ ଆଦିବାସୀ ଅଧିନିୟମ ପ୍ରଚଳନ ହେବା ପରେ, ଏହି ଆଦିବାସୀମାନଙ୍କୁ ଭିନ୍ନ ଅଞ୍ଚଳକୁ ଯିବା ପାଇଁ ପ୍ରବେଶପତ୍ର ଯୋଗାଡ଼ କରିବାକୁ ପଡୁଥିଲା। ଏହି ଅଧିନିୟମ ଆଦିବାସୀମାନଙ୍କୁ ଗିରଫ କରିବାକୁ ଓ ସେମାନଙ୍କ ଗତିବିଧି ନିରୀକ୍ଷଣ କରିବାକୁ ଖୋଲା ଅଧିକାର ବ୍ରିଟିଶ ଉପନିବେଶ ପୋଲିସକୁ ଦେଇଦେଲା। ଥରେ ଏହି ଅଧିନିୟମ ଦ୍ୱାରା କୌଣସି ଆଦିବାସୀ ସମ୍ପ୍ରଦାୟ ସରକାରୀ ଭାବେ ଅପରାଧୀ ସୂଚିତ ହେଲାପରେ ଏହି ସମ୍ପ୍ରଦାୟର ଆଇନ ଅନୁଯାୟୀ ଏ ନିୟମକୁ ନାକଚ କରିବାର ଆଉ କୌଣସି ସାହାରା ନ ଥିଲା। ଏହା ପରେ ଏମାନଙ୍କ ଗତିବିଧି ନିରୀକ୍ଷଣ, ବାଧ୍ୟତାମୂଳକ ପଞ୍ଜୀକରଣ, ପ୍ରବେଶପତ୍ର ଇତ୍ୟାଦି ଜବରଦସ୍ତ ଦିଆଯାଉଥିଲା ଏବଂ ସମ୍ପୃକ୍ତ ଜିଲ୍ଲା ମାଜିଷ୍ଟ୍ରେଟଙ୍କ ଦ୍ୱାରା ଏମାନଙ୍କ ଗତିବିଧିର ରେକର୍ଡ ରହୁଥିଲା। ଯାହାବି ହେଉ ଏହି ଆଦିବାସୀମାନେ ଅନ୍ୟମାନଙ୍କ ପରି ରହିଲେ, ସାଧାରଣ ଜନତାଙ୍କ ପୂର୍ବାଗ୍ରହ ଏବଂ ବହିଷ୍କାର କରିବା ମନୋବୃତ୍ତି ଯୋଗୁ ଏମାନେ ସେମାନଙ୍କ ସମ୍ପ୍ରଦାୟ ବାହାରେ କିଛି କାମ ପାଉ ନ ଥିଲେ ଏବଂ ଏ ବ୍ୟବସ୍ଥା ଅନେକ ଦିନ ଯାଏ ରହିଲା। ଦୃଢ଼ତା, ସ୍ୱାଧୀନତାର ସହ ନିରୀକ୍ଷଣ, କଠିନଶ୍ରମ ଏବଂ ଠିକ୍ ଭାବେ ବୁଝିବା - ଯାହା ବ୍ରିଟିଶମାନଙ୍କର ଶୁଦ୍ଧତାର ପରିଚୟ କହିଲେ ଅତ୍ୟୁକ୍ତି ହେବନାହିଁ – ଏ ସବୁ ପ୍ରୟୋଗ କରି ବ୍ରିଟିଶମାନେ ଅପରାଧୀ ଆଦିବାସୀ ନିୟମକୁ ୮୦ ବର୍ଷ ଯାଏ ପ୍ରଚଳନ କରିଥିଲେ। ଏହି ନିୟମ ଦ୍ୱାରା ଅସଂଖ୍ୟ ଆଦିବାସୀ ସେମାନଙ୍କ ପୂର୍ବପୁରୁଷଙ୍କ ସଂସ୍କୃତି ଏବଂ ସମ୍ପ୍ରଦାୟରୁ ଏକରକମ ବିତାଡିତ ହୋଇ ସମାଜରେ କୋଣଠେସା ହେଲେ ଏବଂ ସହର କିମ୍ବା ଗାଁ’ଠୁ ବାହାରେ ବସତି ସ୍ଥାପନ କରି ଅସ୍ପୃଶ୍ୟ ହୋଇ ରହିଲେ। ଜୀବିକା ଉପାର୍ଜନର କୌଣସି ଉପାୟ ନ ଥିବାରୁ ସେମାନେ ସଫେଇ କାର୍ଯ୍ୟ ଏବଂ ଅତି

ନିମ୍ନମାନର ପାଇଖାନା ସଫା କାର୍ଯ୍ୟ ଓ ମଲା ପଶୁପକ୍ଷୀଙ୍କ ଚମଡ଼ା ସଂଗ୍ରହ କାର୍ଯ୍ୟ କରିଲେ। ବ୍ରିଟିଶ ନିୟମ ପ୍ରଣେତାଙ୍କ କଲମର ଗୋଟିଏ ଝଟକାରେ କେବଳ ମାଡ୍ରାସ (ଚେନ୍ନାଇ)ରେ ୨୭୩ଟି ଆଦିବାସୀ ସମ୍ପ୍ରଦାୟ "ଜନ୍ମରୁ ଅପରାଧୀ" ବୋଲି ଗଣାହେଉଥିଲେ।

ବ୍ରିଟିଶ ସାମ୍ରାଜ୍ୟର କେଲେଭିନ୍ ହଡସନ ନାମରେ ଜଣେ କାନାଡିଆନ ଐତିହାସିକ ଲେଖିଛନ୍ତି, 'ଭାରତୀୟ ଜାତି ବ୍ୟବସ୍ଥା ଏବଂ ବ୍ରିଟିଶମାନଙ୍କ ଦ୍ୱାରା ଭାରତରେ ଜନଗଣନା ଏବଂ ଜାତିତତ୍ତ୍ୱର ମାନଚିତ୍ର'।

'ଭାରତରେ ପହଞ୍ଚିବା ପରଠାରୁ ଭାରତୀୟ ଜାତି ବ୍ୟବସ୍ଥା ଏକ ପ୍ରଲୋଭନ ଥିଲା। ଶ୍ରେଣୀଦ୍ୱାରା ବିଭାଜିତ ଏକ ଗୋଷ୍ଠୀରୁ ଆସିଥିବା ହେତୁ ବ୍ରିଟିଶମାନେ ଜାତିକୁ ଶ୍ରେଣୀସହ ସମାନ କରି ଦେଖୁଥିଲେ। ଜନଗଣନାର ପ୍ରତିକ୍ରିୟା ପରୀକ୍ଷାରେ ଏହାମଧ୍ୟ ପ୍ରମାଣିତ ହେଲା ଯେ ବ୍ରିଟିଶମାନଙ୍କ ମାନସିକତାରେ ବର୍ଣ୍ଣଗତ ସ୍ୱଚ୍ଛତାର ଧାରଣା ବୁଢ଼ିଆଣି ଜାଲ ପରି ଛନ୍ଦାଛନ୍ଦି ହୋଇଥିଲା।[୧୫]

ଜାତିପ୍ରଥା କେମିତି ଭାରତୀୟମାନଙ୍କ ଉପରେ ଲଦି ଦିଆଯାଇଥିଲା ବୋଲି ହଡସନ ପୁନଶ୍ଚ କହିଛନ୍ତି। ଜାତି ଶବ୍ଦଟି ମଧ୍ୟ ଭାରତର ନିଜସ୍ୱ ଶବ୍ଦ ନୁହେଁ। ପର୍ତ୍ତୁଗୀଜ୍ ଶବ୍ଦ "କାଷ୍ଟା" ଯାହାର ଅର୍ଥ ବର୍ଣ୍ଣ, ପ୍ରକାରଭେଦ ବା ବଂଶାବଳୀ – ସେହିଠୁ ହିଁ କାଷ୍ଟ ବା ଜାତି ଶବ୍ଦର ଉତ୍ପତ୍ତି। ଊନବିଂଶ ଶତାବ୍ଦୀରେ ବର୍ଣ୍ଣ ଶବ୍ଦର ଅର୍ଥ ରୂପେ ଜାତିକୁ ବୁଝାଗଲା ଏବଂ ଜନଗଣନା କେବଳ ସଂଖ୍ୟାଗଣନାରେ ସୀମିତ ନ ରହି ସମାଜକୁ ପରିବର୍ତ୍ତନ କରିବାର ଏକ ମାଧ୍ୟମ ହୋଇଗଲା।"[୧୬] ନିୟୁବ୍ରନ୍ସ ଉଇକ୍ ବିଶ୍ୱବିଦ୍ୟାଳୟର ସମାଜତତ୍ତ୍ୱ ଓ କାନାଡା ରିସର୍ଚ୍ଚ ଚେୟାର ଇନ୍ ପପୁଲେସନ୍ ଏଣ୍ଡ ସୋସିଆଲ୍ ପଲିସି ସହକାରୀ ପ୍ରାଧ୍ୟାପକ ଥିବା ମାଇକେଲ୍ ହାନ୍ "କାଷ୍ଟ କନଫ୍ୟୁଜନ୍ ଆଣ୍ଡ ସେନ୍ସସ୍ ଏନୁମୁରେସନ୍ ଇନ୍ କଲୋନିଆଲ୍ ଇଣ୍ଡିଆ, ୧୮୭୧-୧୯୨୧"ରେ ଲେଖିଲେ – ଭାରତରେ ଔପନିବେଶ ଜନଗଣନା ଜାତିଗଣନାର ଏକ ପ୍ରଚଣ୍ଡ ଉଦ୍ୟମ ଥିଲା ଯାହାକି ୟୁରୋପିଆନ୍ ପୂର୍ବାଗ୍ରହ ଓ ଭୁଲ୍ ଧାରଣା ଯୋଗୁ ହେଇଥିଲା।[୧୭]

ହଡସନଙ୍କ ଅନୁସାରେ ଏହି ସମ୍ପୂର୍ଣ୍ଣ ଜନଗଣନାକୁ ରିସେଲିକ୍ ଏମିତି ଗଢ଼ିଥିଲେ ଯଦ୍ଦ୍ୱାରା ଭାରତୀୟମାନେ ନିଜକୁ ବିଭିନ୍ନ ଶ୍ରେଣୀରେ ବିଭକ୍ତ କରି ସାମାଜିକ ବିଭେଦ ସୃଷ୍ଟି କରିବେ। ଥରେ ଏମିତି ଜାତିପ୍ରଥା ଦ୍ୱାରା ସାମାଜିକ ଶ୍ରେଣୀ ବିଭାଗ ହେଇଗଲା ପରେ ବିଭିନ୍ନ ସରକାରୀ ଚାକିରି ଜାତି ଉପରେ ପର୍ଯ୍ୟବସିତ କରିଦେଲେ ଏବଂ ଲୋକେ ମଧ୍ୟ ସରକାରୀ ସୁବିଧା ଆପଣେଇବାକୁ ଏହାକୁ ମାନିନେଲେ। ଥରେ ଜାତି ବିଭାଜନକୁ ଗଢ଼ି ସାରିବା ପରେ ବ୍ରିଟିଶମାନେ ଚତୁରତାର ସହ ଆଂଶିକଭାବେ ମନୁସ୍ମୃତିକୁ

ପୁନର୍ଜୀବନ ଦେଲେ ଏବଂ ଏଥିରେ ହିନ୍ଦୁପକ୍ଷ ସଂଯୁକ୍ତ ଥିବାର ଦେଖାଇଲେ।[୧୮] ଏହି ବ୍ୟବସ୍ଥା ସାମାଜିକ ନିୟନ୍ତ୍ରଣ, ସ୍ତର ବିଭାଗ ଏବଂ ବ୍ରିଟିଶ୍ ଉପନିବେଶ ପ୍ରତିଷ୍ଠାରେ ସହାୟକ ହେଲା। ଆଜି ମଧ୍ୟ ବାମପନ୍ଥୀ ବୁଦ୍ଧିଜୀବୀମାନେ ପାଶ୍ଚାତ୍ୟ ଅନୁବାଦକମାନଙ୍କ ଦ୍ୱାରା ରଚନା କରାଯାଇଥିବା ବେଦକୁ ଆହ୍ୱାନ କରି ଭାରତୀୟ ସମାଜରେ ବିଭେଦ ସୃଷ୍ଟି କରିବାକୁ ଚେଷ୍ଟା କରନ୍ତି। ତେଣୁ ଭାରତର ସାମାଜିକ ସଂରଚନାକୁ ରକ୍ଷା କରିବାକୁ ହେଲେ ଏକ ରାଜନୈତିକ ଇଚ୍ଛାଶକ୍ତି ଦ୍ୱାରା ପରିଚାଳିତ ନିରନ୍ତର ରାଷ୍ଟ୍ରବାଦୀ ଆନ୍ଦୋଳନର ଆବଶ୍ୟକତା ରହିଛି।

ବ୍ରିଟିଶମାନଙ୍କ ଦ୍ୱାରା ନିୟୋଜିତ ମାକ୍ସ ମୁଲର ଆର୍ଯ୍ୟ - ଦ୍ରାବିଡ ବିଭେଦ ସୃଷ୍ଟି କଲେ

ବ୍ରିଟିଶମାନେ ବିଭେଦ ସୃଷ୍ଟିକାରୀ ଶାସନ କରିବାକୁ ପୂର୍ବରୁ ଭାରତରେ ଥିବା ବିଭାଜକ ରେଖା ସହ ଆଉ କିଛି ନୂଆ ବିଭାଜକ ରେଖା ସୃଷ୍ଟି କଲେ। ଭାରତରେ ଉତ୍ତର- ଦକ୍ଷିଣ ବିଭାଜନ ରୂପେ ପ୍ରତୀୟମାନ ହେଉଥିବା ଆର୍ଯ୍ୟ - ଦ୍ରାବିଡ ବିଭାଜନ ହେଉଛି ଏପରି ଏକ ଉଦାହରଣ। ଯଦି ଆମ୍ଭେ "ଆର୍ଯ୍ୟନ' ଶବ୍ଦ ବିଷୟରେ ଅନୁସନ୍ଧାନ କରିବା, ସଂସ୍କୃତ ସାହିତ୍ୟରେ ଏହାର ଅବସ୍ଥିତି ମଧ୍ୟ ପାଇବା ନାହିଁ। ଏହାର ଖୁବ୍ ପାଖ ଶବ୍ଦଟି ହେଲା 'ଆର୍ଯ୍ୟ' ଯାହା ଅତି ବେଶିରେ 'ଜଣେ ସଭ୍ୟ ମଣିଷ', 'ଜଣେ ଭଲ ମଣିଷ' ବା 'ଜଣେ ସର୍ବଗୁଣସଂପନ୍ନ ମଣିଷ', ରୂପେ ଗ୍ରହଣ କରାଯାଇପାରେ। ସର୍ବପ୍ରଥମେ ଆଦି ଶଙ୍କରାଚାର୍ଯ୍ୟ 'ଦ୍ରାବିଡ' ଶବ୍ଦ ନିଜକୁ ବ୍ୟକ୍ତ କରିବାକୁ ବ୍ୟବହାର କରିଥିଲେ। ଯେବେ ତାଙ୍କୁ ପ୍ରଶ୍ନ କରାଗଲା ସେ କିଏ, ଶଙ୍କରାଚାର୍ଯ୍ୟ ଉତ୍ତର ଦେଲେ ସେ ଜଣେ 'ଦ୍ରାବିଡ ଶିଶୁ' - ଦୁଇଟି ଶବ୍ଦକୁ ନେଇ ଦ୍ରାବିଡର ସୃଷ୍ଟି – ଦ୍ରା ଅର୍ଥ ତିନି ଏବଂ ବିଡ ଅର୍ଥ ଉପକୂଳ, ତେଣୁ ଦ୍ରାବିଡ ଶବ୍ଦ ଶଙ୍କର ଆସିଥିବା ଦକ୍ଷିଣ ଭାରତ ଅଞ୍ଚଳକୁ ବୁଝାଉଥିଲା।

ମାଲହୋତ୍ରା ତାଙ୍କ ପୁସ୍ତକ 'ବ୍ରେକିଙ୍ଗ ଇଣ୍ଡିଆ'ରେ ବର୍ଣ୍ଣନା କରିଛନ୍ତି ଯେ ୧୭୦୦ ମସିହାର ଶେଷ ଭାଗକୁ ଜର୍ମାନରେ ଜାତୀୟ ଗୌରବର ଭାବନା ବିଲକୁଲ୍ ନ ଥିଲା। ଏହି ସମୟରେ ଜର୍ମାନମାନେ ସଂସ୍କୃତ ସହ ଜର୍ମାନୀର ନିକଟ ସଂପର୍କକୁ ଆବିଷ୍କାର କଲେ ଏବଂ ଏହାଦ୍ୱାରା ନିଜର ଆର୍ଯ୍ୟ ପରିଚୟ ସୃଷ୍ଟି କଲେ। ବ୍ରିଟିଶମାନେ ଏହି ଆର୍ଯ୍ୟ ପରିଚୟକୁ ନେଇ ଭାରତକୁ ଭାଗ କରିବାକୁ ଚେଷ୍ଟା କଲେ। ବ୍ରିଟିଶମାନେ ଦ୍ୱିତୀୟ ଆର୍ଯ୍ୟ ଆକ୍ରମଣକାରୀ ବୋଲି ଯୁକ୍ତି କରାଯାଏ। ମାକ୍ସ ମୁଲରଙ୍କ କହିବା ଅନୁଯାୟୀ ପ୍ରଥମ ଆର୍ଯ୍ୟ ଆକ୍ରମଣ ସଂସ୍କୃତ ଭାରତରେ ପ୍ରବେଶ କରି ଭାରତକୁ ଏକ

ସଭ୍ୟ ସମୃଦ୍ଧ ଏବଂ ସଂସ୍କୃତିସଂପନ୍ନ ସଭ୍ୟତା ରୂପେ ଗଢିଥିଲା। ବ୍ରିଟିଶମାନେ ଦ୍ୱିତୀୟ ଆର୍ଯ୍ୟ ଆକ୍ରମଣ କରି ସମାନ କଥା କଲେ ବୋଲି ମୁଲର କହିଲେ।

ଯଦିଓ ମାକ୍ସ ମୁଲର ଜଣେ ଜର୍ମାନ ପଣ୍ଡିତ ଥିଲେ, ବ୍ରିଟିଶମାନେ ଏ ଧାରଣାକୁ ଲୋକପ୍ରିୟ କରାଇବାରେ ସମର୍ଥ ହୋଇଥିଲେ ଯେ - ଭାରତରେ ଅନେକ ଦିନ ଧରି ଦ୍ରାବିଡମାନେ ବସବାସ କରି ସମୃଦ୍ଧ ହୋଇଥିଲେ, କିନ୍ତୁ ଇଉରୋପରୁ ଆର୍ଯ୍ୟମାନେ ଆସିବା ଦ୍ୱାରା ଯେଉଁ ହିଂସା ଓ ରକ୍ତପାତ ହେଲା। ତହିଁରେ ଦ୍ରାବିଡମାନେ ଦକ୍ଷିଣକୁ ଠେଲି ହୋଇଗଲେ ଏବଂ ଆର୍ଯ୍ୟମାନେ ଭାରତୀୟ ଉପମହାଦେଶକୁ ଶାସନ କରିବାକୁ ଲାଗିଲେ। ତେଣୁ ଗୋଟେ ଆଞ୍ଚଳିକ ଶଦ୍ଧ ବିବାଦର ବର୍ଣ୍ଣୀୟ ବିନ୍ଦୁ ହୋଇ ରହିଲା। ଏହି ମିଥ୍ୟା ଇତିହାସକୁ ବ୍ୟବହାର କରି ବ୍ରିଟିଶମାନେ ଦକ୍ଷିଣ ଭାରତୀୟମାନଙ୍କୁ ଉତ୍ତର ଭାରତୀୟମାନଙ୍କ ବିରୁଦ୍ଧରେ ବିଦ୍ରୋହ କରାଇଲେ ଏବଂ ତାହା ଦ୍ରାବିଡ ଆନ୍ଦୋଳନର ରୂପ ନେଲା। କୌଣସି ଭାରତୀୟ ଲେଖାକୁ ଗ୍ରହଣ ନ କରି ଏହି ବିଭେଦ ସୃଷ୍ଟି କରାଗଲା।

ଆଜି ଆର୍ଯ୍ୟ ଦ୍ରାବିଡ ବିଭାଜକ ତତ୍ତ୍ୱ ବିଜ୍ଞାନ ସମ୍ମତ ଭାବେ ଭୁଲ୍ ବୋଲି ପ୍ରମାଣିତ। ତାମିଲ୍ ପଣ୍ଡିତ ଡଃ. ନାଗାସ୍ୱାମୀ[୧୯] ଏହା ଉପରେ ବିସ୍ତୃତ ଭାବେ ଲେଖିଛନ୍ତି ଯେ, ୨୦୦୦ ବର୍ଷ ପୁରୁଣା ତାମିଲ୍ ଗ୍ରନ୍ଥ ଥିରୁକୁରାଲ୍‌ରେ କୌଣସି ବ୍ରାହ୍ମଣ ବିରୋଧୀ, ଆର୍ଯ୍ୟ ବିରୋଧୀ ଉଦାହରଣ ନାହିଁ। ନିଲେସ୍ ଓକଙ୍କ ପରି ପଣ୍ଡିତ[୨୦] ମଧ୍ୟ 'ଆର୍ଯ୍ୟ ଆକ୍ରମଣ ତତ୍ତ୍ୱ' ଭୁଲ୍ ବୋଲି ପ୍ରମାଣିତ କରିଛନ୍ତି। ଯଦିଓ ଏହା ପ୍ରମାଣିତ ଯେ ଆର୍ଯ୍ୟ ଦ୍ରାବିଡ ବିଭାଜନ ବ୍ରିଟିଶମାନଙ୍କ ଦ୍ୱାରା ଭାରତବାସୀଙ୍କୁ ଭାଗ କରିବାକୁ ସୃଷ୍ଟି ହୋଇଥିଲା, ଦୁଃଖର କଥା ଏବେ ମଧ୍ୟ ଭାରତରେ ରାଜନୈତିକ ଦଳମାନେ, ବିଶେଷକରି ତାମିଲନାଡୁରେ ଏହି ଭ୍ରମାତ୍ମକ ଧାରଣାକୁ ଧରି ରାଜନୀତି କରୁଛନ୍ତି। ଏଣୁ ଆମ ଦେଶ ଓ ଦେଶର ଜନସାଧାରଣଙ୍କୁ ଏକାଠି ରଖିବାକୁ ଆମେ ଏକ ନିରନ୍ତର ରାଷ୍ଟ୍ରବାଦୀ ଆନ୍ଦୋଳନ ଆବଶ୍ୟକ କରୁ।

ଭାରତର ଗୋ ସମ୍ପଦ ନିର୍ଭରଶୀଳ ଅର୍ଥନୀତି ଭାଙ୍ଗିବାକୁ ବ୍ରିଟିଶମାନେ ଯଥେଷ୍ଟ ଉଦ୍ୟମ କରିଥିଲେ

ବ୍ରିଟିଶମାନଙ୍କ ଦ୍ୱାରା କରାଯାଇଥିବା ଅତ୍ୟାଚାର କଥା କହିଲା ବେଳେ ଗୋହତ୍ୟାକୁ ନେଇ ସେମାନଙ୍କ ରାଜନୀତି ଉପରେ ଆଲୋକପାତ କରିବାକୁ ହେବ। ଭାରତର ଅର୍ଥନୀତି ମୁଖ୍ୟତଃ ଗୋ ସମ୍ପଦ ଉପରେ ନିର୍ଭରଶୀଳ। ଯେଉଁଥିପାଇଁ ମୁସଲିମ୍ ଶାସକମାନେ ମଧ୍ୟ ଅନେକ ସମୟରେ ଗୋ ହତ୍ୟାକୁ ନିଷେଧ କରିଥିଲେ। ଗୋବର ଏବଂ ଗୋମୂତ୍ରରୁ ସୃଷ୍ଟି

ସାର ଉପରେ ନିର୍ଭରଶୀଳ ଭାରତୀୟ କୃଷି ସ୍ୱାଭାବିକ ଭାବେ ଜୈବିକ ଥିଲା। ଆହୁରି ମଧ୍ୟ ଗୋଦୁଗ୍ଧ ଏବଂ ଦୁଗ୍ଧ ଜାତ ଦ୍ରବ୍ୟ ସବୁ ପରିବାରର ପୋଷଣ ଏବଂ ଅର୍ଥନୀତିର ଏକ ଅଂଶ ଥିଲା। ଭାରତର ସମ୍ପନ୍ନ ବୟନଶିଳ୍ପକୁ ଭାଙ୍ଗିଦେବାପରି ଖୁବ୍ ଚତୁରତାର ସହ ବ୍ରିଟିଶମାନେ ଭାରତର ଗୋ ସଂପଦ ନିର୍ଭର ଅର୍ଥନୀତିକୁ ମଧ୍ୟ ଭାଙ୍ଗିଦେଲେ।

ପୁସ୍ତକ "ଦି ବ୍ରିଟିଶ ଓରିଜିନ ଅଫ କାଓ ସ୍ଲଟର ଇନ୍ ଇଣ୍ଡିଆ"ରେ ଧର୍ମପାଲ୍ ଏବଂ ଟି.ଏନ୍.ମୁକୁନ୍ଦନ୍ କହନ୍ତି ଯେ ଭାରତକୁ ଆସିବା ପୂର୍ବରୁ ଏସିଓ ପ୍ରବାସୀ ମୁସଲିମମାନଙ୍କର ପ୍ରଧାନ ଖାଦ୍ୟ ଥିଲା ରୁଟି, ଛେଳି, ମେଣ୍ଢା ଓ ଓଟମାଂସ ।[୨୧] ଇସଲାମିକ୍ ପରମ୍ପରା ଅନୁଯାୟୀ ପର୍ବପର୍ବାଣି (ବିଶେଷକରି ବକରିଦ) ସମୟରେ ଛେଳି ମେଣ୍ଢା ମାଂସ ଖାଇବାର ଅନୁମତି ଥିଲା ଏବଂ ଭୋଜିରେ ୭ ଜଣଙ୍କଠୁ ଅଧିକା ଲୋକ ହେଲେ ଓଟଟିଏ ବଳି ପଡୁଥିଲା। ସମୟକ୍ରମେ ଭାରତରେ ଓଟ ବଳି ଗୋ ହତ୍ୟାରେ ପରିବର୍ତ୍ତନ ହୋଇଗଲା। ପରବର୍ତ୍ତୀ ସମୟରେ ଭାରତୀୟ ଜନସାଧାରଣ ଏବଂ ଇସଲାମିକ୍ ବିଜେତାମାନଙ୍କ ମଧ୍ୟରେ ଥିବା ପ୍ରାକୃତିକ ଶତ୍ରୁତା ଯୋଗୁ ସେମାନେ ସ୍ଥାନୀୟ ଲୋକଙ୍କ ଭାବନାକୁ ଆଘାତ ଦେବାକୁ ଯାଇ ଗୋହତ୍ୟା କରି ନିଜ ବିଜେତାପଣକୁ ଜାହିର କରୁଥିଲେ। ରାଜନୈତିକ ଆବଶ୍ୟକତା କିଛି ମୁସଲିମ୍ ଶାସକଙ୍କୁ ଗୋ ହତ୍ୟା ନିଷେଧ କରିବାକୁ ବାଧ୍ୟ କରିଥିଲା। ଧର୍ମପାଲ୍ ଓ ମୁକୁନ୍ଦନ୍ ଆହୁରି ଲେଖିଛନ୍ତି ଯେ ବ୍ରିଟିଶ ସୈନିକ ବଳକୁ ଖାଦ୍ୟ ଯୋଗାଇବା ପାଇଁ ୧୭୬୦ ଖ୍ରୀଷ୍ଟାବ୍ଦରେ ରାଜ୍ୟଦ୍ୱାରା ପ୍ରାୟୋଜିତ ଏବଂ ନିୟନ୍ତ୍ରିତ ଗୋ ହତ୍ୟା ଆରମ୍ଭ ହେଲା। ଏଥିପାଇଁ ବୃତ୍ତିଗତ କଂସେଇ ଆବଶ୍ୟକ ହେଲେ। ମୁସଲିମ୍ ସମ୍ପ୍ରଦାୟର ଲୋକେ ଯେଉଁମାନେ କି ବକରିଦ୍ ପରି ପର୍ବରେ ଗୋରୁବଳି ଦେଉଥିଲେ ସେମାନଙ୍କୁ କଂସେଇ ହେବାକୁ ବ୍ରିଟିଶମାନେ ପ୍ରୋତ୍ସାହିତ କଲେ। କଂସେଇ ବୃତ୍ତି ଏକ ସମ୍ମାନଜନକ ବୃତ୍ତି ବୋଲି ସେମାନଙ୍କୁ ବୁଝାଇ ଦିଆଗଲା। ହିନ୍ଦୁମାନଙ୍କ ପାଇଁ କିନ୍ତୁ ଗାଈ ଗୋମାତା ରୂପେ ପବିତ୍ର ଥିଲା। ତେଣୁ ଗୋ ହତ୍ୟା ହିନ୍ଦୁ ଓ ମୁସଲିମ୍‌ମାନଙ୍କ ମଧ୍ୟରେ ସାମାଜିକ ବିରୋଧ ଓ ଦୂରତ୍ୱର କାରଣ ହେଲା। ମୁସଲିମ୍‌ମାନଙ୍କର ଏକ ସ୍ୱତନ୍ତ୍ର ପରିଚୟ ସୃଷ୍ଟି ହେଉ ଏବଂ ଅନ୍ୟ ଭାରତୀୟମାନଙ୍କ ସହ ସେମାନଙ୍କ ସାମାଜିକ ସମ୍ପର୍କ କମିଯାଉ – ଏହା ବ୍ରିଟିଶମାନଙ୍କ ପାଇଁ ଅତ୍ୟନ୍ତ ଗୁରୁତ୍ୱପୂର୍ଣ୍ଣ ଥିଲା। ଏହାର ଫଳସ୍ୱରୂପ ସମୟକ୍ରମେ ମୁସଲିମମାନେ ଭିନ୍ନ ଜାଗାରେ ରହିବାକୁ ଲାଗିଲେ। ଷୋଡ଼ଶ ଶତାବ୍ଦୀ ମଧ୍ୟ ଭାଗରୁ ୟୁରୋପରେ ଖ୍ରୀଷ୍ଟିଆନ୍ ଆଧିପତ୍ୟ ଥିବା ଅଞ୍ଚଳରୁ ଭିନ୍ନ ଲୋକେ ଏହିପରି ଭାବେ ଅଲଗା ରହିବା ଆରମ୍ଭ କରିଥିଲେ।

ଡିସେମ୍ବର ୮, ୧୮୯୩ରେ ଭାରତର ଭାଇସରୟ ଲାଣ୍ଡସ୍ ଡୋନ୍‌କୁ ରାଣୀ

ଭିକ୍ଟୋରିଆ ଏକ ଚିଠି ଲେଖି ବ୍ରିଟିଶମାନଙ୍କ ଦ୍ୱାରା ବହୁଳ ଗୋହତ୍ୟାର ସତ୍ୟ ପ୍ରସାରଣ କରିବାକୁ କହିଥିଲେ – ଯେଉଁଥିପାଇଁ ଆମ୍ଭେ ରାଣୀଙ୍କୁ ଧନ୍ୟବାଦ ଦେବା ଉଚିତ୍। "ଯଦିଓ ମହମ୍ମଦାନ ଗୋହତ୍ୟା ଆନ୍ଦୋଳନ ବାହାନାରେ କରାଯାଏ, ଏହା ପ୍ରକୃତରେ ଆମ ବିପକ୍ଷରେ, ଯିଏ ମହମ୍ମଦିଆନଙ୍କ ତୁଳନାରେ ନିଜ ସେନାଙ୍କ ପାଇଁ ଅଧିକ ଗୋହତ୍ୟା କରନ୍ତି।" ୧୮୮୦-୧୮୯୪ ଯାଏ ଚାଲିଥିବା ଗୋହତ୍ୟା ବିରୋଧୀ ଆନ୍ଦୋଳନ ବାସ୍ତବରେ ବ୍ରିଟିଶମାନେ ସେମାନଙ୍କ ୧ ଲକ୍ଷରୁ ଉର୍ଦ୍ଧ୍ୱ ସୈନ୍ୟବାହିନୀ ଓ ଅଫିସରମାନଙ୍କୁ ଯୋଗାଇବାକୁ କରିଥିବା ଗୋହତ୍ୟା ବିରୁଦ୍ଧରେ ଥିଲା।[୨୨]

ଭାରତୀୟ ରୋଷର ପ୍ରଥମ ପ୍ରମୁଖ ଅଭିବ୍ୟକ୍ତି କୁକା (ନାମଧାରୀ ଶିଖ)ମାନଙ୍କ ଦ୍ୱାରା ଆରମ୍ଭ ହୋଇ ପରେ ସ୍ୱାମୀ ଦୟାନନ୍ଦ ସରସ୍ୱତୀଙ୍କ ଦ୍ୱାରା ପରିଚାଳିତ ହେଲା। ଅନ୍ୟ ସନ୍ନ୍ୟାସୀମାନଙ୍କ ସହ ମିଶି ସେମାନେ ବ୍ରିଟିଶମାନଙ୍କୁ ଗୋହତ୍ୟା ବନ୍ଦ ଓ ଗୋ ସମ୍ବର୍ଦ୍ଧିଣୀ ସଭା ଗଠନ କରିବାର ପ୍ରସ୍ତାବ ଦେଲେ। ୧୮୯୩-୯୪ରେ କିଛି ସମୟର ଦମନ ସତ୍ତ୍ୱେ ୧୯୪୭ ଯାଏ ଗୋହତ୍ୟା ବିରୋଧୀ ଆନ୍ଦୋଳନ ମନ୍ଥର ଗତିରେ ଚାଲୁଥିଲା।

ଭାରତରୁ ଉଦ୍‌ଭବ ଆସ୍ଥା (ହିନ୍ଦୁ, ଜୈନ, ଶିଖ ଏବଂ ବୌଦ୍ଧ)ମାନେ ଗାଈକୁ ଅତ୍ୟନ୍ତ ପବିତ୍ର ବୋଲି ଗ୍ରହଣ କରନ୍ତି। ଏପରିକି ଇସଲାମିକ୍ ନିୟମାବଳୀ ମଧ୍ୟ ଗୋହତ୍ୟା ଉପରେ ପ୍ରାଧାନ୍ୟ ଦିଏନାହିଁ। ମକ୍କା କି ମଦିନା ହଜ୍ କରିବାକୁ ଗଲାବେଳେ କୌଣସି ମୁସଲିମ୍ ଗୋବଳି ଦିଏ ନାହିଁ। କିନ୍ତୁ ଭାରତୀୟ ଗ୍ରାମୀଣ ଅର୍ଥନୀତି ଧ୍ୱଂସ ଏବଂ ହିନ୍ଦୁ ମୁସଲିମ୍ ବିଦ୍ୱେଷ ବଢାଇବାକୁ ବ୍ରିଟିଶମାନେ ଗୋହତ୍ୟାକୁ ଏକ ନିରନ୍ତର ଅସ୍ତ୍ର ରୂପେ ବ୍ୟବହାର କରୁଥିଲେ। ହିନ୍ଦୁ ମୁସଲିମ୍ ବିଭାଜନ ପାଇଁ ବ୍ରିଟିଶମାନଙ୍କ ଦ୍ୱାରା ବ୍ୟବହୃତ ଅନେକ ଉପାୟ ମଧ୍ୟରୁ ଗୋ ହତ୍ୟା ପ୍ରୋତ୍ସାହନ ଏକ ଉପାୟ ଥିଲା ଏବଂ ମହମ୍ମଦ ଅଲ୍ଲୀ ଜିନ୍ନାଙ୍କ ଦ୍ୱାରା ସୃଷ୍ଟ ଏବଂ ବ୍ରିଟିଶମାନଙ୍କ ଦ୍ୱାରା ପ୍ରୋତ୍ସାହିତ ଆଲିଗଡ ଆନ୍ଦୋଳନ ଏହାକୁ ବଢାଇବାରେ ସହାୟକ ହେଲା। ଜିନା ନେହେରୁଙ୍କୁ ଲେଖିଥିବା ଦାବି ମଧ୍ୟରେ ଗୋହତ୍ୟା ପାଇଁ ସ୍ୱାଧୀନତା ଦେବା ଏକ ପ୍ରମୁଖ ଦାବିରୁ ବ୍ରିଟିଶମାନଙ୍କର ସଫଳତା ସହଜରେ ଅନୁମେୟ।[୨୩]

ବର୍ତ୍ତମାନ ପରିପେକ୍ଷୀରେ ଗୋହତ୍ୟା ପ୍ରସଙ୍ଗ ଅତ୍ୟନ୍ତ ଗୁରୁତ୍ୱପୂର୍ଣ୍ଣ। ହିନ୍ଦୁ ମୁସଲିମମାନଙ୍କ ମଧ୍ୟରେ ବିଭେଦର ଏହା ଏକ ପ୍ରମୁଖ କାରଣ। ବର୍ତ୍ତମାନ ସମୟରେ ରାଷ୍ଟ୍ରବାଦୀ ଆନ୍ଦୋଳନ ଏବଂ ସରକାରଙ୍କ ସଂପୃକ୍ତି ଦ୍ୱାରା ଗୋ ହତ୍ୟା ବନ୍ଦ ଏବଂ ଗୋ ସମ୍ପଦ ନିର୍ଭରଶୀଳ ଅର୍ଥନୀତିର ପୁନରୁଦ୍ଧାର ଏବଂ ଅନ୍ୟ ପକ୍ଷରେ ମୁସଲିମ ସମ୍ପ୍ରଦାୟକୁ ଶିକ୍ଷିତ କରି ବୁଝାଇବାକୁ ହେବ ଯେ କିପରି ୧୦୦ ବର୍ଷ ତଳେ ବ୍ରିଟିଶମାନେ

ଆମକୁ ଭାଗ କରିବାର ହୀନ ଚକ୍ରାନ୍ତ କରିଥିଲେ।

ବର୍ତ୍ତମାନ ଭାରତରେ ବୃଦ୍ଧି ପାଉଥିବା ବିଭାଜନୀ ଶକ୍ତି ଓ ସହରୀ ନକ୍ସଲଙ୍କ ବଳକୁ ଭାଙ୍ଗିବା ଆବଶ୍ୟକ

ଆମେ ଉଭୟ ଇସଲାମିକ୍ ଆକ୍ରମଣ ଓ ବ୍ରିଟିଶ ଶାସନକୁ ମୁକାବିଲା କରିଛୁ। ଆମ୍ଭେମାନେ ନିଜ ହୃତଗୌରବକୁ ପୁନର୍ଜୀବିତ କରି ନୂତନ ବିଶ୍ୱ ପଟ୍ଟଳରେ ନିଜ ସ୍ଥାନ ନିରୂପଣ କରିବା ଅତ୍ୟନ୍ତ ଆଦର୍ଶର କଥା ହୁଅନ୍ତା। ଆମେ କିନ୍ତୁ ଏହାର ବହୁ ପଛରେ ଅଛୁ। ଭାରତର ଆଭ୍ୟନ୍ତରୀଣ ବିଭାଜନକାରୀ ଶକ୍ତି ହିଁ ଏହାର ପ୍ରମୁଖ କାରଣ। ଏମାନେ ବାହାରର ଲୋକ ନୁହନ୍ତି, ଏମାନେ ଆମରି ପରି ଭାରତୀୟ। ନିଜ ପୁସ୍ତକ "ସହରୀ ନକ୍ସଲ- ଦି ମେକିଙ୍ଗ ଅପ୍ ବୁଦ୍ଧ ଇନ୍ ଏ ଟ୍ରାଫିକ୍ ଜାମ୍"ରେ ବିବେକ ଅଗ୍ନିହୋତ୍ରୀ ଏକଥା ଉଲ୍ଲେଖ କରିଛନ୍ତି। ଭାରତରେ ଯେବେ ବି ନକ୍ସଲମାନେ ଗାଁ କି ସହର ଇଲାକାରେ ଯୁଦ୍ଧ ଆରମ୍ଭ କରନ୍ତି, ଏହି ସହରୀ ନକ୍ସଲମାନେ ସାମାଜିକ ତଥା ଅନ୍ୟ ଗଣମାଧ୍ୟମ ବ୍ୟବହାର କରି ନକ୍ସଲୀମାନଙ୍କୁ ଯୁଦ୍ଧରେ ସାହାଯ୍ୟ କରନ୍ତି। ସହରୀ ନକ୍ସଲମାନଙ୍କ ଦ୍ୱାରା ରାଷ୍ଟ୍ରକୁ ଧ୍ୱଂସ କରିବାର ଦସ୍ତାବିଜ୍ ବିଷୟରେ ବିବେକ ଅଗ୍ନିହୋତ୍ରୀ ତାଙ୍କ ପୁସ୍ତକରେ ଲେଖିଛନ୍ତି। ସହରାଞ୍ଚଳରେ ଶତ୍ରୁ ବେଶି ଭୟଙ୍କର ଏବଂ ଉପଯୁକ୍ତ ପରିସ୍ଥିତି ନ ହେବାଯାଏ ସେମାନେ ନିଜ କାର୍ଯ୍ୟ ଆରମ୍ଭ କରନ୍ତିନି, ଅନୁକୂଳ ପରିସ୍ଥିତି ପାଇଁ ଏମାନେ ସୁଯୋଗ ଅନ୍ୱେଷଣ କରନ୍ତି ଏବଂ ଯେଉଁ ଲୋକେ ସହଜରେ ଏ ଯନ୍ତାରେ ପଡିପାରିବେ ସେମାନଙ୍କ ସନ୍ଧାନ ମଧ୍ୟ କରନ୍ତି। ଅଳ୍ପସଂଖ୍ୟକ, ସ୍ତ୍ରୀ ଲୋକ, ଦଳିତ, ଶ୍ରମିକ ଶ୍ରେଣୀ ଏବଂ ଛାତ୍ର ଗୋଷ୍ଠୀ ପରି ଦୁର୍ବଳ ଶ୍ରେଣୀକୁ ଏମାନେ ନିଜ ଗୋଷ୍ଠୀ ଅନ୍ତର୍ଭୁକ୍ତ କରନ୍ତି, ଯେପରିକି ସେମାନେ ଏମାନଙ୍କ ସହ ଅଧିକ ସମୟ କାମ କରିପାରିବେ। ଏହି ଦସ୍ତାବିଜ୍ ଶିଳ୍ପ ଦ୍ୱାରା ସୃଷ୍ଟ ସର୍ବହରା ଏବଂ ଛାତ୍ର ଗୋଷ୍ଠୀଙ୍କୁ ଅଧିକ ଗୁରୁତ୍ୱ ଦିଏ ଏବଂ ଏମାନଙ୍କୁ ମୋହରା ବନେଇ ଆନ୍ଦୋଳନରେ ପ୍ରମୁଖ ଭୂମିକା ନିଏ। ସହରଟି ଆର୍ଥିକ ସ୍ରୋତ, ଅଳ୍ପ ସମୟ ପାଇଁ ଆସିଥିବା କ୍ୟାଡର୍‌ମାନଙ୍କ ଆଶ୍ରୟସ୍ଥଳୀ, ଅସ୍ତ୍ରଶସ୍ତ୍ର, ଆଇନ ସୁରକ୍ଷା, ଚିକିତ୍ସା ସହାୟତା, ଗଣମାଧ୍ୟମ ଆକର୍ଷଣ ଏବଂ ବୁଦ୍ଧିଜୀବୀ ନେଟ୍‌ୱର୍କର ଏକ ପେଣ୍ଠସ୍ଥଳୀ ପାଲଟିଯାଏ। ସହରାଞ୍ଚଳରେ ଏହି ଆନ୍ଦୋଳନ ଯେତେ ତୀବ୍ର ହୁଏ, ତା'ର ପ୍ରଭାବ କୃଷି ଆନ୍ଦୋଳନ ଉପରେ ସେତିକି ଅଧିକ ହୁଏ ବୋଲି ଏହି ଆନ୍ଦୋଳନର ଉପାଦାନ ଯେମିତିକି ତଥାକଥିତ ଜନ ଆନ୍ଦୋଳନ ପାଇଁ ଧନ ଓ ଜନବଳ ଇତ୍ୟାଦି ଯୋଗାଇ ଦିଆଯାଏ। ମାଓ ଆକ୍ରାନ୍ତ ଅଞ୍ଚଳରେ ଥିବା ଲୋକେ ଏବଂ ସମର୍ଥକ କ୍ୟାଡର୍‌ମାନେ ମାଓଙ୍କ ଆଦର୍ଶର ବିନ୍ଦୁ

ବିସର୍ଗ ବି ଜାଣି ନ ଥାନ୍ତି। ସେମାନେ କେବଳ ଅନ୍ୟାୟ, ଦମନ ଏବଂ ସମ୍ମାନହାନିର ମନୋଭାବକୁ ଧରିଥିବା କ୍ଷୁବ୍ଧ ଏବଂ କ୍ରୋଧୀ ଲୋକ ହୋଇଥାନ୍ତି। ଏହି ମନୋବୃତ୍ତିକୁ ମାଓବାଦୀମାନେ ଅତ୍ୟନ୍ତ ଚତୁରତାର ସହ ନିଜ ଫାଇଦା ପାଇଁ ବ୍ୟବହାର କରନ୍ତି – ଯେମିତିକି ବିହାରରେ ଜାତିଆଣ ବିବାଦ, ଆନ୍ଧ୍ରପ୍ରଦେଶରେ ଜମିଦାରମାନଙ୍କ ପ୍ରତି ଥିବା ରୋଷ, ଆଦିବାସୀ ଅଞ୍ଚଳରେ ଜଙ୍ଗଲ ନିୟମ ବିରୋଧରେ ଥିବା ଅସନ୍ତୋଷ, ଯୁବ ଶକ୍ତି ମଧ୍ୟରେ ବେକାରି, ମୁସଲିମ୍‌ମାନଙ୍କ ମଧ୍ୟରେ ଥିବା କଠୋରପନ୍ଥ ଇତ୍ୟାଦି। ଏସବୁ ବନ୍ଧୁକ ମୁନରେ କ୍ଷମତା ଆହରଣର ଉପାଦାନ ଯୋଗାନ୍ତି। ଯେତେବେଳେ ସ୍ଥାନୀୟ ଅଭିଯୋଗଗୁଡ଼ିକୁ ଭଲ ପ୍ରଶାସନ ଏବଂ ନିର୍ମମ ଉତ୍ତରଦାୟିତ୍ୱ ମାଧ୍ୟମରେ ପ୍ରଭାବଶାଳୀ ବ୍ୟବସ୍ଥା ଦ୍ୱାରା ସମ୍ବୋଧିତ କରିବାର ଆବଶ୍ୟକତା ଅଛି। ଚରମପନ୍ଥ ଓ ଏଥିପାଇଁ ଚରମପନ୍ଥୀମାନଙ୍କର ପରିଣାମ ବିଷୟରେ ବ୍ୟାପକ ସଚେତନତା ସୃଷ୍ଟି କରିବାର ତତ୍କାଳ ଆବଶ୍ୟକତା ମଧ୍ୟ ଅଛି। ଜଙ୍ଗଲ ଆଧାରିତ ଆନ୍ଦୋଳନ ଅନେକ ସମୟରେ ମାଓବାଦୀ ବିଚାରଧାରା ରଖୁଥିବା ବାର୍ବରା ରାଓ ଆଦି ସହରୀ କ୍ଷେତ୍ରରେ ଆନ୍ଦୋଳନ ବୋଲି କହନ୍ତି। ଏମାନଙ୍କ ନେଟ୍‌ୱର୍କ ବହୁ ସହରରେ ଅଛି ଏବଂ ଏହି ମାଓ ସହାନୁଭୂତି ପୋଷଣ କରୁଥିବା ବ୍ୟକ୍ତିମାନେ ପ୍ରତିଷ୍ଠିତ ପଦମଣ୍ଡନ କରିଥାନ୍ତି।[୨୪] ପ୍ରଥମ ଥର ପାଇଁ ନରେନ୍ଦ୍ର ମୋଦିଙ୍କ ଅଧୀନରେ ଥିବା କେନ୍ଦ୍ର ସରକାର ଏହି ସହରୀ ନକ୍ସଲ୍‌ମାନଙ୍କ ଉପରେ କଡ଼ା ଦୃଷ୍ଟି ରଖିବା ଆରମ୍ଭ କରିଛି।[୨୫]

ଦେଶକୁ ଭାଙ୍ଗିବାକୁ ଚେଷ୍ଟା କରୁଥିବା ଶକ୍ତିମାନଙ୍କ ମଧ୍ୟରେ ଏହା ଏକମାତ୍ର ରଣନୀତି ନୁହେଁ। ଦ୍ୱିତୀୟ ଉପାୟରେ ଛୋଟ ପିଲାମାନଙ୍କର ଗଢ଼ି ହେଉଥିବା ସମୟରେ ଶିକ୍ଷା ପ୍ରଣାଳୀ ଏବଂ ଶିକ୍ଷା ବ୍ୟବସ୍ଥା ଦ୍ୱାରା ଲକ୍ଷ୍ୟ (ଟାର୍ଗେଟ୍) କରାଯାଏ। ଅନେକ ଦିନ ଧରି ପ୍ରଚଳିତ ଥିବା ସ୍କୁଲ୍ ପାଠ୍ୟପୁସ୍ତକଗୁଡ଼ିକ ସାଧାରଣତଃ ଏକ ମିଥ୍ୟା ବ୍ୟାଖ୍ୟାନକୁ ନିର୍ଦ୍ଧାରିତ କରିଆସିଛି। ଉଦାହରଣ ସ୍ୱରୂପ, ହିନ୍ଦୁ ସଂସ୍କୃତି ସମ୍ବନ୍ଧରେ କେବଳ ପ୍ରାଚୀନ ସତୀପ୍ରଥା ଏବଂ ଜୋହର ବିଷୟରେ ଉଲ୍ଲେଖ ଥିବାବେଳେ ବର୍ତ୍ତମାନ ଭାରତୀୟ ସଂସ୍କୃତିରେ ବ୍ୟବହୃତ ଖାଦ୍ୟ, କଳା ଓ ସଂଗୀତ ଆଦି ମୁସଲିମ୍ ସଂସ୍କୃତିରୁ ଆନୀତ ବୋଲି ଦର୍ଶାଯାଇଛି। ବିଦ୍ୟାଳୟ ଶିକ୍ଷା ସମାପ୍ତି ବେଳକୁ ଅଧିକାଂଶ ଛାତ୍ରମାନେ ଏହା ଗ୍ରହଣ କରିନିଅନ୍ତି ଯେ ଏ ସିନ୍ଧୁ (ଭାରତୀୟ) ସଭ୍ୟତା ପ୍ରକୃତରେ ଆଦିମ ଓ ବର୍ବର ସଭ୍ୟତା ଏବଂ ବାରମ୍ବାର ବିଦେଶୀ ଆକ୍ରମଣ ଦ୍ୱାରା ଏହା ସଭ୍ୟ ଓ ସୁସଂସ୍କୃତ ହୋଇଛି। ପରିଣାମ ସ୍ୱରୂପ ଜନସାଧାରଣ ନିଜର ପରିଚୟ ହରାନ୍ତି ଏବଂ ନିଜ ସଂସ୍କୃତିର ସମୃଦ୍ଧିକୁ ହୃଦୟଙ୍ଗମ ନ କରି ସିନ୍ଧୁ ପରମ୍ପରାକୁ ସମାଲୋଚନା କରନ୍ତି। ଏହିପରି ବିଶ୍ୱବିଦ୍ୟାଳୟ ସ୍ତରରେ ଶିକ୍ଷକ ଓ ଭାରତ ବିରୋଧୀ ଶକ୍ତିମାନଙ୍କ ମଧ୍ୟରେ ଥିବା ଦୃଢ଼ ବନ୍ଧନ ଏମାନଙ୍କ

ଏଜେଣ୍ଡାକୁ ଦୃଢତାର ସହିତ ଆଗକୁ ନେବାରେ ସହାୟକ ହୁଏ। ଜେ.ଏନ୍.ୟୁ.ରେ ନିକଟରେ ଉଠିଥିବା ବିଭେଦ ସୃଷ୍ଟିକାରୀ ସ୍ଲୋଗାନ୍ ଏହି ଗଭୀର ମୂଳ ଥିବା ସହରୀ ନକ୍ସଲବାଦର ଏକ ଉଦାହରଣ ମାତ୍ର।

ଏକ ଉତ୍ତମ ଓ ଉତ୍ତରଦାୟୀ ପ୍ରଶାସନର ଆବଶ୍ୟକତା ସବୁବେଳେ ରହିଛି ଏକଥାରେ ଦ୍ୱିରୁକ୍ତି ନାହିଁ। ହେଲେ ଆମ ସମସ୍ତଙ୍କୁ ନିରନ୍ତର ଭାବେ ନିର୍ବାଚିତ ସରକାରଙ୍କୁ ସଚେତନ କରାଇବାକୁ ହେବ, କାରଣ ଖାଦ୍ୟଶସ୍ୟ, ଦରବୃଦ୍ଧି ଏବଂ ରାସ୍ତାଜାମ୍‌ଠୁ ବହୁ ଅଧିକ ବାଜିରେ ଲାଗିଛି। ହଜାର ବର୍ଷର ସଭ୍ୟତା ଆଜି ବିପଦରେ। ଏ ପୁସ୍ତକର ପରବର୍ତ୍ତୀ ଅଧ୍ୟାୟଗୁଡିକରେ ଆମ୍ଭେ ଆଲୋଚନା କରିବା କିପରି ବିଭିନ୍ନ ସାମାଜିକ ଓ ରାଜନୈତିକ ଆନ୍ଦୋଳନ ଦ୍ୱାରା ଆର୍ଯ୍ୟ ସମାଜ, ହିନ୍ଦୁ ମହାସଭା, ରାଷ୍ଟ୍ରୀୟ ସ୍ୱୟଂ ସେବକ ସଂଘ, ଭାରତୀୟ ଜନସଂଘ ଏବଂ ଭାରତୀୟ ଜନତା ପାର୍ଟି ସମ୍ମୁଖକୁ ଆସି ହଜାର ବର୍ଷର ଭାରତୀୟ ବିରାସତରେ ଥିବା ସାହିତ୍ୟ, ଦର୍ଶନ, ସଙ୍ଗୀତ, କଳା, ସଂସ୍କୃତି, ବିଜ୍ଞାନ, ଗଣିତ, ଚିକିତ୍ସା ଏବଂ ଅଧ୍ୟାତ୍ମ ଆଦିର ରକ୍ଷା କରିଛନ୍ତି ଓ ଆଗକୁ ନେଇଯାଇଛନ୍ତି।

ଭାଗ-୨

ରାଷ୍ଟ୍ରୀୟ ସ୍ୱୟଂ ସେବକ ସଂଘ ପୂର୍ବର ରାଷ୍ଟ୍ରବାଦୀ ଆନ୍ଦୋଳନ (୧୮୫୭ – ୧୯୨୫)

ଏ ପୁସ୍ତକର ପ୍ରମୁଖ ବିଷୟ ଭାରତୀୟ ଜନତା ପାର୍ଟି (ଭାଜପା) ବିଷୟରେ ଆଲୋଚନା କରିବା ପୂର୍ବରୁ ଆସନ୍ତୁ ସେହି ସବୁ ସାଂସ୍କୃତିକ ବିଚାରର ଇତିହାସ ସମ୍ବନ୍ଧରେ ଆଲୋଚନା କରିବା, ଯାହା ବର୍ତ୍ତମାନ ଭାଜପା ପାଇଁ ଆବଶ୍ୟକ। ହିନ୍ଦୁ ଧର୍ମ ସ୍ୱାଭାବିକ ଭାବେ ବହୁ ବିଚାରଧାରାରେ ସମୃଦ୍ଧ ଏବଂ ଏକେଶ୍ୱରବାଦରେ ସୀମିତ ନୁହେଁ। ଗୋଟେ ବହି ଏବଂ ଗୋଟିଏ ଜୀବନ, ଏଥିପାଇଁ ଏହି ବର୍ବର ଆକ୍ରମଣ ଏବଂ ଅପମାନଜନକ ସାଂସ୍କୃତିକ ବିନାଶ ସହ, ବିଭିନ୍ନ ହିନ୍ଦୁ ସୁଧାରବାଦୀ ଆନ୍ଦୋଳନ ମଧ୍ୟ କାର୍ଯ୍ୟ କରୁଥିଲା। ୧୮୭୫ରେ ସ୍ୱାମୀ ଦୟାନନ୍ଦ ସରସ୍ୱତୀଙ୍କ ଦ୍ୱାରା ଆରମ୍ଭ ହୋଇଥିବା ଆର୍ଯ୍ୟ ସମାଜ ଆନ୍ଦୋଳନ ଏବଂ ୧୯୧୫ରେ ଆର୍ଯ୍ୟ ସମାଜ ନେତାଙ୍କ ଦ୍ୱାରା ଆରମ୍ଭ ହୋଇଥିବା ହିନ୍ଦୁ ମହାସଭା ବ୍ରିଟିଶ ଶାସିତ ଭାରତରେ ଦୁଇଟି ପ୍ରମୁଖ ଆନ୍ଦୋଳନ ଥିଲା।

୨

ଘର ବାହୁଡ଼ା ଏବଂ ଗୋରକ୍ଷା କୌଣସି ନୂଆ ତର୍କ ନୁହେଁ

ଆର୍ଯ୍ୟ ସମାଜ ଦ୍ୱାରା ଯେଉଁ ଦୁଇଟି ମୁଖ୍ୟ ଆନ୍ଦୋଳନ ଚାଲିଥିଲା ତାହା ଆଜି ବି ପ୍ରାସଙ୍ଗିକ :- ଶୁଦ୍ଧୀକରଣ ଆନ୍ଦୋଳନ ଏବଂ ଗୋହତ୍ୟା ବିରୋଧରେ ଆନ୍ଦୋଳନ।

ଘର ବାହୁଡ଼ା ଆନ୍ଦୋଳନର ଇତିହାସ

ଆର୍ଯ୍ୟ ସମାଜ ଉପରେ ଲିଖିତ ଏକ ଆଲେଖ୍ୟରେ ନିତେଶ୍. ଏସ୍. କହନ୍ତି ଯେ ସୁଧାର ଆନ୍ଦୋଳନର ଲକ୍ଷ୍ୟ ଥିଲା ବୈଦିକ ହିନ୍ଦୁ ଧର୍ମକୁ ପୁନର୍ଜୀବିତ କରିବା ଏବଂ ମୁସଲିମ୍ ଓ ଖ୍ରୀଷ୍ଟିଆନ୍ ଧର୍ମରେ ଧର୍ମାନ୍ତରିତ ହେଉଥିବା ଲୋକଙ୍କୁ ନିଜ ମୂଳ ଧର୍ମକୁ ଫେରେଇ ଆଣିବାରେ ସାହାଯ୍ୟ କରିବା।[୨୬] ଦୟାନନ୍ଦ ସରସ୍ୱତୀ କିପରି ଶୁଦ୍ଧି ଆନ୍ଦୋଳନ ଆରମ୍ଭ କରିଥିଲେ ସେ ବିଷୟରେ ନିତେଶ୍ ଅଧିକ ବର୍ଣ୍ଣନା କରିଛନ୍ତି। ମୁସଲିମ୍‌ମାନଙ୍କ ଦ୍ୱାରା ଏହି ଆନ୍ଦୋଳନ ପ୍ରବଳ ବିରୋଧର ସମ୍ମୁଖୀନ ହୋଇଥିଲା। ଆର୍ଯ୍ୟ ସମାଜ ଆନ୍ଦୋଳନର ସରକାରୀ ୱେବ୍‌ସାଇଟ୍‌ରେ ଏହି ଜଘନ୍ୟ ରୂପାନ୍ତରଣ ଏବଂ ତା' ପ୍ରତି ଆର୍ଯ୍ୟ ସମାଜର ପ୍ରତିକ୍ରିୟା ଲିପିବଦ୍ଧ ହୋଇ ରହିଛି।[୨୭]

ଭାରତରେ ଐତିହାସିକ ରୂପରେ ଅଧିକାଂଶ ଧର୍ମାନ୍ତରୀକରଣ ମୁସଲିମ ଓ ଖ୍ରୀଷ୍ଟିଆନ୍ ବିଜେତାମାନଙ୍କ ପ୍ରଭାବରେ ହୋଇଥିଲା। ମୋଗଲ୍ ସାମ୍ରାଜ୍ୟ ସମୟରେ ଇସଲାମ୍ ଧର୍ମକୁ ଧର୍ମାନ୍ତରୀକରଣ ଆରମ୍ଭ ହେଲା ବୋଲି ଇତିହାସରେ ଅନେକ ଉଦାହରଣ ଅଛି। ତରବାରି ମୁନରେ ଧମକ ଦେଇ ଓ ବଳ ପ୍ରୟୋଗ କରି

ଇସଲାମମାନେ ଧର୍ମାନ୍ତରୀକରଣ କରୁଥିଲେ। ଇସଲାମ ଧର୍ମ ଗ୍ରହଣ କରିବାକୁ ରାଜି ନ ହେବାରୁ ଅନେକ ଲୋକଙ୍କ ମୁଣ୍ଡକାଟ ହୋଇଥିଲା। ବାଲ ହକିକତ ନାମକ ଯୁବକ ଇସଲାମ ଧର୍ମ ଗ୍ରହଣ କରିବାକୁ ରାଜି ନ ହେବାରୁ, ତାଙ୍କୁ ତାଙ୍କ ମା'ଙ୍କ ସମ୍ମୁଖରେ ହାଣି ଦିଆଯାଇଥିଲା। ଇସଲାମ ଧର୍ମ ଗ୍ରହଣ କରିବାକୁ ମନା କରିବାରୁ ଅନେକ ଶିଖ ଗୁରୁ ଏବଂ ତାଙ୍କ ଭାଇବନ୍ଧୁଙ୍କର ସମଦଶା ହୋଇଥିଲା। ଯେବେ ମୋଗଲ୍ ସାମ୍ରାଜ୍ୟ ଲୁପ୍ତ ହୋଇ ବ୍ରିଟିଶ ରାଜ୍ୟର ଆରମ୍ଭ ହେଉଥିଲା ଏବଂ ଉତ୍ତର ଭାରତରେ ପ୍ରକୃତ ପ୍ରଶାସନ ଇଂରେଜମାନଙ୍କ ହାତକୁ ଚାଲିଯାଇଥିଲା, ତେବେ ମଧ୍ୟ ଧର୍ମାନ୍ତରୀକରଣ ବନ୍ଦ ହୋଇ ନ ଥିଲା। ଗରିବ ଲୋକଙ୍କୁ ଡରେଇ, ଧମକେଇ, ଆର୍ଥିକ ଲାଭର ଲୋଭ ଦେଖାଇ, ମିଛ ପ୍ରତିଶ୍ରୁତି ଦେଇ ଏବଂ ହିନ୍ଦୁ ଧର୍ମକୁ ଖ୍ରୀଷ୍ଟିଆନ୍ ଧର୍ମରୁ ନିକୃଷ୍ଟ ବୋଲି କହି ଖ୍ରୀଷ୍ଟିଆନ୍‌ମାନେ ଅତ୍ୟନ୍ତ ଚତୁରପନ୍ଥା ସାହାଯ୍ୟରେ ଧର୍ମାନ୍ତରୀକରଣ କରୁଥିଲେ। ହିନ୍ଦୁ ଧର୍ମ ପୁସ୍ତକଗୁଡିକ ମନଗଢା କାହାଣୀ ଏବଂ ଅସଂଖ୍ୟ ଭଗବାନ ଥିବା ମିଛ କାହାଣୀରେ ଭରପୂର ବୋଲି କହି ସେମାନେ ଆମ ଧର୍ମ ପୁସ୍ତକଗୁଡିକୁ ନଷ୍ଟ କରିଦେଇଥିଲେ।

ଯୁଦ୍ଧରେ ପରାଜୟ ବରଣ କରିବା ସତ୍ତ୍ୱେ ହିନ୍ଦୁ ଧର୍ମ ଉପରେ ପ୍ରଗାଢ ଆସ୍ଥା ରଖିଥିବା ହିନ୍ଦୁମାନେ ଦେଖିଲେ କିପରି ଅନେକ ଲୋକ ରାଷ୍ଟ୍ର ସହ ବିଶ୍ୱାସଘାତକତା କରି ବିଜେତାମାନଙ୍କ ପକ୍ଷକୁ ଚାଲିଗଲେ।

ଉନବିଂଶ ଶତାବ୍ଦୀର ଉତ୍ତରାର୍ଦ୍ଧରେ ଆର୍ଯ୍ୟ ସମାଜ ହିନ୍ଦୁଙ୍କ ପାଇଁ ଇସଲାମ୍ ଓ ଖ୍ରୀଷ୍ଟିଆନ୍ ଧର୍ମର ପୂର୍ଣ୍ଣ ବିରୋଧ କରିଥିଲା ଏବଂ ନିକଟରେ ଧର୍ମ ପରିବର୍ତ୍ତନ କରିଥିବା ହିନ୍ଦୁମାନଙ୍କୁ ପୁନଶ୍ଚ ହିନ୍ଦୁ ଧର୍ମକୁ ଫେରିବାର ମାର୍ଗ ପ୍ରଶସ୍ତ କରିଥିଲା। ଶୁଦ୍ଧୀକରଣ ଆନ୍ଦୋଳନ ଦ୍ୱାରା ଅଣହିନ୍ଦୁମାନଙ୍କୁ ହିନ୍ଦୁ ଧର୍ମକୁ ଫେରାଇ ଆଣିବାକୁ ଆର୍ଯ୍ୟ ସମାଜ ଶୁଦ୍ଧି ଆନ୍ଦୋଳନ ଆରମ୍ଭ କରିଥିଲା। ଶୁଦ୍ଧି ତତ୍ତ୍ୱ ବଡ ପ୍ରଭାବଶାଳୀ ଥିଲା ଏବଂ ସ୍ୱଚ୍ଛ ଆର୍ଯ୍ୟ ସମାଜ ଶୁଦ୍ଧିକୁ ଏକତ୍ରୀକରଣ କରିବାର କ୍ଷମତା ବୋଲି ମାନ୍ୟତା ଦେଇଥିଲେ। ସ୍ଲୋଗାନ୍‌ଟି ଥିଲା "ଭାରତ ଭାରତୀୟଙ୍କର", ଭାରତର ଭାଗ୍ୟ ବୈଦିକ ଧର୍ମରେ ନିହିତ ଅଛି କହି ସ୍ୱାମୀ ଦୟାନନ୍ଦ ସରସ୍ୱତୀ "ବେଦକୁ ଫେରିଚାଲ"ର ସ୍ଲୋଗାନ୍ ଦେଇଥିଲେ।

୧୮୭୭ରେ ସ୍ୱାମୀ ଦୟାନନ୍ଦ ସରସ୍ୱତୀ ଯେତେବେଳେ ଡେରାଡୁନ୍‌ରେ ଜଣେ ଜନ୍ମରୁ ମୁସଲମାନ ବ୍ୟକ୍ତିର ଶୁଦ୍ଧୀକରଣ କରିଥିଲେ, ତାହା ପ୍ରଥମ ପଞ୍ଜୀକୃତ ଶୁଦ୍ଧି ଥିଲା। ମୁସଲିମ ସମୂହର ସାମୂହିକ ଧର୍ମାନ୍ତରୀକରଣ ପାଇଁ ଆର୍ଯ୍ୟମାନଙ୍କ ଦ୍ୱାରା ୧୯୦୫ରେ ପ୍ରଥମ ଉଦ୍ୟମ ହୋଇଥିଲା ଯେବେ କି ଆର୍ଯ୍ୟ ମିସନାରୀମାନେ ଭାରତର

ବିଭିନ୍ନ ଅଞ୍ଚଳକୁ ଯାତ୍ରା କରି ନିକଟରେ ବଳପୂର୍ବକ ମୁସଲିମ ହୋଇଥିବା ଲୋକଙ୍କୁ ଇସଲାମ ପରିତ୍ୟାଗ କରିବାକୁ କହିଥିଲେ। ଆର୍ଯ୍ୟ ମିସନାରୀମାନେ ଦେଖିଲେ ଯେ ମୁସଲିମ ବୋଲି ଦାବି କରୁଥିବା କିଛି ଲୋକେ ନିଜର ପ୍ରାଚୀନ ଧର୍ମ ରୂପେ ହିନ୍ଦୁ ରୀତିନୀତି ଓ ପ୍ରଥା ପରମ୍ପରାକୁ ମାନୁଛନ୍ତି ଏବଂ ସେମାନେ ସେହି ସମୟରେ ଉଦାସ ଓ ନିରାଶ ବର୍ଗଙ୍କୁ ହିନ୍ଦୁ ଧର୍ମକୁ ଫେରାଇନେଲେ। ଆର୍ଯ୍ୟ ସମାଜ ଏକ ଉତ୍କୃଷ୍ଟ କାର୍ଯ୍ୟ କରିଥିଲେ। ହିନ୍ଦୁ ଭାବନାର ମୁଖ୍ୟସ୍ରୋତରୁ ଆର୍ଯ୍ୟ ସମାଜୀମାନେ କେବେ ବି ନିଜକୁ ବିଚ୍ୟୁତ କରୁ ନ ଥିଲେ। ଏହିସବୁ ଧର୍ମର ଧର୍ମ ଶାସ୍ତ୍ରୀୟ ଅଧିକାରରେ ବହୁତ ଫରକ ଥିଲା କାରଣ ମୁସଲମାନ ଏବଂ ଖ୍ରୀଷ୍ଟିଆନମାନେ ନିଜ ଧର୍ମଗ୍ରନ୍ଥ କୋରାନ୍ ଓ ବାଇବେଲ୍‌ରେ ଦିବ୍ୟ ଅଧିକାର ଥିବା ଦାବି କରୁଥିଲେ, ଯେତେବେଳେ କି ହିନ୍ଦୁ ଧର୍ମର ବେଦରେ ଦିବ୍ୟ ଅଧିକାରର ଦାବି ହିନ୍ଦୁମାନେ ଆର୍ଯ୍ୟ ସମାଜର ସଂସ୍ଥାପକ ସ୍ୱାମୀ ଦୟାନନ୍ଦଙ୍କ ପୂର୍ବରୁ କରି ନ ଥିଲେ।

ମହାତ୍ମା ମୁନସିରାମ ନାଁରେ ପରିଚିତ ସ୍ୱାମୀ ଶ୍ରଦ୍ଧାନନ୍ଦ, ସ୍ୱାମୀ ଦୟାନନ୍ଦଙ୍କ ବୈଦିକ ମିଶନ୍ ଆଗକୁ ବଢାଇ ନେଉଥିଲେ। ସ୍ୱାମୀ ଶ୍ରଦ୍ଧାନନ୍ଦ ସନ୍ନ୍ୟାସ ନେଇ ଜଣେ ସକ୍ରିୟ ସଭ୍ୟଭାବେ ହିନ୍ଦୁ ସୁଧାର ଆନ୍ଦୋଳନକୁ ନୂତନ ପିଢିର ସଦସ୍ୟମାନଙ୍କ ସହ ଆଗେଇ ନେଉଥିଲେ। ଶ୍ରଦ୍ଧାନନ୍ଦ ସାମାଜିକ କ୍ଷେତ୍ର ପରିତ୍ୟାଗ କରି ସମ୍ପୂର୍ଣ୍ଣ ମନଯୋଗ ସହକାରେ ଶୁଦ୍ଧି ଆନ୍ଦୋଳନରେ ନିମଗ୍ନ ହେଲେ ଏବଂ ଏହାକୁ ହିନ୍ଦୁ ଧର୍ମର ଏକ ସଶକ୍ତ ଶକ୍ତି ରୂପେ ପରିବର୍ତ୍ତିତ କଲେ।

ଏହି ଶୁଦ୍ଧି ଆକ୍ରମଣ ମୁସଲିମ ନେତୃତ୍ୱକୁ ବିଚଳିତ କଲା ଏବଂ ସେମାନେ ଏହାକୁ ଏକ ଗମ୍ଭୀର ସମସ୍ୟା ରୂପେ ଦେଖି ଶୁଦ୍ଧୀକରଣରେ ଧର୍ମ ପରିବର୍ତ୍ତନ କରିଥିବା ମୁସଲିମମାନଙ୍କୁ ପୁଣି ମୁସଲିମ୍ ସମ୍ପ୍ରଦାୟକୁ ଫେରାଇ ଆଣିବାକୁ ଉଦ୍ୟମ କଲେ। ତେଣୁ ୨୩ ଡିସେମ୍ବର ୧୯୨୬ରେ ଜଣେ କଠୋର ପନ୍ଥୀ ମୁସଲିମ ଅବଦୁଲ ରସିଦ ଦ୍ୱାରା ସ୍ୱାମୀ ଶ୍ରଦ୍ଧାନନ୍ଦ ନିହତ ହେଲେ।

ଯଦିଓ ଅନେକ ଭାରତୀୟ ରାଜ୍ୟରେ ଧର୍ମାନ୍ତରୀକରଣ ବିରୋଧୀ ନିୟମ ଅଛି, ତଥାପି ଆଜି ୨୦୧୮ରେ ମଧ୍ୟ ବଳ ପ୍ରୟୋଗ ଓ ଅନ୍ୟ ଅସତ୍ ଉପାୟରେ ମୁସଲିମ୍ ଓ ଖ୍ରୀଷ୍ଟିଆନ୍ ମିସନାରୀମାନେ ଧର୍ମାନ୍ତରୀକରଣ ଜାରି ରଖିଛନ୍ତି। ଏହି ଧର୍ମାନ୍ତରୀକରଣ ମତଦାତାମାନଙ୍କର ସଂଖ୍ୟାଜନିତ ପ୍ରୋଫାଇଲ୍‌କୁ ପରିବର୍ତ୍ତନ କରୁଛି। ଏହି ସାଂଖ୍ୟିକ ପରିବର୍ତ୍ତନ ଭାରତୀୟ ଜାତୀୟ କଂଗ୍ରେସ ଏବଂ ଜାତିଭିତ୍ତିକ ଆଞ୍ଚଳିକ ଦଳଗୁଡିକୁ ସୁହାଉଥିବାରୁ ସେମାନେ ଏହି କ୍ରିୟା ପ୍ରତି ଆଖି ବନ୍ଦ କରିଦେଇଛନ୍ତି ଏବଂ ବଳପୂର୍ବକ ଧର୍ମାନ୍ତରୀକରଣ ଆଇନ ପରିବର୍ତ୍ତନକୁ ମଧ୍ୟ ବିରୋଧ କରୁଛନ୍ତି।[୨୮] ବାମପନ୍ଥୀ ଐତିହାସିକ

ଏବଂ କିଛି ଗଣମାଧ୍ୟମ ମୁସଲିମ୍ ଓ ଖ୍ରୀଷ୍ଟିଆନମାନଙ୍କୁ ସବୁବେଳେ ସୁରକ୍ଷା ଦେଇଆସିଛନ୍ତି ଏବଂ ଘର ବାହୁଡା (ପୁନଃ ପରିବର୍ତ୍ତନ)କୁ ନିନ୍ଦା କରି ଧର୍ମାନ୍ତରୀକରଣ ସପକ୍ଷରେ ବ୍ୟାଖ୍ୟାନ ତିଆରି କରିଛନ୍ତି।[୨୯] ଲୋକମାନେ ସାମାଜିକ ଐକ୍ୟ ପାଇଁ ହିନ୍ଦୁ ଧର୍ମ ଛାଡୁଛନ୍ତି ବୋଲି ଏକ ବିତଣ୍ଡା ଯୁକ୍ତି କରି ରାମ ପୁନିଆନୀ[୩୦] କହନ୍ତି, ସେ ଓ ତାଙ୍କ ପରି ଚିନ୍ତା କରୁଥିବା ଅନ୍ୟ ବହୁ ଲୋକ ଏକଥା ଭୁଲିଯାଆନ୍ତି ଯେ ଜାତି ଅବନତି ମୁସଲିମ ଓ ଖ୍ରୀଷ୍ଟିଆନମାନଙ୍କ ମଧ୍ୟରେ ପତନ ରୂପେ ଦେଖାଯାଏ।[୩୧]

ଭାରତୀୟ ଖ୍ରୀଷ୍ଟିଆନ୍‌ମାନଙ୍କ ମଧ୍ୟରେ ଜାତି ବ୍ୟବସ୍ଥା ସାଧାରଣତଃ ସମ୍ପ୍ରଦାୟ, ସ୍ଥାନ ଏବଂ ପୂର୍ବ ପୁରୁଷଙ୍କ ଜାତି ଦ୍ୱାରା ସ୍ତରୀକରଣର ବ୍ୟବସ୍ଥାକୁ ବୁଝାଏ। ଏକ ଅନୁମାନ ଅନୁଯାୟୀ ଭାରତୀୟ ଖ୍ରୀଷ୍ଟିଆନ୍‌ମାନଙ୍କ ମଧ୍ୟରେ ୪୨% ହେଉଛନ୍ତି ଦଳିତ, କିନ୍ତୁ କ୍ୟାଥେଲିକ ଚର୍ଚ୍ଚ ସମୂହର ପ୍ରଶାସନିକ କାର୍ଯ୍ୟ ୯୦ ଭାଗ ତଥାକଥିତ ଉଚ୍ଚ ଜାତି କାଥୋଲିକମାନଙ୍କ ଦ୍ୱାରା ଅଧିକୃତ। ଦଳିତ ଖ୍ରୀଷ୍ଟିଆନ ୱେବସାଇଟ୍‌ରେ ଥିବା ତଥ୍ୟ ଅନୁଯାୟୀ ୧୫୬ ଜଣ କ୍ୟାଥୋଲିକ୍ ବିଶପମାନଙ୍କ ମଧ୍ୟରୁ କେବଳ ୬ ଜଣ ହେଉଛନ୍ତି ଦଳିତ।[୩୨]

ଅସ୍ପୃଶ୍ୟ କ୍ୟାଥୋଲିକମାନେ କ୍ୟାଥୋଲିକ୍ ଚର୍ଚ୍ଚର ସଦସ୍ୟମାନଙ୍କ ଦ୍ୱାରା ସେମାନଙ୍କ ପ୍ରତି ହେଉଥିବା ପାତରଅନ୍ତର ବିଷୟରେ କୁହନ୍ତି। ବାମା ଫୌସ୍ତିନା ନାମକ ବ୍ୟକ୍ତିଙ୍କ ସହ ମିଶି ଜଣେ ଦଳିତ ବହିଗୁଡିକରେ ଲେଖିଛନ୍ତି ଯେ ଦକ୍ଷିଣ ଭାରତର ଚର୍ଚ୍ଚଗୁଡିକରେ ନନ୍ ଏବଂ ପୂଜାରୀମାନଙ୍କ ଦ୍ୱାରା ଦଳିତମାନଙ୍କ ପ୍ରତି ଭୟଙ୍କର ଭେଦଭାବ ହୁଏ।[୩୩]

ଇସଲାମ ପ୍ରସଙ୍ଗରେ ଘଉଷ ଅନ୍‌ସାରୀ[୩୪] ଭାରତରେ ମୁସଲିମ୍ ସାମାଜିକ ବିଭାଜନର ଚାରିଟି ବୃହତ ଶ୍ରେଣୀର ନାମ କହନ୍ତି ; ଅସରପ - ଯିଏ ଆଫଗାନ, ଆରବ, ପର୍ସିଆନ ଏବଂ ତୁର୍କ ପରି ବିଦେଶୀ ମୂଳର ବୋଲି ଦାବି କରନ୍ତି ; ଉଚ୍ଚ ଜାତିରୁ ମୁସଲିମ ଧର୍ମକୁ ଆସିଥିବା ଲୋକେ (ମୁସଲିମ ରାଜପୁତ), ଅନ୍ୟ ତଥାକଥିତ ସ୍ୱଚ୍ଛ ଜାତିରୁ (ଉଦାହରଣ ସ୍ୱରୂପ ଦର୍ଜୀ, ଧୋବା, ଧୂନିଆ, ଗଦ୍ଦି, ଫକିର, ବାରିକ, ଜୁଲାହା, କବାଡିଆ, କୁମ୍ଭାର, କୁଞ୍ଜ୍ରା, ନିରାଶ୍ରୀ, ମଣିହାର ଏବଂ ତେଲି) ; ମୁସଲିମରେ ରୂପାନ୍ତରିତ ଏବଂ ତଥାକଥିତ ଅସ୍ପୃଶ୍ୟ ଜାତିରୁ ରୂପାନ୍ତରିତ ମୁସଲିମମାନେ ହେଲେ ଅର୍ଯନ - ତଥାକଥିତ ନିକୃଷ୍ଟ ଜାତିର ଜନସଂଖ୍ୟା ସମୂହ ଯଥା ହଲାଲଫୋର୍, ଲାଲ୍‌ବେଗୀ, ଅବଦଲ୍ ଏବଂ ବେଦିଆ, 'ଯେଉଁମାନଙ୍କ ସହ ଅନ୍ୟ ମୁସଲିମମାନେ ମିଶନ୍ତି ନାହିଁ ଏବଂ ସେମାନଙ୍କୁ ମସଜିଦ୍ ତଥା କବରସ୍ଥାନରେ ପ୍ରବେଶର ଅନୁମତି ମଧ୍ୟ ନଥାଏ'[୩୫]। ନିଜ ବହି "ପାକିସ୍ତାନ ବା ଭାରତର ବିଭାଜନ"ରେ ବି.ଆର୍.

ଆମ୍ବେଦକର କହିଛନ୍ତି ଯେ ଯେଉଁ ଅସ୍ପୃଶ୍ୟ ହିନ୍ଦୁମାନେ ମୁସଲିମ୍ ଧର୍ମ ଗ୍ରହଣ କରୁଥିଲେ, ଇସଲାମରେ ମଧ୍ୟ ସେମାନଙ୍କୁ ଅର୍ଜଲ (ଅସ୍ପୃଶ୍ୟ ଓ ନୀଚ ଜାତିର) ବୋଲି କୁହାଯାଉଥିଲା। ସେମାନଙ୍କୁ ପୁନଶ୍ଚ ମଇଳା ବୋହିବା ଓ ପାଇଖାନା ସଫା କରିବା କାର୍ଯ୍ୟରେ ନିୟୋଜିତ କରାଯାଉଥିଲା। ତେଣୁ ମୁସଲିମ୍ ଓ ଖ୍ରୀଷ୍ଟିଆନ୍‌ମାନଙ୍କ ମଧ୍ୟରେ ସାମାଜିକ ଐକ୍ୟ ଅଛି ବୋଲି କହିବା କେବଳ ପ୍ରତାରଣାପୂର୍ଣ୍ଣ ଏବଂ କ୍ଷତିକାରକ।

ଗୋରକ୍ଷା ଆନ୍ଦୋଳନର ଇତିହାସ

ଆର୍ଯ୍ୟ ସମାଜ ଏବଂ ଏହାର ସଂସ୍ଥାପକ ଦୟାନନ୍ଦ ସରସ୍ୱତୀ ଗୋରକ୍ଷା ଆନ୍ଦୋଳନର ପ୍ରଥମ ସମର୍ଥକ ଥିଲେ।[୩୬] ୧୮୮୧ରେ ଦୟାନନ୍ଦ ସରସ୍ୱତୀ ଗୋକରୁଣାନିଧି (ଗୋ ହିତରେ କରୁଣାର ସମୁଦ୍ର) ପ୍ରକାଶିତ କରିଥିଲେ, ଯେଉଁଥିରେ କି ସେ ଗୋ ହତ୍ୟାକୁ ଭୟଙ୍କର ଭାବେ ବିରୋଧ କରିଥିଲେ। ପ୍ରଥମ ଅଧ୍ୟାୟରେ ବର୍ଣ୍ଣିତ ହୋଇସାରିଛି ଭାରତର ଗୋ ସଂପଦ ନିର୍ଭରଶୀଳ ଅର୍ଥନୀତି ଧ୍ୱଂସ ଏବଂ ହିନ୍ଦୁ ମୁସଲିମମାନଙ୍କ ଭିତରେ ଆକ୍ରୋଶର କାରଣ ହେବା ପାଇଁ ଗୋ ହତ୍ୟାକୁ ଚତୁରତାର ସହ ବ୍ରିଟିଶମାନଙ୍କ ଦ୍ୱାରା ବ୍ୟବହାର କରାଯାଉଥିଲା। ଶେଖର ବନ୍ଦୋପାଧ୍ୟାୟଙ୍କ କହିବା ଅନୁସାରେ ଦୟାନନ୍ଦ ସରସ୍ୱତୀଙ୍କ ଗୋରକ୍ଷା ଆନ୍ଦୋଳନ ଆରମ୍ଭରୁ ଖୋଲାଖୋଲି ଭାବେ ମୁସଲିମ ବିରୋଧୀ ନ ଥିଲା, କିନ୍ତୁ ସମୟକ୍ରମେ ଏହା ଆକ୍ରୋଶର କାରଣ ହେଲା।

କିଛି ବର୍ଷ ମଧ୍ୟରେ ଇଣ୍ଡିକ୍ ଧର୍ମର ଅନେକ ଦଳ ଗୋରକ୍ଷା ଆନ୍ଦୋଳନ ଚଳାଇଲେ। ଗୋରକ୍ଷା ସମ୍ବନ୍ଧରେ ସାମ୍ବିଧାନିକ ସଭାରେ ବିସ୍ତୃତ ଭାବେ ଆଲୋଚନା ହେଲା ଏବଂ ଫଳସ୍ୱରୂପ ସମ୍ବିଧାନର ୪୮ ଧାରାରେ ଡାଇରେକ୍ଟିଭ୍ ଅଫ୍ ଷ୍ଟେଟ୍ ପଲିସିରେ ଗୋ ହତ୍ୟା ନିରୋଧ ଆଇନ୍ ସ୍ଥାନିତ ହେଲା। ଆଜି ଅନେକ ରାଜ୍ୟରେ ଗୋହତ୍ୟା ବିରୁଦ୍ଧରେ ଆଇନ ଅଛି, କିନ୍ତୁ ଗୋରକ୍ଷା, ଗୋଚାଲାଣ ଏବଂ ଗୋହତ୍ୟା ଏବେ ବି ହିନ୍ଦୁ ମୁସଲିମଙ୍କ ମଧ୍ୟରେ ମୁଖ୍ୟ ବିବାଦର କାରଣ ହୋଇ ରହିଛି। କିନ୍ତୁ ଆମ୍ଭେମାନେ ବୁଝିବା ଆବଶ୍ୟକ ଯେ ଇଣ୍ଡିକ ଧର୍ମରେ ଥିବା ପବିତ୍ର ପ୍ରାଣୀ ପ୍ରତି ଶ୍ରଦ୍ଧା କୌଣସି ରାଜନୈତିକ ଦଳ ଦ୍ୱାରା ପ୍ରେରିତ କରାଯାଇନାହିଁ। ଏହା କିଛି ନୂଆ କଥା ନୁହେଁ – ଏହା ଭାରତୀୟ ସଂସ୍କୃତିର ପ୍ରତିଷ୍ଠିତ।

ଯେବେ ଉତ୍ତରପ୍ରଦେଶର ମୁଖ୍ୟମନ୍ତ୍ରୀ ଯୋଗୀ ଆଦିତ୍ୟନାଥଙ୍କ ଦ୍ୱାରା ବେଆଇନ୍ କଂସେଇଖାନା ବନ୍ଦ କରାଯିବା କିମ୍ବା ଛତିଶଗଡର ବିଜେପି ସରକାର ଦ୍ୱାରା ଧର୍ମାନ୍ତରୀକରଣ ବିରୋଧୀ ଆଇନ ସମ୍ବନ୍ଧରେ ଆଲୋଚନା ହୁଏ, ସେତେବେଳେ ଆମେ ୧୫୦ ବର୍ଷର ଇତିହାସ ଜାଣିବା ନିହାତି ଆବଶ୍ୟକ।

ବର୍ତ୍ତମାନ ଆମେ ମୁସଲିମ ତୁଷ୍ଟୀକରଣର ଇତିହାସ ଖୋଜିବା, ଯାହା ବ୍ରିଟିଶମାନଙ୍କ ଦ୍ଵାରା ଭାରତକୁ ଭାଗ କରିବାକୁ ଆରମ୍ଭ ହୋଇଥିଲା ଏବଂ ପରେ ଭାରତୀୟ ଜାତୀୟ କଂଗ୍ରେସ ଏବଂ ଅନ୍ୟ ଆଞ୍ଚଳିକ ଦଳ ଦ୍ଵାରା ରାଜନୈତିକ ଫାଇଦା ପାଇଁ ବ୍ୟବହାର ହେଲା।

୩

'କଂଗ୍ରେସକୁ ମୁସଲିମ୍ ତୁଷ୍ଟୀକରଣର ଶିକ୍ଷା କିଏ ଦେଲା ?'

ଐତିହାସିକ ମଖନଲାଲ୍ ଲେଖିଛନ୍ତି[୩୭] ଯେ ୧୧୯୩ ରୁ ୧୮୫୭ ମଧ୍ୟରେ ଉତ୍ତର ଭାରତର ବହୁଳାଂଶ ମୋଗଲ୍ ଶାସିତ ଥିଲା ଏବଂ ହିନ୍ଦୁମାନେ ମୁସଲିମ୍ ଆକ୍ରମଣ ଦ୍ୱାରା ଅକଥନୀୟ ଅତ୍ୟାଚାରର ସମ୍ମୁଖୀନ ହୋଇଥିଲେ। ଅଥଚ ଏକ ଧୈର୍ଯ୍ୟଶୀଳ ଓ ନିଃସ୍ପୃହ ହିନ୍ଦୁ ସମାଜ ଅଧିକାଂଶ ହିନ୍ଦୁରୁ ମୁସଲମାନ ପାଲଟିଥିବା ଲୋକଙ୍କୁ ନିଜ ସମାଜ ଓ ଉତ୍ସବରେ ସାମିଲ୍ କରିନେଲା। କେତେ ମୁସଲିମ୍ ହୋଲି, ଦୁର୍ଗାପୂଜାରେ ଭାଗ ନିଅନ୍ତି ଏବଂ କିପରି ମୁସଲିମମାନେ ନିଜ ହିନ୍ଦୁ ନାମ ସହ କେବଳ ଖାନ୍ ସାଙ୍ଗିଆ ଯୋଡୁଛନ୍ତି ଏସବୁର ସମ୍ପୂର୍ଣ୍ଣ ବିବରଣୀ ଅନେକ ଭାରତୀୟ, ବ୍ରିଟିଶ୍ ଏବଂ ବିଦେଶୀ ସମ୍ବାଦ ସଂଗ୍ରହକାରୀ ସଂସ୍ଥା ରଖୁଥିଲେ। ମଖନଲାଲ୍ ଆହୁରି ମଧ୍ୟ ଲେଖିଛନ୍ତି ଯେ ଭାରତର ଉଚ୍ଚବର୍ଗୀୟ ମୁସଲିମମାନଙ୍କର ପୂର୍ବ ମୁସଲିମ୍ ସଂସ୍କୃତି ପ୍ରତି ସଦା ସର୍ବଦା ଏକ ଘୃଣାଭାବ ଥିଲା। ଏହି ମୁସଲିମମାନେ ଭାବୁଥିଲେ ପ୍ରୋଫେଟ୍ ମହମ୍ମଦ୍ ଏବଂ ଆରବମାନଙ୍କ ଦ୍ୱାରା ଭାରତ ବିଜୟ ପରେ ହିଁ ଭାରତର ଇତିହାସ ଆରମ୍ଭ ହୋଇଥିଲା। ସେମାନେ ଏହି ଭୂମିରୁ ସୃଷ୍ଟ ବେଦ, ଉପନିଷଦ, ରାମାୟଣ, ମହାଭାରତ ଏବଂ ପାଣିନୀ ଆଦିଙ୍କୁ ଆଦୌ ଗ୍ରହଣ କରୁ ନ ଥିଲେ। ବାସ୍ତବରେ ଅଧିକାଂଶ ମୁସଲିମ୍ ସାମାଜିକ ସୁଧାର ଆନ୍ଦୋଳନ ହିନ୍ଦୁ ଧର୍ମରେ ପ୍ରଚଳିତ ଜ୍ୟୋତିଷ ଶାସ୍ତ୍ର, ଶାକାହାର, ପର୍ବପର୍ବାଣି ଏବଂ ସନ୍ଥ ସମାଧି ଦର୍ଶନ କରି ପ୍ରଥା ଦୂର କରିବାକୁ ଲକ୍ଷ୍ୟ କରି କରାଯାଉଥିଲା।

୧୮୫୭ ବିଦ୍ରୋହ ପରେ ଇଂରେଜମାନେ ଭାରତୀୟ ନେତା ଓ ସାଧାରଣ ଜନତାଙ୍କ ଉପରେ ପ୍ରବଳଭାବେ ଆକ୍ରମକ ହେବା ଆରମ୍ଭ କଲେ। ସଂପନ୍ନ ଲୋକଙ୍କ ଦ୍ୱାରା ଏହା ଅଧିକ ଅନୁଭୂତ ହେଲା। ଅଧିକାଂଶ ଉଚ୍ଚବର୍ଗୀୟ ମୁସଲିମ ମୋଗଲ୍ ଶାସନ ସମୟରେ ବହୁ ଜମିଜମାର ଅଧିକାରୀ ହୋଇ ଜମିଦାର ରୂପେ ଥିଲେ। ଅନ୍ୟମାନଙ୍କ ସହ ସେମାନେ ମଧ୍ୟ ବ୍ରିଟିଶ୍ ଆକ୍ରୋଶର ତାପ ଅନୁଭବ କଲେ। ଏହି ସମୟ ଭାରତୀୟ ମୁସଲମାନମାନଙ୍କ ପାଇଁ ଏକ ଜଟିଳ ସମୟ ଥିଲା ଏବଂ ଉତ୍ତର ଭାରତୀୟ ମୁସଲିମମାନେ ନିଜ ସ୍ୱାର୍ଥ ରକ୍ଷା ପାଇଁ ବ୍ରିଟିଶମାନଙ୍କୁ ସହଯୋଗ କରିବା ଆରମ୍ଭ କରିଦେଲେ। ସେମାନେ ସାର୍ ସୟଦ୍ ଅହମ୍ମଦ ଖାଁ ନାମରେ ଜଣେ ନେତା ମଧ୍ୟ ପାଇଗଲେ।

ଆଲିଗଡ଼ ମୁସଲିମ୍ ବିଶ୍ୱବିଦ୍ୟାଳୟ (ଏଏମ୍ୟୁ)ର ପ୍ରତିଷ୍ଠାତା ସାର୍ ସୟଦ୍‌ଙ୍କ ଦ୍ୱାରା ହିନ୍ଦୁମାନଙ୍କର ତିରସ୍କାର

ମାଖନ୍‌ଲାଲ୍ ଆହୁରି କହିଛନ୍ତି ଯେ ସାର୍ ସୟଦ୍ ବ୍ରିଟିଶ୍ ଇଷ୍ଟ ଇଣ୍ଡିଆ କମ୍ପାନୀରେ କାର୍ଯ୍ୟରତ ଥିଲେ ଏବଂ ୧୮୫୭ ବିଦ୍ରୋହ ସମୟରେ ବିଜନୋର୍‌ରେ କାର୍ଯ୍ୟରତ ଥିବାବେଳେ ବ୍ରିଟିଶ୍ ଅଫିସର ଓ ସେମାନଙ୍କ ପରିବାର ଜନଙ୍କ ଧନ ଜୀବନ ରକ୍ଷା କରି ଅତି ମହତ୍ତ୍ୱପୂର୍ଣ୍ଣ ବ୍ରାଉନୀ ପଏଣ୍ଟ୍ ପାଇଥିଲେ। ବିଦ୍ରୋହ ପରେ ବ୍ରିଟିଶମାନଙ୍କୁ ବିରୋଧ ନ କରି ସେମାନଙ୍କ କଥା ଅନୁସାରେ ଗଲେ ମୁସଲିମମାନେ ବେଶି ଲାଭବାନ୍ ହେବେ, ମୁସଲିମ୍‌ମାନଙ୍କୁ ଖ୍ରୀଷ୍ଟିଆନ୍ ଶାସକଙ୍କ ସହ ରହିବା ଉଚିତ୍, ହିନ୍ଦୁ (କାଫିର୍)ମାନଙ୍କ ସହ ନୁହେଁ କହି ସାର୍ ସୟଦ୍ ବିଭାଜନର ପ୍ରଥମ ବୀଜରୋପଣ କଲେ।[୩୮] ସୟଦ୍ ଜାଣିଶୁଣି ଏକଥା ପ୍ରଚାର କଲେ ଯେ ଇସଲାମ ଧର୍ମର ଖ୍ରୀଷ୍ଟିଆନମାନଙ୍କ ସହ ବହୁ ସାମଞ୍ଜସ୍ୟ ରହିଛି ଏବଂ ଆହୁରି କହିଲେ –

'ଖ୍ରୀଷ୍ଟିଆନମାନଙ୍କ ବିଷୟରେ କହିବାକୁ ଗଲେ, ଏହା ଦେଖାଯାଏ ଯେ ସେମାନେ ନିଜକୁ ପସନ୍ଦ କରନ୍ତି, ସ୍ୱର୍ଗରୁ ପ୍ରକଟ ହୋଇଥିବା ପୈଗମ୍ବର ଉପରେ ବିଶ୍ୱାସ କରନ୍ତି, ପବିତ୍ର ଶବ୍ଦ ଭଗବାନଙ୍କୁ ନିଜ ପବିତ୍ର ପୁସ୍ତକରେ ରଖିଛନ୍ତି, ଯେମିତି ଆମେ କରୁ .... ଈଶ୍ୱର ଆମକୁ ଧର୍ମର ଆଲୋକ ଦେଖାଇଛନ୍ତି, ପବିତ୍ର ପୁସ୍ତକ କୋରାନ୍ ଆମ ପଥ ପ୍ରଦର୍ଶକ ରୂପେ ରହିଛି ଏବଂ ଏହା ଆମକୁ ଆଦେଶ ଦେଇଛି ଯେ ଖ୍ରୀଷ୍ଟିଆନ୍ ଓ ଆମେ ପରସ୍ପରର ବନ୍ଧୁ ହୋଇ ରହିବା'

ଏହି ଧର୍ମୀୟ ସଂପୃକ୍ତି ବ୍ୟତୀତ ମୁସଲିମ୍ ଓ ଖ୍ରୀଷ୍ଟିଆନମାନେ ଶାସକ ଶ୍ରେଣୀର ବୋଲି ସାର୍ ସୟଦ୍ ମୁସଲମାନଙ୍କ ମଧ୍ୟରେ ଧାରଣା ସୃଷ୍ଟି କଲେ, ସେ କହିଲେ 'ହେ

ମୋର ମୁସଲମାନ ଭାଇମାନେ ! ମୁଁ ଆପଣମାନଙ୍କୁ ଆଉ ଥରେ ମନେ ପକାଇ ଦେଉଛି ଯେ ଶତାବ୍ଦୀ ଶତାବ୍ଦୀ ଧରି ଆମ୍ଭେମାନେ ବିଭିନ୍ନ ଦେଶକୁ ଶାସନ କରିଛୁ ଏବଂ ନିଜ ଅକ୍ତିଆରରେ ରଖିଛୁ। ୭୦୦ ବର୍ଷ ଧରି ଭାରତରେ ଆମେ ଶାସକ ରହିଛୁ। ତୁମେ ସବୁ ଜାଣିଛ ଯେ ଶାସନ କରିବା କାହାକୁ କୁହାଯାଏ ତେଣୁ ଶାସନ କରୁଥିବା ଦେଶ ପ୍ରତି ଅନ୍ୟାୟ କରନାହିଁ ଏବଂ ସେଥିପାଇଁ ବ୍ରିଟିଶ ସରକାରଙ୍କର ଯାହା ଭଲ ତାହା ଚିନ୍ତା କର'।[୩୯]

ସୟଦ୍ ବାରମ୍ବାର ମୁସଲିମ୍‌ମାନଙ୍କୁ ଏକଥା ସ୍ମରଣ କରାଇଲେ ଯେ ଭାରତରେ ବ୍ରିଟିଶ ରାଜକୁ ପ୍ରତିଷ୍ଠା କରିବାର ସମସ୍ତ ଶ୍ରେୟ ମୁସଲିମମାନଙ୍କର ଏବଂ ଏହା ସେମାନେ ନିଜର ଉନ୍ନତି ପାଇଁ କରିଛନ୍ତି। ସୟଦ୍ କହିଲେ ଏହା ଆମର (ମୁସଲମାନଙ୍କର) ସମ୍ପୂର୍ଣ୍ଣ ଇଚ୍ଛା ଯେ ଭାରତରେ ଇଂରେଜ ଶାସନ କେବଳ ଅଧିକ ସମୟ ନ ରହୁ ବରଂ ଏହା ଚିରସ୍ଥାୟୀ ଓ ଶାଶ୍ୱତ ହୋଇ ରହୁ।[୪୦] ସାରା ଜୀବନ ସାର୍ ସୟଦ୍ ହିନ୍ଦୁ ବନାମ ମୁସଲିମ, ହିନ୍ଦୀ ବନାମ୍ ଉର୍ଦ୍ଦୁ, ସଂସ୍କୃତ ବନାମ ପାର୍ସି ଆଦି ବିଭାଜନ ଧାରାଗୁଡ଼ିକରେ ଚଳିବା ଜାରି ରଖିଥିଲେ। ସୟଦ୍‌ଙ୍କ ପୂରା ଦୃଷ୍ଟି ହିନ୍ଦୁ ବିରୋଧୀ ମନୋଭାବ ଏବଂ ଭାରତୀୟ ସାଂସ୍କୃତିକ ପରମ୍ପରା ପ୍ରତି ଶତ୍ରୁତାରେ ରଙ୍ଗାୟିତ ହୋଇଥିଲା। ସୟଦ୍ ମୁସଲିମ୍‌ମାନଙ୍କୁ ଏ କଥା ବୁଝାଇଦେଲେ ଯେ କଂଗ୍ରେସ (୧୮୮୫ରେ ଗଠିତ) ଏକ ହିନ୍ଦୁ ସଂସ୍ଥା ଏବଂ ବ୍ରିଟିଶମାନଙ୍କ ବିରୋଧରେ ହେଉଥିବା କୌଣସି ପ୍ରକାର ସ୍ୱାଧୀନତା ଆନ୍ଦୋଳନରେ ଯୋଗ ନ ଦେବାକୁ କଡ଼ା ନିର୍ଦ୍ଦେଶ ଦେଲେ।

ସୟଦ୍‌ଙ୍କ ନେତୃତ୍ୱରେ ମୁସଲିମମାନେ ଇଂରେଜମାନଙ୍କ ସହ ମିଶି ତାଙ୍କ ଉଦ୍ଦେଶ୍ୟ ପୂରଣରେ ସାହାଯ୍ୟ କରୁଥିଲେ। ଭାରତରେ ଏକ କ୍ଷୁଦ୍ର ଉଚ୍ଚବର୍ଗ ଆଗେଇ ଆସି ଆଲାନ ଓକ୍ଟାଭିଆନ୍ ହ୍ୟୁମଙ୍କ ନେତୃତ୍ୱରେ ୧୮୮୫ ମସିହାରେ ଭାରତୀୟ ଜାତୀୟ କଂଗ୍ରେସର ସ୍ଥାପନା କଲେ।[୪୧] ୧୮୮୩ ମସିହାରେ ବ୍ରିଟିଶ ରାଜର ସେବା ନିବୃତ୍ତ ପ୍ରଶାସନିକ ଅଧିକାରୀ ଭାରତୀୟମାନଙ୍କ ସ୍ୱାର୍ଥରକ୍ଷା ନିମନ୍ତେ ଏକ ସଂସ୍ଥା ଗଢିବାକୁ କୋଲକତା ବିଶ୍ୱବିଦ୍ୟାଳୟର ସ୍ନାତକମାନଙ୍କୁ ଏକ ଖୋଲାଚିଠି ଲେଖିଲେ। ଶିକ୍ଷିତ ଭାରତୀୟଙ୍କ ପାଇଁ ସରକାରରେ ଏକ ବଡ ଭାଗୀଦାରି ସୃଷ୍ଟି କରିବା ବ୍ରିଟିଶରାଜ ଓ ନାଗରିକମାନଙ୍କ ମଧ୍ୟରେ ରାଜନୈତିକ ସମ୍ବାଦ ପାଇଁ ମଞ୍ଚ ସୃଷ୍ଟି କରିବା ହ୍ୟୁମ୍‌ଙ୍କ ଉଦ୍ଦେଶ୍ୟ ଥିଲା। ଗଢା ହେବାର ପ୍ରଥମ ଦଶକରେ ରାଜନୈତିକ ଦଳ ପରିବର୍ତ୍ତେ ସମ୍ଭ୍ରାନ୍ତ ଭାରତୀୟଙ୍କ ମହତ୍ତ୍ୱାକାଂକ୍ଷା ପୂରଣର ମଞ୍ଚ ରୂପେ ଭାରତୀୟ ଜାତୀୟ କଂଗ୍ରେସ କାମ କରୁଥିଲା। ଜଣେ ଏହା ସହଜରେ ଜାଣିପାରିବ ଯେ ଭାରତୀୟ ନେତୃତ୍ୱ, ସଂଘ ଓ ଦଳ ଯେଉଁମାନେ ବ୍ରିଟିଶ ଶାସନରେ ସହଭାଗିତା ଚାହୁଁଥିଲେ ଏବଂ ଯେଉଁମାନେ

ଅଳ୍ପସଂଖ୍ୟକଙ୍କ ପ୍ରତିନିଧିତ୍ୱ କରୁଥିଲେ ଏମାନଙ୍କ ପ୍ରତି ବ୍ରିଟିଶମାନେ ଅପେକ୍ଷାକୃତ ନରମ ମନୋଭାବ ପୋଷଣ କରୁଥିଲେ। କାରଣ ଏହା ସେମାନଙ୍କ ଶାସନର ଅନୁକୂଳ ଥିଲା। ପତ୍ରଲିଖନ, ଆବେଦନ, ଅଦାଲତ ଏବଂ ପ୍ରତିନିଧିତ୍ୱ ପରି ବୌଦ୍ଧିକ କ୍ଷମତା ଦ୍ୱାରା ବ୍ରିଟିଶ ରାଜ ସହ ଯୋଡି ହୋଇଥିବା ନେହେରୁ, ଜିନ୍ନା ଏବଂ ଅନ୍ୟ କଂଗ୍ରେସ ବ୍ୟକ୍ତିଗଣ ବ୍ରିଟିଶମାନଙ୍କ ଦ୍ୱାରା ଉପଯୁକ୍ତ ଭାବେ ପୁରସ୍କୃତ ହୋଇଥିଲେ (ଅଲିଭ ବ୍ରାଞ୍ଚ), କିନ୍ତୁ ଯଦି କେହି ତରବାରି କିମ୍ବା ବନ୍ଧୁକ ଦ୍ୱାରା ବ୍ରିଟିଶମାନଙ୍କୁ ପ୍ରତିରୋଧ କରୁଥିଲା ଅବା ବ୍ରିଟିଶ ଶାସନକୁ ବିଲୋପ କରିବାର ବିଦ୍ରୋହାତ୍ମକ ଧାରଣା ପୋଷଣ କରୁଥିଲା, ସେମାନଙ୍କୁ ଡରେଇ ଧମକେଇ ଦମନ କରାଯାଉଥିଲା। ୧୮୫୭ ବିଦ୍ରୋହ ପରେ ଭାରତୀୟ ସୈନ୍ୟ ପ୍ରତିରୋଧ ପ୍ରତି ବ୍ରିଟିଶମାନେ ଅଧିକ ସତର୍କ ହୋଇଗଲେ। ବ୍ରିଟିଶ ଲୁଟକୁ ସର୍ବଦା ପ୍ରତିରୋଧ କରୁଥିବା ଭାରତୀୟ ଜଙ୍ଗଲ ଅଧିବାସୀମାନଙ୍କୁ ନିଷ୍ଠୁର କ୍ରିମିନାଲ୍ ଟ୍ରାଇବ୍ ଆକ୍ଟ ଦ୍ୱାରା ସାବାଡ କରିଦିଆଗଲା। ବହୁସ୍ତରୀୟ ରଣନୀତି ପ୍ରୟୋଗ କରି ଭାରତୀୟ ଯୁବକମାନଙ୍କ ମଧ୍ୟରେ କ୍ରାନ୍ତି ଆଣିଥିବା ଏବଂ ପ୍ରମୁଖ ବ୍ରିଟିଶ ଅଧିକାରୀମାନଙ୍କୁ ବିତାଡିତ କରିବାରେ ସକ୍ଷମ ବୀର ସାବରକର ଯୁବକମାନଙ୍କୁ ବ୍ରିଟିଶ ସେନାରେ ନିଯୁକ୍ତ ହୋଇ ସୈନ୍ୟବାହିନୀ ଭିତରୁ ଆନ୍ଦୋଳନ କରିବାର ମସୁଧା କରୁଥିବାର ପ୍ରକ୍ରିୟାରେ ବ୍ରିଟିଶମାନେ ଭୟଭୀତ ହୋଇ ସାବରକରଙ୍କୁ ଦୁଇଟି ଆଜୀବନ କାରାଦଣ୍ଡ (୫୦ ବର୍ଷ) ଦେଇ ଆଣ୍ଡାମାନ୍ ନିକୋବର ଦ୍ୱୀପପୁଞ୍ଜର ସେଲୁଲାର ଜେଲ୍‌କୁ ପଠାଇ ଦେଇଥିଲେ। ସୁଭାଷ ବୋଷଙ୍କ ଦ୍ୱାରା ଗଠିତ ଜାତୀୟ ସୈନ୍ୟବାହିନୀ ବ୍ରିଟିଶମାନେ ଭାରତ ଛାଡିବାର ପ୍ରକୃତ କାରଣ ଥିଲା ବୋଲି ବ୍ରିଟେନ୍ ପ୍ରଧାନମନ୍ତ୍ରୀ ଅଟ୍‌ଲୀ ସ୍ୱୀକାର କରିଥିଲେ ଏବଂ ସୁଭାଷ ବୋଷଙ୍କୁ ଆତଙ୍କବାଦୀ ମୋହର ଲଗାଇ ଯୁଦ୍ଧ ଅପରାଧୀ ବୋଲି ଘୋଷଣା କରିଥିଲେ। ଦୁର୍ଭାଗ୍ୟର କଥା ଆଜି ମଧ୍ୟ କଂଗ୍ରେସ ନେତୃବର୍ଗ ଭାରତୀୟ ସ୍ୱାଧୀନତା ସଂଗ୍ରାମର ଏହି ବୀରମାନଙ୍କୁ ଘୃଣା ଚକ୍ଷୁରେ ଦେଖନ୍ତି। ପରବର୍ତ୍ତୀ ଅଧ୍ୟାୟଗୁଡିକରେ ଆମେ ଏ ବିଷୟରେ ଆଲୋଚନା କରିବା।

ସାର୍ ସୟଦ୍‌ଙ୍କ ଦ୍ୱାରା ଉନ୍ମୁକ୍ତ ହୋଇଥିବା ବିଭାଜକ ରେଖାର ବାସ୍ନା ବାରିବାକୁ ଇଂରେଜମାନେ ବେଶି ସମୟ ନେଲେନି ଏବଂ ସେତେବେଳକୁ ସୟଦଙ୍କର ଅସଂଖ୍ୟ ଅନୁଗାମୀ ହୋଇସାରିଥିଲେ। ଭାରତ ପ୍ରତି ସଂକୀର୍ଣ୍ଣ ଏବଂ ନିମ୍ନ ଦୃଷ୍ଟିକୋଣ ରଖୁଥିବା ଅନେକ ଇଂରେଜ ଅଧିକାରୀମାନେ ସୟଦଙ୍କୁ ତାଙ୍କ ବିଭାଜନକାରୀ ଉଦ୍ୟମ ଜାରି ରଖିବାକୁ ଉପଦେଶ ଦେଲେ। ଭୌଗୋଳିକ, ରାଜନୈତିକ, ସାମାଜିକ ଏବଂ ଧାର୍ମିକ ଐକ୍ୟ ଥିବା କୌଣସି ଭାରତ କେବେ ବି ନଥିଲା ବୋଲି ଇଂରେଜ ଉଚ୍ଚପଦସ୍ଥ ଅଧିକାରୀ ଜନ୍ ଷ୍ଟ୍ରାଚେ କହିଲେ।[୪୨] ଜଣେ ତାମିଲ, ତେଲଗୁ ଓ ମରାଠା ମଧ୍ୟରେ

ଥିବା ଭିନ୍ନତା ଜଣେ ଇଂରେଜ, ଫରାସୀ, ଜର୍ମାନ୍ ବା ଇଟାଲିଆନ୍‌ମାନଙ୍କ ମଧ୍ୟରେ ଥିବା ଭିନ୍ନତା ପରି ବୋଲି ଜେ.ଏ. ଡୁବୋଇସ୍ ଲେଖିଲେ।[୪୩] ସେ ସେମାନଙ୍କୁ ଭିନ୍ନ ପରିଚୟ ଓ ଭିନ୍ନ ଭାଷା ଥିବା ଭିନ୍ନ ରାଷ୍ଟ୍ର ବୋଲି କହିଲେ। ବ୍ରିଟିଶ ପଦାଧିକାରୀମାନଙ୍କର ଏହିପରି ପ୍ରାୟୋଜିତ ଅତିରଞ୍ଜନରେ ସାର୍ ସୟଦଙ୍କ ବିଶ୍ୱାସ ଦୃଢ ହେଲା ଯେ ହିନ୍ଦୁ ଓ ମୁସଲିମଙ୍କ ଭାଗ୍ୟ ଭିନ୍ନ ଥିଲା। ସାର୍ ସୟଦ୍‌ଙ୍କ ପାଇଁ ମୁସଲିମ୍ ଓ ହିନ୍ଦୁ ଭିନ୍ନ ରାଷ୍ଟ୍ର ଥିଲେ। ହିନ୍ଦୁ ଓ ମୁସଲିମମାନଙ୍କ ମଧ୍ୟରେ ଏହି ଭୟଙ୍କର ବିଭାଜନକାରୀ ଏବଂ ଅନନ୍ୟ ପରିଭାଷା କୁଖ୍ୟାତ "ଦୁଇ ରାଷ୍ଟ୍ର ସିଦ୍ଧାନ୍ତ"କୁ ଜନ୍ମ ଦେଲା ଏବଂ ଜିନ୍ନାଙ୍କ ଦ୍ୱାରା ଅଲଗା ପାକିସ୍ତାନ ଦାବିର ବାଟ ଫିଟାଇଲା।

ସାମାଜିକ, ଧାର୍ମିକ, ସାଂସ୍କୃତିକ ଏବଂ ଭାଷାଗତ ସହିଷ୍ଣୁତାର ପରମ୍ପରା ନ ଥିବା ଗୋଟେ ଛୋଟ ଦେଶ, ଯାହାର ଗୋଟିଏ ଭାଷା, ଗୋଟିଏ ଧର୍ମ ଓ ଗୋଟିଏ ଶାସକ – ସେହିପରି ଦେଶରୁ ଅକଲ୍ୟାଣ୍ଡ କେଲଭିନ୍, ଜନ୍ ଷ୍ଟ୍ରେଚେ ଏବଂ ଥିଓଡର ବେକ୍‌ଙ୍କ ପରି ଇଂରେଜ ଅଧିକାରୀମାନେ ଆସିଥିଲେ ବୋଲି ମଖନ୍‌ଲାଲ୍ ମତ ଦେଇଛନ୍ତି। ଧାର୍ମିକ, ସାଂସ୍କୃତିକ, ସାମାଜିକ, ଭାଷାଗତ ଏବଂ ଆଞ୍ଚଳିକ ବୈଷମ୍ୟର ପରମ୍ପରା ସତ୍ତ୍ୱେ ହଜାର ହଜାର ବର୍ଷ ଧରି ଗୋଟିଏ ରାଷ୍ଟ୍ର କିପରି ସମ୍ଭବ ଏକଥା ସେମାନଙ୍କ ବିଶ୍ୱାସର ପରିଧି ବାହାରେ ଥିଲା। ହିନ୍ଦୁଧର୍ମ ଏକ ସାଂସ୍କୃତିକ ପରମ୍ପରା ଥିଲା ଏବଂ ଭାରତ ଏମିତି ଏକ ରାଷ୍ଟ୍ର ଥିଲା ଯେଉଁଠି ସବୁ ପ୍ରକାର ଲୋକେ ଶାନ୍ତିରେ ରହି ନିଜର ପ୍ରଗତି କରୁଥିଲେ – ଏକଥା ସେମାନଙ୍କ ସୀମିତ ଦୃଷ୍ଟିରେ ସେମାନେ ଆଦୌ ବିଶ୍ୱାସ କରୁ ନ ଥିଲେ। ଭାରତ ସର୍ବଦା ସବୁ ଧର୍ମର ଉପଦେଶକୁ ସ୍ୱାଗତ କରିଛି ଏବଂ ନିଜ ଧର୍ମକୁ ରକ୍ଷା କରିବାକୁ ଚାହୁଁଥିବା ଭିନ୍ନ ଧର୍ମର ଲୋକଙ୍କୁ ଆଶ୍ରୟ ଦେଇଛି।

ବ୍ରିଟିଶମାନଙ୍କ ଦ୍ୱାରା ମୁସଲିମ୍ ତୁଷ୍ଟୀକରଣ ପଦ୍ଧତି ଗ୍ରହଣ

ଏତେବେଳକୁ କଂଗ୍ରେସ, ଭାଇସରୟ ପରିଷଦରେ ସ୍ଥାନ ପାଇବାକୁ ଉଦ୍ୟମରତ ହେଲାଣି। ତାଙ୍କ ବହି "ଇଣ୍ଡିଆନ୍ କଂଟ୍ରୋଭର୍ସିଜ୍"ରେ ଅରୁଣ ସୌରୀ ଲେଖିଛନ୍ତି ଯେ ମୁସଲମାନମାନେ ଏକ ଚତୁର୍ଥାଂଶ ଏବଂ ଶିକ୍ଷାଗତ ଯୋଗ୍ୟତା ଯୋଗୁ ନିର୍ବାଚନରେ ଏପରି ପଦବୀ ପାଇବା ପାଇଁ ସମ୍ପୂର୍ଣ୍ଣ ଅଯୋଗ୍ୟ ଜାଣି ସାର୍ ସୟଦ୍ କଂଗ୍ରେସର ଏପରି ଉଦ୍ୟମକୁ ଭୟଙ୍କର ଭାବେ ବିରୋଧ କଲେ। ହିନ୍ଦୁମାନଙ୍କ ବିରୋଧରେ ନିର୍ବାଚନ କିମ୍ବା କୌଣସି ସାମାଜିକ ରାଜନୈତିକ ମଞ୍ଚରେ ଲଢିବାକୁ ମୁସଲିମମାନଙ୍କ ମଧ୍ୟରେ ଏକ ଶିକ୍ଷିତ ଶ୍ରେଣୀ ସୃଷ୍ଟି କରିବାକୁ ସାର୍ ସୟଦ୍ ମହମ୍ମଦାନ ଆଙ୍ଗଲୋ ଓରିଏଣ୍ଟାଲ୍ ମହାବିଦ୍ୟାଳୟ (ଆଲିଗଡ

ମୁସଲିମ୍ ବିଶ୍ୱବିଦ୍ୟାଳୟ ନାଁରେ ଆଜି ପରିଚିତ) ନାମକ ଅନୁଷ୍ଠାନ ଗଢିଲେ। ଜଣେ ଅଗ୍ରଣୀ ମୁସଲିମ୍ ସମାଜ ସୁଧାରକ ଭାବେ ସାର୍ ସୟଦ୍‌ଙ୍କୁ ପାଶ୍ଚାତ୍ୟ ଲୋକେ ଐତିହାସିକ ଭାବେ ଉଚ୍ଚସ୍ଥାନ ଦିଅନ୍ତି, କିନ୍ତୁ ବାସ୍ତବରେ ସୟଦ୍‌ଙ୍କ ଉଦ୍ଦେଶ୍ୟ ଥିଲା ହିନ୍ଦୁମାନଙ୍କ ଉପରେ ମୁସଲିମମାନଙ୍କ ପ୍ରଭୁତ୍ୱ ସ୍ଥାପନ କରିବା। ସାର୍ ସୟଦ୍‌ଙ୍କ ବ୍ରିଟିଶ୍ ପ୍ରଶାସନ ପ୍ରତି ଆନୁଗତ୍ୟ ଯୋଗୁ ମହମଡାନ ଆଙ୍ଗଲୋ ଓରିଏଣ୍ଟାଲ୍ ମହାବିଦ୍ୟାଳୟକୁ ଲର୍ଡ ନର୍ଥବୁକ୍ ୧୦ ହଜାର ଟଙ୍କା ଅନୁଦାନ ଦେଲେ। ହିନ୍ଦୁମାନଙ୍କ ଦ୍ୱାରା ହୋଇଥିବା ସମାଜ ସୁଧାର ଉଦ୍ୟମ ପାଇଁ ଏପରି କୌଣସି ସାମାଜିକ ଅନୁଦାନ ଆସି ନ ଥିଲା।

ବ୍ରିଟିଶ ରାଜ୍ୟପାଳ ଏବଂ ଅଧିକାରୀମାନେ ବ୍ରିଟିଶ ଜନତାଙ୍କ ରାୟକୁ ମୁସଲିମଙ୍କ ସପକ୍ଷ ଏବଂ ହିନ୍ଦୁମାନଙ୍କ ବିପକ୍ଷରେ ଉପଯୁକ୍ତ ଢଙ୍ଗରେ ପରିବେଷଣ କରୁଥିଲେ। ଲର୍ଡ ଡଫେରିନ୍ ତାଙ୍କ ବିଦାୟକାଳୀନ ଭାଷଣରେ ମୁସଲିମ୍‌ମାନଙ୍କୁ ଏକଥା କହିଲେ ଯେ, "ଯେହେତୁ ପୂର୍ବରୁ ଭାରତରେ ଉଚ୍ଚପଦରେ ଅବସ୍ଥାପିତ ବ୍ୟକ୍ତିମାନଙ୍କ ବଂଶଧର ରୂପେ ଆପଣମାନେ ଆସିଛନ୍ତି, ଆପଣମାନେ ପ୍ରଶାସନରେ ଥିବା ବ୍ୟକ୍ତିମାନଙ୍କୁ ଅସାଧାରଣ ଭାବେ ବୁଝିବାକୁ ସକ୍ଷମ"।[୪୪] ବ୍ରିଟିଶ୍ ଅଧିକାରୀ ଡବ୍ଲ୍ୟୁ. ଡବ୍ଲ୍ୟୁ ହଣ୍ଟଲ୍ ତାଙ୍କ ଲେଖାରେ ସୟଦ୍‌ଙ୍କୁ ଭୁରି ଭୁରି ପ୍ରଶଂସା କରିଛନ୍ତି। ଇଂରେଜ କବି ଏବଂ ଲେଖକ ଡବ୍ଲ୍ୟୁ.ଏସ୍. ବ୍ଲଣ୍ଟ୍ ମୁସଲିମ ଏବଂ ତାଙ୍କର ଶକ୍ତିକୁ ପ୍ରଶଂସା କରିଥିଲେ। ବ୍ରିଟିଶ୍ ପ୍ରଶାସନିକ ଅଧିକାରୀ ଏବଂ ଐତିହାସିକ ଆଲଫ୍ରେଡ୍ ଲିଆଲ୍ ଏମ୍‌ଏଓ କଲେଜର ସଂସ୍ଥାପକଙ୍କୁ ସମ୍ଭ୍ରାନ୍ତ ମଞ୍ଚରେ ପ୍ରଶଂସା କରିଛନ୍ତି। ଜନ୍ ଷ୍ଟ୍ରାଚେ ଏମ୍.ଓ କଲେଜ ସମ୍ବନ୍ଧୀୟ କାର୍ଯ୍ୟରେ ପ୍ରତ୍ୟକ୍ଷ ଭାଗ ନେଉଥିଲେ। ଫିଲିପ୍ ମାସନ୍‌ଙ୍କ ପରି ବ୍ରିଟିଶ ଲେଖକ ହିନ୍ଦୁମାନଙ୍କୁ ଭୀରୁ ଏବଂ ନେତୃତ୍ୱଶୂନ୍ୟ ଏବଂ ହିନ୍ଦୁ ଧର୍ମକୁ ନକାରାତ୍ମକ, ନିଷ୍କ୍ରିୟ, କ୍ରୁର, ମୂର୍ତ୍ତିପୂଜକ, ଉପଦେଶ ପ୍ରତି ଅଭଦ୍ର ଏବଂ ଘୃଣିତ ବୋଲି ଅଭିହିତ କରିଥିଲେ।[୪୫] ଏ. ଜେ. ଜର୍ଜ ମୁସଲମାନଙ୍କ ସମ୍ବନ୍ଧରେ ଲେଖିଛନ୍ତି ଯେ ବ୍ରିଟିଶଙ୍କ ପରି ମୁସଲମାନମାନେ ମଧ୍ୟ ରାଜକୀୟ ବ୍ୟକ୍ତି ଥିଲେ। ସେମାନେ ହିନ୍ଦୁମାନଙ୍କଠୁ ଭାରତକୁ ଅକ୍ତିଆର କରିଥିଲେ ଏବଂ କାପୁରୁଷ ହିନ୍ଦୁମାନଙ୍କ ତୁଳନାରେ ମୁସଲିମମାନେ ଉଚ୍ଚ ମୂଲ୍ୟବୋଧ ରଖୁଥିବା ବଳିଷ୍ଠ, ସକ୍ଷମ, ସଂପନ୍ନ ମଣିଷ ଥିଲେ।[୪୬] ଯେତେବେଳେ ଆମେ ଜାଣୁ ଯେ ଶତକଡା ୯୮ ଭାଗ ମୁସଲମାନ ହିନ୍ଦୁ ଧର୍ମରୁ ରୂପାନ୍ତରିତ, ସେତେବେଳେ ମୁସଲିମମାନଙ୍କୁ ଏ ପ୍ରକାର ଆଡମ୍ବରପୂର୍ଣ୍ଣ ସ୍ତୁତି ଏବଂ ତୋଷାମଦ ଅତ୍ୟନ୍ତ ହାସ୍ୟାସ୍ପଦ।[୪୭] ଆଜିର ସମୟରେ ମଧ୍ୟ ବ୍ରିଟିଶମାନଙ୍କ ଦ୍ୱାରା ଶିଖାଯାଇଥିବା ମୁସଲିମ୍ ତୁଷ୍ଟୀକରଣ ନୀତି ବିଭିନ୍ନ ରାଜନୈତିକ ଦଳ ଯଥା ଭାରତୀୟ ଜାତୀୟ କଂଗ୍ରେସ, ସମାଜବାଦୀ ପାର୍ଟି ଓ ତୃଣମୂଳ କଂଗ୍ରେସ ପରି ଆଞ୍ଚଳିକ ଦଳ ଦ୍ୱାରା ବ୍ୟବହାର କରାଯାଏ।[୪୮,୪୯,୫୦,୫୧]

ସାର୍ ସୟଦ୍‌ଙ୍କ ନେତୃତ୍ୱରେ ବ୍ରିଟିଶମାନଙ୍କ ଦ୍ୱାରା ଉତ୍ସାହିତ ତଥା ଅନୁଗ୍ରହପ୍ରାପ୍ତ ସମସ୍ତ ଭାରତ ମହମ୍ମଦାନ ଶିକ୍ଷାଗତ ସମ୍ମିଳନୀ ମିଥ୍ୟା କାହାଣୀ ନିର୍ମାଣ ଆରମ୍ଭ କଲା ଯେ ମୁସଲମାନମାନେ ଆର୍ଥିକ ଏବଂ ଶିକ୍ଷାଗତ ଯୋଗ୍ୟତା ଦୃଷ୍ଟିରୁ ପଛରେ ଥିଲେ। ୧୮୮୨ ମସିହାରେ ସେମାନେ ଏଥିରେ ସନ୍ତୁଳନ ଫେରାଇ ଆଣିବାକୁ ରାଜ୍ୟର ପୃଷ୍ଠପୋଷକତା ପାଇଁ ନିଜର ଦାବି ଉପସ୍ଥାପନ କଲେ। ସେମାନେ ଯୁକ୍ତି କରିଥିଲେ ଯେ ମୁସଲିମଙ୍କୁ ଜନସେବା ତଥା ଶିକ୍ଷାଗତ ଯୋଗ୍ୟତା କ୍ଷେତ୍ରରେ ସେମାନଙ୍କର ଅଂଶ ଦିଆଯାଇନାହିଁ। କିନ୍ତୁ ବିଭିନ୍ନ ପ୍ରଦେଶରୁ ମିଳିଥିବା ତଥ୍ୟରେ ଲର୍ଡ ରିପନ୍ ଦର୍ଶାଇଥିଲେ ଯେ ମୁସଲମାନମାନେ ମିଛ କହୁଛନ୍ତି ଏବଂ ସେମାନଙ୍କର ଦାବିକୁ ଭୁଲ୍ ଦର୍ଶାଯାଇଛି। ଉଦାହରଣ ସ୍ୱରୂପ କେନ୍ଦ୍ରୀୟ ପ୍ରଦେଶରେ ସେମାନଙ୍କର ଜନସଂଖ୍ୟା ୨.୫ ପ୍ରତିଶତ ଥିଲା, ତଥାପି ପ୍ରଶାସନରେ ମୁସଲମାନ ସରକାରୀ କର୍ମଚାରୀ ସେମାନଙ୍କ ସଂଖ୍ୟା ତୁଳନାରେ ୩୬.୭ % - ଅର୍ଥାତ୍ ୧୫ ଗୁଣ ଅଧିକ ଥିଲେ। ସେହିଭଳି ଶିକ୍ଷା କ୍ଷେତ୍ରରେ ମୁସଲମାନ ଜନସଂଖ୍ୟାର ୧.୯ ପ୍ରତିଶତ ଥିବାବେଳେ ହିନ୍ଦୁ ଜନସଂଖ୍ୟାରେ ମାତ୍ର .୮ % ପ୍ରବେଶ କରିଥିଲେ।[୫୨] ଅନ୍ୟ ପ୍ରଦେଶର ତଥ୍ୟ ମଧ୍ୟ ସମାନଧାରା ଦେଖାଇଲା। ହନ୍‌ଟଲ୍ ତାଙ୍କ ରିପୋର୍ଟରେ ଉଲ୍ଲେଖ କରିଛନ୍ତି ଯେ ମୁସଲମାନମାନେ ସେମାନଙ୍କ ପଛୁଆ ବର୍ଗକୁ ଅତ୍ୟଧିକ ବଢାଇ କହିବାର ପ୍ରଭୃତି ରଖୁଥିଲେ। ଏମ୍‌ଏଓ କଲେଜ୍ ପାଇଁ ପ୍ରଭାବଶାଳୀ ପାଣ୍ଠି ସଂଗ୍ରହ ଲାଗି ସାର୍ ସୟଦ୍ ଏକ କାହାଣୀ ସୃଷ୍ଟି କରିଥିଲେ ଯେ ମୁସଲମାନମାନେ ଇଂରାଜୀ ଶିକ୍ଷାକୁ ପ୍ରତ୍ୟାଖ୍ୟାନ କରିଥିଲେ ଏବଂ ସେମାନଙ୍କୁ ମୁଖ୍ୟସ୍ରୋତକୁ ଫେରାଇ ଆଣିବାକୁ ପଡିବ। ପ୍ରସିଦ୍ଧ ପାକିସ୍ତାନୀ ଐତିହାସିକ ହାଫିଜ୍ ମଲ୍ଲିକଙ୍କ ଅନୁଯାୟୀ ଏହି ଶିକ୍ଷାଗତ ପଛୁଆ ଏକ ପୁରାଣ ଥିଲା, ଯାହା ସାର୍ ସୟଦ୍ ଗଢିଥିଲେ। ବାସ୍ତବରେ ୧୮୮୨ ରୁ ୧୮୯୮ ମଧ୍ୟରେ, ସାର୍ ସୟଦ୍‌ଙ୍କ ଏମଏଓ କଲେଜରୁ ସ୍ନାତକ ହାସଲ କରିଥିବା ମୁସଲମାନମାନଙ୍କ ସଂଖ୍ୟା ୧୨୨ ଥିବାବେଳେ ସରକାରୀ ଚଳିତ ଆହ୍ଲାବାଦ (ପ୍ରୟାଗରାଜ) ବିଶ୍ୱବିଦ୍ୟାଳୟରୁ ସ୍ନାତକ ହାସଲ କରିଥିବାଙ୍କ ସଂଖ୍ୟା ୨୫୦ ଥିଲା।

ଆଜିର ଭାରତୀୟ ଜାତୀୟ କଂଗ୍ରେସ (ଆଇଏନ୍‌ସି) ଅନେକ କ୍ଷେତ୍ରରେ ବ୍ରିଟିଶ ପଦାଙ୍କ ଅନୁସରଣ କରେ। ୨୦୦୪ ନିର୍ବାଚନରେ ବିଜେପିଠାରୁ ୭ଟି ଆସନ ଅଧିକ ପାଇ ଏକକ ବୃହତ୍ତମ ଦଳଭାବେ ଅପ୍ରତ୍ୟାଶିତ ଭାବେ ଉଭା ହେବାପରେ କଂଗ୍ରେସ ମୁସଲମାନ ସମ୍ପ୍ରଦାୟକୁ ଧନ୍ୟବାଦ ଦେବାକୁ ଚାହୁଁଥିଲା, କାରଣ ରାଜନୈତିକ ପଣ୍ଡିତମାନେ ଏହି ବିଜୟ ମୁସଲିମ ଭୋଟ୍ ଦ୍ୱାରା ସମ୍ଭବ ହୋଇଛି ବୋଲି କହିଥିଲେ। ୨୦୦୫ରେ ଜଷ୍ଟିସ୍ ରାଜିନ୍ଦର ସଚ୍ଚରଙ୍କ ଅଧ୍ୟକ୍ଷତାରେ ଏକ କମିଟି ଅନ୍ୟ ଧାର୍ମିକ

ତଥା ଭାଷାଭିତ୍ତିକ ସଂଖ୍ୟାଲଘୁଙ୍କୁ ଅଣଦେଖା କରି କେବଳ ମୁସଲମାନମାନଙ୍କୁ ସନ୍ତୁଷ୍ଟ କରିବାକୁ ଗଢାଯାଇଥିଲା । ୨୦୦୬ରେ ସଚ୍ଚର କମିଟି ରିପୋର୍ଟ ସଂସଦରେ ଉପସ୍ଥାପନ କରାଗଲା ଏବଂ ଭାରତରେ ମୁସଲମାନମାନେ ଅତ୍ୟନ୍ତ ଅବ୍ୟବସ୍ଥାରେ ରହୁଛନ୍ତି ବୋଲି ଦର୍ଶାଯାଇଥିଲା । ରିପୋର୍ଟର ବିସ୍ତୃତ ସମୀକ୍ଷାରେ ରାଜନୈତିକ ତଥା ଏକାଡେମିକ୍ ସମୀକ୍ଷକ ବିବେକ ଭି ଗୁମାଷ୍ଟେ ତାଙ୍କ ପ୍ରସିଦ୍ଧ ହଫିଂଟନ୍ ପୋଷ୍ଟ ଆଲେଖ୍ୟରେ କହିଛନ୍ତି ଯେ 'ସଚ୍ଚର ରିପୋର୍ଟ' ସମୀକ୍ଷା କରିବା ସମୟରେ ତଥାକଥିତ ବୁଦ୍ଧିଜୀବୀ ତଥା ରାଜନୈତିକ ସ୍ୱାର୍ଥକୁ ଦୃଷ୍ଟିରେ ରଖି ସଠିକ୍ ଭାବରେ ସମୀକ୍ଷା କରିବାରେ ବିଫଳ ହୋଇଥିଲେ । ଗୁମାଷ୍ଟେ ଆହୁରି କହିଛନ୍ତି ଯେ ସର୍ବେକ୍ଷଣ କରାଯାଇଥିବା ଏକବିଂଶ ରାଜ୍ୟ ମଧ୍ୟରୁ ୧୦ଟିରେ ମିଳିତ ହିନ୍ଦୁ ସମ୍ପ୍ରଦାୟ ଅପେକ୍ଷା ମୁସଲମାନମାନେ ଅଧିକ ଧନୀ ଥିଲେ; ତାମିଲନାଡୁରେ ମୁସଲମାନମାନେ ଉଚ୍ଚ ବର୍ଗର ହିନ୍ଦୁମାନଙ୍କଠୁ ମଧ୍ୟ ଅଧିକ ସମ୍ପନ୍ନ ଥିଲେ । ବାସ୍ତବରେ ସମଗ୍ର ମୁସଲିମ ଜାତିର ଉପଯୁକ୍ତ ସର୍ବେକ୍ଷଣ ଦୂରର କଥା, ସଚ୍ଚର କମିଟି ମୁସଲିମ୍ ସମ୍ପ୍ରଦାୟର ଗୋଟେ ଛୋଟ ପ୍ରତିନିଧି ଦଳର ମଧ୍ୟ ସର୍ଭେ କରି ନ ଥିଲା । ସଚ୍ଚର ରିପୋର୍ଟର ସମ୍ପୂର୍ଣ୍ଣ ସିଦ୍ଧାନ୍ତ ଏକ ବଛା ବଛା ରାଜ୍ୟ ପରିଦର୍ଶନ କରି ସରକାର, ଏନ୍‌ଜିଓ ଏବଂ ମୁସଲମାନ ସଙ୍ଗଠନ ଭଳି ଅନୁଷ୍ଠାନକୁ ସାକ୍ଷାତ୍‌କାର କରି କରାଯାଇଥିଲା ଏବଂ ଏକ ନିର୍ଦ୍ଦିଷ୍ଟ ପକ୍ଷପାତତା ଏହାର ଆଭିମୁଖ୍ୟ ଥିଲା । ଜଷ୍ଟିସ୍ ସଚ୍ଚାର ନିଜେ ଏହି ତ୍ରୁଟି ବିଷୟରେ ଅବଗତ ଥିବାରୁ ଚେତାବନୀ ଦେଇଥିଲେ ଯେ, ଏହି ପରିସଂଖ୍ୟାନଗୁଡିକ ଆମେ ରାଜ୍ୟଗୁଡିକରେ ଲୋକମାନଙ୍କୁ ଭେଟିବାବେଳେ ପାଇଥିଲୁ ଏବଂ କୌଣସି ସିଦ୍ଧାନ୍ତରେ ପହଞ୍ଚିବା ପୂର୍ବରୁ ଏସବୁର ବିଶ୍ଳେଷଣ ହେବା ଆବଶ୍ୟକ । କିନ୍ତୁ ଏହି ତଥ୍ୟକୁ ଅଣଦେଖା କରି ବର୍ଷ ବର୍ଷ ଧରି ଏ ରିପୋର୍ଟକୁ ବେଦବାକ୍ୟ ରୂପେ ଗ୍ରହଣ କରାଯାଇଛି ଏବଂ ବାମପନ୍ଥୀ ଓ ଉଦାରବାଦୀମାନେ ଏହି ତଥ୍ୟକୁ ପ୍ରତ୍ୟେକ ସମ୍ଭାବ୍ୟ ସ୍ଥାନରେ ବାରମ୍ବାର ଉଦ୍ଧୃତ କରିଛନ୍ତି ।[୫୩,୫୪,୫୫,୫୬]

ଉନ୍ନବିଂଶ ଶତାବ୍ଦୀ ଆଡକୁ ଫେରିଲେ, ସାର୍ ସୟଦ୍ ୧୮୯୮ ମସିହାରେ ମୃତ୍ୟୁବରଣ କରିଥିଲେ, କିନ୍ତୁ ସେତେବେଳକୁ ସେ ଏକ ଶକ୍ତିଶାଳୀ ହିନ୍ଦୁ, ମୁସଲମାନ୍ ବିଭାଜନର ମଞ୍ଜି ବୁଣିସାରିଥିଲେ । ସାର୍ ସୟଦ୍‌ଙ୍କ ପାକିସ୍ତାନ ଧାରଣାକୁ ଶ୍ରେୟ ଦେଇ ଜଣେ ସମ୍ମାନିତ ପାକିସ୍ତାନୀ ଐତିହାସିକ ବସିର୍ ଅହମ୍ମଦ ଦାର୍ ଲେଖିଛନ୍ତି ଯେ ପାକିସ୍ତାନ ହେଉଛି, "ଜଣେ ଉତ୍ତମ ବୃଦ୍ଧ" (ସାର୍ ସୟଦ୍) ଦ୍ୱାରା ଧାର୍ଯ୍ୟ ହୋଇଥିବା ସମ୍ପୂର୍ଣ୍ଣ ଯୋଜନାର ଫଳାଫଳ ।[୫୭] ମୁଁ ନିଶ୍ଚିତ ନୁହେଁ ଯେ ଏହା ହିନ୍ଦୁ ସହନଶୀଳତା କିମ୍ବା ଅଜ୍ଞତା ଯେ ଏକ ମୁକ୍ତ ଭାରତରେ ନୂଆଦିଲ୍ଲୀରେ ସାର୍ ସୟଦ୍ ଅହମ୍ମଦ ଖାଁଙ୍କ ନାମରେ

ଏକ ରାସ୍ତା ଅଛି ଏବଂ ଆଲିଗଡ ବିଶ୍ୱବିଦ୍ୟାଳୟରେ ପ୍ରତିବର୍ଷ ୧୭ ଅକ୍ଟୋବରରେ ସାର୍ ସୟଦ୍ ଅହମ୍ମଦ ଦିବସ ପାଳନ କରାଯାଉଛି।

ହିନ୍ଦୁ ମୁସଲିମ୍ ଆଧାରରେ ବଙ୍ଗ ବିଭାଜନ

୧୯ ଜୁଲାଇ ୧୯୦୫ରେ ଭାରତର ଭାଇସରୟ ଲର୍ଡ କର୍ଜନ୍ ସାମ୍ପ୍ରଦାୟିକତା ଆଧାରରେ ବଙ୍ଗ ବିଭାଜନ କରି ପୂର୍ବ ବଙ୍ଗ ଓ ପଶ୍ଚିମବଙ୍ଗ ଗଢିଦେଲେ। ଏହି ବିଭାଜନ ମୁଖ୍ୟତଃ ହିନ୍ଦୁ ବହୁଳ ପଶ୍ଚିମାଞ୍ଚଳକୁ ମୁସଲିମ୍ ବହୁଳ ପୂର୍ବାଞ୍ଚଳଠାରୁ ପୃଥକ୍ କରିଥିଲା। ଆନୁଷ୍ଠାନିକ ଭାବେ ବିଭାଜନର କାରଣ ଘୋଷଣା କରାଗଲା ଯେ ବଙ୍ଗୋପଦେଶ ବହୁତ ବଡ ହୋଇଥିବାରୁ ଜଣେ ଗଭର୍ଣ୍ଣରଙ୍କ ଦ୍ୱାରା ଶାସିତ ହେବା ସମ୍ଭବ ନୁହେଁ ଏବଂ ପ୍ରଶାସନିକ କାରଣ ଯୋଗୁ ଏହାକୁ ବିଭାଜନ କରାଗଲା। ବାସ୍ତବରେ କିନ୍ତୁ ବିଭାଜନର କାରଣ ପ୍ରଶାସନିକ ନୁହେଁ, ରାଜନୈତିକ ଥିଲା। ପୂର୍ବ ବଙ୍ଗରେ ମୁସଲମାନ୍ ଓ ପଶ୍ଚିମବଙ୍ଗରେ ହିନ୍ଦୁମାନେ ପ୍ରାଧାନ୍ୟ ବିସ୍ତାର କରିଥିଲେ। ଏହି ବିଭାଜନ ବ୍ରିଟିଶ ରାଜର ବିଭାଜନ ଏବଂ ଶାସନ ପ୍ରକ୍ରିୟାର ଏକ ଅଂଶ ଥିଲା।

ଏହି ବିଭାଜନ ଧାର୍ମିକ ସ୍ତରରେ ଏକ ପ୍ରମୁଖ ରାଜନୈତିକ ସଙ୍କଟ ସୃଷ୍ଟି କରିଥିଲା। ହିନ୍ଦୁ ପ୍ରତିରୋଧ ଭାରତୀୟ ଜାତୀୟ କଂଗ୍ରେସର 'ଗରମ ଡାଲି' ରୂପେ ସ୍ୱଦେଶୀ ଆନ୍ଦୋଳନରେ ପରିଣତ ହେଲା, ଯେଉଁଥିରେ କି ବ୍ରିଟିଶ ସାମଗ୍ରୀ ବର୍ଜନ ଏବଂ ସର୍ବସାଧାରଣ ଅନୁଷ୍ଠାନ ଗଠନ, ବୈଠକ ଏବଂ ଶୋଭାଯାତ୍ରା, କମିଟି ଗଠନ, ପ୍ରେସ୍ ମାଧ୍ୟମରେ ପ୍ରଚାର ଏବଂ କୂଟନୈତିକ ଚାପ ଆଦି ସାମିଲ୍ ଥିଲା। ଭାରତୀୟ ସମାଜର ଏ ପର୍ଯ୍ୟନ୍ତ ଭାଗ ନେଇନଥିବା ଶ୍ରେଣୀ ଏହି ଆନ୍ଦୋଳନରେ ଭାଗ ନେଇ ପରବର୍ତ୍ତୀ ଆନ୍ଦୋଳନ ପାଇଁ ଦୃଢ ମୂଳଦୁଆ ଗଢିଲା। ଏହି ଆନ୍ଦୋଳନ ସଂସ୍କୃତି, ବିଜ୍ଞାନ ଏବଂ ସାହିତ୍ୟରେ ବିଭକ୍ତ ହେଲା। ଜନତା ରାଜନୀତିର ଏକ ଦୃଢ ଧାରଣା ବାବଦରେ ଶିକ୍ଷିତ ହେଉଥିଲେ ଏବଂ ଔପନିବେଶବାଦ କ୍ଷୁଣ୍ଣ ହେବା ଆରମ୍ଭ କରିଥିଲା। ପୂର୍ବ ବଙ୍ଗର ମୁସଲମାନ ଆଶା କରିଥିଲେ ଯେ ଏକ ପୃଥକ ଅଞ୍ଚଳ ସେମାନଙ୍କୁ ଶିକ୍ଷା ଏବଂ ନିଯୁକ୍ତି ଉପରେ ଅଧିକ ନିୟନ୍ତ୍ରଣ ଦେବ ଏବଂ ଏଥିପାଇଁ ସେମାନେ ଏହି ଆନ୍ଦୋଳନକୁ ବିରୋଧ କରିଥିଲେ।[୫୮] ବଙ୍ଗ ବିଭାଜନ ବିରୋଧରେ ଆବେଦନ ପାଇଁ ରବୀନ୍ଦ୍ର ନାଥ ଠାକୁର 'ବାଙ୍ଗଲାର୍ ମାଟି ବାଙ୍ଗଲାର ଜଲ୍' ନାମରେ କବିତା ଲେଖିଥିଲେ। ବିଭାଜନ ମୁସଲମାନ୍‌ମାନଙ୍କୁ ସାମ୍ପ୍ରଦାୟିକ ସୂତ୍ରରେ ନିଜର ଜାତୀୟ ସଙ୍ଗଠନ ଗଠନ କରିବାକୁ ପ୍ରେରିତ କଲା ଏବଂ ୧୯୦୬ରେ ଜିନାଙ୍କ ନେତୃତ୍ୱରେ ମୁସଲିମ୍ ଲିଗ୍ ଗଠିତ ହୋଇ ଶେଷରେ ଭାରତ ବିଭାଜନ କରାଇଲା।

୧୯୦୬ ଏବଂ ମୁସଲମାନଙ୍କ ପାଇଁ ଏକ ପୃଥକ ନିର୍ବାଚନ କଲେଜ ଦାବି

ସାର୍ ସୟଦ୍‌ଙ୍କ ପରେ, ସୟଦ୍ ମେହେନ୍ଦି ଅଲ୍ଲୀ ହସନ୍, ମୁସ୍ତାକ୍ ହୁସେନ୍ ଏବଂ ଆଗା ଖାଁ ଆଗକୁ ହିନ୍ଦୁ ମୁସଲିମ ବିଭାଜନର ନେତୃତ୍ୱ ନେଲେ। ୧୯୦୬ରେ ଆଗା ଖାଁଙ୍କ ନେତୃତ୍ୱରେ ଏକ ମୁସଲିମ୍ ପ୍ରତିନିଧି ଦଳ ସେ ସମୟରେ ଭାରତର ଭାଇସ୍‌ରୟ ଲଡ୍ ମିଣ୍ଟୋଙ୍କୁ ସିମଲାରେ ଭେଟିଲା। ବିଧାନସଭାରେ ଭାରତୀୟ ପ୍ରତିନିଧି ଚୟନ କରିବାକୁ କଂଗ୍ରେସର ଦାବିକୁ ମୁସଲିମ୍ ପ୍ରତିନିଧି ଦଳ ନିନ୍ଦା କରିଥିଲେ। ପ୍ରତିନିଧି ଦଳ ଆହୁରି ଦାବି କରିଥିଲେ ଯେ ଯଦି ଏହିପରି 'ଗଣତାନ୍ତ୍ରିକ' ଧାରଣା ପାଳନ କରାଯାଏ, ତେବେ ମୁସଲମାନ ଚୟନକର୍ତ୍ତାମାନେ ଏକ ପୃଥକ ନିର୍ବାଚନ କଲେଜ ଗଠନ କରନ୍ତୁ। ମୁସଲମାନମାନଙ୍କୁ ସେମାନଙ୍କ ସଂଖ୍ୟା ଅପେକ୍ଷା ଅଧିକ ବିଧାନସଭା ଆସନ ଦିଆଯିବା ଉଚିତ୍ ବୋଲି ପ୍ରତିନିଧି ଦଳ ଦାବି କଲା। ସେମାନଙ୍କ ଆବେଦନର ପଞ୍ଚମ ଅନୁଚ୍ଛେଦ ଉଦ୍ଧୃତ ଯୋଗ୍ୟ। ଏହା କହେ –

"ଆମେ ପ୍ରକୃତରେ ଆପଣଙ୍କ ମାନ୍ୟବର ଅନୁମତି ସହିତ ଏକପାଦ ଆଗକୁ ବଢ଼ିବାକୁ ଉଦ୍ୟମ କରୁଛୁ ଏବଂ ଅନୁରୋଧ କରୁଛୁ ଯେ ମହମ୍ମଦାନ୍ ସମ୍ପ୍ରଦାୟକୁ ଯେ କୌଣସି ପ୍ରକାରର ପ୍ରତିନିଧିତ୍ୱ, ପ୍ରତ୍ୟକ୍ଷ କିମ୍ବା ପରୋକ୍ଷ ଭାବରେ ସେମାନଙ୍କର ସ୍ଥିତି ଏବଂ ପ୍ରଭାବକୁ ପ୍ରଭାବିତ କରୁଥିବା ଅନ୍ୟ ସମସ୍ତ ଉପାୟର ଅନୁରୂପ ହେବା ଉଚିତ୍ ନୁହଁ, କେବଳ ସେମାନଙ୍କର ସଂଖ୍ୟା ସେମାନଙ୍କର ଶକ୍ତି ନୁହେଁ, ବରଂ ସେମାନଙ୍କର ରାଜନୈତିକ ଗୁରୁତ୍ୱ ଏବଂ ସାମ୍ରାଜ୍ୟର ପ୍ରତିରକ୍ଷା ପାଇଁ ଆବେଦନର ମୂଲ୍ୟ ରହିବା ଉଚିତ୍: ଏବଂ ଆମେ ମଧ୍ୟ ଆଶା କରୁଛୁ ଯେ ଆପଣ ମାନ୍ୟବର ଏହି ସଂପର୍କରେ ୧୦୦ ବର୍ଷ ପୂର୍ବେ ଭାରତରେ ସେମାନେ ଯେଉଁ ପଦବୀରେ ଅବସ୍ଥାପିତ ହୋଇଥିଲେ ଏବଂ ସେହି ପରମ୍ପରାଗୁଡ଼ିକ ସେମାନଙ୍କ ମନରୁ ସ୍ୱାଭାବିକ ଭାବରେ କ୍ଷୀଣ ହୋଇ ନ ଥିବାରୁ ଉପଯୁକ୍ତ ଧ୍ୟାନ ଦେବାକୁ ଉଚିତ୍ ମଣିବେ।"[୫୯]

ବ୍ରିଟିଶରାଜଙ୍କ ବିଭାଜନ ଏବଂ ଶାସନ ରଣନୀତିରେ ତାଲିମ୍‌ପ୍ରାପ୍ତ ଲର୍ଡ ମିଣ୍ଟୋ ମୁସଲିମମାନଙ୍କ ଦାବିକୁ ସୁବର୍ଣ୍ଣ ସୁଯୋଗ ରୂପେ ଗ୍ରହଣ କରି ଆବେଦନର ଉତ୍ତର ଲେଖିଲେ, "ତୁମ ଆବେଦନର ସାରାଂଶ ଯାହା ମୁଁ ବୁଝିପାରୁଛି, ଏହା ଏକ ଦାବି ଯେ ମହମ୍ମଦାନ ସମ୍ପ୍ରଦାୟ କେବଳ ନିଜ ସଂଖ୍ୟା ଶକ୍ତି ନୁହେଁ ବରଂ ଏହାର ରାଜନୈତିକ ମହତ୍ତ୍ୱ ଏବଂ ସାମ୍ରାଜ୍ୟ ପ୍ରତି ଏହାର ସେବା ଭିତ୍ତିରେ ପ୍ରତିନିଧିତ୍ୱ କରିବା ଉଚିତ୍। ମୁଁ ତୁମ ସହ ସମ୍ପୂର୍ଣ୍ଣ ସହମତ।"[୬୦]

ସିମ୍‌ଲା ପ୍ରତିନିଧିଙ୍କ ଆବେଦନକୁ ଲର୍ଡ ମିଣ୍ଟୋ ଗ୍ରହଣ କରିବା ପୂର୍ବରୁ ମଧ୍ୟ

ଭାଇସରୟଙ୍କ ଦଳ ବିଶିଷ୍ଟ ମୁସଲିମ୍ ବ୍ୟକ୍ତିଙ୍କୁ ଖୋଲାଖୋଲି ଭାବେ ନିୟୋଜିତ କରାଇ ଆବେଦନକୁ ଏକାଧିକଥର ସମୀକ୍ଷା, ପୁନଃଚିଠା ଏବଂ ସଂପାଦିତ କରି ଭାଇସରୟଙ୍କ ନିକଟକୁ ପଠାଇଥିଲେ। ଭାଇସରୟଙ୍କ ବ୍ୟକ୍ତିଗତ ସହାୟକ ଡନଲପ ସ୍ମିତ୍ ଏବଂ ଏମ୍‌ଏଓ କଲେଜର ଅଧ୍ୟକ୍ଷ ଡବ୍ଲ୍ୟୁଏଜେ ଆର୍କବୋଲ୍ଡ ଏଥିରେ ସିଧାସଳଖ ସମ୍ପୃକ୍ତ ଥିଲେ। ପରିଶେଷରେ ମୁସଲିମ ବିଶିଷ୍ଟ ବ୍ୟକ୍ତିଙ୍କ ଏହି ଛୋଟ ଗୋଷ୍ଠୀ ସମ୍ପୂର୍ଣ୍ଣ ମୁସଲମାନମାନଙ୍କ ସ୍ୱ ଘୋଷିତ ମୁଖପାତ୍ର ହେଲେ। ହିନ୍ଦୁ ଓ ମୁସଲମାନମାନଙ୍କ ପାଇଁ ଏକ ପୃଥକ ଚୟନକର୍ତ୍ତା (ଇଲେକ୍ଟୋରେଟ୍) ହେଉଛି ପ୍ରଥମ ପ୍ରଶାସନିକ ବିଭାଜନ ପଦକ୍ଷେପ, ଯାହାକି ଶେଷରେ ଭାରତକୁ ବିଭାଜିତ କରାଇଲା। ଆଗା ଖାଁ ତାଙ୍କ ଆତ୍ମଜୀବନୀରେ ଉଲ୍ଲେଖ କରିଛନ୍ତି ଯେ, 'ଲର୍ଡ୍ ମିଣ୍ଟୋଙ୍କ ଦ୍ୱାରା ଆମର ଦାବିଗୁଡିକର ଗ୍ରହଣୀୟତା ଯୋଗୁ ବ୍ରିଟିଶ ସରକାରଙ୍କ ଦ୍ୱାରା ଭାରତ ପାଇଁ ଭବିଷ୍ୟତର ସମସ୍ତ ସାମ୍ବିଧାନିକ ପ୍ରସ୍ତାବର ମୂଳଦୁଆ ପଡିଲା ଏବଂ ଏହାର ଚୂଡାନ୍ତ ଅପରିହାର୍ଯ୍ୟ ପରିଣାମ ହେଲା ଭାରତର ବିଭାଜନ ଏବଂ ପାକିସ୍ତାନର ଗଠନ।"[୬୧]

ଲାଲ୍ ଲେଖିଛନ୍ତି ଯେ ୧୯୦୬ ବେଳକୁ ଏହା ଦେଖାଯାଉଥିଲା ଯେ ବ୍ରିଟିଶ ସରକାର ଓ ମୁସ୍‌ଲିମ ବିଚ୍ଛିନ୍ନତାବାଦୀମାନେ ହସ୍ତାଛାଦିତ କରି କାମ କରିବା ଆରମ୍ଭ କରିଦେଇଥିଲେ। ଅବଶିଷ୍ଟ ସମୟ ମଧ୍ୟରେ ୧୯୪୭ ପର୍ଯ୍ୟନ୍ତ ବ୍ରିଟିଶମାନେ କେବଳ ମୁସ୍‌ଲିମ୍ ସମ୍ପ୍ରଦାୟକୁ ଶକ୍ତିଶାଳୀ ସହଯୋଗୀ ଭାବେ ନୁହେଁ ବରଂ ଉଭୟ କଂଗ୍ରେସ ଓ ହିନ୍ଦୁମାନଙ୍କୁ ପରାସ୍ତ କରିବାକୁ ହାତବାରିସୀ ଭାବେ ପାଇଲେ।[୬୨] ବିଡ଼ମ୍ବନାଟି ହେଲା ସ୍ୱାଧୀନ ଭାରତରେ ମଧ୍ୟ ଦିଲ୍ଲୀର ପ୍ରମୁଖ ଓ କେନ୍ଦ୍ର ସ୍ଥଳରେ ଆମେ ମିଣ୍ଟୋ ରୋଡ୍ ଏବଂ ସାରା ଭାରତରେ ଅନେକ କୋଠା ଆଗା ଖାଁ ନାମରେ ନାମିତ ହେବାର ଦେଖୁଛୁ।

ମୁସଲିମ୍ ଲିଗ୍ ଗଠନ

ଅଧିକ ପରିଶ୍ରମ ନ କରି ଏକ ଅଲଗା ନିର୍ବାଚନ କଲେଜ ପାଇଯିବାରେ ସିମଲା ପ୍ରତିନିଧି ଦଳର ସଫଳତା ଏବଂ ବଙ୍ଗ ବିଭାଜନ ମୁସଲମାନମାନଙ୍କୁ ବହୁ ଉତ୍ସାହିତ କଲା। ଲାଲ୍ ଲେଖିଛନ୍ତି ଯେ ଏହା ମୁସଲିମମାନଙ୍କୁ ଏକ ନିର୍ଦ୍ଦିଷ୍ଟ ରାଜନୈତିକ ପରିବର୍ତ୍ତନ ଆଣିବାକୁ ଭୟ ଏବଂ ଦର କଷିବାକୁ ମୁଖ୍ୟତଃ ଉତ୍ସାହିତ କଲା। ଲର୍ଡ ମିଣ୍ଟୋଙ୍କୁ ଆଗା ଖାଁ ତାଙ୍କ ପ୍ରଖ୍ୟାତ ପତ୍ର ଲେଖିବାର ଦୁଇମାସ ମଧ୍ୟରେ ଅନେକ ମୁସଲିମ୍ ନେତୃତ୍ୱ ବିଚ୍ଛିନ୍ନତାବାଦ ଆଦର୍ଶକୁ ଆପଣାଇ ଡିସେମ୍ବର ୧୯୦୬ ମସିହାରେ ଢାକାଠାରେ ସର୍ବଭାରତୀୟ ମହମ୍ମଦାନ ଶୈକ୍ଷିକ ସମ୍ମିଳନୀରେ ଦୁଇଟି ଗୁରୁତ୍ୱପୂର୍ଣ୍ଣ

ନିଷ୍ପତ୍ତି ନେଲେ - ଆଲିଗଡ଼୍ ମୁସଲିମ୍ ବିଶ୍ୱବିଦ୍ୟାଳୟରେ ରାଜନୀତି ଆଲୋଚନା ଉପରେ ଲାଗିଥିବା ନିଷେଧାଦେଶକୁ ହଟାଇ ଦିଆଗଲା ଏବଂ ଭିକାର-ଉଲ୍ଲ - ମୁଲ୍କ ବ୍ରିଟିଶ୍ ଭାରତରେ ମୁସଲମାନ୍‌ମାନଙ୍କ କାର୍ଯ୍ୟକୁ ଆଗକୁ ବଢାଇବା ପାଇଁ ଏକ ରାଜନୈତିକ ସଙ୍ଗଠନ ଗଢିବାରେ ପ୍ରସ୍ତାବ ଦିଆଗଲା । ସେମାନେ ଏ ସଙ୍ଗଠନକୁ ସର୍ବଭାରତୀୟ ମୁସଲିମ ଲିଗ୍ (ଏଆଇଏମ୍‌ଏଲ୍) ନାମ ଦେଲେ । ଅଲ୍ ଇଣ୍ଡିଆ ମୁସଲିମ୍ ଲିଗ୍‌ର ମୂଳ ଉଦ୍ଦେଶ୍ୟ ନିମ୍ନରେ ବର୍ଣ୍ଣିତ : [୬୩]

(କ) ଭାରତର ମୁସଲମାନମାନଙ୍କ ମଧ୍ୟରେ ବ୍ରିଟିଶ୍ ସରକାରଙ୍କ ପ୍ରତି ବିଶ୍ୱସ୍ତତାର ଭାବନାକୁ ପ୍ରୋତ୍ସାହିତ କରିବା ଏବଂ ଏହାର ଯେ କୌଣସି ପ୍ରକାର ପଦକ୍ଷେପକୁ ନେଇ ସରକାରଙ୍କ ଉଦ୍ଦେଶ୍ୟରେ ସୃଷ୍ଟି ହୋଇଥିବା ଭୁଲ୍ ଧାରଣାକୁ ହଟାଇବା ।

(ଖ) ଭାରତର ମୁସଲମାନମାନଙ୍କର ରାଜନୈତିକ ଅଧିକାର ଏବଂ ସ୍ୱାର୍ଥର ସୁରକ୍ଷା ବୃଦ୍ଧି ଏବଂ ସରକାରଙ୍କ ନିକଟରେ ସେମାନଙ୍କ ଆବଶ୍ୟକତା ଏବଂ ଆକାଂକ୍ଷାକୁ ସମ୍ମାନର ସହ ଉପସ୍ଥାପନ କରିବା ।

(ଗ) ଭାରତର ମୁସଲମାନମାନଙ୍କ ମଧ୍ୟରେ ଲିଗ୍‌ର ଉପରୋକ୍ତ ଆଭିମୁଖ୍ୟକୁ କୌଣସି ପକ୍ଷପାତ ନ କରି, ଅନ୍ୟ ସମ୍ପ୍ରଦାୟ ପ୍ରତି କୌଣସି ଶତ୍ରୁତା ଭାବନାକୁ ପ୍ରତିରୋଧ କରିବା ।

୧୯୭୧ରେ କ୍ରେଗ୍ ବାକଷ୍ଟର[୬୪] ତାଙ୍କ ବହିରେ ଲେଖିଲେ ଯେ ଯଦିଓ ସର୍ବଭାରତୀୟ ମୁସଲିମ ଲିଗ୍ ନିୟମାବଳୀଗୁଡାଏ ଛଦ୍ମାବରଣ ଥିବା ନିୟମ ଥିଲା, ଭାରତ ପ୍ରଥମଥର ପାଇଁ ଏକ ପ୍ରମୁଖ ସାମ୍ପ୍ରଦାୟିକ ରାଜନୈତିକ ଦଳ ଦେଖିଲା, ଯାହାକି ସର୍ବଭାରତୀୟ ସ୍ତରରେ ଆବେଦନ କରାଯାଇ ପ୍ରତିଷ୍ଠିତ ହେଲା । ଏଥିପାଇଁ ସାମ୍ପ୍ରଦାୟିକ ଯେ ଏହାର ସଦସ୍ୟତା କେବଳ ଗୋଟିଏ ସମ୍ପ୍ରଦାୟର ସୀମିତ ଥିଲା ଏବଂ ଏହାର କାର୍ଯ୍ୟକ୍ରମ ସେହି ସମ୍ପ୍ରଦାୟର ରାଜନୈତିକ ତଥା ସାଧାରଣ କଲ୍ୟାଣକର କାର୍ଯ୍ୟରେ ଅଗ୍ରଗତି କରିବାରେ ସୀମିତ ଥିଲା । ବ୍ରିଟିଶମାନେ ସେମାନଙ୍କର ବିଭାଜନ ଏବଂ ଶାସନ ରଣନୀତିରେ ଏକ ପ୍ରମୁଖ ସଫଳତାର କାହାଣୀଭାବେ ସର୍ବଭାରତୀୟ ମୁସଲିମ ଲିଗ୍ ଗଠନକୁ ପାଳନ କଲେ । ୧ ଜାନୁଆରୀ ୧୯୦୭ରେ ବ୍ରିଟେନ୍‌ରୁ ପ୍ରକାଶିତ "ଦି ଇଂଗଲିଶ ମ୍ୟାନ୍" ଖବରକାଗଜ ଗର୍ବର ସହ ଲେଖିଲା "ଏହି ଲିଗ୍ କଂଗ୍ରେସକୁ ଏକ ପ୍ରଭାବଶାଳୀ ଉତ୍ତର ପ୍ରଦାନ କରିବା ସହିତ ମହମ୍ମଦାନ୍ ଆକାଂକ୍ଷା ପ୍ରକାଶନ ପାଇଁ ଏକ ସୁଯୋଗ ମଧ୍ୟ ଦେବ । ପ୍ରିନ୍ସ ଅଫ୍ ୱେଲ୍ସ, ଭବିଷ୍ୟତର ରାଜା ପଞ୍ଚମ ଜର୍ଜ ଏ ବିଷୟରେ ମତ ଦେଇ କହିଲେ ଯେ ମହମ୍ମଦାନ୍ ଆନ୍ଦୋଳନ ଅତ୍ୟନ୍ତ ସନ୍ତୋଷଜନକ ଏବଂ ଏହା ବଙ୍ଗ ଆନ୍ଦୋଳନକାରୀଙ୍କୁ ପ୍ରତିରୋଧ କରିବ ।"[୬୫]

ଆଲିଗଡ଼ ମୁସଲିମ୍ ବିଶ୍ୱବିଦ୍ୟାଳୟର ବିଚ୍ଛିନ୍ନତାବାଦୀ ସ୍ୱର ବନାମ ବନାରସ ହିନ୍ଦୁ ବିଶ୍ୱବିଦ୍ୟାଳୟର ଜାତୀୟତାବାଦୀ ସ୍ୱର

ମହମ୍ମଦାନ ଆଙ୍ଗଲୋ ଓରିଏଣ୍ଟାଲ୍ କଲେଜ୍ ଏବଂ ଏହାର ପ୍ରତିଷ୍ଠାତା ସାର୍ ସୟଦ୍‌ଙ୍କ ସହିତ ଜଡିତ ମୁସଲମାନ ବିଚ୍ଛିନ୍ନତାବାଦୀ ଚେତନାର ଜାଗରଣ ଆଲିଗଡ ଆନ୍ଦୋଳନ ଭାବରେ ପରିଣତ ହେଲା । ଆଲିଗଡ ବିଶ୍ୱବିଦ୍ୟାଳୟ ସର୍ବଭାରତୀୟ ମୁସଲିମ ଲିଗ୍ ବିଚ୍ଛିନ୍ନତାବାଦୀ କାହାଣୀର ଉର୍ବର କ୍ଷେତ୍ର ହେଇଥିଲା । ମହମ୍ମଦାନ୍ ଆଙ୍ଗଲୋ ଓରିଏଣ୍ଟାଲ୍ କଲେଜର ଅଧିକାରୀମାନେ ଭାରତ ବିଭାଜନର ପ୍ରାରମ୍ଭିକ ସମର୍ଥକ ଏବଂ ଚିରସ୍ଥାୟୀ କାରଣ ଥିଲେ – ସେ ଏହାର ପ୍ରତିଷ୍ଠାତା ସାର୍ ସୟଦ୍ ହୁଅନ୍ତୁ ଯିଏକି ପାକିସ୍ତାନୀ ଐତିହାସିକମାନଙ୍କ ଦ୍ୱାରା ପାକିସ୍ତାନ ଚିନ୍ତାଧାରାର ଜନକ ବୋଲି ବିବେଚିତ ହୋଇଥିଲେ କିମ୍ବା ଆଗା ଖାଁଙ୍କର ସାମ୍ପ୍ରଦାୟିକତା ଆଧାରରେ ମୁସଲିମ୍‌ମାନଙ୍କ ପାଇଁ ଭିନ୍ନ ନିର୍ବାଚନ କଲେଜ୍ ଦାବି କରୁଥିବା ଚିନ୍ତାଧାରାକୁ ସାହାଯ୍ୟ ଓ ସମର୍ଥନ ଦେଉଥିବା ବ୍ରିଟିଶ୍ ଅଧ୍ୟକ୍ଷ ଡବ୍ଲୁ.ଏ.ଜେ. ଆର୍କବୋଲ୍ଡ ହୁଅନ୍ତୁ ; ଲର୍ଡ ମିଣ୍ଟୋ କିମ୍ବା ମୁସଲିମ୍ ଲିଗ୍ ଗଠନର ପ୍ରସ୍ତାବ ଦେଇଥିବା ସଚିବ ଭିକର-ଉଲ୍ – ମୁଲ୍କ (ଆକା ମୁସ୍ତାକ୍ ହୁସେନ୍) ହୁଅନ୍ତୁ, କିମ୍ବା ପରେ ଆଲିଗଡ ମୁସଲିମ୍ ବିଶ୍ୱବିଦ୍ୟାଳୟର ଛାତ୍ର ସଂଘର ଆଜୀବନ ସଭ୍ୟ ମହମ୍ମଦ ଅଲ୍ଲୀ ଜିନ୍ନା ହୁଅନ୍ତୁ, ଯିଏ କି ଭାରତ ବିଭାଜନର ପ୍ରମୁଖ କାରଣ ସାଜିଥିଲେ । ମହମ୍ମଦ ଇକବାଲ୍ ଏବଂ ସାର୍ ସୟଦ୍‌ଙ୍କ ଦ୍ୱାରା ପ୍ରଚାର କରାଯାଇଥିବା ବିପଜ୍ଜନକ ଏବଂ କୁକାର୍ଯ୍ୟ "ଦୁଇ ରାଷ୍ଟ୍ର ସିଦ୍ଧାନ୍ତ"କୁ ଜିନ୍ନା ରାଜନୈତିକ ରୂପ ଦେଇଥିଲେ ।[୬୬] ଏକ ଉଲ୍ଲେଖନୀୟ ଧାରା ଭାବରେ ଆଲିଗଡ୍ ବିଶ୍ୱବିଦ୍ୟାଳୟର ଛାତ୍ରମାନଙ୍କର ଏକ କ୍ଷୁଦ୍ର ଛାତ୍ର ଗୋଷ୍ଠୀ ଦ୍ୱାରା ବିପଥଗାମୀ ଜାତୀୟତାବାଦୀ ଆଭିମୁଖ୍ୟକୁ ଅତିରିକ୍ତ ସମ୍ମୋହନ ଦେବାରେ ଲେଖକ ମୁସିରୁଲ୍ ହସନ୍ ନିଜ ଆଲେଖ୍ୟରେ କଠିନ ଚେଷ୍ଟା କରିଥିଲେ ।[୬୭]

ସବୁଠୁ ନିରାଶାଜନକ ବେପାରଟି ହେଲା ଆଜି ମୁକ୍ତ ଭାରତରେ ମଧ୍ୟ ଆଲିଗଡ ମୁସଲିମ୍ ବିଶ୍ୱବିଦ୍ୟାଳୟରେ ସାର୍ ସୟଦ୍ ଦିବସ ବଡ଼ ଆଡମ୍ବରରେ ପାଳନ କରାଯାଏ ଏବଂ ଏହାର ଛାତ୍ର ସଂଘ କାର୍ଯ୍ୟାଳୟରେ ଭାରତ ଇତିହାସର ଅନ୍ୟ ନେତୃବୃନ୍ଦ ଯଥା ମହାତ୍ମାଗାନ୍ଧୀ, ସିଭି ରମଣ ଏବଂ ରାଜଗୋପାଲଚାରୀଙ୍କ ସହ ଜିନ୍ନାଙ୍କ ତୈଳ ଚିତ୍ର ମଧ୍ୟ ଶୋଭାପାଏ । ଆଜି ୨୦୧୮-୧୯ରେ କେନ୍ଦ୍ରୀୟ ଅନୁଦାନପ୍ରାପ୍ତ ଆଲିଗଡ ମୁସଲିମ୍ ବିଶ୍ୱବିଦ୍ୟାଳୟ ଭାରତ ସମ୍ବିଧାନ ପ୍ରଦତ୍ତ ଅନୁସୂଚିତ ଜାତି /ଜନଜାତି/ପଛୁଆବର୍ଗ ଆରକ୍ଷଣକୁ ସମ୍ମାନ ଦିଏ ନାହିଁ ଏବଂ ବେନିୟମ ଭାବରେ ୫୦ ପ୍ରତିଶତ ମୁସଲିମ୍ ଆରକ୍ଷଣକୁ ବଜାୟ ରଖେ ।[୬୮]

ଅପରପକ୍ଷେ, ପରେ ମଦନ ମୋହନ ମାଳବ୍ୟ ବନାରସ ହିନ୍ଦୁ ବିଶ୍ୱବିଦ୍ୟାଳୟ (ବି.ଏଚ୍.ୟୁ) ପ୍ରତିଷ୍ଠା କରିଥିଲେ, ଯାହାକି ଭାରତୀୟ ସ୍ୱାଧୀନତା ଆନ୍ଦୋଳନର କେନ୍ଦ୍ରବିନ୍ଦୁ ପାଲଟିଥିଲା ଏବଂ ବହୁ ଜାତୀୟତାବାଦୀ ନେତା ସୃଷ୍ଟି କରିଥିଲା। ମାଳବ୍ୟ ଜାତୀୟ ଜାଗରଣ ହାସଲ କରିବାର ପ୍ରାଥମିକ ମାଧ୍ୟମ ଶିକ୍ଷା ବୋଲି ବିଚାର କରୁଥିଲେ। ବ୍ରିଟିଶ୍ ସରକାର ବିଏଚ୍ୟୁକୁ ପଇସାଟିଏ ମଧ୍ୟ ଦେଇ ନ ଥିଲେ। ମାଳବ୍ୟ ସାଧାରଣ ଜନତାଙ୍କଠୁ ଏଥିପାଇଁ ପାଣ୍ଠି ସଂଗ୍ରହ କରିଥିଲେ। ବିଶ୍ୱବିଦ୍ୟାଳୟ ବିକାଶ ଉପରେ ଧ୍ୟାନ ଦେବାକୁ ଏବଂ ଭାରତୀୟ ସ୍ୱାଧୀନତା ଆନ୍ଦୋଳନ ପାଇଁ କାମ କରିବାକୁ ମାଳବ୍ୟ ଓକିଲାତି ପେସା ତ୍ୟାଗ କରିଥିଲେ। ଆଜି ବିଏଚ୍ୟୁ ଏକ ଅଗ୍ରଣୀ ସରକାରୀ ଅନୁଦାନପ୍ରାପ୍ତ କେନ୍ଦ୍ରୀୟ ବିଶ୍ୱବିଦ୍ୟାଳୟ ଏବଂ ଭାରତର ସମ୍ବିଧାନରେ ଦର୍ଶାଯାଇଥିବା ସମାଜର ସମସ୍ତ ବର୍ଗଙ୍କ ପାଇଁ ସଂରକ୍ଷଣର ସମସ୍ତ ନିୟମ ପାଳନ କରେ।

୧୯୦୯ ଏବଂ ମୁସଲମାନମାନଙ୍କ ପାଇଁ ପୃଥକ ଚୟନକର୍ତ୍ତା ଯୋଜନାକୁ ଆଇନଗତ କରିବାକୁ ମର୍ଣ୍ଟେ ମିଲୋ ସଂସ୍କାର

ଜନ୍ ମର୍ଲେ ବିଶ୍ୱାସ କରୁଥିଲେ ଯେ ବଙ୍ଗଳାରେ ବିଦ୍ରୋହ ଦମନ କରିବାର ଆବଶ୍ୟକ ଥିଲା କିନ୍ତୁ କର୍ଜନଙ୍କ ଦ୍ୱାରା ବଙ୍ଗ ବିଭାଜନ ପରେ ବ୍ରିଟିଶ ରାଜ୍ୟରେ ସ୍ଥିରତା ଫେରାଇବାକୁ ଏହା ପର୍ଯ୍ୟାପ୍ତ ନ ଥିଲା। ସେ ବିଶ୍ୱାସ କରୁଥିଲେ ଯେ ଭାରତର ବିଶ୍ୱସ୍ତ ଏବଂ ପାଶ୍ଚାତ୍ୟ ସଭ୍ୟତା ଆପଣେଇଥିବା ଜନସଂଖ୍ୟାକୁ ଆଶ୍ୱାସନା ଦେବାକୁ ଏକ ନାଟକୀୟ ପଦକ୍ଷେପ ନିହାତି ଆବଶ୍ୟକ। ଏହାର ଉତ୍ତର ସ୍ୱରୂପ ଭାରତର ବିଭିନ୍ନ ରାଜ୍ୟ ବିଧାନସଭା ପରିଷଦରେ ଭାରତୀୟମାନଙ୍କୁ ପ୍ରତିନିଧିତ୍ୱ ଦେବା ପାଇଁ ମର୍ଲେ ମିଣ୍ଟୋ ସଂସ୍କାର (ଭାରତୀୟ କାଉନ୍‌ସିଲ୍ ଆକ୍ଟ ୧୯୦୯) ଆସିଲା। କିନ୍ତୁ ମର୍ଲେ ମିଣ୍ଟୋ ସଂସ୍କାରର ମେରୁଦଣ୍ଡ ବା ମୁଖ୍ୟ କୌଶଳ ମୁସଲମାନମାନଙ୍କ ପାଇଁ ପୃଥକ ଚୟନକର୍ତ୍ତାକୁ ଅଧିକାର ଦେବା ଥିଲା। ଜେଏମ୍‌ସ୍ ଷ୍ଟୁଆର୍ଡ ଓଲସନ ଏବଂ ରବର୍ଟ ସ୍ୟାଡଲ୍ (୧୯୯୬) ସେମାନଙ୍କ ପ୍ରସିଦ୍ଧ ପୁସ୍ତକ "ହିଷ୍ଟୋରିକାଲ୍ ଡିକ୍ସନାରୀ ଅଫ୍ ଦ ବ୍ରିଟିଶ୍ ଏମ୍ପାୟାର"ରେ ଉଲ୍ଲେଖ କରିଛନ୍ତି ଯେ ମର୍ଲେ ମିଣ୍ଟୋ ସଂସ୍କାରର ସବୁଠୁ ବିବାଦୀୟ ଦିଗ ହେଲା ସାମ୍ପ୍ରଦାୟିକ ଚୟନକର୍ତ୍ତାର ପ୍ରତିଷ୍ଠା। ୧୯୦୬ରେ ମିଣ୍ଟୋ ଏକ ମୁସଲିମ୍ ପ୍ରତିନିଧି ଦଳକୁ କଥା ଦେଇଥିଲେ ଯେ କିଛି ରାଜ୍ୟ ବିଧାନସଭାରେ ସେ ମୁସଲିମ୍ ପ୍ରତିନିଧିତ୍ୱକୁ ସମର୍ଥନ ଦେବେ ଏବଂ ସେମାନେ କେବଳ ମୁସଲିମ୍ ଭୋଟରମାନଙ୍କ ଦ୍ୱାରା ହିଁ ନିର୍ବାଚିତ ହେବେ। ଭିନ୍ନ ଚୟନ କର୍ତ୍ତାର ପ୍ରତିଷ୍ଠା ଭାରତକୁ ବିଭାଜିତ କରି ଶାସନ କରିବାର ଏକ

ପ୍ରକ୍ରିୟା ବୋଲି ହିନ୍ଦୁମାନେ ଗ୍ରହଣ କଲେ ଏବଂ ହିନ୍ଦୁ ମୁସଲିମ୍‌ମାନଙ୍କ ମଧ୍ୟରେ ଉତ୍ତେଜନା ବଢ଼ାଇବାର କାରଣ ରୂପେ ମର୍ଲେ ମିଣ୍ଟୋ ସଂସ୍କାର ସର୍ବଦା ବଦନାମ୍ ରହିବ।[୬୯]

ମୁସଲିମ ବୁଦ୍ଧିଜୀବୀଙ୍କ ଦ୍ୱାରା କ୍ଷେତ୍ରଗତ ଆନ୍ତରିକତା ଏବଂ ବ୍ରିଟିଶ୍ ସରକାରଙ୍କ ଦ୍ୱାରା ଖୋଲାଖୋଲି ମୁସଲିମ୍ ତୁଷ୍ଟୀକରଣଙ୍କ ପାଇଁ ଏହି ଜୋରଦାର ଲବି ଅଧିକାଂଶ ସମ୍ପ୍ରଦାୟରେ ଅସନ୍ତୋଷ ସୃଷ୍ଟି କରିବାକୁ ଲାଗିଲା। ଭାରତର ସ୍ୱାଧୀନତା କିମ୍ବା ଉନ୍ନତି ବିଷୟରେ ଏହି ମୁସଲିମ୍ ନେତୃବୃନ୍ଦଙ୍କର ତିଳେହେଲେ ଆଗ୍ରହ ନ ଥିଲା, ବରଂ ବ୍ରିଟିଶ୍ ଶାସକମାନଙ୍କଠାରୁ ସେମାନଙ୍କ ସମ୍ପ୍ରଦାୟ ପାଇଁ ଅସଂଗତ ଅନୁଗ୍ରହ ପାଇଁ ବୁଝାମଣା ଉପରେ ଏକକ ଭାବେ ଧ୍ୟାନ ଦେଉଥିଲେ। ହିନ୍ଦୁ, ଶିଖ, ଜୈନ ଓ ବୌଦ୍ଧ ସମ୍ପ୍ରଦାୟକୁ ଅବହେଳା କରିବା ନିନ୍ଦନୀୟ ହେଉଥିଲା। ହିନ୍ଦୁ ନେତୃବୃନ୍ଦଙ୍କୁ ଏକାଠି ହୋଇ ହିନ୍ଦୁ ଅଧିକାରକୁ ସୁରକ୍ଷା ଦେବାକୁ ହିନ୍ଦୁ ମହାସଭା ନାମରେ ଏକ ଅନୁଷ୍ଠାନ ଗଢ଼ିବାକୁ ଉପରୋକ୍ତ କାରଣ ଚାଳିକା ଶକ୍ତି ରୂପେ କାର୍ଯ୍ୟ କଲା। କିନ୍ତୁ ଆଶ୍ଚର୍ଯ୍ୟଜନକଭାବେ ହିନ୍ଦୁ ମହାସଭା ନିଜ ସମ୍ପ୍ରଦାୟ ପାଇଁ ବ୍ରିଟିଶ୍‌ମାନଙ୍କଠୁ କୌଣସି ସାହାଯ୍ୟ ମାଗି ନ ଥିଲା – ବରଂ ସେମାନେ ବ୍ରିଟିଶ ରଣନୀତି ବିଭାଜନ ଏବଂ ଶାସନର ଘୋର ବିରୋଧ କରୁଥିଲେ ଏବଂ ସମସ୍ତଙ୍କ ପାଇଁ ସମାନ ନୀତି ନିୟମ ଦାବି କରୁଥିଲେ।

୧୯୧୬ ଏବଂ ଲକ୍ଷ୍ନୌ ଚୁକ୍ତି : ମୁସଲମାନଙ୍କ ଚାପରେ କଂଗ୍ରେସ ନତମସ୍ତକ ହେଲା

୧୯୧୬ ମସିହାରେ ଭାରତୀୟ ଜାତୀୟ କଂଗ୍ରେସ ମୁସଲମାନଙ୍କ ଚାପରେ ମୁଣ୍ଡ ନୁଆଁଇ ପ୍ରାଦେଶିକ ବିଧାନସଭାରେ ଧାର୍ମିକ ସଂଖ୍ୟାଲଘୁଙ୍କ ଅଧିକ ଉପସ୍ଥାପନା ପାଇଁ ରାଜି ହୋଇଥିଲେ। କେବଳ ଏହି ଅଧିକ ଉପସ୍ଥାପନା ସର୍ତ୍ତରେ ମୁସଲିମ ଲିଗ୍ ନେତୃବୃନ୍ଦ କଂଗ୍ରେସ ସହ ମିଶି ଭାରତର ସ୍ୱାଧୀନତା ଦାବି କରିବାକୁ ରାଜି ହେଲେ। ବାଲ୍ ଗଙ୍ଗାଧର ତିଲକ ଯିଏ କି କଂଗ୍ରେସ ମଧ୍ୟରେ ହିନ୍ଦୁ ସମର୍ଥକ ଭାବେ ବିବେଚିତ ହେଉଥିଲେ ଲକ୍ଷ୍ନୌ ଚୁକ୍ତି ଗଠନରେ ମୁଖ୍ୟ ଭୂମିକା ନେଲେ। ତିଲକ କଂଗ୍ରେସର ଏହି ଆଭିମୁଖ୍ୟ ସମ୍ପର୍କରେ କହିଛନ୍ତି ଯେ କଂଗ୍ରେସର ଏହି ଉଦାରବାଦୀ ଦୃଷ୍ଟି ମୁସଲମାନମାନଙ୍କ ମଧ୍ୟରେ ଥିବା ଭୟ ଓ ସନ୍ଦେହକୁ ସମାପ୍ତ କରିବ ଏବଂ ଏହି ଉପାୟରେ କଂଗ୍ରେସ ସେମାନଙ୍କର ଅତିରିକ୍ତ ଦେଶ ପ୍ରେମକୁ ଭାରତୀୟ ଜାତୀୟତାବାଦରେ ବଦଳାଇପାରିବ।[୭୦] କିନ୍ତୁ ଜିନାଙ୍କ ପାଇଁ ଏହା ତାଙ୍କ ବୃହତ୍

ବିଚ୍ଛିନ୍ନତାବାଦୀ ଏଜେଣ୍ଡା ଆଡ଼କୁ ଆଉ ଏକ ପଦକ୍ଷେପ ଥିଲା। ଜିନା କହିଲେ ଯେ ଏହା କୁହାଯାଇପାରେ ଆମ୍ଭର ସମ୍ବିଧାନ ଯୁଦ୍ଧ ପୂର୍ବରୁ ଅଧା ଜିତିସାରିଛି।[୭୧]

୧୯୧୭ରେ ଲକ୍ଷ୍ନୌ ଚୁକ୍ତିର ସ୍ୟାହି ନ ଶୁଖୁଣୁ ମୁସଲିମ୍ ଲିଗ୍ ନିଜର ଦାବି ବଢାଇବା ଆରମ୍ଭ କଲା। ପୂର୍ବରୁ ପ୍ରାଦେଶିକ ବିଧାନସଭା ଦ୍ୱାରା ହୋଇଥିବା ପରି, ସ୍ଥାନୀୟ ସଂସ୍ଥା, ଜନସେବା ଏବଂ ବିଶ୍ୱବିଦ୍ୟାଳୟରେ ଅଧିକ ଉପସ୍ଥାପନା ଦାବିକରି କୋଲକତାଠାରେ ଅନୁଷ୍ଠିତ ବାର୍ଷିକ ସମ୍ମିଳନୀରେ ଲିଗ୍ ଏକ ସଂକଳ୍ପ ପତ୍ର ଦେଲା। ସ୍ୱାଧୀନତା ଆନ୍ଦୋଳନ ପାଇଁ ମୁସଲିମମାନଙ୍କ ସମର୍ଥନ ପାଇବାକୁ କଂଗ୍ରେସର ଆଶା ମରୀଚିକାରେ ପରିଣତ ହେଲା।

୪

ଖୋଲାଖୋଲି ମୁସଲିମ୍ ତୁଷ୍ଟୀକରଣ ଉପରେ ହିନ୍ଦୁ ମହାସଭାର ପ୍ରତିକ୍ରିୟା

ହିନ୍ଦୁ ମହାସଭା ଗଢ଼ିବାକୁ ଆର୍ଯ୍ୟ ସମାଜିମାନେ ଏକତ୍ର ହେଲେ ।

ଉନ୍ନବିଂଶ ଶତାବ୍ଦୀର ଶେଷ ଆଡ଼କୁ ଆର୍ଯ୍ୟ ସମାଜ ଏକମାତ୍ର ଅନୁଷ୍ଠାନଭାବେ, ନିଜ ନେତୃବୃନ୍ଦଙ୍କ ବଳି ଚଢାଇ ମଧ୍ୟ ଇସଲାମ୍ ସହ ବୌଦ୍ଧିକ ସ୍ତରରେ ମୁହାଁମୁହିଁ ହୋଇଥିଲା । ଆର୍ଯ୍ୟ ସମାଜର ପ୍ରତିଷ୍ଠାତା ସ୍ୱାମୀ ଦୟାନନ୍ଦ ସରସ୍ୱତୀ ନିଜ ପ୍ରସିଦ୍ଧ ପୁସ୍ତକ "ସତ୍ୟାର୍ଥ ପ୍ରକାଶ"ର ଶେଷ ଅଧ୍ୟାୟରେ ଇସଲାମ୍ ଏବଂ କୋରାନ୍ ସମ୍ବନ୍ଧରେ ଏକ ବିସ୍ତୃତ ଆଲୋଚନା ଲେଖିଲେ । ପଣ୍ଡିତ ଲେଖରାମ (୧୮୫୮ -୧୮୯୭) ନାମରେ ଜଣାଶୁଣା ଆର୍ଯ୍ୟସମାଜୀ ନେତା ଅହମ୍ମଦି ଆନ୍ଦୋଳନ ଏବଂ ନିଜାଗୁଲା ଅହମ୍ମଦଙ୍କ ଲେଖାକୁ ନିଜ ଭାଷଣ ଓ ଲେଖନ ମାଧ୍ୟମରେ ତୀବ୍ର ସମାଲୋଚନା କଲେ । ନିଜର ଇସଲାମ୍ ବିରୋଧୀ ଲେଖାପାଇଁ ପଣ୍ଡିତ ଲେଖରାମଙ୍କୁ ୬ ମାର୍ଚ୍ଚ ୧୮୯୭ରେ ହତ୍ୟା କରାଗଲା ।[୭୨] ଶୁଦ୍ଧି ଆନ୍ଦୋଳନ ଦ୍ୱାରା ଆର୍ଯ୍ୟ ସମାଜର ସମାଜ ସୁଧାରକମାନେ ଜିଜିଆ କର ଏବଂ ଇସଲାମି ଶାସକଙ୍କ ଦ୍ୱାରା ବଳପୂର୍ବକ ମୁସଲମାନ୍ ଧର୍ମ ଦିଆଯାଇଥିବା ହିନ୍ଦୁଙ୍କୁ ପୁନଃ ରୂପାନ୍ତର କରି ହିନ୍ଦୁ କରାଇଲେ । (ଆଜିର ଘରବାହୁଡା ଆନ୍ଦୋଳନ ପରି) ନିଜର ପୁନଃରୂପାନ୍ତର ଆନ୍ଦୋଳନ ପାଇଁ ଜଣେ ମୁସଲିମ୍ ଧର୍ମାନ୍ଧ ଅବଦୁଲ୍ ରସିଦ୍ ଦ୍ୱାରା ସ୍ୱାମୀ ଶ୍ରଦ୍ଧାନନ୍ଦ ନିହତ ହେଲେ ।[୭୩]

୧୮୫୭ ପରେ ଭାରତର ସମୃଦ୍ଧ ମୁସଲମାନ୍‌ମାନଙ୍କର ପ୍ରକୃତ ଶକ୍ତିକ୍ଷୟ ଆରମ୍ଭ ହୋଇଥିଲା ଏବଂ ମୁସଲମାନ ବୁଦ୍ଧିଜୀବୀମାନେ ବ୍ରିଟିଶଙ୍କୁ ନିଜ ସମ୍ପ୍ରଦାୟ

ପାଇଁ ଅନୁଗ୍ରହ ଯୋଗାଡିବା ଲାଗି କୂଟନୈତିକ କୌଶଳ ପ୍ରୟୋଗ କଲେ। ସେହି ସମୟରେ ଶାସକଙ୍କ ସହିତ କୌଣସି ରାଜନୈତିକ ପଦକ୍ଷେପ ବିନା ଆର୍ଯ୍ୟ ସମାଜର କାର୍ଯ୍ୟାବଳୀ ମୁଖ୍ୟତଃ ସାମାଜିକ କ୍ଷେତ୍ରରେ ହିଁ ସୀମିତ ଥିଲା। କିନ୍ତୁ ୧୯୦୫ରେ ସାମ୍ପ୍ରଦାୟିକ ଆଧାରରେ ବଙ୍ଗ ଭଙ୍ଗ, ହିନ୍ଦୁ ଜନସଂଖ୍ୟା ହ୍ରାସ (ପ୍ରଥମ ଅଧ୍ୟାୟରେ ବର୍ଣ୍ଣିତ), ମୁସଲିମ୍‌ମାନଙ୍କ ସାମ୍ପ୍ରଦାୟିକ ସ୍ୱାର୍ଥରକ୍ଷା ଲାଗି ସର୍ବଭାରତୀୟ ମୁସଲିମ୍ ଲିଗ୍ ଗଠନ, ୧୯୦୯ରେ ମର୍ଲେ ମିଣ୍ଟୋ ସଂସ୍କାର ନାମରେ ବ୍ରିଟିଶମାନଙ୍କର ମୁସଲମାନମାନଙ୍କୁ ଭିନ୍ନ ଚୟନକର୍ତ୍ତା ଗଠନର ସ୍ୱୀକୃତି ପ୍ରଦାନ ଆଦି ଘଟଣାବଳୀ ଆର୍ଯ୍ୟ ସମାଜ ନେତୃବୃନ୍ଦଙ୍କୁ ଏହି ଅନ୍ଧ ମୁସଲିମ୍ ତୁଷ୍ଟୀକରଣକୁ ପ୍ରତିହତ କରିବାକୁ ରାଜନୈତିକ ମଞ୍ଚ ଗଢିବାକୁ ବାଧ୍ୟ କଲା।

ସେମାନଙ୍କର ବ୍ରିଟିଶ୍ ପୃଷ୍ଠପୋଷକତ୍ୱ, ବ୍ରିଟିଶ୍ ଶାସକଙ୍କ ସହ ଅନୁପଯୁକ୍ତ ନିବିଡତା ଏବଂ ୧୯୦୯ ମସିହାର ଭାରତୀୟ ପରିଷଦ କାର୍ଯ୍ୟପରି ଉପକରଣ ଦ୍ୱାରା ସଂଖ୍ୟାଲଘୁ ଭାବେ ମୁସଲମାନମାନେ ଏକ ଅଯୌକ୍ତିକ ଏବଂ ଅଯଥା ଶକ୍ତି ଭାବେ ଉଭା ହେବେ ଏପରି ଏକ ସ୍ପଷ୍ଟ ଭୟ ସମସ୍ତଙ୍କ ମଧ୍ୟରେ ଥିଲା।[୭୪] ଲାଲା ଲଜପତ ରାୟ, ଲାଲ୍‌ଚାନ୍ଦ ଏବଂ ଶାଦିଲାଲ୍‌ଙ୍କ ପରି ଆର୍ଯ୍ୟ ସମାଜି ନେତା ପଞ୍ଜାବ ହିନ୍ଦୁ ସଭା ଗଢିବାକୁ ଏକତ୍ର ହେଲେ। ପଞ୍ଜାବ ହିନ୍ଦୁ ମହାସଭାର ସମ୍ପାଦକ ଶାଦିଲାଲ୍ ଭାଇସରୟ ଲର୍ଡ ମିଣ୍ଟୋକୁ ଏକ ବିସ୍ତୃତ ନିବେଦନ ଲେଖିଥିଲେ ଯେ, ଏକ ଐତିହାସିକ ଓ ରାଜନୈତିକ ମହତ୍ତ୍ୱର ମିଥ୍ୟା ଏବଂ କାଳ୍ପନିକ ଆଧାରରେ ମୁସଲମାନ୍‌ମାନଙ୍କ ପାଇଁ ପୃଥକ ଚୟନକର୍ତ୍ତା ତଥା ଅତ୍ୟଧିକ ପ୍ରତିନିଧିତ୍ୱ ଦେବା ସମାଜ ପାଇଁ ପକ୍ଷପାତ ଏବଂ ନ୍ୟାୟ ଖେଳର ବିରୁଦ୍ଧ।[୭୫] ୧୯୦୯ରେ ଲାହୋରଠାରେ ଅନୁଷ୍ଠିତ ସଭାର ପ୍ରଥମ ଅଧିବେଶନରେ ମହାମନା ମାଳବ୍ୟ ଅଧ୍ୟକ୍ଷତା କରିଥିଲେ। ସଭା ସ୍ପଷ୍ଟଭାବେ ଦର୍ଶାଇଛି ଯେ ଏହା ଏକ ସାମ୍ପ୍ରଦାୟିକ ସଙ୍ଗଠନ ନୁହେଁ, ବରଂ ସମସ୍ତଙ୍କୁ ଅନ୍ତର୍ଭୁକ୍ତ କରି ସମଗ୍ର ହିନ୍ଦୁ ସମ୍ପ୍ରଦାୟର ସ୍ୱାର୍ଥକୁ ସୁରକ୍ଷା ଦେବା ଏହାର ଲକ୍ଷ୍ୟ ରଖିବ।

୧୯୦୯ ଅକ୍ଟୋବର ୨୧-୨୨ରେ ପଞ୍ଜାବ ରାଜ୍ୟସ୍ତରୀୟ ହିନ୍ଦୁ ସମ୍ମିଳନୀ ଆୟୋଜନ କରି ପଞ୍ଜାବ ହିନ୍ଦୁ ସଭା ହିନ୍ଦୁମାନଙ୍କ ସ୍ୱାର୍ଥ ରକ୍ଷାରେ ଭାରତୀୟ ଜାତୀୟ କଂଗ୍ରେସ ବିଫଳ ହୋଇଛି ବୋଲି ସମାଲୋଚନା କଲେ। ସଭା ପଞ୍ଜାବରେ ଆଉ ୫ଟି ବାର୍ଷିକ ପ୍ରାନ୍ତୀୟ ସମ୍ମିଳନୀ ଆୟୋଜନ କଲା। ହିନ୍ଦୁ ଏକତା ଏବଂ ବିକାଶ ପାଇଁ ବିଂଶ ଶତାବ୍ଦୀର ପ୍ରାରମ୍ଭରେ ପଞ୍ଜାବରେ ହୋଇଥିବା କାର୍ଯ୍ୟାବଳୀ ସର୍ବଭାରତୀୟ ହିନ୍ଦୁ ମହାସଭା ଗଠନର ପୂର୍ବବର୍ତ୍ତୀ ଅଧ୍ୟାୟ ଥିଲା। ପରବର୍ତ୍ତୀ ବର୍ଷଗୁଡିକରେ ସଂଯୁକ୍ତ ପ୍ରଦେଶ (ଆଜିର ଉତ୍ତରପ୍ରଦେଶ), ବିହାର, ବେଙ୍ଗଲ୍, କେନ୍ଦ୍ରୀୟ ରାଜ୍ୟ, ବେରାର ଏବଂ

ବମ୍ବେ ପ୍ରାନ୍ତ ଆଦି ପଞ୍ଜାବ ବାହାରର ସ୍ଥାନରେ ମଧ୍ୟ ହିନ୍ଦୁ ମହାସଭା ଆୟୋଜନ ହେଲା। ୮ ଡିସେମ୍ବର ୧୯୧୩ରେ ପଞ୍ଜାବ ହିନ୍ଦୁସଭା ଅମ୍ବାଲା ଅଧ୍ୟାୟରେ ସର୍ବଭାରତୀୟ ହିନ୍ଦୁ ସଭା ଗଢିବାର ନିର୍ଣ୍ଣୟ ନିଆଗଲା। ହରିଦ୍ୱାର, ଲକ୍ଷ୍ନୌ ଏବଂ ଦିଲ୍ଲୀରେ କିଛି ପ୍ରାଥମିକ ପ୍ରସ୍ତୁତି ଅଧ୍ୟାୟ ପରେ ୧୯୧୫ ଏପ୍ରିଲ୍‌ରେ ହରିଦ୍ୱାର କୁମ୍ଭମେଳାଠାରେ ସର୍ବଭାରତୀୟ ହିନ୍ଦୁସଭା ଅନ୍ୟ ପ୍ରାନ୍ତୀୟ ହିନ୍ଦୁ ସଭାର ଏକ ପ୍ରମୁଖ ସଂସ୍ଥାଭାବେ ଗଠନ ହେଲା।[୭୬] ଯଦିଓ ଅଭିଜାତ ମୁସଲିମମାନଙ୍କ ସାମ୍ପ୍ରଦାୟିକ ଦାବି ଏବଂ ବ୍ରିଟିଶ୍‌ମାନଙ୍କ ଦ୍ୱାରା ଅନ୍ଧ ମୁସଲିମ୍ ତୁଷ୍ଟୀକରଣକୁ ପ୍ରତିରୋଧ କରିବାକୁ ହିନ୍ଦୁ ମହାସଭା ଗଠନ କରାଯାଇଥିଲା ଏହା କିନ୍ତୁ ହିନ୍ଦୁମାନଙ୍କ ପାଇଁ ଅଯଥା ଅନୁକମ୍ପା ଲାଗି ସରକାରଙ୍କ ନିକଟରେ କେବେ ଲବି କରି ନ ଥିଲା। ଏହା ସବୁବେଳେ କଥାକଥିତ ସଂଖ୍ୟାଲଘୁ ସମ୍ପ୍ରଦାୟକୁ ଦିଆଯାଉଥିବା ଅଯଥା ଅନୁକମ୍ପାକୁ ବିରୋଧ କରୁଥିଲା ଏବଂ ସମସ୍ତ ଭାରତୀୟଙ୍କ ପାଇଁ ସମାନ ନିୟମ ପ୍ରଣିତ ହେବା ଚାହୁଁଥିଲା। ପାଖାପାଖି ୧୦୦ ବର୍ଷ ପରେ ୨୦୧୯ରେ ସେହି ସମାନ ବିରୋଧାଭାସ ଦେଖିବାକୁ ମିଳେ ଯେବେ କଂଗ୍ରେସ ଦେଶର ସଂପତ୍ତି ଉପରେ ସଂଖ୍ୟାଲଘୁଙ୍କର ପ୍ରଥମ ଅଧିକାର ଅଛି ବୋଲି କୁହେ,[୭୭] ଏବଂ ସେହି ସମୟରେ ବିଜେପି ନିରପେକ୍ଷ ଭାବେ କହେ, "ସମସ୍ତଙ୍କ ବିକାଶ, କାହାରି ତୁଷ୍ଟୀକରଣ ନୁହେଁ।"

ହିନ୍ଦୁ ମହାସଭା ସହ କଂଗ୍ରେସର ସୁବିଧାବାଦୀ ପ୍ରେମ ଓ ଘୃଣାର ସମ୍ପର୍କ

ବିଂଶ ଶତାବ୍ଦୀର ପ୍ରାରମ୍ଭରେ କଂଗ୍ରେସ ଓ ହିନ୍ଦୁ ମହାସଭା ମଧ୍ୟରେ ଥିବା ବିଭେଦ ପରିଷ୍କାର ଦିଶୁ ନ ଥିଲା। ଅଧିକାଂଶ ସଭ୍ୟଙ୍କର ଦ୍ୱୈତ ସଭ୍ୟ ପଦ ଥିଲା। ବିଶେଷତଃ ସଂଯୁକ୍ତ ପ୍ରଦେଶ ପରି ବଡ଼ ପ୍ରଦେଶରେ କଂଗ୍ରେସ ଏବଂ ଆଞ୍ଚଳିକ ହିନ୍ଦୁ ସଭା ପରସ୍ପର ସହ ସଂଯୁକ୍ତ ହୋଇଥିଲେ। ଉଦାହରଣ ସ୍ୱରୂପ, ୧୯୦୯ ଏବଂ ୧୯୧୮ରେ ମାଲବ୍ୟ ଭାରତୀୟ ଜାତୀୟ କଂଗ୍ରେସର ଅଧ୍ୟକ୍ଷ ଥିବା ସତ୍ତ୍ୱେ ହିନ୍ଦୁ ମହାସଭାରେ ମଧ୍ୟ ସକ୍ରିୟ ଥିଲେ। ବାସ୍ତବରେ କଂଗ୍ରେସରେ ହିନ୍ଦୁ ସ୍ୱାର୍ଥର ପ୍ରବକ୍ତାରୂପେ ମାଲବ୍ୟ କାମ କରୁଥିଲେ। ସ୍ୱାୟତ୍ତ ଶାସନ ଏବଂ ଅଖଣ୍ଡ ଭାରତ ଉଭୟ ସଂସ୍ଥାର ମୁଖ୍ୟ ଉଦ୍ଦେଶ୍ୟ ଥିଲା ଯଦିଓ ପରେ କଂଗ୍ରେସ ଅଖଣ୍ଡ ଭାରତ ପ୍ରସ୍ତାବ ବିରୋଧରେ ସାଲିସ କରିଗଲା। ଗୋକର୍ଣ୍ଣ ନାଥ ମିଶ୍ର, ହୃଦୟନାଥ କୁଞ୍ଜୁରୁ, ଗୌରୀଶଙ୍କର ମିଶ୍ର, ଶିବପ୍ରସାଦ ଗୁପ୍ତା ଏବଂ ଈଶ୍ୱର ଶରଣ ଆଦି ଅନେକ କଂଗ୍ରେସ ନେତୃବୃନ୍ଦ ହିନ୍ଦୁ ମହାସଭାରେ ମଧ୍ୟ ସକ୍ରିୟ ଥିଲେ। ବାସ୍ତବରେ ୧୯୨୩ ମସିହାରେ ବାରଣାସୀଠାରେ ମାଲବ୍ୟ ଯେତେବେଳେ ହିନ୍ଦୁ ମହାସଭାକୁ ପୁନର୍ଜୀବନ ଦେଲେ, ସେତେବେଳେ ଜବାହରଲାଲ୍ ନେହେରୁ, ରାଜେନ୍ଦ୍ର

ପ୍ରସାଦ, ପୁରୁଷୋତ୍ତମ ଦାସ, ଭଗବାନ ଦାସ ଏବଂ ଘନଶ୍ୟାମ ଦାସଙ୍କ ପରି କଂଗ୍ରେସର ମୁଖ୍ୟସ୍ରୋତର ନେତୃବୃନ୍ଦ ମଧ୍ୟ ଏ ସଭାରେ ଅଂଶଗ୍ରହଣ କରିଥିଲେ। ପୁନଶ୍ଚ ୧୯୨୪ରେ ମାଲବ୍ୟ ଯେତେବେଳେ କଂଗ୍ରେସ ସଭାସ୍ଥଳୀ ବେଲଗାଓଁଠାରେ ହିନ୍ଦୁ ମହାସଭାର ଅଧ୍ୟକ୍ଷତା କଲେ, ସେବେ କେବଳ ମହାତ୍ମା ଗାନ୍ଧୀଙ୍କ ବ୍ୟତୀତ ଆଉ କେହି ଯୋଗ ଦେଇ ନ ଥିଲେ।

ତିଳକ ଜୀବିତ ଥିବାଯାଏ କଂଗ୍ରେସ ଉପରେ ପ୍ରାଧାନ୍ୟ ବିସ୍ତାର କରିଥିଲେ ଏବଂ ହିନ୍ଦୁମାନଙ୍କ ଆଗ୍ରହ (ସ୍ୱାର୍ଥ)କୁ ବଞ୍ଚାଇ ରଖିଥିଲେ। ୧୯୨୦ରେ ତିଳକଙ୍କ ତିରୋଧାନ ପରେ ମହାତ୍ମାଗାନ୍ଧୀ କଂଗ୍ରେସ ଉପରେ ପ୍ରଭାବ ବିସ୍ତାର କଲେ ଏବଂ ସମସ୍ତେ ଦେଖିଲେ ଯେ କଂଗ୍ରେସ ଏକ ସର୍ବତୋ ଭାବେ ଇସଲାମିକ୍ ଆନ୍ଦୋଳନ – "ଖିଲାଫତ୍ ଆନ୍ଦୋଳନ"କୁ ସମର୍ଥନ କଲା ଏବଂ ମୋପଲା ଓ କୋହତ ଦଙ୍ଗାରେ ମୁସଲମାନ ସମ୍ପ୍ରଦାୟ ଦ୍ୱାରା ହିନ୍ଦୁମାନଙ୍କ ଉପରେ ହେଉଥିବା ଅତ୍ୟାଚାର କ୍ଷେତ୍ରରେ ନିରବ ରହିଲା। ଖିଲାଫତ୍ ଆନ୍ଦୋଳନ ସମର୍ଥନ ପରି ମୁସଲିମ୍ ତୁଷ୍ଟୀକରଣର ଚରମ କାର୍ଯ୍ୟ ଲାଲା ଲଜପତ୍ ରାୟ, ବାଲକ୍ରିଷ୍ଣା ଶିବରାମ (ବି.ଏସ୍) ମୁନଜେ, ଏବଂ ଡଃ. କେଶବ ବଳିରାମ ହେଡଗେୱାରଙ୍କ ପରି କଂଗ୍ରେସ ନେତୃବୃନ୍ଦଙ୍କୁ ଅସନ୍ତୁଷ୍ଟ ଓ ନିରାଶ କଲା। ବାସ୍ତବରେ ମହାତ୍ମା ଗାନ୍ଧୀଙ୍କ ଧର୍ମ ଓ ରାଜନୀତିକୁ ମିଶାଇ ଦେଖିବା କାର୍ଯ୍ୟ ଲାଲ ଲଜପତ ରାଏଙ୍କୁ ଠିକ୍ ଲାଗିଲା ନାହିଁ ଏବଂ ସେ ଏହାର ପ୍ରତିବାଦରେ ୧୯୨୪ରେ କଂଗ୍ରେସ ଛାଡ଼ିଲେ। ମହାତ୍ମା ଗାନ୍ଧୀଙ୍କ ମୁସ୍‌ଲିମ୍ ତୁଷ୍ଟୀକରଣ ନୀତି ସହ ଅସହମତ ହେଇ ତିଳକଙ୍କ ନିକଟତମ ସହଯୋଗୀ ମୁନ୍‌ଜେ ମଧ୍ୟ ୧୯୨୦ରେ କଂଗ୍ରେସ ଛାଡ଼ି ଦେଇଥିଲେ। କେମିତି ମୁନ୍‌ଜେ ଓ ଡା. ହେଡେଗୱାର ଦେଶ ପାଇଁ ସର୍ବବୃହତ ଜାତୀୟତାବାଦୀ ଆନ୍ଦୋଳନ ଏବଂ ସଙ୍ଗଠନ ରାଷ୍ଟ୍ରୀୟ ସ୍ୱଂୟ ସେବକ ସଂଘ (ଆର୍‌ଏସ୍‌ଏସ୍) ଗଢିବାକୁ ଆଗେଇ ଆସିଲେ ତାହା ଆମେ ପରେ ବିସ୍ତୃତ ଭାବେ ଆଲୋଚନା କରିବା।

୧୯୩୦ର ଶେଷ ଯାଏ କଂଗ୍ରେସ ହିନ୍ଦୁ ମହାସଭା ସହ ଥିଲା ଏବଂ ନିର୍ବାଚନ ଆଧାରରେ ହିନ୍ଦୁ ମହାସଭାର ଗଭୀରତା ଓ ଶକ୍ତି କେତେ ପରଖୁଥିଲା। ସେତେବେଳକୁ ଦେଶର ଅନ୍ୟ ଗତିବିଧି ଅପେକ୍ଷା ବ୍ରିଟିଶ୍ ଶାସନରୁ ସ୍ୱାଧୀନତା ଲୋକଙ୍କ ମନଭିତରେ ଘର କରିଥିଲା। ୧୯୩୭ର ପ୍ରାଦେଶିକ ନିର୍ବାଚନରେ କଂଗ୍ରେସ ଭଲ ସ୍ଥାନ ପାଇଲା ଏବଂ ହିନ୍ଦୁ ମହାସଭା ବିଫଳ ହେଲା। ଯେତେବେଳେ କଂଗ୍ରେସ ଦେଖିଲା ଯେ ହିନ୍ଦୁ ମହାସଭା ସହିତ ରହି ବିଶେଷ କିଛି ନିର୍ବାଚନୀ ଫାଇଦା ମିଳିବ ନାହିଁ, ସେତେବେଳେ ୧୯୩୮ ଡିସେମ୍ବରରେ ସେ ହିନ୍ଦୁ ମହାସଭା ସହ ଆନୁଷ୍ଠାନିକ ଭାବେ ସଂପର୍କ ଛିନ୍ନ କଲା ଏବଂ କଂଗ୍ରେସ ଲୋକଙ୍କୁ ଦ୍ୱୈତ ସଦସ୍ୟ ପଦ ରଖିବାକୁ ବାରଣ କଲା।

ଗାନ୍ଧୀଙ୍କ ଆଗମନ, ତାଙ୍କର ଖିଲାଫତ ଆନ୍ଦୋଳନକୁ ସମର୍ଥନ ଏବଂ ମୁସଲିମ୍ ତୁଷ୍ଟୀକରଣର ଉଚ୍ଚତମ ସୋପାନ

୧୯୧୫ରେ ଗାନ୍ଧିଜୀ ଭାରତ ଆସିଲେ। ଲାଲ୍ ଲେଖନ୍ତି ଯେ, ପ୍ରଥମେ ଗାନ୍ଧୀ ଟିକେ ଦ୍ୱିଧାରେ ଥିଲେ, କିନ୍ତୁ ୧୯୧୭ ସୁଦ୍ଧା ଚମ୍ପାରଣ ସତ୍ୟାଗ୍ରହ ସହ ସେ ଭାରତୀୟ ରାଜନୀତିରେ ଦୃଢ଼ ପ୍ରବେଶ କରିଥିଲେ। ଭାରତୀୟ ରାଜନୀତିରେ ଗାନ୍ଧିଜୀଙ୍କ ଆବିର୍ଭାବ ବହୁ ଦ୍ରୁତ ଗତିରେ ହେଲା ଏବଂ ଭାରତୀୟ ଜାତୀୟ କଂଗ୍ରେସ ଉପରେ ତାଙ୍କର ପ୍ରଭାବ ୧୯୪୮ ମସିହାରେ ତାଙ୍କ ମୃତ୍ୟୁ ହେବାଯାଏ ରହିଥିଲା। ଦକ୍ଷିଣ ଆଫ୍ରିକାରେ ସେ ଅର୍ଜନ କରିଥିବା ପ୍ରତିଷ୍ଠା ତାଙ୍କୁ ନେତୃତ୍ୱ ନେବାରେ ସାହାଯ୍ୟ କଲା। ଗାନ୍ଧୀ ଭାରତୀୟ ରାଜନୀତିରେ ପ୍ରବେଶ କଲାବେଳକୁ ମହାଦେବ ଗୋବିନ୍ଦ ରାନାଡ଼େ, ଗୋପାଳ କୃଷ୍ଣ ଗୋଖଲେ, ବାଲ୍ ଗଙ୍ଗାଧର ତିଲକ, ଆନନ୍ଦ ଚାର୍ଲୁ, ଏସ୍.ଏନ୍. ବାନାର୍ଜୀ, ଏ.ଓ.ହ୍ୟୁମ୍, ଦାଦାଭାଇ ନାରୋଜୀ, ଫିରୋଜସାହା ମେହେଟ୍ଟା, ବି. ତ୍ୟାବଜୀ ଏବଂ ଆନି ବେଶାନ୍ତଙ୍କ ପରି ପ୍ରଖ୍ୟାତ ନେତାମାନେ ହୁଏତ ମରିଯାଇଥିଲେ କିମ୍ବା ସେମାନଙ୍କ ମୁଖ୍ୟ କାର୍ଯ୍ୟ କରିସାରିଥିଲେ।[୬୮]

ପ୍ରଥମ ବିଶ୍ୱଯୁଦ୍ଧ ଶେଷ ହେବା ସହିତ, ଅଟୋମାନ ସାମ୍ରାଜ୍ୟ ଧ୍ୱଂସ ହୋଇ ଆରବ ଦେଶଗୁଡ଼ିକ ମୁକ୍ତହେଲେ ଏବଂ କିଛି ଦ୍ୱୀପପୁଞ୍ଜ ଏବଂ ମୁଖ୍ୟଭୂମି ବିଜୟୀ ଶକ୍ତିମାନେ ସାମ୍ରାଜ୍ୟ ଅଧିଗ୍ରହଣ କରିନେଲେ। ମୁସଲିମ୍ ପବିତ୍ର ସ୍ଥାନ ଉପରେ ଅଟୋମାନ୍ ସାମ୍ରାଜ୍ୟର ସାର୍ବଭୌମତ୍ୱ ଛଡ଼ାଇ ନିଆଗଲା ଏବଂ ଖଲିଫାତ୍ୱର ଅନୁଷ୍ଠାନଗୁଡ଼ିକ ରଦ୍ଦ କରିଦିଆଗଲା। କୌଣସି ଦେଶର କୌଣସି ମୁସଲିମ୍ ଅଟୋମାନ୍ ସାମ୍ରାଜ୍ୟର ଧ୍ୱଂସ କିମ୍ବା ଖଲିଫାତ୍ୱ ରଦ୍ଦ ଘଟଣା ପାଇଁ ଟୋପେ ହେଲେ ଅଶ୍ରୁ ବିସର୍ଜନ କଲେନାହିଁ। କିନ୍ତୁ ଅଲି ଭାତୃଦ୍ୱୟ, ମୌଲାନା ଆଜାଦ୍, ହକିମ୍ ଅଜମଲ୍ ଖାନ୍ ଏବଂ ଜେଡ୍.ଏ. ଅନ୍‌ସାରୀଙ୍କ ଭଳି ଭାରତୀୟ ମୁସଲିମ୍ ନେତାଙ୍କ ନେତୃତ୍ୱରେ ଭାରତୀୟ ମୁସଲମାନମାନେ ଭାରତରେ ବ୍ରିଟିଶମାନଙ୍କ ବିରୋଧରେ ଖିଲାଫତ୍ ଆନ୍ଦୋଳନ କରି ଖଲିଫାତ୍ୱକୁ ପୁନର୍ସ୍ଥାପନ କରିବାକୁ ଚାହିଁଲେ, ଯାହା ପ୍ରକାରାନ୍ତରେ ଅଟୋମାନ୍ ସାମ୍ରାଜ୍ୟକୁ ତାହାର ବିଶ୍ୱଯୁଦ୍ଧ ପୂର୍ବର ସ୍ଥିତିକୁ ନେଇଯାଉଥିଲା ଏବଂ ଅଟୋମାନ୍ ସାମ୍ରାଜ୍ୟକୁ ପୁନଶ୍ଚ ଆରବୀମାନଙ୍କ ଉପରେ ଲଦି ଦିଆଯାଉଥିଲା, ଯାହା ସେମାନେ କୌଣସି ମୂଲ୍ୟରେ ଗ୍ରହଣ କରିବାକୁ ରାଜି ନ ଥିଲେ। ମହମ୍ମଦ ଅଲ୍ଲୀ ଜଉହାର ଏବଂ ତାଙ୍କ ବଡଭାଇ ସୌକତ୍ ଅଲ୍ଲୀ ଏହି ଆନ୍ଦୋଳନର ନେତୃତ୍ୱ ନେଉଥିଲେ, କିନ୍ତୁ ସେମାନେ ଏହାର ଭୌଗୋଳିକ ନୀତି, ସଂପୃକ୍ତ ହିତାଧିକାରୀ ଏବଂ ଏହାର ବିଭିନ୍ନ

ପରିଣାମ ଓ ଜଟିଳତା ବିଷୟରେ ସାମାନ୍ୟତମ ଜ୍ଞାନ ଅର୍ଜନ କରି ନ ଥିଲେ। ସେମାନଙ୍କର ଉଦ୍ଦେଶ୍ୟ ଥିଲା ଏହି ପ୍ରସଙ୍ଗରେ ଅବତୀର୍ଣ୍ଣ ହେବା, ଏକ ବିଶ୍ୱ – ଇସଲାମୀୟ ମୁସଲମାନ୍ ପରିଚୟ ଆହରଣ କରିବା ଏବଂ ଭାରତର ମୁସଲମାନ୍ ଜନସଂଖ୍ୟା ଉପରେ ସେମାନଙ୍କର ନେତୃତ୍ୱ ଜାହିର କରିବା।

ଏହି ସମୟରେ ଗାନ୍ଧୀ ଅସହଯୋଗ ଆନ୍ଦୋଳନ ଯୋଜନା କରୁଥିଲେ ଏବଂ ବରିଷ୍ଠ କଂଗ୍ରେସ ନେତା ଲାଲା ଲଜପତ୍ ରାୟ, ସ୍ୱାମୀ ଶ୍ରଦ୍ଧାନନ୍ଦ ଏବଂ ମଦନ ମୋହନ ମାଲବ୍ୟଙ୍କ ଉପଦେଶ ବିରୁଦ୍ଧରେ ଯାଇ ଖିଲାଫତ୍ ଆନ୍ଦୋଳନରେ ଅଂଶଗ୍ରହଣ କରିବାକୁ ରାଜି ହୋଇଗଲେ। ଗାନ୍ଧୀ ଭାବୁଥିଲେ ଯେ ଖିଲାଫତ୍ ଆନ୍ଦୋଳନରେ ଅଂଶଗ୍ରହଣ କରି ଏବଂ ସମର୍ଥନ ଦେଇ, ସେ ଆଗକୁ ବ୍ରିଟିଶମାନଙ୍କ ବିରୁଦ୍ଧରେ ହେବାକୁ ଥିବା ସବୁ ଆନ୍ଦୋଳନ ଏବଂ ଅସହଯୋଗ ଆନ୍ଦୋଳନ ପାଇଁ ମୁସଲିମ୍ ସମର୍ଥନ ଯୋଗାଡ କରିନେବେ। ସେ ମଧ୍ୟ ହିନ୍ଦୁ ମୁସଲିମ୍ ଏକତାର ମହାନ୍ ପ୍ରବକ୍ତା ଥିଲେ ଏବଂ ଏହାକୁ ଏକତାର ସେତୁ ହେବାର ସୁଯୋଗ ଭାବେ ଦେଖିଲେ। ଗାନ୍ଧୀ ନିଜେ ଲେଖିଛନ୍ତି, 'ଯଦି ହିନ୍ଦୁମାନେ ମୁସଲମାନ୍‌ମାନଙ୍କ ସହିତ ଅନନ୍ତ ବନ୍ଧୁତା ସୃଷ୍ଟି କରିବାକୁ ଚାହାନ୍ତି, ତେବେ ସେମାନେ ଇସଲାମ୍‌ର ସମ୍ମାନକୁ ପ୍ରମାଣ କରିବାକୁ ଚେଷ୍ଟା କରି ସେମାନଙ୍କ ସହ ବିଲୀନ ହେବା ଆବଶ୍ୟକ।"[୭୯] ଆଶା କରାଯିବା ପରି ଖିଲାଫତ୍ ଆନ୍ଦୋଳନ ୩ ବର୍ଷ ମଧ୍ୟରେ ନିଜର ବିଶ୍ୱସନୀୟତା ହରାଇଲା କାରଣ ୧୯୨୨ ବେଳକୁ ତୁର୍କୀ ନିଜେ ପବିତ୍ର ସ୍ଥାନ ଉପରେ ସାର୍ବଭୌମତ୍ୱ ଧାରଣାକୁ ବିସର୍ଜନ ଦେଲା ଏବଂ ୧୯୨୪ ବେଳକୁ ଖଲିଫାତ୍ୱର ଉଚ୍ଛେଦ କଲା।

ଖିଲାଫତ୍ ଆନ୍ଦୋଳନ ସମ୍ବନ୍ଧରେ ଅନେକ କଥା ପଢିବାର ଅଛି । ଭାରତୀୟମାନେ ଆଞ୍ଚଳିକତା ବାହାରେ ଏମିତି ଏକ ଅତିରିକ୍ତ ପ୍ରସଙ୍ଗକୁ ଗ୍ରହଣ କଲେ, ଯାହାର ଭାରତୀୟ ମୁସଲମାନ୍ ବା ଅନ୍ୟ କୌଣସି ଦେଶର ମୁସଲମାନଙ୍କର ଆଦୌ ଚିନ୍ତା କରିବାର କାରଣ ନ ଥିଲା। ଏହା ବିଶ୍ୱାସ କରିବା କଷ୍ଟ ଯେ ଭାରତରେ ଅଟୋମାନ୍ ସାମ୍ରାଜ୍ୟ କିମ୍ବା ତାହାର ସୁଲତାନ୍ (ଖଲିଫା)କୁ ନେଇ କିପରି ଏମିତି ବିରାଟ ଓ ହିଂସାପୂର୍ଣ୍ଣ ଆନ୍ଦୋଳନ ହୋଇପାରିଲା, ଯେତେବେଳେ କି ଭାରତରେ ଅଟୋମାନ୍ ସାମ୍ରାଜ୍ୟ କିମ୍ବା ଖଲିଫାଙ୍କର କୌଣସି ପରିଚିତି ମଧ୍ୟ ନ ଥିଲା, ନା ମୋଗଲମାନେ ତୁର୍କୀ ଖଲିଫାଙ୍କ ପ୍ରାଧିକରଣକୁ ସ୍ୱୀକୃତି ଦେଇଥିଲେ, ନା ସାର୍ ସୟଦ ଖଲିଫାତ୍ୱକୁ ସ୍ୱୀକାର କରୁଥିଲେ।

ସାମ୍ପ୍ରତିକ ସମୟରେ ଆମେ ଅନେକ ଇସଲାମୀୟ ଅତିରଞ୍ଜନ ଦେଖୁ ଯେଉଁଠି ଭାରତୀୟ ମୁସଲିମ୍ ଦଳ ରାସ୍ତାକୁ ଓହ୍ଲାଇ ବିଶ୍ୱ ମୁସଲିମ୍ ଭାଇଚାରାର କଥା କହନ୍ତି,

ଯେଉଁଥିରେ ଭାରତୀୟ ମୁସଲମାନଙ୍କର ଚିନ୍ତା କରିବାର କୌଣସି କାରଣ ନ ଥାଏ, ବରଂ ଅନେକ ସମୟରେ ରାଷ୍ଟ୍ର ଏଥିପାଇଁ ନିନ୍ଦିତ ହୁଏ। ଉଦାହରଣ ସ୍ୱରୂପ, ରୋହିଙ୍ଗ୍ୟା ଶରଣାର୍ଥୀ ପ୍ରସଙ୍ଗରେ, ଅନେକ ମୁସଲମାନ୍ ଗୋଷ୍ଠୀ, ସେମାନଙ୍କର ଅତ୍ୟଧିକ ଇସଲାମୀୟ ଦୃଢ଼ୋକ୍ତି ଯୋଗୁ ରୋହିଙ୍ଗ୍ୟାମାନଙ୍କୁ ଭାରତରେ ସ୍ୱାଗତ କରିବାକୁ ଯୁକ୍ତି କରିଥିଲେ, ଯେତେବେଳେ ସରକାରୀ ଗୁପ୍ତଚର ସଂସ୍ଥା "ଏ ପ୍ରବାସୀମାନେ ଦେଶ ପାଇଁ ଗୁରୁତର ବିପଦ" ବୋଲି କହିସାରିଥିଲା।[୮୦]

ପୁନଶ୍ଚ ଖିଲାଫତ୍ ଆନ୍ଦୋଳନ କଥା କହିଲେ, ଏକଥା ଜଣାଯାଏ ଯେ ଏହା ଏପରି ଏକ ସମସ୍ୟା ଯାହା ବିଷୟରେ ଜନସଂଖ୍ୟାର ବହୁଳାଂଶ ଅଜ୍ଞ ଥିଲା, ତାକୁ ବ୍ୟବହାର କରି ମୁସ୍‌ଲିମ୍‌ଙ୍କ ଆକର୍ଷଣ ହାତେଇବାକୁ ଅଲ୍ଲୀ ଭ୍ରାତୃଦ୍ୱୟ ଏବଂ ଅନ୍ୟ ମୁସଲମାନ୍ ନେତୃବୃନ୍ଦଙ୍କର କେବଳ ଏକ ଚଲାଖି ଥିଲା। ଗାନ୍ଧୀଙ୍କ ଅସହଯୋଗ ଆନ୍ଦୋଳନକୁ ସମର୍ଥନ ଦେବା ନାଁରେ ସେମାନେ ଗାନ୍ଧୀଙ୍କୁ ସଫଳତାର ସହ ସହଯୋଗ କଲେ ଏବଂ ଗାନ୍ଧୀ ସେମାନଙ୍କ ଚତୁରତାର ଜାଲରେ ପଡ଼ିଗଲେ।

ଅଲ୍ଲୀ ଭ୍ରାତୃଦ୍ୱୟ : ମୁସଲିମ୍ ଲିଗ୍ ମଧ୍ୟରେ ସୁବିଧାବାଦର ଅନ୍ୟନାମ

ଖିଲାଫତ୍ ଆନ୍ଦୋଳନ ସର୍ବୋଚ୍ଚ ସ୍ତର ଛୁଇଁବାଯାଏ ଏବଂ ତୁର୍କୀର ଖଲିଫାତ୍ୱ ଦୋଳାୟମାନ ଅବସ୍ଥାରେ ଥିବାଯାଏ ଉଭୟ ମହମ୍ମଦ ଅଲ୍ଲୀ ଓ ସୌକତ୍ ଅଲ୍ଲୀ ଦୁହେଁ ଗାନ୍ଧିଜୀଙ୍କୁ ଭରପୂର ପ୍ରଶଂସା କରୁଥିଲେ। ଡ. ଆମ୍ବେଦକର ତାଙ୍କ ବହି "ପାକିସ୍ତାନ ଅର୍ ଦି ପାର୍ଟିସନ୍ ଅଫ୍ ଇଣ୍ଡିଆ"[୮୧]ରେ ଲେଖିଛନ୍ତି ଯେ ୧୯୨୩ ମସିହାରେ କଂଗ୍ରେସର କାକିନାଡା ଅଧିବେଶନରେ ଅଲ୍ଲୀ ଭ୍ରାତୃଦ୍ୱୟଙ୍କ ମଧ୍ୟରେ ମହମ୍ମଦ ଅଲ୍ଲୀଙ୍କୁ ଅଧ୍ୟକ୍ଷ ରୂପେ ନିର୍ବାଚିତ କରିବାକୁ ନିର୍ଣ୍ଣୟ ନିଆଯାଇଥିଲା ଏବଂ ଏଥିପାଇଁ ମହମ୍ମଦ ଅଲ୍ଲୀ ଗାନ୍ଧୀଙ୍କୁ ସର୍ବାଧିକ ଆଡମ୍ବରପୂର୍ଣ୍ଣ ଭାଷାରେ, "ଆମ ସମୟର ସର୍ବାଧିକ ଯିଶୁଖ୍ରୀଷ୍ଟଙ୍କ ପରି ମଣିଷ" କହି ପ୍ରଶଂସା କରିଥିଲେ। "ଡେ ଟୁଡେ ୱିଥ୍ ଗାନ୍ଧୀ" ପୁସ୍ତକରେ ମହାଦେବ ଦେଶାଇ କହିଛନ୍ତି ଯେ ଖିଲାଫତ୍ ଆନ୍ଦୋଳନ ଚାଲିଥିବା ସମୟରେ ପୁନେଠାରେ ଗାନ୍ଧିଜୀ ଚିକିତ୍ସା ପାଇଁ ସାସୁନ୍ ଡାକ୍ତରଖାନାରେ ଥିବା ସମୟରେ ଉଭୟ ଅଲ୍ଲୀ ଭ୍ରାତୃଦ୍ୱୟ ଗାନ୍ଧିଜୀଙ୍କ ପାଦକୁ ଚୁମ୍ବନ ଦେଇ ତାଙ୍କଠାରୁ ମେଲାଣି ନେଇଥିଲେ।[୮୨]

ଲାଲ୍ ଲେଖିଛନ୍ତି ଯେ ସମୟକ୍ରମେ ଏକଥା ସ୍ପଷ୍ଟ ହୋଇଗଲା ଯେ ଖିଲାଫତ୍ ଆନ୍ଦୋଳନ ଏକ ଅସୁସ୍ଥ ବୀଜରୋପଣ, ଯହିଁରେ ଭାରତୀୟମାନଙ୍କର କୌଣସି ଲାଭ ନ ଥିଲା। ଏହା ପରିଷ୍କାର ହୋଇଗଲା ଯେ ଇସଲାମୀୟ ପବିତ୍ର ସ୍ଥାନ ଉପରେ ଅଟୋମାନ୍ ସାମ୍ରାଜ୍ୟର ସାର୍ବଭୌମତ୍ୱ ଏବଂ ଖଲିଫାତ୍ୱର ଆଉ ପୁନରୁଦ୍ଧାର ହେବ

ନାହିଁ। କଂଗ୍ରେସ ଏବଂ ଗାନ୍ଧିଜୀ ମଧ୍ୟ ଅନୁଭବ କଲେ ଯେ ମୁସଲିମ୍ ଏକତା ରକ୍ଷା କରିବାକୁ ସେମାନଙ୍କ ଉଦ୍ୟମ କେବଳ ମରୀଚିକା ପଛେ ଧାଇଁବା ସହ ସମାନ । ଖିଲାଫତ୍ ଆନ୍ଦୋଳନର ପତନ ସହ ଅଲ୍ଲୀ ଭ୍ରାତୃଦ୍ୱୟ ଏଣ୍ଟୁଅ ପରି ରଙ୍ଗ ବଦଳାଇ ଗାନ୍ଧିଜୀଙ୍କୁ ଏଡାଇବା ଆରମ୍ଭ କଲେ। ମହମ୍ମଦ ଅଲ୍ଲୀ ଯିଏ ଗାନ୍ଧୀଙ୍କୁ "ଯିଶୁଖ୍ରୀଷ୍ଟଙ୍କ ପରି ମଣିଷ" ବୋଲି କହିଥିଲେ ଏବଂ ତାଙ୍କ ପାଦ ମଧ୍ୟ ଚୁମ୍ବନ କରିଥିଲେ, ଆଲିଗଡ୍ ଓ ଆଜମେର୍‌ଠାରେ କହିଲେ କି ଗାନ୍ଧିଜୀ ଯେତେ ଶୁଦ୍ଧ ହୁଅନ୍ତୁ ନା କାହିଁକି, 'ସେ ମୋ ପାଇଁ ଚରିତ୍ରହୀନ ମୁସଲମାନ ବ୍ୟକ୍ତିଠାରୁ ମଧ୍ୟ ହୀନ'।[୮୩]

୧୦ ଏପ୍ରିଲ୍ ୧୯୨୪ରେ "ୟଙ୍ଗ ଇଣ୍ଡିଆ"ରେ ପ୍ରକାଶିତ ଏକ ଲମ୍ବା ଚିଠିରେ ମହମ୍ମଦ ଅଲ୍ଲୀ କହିଲେ, "ଇସଲାମ୍‌ର ଜଣେ ଅନୁଗାମୀ ଭାବେ ମୁଁ ଇସଲାମ୍ ଧର୍ମକୁ କୌଣସି ଅଣଇସଲାମ୍ ଧର୍ମର ଅନୁଗାମୀମାନଙ୍କ ଅପେକ୍ଷା ଶ୍ରେଷ୍ଠ ବିବେଚନା କରିବାକୁ ବାଧ୍ୟ"ଏବଂ ଏହି ପରିପେକ୍ଷୀରେ ପତିତ ଓ ମର୍ଯ୍ୟାଦା ନଷ୍ଟ ହୋଇଥିବା ମୁସଲମାନ୍‌ର ବିଶ୍ୱାସ ଅନ୍ୟ ଉଚ୍ଚ ଅଣ ମୁସଲମାନଙ୍କ ଅପେକ୍ଷା ଏକ ଉଚ୍ଚସ୍ଥାନ ପାଇବାକୁ ହକଦାର, ଏମିତିକି ଅପରପକ୍ଷର ଲୋକଟି ନିଜେ ଗାନ୍ଧୀ ମଧ୍ୟ ହୋଇଥାନ୍ତୁ ।[୮୪]

ଭାରତୀୟ ମୁସଲିମ୍ ନେତୃବୃନ୍ଦ ଏବଂ ବହୁଳାଂଶରେ ମୁସଲମାନ୍ ସମାଜର ଏହି ଜାତୀୟ ସ୍ୱାର୍ଥ ମୂଲ୍ୟରେ ଅନ୍ୟ ଆଞ୍ଚଳିକ ସମସ୍ୟାକୁ ଇସଲାମୀୟ କହି ସଂପୃକ୍ତ ହେବା, ଅନେକ ଜାତୀୟତାବାଦୀ ନେତା ଯଥା ସାବରକରଙ୍କୁ ହିନ୍ଦୁ – ମୁସଲିମ୍ ଏକତା ବିଷୟରେ ନିରାଶ କଲା। ମଦନ ମୋହନ ମାଲବ୍ୟ, ସ୍ୱାମୀ ଶ୍ରଦ୍ଧାନନ୍ଦ ଏବଂ ଲାଲା ଲଜପତ୍ ରାୟ ପ୍ରମୁଖ ସମସ୍ତେ ଖିଲାଫତ୍ ଆନ୍ଦୋଳନକୁ ସମର୍ଥନ କରି ରଢିବାଦୀ ଏବଂ ଚରମପନ୍ଥୀ ମୁସଲମାନମାନଙ୍କୁ ଅଯଥା ପ୍ରାଧାନ୍ୟ ଦେଇଥିବାରୁ ଗାନ୍ଧିଜୀଙ୍କୁ ଦୋଷଦେଲେ। ବାସ୍ତବରେ ୧୯୨୪ ବେଳକୁ ସାମ୍ପ୍ରଦାୟିକତା ଏକ ବିରାଟ ପ୍ରଶ୍ନ ହେଇସାରିଛି ବୋଲି ଗାନ୍ଧୀ ମଧ୍ୟ ସ୍ୱୀକାର କରିଥିଲେ ବୋଲି ଶଙ୍କର ଘୋଷ୍ ତାଙ୍କ ବହି ମହାତ୍ମା ଗାନ୍ଧୀରେ ଲେଖିଛନ୍ତି। ସେ ଏକଥା ମଧ୍ୟ ଲେଖିଛନ୍ତି ଯେ, ସେ ସମୟରେ ଦେଶ ସମ୍ମୁଖରେ ତାତ୍କାଳିକ ସମାଧାନ ଚାହୁଁଥିବା ପ୍ରଶ୍ନ ହିନ୍ଦୁ ମୁସଲିମ୍ ପ୍ରଶ୍ନ ହିଁ ଥିଲା।[୮୫]

"ସାମ୍ପ୍ରଦାୟିକ ଦଙ୍ଗା (ମୋପଲା, କୋହାଟ୍ ଏବଂ ନାଗପୁର) ଯାହା ସମ୍ବନ୍ଧରେ ବାମପନ୍ଥୀ ଐତିହାସିକମାନେ ସମ୍ପୂର୍ଣ୍ଣ ନିରବ

୧୮୫୭ ପରେ ମୁସଲିମ୍ ଅଭିଜାତ ବର୍ଗ କାହାକୁ ମନେ ପକାଇବାକୁ କେବେ ବି ଭୁଲିଲେ ନାହିଁ ଯେ ହିନ୍ଦୁମାନେ ମୁସଲମାନ୍‌ମାନଙ୍କ ଦ୍ୱାରା ହଜାରେ ବର୍ଷ ଧରି ଶାସିତ ହୋଇଆସିଛନ୍ତି। ବ୍ରିଟିଶ୍‌ମାନଙ୍କ ପୃଷ୍ଠପୋଷକତା ଏବଂ ବିଭାଜନ ଏବଂ ଶାସନ

ନୀତିରେ ମୁସଲିମ୍‌ମାନଙ୍କର ବିଚ୍ଛିନ୍ନତାବାଦ ଏବଂ ସାମ୍ପ୍ରଦାୟିକତା ଆଧାରରେ ଦେଶକୁ ବିଭାଜନ କରିବାର ଦାବି ମୁଣ୍ଡ ଟେକିଲା। କ୍ଷେତ୍ରଗତ ଆଭିମୁଖ୍ୟ ସହିତ ରାଜନୈତିକ ବୁଝାମଣାରେ ସାମ୍ପ୍ରଦାୟିକତା ଭୟଙ୍କର ଭାବରେ ବୃଦ୍ଧି ପାଇଲା। ଏପରିକି ସବୁଠୁ ନିର୍ଦ୍ଦୋଷ ବା ନିରୀହ ବିଷୟ ମଧ୍ୟ ସାମ୍ପ୍ରଦାୟିକ ଦଙ୍ଗାର ରୂପ ନେଲା। ପର୍ବପର୍ବାଣିଗୁଡିକ ଉତ୍ସବ ପାଳନ ବଦଳରେ ଦଙ୍ଗା ସୃଷ୍ଟିର ସୁଯୋଗ ରୂପେ ଉଭାହେଲେ। କିଛି ବୁନ୍ଦା ହୋଲିର ରଙ୍ଗ, ମସ୍‌ଜିଦ୍ ଥିବା ଜାଗାରେ ସଙ୍ଗୀତ ଶୋଭାଯାତ୍ରା, ଘୁଷୁରିଟିଏ ମସଜିଦ୍‌କୁ ପଶିଯିବାପରି ଅତି ଛୋଟ ଘଟଣା ମଧ୍ୟ ଗାଁ, ସହର ଏବଂ ବଡ ସହରରେ ଦଙ୍ଗା ସୃଷ୍ଟି କରିବାକୁ ଯଥେଷ୍ଟ ଥିଲା। ହିନ୍ଦୁମାନେ ପବିତ୍ର ବୋଲି ଗ୍ରହଣ କରୁଥିବା ଏବଂ ମାତୃଜ୍ଞାନ କରୁଥିବା ଗୋମାତାର ହତ୍ୟା ମଧ୍ୟଯୁଗରୁ ହିନ୍ଦୁ ମୁସଲିମ୍ ଉତ୍ତେଜନାର ଏକ ନିୟମିତ କାରଣ ହୋଇଆସିଛି।[୬]

ସେମାନଙ୍କର ଇସଲାମୀୟ ପ୍ରଭୁତ୍ୱ ଧାରଣାକୁ ମୁସଲିମ୍‌ମାନେ ସର୍ବଦା ଗୁରୁତ୍ୱ ଦେଉଥିଲେ। ଖିଲାଫତ୍ ଆନ୍ଦୋଳନର ବିଫଳତା ପରେ ହିନ୍ଦୁମାନେ ମୁସଲିମ୍‌ମାନଙ୍କ ନିରାଶା ଓ ଆକ୍ରୋଶର ଶିକାର ହେଲେ। ଡଃ. ଆମ୍ବେଦକର ଲେଖିଛନ୍ତି, 'ମରୀଚିକା ପରି ଥିବା କୃତ୍ରିମ ହିନ୍ଦୁ ମୁସଲିମ୍ ଏକତା ପାଇଁ ଗାନ୍ଧିଜୀଙ୍କର ଅତ୍ୟଧିକ ଆଗ୍ରହ ଥିଲା ଏବଂ ମୁସଲମାନ୍‌ମାନେ ଗାନ୍ଧୀଙ୍କ କଥା ଆଦୌ ଶୁଣିବାକୁ ଚାହୁଁ ନ ଥିଲେ। ସେମାନେ ଗାନ୍ଧୀଙ୍କ ଅହିଂସା ତତ୍ତ୍ୱର ଅନୁସରଣ ଏବଂ ଉପାସନା କରିବାକୁ ମନା କରିଦେଲେ। ସେମାନେ ସ୍ୱରାଜ ପାଇଁ ଅପେକ୍ଷା କରିବାକୁ ପ୍ରସ୍ତୁତ ନ ଥିଲେ। ତୁର୍କୀକୁ ସାହାଯ୍ୟ କରିବା ଏବଂ ଖିଲାଫତକୁ ରକ୍ଷା କରିବା ପାଇଁ ସେମାନେ ତ୍ୱରିତ୍ ଉପାୟ ଖୋଜିବାକୁ ତତ୍ପର ହୋଇଥିଲେ। ମୁସଲମାନମାନେ ଧୈର୍ଯ୍ୟହରା ହୋଇ ଯେଉଁ ପ୍ରକାର ଭୁଲ୍ କରିବେ ବୋଲି ହିନ୍ଦୁମାନେ ଭୟ କରୁଥିଲେ, ଆଫଗାନ୍‌ମାନଙ୍କୁ ଭାରତ ଆକ୍ରମଣ କରିବାକୁ ନିମନ୍ତ୍ରଣ କରି ମୁସଲିମମାନେ ତାହା ହିଁ କଲେ।'[୭]

ଖିଲାଫତ ଆନ୍ଦୋଳନ ସମୟରେ ଏବଂ ବିଫଳ ହେବାପରେ ସାମ୍ପ୍ରଦାୟିକ ଦଙ୍ଗା ଶିଖର ଛୁଇଁଥିଲା। ତୁର୍କୀର ସୁଲତାନଙ୍କ ପରାଜୟ ଏବଂ ଖଲିଫାତ୍ୱ ହରାଇବା ପାଇଁ ମୁସଲମାନମାନେ ହିନ୍ଦୁମାନଙ୍କ ଉପରେ କ୍ରୋଧ ଜାହିର କରିଥିଲେ, ସତେ ଯେପରି ଏଥିପାଇଁ ହିନ୍ଦୁମାନେ ଦାୟୀ ଥିଲେ। ୧୯୧୮ ଏବଂ ୧୯୨୪ ମଧ୍ୟରେ, ପେଶାୱରରୁ ଢାକା ଏବଂ କଶ୍ମୀରରୁ କେରଳ, ଭାରତର ପ୍ରାୟ ସବୁ ଅଂଶରେ ଦଙ୍ଗା ଆରମ୍ଭ ହୋଇଗଲା। ମୋପଲା, କୋହାଟ ଏବଂ ନାଗପୁରଭଳି କେତେକ ପଞ୍ଜୀକୃତ ଦଙ୍ଗାର ଅଧ୍ୟୟନ ଆମକୁ ଏହି ଦଙ୍ଗାର ଭୟାବହ ଘଟଣା, ରାଜନୈତିକ ନେତାଙ୍କ କ୍ଷେତ୍ରଗତ ତଥା ଖରାପ ଚିନ୍ତାଧାରା ଏବଂ ସମ୍ପୂର୍ଣ୍ଣ ବିକୃତ ମାନସିକତା ବିଷୟରେ ଏକ

ଧାରଣା ଦେଇଥାଏ।[୮] ଦୁର୍ଭାଗ୍ୟବଶତଃ ବାମପନ୍ଥୀ ଐତିହାସିକମାନେ ଏହି ଦଙ୍ଗାକୁ କ୍ୱଚିତ୍ ନିଜ ଲେଖାରେ ଉଲ୍ଲେଖ କରନ୍ତି, ଯେପରି ଏସବୁ ଦଙ୍ଗା କେବେ ହେଇ ନ ଥିଲା କିମ୍ବା ଅତିବେଶିରେ ଏହାକୁ ଭ୍ରାନ୍ତ ଘଟଣା କିମ୍ବା ଭ୍ରମଣ ଘଟଣା କିମ୍ବା ମୁସଲମାନ ଶ୍ରମିକ ଏବଂ ହିନ୍ଦୁ ଜମିଦାରଙ୍କ ମଧ୍ୟରେ ଶ୍ରେଣୀ ସଂଘର୍ଷ ଭାବରେ ଚିତ୍ରଣ କରିବାକୁ ଚେଷ୍ଟା କରନ୍ତି।

ମୋପଲା ଦଙ୍ଗା

ଖଲିଫାତ୍ୱର ଅବସାନ ପରେ ଭାରତୀୟ ମୁସଲିମ୍ ଦଳଙ୍କ ଦ୍ୱାରା ଦୁଇଟି ମୁଖ୍ୟ ବିଦ୍ରୋହ ଅନୁଷ୍ଠିତ ହେଲା। ଗୋଟିଏ କେନ୍ଦ୍ରୀୟ ଖଲିଫା ସମିତି, ଅନ୍ୟଟି - ଅଞ୍ଜୁମନ୍ - ଆଇ-ଖୁଦାମ -ଆଇ କାବା (ପୂର୍ଣ୍ଣପୀଠ ମକ୍କାର ସେବକ)ମାନଙ୍କ ଦ୍ୱାରା ଏ ବିଦ୍ରୋହ ଆରମ୍ଭ ହେଲା। ଏହି ବିଦ୍ରୋହୀମାନଙ୍କ ପାଇଁ ବ୍ରିଟିଶ୍‌ମାନଙ୍କ ଦ୍ୱାରା ଶାସିତ ଭାରତ ଦାର- ଉଲ୍- ହବ ଅର୍ଥାତ୍ 'ଶତ୍ରୁ ମାନଙ୍କ ବାସସ୍ଥଳୀ' ରୂପେ ଅଭିହିତ ହେଉଥିଲା। ଏହି ଶବ୍ଦ ସୂଚଉଥିଲା ଯେ ଅଞ୍ଚଳଟି ମୁସଲମାନମାନଙ୍କ ଦ୍ୱାରା ଶାସିତ ହେଉଥିଲା ଯାହାକି ଦାର-ଉଲ୍- ଇସଲାମ ବା ମୁସଲମାନ୍‌ମାନଙ୍କ ଦ୍ୱାରା ଶାସିତ ଅଞ୍ଚଳର ବିପରୀତ ଥିଲା। ସଂକ୍ଷିପ୍ତରେ କହିବାକୁ ଗଲେ ଏସବୁ ଏମିତି ରାଜନୈତିକ ଭୂଗୋଳର ସ୍ଥାନ ଥିଲ. ଯେଉଁଠି 'ଇସଲାମ' ଧର୍ମ ରୂପେ ପ୍ରତିଷ୍ଠା ହୋଇ ନ ଥିଲା, ଯେଉଁଠି ମୁସଲମାନ ଶାସକ ନ ଥିଲେ କିମ୍ବା ରାଜନୈତିକ ଏବଂ ସେନାର ନେତୃବୃନ୍ଦଙ୍କର ଇସଲାମ୍ ଧର୍ମ ବିଶେଷଜ୍ଞଙ୍କଠୁ ପରାମର୍ଶ ନେବାର କୌଣସି ବ୍ୟବସ୍ଥା ମଧ୍ୟ ନ ଥିଲା। ଦାର- ଉଲ୍- ହବ୍ ବାକ୍ୟାଂଶର ବ୍ୟବହାର ମୁସଲିମ୍ ସମ୍ପ୍ରଦାୟ ଦ୍ୱାରା ଯୁଦ୍ଧର ଭୟ ମଧ୍ୟ ସୂଚଉଥିଲା।[୯] ତେଣୁ ବ୍ରିଟିଶମାନଙ୍କ ବିରୁଦ୍ଧରେ ଏହିସବୁ ବିଦ୍ରୋହର ଆଭିମୁଖ୍ୟ ଦାର- ଉଲ୍ – ଇସଲାମ୍ ବା ନିଜାମ –ଏ- ମୁସ୍ତାଫା (ଇସଲାମ୍ ସାମ୍ରାଜ୍ୟ) ପ୍ରତିଷ୍ଠା ପାଇଁ ଥିଲା। ଏହି ଚିନ୍ତା ପ୍ରକ୍ରିୟା ସ୍ପଷ୍ଟଭାବେ ହିନ୍ଦୁ ସମ୍ପ୍ରଦାୟକୁ ଲକ୍ଷ୍ୟ କରି କରାଯାଇଥିଲା।

"ମାଲାବାର ଅଞ୍ଚଳରେ ଏରନାଡ, ୱାଲୁନାଡ, ପୋନ୍ନାଇ ଏବଂ କାଲିକଟ୍ ଅଞ୍ଚଳରେ ଥିବା ମୋପଲା ମୁସଲମାନମାନେ ହିନ୍ଦୁ ସମ୍ପ୍ରଦାୟ ବିରୋଧରେ ଅଯୌକ୍ତିକ ବିଦ୍ରୋହ କରିଥିଲେ। ମୋପଲା ସମ୍ବନ୍ଧରେ ଥିବା ସରକାରୀ ରିପୋର୍ଟରୁ ଆର୍.ସି. ମଜୁମ୍‌ଦାର ତାଙ୍କ ବହି "ଷ୍ଟ୍ରଗଲ୍ ଫର୍ ଫ୍ରିଡମ୍"ରେ ଲେଖିଛନ୍ତି :

ପ୍ରଶାସନ ପକ୍ଷାଘାତ ଗସ୍ତ ହେବାକ୍ଷଣି, ମୋପଲାମାନେ ସ୍ୱରାଜ ପ୍ରତିଷ୍ଠିତ ହେଲା ବୋଲି ଘୋଷଣା କରିଦେଲେ। ଅଲ୍ଲୀ ମୁସଲିଆର୍ ନାମରେ ଜଣେ ବ୍ୟକ୍ତି ନିଜକୁ ରାଜା ବୋଲି ଘୋଷଣା କଲେ, ଖିଲାଫତ୍‌ର ପତାକା ଉଡାଗଲା ଏବଂ ଏରନାଡ

ଏବଂ ୱାଲୁନାଡ ଖିଲାଫତ୍ ସାମ୍ରାଜ୍ୟ ବୋଲି ଘୋଷିତ ହେଲା। ମୋପଲା ଭୟାବହତାର ମୁଖ୍ୟ କ୍ଷତି ସରକାର ନୁହେଁ, ବରଂ ଜନସଂଖ୍ୟାର ବହୁଳାଂଶ ଥିବା ଭାଗ୍ୟହୀନ ହିନ୍ଦୁମାନେ ସହିଥିଲେ। ଗଣହତ୍ୟା, ବଳପୂର୍ବକ ଧର୍ମାନ୍ତରୀକରଣ, ମନ୍ଦିର ଧ୍ୱଂସ, ମହିଳାଙ୍କ ପ୍ରତି ଅସଦାଚରଣ, ଲୁଣ୍ଠନ, ଅଗ୍ନି ସଂଯୋଗ ଏବଂ ଧ୍ୱଂସ – ସଂକ୍ଷିପ୍ତରେ କହିଲେ ନିର୍ଦ୍ଦୟ ଓ ଅନିୟମିତ ନିଷ୍ଠୁରତାର ସମସ୍ତ କାର୍ଯ୍ୟ ଖୋଲାଖୋଲିଭାବେ କରାଯାଉଥିଲା, ଯେ ଯାଏଁ ବହୁ କଷ୍ଟରେ ସୈନ୍ୟବାହିନୀ ପହଞ୍ଚି ପରିସ୍ଥିତିକୁ ନିୟନ୍ତ୍ରଣକୁ ଆଣି ନ ଥିଲା।[୯୦] କେରଳରେ କଂଗ୍ରେସର ବିଭିନ୍ନ କମିଟି ମଧ୍ୟ ମୋପଲା ଦଙ୍ଗାର ପ୍ରକୃତ ପୀଡିତଙ୍କଠାରୁ ରେକର୍ଡ କରିଥିବା ଏକ ସ୍ୱାକ୍ଷରିତ ବିବୃତ୍ତି ଜାରି କରିଥିଲେ। ବିବୃତ୍ତିଟି କହେ ଯେ:

ହିନ୍ଦୁମାନଙ୍କ ଉପରେ ସେମାନଙ୍କର ଅବାଞ୍ଛିତ ତଥା ଅପ୍ରାକୃତିକ ଆକ୍ରମଣ, ଏରନାଡ ଭାଲୁଭଣ୍ଡା, ପୋନ୍ନାଇ ଏବଂ କାଲିକଟ ତାଲୁକରେ ହିନ୍ଦୁ ଘରମାନଙ୍କରେ ବ୍ୟାପକ ଲୁଟ୍, ବିଦ୍ରୋହ ଆରମ୍ଭରେ ହିନ୍ଦୁମାନଙ୍କର ଜବରଦସ୍ତ ଧର୍ମାନ୍ତରୀକରଣ ବିରୋଧ କରୁ ନ ଥିବା ହିନ୍ଦୁ ପୁରୁଷ, ମହିଳା ଏବଂ ଶିଶୁଙ୍କ ନିର୍ଦ୍ଦୟ ହତ୍ୟା, କେବଳ ଏହି ସାମାନ୍ୟ କାରଣ ପାଇଁ ଯେ ହିନ୍ଦୁମାନେ କାଫିର (ମୁସଲମାନ୍ ଧର୍ମରେ ବିଶ୍ୱାସ କରୁ ନ ଥିବା ଲୋକେ) ଅଥବା ହିନ୍ଦୁମାନେ ମଧ୍ୟ ସେହି ପୋଲିସ୍ ଜାତିର ଯେଉଁମାନେ ମୁସଲିମଙ୍କ ଟାଙ୍ଗାଲ୍‌କୁ ଅପମାନିତ କରିଥିଲେ ଏବଂ ସେମାନଙ୍କ ମସ୍‌ଜିଦ୍‌ରେ ପ୍ରବେଶ କରିଥିଲେ, କେବଳ ଏହି କାରଣ ପାଇଁ ମୁସଲିମମାନେ ହିନ୍ଦୁ ମନ୍ଦିରକୁ ଧ୍ୱଂସ କରିଥିଲେ ବା ଜଳେଇ ଦେଉଥିଲେ। ହିନ୍ଦୁ ମହିଳାମାନଙ୍କ ଉପରେ ଅତ୍ୟାଚାର କରୁଥିଲେ ଏବଂ ଜବରଦସ୍ତ ଧର୍ମ ପରିବର୍ତ୍ତନ କରାଇ ସେମାନଙ୍କୁ ବିବାହ କରୁଥିଲେ।[୯୧]

ଏହି ବିବୃତ୍ତିଟି କେରଳ ପ୍ରାଦେଶିକ କଂଗ୍ରେସ କମିଟିର ସମ୍ପାଦକ ଏବଂ କୋଷାଧ୍ୟକ୍ଷ, କାଲିକୋଟ ଜିଲ୍ଲା କଂଗ୍ରେସ କମିଟିର ସମ୍ପାଦକ, ଏରନାଡ ଖିଲାଫତ କମିଟିର ସମ୍ପାଦକ ଏବଂ କେକେ ଗୋପାଳ ମେନନଙ୍କ ଦ୍ୱାରା ସ୍ୱାକ୍ଷରିତ ହୋଇଥିଲା। ୭ ସେପ୍ଟେମ୍ବର ୧୯୨୧ରେ କାଲିକଟରୁ ପ୍ରକାଶିତ ଟାଇମ୍ସ ଅଫ୍ ଇଣ୍ଡିଆ ଏବଂ ୬ ଡିସେମ୍ବରରେ ନିୟୁ ଇଣ୍ଡିଆରେ ପ୍ରକାଶିତ ରିପୋର୍ଟରୁ ମୋପଲା ଦଙ୍ଗାରେ ହିନ୍ଦୁ ମହିଳାଙ୍କ ଉପରେ ହୋଇଥିବା ଭୟଙ୍କର ଅତ୍ୟାଚାରର ବିସ୍ତୃତ ବିବରଣୀ ମିଳେ।

ଖିଲାଫତ୍ ଆନ୍ଦୋଳନରେ ନେତୃତ୍ୱ ନେଉଥିବା ନେତୃବର୍ଗ ମୋପଲାମାନେ ଧର୍ମ ପାଇଁ କରୁଥିବା ଆନ୍ଦୋଳନକୁ ପ୍ରଶଂସା କରି କାହିଁକି ରିଜୋଲୁସନ୍ ପରେ ରିଜୋଲୁସନ୍ ଆଣୁଥିଲେ ଏକଥା ସହଜରେ ବୁଝିହେଉଥିଲା। କିନ୍ତୁ ସବୁଠାରୁ କଷ୍ଟଦାୟକ ଥିଲା ନେହେରୁ ଓ ଗାନ୍ଧୀଙ୍କ ପରି କଂଗ୍ରେସ ନେତୃବୃନ୍ଦଙ୍କ ପ୍ରତିକ୍ରିୟା। ଏମାନେ ହିନ୍ଦୁମାନଙ୍କ ଉପରେ ହୋଇଥିବା ଘୃଣ୍ୟ ଅତ୍ୟାଚାର ପାଇଁ ମୁସଲମାନମାନଙ୍କୁ ସାହସୀ ଏବଂ ଈଶ୍ୱରଙ୍କ

ପ୍ରତି ଭୟ ଥିବା ମୋପଲା ଯିଏକି ନିଜେ ବିବେଚନା କରୁଥିବା ଧର୍ମ ପାଇଁ ଧାର୍ମିକ ଉପାୟରେ ଲଢୁଥିଲେ ବୋଲି କହିଲେ।[୯୨]

ନିଜ ବହି "ଦି ସେଡ୍ ଅଫ୍ ସୋର୍ଡସ୍"ରେ ଏମ୍.ଜେ. ଆକବର ଯଥାର୍ଥରେ କହିଛନ୍ତି ଯେ, 'ସାମ୍ପ୍ରଦାୟିକ ସମାଧାନ ଆଣିବା ପାଇଁ ଗାନ୍ଧିଜୀ ମୁସଲମାନଙ୍କୁ ଏକ ଖୋଲା ଚେକ୍ ପ୍ରଦାନ କଲେ।'[୯୩]

ନେହେରୁ ଆଉ ପାଦେ ଆଗେଇଯାଇ ଏକ ସମ୍ପୂର୍ଣ୍ଣ ନୂଆ ବ୍ୟାଖ୍ୟାନ ସୃଷ୍ଟି କଲେ। ତାଙ୍କ ଆତ୍ମଜୀବନୀରେ ମୋପଲା ମୁସଲମାନ୍‌ମାନଙ୍କୁ ନ୍ୟାୟ ଦେବାପାଇଁ 'ବୋଧ ହୁଏ' ଏବଂ 'ସମ୍ଭାବ୍ୟ' ଇତ୍ୟାଦିକୁ ନେଇ ଏକ ପରିପୂର୍ଣ୍ଣ ଅନୁଚ୍ଛେଦ ଲେଖିଲେ। ନେହେରୁ କୁହନ୍ତି :

ଯାହା ହେଉ ବି ଏପରି ଏକ ମହାନ୍ ଆନ୍ଦୋଳନର ଅଭ୍ୟୁଦୟ ଦେଶର ଏକ ଦୁଃଖଦ ବିକାଶରେ ସହାୟକ ହୋଇଥିଲା। ରାଜନୈତିକ ସଂଗ୍ରାମରେ ଅନ୍ଧ ଏବଂ ନିରର୍ଥକ ହିଂସାକୁ ବନ୍ଦ କରି ଦିଆଗଲା, କିନ୍ତୁ ଦମନ କରାଯାଇଥିବା ହିଂସାକୁ ଏକ ବାଟ ଖୋଜିବାକୁ ପଡିଲା ଏବଂ ପରବର୍ତ୍ତୀ ବର୍ଷଗୁଡିକରେ ଏହା ସାମ୍ପ୍ରଦାୟିକ ସମସ୍ୟାକୁ ଆହୁରି ବଢାଇ ଦେଇଥିଲା। ବିଭିନ୍ନ ଧର୍ମର ସାମ୍ପ୍ରଦାୟିକବାଦୀମାନେ ମୁଖ୍ୟତଃ ରାଜନୈତିକ ପ୍ରତିକ୍ରିୟାଶୀଳ ବ୍ୟକ୍ତିଗଣ, ଅସହଯୋଗ ଓ ଆଇନ ଅମାନ୍ୟ ଆନ୍ଦୋଳନର ଅତ୍ୟଧିକ ଜନସମର୍ଥନ ହେତୁ ଏକଦମ୍ ନିଚ୍ଚସ୍ତରର ହେବାକୁ ବାଧ୍ୟ ହୋଇଥିଲେ। ସେମାନେ ବର୍ତ୍ତମାନ ଅବସରରୁ ବାହାରି ଆସିଲେ। ଅନ୍ୟ ଅନେକ ଗୁପ୍ତ - ସେବା ଏଜେଣ୍ଟ୍ ଏବଂ ଯେଉଁମାନେ ସାମ୍ପ୍ରଦାୟିକ ଘର୍ଷଣ ସୃଷ୍ଟି କରି କର୍ତ୍ତୃପକ୍ଷଙ୍କୁ ସନ୍ତୁଷ୍ଟ କରିବାକୁ ଚେଷ୍ଟା କରିଥିଲେ, ସେମାନେ ମଧ୍ୟ ସମାନ ବିଷୟବସ୍ତୁ ଉପରେ କାର୍ଯ୍ୟ କରିଥିଲେ। ମୋପଲା ଉତ୍ତେଜନା ଏବଂ ଏହାର ଅସାଧାରଣ ନିଷ୍ଠୁର ଦମନ - ବନ୍ଦ ରେଳ ଭ୍ୟାନ୍‌ରେ ମୋପଲା ବନ୍ଦୀମାନଙ୍କୁ ଅଣନିଃଶ୍ୱାସୀ କରି ମାରିବାପରି ଭୟଙ୍କର ଘଟଣା— ଏସବୁ ଘଟଣା ସାମ୍ପ୍ରଦାୟିକ ଅସନ୍ତୋଷର ଦଳକୁ ଗୋଳିଆ କରୁଥିବା ଲୋକଙ୍କ ହାତକୁ ଅଧିକାର ଦେବା ସଦୃଶ। ଏହା ସମ୍ଭବ ଯେ ଯଦି ନାଗରିକ ପ୍ରତିରୋଧ ବନ୍ଦ ହୋଇ ନ ଥାନ୍ତା ଏବଂ ଏହି ଆନ୍ଦୋଳନ ସରକାରଙ୍କ ଦ୍ୱାରା ଦମନ କରାଯାଇଥାନ୍ତା, ତେବେ ସାମ୍ପ୍ରଦାୟିକ ଦଙ୍ଗା ପାଇଁ କମ୍ ସାମ୍ପ୍ରଦାୟିକ ତିକ୍ତତା ଏବଂ କମ୍ ଶକ୍ତି ରହିଥାନ୍ତା।[୯୪]

ମୋପଲା ଦଙ୍ଗାକୁ ନେହେରୁଙ୍କ ଯଥାର୍ଥ କହିବା ଦେଖି ଲାଲ୍ ଲେଖିଛନ୍ତି ଯେ ମୋପଲା ମୁସଲିମ୍‌ଙ୍କ ଦ୍ୱାରା କରାଯାଇଥିବା କୁକାର୍ଯ୍ୟ, ନିଷ୍ଠୁରତା ଏବଂ ଅତ୍ୟାଚାର ଉପରେ ନେହେରୁ ଶବ୍ଦଟିଏ ବି କହିଲେନି। ହିନ୍ଦୁମାନଙ୍କ ବିରୁଦ୍ଧରେ ଏପରି କୌଣସି ସାମ୍ପ୍ରଦାୟିକ ଦଙ୍ଗାକୁ ଏଡାଇବା ପାଇଁ ସେ ଦେଇଥିବା ଅଜବ ସମାଧାନ ହେଉଛି

ଖିଲାଫତ୍ ଆନ୍ଦୋଳନରେ ମୋପଲା ମୁସଲମାନ୍‌ମାନଙ୍କ ଅତ୍ୟଧିକ ଶକ୍ତି ବିନିଯୋଗ କରିବା।[୯୫]

ପଛୁଆ ଗତିରେ ଯାଇ ଏବଂ ଖିଲାଫତ୍ ଆନ୍ଦୋଳନରେ ମୁସଲିମ୍ ନେତାଙ୍କ ଦ୍ୱାରା କ୍ରମାନ୍ୱୟରେ ବିଶ୍ୱାସଘାତ ପରେ ମଧ୍ୟ, କଂଗ୍ରେସ କାର୍ଯ୍ୟକାରିଣୀ ସମିତି ହିନ୍ଦୁମାନଙ୍କ ଉପରେ ଘୃଣ୍ୟ ଅତ୍ୟାଚାର କରିଥିବା ମୋପଲା ମୁସଲମାନମାନଙ୍କୁ କ୍ଷମା ଦେବା ପାଇଁ ଏକ ସଂକଳ୍ପ ପତ୍ର ପ୍ରକାଶ କଲେ। ସେ ସଂକଳ୍ପ ପତ୍ର କହେ ଯେ "କଂଗ୍ରେସ ଏକଥା ଦୃଢତାର ସହ କହୁଛି ଯେ ମୋପଲା ବିଭ୍ରାଟ ଅସହଯୋଗ କିମ୍ବା ଖିଲାଫତ ଆନ୍ଦୋଳନ ଯୋଗୁ ଘଟି ନ ଥିଲା ବରଂ ଏହି ଦୁଇଟି ଆନ୍ଦୋଳନ ସହିତ ସମ୍ପୂର୍ଣ୍ଣ ଭାବେ ସଂଯୁକ୍ତ ହୋଇ ନ ଥିବାରୁ ସେମାନଙ୍କ ନିକଟରେ ଅହିଂସା ବାର୍ତ୍ତା ଠିକ୍ ଭାବେ ପହଞ୍ଚି ପାରିଲା ନାହିଁ ଏବଂ ଏପରି ହେଲା।"[୯୬]

କଂଗ୍ରେସର ଏହି ରିଜୋଲୁସନ୍ କେରଳ ପ୍ରଦେଶର ବିଭିନ୍ନ ସଦସ୍ୟଙ୍କ ଦ୍ୱାରା ଦିଆଯାଇଥିବା ସ୍ୱାକ୍ଷରିତ ବିବୃତ୍ତିକୁ ମିଥ୍ୟା ପ୍ରମାଣିତ କଲା। ଐତିହାସିକ ଆର୍.ସି. ମଜୁମଦାର ମୋପଲା ଦଙ୍ଗା ଉପରେ କଂଗ୍ରେସ ଏବଂ ଏହାର ବରିଷ୍ଠ ନେତାଙ୍କ ପ୍ରତିକ୍ରିୟା ଉପରେ ଭୟଙ୍କର କ୍ରୋଧିତ ହୋଇ କହିଛନ୍ତି ଯେ :

ନିଜକୁ କୌଣସି ନିର୍ଦ୍ଦିଷ୍ଟ ସମ୍ପ୍ରଦାୟର ନୁହେଁ, ବରଂ ସର୍ବଭାରତୀୟ ଦଳ ବୋଲି କହୁଥିବା ରାଜନୈତିକ ଦଳର ଏପରି ରିଜୋଲୁସନ୍ ସମ୍ପୂର୍ଣ୍ଣ ମୂଲ୍ୟହୀନ। ହଜାର ହଜାର ଅସହାୟ ହିନ୍ଦୁଙ୍କ ଉପରେ ଏକ ଧର୍ମାନ୍ଧ ମୁସଲମାନଙ୍କ ଦ୍ୱାରା କରାଯାଇଥିବା ଅପରାଧର ବ୍ୟାପକତାକୁ କମ୍ କରିବାକୁ ଏହା ଏକ ସୁଚିନ୍ତିତ ପ୍ରୟାସ ଏବଂ ଏହା ଭାରତୀୟଙ୍କ ଉପରେ ହୋଇଥିବା ଅତ୍ୟାଚାର କାହାଣୀରେ ବ୍ରିଟିଶ୍ ସରକାରଙ୍କ ଦ୍ୱାରା ଚୂନ ଧଉଳା କାର୍ଯ୍ୟ ସହ ସମାନ।[୯୭]

ଏରନାଡ ଏବଂ ପୋନାଇ ପରି ମୋପଲା ଦଙ୍ଗା ଘଟିଥିବା ଅଞ୍ଚଳ ଆଜି କେରଳର ମଲ୍ଲପୁରମ ଜିଲ୍ଲାରେ ଅବସ୍ଥିତ। ବର୍ଷ ପରେ ବର୍ଷ କେରଳର ମଲ୍ଲପୁରମ୍ ଜିଲ୍ଲା ଇସଲାମିକ୍ ଧର୍ମାନ୍ତରୀକରଣର ପରୀକ୍ଷାଗାର ହୋଇ ରହିଛି।[୯୮] ୨୦୧୧ ଜନଗଣନା ଅନୁଯାୟୀ ଜିଲ୍ଲା ଜନସଂଖ୍ୟାର ୭୦.୨୪ ପ୍ରତିଶତ ହେଉଛନ୍ତି ମୁସଲମାନ୍ ଏବଂ ହିନ୍ଦୁ ହେଲେ କ୍ଷୁଦ୍ର ଅଳ୍ପସଂଖ୍ୟକ। ଏହି ଜିଲ୍ଲାର ଅଧିକାଂଶ ସହରରେ ମୁସଲମାନ୍ ଜନସଂଖ୍ୟା ୮୫ ପ୍ରତିଶତରୁ ଅଧିକ। ଇଣ୍ଡିଆ ଟୁଡେ ଦ୍ୱାରା କରାଯାଇଥିବା ଏକ ଅନୁସନ୍ଧାନ ରିପୋର୍ଟ ଅନୁଯାୟୀ ପପୁଲାର ଫ୍ରଣ୍ଟ ଅଫ୍ ଇଣ୍ଡିଆ (ପି.ଏଫ୍.ଆଇ.), ସତ୍ୟସରଣୀ ଏବଂ ଜୈନାବ ପରି ସଂସ୍ଥାକୁ ହାତବାରିସି କରି ଲଭ୍ ଜିହାଦ୍[୯୯] ନାମରେ ହିନ୍ଦୁ ଯୁବତୀମାନଙ୍କୁ ବିବାହ କରି ଇସଲାମ୍ ଧର୍ମରେ ଦୀକ୍ଷିତ କରାଉଛନ୍ତି। ଇଣ୍ଡିଆ

ଟୁଡେ ଦ୍ୱାରା କରାଯାଇଥିବା ତଥ୍ୟ ପ୍ରସାରଣରୁ ଜଣାଯାଏ ଯେ, ପି.ଏଫ୍.ଆଇର ମହିଳା ଶାଖାର ସଭାପତି ଜୈନାବ, ଏହା କହିବାର ଶୁଣାଯାଏ ଯେ ସତ୍ୟ ସରଣୀ ଭିତରକୁ ଯିଏ ଯାଆନ୍ତି ସେ ଇସଲାମ୍ ଦୀକ୍ଷିତ ହେଲା ପରେ ହିଁ ବାହାରକୁ ଆସନ୍ତି – ଏହା ବାଧ୍ୟତାମୂଳକ ଧର୍ମାନ୍ତରୀକରଣ ବୋଲି ସ୍ପଷ୍ଟ ବୁଝିହୁଏ।[୧୦୦] ଜାତୀୟ ଅନୁସନ୍ଧାନ ସଂସ୍ଥା (ଏନ୍.ଆଇ.ଏ) ଲଭ୍ ଜିହାଦ୍ ତତ୍ତ୍ୱ ଏବଂ ଏହାର ରାଷ୍ଟ୍ର ବିରୋଧୀ ସଂଯୋଗ ସମ୍ବନ୍ଧରେ ଅନୁସନ୍ଧାନ କରୁଛି।[୧୦୧]

୧୯୨୧ରେ କେରଳରେ ଯାହା ଆରମ୍ଭ ହୋଇଥିଲା ତାହା ଆଜିଯାଏଁ ଚାଲୁଛି। ୨୦୦୩ରେ ତତ୍କାଳୀନ କେରଳ କଂଗ୍ରେସ ସରକାର ସମୟରେ ଏକ ହିନ୍ଦୁ ଗଣହତ୍ୟା ଉପରେ ରିପୋର୍ଟ କରିବାକୁ ଯାଇ ସାମ୍ବାଦିକ ରାଜୀବ ଶ୍ରୀନିବାସନ ତାଙ୍କ ଆଲେଖ୍ୟ 'ମୋପଲା ରିବେଲିୟନ୍, ପାର୍ଟ-II'ରେ କହନ୍ତି ଯେ ସମୁଦ୍ର କୂଳରେ ଏକ ମନ୍ଦିରରେ ବସିଥିବା ଦଳେ ହିନ୍ଦୁ ଧୀବରଙ୍କ ଉପରେ ଏକ ମୁସଲମାନ୍ ଦଳ ହାତରେ ଖଣ୍ଡା ଧରି ବିନା ସୂଚନାରେ ଅତର୍କିତଭାବେ ଆକ୍ରମଣ କଲେ। ମାତ୍ର ୧୦ ମିନିଟ୍ର ବିଶୃଙ୍ଖଳିତ ଆଚରଣ ପରେ ୯ ଜଣ ଲୋକ ହଣାହୋଇ ସେହି ସମୁଦ୍ର କୂଳରେ ମରିଗଲେ ବା କ୍ଷତବିକ୍ଷତ ଅବସ୍ଥାରେ ମରିବାକୁ ଛାଡି ଦିଆହେଲେ। ଅନେକ ଗୁରୁତର ଆହତ ହୋଇଥିଲେ। ଏଥିରେ ଉଦ୍ଦେଶ୍ୟ କ'ଣ ଥିଲା ବୋଲି ଶ୍ରୀନିବାସନ୍ ପ୍ରଶ୍ନ କରିଛନ୍ତି। ବୋଧହୁଏ ଗୋଧ୍ରା ଗଣହତ୍ୟା ପରେ ଗୁଜରାଟ୍ରେ ଯାହା ଘଟିଲା ତାକୁ ନେଇ ଏକ ସାମ୍ପ୍ରଦାୟିକ ଦଙ୍ଗା କରିବା ଏହି କାଣ୍ଡର ମତଲବ ଥିଲା। ହୁଏତ ଏକଥାକୁ ଗୁରୁତର ସହ କୁହାଯାଉଥିଲା ଯେ ମୁସଲିମବହୁଳ ମାଲାବାର ଓ ବାଂଲାଦେଶ ଏବଂ କଶ୍ମୀରରେ ହିନ୍ଦୁମାନଙ୍କୁ ମାରିବାରେ କୌଣସି ଅସୁବିଧା ନାହିଁ। ଯେଉଁମାନେ ବି ଏହିପରି ଘଟଣାକୁ ପ୍ରୋତ୍ସାହନ ଦେଉଥିଲେ, ସେମାନେ ଏହାର ପ୍ରତିଫଳନରେ କିଛି ହେବନି ବୋଲି ଦୃଢ଼ ନିଶ୍ଚିତ ଥିଲେ। କ'ଣ ବା ଏମିତି ଘଟିବାର ଥିଲା ? ବେଶି କିଛି ନୁହେଁ, ଭୟଭୀତ ହିନ୍ଦୁମାନେ ଅଧିକ ନିରାପଦ ସ୍ଥାନକୁ ଚାଲିଯିବେ ଏବଂ ଆଉ ଏକ ସ୍ଥାନ ଦାର- ଉଲ୍- ଇସଲାମ ବା ମୁସଲମାନଙ୍କ ଭୂମି ରୂପେ ପରିଚିତ ହେବ।

କୋହାଟ ଦଙ୍ଗା:

ଦକ୍ଷିଣ ଭାରତରେ ମୋପଲା ଦଙ୍ଗାରେ ହିନ୍ଦୁମାନଙ୍କ ଉପରେ ହୋଇଥିବା ଅତ୍ୟାଚାର ହିନ୍ଦୁମାନଙ୍କ ସ୍ମୃତିରେ ଜୀବିତ ଥିବାବେଳେ ହିଁ ୧୯୨୪ରେ ପୁଣି ଦଙ୍ଗା ଆରମ୍ଭ ହେଲା। ଏଥର ଭୋଗିବାର ପାଳି ଥିଲା ଉତ୍ତର ପଶ୍ଚିମ ସୀମାନ୍ତ ପ୍ରଦେଶର ପେଶାୱର (ଆଜିର ପାକିସ୍ତାନ)ରେ ଥିବା ହିନ୍ଦୁ ଓ ଶିଖମାନଙ୍କର। ୧୯୨୪ର ଭାରତୀୟ

ବାର୍ଷିକ ରେଜିଷ୍ଟର ଅନୁଯାୟୀ ସେପ୍ଟେମ୍ବର ୧୯୨୪ରେ ଏକ ମୁସଲିମ୍ ଖବରକାଗଜ ଗୋଟେ ହିନ୍ଦୁ ବିରୋଧୀ କବିତା ଛାପିଲା। ମୁସଲିମ୍ ସମ୍ପ୍ରଦାୟର ଜଣେ ହେଲେ କେହି ଏ ପ୍ରକାଶନକୁ ନିନ୍ଦା କଲେନି କି କ୍ଷମା ମାଗିଲେନି। ସନାତନ ଧର୍ମସଭା ସହ ସଂଯୁକ୍ତ ଜୀବନଦାସ ନାମରେ ଜଣେ ହିନ୍ଦୁ ଏ କବିତାର ପ୍ରତିକ୍ରିୟାରେ ଏକ ପ୍ରଚାରପତ୍ର ଛାପିଲେ। ସମନ୍ୱୟ ଓ ସୌହାର୍ଦ୍ଦ୍ୟ ରକ୍ଷା ପାଇଁ ହିନ୍ଦୁମାନେ ଲିଫଲେଟ୍ ପ୍ରକାଶନ ପାଇଁ ଦୁଃଖ ପ୍ରକାଶ କରି ଏକ ସଂକଳ୍ପ ପାରିତ କଲେ। ଏହା ମୁସଲିମଙ୍କୁ ସନ୍ତୁଷ୍ଟ କଲାନାହିଁ ଏବଂ ସେମାନେ ଏ ସମ୍ବନ୍ଧରେ କଡ଼ା କାର୍ଯ୍ୟାନୁଷ୍ଠାନ ପାଇଁ ଅଧିକାରୀମାନଙ୍କୁ କହିଲେ। ଜୀବନ ଦାସ ବନ୍ଦୀ ହେଲେ ଏବଂ ପରେ ଜାମିନ୍‌ରେ ମୁକ୍ତ ହେଲେ। ଏହା ଉପରେ ମୁସଲମାନ୍‌ମାନେ ତୁରନ୍ତ ଏକ ମସ୍‌ଜିଦ୍‌ରେ ସଭା କରି ସମୂହ ତଲାକ୍‌ର ଶପଥ ନେଲେ, ଅର୍ଥାତ୍ ପରଦିନ ସକାଳେ ପୁରୁଷମାନେ ମରିବାକୁ ଏକ ସନ୍ତୋଷଜନକ ନିଷ୍ପତ୍ତିରେ ପହଞ୍ଚିବାକୁ ସ୍ଥିର କରିଥିବାରୁ ସେମାନଙ୍କ ପତ୍ନୀମାନଙ୍କୁ ଛାଡ଼ପତ୍ର ଦେଇଥିଲେ। ଏହି ଶପଥର ଅସଲ ଅର୍ଥ ହେଲା ଯେ ଯଦି ପ୍ରଶାସନ ଗ୍ରହଣ କରିଥିବା କାର୍ଯ୍ୟ ସନ୍ତୋଷଜନକ ନ ହୁଏ ତେବେ ମୁସଲମାନ୍ ପୁରୁଷମାନେ ଇସଲାମକୁ ଅପମାନିତ କରିଥିବା ବ୍ୟକ୍ତି ଏବଂ ସମ୍ପ୍ରଦାୟକୁ ଦଣ୍ଡିତ କରିବେ। ହିନ୍ଦୁମାନେ ପ୍ରଶାସନକୁ ମୁସଲମାନମାନଙ୍କ ଶପଥ ବିଷୟରେ ଜଣାଇବାକୁ ଚେଷ୍ଟା କଲେ ଏବଂ ନିଜ ପାଇଁ ସୁରକ୍ଷା ମାଗିଲେ, କିନ୍ତୁ ପୋଲିସ ପ୍ରଶାସନ ଶୁଣିଲା ନାହିଁ। ୯ ସେପ୍ଟେମ୍ବରରେ କୋହାଟ ବଜାର ଲୁଟ୍ ସହ ହିଂସା ଆରମ୍ଭ ହୋଇ ପରଦିନ ପର୍ଯ୍ୟନ୍ତ ଚାଲିଲା। ମୁସଲମାନ୍‌ମାନେ ସାର୍ବଜନୀନ ଲୁଟ୍, ଧର୍ଷଣ, ଅପହରଣ ଏବଂ ହତ୍ୟାକାଣ୍ଡ ଘଟାଇଥିଲେ। ଅଧିକାଂଶ ହିନ୍ଦୁ ଘରଗୁଡିକୁ ପୋଡି ଦିଆଯାଇଥିଲା।

ସରକାରଙ୍କ ତଥ୍ୟ ଅନୁଯାୟୀ ଜଣେ ପୋଲିସ ଇନ୍ସପେକ୍ଟରଙ୍କ ଭୁଲ୍ ଯୋଗୁ ପୋଲିସ୍ ଡେପୁଟି କମିଶନରଙ୍କ ପାଖରେ ଠିକ୍ ସମୟରେ ରିପୋର୍ଟ ପହଞ୍ଚି ନ ଥିଲା, ବାସ୍ତବରେ ଏହା ବହୁ ବିଳମ୍ବରେ ମିଳିଲା। ଗଣହତ୍ୟା ବାବଦରେ ଏକ ରିପୋର୍ଟରେ ଲାଲା ଲଜପତ ରାୟ ଲେଖିଲେ ଯେ କେମିତି ହିନ୍ଦୁମାନେ ସେପ୍ଟେମ୍ବର ୮,୯,୧୦ରେ ପୋଲିସକୁ ବାରମ୍ବାର ସୂଚନା ଦେଇଥିଲେ, ଡେପୁଟି କମିଶନରଙ୍କୁ ସିଧା ଟେଲିଗ୍ରାମ୍ ପଠାଇଥିଲେ, କିନ୍ତୁ କୌଣସି କାର୍ଯ୍ୟାନୁଷ୍ଠାନ ଗ୍ରହଣ କରାଯାଇ ନ ଥିଲା।[୧୦୨]

ମୁସଲିମ ଲିଗ୍ ଏହାର ରିଜୋଲ୍ୟୁସନରେ ମୁସଲିମଙ୍କ ପ୍ରତିକ୍ରିୟାକୁ ଯଥାର୍ଥ କହିଲେ ଯେ 'ଅଲ୍ ଇଣ୍ଡିଆ ମୁସଲିମ୍ ଲିଗ୍' ଏକଥା ରେକର୍ଡ କରିବାକୁ ନିଜ କର୍ତ୍ତବ୍ୟ ମନେକରେ ଯେ କୋହାତ ହିନ୍ଦୁମାନଙ୍କର ଦୁର୍ଦ୍ଦଶା କୌଣସି ଉତ୍ତେଜନା କାରଣରୁ ନୁହେଁ, ବରଂ ବିପରୀତରେ ପ୍ରକାଶିତ ତଥ୍ୟ ଏହା କୁହେ ଯେ ମୁସଲମାନମାନଙ୍କ ଧାର୍ମିକ ଭାବନା ପ୍ରତି ଚରମ ଉତ୍ତେଜନା ପ୍ରକାଶ ପାଇବାରୁ ଏପରି ଘଟିଥିଲା।'[୧୦୩]

ଗାନ୍ଧୀ ଏବଂ ସୌକତ୍ ଅଲ୍ଲୀ ଅନୁସନ୍ଧାନ କରିବାକୁ ଦଙ୍ଗାଗ୍ରସ୍ତ ସ୍ଥାନକୁ ଗଲେ। ଯଦିଓ କିଏ ହିଂସା ଆରମ୍ଭ କରିଥିଲା ଏବଂ କିଏ ଅଧିକ କ୍ଷତିଗ୍ରସ୍ତ ହୋଇଥିଲେ, ସେ ହିସାବରେ ସେମାନଙ୍କର ଅନୁସନ୍ଧାନ ଭିନ୍ନ ଥିଲା, ଦୁହେଁ କିନ୍ତୁ ସ୍ଥାନୀୟ ପ୍ରଶାସନର ଅପାରଗତାକୁ ହିଂସାର କାରଣ ବୋଲି ଦୁର୍ଭାଗ୍ୟବଶତଃ କହିଲେ। ଅତ୍ୟନ୍ତ ନିନ୍ଦନୀୟ ଭାବେ ସେମାନେ କହିଲେ ଯେ ମୁସଲମାନ୍‌ମାନେ ଯାହା ଚାହୁଁଥିଲେ ତାହା କରିବାକୁ ହକଦାର୍ ଥିଲେ ଏବଂ ସେମାନଙ୍କୁ ପ୍ରତିରୋଧ କରିବା ସ୍ଥାନୀୟ ପ୍ରଶାସନର ଦାୟିତ୍ୱ ଥିଲା। ଯେତେବେଳେ ଉଭୟ ହିନ୍ଦୁ ମୁସଲିମ ଖିଲାଫତ୍ ଆନ୍ଦୋଳନରେ ବ୍ରିଟିଶ ବିରୁଦ୍ଧରେ ଲଢୁଥିଲେ ତେବେ ବ୍ରିଟିଶ ସରକାର ଏମାନଙ୍କ ବିଷୟରେ କାହିଁକି ଯତ୍ନବାନ୍ ହୁଅନ୍ତା ଏକଥା ଯେ କେହି ପ୍ରଶ୍ନ କରିଥାନ୍ତା।[୧୦୪]

ନାଗପୁର ଦଙ୍ଗା -

ସେତେବେଳେ ମଧ୍ୟ ମହାରାଷ୍ଟ୍ରରେ ହିନ୍ଦୁମାନଙ୍କ ଦ୍ୱାରା ଗଣେଶ ଉତ୍ସବ ଅତି ଉତ୍ସାହର ସହ ପାଳନ କରାଯାଉଥିଲା। ସପ୍ତାହବ୍ୟାପୀ ଏହି ଉତ୍ସବର ମୁଖ୍ୟ ଆକର୍ଷଣ ଥିଲା ରାସ୍ତାରେ ଶୋଭାଯାତ୍ରା, ଯେଉଁଥିରେ ହଜାର ହଜାର ସଂଖ୍ୟାର ଲୋକେ ଯୋଗ ଦେଉଥିଲେ। ଯାହାବି ହେଉ ଏହି ଶୋଭାଯାତ୍ରାରେ ବିଘ୍ନ ଘଟାଇ ଉତ୍ତେଜନା ସୃଷ୍ଟି କରିବାକୁ ମୁସଲମାନ୍‌ମାନେ ଏକ କୌଶଳ ପ୍ରୟୋଗ କଲେ। ଏହି କୌଶଳ କାମ ଦେଲା ଏବଂ ଜିଲ୍ଲା ଅଧିକାରୀ ସପ୍ତାହବ୍ୟାପୀ ହୋଇଥିବା ଶୋଭାଯାତ୍ରା ଉପରେ ନିଷେଧାଜ୍ଞା ଜାରି କଲେ। ବର୍ଷରେ ଥରେ ଏହି ଉତ୍ସବଟି ହେଉଥିବାରୁ ହିନ୍ଦୁମାନେ ବ୍ୟଥିତ ହେଲେ କିନ୍ତୁ ନିଷେଧାଜ୍ଞାକୁ ମାନିଲେ। ୩୦ ସେପ୍ଟେମ୍ବର ୧୯୨୩ରେ ଜିଲ୍ଲାପାଳ ଗଣେଶ ମହାପ୍ରଭୁଙ୍କ ସମ୍ମାନାର୍ଥେ ହେଉଥିବା ଦଣ୍ଡି ଶୋଭାଯାତ୍ରାକୁ ମଧ୍ୟ ନିଷେଧ କରିଦେଲେ। ହିନ୍ଦୁ ଏକତ୍ରୀକରଣ ଇତିହାସରେ ଏହା ସମ୍ଭବତଃ ନିର୍ଣ୍ଣାୟକ ମୋଡ଼ ଥିଲା। ଅନେକ ପ୍ରମୁଖ ହିନ୍ଦୁ ଏହି ନିଷେଧାଜ୍ଞାକୁ ବିରୋଧ କରିବାକୁ ସ୍ଥିର କଲେ। ନାଗପୁରରେ ଥିବା ହିନ୍ଦୁମାନେ ଏକତ୍ର ହୋଇ ଡ. ବି.ଏସ୍. ମୁଞ୍ଜେ ଏବଂ ଡ. ହେଡଗେୱାରଙ୍କ ନେତୃତ୍ୱରେ ଏକ ଅନୁଷ୍ଠାନ ଗଢିଲେ। ୨୦ ହଜାରରୁ ଅଧିକ ଲୋକ ଏ ବିଶାଳ ଶୋଭାଯାତ୍ରାରେ ଅଂଶଗ୍ରହଣ କଲେ। ଏହା ବୋଧହୁଏ ପ୍ରଥମ ଉଦାହରଣ ଯେଉଁଠି ଏତେ ସଂଖ୍ୟାରେ ହିନ୍ଦୁ ଦୃଢତାର ସହିତ ଏକାଠି ହୋଇଥିଲେ, କିନ୍ତୁ କୌଣସି ହିଂସା ସୃଷ୍ଟି ହୋଇ ନ ଥିଲା। ଏହି ଏକତ୍ରୀକରଣ କାମ ଦେଲା। ହିନ୍ଦୁ ଏକତା ହିନ୍ଦୁ ମୁସଲିମ୍ ଏବଂ ସରକାର ମଧ୍ୟରେ ଏକ ତ୍ରିପାକ୍ଷିକ ବୁଝାମଣା କରାଇଲା ଏବଂ ପରମ୍ପରା ଅନୁଯାୟୀ ହିନ୍ଦୁମାନେ ଧାର୍ମିକ ଶୋଭାଯାତ୍ରାରେ ଭାଗ ନେଲେ।

ନାଗପୁର ଦଙ୍ଗାର ଫଳାଫଳ ମୋପଲା ଏବଂ କୋହାଟ ଦଙ୍ଗାଠାରୁ ବହୁତ ଭିନ୍ନ ଥିଲା। ଏହା ହିନ୍ଦୁମାନଙ୍କୁ ଏକ ଗୁରୁତ୍ୱପୂର୍ଣ୍ଣ ଶିକ୍ଷା ଦେଲା - ଦୃଢ ସଂକଳ୍ପ ଧରି ବହୁ ଜନ ସମାଗମ ବିନା ହିଂସାରେ ଯେ କୌଣସି ଅନୁକୂଳ ମୂଲଚଲ କରାଯାଇପାରେ। ଏହିଠାରୁ ହିଁ ହିନ୍ଦୁମାନେ ମୂଲଚଲର ଭାଷା ଶିଖିବା ଆରମ୍ଭ କଲେ। ନାଗପୁର ଦଙ୍ଗା ପରେ ହିନ୍ଦୁମାନେ ମୁସଲମାନ ବ୍ୟବସାୟୀଙ୍କଠୁ ଜିନିଷ କିଣିବାର ସମ୍ପୂର୍ଣ୍ଣ ବର୍ଜନ ଘୋଷଣା କଲେ। ମୁସଲିମ୍ ସ୍ୱାର୍ଥ କ୍ଷତିଗ୍ରସ୍ତ ହେଉଥିବାରୁ କଂଗ୍ରେସ ଜାଗି ଉଠି ଅବୁଲ୍ କଲାମ୍ ଆଜାଦ୍ ଓ ମୋତିଲାଲ୍ ନେହେରୁଙ୍କୁ ମଧ୍ୟସ୍ଥତା କରିବାକୁ ପଠାଇଲା। ନାଗପୁର ଦଙ୍ଗାର ଶିକ୍ଷା ବାବଦରେ ଡ. ମୁଞ୍ଜେ ସ୍ପଷ୍ଟ ଭାବେ ଲେଖିଲେ। ସେ କୁହନ୍ତି "ନାଗପୁରର ଦେଢ ଲକ୍ଷ ଜନସଂଖ୍ୟାରୁ ମୁସଲିମ୍‌ମାନେ ମାତ୍ର ୨୦ ହଜାର, ତଥାପି ଆମେ ଅସୁରକ୍ଷିତ ବୋଧ କରୁ। ବାକି ଲକ୍ଷେ ୩୦ ହଜାର ଲୋକଙ୍କୁ ମୁସଲିମ୍ ମାନେ କେବେ ବି ଡରିନାହାନ୍ତି। ତେଣୁ ଏହି ପ୍ରଶ୍ନଟିକୁ ହିନ୍ଦୁମାନଙ୍କର ପ୍ରଶ୍ନ ବୋଲି ଗ୍ରହଣ କରିବା ଆବଶ୍ୟକ। ମୁସଲିମ୍‌ମାନେ ନିଜେ ଆମକୁ କଂଗ୍ରେସରେ ଓ କଂଗ୍ରେସ ବାହାରେ ହିନ୍ଦୁ ପରି ରହିବାର ଶିକ୍ଷା ଦେଇଛନ୍ତି।"[୧୦୫] ନାଗପୁର ଦଙ୍ଗା ପରେ ହିନ୍ଦୁ ଏକତ୍ରୀକରଣ ଦ୍ୱାରା ଅନୁପ୍ରାଣିତ ହୋଇ ୧୯୨୫ରେ ଡ. ହେଡଗେୱାର ଏବଂ ଡ. ମୁଞ୍ଜେ ଆଗକୁ ବଢି ପୃଥିବୀର ବୃହତ୍ ସାଂସ୍କୃତିକ ସ୍ୱେଚ୍ଛାସେବୀ ଅନୁଷ୍ଠାନ - ରାଷ୍ଟ୍ରୀୟ ସ୍ୱୟଂ ସେବକ ସଂଘ (ଆର୍‌ଏସ୍‌ଏସ୍) ଗଢିଲେ।

ନିଜ ବହି "ପାକିସ୍ତାନ ଅର୍ ପାର୍ଟିସନ୍ ଅଫ୍ ଇଣ୍ଡିଆ"ରେ ଡ. ଆମ୍ବେଦକର ୧୯୨୦ ରୁ ୧୯୪୦ ମଧ୍ୟରେ ଭାରତର ବିଭିନ୍ନ ଭାଗରେ ଘଟିଥିବା ଦଙ୍ଗା ସମ୍ବନ୍ଧରେ ବିସ୍ତୃତ ଭାବେ ଲେଖିଛନ୍ତି । ସେ ବିସ୍ତୃତ ବିବରଣୀ ଦେଇ ଲେଖିଛନ୍ତି ଯେ ଏହିସବୁ ଦଙ୍ଗାରେ ହିନ୍ଦୁ ହିଁ କ୍ଷତିଗ୍ରସ୍ତ ତାଲିକାରେ ଥିଲା। ଏହି ହିନ୍ଦୁ ମୁସଲିମ୍ ଦଙ୍ଗାର ତୀବ୍ରତା, ନିରନ୍ତରତା ଏବଂ ବିସ୍ତାର ଏତେ ବେଶି ଥିଲା ଯେ ଆମ୍ବେଦକର ଏହାକୁ "ସାମୂହିକ ସଶସ୍ତ୍ର ଶାନ୍ତି ଦ୍ୱାରା ବ୍ୟାହତ ହିନ୍ଦୁ ମୁସଲିମ୍‌ଙ୍କ ମଧ୍ୟରେ ୨୦ ବର୍ଷର ଗୃହ ଯୁଦ୍ଧ ବୋଲି କହିଛନ୍ତି।"[୧୦୬] ବ୍ରିଟିଶମାନଙ୍କଠୁ କେବଳ ମୁସଲମାନଙ୍କ ପାଇଁ ଲାଭ ଆଶାରେ ଯେଉଁ ଧାରଣା ସାର୍ ସୟଦ୍‌ଙ୍କଠାରୁ ସୃଷ୍ଟ ହୋଇଥିଲା, ପରେ ବ୍ରିଟିଶମାନଙ୍କ ସହାୟତା ପାଇଥିଲା ଏବଂ ଭାରତୀୟ ଜାତୀୟ କଂଗ୍ରେସ ଦ୍ୱାରା ମୁସଲିମ୍ ତୁଷ୍ଟୀକରଣରେ ପରିଣତ ହୋଇଥିଲା, ତାହା ହିଁ ହିନ୍ଦୁମାନଙ୍କୁ ଏକତ୍ର କରି ପ୍ରଥମେ ହିନ୍ଦୁ ମହାସଭା, ତା'ପରେ ସାବରକର ଏବଂ ପରିଶେଷରେ ରାଷ୍ଟ୍ରୀୟ ସ୍ୱୟଂ ସେବକ ସଂଘ ପରି ଅନୁଷ୍ଠାନ ଗଢିବାରେ ସହାୟକ ହେଲା।

ବିନାୟକ ଦାମୋଦର ସାବରକରଙ୍କ ଆଗମନ ଏବଂ ସାବରକର ସମର୍ଥକଙ୍କ ହିନ୍ଦୁ ମହାସଭା

ଭାରତୀୟ ଜାତୀୟତାର କାହାଣୀକୁ ବୁଝିବା ପାଇଁ ସାବରକରଙ୍କୁ ବୁଝିବା ଅତ୍ୟନ୍ତ ଗୁରୁତ୍ୱପୂର୍ଣ୍ଣ। ଭାରତର ସ୍ୱାଧୀନତା ପରେ ନେହେରୁ ଓ ଗାନ୍ଧୀଙ୍କୁ ଭାରତୀୟ ଜାତୀୟ ହିରୋ ଭାବେ ପ୍ରତିଷ୍ଠା ଦେବାର କଷ୍ଟକର ଉଦ୍ୟମରେ ବାମପନ୍ଥୀ ଐତିହାସିକମାନେ ଅନେକ ଗୁରୁତ୍ୱପୂର୍ଣ୍ଣ ଜାତୀୟ ଚରିତ୍ରଙ୍କୁ ଅସମ୍ମାନ କରିଛନ୍ତି ଏବଂ ସାବରକର ସେମାନଙ୍କ ମଧ୍ୟରୁ ଅନ୍ୟତମ। ଏସବୁ ଏତେ ବେଶି ହୋଇଥିଲା ଯେ ଆଜି କଂଗ୍ରେସର ଅବିଚ୍ଛେଦ୍ୟ ଅଙ୍ଗ ରାହୁଲ ଗାନ୍ଧୀ ସାବରକରଙ୍କୁ ଭୀରୁ କହୁଛନ୍ତି - ଧନ୍ୟ କହିବ ରାହୁଲଙ୍କ ରାଜନୈତିକ ଆଦର୍ଶ ବା ଅଜ୍ଞତାକୁ! ଭାରତର ଜାତୀୟତା ଉପରେ ସମସାମୟିକ ବିତର୍କର ଭାଷା ବୁଝିବାକୁ ହେଲେ ଜଣକୁ ସାବରକରଙ୍କ ଭାରତ ସମ୍ବନ୍ଧୀୟ ଧାରଣା, ତାଙ୍କର ହିନ୍ଦୁ ରାଷ୍ଟ୍ର ସମ୍ବନ୍ଧୀୟ ଧାରଣା, ବ୍ରିଟିଶଙ୍କ ବିରୁଦ୍ଧରେ ତାଙ୍କ କାର୍ଯ୍ୟାବଳୀ ଏବଂ ଭାରତରେ ଜାତି ବିଲୋପ ଦିଗରେ ସେ କରିଥିବା କାମକୁ ବୁଝିବା ଅତ୍ୟନ୍ତ ଗୁରୁତ୍ୱପୂର୍ଣ୍ଣ।

ସାବରକରଙ୍କ ପରି ଏକାଧାରରେ ଜଣେ ଓକିଲ, କବି, ଲେଖକ, ନାଟ୍ୟକାର, ସ୍ୱାଧୀନତା ସଂଗ୍ରାମୀ ଏବଂ ରାଜନୀତିଜ୍ଞଙ୍କ ସମ୍ବନ୍ଧରେ ଆଲୋଚନା ନ କରି ସେ ଅବଧିକୁ ବୁଝିବା ସମ୍ଭବ ନୁହେଁ। ଜାନୁଆରୀ ୧୯୦୨ରେ ସାବରକର ଫର୍ଗୁସନ କଲେଜ୍, ପୁନାଠାରେ ଯୋଗଦେଲେ। ତାଙ୍କର ବହୁମୂଲ୍ୟ ଲେଖା ଏବଂ ତୀକ୍ଷ୍ଣ ବକ୍ତୃତାର ଦକ୍ଷତା ଯୋଗୁ ସେ ଖୁବ ଶୀଘ୍ର ବିପ୍ଳବୀ ଛାତ୍ରମାନଙ୍କ ମଧ୍ୟରେ ଜଣେ ମୌଳିକ ନେତାରୂପେ ଉଭା ହେଲେ। ହସ୍ତଲିଖିତ ଆର୍ଯ୍ୟନ୍ ସାପ୍ତାହିକୀରେ ତାଙ୍କ ଆଲେଖ୍ୟ ହେଉ, ଏକ ଜାତିର ବିବର୍ତ୍ତନ ପର୍ଯ୍ୟାୟରେ ତାଙ୍କ ପ୍ରବନ୍ଧ ସପ୍ତପଦୀ ହେଉ କିମ୍ବା ରାମାୟଣ ଉପରେ ତାଙ୍କର ପ୍ରବନ୍ଧ ହେଉ, ସମସ୍ତ ପ୍ରାଧ୍ୟାପକ ଏବଂ ସହପାଠୀମାନଙ୍କୁ ତାହା ଉତ୍ସାହ ଯୋଗାଉଥିଲା। ସେ ଅନେକ ସମୟରେ ଅନ୍ୟ ଦେଶ ଯଥା ଇଟାଲି, ନେଦରଲାଣ୍ଡ ଏବଂ ଯୁକ୍ତରାଷ୍ଟ୍ର ଆମେରିକାର ସ୍ୱାଧୀନତା ସଂଗ୍ରାମ ସମ୍ବନ୍ଧରେ ଉଚ୍ଚ କୋଟିର ଗବେଷଣାତ୍ମକ ବକ୍ତୃତା ଦେଉଥିଲେ। ଏହି ଦେଶଗୁଡିକ ନିଜ ସ୍ୱାଧୀନତା ଫେରିପାଇବାକୁ କିପରି ଚାପ ଓ ସଂଘର୍ଷ ସହିଥିଲେ, ସେ ସମ୍ବନ୍ଧରେ ସାବରକର ନିଜ ସହକର୍ମୀମାନଙ୍କୁ ଶିକ୍ଷା ଦେଉଥିଲେ। ନିଜ ସ୍ପଷ୍ଟବାଦିତା ଏବଂ ସଚ୍ଚୋଟତା ପାଇଁ ଜଣାଶୁଣା ତିଳକଙ୍କ ସହ ଲୋକେ ସାବରକରଙ୍କ ତୁଳନା ଆରମ୍ଭ କଲେ।[୧୦୭]

ସାମ୍ପ୍ରଦାୟିକତା ଆଧାରରେ ବଙ୍ଗଭଙ୍ଗ ଦେଶରେ ଥିବା ସୁପ୍ତ ଜାତୀୟତା ଏବଂ ସାମ୍ପ୍ରଦାୟିକ ଶକ୍ତିକୁ ବାହାରକୁ ନେଇଆସିଲା। ବଙ୍ଗ ବିଭାଜନକୁ ହିନ୍ଦୁମାନେ ବିରୋଧ

କଲେ ଏବଂ ମୁସଲିମ୍‌ମାନେ ସମର୍ଥନ ଦେଲେ। ତିଲକଙ୍କ ଉଦ୍ୟମ ବଙ୍ଗ ଘଟଣାକୁ ଜାତୀୟ ସ୍ତରକୁ ଉଠାଇଥିଲା ଏବଂ ଏହା ଏକ ସର୍ବଭାରତୀୟ ଆଦୃତି ପାଇଲା। ସେତେବେଳକୁ ପୁନାର ସାମାଜିକ ରାଜନୈତିକ ସମାବେଶରେ ସାବରକର ଜଣେ ପ୍ରତିଷ୍ଠିତ ବ୍ୟକ୍ତି ହୋଇସାରିଥିଲେ।[୧୦୮] ସାବରକର ଏବଂ ତାଙ୍କ ସାଥୀମାନେ ସବୁ ଇଂରେଜ ଦ୍ରବ୍ୟ ବର୍ଜନ ଏବଂ ବିଦେଶୀ ଜିନିଷ କିଣିବାରୁ ନିବୃତ୍ତ ରହିବାକୁ ସମସ୍ତଙ୍କୁ ପ୍ରବର୍ତ୍ତାଉଥିଲେ।[୧୦୯] ନଭେମ୍ବର ୧୯୦୫ରେ ତିଲକଙ୍କ ଆଶୀର୍ବାଦରେ ସାବରକର ଭାରତର ପ୍ରଥମ ବିଦେଶୀ ବସ୍ତ୍ର ପୋଡା ଆୟୋଜନ କଲେ। ଏହି ଖବର ଦେଶ ସାରା ଏବଂ ବାହାରେ ମଧ୍ୟ ବ୍ୟାପିଗଲା। ଫର୍ଗୁସନ କଲେଜ୍ ସାବରକରଙ୍କ ଉପରେ ୧୦ ଟଙ୍କା ଜରିମାନା ଲଗାଇଲେ ଏବଂ ତାଙ୍କୁ ମହାବିଦ୍ୟାଳୟ ବାସଭବନରୁ ବହିଷ୍କାର କଲେ। ରାତାରାତି ସାବରକର ବିଦ୍ରୋହୀମାନଙ୍କର ଆଦର୍ଶ ପ୍ରତିମୂର୍ତ୍ତି ପାଲଟିଗଲେ। ରାଜନୈତିକ କାରଣରୁ ଏକ ସରକାରୀ ଅନୁଦାନପ୍ରାପ୍ତ ମହାବିଦ୍ୟାଳୟରୁ ବହିଷ୍କୃତ ହୋଇଥିବା ପ୍ରଥମ ଭାରତୀୟ ଛାତ୍ର ଥିଲେ ସାବରକର। ଅନେକ ଜାତୀୟତାବାଦୀ ନେତା ଯଥା ତିଲକ ଏବଂ ଦେଶପ୍ରେମୀ ସମ୍ବାଦପତ୍ରଗୁଡ଼ିକ ଫର୍ଗୁସନ୍ ମହାବିଦ୍ୟାଳୟର ଏପରି କାର୍ଯ୍ୟକୁ ଘୋର ନିନ୍ଦାକଲେ। ଅନେକ ଦୂରରେ ଦକ୍ଷିଣ ଆଫ୍ରିକାରେ ଥାଇ ଗାନ୍ଧୀ ସାବରକରଙ୍କ ବିଦେଶୀ ବସ୍ତ୍ର ପୋଡା କାର୍ଯ୍ୟକ୍ରମକୁ ନିନ୍ଦା କରିଥିଲେ କାରଣ ସେ ବିଶ୍ୱାସ କରୁଥିଲେ ଯେ ବର୍ଜନର ମୂଳରେ ଘୃଣା ଏବଂ ହିଂସା ଥାଏ। ଯାହାହେଉ ୧୯୦୮ରେ ନିଜେ ଗାନ୍ଧୀ ସାବରକରଙ୍କ ବର୍ଜନତତ୍ତ୍ୱକୁ ଅନୁସରଣ କରି ଜୋହାନସବର୍ଗର ହମିଦିଆ ମସଜିଦ୍ ପଡିଆରେ ୨ ହଜାର ସାର୍ଟିଫିକେଟ୍ ପୋଡିବାରେ ଜନସାଧାରଣଙ୍କ ନେତୃତ୍ୱ ନେଇଥିଲେ। ପରବର୍ତ୍ତୀ ବର୍ଷଗୁଡିକରେ ରଣନୀତି ହିସାବରେ 'ସ୍ୱଦେଶୀ' ଗାନ୍ଧୀଙ୍କ କାର୍ଯ୍ୟର ଧ୍ୟାନକେନ୍ଦ୍ର ହେଲା ଏବଂ ସେ ଏହାକୁ ସ୍ୱରାଜର ଆତ୍ମା ରୂପେ ବର୍ଣ୍ଣନା କଲେ। ଗାନ୍ଧୀଙ୍କ ପାଇଁ 'ସ୍ୱଦେଶୀ' ଥିଲା ବ୍ରିଟିଶ ଦ୍ରବ୍ୟ ବର୍ଜନ ଏବଂ ଘରୋଇ ଉତ୍ପାଦର ପୁନର୍ଜୀବନ ଓ ଉତ୍ପାଦନ।

ଶ୍ୟାମଜୀ କୃଷ୍ଣ ବର୍ମାଙ୍କ ଦ୍ୱାରା ଦିଆଯାଉଥିବା ଶିବାଜୀ ବୃତ୍ତିର ସହାୟତାରେ ଲଣ୍ଡନର ଗ୍ରେ ଇନ୍ କଲେଜରେ ଆଇନ୍ ଅଧ୍ୟୟନ ପାଇଁ ୧୯୦୬ ଜୁନ୍‌ରେ ସାବରକର ଭାରତ ଛାଡିଲେ। ପଣ୍ଡିତ ଶ୍ୟାମଜୀ ଭାରତର ମେଧାବୀ ଛାତ୍ରଙ୍କ ରହିବା ପାଇଁ ଲଣ୍ଡନର ହାଇଗେଟ୍‌ଠାରେ ଇଣ୍ଡିଆ ହାଉସ୍ ପ୍ରତିଷ୍ଠା କରିଥିଲେ। ଅତି ଶୀଘ୍ର ସାବରକର ଇଣ୍ଡିଆ ହାଉସ୍‌ର କେନ୍ଦ୍ରବିନ୍ଦୁ ପାଲଟିଗଲେ। ଭାରତରେ ବିଦ୍ରୋହ ଚିନ୍ତାଧାରା ଥିବା ଯୁବଶକ୍ତି ପାଇଁ ସାବରକର ମିତ୍ରମେଳା ଏବଂ ଅଭିନବ ଭାରତ ସମାଜ ଗଢିଥିଲେ ଏବଂ ଲଣ୍ଡନଠାରେ ସେ 'ଫ୍ରି ଇଣ୍ଡିଆ ସୋସାଇଟି' ଗଢିଲେ।

ସାବରକରଙ୍କ ଲଣ୍ଡନ ରହଣିର ୬ ମାସ ମଧ୍ୟରେ ସେ ମାଜିନିଙ୍କ ଆତ୍ମଜୀବନୀକୁ ମରାଠିରେ ଅନୁବାଦ କଲେ। ଇଟାଲିର ସ୍ୱାଧୀନତା ଏବଂ ଏକତ୍ରୀକରଣ ପାଇଁ ସଂଗ୍ରାମ କରିଥିବା ମାଜିନିଙ୍କୁ ସାବରକର ଆଦରର ସହ ଗ୍ରହଣ କରିଥିଲେ ଏବଂ ଭାରତରେ ବ୍ରିଟିଶଙ୍କ ପ୍ରତିରୋଧକୁ ଉତ୍ସାହ ଦେବାପାଇଁ ମାଜିନିଙ୍କ ଆତ୍ମଜୀବନୀକୁ ଅନୁବାଦ କରିବାର ଦାୟିତ୍ୱ ନେଇଥିଲେ। ମରାଠି ପାଣ୍ଡୁଲିପିଟି ଭାରତ ଆସିଲା ଏବଂ ସାବରକରଙ୍କ ଭାଇ ବାବାରାଓ ସାବରକର ଏହାକୁ ପ୍ରକାଶିତ କଲେ। ଏହି ପୁସ୍ତକ ଭାରତୀୟ ସ୍ୱାଧୀନତା ଆନ୍ଦୋଳନ ଉପରେ ଗଭୀର ପ୍ରଭାବ ପକାଇଥିଲା। ଲାଲା ଲଜପତ ରାୟଙ୍କଠୁ ସୁରେନ୍ଦ୍ର ନାଥ ବାନାର୍ଜୀଙ୍କ ପର୍ଯ୍ୟନ୍ତ ସାରା ଦେଶର ସ୍ୱାଧୀନତା ଆନ୍ଦୋଳନକାରୀମାନେ ନିଜ ବକ୍ତବ୍ୟରେ ମାଜିନିଙ୍କ ଚିନ୍ତାଧାରାକୁ ସାମିଲ୍ କଲେ। ଏହା ଏକ ଜାତୀୟତାବାଦୀ ପାଠ୍ୟପୁସ୍ତକ ବୋଲି ଅନେକଙ୍କ ଦ୍ୱାରା ବର୍ଣ୍ଣିତ ହେଲା। ସାବରକରଙ୍କ ଦ୍ୱାରା ଲିଖିତ ମୁଖବନ୍ଧ ଏବଂ ଭାରତୀୟ ପ୍ରସଙ୍ଗରେ ଏହାର ପ୍ରାସଙ୍ଗିକତା ଯୋଗୁ ପୁସ୍ତକଟି ବହୁତ ଲୋକପ୍ରିୟ ହୋଇଥିଲା। ଏହି ଅନୁବାଦ ପୁସ୍ତକଟି ବ୍ରିଟିଶ ଡ୍ରାକୋନିୟାନ ଆକ୍ଟ ୧୯୦୯ ମାଧ୍ୟମରେ ପ୍ରଥମ ବହିରୂପେ ନିଷେଧ ହୋଇଥିଲା। କିନ୍ତୁ ବିପ୍ଳବୀମାନଙ୍କ ନେଟୱର୍କ ଦ୍ୱାରା ଯୁବ ଶକ୍ତିଙ୍କ ପାଖରେ ବହିଟି ବିତରିତ ହୋଇଥିଲା।[୧୧୦]

ଅନେକ ବାମପନ୍ଥୀ ଐତିହାସିକ ସାବରକରଙ୍କ ବିଦ୍ରୋହୀ ଚିନ୍ତାଧାରାକୁ ପାଶ୍ଚାତ୍ୟ ଏବଂ ଫାସିଷ୍ଟ ବୋଲି କହିଛନ୍ତି। ସେମାନେ ଭୁଲିଯାଆନ୍ତି ଯେ ସାବରକର ତାଙ୍କ ଭାଷଣରେ ଅନେକ ସମୟରେ ମୋଗଲ୍ ସମ୍ରାଟ୍‌ମାନଙ୍କ ବିରୁଦ୍ଧରେ ଶିବାଜୀଙ୍କ ସାହସ ଓ ତେଜ ବିଷୟରେ ଉଲ୍ଲେଖ କରିଛନ୍ତି। ବାମପନ୍ଥୀ ଐତିହାସିକମାନେ ଏକଥା ମଧ୍ୟ ଉଲ୍ଲେଖ କରିବାକୁ ଭୁଲିଯାଆନ୍ତି ଯେ ଅନ୍ୟ ଜଣେ ଭାରତୀୟ ନେତା, ସ୍ୱାଧୀନ ଭାରତର ପ୍ରଥମ ପ୍ରଧାନମନ୍ତ୍ରୀ ଜବାହରଲାଲ୍ ନେହେରୁ ମଧ୍ୟ ଇଟାଲିର ଜାତୀୟତାବାଦୀ ନେତା ମାଜିନି ଏବଂ ଗ୍ୟାରି ବଲଡିଙ୍କ ଦ୍ୱାରା ପ୍ରଭାବିତ ହୋଇଥିଲେ। ନେହେରୁ ତାଙ୍କର କିଛି ନିର୍ଦ୍ଦିଷ୍ଟ ଲେଖାରେ ଲେଖିଛନ୍ତି ଯେ ମାଜିନି ଏବଂ ଗ୍ୟାରି ବଲଡି ଭାରତର ମୁକ୍ତି ପାଇଁ ପଥ ଦେଖାଇଛନ୍ତି। ମାଜିନି ଏବଂ ଗାନ୍ଧିଜୀଙ୍କ ରାଜନୈତିକ ବିଚାରର ଏକ ତୁଳନାତ୍ମକ ଅଧ୍ୟୟନରୁ ଜଣାଯାଏ ଯେ, '୧୮୩୪ରେ ମାଜିନିଙ୍କ ଯୁବ ୟୁରୋପ ଏବଂ ଯୁବ ଇଟାଲି ଗାନ୍ଧିଜୀଙ୍କୁ ଭାରତରେ ଯୁବ ଭାରତ ଆନ୍ଦୋଳନ ଆରମ୍ଭ କରିବାକୁ ପ୍ରେରିତ କରିଥିଲା।

ଇଟାଲିର ବୈପ୍ଳବିକ ଆନ୍ଦୋଳନରୁ ପ୍ରେରଣା ପାଇବାପରେ ସାବରକର ୧୮୫୭ର ମହାନ୍ ଯୋଦ୍ଧାମାନଙ୍କୁ ଭାରତୀୟ ବୀରମାନଙ୍କ ଜୀବନ ଓ କାର୍ଯ୍ୟ ମାଧ୍ୟମରେ ଆହ୍ୱାନ କଲେ। ସେ ଭାରତ କାର୍ଯ୍ୟାଳୟର ପାଠାଗାରରେ ଉପଲବ୍ଧ ସମସ୍ତ

ପୁସ୍ତକ, ଗଦାଗଦା ମୂଳ ଚିଠି, ଗୋପନୀୟ ଦଲିଲ, ଗୁପ୍ତ ସଂସଦୀୟ କାଗଜପତ୍ର ଏବଂ ସାମରିକ ତଥ୍ୟ ପ୍ରେରଣାର ସମ୍ପୂର୍ଣ୍ଣ ବିବରଣୀ ପଢିଲେ। ଏପ୍ରିଲ୍ ୧୯୦୮ରେ ସାବରକର 'ଦି ଇଣ୍ଡିଆନ୍ ୱାର୍ ଅଫ୍ ଇଣ୍ଡିପେଣ୍ଡେନସ – ୧୮୫୭' ଲେଖିସାରି ନାସିକ୍‌ରେ ଥିବା ତାଙ୍କ ଭାଇ ବାବୁରାଓଙ୍କ ନିକଟକୁ ପାଣ୍ଡୁଲିପି ପଠାଇଲେ। ଏ ପୁସ୍ତକଟି ୧୮୫୭ର ସତ୍ୟକାହାଣୀ କହି ବିପ୍ଳବୀମାନଙ୍କୁ ପ୍ରେରଣା ଯୋଗାଇବ ଜାଣି ବ୍ରିଟିଶମାନେ ବହିଟିକୁ ଦେଶଦ୍ରୋହୀ ଭାବେ ବର୍ଣ୍ଣନା କଲେ ଓ ନିଷେଧ କଲେ। ବହିଟିଏ ପ୍ରକାଶ ପାଇବା ପୂର୍ବରୁ ନିଷେଧ ହେବାର ଏ ଘଟଣା ବୋଧହୁଏ ସମ୍ପୂର୍ଣ୍ଣ ସାହିତ୍ୟ ଜଗତର ଇତିହାସରେ ପ୍ରଥମ ଘଟଣା ଥିଲା। ତେବେ ୧୯୦୯ରେ ହଲାଣ୍ଡରେ ବହିଟିର ଇଂରାଜୀ ସଂସ୍କରଣ ପ୍ରକାଶ ପାଇବାପରେ ସାବରକର ବେଶ୍ ଖୁସି ହୋଇଥିଲେ। ଖୁବ୍‌ଶୀଘ୍ର ବହିଟି ସାରା ବିଶ୍ୱରେ ବ୍ୟାପିଗଲା। ଭାରତ, ଆମେରିକା, ଜାପାନ ଏବଂ ଚାଇନାରେ ବହିଟି ଛଦ୍ମ ମଲାଟରେ ପହଞ୍ଚିଲା ଏବଂ ସାରା ବିଶ୍ୱରେ ଏହା ସମ୍ବନ୍ଧରେ ଆଲୋଚନା ହେଲା। ଏହାର ଫରାସୀ ସଂସ୍କରଣ ୧୯୧୦ରେ ପ୍ରକାଶିତ ହେଲା ଏବଂ ଏହାର ମୁଖବନ୍ଧ ଲେଖିଥିବା ଫରାସୀ ସାମ୍ବାଦିକ ଓ ବିପ୍ଳବୀ ଇ. ପିରିଅନ୍ କହିଲେ ଯେ ବହିଟି ହିନ୍ଦୁ ଓ ମୁସଲମାନଙ୍କ ଏକତା ଉପରେ ଶିକ୍ଷା ଦିଏ ଏବଂ ଏହା ଦେଶ ପ୍ରେମର ନିୟମାବଳୀରେ ଭରପୂର।[୧୧୧] ଭଗତ ସିଂ ଏବଂ ତାଙ୍କ ସହଯୋଗୀମାନେ ଏହି ପୁସ୍ତକର ଏକ ସଂସ୍କରଣ ସେମାନଙ୍କ କାର୍ଯ୍ୟ ପାଇଁ ପାଣ୍ଠି ଯୋଗାଡ କରିବାକୁ କିଣିଲେ ଏବଂ ଏହାକୁ ବିପ୍ଳବୀମାନଙ୍କର ଗୀତା ବୋଲି ସମ୍ମାନ ଦେଲେ। ସବୁଠାରୁ ଗୁରୁତ୍ୱପୂର୍ଣ୍ଣ କଥାଟି ହେଲା ଏ ବହିଟି ନେତାଜୀ ସୁଭାଷ ବୋଷଙ୍କ ଦ୍ୱାରା ଆରମ୍ଭ ହୋଇଥିବା ଯୁଦ୍ଧ ଆହ୍ୱାନକୁ ମଧ୍ୟ ବହୁଳ ଭାବେ ପ୍ରଭାବିତ କରିଥିଲା। ବିଭିନ୍ନ ବାଟାଲିଅନ୍‌ର ନାମ ଯଥା ରାଣୀ ଝାନ୍‌ସୀ ରେଜିମେଣ୍ଟ୍, ଗୀତ, ସ୍ଲୋଗାନ୍ ଏବଂ ଇଣ୍ଡିଆନ୍ ନେସନାଲ ଆର୍ମି ଆଦି ଗଠନ ସାବରକରଙ୍କ ଏହି ନିଷିଦ୍ଧ ପୁସ୍ତକରୁ ପ୍ରେରଣା ପାଇ ହୋଇଥିଲା। ସାବରକରଙ୍କ ଇଣ୍ଡିଆ ହାଉସ୍ ରହଣି ସମ୍ପର୍କରେ କହିବାକୁ ଯାଇ ଆସଫ ଅଲ୍ଲୀ ତାଙ୍କ ସାବରକରଙ୍କ ସ୍ମୃତିରେ କହନ୍ତି– " ମୁଁ ଆଶ୍ଚର୍ଯ୍ୟ ହୁଏ କିପରି ଜଣେ ଏତେ କମ୍ ବୟସର ଯୁବକ – ୧୯୦୯ରେ ସାବରକରଙ୍କ ବୟସ ୨୩/୨୪ ହୋଇଥିବ – ତାଙ୍କ ସଂସ୍ପର୍ଶରେ ଆସୁଥିବା ସମସ୍ତଙ୍କ ଇଚ୍ଛା ଉପରେ ବିଜୟ ପାଇପାରନ୍ତି - ସାବରକର ନିଶ୍ଚିତଭାବେ ଶିବାଜୀ ମହାରାଜଙ୍କ ଆତ୍ମା ଥିଲେ" ।

୧୯୦୫ରେ ଶ୍ୟାମଜୀ କୃଷ୍ଣ ବର୍ମାଙ୍କ ଇଣ୍ଡିଆ ହାଉସ୍ ପ୍ରତିଷ୍ଠାର ବର୍ଷକ ପରେ ମଦନ ଲାଲ୍ ଢିଙ୍ଗରା ଲଣ୍ଡନରେ ପହଞ୍ଚିଲେ। ଢିଙ୍ଗରା ସାବରକର ଓ ଶ୍ୟାମଜୀ ବର୍ମାଙ୍କ ସହ ସାକ୍ଷାତ୍ କଲେ ଏବଂ ଦୁହେଁଯାକ ଢିଙ୍ଗରାଙ୍କ ଦୃଢ ଏବଂ ତୀବ୍ର ଦେଶପ୍ରେମରେ

ଅଭିଭୂତ ହେଲେ। ସାବରକର ସଶସ୍ତ୍ର ବିପ୍ଳବରେ ବିଶ୍ୱାସ ରଖୁଥିଲେ ଏବଂ ଢିଙ୍ଗରା ଓ ଅନ୍ୟମାନଙ୍କୁ ମଧ୍ୟ ଏ ପାଇଁ ପ୍ରେରିତ କଲେ। ବ୍ରିଟିଶରାଜରେ ସାର୍ ଉଇଲିୟମ କର୍ଜନ ଉଇଲିଙ୍କ ଦ୍ୱାରା ଭାରତୀୟମାନଙ୍କ ପ୍ରତି ହୋଇଥିବା ଅତ୍ୟନ୍ତ ଘୃଣ୍ୟ ଅତ୍ୟାଚାରର ପ୍ରତିଶୋଧ ନେବାକୁ ୧ ଜୁଲାଇ ୧୯୦୯ରେ ମଦନଲାଲ୍ ଢିଙ୍ଗରା ତାଙ୍କୁ ଗୁଳି କରି ହତ୍ୟା କଲେ। ବିଭିନ୍ନ ଆଡୁ ପ୍ରତିକ୍ରିୟା ଆସିଲା। ସାର୍ ଆଗା ଖାଁ ଏବଂ ଅନ୍ୟମାନଙ୍କ ପରି ବ୍ରିଟିଶମାନଙ୍କ ପ୍ରଭୁଭକ୍ତ ଢିଙ୍ଗରାଙ୍କ ଦ୍ୱାରା କରାଯାଇଥିବା ହିଂସାକାଣ୍ଡର ସରକାରୀଭାବେ ନିନ୍ଦା କରିବାକୁ ଲଣ୍ଡନଠାରେ ଏକତ୍ରିତ ହେଲେ। ଯଦିଓ ସାବରକର ସର୍ବସମ୍ମତିକ୍ରମେ ଏହି ନିନ୍ଦା ପ୍ରସ୍ତାବ ପାରିତ କରିବାର ଯୋଜନାକୁ ଭଣ୍ଡୁର କରିଦେଲେ, ଏହି ଭାରତୀୟ ଦଳ ଭାରତରେ ହେଉଥିବା ବ୍ରିଟିଶମାନଙ୍କ ଅତ୍ୟାଚାରକୁ ନିନ୍ଦା କରିବାକୁ କେବେବି ଏକତ୍ରିତ ହୋଇ ନ ଥିଲେ। ଆଜି ଯେତେବେଳେ କଶ୍ମୀରରେ ସେନା ଉପରେ ପଥର ମାଡରେ ଚୁପ୍ ରହି ଅଫଜଲ ଗୁରୁ ପରି ଆତଙ୍କବାଦୀଙ୍କୁ ଫାଶୀ ଦେବା ବିରୁଦ୍ଧରେ ଦଳବଦ୍ଧ ହୋଇ ବାମପନ୍ଥୀ ବୁଦ୍ଧିଜୀବୀ ଏବଂ କାର୍ଯ୍ୟକର୍ତ୍ତାମାନେ ସର୍ବୋଚ୍ଚ ନ୍ୟାୟାଳୟକୁ ଯାଉଛନ୍ତି, ମୁଁ ସେମାନଙ୍କ ଭିତରେ ସମାନ ଧରଣର ପ୍ରବୃତ୍ତି ଦେଖିପାରୁଛି।

୧୭ ଅଗଷ୍ଟ ୧୯୦୯ରେ ଢିଙ୍ଗରା ମୃତ୍ୟୁଦଣ୍ଡ ପାଇଲେ ଏବଂ ତାଙ୍କ ଶେଷ କଥା ଥିଲା, "ମୁଁ ପୁଣି ଥରେ ସେହି ମାତୃଭୂମିରେ ଜନ୍ମ ହୋଇ ସମାନ ପ୍ରକାରର ମୃତ୍ୟୁ ପାଇବାର ଆଶା ପୋଷଣ କରୁଛି।" ସାବରକରଙ୍କ ଜୀବନୀରେ ଧନଞ୍ଜୟ କୀର୍ ଲେଖିଛନ୍ତି ଯେ ଏହି ଘଟଣା ଲଣ୍ଡନର ମଞ୍ଜି ଥରାଇ ଦେଇଥିଲା, ସତେ ଯେମିତି ଏକ ଅସାଧରଣ ଲୌହଦଣ୍ଡ ପୂରା ଲଣ୍ଡନକୁ ଓଲଟପାଲଟ କରିଦେଇଥିଲା। ଦୁର୍ଭାଗ୍ୟବଶତଃ ଆଜି ବି ରାସ୍ତାରେ ଗଲାବେଳେ ଆମେ ଦେଖୁ ଯେ ଅସଂଖ୍ୟ ରାସ୍ତା ଓ କୋଠାବାଡି ସେହି ଇସଲାମିକ୍ ଏବଂ ବ୍ରିଟିଶ ଆକ୍ରମଣକାରୀଙ୍କ ନାମରେ ନାମିତ, ଯେଉଁମାନଙ୍କ ବିରୋଧରେ ସଂଗ୍ରାମ କରି ଆମର ବିପ୍ଳବୀ ଏବଂ ସ୍ୱାଧୀନତା ସଂଗ୍ରାମୀମାନେ ଆତ୍ମବଳୀ ଦେଇଥିଲେ।

ଇଂଲଣ୍ଡରେ ଭାରତୀୟ ବିପ୍ଳବୀମାନଙ୍କୁ ଅକୁଣ୍ଠ ସମର୍ଥନ ଯୋଗାଇଥିବା ଶ୍ୟାମଜୀ କୃଷ୍ଣାଙ୍କ ପରି ଲୋକମାନେ ସ୍ୱାଧୀନତା ପରବର୍ତ୍ତୀ ଭାରତୀୟ ବ୍ୟାଖ୍ୟାନରେ ପ୍ରାୟତଃ ବିସ୍ମୃତ। ୨୦୦୩ ମସିହାରେ ତତ୍କାଳୀନ ଗୁଜରାଟର ମୁଖ୍ୟମନ୍ତ୍ରୀ ଶ୍ରୀ ନରେନ୍ଦ୍ର ମୋଦି ଶ୍ୟାମଜୀ କ୍ରିଷ୍ଣାଙ୍କ ଭସ୍ମାବଶେଷକୁ ଭାରତକୁ ଆଣିଲେ। ବ୍ରିଟିଶ ଉପନିବେଶ ସାମ୍ରାଜ୍ୟ ବିରୋଧରେ କାର୍ଯ୍ୟ କରୁଥିବାରୁ ଶ୍ୟାମଜୀ କୃଷ୍ଣାଙ୍କୁ ବ୍ରିଟିଶ୍ ଓକିଲ ସଂଘ ଓକିଲାତି ପାଇଁ ବାରଣ କରିଥିଲେ। ଭାରତର ପ୍ରଧାନମନ୍ତ୍ରୀ ହେବାପରେ ମୋଦି ସରକାର ବ୍ରିଟିଶ୍ ସରକାରଙ୍କ ସହ ବାର୍ତ୍ତାଳାପ କରି ଏବଂ ବାରମ୍ବାର ଚେଷ୍ଟାକରି ଡିସେମ୍ବର ୨୦୧୫ରେ

ପୁନଃସ୍ଥାପନ ପ୍ରମାଣପତ୍ର ଆଣିଲେ। ଏହି ପ୍ରମାଣପତ୍ର ବର୍ତ୍ତମାନ ବର୍ମାଙ୍କ ନିଜ ସହର ମାଣ୍ଡବୀ, ଗୁଜରାଟଠାରେ ଶ୍ୟାମଜୀ କ୍ରିଷ୍ଣା ବର୍ମା ସ୍ମୃତିସ୍ଥଳ "କ୍ରାନ୍ତି ତୀର୍ଥ"ଠାରେ ରଖାଯାଇଛି।[୧୧୨]

ସାବରକରଙ୍କ ଦଳ ଦ୍ୱାରା ବିଶ୍ୱମଞ୍ଚରେ ଭାରତୀୟ ସ୍ୱାଧୀନତାର ପ୍ରଥମ ପତାକା ଉନ୍ମୋଚନ

ବିଶ୍ୱସ୍ତରରେ ଭାରତର ସ୍ୱାଧୀନତା କାହାଣୀକୁ ଅଧିକ ଦୃଢ଼ ଓ ପ୍ରତିଷ୍ଠା କରିବା ପାଇଁ ଅଗଷ୍ଟ ୧୯୦୭ରେ ସାବରକର, ମାଡାମ୍ କାମା ଏବଂ ସର୍ଦ୍ଦାର ସିଂ ରାଣାଙ୍କୁ ଜର୍ମାନୀର ଷ୍ଟର୍ଟଗାଟରେ ଚାଲିଥିବା ଅନ୍ତର୍ଜାତୀୟ ସମାଜବାଦୀ କଂଗ୍ରେସରେ ଭାରତର ପ୍ରତିନିଧିତ୍ୱ କରିବାକୁ ପଠାଇଥିଲେ। କିଛି ପ୍ରମୁଖ ବିରୋଧ ସତ୍ତ୍ୱେ, ଭିକାଜୀ ରୁସ୍ତମ କାମା ଭାରତରେ ସଂକଳ୍ପ ପାରିତ କରାଇ ଭାରତୀୟ ସ୍ୱାଧୀନତାର ପତାକା ପ୍ରଥମଥର ପାଇଁ ବିଶ୍ୱସ୍ତରରେ ଉନ୍ମୋଚନ କଲେ। ବ୍ରିଟିଶ ପ୍ରତିନିଧିମାନେ ଏହି ପ୍ରକ୍ରିୟାକୁ ପ୍ରକ୍ରିୟାଗତ ଭିତ୍ତିରେ ଗ୍ରହଣ କରିବାକୁ ନାରାଜ ହେଲେ, କିନ୍ତୁ କାମାଙ୍କୁ ଭାଷଣ ଦେବାକୁ ଅନୁମତି ମିଳିଲା, ଯେଉଁଥିରେ ସେ କହିଲେ "ଏହା ହେଉଛି ଭାରତର ସ୍ୱାଧୀନତାର ପତାକା। ଆହା ଏହା ଜନ୍ମ ନେଲା! ଯୁବ ଭାରତୀୟ ସହିଦଙ୍କ ରକ୍ତ ଦ୍ୱାରା ଏହା ପବିତ୍ର ହୋଇସାରିଥିଲା, ଭଦ୍ରବ୍ୟକ୍ତିଗଣ ! ମୁଁ ଆପଣମାନଙ୍କୁ ଆହ୍ୱାନ କରୁଛି ଯେ ଆପଣମାନେ ଠିଆ ହୋଇ ଭାରତୀୟ ସ୍ୱାଧୀନତାର ପତାକାକୁ ଅଭିବାଦନ କରନ୍ତୁ। ଏହି ପତାକାର ନାମରେ ମୁଁ ସାରା ପୃଥିବୀର ସ୍ୱାଧୀନତାପ୍ରେମୀଙ୍କୁ ଆବେଦନ କରୁଛି ଯେ ଏହି ପତାକା ସହ ସହଯୋଗ କରି ମାନବ ଜାତିର ଏକ ପଞ୍ଚମାଂଶର ମୁକ୍ତି ସଂଗ୍ରାମରେ ସହାୟତା କରନ୍ତୁ।"[୧୧୩] ସାରା ପୃଥିବୀର ପ୍ରତିନିଧିମାନେ ଠିଆ ହୋଇ ଭାରତୀୟ ପତାକାକୁ ଅଭିବାଦନ ଜଣାଇଲେ। ଆନ୍ତର୍ଜାତିକ ସମାଜବାଦୀ କଂଗ୍ରେସର ସଭାପତି ହରସିଙ୍ଗର ଘୋଷଣା କଲେ ଯେ ଏହି ସଂକଳ୍ପର ଆତ୍ମା ଆନ୍ତର୍ଜାତିକ କଂଗ୍ରେସ ବ୍ୟୁରୋ ଦ୍ୱାରା ଗ୍ରହଣ କରାଗଲା।

ମାଡାମ କାମାଙ୍କ ପତାକାଟି ସାବରକର, ଶ୍ୟାମଜୀ ଏବଂ କାମାଙ୍କ ଦ୍ୱାରା ତିଆରି ହୋଇଥିଲା।[୧୧୪] ସବୁଜ, ହଳଦିଆ ଏବଂ ଲାଲ୍‌ରଙ୍ଗ ଯଥାକ୍ରମେ ଇସଲାମ, ହିନ୍ଦୁତ୍ୱ ଏବଂ ବୌଦ୍ଧମାନଙ୍କର ପ୍ରତିନିଧିତ୍ୱ କରୁଥିଲା। ପୁନଶ୍ଚ ଚନ୍ଦ୍ର ଏବଂ ସୂର୍ଯ୍ୟ ଇସଲାମ ଓ ହିନ୍ଦୁ ଧର୍ମର ପ୍ରତିନିଧିତ୍ୱ କରୁଥିଲା। ଏହା ମନେ ରଖିବା ଗୁରୁତ୍ୱପୂର୍ଣ୍ଣ ଯେ ଏଯାଏ ହିନ୍ଦୁ ମୁସଲିମ ଏକତା ସାବରକରଙ୍କ ଚିନ୍ତାଧାରାର କେନ୍ଦ୍ରବିନ୍ଦୁ ଥିଲା। ସବା ଉପର ଧାଡିରେ ଥିବା ୮ଟି ପଦ୍ମ ବ୍ରିଟିଶ ଶାସିତ ଭାରତର ୮ଟି ପ୍ରଦେଶର ପ୍ରତିନିଧିତ୍ୱ କରୁଥିଲେ।

ମଝିରେ ଥିବା ଲେଖାଟି ଦେବନାଗରୀରେ ବନ୍ଦେ ମାତରମ୍ ଲେଖାଯାଇଥିଲା। ମାଡାମ କାମାଙ୍କ ଦ୍ୱାରା ଉତ୍ତୋଳିତ ହୋଇଥିବା ମୂଳ ପତାକାଟି ବର୍ତ୍ତମାନ କେଶରୀୱାଡା ସଂଗ୍ରହାଳୟ, ପୁନାଠାରେ ରଖାଯାଇଛି। ବିଡମ୍ୱନାଟି ହେଲା ସାବରକରଙ୍କୁ ଗଦ୍ଦାର ବା ବିଶ୍ୱାସଘାତକ କହୁଥିବା ଦଳ କଂଗ୍ରେସର ତତ୍କାଳୀନ ଅଧ୍ୟକ୍ଷା ସୋନିଆ ଗାନ୍ଧୀଙ୍କ ଦ୍ୱାରା ଜାନୁଆରୀ ୧୯୯୯ ରେ ଏହି ସଂଗ୍ରହାଳୟଟି ଉଦ୍‌ଘାଟିତ ହୋଇଥିଲା।

ଆଣ୍ଡାମାନ୍ ଜେଲ୍‌ରେ ସାବରକରଙ୍କ ଜୀବନ ଏବଂ ତାଙ୍କ ବିଚାର ଗଢ଼ିବାର ସମୟ

ଡିଙ୍ଗରା ସହିଦ୍ ହେବାପରେ ବ୍ରିଟିଶ୍ ସଂସ୍ଥାଗୁଡ଼ିକ ସାବରକର ଏବଂ ଇଣ୍ଡିଆ ହାଉସ୍ ଉପରେ ତାଙ୍କର କଡ଼ା ଦୃଷ୍ଟି ରଖିଲେ। ସାବରକରଙ୍କ ବଡଭାଇ ବାବାରାଓ ସେତେବେଳକୁ ଆଣ୍ଡାମାନ ଜେଲ୍‌ରେ ଥିଲେ। ତାଙ୍କ ଅନୁଗାମୀ, ବନ୍ଧୁବାନ୍ଧବ ଏବଂ ସହଯୋଗୀମାନଙ୍କୁ ଦୋଷୀ ସାବ୍ୟସ୍ତ କରି ନିର୍ଯାତନା ଦିଆଯାଉଥିଲା। ଭାଇସରୟ ଲର୍ଡ ମିଣ୍ଟୋଙ୍କ ଉପରେ ବିଫଳ ହତ୍ୟା ଉଦ୍ୟମ ଏବଂ ନାସିକର ବ୍ରିଟିଶ କଲେକ୍ଟର ଏଏମ୍‌ଟି ଜ୍ୟାକସନ୍‌ଙ୍କ ହତ୍ୟାପରେ ଭାରତରେ ଥିବା ବ୍ରିଟିଶ ଅଧିକାରୀମାନେ ଅତ୍ୟଧିକ ପରିଶ୍ରମ କରି ଏ ହତ୍ୟା ସହ ସାବରକରଙ୍କ ସମ୍ବନ୍ଧ ବିଷୟରେ ପ୍ରବଳ ଖୋଳତାଡ କରିଲେ ଏବଂ ସେମାନେ ସଫଳ ହେଲେ। ଜ୍ୟାକସନ୍ ହତ୍ୟା ମାମଲାରେ ଇଂରେଜମାନେ ପ୍ରମାଣିତ କଲେ ଯେ ଇଣ୍ଡିଆ ହାଉସ୍‌ର ପ୍ରାଣକେନ୍ଦ୍ର ଏବଂ ଅଭିନବ ଭାରତ ସମାଜର ନେତା ସାବରକର ଜ୍ୟାକସନ୍ ହତ୍ୟାରେ ବ୍ୟବହୃତ ବ୍ରାଉନିଂ ପିସ୍ତଲ୍‌ଟି ପଠାଇଥିଲେ। ବମ୍ବେର ରାଜ୍ୟପାଳ ଜର୍ଜ କ୍ଲାର୍କ ସାବରକରଙ୍କୁ ଦୋଷୀ ସାବ୍ୟସ୍ତ କରିବାକୁ ସ୍ଥିର କଲେ। କ୍ଲାର୍କ କହିଲେ ଭାରତରେ ଜନ୍ମିତ ବ୍ୟକ୍ତିମାନଙ୍କ ମଧ୍ୟରେ ସାବରକର ହେଉଛନ୍ତି ସର୍ବାଧିକ ବିପଜ୍ଜନକ ବ୍ୟକ୍ତି।[୧୧୮] ପ୍ରାରମ୍ଭିକ ଅନୁସନ୍ଧାନ ପରେ ବମ୍ବେ ସରକାର ୧୮୮୧ର 'ଫ୍ୟୁଜିଟିଭ ଅଫେଣ୍ଡର୍ସ ଆକ୍ଟ' ଅନୁଯାୟୀ ଏକ ୱାରେଣ୍ଟ୍ ଜାରି କଲେ ଏବଂ ଲଣ୍ଡନ ଅଫିସକୁ ଟେଲିଗ୍ରାଫ ଦ୍ୱାରା ଜଣାଇଲେ। ସେତେବେଳେ ସାବରକର ପ୍ୟାରିସ୍‌ରେ ଥିଲେ। ସାବରକରଙ୍କ ବନ୍ଧୁମାନେ ତାଙ୍କୁ ଆତ୍ମଗୋପନ କରିବାକୁ କହିଲେ, କିନ୍ତୁ ଉଦାହରଣ ଦେଇ ନେତୃତ୍ୱ ନେବାକୁ ଚାହୁଁଥିବା ସାବରକର ପ୍ୟାରିସ୍ ଛାଡିଲେ। ଲଣ୍ଡନର ଭିକ୍ଟୋରିଆ ଷ୍ଟେସନ୍‌ରେ ଟ୍ରେନରୁ ଓହ୍ଲାଇବା କ୍ଷଣି ତାଙ୍କୁ ଗିରଫ କରାଗଲା। ତାଙ୍କ ବିରୁଦ୍ଧରେ ଏକାଧିକ ଅଭିଯୋଗ ଅଣାଗଲା ଏବଂ ପରବର୍ତ୍ତୀ ଜେରା ପାଇଁ ତାଙ୍କୁ ଜାହାଜରେ ଭାରତ ପଠାଇ ଦିଆଗଲା। ଫ୍ରାନ୍ସରେ ଜାହାଜରୁ ଖସିଯିବାକୁ ସେ ଏକ ବିରଳ ଉଦ୍ୟମ କରିଥିଲେ ଏବଂ ଆଂଶିକ ରୂପେ ସଫଳ ହୋଇଥିଲେ। ଯେହେତୁ

ମାଡାମ କାମା ଏବଂ ଅନ୍ୟମାନେ ବନ୍ଦରରେ ସ୍ଥିରୀକୃତ ସ୍ଥାନରେ ଠିକ୍ ସମୟରେ ପହଞ୍ଚିପାରିଲେ ନାହିଁ, ପୋଲିସ ତାଙ୍କୁ ପୁନର୍ବାର ଧରିନେଲା। ତାଙ୍କ କାର୍ଯ୍ୟ କରିବା ସମୟର ଦୀର୍ଘଦିନ ଯାଏ ଜାହାଜରୁ ଡେଇଁପଡି ଖସିଯିବାର ସାହସୀ ଉଦ୍ୟମ କରିଥିବା ବ୍ୟକ୍ତିଭାବେ ସେ ପରିଚିତ ଥିଲେ। ଭାରତରେ ଜେରା ସମୟରେ ତାଙ୍କୁ ପୁନାର ୟେରଓ୍ୱାଡା କାରାଗାରରେ ରଖାଗଲା। କୋର୍ଟର ଜେରାପରେ ସେତେବେଳେ ୨୮ ବର୍ଷୀୟ ସାବରକରଙ୍କୁ ଦୋଷୀସାବ୍ୟସ୍ତ କରାଯାଇ ୫୦ ବର୍ଷ ସଶ୍ରମ କାରାଦଣ୍ଡରେ ଦଣ୍ଡିତ କରାଗଲା ଏବଂ ୪ ଜୁଲାଇ ୧୯୧୧ ରେ ଆଣ୍ଡାମାନ୍ ନିକୋବର ଦ୍ୱୀପପୁଞ୍ଜର କୁଖ୍ୟାତ କାରାଗାରାକୁ ପଠାଇ ଦିଆଗଲା। ସାବରକରଙ୍କ ଜୀବନୀ "ସାବରକର ଏଣ୍ଡ ହିଜ ଟାଇମ୍ସ"ରେ ଧନଞ୍ଜୟ କିର୍ ସାବରକର ଜେଲ୍‌ରେ ବିତାଇଥିବା ନିର୍ଯାତନାର ସମୟ ବିଷୟରେ ବିସ୍ତୃତଭାବେ ଲେଖିଛନ୍ତି। କିର୍ ସାବରକର ଏବଂ କୁଖ୍ୟାତ ଜେଲର ବ୍ୟାରୀଙ୍କ ପ୍ରଥମ ସାକ୍ଷାତ୍ ଓ କଥାବାର୍ତ୍ତା ସମ୍ବନ୍ଧରେ ଲେଖିଛନ୍ତି ଯେ :

ମୁଣ୍ଡରେ କମ୍ବଳ ଓ ଗୋଟିଏ ହାତରେ ଥାଳି ଧରି ଶୃଙ୍ଖଳରେ ବନ୍ଧା ସାବରକର ଶୃଙ୍ଖଳ, ହାତକଡି, ବେଡି, ବନ୍ଧୁକ ଓ ବାୟୋନେଟ୍‌ରେ ସଜ୍ଜିତ ଭୟଙ୍କର ଉଚ୍ଚ ଫାଟକ ସମ୍ମୁଖରେ ଠିଆ ହୋଇଥିଲେ। ଫାଟକ ଖୋଲିଗଲା। କିଏ ଜଣେ ନିମ୍ନ ସ୍ୱରରେ କହିଲା କି ଶ୍ରୀଯୁକ୍ତ ବ୍ୟାରୀ ଆସୁଛନ୍ତି। ସାବରକର ନିବିଷ୍ଟଚିତ୍ତ ଥିଲେ ଏବଂ ବ୍ୟାରୀଙ୍କ ଆସିବାକୁ ନେଇ ସଚେତନ ନ ଥିଲେ। ଗୋଟେ ଗର୍ଜନ ଶୁଭିଲା, "ତାକୁ ଛାଡି ଦିଅ, ସେ ଗୋଟେ ବାଘ ନୁହେଁ" କଠୋର ସ୍ୱର ସାବରକରଙ୍କୁ ଜାଗ୍ରତ କଲା। ସାବରକରଙ୍କ ଆଡକୁ ବୁଲି ପଡି ଜେଲର ତାଙ୍କ ସହ ନିମ୍ନରେ ଦିଆଯାଇଥିବା ପରି କଥାବାର୍ତ୍ତା କଲେ।

ବ୍ୟାରୀ – ତୁମେ କ'ଣ ସିଏ ଯିଏ ମାର୍ସିଲେରେ ଖସିଯିବାକୁ ଚେଷ୍ଟା କରିଥିଲ ?

ସାବରକର – ହଁ , କାହିଁକି ପଚାରୁଛନ୍ତି ।

ବ୍ୟାରୀ – ତୁମେ କାହିଁକି ଏପରି କଲ ?

ସାବରକର– କିଛି କାରଣ ତ ଅଛି ନିଶ୍ଚୟ । ତନ୍ମଧ୍ୟରୁ ଗୋଟିଏ ହେଲା ଏହି କଷ୍ଟରୁ ନିଜକୁ ମୁକ୍ତି ଦେବା ।

ବ୍ୟାରୀ – କିନ୍ତୁ ତୁମେ ନିଜ ଇଚ୍ଛାରେ ସେମାନଙ୍କ ହାତରେ ଧରାପଡିଲ । ଏହା ନୁହେଁ କି ?

ସାବରକର – ସତ, ମୁଁ ନିଜେ ଧରା ଦେଇଥିଲି, ଠିକ୍ ସେହିପରି ମୁଁ ଭାବିଲି ଏହିସବୁ ଦୁଃଖରୁ ମୁକ୍ତି ପାଇବା ମୋର କର୍ତ୍ତବ୍ୟ।

ବ୍ୟାରୀ – ସତ କହିବାକୁ ଗଲେ ମୁଁ ଜଣେ ଇଂରେଜ ନୁହେଁ, ମୁଁ ଆଇରିସ୍ ।

ସାବରକର – ହେଇଥିବ, ଏଥିରେ କିଛି ଯାଏ ଆସ ନାହିଁ । ଆପଣ ଜଣେ

ଇଂରେଜ୍ ହୋଇଥିଲେ ବି ମୁଁ ଆପଣଙ୍କୁ ଘୃଣା କରି ନ ଥାନ୍ତି । ମୁଁ ମୋ ଯୌବନର ସବୁଠୁ ଭଲ ସମୟ ଇଂଲଣ୍ଡରେ ବିତାଇଛି ଏବଂ ଇଂରେଜମାନଙ୍କର ବହୁତ ଭଲଗୁଣର ମୁଁ ଜଣେ ଭଲ ପ୍ରଶଂସକ।

ବ୍ୟାରୀ – କିନ୍ତୁ କଥାଟି ହେଉଛି ମୁଁ ଜଣେ ଆଇରିସ୍ ବିପ୍ଳବୀ ଏବଂ ଆଇରଲାଣ୍ଡର ସ୍ୱାଧୀନତା ପାଇଁ ଲଢ଼ିଛି। ବର୍ତ୍ତମାନ ମୁଁ ଏହାର ଦୁଷ୍ପରିଣାମ ଦେଖିପାରୁଛି। ତେଣୁ ଜଣେ ବନ୍ଧୁ ହିସାବରେ ମୁଁ ତୁମକୁ କହୁଛି ଯେ ତୁମେ ଏବେବି ଯୁବକ ଅଛ ଏବଂ ମୁଁ ବହୁତ ବୟସ୍କ।

ସାବରକର – (ତାଙ୍କୁ କଥା କହିବାକୁ ନ ଦେଇ କହିଲେ) - ଆପଣ ଭାବୁନାହାନ୍ତି କି ବୋଧହୁଏ ଏହା ଆପଣଙ୍କ ଉପରେ ଆସିଥିବା ପରିବର୍ତ୍ତନର କାରଣ ହୋଇପାରେ। ଜ୍ଞାନ ବୃଦ୍ଧି ନୁହେଁ ବରଂ ଶକ୍ତି ହ୍ରାସ।

ବ୍ୟାରୀ – (ସ୍ତମ୍ଭୀଭୂତ ହେଲେ) ଦେଖ ତୁମେ ଜଣେ ବାରିଷ୍ଟର ଏବଂ ମୁଁ ଜଣେ ସାମାନ୍ୟ ଜେଲର। ଉପଦେଶ ତ୍ୟାଗ କରନାହିଁ। ହତ୍ୟା କେବଳ ହତ୍ୟା ଏବଂ ତାହା କେବେହେଲେ ସ୍ୱାଧୀନତା ଆଣିପାରିବ ନାହିଁ।

ସାବରକର – ହେଇଥିବ ! କିନ୍ତୁ ତୁମେ ସିନ୍ ଫ୍ରାନ୍ସିସ୍‌କୁ କାହିଁକି ଉପଦେଶ ଦେଉନାହଁ ଏବଂ କିଏ ତୁମକୁ କହିଲା ଯେ ମୁଁ ହିଂସାରେ ସାମିଲ୍ ଥିଲି ?

ବ୍ୟାରୀ – (ହଠାତ୍ ନିଜ ସରକାରୀ ସ୍ୱରକୁ ଆପଣେଇଲେ) ତୁମ ଅତୀତ ସହ ମୋର କିଛି କରିବାର ନାହିଁ । ଭଲରେ ମନେରଖ ! ତୁମକୁ ନିୟମ ମାନି ରହିବାକୁ ହେବ। ସେଥିରୁ ବିରତ ହେଲେ ଜରିମାନା ଭୋଗିବ। ଆଉ ଏକ କଥା ସ୍ମରଣ ରଖିବ ଯେ ଖସିବାର ସାମାନ୍ୟ ଉଦ୍ୟମ ଏଠାରେ ଥିବା ନରଭକ୍ଷୀମାନଙ୍କ ପାଇଁ କେବଳ ଏକ ଭୋଜି ମାତ୍ର ହେବ।

ସାବରକର – ମୁଁ ଜାଣେ ପୋର୍ଟବ୍ଲେୟାର ମାର୍ସିଲେ ନୁହେଁ ।

ଏମିତି ବାକ୍ୟବାଣରେ ହିଁ ବ୍ୟାରୀ ଓ ସାବରକରଙ୍କ କଥାବାର୍ତ୍ତାର ପ୍ରଥମ ଅନୁଚ୍ଛେଦ ଶେଷ ହେଲା। ଭାରତୀୟ ରାଜନୈତିକ ବନ୍ଦୀ ଓ ଅପରାଧୀମାନଙ୍କ ମଧ୍ୟରେ ବ୍ୟାରୀ ଚମତ୍କାର କୁଖ୍ୟାତି ଅର୍ଜନ କରିଥିଲେ। ହିଂସ୍ର, ଭୟଙ୍କର ଏବଂ ମୂର୍ଖ ବ୍ୟାରୀ ହାଣ୍ଡି ପରି ପେଟ, ଓଜନିଆ, ଲାଲ୍ ଚର୍ମ, ଗୋଲାକାର ଓ ଭୟଙ୍କର ଦୃଷ୍ଟିର ଆଖି, ଚେପାନାକ, ଛୋଟବେକ ଏବଂ ସବୁବେଳେ ଅନେକ କର୍ମଚାରୀ ସାଥିରେ ରଖୁଥିବା ଏକ ଅଦ୍ଭୁତ ମଣିଷ ଥିଲା। ଭାରତୀୟ ବନ୍ଦୀଶାଳାରେ ଜେଲରଭାବେ ନିଜ ଅଧିକାର ଦ୍ୱାରା ଅତ୍ୟାଚାର କରିଥିବା ଅନ୍ୟ କୌଣସି ଅଧିକାରୀ ଆଣ୍ଡାମାନରେ ଥିବା ବନ୍ଦୀମାନଙ୍କ ସ୍ମୃତିରେ ବ୍ୟାରୀଙ୍କ ପରି ଏତେ ଜୀବନ୍ତ ନଥିଲେ ।[୧୧୯]

ଧନଞ୍ଜୟ କିର୍ ଆହୁରି କହିଛନ୍ତି ଯେ ପ୍ରଥମ ପନ୍ଦରଦିନ ପାଇଁ ସାବରକରଙ୍କୁ ଏକ ନିର୍ଜନ କକ୍ଷରେ ରଖାଗଲା। ତା'ପରେ ତାଙ୍କୁ ଗୋଟେ ଓଜନିଆ କାଠବାଡି ସାହାଯ୍ୟରେ ନଡିଆ ଗଛର ବକଳ କାଟିବା କାମ ଦିଆଗଲା। ତାଙ୍କ ହାତ ଫୁଲିଗଲା, ବିନ୍ଧିଲା ଏବଂ ତହିଁରୁ ରକ୍ତ ବାହାରି ନଡିଆ କତା ସବୁ ରକ୍ତରଞ୍ଜିତ ହେଲା। ସାବରକରଙ୍କୁ ବଶୀଭୂତ ହେବାକୁ ଡରାଇବା ପାଇଁ ବ୍ୟାରୀ ତାଙ୍କ ସହ-ପୀଡିତଙ୍କୁ ତାଙ୍କ ଉପସ୍ଥିତିରେ ଅପମାନ କରି ନିଜ କ୍ରୋଧର ଶକ୍ତି ପ୍ରଦର୍ଶନ କରିଥିଲେ। ବ୍ୟାରୀର ଏକମାତ୍ର ଉଦ୍ଦେଶ୍ୟ ଥିଲା ସାବରକରଙ୍କୁ ଜଣାଇବା ଯେ ସେ ଜଣେ ରାଜନୈତିକ ବନ୍ଦୀ ନୁହନ୍ତି, ବରଂ ଜଣେ ସାଧାରଣ ଅପରାଧୀ। ଜେଲର ସାବରକରଙ୍କ ଛାତିରେ ଲାଗିଥିବା ଟିକେଟ୍, ଯେଉଁଠି ଲେଖାଥିଲା କି ସେ ଅର୍ଦ୍ଧ ଶତାବ୍ଦୀର କାରାବାସରେ ଦଣ୍ଡିତ – ତାକୁ ଦେଖାଇ ନିରାଶ ଓ ଭୟଭୀତ କରାଇବାକୁ ଚେଷ୍ଟା କରୁଥିଲା। କିନ୍ତୁ ତାହାର ସମସ୍ତ ସମ୍ବଳ ସତ୍ତ୍ୱେ ବ୍ୟାରୀ ସାବରକରଙ୍କୁ ଜିତିପାରିଲା ନାହିଁ। ତାଙ୍କ ବ୍ୟକ୍ତିତ୍ୱ, ତାଙ୍କ ଖ୍ୟାତି ଏବଂ ତାଙ୍କ ସାହସ ଏତେ ବଢିଯାଇଥିଲା ଯେ ତାହା ବ୍ୟାରୀର ମନ ଓ କ୍ଷମତାକୁ ଫିକା କରିଦେଇଥିଲା।[୧୨୦]

ସାବରକର ତାଙ୍କ ପ୍ରଖ୍ୟାତ ପୁସ୍ତକ "ମାଇଣ୍ଡ ଟ୍ରାନ୍ସପୋର୍ଟେସନ୍ ଫର୍ ଲାଇଫ୍"ରେ ଲେଖିଛନ୍ତି ଯେ ସେ ଜେଲ୍‌ର କୁଖ୍ୟାତିର ପ୍ରଥମ ପ୍ରଦର୍ଶନକୁ ଦେଖିଲେ, ଯେତେବେଳେ ସେ ଅନୁଭବ କଲେ ଯେ ସମସ୍ତ ରାଜନୈତିକ ବନ୍ଦୀମାନଙ୍କୁ ପଠାଣ କିମ୍ବା ବେଲୁଚ ତତ୍ତ୍ୱାବଧାରକମାନଙ୍କ ଦାୟିତ୍ୱରେ ରଖାଯାଇଛି, ଯେଉଁମାନେ ହିନ୍ଦୁମାନଙ୍କ ପ୍ରତି ସେମାନଙ୍କର ଧର୍ମାନ୍ଧ ଘୃଣା ପାଇଁ ଜଣାଶୁଣା ଥିଲେ। ଏମିତି ତିନିଜଣ ତତ୍ତ୍ୱାବଧାରକ ସାବରକରଙ୍କ ପାଇଁ ନିଯୁକ୍ତ ହେଲେ।[୧୨୧]

ସାବରକର ଜେଲ୍‌ର ହତୋତ୍ସାହ ଘଟଣାକୁ ବର୍ଣ୍ଣନା କରି କହନ୍ତି :

ଆମେ ଯେତେ ଅଧିକ ପରିଶ୍ରମ କଲୁ ସେମାନେ ଆମକୁ ସେତେ ଅଧିକ ପରିଶ୍ରମ କରାଇଲେ। ସେମାନଙ୍କୁ ଆମ ଶରୀର ସହ ଯାହା ଇଚ୍ଛା ତାହା କରିବାକୁ ଦିଆଯାଉ, ଅତିକମ୍‌ରେ ଆମେ ଆମ ଆତ୍ମାକୁ ମୁକ୍ତ ରଖୁ। ସେମାନେ ମୋ ଶରୀର ଉପରେ ଯଥେଚ୍ଛାଚାର କରିପାରନ୍ତି, ମୁଁ କିନ୍ତୁ ମୋ ଆତ୍ମାର ପ୍ରଭୁ। ମୁଁ କେବେ ବି ନିଜ ଶରୀରକୁ ସେମାନଙ୍କର କ୍ରୀତଦାସ ହେବାକୁ ଦେବି ନାହିଁ। ମୋତେ ଅଧିକ ତିନିମାସ କଠିନ ପରିଶ୍ରମର ଦଣ୍ଡ ମିଳିଲା ଏବଂ ମୋତେ ମୋ କୋଠରିରେ ବନ୍ଦ ହୋଇ ରହିବାକୁ ପଠାଇ ଦିଆଗଲା। ସେହି ସମାନ କାରାଗାର, ଫାଟକ ପାଖରେ ଠିଆ ହୋଇଥିବା ସେହି ସମାନ ଜେଲର ବ୍ୟାରୀ। ମୋତେ ଦେଖିଲାକ୍ଷଣି ସେ ଗର୍ଜନ

କଲା, "ଏଇଟି ଗୋଟିଏ ଖେଳ ପଡିଆ ନୁହେଁ, ସାବଧାନ, ଏହା ଏକ ବନ୍ଦୀଶାଳା। ଯଦି ତୁମେ ଏଠିକାର ଶୃଙ୍ଖଳା ଭଙ୍ଗ କର, ମୁଁ ତୁମକୁ ମୋ ବେତରେ ପିଟିବି। ମୁଁ ତୁମକୁ ୩୦ ପାହାର ଦେବି, ଯାହା ମଧ୍ୟରୁ ପ୍ରତ୍ୟେକ ତୁମ ମାଂସ ଭିତରେ ଭେଦିଯିବ।" ମୁଁ ଉତ୍ତର ଦେଲି, "ତମେ ମୋ ଶରୀରକୁ ଖଣ୍ଡ ଖଣ୍ଡ କରିଦେଇପାର, ମୁଁ ଏଠାରେ ଆଉ କାମ କରିବି ନାହିଁ, କାରଣ ତୁମ ଆଦେଶରେ କାମ କରିବା ମୋ ବିବେକ ବିରୁଦ୍ଧ ବୋଲି ମୁଁ ମନେ କରୁଛି।" ଶ୍ରୀଯୁକ୍ତ ବ୍ୟାରୀ ଆଦେଶ ଦେଲେ ଯେ ମୋ ହାତସବୁ ଚେନ୍‌ରେ ବନ୍ଧାହେବ ଏବଂ ଗୋଟେ ସପ୍ତାହଧରି ମୋ କୋଠରିରେ ମୁଁ ସେଥିରେ ଝୁଲି ରହିବି। ମୁଁ ମୋ କୋଠରିରେ ଶୃଙ୍ଖଳବନ୍ଧ ହୋଇ ରହିଥିଲି ଏବଂ ମୋ କୋଠରିର ଉପର ଭାଗରେ ମୋ ହାତ ବନ୍ଧା ହୋଇ ଝୁଲୁଥିଲି।[୧୨୨]

ଜେଲ୍ ଚଳାଇବା ପାଇଁ ଗ୍ରହଣ କରାଯାଇଥିବା ମୌଳିକ ନିୟମ ଥିଲା ଯେ ରାଜନୈତିକ ବନ୍ଦୀମାନେ ଡକାୟତ ଏବଂ ହତ୍ୟାକାରୀମାନଙ୍କ ଅପେକ୍ଷା ବହୁ ଅଧିକ ଖରାପ ବ୍ୟବହାର ପାଇବେ। ସେମାନଙ୍କ ମାନସିକ ବଳକୁ ଧ୍ୱଂସ କରିବାର ଥିଲା। ଭଗ୍ନ ସ୍ୱାସ୍ଥ୍ୟ, କିନ୍ତୁ ସିଂହ ପରି ମାନସିକ ଶକ୍ତି ସହ ସାବରକର ଏହିପରି କଦର୍ଯ୍ୟ ପରିବେଶର କାରାଗାରରେ ୧୦ ବର୍ଷ ରହିଲେ।

ଅନେକ ବୁଦ୍ଧିଜୀବୀ ଏବଂ କଂଗ୍ରେସ ଲୋକ ଯିଏ କି ସାବରକରଙ୍କ ବିଚାରସହ ଏକମତ ନ ଥିଲେ, ସେମାନଙ୍କଠୁ ଆଜି ଆମେ ଶୁଣୁ ଯେ ସାବରକର ଭୀରୁ ଓ ବିଶ୍ୱାସଘାତକ ଥିଲେ ଏବଂ କୃପାଭିକ୍ଷା କରି ବ୍ରିଟିଶମାନଙ୍କ ସହ ହାତ ମିଳାଇଥିଲେ। ମୁଁ ସେମାନଙ୍କୁ ଅନୁରୋଧ କରୁଛି ଯେ ସାବରକର କିପରି ଯନ୍ତ୍ରଣା ମଧ୍ୟ ଦେଇ ଗତି କରିଥିଲେ ତାହା ପଢନ୍ତୁ ଏବଂ ସାବରକରଙ୍କ ଲେଖା ଓ ଆନ୍ଦୋଳନ ଭାରତରେ ବିପ୍ଳବୀମାନଙ୍କୁ କିପରି ଅନୁପ୍ରାଣିତ କରିଥିଲା ତାହା ଦେଖନ୍ତୁ।

ବହୁଚର୍ଚ୍ଚିତ ତଥା କଥିତ ସାବରକରଙ୍କ 'କୃପାଭିକ୍ଷା ପତ୍ର'ର ସତ୍ୟ

ଜେଲ୍‌ରେ ପହଞ୍ଚିବା କ୍ଷଣି ସାବରକର ଅନୁଭବ କଲେ ଯେ ଏ ସ୍ଥାନଟି ବିପ୍ଳବୀମାନଙ୍କୁ ଶାରୀରିକଭାବେ ଅବସନ୍ନ, ଚିନ୍ତାରହିତ ଏବଂ ମୃତ୍ୟୁ ଅପେକ୍ଷାରେ ଥିବା ଶରୀରରେ ପରିଣତ କରିବା ଉଦ୍ଦେଶ୍ୟରେ ନିର୍ମିତ। ତାଙ୍କର ବହୁତ କାମ କରିବାର ଥିଲା, ବହୁତ ଲେଖିବାର ଥିଲା। ଏକ ବୃହତ୍ ଅସମ୍ପୂର୍ଣ୍ଣ କାର୍ଯ୍ୟାବଳୀ ତାଙ୍କ ଆଗରେ ଥିଲା। ସେ ଅନେକ ଲୋକଙ୍କ ପାଖରେ ପହଞ୍ଚିବାକୁ ଚାହୁଁଥିଲେ ଏବଂ ବ୍ରିଟିଶମାନଙ୍କୁ ଦେଶରୁ ବିତାଡିତ କରିବାକୁ ଚାହୁଁଥିଲେ। ସେ ଜାଣୁଥିଲେ ଯେ ନିଜ ଜୀବନକୁ ଆଗାମୀ ୫୦ ବର୍ଷ ଯାଏ ସେ କାରାଗାରରେ ଧ୍ୱଂସ କରିପାରିବେ ନାହିଁ ଏବଂ ରାଷ୍ଟ୍ର ପାଇଁ ନିଜ

ସେବା ନ ଦେଇ ମରିବେ ନାହିଁ। 'ଡି' ନାମକ ଏକ ବ୍ୟାଜ୍ ପିନ୍ଧି (ଯାହାର ଅର୍ଥ ଡେଞ୍ଜରସ ବା ଭୟଙ୍କର) ୧୯୧୦ରେ ସାବରକର ଆଣ୍ଡାମାନ ଜେଲ୍‌କୁ ପ୍ରବେଶ କରିଥିଲେ। ଜେଲ୍‌ରେ ପ୍ରବେଶ କରିବା ଦିନରୁ ହିଁ ସାବରକର ଜେଲ୍ ଅଧିକାରୀମାନଙ୍କୁ ଜେଲ୍ ଭିତରର ଅସ୍ୱାସ୍ଥ୍ୟକର ଏବଂ ନିହାତି ବାଜେ ପରିବେଶ ବିଷୟରେ ଆବେଦନ ପତ୍ର ଲେଖି ଆସୁଥିଲେ। ଜେଲ୍ ରେକର୍ଡରୁ ଏକଥା ଜଣାଯାଏ ଯେ ବାସ୍ତବରେ ୧୯୧୩ରେ ତାଙ୍କ ଆବେଦନ ପତ୍ର ପରେ ତାଙ୍କ ଉପରେ କରାଯାଉଥିବା ଅତ୍ୟାଚାରର ଭୟାବହତା ଆହୁରି ବଢିଯାଇଥିଲା। ଏଥିରୁ ଆମେ ଅନୁମାନ କରିପାରିବା ଯେ ତାଙ୍କ ଆବେଦନ ପତ୍ରରେ ସେ କ'ଣ ଲେଖୁଥିଲେ। ତାଙ୍କ ଦଣ୍ଡ ବିଧାନ ରେକର୍ଡର ଏକ କ୍ଷୁଦ୍ର ଉଦାହରଣ ହେଲା- ୮ ଜୁନ୍ ୧୯୧୪ – ହାତକଡି ପକାଇ ୭ ଦିନ ଠିଆ ହେବା, ୧୬ ଜୁନ୍ ୧୯୧୪ – ଚାରିମାସ ବେଡି ପଡି ରହିବା, ୧୮ ଜୁନ୍ ୧୯୧୪ – ୧୦ ଦିନ ଆଡିକାଠ ବେଡିରେ ରହିବା।

କୀର୍ ସୂଚନା ଦେଇଛନ୍ତି ଯେ ସାବରକର ଜଣେ ମନନଶୀଳ ବ୍ୟକ୍ତି ବା ଚିନ୍ତକ ଥିଲେ। ସେ ଜାଣୁଥିଲେ ପ୍ରଥମ ବିଶ୍ୱଯୁଦ୍ଧ ସମୟରେ ଭାରତୀୟ ନେତୃବର୍ଗ ରଣନୀତିଭାବେ ବ୍ରିଟିଶମାନଙ୍କ ଉପରେ ଭାରତର ସ୍ୱାଧୀନତା ପାଇଁ ଚାପ ପକାଇପାରନ୍ତି। ଆନ୍ତର୍ଜାତିକ ଶକ୍ତିମାନଙ୍କ ଦ୍ୱାରା ମଧ୍ୟ ଭାରତର ସ୍ୱାଧୀନତା ପାଇଁ ବ୍ରିଟିଶ ସରକାରଙ୍କ ଉପରେ ଚାପ ପକାଯାଇପାରିବ ବୋଲି ସାବରକର ଭାବୁଥିଲେ। ପ୍ରଥମ ବିଶ୍ୱଯୁଦ୍ଧ ସମୟରେ ନିଜ ମୁକ୍ତି ପାଇଁ ସାବରକର ଜୋରଦାର ଉଦ୍ୟମ କରିଥିଲେ, ସାବରକର ସରକାରଙ୍କୁ ଲେଖିଥିବା ଆବେଦନପତ୍ର ପଢି କୀର୍ କହନ୍ତି ଯେ, ସେ ସବୁ ଭାରତରେ ଦାୟିତ୍ୱପୂର୍ଣ୍ଣ ସରକାର ଚଳାଇବାକୁ ବ୍ରିଟିଶମାନଙ୍କ ଉପରେ ପରୋକ୍ଷ ଚାପ ଥିଲା। ଯାହାବି ହେଉ ଅଧିକାରୀମାନେ ତାଙ୍କ ଉଦ୍ଦେଶ୍ୟ ସମ୍ପର୍କରେ ଅବଗତ ଥିଲେ ଏବଂ ତାହା ପୂର୍ଣ୍ଣ ହେବାକୁ ଦେଉ ନ ଥିଲେ।[୧୨୩] ଅରବିନ୍ଦନ ନୀଳକନ୍ଦନ ଲେଖନ୍ତି ଯେ ବ୍ରିଟିଶ୍ କର୍ତ୍ତୃପକ୍ଷ ଏହା ପର୍ଯ୍ୟବେକ୍ଷଣ କରି ଦେଖିଲେ ଯେ ସାବରକରଙ୍କ ତଥାକଥିତ କ୍ଷମା ପ୍ରାର୍ଥନା ଆବେଦନରେ ହୃଦୟ ପରିବର୍ତ୍ତନର କୌଣସି ଚିହ୍ନବର୍ଣ୍ଣ ନ ଥିଲା। ରେଜିନାଲ୍ଡ କ୍ରାଡକ ନାମକ ଗଭର୍ଣ୍ଣର ଜେନେରାଲ୍ ପରିଷଦର ଜଣେ ଗୃହସଭ୍ୟ ଅନ୍ୟମାନଙ୍କ ମଧ୍ୟରୁ ଜଣେ ଥିଲେ ଯାହାକୁ ସାବରକର ଆବେଦନପତ୍ର ଲେଖୁଥିଲେ। କ୍ରାଡକ କହିଲେ ଯେ ଯଦିଓ ଆବେଦନଟି କୃପାଭିକ୍ଷାର ଥିଲା, ଏଥିରେ କିନ୍ତୁ ଦୁଃଖ କିମ୍ବା ଅନୁତାପର ଚିହ୍ନବର୍ଣ୍ଣ ନ ଥିଲା। କ୍ରାଡକ ବର୍ଣ୍ଣନା କଲେ ଯେ ସାବରକର ତାଙ୍କ କାର୍ଯ୍ୟର ସମର୍ଥନରେ ଏହା କହିଥିଲେ ଯେ, ତାଙ୍କ ଦ୍ୱାରା ନାସିକକୁ ପଠାଯାଇଥିବା ୨୦ଟି ବ୍ରାଉନିଂ ପିସ୍ତଲ୍ ହତ୍ୟା କରିବା ପାଇଁ ନୁହେଁ, ବରଂ ବୈପ୍ଲବିକ ଆନ୍ଦୋଳନକୁ ଆଗେଇ ନେବା ପାଇଁ ଥିଲା।

ସାବରକରଙ୍କର ଏକ ତୀକ୍ଷ୍ଣ ରାଜନୈତିକ ମସ୍ତିଷ୍କ ଥିଲା। ୧୯୨୦ରେ ସେ ଅନୁଭବ କଲେ ଯେ ଯଦି ତାଙ୍କୁ ଜେଲ୍‌ରୁ ବାହାରିବାର ଅଛି, ତାଙ୍କୁ କୌଶଳର ସହ କାମ କରିବାକୁ ହେବ। ସେ ବ୍ରିଟିଶମାନଙ୍କ ଆଡକୁ ଏକ ବାଜି ଫିଙ୍ଗି କହିଲେ ଯେ ସେ ବ୍ରିଟିଶମାନଙ୍କ ଶବ୍ଦରେ ଲିଖିତ ଆବେଦନ ପତ୍ରରେ ନିଃସର୍ତ୍ତ ସ୍ୱାକ୍ଷର କରିବାକୁ ରାଜି ଅଛନ୍ତି। ବ୍ରିଟିଶମାନେ ସେ କୌଶଳର ଶିକାର ହେଲେ। ଶେଷରେ ଦଶ ବର୍ଷର କଠୋର କାରାବାସ ପରେ ସାବରକର ତାଙ୍କ ବଡ ଭାଇଙ୍କ ସହ ୧୯୨୧ ମସିହାରେ ରତ୍ନଗିରି କାରାଗାରକୁ ସ୍ଥାନାନ୍ତରିତ ହେଲେ। କୌଣସି ରାଜନୈତିକ କାର୍ଯ୍ୟାବଳୀରେ ଭାଗ ନେବେ ନାହିଁ ଏବଂ ନିଜ ଆନ୍ଦୋଳନକୁ ରତ୍ନଗିରି ମଧ୍ୟରେ ସୀମିତ ରଖିବେ ବୋଲି ସର୍ତ୍ତ ସହ ସାବରକର ୧୯୨୪ରେ ମୁକ୍ତ ହେଲେ। ଏହି ପ୍ରତିବନ୍ଧକ ସବୁ ୧୯୩୭ରେ ଉଠିଲା।

ନୀଲକନ୍ଦନ ଏକ ପ୍ରଯୁଜ୍ୟ ପ୍ରଶ୍ନ ପଚାରିଛନ୍ତି : ତେବେ ଆଣ୍ଡାମାନ ଜେଲରୁ ବାହାରିବା ପରେ ସାବରକର କଲେ କ'ଣ? ସେ ବ୍ରିଟିଶମାନଙ୍କ ସହ ସହଯୋଗ କଲେ ନା ସ୍ୱାଧୀନତା ଆନ୍ଦୋଳନରେ ଭାଗ ନେଲେ? ବ୍ରିଟିଶମାନେ କଠୋର ସର୍ତ୍ତ ସହ ସାବରକରଙ୍କୁ ମୁକ୍ତ କରିଥିଲେ, ଯେମିତି ଯେ କୌଣସି ସମୟରେ ତାଙ୍କୁ ପୁଣି ଆଣ୍ଡାମାନ ନିର୍ବାସନରେ ପଠାଇ ଦିଆଯାଇପାରେ। ତଥାପି ସେ ଛଦ୍ମ ନାମରେ ବହି ଲେଖିଚାଲିଲେ ଯାହା ଯୁବ ବିପ୍ଳବୀମାନଙ୍କୁ ପ୍ରେରଣା ଦେଉଥିଲା।[୧୨୪] ସେ ଅସ୍ପୃଶ୍ୟତା ଦୂର ପାଇଁ, ଦଳିତମାନଙ୍କ ମନ୍ଦିର ପ୍ରବେଶ ପାଇଁ ଏବଂ ତଥାକଥିତ ନୀଚ ଜାତିର ଛାତ୍ରମାନଙ୍କ ବ୍ରତୋପନୟନ ସଂସ୍କାର ପାଇଁ ସଫଳ ଆନ୍ଦୋଳନ ଚଳାଇଥିଲେ। ତାଙ୍କ ଉଦ୍ୟମ ଆମ୍ବେଦକରଙ୍କ ଦ୍ୱାରା ଉଚ୍ଚ ପ୍ରଶଂସିତ ହୋଇଥିଲା।

ସାବରକର ଯେପରି ଅମାନୁଷିକ ପରିବେଶରେ ବନ୍ଦୀ ଜୀବନ କାଟୁଥିଲେ, ତାହା ତୁଳନାରେ ନେହେରୁଙ୍କ ବନ୍ଦୀ ଜୀବନ ଛୁଟି କାଟିବା ମଉଜ ପରି ଥିଲା। ନେହେରୁଙ୍କ ବନ୍ଦୀ ଜୀବନ ସମ୍ପର୍କରେ ବର୍ଣ୍ଣନା କରି ନୀଳକନ୍ଦନ ଲେଖନ୍ତି :

'ଏ କଥା ଆସଫ ଅଲ୍ଲୀ ତାଙ୍କ ଚିଠିରେ ଲେଖିଛନ୍ତି ଯେ, ନେହେରୁ ଜେଲ୍‌ରେ ଏକ ଛୋଟ ବଙ୍ଗଳା ସଦୃଶ ଘରେ ରହୁଥିଲେ, ଯେଉଁଠି ଝରକା ଓ ଦୁଆରରେ ନେହେରୁଙ୍କ ପ୍ରିୟ ରଙ୍ଗ ନୀଳ ରଙ୍ଗର ପରଦା ଲାଗିଥିଲା। ନେହେରୁ ସେଠି ବଗିଚା କାମ କରି ଗୋଲାପ ଗଛ ଲଗାଉଥିଲେ। ସେ ତାଙ୍କ ବହି ଲେଖିପାରୁଥିଲେ, ଯେବେ ନେହେରୁଙ୍କ ସ୍ତ୍ରୀ ବେମାର ପଡୁଥିଲେ, ତାଙ୍କ ଆବେଦନ ପୂର୍ବରୁ ବ୍ରିଟିଶ ସରକାର ନେହେରୁଙ୍କ ଦଣ୍ଡ ରଦ୍ଦ କରି ତାଙ୍କୁ ଅସୁସ୍ଥ ସ୍ତ୍ରୀଙ୍କ ଯତ୍ନ ନେବାକୁ ଛାଡି ଦେଉଥିଲେ। ନେହେରୁ ବ୍ରିଟିଶମାନଙ୍କର ଏହି ଉପହାରକୁ ବିଗଳିତ ହୃଦୟରେ ଗ୍ରହଣ କରୁଥିଲେ'।[୧୨୫]

ସାବରକରଙ୍କ ହିନ୍ଦୁତ୍ୱ ଏବଂ ହିନ୍ଦୁ ରାଷ୍ଟ୍ରର ଧାରଣା

ଆମେ ପୂର୍ବରୁ ଆଲୋଚନା କରିସାରିଛେ କିପରି ସାବରକରଙ୍କ ସହଭାଗିତାରେ ପରିକଳ୍ପିତ ଭାରତୀୟ ସ୍ୱାଧୀନତାର ପତାକା ୧୯୦୯ରେ ଜର୍ମାନୀଠାରେ ଉତ୍ତୋଳିତ ହୋଇ ହିନ୍ଦୁ ମୁସଲିମ ଏକତାର ସ୍ପଷ୍ଟ ବାର୍ତ୍ତା ଦେଇଥିଲା।

ରତ୍ନଗିରି ଜେଲ୍‌ରେ ସାବରକର ପ୍ରଥମ ଥର ପାଇଁ ମୁସଲିମ୍ ଖିଲାଫତ୍ ଆନ୍ଦୋଳନର ବନ୍ଦୀମାନଙ୍କୁ ଭେଟିଲେ। ସେମାନଙ୍କ ପାଇଁ ରାଷ୍ଟ୍ରଠାରୁ ଇସଲାମ ବଡ଼, ଏହି ଇସଲାମୀୟ ମତକୁ ଦେଖି ସାବରକର ଅସନ୍ତୁଷ୍ଟ ହେଲେ। ସେତେବେଳକୁ ସେ ମୋପଲା ଦଙ୍ଗାର ବିସ୍ତୃତ ବିବରଣୀ ଶୁଣିସାରିଥିଲେ, ଯେଉଁଠି ହିନ୍ଦୁମାନେ ମରିଥିଲେ, ହିନ୍ଦୁ ସ୍ତ୍ରୀ ଲୋକମାନେ ଅକଥନୀୟ ଲଜ୍ଜାଜନକ ଅସମ୍ମାନର ଶିକାର ହୋଇଥିଲେ ଏବଂ ହିନ୍ଦୁମାନଙ୍କୁ ବଳପୂର୍ବକ ମୁସଲିମ୍ ଧର୍ମାନ୍ତରୀକରଣ କରାଯାଇଥିଲା। ଏହି ସମୟରେ ହିଁ ରତ୍ନଗିରି ଜେଲ୍‌ରେ ସାବରକର ତାଙ୍କ କାଳଜୟୀ ପୁସ୍ତକ "ଏସେନ୍ସିଆଲ୍ସ ଅଫ୍ ହିନ୍ଦୁତ୍ୱ"ର ରଚନା କରିଥିଲେ। ଏହି ପୁସ୍ତକ ସାବରକରଙ୍କ ଗଭୀର ପ୍ରତିଫଳନ ଏବଂ ଗାନ୍ଧୀବାଦ ପ୍ରତି ତାଙ୍କ ତୀବ୍ର ପ୍ରତିକ୍ରିୟାର ଫଳାଫଳ ଥିଲା, ଯାହା ମୁସଲିମ୍ ପ୍ରତିକ୍ରିୟାଶୀଳ ବ୍ୟକ୍ତିଙ୍କ ଆନ୍ତରିକ ଦାବିରେ ଆତ୍ମସମର୍ପଣ କରିଥିଲା ଏବଂ ମୁସଲିମ୍ ପ୍ରଶଂସକଙ୍କୁ ଖୋରାକ୍ ଯୋଗାଇଥିଲା।[୧୨୬]

ସାବରକରଙ୍କ ହିନ୍ଦୁ ରାଷ୍ଟ୍ର ଧାରଣାକୁ କେବଳ ହିନ୍ଦୁମାନଙ୍କ ଦେଶ ବୋଲି ଭାବିବା ଏକ ଅବିଶ୍ୱସନୀୟ ନିର୍ବୋଧତା। ସେ ହିନ୍ଦୁ ଜାତୀୟତାବାଦର ଧାରଣାକୁ ଏକ ନୂତନ ଆଭିମୁଖ୍ୟ ଦେଇଥିଲେ। ବାସ୍ତବରେ ସାବରକର ଜଣେ ନାସ୍ତିକ ଏବଂ କଠୋର ଔଚିତ୍ୟବୋଧର ମଣିଷ ଥିଲେ। ସେ ସ୍ପଷ୍ଟ ଭାବେ କହିଛନ୍ତି ଯେ ହିନ୍ଦୁ ଶବ୍ଦକୁ କେବଳ ଧାର୍ମିକ ଦୃଷ୍ଟିକୋଣରୁ ଦେଖିବା ଏକ ବୃଥା କଥା। ସେ କହିଛନ୍ତି ହିନ୍ଦୁବାଦ କିମ୍ବା ହିନ୍ଦୁଧର୍ମ ହିନ୍ଦୁତ୍ୱର ଗୋଟେ ଅଂଶ ମାତ୍ର। ହିନ୍ଦୁତ୍ୱକୁ ପରିଭାଷିତ କଲାବେଳେ, ସାବରକର ଏକ ଐତିହାସିକ ଦୃଷ୍ଟିକୋଣ ନେଇଥିଲେ ଏବଂ ବୈଦିକ କାଳରୁ ହିନ୍ଦୁ ସମ୍ପ୍ରଦାୟ ଧର୍ମ ଏବଂ ରାଜନୈତିକ ବିକାଶକୁ ଅନୁସରଣ କରିଛି ବୋଲି କହିଥିଲେ। ସେ ଏକ ପଂକ୍ତିରେ କହନ୍ତି :

ଆସିନ୍ଧୁ – ସିନ୍ଧୁ ପର୍ଯ୍ୟନ୍ତା ତସ୍ୟ ଭାରତ ଭୂମିକା
ପିତୃଭୂ - ପୁଣ୍ୟଭୂ ଭୂଶ୍ଚୈବ ସା ୱୈ ହିନ୍ଦୁରୀତି ସ୍ମୃତା

ଏହାର ଅର୍ଥ ହେଲା ସିନ୍ଧୁନଦୀଠାରୁ ସମୁଦ୍ରଯାଏ ଯେ କେହି ଏହି ଭୂମିକୁ ନିଜର ପିତୃଭୂମି ବା ପବିତ୍ର ଭୂମି ରୂପେ ଗ୍ରହଣ କରେ, ସେ ହିନ୍ଦୁ ଅଟେ। ଏହି

ପିତୃଭୂମି ଏବଂ ପବିତ୍ର ଭୂମି ଆଦି ପରିଭାଷା ଦ୍ୱାରା ସେ ଇସଲାମିକ୍ ଧାର୍ମିକ ଗ୍ରନ୍ଥରେ ବର୍ଣ୍ଣିତ ମୁସଲିମ ଭୂମି (ଦାର-ଉଲ୍-ଇସଲାମ) ଏବଂ ଶତ୍ରୁଭୂମି (ଦାର-ଉଲ୍-ହବ) ଯାହାକି ଖିଲାଫତ ଆନ୍ଦୋଳନ ସମୟରେ ବାରମ୍ବାର ଆଲୋଚନା ହେଉଥିଲା – ଏହାର ସମ୍ପୂର୍ଣ୍ଣ ବିରୋଧ କରିଥିଲେ। ଶାସ୍ତ୍ରୀୟ ମୁସଲିମ ଆଇନ ଅନୁଯାୟୀ ମୁସଲିମଙ୍କ ଦ୍ୱାରା ଶାସିତ ହେଉଥିବା ଏବଂ ମୁସଲିମମାନେ ବସବାସ କରୁଥିବା ସମସ୍ତ ଭୂମି ମୁସଲିମ ଭୂମି ଅଟେ।[୧୨୭] ଅନ୍ୟ କୌଣସି ଭୂମି ପ୍ରତି ଜଣେ ବିଶ୍ୱସ୍ତ ମୁସଲମାନ କେବେ ବି ବିଶ୍ୱସ୍ତ ହେବ ନାହିଁ ଏବଂ ଏହା ତାହାର ଶତ୍ରୁର ଭୂମି, ମୁସଲମାନ ଗୋଷ୍ଠୀରେ ବିଚ୍ଛିନ୍ନତାବାଦୀ ପ୍ରବୃତ୍ତିକୁ ଉତ୍ସାହିତ କରିଥିବା ଏ ସଂଜ୍ଞାକୁ ଡ. ଆମ୍ବେଦକର, ଡ. ଆନି ବେସାନ୍ତ, ସାର ଫିରୋଜସାହା ମେହେଟା, ଗୋପାଳ କୃଷ୍ଣ ଗୋଖଲେ ଏବଂ ଲାଲା ଲଜପତ ରାୟ ଆଦି ସମାଲୋଚନା କରୁଥିଲେ।

ସାବରକରଙ୍କ ଅନୁଯାୟୀ ସମସ୍ତ ଭାରତବାସୀ ଏହାର ସାଧାରଣ ଇତିହାସକୁ ଗ୍ରହଣ କରିବା ଉଚିତ, ଏହାର ସଂସ୍କୃତି ଏବଂ ସଂସ୍କୃତିକୁ ରକ୍ଷା କରିବାର ସାମୁଦ୍ରିକ ଯୁଦ୍ଧରେ ଅଂଶୀଦାର ହେବା ଉଚିତ୍। ତାଙ୍କ କହିବା କଥା ହେଲା ବୈଦିକ ଋଷିଗଣ ଏବଂ ସେମାନଙ୍କ ଦ୍ୱାରା ଆବିଷ୍କୃତ ବିଜ୍ଞାନ ଏବଂ ସାହିତ୍ୟ ସମୂହ ଆମ ସମସ୍ତଙ୍କର ସାମୂହିକ ଗର୍ବ। ବ୍ୟାକରଣ ବିଶାରଦ ପାଣିନୀ, ସ୍ୱାସ୍ଥ୍ୟ ବିଶେଷଜ୍ଞ ପତଞ୍ଜଳି, ଅର୍ଥତତ୍ତ୍ୱବିଦ ଚାଣକ୍ୟ, କବି ଭବଭୂତି ଏବଂ କାଳିଦାସ, ରାମ ଓ ଶ୍ରୀକୃଷ୍ଣଙ୍କ ପରି ଶ୍ରେଷ୍ଠ ବ୍ୟକ୍ତି ଏବଂ ଶିବାଜୀ ଓ ଗୁରୁ ଗୋବିନ୍ଦ ସିଂଙ୍କ ପରି ବୀର ଯୋଦ୍ଧା ସମସ୍ତେ ଆମର ସାମୂହିକ ଗର୍ବ।

ଯେଉଁମାନେ ଅଭିଯୋଗ କରୁଥିଲେ ଯେ ସାବରକରଙ୍କ ହିନ୍ଦୁରାଷ୍ଟ୍ର ପରିଭାଷାଟି ସୀମିତ, ସ୍ୱତନ୍ତ୍ର ଏବଂ ସଂକୀର୍ଣ୍ଣ – ସେମାନଙ୍କୁ ସାବରକରଙ୍କ ଉତ୍ତର ଥିଲା, ତେବେ ସମାନଯୁକ୍ତିରେ ଭାରତୀୟ ଜାତୀୟତାବାଦ ଏବଂ ଭାରତୀୟ ରାଜ୍ୟର ଆଞ୍ଚଳିକ ପରିଭାଷା ମଧ୍ୟ ମାନବିକ ରାଜ୍ୟ ତୁଳନାରେ ଖୁବ୍ ସଂକୀର୍ଣ୍ଣ। ସେ ଆହୁରି କହିଲେ ଯେ ଭାରତୀୟ ପରମ୍ପରାର ବସୁଧୈବ କୁଟୁମ୍ବକମ୍ ଅନୁସାରେ ସାରା ପୃଥିବୀ ଆମର ମାତୃଭୂମି ଏବଂ ସମ୍ପୂର୍ଣ୍ଣ ମାନବତା ଆମ ରାଷ୍ଟ୍ର। ଜାତୀୟତା ଏବଂ ସାମ୍ପ୍ରଦାୟିକତା ଉପରେ କଥାବାର୍ତ୍ତା କରୁଥିବାବେଳେ ସାବରକର ଗୁରୁତ୍ୱାରୋପ କରି କହିଥିଲେ ଯେ ଆକ୍ରମଣାତ୍ମକ ଥିଲାବେଳେ ଜାତୀୟତା ମଧ୍ୟ ଅନୈତିକ ଥିଲା। ଯେ ଯାଏ ଅନ୍ୟ ସମ୍ପ୍ରଦାୟର ସମାନ ଅଧିକାରକୁ ନଷ୍ଟ କରୁ ନ ଥିଲା ଏବଂ କେବଳ ପ୍ରତିରକ୍ଷାତ୍ମକ ଥିଲା ସେ ଯାଏ ସାମ୍ପ୍ରଦାୟିକତା ଯଥାର୍ଥ ଥିଲା। ସାବରକର ଆହୁରି କହିଛନ୍ତି ଯେ ହିନ୍ଦୁମାନେ କେବେହେଲେ ଅନ୍ୟମାନଙ୍କ ଅଧିକାରକୁ ଅଧିକାର କରିବାର ଚେଷ୍ଟା

କରିନାହାନ୍ତି। ସେମାନେ (ହିନ୍ଦୁ) ନିଜ ପାଇଁ ଅଧିକ ସୁବିଧା ସୁଯୋଗ ଚାହୁଁ ନ ଥିଲେ, କିନ୍ତୁ ନିଜକୁ ଶୋଷିତ ହେବାକୁ ମଧ୍ୟ ଦେବେ ନାହିଁ। ଆମେ ସେହି ସମାନ କଥା ଦେଖୁ ଯେତେବେଳେ ପ୍ରଧାନମନ୍ତ୍ରୀ ନରେନ୍ଦ୍ର ମୋଦି କୁହନ୍ତି, "ସମସ୍ତଙ୍କ ପାଇଁ ବିକାଶ, କାହାରି ତୁଷ୍ଟୀକରଣ ନୁହେଁ।" ଏକ ଭାରତୀୟ ରାଜ୍ୟ ବିଷୟରେ ସାବରକରଙ୍କ କଳ୍ପନା ଥିଲା ଯେ ଏହା ଏମିତି ଏକ ରାଜ୍ୟ ହେବ, ଯେଉଁଥିରେ ଜାତି, ଧର୍ମ, ବର୍ଣ୍ଣ କିମ୍ବା ଧର୍ମ ନିର୍ବିଶେଷରେ ସମସ୍ତ ନାଗରିକଙ୍କୁ 'ଜଣେ ବ୍ୟକ୍ତି, ଗୋଟିଏ ଭୋଟ୍' ନୀତିରେ ସମାନ ବ୍ୟବହାର କରାଯିବ।[୧୨୮]

ହିନ୍ଦୁ ମୁସଲିମ୍ ଏକତାକୁ ଭାଙ୍ଗିବା ପାଇଁ ଯେଉଁମାନେ ବ୍ରିଟିଶମାନଙ୍କୁ ଦାୟୀ କରନ୍ତି, ସେମାନଙ୍କୁ ସେ ପ୍ରଶ୍ନ କରନ୍ତି ଯେ ମହମ୍ମଦ ବିନ୍ କାଶିମ୍, ମାମୁଦ୍ର ଗଜନୀ ଏବଂ ଔରଙ୍ଗଜେବ୍‌ଙ୍କ ଦ୍ୱାରା କରାଯାଇଥିବା ଭୟଙ୍କର ଧର୍ମାନ୍ଧତା ପାଇଁ ମଧ୍ୟ ବ୍ରିଟିଶମାନେ ଦାୟୀ କି ? ଅନେକ ପ୍ରଭାବଶାଳୀ ମୁସଲିମ ଗୋଷ୍ଠୀଙ୍କର ଭୟଙ୍କର ଇସଲାମୀୟ ବିଚ୍ଛିନ୍ନତାବାଦୀ ମତକୁ ସାବରକର ସବୁବେଳେ ସମାଲୋଚନା କରୁଥିଲେ। ସେ ଏହି ବିଚ୍ଛିନ୍ନତାବାଦୀ ମନୋଭାବକୁ ନିନ୍ଦା କରି ଅଣହିନ୍ଦୁମାନଙ୍କ ପାଇଁ ଘୋଷଣା କଲେ, "ଯଦି ତୁମେ ଆସ, ତୁମ ସହିତ, ଯଦି ତୁମେ ନ ଆସ ତୁମ ବ୍ୟତୀତ ଏବଂ ଯଦି ତୁମେ ବିରୋଧ କର, ତୁମ ବିରୋଧ ସତ୍ତ୍ୱେ ହିନ୍ଦୁମାନେ ସେମାନଙ୍କର ଜାତୀୟ ସ୍ୱାଧୀନତା ପାଇଁ ଯାହା ସର୍ବୋତ୍ତମ ଉପାୟ ସେହି ଉପାୟରେ ଲଢ଼ିବେ।'

ସାବରକର ତାଙ୍କର ଅଧିକାଂଶ ଗ୍ରନ୍ଥ କଠିନ ପରିସ୍ଥିତି ମଧ୍ୟରେ ଲେଖିଥିଲେ। ଜେଲ୍‌ରେ ସେ ଜେଲ୍‌ର କାନ୍ଥକୁ କାଗଜ ଏବଂ ପଥର ଖଣ୍ଡକୁ କଲମ ରୂପେ ବ୍ୟବହାର କରୁଥିଲେ। ସେ ବର୍ଷକୁ ଥରେ ହେଉଥିବା ଚୂନ ଧଉଳା କାର୍ଯ୍ୟକୁ ଅପେକ୍ଷା କରୁଥିଲେ ଯାହାପରେ ସେ ଚୂନ ଧଉଳା କାନ୍ଥକୁ ନିଜ ଧଳା କାଗଜ ରୂପେ ବ୍ୟବହାର କରିପାରିବେ। ସେ ମୁକ୍ତି ପାଇବାକୁ ଯାଉଥିବା ନିଜ ସହବନ୍ଦୀମାନଙ୍କର ସାହାଯ୍ୟ ନେଉଥିଲେ। ସେ ଏହି ସହବନ୍ଦୀମାନଙ୍କୁ ନିଜ କବିତା ଏବଂ ଅନ୍ୟ ସାହିତ୍ୟିକ କାର୍ଯ୍ୟକୁ ବାରମ୍ବାର ଆବୃତ୍ତି କରାଇ ମନେ ରଖାଉଥିଲେ ଏବଂ ନିଜ ସାହିତ୍ୟକୁ ଜେଲ୍ ବାହାରକୁ ଏମାନଙ୍କ ମାଧ୍ୟମରେ ପଠାଉଥିଲେ। ତୁଳନାତ୍ମକ ଭାବରେ, କଂଗ୍ରେସ ବନ୍ଦୀମାନଙ୍କୁ ଲେଖିବା ପାଇଁ ଯଥେଷ୍ଟ କାଗଜ ଓ କାଳି ଯୋଗାଇ ଦିଆଯାଉଥିଲା।

୧୯୨୩ରେ ଭି.ଭି. କେଲକାର ସାବରକରଙ୍କ ଲେଖା ହିନ୍ଦୁତ୍ୱର ପ୍ରଥମ ସଂସ୍କରଣ ଆଣିଲେ ଯାହାର ଲେଖକଙ୍କ ନାଁ ଥିଲା 'ଜଣେ ମରାଠୀ' । ଲେଖକଙ୍କ ନାଁ ନ ଜାଣି ମଧ୍ୟ ଜାତୀୟତାବାଦୀ ନେତୃବୃନ୍ଦ ସୀମାହୀନ ଉତ୍ସାହରେ ବହିଟିର ସ୍ୱାଗତ କଲେ। ଲାଲା ଲଜପତ ରାୟ, ମଦନ ମୋହନ ମାଳବ୍ୟ ଏବଂ ଆହୁରି ଅନେକ

ଲୋକ, ଏ ପୁସ୍ତକଟି ହିନ୍ଦୁ ଆଦର୍ଶ ପାଇଁ ସବୁଠାରୁ ମୌଳିକ ଓ ବୌଦ୍ଧିକ ଅବଦାନ ବୋଲି ଉଚ୍ଛ୍ୱସିତ ପ୍ରଶଂସା କଲେ।

ଥରେ ଭାରତୀୟ ଜାତୀୟ କଂଗ୍ରେସର ସଭାପତିତ୍ୱ କରିସାରିଥିବା ବିଜୟ ରାଘବ ଆଚାର୍ଯ୍ୟ ଜୀ ଏହି ବହି ପଢି ଲେଖିଥିଲେ :

'ମୁଁ ଖୁବ ଶୀଘ୍ର ହିନ୍ଦୁତ୍ୱ ପୁସ୍ତକଟି ପଢିଲି । ବିଶେଷକରି ଶେଷ ଅଧ୍ୟାୟଟି ଅବିସ୍ମରଣୀୟ ଦେଶ ପ୍ରେମରେ ଭରପୂର। ମୋର ଭୟ ଯେ ପୁସ୍ତକ ସମ୍ବନ୍ଧରେ ଥିବା ଧାରଣାକୁ ମୁଁ ସଠିକ୍ ଶବ୍ଦରେ ବର୍ଣ୍ଣନା କରିପାରିବି କି ନାହିଁ, ବିଶେଷକରି ଶେଷ ଅଧ୍ୟାୟଟିକୁ । ମୁଁ ମୋ ହୃଦୟର ନିଭୃତ କୋଣରୁ ଲେଖକଙ୍କୁ ତାଙ୍କ ଏହି ଅସାଧାରଣ କାର୍ଯ୍ୟ ପାଇଁ ଶୁଭେଚ୍ଛା ଜଣାଉଛି ଏବଂ ତାଙ୍କ ଦୀର୍ଘ ଓ ନିରାମୟ ଜୀବନ ପାଇଁ ପ୍ରାର୍ଥନା କରୁଛି'।[୧୨୯]

ଏବେ ୨୦୧୪ର ନିର୍ବାଚନ ବିପର୍ଯ୍ୟୟ ପରେ କଂଗ୍ରେସର ପ୍ରମୁଖ ନେତା ଏ.କେ. ଆଣ୍ଟୋନୀଙ୍କ ପରାମର୍ଶରେ ଭାରତୀୟ ଜାତୀୟ କଂଗ୍ରେସର ହିନ୍ଦୁବିରୋଧୀ ପ୍ରତିଛବିକୁ ଲିଭାଇବାକୁ ଆଜି ୨୦୧୮ରେ କଂଗ୍ରେସର ରାହୁଲ ଗାନ୍ଧୀ ବାରମ୍ବାର ବିଭିନ୍ନ ମନ୍ଦିର ପରିଦର୍ଶନରେ ଯାଉଛନ୍ତି। ରାହୁଲ ଗାନ୍ଧୀଙ୍କ ସପକ୍ଷରେ କଂଗ୍ରେସ ଯୁକ୍ତି କରୁଛି ଯେ ସେ ବିଜେପିର ବିଭାଜନକାରୀ ହିନ୍ଦୁତ୍ୱ ବିରୋଧରେ ଏକ ଗ୍ରହଣୀୟ ହିନ୍ଦୁତ୍ୱ ପାଇଁ କାମ କରୁଛନ୍ତି।[୧୩୦] ୨୦୧୯ରେ ବିଜେପିର ହିନ୍ଦୁତ୍ୱ ବିରୋଧରେ କଂଗ୍ରେସର ଏହା ଯୁଦ୍ଧ ହେବ କି ବୋଲି ପ୍ରଶ୍ନ କରାଯିବାରୁ ରାହୁଲ ଗାନ୍ଧୀ କହିଲେ ଯେ ବିଜେପି କିମ୍ବା ରାଷ୍ଟ୍ରୀୟ ସ୍ୱୟଂ ସେବକ ସଂଘ ଯାହା ଅଭ୍ୟାସ କରୁଛନ୍ତି, ତାହା ହିନ୍ଦୁଧର୍ମ ନୁହେଁ।[୧୩୧] ଏହି ଦରଗଢା ଓ ଅଧାପନ୍ତରିଆ ସୂଚନା ସବୁ ସାବରକରଙ୍କ ଚିନ୍ତାଧାରା ଦ୍ୱାରା ସଙ୍କୁଚିତ ହୋଇସାରିଛି। ଏହି ସମାନ ଧରଣର ଅଜ୍ଞତାରେ ଶଶୀ ଥରୁର୍ ତାଙ୍କ ବହି 'ହ୍ୱାଏ ଆଇ ଆମ୍ ଏ ହିନ୍ଦୁ' ର ବିକ୍ରି ପାଇଁ ଏପଟ ସେପଟ ଧାଁ ଧଉଡ କରୁଛନ୍ତି।[୧୩୨] ଶଶୀ ଥରୁର୍‌ଙ୍କ କହିବା ଅନୁଯାୟୀ ହିନ୍ଦୁତ୍ୱ ଭୋଟ୍ ସଂଗ୍ରହ ପାଇଁ ଏକ ରାଜନୈତିକ ଧାରଣା। ସାବରକରଙ୍କ ହିନ୍ଦୁ ଧର୍ମ ପ୍ରତି ନୂତନ ଆଭିମୁଖ୍ୟ, ହିନ୍ଦୁତ୍ୱ ଏବଂ ହିନ୍ଦୁ ରାଷ୍ଟ୍ର ସମ୍ବନ୍ଧରେ ଧାରଣା, ଯାହା ତତ୍କାଳୀନ କଂଗ୍ରେସ ନେତୃବର୍ଗଙ୍କ ଦ୍ୱାରା ମଧ୍ୟ ଉଚ୍ଚ ପ୍ରଶଂସିତ ହୋଇଥିଲା, ତାହା ଏମାନେ ପଢିଥିବେ କି ନାହିଁ ଏ ବାବଦରେ ମୋର ଘୋର ସନ୍ଦେହ ଅଛି।

ସାବରକରଙ୍କ ଅନୁଯାୟୀ ଗାନ୍ଧିଜୀଙ୍କ ଭାରତ ଛାଡ଼ ଆନ୍ଦୋଳନ ପ୍ରକୃତରେ ଭାରତ ବିଭାଜନ ଆନ୍ଦୋଳନ ଥିଲା

ଅଗଷ୍ଟ ୧୯୪୨ରେ ଗାନ୍ଧୀଙ୍କ ନେତୃତ୍ୱରେ ଭାରତୀୟ ଜାତୀୟ କଂଗ୍ରେସ

ଭାରତ ଛାଡ଼ ଆନ୍ଦୋଳନ ଆରମ୍ଭ କଲା। ଗଣମାଧ୍ୟମ କଂଗ୍ରେସ ପ୍ରତି ସହାନୁଭୂତି ଦେଖାଇ ସାବରକରଙ୍କୁ ଅପମାନିତ କରି କହିଥିଲେ ଯେ, ସେ ଏବଂ ତାଙ୍କର ହିନ୍ଦୁ ମହାସଭା ବ୍ରିଟିଶମାନଙ୍କ ସହ ମିଶିଛନ୍ତି ଏବଂ ଭାରତ ଛାଡ ଆନ୍ଦୋଳନକୁ ସମର୍ଥନ ଦେଉନାହାନ୍ତି। ସାବରକର ଘୋଷଣା କଲେ ଯେ ହିନ୍ଦୁ ମହାସଭା ଭାରତ ଛାଡ ଆନ୍ଦୋଳନ ପାଇଁ କଂଗ୍ରେସରେ ଯୋଗ ଦେବ ଯଦି କଂଗ୍ରେସ ପ୍ରତିଶ୍ରୁତି ଦିଏ ଯେ ଏହା ସମ୍ପୂର୍ଣ୍ଣ ଭାବେ ଭାରତର ଏକତା ପାଇଁ ଲଢିବ ଏବଂ ରାଷ୍ଟ୍ର ବିରୋଧୀ ମୁସଲିମ ଲିଗ୍ ସହ କୌଣସି ଚୁକ୍ତି କରିବ ନାହିଁ - ଯାହା ଭାରତକୁ ବିଭାଜନ ଆଡକୁ ନେଇପାରେ। ସାବରକର ମଧ୍ୟ ହିନ୍ଦୁ ସାମରିକୀକରଣ ଚାହୁଁଥିଲେ, ଯାହାଦ୍ୱାରା ଦ୍ୱିତୀୟ ବିଶ୍ୱଯୁଦ୍ଧର ସୁଯୋଗରେ ବ୍ରିଟିଶ ସେନାରେ ଅଧିକରୁ ଅଧିକ ହିନ୍ଦୁସେନା ପ୍ରବେଶ କରାଇପାରିବେ, କାରଣ ସେ ଭାବୁଥିଲେ ଏହା ଆମ ଦେଶ, ଚୁଲି, ଚାଳ ଓ ଘର ରକ୍ଷା କରିବାରେ ସାହାଯ୍ୟ କରିବ, ଯଦି ପ୍ରକୃତରେ ଆମକୁ କେଉଁ ବାହ୍ୟଶକ୍ତି ଆକ୍ରମଣ କରେ କିମ୍ବା ଅଭ୍ୟନ୍ତରରେ କୌଣସି ହିନ୍ଦୁ ବିରୋଧୀ ଅରାଜକତା ସୃଷ୍ଟି ହୁଏ। ଜାତିଭିତ୍ତିକ ହିନ୍ଦୁ ସମାଜ ପାଇଁ ଜାତିଭିତ୍ତିକ ହିଂସାକୁ ଦୂର କରିବାକୁ ସାମରିକ ନିଯୁକ୍ତିକୁ ଏକ ସୁଯୋଗ ଭାବରେ ସାବରକର ଦେଖୁଥିଲେ। ତେଣୁ ସେ ଆମ୍ବେଦକରଙ୍କ ମାହାର ଯୁବକମାନଙ୍କର ବ୍ରିଟିଶ ସେନାରେ ଯୋଗଦେବା ଡାକରାକୁ ପ୍ରତ୍ୟକ୍ଷ ଭାବେ ସମର୍ଥନ ଦେଲେ।

ଯଦିଓ ସାବରକରଙ୍କ ଦ୍ୱାରା ଦିଆଯାଇଥିବା ସହଯୋଗ ପ୍ରସ୍ତାବ ବୃହତ୍ ଜାତୀୟ ସ୍ୱାର୍ଥରେ ଥିଲା, କଂଗ୍ରେସ ଏହି ସର୍ତ୍ତ ସହ କିଛି କରିବାକୁ ମନା କରିଦେଲା ବରଂ ଏହା ମୁସଲିମ ଲିଗକୁ ସନ୍ତୁଷ୍ଟ କରିବାକୁ ସବୁପ୍ରକାର ପଦକ୍ଷେପ ନେଲା। ଗାନ୍ଧୀ ଜିନ୍ନାଙ୍କୁ ଲେଖିଲେ :

ବ୍ରିଟିଶ ସରକାର ପାଖରେ ଥିବା ସମସ୍ତ କ୍ଷମତାକୁ ମୁସଲିମ ଲିଗକୁ ହସ୍ତାନ୍ତର କରିବାରେ କଂଗ୍ରେସର କୌଣସି ଆପତ୍ତି ନାହିଁ । ମୁସଲିମ ଲିଗ ନେତୃତ୍ୱରେ ଗଢା ହେଉଥିବା ସରକାରକୁ କଂଗ୍ରେସ ବିରୋଧ କରିବାର ପ୍ରଶ୍ନ ନାହିଁ, ବରଂ କଂଗ୍ରେସ ଏ ସରକାରରେ ସାମିଲ୍ ହେବ।[୧୩୩]

କଂଗ୍ରେସର ଏପରି ସଂଖ୍ୟାଗରିଷ୍ଠତା ବିରୋଧୀ ଆଭିମୁଖ୍ୟରେ ସାବରକର ଦୃଢ ନିଶ୍ଚିତ ଥିଲେ ଯେ ଅସୁସ୍ଥ କଳ୍ପନାରୁ ଆରମ୍ଭ ହୋଇଥିବା ଭାରତ ଛାଡ଼ ଆନ୍ଦୋଳନ ଭାରତ ବିଭାଜନ ଆନ୍ଦୋଳନରେ ହିଁ ଶେଷ ହେବ। କେବଳ ଏକ ମିଳିତ ସାମ୍ମୁଖ୍ୟ ପାଇଁ, ସାବରକର ଏକ ସାଧାରଣ କାରଣ ଗ୍ରହଣ କରିପାରିଲେ ନାହିଁ, ଯାହାର ଜାତୀୟ ବିଲୋପ ଏବଂ ବିନାଶ ହେବାର ସମ୍ଭାବନା ଥିଲା।

ବାସ୍ତବରେ, ଭାରତ ଛାଡ଼ ଆନ୍ଦୋଳନ ଆରମ୍ଭ ହେବାକ୍ଷଣି, ଗାନ୍ଧୀ ଏବଂ ନେହେରୁଙ୍କ ସମେତ ସମସ୍ତ ପ୍ରମୁଖ କଂଗ୍ରେସ ନେତା ଗିରଫ ହେଲେ। ଯଦିଓ ସାବରକର କଂଗ୍ରେସ ଚିନ୍ତାଧାରା ସହିତ ସହମତ ନ ଥିଲେ, ସେ ଭାରତର ସ୍ୱାଧୀନତା ଦାବି ଜିଦ୍‌ରେ ସର୍ବଦା ଅଟଳ ଥିଲେ। ବ୍ରିଟିଶ ଜନସାଧାରଣଙ୍କୁ ସମ୍ବୋଧିତ କରିବାକୁ ଏକ ଆବେଦନ ସାବରକର ବ୍ରିଟିଶ ଗଣମାଧ୍ୟମ ନିକଟକୁ ତାର ଦ୍ୱାରା ପଠାଇଲେ। ଏହା ବ୍ରିଟେନର ସମସ୍ତ ଅଗ୍ରଣୀ ଖବରକାଗଜ ଦ୍ୱାରା ପ୍ରଦର୍ଶିତ ହୋଇଥିଲା ଏବଂ ଏହା ବ୍ରିଟେନର ଜନସାଧାରଣ ଏବଂ ରାଜନୈତିକ ନେତାମାନଙ୍କର ଚର୍ଚ୍ଚାର କେନ୍ଦ୍ରବିନ୍ଦୁ ହେଇଗଲା। ସାବରକର ତାରବାର୍ତ୍ତାରେ କହିଥିଲେ ଯେ ବ୍ରିଟିଶ ବାୟୋନେଟଗୁଡ଼ିକ (ବନ୍ଧୁକ ସହ ଛନ୍ଦା ହୋଇଥିବା ଛୁରି) ଗୁଡ଼ିକ ଭାରତରେ ଲୋକପ୍ରିୟ ଅସନ୍ତୋଷର ସ୍ଫୁରଣକୁ ଦମନ କରିବାରେ ସକ୍ଷମ ହୋଇପାରେ, କିନ୍ତୁ ଜାତୀୟ ଅସନ୍ତୋଷ କିମ୍ବା ଏହାର କାରଣକୁ କଦାପି ଶାନ୍ତ କରିପାରିବ ନାହିଁ। ବ୍ରିଟିଶ ଜନସାଧାରଣଙ୍କ ନିକଟରେ ସାବରକରଙ୍କ ଆବେଦନରେ ଦ୍ୱିତୀୟ ବିଶ୍ୱଯୁଦ୍ଧ ପରେ ଭାରତରେ ବ୍ରିଟିଶ ସରକାରଙ୍କ ସହ ଭାରତର ପ୍ରସ୍ତାବିତ ସର୍ତ୍ତାବଳୀ ମଧ୍ୟ ଉଲ୍ଲେଖ କରାଯାଇଥିଲା। ଏହି ସର୍ତ୍ତାବଳୀ ହିନ୍ଦୁ ମହାସଭା ଦ୍ୱାରା ଗ୍ରେଟ୍ ବ୍ରିଟେନ୍‌ର ପ୍ରଧାନମନ୍ତ୍ରୀ ୱିନଷ୍ଟନ ଚର୍ଚ୍ଚିଲଙ୍କ ନିକଟକୁ ପଠାଯାଇଥିଲା ଏବଂ ଏହା ସ୍ୱାଧୀନତାର ମିଳିତ ଚାହିଦା ପାଇଁ ମଧ୍ୟ ଆଧାର ହୋଇଗଲା। ମିଳିତ ଦାବିଗୁଡ଼ିକ ଥିଲା ୧- ବ୍ରିଟିଶ ସଂସଦ ଦ୍ୱାରା ତତ୍‌କ୍ଷଣାତ୍ ଭାରତକୁ ସ୍ୱାଧୀନ ରାଷ୍ଟ୍ରର ସ୍ୱୀକୃତି ପ୍ରଦାନ; ୨ - ଯୁଦ୍ଧ ସମୟରେ ପୂର୍ଣ୍ଣ କ୍ଷମତା ବିଶିଷ୍ଟ ଜାତୀୟ ସରକାର – ସାମରିକ ବିଭାଗ ବ୍ୟତୀତ ବିଶେଷକରି ଏହାର ଉପଯୋଗ ବିଭାଗ ସମ୍ବନ୍ଧୀୟ ; ୩ - ଯୁଦ୍ଧ ବନ୍ଦ ହେବାମାତ୍ରେ ସମ୍ବିଧାନ ଗଠନ ପାଇଁ ସମିତିର ଆୟୋଜନ।

ଏହି ମିଳିତ ଦାବିଗୁଡ଼ିକ ସବୁ ଗୋଷ୍ଠୀର ନେତାମାନଙ୍କ ଦ୍ୱାରା ସ୍ୱାକ୍ଷରିତ ହୋଇଥିଲା। ସେମାନେ ହେଲେ – ଶିଖ ଭାଇଚାରା, ମୋମିନମାନଙ୍କର ସଭାପତିମାନଙ୍କ ଦ୍ୱାରା, ଆଜାଦ ମୁସଲିମ ସମ୍ମିଳନୀ ଏବଂ ଅନ୍ୟ ପ୍ରମୁଖ ମୁସଲମାନ ସଂସ୍ଥା, ଖ୍ରୀଷ୍ଟିଆନ ମହାସଂଘର ସଭାପତିମାନଙ୍କ ଦ୍ୱାରା, ଜାତୀୟତାବାଦୀ ଲିଗ, ଲିବେରାଲ ମହାସଂଘ ଏବଂ ସିନ୍ଧ, ବେଙ୍ଗଲ ଓ ଓଡ଼ିଶା ପରି ପ୍ରାଦେଶିକ ସରକାରଙ୍କ ମନ୍ତ୍ରୀମାନେ।

ହିନ୍ଦୁ ମହାସଭାର ସ୍ୱାଧୀନତା ପାଇଁ ଏହି ମିଳିତ ଦାବି ସାରା ବିଶ୍ୱରେ ପ୍ରମୁଖ ଖବରଭାବେ ସ୍ଥାନ ପାଇ ଏକ ବୈଶ୍ୱିକ ଗୁଞ୍ଜରଣ ସୃଷ୍ଟି କଲା। ସ୍ୱାଧୀନତା ପାଇଁ ଏହି ପଦକ୍ଷେପର ଏକ ଗୁରୁତ୍ୱପୂର୍ଣ୍ଣ ଫଳାଫଳ ହେଲା ଯେ ହିନ୍ଦୁ ମହାସଭା ସାମ୍ପ୍ରଦାୟିକ ଏବଂ ଏହା ସମସ୍ତଙ୍କୁ ସାଙ୍ଗରେ ନେଇ ଚାଲିବାକୁ ଇଚ୍ଛୁକ ନୁହେଁ ବୋଲି କହୁଥିବା

ସମାଲୋଚକମାନେ ଭୁଲ୍ ପ୍ରମାଣିତ ହେଲେ। ବାସ୍ତବରେ ହିନ୍ଦୁ ମହାସଭା ଜାତୀୟ ସ୍ୱାର୍ଥ ପାଇଁ ଯୁକ୍ତିଯୁକ୍ତ ବୁଝାମଣା ଲାଗି ସର୍ବଦା ଉନ୍ମୁକ୍ତ ଥିଲା। ଧନଞ୍ଜୟ କିର ଲେଖନ୍ତି:

ସିନ୍ଧର ହିନ୍ଦୁ ମହାସଭା ମୁସଲିମ ଲିଗ ସହ ମିଶି ଏକ ମିଳିତ ମନ୍ତ୍ରିମଣ୍ଡଳ ଗଠନ କରିଥିଲା। ଡଃ. ମୁଖାର୍ଜୀ ସମସ୍ତ ସମ୍ପ୍ରଦାୟର ସୁବିଧା ପାଇଁ ଫର୍ଜୁଲ ହକ୍‌ଙ୍କ ସହ ମିଶି ଏକ ବର୍ଷ ବା କିଛି ଊର୍ଦ୍ଧ୍ୱ ସମୟ ବେଙ୍ଗଲ କ୍ୟାବିନେଟ୍‌ରେ କାମ କରିଥିଲେ, କିନ୍ତୁ ଯେତେବେଳେ ରାଜ୍ୟପାଳଙ୍କ ହସ୍ତକ୍ଷେପ ଯୋଗୁ ଆତ୍ମସମ୍ମାନର ସହ ଲୋକଙ୍କ ସେବା କରିବା ଅସମ୍ଭବ ହୋଇପଡିଲା ସେ ଏ ପଦରୁ ଇସ୍ତଫା ଦେଇଦେଲେ। ଏହି ପଦକ୍ଷେପଗୁଡ଼ିକ ପର୍ଯ୍ୟାପ୍ତ ପରିମାଣରେ ଦର୍ଶାଉଛି ଯେ ହିନ୍ଦୁ ମହାସଭା କେବଳ କ୍ଷମତା ଅଧିକାର ପାଇଁ ନୁହେଁ, ବରଂ ଜନସାଧାରଣଙ୍କ ସ୍ୱାର୍ଥରେ କ୍ଷମତାର କେନ୍ଦ୍ରଗୁଡ଼ିକୁ ଅଧିକାର କରିବାକୁ ଚେଷ୍ଟା କରିଥିଲା।[୧୩୪]

ହିନ୍ଦୁ ମହାସଭାର ଭାରତଛାଡ ଆନ୍ଦୋଳନ ପ୍ରତି ଅଣ - ପ୍ରତିବଦ୍ଧତାକୁ ମୁସଲିମ ଲିଗ୍ ଏବଂ କମ୍ୟୁନିଷ୍ଟ ପାର୍ଟିର କାର୍ଯ୍ୟକଳାପ ସହ ସମାନ କରି ଦେଖିବା ଏକ ପ୍ରକାର ନିର୍ବୋଧତା ଅଟେ। ମୁସଲିମ ଲିଗ ନିଜର ବିଚ୍ଛିନ୍ନତାବାଦୀ ଦାବି ମାନିବାକୁ ବାଧ୍ୟ କରିବା ପାଇଁ ଭାରତ ଛାଡ ଆନ୍ଦୋଳନକୁ ସମର୍ଥନ ଦେଇ ନ ଥିଲା। କମ୍ୟୁନିଷ୍ଟ ପାର୍ଟି ନିଜ ଉପରେ ଲାଗିଥିବା ପ୍ରତିବନ୍ଧକ ହଟାଇବାକୁ ବ୍ରିଟିଶମାନଙ୍କୁ ସମର୍ଥନ ଦେଉଥିଲେ।

ସାବରକର: ସୁଭାଷ ବୋଷଙ୍କ ଭାରତୀୟ ଜାତୀୟ ସେନାର ଆଧ୍ୟାତ୍ମିକ ପିତା

ପ୍ରଗତିଶୀଳ ସାବରକରଙ୍କ ଭିତରେ ଥିବା ଐତିହାସିକ ସାବରକର ୧୮୫୭ ଇତିହାସର କଟୁ ସତ୍ୟରୁ ଏକଥା ବୁଝିସାରିଥିଲେ ଯେ ଭାରତୀୟମାନେ ଔପନିବେଶିକ ସରକାରଙ୍କ ଦ୍ୱାରା ଉଦ୍ଦେଶ୍ୟମୂଳକ ଏବଂ ବ୍ୟବସ୍ଥିତ ଢଙ୍ଗରେ ସାମରିକ ଶକ୍ତିବିହୀନ ହୋଇଥିଲେ। ଯଦି ସେହି ଅବସ୍ଥା ପରିବର୍ତ୍ତନ ନ ହୁଏ, ଅନ୍ୟ ଏକ ବିଦ୍ରୋହ ପ୍ରାୟ ଅସମ୍ଭବ ଥିଲା। ଉଭୟ ସାବରକର ଏବଂ ଡଃ. ଆମ୍ବେଦକର ବ୍ରିଟିଶ ସେନାର ଭାରତୀୟକରଣର ଜରୁରୀ ଆବଶ୍ୟକତା ବୁଝୁଥିଲେ, ଯାହା ବିଫଳତାରେ ଦେଶ ବିଭାଜନ ସମୟ ଅତ୍ୟନ୍ତ ବିପଜ୍ଜନକ ହେବ। ସାବରକର ବ୍ରିଟିଶମାନଙ୍କ ବିରୁଦ୍ଧରେ ବିଦ୍ରୋହ କରୁଥିବା ଭାରତୀୟ ଆଧିପତ୍ୟ ଥିବା ଏକ ସେନାର ମଧ୍ୟ କଳ୍ପନା କରୁଥିଲେ।

ତେଣୁ ସାବରକର ଅପେକ୍ଷା କଲେ ଏବଂ ଦ୍ୱିତୀୟ ବିଶ୍ୱଯୁଦ୍ଧ ରୂପେ ସୁଯୋଗ ଆସିବା କ୍ଷଣି, ସେ ଭାରତୀୟ ଯୁବକମାନଙ୍କୁ ସେନାରେ ଯୋଗଦେବାକୁ ଅନୁରୋଧ କଲେ। ସାବରକର କେବଳ ଜାତୀୟ ସ୍ୱାଧୀନତାର ପରିକଳ୍ପନା କରୁ ନ ଥିଲେ, ସେ

ସେନା ନିଯୁକ୍ତିକୁ ଜାତିଭତ୍ତିକ ହିନ୍ଦୁ ସମାଜରୁ ଜାତି ବିଭାଜନର ଅସୁବିଧା ଦୂର କରିବାର ଏକ ପ୍ରକ୍ରିୟାଭାବେ ଦେଖୁଥିଲେ। ତେଣୁ ଡ. ଆମ୍ବେଦକରଙ୍କ ମାହାଲ ଯୁବକଙ୍କୁ ବ୍ରିଟିଶ ସେନାରେ ଯୋଗଦେବା ଆହ୍ୱାନକୁ ସାବରକର ପ୍ରତ୍ୟକ୍ଷ ସମର୍ଥନ ଦେଲେ। ଧନଞ୍ଜୟ କିର୍, ଯିଏ ଆମ୍ବେଦକରଙ୍କ ଜୀବନୀ ମଧ୍ୟ ଲେଖିଛନ୍ତି, କୁହନ୍ତି, 'ହିନ୍ଦୁମାନଙ୍କୁ ଏକ ସାମରିକ ଶକ୍ତି ଭାବେ (ବୀର ଜାତି) ପୁନର୍ଜନ୍ମ ପାଇବାର ଆକାଂକ୍ଷା ରଖୁଥିବା ସାବରକର ଆଶା ପ୍ରକଟ କରିଥିଲେ ଯେ ଆମ୍ବେଦକରଙ୍କ ଉଚିତ୍ ମାର୍ଗଦର୍ଶନରେ ମାହାର ଭାଇମାନେ ସାମରିକ ଗୁଣ ସହିତ ପୁଣି ଜାଗ୍ରତ ହେବେ ଏବଂ ସେମାନଙ୍କର ସାମରିକ ଉନ୍ନତି ହିନ୍ଦୁମାନଙ୍କର ଏକୀକରଣରେ ସହାୟକ ହେବ।[୧୩୫]

ଏହି ପଦକ୍ଷେପ ପରେ ସୁଭାଷ ବୋଷଙ୍କୁ ଇଣ୍ଡିଆନ୍ ନେସନାଲ୍ ଆର୍ମି (ଆଇଏନ୍ଏ) ଗଠନ କରିବାରେ ସହାୟକ ହୋଇଥିଲା। ଆଇଏନ୍ଏ ଗଠନର ପ୍ରଛଦରେ ଥିବା ବିପ୍ଲବୀ ରାସବିହାରୀ ବୋଷ ଏବଂ ସୁଭାଷ ଚନ୍ଦ୍ର ବୋଷ ଉଭୟଙ୍କ ଦ୍ୱାରା ସାବରକରଙ୍କ ଏ ଦୂରଦୃଷ୍ଟି ପ୍ରଶଂସିତ ଓ ଅନୁମୋଦିତ ହୋଇଥିଲା। ୨୫ ଜୁନ୍ ୧୯୪୪ର ନିଜ ରେଡିଓ ଭାଷଣରେ ସୁଭାଷ ବୋଷ ସାବରକରଙ୍କ ଏହି ଦର୍ଶନ ଓ ଭୂମିକାର ଖୋଲାଖୋଲି ସ୍ୱୀକାର କରିଥିଲେ।

'ଯେତେବେଳେ ଭୁଲ୍ ରାଜନୈତିକ ଇଚ୍ଛା ଏବଂ ଦୂରଦୃଷ୍ଟିର ଅଭାବ ହେତୁ କଂଗ୍ରେସ ଦଳର ପ୍ରାୟ ସମସ୍ତ ନେତା ଭାରତୀୟ ସୈନ୍ୟବାହିନୀର ସମସ୍ତ ସୈନିକଙ୍କୁ ଭିକାରି ଭାବରେ ନିନ୍ଦା କରୁଛନ୍ତି, ଏହା ଅତ୍ୟନ୍ତ ହୃଦୟସ୍ପର୍ଶୀ ଯେ ବୀର ସାବରକର ନିର୍ଭୟରେ ଭାରତର ଯୁବକମାନଙ୍କୁ ସଶସ୍ତ୍ର ବାହିନୀରେ ଯୋଗ ଦେବାକୁ ଉତ୍ସାହିତ କରୁଛନ୍ତି। ଏହି ତାଲିକାଭୁକ୍ତ ଯୁବକମାନେ ନିଜେ ଆମ ଆଇଏନ୍ଏ ପାଇଁ ତାଲିମ୍ପ୍ରାପ୍ତ ପୁରୁଷ ଏବଂ ସୈନିକ ଯୋଗାନ୍ତି।[୧୩୬]

ଏକ ରେଡିଓ ପ୍ରସାରଣରେ, ରାସ ବିହାରୀ ବୋଷ୍ ସିଧାସଳଖ ସାବରକରଙ୍କୁ ସମ୍ବୋଧିତ କରି କହିଥିଲେ, 'ଆପଣଙ୍କୁ ଅଭିବାଦନ ଜଣାଇ ମୁଁ ମୋର ଜଣେ ବୟସ୍କ ବନ୍ଧୁଙ୍କୁ କୋଳାଗ୍ରତ କରିବାର ଆନନ୍ଦ ସହିତ ନିଜ କର୍ତ୍ତବ୍ୟ ପାଳନ କରୁଛି। ଆପଣଙ୍କୁ ଅଭିବାଦନ କଲାବେଳେ ମୁଁ ନିଜେ ବଳିଦାନର ପ୍ରତୀକଙ୍କୁ ନମସ୍କାର କରୁଛି।'[୧୩୭]

ସାବରକର ଏବଂ ଆମ୍ବେଦକର : ଅନେକ ସମନ୍ୱୟର ଦଳିତ ଚିନ୍ତକ ନେତୃତ୍ୱ

ସାବରକର ହେଉଛନ୍ତି ଜଣେ ଅଗ୍ରଣୀ ଏବଂ ଅନ୍ୟତମ ଦଳିତ ଚିନ୍ତକ, ଯିଏ କି ଭାରତର ଜାତିବାଦର ଅସୁସ୍ଥ ପରମ୍ପରା ବିରୋଧରେ ଯୁଦ୍ଧ ଘୋଷଣା କରୁଥିଲେ। ୧୯୨୪ ରୁ ୧୯୩୭ ମଧ୍ୟରେ ରତ୍ନଗିରିରେ ବନ୍ଦୀଥିବା ସମୟରେ, ଯେବେ ତାଙ୍କୁ

ସକ୍ରିୟ ରାଜନୀତିରେ ଅଂଶଗ୍ରହଣ କରିବାକୁ ବାରଣ କରାଯାଇଥିଲା, ସେ ହିନ୍ଦୁ ସମାଜରୁ ଅସ୍ପୃଶ୍ୟତାର ବିପଦ ଦୂର କରିବାକୁ ନିରନ୍ତର ଉଦ୍ୟମ ଜାରି ରଖିଥିଲେ।

ସାବରକରଙ୍କ ନେତୃତ୍ୱରେ ରତ୍ନଗିରିର ହିନ୍ଦୁ ମହାସଭା ଅସ୍ପୃଶ୍ୟତା ଦୂର କରିବା ପାଇଁ ଅନେକ କାର୍ଯ୍ୟକ୍ରମ ଆରମ୍ଭ କରିଥିଲେ। ୧୯୨୫ରେ ସାବରକରଙ୍କ ଉଦ୍ୟମରେ ହନୁମାନ ଜୟନ୍ତୀ ଅବସରରେ ଏକ ନୂଆ ମନ୍ଦିର ଅସ୍ପୃଶ୍ୟଙ୍କ ସମେତ ସମସ୍ତଙ୍କ ପାଇଁ ଖୋଲି ଦିଆଗଲା। ସବୁ ଜାତିର ସ୍ତ୍ରୀ ଲୋକମାନେ ମଧ୍ୟ ଏକାଠି ବସି ହଳଦି କୁଙ୍କୁମ ରୀତିନୀତି ସମ୍ପାଦନ କଲେ। ଏଠି ସେମାନେ 'ସ୍ପର୍ଶ –ବନ୍ଦୀ' ପ୍ରଥା ଯେଉଁଥିରେ କି ଜଣେ ତଥାକଥିତ ନୀଚ ଜାତିର ସ୍ତ୍ରୀଲୋକ ଦ୍ୱାରା ଅନ୍ୟମାନଙ୍କ ମଥାରେ ସିନ୍ଦୂର ଲଗାଇବା ବାରଣ ଥିଲା, ସେ ପ୍ରଥା ଭାଙ୍ଗିଦେଲେ। ଏହା ମହାରାଷ୍ଟ୍ରର ପ୍ରଥମ ପ୍ରମୁଖ ସଫଳ ମନ୍ଦିର ପ୍ରବେଶ ଆନ୍ଦୋଳନ ମଧ୍ୟରୁ ଅନ୍ୟତମ ଏବଂ ଏହା ସାବରକରଙ୍କ ଦ୍ୱାରା ପରିଚାଳିତ ହୋଇଥିଲା। ଏହା ଅନ୍ୟାନ୍ୟ ବିଭିନ୍ନ ଗତିବିଧିକୁ ଆଗେଇ ନେଇଗଲା। ରତ୍ନଗିରିରେ ଥିବା ସମୟରେ ସାବରକର ଏହିପରି ଅନେକ ଆନ୍ଦୋଳନର ନେତୃତ୍ୱ ନେଇଥିଲେ ଏବଂ ଅଂଶଗ୍ରହଣ କରିଥିଲେ ଯେପରିକି ୧୯୨୮ ମସିହାରେ ଶିବଭଙ୍ଗୀରେ ବିଠଲ ମନ୍ଦିରରେ ଅସ୍ପୃଶ୍ୟ ପ୍ରବେଶ, ଭଙ୍ଗୀ ସମ୍ପ୍ରଦାୟର ସଦସ୍ୟ ଶିବଙ୍କୁ ପତିତପାବନ ମନ୍ଦିର ଭିତରେ ଗାୟତ୍ରୀ ମନ୍ତ୍ର ପଠନ ପାଇଁ ସକ୍ଷମ କରିଥିଲେ। ଦଳିତ ସମ୍ପ୍ରଦାୟର ପିଲାମାନଙ୍କ ପାଇଁ ବ୍ରତୋପନୟନ ସଂସ୍କାର ସମାରୋହ ମଧ୍ୟ ସାବରକର ଆୟୋଜନ କରିଥିଲେ।

୧୯୨୪ରେ ମାହାଦ ନଗରପାଳିକାରେ ଏକ ସଂକଳ୍ପ ପାରିତ ହେଲା ଯାହା ଅନୁଯାୟୀ ଘୋଷଣା କରାଗଲା ଯେ ନଗରପାଳିକା ଏହାର ଜଳଟାଙ୍କିଗୁଡିକ ସମାଜର ନିକ୍ଷେପିତ ବର୍ଗଙ୍କ ପାଇଁ ଖୋଲିବ, ସେବେ ଆମ୍ବେଦକର ନିଜ ଅନୁଗାମୀଙ୍କ ସହ ଏକ ସତ୍ୟାଗ୍ରହର ନେତୃତ୍ୱ ନେବାକୁ ମନ ସ୍ଥିର କଲେ, ଯେମିତି ଟାଙ୍କିରୁ ପାଣି ନିଆଯାଇପାରିବ ଓ ପୂର୍ବରୁ ଅସ୍ପୃଶ୍ୟ ଥିବା ବ୍ୟକ୍ତିଙ୍କ ଅଧିକାରକୁ ସାବ୍ୟସ୍ତ କରାଯିବ।[୧୩୬] ଆମ୍ବେଦକରଙ୍କ ସଂଘର୍ଷକୁ ନିର୍ଭୟ ଏବଂ ପୂର୍ଣ୍ଣ ପ୍ରାଣରେ ସମର୍ଥନ ଦେଉଥିବା ନେତାଜଣକ ହେଲେ ସାବରକର। ମହାରାଷ୍ଟ୍ରର ଅନେକ ମନ୍ଦିର ପ୍ରବେଶ ଆନ୍ଦୋଳନ ଦ୍ୱାରା ପ୍ରେରିତ ହୋଇ ୧୯୩୦ରେ ଡ. ଆମ୍ବେଦକର ନାସିକଠାରେ ହଜାର ହଜାର ଦଳିତ ସ୍ୱେଚ୍ଛାସେବୀଙ୍କୁ ନେଇ କାଲାରାମ୍ ପ୍ରବେଶ ଆନ୍ଦୋଳନ ଆରମ୍ଭ କଲେ।

ସାବରକର ରତ୍ନଗିରିରେ ବନ୍ଦୀ ହୋଇଥିଲେ। ତାଙ୍କ ଆନ୍ଦୋଳନ ଏବଂ ରାଜନୈତିକ କାର୍ଯ୍ୟକଳାପ ଉପରେ ପ୍ରତିବନ୍ଧକ ଲାଗିଥିଲା। ତଥାପି ସେ ଦଳିତଙ୍କ ଦାବିକୁ ସମର୍ଥନ ଦେଲେ ଏବଂ ରତ୍ନଗିରିରେ ଅନୁଷ୍ଠିତ ମାହାର ସମ୍ମିଳନୀରେ ସଭାପତିତ୍ୱ

କଲେ। ଡ. ଆମ୍ବେଦକର ରତ୍ନଗିରିଠାରେ ସାବରକରଙ୍କୁ ଭେଟିବାକୁ ଚାହୁଁଥିଲେ, କିନ୍ତୁ ଭେଟିପାରିଲେ ନାହିଁ। ଅନ୍ୟ ଦାୟିତ୍ୱରେ ବନ୍ଧା ହୋଇଥିବାରୁ ସାବରକରଙ୍କୁ ଭେଟିବାରେ ଅକ୍ଷମ ହେଲେ କହି ଆମ୍ବେଦକର ସାବରକରଙ୍କୁ ଚିଠି ଲେଖିଲେ। 'ମୁଁ ସାମାଜିକ ସଂସ୍କାର କ୍ଷେତ୍ରରେ ଆପଣ କରୁଥିବା କାର୍ଯ୍ୟ ପାଇଁ କୃତଜ୍ଞତା ଜଣାଇବାକୁ ଏହି ସୁଯୋଗଟି ନେଲି। ଯଦି ଅସ୍ପୃଶ୍ୟମାନେ ହିନ୍ଦୁ ସମାଜର ଅଂଶ ହେବେ, ତେବେ କେବଳ ଅସ୍ପୃଶ୍ୟତା ଦୂର କଲେ ହେବ ନାହିଁ, ତା' ପାଇଁ ଆପଣଙ୍କୁ ଚତୁର୍ବର୍ଣ୍ଣ ପ୍ରଥା ଉଚ୍ଛେଦ କରିବାକୁ ହେବ। ମୁଁ ଅତ୍ୟନ୍ତ ଖୁସି ଯେ ଆପଣ ସେହି ଅଳ୍ପ ନେତାମାନଙ୍କ ମଧ୍ୟରୁ ଅନ୍ୟତମ, ଯିଏ ଏହାକୁ ଠିକ ଭାବେ ବୁଝିଛନ୍ତି'।[୧୩୯]

୧୯୩୩ ମସିହା ଏପ୍ରିଲ ମାସରେ ଆମ୍ବେଦକରଙ୍କ 'ଜନତା' ପତ୍ରିକାର ଏକ ବିଶେଷ ସଂଖ୍ୟାରେ ଦଳିତଙ୍କ କାର୍ଯ୍ୟ ପାଇଁ ସାବରକରଙ୍କ ଅବଦାନ ଗୌତମ ବୁଦ୍ଧଙ୍କ ପରି ନିର୍ଣ୍ଣାୟକ କହି ସେ ସାବରକରଙ୍କୁ ଭୂରି ଭୂରି ପ୍ରଶଂସା କରିଥିଲେ। ଅନ୍ୟ ପକ୍ଷରେ ଡ. ଆମ୍ବେଦକର ଅସ୍ପୃଶ୍ୟତା ଦୂର କରିବାରେ ସେମାନଙ୍କ ଉଦ୍ୟମହୀନତା ଏବଂ ଛଳନାକୁ ନେଇ କଂଗ୍ରେସ ଏବଂ ଗାନ୍ଧୀଙ୍କ କାର୍ଯ୍ୟକୁ ଘୋର ସମାଲୋଚନା କରିଥିଲେ। ଏହା ଏତେ ବେଶି ଥିଲା ଯେ ଆମ୍ବେଦକର କଂଗ୍ରେସର ପ୍ରକୃତ ରୂପ ପ୍ରକାଶ କରିବାକୁ ଏକ ସମ୍ପୂର୍ଣ୍ଣ ବହି ଲେଖିଦେଲେ, ଯାହାର ଶୀର୍ଷକ ଥିଲା 'କଂଗ୍ରେସ ଓ ଗାନ୍ଧୀ ଅସ୍ପୃଶ୍ୟମାନଙ୍କ ପାଇଁ କ'ଣ କରିଛନ୍ତି?' ଏହି ବହିରେ ଡ. ଆମ୍ବେଦକର ଗାନ୍ଧୀ ଏବଂ ତାଙ୍କ ଦଳ ନିଷ୍ପେଷିତ ଶ୍ରେଣୀର ସ୍ୱାର୍ଥରେ କିଛି କାର୍ଯ୍ୟ କରିନାହାନ୍ତି ବୋଲି ପ୍ରମାଣ ଦେଇଛନ୍ତି।

ଏକ ସମନ୍ୱିତ ସମାଜ ଗଠନ ପାଇଁ ଅସ୍ପୃଶ୍ୟତା ଦୂର କରିବାକୁ ୧୯୧୫ରେ ହିନ୍ଦୁ ମହାସଭା ଗଠନ ହେବା ଦିନଠାରୁ ଏହାର କେନ୍ଦ୍ରୀୟ ବ୍ୟାଖ୍ୟାନ ଥିଲା। ନିଷ୍ପେଷିତ ଶ୍ରେଣୀର ଶିକ୍ଷା ଏବଂ ଜଳର ସମସ୍ୟା ଉପରେ ଗାନ୍ଧୀ ନିଜ ମତ ୧୯୨୦ର ଶେଷ ଆଡକୁ 'ୟଙ୍ଗ ଇଣ୍ଡିଆ'ରେ ରଖିଲେ। ୧୯୨୧ ଏପ୍ରିଲର ନିଜ ହରିଦ୍ୱାର ଅଧିବେଶନରେ ହିନ୍ଦୁମାନଙ୍କର ବିଭିନ୍ନ ଜାତି ମଧ୍ୟରେ ଏକତାର ଆବଶ୍ୟକତା ବିଷୟରେ ହିନ୍ଦୁ ମହାସଭା ଆଉଥରେ ଦୋହରାଇଲେ। ମହାସଭା ଅସ୍ପୃଶ୍ୟମାନଙ୍କର ଉତ୍ଥାନ ଏବଂ ଜାତିଗତ ପ୍ରତିବନ୍ଧକ ହଟାଇବା ପାଇଁ ବିଭିନ୍ନ କାର୍ଯ୍ୟକ୍ରମ ମଧ୍ୟ ଆରମ୍ଭ କରିଥିଲେ। ୧୯୨୩ରେ ଅଗଷ୍ଟ ଅଧିବେଶନରେ ସ୍ୱାମୀ ଶ୍ରଦ୍ଧାନନ୍ଦ ମୁଖ୍ୟ ସ୍ରୋତରେ ଅସ୍ପୃଶ୍ୟଙ୍କ ମିଶିବାର ଉପାୟ ଅନୁସନ୍ଧାନ କରିବା ପାଇଁ ଏକ ସଂକଳ୍ପ ରଖି କହିଥିଲେ ଯେ ଅସ୍ପୃଶ୍ୟତାର ଅଭିଶାପକୁ ଉଚ୍ଛେଦ କରିବା ପ୍ରସଙ୍ଗ ହେଉଛି ଭାରତରେ ଜାତୀୟତାର ଜରୁରୀ ସର୍ତ୍ତ।[୧୪୦] ୧୯୨୪ରେ ମଦନ ମୋହନ ମାଳବ୍ୟ ଅସ୍ପୃଶ୍ୟତା ଦୂର କରିବା ହିନ୍ଦୁ ମହାସଭାର ମୁଖ୍ୟ ଧ୍ୟାନକେନ୍ଦ୍ର ବୋଲି ଆଉ ଥରେ ଦୋହରାଇଲେ। ୧୯୩୮

ପରେ ସାବରକରଙ୍କ ସଭାପତିତ୍ୱ ସମୟରେ ହିନ୍ଦୁ ମହାସଭା ଘୋଷଣା କଲା ଯେ ଏହାର ମୁଖ୍ୟ ଉଦ୍ଦେଶ୍ୟ ହେଲା ଅସ୍ପୃଶ୍ୟତା ଦୂର କରିବା।

ଐତିହାସିକମାନେ କାହିଁକି ସାବରକରଙ୍କୁ ଉଚିତ୍ ସ୍ଥାନ ଦେଲେ ନାହିଁ

ଏକ ମରାଠୀ ଦୈନିକ ସହ କଥାବାର୍ତ୍ତାରେ ୨୦୦୯ ମସିହାରେ ଲତା ମଙ୍ଗେସକର 'ସାବରକର ସ୍ୱାଧୀନ ଭାରତରେ ଉଚିତ୍ ସମ୍ମାନ ପାଇନାହାନ୍ତି କହି ଭୀଷଣ ଦୁଃଖ ଓ ଅବସୋସ ପ୍ରକାଶ କରିଛନ୍ତି।[୧୪୧] ସାବରକରଙ୍କ ଦ୍ୱାରା ରଚିତ ଅନେକ ଦେଶାତ୍ମବୋଧକ ଗୀତ ଲତାଜୀ ଗାଇଛନ୍ତି। ନିଜର ଅନେକ ସାକ୍ଷାତକାରରେ ଲତାଜୀ ତାଙ୍କୁ ସଙ୍ଗୀତ ସାଧନା ଜାରି ରଖିବାକୁ ଏବଂ ନିଜ ସ୍ୱର ମାଧ୍ୟମରେ ରାଷ୍ଟ୍ର ସେବା କରିବାକୁ ପ୍ରେରଣା ଦେଇଥିବା ସାବରକରଙ୍କୁ ଶ୍ରେୟ ଦେଇଛନ୍ତି।[୧୪୨] ଐତିହାସିକ ଏବଂ ସ୍ୱାଧୀନତା ପରର ରାଜନେତାମାନେ ସାବରକରଙ୍କୁ ତାଙ୍କ ଉଚିତ ସମ୍ମାନ ପ୍ରଦାନ କରିନାହାନ୍ତି ବୋଲି ଲତାଜୀ ଠିକ୍ ମୂଲ୍ୟାଙ୍କନ କରିଛନ୍ତି କି ?

ସାବରକର ତାଙ୍କ ସହଯୋଗୀଙ୍କ ମାଧ୍ୟମରେ ବିଶ୍ୱମଞ୍ଚରେ ସ୍ୱାଧୀନ ଭାରତର ପ୍ରଥମ ପତାକା ଉତ୍ତୋଳନ କରିଥିଲେ। ବ୍ରିଟିଶ ଲୁଗା ପୋଡ଼ି, ସେ ଭବିଷ୍ୟତରେ ବିଦେଶୀ ବସ୍ତ୍ର ବର୍ଜନ ଆନ୍ଦୋଳନ ପାଇଁ ରାସ୍ତା ପରିଷ୍କାର କରିଥିଲେ, ଯାହାକି ପରେ ଗାନ୍ଧୀଙ୍କ ସମେତ ଅନ୍ୟ କଂଗ୍ରେସ ଲୋକଙ୍କ ପାଇଁ କାର୍ଯ୍ୟ କରିବାର ଧାରା ହୋଇଥିଲା। ସାବରକର ଏବଂ ତାଙ୍କ ଲେଖା ତାଙ୍କ ସମୟର ବିପ୍ଳବୀମାନଙ୍କ ପାଇଁ ଉଚ୍ଚତମ ପ୍ରେରଣାର ସ୍ରୋତ ଥିଲା। ଡ. ହେଡଗେୱାର କହିଛନ୍ତି ଯେ ସାବରକରଙ୍କ ଲେଖାଦ୍ୱାରା ସେ ଖୁବ୍ ପ୍ରଭାବିତ ହୋଇଥିଲେ ଏବଂ ଏସବୁ ତାଙ୍କୁ ତାଙ୍କ ଗଢ଼ିଥିବା ଅନୁଷ୍ଠାନକୁ ଉଚିତ୍ ରୂପ ଦେବାରେ ସହାୟକ ହୋଇଥିଲା। ଡ. ଆମ୍ବେଦକର ଜାତିପ୍ରଥା ଉଚ୍ଛେଦ ପାଇଁ କରିଥିବା କାର୍ଯ୍ୟ ଯୋଗୁ ସାବରକରଙ୍କୁ ଉଚ୍ଛ୍ୱସିତ ପ୍ରଶଂସା କରିଛନ୍ତି। ଗାନ୍ଧୀ ନିଜେ କହିଛନ୍ତି ଯେ ସାବରକର ଏବଂ ତାଙ୍କ ପରିବାର ପରି ଦେଶ ପ୍ରେମୀ ଆଉ କେହି ମିଳିବେ ନାହିଁ। ଦେଶର ସ୍ୱାଧୀନତା ପାଇଁ ଅମାନୁଷିକ ଅତ୍ୟାଚାର ସହି ୧୦ଟି ଭୟଙ୍କର ବର୍ଷ ସାବରକର ଆଣ୍ଡାମାନ୍ ଜେଲ୍‌ରେ ରହିଥିଲେ। ତେବେ ଆଜିକାର କଂଗ୍ରେସ ଏବଂ ସେମାନଙ୍କ ସହଯୋଗୀମାନେ ସାବରକରଙ୍କୁ ଅବମାନନା ଓ ଅସମ୍ମାନ କାହିଁକି କରନ୍ତି ? ତେବେ ସଂସଦର ଜାତୀୟ ହଲରେ ତାଙ୍କ ଚିତ୍ର ସ୍ଥାପନ କରିବାକୁ ସ୍ୱାଧୀନତା ପରେ ୫୦ ବର୍ଷ ଏବଂ ଏକ ବିଜେପି ନେତୃତ୍ୱାଧୀନ ସରକାରର ଆବଶ୍ୟକତା କାହିଁକି ହେଲା ?

ମାର୍ଚ୍ଚ ୨୦୧୮ରେ କଂଗ୍ରେସ ସରକାରୀ ଟୁଇଟର ସଂସ୍ଥା ସାବରକରଙ୍କୁ ବିଶ୍ୱାସଘାତକ କହି ବର୍ଣ୍ଣନା କଲା।[୧୪୩] ସାବରକରଙ୍କୁ ଉପହାସ ଓ ଅପମାନିତ କରି

ତଥା ତାଙ୍କର ରାଷ୍ଟ୍ର ପାଇଁ ଯୋଗଦାନକୁ ଭୁଲି ୨୦୧୮ରେ କଂଗ୍ରେସର ବଡ଼ ନେତା ରାହୁଲ ଗାନ୍ଧୀ କହିଲେ ଯେ 'ଯେବେ ଆମ ନେତା (ମହାତ୍ମା ଗାନ୍ଧୀ) ବ୍ରିଟିଶ ଜେଲର ଚଟାଣରେ ଶୋଉଥିଲେ, ସେବେ ତାଙ୍କ ନେତା ସାବରକର ବ୍ରିଟିଶ ସରକାରଙ୍କୁ କୃପାଭିକ୍ଷା କରି ଚିଠି ଲେଖୁଥିଲେ।[୧୪୪] ମାର୍ଚ୍ଚ ୨୦୧୬ରେ ବିଜେପିକୁ ଲକ୍ଷ୍ୟ କରି ରାହୁଲ ଗାନ୍ଧୀ ସଂସଦ ଗୃହରେ ହିଁ କହିଲେ 'ଆମର ଗାନ୍ଧୀ ଅଛନ୍ତି, ତୁମର ଅଛନ୍ତି ସାବରକର'।[୧୪୫] ସାବରକରଙ୍କୁ ଅବମାନନା କଲାବେଳେ ରାହୁଲ ଗାନ୍ଧୀ ଓ କଂଗ୍ରେସ ୧୯୮୦ ମସିହାରେ ସାବରକରଙ୍କ ଜନ୍ମ ଶତବାର୍ଷିକୀ ଉପରେ ପୂର୍ବତନ ପ୍ରଧାନମନ୍ତ୍ରୀ ଶ୍ରୀମତୀ ଇନ୍ଦିରା ଗାନ୍ଧୀ ଲେଖିଥିବା ଚିଠି ବିଷୟରେ ଭୁଲିଯାଆନ୍ତି, ଯେଉଁଥିରେ ଲେଖାଥିଲା : 'ବ୍ରିଟିଶ ସରକାରଙ୍କ ପ୍ରତି ସାବରକରଙ୍କ ସାହସୀ ଅବଜ୍ଞା ଆମ ସ୍ୱତନ୍ତ୍ରତା ଆନ୍ଦୋଳନର ଉଦ୍‌ଘୋଷରେ ନିଜର ମହତ୍ତ୍ୱପୂର୍ଣ୍ଣ ସ୍ଥାନ ପାଇଛି।[୧୪୬] 'ଦି ହିନ୍ଦୁ' ର ଖବର ଅନୁଯାୟୀ ବିଜେପି ମୁଖପାତ୍ର ଭି.କେ. ମାଲହୋତ୍ରା କହିଛନ୍ତି ଯେ, ଇନ୍ଦିରା ଗାନ୍ଧୀ ସାବରକରଙ୍କ ଉପରେ ଏକ ସ୍ମରଣୀୟ ଡାକ ଟିକେଟ୍ ପ୍ରଚଳନ କରିଥିଲେ ଏବଂ ନିଜର ବ୍ୟକ୍ତିଗତ ବ୍ୟାଙ୍କ ଖାତାରୁ ସାବରକରଙ୍କ ନାଁରେ ଗଢାଯାଉଥିବା ଟ୍ରଷ୍ଟକୁ ୧୧ ହଜାର ଟଙ୍କା ଦାନ କରିଥିଲେ।[୧୪୭]

୨୦୦୩ରେ ଅଟଳ ବିହାରୀ ବାଜପେୟୀ ପ୍ରଧାନମନ୍ତ୍ରୀ ଥିବା ସମୟରେ ସଂସଦର କେନ୍ଦ୍ରୀୟ ହଲ୍‌ରେ ସାବରକରଙ୍କ ଚିତ୍ର ଟାଙ୍ଗିବାକୁ କେନ୍ଦ୍ର ସରକାରଙ୍କୁ ବାଧ କରାଯାଇଥିଲା। ସଂସଦୀୟ କମିଟିରେ ଥିବା ପ୍ରଣବ ମୁଖାର୍ଜୀ ଏବଂ ଶିବରାଜ ପାଟିଲ୍ ଏହି ପ୍ରସ୍ତାବକୁ ଅନୁମୋଦନ କରିଦେଲେ ଏବଂ ତତ୍କାଳୀନ ଲୋକସଭା ବାଚସ୍ପତି ଶ୍ରୀ ମନୋହର ଶ୍ୟାମ ଯୋଶୀଙ୍କ ଦ୍ୱାରା ଏହା ତର୍କଯୋଗ୍ୟ ବୋଲି କୁହାଯାଇଥିଲା। ଯାହାହେଉ କଂଗ୍ରେସ ଏବଂ ବିରୋଧୀଦଳ ମତ ପରିବର୍ତ୍ତନ କଲେ ଏବଂ ପରେ ସେମାନେ ତୈଳଚିତ୍ର ଅନାବରଣ ଉତ୍ସବକୁ ବର୍ଜନ କଲେ।

କେବଳ ପୂର୍ବତନ ପ୍ରଧାନମନ୍ତ୍ରୀ ଚନ୍ଦ୍ରଶେଖର ଏବଂ ଜଣେ ଜନତା ଦଳ (ଏସ୍)ର ସଭ୍ୟଙ୍କୁ ଛାଡି ସମଗ୍ର ବିରୋଧୀ ଦଳ ଏ ଉତ୍ସବକୁ ବର୍ଜନ କଲେ। ଅନୁପସ୍ଥିତ ଥିବା ବ୍ୟକ୍ତିମାନଙ୍କ ମଧ୍ୟରେ ଉଲ୍ଲେଖନୀୟ ଥିଲେ – ଲୋକସଭାର ଉପବାଚସ୍ପତି ପି.ଏମ୍. ସଇଦ୍ ଯିଏ କଂଗ୍ରେସର ଉତ୍ସବ ବର୍ଜନ ଆହ୍ୱାନକୁ ମାନିଥିଲେ, କିନ୍ତୁ ରାଜ୍ୟସଭା ଉପାଧ୍ୟକ୍ଷା ଶ୍ରୀମତୀ ନଜମା ହେପତୁଲ୍ଲା ଏହି ଉତ୍ସବରେ ଯୋଗ ଦେଇଥିଲେ। ତତ୍କାଳୀନ ରାଷ୍ଟ୍ରପତି ଡ. ଏପିଜେ ଅବଦୁଲ କଲାମଙ୍କୁ ତାଙ୍କ ଉତ୍ସବ ଯୋଗଦାନ ପ୍ରସ୍ତାବକୁ ପୁନର୍ବିଚାର କରିବାକୁ କଂଗ୍ରେସ ଅନୁରୋଧ କରିଥିଲା। ରାଷ୍ଟ୍ରପତି କଲାମ କଂଗ୍ରେସର ଇତିହାସ ସମ୍ବନ୍ଧରେ ଭୁଲ୍ ଉପସ୍ଥାପନାକୁ ଧ୍ୟାନ ଦେଲେ ନାହିଁ ଏବଂ ଉତ୍ସବରେ

ଯୋଗଦେଲେ। ସାବରକରଙ୍କ ଦ୍ୱାରା ଲିଖିତ ସଙ୍ଗୀତ ପ୍ରଚ୍ଛଦ ଗାନ ହେଉଥିବା ସମୟରେ କଲାମଙ୍କୁ କେନ୍ଦ୍ରୀୟ ହଲ୍‌କୁ ଅଣାଗଲା। ରାଷ୍ଟ୍ରପତି କଲାମ ତୈଳଚିତ୍ରଟି ଅନାବରଣ କରିବା ମାତ୍ରେ ବିଜେପି ଏବଂ ଶିବସେନା ସାଂସଦ ଏବଂ ତାଙ୍କର ସମର୍ଥକମାନେ ଉଚ୍ଚ ସ୍ୱରରେ 'ସ୍ୱତନ୍ତ୍ର ବୀର ସାବରକର ଅମର ରହେ'ର ଧ୍ୱନି ଦେଲେ। ତୈଳଚିତ୍ରର ଚିତ୍ରକର ଚନ୍ଦ୍ରକୁମାର କଦମଙ୍କୁ ରାଷ୍ଟ୍ରପତି କଲାମଙ୍କ ସହ ପରିଚିତ କରିଦିଆହେଲା ଏବଂ ତାଙ୍କୁ ଚିତ୍ରଟି ରହିବାର ସ୍ଥାନ ଦେଖାଇ ଦିଆଗଲା, ଡାହାଣପଟେ ଗାନ୍ଧୀଙ୍କ ଚିତ୍ର ପାଖରେ ଥିବା ଖାଲି ସ୍ଥାନରେ। ରାଷ୍ଟ୍ରପତି ସ୍ୱତନ୍ତ୍ର ବୀର ବିନାୟକ ଦାମୋଦର ସାବରକରଙ୍କ ନାମରେ ଏକ ପୁସ୍ତିକା ମଧ୍ୟ ଉନ୍ମୋଚନ କଲେ। ପରେ ସଂସଦ ଗୃହରେ ବିଜେପି ସଭ୍ୟ ଯୋଗୀ ଆଦିତ୍ୟନାଥ ଏ ଉତ୍ସବକୁ ବର୍ଜନ କରି ସେମାନେ ଜଣେ ମହାନ୍ ସ୍ୱାଧୀନତା ସଂଗ୍ରାମୀଙ୍କ ସ୍ମୃତି ପ୍ରତି ଅବମାନନା କରିଛନ୍ତି ବୋଲି ବିରୋଧୀମାନଙ୍କୁ ଭର୍ତ୍ସନା କଲେ।[୧୪୮]

୨୭ ମାର୍ଚ୍ଚ ୨୦୧୮ ସୁରଟରେ ଏକ କୃଷକ ରାଲିରେ ରାହୁଲଙ୍କ 'ଗାନ୍ଧୀ ଆମର ସାବରକର ତୁମର' ମତ ଉପରେ ଉତ୍ତର ରଖି ବିଜେପି ଅଧ୍ୟକ୍ଷ ଅମିତ୍ ଶାହ କହିଥିଲେ :

କଂଗ୍ରେସ ବର୍ତ୍ତମାନ ଭାରତର ଜାତୀୟ ବୀରମାନଙ୍କୁ ନିନ୍ଦା କରିବାକୁ ଅତି ନିମ୍ନସ୍ତରକୁ ଚାଲିଯାଇଛି। କଂଗ୍ରେସ ଓ ରାହୁଲ ଗାନ୍ଧୀ ବର୍ତ୍ତମାନ ବୀର ସାବରକରଙ୍କୁ ନିନ୍ଦା କରୁଛନ୍ତି। ରାହୁଲଜୀ ସାବରକରଙ୍କ ପାଇଁ ଅତି ଘୃଣ୍ୟ ଶବ୍ଦ ବ୍ୟବହାର କରୁଛନ୍ତି। ସଂସଦରେ ରାହୁଲ ଗାନ୍ଧୀ କହିଲେ ସାବରକର ଆମର (ବିଜେପିର) । ଆମେ ଆପଣଙ୍କ ମତକୁ ଗ୍ରହଣ କରୁଛୁ ରାହୁଲଜୀ। ସାବରକରଙ୍କୁ ନିଜର କହିବାରେ ବିଜେପିର କୌଣସି ଆପତ୍ତି ନାହିଁ। ଆପଣ କିନ୍ତୁ ସାବରକରଙ୍କ ସମ୍ବନ୍ଧରେ କିଛି ଜାଣନ୍ତି ନାହିଁ ରାହୁଲଜୀ। ବିଜେପି କର୍ମକର୍ତ୍ତାମାନେ ସାବରକରଙ୍କ ଜୀବନୀ ଏବଂ ତାଙ୍କ ଦେଶପ୍ରେମରୁ ପ୍ରେରଣା ପାଆନ୍ତି। ସେମିତି ଜଣେ ମଣିଷ ଭାରତରେ ଜନ୍ମ ନେଇଥିବାରୁ ଆମେ ଗର୍ବିତ।[୧୪୯]

କିଏ ଏ କଥା ଭୁଲିପାରିବ ଯେ ୨୦୦୪ରେ କ୍ଷମତାକୁ ଆସିବାର ୩ ମାସ ମଧ୍ୟରେ ତତ୍କାଳୀନ ୟୁପିଏ ସରକାର ସାବରକର ଦୀର୍ଘ ୧୦ ବର୍ଷ କାଟିଥିବା ଆଣ୍ଡାମାନ ଜେଲ୍‌ରେ ଥିବା ତାଙ୍କ ସ୍ମୃତିଚିହ୍ନ ରୂପେ ଫଳକକୁ ହଟାଇବାର ଆଦେଶ ଦେଇଥିଲେ। ସେ ସମୟରେ ମନ୍ତ୍ରୀ ଥିବା ମଣିଶଙ୍କର ଆୟାର ବ୍ୟକ୍ତିଗତ ଭାବେ ଏ ନିର୍ଦ୍ଦେଶ ଜାରି କରିଥିଲେ। ସାବରକରଙ୍କ ଜେଲ୍ ରହିବାର ଅବଧିକୁ ନେଇ ସେ ସ୍ମୃତି ଫଳକଟି ୨୦୦୪ରେ ହିଁ ତତ୍କାଳୀନ ବାଜପେୟୀଙ୍କ ସରକାରରେ ମନ୍ତ୍ରୀ ଥିବା ରାମନାୟକଙ୍କ ଦ୍ୱାରା ସ୍ଥାପିତ ହୋଇଥିଲା। ୧୧ ବର୍ଷ ପରେ ୨୦୧୫ରେ ମୋଦି ସରକାର ଆସିଲା

ପରେ ସେ ସ୍ମୃତି ଫଳକଟି ପୁଣି ଥରେ ସେ ସମୟର ଉତ୍ତରପ୍ରଦେଶର ରାଜ୍ୟପାଳ ରାମନାୟକଙ୍କ ଦ୍ୱାରା ହିଁ ଆଉ ଥରେ ସ୍ଥାପନ କରାଗଲା ।

ଚର୍ଚ୍ଚିଲ୍ ଠିକ୍ କହିଥିଲେ ଯେ ଇତିହାସ ବିଜେତାମାନଙ୍କ ଦ୍ୱାରା ଲେଖାଯାଏ । ସ୍ୱାଧୀନତା ପରେ କଂଗ୍ରେସ ନିର୍ବାଚନ ରାଜନୀତିରେ ଯୋଗଦେଲା ଏବଂ ନେହେରୁ – ଗାନ୍ଧୀ ରାଜନୈତିକ ପରିବାରଟିଙ୍କୁ ଏକ ସଂସ୍କୃତି ଭାବେ ତିଆରି କଲା । ରାଜନୈତିକ ସମର୍ଥନ ବଦଳରେ କଂଗ୍ରେସ ଶିକ୍ଷାବିତ୍‌ମାନଙ୍କୁ ଏବଂ ନିଜ ବାମପନ୍ଥୀ ବନ୍ଧୁମାନଙ୍କୁ ଇତିହାସ ଲେଖିବାକୁ ଛାଡିଦେଲା । ବର୍ଷ ବର୍ଷ ଧରି ବାମପନ୍ଥୀ ଐତିହାସିକ ତଥା ଶିକ୍ଷାବିତ୍‌ମାନେ ଏକାଡେମୀ, ବିଶ୍ୱବିଦ୍ୟାଳୟ, କଲେଜ, ପାଠ୍ୟକ୍ରମ ବୋର୍ଡ ଏବଂ ପ୍ରକାଶନ ଶିଳ୍ପ ଉପରେ ଅଧିକାର ତଥା ଶାସନ କରିଆସିଛନ୍ତି ଏବଂ ପିଢି ପରେ ପିଢି ଛାତ୍ରମାନଙ୍କୁ ଭାରତ ଇତିହାସର ଏକ ତୀର୍ଯ୍ୟକ ସଂସ୍କରଣ ପଢିବାକୁ ବାଧ କରିଛନ୍ତି ।

ସାବରକର ଏବଂ ହେଡଗେୱାର: ସାଥୀ ମରାଠୀ, ସାଥୀ ଜାତୀୟତାବାଦୀ

୧୮୮୩ରେ ମହାରାଷ୍ଟ୍ରର ନାସିକଠାରେ ସାବରକର ଜନ୍ମ ନେଇଥିଲେ ଏବଂ ୧୮୮୯ରେ ମହାରାଷ୍ଟ୍ରର ନାଗପୁରଠାରେ ଡ.ହେଡଗେୱାର ଜନ୍ମ ନେଇଥିଲେ । ସେମାନେ ପ୍ରାୟତଃ ସମସାମୟିକ ଥିଲେ । ଉଭୟ ଲୁହାପରି ଧୈର୍ଯ୍ୟ ଏବଂ ନିଷ୍ଠାର ସହ ଦେଶ ସେବା କରିବାକୁ ଜନ୍ମ ନେଇଥିଲେ । ଉଭୟ ସାବରକର ଓ ଡ. ହେଡଗେୱାର ପରସ୍ପର ପ୍ରତି ସର୍ବୋଚ୍ଚ ସମ୍ମାନ ପୋଷଣ କରୁଥିଲେ ।

ଡ. ହେଡଗେୱାର ଅନୁଶୀଳନ ସମିତି ନାମରେ ଏକ ବୈପ୍ଳବିକ ସଂସ୍ଥାର ସଦସ୍ୟ ଥିଲେ । ସେ କୋଲକତା, ନାଗପୁର ଏବଂ ପଞ୍ଜାବର ବିଦ୍ରୋହୀ ଗୋଷ୍ଠୀମାନଙ୍କ ସହ ଘନିଷ୍ଠ ସମ୍ପର୍କରେ ଥିଲେ । ଏହି ବିପ୍ଳବୀମାନଙ୍କ ଭିତରେ ନୂଆ ଯୋଗ ଦେଉଥିବା ବିପ୍ଳବୀଙ୍କୁ ଅନ୍ୟ ଜିନିଷ ସହ ସାବରକରଙ୍କ ଦ୍ୱାରା ଲିଖିତ ମାଜିନୀଙ୍କ ଜୀବନୀ ଏବଂ ୧୮୫୭ ସ୍ୱାଧୀନତାର ଯୁଦ୍ଧ ପୁସ୍ତକ ଦିଆଯାଉଥିଲା । ଏହି ପୁସ୍ତକକୁ ସାଧାରଣ ଗପ ବହିର ମଲାଟ ଭିତରେ ରଖି ଦିଆଯାଉଥିଲା ।[୫୦]

କଂଗ୍ରେସ ନେତାମାନଙ୍କ ଇସଲାମୀୟ ମନୋବୃତ୍ତି ନେଇ ଖିଲାଫତ ଆନ୍ଦୋଳନ କରିବାର ନିକୃଷ୍ଟ ଗୁଣ ଦ୍ୱାରା ଡ. ହେଡଗେୱାର ବହୁତ ଅସନ୍ତୁଷ୍ଟ ହୋଇଥିଲେ । ହିନ୍ଦୁତ୍ୱ ଏବଂ ହିନ୍ଦୁ ରାଷ୍ଟ୍ରବାଦ ଉପରେ ତାଙ୍କ ମତ ଘନୀଭୂତ ହେଉଥିଲା । ବୋଧହୁଏ ଏହା ସଂଯୋଗ ଥିଲା କି ଏହି ସମୟରେ ସାବରକର ଏହି ବିଷୟରେ ନିଜ ମତ ଗଠନ କରୁଥିଲେ । ଜେଲ୍‌ରେ ଥିବା ସମୟରେ ହିଁ ସାବରକର ତାଙ୍କ ପ୍ରଖ୍ୟାତ ପୁସ୍ତକ 'ଏସେନ୍ସିଆଲ୍ସ ଅଫ୍ ହିନ୍ଦୁତ୍ୱ" ଲେଖିଥିଲେ ଏବଂ ୧୯୨୨-୨୩ ବେଳକୁ ଏହା

ଜେଲ୍ ବାହାରକୁ ପଠାଇ ଦିଆଯାଇଥିଲା। ପାଣ୍ଡୁଲିପିର ପ୍ରଥମ ସଂଖ୍ୟା ନାଗପୁରର ଓକିଲ ବିଶ୍ୱନାଥ ରାଓ କେଲକରଙ୍କ ପାଖରେ ପହଞ୍ଚିଲା। କେଲକାର ସାବରକରଙ୍କ ଦୂର ସମ୍ପର୍କୀୟ ଏବଂ ହେଡଗେୱାରଙ୍କ ଘନିଷ୍ଠ ବନ୍ଧୁ ଥିଲେ। ଡ. ହେଡଗେୱାର ନିଜର ଓ ସାବରକରଙ୍କ ମତ ଭିତରେ ଅପୂର୍ବ ସମାନତା ଦେଖି ଆନନ୍ଦିତ ହେଲେ। ଡ. ହେଡଗେୱାର ଏହି ବହିଟିକୁ ପ୍ରଚୁର ଶ୍ରଦ୍ଧାକଲେ ଏବଂ ସେ ସମୟରେ ଓ ପରେ ମଧ୍ୟ ବହିଟିକୁ ପ୍ରକାଶ କରିବାରେ ଲାଗିଲେ।[୧୫୧]

୧୪ ଅକ୍ଟୋବର ୧୯୨୩ରେ ସାବରକରଙ୍କ ମୁକ୍ତି ଦାବି କରି ନାଗପୁରରେ ହୋଇଥିବା କଂଗ୍ରେସ ରାଲିରେ ଡ. ହେଡଗେୱାର ଏକ ଅଗ୍ନିବର୍ଷି ହାର୍ଦ୍ଦିକ ଭାଷଣ ପ୍ରଦାନ କଲେ। ସେ କହିଲେ ୧୪ ବର୍ଷ ପରେ ତାଙ୍କୁ (ସାବରକର) ମୁକ୍ତି ଦେଇ ସରକାର କିଛି ଅନୁଗ୍ରହ କରିନାହିଁ, ତାହା ହିଁ ନିୟମ। ଯଦି ସରକାର ନ୍ୟାୟର ହତ୍ୟା ପରେ ତାଙ୍କୁ ଦଣ୍ଡ ଦେବାର ବିଫଳତାକୁ ପୋଛି ଦେବାକୁ ଚାହୁଁଛନ୍ତି ତେବେ ତାଙ୍କୁ ମୁକ୍ତିଦେବେ, କିନ୍ତୁ ଏହା ସରକାରଙ୍କ ଉଦ୍ଦେଶ୍ୟ ପରି ଆଦୌ ଲାଗୁନି। ସାବରକରଙ୍କୁ ଏକପାଖିଆ ପ୍ରମାଣ ଦ୍ୱାରା ଦଣ୍ଡିତ କରାଯାଇଛି। ସରକାର ଶୁଦ୍ଧ ଦ୍ୱେଷର ପ୍ରଦର୍ଶନ କରୁଛି। ଯଦି ସରକାର ତାଙ୍କୁ ଏବେ ବି ମୁକ୍ତି ଦେଉନାହିଁ, ଏହା ଭାରତୀୟ ରାଷ୍ଟ୍ର ବିରୋଧରେ ସରକାରଙ୍କ ପୂର୍ବାଗ୍ରହର ପ୍ରମାଣ ହେବ।[୧୫୨]

୧୯୨୩ର ମଧ୍ୟଭାଗରେ ଡ. ହେଡଗେୱାର, କେଲେକାର ଏବଂ ଅନ୍ୟମାନେ ସ୍ଥିର କଲେ ଯେ 'ପୂର୍ଣ୍ଣ ରାଜନୈତିକ ସ୍ୱାଧୀନତା' ଦାବିକୁ ଆଗେଇ ନେବାକୁ 'ସ୍ୱାତନ୍ତ୍ର୍ୟ' ନାମରେ ଏକ ଦୈନିକ ଖବରକାଗଜ ଆରମ୍ଭ କରିବେ। ଡ. ହେଡଗେୱାରଙ୍କ ଜୀବନୀକାର ଏନଏଚ ପଲକାରଙ୍କ ଦ୍ୱାରା ଏହି ଖବରକାଗଜର ଗୋଟିଏ ମାତ୍ର ସଂଖ୍ୟାର ସନ୍ଧାନ ମିଳିଥିଲା। ଏହି ଖବରକାଗଜର ଆଗ ଓ ପଛ ପୃଷ୍ଠାରେ ସାବରକରଙ୍କ ପୁସ୍ତକ 'ଇକୋଜ୍ ଫ୍ରମ ଆଣ୍ଡାମାନ୍ସ' ଏବଂ 'ଏସେନ୍ସିଆଲ୍ସ ଅଫ୍ ହିନ୍ଦୁତ୍ୱ'ର ବିଜ୍ଞାପନ ଦେଖିବାକୁ ମିଳିଥିଲା।[୧୫୩]

ଯଦିଓ ସେମାନେ ପରସ୍ପରର କାର୍ଯ୍ୟ ସମ୍ବନ୍ଧରେ ଭଲଭାବରେ ପରିଚିତ ଥିଲେ, ୧୯୨୫ ମସିହା ମାର୍ଚ୍ଚ ମାସରେ ରତ୍ନଗିରିଠାରେ ସାବରକରଙ୍କ ଜଣେ ଘନିଷ୍ଠ ସହଯୋଗୀ ମହାଦେବ ଗଣପତ ସିନ୍ଧେଙ୍କ ଘରେ ପ୍ରଥମଥର ପାଇଁ ଉଭୟ ହେଡଗେୱାର ଓ ସାବରକରଙ୍କ ସାକ୍ଷାତ ହେଲା। ଡ. ହେଡଗେୱାର ହିନ୍ଦୁ ରାଷ୍ଟ୍ର ଗଠନର ଚିନ୍ତାଧାରାକୁ ଚୂଡ଼ାନ୍ତ ପର୍ଯ୍ୟାୟକୁ ନେଉଥିଲେ ଏବଂ ସାବରକରଙ୍କୁ ସାକ୍ଷାତ କରିବାକୁ ଚାହିଁଲେ। ଡ. ହେଡେଗେୱାର ସେଠାରେ ଦୁଇଦିନ ଥିଲେ ଏବଂ ଏହି ସମ୍ପର୍କରେ ସାବରକରଙ୍କ ମତକୁ ବୁଝିଲେ।[୧୫୪] ସେତେବେଳେ ସାବରକର କହିଲେ ଯେ – ଏହି ଆନ୍ଦୋଳନ

ଏବଂ ନୂତନ ଅନୁଷ୍ଠାନ କେବଳ ନାଗପୁରରେ ସୀମିତ ନ ରହି ସାରା ଦେଶରେ ବ୍ୟାପିବା ଉଚିତ୍, ତେବେ ଯାଇ ଏହାର ଉପାଦେୟତା ବୁଝିହେବ। ଡ. ହେଡଗେୱାରଙ୍କ ଦ୍ୱାରା ପ୍ରତିଷ୍ଠିତ ସଂଘଟି ହେଲା ରାଷ୍ଟ୍ରୀୟ ସ୍ୱୟଂ ସେବକ ସଂଘ (ଆରଏସ୍ଏସ୍) - ଯାହା ବର୍ତ୍ତମାନ ବିଶ୍ୱର ସର୍ବବୃହତ୍ ସ୍ୱେଚ୍ଛାସେବୀ ଅନୁଷ୍ଠାନ।

ଭାଗ-୩

ରାଷ୍ଟ୍ରୀୟ ସ୍ୱୟଂସେବକ ସଂଘ: ଭାରତୀୟ ଜନସଂଘ ଏବଂ ଭାରତୀୟ ଜନତା ପାର୍ଟିର ଆଦର୍ଶଗତ ଦିଗବାରେଣି

ଯଦି ଜଣେ ଜାଣିବାକୁ ଚାହିଁବ ଯେ କାହିଁକି ଭାରତର ନିପଟ ମଫସଲରେ ରହୁଥିବା ଜଣେ ଭାରତୀୟ ଜନତା ପାର୍ଟିର କର୍ମୀ ଦେଶ ଓ ଦଳ ପାଇଁ କାମ କରିବାକୁ ଚାହେଁ – କ'ଣ ତାକୁ ଅନୁପ୍ରାଣିତ କରେ – ଏ ଅଧ୍ୟାୟ ତା'ର ଉତ୍ତର ଦେବ। ଭାରତୀୟ ଜନସଂଘ ଏବଂ ଭାରତୀୟ ଜନତା ପାର୍ଟିକୁ ବୁଝିବାକୁ ହେଲେ ଆମକୁ ଏମାନଙ୍କ ଆଦର୍ଶଗତ ଦିଗବାରେଣି ରାଷ୍ଟ୍ରୀୟ ସ୍ୱୟଂସେବକ ସଂଘକୁ ବୁଝିବାକୁ ହେବ।

୫

ରାଷ୍ଟ୍ରୀୟ ସ୍ୱୟଂସେବକ ସଂଘ କିପରି ସୃଷ୍ଟି ହେଲା ?

ମହାତ୍ମା ଗାନ୍ଧୀଙ୍କ ନିରନ୍ତର ମୁସଲିମ ତୁଷ୍ଟୀକରଣ ଦ୍ୱାରା ହିନ୍ଦୁ ମୁସଲିମ ଏକତାର ଅତ୍ୟଧିକ ଉତ୍ସାହୀ ବ୍ୟାଖ୍ୟାନ ଏବଂ ଖିଲାଫତ ଆନ୍ଦୋଳନ ପରି ଏକ ଇସଲାମିକ ଆନ୍ଦୋଳନକୁ ସମର୍ଥନ - ଅନେକ ଲୋକଙ୍କୁ ହତୋତ୍ସାହ କରିଥିଲା । ସାବରକର, ଡ. ହେଡଗେୱାର, ଲାଲା ଲଜପତ ରାୟ ଏବଂ ଡ. ମୁଞ୍ଜେ ଏକଥା ବୁଝିବାରେ ଅକ୍ଷମ ହେଲେ ଯେ ଖିଲାଫତ ଆନ୍ଦୋଳନ ପରି ଆନ୍ଦୋଳନ, ଯିଏ ଧର୍ମକୁ ଭାରତୀୟ ରାଷ୍ଟ୍ରଠୁ ବଡ ବୋଲି ଭାବନ୍ତି, ସେ ଆନ୍ଦୋଳନକୁ ସମର୍ଥନ ଦେଲେ ଭାରତ କିପରି ଲାଭବାନ ହେବ ! ଏହାପରେ ଯାହା ହେଲା ତାହା ଅତ୍ୟନ୍ତ ଦୁଃଖଦାୟକ । ମୋପଲା ଏବଂ କୋହାଟ ଦଙ୍ଗାରେ ହିନ୍ଦୁମାନେ ଏହି ଅଞ୍ଚଳରେ ସଂଖ୍ୟାଗରିଷ୍ଠ ଥିବା ସତ୍ତ୍ୱେ ମୁସଲମାନମାନଙ୍କ ଦ୍ୱାରା ଭୟଙ୍କର ଅତ୍ୟାଚରର ସମ୍ମୁଖୀନ ହୋଇଥିଲେ । ମୁସଲମାନଙ୍କ ଏପରି କାର୍ଯ୍ୟକଳାପକୁ କଂଗ୍ରେସର ଘୋଡଣିଦେବା ଏବଂ ସାମ୍ପ୍ରଦାୟିକ ଦୁର୍ଘଟଣାର ସମାଧାନ ପାଇଁ ଗାନ୍ଧୀଙ୍କର ମନଇଚ୍ଛା ଖୋଲା ଚେକ୍ ଦେଇଦେବା କଂଗ୍ରେସ ଭିତରେ ଥିବା ଅନେକ ଜାତୀୟତାବାଦୀ ନେତାଙ୍କ ମଧ୍ୟରେ ନିରାଶାର ଭାବନାକୁ ବିଶ୍ୱାସଘାତକତା ଏବଂ କ୍ରୋଧରେ ପରିଣତ କଲା । ତା'ପରେ ନାଗପୁର ଦଙ୍ଗା ହେଲା । ଆଗରୁ ଆଲୋଚନା କରାଯାଇସାରିଛି ଯେ କିପରି ନାଗପୁର ଦଙ୍ଗାର ଫଳାଫଳ ମୋପଲା ଓ କୋହାଟ ଦଙ୍ଗାର ଫଳଠୁ ସମ୍ପୂର୍ଣ୍ଣ ଭିନ୍ନ ଥିଲା । ଏଥର ଡ. ମୁଞ୍ଜେ ଏବଂ ଡ. ହେଡଗେୱାରଙ୍କ ନେତୃତ୍ୱରେ ହିନ୍ଦୁମାନେ କୌଣସି ହିଂସା ନ କରି ରାସ୍ତାରେ ଏକତ୍ରିତ ହୋଇ ସେମାନଙ୍କ ସଂଖ୍ୟା ପ୍ରଦର୍ଶନ କରିଥିଲେ ଏବଂ ଏହା ମୁସଲମାନ ଏବଂ ତାଙ୍କୁ

ତୁଷ୍ଟ କରୁଥିବା ବ୍ରିଟିଶମାନଙ୍କ ସହ ଏକ ଅନୁକୂଳ ବୁଝାମଣା କରିବା ଦିଗରେ ଆଗେଇଲା ।

ଭାରତରେ ଚାଲୁଥିବା ବ୍ରିଟିଶ ସରକାରଙ୍କର ରାଜନୈତିକ ପ୍ରତିନିଧିତ୍ୱ ପାଇଁ କଂଗ୍ରେସ କାର୍ଯ୍ୟ ଏବଂ ମୂଳଚାଲ କରୁଥିଲା । ମୁସଲିମ ଲିଗ ମୁସଲମାନଙ୍କ ପାଇଁ ଅନୁଚିତ ଅଧିକାର ଏବଂ ଅନୁଗ୍ରହ ପାଇଁ ବ୍ରିଟିଶମାନଙ୍କ ସହ ମୂଳଚାଲ କରୁଥିଲା । ସାରା ଭାରତକୁ ନେଇ କିପରି ରାଷ୍ଟ୍ର ନିର୍ମାଣ ଏବଂ ଚରିତ୍ର ନିର୍ମାଣ ହୋଇପାରିବ ଏ ସମ୍ବନ୍ଧରେ କେହି ନିଷ୍ଠାର ସହ କାର୍ଯ୍ୟ କରୁ ନ ଥିଲେ । ବର୍ତ୍ତମାନ କିନ୍ତୁ ଏଥିପାଇଁ ପରିବେଶ ସୃଷ୍ଟି ହେଉଥିଲା । ଗୋଟେ ନୂଆ ଜାଗରଣ ସୃଷ୍ଟି ହେଉଥିଲା । ସାଂସ୍କୃତିକ ଜାତୀୟତା ଏବଂ ହିନ୍ଦୁ ସମ୍ପ୍ରଦାୟର ଐକ୍ୟ ଓ ଏକୀକରଣ ସହ ବ୍ୟାପକ ତଥା ଅଧିକ ସାମଗ୍ରିକ ଲକ୍ଷ ନେଇ କଂଗ୍ରେସ ମଧ୍ୟରେ ଜଣେ ଦକ୍ଷ ସଙ୍ଗଠକ ଉଦୀୟମାନ ହେଉଥିଲେ । ସ୍ୱାମୀ ଦୟାନନ୍ଦ, ସ୍ୱାମୀ ବିବେକାନନ୍ଦ ଏବଂ ଶ୍ରୀଅରବିନ୍ଦଙ୍କ ପରି ଆଧ୍ୟାତ୍ମିକ ମହାତ୍ମାମାନଙ୍କଠୁ ପ୍ରେରଣା ନେଇ ଡ. ହେଡଗେୱାର ଅଧର୍ମ ଉପରେ ଧର୍ମର ବିଜୟର ପ୍ରତୀକ ରୂପେ ଗ୍ରହଣ କରାଯାଉଥିବା ଦଶହରା ପରି ଦିବସରେ ରାଷ୍ଟ୍ରୀୟ ସ୍ୱୟଂସେବକ ସଂଘର ପ୍ରତିଷ୍ଠା କଲେ । ହେଡଗେୱାର ଯେଉଁ ୮ ଜଣଙ୍କୁ ନେଇ ଆର୍‌ଏସ୍‌ଏସ୍‌ର ଆରମ୍ଭ କରିଥିଲେ ସେମାନଙ୍କ ମଧ୍ୟରେ ଥିଲେ ଆନ୍ନା ସୋହନୀ, ବାପୁ ରାଓ ଭେଦି, ବାଲାଜୀ ହୁଦର, ଭି.ଆର୍ କେଲେକାର ଏବଂ ଭାଉଜୀ କାଭାରେ । ଆରମ୍ଭରୁ ନିଷ୍ପତ୍ତି ନିଆଯାଇଥିଲା ଯେ ଆର୍‌ଏସ୍‌ଏସ୍ ଏକ ଅଣରାଜନୈତିକ ସଙ୍ଗଠନ ହେବ ଏବଂ ହିନ୍ଦୁ ସମାଜକୁ ସଙ୍ଗଠିତ କରିବ, ଜାତି ପ୍ରଥାକୁ ହଟାଇବା, ସାଂସ୍କୃତିକ ଜାତୀୟତାର କାରଣକୁ ଦୃଢ କରିବା, ଭାରତର ମହାନ୍ ଇତିହାସ ତଥା ବ୍ୟକ୍ତିବିଶେଷଙ୍କ ଚରିତ୍ର ନିର୍ମାଣ ବିଷୟରେ ସଚେତନତା ସୃଷ୍ଟି ଆଦି କାର୍ଯ୍ୟ ଏହାର ଶାଖା ମାଧ୍ୟମରେ କରିବ ।

ଡ. କେ.ବି. ହେଡଗେୱାର ଜଣେ ପ୍ରକୃତ ଦ୍ରଷ୍ଟା (ଆର୍‌ଏସ୍‌ଏସ)ର ପ୍ରତିଷ୍ଠା କଲେ । (ସର ସଂଘ ଚାଳକ ୧୯୨୫ -୧୯୩୦ ଏବଂ ୧୯୩୧ ରୁ ୧୯୪୦)

ଆର୍‌ଏସ୍‌ଏସ୍‌ର ପ୍ରତିଷ୍ଠାତା ଡ. ହେଡଗେୱାର ୧୮୮୯ରେ ନାଗପୁରଠାରେ ଜନ୍ମଗ୍ରହଣ କରିଥିଲେ । ଏମ୍.ଏସ୍. ଗୋଲୱାଲକରଙ୍କ ଭାଷାରେ ବାଲ୍ୟକାଳରୁ ଅନ୍ତିମ ସମୟ ପର୍ଯ୍ୟନ୍ତ ତାଙ୍କ (ହେଡଗେୱାର) ଜୀବନ ମାତୃଭୂମି ପାଇଁ ଏକ ସ୍ଥିର ପ୍ରଦୀପ ପରି ଜଳିଚାଲିଥିଲା । ଏମିତିକି ମାତ୍ର ୮ ବର୍ଷର ଶୈଶବ ଅବସ୍ଥାରେ ସେ ବିଦ୍ୟାଳୟରେ ରାଣୀ ଭିକ୍ଟୋରିଆଙ୍କ ଜନ୍ମଦିନ ଉପଲକ୍ଷେ ଦିଆଯାଇଥିବା ମିଠେଇକୁ ଘୃଣାରେ

ଫିଙ୍ଗିଦେଇ କହିଥିଲେ ଯେ ଏହା 'କ୍ରୀତଦାସର ପ୍ରତୀକ' । ସେ ତାଙ୍କର ବରିଷ୍ଠମାନଙ୍କୁ ଏ ପ୍ରଶ୍ନ ପଚାରି ଆଚମ୍ବିତ କରି ଦେଉଥିଲେ ଯେ ' କିପରି ଏ ଇଂରେଜମାନେ ହଜାର ହଜାର ମାଇଲ୍ ଦୂରରୁ ଆସି ଆମର ଶାସକ ହେଇଛନ୍ତି' ? ଉଚ୍ଚ ବିଦ୍ୟାଳୟରେ ଥିବା ସମୟରେ ଛାତ୍ରମାନଙ୍କ ମଧ୍ୟରେ ବନ୍ଦେ ମାତରମ ଆନ୍ଦୋଳନର ବହ୍ନି ପ୍ରଜ୍ଵଳନ ପାଇଁ ସେ ବହିଷ୍କୃତ ହୋଇଥିଲେ। ସେ ଯେପରି ଅବିଭକ୍ତ ଦେଶ ପ୍ରେମର ଆତ୍ମାକୁ ତାଙ୍କ ମାତୃଗର୍ଭରୁ ଗ୍ରହଣ କରି ଆସିଥିଲେ।[୧୫୫]

ସ୍କୁଲ୍ ଶିକ୍ଷା ସମାପ୍ତ କରି ସେ ଡାକ୍ତରୀ ପଢିବାକୁ କଲିକତା ଗଲେ। ସେ ଶୀଘ୍ର ବଙ୍ଗୀୟ ଲୋକ ଏବଂ ସେମାନଙ୍କ ରୀତିନୀତି ସହ ଏକାତ୍ମ ହୋଇଗଲେ। ସେ ସେଠାରେ ପ୍ରେରଣାଦାୟୀ ରାଜନୈତିକ ଏବଂ ସାମାଜିକ କାର୍ଯ୍ୟକଳାପରେ ପ୍ରବେଶ କରିଥିଲେ ଏବଂ ଖୁବଶୀଘ୍ର ଦେଶର ବିଭିନ୍ନ ସ୍ଥାନରୁ ଆକର୍ଷିତ ଦେଶପ୍ରେମୀ ଯୁବକମାନଙ୍କ ପ୍ରେରଣାଦାୟୀ କେନ୍ଦ୍ରରେ ପରିଣତ ହେଲେ। ତାଙ୍କ ଆଗରେ ଏକ ପ୍ରତିଶ୍ରୁତିସମ୍ପନ୍ନ ବୃତ୍ତି ଏବଂ ଚୟନ କରିବାକୁ ଅନେକ ବିବାହ ପ୍ରସ୍ତାବ ଥିଲା, କିନ୍ତୁ ସେ ନିଜ ଜୀବନକୁ ଅନ୍ୟ କିଛି କାରଣ ପାଇଁ ଉତ୍ସର୍ଗ କରିବାକୁ ଚାହିଁଲେ। ବିବାହ ପାଇଁ ଆସିଥିବା ପ୍ରସ୍ତାବ ଏବଂ ବୃତ୍ତି ଆଦି କଥା ନେଇ ସେ ତାଙ୍କ ଦାଦା ଆବାଜୀ ହେଡଗେୱାରଙ୍କୁ ଚିଠି ଲେଖିଲେ : - 'ମୁଁ ମୋ ଜୀବନ ଏକ ଆଦର୍ଶ ପାଇଁ ଉତ୍ସର୍ଗ କରିଛି'। ମୁଁ ମୋର ସର୍ବସ୍ୱ ଏହି ଯଜ୍ଞ ବେଦୀରେ ସମର୍ପଣ କରିଛି। ଏହାପରେ ମୁଁ ମୋର ବ୍ୟକ୍ତିଗତ ସୁଖ ଓ ପାରିବାରିକ ଜୀବନ ପାଇଁ କେଉଁଠୁ ଶକ୍ତି ଓ ସମୟ ପାଇବି।'[୧୫୬]

ହେଡଗେୱାର ବିପ୍ଳବୀମାନଙ୍କ ଭୂତଳ ଆନ୍ଦୋଳନ ଅନୁଶୀଳନ ସମିତିର ଜଣେ ସକ୍ରିୟ ସଦସ୍ୟ ଥିଲେ। ଆର୍‌ଏସ୍‌ଏସ୍ ଆରମ୍ଭ କରିବା ପୂର୍ବରୁ ସେ ସ୍ୱାଧୀନତା ପୂର୍ବର କଂଗ୍ରେସରେ ଜଣେ ରାଜ୍ୟସ୍ତରୀୟ ବରିଷ୍ଠ କର୍ମକର୍ତ୍ତା ଥିଲେ। କଂଗ୍ରେସର ପୂର୍ଣ୍ଣ ସ୍ୱରାଜ ଦାବିର ୯ ବର୍ଷ ଆଗରୁ ହେଡଗେୱାରଙ୍କ ଦ୍ୱାରା ଗଠିତ ନାଗପୁର ଜାତୀୟ କେନ୍ଦ୍ର କଂଗ୍ରେସ ଅଧୀନରେ ଥିବା ସମିତି ଆଗରେ ଏକ ପ୍ରସ୍ତାବ ଦାଖଲ କଲେ, ଯେଉଁଥିରେ 'କଂଗ୍ରେସର ଏକମାତ୍ର ଲକ୍ଷ ପୂର୍ଣ୍ଣ ସ୍ୱରାଜ' ବୋଲି କଂଗ୍ରେସ ଘୋଷଣା କରୁ ଦାବି କରାଯାଇଥିଲା। ଏଇଥିପାଇଁ ସେ ୧୯୨୯ରେ କଂଗ୍ରେସର 'ପୂର୍ଣ୍ଣ ସ୍ୱରାଜ' ସଂକଳ୍ପକୁ ୧୯୩୦ ଜାନୁଆରୀ ୨୬ରେ ଜାତୀୟ ପତାକା ଉତ୍ତୋଳନ କରି ଏବଂ ସ୍ୱାଧୀନତାର ବାର୍ତ୍ତା ପ୍ରେରଣ କରି ଉତ୍ସବ ରୂପେ ପାଳିବାକୁ ସମସ୍ତ ଆରଏସ୍‌ଏସ୍ ଶାଖାଗୁଡ଼ିକୁ ନିର୍ଦ୍ଦେଶ ଦେଇଥିଲେ।[୧୫୭]

ଆର୍‌ଏସ୍‌ଏସ୍ ପ୍ରତିଷ୍ଠା କରିବା ପୂର୍ବରୁ ହେଡଗେୱାର ଜଣେ ଅଗ୍ନିବର୍ଷୀ ବକ୍ତାଭାବେ ପରିଚିତ ଥିଲେ। ୧୯୨୧ ମସିହାର ଅସହଯୋଗ ଆନ୍ଦୋଳନ ସମୟରେ

ଏମିତି ଏକ ବକ୍ତବ୍ୟ ପାଇଁ ସେ ଗିରଫ ହୋଇଥିଲେ। ଦେଶଦ୍ରୋହର ଅଭିଯୋଗ ଲଗାଇ ତାଙ୍କୁ ଅଦାଲତରେ ହାଜର କରାଯାଇଥିଲା। ନିଜ ସପକ୍ଷରେ ତାଙ୍କ ଉତ୍ସାହୀ ବକ୍ତବ୍ୟ ଶୁଣିଲାପରେ ମାଜିଷ୍ଟ୍ରେଟ୍ ମନ୍ତବ୍ୟ ଦେଲେ ଯେ 'ତାଙ୍କ ପ୍ରତିରକ୍ଷା ବକ୍ତବ୍ୟ ତାଙ୍କ ଭାଷଣ ଅପେକ୍ଷା ଅଧିକା ଦେଶଦ୍ରୋହୀ' କିନ୍ତୁ ସଂଘର ପ୍ରତିଷ୍ଠା ପରେ ସେ ନିଜର ଅଭିବ୍ୟକ୍ତିକୁ ଲଗାମ ଦେଇଥିଲେ। ଏହା ପରେ ତାଙ୍କ ବକ୍ତବ୍ୟ ସବୁ ସମ୍ପୂର୍ଣ୍ଣ ଉତ୍ତେଜକ ନ ଥିଲା।

ରତନ ଶାରଦାଙ୍କ ପୁସ୍ତକ 'ସିକ୍ରେଟ୍ସ ଅଫ୍ ଆର୍‌ଏସ୍‌ଏସ୍'ରେ ସେ କୁହନ୍ତି :

ଭାରତୀୟ ସାମାଜିକ ସଙ୍ଗଠନର ସୃଷ୍ଟି, ପରିଚାଳନା ଏବଂ ଅଭିବୃଦ୍ଧିର ସିଦ୍ଧାନ୍ତ ପାଇଁ ଡ. ହେଡଗେୱାରଙ୍କ ଅବଦାନ ଅତୁଳନୀୟ। ହେଡଗେୱାର ଆର୍‌ଏସ୍‌ଏସ୍‌ର ପ୍ରତିଷ୍ଠା ହେବାଠାରୁ ଅଧିକ ଗୁରୁତ୍ୱପୂର୍ଣ୍ଣ। ସେ ସାମାଜିକ ଏବଂ ସାଂସ୍କୃତିକ ସଙ୍ଗଠନର ଏକ ସମ୍ପୂର୍ଣ୍ଣ ନୂତନ ମଡେଲ୍ ସୃଷ୍ଟି କରିଥିଲେ। ତାଙ୍କୁ ଶ୍ରେୟ ଦେବାର କାରଣ ସବୁ ହେଲା – ଅଳ୍ପ ବୟସରୁ ନୈତିକ ମୂଲ୍ୟବୋଧ ବଢାଇବା ପାଇଁ ଅତି କମ୍‌ରେ ଏକ ଘଣ୍ଟା ପାଇଁ ଏକତ୍ରିତ ହେବା, ଦେଶ ପ୍ରେମ, ଶୃଙ୍ଖଳା, ଅଣ-ଆର୍ଥିକ ମୂଲ୍ୟବୋଧ ଏବଂ ବଳିଦାନ ଭାବନା ଓ ଏକ ବ୍ୟକ୍ତି ନୁହେଁ ବରଂ ଦଳଗତ ଭାବେ କାର୍ଯ୍ୟ କରିବା। ସମାଜ ଏବଂ ରାଷ୍ଟ୍ର ପାଇଁ ଦୈନିକ ଅତି କମ୍‌ରେ ଏକ ଘଣ୍ଟା ଉତ୍ସର୍ଗ କରିବାର ଏହି ଦୃଶ୍ୟମାନ ସରଳ ଧାରଣା ଶେଷରେ ସରଳ, ସାଧାରଣ ବ୍ୟକ୍ତିବିଶେଷଙ୍କୁ କେବଳ ଏକ ଘଣ୍ଟା ନୁହେଁ ବରଂ ସେମାନଙ୍କ ଜୀବନ ମଧ୍ୟ ଉତ୍ସର୍ଗ କରିବାକୁ ପ୍ରେରିତ କରେ।[୧୫୮]

ହେଡଗେୱାର ହିଁ ଆରଏସ୍‌ଏସକୁ ଏହାର ଅଧିକାଂଶ ଓ ଅନନ୍ୟ ବୈଶିଷ୍ଟ୍ୟ ପ୍ରଦାନ କରିଥିଲେ, ଯାହାକି ଏହାକୁ ଅନ୍ୟ କୌଣସି ସାମାଜିକ ଏବଂ ସାଂସ୍କୃତିକ ସଙ୍ଗଠନଠାରୁ ଭିନ୍ନ କରିଥାଏ। କୌଣସି ବ୍ୟକ୍ତି ବା ବ୍ୟକ୍ତିତ୍ୱକୁ ଆରଏସ୍‌ଏସ୍‌ର ଗୁରୁ ଭାବେ ଚୟନ ନ କରି ବରଂ ଏକ ପ୍ରତୀକକୁ ଚୟନ କରିବାର ତାଙ୍କର ଧାରଣା, ଏକଥା ଦର୍ଶାଏ ଯେ ସେ ଜଣେ କ୍ଷମତାଲୋଭୀ ବ୍ୟକ୍ତି ନ ଥିଲେ ଏବଂ ସେ ସ୍ଥାପନା କରିଥିବା ସଂଘର ପରମ୍ପରା ଏତେ ମଜଭୁତ ଥିଲା ଯେ, ଆଜିଯାଏ ତାହା ଶକ୍ତିଶାଳୀ ରହିଛି। ଏହିପରି ଭାବରେ ସେ ସର୍ବାଧିକ ସମ୍ଭାବ୍ୟ ବଳିଦାନ ଦେଇ ଆତ୍ମକୈନ୍ଦ୍ରିକ ନ ହେବା ଉପରେ ମଧ୍ୟ ଗୁରୁତ୍ୱାରୋପ କରିଥିଲେ।

ଅଧିକାଂଶ କାର୍ଯ୍ୟକଳାପ ପାଇଁ ନିଜ ପକେଟରୁ ଅର୍ଥ ବ୍ୟୟ କରିବାର ପରମ୍ପରା ମଧ୍ୟ ସେ ପ୍ରତିଷ୍ଠା କରିଥିଲେ, ଯେମିତିକି ଆରଏସ୍‌ଏସ୍‌ରେ କାମ କରୁଥିବା ସ୍ୱୟଂସେବକମାନଙ୍କର ଦେବାର ଅଭ୍ୟାସ ବଢ଼ିବ ଏବଂ ପାଇବାର ଆଶା ରହିବ ନାହିଁ। ତାଙ୍କ ଦ୍ୱାରା ନିର୍ଦ୍ଧାରିତ ଅନ୍ୟ ଏକ ଗୁରୁତ୍ୱପୂର୍ଣ୍ଣ ନିର୍ଣ୍ଣୟ ହେଲା, ନାମ ଗୋପନ ରଖି

ଦାନ ଦେବା, ଯେମିତିକି ପ୍ରତ୍ୟେକ ବ୍ୟକ୍ତି ନିଜ କ୍ଷମତା ଅନୁଯାୟୀ ଦାନ ଦେବେ ଏବଂ ନିଷ୍ପତ୍ତି ନେବା ପ୍ରକ୍ରିୟାର କୌଣସି ସ୍ତରରେ ବି ଅର୍ଥର ପ୍ରଭାବ ରହିବ ନାହିଁ।

ସ୍ୱୟଂ ସେବକମାନଙ୍କର ଅଧିକାଂଶ ପ୍ରଶିକ୍ଷଣ କାର୍ଯ୍ୟକ୍ରମକୁ ସେ ନିଜେ ପରିକଳ୍ପନା କରୁଥିଲେ, ଯାହା ଆଜିଯାଏ ପ୍ରଚଳିତ ଅଛି। ଏ ପ୍ରକ୍ରିୟା ସବୁ ହେଲା, ସ୍ୱୟଂ ସେବକମାନଙ୍କ ଭିତରେ ରାଷ୍ଟ୍ର ନିର୍ମାଣର ମୂଲ୍ୟବୋଧ, ସମାଜ ପାଇଁ ନିଃସ୍ୱାର୍ଥ ସେବା ଏବଂ ନିଃସର୍ତ୍ତ ଦେଶ ପ୍ରେମର ପ୍ରବୃତ୍ତି ସୃଷ୍ଟି କରିବା।

ନିଜ ଧାରଣା ଓ ନୀତି ଉପରେ ଦୃଢ ବିଶ୍ୱାସ ରଖିଥିବା ଜଣେ ଦୂରଦ୍ରଷ୍ଟା ମଣିଷ ଥିଲେ ହେଡଗେୱାର, ଯିଏ କି ଅସୁସ୍ଥ ଥିବା ସମୟରେ ମଧ୍ୟ ଶିକ୍ଷା ଦେଉଥିଲେ ଗୋଲୱାଲକରଙ୍କ ଭାଷାରେ:

ଡାକ୍ତର ହେଡଗେୱାର ନିଜର ଭୟଙ୍କର ଅସୁସ୍ଥତା ସମୟରେ ମଧ୍ୟ ନିଜ ଅଭ୍ୟାସ ଜାରି ରଖିଥିଲେ। ସେ କର୍ମୀମାନଙ୍କୁ ରାତିରେ ଡାକୁଥିଲେ ଏବଂ ସେମାନଙ୍କ ସହ ଜଣ ଜଣ କରି ହେଉ ବା ସମୂହ ଭାବେ ବେଶି ରାତିଯାଏ କଥାବାର୍ତ୍ତା କରୁଥିଲେ। ଚରମ ଗତିରେ କାମକୁ ବିସ୍ତାର କରିବାର ତାଙ୍କର କଠୋର ସଂକଳ୍ପ ଆଗରେ, ତାଙ୍କୁ କାର୍ଯ୍ୟରୁ ବିରତ କରିବାର ଆମର ସମସ୍ତ ଚେଷ୍ଟା ବୃଥା ଗଲା। ଏପରିକି ତାଙ୍କ ଦୃଢ ଶରୀର ମଧ୍ୟ ଦୀର୍ଘ ସମୟ ଧରି ତାଙ୍କ ତୀବ୍ର ଗତିଶୀଳ ଆତ୍ମାର ବେଗକୁ ସମ୍ଭାଳି ପାରିଲା ନାହିଁ। ଅନୁଷ୍ଠାନ ଆରମ୍ଭ କରିବାର ପନ୍ଦର ବର୍ଷ ମଧ୍ୟରେ ଆଦର୍ଶବାଦର ଅଗ୍ନି ତାଙ୍କ ଶରୀରକୁ ସମ୍ପୂର୍ଣ୍ଣ ରୂପେ ଗ୍ରାସ କରିସାରିଥିଲା। ଏହା ନୁହେଁ ଯେ ସେ ଆସନ୍ନ ଅନ୍ତ ବିଷୟରେ ଅନଭିଜ୍ଞ ଥିଲେ, ବରଂ ସେ ବାରମ୍ବାର କହୁଥିଲେ 'ମୋ ଅସୁସ୍ଥତାର ପ୍ରକୃତିକୁ ମୁଁ ଭଲଭାବେ ଜାଣେ, ମୁଁ ମଧ୍ୟ ଏହାର ପ୍ରତିକାର ଜାଣେ, କିନ୍ତୁ ମୋ ପାଖରେ ଚିକିତ୍ସା ହେବାପାଇଁ ସମୟ ନାହିଁ, ମୁଁ ଏହାର ଫଳ ଦେଖିପାରୁଛି। ମୁଁ କିନ୍ତୁ କିଛି କରିପାରିବି ନାହିଁ। ଈଶ୍ୱରଙ୍କ ଇଚ୍ଛା ହିଁ ପୂର୍ଣ୍ଣ ହେବ'।[୧୫୯]

ଗୁରୁ ଗୋଲୱାଲକର ଏବଂ ତାଙ୍କ ଚିନ୍ତାଧାରା (ସର ସଂଘ ଚାଳକ ୧୯୪୦ -୭୩)

ଶ୍ରଦ୍ଧାରେ ଗୁରୁଜୀ ନାମରେ ପରିଚିତ ଗୋଲୱାଲକର ବନାରସ ହିନ୍ଦୁ ବିଶ୍ୱବିଦ୍ୟାଳୟରେ ଶିକ୍ଷକତା କରୁଥିବାବେଳେ ତାଙ୍କର ଜଣେ ଛାତ୍ର ଦ୍ୱାରା ଅଧିକ ବୟସରେ ସଂଘରେ ନିଯୁକ୍ତ ହୋଇଥିଲେ। ଗୋଲୱାଲକର ୩୪ ବର୍ଷର ଯୁବା ବୟସରେ କେବଳ ସର୍ବୋଚ୍ଚ ସ୍ଥାନକୁ ଉନ୍ନୀତ ହୋଇ ନ ଥିଲେ, ସେ ମଧ୍ୟ ସଂଘର ଶାସନ ଡୋରି ସବୁଠୁ ଅଧିକ ସମୟ – ୩୩ ବର୍ଷ ଯାଏ ସମ୍ଭାଳିଥିଲେ। ତାଙ୍କରି

କାର୍ଯ୍ୟକାଳ ସମୟରେ ହିଁ ସଂଘ ଅଧିକାଂଶ ଅଶାନ୍ତି ଏବଂ ଅପାର ଅଭିବୃଦ୍ଧି ଦେଖିଲା। ତାଙ୍କର ସବୁଠୁ ଉଲ୍ଲେଖନୀୟ ଅବଦାନ ହେଲା ହିନ୍ଦୁ ସମାଜକୁ ଏକୀଭୂତ କରିବା ଏବଂ ବିଭିନ୍ନ ସମ୍ପ୍ରଦାୟ, ଧର୍ମ ଏବଂ ଗୋଷ୍ଠୀକୁ ଏକ ସାଧାରଣ ମଞ୍ଚରେ ଏକାଠି କରିବା - ଯାହାକି ବିଶ୍ୱହିନ୍ଦୁ ପରିଷଦ ନାଁରେ ପରିଚିତ (ଭିଏଚପି) ।

ତାଙ୍କ ପୁସ୍ତକ 'ବଞ୍ଚ୍ ଅଫ୍ ଥଟ୍ସ'ର ଅନେକ ଧାରଣା ଆରଏସ୍ଏସ୍ ଏବଂ ତାହାର କାର୍ଯ୍ୟାବଳୀ ପାଇଁ ମାର୍ଗଦର୍ଶକ ହେଇଛି। ଏହା ଜଣକୁ କେବଳ ସଂଘ ନୁହେଁ, ବରଂ ସମାଜ ସହିତ ଜଡିତ ବିଭିନ୍ନ ପ୍ରସଙ୍ଗ ବିଷୟରେ ଧାରଣା ଦିଏ, କିନ୍ତୁ ଏକା ସାଥିରେ ଆରଏସ୍ଏସ୍ ନିଜ ଚାରିପାଖରେ ଘଟୁଥିବା ନୂଆ ସାମାଜିକ ପରିବର୍ତ୍ତନ ସହ ମଧ୍ୟ ନିଜକୁ ଖାପ ଖୁଆଇ ଆଗକୁ ବଢ଼େ। ଏହି ନିକଟରେ ନୂଆ ଦିଲ୍ଲୀରେ ଏବେକାର ସରସଂଘ ଚାଳକ ତାଙ୍କ ବକ୍ତବ୍ୟରେ କହିଥିଲେ :

'ବଞ୍ଚ୍ ଅଫ୍ ଥଟ୍ସ' ହେଉଛି ବକ୍ତବ୍ୟର ଏପରି ଏକ ସଂଗ୍ରହ, ଯାହା ଏକ ନିର୍ଦ୍ଦିଷ୍ଟ ପ୍ରସଙ୍ଗରେ କରାଯାଇଥିଲା ଏବଂ ଅନନ୍ତ କାଳ ଯାଏ ଏହା ବୈଧ ରହିପାରିବ ନାହିଁ। ସଂଘ ଏକଜିଦିଆ ଅନୁଷ୍ଠାନ ନୁହେଁ। ସମୟ ବଦଳେ ଏବଂ ତାହା ସହ ଆମର ବିଚାର ମଧ୍ୟ ରୂପାନ୍ତରିତ ହୁଏ। ବାସ୍ତବରେ ଏହା ସଂଘର ପ୍ରତିଷ୍ଠାତା ଡ. ହେଡଗେୱାର ହିଁ କହିଥିଲେ ଯେ ଆମେ ପରିବର୍ତ୍ତନଶୀଳ ସମୟ ସହିତ ଖାପ ଖୁଆଇ ଚଳିବାକୁ ସମ୍ପୂର୍ଣ୍ଣ ମୁକ୍ତ।[୧୬୦]

ଜାତି ଉପରେ ଗୋଲୱାଲକର ବାଖ୍ୟା କରନ୍ତି:

ଆମ ସମାଜକୁ ପ୍ରତିଷ୍ଠିତ କରୁଥିବା ଭିନ୍ନ ମୁଖ୍ୟ ବିଶେଷତା ବର୍ଣ୍ଣ ବ୍ୟବସ୍ଥା ହିଁ ଥିଲା, କିନ୍ତୁ ଆଜି ଏହି ବ୍ୟବସ୍ଥାକୁ ଜାତି ବାଦର ଆଖ୍ୟା ଦିଆଯାଇଛି ଏବଂ ପରିହାସ କରାଯାଇଛି। ଆମ ଲୋକମାନେ ବିଶ୍ୱାସ କରିଆସିଛନ୍ତି ଯେ ବର୍ଣ୍ଣ ବ୍ୟବସ୍ଥାର ଉଲ୍ଲେଖ କରିବା ହିଁ ଅପମାନଜନକ। ଏଥିରେ ସୂଚିତ ସାମାଜିକ ବ୍ୟବସ୍ଥାକୁ ସେମାନେ ସାଧାରଣତଃ ସାମାଜିକ ଭେଦଭାବ ବୋଲି ଗ୍ରହଣ କରନ୍ତି। ଅସମାନତାର ଅନୁଭବ, ଉଚ୍ଚ ଏବଂ ନୀଚ ଭାବନା ଏସବୁ ତୁଳନାତ୍ମକ ଭାବେ ସାମ୍ପ୍ରତିକ ସମୟରେ ବର୍ଣ୍ଣ ବ୍ୟବସ୍ଥାରେ ଯୋଡ଼ାଯାଇଛି। ନିଜର ବିଭାଜନ ଏବଂ ଶାସନ ନିୟମ ଦ୍ୱାରା ବ୍ରିଟିଶମାନେ ଏହି ବିକୃତିକୁ ଆଗକୁ ବଢ଼ାଇନେଲେ। କିନ୍ତୁ ଏହାର ମୌଳିକ ରୂପରେ, ସେହି ସାମାଜିକ କ୍ରମରେ ଥିବା ପାର୍ଥକ୍ୟ – ଏହାର ଉପାଦାନମାନଙ୍କ ମଧ୍ୟରେ ବଡ ଏବଂ ଛୋଟ, ଉଚ୍ଚ ଏବଂ ନୀଚ ଭଳି କୌଣସି ଭେଦଭାବ ନ ଥିଲା। ନିଜ ଶକ୍ତି ଓ କ୍ଷମତା ଅନୁସାରେ ସମସ୍ତଙ୍କ ଦ୍ୱାରା ପୂଜିତ ହେବାକୁ ଥିବା ସର୍ବଶକ୍ତିମାନଙ୍କର ଚତୁର୍ଗୁଣର

ପ୍ରଦର୍ଶନ ଭାବେ ସମାଜ ଗଠିତ ହୋଇଥିଲା । ଯଦି ଜଣେ ବ୍ରାହ୍ମଣ ଜ୍ଞାନ ପ୍ରଦାନ କରି ମହାନ ବୋଲାଉଥିଲେ, ଶତ୍ରୁଙ୍କୁ ବିନାଶ କରିବା ପାଇଁ ଜଣେ କ୍ଷତ୍ରିୟଙ୍କୁ ମଧ୍ୟ ସମାନ ଭାବରେ ପ୍ରଶଂସା କରାଯାଉଥିଲା । କୃଷି ଏବଂ ବାଣିଜ୍ୟ ମାଧ୍ୟମରେ ସମାଜକୁ ଖାଦ୍ୟ ଯୋଗାଉଥିବା ଏବଂ ବ୍ୟବସାୟ ମାଧ୍ୟମରେ ସାମାଜିକ ବ୍ୟବସ୍ଥାକୁ ଯୋଡି ରଖୁଥିବା ବୈଶ୍ୟ କିମ୍ବା ନିଜ କଳା ଓ ହସ୍ତଶିଳ୍ପ ମାଧ୍ୟମରେ ସମାଜର ସେବା କରୁଥିବା ଶୁଦ୍ର ମଧ୍ୟ କମ୍ ଗୁରୁତ୍ୱପୂର୍ଣ୍ଣ ନ ଥିଲେ । ଏକତ୍ର ଏବଂ ଆତ୍ମ ପରିଚୟର ଗରିମାରେ ସେମାନଙ୍କର ପାରସ୍ପରିକ ନିର୍ଭରଶୀଳତା ଦ୍ୱାରା ସେମାନେ ସାମାଜିକ ବ୍ୟବସ୍ଥା ଗଠନ କରୁଥିଲେ ।

ଆମ ସମାଜକୁ ଅନ୍ୟମାନଙ୍କ ସହ ତୁଳନା କରି ଗୋଲୱାଲକର କହନ୍ତି :

ତଥାକଥିତ ଜାତିପ୍ରଥା ପୀଡ଼ିତ ହିନ୍ଦୁ ସମାଜ ଅଜେୟ ଏବଂ ଜୀବିତ ରହିଛି ଏବଂ ୨୦୦୦ ବର୍ଷ ଧରି ଗ୍ରୀକ୍, ଶକ, ହୁଣ, ମୁସଲମାନ ଏପରିକି ୟୁରୋପୀୟମାନଙ୍କ ଉତ୍ପୀଡନର ସମ୍ମୁଖୀନ ହେବା ସତ୍ତ୍ୱେ ମଧ୍ୟ, ଜଣେ ରାମକୃଷ୍ଣ, ଜଣେ ବିବେକାନନ୍ଦ, ଜଣେ ତିଲକ ଏବଂ ଜଣେ ଗାନ୍ଧୀଙ୍କୁ ନିର୍ମାଣ କରିବାର କ୍ଷମତା ରଖିଛି, କିନ୍ତୁ ଅନ୍ୟ ପକ୍ଷରେ ତଥାକଥିତ ଜାତିବିହୀନ ସମାଜ ସବୁ ଗୋଟିଏ ଆଘାତରେ ଧୂଳିସାତ ହେଇଛନ୍ତି ଏବଂ ଆଉ କେବେ ଉଠିପାରି ନାହାନ୍ତି ।[୧୬୧]

ଲୋକପ୍ରିୟ ତର୍କଗୁଡିକରେ ବହୁ ସମୟରେ ଆରଏସଏସ୍‌କୁ ମୁସଲିମ ବିରୋଧୀ ଏବଂ ଅଳ୍ପସଂଖ୍ୟକ ବିରୋଧୀ ବୋଲି ସମାଲୋଚନା କରାଯାଏ । ସର୍ବାଧିକ ସମୟ ଆରଏସଏସର ସରସଂଘ ଚାଳକ ଥିବା ବ୍ୟକ୍ତି ଦେଶର ମୁସଲମାନ ଏବଂ ଅଳ୍ପସଂଖ୍ୟକଙ୍କ ବିଷୟରେ କ'ଣ କହିଛନ୍ତି ତାହା ଜାଣିବା ଅତି ଜରୁରୀ ଅଟେ । ନିଜ ପୁସ୍ତକ 'ବଞ୍ଚ୍ ଅଫ୍ ଥଟ୍‌ସ'ରେ ସେ କହିଛନ୍ତି :

ଯେ ଯାଏ ଏ ଦେଶର ଜାତୀୟ ପରମ୍ପରା ଜଡ଼ିତ, ଏହା କେବେହେଲେ ବିଚାର କରେ ନାହିଁ ଯେ ଉପାସନା ପ୍ରଣାଳୀରେ ପରିବର୍ତ୍ତନ ହେଲେ ଜଣେ ବ୍ୟକ୍ତି ଏ ଭୂମିର ସନ୍ତାନ ବୋଲାଇବ ନାହିଁ ଏବଂ ତାକୁ ବିଦେଶୀ ଭାବେ ବ୍ୟବହାର କରାଯିବା ଉଚିତ୍ । ଏହି ଭୂମିରେ ଈଶ୍ୱରଙ୍କୁ ଯେ କୌଣସି ନାମରେ ଡାକିବା ପ୍ରଥାକୁ କେବେହେଲେ ବିରୋଧ କରାଯିବ ନାହିଁ । ସବୁ ପ୍ରକାର ଆସ୍ଥା ଏବଂ ଧାର୍ମିକ ବିଶ୍ୱାସ ପ୍ରତି ଶ୍ରଦ୍ଧା ଓ ସମ୍ମାନ ଏ ମାଟିରେ ମିଶିଛି । ଯିଏ ଅନ୍ୟ ଆସ୍ଥା ପ୍ରତି ଅସହିଷ୍ଣୁ, ସେ କେବେହେଲେ ଏ ମାଟିର ସନ୍ତାନ ନୁହେଁ ।[୧୬୨]

ସେ ଉଦାହରଣ ଦେଇ ନିଜ ଆଭିମୁଖ୍ୟକୁ ଆହୁରି ଦୃଢ କରନ୍ତି :

ଅଳ୍ପ କିଛି ଉଦାହରଣ ଦେଲେ, ଛତ୍ରପତି ଶିବାଜୀଙ୍କ ନୌସେନା ମୁଖ୍ୟ ଦରିଆ ସାରଙ୍ଗ ନାମକ ଜଣେ ମୁସଲମାନ ଥିଲେ, ଏବଂ ତାଙ୍କର ଦୁଇଜଣ ପ୍ରମୁଖ ସହଯୋଗୀ

ଥିଲେ ଇବ୍ରାହିମ୍ ଖାଁ ଏବଂ ଦୌଲତ୍ ଖାଁ। ଅଫଜଲ୍ ଖାନ୍ ସହ ଭୟଙ୍କର ଯୁଦ୍ଧ ସମୟରେ ଶିବାଜୀଙ୍କ ସହ ଥିବା ୧୦ ଜଣ ଅଙ୍ଗରକ୍ଷକଙ୍କ ମଧ୍ୟରୁ ୩ ଜଣ ମୁସଲମାନ୍ ଥିଲେ। ଆହୁରି କହିବାକୁ ଗଲେ ଶିବାଜୀଙ୍କ ସାଙ୍ଗରେ ଆଗ୍ରାକୁ ଯାଇଥିବା ୧୮ ବର୍ଷର ଯୁବକ, ଯିଏକି ଔରଙ୍ଗଜେବ କବଳରୁ ଶିବାଜୀଙ୍କ ରୋମାଞ୍ଚକର ପଳାୟନର ମୁଖ୍ୟ ଭୂମିକା ଗ୍ରହଣ କରିଥିଲା, ସେ ଥିଲା ମଦାରୀ ମେହେତର ନାମକ ମୁସଲମାନ। ଶିବାଜୀ ମସଜିଦ୍ ଓ ଦରଘାମାନଙ୍କୁ ଭୂମି ଏବଂ ବାର୍ଷିକ ଅନୁଦାନ ଦେଉଥିବାର ଅଗଣିତ ଉଦାହରଣ ଅଛି।[୧୬୩]

ସେହି ସମାବେଶୀ ଲୋକାଚାର ଏବେ ବି ଆରଏସଏସ୍ ମଧ୍ୟରେ ଗୁଞ୍ଜରିତ। ସେପ୍ଟେମ୍ବର ୨୦୧୮ରେ ଆରଏସ୍ଏସ୍ର ସାମ୍ପ୍ରତିକ ସରସଂଘଚାଳକ ମୋହନ ଭାଗବତ କହିଥିଲେ ଯେ ମୁସଲମାନଙ୍କ ବ୍ୟତୀତ କୌଣସି ହିନ୍ଦୁରାଷ୍ଟ୍ର ତିଷ୍ଠିପାରିବ ନାହିଁ ଏବଂ ହିନ୍ଦୁତ୍ୱ ବିଭିନ୍ନତା ମଧ୍ୟରେ ଏକତା ତତ୍ତ୍ୱ ଉପରେ ପର୍ଯ୍ୟବସିତ। ସଂଘ ଦ୍ୱାରା ପରିଭାଷିତ ହିନ୍ଦୁତ୍ୱ ପ୍ରସଙ୍ଗରେ ଦୀର୍ଘ ଭାଷଣ ଦେଇ ଶ୍ରୀ ଭାଗବତ କହିଛନ୍ତି ଯେ ଏକ ହିନ୍ଦୁ ରାଷ୍ଟ୍ର ବା ହିନ୍ଦୁ ରାଷ୍ଟ୍ରର ଧାରଣା କୌଣସି ସମ୍ପ୍ରଦାୟ କିମ୍ବା ବିଶ୍ୱାସର ପୃଥକତା କିମ୍ବା ପ୍ରତ୍ୟାଖ୍ୟାନ ଉପରେ ନିର୍ଭର କରେ ନାହିଁ। ହିନ୍ଦୁ ରାଷ୍ଟ୍ର ଅର୍ଥାତ୍ ସେଠାରେ କୌଣସି ମୁସଲମାନମାନଙ୍କର ସ୍ଥାନ ନାହିଁ – ଏହା ଏକ ଭ୍ରାନ୍ତ ଧାରଣା। ଯେଉଁଦିନ ଏହା ହେବ – ଏହା ଆଉ ହିନ୍ଦୁତ୍ୱ ହୋଇ ରହିବ ନାହିଁ। ହିନ୍ଦୁତ୍ୱ ସାରା ବିଶ୍ୱକୁ ଏକ ପରିବାର ବୋଲି କହେ।[୧୬୪]

ଗୋଲଓ୍ୱାଲକର ଦୃଢ ଭାବେ ବିଶ୍ୱାସ କରୁଥିଲେ ଯେ ଦେଶର ଦୁଇ ପ୍ରମୁଖ ଧର୍ମ ମଧ୍ୟରେ ବିଭାଜନ ରେଖା ହେଉଛି ବ୍ରିଟିଶମାନଙ୍କର ଉପହାର। ସେ ବିଶ୍ୱାସ କରୁଥିଲେ ଏବଂ ପ୍ରଚାର କରୁଥିଲେ ଯେ କେବଳ ହିନ୍ଦୁ ରାଷ୍ଟ୍ର ମଧ୍ୟରେ ହିଁ ସବୁ ଧର୍ମର ଲୋକେ ବିନା ମତଭେଦରେ ସୌହାର୍ଦ୍ଦ୍ୟପୂର୍ଣ୍ଣ ଭାବରେ ରହିପାରିବେ। ସେ ଲେଖନ୍ତି: ଏ ବିରାଟ ପୃଥିବୀରେ ଏକମାତ୍ର ଭାବନା ହେଉଛି ହିନ୍ଦୁ ଭାବନା, ଯାହା ସମଗ୍ର ମାନବିକତା ମଧ୍ୟରେ ସର୍ବୋଚ୍ଚ ଶକ୍ତିର ଅନୁକରଣକୁ ସ୍ୱୀକୃତି ଦେଇଛି ଏବଂ ସମସ୍ତ ପ୍ରକାରର ଧର୍ମ ଓ ଆସ୍ଥାକୁ ସମ୍ମାନ ଓ ସୁରକ୍ଷା ଦେଇଛି ଏବଂ ଉତ୍ସାହିତ କରିଛି, ସେମାନଙ୍କ ପ୍ରସ୍ଫୁଟିତ ହେବାରେ ସହାୟକ ହେଇଛି। ଏହି ସମସ୍ତ କାରଣ ଦର୍ଶାଏ ଯେ ଏହା ଏକ ଶକ୍ତିଶାଳୀ ତଥା ପୁନରୁତ୍ଥାନ ବାଦୀ ହିନ୍ଦୁ ରାଷ୍ଟ୍ର, ଯିଏ ଏଠାରେ ତଥାକଥିତ ସଂଖ୍ୟାଲଘୁ ସମ୍ପ୍ରଦାୟର ମୁକ୍ତ ତଥା ସମୃଦ୍ଧ ଜୀବନର ପ୍ରତିଶ୍ରୁତି ଦିଏ ଏବଂ ମାତୃଭୂମିର ଗର୍ବିତ ସନ୍ତାନ କରି ସମସ୍ତଙ୍କ ସହ ସମାନ ସୁଯୋଗ ବାଣ୍ଟିପାରେ।[୧୬୫]

ହିନ୍ଦୁ ରାଷ୍ଟ୍ରକୁ ଧର୍ମ ନିରପେକ୍ଷ ରାଷ୍ଟ୍ର ସହ ତୁଳନା କରି ସେ କହନ୍ତି :

ଏକ ସନ୍ଦିଗ୍ଧ ଯୁକ୍ତିକୁ ବାରମ୍ବାର ବିଜ୍ଞାପନ ମାଧ୍ୟମରେ ପ୍ରଚାର କରାଯାଉଛି ଯେ ହିନ୍ଦୁ ରାଷ୍ଟ୍ରର ଧାରଣା ହିଁ ଧର୍ମନିରପେକ୍ଷତା ବିରୋଧୀ। ସର୍ବପ୍ରଥମେ ପାଶ୍ଚାତ୍ୟ ଦେଶରୁ ଉତ୍ପନ୍ନ ହେଇଥିବା ଏହି ଧର୍ମନିରପେକ୍ଷତା ଧାରଣାର ଆମ ଦେଶ ପାଇଁ କୌଣସି ପ୍ରାସଙ୍ଗିକତା ନାହିଁ। ଆହୁରି ମଧ୍ୟ ଧର୍ମନିରପେକ୍ଷତା ଶବ୍ଦ ସମ୍ବିଧାନରେ କେଉଁଠି ବି ମିଳୁନାହିଁ ବୋଲି ଆମ ଦେଶର ପୂର୍ବ ସର୍ବୋଚ୍ଚ ନ୍ୟାୟାଧୀଶ ଶ୍ରୀ କେ. ସୁବାରାଓଙ୍କ ଦ୍ୱାରା ସୂଚିତ କରାଯାଇଛି। ଏହିପରି ଆମ ସମ୍ବିଧାନ ଉପରେ ସେହି ଶବ୍ଦର ପ୍ରୟୋଗକୁ ଏକ ପ୍ରକାର ପ୍ରକ୍ଷେପଣ ଏବଂ ସମ୍ବିଧାନ ଉପରେ ଜବରଦସ୍ତି ଲଦି ଦିଆଯିବା ଘଟଣା କୁହାଯାଇପାରେ। ଏହି ପରିପେକ୍ଷୀରେ ଉପଯୁକ୍ତ ଶବ୍ଦ ଧର୍ମନିରପେକ୍ଷ ନୁହେଁ, ବରଂ 'ବହୁ ଧର୍ମୀ' ହୋଇପାରିଥାନ୍ତା। ଏହି ଦେଶରେ 'ରାଷ୍ଟ୍ର' କେବେ କୌଣସି ନିର୍ଦ୍ଦିଷ୍ଟ ବିଶ୍ୱାସ ଦ୍ୱାରା ସଂଯୁକ୍ତ ହୋଇ ନ ଥିଲା। ଅଣହିନ୍ଦୁ ଧର୍ମର ମଣିଷମାନଙ୍କୁ ଦ୍ୱିତୀୟ ଶ୍ରେଣୀର ନାଗରିକତ୍ୱ ଦେବା କିମ୍ବା ସେମାନଙ୍କ ଉପରେ ଜିଜିଆ କର ଲଗାଇବା ବିଲକୁଲ ଅଜ୍ଞାତ ଥିଲା। ଆଇନ ଆଖିରେ ସମସ୍ତେ ସର୍ବୋତ ଭାବେ ସମାନ ଥିଲେ।[୧୬୬]

ସର୍ବତ୍ର ବିଦ୍ୟମାନ ଛଳନାକୁ ସୂଚିତ କରି ସେ ଲେଖନ୍ତି 'ଯେବେ ସ୍ୱର୍ଗତଃ ଡ. ଜାକିର ହୁସେନ୍ ଏକ ମସଜିଦ ଉଦ୍‌ଘାଟନ କରିବାକୁ ବିଶେଷଭାବେ କେରଳ ଗସ୍ତ କରିଥିଲେ, ସେତେବେଳେ କେହି ବିରୋଧ କରି ନ ଥିଲେ, କିନ୍ତୁ ରାଷ୍ଟ୍ରପତିଭାବେ ନିର୍ବାଚିତ ହେବାପରେ ଯେବେ ଶ୍ରୀ ଗିରି ତିରୁପତି ଦର୍ଶନ କରିବାକୁ ଗଲେ ଏହା ସାମ୍ପ୍ରଦାୟିକ ବୋଲି କୁହାଗଲା।[୧୬୭]

ଡ. ହେଡଗେୱାର ଏବଂ ଗୁରୁଜୀ ଆଜିର ଆରଏସ୍ଏସ୍‌ର ରୂପକାର ଥିଲେ। ପରବର୍ତ୍ତୀ ସମୟରେ ପ୍ରତ୍ୟେକ ସରସଂଘ ଚାଳକ ଏହି ଉତ୍ତରାଧିକାରକୁ ଆଗକୁ ନେଇଥିଲେ ଏବଂ ଏହାକୁ ପୃଥିବୀର ସର୍ବବୃହତ୍ ସ୍ୱେଚ୍ଛାସେବୀ ସେବା ସଙ୍ଗଠନ କରି ଗଢିଲେ। ପ୍ରତ୍ୟେକ ସରସଂଘ ଚାଳକ ଏ ଅନୁଷ୍ଠାନରେ ଏକ ନୂତନ ଅଧ୍ୟାୟ ଯୋଡିଛନ୍ତି। ବାଳାସାହେବ ଦେଓରସ (ସରସଂଘ ଚାଳକ ୧୯୭୩ – ୯୩), ଡ. ହେଡଗେୱାରଙ୍କ ସୁରକ୍ଷା ଏବଂ ତାଙ୍କ ଦ୍ୱାରା ସ୍ଥାପିତ ସାଙ୍ଗଠନିକ ପ୍ରକ୍ରିୟାର ଏକ ସର୍ବୋତ୍କୃଷ୍ଟ ଉତ୍ପାଦ ଥିଲେ, ଯିଏ କି ଆରଏସଏସକୁ ଅଧିକ ଗଣମାଧ୍ୟମ ଅନୁକୂଳ ତଥା ଗଣମାଧ୍ୟମ ସହ କଥାବାର୍ତ୍ତା ପାଇଁ ଉନ୍ମୁକ୍ତ ରହିବାକୁ ପ୍ରସ୍ତୁତ କରିଥିଲେ। ତାଙ୍କରି କାର୍ଯ୍ୟକାଳ ସମୟରେ ହିଁ ଦେଶରେ ଇନ୍ଦିରା ଗାନ୍ଧୀଙ୍କ ଦ୍ୱାରା ଜରୁରିକାଳୀନ ପରିସ୍ଥିତି ଲାଗୁହେଲା, ଜନତା ଦଳ ସହ ଭାରତୀୟ ଜନସଂଘର ମିଶ୍ରଣ ହେଲା ଏବଂ ଭାରତୀୟ ଜନତା ପାର୍ଟି ଜନ୍ମ ନେଲା। ତାଙ୍କ ନେତୃତ୍ୱରେ ଐତିହାସିକ ଏକାତ୍ମତା ଯାତ୍ରା ଏବଂ ରାମ ଜନ୍ମଭୂମି

ଆନ୍ଦୋଳନ ଘଟିଲା, ଯେଉଁ ଘଟଣାଗୁଡିକ କେବଳ ଭାରତୀୟ ରାଜନୀତିର ଦୃଶ୍ୟକୁ ବଦଳାଇ ନ ଥିଲା ବରଂ ହିନ୍ଦୁ ପରିଚୟର ଉପାୟକୁ ମଧ୍ୟ ବଦଳାଇଥିଲା। ଦେଓରସ ସେବା ଭାରତୀର ସ୍ଥାପନା ମଧ୍ୟ କରିଥିଲେ ଯାହା ଆଜି ଦେଢ ଲକ୍ଷରୁ ଊର୍ଦ୍ଧ୍ୱ ସାମାଜିକ – ସେବା ପ୍ରକଳ୍ପର ପରିଚାଳନା କରୁଛି।[୧୬୮]

ସବୁବେଳେ ଧୋତି କୁର୍ତ୍ତା ପିନ୍ଧୁଥିବା ଭାରତର ଜଣେ ପ୍ରସିଦ୍ଧ ପରମାଣୁ ବିଜ୍ଞାନୀ ରାଜେନ୍ଦ୍ର ସିଂ (ସରସଂଘଚାଳକ – ୧୯୯୩ -୨୦୦୦), ଶ୍ରଦ୍ଧାରେ ରାଜୁ ଭୈୟା ନାମରେ ପରିଚିତ। ଏ ସରସଂଘ ଚାଳକ ତାଙ୍କ କାର୍ଯ୍ୟକାଳ ଭିତରେ ଅନେକ ବିଦ୍ୟାଳୟ ସ୍ଥାପନ କରି ଦେଶର ବିଭିନ୍ନ ଦୁର୍ଗମ ଓ ବିଚ୍ଛିନ୍ନାଞ୍ଚଳରେ ପହଞ୍ଚିପାରିଥିଲେ। ସରସଂଘଚାଳକ ଭାବେ ରାଜୁ ଭୈୟାଙ୍କ କାର୍ଯ୍ୟକାଳ ସମୟରେ ହିଁ ଭାରତୀୟ ରାଜନୀତିରେ ବିଜେପି ପ୍ରମୁଖ ଭୂମିକା ନେଇ କେନ୍ଦ୍ରରେ ସରକାର ଗଠନ କରିଥିଲା।

କେ.ଏସ୍. ସୁଦର୍ଶନ (ସରସଂଘଚାଳକ ୨୦୦୦-୨୦୦୯) ଜଣେ ବହୁ ଭାଷାବିତ୍, ଯାହାଙ୍କର ୬ଟି ଭାଷାରେ ଜ୍ଞାନ ଥିଲା, ଇସଲାମ ଉପରେ ମଧ୍ୟ ଗଭୀର ଅନୁସନ୍ଧାନ ଓ ପ୍ରଚୁର ଜ୍ଞାନ ଥିଲା, ସେ ମୁସଲିମ ରାଷ୍ଟ୍ରୀୟ ମଞ୍ଚର ପ୍ରତିଷ୍ଠା ଦିଗରେ ନିୟାମକ ହୋଇଥିଲେ। ସେ ସ୍ୱଦେଶୀ ଜ୍ଞାନକୌଶଳ ପ୍ରତି ବହୁତ ଆଗ୍ରହ ରଖୁଥିଲେ ଏବଂ ସ୍ୱଦେଶୀ ପ୍ରଯୁକ୍ତି ବିଦ୍ୟା ସନ୍ଧାନରେ ଦେଶର ଦୂର ଦୂରାନ୍ତକୁ ଯାତ୍ରା କରୁଥିଲେ। ରତନ ଶାରଦାଙ୍କ ଭାଷାରେ : ତାଙ୍କର (ସୁଦର୍ଶନ) ଏକମାତ୍ର ଅବଦାନ ଥିଲା ହିନ୍ଦୁତ୍ୱ ଦର୍ଶନ ପାଇଁ ଅପ୍ରକାଶିତ ଯୁକ୍ତିଯୁକ୍ତ ଆକ୍ରମକତାକୁ ଫେରାଇ ଆଣିବା। ସେ ହିନ୍ଦୁତ୍ୱକୁ ଏକ ବୈଜ୍ଞାନିକ ଢଙ୍ଗରେ ଉପସ୍ଥାପନ କରିଥିଲେ ଏବଂ ପରିବେଶର ଅବନତି, ସଭ୍ୟତା ସଂଘର୍ଷ ଏବଂ ଭାରତ ତଥା ବିଶ୍ୱକୁ ଅସୁବିଧାରେ ପକାଉଥିବା ସମସ୍ୟାର ମୁକାବିଲା କରିବାରେ ଏହା କିପରି ସମ୍ଭବ ହୋଇପାରିବ ସେ ବିଷୟରେ ବୁଝାଉଥିଲେ।[୧୬୯]

ମୋହନ ଭାଗବତ (୨୦୦୦ରୁ ଆଜିଯାଏ) ଜଣେ ତାଲିମ୍‌ପ୍ରାପ୍ତ ପ୍ରାଣୀ ଚିକିତ୍ସକ ଏବଂ ନାଗପୁରର ଜଣେ ଦ୍ୱିତୀୟ ପିଢିର ସ୍ୱୟଂ ସେବକ - ଯିଏ କି ସମ୍ପ୍ରତି ଆରଏସଏସର ସରସଂଘ ଚାଳକ। ଆଖିରେ ଚମକ ଓ ସଦା ହସ ହସ ମୁଖର ଏ ବ୍ୟକ୍ତିଜଣକଙ୍କ ସହ ଯେ କୌଣସି ପରିସ୍ଥିତିରେ ମଧ୍ୟ ଜଣେ ଆନନ୍ଦିତ ରହିପାରିବ। ତାଙ୍କର ଭାଷଣ ସବୁ ସଂକ୍ଷିପ୍ତ ଏବଂ ବିଷୟ ଅନୁଯାୟୀ, ଯାହା ତାଙ୍କ ଚିନ୍ତାଧାରାର ସ୍ୱଚ୍ଛତାକୁ ଦର୍ଶାଏ। ୨୦୧୪ ଏବଂ ୨୦୧୯ରେ ବିଜେପି ଏବଂ ମୋଦିଙ୍କ ଅଭୂତପୂର୍ବ ବିଜୟ ସମୟରେ ସେ ସରସଂଘଚାଳକ ଥିଲେ ଏବଂ ବିଜେପିର ପିଢିଗତ ପରିବର୍ତ୍ତନ ପାଇଁ ତାଙ୍କର ପ୍ରଚ୍ଛନ୍ନ ସମର୍ଥନ ଆଶ୍ଚର୍ଯ୍ୟଜନକ ଫଳାଫଳ ଦେଇଛି।

୬

ବ୍ୟକ୍ତିଗତ ଏବଂ ଜାତୀୟ ଚରିତ୍ର ନିର୍ମାଣ ପାଇଁ ଆରଏସଏସର ଆହ୍ୱାନ

ଆଜି ଆମେ ସବୁ ଚର୍ଚ୍ଚା କରୁଥିବା ଆଶ୍ଚର୍ଯ୍ୟଜନକ ସମନ୍ୱିତ କ୍ୟାଡର ହଠାତ ଚାଲି ଆସିନି। ଇତିହାସର ଛାତ୍ର ଡ. ହେଡଗେଓ୍ୱାର ହିନ୍ଦୁ ସମାଜରେ ଥିବା ଦୋଷତ୍ରୁଟି ବାବଦରେ ସମ୍ପୂର୍ଣ୍ଣ ସଚେତନ ଥିଲେ। ତାଙ୍କ କହିବା ଅନୁସାରେ ଭାଷା, ଧର୍ମ ଏବଂ ଜାତି ଆଧାରରେ ଗଭୀର ଭାବେ ବିଭକ୍ତ ଥିଲା ଏ ସମାଜ। ତାଙ୍କ ମତରେ ହିନ୍ଦୁମାନଙ୍କର ଆତ୍ମଶୃଙ୍ଖଳା, ଆତ୍ମବିଶ୍ୱାସ ଏବଂ ସାମାଜିକ ପ୍ରତିବଦ୍ଧତାର ଅଭାବ ଥିଲା। ସେ ଏକଥା ମଧ୍ୟ ଅନୁଭବ କରୁଥିଲେ ଯେ ହିନ୍ଦୁମାନେ ମାତୃଭୂମି ପ୍ରତି ଭଲପାଇବା ନୁହେଁ, ବରଂ ନିଜ ସ୍ୱାର୍ଥ ଦ୍ୱାରା ପରିଚାଳିତ ହେଉଥିଲେ। ତେଣୁ ଏ କଥାର ଜରୁରୀ ଆବଶ୍ୟକତା ଥିଲା କିପରି ହିନ୍ଦୁମାନଙ୍କୁ ଏକ ସୁସଜ୍ଜିତ, ଶୃଙ୍ଖଳିତ ଏବଂ ଦେଶପ୍ରେମୀ ସମାଜରେ ପରିଣତ କରିବା। ଏହାର ସଦସ୍ୟମାନଙ୍କୁ ନିଃସ୍ୱାର୍ଥପରତାର ମୂଲ୍ୟବୋଧରେ ମଣ୍ଡିତ କରିବା, ଯେମିତି ସେମାନେ ଦେଶ ପାଇଁ ସବୁକିଛି କରିବାକୁ ସକ୍ଷମ ହେବେ। ଏହିସବୁ ଧାରଣାକୁ ମନରେ ରଖି ଡ. ହେଡଗେଓ୍ୱାର ଆରଏସଏସର ପ୍ରତିଷ୍ଠା କରିଥିଲେ। ଏହାର ଉଦ୍ଦେଶ୍ୟ ଥିଲା ଦେଶ ତଥା ଏହାର ଲୋକଙ୍କ ପ୍ରତି ନିଃସ୍ୱାର୍ଥପର ଭକ୍ତିର ମୂଲ୍ୟବୋଧକୁ ଜାଗ୍ରତ କରିବା ଏବଂ ଦେଶର ଅଭିବୃଦ୍ଧି ଦିଗରେ କାର୍ଯ୍ୟ କରିବା। ରତନ ଶାରଦାଙ୍କ ଭାଷାରେ, ଅନ୍ୟସବୁ ସଫଳ ଏବଂ ସାଂସ୍କୃତିକ ଆନ୍ଦୋଳନ ପରି ଆରଏସ୍ଏସ୍‌ରେ ହୃଦୟର ଅଗ୍ନିକୁ ପୂର୍ଣ୍ଣତଃ ପ୍ରଜ୍ୱଳିତ କରାଯାଏ – ସମାଜ ପାଇଁ ହୃଦୟରେ ଦରଦ ଏବଂ କରୁଣାଭାବ ରଖି ସମାଜକୁ ସୁଧାରିବା ପାଇଁ ସବୁକିଛି କରିବାର ପ୍ରେରଣା ଦିଆଯାଏ।[୧୭୦]

ଶାଖାରେ ପ୍ରତିଦିନ ପାଠ କରାଯାଉଥିବା ପ୍ରାର୍ଥନା କେବଳ ଆରଏସଏସ ପ୍ରତିଷ୍ଠା ପଛରେ ଥିବା ଧାରଣାକୁ ପ୍ରମାଣିତ କରେ। ପ୍ରାର୍ଥନାର ଅନୁବାଦ ନିମ୍ନମତେ କରାଯାଇପାରେ:

ହେ ମାତୃଭୂମି ! ମୁଁ ସବୁଦିନ ତୁମକୁ ପ୍ରଣାମ କରେ।

ହେ ଆମ୍ଭ ହିନ୍ଦୁମାନଙ୍କର ମାତୃଭୂମି ! ତୁମେ ମତେ ସର୍ବଦା ସୁଖ ଦେଇଛ।

ହେ ମୋର ପବିତ୍ର ଭୂମି ! ମୁଁ ଧନ୍ୟ, ମୋ ଜୀବନ ଧନ୍ୟ, ଏହା ତୋ ସେବାରେ ଉତ୍ସର୍ଗ ହେଉଛି।

ମୁଁ ତୁମକୁ ବାରମ୍ବାର ପ୍ରଣାମ କରୁଛି ।

ହେ ସର୍ବଶକ୍ତିମାନ୍ ଈଶ୍ୱର ! ଆମେ ହିନ୍ଦୁ ରାଷ୍ଟ୍ରର ସନ୍ତାନଗଣ ତୁମକୁ ଶ୍ରଦ୍ଧାର ସହ ପ୍ରଣାମ କରୁଛୁ।

ଆମ୍ଭେମାନେ ତୁମର କାମ କରିବାକୁ ଅଣ୍ଟା ଭିଡିଛୁ।

ଏହି ଉଦ୍ଦେଶ୍ୟ ପୂରଣ ପାଇଁ ଆମକୁ ତୁମର ପବିତ୍ର ଆଶୀର୍ବାଦ ଦିଅ।

ହେ ପ୍ରଭୁ ! ଆମକୁ ଏପରି ଶକ୍ତି ଦିଅ ଯେ ପୃଥିବୀରେ କୌଣସି ଶକ୍ତି ଆମକୁ ଆହ୍ୱାନ କରିବ ନାହିଁ। ଦିଅ ଚରିତ୍ରର ଏପରି ଶୁଦ୍ଧତା ଯାହାକୁ ସାରା ଜଗତ କରିବ ସମ୍ମାନ। କଣ୍ଟକିତ ପଥର ଯାତ୍ରା ସୁଗମ କରିବାକୁ ଦିଅ ଅସୀମ ଜ୍ଞାନ।

ଯାହା ଆମେ ବାଛିଚୁ ସ୍ୱେଚ୍ଛାରେ।

ଆମେ ଅନୁପ୍ରାଣିତ ହେଉ କଠୋର ବୀରତାର ଆତ୍ମାରେ ।

ଯାହା ସର୍ବୋଚ୍ଚ ଆଧ୍ୟାତ୍ମିକ ସୁଖପ୍ରାପ୍ତିର ଏକମାତ୍ର ଓ ଚରମ ମାଧ୍ୟମ, ସର୍ବଶ୍ରେଷ୍ଠ ସାମୟିକ ସମୃଦ୍ଧତା ସହ ଆମର ଆଦର୍ଶ ପ୍ରତି ତୀବ୍ର ଏବଂ ଅନନ୍ତ ଭକ୍ତି ଆମ ହୃଦୟକୁ ପ୍ରେରଣା ଦେଉ। ଆପଣଙ୍କ ଅନୁଗ୍ରହ ଦ୍ୱାରା ଆମର ବିଜୟୀ ଶକ୍ତି, ଆମର ଧର୍ମକୁ ସମ୍ପୂର୍ଣ୍ଣ ରୂପେ ରକ୍ଷା କରୁ ଏବଂ ଏହି ଦେଶକୁ ସମୃଦ୍ଧି ଓ ଗୌରବର ସର୍ବୋଚ୍ଚ ଶିଖର ପର୍ଯ୍ୟନ୍ତ ନେଉ।[୧୭୧]

ଆଧୁନିକ ଯୁଗରେ ମଧ୍ୟ ବିଶ୍ୱର ଯେ କୌଣସି ବୃହତ୍ ସାମାଜିକ ଆନ୍ଦୋଳନ ଆରଏସଏସର ସାଂଗଠନିକ ଢାଞ୍ଚାରୁ ବହୁତ କିଛି ଶିଖିପାରେ। ଏହାର ସମ୍ବିଧାନରେ ସ୍ପଷ୍ଟ ବର୍ଣ୍ଣିତ ହେଲାପରି ଆରଏସଏସର ଏକ ଉଚ୍ଚ ସଂଘୀୟ ବ୍ୟବସ୍ଥା ଅଛି। ଯଦିଓ ଅଧିକାଂଶ ନୀତିଗୁଡିକ କେନ୍ଦ୍ରୀୟ ସ୍ତରରେ ପ୍ରସ୍ତୁତ ଏବଂ ନିୟନ୍ତ୍ରିତ ହୋଇଥାଏ, ଆଞ୍ଚଳିକ, ରାଜ୍ୟ ଏବଂ ସ୍ଥାନୀୟ ସ୍ତରରେ ବିଭିନ୍ନ ଯୋଜନା ଏବଂ ନୀତି କାର୍ଯ୍ୟକାରୀ କରିବାରେ ଶାଖାମାନେ ପ୍ରଭୁତ ସ୍ୱାଧୀନତା ପାଇଥାନ୍ତି।

ଏକ 'ଗଠ' ବା ଦଳ ଶାଖାରେ କାର୍ଯ୍ୟ କରିବାର ସବୁଠାରୁ ଛୋଟ ଏକକ। ସ୍ଥାନୀୟ ସ୍ତରର ଏକ ସମ୍ପୂର୍ଣ୍ଣ ଏକକକୁ ଶାଖା କୁହାଯାଏ ଏବଂ ଏହା ମୁଖ୍ୟ ଶିକ୍ଷକ ଏବଂ କାର୍ଯ୍ୟବାହକଙ୍କ ତତ୍ତ୍ୱାବଧାନରେ ଚଳେ। ଗ୍ରାମାଞ୍ଚଳରେ ତହସିଲ ସ୍ତରରେ ଅନେକ ଶାଖା ଅନୁଷ୍ଠିତ ହୁଏ ଏବଂ ସହରାଞ୍ଚଳରେ ତାହା ମଣ୍ଡଳ ନାମରେ ପରିଚିତ

ହୁଏ। ତା ପରେ ଜିଲ୍ଲା, ରାଜ୍ୟ ଏବଂ ଆଞ୍ଚଳିକ ସ୍ତର ଆସେ। ଅଖିଳ ଭାରତୀୟ ପ୍ରତିନିଧି ସଭାରୁ ମନୋନୀତ ହୁଏ ଅନ୍ତିମ ସାଙ୍ଗଠନିକ ବ୍ଲକ ଯାହା କେନ୍ଦ୍ରୀୟ କମିଟି ଭାବେ ପରିଚିତ। ପ୍ରତ୍ୟେକ ସ୍ତରରେ ମାର୍ଗଦର୍ଶକ ଏବଂ ଦାର୍ଶନିକ ହେଉଛନ୍ତି ସଂଘଚାଳକ। କେନ୍ଦ୍ରୀୟ ସଂସ୍ଥା ପାଇଁ ପ୍ରତି ତିନିବର୍ଷରେ ନିର୍ବାଚନ ଅନୁଷ୍ଠିତ ହୁଏ, ଯେଉଁଠାରୁ ବିଭିନ୍ନ ଭୌଗୋଳିକ ଅଞ୍ଚଳର ସ୍ଥାନୀୟ ପ୍ରତିନିଧିମାନେ ଜାତୀୟ କମିଟିର ସଦସ୍ୟମାନଙ୍କୁ ଭୋଟ୍ ଦିଅନ୍ତି ଏବଂ ଏହି ସଦସ୍ୟମାନେ ସାଧାରଣ ସଚିବ ପାଇଁ ଭୋଟ୍ ଦିଅନ୍ତି। ସର ସଂଘଚାଳକ ପଦବୀଟି ପାଇଁ କିନ୍ତୁ ନିର୍ବାଚନ ହୁଏନାହିଁ, ସେ ତାଙ୍କ ପୂର୍ବବର୍ତ୍ତୀ ସର ସଂଘଚାଳକଙ୍କ ଦ୍ୱାରା ମନୋନୀତ ହୁଅନ୍ତି।

ଆରଏସଏସର କିଛି ଅନନ୍ୟ ବୈଶିଷ୍ଟ୍ୟ ଅଛି ଯାହା ଏବେ ଉଲ୍ଲେଖ ହେବା ନିହାତି ଆବଶ୍ୟକ। ପ୍ରଥମ ହେଉଛି ଯୋଗାଯୋଗର ମାଧ୍ୟମ। ସମସ୍ତ ଆନୁଷ୍ଠାନିକ ନିର୍ଦ୍ଦେଶଗୁଡ଼ିକୁ ପହଞ୍ଚାଇବାର ଭାଷା ହେଉଛି ସଂସ୍କୃତ। ପୁନଶ୍ଚ ଏଠାରେ ଏକ ସଂରଚନା ଥାଏ ଯେଉଁ ମାଧ୍ୟମରେ କୌଣସି ନିର୍ଦ୍ଦେଶ କିମ୍ବା ସୂଚନା ପ୍ରଭାବିତ ହୁଏ। ଏହା ନିର୍ଦ୍ଦିଷ୍ଟ କ୍ରମବଦ୍ଧତା ଅନୁଯାୟୀ ଘଟେ ଏବଂ ଏହାର କୌଣସି ସଂକ୍ଷିପ୍ତ ବାଟ ନାହିଁ। ଆରଏସଏସର ଦ୍ୱିତୀୟ ଅନନ୍ୟ ବୈଶିଷ୍ଟ୍ୟ ହେଲା ଏହା ଏକ ବ୍ୟକ୍ତିତ୍ୱ - ନିରପେକ୍ଷ ଅନୁଷ୍ଠାନ। ଗୁରୁ କିମ୍ବା ସର୍ବୋଚ୍ଚ ଶିକ୍ଷକ ଏଠି କୌଣସି ବ୍ୟକ୍ତି ନୁହେଁ ବରଂ 'ଭଗୱା ଧ୍ୱଜ' ବା ନାରଙ୍ଗୀ ପତାକା। ଅନେକ ଉପାୟରେ ଆରଏସଏସର ଏହି ଦିଗ ଏହାକୁ ଜାରି ରଖିଛି ଏବଂ ଏହାର କୌଣସି ନେତାଙ୍କ ଦେହାନ୍ତ ପରେ, ଏହା ଅଧିକ ଶକ୍ତିଶାଳୀ ହୋଇ ଆଗକୁ ବଢିଚି। ତୃତୀୟ ଅନନ୍ୟ ଦିଗଟି ହେଲା ସଂସ୍ଥାର ପାଣ୍ଠି ସମ୍ବନ୍ଧୀୟ। ଏହା ବୋଧହୁଏ ଏକମାତ୍ର ସାମାଜିକ ସଂସ୍ଥା ଯେଉଁଠି ସଦସ୍ୟମାନେ ନିଜ ପକେଟରୁ ଖର୍ଚ୍ଚ କରନ୍ତି। ଗୁରୁ ପୂର୍ଣ୍ଣିମା ଦିବସରେ ଗୁରୁ ପୂଜନ ବା ଗୁରୁ ଦକ୍ଷିଣା ନାମରେ ଏକ ବାର୍ଷିକ ଉତ୍ସବ ଅନୁଷ୍ଠିତ ହୁଏ। ଏହି ଦିନ ସମସ୍ତ ସଦସ୍ୟ ଗୁରୁଙ୍କୁ ନତମସ୍ତକ ହୋଇ ପ୍ରଣାମ କରନ୍ତି ଏବଂ ନିଜ ନିଜର ଯୋଗଦାନ ଅଚିହ୍ନିତ ଲଫାଫାରେ ଦେଇଯାନ୍ତି। ଏହି ସଂଗୃହୀତ ଅର୍ଥରେ ସାରା ବର୍ଷ ଅନୁଷ୍ଠାନ ଚାଲେ।

ବୋଧହୁଏ ସ୍ୱୟଂସେବକ ଗ୍ରହଣ କରୁଥିବା ସବୁଠାରୁ ଗୁରୁତ୍ୱପୂର୍ଣ୍ଣ ପ୍ରଶିକ୍ଷଣ ହେଉଛି ସଂଘ ଶିକ୍ଷା ବର୍ଗ। ପ୍ରଥମେ ଯାକୁ 'ଅଫିସର ଟ୍ରେନିଂ କ୍ୟାମ୍ପ' ବା ଅଧିକାରୀ ପ୍ରଶିକ୍ଷଣ ଶିବିର ବୋଲି କୁହାଯାଉଥିଲା। ଖରାଦିନେ ଅନୁଷ୍ଠିତ ହେଉଥିବା ଏହି ସ୍ୱେଚ୍ଛିକ ତାଲିମ୍ କାର୍ଯ୍ୟକ୍ରମ ୨ ସପ୍ତାହ ଧରି ଚାଲୁଥିଲା। ସାଧାରଣତଃ ଏହା ରାଜ୍ୟ ସ୍ତରରେ ସଙ୍ଗଠିତ ହେଉଥିଲା। ଅଂଶଗ୍ରହଣକାରୀମାନେ ବର୍ଷକୁ ଥରେ ରାଜ୍ୟ କିମ୍ବା ଜିଲ୍ଲା ସ୍ତରରେ ଏକ ସପ୍ତାହର ପ୍ରାଥମିକ କର୍ମଶାଳାରେ ଯୋଗଦେଇ ତାଲିମ୍ ଶିବିର ପାଇଁ ଯୋଗ୍ୟତା

ଅର୍ଜନ କରନ୍ତୁ। ବୟସର କୌଣସି ସର୍ବୋଚ୍ଚ ସୀମା ନିର୍ଦ୍ଧାରିତ ନ ଥିବାବେଳେ (ସର୍ବନିମ୍ନ ସୀମା ୧୬), ଅଂଶଗ୍ରହଣକାରୀ ସଙ୍ଗଠନ ମଧ୍ୟରେ ଏକ ପଦବୀରେ ରହିବା ଜରୁରୀ ଅଟେ। ଏହିପରି ତିନୋଟି ଗ୍ରୀଷ୍ମ ଶିବିରରେ ତାଲିମ୍ ହୁଏ ଏବଂ ସେ ସବୁକୁ ପ୍ରଥମ ବର୍ଷ, ଦ୍ୱିତୀୟ ବର୍ଷ ଏବଂ ତୃତୀୟ ବର୍ଷ ବୋଲି କୁହାଯାଏ। ତୃତୀୟ ବର୍ଷରେ ଚୂଡ଼ାନ୍ତ ତାଲିମ ଶିବିର ନାଗପୁରଠାରେ ହୁଏ ଏବଂ ଏହା ଆରଏସଏସର ସଦସ୍ୟମାନଙ୍କର ପୂର୍ଣ୍ଣାଙ୍ଗ ଶିକ୍ଷାଭାବେ ସ୍ୱୀକୃତ ହୁଏ। ଏହି ତାଲିମ ଶିବିରଗୁଡ଼ିକର ପ୍ରବଳ ଚାହିଦା ହେତୁ ଖୁବ କମ୍ ସଂଖ୍ୟକ ସଦସ୍ୟ ତୃତୀୟ ବର୍ଷରେ ପହଞ୍ଚିପାରନ୍ତି। ଶିବିରଗୁଡ଼ିକରେ ଶାରୀରିକ ତାଲିମ ସକାଳେ ଏବଂ ସଂଧ୍ୟାରେ ଦିଆଯାଏ ଏବଂ ଏହି ଶାରୀରିକ ତାଲିମ ମଧ୍ୟରେ ମିଳୁଥିବା ସମୟରେ ବକ୍ତବ୍ୟ ଏବଂ ଆଲୋଚନା ମଧ୍ୟ ହୁଏ। ଆରଏସଏସ ଶାଖାର ତାଲିମ ପଦ୍ଧତିର ଏକ ଅବିଚ୍ଛେଦ୍ୟ ଅଙ୍ଗ ହେଉଛି ଶାରୀରିକ ବ୍ୟାୟାମ ଅଭ୍ୟାସ। ଏହି ଶାରୀରିକ ବ୍ୟାୟାମ ବା ଡ୍ରିଲ୍‌ଗୁଡ଼ିକ ମୌଳିକ ଗୁଣର ପ୍ରତିପୋଷଣ ପାଇଁ ବ୍ୟବହୃତ ହୁଏ, ଯେପରିକି ଶୃଙ୍ଖଳା ଏବଂ ଏକତ୍ର ମାର୍ଚ୍ଚ କରିବା, ଯାହା ପରେ ଏକତ୍ର କାର୍ଯ୍ୟ କରିବା ପାଇଁ ରୂପାୟନ ହୋଇପାରିବ। ବାହାରେ ଖେଳିବା ଶାରୀରିକ ତାଲିମ କାର୍ଯ୍ୟକ୍ରମର ଏକ ଅଂଶ ହୋଇଥାଏ। ଯେ କୌଣସି ବ୍ୟକ୍ତିର ସମଗ୍ର ବିକାଶର ପ୍ରଥମ ପଦକ୍ଷେପ ଭାବେ ଧୈର୍ଯ୍ୟ ଏବଂ ଶକ୍ତିଶାଳୀ ଶରୀରର ନିର୍ମାଣ ଏହି ତାଲିମ୍ ମାଧ୍ୟମରେ ପ୍ରାପ୍ତ ହୁଏ।

ବୌଦ୍ଧିକ ତାଲିମ୍ ସାଧାରଣତଃ ପ୍ରାଚୀନ ଶ୍ଳୋକ ଏବଂ ଦେଶପ୍ରେମୀ ଗୀତରୁ ହିଁ ଆରମ୍ଭ ହୁଏ। ଏହି ପ୍ରଶିକ୍ଷଣ ଅଧିବେଶନରେ ଦେଶଭକ୍ତି ଗୀତକୁ ପ୍ରଶିକ୍ଷଣ ଦେବା, ଏକାଠି ଏ ଗୀତସବୁ ଗାଇବା, ଆରଏସଏସର ପ୍ରାର୍ଥନାକୁ ଶିଖିବା ଏବଂ ବୁଝିବା ଏବଂ ଭାରତୀୟ ଇତିହାସ ତଥା ସାଂସ୍କୃତିକ ଏବଂ ସାମାଜିକ ପ୍ରସଙ୍ଗ ଉପରେ ଆଲୋଚନା ଭଳି କାର୍ଯ୍ୟକଳାପ ଏହାର ଅନ୍ତର୍ଭୁକ୍ତ। ଏକ ପ୍ରମୁଖ ରୀତି 'ଭାରତ ଭକ୍ତି ସ୍ତୋତ୍ରମ'ରେ ବୀରମାନଙ୍କୁ ସ୍ମରଣ କରାଯାଏ ଏବଂ ଶ୍ରଦ୍ଧାଞ୍ଜଳି ଦିଆଯାଏ। ଏକ ସଂସ୍କୃତ ପଦକୁ ନେଇ ଗଠିତ 'ଏକାତ୍ମତା ମନ୍ତ୍ର' କିଛି ବର୍ଷ ପୂର୍ବେ ପ୍ରଚଳିତ ହୋଇଥିଲା, ଯାହା ହିନ୍ଦୁ ସଭ୍ୟତାରେ ବିଶ୍ୱାସର ବିଭିଧତାକୁ ନେଇ ଅଂଶଗ୍ରହଣକାରୀମାନଙ୍କୁ ମନେ ପକାଇଥାଏ ଏବଂ ସମସ୍ତଙ୍କୁ ସମ୍ମାନର ବାର୍ତ୍ତା ଦେଇଥାଏ, ଯେହେତୁ ସମସ୍ତେ ସେହି ଏକ ପରମ ସତ୍ୟର ଉପଲବ୍ଧି ପାଇଁ ଆଗେଇ ଯାଆନ୍ତି।[୧୭୨]

ଶାରୀରିକ ଏବଂ ବୌଦ୍ଧିକ ତାଲିମ୍ ବ୍ୟତୀତ ଆରଏସଏସ୍ ଶାଖାର ନିତିଦିନିଆ କାର୍ଯ୍ୟକଳାପରେ ଆହୁରି ବିଭିନ୍ନ କାର୍ଯ୍ୟକ୍ରମ ଅନ୍ତର୍ଭୁକ୍ତ। ଏଠି ଜଣେ ବ୍ୟକ୍ତି ତାଲିମ୍ ପାଇ ଜଣେ ଭଲ ପରିଚାଳକ ଏବଂ ନେତା ହୋଇଥାଏ। ଅଳ୍ପବୟସରୁ ହିଁ ଜଣେ

ସ୍ୱୟଂସେବକକୁ 'ଗଠନାୟକ' ବା ଦଳପତିର ଦାୟିତ୍ୱ ଦିଆଯାଇଥାଏ। ଏହି ଦାୟିତ୍ୱ ସବୁ ହେଲା ପ୍ରତିଦିନ ତା ଦଳର ସଦସ୍ୟମାନଙ୍କୁ ଶାଖାକୁ ଆଣିବା, ଶାଖାର କାର୍ଯ୍ୟକ୍ରମରେ ନେତୃତ୍ୱ ନେବା ଏବଂ ଦଳର ସଦସ୍ୟମାନଙ୍କ ଘରକୁ ଯାଇ ସେମାନଙ୍କ ବାପା, ମା'ଙ୍କ ସହ କଥାବାର୍ତ୍ତା କରିବା। ଏହିସବୁ ତାଲିମ୍ ଜଣକୁ ଭଲ ସଂଯୋଜକ ଏବଂ ଶେଷରେ ନେତା ହେବାରେ ସାହାଯ୍ୟ କରେ। ଏକ ସ୍ୱୟଂସେବକ ଏହିପରି, କିଶୋର ବର୍ଷରୁ ହିଁ ପରିଚାଳନା ଏବଂ ଦଳ ଗଠନରେ ଜଡିତ ହୁଏ। ସେ ନିଜେ ପରିପକ୍ୱ ହେବାସହ, ନିଜ ଦଳକୁ ଉତ୍ସାହିତ କରେ ଏବଂ କାର୍ଯ୍ୟ ଠିକ୍ ଢଙ୍ଗରେ କରାଇନିଏ। ସମସ୍ୟାକୁ ଜାଣିବା ଏବଂ ସମାଧାନ କରିବା ପାଇଁ ମଧ୍ୟ ସେ ତାଲିମ୍‌ପ୍ରାପ୍ତ ହୋଇଥାନ୍ତି। ଏଣୁ ଏଥିରେ ଆଶ୍ଚର୍ଯ୍ୟ ହେବାର କିଛି ନାହିଁ ଯେ ଆରଏସଏସ୍ ଦେଶକୁ ଶକ୍ତିଶାଳୀ ଓ ସକ୍ଷମ ରାଜନେତା ଉପହାର ଦେଇଛି।

ହିନ୍ଦୁ କ୍ୟାଲେଣ୍ଡର ଅନୁଯାୟୀ ଆରଏସଏସ ବର୍ଷକୁ ଛଅଟି ଉତ୍ସବ ପାଳନ କରେ। ଆରଏସଏସର ସଭ୍ୟମାନଙ୍କୁ ଉତ୍ସବ ପାଳନ ମାଧ୍ୟମରେ ବିଭିନ୍ନ ମୂଲ୍ୟବୋଧ ହୃଦୟଙ୍ଗମ କରାଇ ରାଷ୍ଟ୍ର ନିର୍ମାଣ କାର୍ଯ୍ୟରେ ଲଗାଇବା ହେଉଛି ଏସବୁ ଉତ୍ସବ ପାଳନର ମୁଖ୍ୟ ଆଦର୍ଶ। ଏହି ଉତ୍ସବ ସବୁ ହେଉଛି ବର୍ଷ ପ୍ରତିପଦା, ହିନ୍ଦୁ ସାମ୍ରାଜ୍ୟ ଦିନ, ଗୁରୁ ପୂଜନ, ରକ୍ଷା ବନ୍ଧନ, ବିଜୟା ଦଶମୀ ଏବଂ ମକର ସଂକ୍ରାନ୍ତି। ଦେଶର ଯୁବ ଶକ୍ତିକୁ ଏକ ଶକ୍ତିଶାଳୀ ଦେଶ ଏବଂ ସଶକ୍ତ ସମାଜ ଗଢିବାର ଉଦ୍ୟମରେ ଆରଏସଏସ ସର୍ବଦା ଶିକ୍ଷା ଉପରେ ଗୁରୁତ୍ୱ ଦେଇ ଆସିଛି। ଏହିସବୁ ଉଦ୍ୟମରେ ଆରଏସଏସ୍ ନେଇଥିବା ବୃହତ ପଦକ୍ଷେପଗୁଡିକ ମଧ୍ୟରେ 'ଏକଲ ବିଦ୍ୟାଳୟ' ଏବଂ 'ବିଦ୍ୟା ଭାରତୀ' ହେଲେ ପ୍ରମୁଖ ଉଦାହରଣ, ଯାହା ଆମେ ଏହି ଅଧ୍ୟାୟରେ ପୂର୍ବରୁ ଚର୍ଚ୍ଚା କରିସାରିଛେ। ଆରଏସଏସ ଗୁଣାତ୍ମକ ଶିକ୍ଷା ପ୍ରଦାନ ପାଇଁ ବିଭିନ୍ନ ଉପାୟ ଅବଲମ୍ବନ କରିଛି। ଏଥିରେ କ୍ରୀଡା ମିଳନ, ସଂଗୀତ, କଳା ଏବଂ ଦକ୍ଷତାଭିତ୍ତିକ ନିର୍ଦ୍ଦେଶ ଏବଂ କୋଚିଂ କ୍ଲାସ ଅନ୍ତର୍ଭୁକ୍ତ। ସରକାରୀ ବିଦ୍ୟାଳୟଗୁଡିକ ଦ୍ୱାରା ଅନୁକରଣ କରାଯିବାକୁ ଥିବା ଉତ୍କର୍ଷତାର ଉଦାହରଣ ସୃଷ୍ଟି କରିବା ପାଇଁ ଭାରତର ସମସ୍ତ ୯୦୦୦ ପ୍ରଶାସନିକ ବ୍ଲକରେ ମଡେଲ ସ୍କୁଲ ପ୍ରତିଷ୍ଠା ପାଇଁ ଆରଏସଏସ୍ ଯୋଜନା ଘୋଷଣା କରିଛି।

ଆରଏସଏସ୍ ଓ ଏହାର ସହଯୋଗୀମାନେ ସାଧାରଣତଃ ବର୍ଷକୁ ୪ ଥର ସେମାନଙ୍କର ଦକ୍ଷତାର ସମୀକ୍ଷା କରନ୍ତି। ଏହି ସମୀକ୍ଷା ବୈଠକଗୁଡିକରେ ଦେଶର ପରିବର୍ତ୍ତିତ ପରିସ୍ଥିତିକୁ ଆଖିରେ ରଖି ବିଦ୍ୟାଳୟ ଏବଂ ପାଠ୍ୟକ୍ରମକୁ ଅଧିକ ପ୍ରାସଙ୍ଗିକ କରିବାକୁ ନୂତନ ପଦକ୍ଷେପ ବିଷୟରେ ପ୍ରସ୍ତାବ ଦିଆଯାଏ ଏବଂ ଆଲୋଚନା କରାଯାଏ।

ଅଖିଳ ଭାରତୀୟ ଇତିହାସ ସଂକଳନ ଯୋଜନା ନାମରେ ଆରଏସଏସର ନିଜସ୍ୱ ଐତିହାସିକମାନେ ଅଛନ୍ତି ଏବଂ ୧୯୮୪ ମସିହାରେ ଏହାର ପ୍ରତିଷ୍ଠା ପରେ ଏମାନେ ୩୫୦ ପୁସ୍ତକ ପ୍ରକାଶ କରିଛନ୍ତି। ଇତିହାସ ଦଲିଲରେ ବିଭିନ୍ନ ପ୍ରକାର ବିକୃତି ଦେଖାଯିବାରୁ, ନିଜର ଇତିହାସକାରମାନଙ୍କ ବିଭାଗ ଖୋଲିବାର ଆବଶ୍ୟକତା ହେଲା। ଆରଏସଏସ ନିଜ ସହଯୋଗୀମାନଙ୍କ ସହ ଏହି ଭୁଲକୁ ଠିକ କରିବାରେ ଚେଷ୍ଟିତ ଅଛି।

ବାଜପେୟୀଙ୍କ ନେତୃତ୍ୱରେ ପ୍ରଥମ ବିଜେପି ସରକାର ସମୟରେ ନିଜ ବକ୍ତବ୍ୟ ପାଇଁ ଜଣାଶୁଣା ଶ୍ରୀ ମୁରଲୀ ମନୋହର ଯୋଶୀଙ୍କୁ ମାନବ ସଂସାଧନ ମନ୍ତ୍ରଣାଳୟର ଦାୟିତ୍ୱ ଦିଆଯାଇଥିଲା। ସେ ଆରଏସଏସର ଆଦର୍ଶ ପ୍ରତି ସକାରାତ୍ମକ ମନୋଭାବ ପୋଷଣ କରୁଥିବା ଅନେକ ଅଣ–ମାର୍କସିଷ୍ଟ ବିଦ୍ୱାନଙ୍କୁ ଅନେକ ସମ୍ଭ୍ରାନ୍ତ ଅନୁଷ୍ଠାନ ଯଥା 'ଇଣ୍ଡିଆନ କାଉନସିଲ୍ ଅଫ୍ ହିଷ୍ଟୋରିକାଲ୍ ରିସର୍ଚ୍ଚ (ଆଇସିଏଚଆର), ଇଣ୍ଡିଆନ କାଉନସିଲ୍ ଅଫ୍ ସୋସିଆଲ୍ ସାଇନ୍ସ ରିସର୍ଚ୍ଚ (ଆଇସିଏସଏସଆର) ଏବଂ ନେସେନାଲ କାଉନ୍ସିଲ୍ ଅଫ୍ ଏଜୁକେଶନାଲ ରିସର୍ଚ୍ଚ ଏଣ୍ଡ ଟ୍ରେନିଂ (ଏନ୍‌ସିଇଆରଟି) ଆଦିର ମୁଖ୍ୟ ପଦପଦବୀରେ ନିଯୁକ୍ତି ନେଇ ପ୍ରବଳ ହଟଚମଟ ସୃଷ୍ଟି କରିଥିଲେ। ପ୍ରସିଦ୍ଧ ସାମ୍ବାଦିକ ଦୀନନାଥ ମିଶ୍ରଙ୍କ ଖଣ୍ଡବାକ୍ୟ 'କମ୍ୟୁନିଷ୍ଟ କାର୍ଡଧାରୀ ଅକ୍ଟୋପସ ବନ୍ଧନ'ରୁ ଏସବୁ ଅନୁଷ୍ଠାନକୁ ମୁକ୍ତ କରିବା ଥିଲା ଏହାର ମୁଖ୍ୟ ଉଦ୍ଦେଶ୍ୟ।

ତଥାପି, ଏହା ପରେ ଦଶ ବର୍ଷର ୟୁପିଏ ଶାସନ କାଳରେ ପାଠ୍ୟପୁସ୍ତକ ଏବଂ ପାଠ୍ୟକ୍ରମର ଆଦର୍ଶଗତ ରଙ୍ଗରେ ମୁଖ୍ୟ ସ୍ରୋତ କାହାଣୀ ଜାରି ରହିଲା। ୨୦୧୪ରେ ବିଜେପି ସରକାର ଆସିଲା ପରେ ପୁଣି ହିନ୍ଦୁ ଧର୍ମର ଅବହେଳାକୁ ହଟାଇବା ପାଇଁ କାର୍ଯ୍ୟ ଆରମ୍ଭ କଲା। ଏହା ଆକ୍ରମଣାତ୍ମକ ଭାବରେ ଏହି ଲକ୍ଷ୍ୟକୁ ଅନୁସରଣ କରି ଆସୁଛି, ଯେପରି ରାଜଧାନୀରେ ଦକ୍ଷିଣପନ୍ଥୀ ଚିନ୍ତକ ଗୋଷ୍ଠୀର ଉତ୍ପତ୍ତିରୁ ଅନୁମେୟ।

୭

ଆରଏସଏସର ବିରୋଧରେ ଉଦ୍ଦେଶ୍ୟମୂଳକ ବଦନାମ ଅଭିଯାନ

ଆରଏସଏସ ଏବଂ ଗଣମାଧ୍ୟମ: ଭଲ ବନ୍ଧୁ ନୁହନ୍ତି

ଆରଏସଏସ ଏବଂ ଗଣମାଧ୍ୟମର ସଂପର୍କ କେବେହେଲେ ମଧୁର ବା ଆନ୍ତରିକ ନ ଥିଲା। ବାସ୍ତବରେ ଆରଏସଏସ କେବେ ନିଜ କାର୍ଯ୍ୟକୁ ବିଜ୍ଞପିତ କରିବାକୁ ଅତ୍ୟଧିକ ଗୁରୁତ୍ୱ ଦେଇନାହିଁ ଏବଂ କେଜାଣି କେଉଁ ଅଜ୍ଞାତ କାରଣରୁ ଗଣମାଧ୍ୟମ ମଧ୍ୟ ଆରଏସଏସର ଉଜ୍ଜ୍ୱଳ ଦିଗ ଦେଖାଇବାରେ ସବୁବେଳେ କୁଣ୍ଠା ପ୍ରକାଶ କରିଛି। ଗଣମାଧ୍ୟମ ଏବଂ ବିଜ୍ଞାନ ପ୍ରତି ଆରଏସଏସର ଆଭିମୁଖ୍ୟ ଗୋଲୱାଲକରଙ୍କ ସଂଘ ଉପରେ ସାହିତ୍ୟ ପ୍ରକାଶନ ବିଷୟରେ ଜଣେ ବିଦ୍ୱାନଙ୍କ ପ୍ରଶ୍ନର ଉତ୍ତରରୁ ଜାଣିହେବ। ସେ ଶ୍ରୁତିର ପରମ୍ପରାକୁ ବିକଶିତ କରିଥିଲେ ଏବଂ କହିଥିଲେ :

ଆମେ କହିଥିବା କଥାକୁ ଅଧିକ ଗୁରୁତ୍ୱ ଦେଉ, ଯାହା 'ଶ୍ରୁତି' ନାଁରେ ପରିଚିତ। ଜଣେ ଯେ ପର୍ଯ୍ୟନ୍ତ କଥିତ ଶବ୍ଦ ସହିତ ସବୁକିଛି ପରିଚାଳନା କରିପାରିବ, ସେ ପର୍ଯ୍ୟନ୍ତ ସିଏ ପ୍ରଣାଳୀ ମାଧ୍ୟମରେ କାମ କରିପାରିବ। ସଂଘର ସ୍ୱୟଂସେବକମାନେ ଲୋକମାନଙ୍କୁ ସାକ୍ଷାତ୍ କରିବାକୁ ସେମାନଙ୍କ ଘରକୁ ଯାଆନ୍ତି ଏବଂ ମୁହାଁମୁହିଁ ସାକ୍ଷାତ୍ କରି ଶ୍ରୁତି ପରମ୍ପରା ମାଧ୍ୟମରେ ନିଜ ଜୀବନର ଅନୁଭବ ଅନ୍ୟମାନଙ୍କ ସହ ବାଣ୍ଟନ୍ତି।[୧୭୩]

ଆରଏସଏସର ଯୁବପିଢ଼ି କିନ୍ତୁ ଗଣମାଧ୍ୟମ ସହ ଭାବ ବିନିମୟ କରିବା ଏବଂ ନିଜ କାର୍ଯ୍ୟ ବିଷୟରେ କହିବା ପାଇଁ ଅଧିକ ଉନ୍ମୁକ୍ତ । ଆଉ ଏକ ପ୍ରମୁଖ କାରଣ ହେଲା ଆରଏସଏସ ବିରୋଧରେ ଗଣମାଧ୍ୟମର ପୂର୍ବାଗ୍ରହ ବା ପକ୍ଷପାତିତା, ଯାହା

ଗଣମାଧ୍ୟମକୁ ଆରଏସଏସ ବିଷୟରେ ଦୂରଦୂରାନ୍ତର ଯାଏ ସକାରାତ୍ମକ ଦିଗ ଉପରେ ଉଲ୍ଲେଖ ନ କରିବାରୁ ସ୍ପଷ୍ଟ ହୋଇଛି। ଯେତେବେଳେ ଗଣମାଧ୍ୟମର ଏକ ବଡ ଅଂଶ ପୂର୍ବାଗ୍ରହ ଦ୍ୱାରା ଗ୍ରସ୍ତ ଥାଏ ସେତେବେଳେ ବାକି ରହିଯାଇଥିବା କ୍ଷୁଦ୍ର ଅଂଶଟି ମଧ୍ୟ ପ୍ରମୁଖ ଅଂଶ ଦ୍ୱାରା ସୃଷ୍ଟ ଧାରଣା ସହ ଅଗ୍ରସର ହୁଏ।

ରତନ ଶାରଦା ତାଙ୍କ ବହିରେ ଏହି ସମ୍ବନ୍ଧରେ ଏକ ବ୍ୟକ୍ତିଗତ ବ୍ୟାଖ୍ୟା କରିଛନ୍ତି । ସେ ଲେଖିଛନ୍ତି :

"ମୋର ଆରଏସଏସ ପାଇଁ ଗଣମାଧ୍ୟମ ପ୍ରଭାରୀଭାବେ ମୁମ୍ବାଇରେ ନିଯୁକ୍ତି ସମୟରେ ମୁଁ ଜାଣିବାକୁ ପାଇଲି ଯେ ଆରଏସଏସ ନେତାଙ୍କ ସହ ଆଲୋଚନା ପାଇଁ ଖୁବ କମ୍ ସାମ୍ବାଦିକ ଯୋଗ ଦେଉଥିଲେ। ସେମାନେ କେବଳ ଆରଏସଏସ ମୁଖିଆଙ୍କ ପ୍ରତି ଆଗ୍ରହୀ ଥିଲେ, କାରଣ ସେମାନେ ଏହାର ସାମୂହିକ ପ୍ରକୃତି କେବେ ବୁଝିପାରି ନ ଥିଲେ। ଗଣମାଧ୍ୟମ ଆରଏସଏସ ଶିବିର କିମ୍ବା ସ୍ୱତନ୍ତ୍ର କାର୍ଯ୍ୟକ୍ରମ ପରିଦର୍ଶନ କରିବାକୁ କ୍ୱଚିତ୍ ନିମନ୍ତ୍ରଣ ଗ୍ରହଣ କରୁଥିଲେ। ଯଦିବା କ୍ୱଚିତ୍ କେହି ସାମ୍ବାଦିକ ଏହାର କାର୍ଯ୍ୟକ୍ରମ ଦେଖିବାକୁ ଯାଉଥିଲେ ତେବେ ଗଣମାଧ୍ୟମରେ ଏହାର ଖବର ପ୍ରସାରିତ ହେଉନଥିଲା।[୧୭୪]

ସେ ଆହୁରି ଲେଖିଛନ୍ତି ଯେ ଜାତୀୟ ଗଣମାଧ୍ୟମର ଆରଏସଏସ ପ୍ରଶିକ୍ଷଣ ଶିବିର କିମ୍ବା ବୃହତ୍ ସମାବେଶ ଏବଂ ପଦଯାତ୍ରାର ଖବର ପ୍ରତି ଉଦାସୀନ ରହିବା ତାଙ୍କୁ ବ୍ୟଥିତ କରିଥିଲା, ଯଦିଓ ଆଞ୍ଚଳିକ ଗଣମାଧ୍ୟମଗୁଡିକ ଏସବୁକୁ ଗୁରୁତ୍ୱ ଦେଇ ସମ୍ବାଦ ପ୍ରସ୍ତୁତ କରୁଥିଲେ।

ସମ୍ପ୍ରତି ସେ ଲେଖିଥିବା ଅନ୍ୟ ଏକ ଘଟଣା ମୋହନ ଭାଗବତଙ୍କୁ ଅନ୍ତର୍ଭୁକ୍ତ କରେ, ଯିଏ ଗୋଟିଏ ବର୍ଷରେ ୫୦ଟି ସହର ପରିକ୍ରମା କରିଥିଲେ। କାର୍ଯ୍ୟକ୍ରମରେ ଆରଏସଏସ ସ୍ୱେଚ୍ଛାସେବୀମାନେ ଆରଏସଏସ ସଂଘ ପୋଷାକରେ ଥିଲେ ଏବଂ ସେମାନଙ୍କ ସଂଖ୍ୟା ପ୍ରାୟ ଏକ ଲକ୍ଷରୁ ଊର୍ଦ୍ଧ୍ୱ ଥିଲା। ତଥାପି ଜାତୀୟ ଗଣମାଧ୍ୟମ ଏହାକୁ ଅତି ସାମାନ୍ୟ ଘଟଣାରୂପେ ପ୍ରସାରିତ କରିଥିଲା।

ଏହା କେବଳ ଆରଏସଏସ କରୁଥିବା ବୈଠକ ବା ସମାବେଶ ପାଇଁ ନୁହେଁ ବରଂ ସେମାନଙ୍କ ଦ୍ୱାରା ନିଆଯାଉଥିବା ସାମାଜିକ ପଦକ୍ଷେପ କିମ୍ବା ଆରଏସଏସ ସ୍ୱେଚ୍ଛାସେବୀମାନଙ୍କ ଦ୍ୱାରା କରାଯାଉଥିବା ସେବା କାର୍ଯ୍ୟ ପାଇଁ ମଧ୍ୟ ପ୍ରଯୁଜ୍ୟ। ଯେହେତୁ ଏସବୁ ଦେଶ ତଥା ଦେଶର ଲୋକମାନଙ୍କ ପାଇଁ ନିଃସ୍ୱାର୍ଥ ସେବା, ଜାତୀୟ ଗଣମାଧ୍ୟମ ଏଥିରେ ନିଜର କିଛି ସ୍ୱାର୍ଥ ଦେଖୁ ନ ଥିଲା। ଜାତୀୟ ଗଣମାଧ୍ୟମଗୁଡିକୁ ଖୋରାକ ଯୋଗାଉଥିବା କାର୍ଯ୍ୟଗୁଡିକ ହେଲା ସ୍ଲୋଗାନ ଦେବା ଓ ଦେଶକୁ ଭାଙ୍ଗି ଖଣ୍ଡ ଖଣ୍ଡ କରିବା।

ସ୍ୱାଧୀନତା ଆନ୍ଦୋଳନରେ ଆରଏସଏସର ଭୂମିକା

ବହୁତ ଲୋକଙ୍କ ମନରେ ଏ ମିଛ ଧାରଣା ଅଛି ଯେ ଭାରତୀୟ ସ୍ୱାଧୀନତା ଆନ୍ଦୋଳନରେ ଆରଏସଏସର କିଛି ଭୂମିକା ନ ଥିଲା। ଏହା କିନ୍ତୁ ଆଦୌ ସତ୍ୟ ନୁହେଁ। ସଂଘର ଜୀବନକାଳ ମଧ୍ୟରେ ଦୁଇଟି ପ୍ରମୁଖ ସ୍ୱାଧୀନତା ଆନ୍ଦୋଳନ ହୋଇଥିଲା। ପ୍ରଥମଟି ୧୯୩୦ର ଲବଣ ସତ୍ୟାଗ୍ରହ। ଡ. ହେଡଗେୱାର ନିଜ ବ୍ୟକ୍ତିଗତ କ୍ଷମତା ବଳରେ ଏହି ଆନ୍ଦୋଳନରେ ଭାଗ ନେଇଥିଲେ। ଯେବେ ସେ ବାହାରେ ଥିଲେ ସରସଂଘ ଚାଳକଙ୍କ ଦାୟିତ୍ୱରେ ଡ. ଏଲ୍.ଭି. ପରାଞ୍ଜପେଙ୍କୁ ରଖିଯାଉଥିଲେ। ୱାର୍ଦ୍ଧାର ଆପାଜୀ ଯୋଶୀ ଏବଂ ଦାଦାରାଓ ପରମାର୍ଥ ମଧ୍ୟ ତାଙ୍କ ସହ ଜେଲ୍ ଯାଇଥିଲେ। ସବୁ ଶାଖାକୁ ଜଣାଇ ଦିଆଗଲା ଯେ ସାଧାରଣ ସ୍ୱୟଂସେବକମାନେ ଚାହିଁଲେ ନିଜ ବ୍ୟକ୍ତିଗତ କ୍ଷମତା ଅନୁଯାୟୀ ଆନ୍ଦୋଳନରେ ଯୋଗ ଦେଇପାରିବେ।[୧୭୫]

ବାର ବର୍ଷ ପରେ ଦ୍ୱିତୀୟ ପ୍ରମୁଖ ସ୍ୱାଧୀନତା ସଂଗ୍ରାମ ଆରମ୍ଭ ହେଲା। ଏହା ୧୯୪୨ର ଭାରତଛାଡ ଆନ୍ଦୋଳନ ଥିଲା। ଏହି ବର୍ଷ ସଂଘର ଇତିହାସର ବିସ୍ତୃତ ରୂପାନ୍ତର ବର୍ଷ ମଧ୍ୟ ଥିଲା। ଉଚ୍ଚ ଶିକ୍ଷିତ ସ୍ୱୟଂସେବକମାନେ ବୃହତ୍ ସଂଖ୍ୟାରେ ସ୍ୱେଚ୍ଛାକୃତଭାବେ ପ୍ରଚାରକ ହେବାକୁ ଚାହୁଁଥିଲେ। ଶାରଦା ନିମ୍ନୋକ୍ତ ସଂଖ୍ୟାସବୁ ଦେଇଛନ୍ତି। 'କେବଳ ଲାହୋରରୁ ୪୮ ଜଣ ନୂଆ ପ୍ରଚାରକ ଥିଲେ, ୫୨ ଜଣ ଅମୃତସରରୁ ଆସିଥିଲେ ଏବଂ ନାଗପୁର ସେ ବର୍ଷ ୨୨ ଜଣ ନୂଆ ପ୍ରଚାରକଙ୍କୁ ଦେଖିଲା। ଅନ୍ୟସବୁ କେନ୍ଦ୍ରର ମଧ୍ୟ ସମାନ ଅବସ୍ଥା ଥିଲା।'[୧୭୬]

ଭାରତ ଛାଡ଼ ଆନ୍ଦୋଳନ ଆରମ୍ଭ ହେବାକ୍ଷଣି ତତ୍କାଳୀନ ସରସଂଘ ଚାଳକ ଗୋଲୱାଲକରଙ୍କୁ ଆନ୍ଦୋଳନରେ ଆରଏସଏସର ଭୂମିକାକୁ ନେଇ ପ୍ରଶ୍ନ କରାଗଲା। ଦୁଇଟି ଗୁରୁତ୍ୱପୂର୍ଣ୍ଣ ବିନ୍ଦୁ ଉପରେ ଏଠାରେ ଆଲୋକପାତ କରିବା ଆବଶ୍ୟକ। ପ୍ରଥମେ ୫ ଅଗଷ୍ଟ ୧୯୪୦ରେ ସରକାର ଏକ ରାଜପତ୍ର ପ୍ରକାଶ କଲେ। ପରିଚ୍ଛେଦ ୫୬-୫୮ ଅନୁଯାୟୀ ସମସ୍ତ ବେସରକାରୀ ସଂସ୍ଥାକୁ ସେନା ତାଲିମ ଏବଂ ସେନା ପୋଷାକ ପିନ୍ଧିବାକୁ ନିଷେଧ କରାଗଲା। ଯଦିଓ ସଂଘର ନାମ ବିଶେଷଭାବେ ଉଲ୍ଲେଖ ନ ଥିଲା କିନ୍ତୁ ରାଜପତ୍ର ଭାଷାରୁ ଏହା ସ୍ପଷ୍ଟ ଥିଲା ଯେ ଏହା ସଂଘ ପାଇଁ ମଧ୍ୟ ଉଦ୍ଦିଷ୍ଟ। ଯେହେତୁ ବ୍ରିଟିଶମାନେ ଡ. ହେଡଗେୱାରଙ୍କ ରାଜନୈତିକ ପୃଷ୍ଠଭୂମି ସମ୍ବନ୍ଧରେ ଅବଗତ ଥିଲେ, ଏହା ସ୍ପଷ୍ଟ ଥିଲା ଯେ ତାଙ୍କ ଦ୍ୱାରା ସ୍ଥାପିତ ସଂସ୍ଥା ଆରଏସଏସ ମଧ୍ୟ ସରକାରୀ ରାଡାର ଅଧୀନରେ ଥିଲା। ଦ୍ୱିତୀୟ ଗୁରୁତ୍ୱପୂର୍ଣ୍ଣ ବିନ୍ଦୁ ହେଲା ଭାରତ ଛାଡ଼ ଆନ୍ଦୋଳନ ସମୟରେ ସଂଘର ଶକ୍ତି ସମ୍ବନ୍ଧୀୟ। ଯେତେବେଳେ

ଏହା ସତ୍ୟ ଥିଲା ଯେ ସଂଘର ସଂଖ୍ୟା ବୃଦ୍ଧି ହେଉଥିଲା, ସେହି ସମୟରେ ଏହା ମଧ୍ୟ ସତ୍ୟ ଥିଲା ଯେ ସଂଘର ବୃଦ୍ଧି ସବୁଆଡେ ସମାନ ନ ଥିଲା। ଅଧିକାଂଶ ପରିବର୍ଦ୍ଧନ ବମ୍ବେ ଓ କେନ୍ଦ୍ରୀୟ ପ୍ରଦେଶରେ ସୀମିତ ଥିଲା।

ଏହିସବୁ କଥା ମନରେ ରଖି ଅପେକ୍ଷାକୃତ ଭାବେ ନୂଆ ସରସଂଘଚାଳକ ଗୋଲଓ୍ୱାଲକରଙ୍କୁ ଭାରତ ଛାଡ ଆନ୍ଦୋଳନରେ ସଂଘର ଆଭିମୁଖ୍ୟ ଉପରେ ନିର୍ଣ୍ଣୟ ନେବାର ଥିଲା। ଗୋଲଓ୍ୱାଲକରଙ୍କ ଦ୍ୱାରା ରାଜ୍ୟସ୍ତରୀୟ କର୍ମକର୍ତ୍ତାମାନଙ୍କର ଏକ ବୈଠକ ଡକାହେଲା। ଆନ୍ଦୋଳନର ସ୍ଥିତିକୁ ମୂଲ୍ୟାଙ୍କନ ଏବଂ ସ୍ଥିର କରିବା ବୈଠକର ଏଜେଣ୍ଡା ଥିଲା। ଡ. ପାଣ୍ଡୁରଙ୍ଗ ଖଙ୍କୋଜେ ଏବଂ ସଂଘର ରଣନୀତିଜ୍ଞ ବାଲାସାହେବ ଦେଓରସଙ୍କୁ ଏହି ଉଦ୍ଦେଶ୍ୟ ରଖି ଭୂମିଗତ ନେତା ଜୟପ୍ରକାଶ ନାରାୟଣଙ୍କୁ ଭେଟିବାକୁ ପଠାଗଲା। ୭ଟି ପ୍ରଶ୍ନର ଉତ୍ତର ଦେବା ଏବଂ ମୂଲ୍ୟାଙ୍କନ କରିବାର ଥିଲା।[୧୭୭]

୭ଟି ପ୍ରଶ୍ନଥିଲା :

୧. କର ବା ମର ସ୍ଲୋଗାନରେ ମରିବା ଅଂଶଟି ସ୍ପଷ୍ଟ, କିନ୍ତୁ କ'ଣ କରାଯିବା କଥା? କଂଗ୍ରେସ କାର୍ଯ୍ୟକାରୀ କମିଟି ଏ ସଂପର୍କରେ କିଛି ନିର୍ଦ୍ଦେଶ ଦେଇଛନ୍ତି କି?

୨. ଏହି ଆନ୍ଦୋଳନର ତୁରନ୍ତ ଏବଂ ଦୀର୍ଘସୂତ୍ରୀ ଲକ୍ଷ୍ୟ କ'ଣ? ଅର୍ଥାତ୍ ଆମେ ବିନା ପରାଜୟରେ କ'ଣ ପାଇବାକୁ ଚାହୁଁଛୁ ?

୩. ଆନ୍ଦୋଳନର କାର୍ଯ୍ୟ କରିବାର ପଦ୍ଧତି କ'ଣ ଏବଂ ଏହା କେମିତି ହେବାକୁ ଯାଉଛି ?

୪. ଆନ୍ଦୋଳନ କେତେଦିନ ଯାଏ ଚାଲିବ ?

୫. ଆପଣ ନିଜ ଶକ୍ତିର ଆକଳନ ନିଶ୍ଚିତ କରିଥିବେ । ଆପଣଙ୍କ ଶକ୍ତି କେତେ ବିଶାଳ ?

୬. ଆନ୍ଦୋଳନ ସଫଳତା ପାଇବା ପରେ ପରବର୍ତ୍ତୀ ପଦକ୍ଷେପଟି କ'ଣ ?

୭. ଯଦି ଆନ୍ଦୋଳନ ଅସଫଳ ହୁଏ, ତେବେ ପରେ କ'ଣ କରାଯିବା ଉଚିତ୍ ?

ସାକ୍ଷାତ ପରେ ଡ. ଖଙ୍କୋଜେଙ୍କ ମତ ଅନୁସାରେ ଜୟପ୍ରକାଶଜୀଙ୍କ ଦ୍ୱାରା ଦିଆଯାଇଥିବା କୌଣସି ଉତ୍ତର ସନ୍ତୋଷଜନକ ନ ଥିଲା। କେବଳ ଏତିକି ନୁହେଁ, ଲୋକଙ୍କ ଦ୍ୱାରା କ'ଣ କରାଯିବ ଏବଂ କ'ଣ ନ କରାଯିବ ସେ ସମ୍ବନ୍ଧରେ କିଛି ସ୍ପଷ୍ଟ ନିର୍ଦ୍ଦେଶ ନ ଥିଲା। ଆଗଧାଡିର ନେତାମାନେ ଗିରଫ ହେବାପରେ ନିର୍ଦ୍ଦେଶ କିଏ ଦେବ ଏକଥା ମଧ୍ୟ ସ୍ପଷ୍ଟ ନ ଥିଲା।[୧୭୮]

ଏହି ସବୁ ସୂଚନା ଏବଂ ଅନ୍ୟମାନଙ୍କ ସହ ଆଲୋଚନା ଆଧାରରେ

ଗୋଲଓ୍ୱାଲକର ସ୍ଥିର କଲେ ଯେ ଦେଶପ୍ରେମୀ ନାଗରିକ ହିସାବରେ ସ୍ୱୟଂସେବକମାନେ ଜାତୀୟ ଆନ୍ଦୋଳନରେ ଭାଗ ନେଇପାରିବେ ଏବଂ ନିଜର ସମ୍ପୂର୍ଣ୍ଣ ସହଯୋଗ ଦେବେ। ଯାହାବି ହେଉ ସଂଘର ଆଚରଣ ବିଧି ଅନୁଯାୟୀ ଅନୁଷ୍ଠାନ ହିସାବରେ ଏହା ଆନ୍ଦୋଳନରୁ ଦୂରେଇ ରହିବ । ଏ କଥା ସେବେଠୁ ସ୍ପଷ୍ଟ ହୋଇଥିଲା ଯେବେ ହେଡଗେଓ୍ୱାର ଲବଣ ସତ୍ୟାଗ୍ରହରେ ଅନୁଷ୍ଠାନର ପ୍ରତିନିଧି ଭାବରେ ନୁହେଁ, ବ୍ୟକ୍ତିଗତ କ୍ଷମତାରେ ଯୋଗଦେଇଥିଲେ।

ଅନେକ ସ୍ୱୟଂସେବକ ଆନ୍ଦୋଳନରେ ଅଂଶଗ୍ରହଣ କରିଥିଲେ ଏବଂ ଆଉକିଛି ସ୍ୱୟଂସେବକ ଅନ୍ୟ ଉପାୟରେ ସେମାନଙ୍କୁ ସମର୍ଥନ ଦେଉଥିଲେ। ବିଦର୍ଭରେ ଚିମୁରର ସ୍ୱୟଂସେବକମାନେ ରମାକାନ୍ତ ଦେଶପାଣ୍ଡେଙ୍କ ନେତୃତ୍ୱରେ ଏକ ଆନ୍ଦୋଳନ ଆରମ୍ଭ କଲେ। ଦୁର୍ଭାଗ୍ୟବଶତଃ ଆନ୍ଦୋଳନଟି ହିଂସକ ହେଲା ଏବଂ ଅଳ୍ପକିଛି ଏହି ସଂଘର୍ଷରେ ମରିଗଲେ। ଭାରତ ଛାଡ ଆନ୍ଦୋଳନର ଇତିହାସରେ ଏହି ଏନ୍‌କାଉଣ୍ଟର ଚିମୁର-ଅଷ୍ଟୀ- ଆନ୍ଦୋଳନ ନାଁରେ ପ୍ରସିଦ୍ଧ ହୋଇଗଲା।

ଏହିପରି କାର୍ଯ୍ୟକଳାପ ବ୍ୟତୀତ ଅନେକ ସ୍ୱୟଂସେବକ ଭୂମିଗତ ନେତୃବୃନ୍ଦଙ୍କୁ ଆନ୍ଦୋଳନ ସମୟରେ ସାହାଯ୍ୟ କରୁଥିଲେ। ଏହିପରି ଏକ ଘଟଣାର ଦୃଷ୍ଟାନ୍ତ ହେଉଛି ଅରୁଣା ଆସଫ ଅଲ୍ଲୀ ଏବଂ ଉତ୍ତର ପୂର୍ବର ସଂଘ ଚାଳକ ଲାଲା ହଂସରାଜଙ୍କ ମଧ୍ୟରେ ଘଟିଥିବା ଘଟଣା। ଲାଲା ହଂସରାଜଙ୍କ ଘରକୁ ଅରୁଣା ଆସଫ ଅଲ୍ଲୀ ନିଜ ଗୁପ୍ତବାସ ରୂପେ ବାଛିଥିଲେ। ୧୯୬୭ ଅଗଷ୍ଟରେ ହିନ୍ଦୁ ଦୈନିକ 'ହିନ୍ଦୁସ୍ଥାନ'କୁ ସାକ୍ଷାତକାର ଦେବା ଅବସରରେ ଅରୁଣା ଆସଫ ଅଲ୍ଲୀ ଏ ବିଷୟରେ କହିଛନ୍ତି :

"୧୯୪୨ ଆନ୍ଦୋଳନ ସମୟରେ ମୁଁ ଭୂମିଗତ ହୋଇଥିଲି। ଦିଲ୍ଲୀ ସଂଘଚାଳକ ହଂସରାଜ ୧୦-୧୫ ଦିନ ପାଇଁ ମୋତେ ନିଜ ଘରେ ଆଶ୍ରୟ ଦେଇଥିଲେ ଏବଂ ମୋ ନିରାପତ୍ତାର ସମସ୍ତ ପ୍ରବନ୍ଧନ କରିଥିଲେ। ମୋର ତାଙ୍କ ଘରେ ରହିବାର ଖବର ଯେପରି ଆଉ କେହି ନ ଜାଣିବେ ସେଥିପ୍ରତି ସେ ଦୃଷ୍ଟି ଦେଇଥିଲେ। ଯେହେତୁ ଭୂମିଗତ କାର୍ଯ୍ୟକର୍ତ୍ତାମାନେ ଅନେକ ଦିନ ଧରି ଗୋଟେ ସ୍ଥାନରେ ରହିବା ଉଚିତ୍ ନ ଥିଲା, ମୁଁ ତାଙ୍କ ଘରୁ ଏମ୍ବ୍ରୟଡରୀ କରାଯାଇଥିବା ଘାଗରା ଏବଂ ଚୁନରୀ ପିନ୍ଧି ଭାଙ୍ଗଡା ନାଚି ନାଚି ଏକ ବରଯାତ୍ରୀ ଦଳ ସହ ବାହାରକୁ ଆସିଥିଲି। ଏହି ପୋଷାକଟି ମୋତେ ଲାଲାଜୀଙ୍କ ପତ୍ନୀ ଦେଇଥିଲେ।[୭୯]

ଏହା ଏକମାତ୍ର ଘଟଣା ନ ଥିଲା, ବରଂ କଂଗ୍ରେସ କର୍ମୀଙ୍କ ପାଇଁ ଆନ୍ଦୋଳନ ସମୟରେ ସ୍ୱୟଂସେବକମାନଙ୍କ ଘରେ ରହିବା ଏକ ସାଧାରଣ ଘଟଣା ଥିଲା।

ସୋଲାପୁରର କଂଗ୍ରେସ କମିଟି ସଦସ୍ୟ ଗଣେଶ ବାପୁଜୀ ସିଙ୍କାର ଅନ୍ୟ ଏକ ଘଟଣା ସମ୍ବନ୍ଧରେ କୁହନ୍ତି :

"ମୁଁ ୧୯୪୨ର ଭାରତ ଛାଡ ଆନ୍ଦୋଳନରେ ଅଂଶଗ୍ରହଣ କରିଥିଲି। ଆମକୁ ଭୂମିଗତ ହୋଇ କାର୍ଯ୍ୟ କରିବାକୁ ସଂଘର କର୍ମୀମାନଙ୍କ ଘରେ ରହିବାକୁ ପଡୁଥିଲା। ସଂଘର ଲୋକମାନେ ଆମକୁ ଆମ ଭୂମିଗତ କାର୍ଯ୍ୟରେ ଆନନ୍ଦରେ ସାହାଯ୍ୟ କରୁଥିଲେ। ସେମାନେ ଆମ ଆବଶ୍ୟକତା ପୂରଣ ପାଇଁ ଯଥେଷ୍ଟ ଧ୍ୟାନ ଦେଉଥିଲେ। କେବଳ ଏତିକି ନୁହେଁ, ଯଦି ଆମ୍ଭମାନଙ୍କ ମଧ୍ୟରୁ କେହି ଅସୁସ୍ଥ ହେଇଯାଉଥିଲା, ତେବେ ସଂଘର ସ୍ୱୟଂସେବକ ଡାକ୍ତରମାନେ ଆମକୁ ଚିକିତ୍ସା କରୁଥିଲେ ଏବଂ ଆମର ଯତ୍ନ ନେଉଥିଲେ। ସଂଘରେ ଥିବା ଓକିଲମାନେ ଆମ ମକଦ୍ଦମା ସବୁ ନିର୍ଭୟ ଭାବେ ଲଢୁଥିଲେ। ସେମାନଙ୍କର ଦେଶପ୍ରେମ ଏବଂ ମୂଲ୍ୟବୋଧଭିତ୍ତିକ ଜୀବନଯାପନ ଅଦ୍ଭୁତ ଏବଂ ଅବିସ୍ମରଣୀୟ ଥିଲା।'[୧୮୦]

ତେଣୁ ଏକ ଅନୁଷ୍ଠାନ ଭାବେ ଆରଏସଏସ ଯଦିଓ ଭାରତ ଛାଡ ଆନ୍ଦୋଳନରେ ଯୋଗ ଦେଇ ନ ଥିଲା, ଏହାର ସ୍ୱୟଂସେବକମାନେ ନିଶ୍ଚିତଭାବେ ଏଥିରେ ଯୋଗ ଦେଇଥିଲେ।

ଆରଏସଏସ ଉପରେ ଦୁଇଟି ପ୍ରତିବନ୍ଧକ

ଗାନ୍ଧୀଙ୍କ ହତ୍ୟା: କୌଣସି ପ୍ରମାଣ ନ ଥାଇ ନେହେରୁ ଆର୍‌ଏସ୍‌ଏସ୍ ଉପରେ ପ୍ରଥମ ପ୍ରତିବନ୍ଧକ ଲଗାଇଲେ।

ଗାନ୍ଧୀଙ୍କ ହତ୍ୟାକୁ କଂଗ୍ରେସ ଆର୍‌ଏସ୍‌ଏସ୍ ବିପକ୍ଷରେ ଏକ ଅସ୍ତ୍ର ଭାବେ ପ୍ରୟୋଗ କଲା। ୧୯୪୮ ଜାନୁଆରୀ ୩୦ ତାରିଖରେ ନାଥୁରାମ ବିନାୟକ ଗଡସେଙ୍କ ଦ୍ୱାରା ମହାତ୍ମାଗାନ୍ଧୀଙ୍କ ହତ୍ୟାପରି ଦୁର୍ଭାଗ୍ୟପୂର୍ଣ୍ଣ ଘଟଣା ପରେ ଆରଏସଏସ ବିରୁଦ୍ଧରେ ହେଉଥିବା ମିଥ୍ୟା ପ୍ରଚାର ଏବଂ ନିନ୍ଦନୀୟ ଅଭିଯାନ ବୃଦ୍ଧି ପାଇଲା। ୧୯୩୦ରେ ଗଡସେ ଆରଏସଏସ ସହ ସଂପୃକ୍ତ ଥିଲେ, କିନ୍ତୁ ଭୟଙ୍କର ମତପାର୍ଥକ୍ୟ ଯୋଗୁ ଶୀଘ୍ର ଆରଏସଏସକୁ ପରିତ୍ୟାଗ କରିଥିଲେ।

ଗାନ୍ଧିଜୀଙ୍କ ମୃତ୍ୟୁ ଖବର ପାଇଲା ବେଳକୁ ସେହି ସମୟର ଆର୍‌ଏସ୍‌ଏସ୍ ମୁଖ୍ୟ ଗୁରୁ ଗୋଲୱାଲକର ମାଡ୍ରାସରେ ଥିଲେ। ହତ୍ୟା ଖବର ଶୁଣିବା କ୍ଷଣି ସେ ତତ୍‌କ୍ଷଣାତ୍ ନେହେରୁ, ପଟେଲ୍ ଏବଂ ଦେବଦାସ ଗାନ୍ଧୀଙ୍କ ନିକଟକୁ ସମବେଦନାର ବାର୍ତ୍ତା ପ୍ରେରଣ କଲେ। ଗୋଲୱାଲକର ୩୦ ଜାନୁଆରୀ ୧୯୪୮ରେ ଆର୍‌ଏସ୍‌ଏସ୍‌ର ବିଭିନ୍ନ ଶାଖାକୁ ନିମ୍ନୋକ୍ତ ନିର୍ଦ୍ଦେଶ ତାର ଦ୍ୱାରା ପ୍ରେରଣ କଲେ। 'ମହାତ୍ମାଜୀଙ୍କ

ଦୁଃଖଦ ମୃତ୍ୟୁରେ ସମ୍ମାନ ଏବଂ ଦୁଃଖ ପ୍ରକାଶ କରି, ସାଧାରଣ ନିୟମିତ କାର୍ଯ୍ୟ ସ୍ଥଗିତ ରଖି ୧୩ ଦିନ ପର୍ଯ୍ୟନ୍ତ ଶୋକ ପାଳନ କରନ୍ତୁ।'

ଗାନ୍ଧୀଙ୍କ ହତ୍ୟାର ପରଦିନ ୩୧ ଜାନୁଆରୀ ୧୯୪୮ରେ ନାଗପୁର ଫେରିବା କ୍ଷଣି ନେହେରୁଙ୍କ ପାଖକୁ ଗୋଲଓ୍ୱାଲକର ଲେଖିଲେ ଯେ, 'ମୁଁ ଏକ ବିମୂଢ଼ କଲାଭଳି ଖବର ଶୁଣିଲି ଯେ କିଛି ଚିନ୍ତାହୀନ ବିକୃତ ଆତ୍ମା ବୁଲେଟ୍ (ଗୁଳି) ଦ୍ୱାରା ପୂଜ୍ୟ ମହାତ୍ମାଜୀଙ୍କ ଜୀବନକୁ ହଠାତ୍ ଏବଂ ଭୟଙ୍କର ଭାବରେ ଶେଷ କରିବାର ଘୃଣ୍ୟ କାର୍ଯ୍ୟ କରିଛନ୍ତି... ଏହିପରି ପବିତ୍ର ବ୍ୟକ୍ତିଙ୍କ ଉପରେ ଆକ୍ରମଣ ପ୍ରକୃତରେ କେବଳ ବ୍ୟକ୍ତିଗତ ନୁହେଁ, ବରଂ ସମସ୍ତ ଦେଶ ପ୍ରତି ବିଶ୍ୱାସଘାତକତା ଅଟେ।'[୧୮୧]

ସେହିଦିନ ହିଁ ସର୍ଦ୍ଦାର ପଟେଲଙ୍କୁ ଚିଠି ଲେଖି ଗୋଲଓ୍ୱାଲକର ଚିନ୍ତା ପ୍ରକଟ କରିଥିଲେ। ସେ ଲେଖିଥିଲେ, 'ମୋର ହୃଦୟ ଅତ୍ୟଧିକ ଯନ୍ତ୍ରଣାରେ ଛଟପଟ ହେଉଛି। ଏହି ଅପରାଧ କରିଥିବା ବ୍ୟକ୍ତିଙ୍କୁ ନିନ୍ଦା କରିବା ପାଇଁ ଶବ୍ଦ ପାଇବା କଷ୍ଟକର ... ସେହି ବ୍ୟକ୍ତିଙ୍କ ବିଷୟରେ କ'ଣ କୁହାଯାଇପାରେ ଯିଏ ଏହିପରି ସମଗ୍ର ବିଶ୍ୱକୁ ଅବିସ୍ମରଣୀୟ ଦୁଃଖରେ ବୁଡାଇ ଦେଇଛି।[୧୮୨]

ଯେମିତି ଏକଥା ଜଣାପଡିଲା ଯେ ହତ୍ୟାକାରୀ ଜଣେ ଚିତ୍ତପାବନ ବ୍ରାହ୍ମଣ ଏବଂ ଅତୀତରେ ଆରଏସଏସ ଏବଂ ହିନ୍ଦୁ ମହାସଭା ସହ କୌଣସି ଉପାୟରେ ଜଡିତ ଥିଲା, କଂଗ୍ରେସର ଘୃଣା ଯନ୍ତ୍ର ଏବଂ ସରକାରଙ୍କ ବାଷ୍ପ ନିୟନ୍ତ୍ରକ ଯନ୍ତ୍ରମାନେ ଅଧିକ ସମୟ କାମ କରିବା ଆରମ୍ଭ କରିଥିଲେ। ନେହେରୁଙ୍କ ବିଶ୍ୱାସୀଗୋଷ୍ଠୀ ଏକ ସିଦ୍ଧାନ୍ତ ଘରିଆଡେ ପ୍ରଚାର କଲେ ଯେ ଉଭୟ ଆରଏସଏସ ଏବଂ ହିନ୍ଦୁ ମହାସଭା ହିଂସାଦ୍ୱାରା କ୍ଷମତା ହାସଲର ଷଡଯନ୍ତ୍ର କରୁଛନ୍ତି ଏବଂ ମହାତ୍ମାଙ୍କ ହତ୍ୟା ଏହାର ଆରମ୍ଭମାତ୍ର। କ୍ରେଗ ବାକ୍ସଟର ଠିକ୍‌ଭାବେ କହନ୍ତି ଯେ, ଭାରତ ସରକାର ଏହିସବୁ ମିଥ୍ୟା ଅଭିଯୋଗର ଫାଇଦା ଉଠାଇ ପ୍ରଥମେ ୩ ଫେବୃଆରୀ ୧୯୪୮ରେ ଗୋଲଓ୍ୱାଲକରଙ୍କୁ ଗିରଫ କଲା ଏବଂ ପରେ ୨୦ ହଜାର ସ୍ୱୟଂସେବକଙ୍କୁ ଗିରଫ କଲା। ତା' ପରଦିନ ଅର୍ଥାତ୍ ୪ ଫେବୃଆରୀ ୧୯୪୮ରେ ଆରଏସଏସକୁ ବେନିୟମ ଘୋଷଣା କରି ତା' ଉପରେ ପ୍ରତିବନ୍ଧକ ଲଗାଇବାକୁ ନିର୍ଦ୍ଦେଶ ଦିଆଗଲା। ସରକାରୀ ବିଜ୍ଞପ୍ତିରେ ଗାନ୍ଧୀଙ୍କ ହତ୍ୟା ଅଭିଯୋଗ ସମେତ ଆରଏସଏସ ବିରୋଧରେ କିଛି ଗୁରୁତର ଅଭିଯୋଗ ରହିଥିଲା।[୧୮୩]

ଏହା ସେହି ସମୟ ଥିଲା ଯେତେବେଳେ ସଂଘର ଲୋକପ୍ରିୟତା ବଢୁଥିଲା, ଏବଂ ନିଃସ୍ୱାର୍ଥପର ତଥା ଦେଶର ମଙ୍ଗଳ ପାଇଁ ଏକନିଷ୍ଠଭାବେ କାର୍ଯ୍ୟ କରୁଥିବା ଏକ ଅନୁଷ୍ଠାନଭାବେ ଏହା ଗ୍ରହଣୀୟ ମଧ୍ୟ ହେଉଥିଲା। ସଂଘର ଲୋକପ୍ରିୟତାକୁ

ହ୍ରାସ କରିବାକୁ ଚାହୁଁଥିବା କଂଗ୍ରେସର ଅନେକ ଲୋକଙ୍କୁ ଏହା ବିରକ୍ତ ଏବଂ ବିବ୍ରତ କରିଥିଲା। ଅନେକ ଉଦାହରଣରୁ ଏକଥା ସ୍ପଷ୍ଟ ହୋଇଥିଲା। ପ୍ରଥମଟି ହେଲା ଯେତେବେଳେ ସ୍ୱାଧୀନତା ଦିବସ ପୂର୍ବରୁ ଏବଂ ପରେ ଉଗ୍ରବାଦୀ ଧର୍ମର ଅତ୍ୟାଚାରରୁ ସଂଘ ନିରୀହ ଲୋକଙ୍କୁ ଉଦ୍ଧାର କରିଥିଲା ଓ ଯାହା ଉଲ୍ଲେଖନୀୟ ଥିଲା। ଏହି ସତ୍ୟକୁ ସର୍ଦ୍ଦାର ପଟେଲ ସ୍ୱୀକୃତି ଦେଇଥିଲେ ଏବଂ ପ୍ରଶଂସା କରିଥିଲେ। ଏହି ସ୍ୱୀକୃତି ଏବଂ ପ୍ରଶଂସା ଅନେକ ରାଜନୈତିକ କ୍ଷେତ୍ରରେ ଈର୍ଷା ଏବଂ ଭୟ ସୃଷ୍ଟିକଲା। ଲୋକମାନେ ଆରଏସଏସକୁ ରାଜନୀତିରେ ଏକ ସମ୍ଭାବ୍ୟ ପ୍ରତିଦ୍ୱନ୍ଦ୍ୱୀ ଭାବରେ ଦେଖିଥିଲେ ହେଁ, ଏହି ଭୟଗୁଡିକର ଜବାବ ଦେଇ ୧୯୪୭ ଅକ୍ଟୋବର ୨୪ ବିଜୟା ଦଶମୀ ଉତ୍ସବରେ ଗୋଲଓ୍ୱାଲକର ଉଲ୍ଲେଖ କଲେ ଯେ :

"ପଞ୍ଜାବର ପ୍ରଭାବିତ ହିନ୍ଦୁଲୋକଙ୍କ ଯନ୍ତ୍ରଣାକୁ ହ୍ରାସ କରିବାପାଇଁ ସଙ୍ଗଠନ ଗ୍ରହଣ କରିଥିବା ସ୍ୱୀକୃତି ଉପରେ ପ୍ରତିକ୍ରିୟା ପ୍ରକାଶ କରି ଏକ ଇଂରାଜୀ ଦୈନିକ ଏହା ଦୁର୍ଭାଗ୍ୟଜନକ କିନ୍ତୁ ସତ୍ୟ ବୋଲି ମନ୍ତବ୍ୟ ଦେଇଛନ୍ତି। ବିଭିନ୍ନ ରାଜନୈତିକ ଦଳ ମଧ୍ୟ ସମାନ ଢଙ୍ଗରେ ସଂଘକୁ ସାମନା କରିବାକୁ ଚାହୁଁଛନ୍ତି। ସେମାନେ ଚିନ୍ତିତ ଅଛନ୍ତି ଯେ, ସଂଘ ଯଦି ନିର୍ବାଚନ ରାଜନୀତିରେ ପ୍ରବେଶ କରେ, ତେବେ ସେମାନଙ୍କର ଭାଗ୍ୟ କ'ଣ ହେବ ? ନିଜ ନିଜର ପ୍ରତିଷ୍ଠାକୁ ନ୍ୟାୟ କିମ୍ବା ଅନ୍ୟାୟ ଉପାୟରେ ରକ୍ଷା କରିବାକୁ ଚାହୁଁଥିବା ଏହି ଦଳମାନଙ୍କୁ ମୁଁ ଆଶ୍ୱାସନା ଦେଉଛି ଯେ ସେମାନଙ୍କ ଭୟ ଅର୍ଥହୀନ' ।[୧୮୪]

ଅନ୍ୟ ଏକ ଉଦାହରଣ ହେଲା ୧୯୪୭ ନଭେମ୍ବର ୧ -୨ ରେ ପୁନାଠାରେ ଅନୁଷ୍ଠିତ ହେବାକୁ ଥିବା ପଶ୍ଚିମ ମହାରାଷ୍ଟ୍ରର ସ୍ୱୟଂସେବକମାନଙ୍କର ଅଭିଯାନ। ସରସଂଘଚାଳକ ଗୋଲଓ୍ୱାଲକରଙ୍କ ପ୍ରତ୍ୟକ୍ଷ ଉପସ୍ଥିତିରେ ଏଠାରେ ଏକଲକ୍ଷ ସ୍ୱୟଂସେବକମାନଙ୍କର ଯୋଗଦେବାର ଥିଲା। ସର୍ଦ୍ଦାର ପଟେଲ ମୁଖ୍ୟ ଅତିଥି ହେବାକୁ ସ୍ୱୀକୃତି ପ୍ରଦାନ କରିଥିଲେ। ଏହି ଅଭିଯାନ ପାଇଁ ପ୍ରସ୍ତୁତି ଜୋରସୋରରେ ଚାଲିଥିବାବେଳେ ନେହେରୁଙ୍କ ନିର୍ଦ୍ଦେଶରେ ରାଜ୍ୟ ଗୃହ ମନ୍ତ୍ରୀ ଜରୁରିକାଳୀନ ପରିସ୍ଥିତିର ବାହାନା କରି ଅଭିଯାନ ପାଇଁ ମିଳିଥିବା ଅନୁମତିକୁ ବାତିଲ୍ କରିଦେଲେ। ଏହା ସ୍ପଷ୍ଟ ହୋଇସାରିଥିଲା ଯେ ସଂଘ କଂଗ୍ରେସର ଆଭ୍ୟନ୍ତରୀଣ ବିବାଦର ଶିକାର ହେବାକୁ ଯାଉଥିଲା।

କଂଗ୍ରେସ ସଂଘର ଲୋକପ୍ରିୟତା ଦେଖି ବ୍ୟଥିତ – ଏ ଯୁକ୍ତିକୁ ସମର୍ଥନ ଦେଲାଭଳି ଏକ ତୃତୀୟ ଉଦାହରଣ, ୧୯୪୭ ନଭେମ୍ବର ମାସରେ ଦିଲ୍ଲୀଠାରେ ଅନୁଷ୍ଠିତ ମୁଖ୍ୟମନ୍ତ୍ରୀମାନଙ୍କ ସମ୍ମିଳନୀରୁ ମିଳିଥିଲା। ଏହି ବୈଠକରେ ଆଲୋଚନାର

ବିଷୟବସ୍ତୁ ଥିଲା 'ସଂଘର ବଢୁଥିବା ଲୋକପ୍ରିୟତା ଏବଂ ତହିଁରୁ ସୃଷ୍ଟି ହେଉଥିବା ଆହ୍ୱାନ'। ଅନୁଷ୍ଠାନକୁ ସାମିଲ କରିବାର ବିଚାର ଥିଲା। ପରେ ୧୯୪୮ ମସିହା ଜାନୁଆରୀ ୧୭ରେ ଅଖିଳ ଭାରତୀୟ କଂଗ୍ରେସ କମିଟିର ଏକ ବୈଠକ ଅନୁଷ୍ଠିତ ହୋଇ କଡା ଶବ୍ଦରେ ଏକ ସଂକଳ୍ପ ପାରିତ ହେଲା। ଏଥିରେ ଦାବି କରାଗଲା ଯେ ରାଜ୍ୟ ସରକାରମାନେ ମଧ୍ୟ ସଂଘ ବିରୋଧରେ କାର୍ଯ୍ୟାନୁଷ୍ଠାନ ନେବା ଆବଶ୍ୟକ। ଏହି ସମୟରେ ଭାରତ ସରକାରଙ୍କ ଦ୍ୱାରା ଏକ ନିର୍ଦ୍ଦେଶନାମା ଜାରି କରାଗଲା ଯେ କୌଣସି ସରକାରୀ କର୍ମଚାରୀ ସଂଘର ସଦସ୍ୟ ହୋଇପାରିବେ ନାହିଁ।

ପୂର୍ବରୁ ବିଚଳିତ ଏବଂ ଅସନ୍ତୁଷ୍ଟ କଂଗ୍ରେସ ପାଇଁ ଗାନ୍ଧୀଙ୍କ ହତ୍ୟା ସଂଘ ବିରୋଧରେ ନିଜର ମନ୍ଦ ଏଜେଣ୍ଡା ପୂରଣ କରିବାର ଉପଯୁକ୍ତ ସୁଯୋଗ ଥିଲା। ଏହି ଖବର ପ୍ରଚାର ହେବାମାତ୍ରେ ଗୋଲଓ୍ୱାଲକର ଏହି ହତ୍ୟାକୁ ନିନ୍ଦା କରିଥିଲେ ଏବଂ ନିଜେ ଏହି ଘଟଣାରେ ବିବ୍ରତ ହୋଇଥିଲେ। ଯାହା ବି ହେଉ ସାମାନ୍ୟତମ ପ୍ରମାଣ ବିନା ଆରଏସଏସ ଉପରେ ପ୍ରତିବନ୍ଧକ ଲଗାହେଲା। ୩୦୨ ଦଫାରେ ଗୋଲଓ୍ୱାଲକର ଗିରଫ ହେଲେ, ଯାହାହେଉ ଚବିଶ ଘଣ୍ଟା ମଧ୍ୟରେ ଗୋଲଓ୍ୱାଲକରଙ୍କ ଉପରେ ଲାଗିଥିବା ଦଫା ହଟେଇ ଦିଆଗଲା ଏବଂ କଂଗ୍ରେସକୁ ଲଜ୍ଜିତ ହେବାକୁ ହେଲା। ଗାନ୍ଧୀଙ୍କ ହତ୍ୟା ଘଟଣାରେ ଲାଲକିଲ୍ଲା ମକଦ୍ଦମାରେ ସରକାର ଏହି ହତ୍ୟାରେ କିମ୍ବା ସରକାରଙ୍କୁ ଅଡୁଆରେ ପକାଇବାରେ ଆରଏସଏସର କୌଣସି ସମ୍ପୃକ୍ତ ଥିବାର ପ୍ରମାଣ କରିପାରିଲେ ନାହିଁ। ୫ ଅଗଷ୍ଟ ୧୯୪୮ରେ ଗୋଲଓ୍ୱାଲକର କାରାଗାରରୁ ମୁକ୍ତ ହେଲେ ଏବଂ ଏହି ମାସ ଶେଷ ଆଡକୁ ଅଧିକାଂଶ ଆରଏସଏସ ବନ୍ଦୀ ମଧ୍ୟ ମୁକ୍ତ ହେଲେ। ସିଆଇଡି ଅନୁସନ୍ଧାନକାରୀ ପୋଲିସର ଏକ ସମ୍ମାନଜନକ ପଦବୀରେ ଥିବା ସଂଜିବୀ ଗାନ୍ଧିଜୀଙ୍କ ହତ୍ୟାର ୧୭ଦିନ ମଧ୍ୟରେ ଏକ ରିପୋର୍ଟ ଦାଖଲ କଲେ, ଯେଉଁଥିରେ ନିର୍ଦ୍ଦିଷ୍ଟ ଶବ୍ଦରେ ଗାନ୍ଧୀଙ୍କ ହତ୍ୟାରେ ଆରଏସଏସର ଆଦୌ ସମ୍ପୃକ୍ତି ନାହିଁ ବୋଲି ଦର୍ଶାଯାଇଥିଲା। ଅଧିକନ୍ତୁ ନାଥୁରାମ ଗଡସେଙ୍କ ବିରୋଧରେ ଅଦାଲତ ପ୍ରକ୍ରିୟାରେ ସେ କିମ୍ବା ତାଙ୍କ ସହଯୋଗୀ - ନା ଏହି ମାମଲାର ବିଚାର - ନା କେହି ଆରଏସଏସର ଉଲ୍ଲେଖ କରିଛନ୍ତି। ଏହା ସତ୍ତ୍ୱେ ପ୍ରତିବନ୍ଧକ ଉଠିଲା ନାହିଁ।

ସ୍ୱୟଂସେବକମାନଙ୍କ ଦ୍ୱାରା ସତ୍ୟାଗ୍ରହର ସଫଳ ସମାପ୍ତି ସହ ଶେଷରେ ପ୍ରତିବନ୍ଧକ ଉଠିଗଲା। ଏହା ପରେ ଆରଏସଏସ ଆହୁରି ଶକ୍ତିଶାଳୀ ହୋଇ ଉଭା ହେଲା। ସତ୍ୟାଗ୍ରହର ଏକ ରୂପ ଭାବରେ ଆରଏସଏସର ଶାଖାଗୁଡିକ ପୁଣି ଖୋଲିଲା। ଏକ ନିଯୁକ୍ତ ସ୍ୱୟଂସେବକ ସ୍ଥାନୀୟ ପ୍ରଶାସନକୁ ଲିଖିତଭାବେ ଜଣାଇଲେ ଯେ ସ୍ୱୟଂସେବକମାନେ ଏକ ଦୈନିକ ଶାଖା, ଏକ ନିର୍ଦ୍ଧାରିତ ଜାଗାରେ ଆରମ୍ଭ କରିବେ

ଏବଂ ଏକ ପୂର୍ବ ନିର୍ଦ୍ଧାରିତ ସ୍ୱୟଂ ସେବକ ଗୋଷ୍ଠୀ ନିର୍ଦ୍ଧାରିତ ସମୟରେ ସେଠାରେ ପହଞ୍ଚି ଶାଖା କାର୍ଯ୍ୟକ୍ରମ କରିବେ ଏବଂ ସ୍ଲୋଗାନ ଦେବେ। ଏହା ସ୍ଥିର ନିଶ୍ଚିତ କରାଯାଉଥିଲା ଯେ ଏଥିରେ ସାଧାରଣ ଲୋକର ଜୀବନଚର୍ଯ୍ୟା ବ୍ୟାହତ ହେବ ନାହିଁ ଏବଂ କୌଣସି ରାସ୍ତାରୋକୋ ବା ଧାରଣା ମଧ୍ୟ ହେବ ନାହିଁ।

ମାସ ମାସ ଧରି ସତ୍ୟାଗ୍ରହ ପରେ ଏବଂ ଯେତେବେଳେ ସ୍ୱୟଂସେବକମାନଙ୍କୁ ଜେଲ୍‌ରେ ରଖିବା ମଧ୍ୟ ଅସମ୍ଭବ ହେଲା, ଭାରତ ସରକାର ଆରଏସଏସକୁ ଆଲୋଚନା ପାଇଁ ଡାକିଲେ। ସଂଘକୁ ଏକ ସମ୍ବିଧାନ ଖସଡ଼ା କରିବାକୁ କୁହାଗଲା। ସମ୍ବିଧାନ ଦାଖଲ ହେବା ପରେ ଏବଂ ସରକାର ନ୍ୟାୟ ଓ ଅନ୍ୟାୟ ସବୁ ଉପାୟ ଚେଷ୍ଟା କଲାପରେ, ଏହି ପ୍ରତିବନ୍ଧକକୁ ଅନିଚ୍ଛା ସହିତ ହଟାଇଦେଲେ।

ଆରଏସଏସ ଉପରେ ଦ୍ୱିତୀୟ ପ୍ରତିବନ୍ଧକ, ଇନ୍ଦିରା ଗାନ୍ଧୀଙ୍କ କଠୋର ଜରୁରିକାଳୀନ ପରିସ୍ଥିତିର ସମୟ

ଏହି ସମୟଟି ଆରଏସଏସ ଇତିହାସରେ ଅଧିକ ଗୁରୁତ୍ୱପୂର୍ଣ୍ଣ। ଏହା କେବଳ ଗଣତନ୍ତ୍ରର ପୁନରୁଦ୍ଧାର ପାଇଁ ଆରଏସଏସର ପ୍ରୟାସ ଏବଂ ବଳିଦାନ ଉପରେ ଧ୍ୟାନ ଦେଇନାହିଁ, ବରଂ ସଙ୍ଗଠନର ଝରିଆଡେ ଗୁପ୍ତ ରହସ୍ୟକୁ ମଧ୍ୟ ବହୁ ପରିମାଣରେ ଉଠେଇ ଦେଇଛି। ୧୯୭୫ରେ ଜରୁରିକାଳୀନ ପରିସ୍ଥିତିରେ କଠୋର ଆଇନ୍ 'ମିଶା' (ମେଣ୍ଟେନାନ୍ସ ଅଫ୍ ଇଣ୍ଟରନାଲ୍ ସିକ୍ୟୁରିଟି ଆକ୍ଟ)କୁ ଯେ କୌଣସି ଭଲକଥା ବିରୋଧରେ ପ୍ରୟୋଗ କରିବାକୁ ପୁନର୍ଜୀବିତ କରାଗଲା, ଯାହାଫଳରେ ଯେ କୌଣସି ଲୋକଙ୍କୁ ବିନା ମକଦ୍ଦମାରେ ଦୁଇବର୍ଷ ଯାଏ ଜେଲ୍‌ରେ ରଖିହେବ। ପ୍ରତିପକ୍ଷର ସମସ୍ତ ନେତାମାନେ ଗିରଫ ହେଲେ ଏବଂ ଦ୍ୱିତୀୟ ଥର ପାଇଁ ଆରଏସଏସ ଉପରେ ପ୍ରତିବନ୍ଧକ ଲାଗିଲା। ଗଣତାନ୍ତ୍ରିକ ମୂଲ୍ୟବୋଧର ପୁନରୁଦ୍ଧାରର ଏହି ଯୁଦ୍ଧରେ ଏହା କେନ୍ଦ୍ରୀୟ ଖେଳାଳି ହେବାକୁ ବାଧ୍ୟ ହୋଇଥିଲା। ୧ ଲକ୍ଷ ୩୦ ହଜାର ସତ୍ୟାଗ୍ରହୀଙ୍କ ମଧ୍ୟରୁ ୧ ଲକ୍ଷ ଗିରଫ ହୋଇଥିବା ସତ୍ୟାଗ୍ରହୀ ଆରଏସଏସର ଥିଲେ। ଭୟଙ୍କର ଆଇନ୍ 'ମିଶା' ଅନୁଯାୟୀ ଗିରଫ ହୋଇଥିବା ୩୦ ହଜାର ଲୋକଙ୍କ ମଧ୍ୟରୁ ୨୫ ହଜାର ଆରଏସଏସ କର୍ମୀ ଥିଲେ।[୧୮୫]

ଆରଏସଏସ ଏବଂ ଏହାର ସହଯୋଗୀ ସଙ୍ଗଠନର ନେତୃତ୍ୱ ଅନ୍ୟ ରାଜନୈତିକ ଦଳସହ ମିଶି କାର୍ଯ୍ୟ କରିଥିଲେ ଯାହା ମଧ୍ୟ ଗଣତାନ୍ତ୍ରିକ ସଂଗ୍ରାମର ଏକ ଅଂଶ ଥିଲା। ଭାରତକୁ ରକ୍ଷା କରିବାର ପୋଷାକ ତଳେ ସରକାର ଚଳାଇଥିବା ଅତ୍ୟାଚାର ବିଷୟରେ ଲୋକଙ୍କ ମଧ୍ୟରେ ସଚେତନତା ସୃଷ୍ଟି କରିବାକୁ

ସ୍ୱେଚ୍ଛାସେବୀମାନଙ୍କୁ ସାରା ଦେଶରେ ସତ୍ୟାଗ୍ରହ ସଙ୍ଗଠିତ କରିବାକୁ ନିର୍ଦ୍ଦେଶ ଦିଆଯାଇଥିଲା। ଏହି ସମୟରେ ଆରଏସଏସର ଅନ୍ୟ ସଙ୍ଗଠନରେ ଥିବା ମହିଳା ଏବଂ ସ୍ୱେଚ୍ଛାସେବୀମାନଙ୍କର ପରିବାର ସଦସ୍ୟ ଏବଂ ଛାତ୍ରମାନେ ବହୁ ସଂଖ୍ୟାରେ ଆନ୍ଦୋଳନରେ ଯୋଗଦେଲେ। ଆରଏସଏସକୁ ପରିହାସ କରିଥିବା ଲୋକଙ୍କଠାରୁ ନୂତନ ସମ୍ମାନ ଏବଂ ବୈଧତା ଫେରିପାଇଲା ସଙ୍ଗଠନ ଏହି ସମୟରେ।

ଆରଏସଏସରେ, ମୁସଲମାନ, ଖ୍ରୀଷ୍ଟିଆନ ଏବଂ ମହିଳା

ଗଣମାଧ୍ୟମ ଦ୍ୱାରା ଆରଏସଏସକୁ ଏକ ମୁସଲମାନ ବିରୋଧୀ ସଙ୍ଗଠନ ଭାବରେ ବର୍ଣ୍ଣିତ କାହାଣୀର ବିପରୀତିରେ, ଆରଏସଏସ ସଂଖ୍ୟାଲଘୁମାନଙ୍କୁ ସଙ୍ଗଠନରେ ଏକୀକୃତ କରାଇଥିଲା। ଭାରତୀୟ ଜନସଂଘ ଏବଂ ଭାରତୀୟ ମଜଦୁର ସଂଘ ସହ ଅନୁବନ୍ଧିତ ହୋଇ ଆରଏସଏସ ନିଜ ସଙ୍ଗଠନର ସଦସ୍ୟ ହେବା ପାଇଁ ମୁସଲମାନଙ୍କ ସମେତ ସବୁ ଧର୍ମର ଲୋକଙ୍କ ପାଇଁ ଯେତେବେଳେ ନିଜ ଦ୍ୱାର ଉନ୍ମୁକ୍ତ କଲା, ସେତେବେଳେ ଏକଥା ଆରମ୍ଭ ହେଲା ଏବଂ ଉଦ୍ୟମ କେବଳ ସଦସ୍ୟତା ଗ୍ରହଣରେ ସୀମିତ ନ ଥିଲା।

ବାସ୍ତବରେ ମୁସଲିମ ସମସ୍ୟାର ସମାଧାନ ପାଇଁ ସଂଘ ଭିତରେ ଅନେକ ଛୋଟ ୟୁନିଟ ଗଠନ କରାଯାଇଥିଲା। ୨୦୦୨ରେ ହିନ୍ଦୁ – ମୁସଲିମମାନଙ୍କ ଭିତରେ ବଢୁଥିବା ଦୂରତାକୁ ବନ୍ଦ କରିବାକୁ କେ.ଏସ. ସୁଦର୍ଶନଙ୍କ ନେତୃତ୍ୱରେ ମୁସଲିମ ରାଷ୍ଟ୍ରୀୟ ମଞ୍ଚ ପ୍ରତିଷ୍ଠା ହେଲା। ଆରମ୍ଭ ଦିନରୁ ହିଁ ମୁସଲିମ ମଞ୍ଚ ଆରଏସଏସର ପ୍ରଚାରକ ଇନ୍ଦ୍ରେଶ କୁମାରଙ୍କ ତତ୍ତ୍ୱାବଧାନରେ ପ୍ରତିଷ୍ଠା ହୋଇଥିଲା। ଇନ୍ଦ୍ରେଶ କୁମାର ଜମ୍ମୁ କଶ୍ମୀରରେ ଆରଏସଏସର ସଙ୍ଗଠକ ଥିଲେ ଏବଂ ବର୍ତ୍ତମାନ ମୁସଲିମ ରାଷ୍ଟ୍ରୀୟ ମଞ୍ଚର ମାର୍ଗଦର୍ଶକ ଭାବେ ଦାୟିତ୍ୱ ତୁଲାଉଛନ୍ତି।

ଗୋହତ୍ୟା ଏବଂ ଗୋମାଂସ ନିଷେଧକୁ ନେଇ ତୀବ୍ର ବିତର୍କକୁ ଦୃଷ୍ଟିରେ ରଖି ଏ ବିଷୟରେ ମୁସଲିମ ରାଷ୍ଟ୍ରୀୟ ମଞ୍ଚର ଆଭିମୁଖ୍ୟକୁ ଆଲୋଚନା କରିବା ଜରୁରୀ ଅଟେ। ଗଠିତ ହେବାର ବର୍ଷକ ପରେ ୨୦୦୩ରେ ଏହାର ପ୍ରଥମ ସମ୍ମିଳନୀରେ ଗୋହତ୍ୟା ଉପରେ ସମ୍ପୂର୍ଣ୍ଣ ନିଷେଧ ଦାବିକରି ମଞ୍ଚ ଏକ ସଂକଳ୍ପ ପାରିତ କଲା।[୧୮୬] ମୁସଲିମ ରାଷ୍ଟ୍ରୀୟ ମଞ୍ଚ ଉପରେ ମତଦେଇ ଲେଖକ ଶ୍ରୀଧର ଡାମଲେ ଏବଂ ୱାଲଟର ଆଣ୍ଡରସନ୍ କୁହନ୍ତି :

ଦ୍ୱିତୀୟ ଜାତୀୟ ସମ୍ମିଳନୀ ୨୦୦୪ରେ ଏମ୍ଆରଏମ୍ ମୁସଲିମ ବହୁଳ ରାଜ୍ୟ ଜମ୍ମୁ କଶ୍ମୀରକୁ ସ୍ୱାୟତ୍ତତା ପ୍ରଦାନ କରୁଥିବା ଭାରତୀୟ ସମ୍ବିଧାନର ଧାରା ୩୭୦କୁ ଉଚ୍ଛେଦ କରି ଜାତୀୟ ସଂହତି ବଢାଇବାକୁ ତଥା ଆତଙ୍କବାଦୀକୁ ନିନ୍ଦା କରିବା ଏବଂ

ମୁସଲମାନ ମହିଳାମାନଙ୍କୁ ସମାନ ଅଧିକାର ପ୍ରଦାନ କରିବାକୁ ଦାବି ଜଣାଇଲେ। ୨୦୧୨ରେ ଏହାର ଦଶମ ସମ୍ମିଳନୀରେ ଏମଆରଏମର କାର୍ଯ୍ୟକର୍ତ୍ତାମାନେ ଭାରତୀୟ ଜାତୀୟ ପତାକା ଉତ୍ତୋଳନ କରିଛନ୍ତି ବୋଲି ରିପୋର୍ଟ କରିବା ପରେ ଭାରତର ରାଷ୍ଟ୍ରପତିଙ୍କ ନିକଟରେ ୧ ଲକ୍ଷ ମୁସଲମାନଙ୍କ ଦସ୍ତଖତ ସହିତ ଏକ ସ୍ମାରକପତ୍ର ଦାଖଲ କରି ଗୋହତ୍ୟାକୁ ବନ୍ଦ କରିବାକୁ ଦାବି କରିଥିଲେ। ବିଜେପିର ୨୦୧୪ ସଂସଦୀୟ ନିର୍ବାଚନ ଅଭିଯାନରେ ଏମଆରଏମର କର୍ମୀମାନେ ସହାୟତା କରିଥିଲେ ଏବଂ ଜମ୍ମୁକଶ୍ମୀର ଓ ବିହାର ବିଧାନସଭା ନିର୍ବାଚନ ସମୟର ମଧ୍ୟ ବିଜେପି ପ୍ରତ୍ୟାଶୀମାନଙ୍କୁ ସାହାଯ୍ୟ କରିଥିଲେ।[୧୮୭]

ଏମଆରଏମ୍ ସ୍ପଷ୍ଟ ଶବ୍ଦରେ ଏକ ପ୍ରଚାର ପତ୍ର ଆଣିଲା ଯେ ମହମ୍ମଦ ପ୍ରୋଫେଟ କିମ୍ବା କୋରାନ କେହି ଆମକୁ ଗୋ ହତ୍ୟା କରିବାକୁ ବା ଗୋ ମାଂସ ଭକ୍ଷଣ କରିବାକୁ ନିର୍ଦ୍ଦେଶ ଦେଇନାହାନ୍ତି। ପ୍ରଚାରପତ୍ରରେ ଆହୁରି ମଧ୍ୟ କୁହାଯାଇଥିଲା ଯେ ଶହେରୁ ଅଧିକ ଗୋଶାଳା ମୁସଲମାନମାନଙ୍କ ଦ୍ୱାରା ପରିଚାଳିତ।[୧୮୮] ଅନେକ ମୁସଲମାନ ବୁଦ୍ଧିଜୀବୀ ମଧ୍ୟ ଇସଲାମରେ ଗୋ ସମ୍ପଦର ପ୍ରାଧାନ୍ୟ ଜଣାଇ ଅନେକ ଆଲେଖ୍ୟ ଲେଖିଛନ୍ତି, ଯାହା ଏମ୍ଆରଏମ୍ ପାଖରେ ଅଛି। ଏମ୍ଆରଏମ୍ ୧୩ ସେପ୍ଟେମ୍ବର ୨୦୧୫ରେ ହରିୟାଣାଠାରେ ପ୍ରଥମକରି ଗୋ ଆଶ୍ରୟ ସଭାର ଆୟୋଜନ କରିଥିଲା ଏବଂ ତତ୍କାଳୀନ ହରିୟାଣା ମୁଖ୍ୟମନ୍ତ୍ରୀ ମନୋହରଲାଲ୍ ଖଟ୍ଟର୍ ଏଥିରେ ଯୋଗଦେଇଥିଲେ।

ଏହାର ସହଯୋଗୀମାନଙ୍କୁ ଅନୁସରଣ କରି ଆରଏସଏସ ୧୯୭୯ରେ ମୁସଲମାନ ଏବଂ ଖ୍ରୀଷ୍ଟିଆନମାନଙ୍କ ପାଇଁ ଏହାର ସଦସ୍ୟତାର ଦ୍ୱାର ଉନ୍ମୁକ୍ତ କଲା। ବର୍ତ୍ତମାନ ଚାରି ଦଶନ୍ଧି ପରେ ଆରଏସଏସ ଏବଂ ଏହାର ସହଯୋଗୀ ଅନୁଷ୍ଠାନମାନଙ୍କରେ ମୁସଲମାନ ସଦସ୍ୟମାନେ ଅଛନ୍ତି। ଆରଏସଏସ୍ ପରିଚାଳିତ ବିଦ୍ୟାଳୟଗୁଡିକରେ ମୁସଲିମ୍ ଛାତ୍ରମାନେ ପଢୁଛନ୍ତି ଏବଂ ଆରଏସଏସ ଦ୍ୱାରା ପ୍ରାୟୋଜିତ ସ୍ୱାସ୍ଥ୍ୟ ଏବଂ ଦକ୍ଷତା ପ୍ରଶିକ୍ଷଣ ଶିବିରରେ ମଧ୍ୟ ମୁସଲମାନମାନେ ହିତାଧିକାରୀ ହେଉଛନ୍ତି। ଏପରିକି କେତେକ ମୁସଲମାନ ସଦସ୍ୟ ସେମାନଙ୍କର ତୃତୀୟ ବର୍ଷର ତାଲିମ ସମାପ୍ତ କରିଛନ୍ତି, ଯାହାକି ପୂର୍ଣ୍ଣକାଳୀନ ପ୍ରଚାରକ ହେବାର ଶିକ୍ଷା ଏବଂ ସଙ୍ଗଠନ ମଧ୍ୟରେ ସବୁଠାରୁ କଠିନ ତାଲିମ୍ ବ୍ୟବସ୍ଥା ଭାବେ ପରିଗଣିତ ହୁଏ।

ମୁସଲମାନଙ୍କ ପରି ଖ୍ରୀଷ୍ଟିୟାନମାନେ ମଧ୍ୟ ଆରଏସଏସର ଅବିଚ୍ଛେଦ୍ୟ ଅଙ୍ଗଭାବେ ରହି ଆସିଛନ୍ତି। ଆରଏସଏସ ଉପରେ ଡକ୍ଟରାଲ ଥେସିସ (ଉଚ୍ଚତର ଗବେଷଣା) କରିଥିବା ପ୍ରଥମ ଖ୍ରୀଷ୍ଟିଆନ ପୁରୋହିତ ଫାଦର କୁନ୍ଦୁକୁଲମଙ୍କ ବିଷୟରେ

ନିଜ ବହି 'ସିକ୍ରେଟ୍ସ ଅଫ୍ ଆରଏସଏସ'ରେ ରତନ ଶାରଦା ଉଲ୍ଲେଖ କରିଛନ୍ତି। ଫାଦର କୁନ୍ଦୁକୁଲମ୍ଙ୍କ ଅନୁସାରେ ଆରଏସଏସ ହେଉଛି ରାଜନୈତିକ, ସାଂସ୍କୃତିକ, ଧାର୍ମିକ ଏବଂ ସ୍ୱେଚ୍ଛିକ ଆଭିମୁଖ୍ୟ ଥିବା ଏକ ବହୁମୁଖୀ ଅନୁଷ୍ଠାନ। ସାମାଜିକ ଏବଂ ରାଜନୈତିକ ଦାୟିତ୍ୱ ଉପରେ ନିର୍ଭର କରି ବିଭିନ୍ନ ସମୟରେ ଏହା ବିଭିନ୍ନ କ୍ଷମତା ପ୍ରଦର୍ଶନ କରେ। ଏଥିସହିତ ସେ ଆରଏସଏସର ବିଚାରଧାରାକୁ ଫାସିବାଦ, ନାଜିବାଦ, ମୌଳବାଦ ବା ସାମ୍ପ୍ରଦାୟିକତା ରୂପରେ ଚିହ୍ନିତ ହେଉଥିବା ପ୍ରକ୍ରିୟା ବିରୋଧରେ ତର୍କ କରିଥିଲେ। ଆରଏସଏସର ଆଦର୍ଶ ଏବଂ ସଙ୍ଗଠନର ନେତାମାନେ ଏହାକୁ ଯେପରି ବ୍ୟାଖ୍ୟା କରିଥିଲେ, ଆଧୁନିକ ଶବ୍ଦ ଉଦ୍ଧାର ଆଣି ଆମେରିକାର ମୌଳବାଦ ଶବ୍ଦର ଅର୍ଥ ସହିତ ଏହାକୁ ତୁଳନା କରିବାର କୌଣସି ପ୍ରାସଙ୍ଗିକତା ନାହିଁ। ସେ ଆହୁରି ମଧ୍ୟ କହିଥିଲେ ଯେ ଇଟାଲି ଏବଂ ଜର୍ମାନୀରେ ପ୍ରଚଳିତ ସାମାଜିକ ରାଜନୈତିକ ପ୍ରସଙ୍ଗରେ ଫାସିବାଦ ଏବଂ ନାଜିବାଦର ଭିନ୍ନ ଅର୍ଥ ଥିଲା, ଯାହା ଭାରତୀୟ ପ୍ରସଙ୍ଗରେ କୌଣସି ପ୍ରଭାବ ପକାଇ ନ ଥିଲା।

ଫାଦର କୁନ୍ଦୁକୁଲମ୍ ଅନୁଭବ କରିଥିଲେ ଯେ ବିଜେପି (ଆରଏସଏସର ରାଜନୈତିକ ଶାଖା) କେନ୍ଦ୍ରରେ ସରକାର ଥିବା ସମୟରେ ଏମିତି କିଛି ବି କରି ନ ଥିଲା ଯାହାକୁ ମୌଳବାଦୀ, ଫାସିବାଦୀ କିମ୍ବା ସାମ୍ପ୍ରଦାୟିକତାବାଦୀ କୁହାଯାଇପାରିବ। ସେ ଉଲ୍ଲେଖ କରିଛନ୍ତି ଯେ, ପ୍ରଧାନମନ୍ତ୍ରୀ ଦାୟିତ୍ୱ ଗ୍ରହଣ କରିବାପରେ ବାଜପେୟୀଙ୍କର ପ୍ରଥମ କାର୍ଯ୍ୟ ମଧ୍ୟରୁ ଗୋଟିଏ ଥିଲା ମଦର ଟେରେସା ଏବଂ ଦିଲ୍ଲୀର ଆର୍କ ବିଶପଙ୍କୁ ସାକ୍ଷାତ୍ ପାଇଁ ଡାକିବା। ଫାଦର କୁନ୍ଦୁକୁଲମ୍ଙ୍କ କହିବା ଅନୁସାରେ ଆରଏସଏସର ଏକ ପ୍ରଶଂସନୀୟ ଗୁଣ ହେଉଛି ସମୟ ସହିତ ଗତି କରିବା ଏବଂ ଅନ୍ୟ ସାମାଜିକ ଏବଂ ଧାର୍ମିକ ଆନ୍ଦୋଳନରୁ ସର୍ବୋତ୍ତମ ସାର ଗ୍ରହଣ କରିବାରେ ଏହାର ନମନୀୟତା। ଏହା ଚର୍ଚ୍ଚର ମିଶନାରୀ ସଙ୍ଗଠନଗୁଡିକରୁ ସାମାଜିକ କାର୍ଯ୍ୟର ଆଭିମୁଖ୍ୟ ଏବଂ କମ୍ୟୁନିଷ୍ଟମାନଙ୍କଠାରୁ ଜନସଂଗ୍ରହ କୌଶଳ ଆହରଣ କରିଥିଲା।

ସଂଘର କ୍ୟାଡରମାନଙ୍କର ଉତ୍ସର୍ଗୀକୃତ ଏବଂ ଅନୁଶାସନ ପାଇଁ ସେ ଏହାର ପ୍ରଚାରକମାନଙ୍କର ସରଳ ଜୀବନଶୈଳୀ, ପ୍ରାକୃତିକ ବିପର୍ଯ୍ୟୟ ପରି ଗୁରୁତ୍ୱପୂର୍ଣ୍ଣ ସମୟରେ କ୍ୟାଡରରେ ଯୁବପିଢିଙ୍କୁ ଦେଇଥିବା ନୈତିକ ଶିକ୍ଷା ପାଇଁ ସେ ଆରଏସଏସକୁ ପ୍ରଶଂସା କରିଥିଲେ।[୧୮୯]

ଆରଏସଏସ ବିରୋଧରେ ନିଆଯାଇଥିବା ଅନ୍ୟ ଏକ ମିଥ୍ୟା ଅଭିଯୋଗ ହେଉଛି ଏହା ମହିଳା ବିରୋଧୀ ଏବଂ ମହିଳାମାନଙ୍କୁ କୌଣସି ସମ୍ମାନଜନକ ସ୍ଥାନ ଦିଏନାହିଁ। ଯଦି ବାସ୍ତବରେ ଏହା ସତ୍ୟ, ତେବେ ୨୦୧୪ ମସିହାରେ ଗଠିତ

ହୋଇଥିବା ମୋଦି ସରକାରରେ ଦୁଇଟି ଗୁରୁତ୍ୱପୂର୍ଣ୍ଣ ବିଭାଗ - ପ୍ରତିରକ୍ଷା ଏବଂ ବୈଦେଶିକ ବ୍ୟାପାର ପରି ମନ୍ତ୍ରଣାଳୟ ମହିଳାମାନଙ୍କ ଦାୟିତ୍ୱରେ ନ ଥାନ୍ତା ! ଏହା ବ୍ୟତୀତ ଯଦି କେବଳ ଆରଏସଏସ୍‌ରେ କଥାଟି ସୀମିତ ରୁହେ ତେବେ ମଧ୍ୟ 'ରାଷ୍ଟ୍ରୀୟ ସେବିକା ସମିତି' ପରି ଆରଏସଏସର ସହଯୋଗୀ ସମିତି ଯାହାର ବିସ୍ତୃତ ବିବରଣୀ ନିମ୍ନରେ ଦିଆଯିବ ତାହାର କାର୍ଯ୍ୟାବଳୀରୁ ଆରଏସଏସରେ ମହିଳା ଭାଗୀଦାରିର ଚିତ୍ର ସ୍ପଷ୍ଟ ହେବ ।

ଆରଏସଏସ ଦ୍ୱାରା ଅନୁପ୍ରାଣିତ କାର୍ଯ୍ୟ

ଆରଏସଏସ ଏବଂ ତାହାର ସହଯୋଗୀ ଅନୁଷ୍ଠାନମାନଙ୍କୁ ସବୁବେଳେ 'ସଂଘ ପରିବାର' ବୋଲି କୁହାଯାଇଛି । ଦେଖିବାକୁ ଗଲେ 'ସଂଘ ପରିବାର' ନାମଟି ଗଣମାଧ୍ୟମର ଆବିଷ୍କାର । ସଂଘ ଦ୍ୱାରା ପ୍ରତିଷ୍ଠିତ ଏବଂ କାର୍ଯ୍ୟ କରୁଥିବା ସଂସ୍ଥାଗୁଡିକୁ ଭଉଣୀ କିମ୍ବା ସହଯୋଗୀ ସଙ୍ଗଠନ ଭାବେ ନାମିତ କରାଯାଇଥିଲା ଏବଂ ସେମାନଙ୍କୁ କେବେ ବି ପିତାମାତା- ଶିଶୁ ସଙ୍ଗଠନ ପରି ବ୍ୟବହାର କରାଯାଇ ନ ଥିଲା ।[୧୯୦] ଅନେକ ସକ୍ରିୟ ସାମାଜିକ, ରାଜନୈତିକ, ବାଣିଜ୍ୟ ଏବଂ ଆର୍ଥିକ ସଙ୍ଗଠନ ଓ ବିଚାର ଗୋଷ୍ଠୀ (ଥିଙ୍କ ଟ୍ୟାଙ୍କ) ଆରଏସଏସର ସ୍ୱୟଂସେବକମାନଙ୍କ ଦ୍ୱାରା ପ୍ରତିଷ୍ଠା ହୋଇଥିଲା । ଅତ୍ୟନ୍ତ ଆଗ୍ରହୀ ଛାତ୍ର ସଙ୍ଗଠନ ଅଖିଳ ଭାରତୀୟ ବିଦ୍ୟାର୍ଥୀ ପରିଷଦ (ଏବିଭିପି), ଆଗରୁ କୁହାଯାଇଥିବା ଶ୍ରମିକ ଗୋଷ୍ଠୀ ରୂପେ ଭାରତୀୟ ମଜଦୁର ସଂଘ, ଭାରତୀୟ କିଷାନ ସଂଘ ନାଁରେ କୃଷକ ସଙ୍ଗଠନ, ରାଷ୍ଟ୍ରୀୟ ସେବିକା ସମିତି ନାମରେ ମହିଳା ସ୍ୱେଚ୍ଛାସେବୀ ଅନୁଷ୍ଠାନ, ଆଦିବାସୀମାନଙ୍କ ଉତ୍ଥାନ ପାଇଁ ବନବାସୀ କଲ୍ୟାଣ ଆଶ୍ରମ, ବିଶ୍ୱ ହିନ୍ଦୁ ପରିଷଦ, ହଜାର ହଜାର ସରସ୍ୱତୀ ଶିଶୁ ମନ୍ଦିର, ବିଦ୍ୟାମନ୍ଦିର ଏବଂ ଏକଲ ବିଦ୍ୟାଳୟ ଆଦି ଯାଏ ସଂଘର ସଙ୍ଗଠନ ସବୁ ବିସ୍ତୃତ । ଏଥିରେ ସ୍ୱଦେଶୀ ଜାଗରଣ ମଞ୍ଚ ନାମରେ ସ୍ୱଦେଶୀ ଦ୍ରବ୍ୟ ଉତ୍ପାଦନ ପାଇଁ ଏକ ଦେଶବ୍ୟାପୀ ଆନ୍ଦୋଳନ, ଆରଏସଏସର ବିଶ୍ୱସ୍ତରୀୟ ସହଯୋଗୀ ଅନୁଷ୍ଠାନ - ହିନ୍ଦୁ ସ୍ୱୟଂସେବକ ସଂଘ ଏବଂ ଭାରତୀୟ ଜନସଂଘ ନାମକ ରାଜନୈତିକ ଦଳ, ଯାହା ପରେ ଭାରତୀୟ ଜନତା ପାର୍ଟି ରୂପେ ପରିଚିତ – ଏସବୁ ସଙ୍ଗଠନ ଅନ୍ତର୍ଭୁକ୍ତ ।

ଅଖିଳ ଭାରତୀୟ ବିଦ୍ୟାର୍ଥୀ ପରିଷଦ (ଏବିଭିପି)

ଆମେ କହିପାରିବା ଯେ, ୧୯୪୮ରେ ଆରଏସଏସ ଉପରେ ପ୍ରତିବନ୍ଧକ ଲାଗିବାପରେ ଏବିଭିପି ସୃଷ୍ଟି ହୋଇଥିଲା ଏବଂ ଏହାକୁ ଗଢିବାର ସମସ୍ତ ଶ୍ରେୟ

ବଲରାଜ ମାଧୋକଙ୍କୁ ଦିଆଯାଏ।[୧୯୧] ଆରଏସଏସ୍ ଉପରେ ପ୍ରତିବନ୍ଧକ ଲାଗିବାପରେ ଅନେକ ବରିଷ୍ଠ ନେତୃବୃନ୍ଦ ସ୍ଥିର କଲେ ଯେ ଅଳସୁଆ ଭାବେ ନ ବସି ଅନ୍ୟ ଏକ ସଙ୍ଗଠନ ଗଢିବା ଉଚିତ୍ ଏବଂ ଏଇଠୁ ଏବିଭିପିର ସୃଷ୍ଟି ହେଲା। ଅଳ୍ପ କିଛି ବର୍ଷ ମଧ୍ୟରେ ହିଁ ଏହା ଏକ ପ୍ରମୁଖ ଛାତ୍ର ସଙ୍ଗଠନ ରୂପେ ଉଭା ହେଲା ଏବଂ ଦେଶକୁ ତ୍ରସ୍ତ କରୁଥିବା ସାମାଜିକ ଓ ରାଜନୈତିକ କାରଣ ପ୍ରତି ଏହାର ଆଭିମୁଖ୍ୟ ଯୋଗୁ ଯୁବଶକ୍ତି ଆଗ୍ରହୀ ହୋଇ ଏ ସଙ୍ଗଠନରେ ଯୋଗଦେଲେ। ଭାରତର ଛାତ୍ର ଆନ୍ଦୋଳନରେ ଏବଂ ଜାତୀୟ ସୁରକ୍ଷା ଓ ଶିକ୍ଷା ସମ୍ବନ୍ଧୀୟ ପ୍ରସଙ୍ଗରେ ଜାତୀୟତାବାଦୀ ଆଭିମୁଖ୍ୟ ପାଇଁ ଏହା ଏକ ସ୍ୱତନ୍ତ୍ର ସଙ୍ଗଠନ ବୋଲି ଜଣାଶୁଣା। ଜାତୀୟ ସୁରକ୍ଷା ସହ ଜଡ଼ିତ ପ୍ରସଙ୍ଗଗୁଡିକୁ ସମର୍ଥନ କରି ଏହା ଅନେକ ଆନ୍ଦୋଳନ କରିଛି। ଏହା ମଧ୍ୟରୁ ବାରି ହୋଇପଡିଲା ପରି ଆନ୍ଦୋଳନଟି ହେଲା- ବାଂଲାଦେଶୀ ଅନୁପ୍ରବେଶକାରୀମାନେ ଏକ ବିସ୍ଫୋରକ ସଂଖ୍ୟାରେ ପହଞ୍ଚିବା ପୂର୍ବରୁ ସେମାନଙ୍କ ବିରୁଦ୍ଧରେ ଆନ୍ଦୋଳନ। ଆନ୍ତଃରାଜ୍ୟ ଶିକ୍ଷଣରେ ଛାତ୍ର ଅଭିଜ୍ଞତା ବା ଏସ୍ଇଆଇଏଲ। ଏବିଭିପି ଦ୍ୱାରା ଆରମ୍ଭ ହୋଇଥିବା ଏବଂ ଜାତୀୟ ଏକୀକରଣ ପାଇଁ ଲକ୍ଷ୍ୟ ରଖିଥିବା ଏକ କାର୍ଯ୍ୟକ୍ରମ। ଏହି କାର୍ଯ୍ୟକ୍ରମରେ ଉତ୍ତର ପୂର୍ବାଞ୍ଚଳ ରାଜ୍ୟଗୁଡିକରୁ ଛାତ୍ରମାନେ ନିମନ୍ତ୍ରିତ ହୋଇ ଆସିଲେ ଏବଂ ମୁମ୍ବାଇ ଏବଂ ପୁନେଠାରେ ସାଧାରଣ ମଧ୍ୟବିତ୍ତ ପରିବାର ସହ ରହିଲେ ଏବଂ ଏହି ପରିବାରର ପିଲାମାନଙ୍କ ସହ ବିଦ୍ୟାଳୟକୁ ଗଲେ। ଶିକ୍ଷା ସମାପ୍ତ ପରେ ଏହି ଛାତ୍ରମାନେ ନିଜ ପରିବାର ପାଖକୁ ଫେରିଗଲେ ଏବଂ ଏହିପରି ଜାତୀୟ ଏକୀକରଣରେ ଅଗ୍ରଗତି ହେଲା।

ଭାରତୀୟ ମଜଦୁର ସଂଘ

ଦତୋପନ୍ତ ଥେଙ୍ଗଡିଙ୍କ ଦ୍ୱାରା ୧୯୫୫ରେ ପ୍ରତିଷ୍ଠିତ ଏହି ସଂଘ ଟ୍ରେଡ୍ ୟୁନିୟନ କ୍ଷେତ୍ରରେ 'ଏକ ଗତିଶୀଳ ଭିନ୍ନ ଦର୍ଶନ'ର ଧାରା ବହନ କରେ।[୧୯୨] ସଙ୍ଗଠନର ଅନ୍ତର୍ନିହିତ ଦର୍ଶନ ହେଉଛି 'ରାଷ୍ଟ୍ରକୁ ଶିଳ୍ପାୟନ' କରିବା 'ଶିଳ୍ପକୁ ଶ୍ରମିକୀକରଣ' ଏବଂ 'ଶ୍ରମକୁ ଜାତୀୟକରଣ' କରିବା।

ପ୍ରଥମ ଦିନରୁ ହିଁ ଭାରତୀୟ ମଜଦୁର ସଂଘର ଲକ୍ଷ୍ୟ ଥିଲା ଯେ ଏହାର ଆଧାର ଉଦ୍ଦେଶ୍ୟ ଜାତୀୟତା, ଏକ ପ୍ରକୃତ ଟ୍ରେଡ୍ ୟୁନିୟନ ରୂପେ କାର୍ଯ୍ୟ କରିବା ଏବଂ ନିଜକୁ ଦଳୀୟ ରାଜନୀତିରୁ ଦୂରେଇ ରଖିବା। ଏହା ଏକ ଜଣାଶୁଣା କଥା ଥିଲା ଯେ ସେ ଯାଏ ଜାତୀୟ ଟ୍ରେଡ୍ ୟୁନିୟନଗୁଡିକ କୌଣସି ନା କୌଣସି ରାଜନୈତିକ ଦଳ ସହ ଅତ୍ୟଧିକ ବା ଅନ୍ୟ ଉପାୟରେ ସଂପୃକ୍ତ ଥିଲେ। ଭାରତୀୟ

ମଜଦୁର ସଂଘର ଆଉ ଏକ ପାର୍ଥକ୍ୟ ଥିଲା ଯେ ସେମାନେ ନିଜକୁ କାମ କରୁଥିବା ସଙ୍ଗଠନର ଅଂଶୀଦାର ଭାବରେ ବିବେଚନା କରୁଥିଲେ, ତେଣୁ ଏକ ନୀତି ଭାବରେ ସେମାନେ ଧର୍ମଘଟ କଲେ ମଧ୍ୟ ଅନୁଷ୍ଠାନର ଯନ୍ତ୍ରପାତି କିମ୍ବା ପରିସରକୁ ନଷ୍ଟ କରୁ ନ ଥିଲେ।

କମ୍ୟୁନିଷ୍ଟ ଏବଂ କଂଗ୍ରେସ ଦଳ ଦ୍ୱାରା ଅତ୍ୟଧିକ ପ୍ରାଧାନ୍ୟ ଥିବା କ୍ଷେତ୍ରରେ ଏହା ଧୀରେ ଧୀରେ ସଂଘର୍ଷ କରି ନିଜ ରାସ୍ତା ତିଆରି କଲା। ଭାରତୀୟ ମଜଦୁର ସଂଘ ପ୍ରତୀକ ଚିହ୍ନ ମାନବ ନିୟନ୍ତ୍ରିତ ଶିଳ୍ପ ବିକାଶ ଏବଂ କୃଷି ସମୃଦ୍ଧତା ମଧ୍ୟରେ ସମନ୍ୱୟର ପ୍ରତୀକ ଅଟେ। ଏହା ଏକ ଚଳପ୍ରଚଳ ଚକ ଏବଂ ମକା ଶସ୍ୟ ମଧ୍ୟରେ ଏକ ଦୃଢ, ଆତ୍ମବିଶ୍ୱାସୀ ଏବଂ ବନ୍ଦ ମୁଠାରେ ସିଧା ବୁଢା ଆଙ୍ଗୁଠିର ପ୍ରଭାବ ଦ୍ୱାରା ସ୍ପଷ୍ଟ ଭାବରେ ଚିତ୍ରିତ ହୋଇଛି। ଏହା ଏକ ଗତିଶୀଳ ଏବଂ ସାହସିକ ଅର୍ଥନୈତିକ ଆଭିମୁଖ୍ୟକୁ ପ୍ରୋତ୍ସାହିତ କରିଛି ଯେ, ଭାରତର ଆୟ ଅନୁପାତ ଏକ ଏବଂ ଦଶ ହେବା ଉଚିତ୍।[୧୯୩] ଭାରତୀୟ ମଜଦୁର ସଂଘ ଏକ ସ୍ୱାଧୀନ ସଂସ୍ଥା ଏବଂ ଅନ୍ୟ ଟ୍ରେଡ୍ ୟୁନିୟନ ମାନଙ୍କ ସହ ଏହାର ମିଶ୍ରଣ ପାଇଁ ହୋଇଥିବା ସମସ୍ତ ଉପାୟକୁ ଏହା ପ୍ରତିରୋଧ କରିଛି। ଅନେକ ନୀତି ପ୍ରସଙ୍ଗରେ ବିଜେପି ସହ ଏହାର ବିରୋଧ ମଧ୍ୟ ସର୍ବସାଧାରଣ କ୍ଷେତ୍ରରେ ବ୍ୟାପକ ରୂପେ ଜଣାଶୁଣା।

ଭାରତୀୟ କିଷାନ ସଂଘ

ଭାରତୀୟ ମଜଦୁର ସଂଘରୁ ସୃଷ୍ଟି ହେଇଥିବା 'ଭାରତୀୟ କିଷାନ ସଂଘ' କୃଷକମାନଙ୍କର ସମସ୍ୟା ଉପରେ ବିଶେଷ ଧ୍ୟାନ ଦେଇଥାଏ ଏବଂ ଅଧିକାଂଶ ଭାରତୀୟ ରାଜ୍ୟରେ ମଧ୍ୟ ଏହାର ପ୍ରମୁଖ ଉପସ୍ଥିତି ଅଛି। ମଜଦୁର ସଂଘର ଏକ ଅନୁସନ୍ଧାନ ବିଭାଗ ମଧ୍ୟ ଅଛି, ଯାହା ଶିଳ୍ପ କ୍ଷେତ୍ରରେ ନିରପେକ୍ଷ ଅନୁସନ୍ଧାନ ଏବଂ ବିକାଶ ପାଇଁ ନିଜେ ଏକ ଅନୁଷ୍ଠାନ। ଏହା 'ଭାରତୀୟ ଶ୍ରମ ଶୋଧ ମଣ୍ଡଳ' ନାମରେ ପରିଚିତ। ଭାରତୀୟ କିଷାନ ସଂଘ ଦ୍ୱାରା ଆରମ୍ଭ ହୋଇଥିବା ଏକ ଗୁରୁତ୍ୱପୂର୍ଣ୍ଣ ନିଷ୍ପତ୍ତି ହେଲା ବିଶ୍ୱକର୍ମା ଦିବସ ପାଳନ କରିବା, ଯାହା ଭାରତର କାରିଗରମାନଙ୍କ ଦ୍ୱାରା ଯୁଗଯୁଗ ଧରି ପାଳନ କରାଯାଏ। ଭାରତୀୟ ଶ୍ରମିକମାନଙ୍କ ପାଇଁ ବିଶ୍ୱକର୍ମା ଦିବସ ପାଳିବାର ଗୁରୁତ୍ୱ ମଇ ଦିବସ ପାଳନଠୁ ବହୁ ଅଧିକ।

ରାଷ୍ଟ୍ରୀୟ ସେବିକା ସମିତି

ଭାରତୀୟ ମହିଳା ସ୍ୱେଚ୍ଛାସେବୀ ସଂଘ ଯାହାକି 'ରାଷ୍ଟ୍ରୀୟ ସେବିକା ସମିତି' ନାମରେ

ପରିଚିତ, ୧୯୩୬ରେ ଲକ୍ଷ୍ମୀବାଇ କେଲକରଙ୍କ ଦ୍ୱାରା ପ୍ରତିଷ୍ଠିତ ହୋଇଥିଲା। ସେ ଆରଏସଏସର କାର୍ଯ୍ୟରେ ଖୁବ୍ ସନ୍ତୁଷ୍ଟ ଓ ଅନୁପ୍ରାଣିତ ହୋଇଥିଲେ ଏବଂ ମହିଳାମାନଙ୍କୁ କମ୍ ବୟସରୁ ପ୍ରଶିକ୍ଷଣ ଦେବାକୁ ଅନୁରୂପ ସଂସ୍ଥାଟିଏ ଗଢିବାକୁ ଚାହିଁଲେ। ଯେହେତୁ ମହିଳାମାନେ ହିଁ ପିଲାମାନଙ୍କୁ ପୋଷଣ କରନ୍ତି ଏବଂ ମୂଲ୍ୟବୋଧ ବୁଝାନ୍ତି, ମହିଳାମାନଙ୍କୁ ତାଲିମ୍ ଦେବା ନିହାତି ଆବଶ୍ୟକ ବୋଲି ସେ ବିଶ୍ୱାସ କରୁଥିଲେ। ଏହି କଥାକୁ ମନରେ ରଖି ସେ ଡ. ହେଡଗେୱାରଙ୍କୁ ଭେଟିଲେ ଏବଂ ମହିଳାମାନଙ୍କ ପାଇଁ ଏକ ସଙ୍ଗଠନ ପ୍ରତିଷ୍ଠା କରିବାର ନିଜ ଆଶା ପ୍ରକଟ କଲେ। ହେଡଗେୱାର ଏପରି ଏକ ସଙ୍ଗଠନ ପ୍ରତିଷ୍ଠା କରିବାରେ ତାଙ୍କର ଅକ୍ଷମତା ବିଷୟରେ ଜଣାଇଥିଲେ, କାରଣ ଏହା ତାଙ୍କ ଜ୍ଞାନ ଏବଂ ପ୍ରତିଭା ବାହାରେ ଥିଲା, କିନ୍ତୁ ଯଦି ଲକ୍ଷ୍ମୀ ଏହି ଅନୁଷ୍ଠାନ ଗଢିବାକୁ ଚାହାନ୍ତି ତେବେ ତାଙ୍କୁ ପୂର୍ଣ୍ଣ ସମର୍ଥନ ଦେବାକୁ ସେ ପ୍ରତିଶ୍ରୁତି ଦେଲେ। ଏହିପରି 'ରାଷ୍ଟ୍ରୀୟ ସେବା ସମିତି' ପ୍ରତିଷ୍ଠା ହେଲା।

ବନବାସୀ କଲ୍ୟାଣ ଆଶ୍ରମ

ନିଜ ଆଇନ ବ୍ୟବସାୟ ଛାଡି ଯଶପୁର ଅଞ୍ଚଳରେ କାମ କରୁଥିବା ବାଲାସାହେବ ଦେଶପାଣ୍ଡେଙ୍କ ଦ୍ୱାରା ୧୯୫୨ରେ ବନବାସୀ କଲ୍ୟାଣ ଆଶ୍ରମ ପ୍ରତିଷ୍ଠା ହୋଇଥିଲା। ବାଲାସାହେବ ଏ ଅଞ୍ଚଳରେ କେବଳ ୧୧୦ଟି ବିଦ୍ୟାଳୟ ଖୋଲି ନ ଥିଲେ ବରଂ ନିଜ ସମ୍ପୂର୍ଣ୍ଣ ଜୀବନ ଆଦିବାସୀମାନଙ୍କ ଉତ୍ଥାନ ପାଇଁ ଉତ୍ସର୍ଗ କରିଥିଲେ। ବନବାସୀ କଲ୍ୟାଣ ଆଶ୍ରମ ହେଉଛି ଆଦିବାସୀମାନଙ୍କ ପାଇଁ ଉତ୍ସର୍ଗୀକୃତ ସବୁଠାରୁ ବଡ ହିନ୍ଦୁ ସଙ୍ଗଠନ, ଯିଏ ନିଜ କାର୍ଯ୍ୟ କ୍ଷେତ୍ରରେ ୮ କୋଟିରୁ ଊର୍ଦ୍ଧ୍ୱ ଲୋକଙ୍କ ପାଇଁ ଉତ୍ସର୍ଗୀକୃତ ସେବା ପ୍ରଦାନ କରି ଆସୁଛନ୍ତି।[୧୯୪]

ଯେତେବେଳେ ଆରଏସଏସ ଦ୍ୱାରା ନିଆଯାଇଥିବା ଅଧିକାଂଶ ପଦକ୍ଷେପ ଦାନ, ଧର୍ମ ଆଦି କାର୍ଯ୍ୟାବଳୀରେ ଭରପୂର, ସେଠି ବନବାସୀ କଲ୍ୟାଣ ଆଶ୍ରମ ସ୍ଥାନୀୟ ଜନସାଧାରଣଙ୍କୁ ଆତ୍ମନିର୍ଭରଶୀଳ କରିବା ଏବଂ ବ୍ୟକ୍ତିଗତ ତଥା ସାମାଜିକ ସ୍ତରରେ ଆତ୍ମବିଶ୍ୱାସ ସୃଷ୍ଟି କରିବାର ଲକ୍ଷ୍ୟରେ କାମ କରୁଛି। ଆଦିବାସୀମାନଙ୍କୁ ସେମାନଙ୍କର ପ୍ରାଚୀନ ପରମ୍ପରା ଏବଂ ଐତିହ୍ୟ ବିଷୟରେ ଆତ୍ମବିଶ୍ୱାସୀ କରିବା ସହିତ ସେମାନଙ୍କୁ ମୁଖ୍ୟ ସ୍ରୋତ ଜାତୀୟ ବକ୍ତବ୍ୟର ନିକଟତର କରିବା ପାଇଁ ମଧ୍ୟ ପ୍ରୟାସ କରାଯାଏ। ଏହି ଉଦ୍ଦେଶ୍ୟ ସାମାଜିକ ଜୀବନର ସମସ୍ତ ଦିଗ ଉପରେ କାର୍ଯ୍ୟ କରିବା ସହ ଜଡିତ – ଶିକ୍ଷା, ସ୍ୱାସ୍ଥ୍ୟ, ରୋଜଗାର, ସଂସ୍କୃତି ଇତ୍ୟାଦି।

ବିଶ୍ୱ ହିନ୍ଦୁ ପରିଷଦ

ଏହା ବୋଧହୁଏ ଏକମାତ୍ର ସଂଘ ସହ ଜଡିତ ଅନୁଷ୍ଠାନ ଯାହା ପାଇଁ ଗୋଲଓ୍ୱାଲକର ବିଶେଷ ଧ୍ୟାନ ଦେଇଥିଲେ। ଏଥିପାଇଁ ସେ ନିଜର ଶେଷ ସ୍ତରର ରେଡିଓଥେରାପି ଚିକିତ୍ସାକୁ ମଧ୍ୟ ବିଳମ୍ବିତ କରାଇଥିଲେ। ବିଶ୍ୱ ହିନ୍ଦୁ ପରିଷଦର ଉଦ୍ଦେଶ୍ୟ ଥିଲା ମନ୍ଦିରଗୁଡିକ କାର୍ଯ୍ୟରେ ଉନ୍ନତି ଆଣିବା ଏବଂ ସାଧାରଣତଃ ହିନ୍ଦୁ ଏକତା ଉପରେ ପ୍ରଭାବ ପକାଉଥିବା କାର୍ଯ୍ୟରେ ଅଧିକ ସକ୍ରିୟ ଭୂମିକା ଗ୍ରହଣ କରି ସେମାନଙ୍କୁ ସାମାଜିକ ପରିବର୍ତ୍ତନର ବାହକ କରାଇବା। ଯେହେତୁ ବିଶ୍ୱ ହିନ୍ଦୁ ପରିଷଦ ପ୍ରତିଷ୍ଠା କରିବାକୁ ଅତ୍ୟନ୍ତ ଗୁରୁତର ସହ ଚିନ୍ତା କରାଯାଉଥିଲା, ଗୋଲଓ୍ୱାଲକର ନିଜେ ଅନେକ ସାଧୁ, ଗୁରୁ, ସନ୍ଥ ଏବଂ ଆଧ୍ୟାତ୍ମିକ ନେତୃବୃନ୍ଦଙ୍କ ସହ ସାକ୍ଷାତ୍ କଲେ। ବିଶ୍ୱ ହିନ୍ଦୁ ପରିଷଦର ପ୍ରଥମ ସର୍ବଦଳୀୟ ଅଧିବେଶନ ୧୯୯୬ରେ ଆହ୍ଲାବାଦ (ଏବେକାର ପ୍ରୟାଗରାଜ)ଠାରେ ମହାକୁମ୍ଭ ଅବସରରେ ଅନୁଷ୍ଠିତ ହୋଇଥିଲା। ଏହି ବିଶାଳ ସମ୍ମିଳନୀରେ ବିଭିନ୍ନ ସମ୍ପ୍ରଦାୟର ଅନେକ ସାଧୁ ଓ ମୁନି ଅଂଶଗ୍ରହଣ କରିଥିଲେ। ଏହି ସମ୍ମିଳନୀର ସବୁଠାରୁ ବଡ ସଫଳତା ହେଲା ଜାତି ଓ ଅସ୍ପୃଶ୍ୟତା ଆଧାରରେ ସମାଜକୁ ବିଭାଜନ କରୁଥିବା ଶକ୍ତିକୁ ସମ୍ପୂର୍ଣ୍ଣ ପ୍ରତ୍ୟାଖ୍ୟାନ କରିବା। ଆହୁରି ମଧ୍ୟ ଅନେକ ସଂସ୍କାରବାଦୀ କାର୍ଯ୍ୟକ୍ରମ ଏହା ଗ୍ରହଣ କରିଛି। ଏହା ମଧ୍ୟରେ ଅଣ – ବ୍ରାହ୍ମଣ ଲୋକମାନଙ୍କୁ ରୀତିନୀତି ଶିଖିବା ଏବଂ ପୁରୋହିତ ଭାବରେ କାର୍ଯ୍ୟ କରିବା ଅନ୍ତର୍ଭୁକ୍ତ ଥିଲା। ଏହା ମଧ୍ୟ ତଥାକଥିତ ଆଦର୍ଶ ବିରୁଦ୍ଧରେ ଯାଇ ମହିଳା ପୁରୋହିତମାନଙ୍କର ପ୍ରବେଶକୁ ସମର୍ଥନ କରିଥିଲା। ବିଶ୍ୱ ହିନ୍ଦୁ ପରିଷଦ ପାଇଁ ସବୁଠୁ ବଡ ନିର୍ଣ୍ଣାୟକ କ୍ଷଣ ଥିଲା ରାମ ଜନ୍ମଭୂମି ଆନ୍ଦୋଳନ।

ସରସ୍ୱତୀ ଶିଶୁ ମନ୍ଦିର ଏବଂ ବିଦ୍ୟାଭାରତୀ

ଭାରତରେ ବିଦ୍ୟାଳୟ ଶୃଙ୍ଖଳାର ସବୁଠାରୁ ବଡ଼ ଧରଣର ଶୃଙ୍ଖଳାଭାବେ ପ୍ରାୟ ୨୭ ହଜାର ଶିଶୁମନ୍ଦିର ସେ ସମୟର ଆରଏସଏସ ଯୁବ ପ୍ରଚାରକ ରାଜେନ୍ଦ୍ର ସିଂ, ନାନାଜୀ ଦେଶମୁଖ ଏବଂ ଦୀନଦୟାଳ ଉପାଧ୍ୟାୟଙ୍କ ଉଦ୍ୟମରେ ୧୯୫୨ ମସିହାରେ ଉତ୍ତର ପ୍ରଦେଶଠାରେ ପ୍ରତିଷ୍ଠା ହୋଇଥିଲା। ଆଜି ଭାରତରେ ସରସ୍ୱତୀ ଶିଶୁ ମନ୍ଦିର ସର୍ବବୃହତ୍ ବେସରକାରୀ ବିଦ୍ୟାଳୟ ଶୃଙ୍ଖଳା ଭାବେ ପରିଚିତ। ଅନେକ ଶିକ୍ଷା ସଂସ୍ଥାର ମୁଖ୍ୟ ବିଦ୍ୟାଭାରତୀ ୧୯୭୭ରେ ପ୍ରତିଷ୍ଠା ହୋଇଥିଲା। ପ୍ରାଥମିକ ସ୍ତରରୁ ସ୍ନାତକୋତ୍ତର ଯାଏ ଶୈକ୍ଷିକ ଅନୁଷ୍ଠାନଗୁଡିକ ବିଦ୍ୟାଭାରତୀ ସଂସ୍ଥା ଭିତରେ

କାମ କରନ୍ତି। ଏହା ପଛରେ ଥିବା ବିଚାରଟି ହେଲା ପାରମ୍ପରିକ ଭାରତୀୟ ମୂଲ୍ୟବୋଧ ସହିତ କମ୍ ଖର୍ଚ୍ଚରେ ଗୁଣାତ୍ମକ ଶିକ୍ଷା ପ୍ରଦାନ କରିବା।

ସ୍ୱଦେଶୀ ଜାଗରଣ ମଞ୍ଚ

ଜାତୀୟ ଜାଗରଣ ଫୋରମ୍ ଭାବେ ଅନୁବାଦିତ ଏହି ସ୍ୱଦେଶୀ ଜାଗରଣ ମଞ୍ଚ ୧୯୯୨ -୯୩ ମସିହାରେ ଭାରତରେ ଜଗତୀକରଣର ଆଗମନ ସହ କେନ୍ଦ୍ରୀଭୂତ ହେବା ଆରମ୍ଭ କଲା। ଭାରତୀୟ ଶିଳ୍ପ ଏବଂ ବାଣିଜ୍ୟ ଆଭ୍ୟନ୍ତରୀଣ ଉଦାରୀକରଣ ହେବା ପୂର୍ବରୁ ଜଗତୀକରଣକୁ ବିରୋଧ କରିବାକୁ ଏହା ଏକ ଆଭିମୁଖ୍ୟ ସହିତ ସ୍ଥାପିତ ହୋଇଥିଲା। ଏହାର ଉଦ୍ଦେଶ୍ୟ ଥିଲା ଏକ ବଳିଷ୍ଠ ବିକଳ୍ପ ଜାତୀୟତାବାଦୀ ଅର୍ଥନୈତିକ ବ୍ୟବସ୍ଥା ପ୍ରତିଷ୍ଠା କରିବା।

ଏକଲ ବିଦ୍ୟାଳୟ

ଆରଏସଏସର ବରିଷ୍ଠ ପ୍ରଚାରକ ଶ୍ୟାମ ଗୁପ୍ତଙ୍କ ଦ୍ୱାରା ପରିଚାଳିତ – ଏହା ସାମ୍ପ୍ରତିକ ସମୟରେ ଆସିଥିବା ଗତିଶୀଳ ଏବଂ ତୁରନ୍ତ ବୃଦ୍ଧି ପାଉଥିବା ସଙ୍ଗଠନମାନଙ୍କ ମଧ୍ୟରେ ଅନ୍ୟତମ। ମାତ୍ର ଦଶ ବର୍ଷ ମଧ୍ୟରେ ପ୍ରାୟ ୩୦ ହଜାର ବିଦ୍ୟାଳୟର ପ୍ରତିଷ୍ଠା ହୋଇଛି ଯାହା ମଧ୍ୟରୁ ଅଧିକାଂଶ ଦେଶର ପୂର୍ବଭାଗରେ ଅବସ୍ଥିତ। ଆଦିବାସୀମାନଙ୍କ ବନ୍ଧୁ ଏବଂ ବନବନ୍ଧୁ ପରିଷଦ ପରି ସଙ୍ଗଠନଠାରୁ ଏହି ଏକଲ ବିଦ୍ୟାଳୟ ଆନ୍ଦୋଳନ ପ୍ରଭୂତ ସମର୍ଥନ ପାଇଛି।

ବିବେକାନନ୍ଦ ପ୍ରସ୍ତର ସ୍ମାରକ

ପ୍ରାଥମିକ ଭାବେ ଆରଏସଏସ୍ ଦ୍ୱାରା ପୋଷଣ ଓ ସମର୍ଥନ ପାଇଥିବା ଏହି ସଂସ୍ଥା ବର୍ତ୍ତମାନ କନ୍ୟାକୁମାରୀରେ ଏକ ସ୍ୱୟଂଶାସିତ ସଂସ୍ଥା ଏବଂ ଏହା ବିବେକାନନ୍ଦ କେନ୍ଦ୍ର ଦ୍ୱାରା ପରିଚାଳିତ। ସମ୍ପ୍ରତି ନିଜର ସ୍ୱେଚ୍ଛାସେବୀମାନଙ୍କୁ ନିଯୁକ୍ତି ଓ ପ୍ରଶିକ୍ଷଣ ଦେଉଛି ଏହି ସଂସ୍ଥା। ଖ୍ରୀଷ୍ଟିଆନ ଧର୍ମଗୁରୁମାନଙ୍କର ଭୟଙ୍କର ବିରୋଧ ସତ୍ତ୍ୱେ ଏ ସ୍ମାରକଟି ବଡ କଷ୍ଟରେ ନିର୍ମିତ ହୋଇଥିଲା।

ହିନ୍ଦୁ ସ୍ୱୟଂ ସେବକ ସଂଘ

ଆଗରୁ କୁହାଯାଇଥିବା ପରି ଏହା ହେଉଛି ଆରଏସଏସର ବିଦେଶୀ ସମକକ୍ଷ ସଂସ୍ଥା। ଆରଏସଏସ ଶାଖାର ପ୍ରଥମ ବିଦେଶୀ ବିଭାଗ ୧୯୪୭ରେ ପ୍ରବାସୀ ଭାରତୀୟ

ସ୍ୱୟଂ ସେବକମାନଙ୍କ ଦ୍ୱାରା କେନିଆ ଓ ମିଆଁମାରରେ ଗଠନ କରାଯାଇଥିଲା।

ବିଦେଶରେ ଥିବା ଭାରତୀୟ ସମ୍ପ୍ରଦାୟ ଉପରେ ଆରଏସଏସର ଆଗ୍ରହ ଏହାର ମୂଳ ଲକ୍ଷ୍ୟ – ହିନ୍ଦୁ ଏକୀକରଣ ଉପରେ ପର୍ଯ୍ୟବସିତ। ଖୁବଶୀଘ୍ର ଅର୍ଥାତ୍ ୧୯୫୩ରେ ଗୋଲଓ୍ୱାଲକର ରାଜ୍ୟ ପ୍ରଚାରକମାନଙ୍କୁ ଏକ ବକ୍ତବ୍ୟରେ କହିଥିଲେ ଯେ 'ବିଦେଶୀ ହିନ୍ଦୁମାନଙ୍କ ପ୍ରତି ଆରଏସଏସର ଆଗ୍ରହକୁ ଏକ ଦାର୍ଶନିକ ପ୍ରସଙ୍ଗରେ ରଖନ୍ତୁ, ଏକ ପରିବାର ଭାବରେ ବିଶ୍ୱରେ ହିନ୍ଦୁ ଧାରଣାକୁ ପ୍ରଚାର କରିବା ପାଇଁ ଆରଏସଏସର ଏକ ବିଶ୍ୱ ମିଶନ ଅଛି ବୋଲି ସେ କହିଥିଲେ। ବେନେଡିକ୍ଟ ଆଣ୍ଡରସନ୍‌ଙ୍କ 'ଦୂରବର୍ତ୍ତୀ ଜାତୀୟତା' ଖଣ୍ଡ ବାକ୍ୟ ବ୍ୟବହାର କରି ଆମେ କହିପାରିବା ଯେ, ଏହାର ଉଦ୍ଦେଶ୍ୟ ଥିଲା ଭାରତରେ ଏବଂ ଅନ୍ୟତ୍ର ସଂଘ ପରିବାର ଦ୍ୱାରା ପରିଚାଳିତ ଅନେକ ସେବା ପ୍ରକଳ୍ପକୁ ପ୍ରାଥମିକ ଗୁରୁତ୍ୱର ସହ ଆର୍ଥିକ ତଥା ସ୍ୱେଚ୍ଛାସେବା ମୂଳକ ସହାୟତା ଯୋଗାଇବା ପାଇଁ ଏକ ଏକୀକୃତ ହିନ୍ଦୁ ସମ୍ପ୍ରଦାୟକୁ ଅନୁପ୍ରେରିତ କରିବା।[୧୯୫]

ଏହି ସେବା ପ୍ରକଳ୍ପଗୁଡିକ ପ୍ରାକୃତିକ ବିପର୍ଯ୍ୟୟର ଶିକାର ହୋଇଥିବା ଲୋକଙ୍କୁ ସହାୟତା ସହିତ ବିଭିନ୍ନ ପ୍ରସଙ୍ଗକୁ ଅନ୍ତର୍ଭୁକ୍ତ କରିଥାଏ। ସେମାନେ ରାଜନୈତିକ କାର୍ଯ୍ୟାନୁଷ୍ଠାନ ଯେପରିକି ରାଜନୈତିକ ନେତାଙ୍କ ସମାବେଶ ପାଇଁ ଅର୍ଥ ପ୍ରଦାନ କରନ୍ତି। ପ୍ରଧାନମନ୍ତ୍ରୀ ମୋଦିଙ୍କ ଅଧିକାଂଶ ବିଦେଶୀ ସମାବେଶରେ ଏହା ଘଟିଛି।

ଭାରତରେ ଆରଏସଏସର ସହଯୋଗୀ ଅନୁଷ୍ଠାନ ପରି ବିଦେଶରେ ହିନ୍ଦୁ ସ୍ୱୟଂସେବକ ସଂଘର ଶାଖାଗୁଡିକ ସ୍ୱୟଂଶାସିତ। କେତେକ ଦେଶରେ ହିନ୍ଦୁ ସ୍ୱୟଂସେବକମାନଙ୍କର ଭାରତରେ ଥିବା ରାଷ୍ଟ୍ରୀୟ ସେବିକା ସମିତି ପରି ଏକ ମହିଳା ବିଭାଗ ହିନ୍ଦୁ ସେବିକା ସମିତି ନାମରେ ଅଛି ଓ ଅନ୍ୟ ଦେଶରେ ଏହା ଏକ ପରିବାର ପରି କାର୍ଯ୍ୟ କରେ। ଭାରତରେ ଏହାର ଗଠନ ହେବାର ୬ ବର୍ଷ ପରେ ୧୯୭୦ ମସିହାରେ ଆରଏସଏସର ପ୍ରଥମ ସହଯୋଗୀଭାବେ ବିଶ୍ୱ ହିନ୍ଦୁ ପରିଷଦ ଆମେରିକାରେ ପ୍ରବେଶ କରିଥିଲା।

ଆରଏସଏସ ସଦସ୍ୟରୁ ରାଜନୈତିକ ନେତା

ରତନ ଶାରଦା ତାଙ୍କ ବହି 'ସିକ୍ରେଟସ ଅଫ ଆରଏସଏସ'ରେ ଆରଏସଏସର ତାଲିମ ବାବଦରେ ଲେଖିଛନ୍ତି ଯେ 'ଏହି ତାଲିମ୍ ନୀତୀନ ଗଡକରୀଙ୍କ ପରି ଦକ୍ଷ ପ୍ରଶାସକ ମନ୍ତ୍ରୀ ସୃଷ୍ଟି କରିଛି, ଯିଏ ୫ ବର୍ଷ ମଧ୍ୟରେ ଅନେକ ପୋଲ, ଫ୍ଲାଏଓଭର ଏବଂ ସଡକ ତିଆରି କରିପାରିଛନ୍ତି, ଯାହା କଂଗ୍ରେସ ଗତ ୫୦ ବର୍ଷ ମଧ୍ୟରେ କରିପାରି ନ ଥିଲା।'

ଏହି ପ୍ରଣାଳୀରୁ ସ୍ୱର୍ଗତଃ ମନୋହର ପାରିକରଙ୍କ ପରି ମୁଖ୍ୟମନ୍ତ୍ରୀ ବାହାରିଥିଲେ, ଯିଏ କେବଳ ବେଳାଭୂମି ଗନ୍ତବ୍ୟ ପାଇଁ ଜଣାଶୁଣା ଥିବା ଛୋଟରାଜ୍ୟ ଗୋଆକୁ ପ୍ରଗତି ପଥରେ ଆଗେଇ ନେଇ ଶିଳ୍ପ ବିକାଶ କରାଇଥିଲେ ଏବଂ ଶାସନ ପଦ୍ଧତିରେ ଥିବା ସବୁ ଛିଦ୍ରକୁ ବନ୍ଦ କରିବାରେ ସକ୍ଷମ ହୋଇଥିଲେ । ମଧ୍ୟପ୍ରଦେଶରେ ଶିବରାଜ ସିଂ ଚୌହାନ୍ ଏବଂ ଛତିଶଗଡ଼ରେ ରମଣ ସିଂଙ୍କ ପରି ମୁଖ୍ୟମନ୍ତ୍ରୀ ସେମାନଙ୍କ ଶାସନ କାଳରେ ସମାଜର ସବୁଠୁ ଉପେକ୍ଷିତ ବର୍ଗ ପାଇଁ ଯେଉଁ ଜନକଲ୍ୟାଣ ଯୋଜନା ସବୁ କରିଛନ୍ତି, ତାହା ଅନ୍ୟ ରାଜ୍ୟଗୁଡିକ ଦ୍ୱାରା ଗଭୀରଭାବେ ଅନୁଶୀଳନ କରାଯାଇଛି ଏବଂ ଅନ୍ୟ ରାଜ୍ୟ ସରକାରମାନେ ଏହି ଯୋଜନାସବୁ ନିଜ ରାଜ୍ୟରେ ମଧ୍ୟ ପ୍ରଚଳନ କରାଇଛନ୍ତି । ପ୍ରଧାନମନ୍ତ୍ରୀ ମୋଦି ଏକ ସାଧାରଣ ଚ' ବିକାଳିରୁ ଆରମ୍ଭ କରି ପ୍ରଥମେ ସଂଘର ପ୍ରଚାରକ, ତା' ପରେ ଗୁଜରାଟର ମୁଖ୍ୟମନ୍ତ୍ରୀ ଏବଂ ପରିଶେଷରେ ଦେଶର ପ୍ରଧାନମନ୍ତ୍ରୀ ହୋଇପାରିଛନ୍ତି ।

ଭାରତର ସର୍ବାଧିକ ପ୍ରିୟ ପ୍ରଧାନମନ୍ତ୍ରୀଙ୍କ ମଧ୍ୟରୁ ଅନ୍ୟତମ ଶ୍ରୀ ଅଟଳ ବିହାରୀ ବାଜପେୟୀ ଯୋଜନା ପ୍ରଣୟନକାରୀମାନଙ୍କୁ ଏକ ଦର୍ଶନ ପ୍ରଦାନ କଲେ ଯାହାର ଫଳସ୍ୱରୂପ ଜାତୀୟ ରାଜପଥ ଯୋଜନା ଏବଂ ଗ୍ରାମୀଣ ସଡକ ଯୋଜନା ପ୍ରଣୟନ ହେଲା, ଯାହାଦ୍ୱାରା ଏହି ବିସ୍ତୃତ ଦେଶରେ ମଣିଷ ଏବଂ ସାମଗ୍ରୀର ପରିବହନରେ ଅଭୂତପୂର୍ବ ପରିବର୍ତ୍ତନ ହୋଇ ଅର୍ଥନୈତିକ ବିକାଶର ଧାରା ଗ୍ରାମୀଣ ଏବଂ ଅପହଞ୍ଚ ଇଲାକାରେ ମଧ୍ୟ ପହଞ୍ଚିଲା । କେବଳ ଜଣେ ଅଟଳ ବିହାରୀ ବାଜପେୟୀ ପରମାଣୁ ବୋମା ପରୀକ୍ଷା କରିପାରନ୍ତି, ପ୍ରତିବନ୍ଧକକୁ ସାମ୍ନା କରିପାରନ୍ତି ଏବଂ ପ୍ରବାସୀ ଭାରତୀୟମାନଙ୍କ ସମେତ ଲୋକଙ୍କୁ ଉତ୍ସାହିତ କରି ସେହି ପ୍ରତିବନ୍ଧକକୁ ସାମ୍ନା କରିବାକୁ ଭାରତର ପାଣ୍ଠିରେ ଉଦାରଭାବେ ଯୋଗଦାନ ଦେବାକୁ ପ୍ରବର୍ତ୍ତାଇପାରନ୍ତି ଏବଂ ଶେଷରେ ଆମେରିକାକୁ ଏପରି ସ୍ଥିତିକୁ ଆଣିପାରନ୍ତି, ଯେମିତି ଏହା ଭାରତକୁ ବନ୍ଧୁ କିମ୍ବା ସହଯୋଗୀ ରୂପେ ଦେଖିବାକୁ ବାଧ୍ୟ ହୁଏ ।[୧୯୬]

ଭାରତୀୟ ଜନସଂଘ

ଆମ ଅନୁବାଦ ଭାଷାରେ 'ଭାରତୀୟ ଜନସାଧାରଣଙ୍କ ସଂଘ' କୁହାଯାଇପାରୁଥିବା ଏହି ସଙ୍ଗଠନଟି ଆରଏସଏସର ଏକ ଅଂଶଭାବେ ୧୯୫୧ରେ ପ୍ରତିଷ୍ଠା ହୋଇଥିଲା । ଆରଏସଏସ୍ ଏହାର ତାଲିମ୍‌ପ୍ରାପ୍ତ ସଦସ୍ୟମାନଙ୍କୁ ଅନ୍ୟ ଏକ ସଙ୍ଗଠନକୁ ପଠାଇବାର ପ୍ରଥମ ଅନୁଭୂତିଭାବେ ଭାରତୀୟ ଜନସଂଘର ସୃଷ୍ଟିକୁ ଗ୍ରହଣ କରାଯାଇପାରେ । ଆରଏସଏସ ଅଭ୍ୟସ୍ତ ଥିବା କାର୍ଯ୍ୟଠାରୁ ଏ ସଂଘର

କାର୍ଯ୍ୟକଳାପ ଭିନ୍ନ ଥିଲା ଏବଂ ଏହି କାର୍ଯ୍ୟ ଅତ୍ୟଧିକ କଠିନ ମଧ୍ୟ ଥିଲା। ଆରଏସଏସ ଉପରୁ ପ୍ରତିବନ୍ଧକ ନ ଉଠିବା ପୂର୍ବରୁ ମଧ୍ୟ ନିଜର ରାଜନୈତିକ ଦଳ ଗଢିବାର ବିଚାର ସୃଷ୍ଟି ହୋଇସାରିଥିଲା। ଆଶ୍ଚର୍ଯ୍ୟଜନକ ଭାବେ ଗାନ୍ଧୀଙ୍କ ହତ୍ୟା ଘଟଣାରେ ସିଆଇଡି ଏବଂ ତଦନ୍ତ କମିଶନ ଦେଇଥିବା ନିର୍ଦ୍ଦୋଷ ପ୍ରମାଣପତ୍ର, ଆରଏସଏସ ସଦସ୍ୟମାନଙ୍କ ଦ୍ୱାରା ଏକ ଲିଖିତ ସମ୍ବିଧାନ ଉପସ୍ଥାପନ ଏବଂ ଶାନ୍ତିପୂର୍ଣ୍ଣ ସତ୍ୟାଗ୍ରହ ସତ୍ତ୍ୱେ ଏହି ପ୍ରତିବନ୍ଧକକୁ ହଟାଯାଇ ନ ଥିଲା। ପ୍ରତିବନ୍ଧକର ସମ୍ମୁଖୀନ ହେବା ସମୟରେ ଆରଏସଏସ କୌଣସି ରାଜନୈତିକ ନେତୃବୃନ୍ଦଙ୍କ ସମର୍ଥନ ମଧ୍ୟ ପାଇ ନ ଥିଲା। ଏହି ପ୍ରକାର ପରିସ୍ଥିତିରେ ଆରଏସଏସର ଅନେକ ବରିଷ୍ଠ ନେତା ନିଜର ରାଜନୈତିକ ଶାଖା ତିଆରି କରିବାକୁ ଗୋଲୱାଲକରଙ୍କୁ ପ୍ରବର୍ତ୍ତାଇଲେ ଏବଂ ଏହିପରିଭାବେ ଭାରତୀୟ ଜନସଂଘର ସୃଷ୍ଟି ହେଲା।

ଭାଗ-୪

ଭାରତୀୟ ଜନସଂଘ: ବିଜେପିର ପ୍ରଥମ ଅବତାର (୧୯୫୧-୧୯୭୫)

ଭାରତୀୟ ଜନତା ପାର୍ଟି ବିଷୟରେ ଆଲୋଚନା କରିବା ପୂର୍ବରୁ ଆମେ ବିଜେପିର ପ୍ରଥମ ଅବତାର ଭାରତୀୟ ଜନସଂଘ ବିଷୟରେ ଜାଣିବା ବହୁତ ଜରୁରୀ। ଭାରତୀୟ ଜନସଂଘ ହିନ୍ଦୁ ମହାସଭା ପରେ ଦ୍ୱିତୀୟ ଜାତୀୟତାବାଦ ଆନ୍ଦୋଳନ ଥିଲା। ଶ୍ୟାମାପ୍ରସାଦ ମୁଖାର୍ଜୀଙ୍କଠାରୁ ଆରମ୍ଭ କରି ଦୀନଦୟାଲ ଉପାଧ୍ୟାୟଙ୍କ ପର୍ଯ୍ୟନ୍ତ ଏବଂ ଶ୍ରୀ ଅଟଳ ବିହାରୀ ବାଜପେୟୀଙ୍କଠୁ ଲାଲକୃଷ୍ଣ ଆଡଭାନୀଙ୍କ ପରି ଦୂରଦୃଷ୍ଟି ସଂପନ୍ନ ନେତୃବୃନ୍ଦଙ୍କ ଦ୍ୱାରା ଭାରତୀୟ ଜନସଂଘ ନିରନ୍ତର ପ୍ରତିପୋଷଣ ହେଇଥିଲା। ଭାରତୀୟ ଜନସଂଘ ଜନତା ଦଳ ଏବଂ ଅନ୍ୟ ସହଯୋଗୀ ଦଳଙ୍କ ସହ ମିଶି ୧୯୭୭ ମସିହାରେ ପ୍ରଥମଥର ପାଇଁ ନେହେରୁ ଗାନ୍ଧୀ ପରିବାରର ବଂଶବାଦୀ ଶାସନକୁ ସ୍ଥାନାନ୍ତର କରିଥିଲା ଏବଂ ଏବେ ବିଜେପି ପୁଣି ନେହେରୁ ଗାନ୍ଧୀ ପରିବାରର ବଂଶବାଦ ଶାସନକୁ ୨୦୧୪ ଏବଂ ୨୦୧୯ରେ ଲୋପ କରିଛି। ଅନେକ ଉପାୟରେ କହିବାକୁ ଗଲେ ଭାରତୀୟ ଜନସଂଘରୁ ବିଜେପି ପର୍ଯ୍ୟନ୍ତ ପରିବର୍ତ୍ତନ କେବଳ ନାମର ପରିବର୍ତ୍ତନ, ଯେହେତୁ ବିଜେପିର ଅନେକ ପ୍ରତିଷ୍ଠାତା ସଦସ୍ୟ ଭାରତୀୟ ଜନସଂଘରୁ ଆସିଛନ୍ତି। ବିଜେପିର ଆଦର୍ଶର ଶିଳାନ୍ୟାସ ଭାରତୀୟ ଜନସଂଘରୁ ପ୍ରେରିତ ହୋଇଛି ଏବଂ ଆଜି ମଧ୍ୟ ବିଜେପି ଯେଉଁ ସାମାଜିକ, ଆର୍ଥିକ ଏବଂ ବୈଶ୍ୱିକ ନିୟମର ପାଳନ କରୁଛି ତାହା ମଧ୍ୟ ଭାରତୀୟ ଜନସଂଘ ଦ୍ୱାରା ସମର୍ଥନ ପାଇଥିଲା।

୮

ଭାରତୀୟ ଜନସଂଘର ପ୍ରତିଷ୍ଠା

ସ୍ୱାଧୀନତା ସମୟରେ ବ୍ରିଟିଶ ଶାସନରେ ହେଉଥିବା ପ୍ରାଦେଶିକ ବିଧାନସଭା ନିର୍ବାଚନରେ କିଛି ରାଜନୈତିକ ଦଳ ଯେମିତି, ଭାରତୀୟ ରାଷ୍ଟ୍ରୀୟ କଂଗ୍ରେସ, କମ୍ୟୁନିଷ୍ଟ ପାର୍ଟି ଏବଂ ହିନ୍ଦୁ ମହାସଭା ଆଦି ଅଂଶଗ୍ରହଣ କରିଆସୁଥିଲେ। ୧୯୫୧-୫୨ରେ ସାଧାରଣ ନିର୍ବାଚନ ପୂର୍ବରୁ ଅନେକ ଦଳ ଗଠିତ ହେଲା। ନେହେରୁଙ୍କ କାର୍ଯ୍ୟଧାରାକୁ ନାପସନ୍ଦ କରୁଥିବା କିଛି କଂଗ୍ରେସ ନେତା ମଧ୍ୟ ଭିନ୍ନ ଦଳ ଯେମିତିକି କିଷାନ ମଜଦୁର ପ୍ରଜା ପାର୍ଟି ଏବଂ ସୋସାଲିଷ୍ଟ ପାର୍ଟି ଆଦି ଗଢିଲେ। ଭାରତୀୟ ଜନସଂଘ ଗଠନର ଇତିହାସ କିନ୍ତୁ ସମ୍ପୂର୍ଣ୍ଣ ଭିନ୍ନ। ୧୯୪୭ରେ ଦେଶ ବିଭାଜନ ପରେ ଦେଶର ଭବିଷ୍ୟତ ପାଇଁ ଏକ ଦୃଢ, ଆଦର୍ଶଗତ ବିଚାରକୁ ଧାରଣ କରି ଭାରତୀୟ ଜନସଂଘର ସୃଷ୍ଟି ହୋଇଥିଲା।

ଯେହେତୁ ପ୍ରାରମ୍ଭିକ ପ୍ରତିଷ୍ଠାତା ସଦସ୍ୟ ଏବଂ ପରେ ମଧ୍ୟ ଆରଏସଏସ୍ ପ୍ରଚାରକମାନଙ୍କ ମଧ୍ୟରୁ ଅନେକ ମାନ୍ୟଗଣ୍ୟ ବ୍ୟକ୍ତି ଭାରତୀୟ ଜନସଂଘକୁ ଆସିଥିଲେ, ଆମେ ପ୍ରଥମେ ରାଜନୀତି ସମ୍ବନ୍ଧରେ ଆରଏସଏସ ଭିତରେ କି ପ୍ରକାର ତର୍କ ହେଉଥିଲା ସେ ସମ୍ବନ୍ଧରେ ଅନୁସନ୍ଧାନ କରିବା। ଆରଏସଏସର ରାଜନୀତିରେ କୌଣସି ଆଗ୍ରହ ନ ଥିଲା, କିନ୍ତୁ ଭାରତର ରାଜନୈତିକ ଏବଂ ଆର୍ଥିକ ଅବସ୍ଥା ସମ୍ବନ୍ଧରେ ଆଗ୍ରହ ଥିଲା। ଏହି ବିରୋଧାଭାସୀ ସ୍ଥିତି ପ୍ରକୃତ ଭାରତୀୟ ପରମ୍ପରାର ଅଂଶ ଥିଲା ଏବଂ ଗୁରୁ ଗୋଲୱାଲକର ଏହାକୁ ସ୍ପଷ୍ଟ କରିଛନ୍ତି :

ରାଜନୈତିକ ନେତାମାନେ କଦାପି ଆମ ଦେଶର ମାନକ ବହନକାରୀ ନ ଥିଲେ। ଆମ ଜାତୀୟ ଜୀବନରେ ସେମାନଙ୍କୁ କେବେ ବି ନାୟକ ଭାବେ ଗ୍ରହଣ କରାଯାଇ ନ ଥିଲା। ସାଧୁ ଓ ସନ୍ଥମାନେ, ଯେଉଁମାନେ ଆତ୍ମ ଓ ଶକ୍ତିର

ସାମ୍ପ୍ରତିକ ପ୍ରଲୋଭନରୁ ଊର୍ଦ୍ଧ୍ୱକୁ ଉଠିଥିଲେ ଏବଂ ସମାଜର ଏକ ସୁଖୀ, ଗୁଣବତ୍ତା ଏବଂ ସମନ୍ୱିତ ରାଜ୍ୟ ପ୍ରତିଷ୍ଠା ପାଇଁ ନିଜକୁ ସମର୍ପିତ କରିଥିଲେ, ସେମାନେ ଏହାର ନିରନ୍ତର ପଥ ପ୍ରଦର୍ଶକ ଥିଲେ। ସେମାନେ ନୈତିକ ଅଧିକାରର ପ୍ରତିନିଧିତ୍ୱ କରୁଥିଲେ। ରାଜା କେବଳ ଉଚ୍ଚ ନୈତିକ ଅଧିକାରର ପ୍ରବଳ ଅନୁଗାମୀ ଥିଲେ। ଅନେକ ପ୍ରତିକୂଳ ତଥା ଆକ୍ରମଣାତ୍ମକ ଶକ୍ତି ଯୋଗୁ ଅନେକ ରାଜା ଧୂଳି ଚାଟିଲେ, କିନ୍ତୁ ଧର୍ମସତ୍ତା ଲୋକଙ୍କୁ ଏକାଠି ରଖିବାରେ ଲାଗିଲା।[୧୯୭]

ଲୋକଙ୍କ ଚରିତ୍ର ନିର୍ମାଣ ଏବଂ ରାଷ୍ଟ୍ରର ବିବେକ ରକ୍ଷକ ଭଳି ଦୁଇଟି ଉଦ୍ଦେଶ୍ୟ ରଖି ଡ. ହେଡଗେୱାର ଏବଂ ଗୁରୁ ଗୋଲୱାଲକର ଆରଏସଏସର କଳ୍ପନା କରିଥିଲେ। ତେଣୁ ଗୋଲୱାଲକର କହନ୍ତି :

ଆମେ ଆମ ସମାଜର ଚଳି ଆସୁଥିବା ପୁରାତନ ଆଦର୍ଶର ବିକିରଣ କେନ୍ଦ୍ର ହେବାକୁ ଇଚ୍ଛା କରୁ – ଯେପରି ଅବିସ୍ମରଣୀୟ ଶକ୍ତିମାନ ସୂର୍ଯ୍ୟ ନିଜ କିରଣର ବିସ୍ତାର କରନ୍ତି, ତା'ପରେ ସମାଜ ସେହି ଉତ୍ସରୁ ନିଜ ଜୀବନୀଶକ୍ତି ଆହରଣ କରେ। ରାଜନୈତିକ ଶକ୍ତି ପାଖରେ ସେହି ସମାନ ଉଜ୍ଜ୍ୱଳତା ପ୍ରତିଫଳିତ କରିବା ବ୍ୟତୀତ ଅନ୍ୟ କୌଣସି ଲକ୍ଷ୍ୟ ରହିବ ନାହିଁ। [୧୯୮]

ଗୋଲୱାଲକର ଆହୁରି କୁହନ୍ତି :

ଆସନ୍ତୁ ଆମେ ଆମ ଜୀବନର ସେହି ପ୍ରାଚୀନ ପଥ ପ୍ରଦର୍ଶକ ଏବଂ ଆମ ଭୂମିର ସେହି ସାଂସ୍କୃତିକ ନେତୃବୃନ୍ଦଙ୍କ ଢାଞ୍ଚାରେ ଗଢିବା। ଆସନ୍ତୁ ଆମେ ସେହି ଗୌରବମୟ ପରମ୍ପରାକୁ ପୁନର୍ଜୀବିତ କରିବା ଯାହା ଆମକୁ ଜଣେ ଜଣେ ବଶିଷ୍ଠ, ବିଶ୍ୱାମିତ୍ର, ଚାଣକ୍ୟ, ବିଦ୍ୟାରଣ୍ୟ ଏବଂ ସମର୍ଥଙ୍କୁ ଦେଇଥିଲା ଏବଂ ସେମାନଙ୍କ ଦ୍ୱାରା ଜଣେ ଶ୍ରୀରାମ, ଜଣେ ଚନ୍ଦ୍ରଗୁପ୍ତ, ଜଣେ କ୍ରିଷ୍ଣଦେବରାୟ ଏବଂ ଜଣେ ଶିବାଜୀଙ୍କ ପ୍ରସ୍ଫୁଟନ ସମ୍ଭବ ହୋଇଥିଲା। ରାଜନୈତିକ ପ୍ରଲୋଭନର ସମସ୍ତ ବିଭ୍ରାନ୍ତିକର ସଂକ୍ଷିପ୍ତ ରାସ୍ତା ଓ ବାହ୍ୟ ପ୍ରଚାରର ଆଡମ୍ବର ମଧ୍ୟରେ ଆମେ ନିଜ ବିଶ୍ୱାସକୁ ଦୃଢ କରି ପଥର ପରି କଠିନ ହୋଇ ଛିଡାହେବା। ଆମ ଲୋକମାନଙ୍କୁ ପୁଣି ଥରେ ଆମ ଜାତୀୟ ପ୍ରତିଭାଙ୍କ ପଥରେ ଆଗେଇ ନେଇ ଆମ ଭାରତ ମାତାଙ୍କୁ ବିଶ୍ୱର ସାଂସ୍କୃତିକ ମାର୍ଗଦର୍ଶକ ଭାବରେ ପୁନଃସ୍ଥାପିତ କରିବାର ସ୍ୱପ୍ନକୁ ସାକାର କରିବା।[୧୯୯]

ଆରଏସଏସର ରାଜନୈତିକ ଦଳରେ ପରିବର୍ତ୍ତିତ ରୂପକୁ ନେଇ ନେହେରୁ ସର୍ବଦା ଭୟଭୀତ ଥିଲେ

ଆଣ୍ଡରସନ୍ ଏବଂ ଦାମଲେ[୨୦୦] ତାଙ୍କ ବହିରେ ଉଲ୍ଲେଖ କରିଛନ୍ତି ଯେ ସରକାର ଏବଂ ସମାଜର ବିଭିନ୍ନ ଉପାଦାନ ଆରଏସଏସର ସେବାକୁ ଗୋଟିଏ ବା ଅନ୍ୟ ଉପାୟରେ ବ୍ୟବହାର କରିଥିଲେ । ସର୍ଦ୍ଦାର ବଲ୍ଲଭଭାଇ ପଟେଲ, ତାଙ୍କ ରାଜ୍ୟ କଶ୍ମୀରକୁ ଭାରତରେ ମିଶାଇବାକୁ ମହାରାଜ ହରି ସିଂହଙ୍କୁ ବୁଝାଇବାକୁ ଗୋଲଓ୍ୱାଲକରଙ୍କୁ ଅନୁରୋଧ କରିଥିଲେ । ଅନ୍ୟ ଏକ ସମୟରେ ଦିଲ୍ଲୀ ଅଞ୍ଚଳର ସାମରିକ କମାଣ୍ଡର ୧୯୪୭ ସେପ୍ଟେମ୍ବର ପରେ ବିଭାଜନର ବହୁ ସ୍ଥାନାନ୍ତରଣ ସମସ୍ୟାକୁ ନେଇ ତାଙ୍କୁ ଆଇନ୍ ଶୃଙ୍ଖଳା ବଜାୟ ରଖିବାରେ ସାହାଯ୍ୟ କରିବାକୁ ଗୋଲଓ୍ୱାଲକରଙ୍କୁ ଭେଟି ଅନୁରୋଧ ଜଣାଇଥିଲେ । ୧୦ ଡିସେମ୍ବର ୧୯୪୭ରେ ପ୍ରମୁଖ ବ୍ୟବସାୟୀ, ରାଜକୁମାର ଏବଂ ବିଭିନ୍ନ ହିନ୍ଦୁ ସଙ୍ଗଠନକୁ ଆକର୍ଷିତ କରିଥିବା ଏକ ବିଶାଳ ସମାବେଶ, ଅନେକ ଲୋକଙ୍କୁ ଆରଏସଏସ ଏକ ରାଜନୈତିକ ଶକ୍ତି ହୋଇପାରେ ବୋଲି ସଂକେତ ଦେଇଥିଲା ।

ଏ ଘଟଣାରେ ହୁଏତ ଆରଏସଏସ କ୍ଷମତା ଛଡାଇନେବ ଭାବି ନେହେରୁ ଅତ୍ୟଧିକ ଭୟଭୀତ ହୋଇପଡିଲେ । ସେ ଆରଏସଏସର କାର୍ଯ୍ୟାବଳୀକୁ ସଂକୁଚିତ କରିବାକୁ କାରଣ ଖୋଜିବାକୁ ଆରମ୍ଭ କଲେ । କେବଳ ଏହି ଭୟ ହିଁ ଗାନ୍ଧିଜୀଙ୍କ ହତ୍ୟା ପରେ ହିନ୍ଦୁ ମହାସଭା ଏବଂ ଆରଏସଏସ ଏହି ହତ୍ୟାକାଣ୍ଡରେ ଜଡିତ ଅଛନ୍ତି ବୋଲି ଅପପ୍ରଚାରକୁ ଆଧାରକରି ୩ ଫେବୃଆରୀ ୧୯୪୮ରେ ଗୋଲଓ୍ୱାଲକରଙ୍କୁ ଗିରଫ କରାଗଲା ଏବଂ ୪ ଫେବୃଆରୀରେ ଆରଏସଏସ ଉପରେ ପ୍ରତିବନ୍ଧକ ଲଗାହେଲା । ଅନେକଥର କଥାବାର୍ତ୍ତା, ବୁଝାମଣା ଏବଂ ସର୍ଦ୍ଦାର ପଟେଲଙ୍କ ଆଦେଶରେ ଏକ ଲିଖିତ ସମ୍ବିଧାନ ଦାଖଲ ପରେ ୧୧ ଜୁଲାଇ ୧୯୪୯ରେ ଆରଏସଏସ ଉପରୁ ପ୍ରତିବନ୍ଧକ ଉଠିଲା । ପ୍ରତିବନ୍ଧକ ଥିବା ସମୟରେ ସର୍ଦ୍ଦାର ପଟେଲ୍, ବି.ଜି. ଖେର୍ ଏବଂ ଡିପି ମିଶ୍ରଙ୍କ ପରି ମନ୍ତ୍ରୀମାନଙ୍କ ମାଧ୍ୟମରେ କଂଗ୍ରେସ ନିଜ ମଧ୍ୟସ୍ଥମାନଙ୍କୁ ଆରଏସଏସ୍ ନିକଟକୁ ପଠାଇ ସେମାନଙ୍କୁ କଂଗ୍ରେସରେ ଯୋଗଦେବାକୁ ରାଜି କରିବାର ଚେଷ୍ଟା କରୁଥିଲା । କଂଗ୍ରେସର ଆରଏସଏସ ନେତୃବୃନ୍ଦଙ୍କୁ ନିଜ ଶିବିରକୁ ଆଣିବାର ଏ ପ୍ରକ୍ରିୟା ଦେଖି ଅନେକ ଆରଏସଏସ ନେତା ଅନୁଭବ କଲେ ଯେ ପ୍ରମାଣ ନ ଥାଇ ମଧ୍ୟ ଆରଏସଏସ ଉପରେ ଏ ପ୍ରତିବନ୍ଧକ ଜାରି ରହିବ । କଂଗ୍ରେସ ଲୋକମାନେ ମଧ୍ୟ ଭୟ କରୁଥିଲେ ଯେ ଥରେ ପ୍ରତିବନ୍ଧକ ଉଠିଗଲେ

ଆରଏସଏସ ଏକ ଦୃଢ ରାଜନୈତିକ ଶକ୍ତି ହୋଇପାରିବ। ଏଠାରେ ଏହା ସ୍ମରଣ କରିବା ପ୍ରଯୁଜ୍ୟ ହେବ ଯେ ପ୍ରତିବନ୍ଧକ ଉଠିଲାପରେ ମଧ୍ୟ ୧୦ ଅକ୍ଟୋବର ୧୯୪୯ରେ କଂଗ୍ରେସ କାର୍ଯ୍ୟକାରିଣୀ ବୈଠକରେ ସର୍ବସମ୍ମତିକ୍ରମେ ଏକ ସଂକଳ୍ପ ପାରିତ ହୋଇ ଆରଏସଏସ୍ ସ୍ୱୟଂସେବକମାନଙ୍କୁ କଂଗ୍ରେସରେ ଯୋଗଦେବାକୁ ନିମନ୍ତ୍ରଣ ଦିଆଗଲା।[୨୦୧]

ସେହି ସମୟର ଅନେକ ଘଟଣା ଓ ତଥ୍ୟ ତଥା ନେହେରୁଙ୍କ ହିନ୍ଦୁ ବିରୋଧୀ ଏବଂ ମୁସଲିମ ତୁଷ୍ଟୀକରଣ ନୀତି ଏହା ସୂଚିତ କରେ ଯେ ନେହେରୁ ଯେନତେନ ପ୍ରକାରେଣ କ୍ଷମତାର ଡୋରି ନିଜ ହାତରେ ରଖିବାକୁ ଚାହୁଁଥିଲେ। ଇସଲାମିକ୍ ସଂସ୍କୃତି ରକ୍ଷା କରିବା ଏକମାତ୍ର ଲକ୍ଷ୍ୟ ଥିବା ଦଳ ଜମାଏତ- ଉଲ୍ଲେମା-ଏ- ହିନ୍ଦ୍‌ର କଂଗ୍ରେସରେ ଯୋଗଦେବା କଥାକୁ ତତ୍କାଳୀନ ମଧ୍ୟପ୍ରଦେଶର ଗୃହମନ୍ତ୍ରୀ ଦ୍ୱାରିକା ପ୍ରସାଦ ମିଶ୍ର ଘୋର ବିରୋଧ କଲେ। ଅଧିକନ୍ତୁ ବିଭାଜନର କାରଣ ସାଜିଥିବା ପୁରୁଣା ମୁସଲିମ୍ ଲିଗ୍‌ର ସଦସ୍ୟମାନଙ୍କୁ ମଧ୍ୟ କଂଗ୍ରେସରେ ସ୍ୱାଗତ କରାଯାଇଥିଲା।

ନେହେରୁଙ୍କ କଂଗ୍ରେସ ହିନ୍ଦୁମାନଙ୍କ ସହ ଅଲଗା ପ୍ରକାର ଆଚରଣ କରୁଥିଲା। ନେହେରୁଙ୍କ ହିନ୍ଦୁ ବିରୋଧୀ ମନୋଭାବର ଏକ ପ୍ରକୃଷ୍ଟ ଉଦାହରଣ ଥିଲା ତାଙ୍କର ସୋମନାଥ ମନ୍ଦିର ପୁନର୍ଗଠନକୁ ନେଇ ଆଭିମୁଖ୍ୟ। ଜୁନାଗଡର ମିଶ୍ରଣ ପରେ ସେ ସମୟର ଜନକାର୍ଯ୍ୟ, ଖଣି ଏବଂ ଶକ୍ତିମନ୍ତ୍ରୀ ଏମ୍. ଭି. ଗାଡଗିଲ୍ ସୋମନାଥ ମନ୍ଦିରକୁ ପୁନର୍ସ୍ଥାପନ କରିବାକୁ ଚାହିଁଲେ ଏବଂ ସର୍ଦ୍ଦାର ପଟେଲ୍ ଏଥିରେ ରାଜିହେଲେ। ତତ୍କାଳୀନ ଶିକ୍ଷାମନ୍ତ୍ରୀ ମୌଲାନା ଆଜାଦ୍ କିନ୍ତୁ ଏ କଥାକୁ ବିରୋଧ କଲେ ଏବଂ କହିଲେ ଯେ ସୋମନାଥ ମନ୍ଦିରକୁ ଭାରତର ପ୍ରତ୍ନତତ୍ତ୍ୱ ସର୍ବେକ୍ଷଣକୁ ହସ୍ତାନ୍ତର କରାଯିବା ଉଚିତ୍ ଏବଂ ଏକ ଐତିହାସିକ ସ୍ମାରକଭାବରେ ସଂରକ୍ଷିତ କରାଯିବା ଉଚିତ୍। ସର୍ଦ୍ଦାର ପଟେଲଙ୍କ ହସ୍ତକ୍ଷେପ ଯୋଗୁ ଭାରତ ସରକାର ସୋମନାଥ ମନ୍ଦିରର ପୁନର୍ସ୍ଥାପନ ପାଇଁ ରାଜି ହେଲେ, ତେବେ ପଟେଲଙ୍କ ମୃତ୍ୟୁ ପରେ ନେହେରୁ ଶତ୍ରୁତାକରି ପୁନରୁଦ୍ଧାର ପ୍ରକଳ୍ପକୁ ହିନ୍ଦୁ ପୁନରୁତ୍‌ଥାନବାଦର କାର୍ଯ୍ୟ ବୋଲି କହିଥିଲେ।

କମ୍ୟୁନିଷ୍ଟମାନେ ମଧ୍ୟ ନେହେରୁଙ୍କର ପ୍ରିୟ ଥିଲେ। ମୁସଲମାନମାନଙ୍କ ପରି କମ୍ୟୁନିଷ୍ଟମାନଙ୍କର ଭୁଲ୍ ଦେଖିଲେ ମଧ୍ୟ ନେହେରୁ ସେମାନଙ୍କୁ କେବେ ବି ଅଭିଯୋଗ କି ଆକ୍ରମଣ କରୁ ନ ଥିଲେ। ସ୍ୱାଧୀନତା ସଂଗ୍ରାମ ସମୟରେ କମ୍ୟୁନିଷ୍ଟମାନେ ଗାନ୍ଧିଜୀ, ନେହେରୁ ଏବଂ ସୁଭାଷ ବୋଷଙ୍କ ସମେତ ସମସ୍ତ ଜାତୀୟ ନେତୃବୃନ୍ଦଙ୍କୁ ବିଭିନ୍ନ ପ୍ରକାର ଅପମାନଜନକ ନାମ ଦେଇ ଡାକୁଥିଲେ। ଏମିତିକି ଏମାନେ ମୁସଲିମ ଲିଗର ସମର୍ଥନରେ ଲଢିଥିଲେ। ଖ୍ୱାଜା ଅହମ୍ମଦ ଆବାସ ନାମରେ ଜଣେ କମ୍ୟୁନିଷ୍ଟ କବି

କହିଥିଲେ ଯେ 'କମ୍ୟୁନିଷ୍ଟମାନେ ହିଁ ମୁସଲିମ ଲିଗର ତର୍କହୀନ ଏବଂ ଅଯୌକ୍ତିକ ଦାବିକୁ 'ଦେଶର ଭୂମି' ପରି ରାଷ୍ଟ୍ରୀୟତା, ଆତ୍ମ ନିର୍ଣ୍ଣୟ ଆଦି ଶବ୍ଦାବଳୀ ଦେଇ ଏକ ସୈଦ୍ଧାନ୍ତିକ ଆଧାର ପ୍ରଦାନ କରିଥିଲେ।[୨୦୨]

'ଏ ସ୍ୱାଧୀନତା ମିଛ' ବୋଲି ଦାବି କରୁଥିବା କମ୍ୟୁନିଷ୍ଟମାନଙ୍କ ଦ୍ୱାରା ସ୍ୱାଧୀନତା କେବେ ବି ଗ୍ରହଣୀୟ ହୋଇ ନ ଥିଲା। ସବୁଠାରୁ ଖରାପ କଥା ହେଉଛି, ୧୯୬୨ର ଭାରତ – ଚୀନ୍ ଯୁଦ୍ଧ ପରେ, ଯେତେବେଳେ ନେହେରୁଙ୍କ ଅପାରଗତା ଯୋଗୁ ଭାରତ ଚୂର୍ଣ୍ଣ ହୋଇଯାଇଥିଲା, ଭାରତୀୟ କମ୍ୟୁନିଷ୍ଟ ପାର୍ଟି (ସିପିଆଇ) ଓ ସିପିଏମ୍ ଚୀନକୁ ଆକ୍ରମଣକାରୀ ଭାବରେ ମଧ୍ୟ ସ୍ୱୀକାର କରି ନ ଥିଲେ। ଏହା ଉପରେ ୧୯୬୩ରେ ନେହେରୁ ପ୍ରଧାନମନ୍ତ୍ରୀ ଥିବା ସମୟରେ ମଧ୍ୟ ସେମାନେ ଭାବିଲେ ଏକ ରକ୍ତାକ୍ତ ସଂଘର୍ଷ ପାଇଁ ଏହା ପ୍ରକୃଷ୍ଟ ସମୟ। ନେହେରୁ ସେମାନଙ୍କୁ ବାରଣ କରିପାରିଲେ କି ? ସମାଲୋଚନା କଲେ କି? ଇତିହାସ କୁହେ ଯେ ନେହେରୁ ସେମାନଙ୍କୁ ଉଚ୍ଚ ଶିକ୍ଷାର ପରିସରରେ ଥଇଥାନ କରି ସ୍ଥାନିତ କଲେ ବୋଲି ଆତ୍ମସନ୍ତୋଷ ବୋଧ କରାଇଲେ। ଯେଉଁମାନେ ଭାରତର ଇତିହାସକୁ ବରଖାସ୍ତ କରିଥିଲେ ଏବଂ ଗଣତନ୍ତ୍ରରେ ବିଶ୍ୱାସ କରୁ ନ ଥିଲେ, ସେମାନେ କିଏ ଭଲ ଏବଂ କିଏ ମନ୍ଦ ତାହା ନିର୍ଦ୍ଦେଶ ଦେଇ ଭାରତର ଇତିହାସ ଏବଂ ରାଜନୀତି ଲେଖିବା ଆରମ୍ଭ କରିଦେଲେ।

ରାଜନୀତିରେ ଆରଏସଏସର ଭୂମିକା ଉପରେ ଆରଏସଏସ ନେତୃବୃନ୍ଦଙ୍କ ମତ

କାଁ ଭାଁ କିଛି ଲୋକଙ୍କୁ ଛାଡିଦେଲେ, କୌଣସି ବରିଷ୍ଠ ରାଜନୈତିକ ନେତୃତ୍ୱ, ଦଳ କିମ୍ବା ସାମାଜିକ ଅନୁଷ୍ଠାନ ଆରଏସଏସ ଉପରେ ଲାଗିଥିବା ଦେଢ ବର୍ଷର ଅଯଥା ପ୍ରତିବନ୍ଧକ ଉପରେ ଆଗେଇ ଆସି ସାମାନ୍ୟ ସ୍ୱର ଉତ୍ତୋଳନ ନ କରିବାକୁ ନେଇ ଆରଏସଏସର ପ୍ରମୁଖ ନେତୃବୃନ୍ଦ ଅସନ୍ତୁଷ୍ଟ ଥିଲେ। ସେବେ ଅନୁଭୂତ ହେଲା ଯେ ଏକ ଭଲ ଅନୁଷ୍ଠାନ ତିଷ୍ଠି ରହିବା ପାଇଁ ରାଜନୈତିକ ସ୍ୱର ନିହାତି ଆବଶ୍ୟକ। ଆରଏସଏସ ପରିସର ମଧ୍ୟରେ ହିଁ ଗୋଟେ ନୂଆ ଦଳ ଗଢିବାର ଦାବି ହେଲା।

ସି. ପରମେଶ୍ୱରନ୍, ଦାଦାରାଓ ପରମାର୍ଥ, କେ. ଆର୍. ମାଲକାନି, ଏବଂ ବଲରାଜ ମାଧୋକ ଆରଏସଏସର ପତ୍ରିକା 'ଅର୍ଗାନାଇଜର'ରେ ରାଜନୀତିରେ ପ୍ରବେଶ କରିବାର ପ୍ରସ୍ତାବନା ନେଇ ଆଲେଖ୍ୟମାନ ଲେଖିଲେ। ରାଜନେତାଙ୍କ ଲୋଭନୀୟ ଚିତ୍ରାଙ୍କନରୁ କେବଳ ସଂଘର ଆତ୍ମରକ୍ଷା ପାଇଁ ନୁହେଁ ବରଂ ଅଣଭାରତୀୟ ଏବଂ ଭାରତ ବିରୋଧୀ ରାଜନୀତିକୁ ବନ୍ଦ କରିବା ପାଇଁ ରାଜନୈତିକ ଦଳ ଗଢିବାର

ଆବଶ୍ୟକତା ଅଛି ବୋଲି ଏହିସବୁ ଆଲେଖ୍ୟରେ ଦାବିକରି ଯୁକ୍ତି କରାଯାଇଥିଲା। ଭାରତୀୟତାର ଉଦ୍ଦେଶ୍ୟକୁ ରାଜ୍ୟତନ୍ତ୍ର ମାଧ୍ୟମରେ ତ୍ୱରାନ୍ୱିତ କରିବାକୁ ପଡିଲା। ଅଧିକନ୍ତୁ ଏହା ମଧ୍ୟ ଅନୁଭୂତ ହେଲା ଯେ ଦେଶର ରାଜନୈତିକ ଏବଂ ଅର୍ଥନୈତିକ ସମସ୍ୟାର ସମାଧାନ ପାଇଁ ସଂଘ ଦେଶର ନେତୃତ୍ୱ ନେବା ଆବଶ୍ୟକ। ଆହୁରି ଏକ ମତ ଥିଲା ଯେ ସଙ୍ଗଠନ ଏହାର ଉପାଦାନ ଅଂଶ ଗୁଡିକୁ ପ୍ରଭାବିତ କରୁଥିବା ଗୁରୁତ୍ୱପୂର୍ଣ୍ଣ ପ୍ରଶ୍ନ ଗୁଡିକ ଉପରେ ମାର୍ଗଦର୍ଶନ କରିବା ଉଚିତ, ନଚେତ ଏହାର ଚଳନାଶକ୍ତି ହରାଇବ।[୨୦୩]

ଆରଏସଏସର ପ୍ରତିଷ୍ଠାତା ସଦସ୍ୟମାନଙ୍କ ମଧ୍ୟରୁ ଦାଦାରାଓ ପରମାର୍ଥ ହିଁ କୌଣସି ରାଜନୈତିକ ଦଳ ଆରଏସଏସର ସମର୍ଥନ ପାଇଁ କାହିଁକି ଯୋଗ୍ୟ ନୁହନ୍ତି ବୋଲି ଦର୍ଶାଇଛନ୍ତି। 'କଂଗ୍ରେସର ଦେଶହିତ ବିଷୟରେ କିଛି ଯାଏ ଆସେ ନାହିଁ। କ୍ଷମତା ଧାରଣ ଏହାର ମନରେ ଥିବା ଏକମାତ୍ର ଉଦ୍ଦେଶ୍ୟ, କମ୍ୟୁନିଷ୍ଟମାନଙ୍କର 'ସମସ୍ତ ପ୍ରକାର ବାଧ୍ୟବାଧକତାରେ ବିଶ୍ୱାସ', ସମାଜବାଦୀଙ୍କ ନିକଟରେ ଲୋକଙ୍କ ଆତ୍ମବିଶ୍ୱାସକୁ ବଢାଇବା ପରି ନେତୃତ୍ୱର ଅଭାବ ଏବଂ ପରିଶେଷରେ ହିନ୍ଦୁ ମହାସଭା ପାଖରେ କହିବାକୁ ଗଲେ କିଛି ମୌଳିକ, ଆବଶ୍ୟକ ଏବଂ ମହତ୍ତ୍ୱପୂର୍ଣ୍ଣ କଥା ଅଛି, କିନ୍ତୁ ଅନୁସରଣକାରୀଙ୍କ ନାଭିକେନ୍ଦ୍ର ସହ ବିଶ୍ୱାସ ଏବଂ ବାସ୍ତବବାଦିତାର ଏକ ନେତୃତ୍ୱ ଦେବାରେ ସଭା ବିଫଳ ହେଇଛି। ଏଥିସହ ସିଏ କହିଛନ୍ତି ଯେ ଆରଏସଏସ ଏହାର ସଦସ୍ୟମାନଙ୍କୁ ନିର୍ବାଚନ ରାଜନୀତିରେ ସିଧାସଳଖ ଅଂଶଗ୍ରହଣ କରିବାକୁ ବାରଣ କରିଛି, ଯଦିଓ ଦେଶର କୌଣସି ଆହ୍ୱାନ ପାଇଁ ସେମାନେ ପ୍ରସ୍ତୁତ।[୨୦୪]

ଏକ ନୂଆ ଦଳ ପାଇଁ ଉଭୟ କେ.ଆର୍ ମଲକାନି ଏବଂ ବଳରାଜ ମାଧୋକଙ୍କର ଆଗ୍ରହ ଥିଲା, କିନ୍ତୁ ଗୋଲଓ୍ୱାଲକର,ଭୈୟାଜୀ ଦାନୀ, ଏକନାଥ ରାନାଡେ ଏବଂ ଅନ୍ୟମାନଙ୍କ ପରି କେନ୍ଦ୍ରୀୟ ନେତୃବୃନ୍ଦ ଚାହୁଁଥିଲେ ଯେ ଆରଏସଏସ କୌଣସି ନିର୍ବାଚନ ରାଜନୀତିରେ ଅଂଶଗ୍ରହଣ କରିବା ଉଚିତ ନୁହେଁ।[୨୦୫] ଯଦିଓ ଗୋଲଓ୍ୱାଲକର ଜଣେ ଗଣତାନ୍ତ୍ରିକ ବ୍ୟକ୍ତି ଥିଲେ ଏବଂ ସ୍ୱୟଂସେବକମାନଙ୍କୁ ନିଜ ପାଇଁ ନୀତି ନିର୍ଦ୍ଧାରଣର ଅନୁମତି ଦେଇଥିଲେ, 'ଅର୍ଗାନାଇଜର'କୁ ଏକ ସାକ୍ଷାତକାର ଦେଇ ସେ କହିଥିଲେ :

ପ୍ରତିବନ୍ଧକ ଉଠିଯିବାପରେ ଯେବେ ସ୍ୱୟଂସେବକମାନେ ପରସ୍ପରକୁ ଭେଟିବାର ସୁଯୋଗ ପାଇବେ, ସେମାନେ ଯଦି ଚାହିଁବେ ସଂଘକୁ ଏକ ରାଜନୈତିକ ଦଳରେ ପରିବର୍ତ୍ତନ କରିପାରିବେ। ଏହା ଏକ ଗଣତାନ୍ତ୍ରିକ ପ୍ରକ୍ରିୟା। ମୁଁ ନିଜେ ଏ ବିଷୟରେ କିଛି କହିପାରିବି ନାହିଁ। ମୁଁ ଜଣେ ଏକଛତ୍ରବାଦୀ ଶାସକ ନୁହେଁ, ମୁଁ ରାଜନୀତିରୁ

ବାହାରେ ଅଛି .... ଲୋକେ କାହିଁକି ଆମକୁ ରାଜନୀତିକୁ ଟାଣୁଛନ୍ତି ? ସେମାନଙ୍କର ରାଜନୈତିକ ନେତା ରହିବାରେ ଏବଂ ଆମର ସ୍ୱୟଂସେବକ ରହିବାରେ ଆମେ ଖୁସି ଅଛୁ।[୨୦୬]

ସର୍ଦ୍ଦାର ପଟେଲଙ୍କ ଆରଏସଏସକୁ କଂଗ୍ରେସରେ ଯୋଗଦେବାର ଆହ୍ୱାନରେ ଗୋଲୱାଲକର କହିଲେ :

"ଆରମ୍ଭରେ ମୁଁ ଏକଥା ପରିଷ୍କାର କରିଦେବାକୁ ଚାହେଁ ଯେ ଆରଏସଏସ ଦେଶରେ ରାଜନୈତିକ କ୍ଷମତାର ଆକାଂକ୍ଷା ରଖିଥିବା ଏକ ରାଜନୈତିକ ଦଳ ନୁହେଁ। ଏହାର ଅସ୍ତିତ୍ୱର ଏହି ସମସ୍ତ ବର୍ଷ, ଏହାର ପ୍ରତିଦ୍ୱନ୍ଦ୍ୱିତା ଏବଂ କ୍ଷମତାକୁ ନେଇ ରାଜନୀତିରୁ ଦୂରେଇ ଯାଇଛି। ଆରଏସଏସର ସମସ୍ତ ସଦସ୍ୟଙ୍କୁ ଯେ ଏହି ସମସ୍ତ ବର୍ଷ, ଏହାର ପ୍ରତିଦ୍ୱନ୍ଦ୍ୱିତା ଏବଂ କ୍ଷମତାକୁ ନେଇ ରାଜନୀତିରୁ ଦୂରେଇ ଯାଇଛି। ଆରଏସଏସର ସମସ୍ତ ସଦସ୍ୟଙ୍କୁ ଯେ କୌଣସି ରାଜନୈତିକ ଦଳରେ ମିଶିବାକୁ କିମ୍ବା କାମ କରିବାକୁ ମୁଁ ସମ୍ପୂର୍ଣ୍ଣ ସ୍ୱାଧୀନତା ଦେଇଛି।[୨୦୭]

ଭାରତୀୟ ଜନସଂଘ ଗଠନ ହେବାର ପାରିପାର୍ଶ୍ୱିକ ସ୍ଥିତି

ଯଦିଓ ଆରଏସଏସ ସବୁବେଳେ ନିଜକୁ ରାଜନୀତିଠାରୁ ଦୂରେଇ ରଖିବାକୁ ଚାହୁଁଥିଲା, ତିନୋଟି ଘଟଣା ଏହାର ସ୍ଥିତି ବଦଳାଇଦେଲା – ୧୯୫୦ ଏପ୍ରିଲରେ ଶ୍ୟାମାପ୍ରସାଦ ମୁଖାର୍ଜୀଙ୍କ ଇସ୍ତଫା, ୧୯୫୦ ଡିସେମ୍ବରରେ ସର୍ଦ୍ଦାର ପଟେଲଙ୍କ ମୃତ୍ୟୁ ଏବଂ କଂଗ୍ରେସ ସଭାପତି ପଦରୁ ପୁରୁଷୋତ୍ତମ ଦାସ ଟଣ୍ଡନଙ୍କ ବାଧ୍ୟତାମୂଳକ ଇସ୍ତଫା। ଦିଲ୍ଲୀ ଚୁକ୍ତି ଭଙ୍ଗ ଏବଂ ନେହେରୁଙ୍କ ମନ୍ତ୍ରୀ ପରିଷଦରୁ ମୁଖାର୍ଜୀଙ୍କ ଇସ୍ତଫା।

ହିନ୍ଦୁ ମହାସଭାର ସଭାପତି ଥିବା ସତ୍ତ୍ୱେ ଡ. ମୁଖାର୍ଜୀଙ୍କୁ ନିଜ ମନ୍ତ୍ରୀ ପରିଷଦରେ ଯୋଗଦେବାକୁ ନେହେରୁ ନିମନ୍ତ୍ରଣ କରିଥିଲେ। ଏଥିରୁ ଜଣାପଡେ ଯେ ହିନ୍ଦୁ ମହାସଭା ଭିତରେ ଏବଂ ବାହାରେ ଡ. ମୁଖାର୍ଜୀଙ୍କର ସର୍ବମାନ୍ୟତା ଓ ପ୍ରତିଷ୍ଠା କେତେ ଥିଲା। ଭାରତର ଅନେକ ରାଷ୍ଟ୍ରାୟତ୍ତ ପ୍ରକଳ୍ପ ଯଥା – ସିନ୍ଦ୍ରି ସାର କାରଖାନା, ହିନ୍ଦୁସ୍ତାନ ଏୟାରକ୍ରାଫ୍ଟ ଫ୍ୟାକ୍ଟ୍ରି (ଏଚ୍ଏଏଲ୍) ଏବଂ ଚିତ୍ତରଞ୍ଜନ ଲୋକମୋଟିଭ୍ର କାମ ମୁଖାର୍ଜୀଙ୍କ ନେତୃତ୍ୱରେ ହିଁ ଆରମ୍ଭ ହୋଇଥିଲା। ଭାରତୀୟ ଶିଳ୍ପ ଗଠନ ପାଇଁ ଆବଶ୍ୟକ ବୈଷୟିକ ସହାୟତା ପାଇଁ ସେ ବିଦେଶୀ ନିବେଶକ ଏବଂ ସରକାରଙ୍କ ସହ ଆଲୋଚନା ଆରମ୍ଭ କରିଥିଲେ।

ବିଭାଜନ, ଶରଣାର୍ଥୀ ସମସ୍ୟାର ପରିଚାଳନା, ପାକିସ୍ତାନରେ ହିନ୍ଦୁମାନଙ୍କର ଅଇଥାନ, ରାଜ୍ୟମାନଙ୍କର ଏକତ୍ରୀକରଣ ଏବଂ କଶ୍ମୀର ପ୍ରସଙ୍ଗରେ ନେହେରୁଙ୍କ ସହ

ଡ. ମୁଖାର୍ଜୀଙ୍କର ଅନେକ ମତଭେଦ ଥିଲା। ଡ. ମୁଖାର୍ଜୀଙ୍କ ବିଚାର ସର୍ଦ୍ଦାର ପଟେଲଙ୍କ ବିଚାର ପରି ଥିଲା। ନେହେରୁଙ୍କ ପୂର୍ବବଙ୍ଗ ସମସ୍ୟାର ପରିଚାଳନା ହିଁ ଡ. ମୁଖାର୍ଜୀଙ୍କ ଇସ୍ତଫାର କାରଣ ହୋଇଥିଲା।

ବିଭାଜନ ସମୟରେ ସମଗ୍ର ବଙ୍ଗକୁ ପୂର୍ବ ପାକିସ୍ତାନ ନାମରେ ନାମିତ କରାଯାଉଥିଲା। ତଥାପି ଡ. ମୁଖାର୍ଜୀ ହିନ୍ଦୁବହୁଳ ପଶ୍ଚିମଭାଗର ବଙ୍ଗକୁ ଭାରତରେ ରଖିବାକୁ ଆନ୍ଦୋଳନ ଆରମ୍ଭ କଲେ। ଏହି ଆନ୍ଦୋଳନରେ ଏନ୍.ସି ଚାଟାର୍ଜୀ ଏବଂ ଅନ୍ୟମାନେ ଯୋଗଦେଲେ। ପରିଶେଷରେ କଂଗ୍ରେସ ଏବଂ ମୁସଲିମ ଲିଗ୍‌କୁ ପଶ୍ଚିମବଙ୍ଗର ହିନ୍ଦୁମାନଙ୍କ ମତାମତକୁ ଗ୍ରହଣ କରିବାକୁ ହେଲା। ଦୁର୍ଭାଗ୍ୟବଶତଃ ପଶ୍ଚିମବଙ୍ଗକୁ ସଂରକ୍ଷଣ କରିବାରେ ଡ. ମୁଖାର୍ଜୀଙ୍କର ଅବଦାନ ବିଷୟରେ ଅଳ୍ପ କିଛି ଉପସ୍ଥାପିତ ହୋଇଛି ଏବଂ ଯଥେଷ୍ଟ ଆଲୋଚନା କରାଯାଇ ନାହିଁ।

ବଙ୍ଗ ବିଭାଜନ ସମୟରେ ରାଜ୍ୟ ଦ୍ୱାରା ବ୍ୟାପକ ହିଂସା ଏବଂ ହିନ୍ଦୁ ହତ୍ୟା ହୋଇଥିଲା। ଏହା ଦ୍ୱାରା ପୂର୍ବ ବଙ୍ଗରୁ ପଶ୍ଚିମବଙ୍ଗକୁ ବ୍ୟାପକ ହିନ୍ଦୁ ସ୍ଥାନାନ୍ତରଣ ହୋଇଥିଲା। ହିନ୍ଦୁମାନଙ୍କ ଉପରେ ଅଭୂତପୂର୍ବ ରାଜ୍ୟ ଅନୁମୋଦିତ ହିଂସାକୁ ଇହୁଦୀମାନଙ୍କର ହଲୋକଷ୍ଟ ବା ପ୍ରଳୟ ସମୟର ଡାହାଣୀ ଶିକାର ସହ ତୁଳନା କରାଯାଇପାରିବ ବୋଲି ପୂର୍ବ ପାକିସ୍ତାନରେ ଥିବା ଅନୁଭବୀ ନେତା ସମରଗୁହା ଉଲ୍ଲେଖ କରିଛନ୍ତି। ସମରଗୁହା ମନେପକାନ୍ତି :

୧୯୪୮ ଶେଷ ବେଳକୁ ପାକିସ୍ତାନ ନେହେରୁଙ୍କଠାରୁ ଦୁଇଟି ଆରୋଗ୍ୟସ୍ପର୍ଶ ପାଇସାରିଥିଲା। ଦୁଇ ସରକାର, ଅଠରମାସ ମଧ୍ୟରେ ଦୁଇଟି ଚୁକ୍ତିନାମା ସ୍ୱାକ୍ଷର କରି, ସଂଖ୍ୟାଲଘୁ ସମ୍ପ୍ରଦାୟର ସ୍ୱାର୍ଥରକ୍ଷା କରିବା, ସେମାନଙ୍କର ଉତ୍ତମ ଉଦ୍ଦେଶ୍ୟ ବୋଲି କହିଥିଲେ ଏବଂ ସେମାନଙ୍କ ପାଇଁ ସମ୍ମାନ ଓ ସୁରକ୍ଷାର ଆଶ୍ୱାସନା ଦେଇଥିଲେ। ଏହି ଉତ୍ତମ ଉଦ୍ଦେଶ୍ୟକୁ ବିଶ୍ୱସନୀୟତା ସହକାରେ ପାଳନ କରି ୧୯୪୮ ଶେଷ ସୁଦ୍ଧା ପୂର୍ବ ପାକିସ୍ତାନ ୧୫ ଲକ୍ଷ ହିନ୍ଦୁ ଏବଂ ବୌଦ୍ଧ ଧର୍ମୀଙ୍କୁ ନିଜ ସୀମା ଭିତରୁ ବାହାର କରିଦେଇଥିଲା।

ତଥାପି ପାକିସ୍ତାନ ହିନ୍ଦୁ ଦେଶାନ୍ତରର ହାରରେ ସନ୍ତୁଷ୍ଟି ଅନୁଭବ କରୁ ନ ଥିଲା। ୧୯୪୯ ମସିହାରେ ପୂର୍ବ ପାକିସ୍ତାନରେ ସମସ୍ତ ପ୍ରକାରର ଅର୍ଥନୈତିକ ସଂକଟ, ସଂଖ୍ୟାଲଘୁମାନଙ୍କୁ ବହୁ ସଂଖ୍ୟାରେ ବାହାର କରିଦେବା ପାଇଁ ଆବଶ୍ୟକ ସୁଯୋଗ ପ୍ରଦାନ କରିଥିଲା। ପୂର୍ବ ପରିକଳ୍ପିତ ଯୋଜନା ଅନୁଯାୟୀ ସୀମାନ୍ତରେ ଘଟଣାସବୁ ଘଟିବାକୁ ଲାଗିଲା। ସୀମାନ୍ତ ଅଞ୍ଚଳରେ ହିନ୍ଦୁ, ବୌଦ୍ଧ ଏବଂ ଆଦିବାସୀଙ୍କ ଉପରେ ହୋଇଥିବା ଆକ୍ରମଣ ତଥା ଦମନର ପୋଲିସ୍ ଏବଂ ଅନସାର (ସହାୟକ ମୁସଲିମ

ସେନାବାହିନୀ) ସକ୍ରିୟ ଅଂଶଗ୍ରହଣ କରିଥିଲେ। ଯଥାଶୀଘ୍ର ଏହି ଆନୁଷ୍ଠାନିକ ଭାବେ ସଙ୍ଗଠିତ ହୋଇଥିବା ଛୋଟ ମୋଟ ହିଂସା ୧୯୫୦ ଫେବୃଆରୀ ହତ୍ୟାର ଅଭୂତପୂର୍ବ ସଂଘର୍ଷରେ ବିସ୍ଫୋରିତ ହୋଇଥିଲା। ସରକାରୀ ତଥ୍ୟ ଅନୁଯାୟୀ, ଅଣମୁସଲମାନ ସମ୍ପ୍ରଦାୟର ୫୦ ହଜାରରୁ ଅଧିକ ନିରୀହ ପୁରୁଷ, ମହିଳା ଏବଂ ଶିଶୁ ନିହତ ହୋଇଥିଲେ। ଲୁଟ୍ ଏବଂ ଅଗ୍ନିକାଣ୍ଡ ଅକଳ୍ପନୀୟ ପରିମାଣରେ ହୋଇଥିଲା। ମହିଳାମାନଙ୍କ ଅପହରଣ ଏବଂ ନିର୍ଯାତନା କାର୍ଯ୍ୟ ପରି ଦୁଃଖଦ ଓ ଅଶୋଭନୀୟ କାର୍ଯ୍ୟ ସହ ଏହି ଅଧ୍ୟାୟର ପରିସମାପ୍ତି ଘଟିଥିଲା।[୨୦୮]

ଫେବୃଆରୀ ୧୯୫୦ର ସଂକଟକୁ ନେହେରୁ କିପରି ସମ୍ଭାଳିଥିଲେ। ସମରଗୁହା କହିବା ଅନୁସାରେ :

୧୯୫୦ ଫେବୃଆରୀରେ ଘଟିଥିବା ବର୍ବର ଗଣହତ୍ୟା ନେହେରୁଙ୍କୁ ମୁହୂର୍ତ୍ତେ ପାଇଁ ବ୍ୟଥିତ କରିଥିଲା। ସେ ଖୋଲାଖୋଲିଭାବେ ଅନ୍ୟ ଉପାୟ ଗ୍ରହଣ କରିବାକୁ ସଂକଳ୍ପ କଲେ, ପାକିସ୍ତାନ ବିରୁଦ୍ଧରେ ପୋଲିସ କାର୍ଯ୍ୟାନୁଷ୍ଠାନ ପରି କିଛି ଉପାୟ ନେବାକୁ ଚାହିଁଲେ। କିନ୍ତୁ ଲେଡି ମାଉଣ୍ଟବ୍ୟାଟେନଙ୍କ 'ଯାଦୁର ଛଡି' ପୁଣି ଥରେ ଜିତିଲା, ଯେମିତି ଗାନ୍ଧୀଙ୍କ ବିରୋଧ ସତ୍ତ୍ୱେ ମାଉଣ୍ଟବ୍ୟାଟେନଙ୍କ ଭାରତ ବିଭାଜନ ଯୋଜନା ପାଇଁ ନେହେରୁଙ୍କୁ ରାଜି କରାଯାଇପାରିଥିଲା। ପୂର୍ବ ବଙ୍ଗକୁ ଯାଇ ସେଠାରେ ଶାନ୍ତି ପ୍ରତିଷ୍ଠା କରିବାକୁ ପ୍ରସ୍ତୁତ ଥିବା ଭାରତୀୟ ସେନାକୁ ସେମାନଙ୍କ ବାରାକକୁ ଫେରିଯିବାକୁ କୁହାଗଲା। ଟ୍ରୁମାନ ଏବଂ ଅଟଲୀଙ୍କ ନିର୍ଦ୍ଦେଶରେ ଶ୍ରୀ ଲିଆକତ୍ ଅଲ୍ଲୀ ଦିଲ୍ଲୀକୁ ଧାଇଁଆସିଲେ ଏବଂ ନେହେରୁ ତାଙ୍କୁ ଉଦାହରଣୀୟ ଦିଲ୍ଲୀ ଚୁକ୍ତି ଉପହାର ଦେଲେ।[୨୦୯]

୧୯୫୦ ଏପ୍ରିଲ୍‌ର ଦିଲ୍ଲୀଚୁକ୍ତି ବା ନେହେରୁ – ଲିଆକତ ଚୁକ୍ତି ଭାରତ ଓ ପାକିସ୍ତାନ ସରକାର ମଧ୍ୟରେ ଏକ ରାଜିନାମା ଥିଲା, ଯେଉଁଥିରେ ଉଲ୍ଲେଖଥିଲା କି ଉଭୟ ଦେଶ ନିଜ ଦେଶରେ ଥିବା ଅଳ୍ପସଂଖ୍ୟକମାନଙ୍କୁ ସୁରକ୍ଷା ଦେବେ। ତେବେ, ଏହାର ମାତ୍ର ଏକମାସ ମଧ୍ୟରେ ପୂର୍ବ ପାକିସ୍ତାନ ସରକାର ଏ ଚୁକ୍ତି ଭଙ୍ଗ କରିଥିଲେ। ପୂର୍ବ ପାକିସ୍ତାନ ଦିଲ୍ଲୀ ଚୁକ୍ତିନାମା କିପରି ଇଚ୍ଛାକୃତ ଭାବେ ଉଲ୍ଲଙ୍ଘନ କରୁଛି ତାହା ଦର୍ଶାଇବାକୁ ଗୁହା ସରକାରୀ ସରକୁଲାର କାଢି ଦେଖାଇଥିଲେ।

ସାମରିକ କାର୍ଯ୍ୟାନୁଷ୍ଠାନରୁ ନେହେରୁଙ୍କ ପଛକୁ ହଟିଯିବା ଏବଂ ହିନ୍ଦୁଙ୍କ ଉପରେ ହୋଇଥିବା ଗଣହତ୍ୟା ଏବଂ ହିଂସା ଉପରେ ପାକିସ୍ତାନ ସହ କଥାବାର୍ତ୍ତା କରିବାକୁ ଡ. ମୁଖାର୍ଜୀ ବିରୋଧ କରିଥିଲେ। ନେହେରୁଙ୍କର ଏହି ଭୀରୁତା ଏବଂ ନୀତିହୀନ କାର୍ଯ୍ୟକୁ ବିରୋଧ କରି ଡ. ମୁଖାର୍ଜୀ ମନ୍ତ୍ରୀ ପରିଷଦରୁ ଇସ୍ତଫା ଦେଇଦେଲେ। ଗୁହା

ଲେଖିଛନ୍ତି ଯେ ଯେତେବେଳେ ବ୍ରିଟେନ ଭାରତର ସାମରିକ କାର୍ଯ୍ୟାନୁଷ୍ଠାନର ଯୋଜନା ବାବଦରେ ଜାଣିଲା, କ୍ଲିମେଣ୍ଟ ଅଟଲି ନେହେରୁଙ୍କୁ ପ୍ରଭାବିତ, ନିବୃତ୍ତ ଏବଂ ଭୟଭୀତ କରିବାକୁ ଲେଡି ମାଉଣ୍ଟବ୍ୟାଟେନକୁ ଭାରତ ପଠାଇଲେ। ତାଙ୍କୁ କୁହାଯାଇଥିଲା ଯେ କୌଣସି ସାମରିକ କାର୍ଯ୍ୟାନୁଷ୍ଠାନ ହେଲେ ବ୍ରିଟେନ ଦ୍ୱାରା ଭାରତକୁ ହେଉଥିବା ଯୋଗାଣ ହ୍ରାସ ପାଇବ।[୨୧୦] ଏକ ରାଷ୍ଟ୍ରର ସାର୍ବଭୌମତ୍ୱ ଅନ୍ତରଙ୍ଗତା ଏବଂ ବିପଦର ମିଶ୍ରଣ ଦ୍ୱାରା ଆତ୍ମସମର୍ପଣ କରାଯାଇଥିଲା।

ନିଜ ଇସ୍ତଫା ପତ୍ରରେ ଡ. ମୁଖାର୍ଜୀ ଲେଖିଥିଲେ :

ମୁଁ ଯାହା ଭାବୁଛି, ଆଜି ଯେଉଁ ଚୁକ୍ତିନାମା ଚୂଡ଼ାନ୍ତ ହେବ, ସେଥିରେ କୌଣସି ସମାଧାନର ସମ୍ଭାବନା ନାହିଁ। ମୁଁ କୌଣସି ପରିସ୍ଥିତିରେ ଏହାର ପକ୍ଷଭୁକ୍ତ ହୋଇପାରିବି ନାହିଁ। ପୀଡିତଙ୍କ ପାଇଁ ସାମାନ୍ୟ ସାନ୍ତ୍ୱନା ଆଣିବା ବ୍ୟତୀତ, ଏହାର କିଛି ବୈଶିଷ୍ଟ ଅଛି ଯାହା ଭାରତରେ ନୂତନ ସାମ୍ପ୍ରଦାୟିକ ତଥା ରାଜନୈତିକ ସମସ୍ୟା ସୃଷ୍ଟି କରିବାକୁ ବାଧ୍ୟ ହେବ, ଯାହାର ଫଳାଫଳ ଆମେ ଏବେଠାରୁ ଆକଳନ କରିପାରିବା ନାହିଁ। ମୁଁ ବିନମ୍ରତାର ସହ କହୁଛି ଯେ ଆପଣ ଗ୍ରହଣ କରୁଥିବା ନୀତିସବୁ ନିଶ୍ଚୟ ବିଫଳ ହେବ। କେବଳ ସମୟ ହିଁ ଏହାକୁ ପ୍ରମାଣ କରିବ।[୨୧୧]

ଏ ମୁହୂର୍ତ୍ତକୁ ଐତିହାସିକ କରିବା ଏବଂ ପରିସ୍ଥିତିର ଗମ୍ଭୀରତାକୁ ବୁଝିବା ପାଇଁ ଆସନ୍ତୁ ୧୯୫୦ର ଭୟାବହତାକୁ ମନେ ପକାଇବା। ୯ ଅକ୍ଟୋବର ୧୯୫୦ରେ 'ଟାଇମ୍ସ ଅଫ୍ ଇଣ୍ଡିଆ'ରେ ପ୍ରକାଶିତ ତଥ୍ୟ ଅନୁଯାୟୀ ଫେବୃଆରୀ ୧୦ ରୁ ୨୦ ମଧ୍ୟରେ ୧୦ ହଜାର ହିନ୍ଦୁଙ୍କୁ ହତ୍ୟା କରାଯାଇଥିଲା। ୨୨ ମେ ୧୯୫୦ ରେ ' ଦି ପାୟୋନିୟର'ରେ ପ୍ରକାଶିତ ତଥ୍ୟ ଅନୁଯାୟୀ ୨ ମାସ ମଧ୍ୟରେ ୮ ଲକ୍ଷ ୬୦ ହଜାର ହିନ୍ଦୁ ଭାରତକୁ ଶରଣାର୍ଥୀ ଭାବେ ଆସିଥିଲେ। ୨ ଅଗଷ୍ଟ ୧୯୫୦ ରେ 'ଦି ଷ୍ଟେଟସ୍‌ମ୍ୟାନ'ରେ ପ୍ରକାଶିତ ଖବର ଅନୁଯାୟୀ ୯ ଏପ୍ରିଲ୍‌ରେ ନେହେରୁ ଚୁକ୍ତି ସ୍ୱାକ୍ଷର କରିବା ପରେ ୨୫ ଜୁଲାଇ ମଧ୍ୟରେ ୧୩ ଲକ୍ଷ ହିନ୍ଦୁ ଶରଣାର୍ଥୀ ପଶ୍ଚିମବଙ୍ଗରେ ପ୍ରବେଶ କରିଥିଲେ।

ଡ. ମୁଖାର୍ଜୀ ଜଣେ ଦ୍ରଷ୍ଟା ଥିଲେ ଏବଂ ସମସ୍ୟାର ଜଟିଳତାକୁ ଭଲଭାବେ ହୃଦୟଙ୍ଗମ କରୁଥିଲେ। ଦୁର୍ଭାଗ୍ୟବଶତଃ ତାଙ୍କ କଥା ସତ ହେଲା ଏବଂ ଆଜିଯାଏ ଆମେ ଭାରତରେ ବାଂଲାଦେଶୀ ଶରଣାର୍ଥୀ ସମସ୍ୟା ସହ ମୁକାବିଲା କରୁଛୁ।

ଦେଶ ଦିଲ୍ଲୀ ଚୁକ୍ତିନାମାକୁ ନକାରାତ୍ମକ ଭାବରେ ଗ୍ରହଣ କରିଥିଲା ଏବଂ ଏହାଫଳରେ ବହୁ ଅସନ୍ତୋଷ ଦେଖାଦେଇଥିଲା। ଦେଶର ଏହିପରି ଅଶାନ୍ତ ପରିସ୍ଥିତି ସମୟରେ, ୧୯୫୦ ଡିସେମ୍ବରରେ ସର୍ଦ୍ଦାର ପଟେଲଙ୍କର ମୃତ୍ୟୁ ହୋଇଗଲା।

ପଟେଲ୍ ସ୍ୱାଧୀନତା ପରେ ରାଜ୍ୟଗୁଡିକର ମିଶ୍ରଣ ଏବଂ ଡ. ରାଜେନ୍ଦ୍ର ପ୍ରସାଦଙ୍କୁ ରାଷ୍ଟ୍ରପତି କରିବାରେ ସକ୍ଷମ ହୋଇଥିଲେ। ବୟସ ବଢ଼ିବା ସତ୍ତ୍ୱେ ତାଙ୍କ ମହାନ ଉପସ୍ଥିତିକୁ ଦେଶ ସମ୍ମାନର ସହ ଦେଖୁଥିଲା। ଡ. ମୁଖାର୍ଜୀଙ୍କ ଇସ୍ତଫା ଗୃହୀତ ହେବାସହ ମନ୍ତ୍ରୀ ପରିଷଦ ଶକ୍ତିହୀନ ହେଲା ଏବଂ ନେହେରୁଙ୍କ ଭିତରେ ସୁପ୍ତ ଥିବା ଏକଛତ୍ରବାଦ ଗୁଣ ଧୀରେ ଧୀରେ ପ୍ରକାଶ ପାଇବାକୁ ଲାଗିଲା। ଯେତେ ନୈତିକ ମତ ହେଉ ପଛେ ସାମାନ୍ୟ ବିରୋଧକୁ ମଧ୍ୟ ନେହେରୁ ଗ୍ରହଣ କରିବାକୁ ପ୍ରସ୍ତୁତ ନ ଥିଲେ। ନେହେରୁଙ୍କ କ୍ରୋଧର ଦ୍ୱିତୀୟ ଶିକାର ବିଶ୍ୱସ୍ତ କଂଗ୍ରେସ ନେତା ପୁରୁଷୋତ୍ତମ ଦାସ ଟଣ୍ଡନ ଥିଲେ।

ପୁରୁଷୋତ୍ତମ ଦାସ ଟଣ୍ଡନଙ୍କୁ କଂଗ୍ରେସରୁ ବିତାଡିତ କରାଗଲା। ସର୍ଦ୍ଦାର ପଟେଲ୍ ଚାହୁଁଥିଲେ ପୁରୁଷୋତ୍ତମ ଦାସ ଟଣ୍ଡନଙ୍କ ପରି ସଚ୍ଚୋଟ ଓ ନିର୍ଭୀକ ବ୍ୟକ୍ତି କଂଗ୍ରେସର ସଭାପତି ହୁଅନ୍ତୁ। ସେ ନେହେରୁଙ୍କ ବ୍ୟକ୍ତିତ୍ୱରେ ଅଭିଭୂତ ନ ଥିଲେ। ନେହେରୁ ତାଙ୍କୁ ବିରୋଧ କରୁଥିଲେ ଏବଂ ପଟେଲଙ୍କୁ ଲେଖିଥିବା ନିଜ ଚିଠିରେ ଟଣ୍ଡନଙ୍କୁ 'ସାମ୍ପ୍ରଦାୟିକ ଏବଂ ପୁନରୁତ୍ଥାନବାଦୀ ଦୃଷ୍ଟିକୋଣର ପ୍ରତୀକ' ବୋଲି କହିଥିଲେ, କାରଣ ଉଭୟ ଆରଏସଏସ ଏବଂ ହିନ୍ଦୁ ମହାସଭା ତାଙ୍କୁ ସମର୍ଥନ କରୁଥିଲେ।[୨୧୨] ନେହେରୁ ପଟେଲଙ୍କୁ ଧମକ ଦେଲେ ଯେ ଯଦି ଟଣ୍ଡନଙ୍କୁ ସଭାପତି କରାଯାଏ, ସେ ଉଭୟ ଦଳ ଓ ସରକାରରୁ ଇସ୍ତଫା ଦେଇଦେବେ। ସେ ଟଣ୍ଡନଙ୍କ ସଭାପତି ହେବାର ସମ୍ଭାବନାକୁ ବ୍ୟକ୍ତିଗତ ଘଟଣାଭାବେ ଦେଖିଲେ। ବାସ୍ତବରେ, ସେ ମତ ଦେଇଥିଲେ:

'ମୁଁ ଏହାକୁ କଂଗ୍ରେସ କର୍ମୀ କିମ୍ବା କଂଗ୍ରେସ କାର୍ଯ୍ୟକାରିଣୀରେ ଅନ୍ୟ କାର୍ଯ୍ୟ ନିର୍ବାହୀଙ୍କ ଦ୍ୱାରା ମୋ ଉପରେ ଅବିଶ୍ୱାସର ମତ ଭାବେ ଦେଖିବି। ପରବର୍ତ୍ତୀ ପରିଣାମସ୍ୱରୂପ ମୁଁ ପ୍ରଧାନମନ୍ତ୍ରୀଭାବେ ଦାୟିତ୍ୱ ତୁଲାଇପାରିବି ନାହିଁ।'[୨୧୩]

ନିଜ ଭୁଲ୍ ମତକୁ ମଧ୍ୟ ଅନ୍ୟମାନଙ୍କ ଉପରେ ଲଦି ଦେଉଥିବା ସ୍ୱେଚ୍ଛାଚାରୀ ପ୍ରକୃତିର ନେହେରୁଙ୍କ ନିକଟରେ ଗଣତାନ୍ତ୍ରିକ ଭାବନା କମ୍ ଥିଲା। ଅଧିକନ୍ତୁ ଏକଥା ଦେଖାଯାଉଥିଲା ଯେ ନେହେରୁଙ୍କ ପାଇଁ ଏହା ହୁଏତ ତାଙ୍କ ରାସ୍ତା ନଚେତ୍ ରାଜରାସ୍ତା ଥିଲା। ସେହିଦିନଠୁ ଆଜିଯାଏ କଂଗ୍ରେସର ଇତିହାସ କେବଳ ନେହେରୁ ଏବଂ ତାଙ୍କ ପରିବାର ମଧ୍ୟରେ ହିଁ ସୀମିତ ରହିଛି।

ତେବେ, ନେହେରୁଙ୍କ ଦ୍ୱାରା ସୃଷ୍ଟ ଏ ଆତଙ୍କିତ ଅବସ୍ଥାରେ ପଟେଲ୍ କୌଣସି ପ୍ରତିକ୍ରିୟା ପ୍ରକାଶ କରି ନ ଥିଲେ। କୃପାଳିନୀଙ୍କୁ ୨୧୪ ଭୋଟ୍‌ରେ ପରାସ୍ତ କରି ବିଜୟୀ ହୋଇଥିବା ଟଣ୍ଡନଙ୍କୁ ପଟେଲ୍ ସମର୍ଥନ ଦେଇ ଚାଲିଥିଲେ। ଟଣ୍ଡନ ନିର୍ବାଚିତ ହେଲାପରେ ମଧ୍ୟ ନେହେରୁ ଉଠାଇଥିବା ଭୟ ପରିବେଶ ପରିବର୍ତ୍ତେ ଉଭୟ କଂଗ୍ରେସ

ଦଳରେ ଏବଂ ଭାରତର ପ୍ରଧାନମନ୍ତ୍ରୀ ଭାବେ ନିଜ କାର୍ଯ୍ୟ ତୁଲାଉଥିଲେ। ଯେ କୌଣସି ମୂଲ୍ୟ ବିନିମୟରେ ଏହା ନେହେରୁବାଦୀ ଉତ୍ତରାଧିକାରୀ ଶକ୍ତିର ଆରମ୍ଭ ଥିଲା କି ?

ନେହେରୁ ଟଣ୍ଡନଙ୍କୁ ଘେରି ରହିଥିବା ଷଡଯନ୍ତ୍ରରେ ଜଡିତ ଥିଲେ ଏବଂ ୧୫ ଡିସେମ୍ବର ୧୯୫୦ରେ ପଟେଲଙ୍କ ମୃତ୍ୟୁ ପରେ ସେ ଧର୍ମନିରପେକ୍ଷତା ନାମରେ ଟଣ୍ଡନଙ୍କୁ ଅଭିଯୁକ୍ତ କଲେ। ପରିଶେଷରେ ସେ ୮ ସେପ୍ଟେମ୍ବର ୧୯୫୧ରେ ଟଣ୍ଡନଙ୍କୁ ଇସ୍ତଫା ଦେବାକୁ ବାଧ୍ୟ କଲେ। ଉଭୟ ପଟେଲ୍ ଓ ଟଣ୍ଡନ ଦୃଶ୍ୟପଟ୍ଟରୁ ଯିବାପରେ ନେହେରୁଙ୍କ ଏକଚ୍ଛତ୍ରବାଦ ନୀତିରେ କାର୍ଯ୍ୟ କରିବାର ଧାରା ଏବଂ ଅଳ୍ପସଂଖ୍ୟକ ସନ୍ତୁଷ୍ଟୀକରଣ ନୀତିକୁ ପସନ୍ଦ କରୁ ନ ଥିବା ଅନେକ ନେତା ହୁଏତ କଂଗ୍ରେସ ଛାଡିଦେଲେ ବା ବହିଷ୍କୃତ ହେଲେ।

ବର୍ତ୍ତମାନ ନେହେରୁଙ୍କ ମୁସଲିମ ତୁଷ୍ଟୀକରଣ ଏବଂ ଧର୍ମନିରପେକ୍ଷତା ଅନିୟନ୍ତ୍ରିତ ଭାବେ ଚାଲିବାକୁ ସମର୍ଥ ହେଲା। ଶାସନର ସମସ୍ତ ଦିଗରେ ବିଫଳ ହୋଇଥିବା ନେହେରୁ ଧର୍ମନିରପେକ୍ଷତାର ମଞ୍ଚ ଉପରେ ଠିଆ ହୋଇଥିଲେ। ନିଜକୁ ନିର୍ବାଚନ ରାଜନୀତିରେ ପ୍ରତିଷ୍ଠିତ କରିବାକୁ ସେ ମୁସଲିମମାନଙ୍କର ତ୍ରାଣକର୍ତ୍ତା ପାଲଟିଗଲେ। ସେ ରାଜନୀତିରେ ସାମ୍ପ୍ରଦାୟିକ ଏବଂ ଅଣସାମ୍ପ୍ରଦାୟିକ ଧ୍ରୁବୀକରଣ ସୃଷ୍ଟି କରିଥିଲେ ଏବଂ କହିଥିଲେ ଯେ ଅଣସାଂପ୍ରଦାୟିକ ତଥା ଧର୍ମନିରପେକ୍ଷ ରାଜ୍ୟ ପାଇଁ କଂଗ୍ରେସ ଏକ ଦଳ ଅଟେ। କୌତୂହଳର ବିଷୟ ହେଉଛି, ନେହେରୁ ଧର୍ମନିରପେକ୍ଷତା, ସାମ୍ପ୍ରଦାୟିକତା, ଏକଧର୍ମନିରପେକ୍ଷ ରାଷ୍ଟ୍ର ବା ସାମ୍ପ୍ରଦାୟିକ ସଂସ୍ଥା କ'ଣ ତାହାର ସଂଜ୍ଞା ଦେଇନାହାନ୍ତି କିମ୍ବା ବୁଝାଇ ନାହାନ୍ତି, ଯାହାଦ୍ୱାରା ସେ ଏହି ଶବ୍ଦଗୁଡିକୁ ତାଙ୍କ ସୁବିଧା ଅନୁଯାୟୀ ବ୍ୟବହାର କରିପାରିବେ ଏବଂ ଆବଶ୍ୟକ ସମୟରେ ଏହାର ପରିସର ବିସ୍ତାର କରିପାରିବେ କିମ୍ବା ସୀମିତ କରିପାରିବେ। ଆଶ୍ଚର୍ଯ୍ୟର କଥା ହେଲା ସେ ମୁସଲିମ ଲିଗ୍ ଏବଂ ଜମାତ- ଉଲେମା-ଏ- ହିନ୍ଦ୍ ସଭ୍ୟମାନଙ୍କୁ କଂଗ୍ରେସରେ ଯୋଗଦେବାକୁ ଅନୁମତି ଦେଇଥିଲେ। ସେବେଠୁ ଏହି ସଦସ୍ୟମାନେ ଧର୍ମନିରପେକ୍ଷ ବୋଲି ଘୋଷିତ ହେଲେ ଏବଂ କଂଗ୍ରେସ ଦଳ ଅଳ୍ପସଂଖ୍ୟକଙ୍କ ଦଳ ବୋଲି ପରିଚିତ ହେଲା। ନେହେରୁଙ୍କ ସମସାମୟିକ କେ.ଏମ୍. ମୁନସି ନେହେରୁଙ୍କ ଧର୍ମ ନିରପେକ୍ଷତା ବାବଦରେ ଲେଖିଛନ୍ତି :

ଆମେ ସମସ୍ତେ ଏ କଥାକୁ ସମର୍ଥନ କରୁଥିଲୁ ଯେ କୌଣସି ରାଷ୍ଟ୍ର କୌଣସି ନିର୍ଦ୍ଦିଷ୍ଟ ଧର୍ମକୁ ରାଷ୍ଟ୍ରଧର୍ମ ବୋଲି ଗ୍ରହଣ କରିବା କଥା ନୁହେଁ, ସବୁ ଧର୍ମକୁ ନିଜ ଆଇନଗତ ଅଧିକାର ପରିସରରେ ସମାନ ଅଧିକାର ମିଳିବା ଉଚିତ, ନିଜ ନିଜ ଧର୍ମର ଅଭ୍ୟାସ, ହଠଧର୍ମିତା ସହ ସେମାନଙ୍କୁ କାର୍ଯ୍ୟ କରିବାକୁ ଦିଆଯିବା ଉଚିତ।

ଯେମିତିକି ପ୍ରତ୍ୟେକ ନାଗରିକ ନିଜ ଧର୍ମର ଅଭ୍ୟାସ, ପ୍ରଚାର ଓ ପରିବର୍ତ୍ତନ ନିଜ ସ୍ୱାଧୀନତାରେ କରିପାରିବ। ଏହିପରି ଭାରତର ସମ୍ବିଧାନରେ ଉଲ୍ଲେଖ ଥିବା ଧର୍ମନିରପେକ୍ଷତା ଅନ୍ୟ ଦେଶର ଧର୍ମନିରପେକ୍ଷତା ଅପେକ୍ଷା ଭିନ୍ନ ଓ ଅଲଗା ମହତ୍ତ୍ୱ ରଖେ। ଭାରତରେ 'ଧର୍ମନିରପେକ୍ଷତା' ଶବ୍ଦର ବ୍ୟକ୍ତି ବିଶେଷ କିମ୍ବା ଧାର୍ମିକ ଗୋଷ୍ଠୀର ମନୋଭାବ ଏବଂ ଆଚରଣ ଉପରେ କୌଣସି ପ୍ରଭାବ ନାହିଁ, ଯଦିଓ ଏ ଶବ୍ଦକୁ ବିଭିନ୍ନ ମହତ୍ତ୍ୱାକାଂକ୍ଷାର ସ୍ଲୋଗାନ ଭାବେ ବ୍ୟବହାର କରାଯାଇଛି। ଧର୍ମନିରପେକ୍ଷ ନାମରେ ସଂଖ୍ୟାଲଘୁମାନେ ଏହିପରି ଧ୍ୟାନରୁ ଦୂରେଇ ରହିଛନ୍ତି ଏବଂ ଅଯୌକ୍ତିକ ଭାବରେ ସେମାନଙ୍କର ଦାବି ପାଇବାରେ ସଫଳ ହୋଇଛନ୍ତି। ଆହୁରି ମଧ୍ୟ ଏହାର ନାମରେ କ୍ଷମତାରେ ଥିବା ରାଜନେତାମାନେ ଏକ ଅଦ୍ଭୁତ ମନୋଭାବ ଗ୍ରହଣ କରନ୍ତି, ଯେମିତିକି ଏମାନେ ସଂଖ୍ୟାଲଘୁ ସମ୍ପ୍ରଦାୟର ଧାର୍ମିକ, ସାମାଜିକ ଏବଂ ସମ୍ବେଦନଶୀଳତାକୁ ଦର୍ଶାନ୍ତି ଏବଂ ବହୁସଂଖ୍ୟକ ସମ୍ପ୍ରଦାୟରେ ସମାନ ସମ୍ବେଦନଶୀଳତାକୁ ସାମ୍ପ୍ରଦାୟିକ ଆଖ୍ୟା ଦିଅନ୍ତି : ଏହି ଦୁର୍ଭାଗ୍ୟଜନକ ସ୍ଥିତି ବହୁସଂଖ୍ୟକ ସମ୍ପ୍ରଦାୟରେ ନିରାଶାଜନକ ସ୍ଥିତି ସୃଷ୍ଟି କରି ଆସୁଛି। ଯଦି 'ଧର୍ମନିରପେକ୍ଷତା' ଶବ୍ଦର ଏମିତି ଦୁରୁପଯୋଗ ଜାରି ରହେ ତେବେ ପରମ୍ପରାଗତ ଭାବେ ଥିବା ସହିଷ୍ଣୁତାର (ହିନ୍ଦୁ ଧର୍ମର) ଝରଣାଟି ଶୁଖିଯିବ।[୨୧୪]

ଶ୍ୟାମାପ୍ରସାଦ ମୁଖାର୍ଜୀ ଭାରତୀୟ ଜନସଂଘ ପ୍ରତିଷ୍ଠା କଲେ

ଡ. ମୁଖାର୍ଜୀଙ୍କ ଇସ୍ତଫାକୁ ଚାରିଆଡ଼େ ପ୍ରଶଂସା କରାଗଲା। ୧୯ ଏପ୍ରିଲ୍ ୧୯୫୦ରେ ଦିଲ୍ଲୀର ନାଗରିକମାନଙ୍କ ଦ୍ୱାରା ମୁଖାର୍ଜୀଙ୍କ ପାଇଁ ଏକ ଭବ୍ୟ ସ୍ୱାଗତ ସଭାର ଆୟୋଜନ ହେଲା। ଦିଲ୍ଲୀର ଅଗ୍ରଣୀ ବ୍ୟବସାୟୀ ପ୍ରକାଶ ଦତ୍ତ ଭାର୍ଗବ ଏହି ସଭାରେ ସଭାପତିତ୍ୱ କରିଥିଲେ। ଡ. ମୁଖାର୍ଜୀଙ୍କ ଇସ୍ତଫା ଲୋକଙ୍କ ଭାବନାର ପ୍ରତିଫଳିତ ରୂପ ଏବଂ ରାଜନୀତିକୁ ଫେରିଆସୁଥିବା ବାସ୍ତବତା ଓ ଭଲଦିନ ପରି ଗ୍ରହଣ କରାଯାଇଥିଲା। ଏହା ଏକ ସାହସିକ କାର୍ଯ୍ୟଭାବେ ଦେଖାଯାଉଥିଲା। ଶତ୍ରୁକୁ ସନ୍ତୁଷ୍ଟ ନ କରି ଦେଶକୁ ଆଗେଇ ନେବାକୁ ତାଙ୍କୁ କୁହାଯାଇଥିଲା। ଜନ ସମୂହର ମନ୍ତବ୍ୟର ପ୍ରତିକ୍ରିୟାରେ ଡ. ମୁଖାର୍ଜୀ କହିଲେ 'ଅଢେଇ ବର୍ଷର ସରକାରୀ ଏକାନ୍ତବାସ ପରେ ଆଜି ମୁଁ ସ୍ୱାଧୀନତାର ମୁକ୍ତବାୟୁରେ ନିଃଶ୍ୱାସ ନେଉଛି ଏବଂ ଆପଣମାନଙ୍କ ମଧ୍ୟରେ ଠିଆ ହୋଇଛି।'[୨୧୫] ଦିଲ୍ଲୀର ସଂଘଚାଳକ ଲାଲା ହଂସରାଜ ଗୁପ୍ତା, ପ୍ରଚାରକ ବସନ୍ତ ରାଓ କ୍ରିଷ୍ଣା ଓକ, ଲାଲା ଯୋଧରାଜ ଏବଂ ପଣ୍ଡିତ ମୌଳି ଚରଣ ଶର୍ମା ସେହି ଜନସମୂହ ସଭାରେ ଉପସ୍ଥିତ ଥିଲେ। ଆରଏସଏସ ଉପରେ ପ୍ରତିବନ୍ଧକ ଲାଗିବା

ଦିନଠାରୁ ପଣ୍ଡିତ ଶର୍ମା ସରକାର ଓ ଆରଏସଏସ ମଧ୍ୟରେ ମଧ୍ୟସ୍ଥତା କରି ଆସୁଥିଲେ। ତାଙ୍କ ପିତା ହିନ୍ଦୁ ମହାସଭାର ଜଣେ ପୂର୍ବତନ ସଭାପତି ଥିଲେ।

୨୧ ମେ ୧୯୫୧ରେ ଡ. ମୁଖାର୍ଜୀଙ୍କ ସ୍ୱାଗତ ପାଇଁ କଲିକତାରେ ଅନୁଷ୍ଠିତ ଏକ ସଭାରେ ତାଙ୍କୁ ଶୁଣିବାକୁ ପ୍ରାୟ ୩ ଲକ୍ଷ ଲୋକ ଏକତ୍ରିତ ହୋଇଥିଲେ। ଜନତା ତାଙ୍କୁ ଗ୍ରହଣ କରୁଥିଲେ ଏବଂ ସମ୍ମାନ ଦେଉଥିଲେ ଓ ତାଙ୍କ ଇସ୍ତଫା ଦେବା ଘଟଣା ଏହି ସମ୍ମାନକୁ ଅଧିକ ବଢାଇଲା। ଯେପରିକି ଦିଲ୍ଲୀରେ ତାଙ୍କୁ ଏକ ନୂଆଦଳ ଗଢିବାକୁ ଅନୁରୋଧ କରାଗଲା। ତାଙ୍କୁ ଅବଗତ କରାଗଲା ଯେ ଜନତା ହତାଶ ହୋଇ ଏକ ନୂଆ ନେତା ମାଗୁଛନ୍ତି।

୧୯୪୯ ନଭେମ୍ବରଠାରୁ ୧୯୫୦ ଜୁଲାଇ ମଧ୍ୟରେ ଡ. ମୁଖାର୍ଜୀ ଅନେକଥର ଗୋଲୱାଲକରଙ୍କୁ ଭେଟି ଏକ ନୂଆ ଦଳ ଗଢିବା ଉପରେ ଆଲୋଚନା କରିଥିଲେ। ଆରଏସଏସକୁ ରାଜନୈତିକ ଦଳରେ ପରିବର୍ତ୍ତନ କରିବାର ବିଚାର ତାଙ୍କର ଥିଲା କିନ୍ତୁ ଗୋଲୱାଲକରଙ୍କ ସମେତ ଅନେକ ନେତୃବୃନ୍ଦ ଏ ବିଚାରର ବିରୋଧ କରୁଥିଲେ। ଯାହାବି ହେଉ ଗୋଲୱାଲକର ଆରଏସଏସ କର୍ମୀମାନଙ୍କୁ ଅନୁମତି ଦେଇ ଏ ସମସ୍ତ ଅସ୍ଥିରତାର ସମାଧାନ କରିବାକୁ ଯାଇ କହିଲେ 'ଡ. ମୁଖାର୍ଜୀଙ୍କୁ ଏକ ଦଳ ଗଢିବାରେ ସାହାଯ୍ୟ ଓ ସହଯୋଗ କରାଯିବା ଉଚିତ୍ ଏବଂ ଏହା ହୁଏତ ସେମାନଙ୍କର ଜାତୀୟତା ଉପରେ ଥିବା ଦୃଷ୍ଟିକୋଣ ଏ ଦଳ ମାଧ୍ୟମରେ ପ୍ରତିଫଳିତ ହୋଇପାରେ।'[୨୧୬]

ଥରେ ବିଶ୍ୱସ୍ତ, ପ୍ରତିଭାବାନ ଏବଂ ପରିଶ୍ରମୀ ସ୍ୱୟଂସେବକମାନେ ଗୋଲୱାଲକରଙ୍କ ଦ୍ୱାରା ପ୍ରତିନିଧିତ୍ୱ ପାଇବା ପରେ ଦଳ ଗଠନ ପ୍ରକ୍ରିୟା ତ୍ୱରାନ୍ୱିତ ହେଲା। ଭାରତୀୟ ଜନସଂଘର ଗଠନ ନିମ୍ନସ୍ତରରୁ ଆରମ୍ଭ ହୋଇଥିଲା, ଅର୍ଥାତ୍ ଏକ ସର୍ବୋଚ୍ଚ ଜାତୀୟ ସଂସ୍ଥା ଗଢିବା ପୂର୍ବରୁ ପ୍ରଥମେ ରାଜ୍ୟ ଶାଖାଗୁଡିକର ଗଠନର ନିର୍ଣ୍ଣୟ ନିଆଯାଇଥିଲା। ୫ ମେ ୧୯୫୧ରେ ଡ. ମୁଖାର୍ଜୀ କଲିକତାରେ 'ଦି ପିପୁଲ୍ସ ପାର୍ଟି' ନାମରେ ଏକ ନୂତନ ରାଜନୈତିକ ସଂସ୍ଥାର ଶୁଭାରମ୍ଭ କଥା ଘୋଷଣା କଲେ। ତାଙ୍କୁ ନେତାଭାବେ ଚୟନ କରାଗଲା ଏବଂ ୮ ସୂତ୍ରୀ ଯୋଜନାର ଘୋଷଣା କରାଗଲା, ଯାହାକି ଭାରତୀୟ ଜନସଂଘ ଦ୍ୱାରା ପରେ ଗ୍ରହଣ କରାଯାଇଥିଲା। ସେଗୁଡିକ ହେଲା ୧- ସଂଯୁକ୍ତ ଭାରତ (ଅଖଣ୍ଡ ଭାରତ), ୨- ପାକିସ୍ତାନ ପ୍ରତି ତୁଷ୍ଟୀକରଣ ବଦଳରେ ପ୍ରତିକ୍ରିୟା, ୩- ଭାରତର ସର୍ବୋଚ୍ଚ ସ୍ୱାର୍ଥ ସହିତ ଏକ ସ୍ୱାଧୀନ ବିଦେଶ ନୀତି, ୪- ପାକିସ୍ତାନରୁ ଉପଯୁକ୍ତ କ୍ଷତିପୂରଣ ସହ ଶରଣାର୍ଥୀମାନଙ୍କର ଥଇଥାନ, ୫- ଖାଦ୍ୟ ଓ ପୋଷାକ ପରି ବିଶେଷ ଦ୍ରବ୍ୟ ସହିତ ସମସ୍ତ ଦ୍ରବ୍ୟର ଉତ୍ପାଦନ ବୃଦ୍ଧି ଏବଂ ଶିଳ୍ପଗୁଡିକର ବିକେନ୍ଦ୍ରୀକରଣ, ୬- ଏକକ ଭାରତୀୟ ସଂସ୍କୃତିର ବିକାଶ, ୭- ଜାତି, ସମ୍ପ୍ରଦାୟ ଏବଂ

ଧର୍ମ ନିର୍ବିଶେଷରେ ସମସ୍ତ ନାଗରିକଙ୍କ ପାଇଁ ସମାନ ଅଧିକାର ଏବଂ ପଛୁଆ ଶ୍ରେଣୀର ଉନ୍ନତି ସାଧନ, ୮- ପଶ୍ଚିମବଙ୍ଗ ଏବଂ ବିହାର ସୀମାର ପୁନର୍ନିର୍ଦ୍ଧାରଣ।

କେ.ଆର୍ ମଲକନିଙ୍କ ଦ୍ୱାରା 'ଦି ଅର୍ଗାନାଇଜର' ପତ୍ରିକାରେ ଲିଖିତ ଆଲେଖ୍ୟ 'ନୂଆ ରାଜନୈତିକ ଦଳ ପାଇଁ ଯୋଜନା'ରେ ଉଲ୍ଲେଖଥିବା ପ୍ରାୟ ସବୁ ମତକୁ ଏହି ୮ ସୂତ୍ରୀ ଯୋଜନାରେ ଗ୍ରହଣ କରାଯାଇଥିଲା।[୨୧୭] ଏହି ଆଲେଖ୍ୟଟି ସେ ଲେଖିଥିବା ପୁସ୍ତକଗୁଡିକର ସାରାଂଶ ଥିଲା ଏବଂ ଏହାର ଉପକ୍ରମରେ ଡ. ମୁଖାର୍ଜୀ ଲେଖିଥିଲେ 'ଯଦି ଗଣତନ୍ତ୍ରର ବଞ୍ଚିବା ଆବଶ୍ୟକ, ତେବେ ଦଳ ରହିବା ମଧ୍ୟ ନିଶ୍ଚିତ ଆବଶ୍ୟକ, ଅନ୍ୟଥା ଗଣତନ୍ତ୍ର ପତିଶଢି ଗୋଟିଏ ଦଳର ରାଜତ୍ୱରେ ଏବଂ ପରିଶେଷରେ ଗୋଟିଏ ବ୍ୟକ୍ତିର ଶାସନରେ ପରିଣତ ହେବ।'[୨୧୮] ନିଶ୍ଚିତ ଭାବରେ, ଏହି ମନ୍ତବ୍ୟ କେବଳ ଡ. ମୁଖାର୍ଜୀଙ୍କର ନୁହେଁ, ବରଂ ଭାରତୀୟ ଗଣତନ୍ତ୍ରର ଗୁରୁତ୍ୱପୂର୍ଣ୍ଣ ସମୟରେ ଆସିଥିବା ଭାରତୀୟ ଜନସଂଘ ଦ୍ୱାରା ଗଣତନ୍ତ୍ରର ଦୃଢ ଆଦର୍ଶକୁ ପୁନଃ ପ୍ରମାଣିତ କରିଛି। ଏକ ସ୍ୱେଚ୍ଛାଚାରୀ ନେହେରୁବାଦୀ ଭାରତର ଏହା ଏକ ଅତ୍ୟନ୍ତ ସାହସୀ ଏବଂ ଦୃଢ ପଦକ୍ଷେପ ଥିଲା।

ନୂଆ ଦଳ ନିଜ ଦୃଷ୍ଟିକୋଣ ବାବଦରେ ସ୍ପଷ୍ଟ ଥିଲା। ସ୍ୱାଧୀନତା ସଂଗ୍ରାମ ତଥା ପାକିସ୍ତାନ ସୃଷ୍ଟିରେ କମ୍ୟୁନିଷ୍ଟଙ୍କ ନକାରାତ୍ମକ ତଥା ବିଛିନ୍ନତାବାଦୀ ଭୂମିକାଠାରୁ ଶିକ୍ଷାଲାଭ କରି ନିର୍ଣ୍ଣୟ ନିଆଗଲା ଯେ ଦଳ ବିଦେଶୀ ମୂଲ୍ୟବୋଧ, ମନୋଭାବ ଏବଂ ପଦ୍ଧତି ଉପରେ ଆଧାରିତ ହେବ ନାହିଁ, ବରଂ ଏହା ହିନ୍ଦୁସ୍ତାନର ପୁନର୍ଗଠନ ପାଇଁ ନିଆଯାଇଥିବା ସିଦ୍ଧାନ୍ତ ହିନ୍ଦୁତ୍ୱ ଉପରେ ହିଁ ଆଧାରିତ ହେବ।

ପୂର୍ବରୁ ଆଲୋଚନା ହୋଇଥିବା ପରି ରାଜ୍ୟମାନଙ୍କଠାରୁ ହିଁ ଭାରତୀୟ ଜନସଂଘର ଗଠନ ଆରମ୍ଭ ହୋଇଥିଲା। ଭାରତୀୟ ଜନସଂଘର ପ୍ରଥମ ରାଜ୍ୟ ଶାଖା ଥିଲା ପଞ୍ଜାବ-ଦିଲ୍ଲୀ ଶାଖା। ଏଥିରେ ଉଭୟ ଆରଏସଏସ ଓ ଅଣ-ଆରଏସଏସ କର୍ମୀ ସଂପୃକ୍ତ ଥିଲେ। ଦିଲ୍ଲୀରେ ପ୍ରାରମ୍ଭିକ ଆଲୋଚନା ପରେ ୨୭ ମେ ୧୯୫୧ରେ ଜଳନ୍ଧରଠାରେ ଏହି ଶାଖା ବିଷୟରେ ଘୋଷଣା ହେଲା। ବଳରାଜ ଭଲ୍ଲା ସଭାପତି ରୂପେ ନିଯୁକ୍ତ ହେଲେ। ମୌଳି ଚନ୍ଦ୍ର ଶର୍ମା ଉପସଭାପତି ଏବଂ ବଳରାଜ ମାଧୋକ ସଂପାଦକ ହେଲେ। ସେହି ସମୟରେ ବର୍ତ୍ତମାନର ପଞ୍ଜାବ, ହରିୟାଣା ଏବଂ ହିମାଚଳ ପ୍ରଦେଶ ପଞ୍ଜାବର ଅଂଶ ଥିଲେ। ନୂଆ ଶାଖା ପ୍ରତିଷ୍ଠା କରିବାକୁ ଭଲ୍ଲା ପୂରା ଉତ୍ତର ଭାରତ ଭ୍ରମଣ କରିଥିଲେ। ଜୁନ୍ ମାସରେ ଏକ ଜନସମାବେଶରେ ସେ କହିଥିଲେ :

କଂଗ୍ରେସ, ସୋସାଲିଷ୍ଟ ଏବଂ କ୍ରିପାଲାନାଇଟ୍ସମାନଙ୍କ ସହ ମତଭେଦ ସିଦ୍ଧାନ୍ତ କାରଣରୁ ହୋଇଛି, ନୀତି କାରଣରୁ ନୁହେଁ ଏବଂ ସଂକ୍ଷେପରେ କହିଲେ ଏହା ହିଁ

ଜନସଂଘ। ଯେତେବେଳେ ସୋସାଲିଷ୍ଟ ଏବଂ କ୍ରିପାଲାନାଇଟ୍ସମାନେ ସରକାରଙ୍କୁ ନିନ୍ଦା କରନ୍ତି, ସେତେବେଳେ ସେମାନଙ୍କର ମତଭେଦ କଂଗ୍ରେସ ସିଦ୍ଧାନ୍ତ ନୁହେଁ, ବରଂ ନେହେରୁଙ୍କ ସହ ଥାଏ ଏବଂ ଯାହା ଉପରେ ସେମାନେ ଅଭିଯୋଗ କରନ୍ତି, ତାକୁ ନିଜ ବ୍ୟବହାରରେ ପ୍ରତିଫଳିତ କରିବାରେ ବିଫଳ ହୁଅନ୍ତି। ଏହିଠାରେ ଆମେ ମୁଖ୍ୟତଃ ଭିନ୍ନ ମତ ପୋଷଣ କରୁ, କାରଣ ଆମେ ବିଶ୍ୱାସ କରୁ ଯେ କଂଗ୍ରେସର ଭୁଲ୍ ସିଦ୍ଧାନ୍ତ ନୀତିରେ ହିଁ ଆମ ଦେଶର ଅବନତି ଘଟିଛି।[୨୧୯]

ଉପରୋକ୍ତ ବିବୃତିରୁ ସମ୍ପୂର୍ଣ୍ଣ ସ୍ପଷ୍ଟ ଯେ ଭାରତୀୟ ଜନସଂଘ କାହିଁକି ସୃଷ୍ଟି ହେଲା ଏବଂ ଏହା କାହିଁକି ଏମିତି କଲା। ଏହି ପ୍ରଦର୍ଶନ ନେହେରୁଙ୍କ ଦୁର୍ନୀତି ଏବଂ ଭୁଲ୍ ଶାସନର ଫଳ ହେତୁ ଦେଶର ସମସ୍ୟା ଉପରେ ଡ. ମୁଖାର୍ଜୀଙ୍କ ଆଭିମୁଖ୍ୟର ଏକ ନିରନ୍ତରତା ଥିଲା। କଂଗ୍ରେସ କେବଳ ନିଜ ବଞ୍ଚିବା ଓ ବଢିବା ଉପରେ ଗୁରୁତ୍ୱ ଦେଉଥିଲା, ଲୋକଙ୍କ ଉନ୍ନତି ପାଇଁ ନୁହେଁ। ଏଣୁ ରାଷ୍ଟ୍ରବାଦୀ/ଜାତୀୟତାବାଦୀଙ୍କ ଦ୍ୱାରା ଏକ ଭିନ୍ନ ସ୍ୱର ରଖୁଥିବା ଦଳର ଶୁଭାରମ୍ଭ ହୋଇଥିଲା। ଆଜି ମଧ୍ୟ କଂଗ୍ରେସ ଓ ଭାରତୀୟ ଜନସଂଘର ଆଜିର ରୂପ ବିଜେପି ରାଷ୍ଟ୍ର ଓ ରାଷ୍ଟ୍ର ନିର୍ମାଣ ପ୍ରସଙ୍ଗରେ ନୀତିଗତ ଧ୍ରୁବୀକରଣ ବଜାୟ ରଖିଛନ୍ତି।

ବୈଦ୍ୟ ଗୁରୁଦତ୍ତଙ୍କୁ ସଭାପତି ରୂପେ ନେଇ ଦିଲ୍ଲୀ ଶାଖା ଆରମ୍ଭ ହେଲା। ତା' ପରବର୍ତ୍ତୀ ତିନିମାସରେ ଉତ୍ତରପ୍ରଦେଶ, ରାଜସ୍ଥାନ, ମଧ୍ୟ ଭାରତ ଏବଂ ବିନ୍ଧ୍ୟ ପ୍ରଦେଶରେ ଶାଖାଗୁଡିକ ଖୋଲିଲା।[୨୨୦] ପରେ ପରେ କର୍ଣ୍ଣାଟକ, ଗୁଜରାଟ, ବିହାର ଏବଂ ଆସାମରେ ମଧ୍ୟ ଶାଖା ଖୋଲିଲା। ରାଓ କ୍ରିଷ୍ଣ ପାଲ୍ ସିଂ ସଭାପତି ଏବଂ ଦୀନଦୟାଲ ଉପାଧ୍ୟାୟଙ୍କୁ ସମ୍ପାଦକ ଭାବେ ନେଇ ଉତ୍ତରପ୍ରଦେଶ ଶାଖା ୨ ସେପ୍ଟେମ୍ବର ୧୯୫୧ରେ ଆରମ୍ଭ ହେଲା। ରାଓ କ୍ରିଷ୍ଣପାଲ୍ ସିଂ ଉତ୍ତରପ୍ରଦେଶ ହିନ୍ଦୁ ମହାସଭାର ସଭାପତି ଥିଲେ ଏବଂ ଦୀନଦୟାଲ ଉପାଧ୍ୟାୟ ପ୍ରାନ୍ତ ପ୍ରଚାରକ ଥିଲେ। ସଂଯୋଗବଶତଃ ସେହିଦିନ ହିଁ ଇନ୍ଦୋରଠାରେ ମଧ୍ୟପ୍ରଦେଶ ରାଜ୍ୟ ଶାଖାର ଉନ୍ମୋଚନ ହେଲା।

୮ ସେପ୍ଟେମ୍ବର ୧୯୫୧ରେ ଡ. ମୁଖାର୍ଜୀ ଏକ ସଭା ଡକାଇଲେ, ଯେଉଁଥିରେ ଅନ୍ୟମାନଙ୍କ ସହ ବଲରାଜ ମାଧୋକ, ବଲରାଜ ଭଲ୍ଲା, କ୍ରିଷ୍ଣପାଲ ସିଂ, ଦୀନଦୟାଲ ଉପାଧ୍ୟାୟ ଏବଂ ମୋହନରାଓ ମୋଘେ ପ୍ରମୁଖ ଯୋଗ ଦେଇଥିଲେ। ସେମାନେ ମାଧୋକଙ୍କ ଦ୍ୱାରା ପ୍ରସ୍ତୁତ ଏକ ଘୋଷଣାପତ୍ର ଉପରେ ଆଲୋଚନା କଲେ ଏବଂ ସମାନ ବିଚାରଧାରା ରଖୁଥିବା ଅନ୍ୟ ରାଜନୈତିକ ଦଳ ଯଥା କଶ୍ମୀରରୁ ପ୍ରଜା ପରିଷଦ ଏବଂ ଓଡିଶାରୁ ସ୍ୱାଧୀନ ଜନସଂଘ ଓ ନିଜର ସମସ୍ତ ରାଜ୍ୟଶାଖାଗୁଡିକୁ ନେଇ ଏକ ଅଖିଳ ଭାରତୀୟ ସମ୍ମିଳନୀ କରିବାକୁ ସ୍ଥିର କଲେ। ଏହି ସମ୍ମିଳନୀଟି

୨୧ ଅକ୍ଟୋବର ୧୯୫୧ରେ ଦିଲ୍ଲୀର ରାଘୋମାଲ ଆର୍ଯ୍ୟ କନ୍ୟା ଉଚ୍ଚ ବିଦ୍ୟାଳୟରେ ଅନୁଷ୍ଠିତ ହେବାର ଥିଲା, କିନ୍ତୁ ଅନୁମତି ନ ମିଳିବାରୁ ୫ ଶହ ପ୍ରତିନିଧିଙ୍କୁ ନେଇ ଅପେକ୍ଷାକୃତ କ୍ଷୁଦ୍ର ପରିସରରେ ଏହା ଅନୁଷ୍ଠିତ ହେଲା। ଭଲ୍ଲାଙ୍କ ଅଧ୍ୟକ୍ଷତାରେ ଅନୁଷ୍ଠିତ ଏହି ବୈଠକରେ ସବୁ ରାଜ୍ୟଶାଖାର ବିଳୟ ଘଟାଇ ଏକ ଜାତୀୟ ଦଳ 'ଭାରତୀୟ ଜନସଂଘ' ନାମରେ ଗଢିବାର ସଂକଳ୍ପ ନିଆଗଲା। ଡ. ମୁଖାର୍ଜୀଙ୍କ ଜୀବନୀର ରଚୟିତା ମାଧୋକ ଲେଖିଛନ୍ତି ଯେ କିଛି ସଦସ୍ୟ ଦଳର ନାମ 'ଭାରତୀୟ ଲୋକସଂଘ' ରଖିବାକୁ ଚାହୁଁଥିଲେ, କିନ୍ତୁ ଡ. ମୁଖାର୍ଜୀ 'ଭାରତୀୟ ଜନସଂଘ' ରଖିବାକୁ ଗୁରୁତ୍ୱ ଦେଇଥିଲେ।[୨୨୧]

ଡ. ମୁଖାର୍ଜୀଙ୍କୁ ଆନୁଷ୍ଠାନିକ ଭାବେ ଜାତୀୟ ସଭାପତି ହେବାକୁ ଅନୁରୋଧ କରାଗଲା। ଡ. ମୁଖାର୍ଜୀଙ୍କ ଦ୍ୱାରା ଭାଇ ମହାବୀର ଏବଂ ମୌଳି ଚନ୍ଦ୍ର ଶର୍ମାଙ୍କୁ ସଂପାଦକ ଭାବେ ନିଯୁକ୍ତି ଦିଆଗଲା। ମାଧୋକ, ଯୋଧରାଜ, ଉପାଧ୍ୟାୟ, ଓକ, ଲାଲା ହଂସରାଜ ଏବଂ ଅନ୍ୟମାନେ କାର୍ଯ୍ୟକାରୀ ସମିତି ଗଢିଲେ। ମଧ୍ୟପ୍ରଦେଶର ଭୂତପୂର୍ବ ଗୃହମନ୍ତ୍ରୀ ଦ୍ୱାରିକା ପ୍ରସାଦ ମିଶ୍ର ସେ ବୈଠକରେ ଉପସ୍ଥିତ ଥିଲେ। ମିଶ୍ର ପଟେଲ ଗୋଷ୍ଠୀର ଅଂଶ ଥିଲେ ଏବଂ ନେହେରୁଙ୍କ ଦ୍ୱାରା ବହିଷ୍କୃତ ହୋଇଥିବା କଂଗ୍ରେସ ସଭାପତି ପୁରୁଷୋତ୍ତମ ଦାସ ଟଣ୍ଡନଙ୍କୁ ସମର୍ଥନ କରୁଥିଲେ ଓ ନିଜେ ମଧ୍ୟ କଂଗ୍ରେସରୁ ଇସ୍ତଫା ଦେଇଥିଲେ। ତେବେ ସେ ନୂଆ ଦଳରେ ଯୋଗଦେବାରୁ ନିବୃତ୍ତ ରହିଥିଲେ, କିଛି ଲୋକ କହିଲେ ଯେ ସେ ନୂଆ ଦଳର ସଭାପତି ହେବାକୁ ଚାହୁଁଥିଲେ ଏବଂ ଅନ୍ୟ କିଛି ମତ ଦେଲେ ଯେ ତାଙ୍କର ଆନ୍ତରିକତା ନ ଥିଲା। ତଥାପି, ମିଶ୍ର ଭାରତୀୟ କଂଗ୍ରେସ ନାମରେ ନିଜ ଦଳ ଗଢିଲେ ଏବଂ ତିନୋଟି ବିଧାନସଭା ଆସନରୁ ଲଢି ଅକୃତକାର୍ଯ୍ୟ ହେଲେ। ଏହି ନିର୍ବାଚନ ବିପର୍ଯ୍ୟୟ ପରେ ମିଶ୍ର ପ୍ରଜା ସୋସାଲିଷ୍ଟ ପାର୍ଟିରେ ଯୋଗଦେଲେ ଏବଂ ୧୯୬୨ରେ ପୁଣି କଂଗ୍ରେସକୁ ଫେରିଆସିଲେ।

ନିଜ ଉଦ୍‌ଘାଟନୀ ଭାଷଣରେ ଡ. ମୁଖାର୍ଜୀ ନେହେରୁ ଓ ପଟେଲଙ୍କ ମଧ୍ୟରେ ହୋଇଥିବା ଗୋପନୀୟ ପତ୍ରାଳାପ ବିଷୟରେ ଉଲ୍ଲେଖ କରି ଅନେକ ପ୍ରସଙ୍ଗ ଉତ୍ଥାପନ କରିଥିଲେ। ଅନେକ କଂଗ୍ରେସ ନେତା ଏହାକୁ ବ୍ୟକ୍ତିଗତ ଭାବେ ବ୍ୟବହାର କରିଥିଲେ ଏବଂ ସେମାନଙ୍କ ଆତ୍ମଜୀବନୀ କିମ୍ବା ସ୍ମୃତିଚାରଣରେ ବିଷୟବସ୍ତୁ ଭାବେ ପ୍ରକାଶ କରିବାକୁ ବାଛିଥିଲେ। ତେବେ, ସେମାନେ ଏହାକୁ ସର୍ବସମ୍ମୁଖରେ ପ୍ରକାଶ କରିବାକୁ ସାହସ କରି ନ ଥିଲେ। ଡ. ମୁଖାର୍ଜୀ ଏବଂ ଭାରତୀୟ ଜନସଂଘ ସେମାନଙ୍କ ଆଭିମୁଖ୍ୟରେ ସ୍ପଷ୍ଟ ଥିଲେ ଏବଂ ଏହି ପ୍ରସଙ୍ଗକୁ ଏକ ଯୁକ୍ତିଯୁକ୍ତ ସମାପନ ଯାଏ ନେଇଯିବାକୁ ପ୍ରସ୍ତୁତ ଥିଲେ। ନିମ୍ନରେ ଡ. ମୁଖାର୍ଜୀଙ୍କ ଉଦ୍‌ଘାଟନୀ ଭାଷଣର ସାରାଂଶ ଦିଆଯାଇଛି।[୨୨୨]

ନୂତନ ରାଜନୈତିକ ଦୂରଦୃଷ୍ଟି ଉପରେ ଡ. ମୁଖାର୍ଜୀଙ୍କ ମତ:

ଏହି ଐତିହାସିକ ସମ୍ମିଳନୀରେ ମୁଁ ଆପଣ ସମସ୍ତଙ୍କୁ ସ୍ୱାଗତ କରୁଛି, ଯାହା ଭାରତ ଇତିହାସର ଏକ ମହତ୍ତ୍ୱପୂର୍ଣ୍ଣ ସମୟରେ ଘଟିଛି। ମୁଁ ଭଲଭାବେ ଜାଣିଛି ଯେ ଆମ ଆଗରେ ଥିବା କାର୍ଯ୍ୟ ଅତ୍ୟନ୍ତ କଷ୍ଟସାଧ୍ୟ। ମୁଁ ନିଶ୍ଚିତ ଯେ ଯଦି ଆମେ ସମସ୍ତେ ନିର୍ଭୀକ, ସାହସ ଏବଂ ବଳ ସହିତ ଆଗକୁ ବଢ଼ିବା, ଅଯଥାରେ ସଠିକ ମାର୍ଗରୁ ବିଚ୍ୟୁତ ନ ହେବା, ଲୋକଙ୍କ ସେବା ତଥା ଆମର ପ୍ରିୟ ମାତୃଭୂମିର ସମ୍ମାନର ଅଗ୍ରଗତି ଆମ ସମ୍ମୁଖରେ ମୁଖ୍ୟ ଲକ୍ଷ୍ୟ ଭାବରେ ଥିବ, ସଫଳତା ଶେଷରେ ଆମ ପାଖକୁ ଆସିବାକୁ ବାଧ୍ୟ ହେବ। ରାଜନୈତିକ ସ୍ୱାଧୀନତା ହାସଲ କରିବାର ଚାରି ବର୍ଷ ବିତିଗଲାଣି ଏବଂ ସମସ୍ତେ ଏହା ସ୍ୱୀକାର କରୁଛନ୍ତି ଯେ ଦେଶ ଆଜି ବହୁତ ଖରାପ ଅବସ୍ଥାରେ ଅଛି। ଆଜି ଦେଶ ଗଭୀର ଅସନ୍ତୋଷ ଏବଂ ନିରାଶାର ଶିକାର ହେଇଛି ଏବଂ ପ୍ରଶାସନକୁ ସୁରୁଖୁରୁରେ, ନିରପେକ୍ଷ ଓ ଦକ୍ଷତାର ସହିତ ପରିଚାଳନା କରିବା ପାଇଁ ସରକାରଙ୍କ କ୍ଷମତାରେ ଲୋକଙ୍କ ବିଶ୍ୱାସ ଉପରେ ନିର୍ମମ କୁଠାରାଘାତ ଯୋଗୁ ଲୋକଙ୍କ ବିଶ୍ୱାସ ଦୋହଲିଯାଇଛି। କଳାବଜାରି, ଲାଭଖୋରି ଏବଂ ଭ୍ରଷ୍ଟାଚାର ଆମ ସମାଜକୁ ଭ୍ରଷ୍ଟ ଓ ଦୁର୍ବଳ କରିଦେଇଛି। ସରକାର ସମାଲୋଚନା ପ୍ରତି ଭୟଙ୍କର ଅସହିଷ୍ଣୁ ହେଇଛନ୍ତି ଏବଂ ମୁକ୍ତ ମତାମତର ବୈଧ ଅଭିବ୍ୟକ୍ତିକୁ ଦମନ କରିବାକୁ ଚେଷ୍ଟା କରୁଛନ୍ତି। କଂଗ୍ରେସ ଶାସନରେ ଏକଛତ୍ରବାଦୀ ଶାସନର ଏକ ପ୍ରମୁଖ କାରଣ ହେଲା ଭଲ ସଙ୍ଗଠିତ ବିରୋଧୀ ଦଳର ଅନୁପସ୍ଥିତି, ଯାହା ସଂଖ୍ୟା ଗରିଷ୍ଠ ଦଳ ଉପରେ ଏକ ସୁସ୍ଥ ବିରୋଧ ବା ଯାଞ୍ଚ ଲଗାଇ ପାରିବ ଏବଂ ଦେଶ ସମ୍ମୁଖରେ ଏକ ବିକଳ୍ପ ସରକାରଙ୍କ ଆଶା ରଖିପାରିବ।

ତେଣୁ ଭାରତୀୟ ଜନସଂଘ ଆଜି ଏକ ସର୍ବଭାରତୀୟ ଜାତୀୟ ଦଳ ଭାବେ ଉଭାହୋଇଛି। ଯାହାକି ବିରୋଧୀ ଦଳମାନଙ୍କ ଭିତରେ ମୁଖ୍ୟ ବିରୋଧୀ ଦଳ ଭାବେ କାମ କରିପାରିବ। ବିରୋଧର ଅର୍ଥ ଆଦୌ ନୁହେଁ ଯେ ଏହା ଏକ ଦାୟିତ୍ୱପୂର୍ଣ୍ଣ ସରକାରର ସମ୍ମୁଖୀନ ହେଉଥିବା ସମସ୍ତ ସମସ୍ୟାର ଅଜ୍ଞାନ ଓ ବିନାଶକାରୀ ଆଭିମୁଖ୍ୟ ନେଇ ବିରୋଧ କରିବା।[୨୨୩]

ଜାତୀୟତାବାଦ ଏବଂ ଅଳ୍ପ ସଂଖ୍ୟକଙ୍କ ଉପରେ ଡ. ମୁଖାର୍ଜୀ କହିଥିଲେ , ଜାତି, ଧର୍ମ କିମ୍ବା ସମ୍ପ୍ରଦାୟ ନିର୍ବିଶେଷରେ ଆମେ ଭାରତର ସମସ୍ତ ନାଗରିକଙ୍କ ପାଇଁ ଆମର ଦଳ ଗଢିଛୁ ଯେତେବେଳେ ଆମେ ସ୍ୱୀକାର କରିଛୁ ଯେ ରୀତିନୀତି, ଅଭ୍ୟାସ, ଧର୍ମ ଏବଂ ଭାଷା ପ୍ରସଙ୍ଗରେ ଭାରତ ଏକ ଅନନ୍ୟ ବିବିଧତା ଉପସ୍ଥାପନ କରେ, ଆମ ମାତୃଭୂମିର ଆତ୍ମା ପ୍ରତି ଗଭୀର ଭକ୍ତି ଏବଂ ବିଶ୍ୱସ୍ତତା ଦ୍ୱାରା ଅନୁପ୍ରାଣିତ ହୋଇ

ସହଭାଗିତା ଏବଂ ବୁଝାମଣାର ବନ୍ଧନ ଦ୍ୱାରା ଲୋକମାନେ ଏକ ହେବା ଆବଶ୍ୟକ। ଭାରତର ସଂସ୍କୃତି ଏବଂ ସଭ୍ୟତାର ପ୍ରମୁଖ ରୂପ ହୋଇଥିବା 'ବିବିଧତା ମଧ୍ୟରେ ଏକତା' ପାଇଁ ଆମ ଦଳ କାର୍ଯ୍ୟ କରିବାକୁ ଚେଷ୍ଟା କରିବ।

ଜାତି ଓ ଧର୍ମ ଉପରେ ଆଧାରିତ ରାଜନୈତିକ ସଂଖ୍ୟାଲଘୁ ସମ୍ପ୍ରଦାୟର ଅଭିବୃଦ୍ଧିକୁ ଉତ୍ସାହିତ କରିବା ବିପଜ୍ଜନକ ଥିବାବେଳେ ଭାରତର ଜନସଂଖ୍ୟାର ଏକ ବିଶାଳ ବର୍ଗର ଏହା କର୍ତ୍ତବ୍ୟ ସେମାନେ ସବୁ ବର୍ଗର ଲୋକଙ୍କୁ ଆଶ୍ୱସ୍ତ କରିବେ ଯେ ବାସ୍ତବରେ ଯିଏ ନିଜ ମାତୃଭୂମି ପ୍ରତି ବିଶ୍ୱସ୍ତ, ସେମାନେ ସମସ୍ତେ ଆଇନ ଅନୁସାରେ ସମ୍ପୂର୍ଣ୍ଣ ସୁରକ୍ଷା ପାଇଁ ହକଦାର ହେବେ ଏବଂ ସେମାନଙ୍କ ସାମାଜିକ, ରାଜନୈତିକ ଏବଂ ଅର୍ଥନୈତିକ ସାମ୍ୟ ପାଇଁ ଦେଶର ବିଶାଳ ବର୍ଗ ସଦାତତ୍ପର ରହିବ। ଆମ ଦଳ ଏ ପ୍ରକାର ଆଶ୍ୱାସନା ବିନା ଦ୍ୱିଧାରେ ଦେଉଛି।

ଭାରତର ଧର୍ମନିରପେକ୍ଷ ଚରିତ୍ରକୁ ବଜାୟ ରଖିବାର ଦୟନୀୟ ଚେଷ୍ଟାରେ କଂଗ୍ରେସ ମୁସଲମାନ ଏବଂ ଏହାର ଅନ୍ୟ କିଛି ନେତାଙ୍କ ତୁଷ୍ଟୀକରଣ ଆତ୍ମଘାତୀ ନୀତି ଜାରି ରଖିଛି, ବିଶେଷ ଭାବରେ ପ୍ରଧାନମନ୍ତ୍ରୀ ହିନ୍ଦୁ ଭାବନା ଓ ମନସ୍ତତ୍ତ୍ୱକୁ ଆଘାତ କରିବାରେ ବିଶେଷ ଆନନ୍ଦ ପାଉଛନ୍ତି ଏବଂ ବେଳେବେଳେ ଶିଖମାନଙ୍କୁ ମଧ୍ୟ ଆକ୍ରମଣ କରୁଛନ୍ତି। ଜଣେ ହିନ୍ଦୁ, ଶିଖ, ବୌଦ୍ଧ, ଖ୍ରୀଷ୍ଟିଆନ ଏପରିକି ମୁସଲମାନ୍ ହୋଇ ମଧ୍ୟ ସର୍ବୋଚ୍ଚ ଜାତୀୟ କାର୍ଯ୍ୟରେ ଉତ୍ସର୍ଗୀକୃତ ଭାରତୀୟ ହୋଇ ରହିପାରିବ।[୨୨୪]

ବିଦେଶ ନୀତି, କଶ୍ମୀର ଓ ପାକିସ୍ତାନ ଉପରେ ଡ. ମୁଖାର୍ଜୀ କହିଲେ :

ଆମେ ଯେ କୌଣସି ପ୍ରକାରର ଅଧିନାୟକତ୍ୱବାଦ ବିରୋଧରେ ଅଛୁ। ଆମେ ସ୍ୱୀକାର କରୁଛୁ ଯେ ପ୍ରତ୍ୟେକ ରାଷ୍ଟ୍ରର ନିଜସ୍ୱ ପ୍ରତିଭା ତଥା ପରମ୍ପରା ଅନୁଯାୟୀ ଜୀବନ ପ୍ରତି ନିଜର ଜାତୀୟ ନୀତି ତଥା ଜୀବନ ପ୍ରତି ମନୋଭାବ ଗଠନ କରିବାର ସ୍ୱାଧୀନତା ରହିବା ଆବଶ୍ୟକ। ସାରା ପୃଥିବୀକୁ ଭାରତର ବାର୍ତ୍ତା 'ନିଜେ ବଞ୍ଚି ଅନ୍ୟମାନଙ୍କୁ ବଞ୍ଚିବାକୁ ଦିଅ'ର ସିଦ୍ଧାନ୍ତ। ଯେ ପର୍ଯ୍ୟନ୍ତ ଭାରତର ନିଜର ଢାଞ୍ଚା ନିର୍ଣ୍ଣୟ କରିବାର ଅଧିକାର ଅଛି ଏବଂ ସେଥିରେ କେହି ହସ୍ତକ୍ଷେପ କରୁନାହାନ୍ତି, ସେ ପର୍ଯ୍ୟନ୍ତ ଅନ୍ୟ ସମସ୍ତ ଦେଶ ସହ ବନ୍ଧୁତ୍ୱପୂର୍ଣ୍ଣ ସମ୍ପର୍କ ବଜାୟ ରଖିବାରେ କୌଣସି ଅସୁବିଧା ନାହିଁ।

ପାକିସ୍ତାନ ବିରୋଧରେ ଆମର ସ୍ପଷ୍ଟ ଓ ନିର୍ଦ୍ଦିଷ୍ଟ ମତ ରହିଛି। ଆମେ ମତ ରଖୁଛୁ ଯେ ଭାରତର ବିଭାଜନ ଏକ ଦୁଃଖଦ ମୂର୍ଖତା। ଏହା କୌଣସି ଉଦ୍ଦେଶ୍ୟକୁ ପୂରଣ କରିପାରିନାହିଁ କିମ୍ବା କୌଣସି ଅର୍ଥନୈତିକ, ରାଜନୈତିକ କିମ୍ବା ସାମ୍ପ୍ରଦାୟିକ ସମସ୍ୟା ସମାଧାନରେ ସାହାଯ୍ୟ କରିପାରିନାହିଁ। ପାକିସ୍ତାନରେ ଯେଉଁପରି

ଅଳ୍ପସଂଖ୍ୟକଙ୍କ ସହ ବ୍ୟବହାର କରାଯାଇଛି ଏବେ ମଧ୍ୟ କରାଯାଉଛି, ଏଥିରୁ ଏହା ପ୍ରମାଣିତ ହେଉଛି ଯେ ଅଳ୍ପସଂଖ୍ୟକଙ୍କ ସୁରକ୍ଷା ପାଇଁ ଦୁଇ ଦେଶ ମଧ୍ୟରେ ହୋଇଥିବା ଚୁକ୍ତିନାମାକୁ ଭୟଙ୍କର ଭାବେ ଉଲ୍ଲଙ୍ଘନ କରାଯାଇଛି .... ବର୍ତ୍ତମାନ ଭାରତ ସରକାର ଗ୍ରହଣ କରିଥିବା ତୁଷ୍ଟୀକରଣ ନୀତି ଭାରତକୁ ଦୁର୍ବଳ କରିଛି ଏବଂ ଭାରତର ମାନସମ୍ମାନ ହାନି କରିଛି । କଶ୍ମୀର ଭାରତର ଅବିଚ୍ଛେଦ୍ୟ ଅଙ୍ଗ ଏବଂ ଭାରତର ଅନ୍ୟ ରାଜ୍ୟ ପରି ଏହା ସହ ବ୍ୟବହାର ହେବା ଉଚିତ୍ । ଏହା ଅତ୍ୟନ୍ତ ଦୁଃଖଦ ଯେ କଶ୍ମୀରର ଏକ ତୃତୀୟାଂଶ ଶତ୍ରୁଙ୍କ ହାତରେ ରହିଛି ଏବଂ ଭବିଷ୍ୟତରେ ଯେ କୌଣସି ଅନୁପ୍ରବେଶର ମୁକାବିଲା କରିବା ପାଇଁ ସଂକଳ୍ପବଦ୍ଧତା ସତ୍ତ୍ୱେ ଆମ ସରକାର ଏହି ଅଞ୍ଚଳକୁ ବିଦେଶୀ ଦଖଲରୁ ମୁକ୍ତ କରିବାରେ ଅସମର୍ଥ ହୋଇଛନ୍ତି ।[୨୨୫]

୯

ଶ୍ୟାମାପ୍ରସାଦ ମୁଖାର୍ଜୀଙ୍କ ନେତୃତ୍ୱରେ ଭାରତୀୟ ଜନସଂଘ ଗଠନ

୬ ଜୁଲାଇ ୧୯୦୧ରେ କଲିକତାଠାରେ ଆଶୁତୋଷ ମୁଖାର୍ଜୀ ଏବଂ ଯୋଗମାୟା ମୁଖାର୍ଜୀଙ୍କ ସନ୍ତାନ ରୂପେ ଶ୍ୟାମାପ୍ରସାଦ ମୁଖାର୍ଜୀଙ୍କ ଜନ୍ମ ହୋଇଥିଲା। ତାଙ୍କ ପିତା ଆଶୁତୋଷ ମୁଖାର୍ଜୀ କୋଲକତା ଉଚ୍ଚ ନ୍ୟାୟାଳୟର ନ୍ୟାୟାଧୀଶ ଏବଂ ପରେ କୋଲକତା ବିଶ୍ୱବିଦ୍ୟାଳୟର କୁଳପତି ଥିଲେ।

ଆରମ୍ଭରୁ ଡ. ମୁଖାର୍ଜୀ ଜଣେ ପ୍ରତିଭାବାନ ଛାତ୍ର ଥିଲେ। ୧୯୧୪ରେ ବିଦ୍ୟାଳୟ ଶିକ୍ଷା ସମାପ୍ତି ପରେ ସେ ପ୍ରେସିଡେନ୍ସି ମହାବିଦ୍ୟାଳୟରେ ନାମ ଲେଖାଇଲେ। ୧୯୧୬ ମସିହାରେ ମଧ୍ୟବର୍ତ୍ତୀ କଳା ପରୀକ୍ଷାରେ ୧୭ତମ ସ୍ଥାନ ହାସଲ କରିଥିଲେ ଏବଂ ଇଂରାଜୀ ସ୍ନାତକ ନେଇ ପ୍ରଥମ ଶ୍ରେଣୀରେ ପ୍ରଥମ ହୋଇ ୧୯୨୧ ମସିହାରେ ଉତ୍ତୀର୍ଣ୍ଣ ହେଲେ। ସେ ୧୯୨୩ ମସିହାରେ ବଙ୍ଗଳାଭାଷାରେ ସ୍ନାତକୋତ୍ତର ଶିକ୍ଷା ପ୍ରଥମ ଶ୍ରେଣୀରେ ଉତ୍ତୀର୍ଣ୍ଣ ହେଲେ ଓ କୋଲକତା ବିଶ୍ୱବିଦ୍ୟାଳୟର ସିନେଟରେ ସଦସ୍ୟ ଭାବେ ସେହି ବର୍ଷ ହିଁ ମନୋନୀତ ହେଲେ। ୧୯୨୪ରେ ଆଇନ୍‌ରେ ସ୍ନାତକ ଡିଗ୍ରୀ ପ୍ରାପ୍ତ ହେଲେ। ଏହି ସମୟକୁ ସେ ମାତ୍ର ୨୩ ବର୍ଷ ବୟସ୍କ ଥିଲେ।

୧୯୨୪ରେ ସେ କୋଲକତା ଉଚ୍ଚ ଅଦାଲତରେ ଓକିଲ ଭାବେ ଯୋଗଦେଲେ ଏବଂ ଦୁର୍ଭାଗ୍ୟବଶତଃ ସେହି ବର୍ଷ ତାଙ୍କ ବାପାଙ୍କର ମୃତ୍ୟୁ ହୋଇଗଲା। ପରବର୍ତ୍ତୀ ସମୟରେ ୧୯୨୬ରେ ସେ ଇଂଲଣ୍ଡ ଯାଇ ଲିଙ୍କନ୍ସ ଇନ୍‌ରେ ପଢିଲେ

ଏବଂ ସେହି ବର୍ଷ ଲଣ୍ଡନ ବାର୍‌ରେ ଯୋଗଦେବାକୁ ଡାକରା ପାଇଲେ। ୧୯୩୪ରେ ୩୩ ବର୍ଷ ବୟସରେ ସେ କୋଲକତା ବିଶ୍ୱବିଦ୍ୟାଳୟର ସର୍ବକନିଷ୍ଠ କୁଳପତି ହୋଇପାରିଥିଲେ ଏବଂ ୧୯୩୮ ପର୍ଯ୍ୟନ୍ତ ଏହି ପଦବୀରେ ରହିଥିଲେ। ତାଙ୍କ କାର୍ଯ୍ୟକାଳ ମଧ୍ୟରେ ଅନେକଗୁଡିଏ ଗଠନମୂଳକ ସଂସ୍କାର ଆରମ୍ଭ କରିଥିଲେ, ଏସିଆଟିକ୍ ସୋସାଇଟିକ୍ ଅଫ କୋଲକାତାରେ ସକ୍ରିୟ ଥିଲେ, ଭାରତୀୟ ବିଜ୍ଞାନ ସଂସ୍ଥାନ ବେଙ୍ଗାଲୁରୁ ପରିଷଦର ସଦସ୍ୟ ଥିଲେ ଏବଂ ଇଣ୍ଟର ୟୁନିଭରସିଟି ବୋର୍ଡର ଅଧ୍ୟକ୍ଷ ଥିଲେ। ଡ. ମୁଖାର୍ଜୀ କୁଳପତି ଥିବା ସମୟରେ ହିଁ ରବୀନ୍ଦ୍ରନାଥ ଠାକୁର ବିଶ୍ୱବିଦ୍ୟାଳୟର ଦୀକ୍ଷାନ୍ତ ସମାରୋହର ଯୋଗ ଦେଇ ବଙ୍ଗଳାରେ ଉଦ୍‌ବୋଧନ ଦେଇଥିଲେ। ଡ. ମୁଖାର୍ଜୀଙ୍କ ସମୟରେ ହିଁ ସର୍ବୋଚ୍ଚ ପରୀକ୍ଷା ପାଇଁ ଏକ ବିଷୟ ଭାବେ ଭାରତୀୟ ଭାଷାର ପ୍ରଚଳନ ଆରମ୍ଭ ହୋଇଥିଲା। ୨୬ ନଭେମ୍ବର ୧୯୩୮ରେ କୋଲକାତା ବିଶ୍ୱବିଦ୍ୟାଳୟରୁ ଡ. ମୁଖାର୍ଜୀ ଡି.ଲିଟ୍ ଉପାଧି ପ୍ରାପ୍ତ ହେଲେ।[୨୨୬]

୧୯୨୯ରେ ଡ. ମୁଖାର୍ଜୀ କଲିକତା ବିଶ୍ୱବିଦ୍ୟାଳୟର ପ୍ରତିନିଧି ରୂପେ ବଙ୍ଗର ବିଧାନ ପରିଷଦକୁ କଂଗ୍ରେସ ପ୍ରାର୍ଥୀଭାବେ ନିର୍ବାଚିତ ହେଲେ, କିନ୍ତୁ ମାତ୍ର ବର୍ଷକପରେ କଂଗ୍ରେସ ବିଧାନସଭାକୁ ବର୍ଜନ କରିବାପରେ ସେ ଇସ୍ତଫା ଦେଇଦେଲେ। ପରବର୍ତ୍ତୀ ସମୟରେ ସେ ନିର୍ଦ୍ଦଳୀୟ ପ୍ରାର୍ଥୀ ଭାବେ ନିର୍ବାଚନ ଲଢିଲେ ଏବଂ ଜିତିଲେ। ୧୯୩୭ -୪୧ ମଧ୍ୟରେ କୃଷକ ପ୍ରଜା ଦଳ ଏବଂ ମୁସଲିମ ଲିଗ୍‌ର ସଂଯୁକ୍ତ ସରକାରରେ ସେ ବିରୋଧୀ ଦଳ ନେତା ଥିଲେ ଏବଂ ଫଜଲୁଲ ହକ୍‌ଙ୍କ ନେତୃତ୍ୱରେ ଚାଲିଥିବା ପ୍ରଗତିବାଦୀ ସଂଯୁକ୍ତ ମନ୍ତ୍ରିମଣ୍ଡଳରେ ଅର୍ଥମନ୍ତ୍ରୀ ଭାବେ ଯୋଗ ଦେଇଥିଲେ। ସେ ହିନ୍ଦୁମାନଙ୍କର ମୁଖପାତ୍ର ରୂପେ ଉଭାହେଲେ ଏବଂ ଖୁବଶୀଘ୍ର ହିନ୍ଦୁ ମହାସଭାରେ ଯୋଗଦେଇ ୧୯୪୪ରେ ଏହାର ଅଧ୍ୟକ୍ଷ ହେଲେ। ଗାନ୍ଧୀଙ୍କ ହତ୍ୟା ପରେ ସେ ଚାହୁଁଥିଲେ ଯେ ହିନ୍ଦୁ ମହାସଭା ଜନସାଧାରଣଙ୍କ ସେବା ପାଇଁ କେବଳ ଏକ ଅଣରାଜନୈତିକ ଦଳ ହୋଇ ନ ରହୁ ଏବଂ ଏହି ପ୍ରସଙ୍ଗରେ ୨୩ ନଭେମ୍ବର ୧୯୪୮ରେ ସେ ହିନ୍ଦୁ ମହାସଭା ପରିତ୍ୟାଗ କଲେ।

ନେହେରୁ ତାଙ୍କୁ ଶିଳ୍ପ ଏବଂ ଯୋଗାଣ ମନ୍ତ୍ରୀ ଭାବରେ ମଧ୍ୟବର୍ତ୍ତିକାଳୀନ କେନ୍ଦ୍ର ସରକାରରେ ଅନ୍ତର୍ଭୁକ୍ତ କରିଥିଲେ। ଆମେ ସବିଶେଷ ଭାବେ ପୂର୍ବବର୍ତ୍ତୀ ଅଧ୍ୟାୟରେ ଆଲୋଚନା କରିସାରିଛନ୍ତି ଯେ ଲିଆକତ ଅଲ୍ଲୀଙ୍କ ସହ ଦିଲ୍ଲୀଚୁକ୍ତି ପ୍ରସଙ୍ଗରେ ଡ. ମୁଖାର୍ଜୀ ୬ ଅପ୍ରେଲ୍ ୧୯୫୦ରେ ମନ୍ତ୍ରୀ ପରିଷଦରୁ ଇସ୍ତଫା ଦେଇଥିଲେ। ଆରଏସଏସର ଗୋଲୱାଲକରଙ୍କ ସହ ଆଲୋଚନା ଓ ପର୍ଯ୍ୟାଲୋଚନା ପରେ

୧୯୫୧ରେ ଡ. ମୁଖାର୍ଜୀ 'ଭାରତୀୟ ଜନସଂଘ' ପ୍ରତିଷ୍ଠା କରି ଏହାର ପ୍ରଥମ ଅଧ୍ୟକ୍ଷ ହେଲେ ଏବଂ ସେହି ଅଳ୍ପ ଦିନର ଦଳଟି ସ୍ୱାଧୀନ ଭାରତର ପ୍ରଥମ ସାଧାରଣ ନିର୍ବାଚନ ପାଇଁ ପ୍ରସ୍ତୁତ ହୋଇସାରିଥିଲା।[୨୨୭]

ପ୍ରଥମ ସାଧାରଣ ନିର୍ବାଚନରେ ଭାରତୀୟ ଜନସଂଘ (୧୯୫୧ -୫୨) ନେହେରୁ ଭାରତୀୟ ଜନସଂଘକୁ ସାମ୍ପ୍ରଦାୟିକ ନାଁ ଦେଇଥିଲେ

ସଂସଦ ଏବଂ ପ୍ରାଦେଶିକ ବିଧାନସଭା ପାଇଁ ସାଧାରଣ ନିର୍ବାଚନର ଘୋଷଣା ୧୯୫୧ ଡିସେମ୍ବରରେ ହେଲା, ଯଦିଓ ଏହାର କାର୍ଯ୍ୟକାଳ ୧୯୫୨ ଯାଏ ଥିଲା। ଭାରତୀୟ ଜନସଂଘ ଗଢା ହେବାର ମାତ୍ର ଦୁଇମାସ ହୋଇଥିଲା। ନେହେରୁ ଏକ ଅସଙ୍ଗଠିତ ଏବଂ ପ୍ରସ୍ତୁତ ନ ଥିବା ବିରୋଧୀ ଦଳର ସୁଯୋଗ ନେବାକୁ ଚାହୁଁଥିଲେ। ଡ. ମୁଖାର୍ଜୀ ଭଲଭାବେ ଜାଣିଥିଲେ ଯେ ଖଣ୍ଡବିଖଣ୍ଡିତ ବିରୋଧୀ ଦଳଙ୍କୁ ନେଇ ନିର୍ବାଚନକୁ ସାମ୍ନା କରିବା ସମ୍ଭବ ନୁହେଁ, ତେଣୁ ସେ ଏକ ବ୍ୟାପକ ମିଳିତ ମଞ୍ଚ ପାଇଁ ଚେଷ୍ଟା କଲେ। ସମାନ ଚିନ୍ତାଧାରାର ଦଳମାନଙ୍କର ମିଶ୍ରଣ କଥା ମଧ୍ୟ ତାଙ୍କ ଦୃଷ୍ଟିରେ ଥିଲା। ଜୁନ୍ ଶେଷ ଆଡକୁ କଲିକତାର ଶ୍ରଦ୍ଧାନନ୍ଦ ପାର୍କରେ ଜନସମାବେଶକୁ ଉଦ୍‌ବୋଧନ ଦେଇ ସମାନ ଚିନ୍ତାଧାରାର ଦଳମାନଙ୍କୁ ଏକାଠି ହୋଇ ନିର୍ବାଚନ ଲଢିବାକୁ ଡ. ମୁଖାର୍ଜୀ ଆହ୍ୱାନ ଦେଲେ।

ଭାରତୀୟ ଜନସଂଘ ଗଠନ ହେବା ପରେ ପରେ ଦଳ ଇସ୍ତାହାର ଉପରେ କାମ କରିବା ସ୍ଥିର କଲା। ବଲରାଜ ମାଧୋକ ଏବଂ କେ.ଆର. ମଲକାନୀଙ୍କ ଦ୍ୱାରା ଡ. ମୁଖାର୍ଜୀଙ୍କ ଅଧ୍ୟକ୍ଷୀୟ ବକ୍ତବ୍ୟ ପାଇଁ ପ୍ରସ୍ତୁତ ହୋଇଥିବା ଡ୍ରାଫ୍ଟ ଇସ୍ତାହାର ନିମନ୍ତେ ବ୍ୟବହୃତ ହେଲା। ଦଳ ନିମ୍ନଲିଖିତ ଇସ୍ତାହାରକୁ ମାନ୍ୟତା ଦେଲା ...

ଦେଶ ଦଳର ଊର୍ଦ୍ଧ୍ୱରେ ଏବଂ ଭାରତର ଭାଗ୍ୟ କିଛି ଲୋକଙ୍କ ଭୁଲ୍ ପାଇଁ ମଳିନ ହେବାକୁ ଦିଆଯିବ ନାହିଁ। ହିମାଳୟଠାରୁ କନ୍ୟାକୁମାରୀ ପର୍ଯ୍ୟନ୍ତ ସମଗ୍ର ଭାରତ ବର୍ଷ ଯୁଗ ଯୁଗରୁ ଭୌଗୋଳିକ, ସାଂସ୍କୃତିକ ଏବଂ ଐତିହାସିକ ଜୀବନ୍ତ ସତ୍ତା ଅଟେ। ସମାନ ଅଧିକାର ଥିବା ସମସ୍ତ ଭାରତୀୟଙ୍କର ସେ ମାତା ଅଟନ୍ତି। ଭାରତ ଏକ ପ୍ରାଚୀନ ରାଷ୍ଟ୍ର ... ତେଣୁ ଭାରତୀୟ ଜାତୀୟତା ସ୍ୱାଭାବିକ ଭାବରେ ଭାରତ ପ୍ରତି ଅବିଭକ୍ତ ବିଶ୍ୱାସ ଉପରେ ଆଧାରିତ ହେବା ଆବଶ୍ୟକ ଏବଂ ତାଙ୍କର ମହାନ ତଥା ପ୍ରାଚୀନ ସଂସ୍କୃତି, ଯାହା ତାଙ୍କୁ ଅନ୍ୟ ଦେଶଠାରୁ ପୃଥକ କରିଥାଏ ...

'ବିବିଧତା ମଧ୍ୟରେ ଏକତା' ହେଉଛି ଭାରତୀୟ ସଂସ୍କୃତିର ବୈଶିଷ୍ଟ୍ୟ ଯାହା ବିଭିନ୍ନ ଆଞ୍ଚଳିକ, ସ୍ଥାନୀୟ ତଥା ଆଦିବାସୀ ଅଭିବୃଦ୍ଧିର ଏକ ସଂଶ୍ଳେଷଣ ଏତେ

ବିସ୍ତୃତ ଦେଶରେ ସ୍ୱାଭାବିକଭାବେ ପ୍ରାକୃତିକ ଅଟେ। ଏହା କଦାପି କୌଣସି ନିର୍ଦ୍ଦିଷ୍ଟ ହଠଧର୍ମିତା ବା ଧର୍ମର ତାରରେ ବନ୍ଧା ହୋଇନାହିଁ। ଭାରତୀୟ ରାଷ୍ଟ୍ରକୁ ଗଠନ କରୁଥିବା ସମସ୍ତ ଧର୍ମର ଭାରତର ସଂସ୍କୃତିର ସ୍ରୋତରେ ଅଂଶ ଅଛି, ଯାହା ବେଦରୁ ଏକ ଅବିସ୍ମରଣୀୟ ଧାରାଭାବେ ଝରି ଆସିଛି ଏବଂ ବିଭିନ୍ନ ଜାତି, ଧର୍ମ ଏବଂ ସଂସ୍କୃତିର ଯୋଗଦାନକୁ ଗ୍ରହଣ କରିଆସୁଛି। ଇତିହାସକୁ ଦୃଷ୍ଟି ପକାଇଲେ ଆମେ ଜାଣିପାରିବା ଭାରତୀୟ ସଂସ୍କୃତି ହେଉଛି ଏକ ଏବଂ ଅବିଚ୍ଛେଦ୍ୟ।[୨୨୮]

ଉପରୋକ୍ତ ବିବୃତିର ବୃହତ୍ତର ଅର୍ଥକୁ ଠିକ୍ ଭାବେ ନ ବୁଝି ନେହେରୁଙ୍କ ପରେ ତଥାକଥିତ ଧର୍ମନିରପେକ୍ଷମାନେ ସର୍ବଦା ଏହି ବିବୃତିର ପ୍ରାଣକୁ ବ୍ୟବହାର କରି ଭାରତୀୟ ଜନସଂଘ ଏବଂ ପରେ ବିଜେପି ଉପରେ ଆକ୍ରମଣ କରିଛନ୍ତି। ସେମାନେ ଯୁକ୍ତି କରିଥିଲେ ଯେ ଇତିହାସ, ସଂସ୍କୃତି ଏବଂ ସଭ୍ୟତାର ପ୍ରାଚୀନତାକୁ ଯୋଡିବା ପାଇଁ ଭାରତ ବ୍ୟବହୃତ ହୁଏ ଏବଂ ଜାତୀୟତାର ମୂଳ ସାମ୍ପ୍ରଦାୟିକତା, ପୁନର୍ଜୀବନ, ଅସ୍ପଷ୍ଟତା ଓ ପ୍ରତିକ୍ରିୟାଶୀଳତା ସହିତ ସମାନ ହୋଇଛି। କେହି କ'ଣ ପ୍ରଥମଥର ପାଇଁ ଭାରତ ବର୍ଷ ବିଷୟରେ ଏପରି କହିଛି ? ଐତିହାସିକ ଏବଂ ରାଜନେତାଗଣ,ଏମିତିକି ଗାନ୍ଧୀ, ଗୋଖଲେ, ବିପିନ ଚନ୍ଦ୍ର ପାଲ୍ ଏବଂ ନେହେରୁ ମଧ୍ୟ ଏହି ଧାରାରେ କହିସାରିଛନ୍ତି। ଏହିଠାରେ ନେହେରୁ ଆଲିଗଡ ମୁସଲିମ ବିଶ୍ୱବିଦ୍ୟାଳୟର ଦୀକ୍ଷାନ୍ତ ସମାରୋହରେ ଏହି ଧାରାରେ ଦେଇଥିବା ଉଦ୍‌ବୋଧନକୁ ସ୍ମରଣ କରିବା ଉଚିତ ହେବ।[୨୨୯]

ଏଥିରୁ ସ୍ପଷ୍ଟ ଯେ ଭାରତର ବିଚାର ସମ୍ବନ୍ଧରେ ଉଭୟ ଭାରତୀୟ ଜନସଂଘ ଓ ନେହେରୁ କାଗଜପତ୍ର ପୃଷ୍ଠାରେ ସମାନ ମତ ରଖୁଥିଲେ। ଏକମାତ୍ର ବିଭେଦ ଥିଲା ଭାରତୀୟ ଜନସଂଘ ଏହି କଥାକୁ କାର୍ଯ୍ୟରେ ପାଳନ କରୁଥିଲା ଏବଂ ନେହେରୁ କରୁ ନ ଥିଲେ। କୌତୂହଳର ବିଷୟ ହେଉଛି, ଭାରତର ଧାରଣା ଉପରେ ଅସଙ୍ଗତ ତଥା ଅମଙ୍ଗ ଥିବା ନେହେରୁ କହିଥିଲେ 'ଯଦି ଭାରତରେ ଏପରି ଏକ ସଙ୍ଗଠନ ଅଛି ଯାହା ପ୍ରକୃତରେ ସାମ୍ପ୍ରଦାୟିକ ତେବେ ଏହା ହେଉଛି ଜନସଂଘ'। ଏହା ଏକ ସମ୍ପୂର୍ଣ୍ଣ ପ୍ରତିକ୍ରିୟାଶୀଳ ସଙ୍ଗଠନ।[୨୩୦]

ଆମେ ପୂର୍ବରୁ ଆଲୋଚନା କରିଥିବା ଅନୁଯାୟୀ ଭାରତୀୟ ଜନସଂଘର ଦଳୀୟ ଇସ୍ତାହାର ଏବଂ ନେହେରୁଙ୍କ ଦୃଷ୍ଟିର ଭାରତ ଭିତରେ ବିଶେଷ ପ୍ରଭେଦ ନ ଥିଲା। ବାସ୍ତବରେ ନେହେରୁଙ୍କ ପାଇଁ ୫ ହଜାର ବର୍ଷର ଇତିହାସ ତାଙ୍କୁ ବୁଝାଇଥିଲା ଯେ ରାଷ୍ଟ୍ରବାଦ ବିଦେଶୀଙ୍କ ବିରୁଦ୍ଧରେ ଏକ ଦୃଢ ଶକ୍ତି ଥିଲା ଏବଂ ୫ ହଜାର ବର୍ଷର ଇତିହାସ ମାଧ୍ୟମରେ ସାଂସ୍କୃତିକ ପରମ୍ପରାର ନିରନ୍ତରତା ବିଷୟରେ ଅନନ୍ୟ ଥିଲା।

ସେ ତାଙ୍କର ଭାବନାକୁ ସ୍ପଷ୍ଟ ରୂପେ ଜେଲ୍‌ରେ ଥିବା ସମୟରେ ନିଜ ବହି 'ଡିସକଭରି ଅଫ୍ ଇଣ୍ଡିଆ'ରେ ଉଲ୍ଲେଖ କରିଛନ୍ତି। ଏହା ଭାରତୀୟ ଜନସଂଘ ଗଠନର ମାତ୍ର ୫ ବର୍ଷ ପୂର୍ବରୁ ଲେଖାହୋଇଥିଲା। ଭାରତ କ'ଣ ଥିଲା, ଅଛି ଏବଂ ହେବା ଉଚିତ୍ ଏ ଧାରାରେ କୌଣସି ପାର୍ଥକ୍ୟ ନ ଥିଲା। ସେ ସମୟରେ ନେହେରୁଙ୍କ ପାଇଁ ଜାତୀୟତା ପ୍ରତିକ୍ରିୟାଶୀଳ ନ ଥିଲା, ସାଂସ୍କୃତିକ ପରମ୍ପରାକୁ ଆହ୍ୱାନ କରିବା ପୁନରୁତ୍ଥାନ ବାଦ ନ ଥିଲା ଏବଂ ଭାରତୀୟ ପରମ୍ପରା ଓ ଇତିହାସରେ କୌଣସି ସାମ୍ପ୍ରଦାୟିକତା ନ ଥିଲା ଯାହା ଉଦ୍‌ବେଗଜନକ ହେବା ଉଚିତ୍। 'ଡିସକଭରି ଅଫ୍ ଇଣ୍ଡିଆ'ରେ ନେହେରୁ ଭାରତମାତାର ମୂଳ ବିଚାର, ବାସ୍ତବିକ ଭାରତ ଏବଂ ଭାରତର ବିବିଧତା ଓ ଏକତା ଉପରେ ମନ୍ତବ୍ୟ ରଖିଥିଲେ। ନେହେରୁ ଭାରତର ପାରମ୍ପରିକ, ସାଂସ୍କୃତିକ ଏବଂ ସଭ୍ୟତାର ନିରନ୍ତରତା ଓ ସେ କାହିଁକି ଏହାକୁ ଗୁରୁତ୍ୱପୂର୍ଣ୍ଣ ବୋଲି ବିବେଚନା କରୁଥିଲେ, ଏ ବିଷୟରେ ବିସ୍ତୃତ ଭାବେ ଲେଖିଥିଲେ। କିନ୍ତୁ ସେ ହଠାତ୍ କେମିତି ଓଲଟା ଦିଗରେ ଯାଇ ସେହି ସମାନ ଦୃଷ୍ଟିଭଙ୍ଗୀ ରଖୁଥିବା ଏକ ରାଜନୈତିକ ଦଳ 'ଭାରତୀୟ ଜନସଂଘ'କୁ ସାମ୍ପ୍ରଦାୟିକ ବୋଲି ଅଭିହିତ କଲେ ? ନେହେରୁ ନିଜେ ଏହାର ଏକ ସୂତ୍ର ଛାଡିଥିଲେ। ଯଦି ଜଣେ ସେ ପଂକ୍ତିକୁ ମନେ ପକାଇବ ଯାହାକୁ ଗୁରୁତ୍ୱ ଦିଆଯାଇଥିଲା, 'ରାଜନୀତି ଏବଂ ନିର୍ବାଚନ ନୀତିଦିନିଆ ଘଟଣା ପରି ଥିଲା ଏବଂ ଆମେ ବିଜୟକୁ ହିଁ ଶ୍ରେଷ୍ଠ ଲକ୍ଷ୍ୟର ଭାବନାରେ ଉଲ୍ଲସିତ ହେଉ'[୨୩୧] – ଏହା ଦର୍ଶାଏ ଯେ ନେହେରୁ କ୍ଷମତା ଏବଂ ନିର୍ବାଚନ ପାଇଁ ତାଙ୍କର ଆଦର୍ଶ ତ୍ୟାଗ କରିଥିଲେ। ସେ ଭୟ କରୁଥିଲେ ଯେ ଜାତୀୟତାବାଦର ପ୍ରତିନିଧିତ୍ୱ କରୁଥିବା ଭାରତୀୟ ଜନସଂଘ ଏବଂ ସେହି ଧାରାର ଦଳମାନେ କ୍ଷମତାକୁ ଆସିଯିବେ। କ୍ରେଗ୍ ବାକ୍ସଟର ନେହେରୁଙ୍କ ଏହି ଗତି ପରିବର୍ତ୍ତନ (ୟୁ-ଟର୍ନ) ବାବଦରେ ଲେଖିଛନ୍ତି, '୧୯୫୨ ନିର୍ବାଚନରେ (ନେହେରୁ) ଜାତୀୟତାବାଦୀ ଏବଂ ପ୍ରତିକ୍ରିୟାଶୀଳ ଦକ୍ଷିଣ ପଂକ୍ତିକୁ ସୋସାଲିଷ୍ଟ ଓ କମ୍ୟୁନିଷ୍ଟ ବାମପନ୍ଥୀଙ୍କ ଅପେକ୍ଷା ବେଶି ଭୟ କରୁଥିଲେ।[୨୩୨]

ସମସ୍ତଙ୍କ ପାଇଁ ସମାନ ଅଧିକାର ଏବଂ ସମସ୍ତଙ୍କ ଅଂଶଗ୍ରହଣକୁ ଆଧାର କରି ଏହା ଏକ ରାଷ୍ଟ୍ର ପାଇଁ ପ୍ରୟାସ କରୁଛି ବୋଲି ଭାରତୀୟ ଜନସଂଘ ଏକ ନିର୍ଦ୍ଦିଷ୍ଟ ଶବ୍ଦରେ କହିଥିଲା, ଯାହାକୁ ଧର୍ମରାଜ୍ୟ ବା ଆଇନର ଶାସନ ବୋଲି କୁହାଯାଇପାରେ। ଧାର୍ମିକ ରାଷ୍ଟ୍ରର ବିଚାର ଭାରତ ପାଇଁ ବିଦେଶୀ ଥିଲା ଏବଂ ନେହେରୁଙ୍କ ଧର୍ମ ନିରପେକ୍ଷତା ମୁସଲମାନମାନଙ୍କ ତୁଷ୍ଟୀକରଣ ବ୍ୟତୀତ ଆଉ କିଛି ନ ଥିଲା। ନେହେରୁଙ୍କ ବିପରୀତରେ ଜନସଂଘ କୃଷି ଏବଂ ଶିଳ୍ପ ଅର୍ଥନୀତିର ସମାନ ଉନ୍ନତି ଉପରେ ଗୁରୁତ୍ୱାରୋପ କରିଥିଲା। ନେହେରୁ ଗ୍ରାମୀଣ କ୍ଷେତ୍ରକୁ ଅବହେଳା କରି ବଡ ନଦୀବନ୍ଧ ଯୋଜନା ଏବଂ ଶିଳ୍ପାୟନକୁ

ଭାରତର ନୂଆ ମନ୍ଦିର ବୋଲି କହୁଥିଲେ, କିନ୍ତୁ ଭାରତୀୟ ଜନସଂଘ ଗ୍ରାମୀଣ କ୍ଷେତ୍ରର ଉନ୍ନତି ଉପରେ ଗୁରୁତ୍ୱ ଦେଉଥିଲେ। ଜନସଂଘର ଘୋଷଣା ପତ୍ରରେ ଉନ୍ନତ ମାନର ବିହନ ପ୍ରବନ୍ଧନ ଏବଂ ଲୋକପ୍ରିୟକରଣ, କୃଷକମାନଙ୍କ ପାଇଁ ଛୋଟ ଛୋଟ ଜଳ ସଂରକ୍ଷଣ ଯୋଜନା, ବୁଡିକୂଅ ଓ ନଳକୂଅର ନିର୍ମାଣ ଏବଂ କୃଷି ଆରମ୍ଭ କରୁଥିବା ଜମିରେ ଉତ୍ପାଦନ ବଢାଇବାର ଯୋଜନା ଉପରେ ଗୁରୁତ୍ୱ ଦେବାପାଇଁ ବାର୍ତ୍ତା ଦେଇଥିଲା। କଂଗ୍ରେସର ଅବହେଳା ଯୋଗୁ କୃଷି ସଂକଟ ସୃଷ୍ଟି ହୋଇଥିଲା ଏବଂ ଦଶନ୍ଧି ପରେ ଘଟିଥିବା 'ସବୁଜ କ୍ରାନ୍ତି' ଭାରତୀୟ ଜନସଂଘ ଘୋଷଣା ପତ୍ରର ଏକ ନକଲ ଥିଲା। ଭାରତୀୟ ସମ୍ବିଧାନରେ ରାଜନୀତିର ନିର୍ଦ୍ଦେଶନାମା ଅନୁଯାୟୀ ଗୋ ହତ୍ୟାକୁ ନିଷେଧ କରିବା ମଧ୍ୟ ଭାରତୀୟ ଜନସଂଘର ଏକ ପ୍ରମୁଖ ଉଦ୍ଦେଶ୍ୟ ଥିଲା।

ଭାରତୀୟ ଜନସଂଘ ଏକ ଶକ୍ତିଶାଳୀ ସେନାବାହିନୀ ପାଇଁ ସମର୍ଥନ ଦେଉଥିଲା, ଯାହାକୁ ନେହେରୁ ଭାରତର କେହି ଶତ୍ରୁ ନାହାନ୍ତି କହି ହସରେ ଉଡାଇ ଦେଇଥିଲେ। ପାକିସ୍ତାନ ଏବଂ ଚୀନ ସହ ଯୁଦ୍ଧ ସେହି ମହାନ୍ ନେତାଙ୍କର ଭାବନାର ପ୍ରମାଣ ରୂପେ ବିଦ୍ୟମାନ। ନେହେରୁଙ୍କ ଭୁଲ୍ ଯୋଗୁ କଶ୍ମୀର ଭାରତ ଦେହରେ ଏକ କଣ୍ଟା ପରି ଫୋଡି ହୋଇ ରହିଲା।

୧୯୫୧-୫୨ ନିର୍ବାଚନର ରାଜନୈତିକ ଦୃଶ୍ୟ

କଂଗ୍ରେସକୁ ତ୍ୟାଗ କରୁଥିବା ନେତାମାନଙ୍କ ଦ୍ୱାରା ଅନେକ ଦଳ ଗଢାହେଲା, ଯଥା ଜୟପ୍ରକାଶ ନାରାୟଣ ଏବଂ ରାମମନୋହର ଲୋହିଆଙ୍କ ଦ୍ୱାରା ସମାଜବାଦୀ ପାର୍ଟି, ହିନ୍ଦୁ ମହାସଭା, କମ୍ୟୁନିଷ୍ଟ ପାର୍ଟି, ସୋସାଲିଷ୍ଟ ପାର୍ଟି ଏବଂ ବିଭିନ୍ନ ଆଞ୍ଚଳିକ ଦଳ ଇତ୍ୟାଦି। ଭାରତୀୟ ଜନସଂଘ ଡ. ମୁଖାର୍ଜୀଙ୍କ ସମର୍ଥକମାନଙ୍କ ଯୋଗୁ ପଶ୍ଚିମବଙ୍ଗ, ପଞ୍ଜାବ, ଉତ୍ତରପ୍ରଦେଶ, ମଧ୍ୟପ୍ରଦେଶ ଓ ବିନ୍ଧ୍ୟ ପ୍ରଦେଶରେ ସେଠିକାର ନେତାମାନଙ୍କର ସମର୍ଥନ ଯୋଗୁ ଭଲ ପ୍ରଦର୍ଶନ କରିବ ବୋଲି ଆଶା କରାଯାଉଥିଲା।

ଭାରତୀୟ ଜନସଂଘ ନିଜ ଦୁର୍ବଳ ସ୍ଥିତିଥିବା ଅଞ୍ଚଳରେ ଅନ୍ୟ ଦଳମାନଙ୍କ ସହ ମେଣ୍ଟ କରିବାକୁ ଚେଷ୍ଟା କଲା। ଓଡିଶାରେ ୨ଟି ଆଞ୍ଚଳିକ ଦଳ ସ୍ୱାଧୀନ ଓ ଗଣତନ୍ତ୍ର ପରିଷଦ ସହ ମେଣ୍ଟ ବୁଝାମଣା ଫଳପ୍ରଦ ନ ହେବାରୁ ସଂଘ ଓଡିଶାରେ ପ୍ରାର୍ଥୀ ଦେଇ ନ ଥିଲା ଏବଂ ଏ ଆଞ୍ଚଳିକ ଦଳମାନେ ଏକା ଏକା ନିର୍ବାଚନ ଲଢିଥିଲେ। ଭାରତୀୟ ଜନସଂଘ ଉତ୍ତରପ୍ରଦେଶରେ ହିନ୍ଦୁ ମହାସଭା ଏବଂ ରାମରାଜ୍ୟ ପରିଷଦ ତଥା ଆଜମେରର ପୁରୁଷାର୍ଥୀ ପରିଷଦ ସହ ନିର୍ବାଚନୀ ବୁଝାମଣାରେ ଆଂଶିକଭାବେ ସଫଳ ହୋଇଥିଲା।

ଜୟ ପ୍ରକାଶ ନାରାୟଣ, ରାମ ମନୋହର ଲୋହିଆ ଏବଂ ପୁରୁଷୋତ୍ତମ

ଦାସ ଟଣ୍ଡନଙ୍କର ଦଳରେ ଅନୁପସ୍ଥିତି ଏବଂ ସର୍ଦ୍ଦାର ପଟେଲଙ୍କ ମୃତ୍ୟୁ ପରେ କଂଗ୍ରେସ ମଧ୍ୟରେ ନେହେରୁଙ୍କ ଅବାଧଗତି ସମ୍ଭବ ହୋଇଥିଲା । ସେ ପ୍ରଧାନମନ୍ତ୍ରୀ ହେବାସହ ଦଳର ଅଧ୍ୟକ୍ଷ ମଧ୍ୟ ଥିଲେ ଏବଂ ନିଜ ଇଚ୍ଛା ଅନୁସାରେ ନିର୍ବାଚନ ଅଭିଯାନ ଚଳାଉଥିଲେ । ସେ ଧର୍ମ ନିରପେକ୍ଷତାର ଏଭଳି ବ୍ୟାଖ୍ୟା କରିଥିଲେ ଯେ ଭାରତରେ ୮୮ ପ୍ରତିଶତ ହିନ୍ଦୁଙ୍କ ସଂସ୍କାର ନାମରେ ସେମାନଙ୍କ ସ୍ୱାର୍ଥକୁ ୧୨ ପ୍ରତିଶତ ମୁସଲମାନଙ୍କ ପାଇଁ ବଳି ଦେବାକୁ ପଡିଥିଲା ।

ଡ. ମୁଖାର୍ଜୀ ସଂସଦରେ ନେହେରୁଙ୍କୁ ଆହ୍ୱାନ ଦେଇ କହିଥିଲେ ଯେ ଯଦି ନେହେରୁ ଜଣେ ସଚ୍ଚା ଧର୍ମ ନିରପେକ୍ଷବାଦୀ, ତେବେ ସେ ସମସ୍ତଙ୍କୁ ସମାନ ଭାବରେ ଦେଖିବା ଉଚିତ ହେବ ଓ ସମସ୍ତଙ୍କ ପାଇଁ ସମାନ ଆଇନ ପ୍ରଣୟନ କରିବା ଉଚିତ ହେବ । ଧର୍ମ ନିରପେକ୍ଷତା ସବୁ ଧର୍ମ, ସମାଜ ଏବଂ ସମ୍ପ୍ରଦାୟ ପାଇଁ ସମାନ ହେବା ଆବଶ୍ୟକ ବୋଲି ସେ ଯୁକ୍ତି କରିଥିଲେ । ନିଜ ଭୋଟ୍ ବ୍ୟାଙ୍କ ରାଜନୀତିକୁ ରକ୍ଷା କରିବା ପାଇଁ ନେହେରୁ କହିଥିଲେ ଯେ ଡ. ମୁଖାର୍ଜୀ ପ୍ରତିନିଧିତ୍ୱ କରିଥିବା ଭାରତୀୟ ଜନସଂଘ ହେଉଛି ପ୍ରତିକ୍ରିୟାଶୀଳ, ସାମ୍ପ୍ରଦାୟିକ ଏବଂ ହିନ୍ଦୁ ସନ୍ତ୍ରାସବାଦୀଙ୍କ ପାଇଁ ଉତ୍ସର୍ଗୀକୃତ ସଂଘ । ସମାଜବାଦୀମାନେ ମଧ୍ୟ ନେହେରୁଙ୍କ ପୋଷାମାନି ତାଙ୍କରି ପଂକ୍ତିକୁ ଶୁଆ ପରି ଘୋଷିଲେ । ନେହେରୁ ଦେଶ ଓ ନିର୍ବାଚନ ମଣ୍ଡଳୀକୁ ଏମିତି ଧର୍ମନିରପେକ୍ଷ ଓ ସାମ୍ପ୍ରଦାୟିକ କହି ଭାଗ ଭାଗ କରିଦେଲେ ଏବଂ ଏହି ବିଭେଦର ରେଖା କେବଳ ଆଜିଯାଏ ଚାଲିଛି ତାହା ନୁହେଁ ବରଂ ବଢିଯାଇଛି । ଡ. ମୁଖାର୍ଜୀ ନେହେରୁ କଂଗ୍ରେସର ମୁସଲିମ ତୁଷ୍ଟୀକରଣ ରାଜନୀତି ଏବଂ ସେମାନଙ୍କୁ ସ୍ଥିରନିଶ୍ଚିତ ଭୋଟ୍ ବ୍ୟାଙ୍କ ରୂପେ ତିଆରି କରିବାର ପ୍ରୟାସକୁ ନିନ୍ଦା କରି କହିଲେ 'ଯେହେତୁ ଆମର ଏକ ଧର୍ମ ନିରପେକ୍ଷ ରାଷ୍ଟ୍ର, ଆମେ ଚାହୁଁନା ଯେ ଚାରିକୋଟି ମୁସଲମାନ ଭାରତ ବାହାରକୁ ଚାଲିଯାଆନ୍ତୁ ... ଏହା ଦ୍ୱାରା କ'ଣ ନେହେରୁ ଭାରତରେ ଥିବା ଚାରିକୋଟି ମୁସଲମାନଙ୍କୁ ସୁରକ୍ଷା ଦେଉଛନ୍ତି ? ଯଦି ଏହା ସତ୍ୟ ତେବେ ନେହେରୁଙ୍କ ଅନ୍ତେ କିଏ ସେମାନଙ୍କୁ ସୁରକ୍ଷା ଦେବ ? କେବଳ ହିନ୍ଦୁମାନେ ହିଁ ସେମାନଙ୍କୁ ସୁରକ୍ଷା ଦେବେ ଏବଂ ମୁସଲମାନମାନେ ହିନ୍ଦୁମାନଙ୍କର ସଦିଚ୍ଛା ଓ ବିଶ୍ୱାସ ଜିତିବାକୁ ପ୍ରୟାସ କରିବା ଉଚିତ୍' ।[୨୩୩]

ଆରଏସଏସ ଭାରତୀୟ ଜନସଂଘକୁ ନିର୍ବାଚନରେ ସାହାଯ୍ୟ କରିଥିଲା କି ?

ଆରଏସଏସ ଯେଉଁ ଅଞ୍ଚଳରେ ଦୃଢ ସ୍ଥିତିରେ ଥିଲା ସେ ସବୁ ସ୍ଥାନରେ ଭାରତୀୟ ଜନସଂଘ ନିର୍ବାଚନରେ ଭଲ ପ୍ରଦର୍ଶନ କରିବ ବୋଲି ଆଶା କରାଯାଉଥିଲା, ଯେହେତୁ ମୌଳି ଚନ୍ଦ୍ର ଶର୍ମା ଏବଂ ପ୍ରେମନାଥ ଡୋଗ୍ରା ପଞ୍ଜାବ ଓ ଜମ୍ମୁରେ ଓ ଲାଲା ଯୋଧରାଜ

ଏବଂ ଲାଲା ହଂସରାଜ ଗୁପ୍ତା ଦିଲ୍ଲୀରେ ଉଭୟ ଆରଏସଏସ ଓ ଭାରତୀୟ ଜନସଂଘର ପ୍ରମୁଖ ପ୍ରତିନିଧି ଥିଲେ।

ଆରଏସଏସ ଏହାର କ୍ୟାଡରମାନଙ୍କୁ ବିଶେଷତଃ ପଞ୍ଜାବରେ ନିର୍ବାଚନର ପ୍ରାର୍ଥୀ ହେବାକୁ ଅନୁମତି ଦେଇଥିଲା, ଯଦିଓ ଅନେକ ଆରଏସଏସ ନେତୃବୃନ୍ଦ ରାଜନୀତି ମଞ୍ଚକୁ ଯିବାକୁ ମନା କରିଦେଇଥିଲେ। ଯଦିଓ ଆରଏସଏସ ସଂଘସରଚାଳକ ଗୋଲୱାଲକର ଭାରତୀୟ ଜନସଂଘ ପ୍ରତି ଏହାର ପରୋକ୍ଷ ସମର୍ଥନ ରହିବ ବୋଲି ମାଡ୍ରାସରେ ଘୋଷଣା କରିଥିଲେ, ଆରଏସଏସ ରାଜନୀତି ପରିସରରୁ ଦୂରରେ ରହିବ ବୋଲି ଆଉ ଥରେ ଦୋହରାଇଥିଲେ।

ଆସନ୍ତା ସାଧାରଣ ନିର୍ବାଚନରେ ଆରଏସଏସ ହିନ୍ଦୁ ମହାସଭା ବା ଅନ୍ୟ କୌଣସି ଦଳକୁ ପ୍ରତ୍ୟକ୍ଷ ସମର୍ଥନ ଦେବ ନାହିଁ। ନିର୍ବାଚନର ଏହି ନାଟକରେ ଆମେ କେବଳ ନୀରବ ଦର୍ଶକ ସାଜିବୁ। ସ୍ୱୟଂସେବକମାନେ ନିଜେ ଯାହା ଚାହିଁବେ ସ୍ୱାଧୀନ ଭାବେ କରିପାରିବେ। ଆମର ସମସ୍ତ ପ୍ରୟାସକୁ ଚରିତ୍ର ନିର୍ମାଣର ରଚନାତ୍ମକ ଦିଗରେ ନିର୍ଦ୍ଦେଶିତ କରାଯିବ, ଯାହା ନିଃସ୍ୱାର୍ଥ ସେବାର ଭାବନା ସୃଷ୍ଟି କରିବ ଏବଂ ଅସୀମ ଦେଶଭକ୍ତି ଶିଖାଇବ। ଏକ ସୁନ୍ଦର ରାଷ୍ଟ୍ର ଗଠନ ପାଇଁ ଏକ ଭଲ ବନ୍ଧନର ଅନୁଷ୍ଠାନ ଗଢିବା ଆମର ଲକ୍ଷ୍ୟ ଏହା ହିଁ ଦେଶକୁ ଦୁଃଖ ଏବଂ ଦାରିଦ୍ର୍ୟରୁ ମୁକ୍ତି ଦେଇପାରିବ।[୨୩୪]

୧୯୫୧-୫୨ ନିର୍ବାଚନ ଫଳାଫଳ : ଭାରତୀୟ ଜନସଂଘ ପ୍ରଥମ ନିର୍ବାଚନରେ ହିଁ ଏକ ଜାତୀୟ ଦଳରେ ପରିଣତ ହେଲା।

୧୯୫୧-୫୨ ନିର୍ବାଚନରେ ୨୬ଟି ରାଜ୍ୟରେ ୪୮୯ଟି ଲୋକସଭା ଆସନ ଥିଲା। ଭାରତୀୟ ଜନସଂଘ ପୂରାସଂଖ୍ୟାର ୨୦ ପ୍ରତିଶତ, ମାତ୍ର ୯୩ଟି ଆସନରେ ଲଢିଥିଲା ଏବଂ ୧୧ଟି ରାଜ୍ୟ – ବମ୍ବେ, ମାଡ୍ରାସ, ଓଡିଶା, ହାଇଦ୍ରାବାଦ, ସୌରାଷ୍ଟ୍ର, ତ୍ରାଭାଙ୍କୋର-କୋଚିନ, ଭୋପାଳ, ବିଳାସପୁର, କୁର୍ଗ, କଚ୍ଛ ଏବଂ ମଣିପୁରରେ ଆଦୌ ଲଢି ନ ଥିଲା। ସାରା ଦେଶର ଭୋଟ୍ ପ୍ରତିଶତରୁ ମାତ୍ର ୩.୦୬ ପ୍ରତିଶତ ଭୋଟ୍ ପାଇ ୯୩ ଆସନରୁ ୩ଟି ଆସନରେ ଜନସଂଘ ଜିତିଥିଲା। ଡ. ମୁଖାର୍ଜୀ ଏବଂ ଦେବପ୍ରସାଦ ଘୋଷ ବଙ୍ଗରୁ ନିର୍ବାଚିତ ହୋଇଥିଲେ ଏବଂ ରାଜସ୍ଥାନରୁ ଏକମାତ୍ର ଆସନରେ ଉମାଶଙ୍କର ତ୍ରିବେଦୀ ନିର୍ବାଚିତ ହୋଇଥିଲେ। ତେବେ, ଭାରତୀୟ ଜନସଂଘର ସମର୍ଥନ ପାଇଥିବା ଅନେକ ପ୍ରାର୍ଥୀ ଜିତିଥିଲେ। ପ୍ରଥମ ନିର୍ବାଚନରେ ହିଁ ନିଜର ନିର୍ବାଚନ ଚିହ୍ନ ଏବଂ ପତାକା ସହ ଭାରତୀୟ ଜନସଂଘ ଏକ ଜାତୀୟ ଦଳଭାବେ ସ୍ୱୀକୃତି ପାଇଲା।

୩୨୮୩ ବିଧାନସଭା ଆସନ ପାଇଁ ହୋଇଥିବା ନିର୍ବାଚନରେ ୭୨୫ ଆସନରେ ଲଢ଼ି ଭାରତୀୟ ଜନସଂଘ ୩୫ଟି ଆସନ ଜିତିଥିଲା। ତିନୋଟି ପ୍ରାଦେଶିକ ବିଧାନସଭା ପାଇଁ ଏହା ଆଦୌ ପ୍ରାର୍ଥୀ ଦେଇ ନ ଥିଲା। ପଞ୍ଜାବରେ ଭାରତୀୟ ଜନସଂଘର ପ୍ରଥମ ଶାଖା ଗଠନ ହୋଇଥିଲେ ମଧ୍ୟ ଏହାର ନିର୍ବାଚନ ଫଳାଫଳ ନୈରାଶ୍ୟଜନକ ଥିଲା। ଏହା ୧୦ଟି ଯାକ ଆସନରେ ହାରିଥିଲା। ଦିଲ୍ଲୀରେ ମଧ୍ୟ ତିନୋଟି ଯାକ ଆସନରେ ଏମାନେ ହାରିଥିଲେ। ତେବେ ଲଢେଇ ପ୍ରଭାବଶାଳୀ ଥିଲା, ଯେହେତୁ କୌଣସି ପ୍ରାର୍ଥୀ ଅମାନତ ହରାଇ ନ ଥିଲେ ଏବଂ ଦ୍ୱିତୀୟ ସ୍ଥାନରେ ରହିଥିଲେ। ଆରଏସଏସର ସମର୍ଥନ ଭାରତୀୟ ଜନସଂଘକୁ ଭଲ ପ୍ରଦର୍ଶନ କରିବାରେ ସହାୟକ ହୋଇଥିଲା। ଯେଉଁଠି ଆରଏସଏସ ପ୍ରଭାବଶାଳୀ ଥିଲା ସେଠାରେ ଭାରତୀୟ ଜନସଂଘ ଅପେକ୍ଷାକୃତ ଅଧିକ ଭାଗ ଭୋଟ୍ ପାଇଥିଲା- ପଞ୍ଜାବରେ ୫.୬ ପ୍ରତିଶତ, ଉତ୍ତରପ୍ରଦେଶରେ ୭.୨୯ ପ୍ରତିଶତ, ମଧ୍ୟଭାରତରେ ୯.୬୫ ପ୍ରତିଶତ, ଆଜମେରରେ ୧୬.୨୦ ପ୍ରତିଶତ, ଦିଲ୍ଲୀରେ ୨୫.୯୨ ପ୍ରତିଶତ, ହିମାଚଳ ପ୍ରଦେଶ ୧୦.୭୨ ପ୍ରତିଶତ ଏବଂ ବିନ୍ଧ୍ୟ ପ୍ରଦେଶରେ ୧୨.୭୧ ପ୍ରତିଶତ। ବଙ୍ଗରେ ଡ. ମୁଖାର୍ଜୀଙ୍କ ଲୋକପ୍ରିୟତା ଭାରତୀୟ ଜନସଂଘକୁ ସାହାଯ୍ୟ କଲା। ମେଦିନାପୁର ଜିଲ୍ଲାରେ ଜନସଂଘ ୧୨.୬୮ ପ୍ରତିଶତ ଭୋଟ୍ ପାଇ ୮ଟି ଆସନରେ ଜିତିଥିଲା।

ଆରଏସଏସର ଭୂମିକା ଥାଇ ଏକ ନୂଆ ଦଳ ଗଢ଼ିବା ଅଭିଯାନରେ ବଲରାମ ମାଧୋକ ସବୁଠାରୁ ଆଗରେ ଥିଲେ। ସେ ଲେଖିଲେ :

ଏମିତି ଦେଖିବାକୁ ଗଲେ ଯେଉଁ ପ୍ରକାର ଭୟଙ୍କର ପ୍ରତିବନ୍ଧକ ସହ ଭାରତୀୟ ଜନସଂଘ ନିର୍ବାଚନ ଲଢୁଥିଲା, ସେହି ଅନୁସାରେ ଦଳ ଉଲ୍ଲେଖନୀୟ ସଫଳତା ପାଇଛି। ଅଳ୍ପ ଦିନର ଦଳ ହୋଇଥିବା ହେତୁରୁ ଏ ଦଳ ଲୋକମାନଙ୍କ ପାଖରେ ପରିଚିତ ହେବାକୁ ଆଦୌ ସମୟ ପାଇନାହିଁ କହିଲେ ଅତ୍ୟୁକ୍ତି ହେବନାହିଁ। ପ୍ରାୟତଃ ଯୁବକ ଥିବା ଏହାର କର୍ମୀମାନଙ୍କର ରାଜନୈତିକ ଏବଂ ନିର୍ବାଚନୀ ଅଭିଜ୍ଞତାର ଅଭାବ ଏବଂ ସମ୍ବଳର ସ୍ୱଳ୍ପତା ଏହାକୁ ଦୟନୀୟ ଭାବେ ଅକ୍ଷମ କରିଥିଲା। କିନ୍ତୁ ବୋଧହୁଏ ଏହା ବିରୁଦ୍ଧରେ ସବୁଠାରୁ ବେଶି ବାଧା ସୃଷ୍ଟି କରୁଥିବା ଶକ୍ତି ହେଉଛି ପଣ୍ଡିତ ନେହେରୁଙ୍କର ଏକାଗ୍ର ତଥା ବ୍ୟବସ୍ଥିତ ଆକ୍ରମଣ, ଯାହାଙ୍କର ଜନସଂଘ ପ୍ରତି ତୀବ୍ର ନିନ୍ଦା ପ୍ରାୟ ସମସ୍ତ ଗଣମାଧ୍ୟମ ଏବଂ ଦେଶର ସମସ୍ତ ବାମପନ୍ଥୀ ଦଳମାନଙ୍କ ଦ୍ୱାରା ପ୍ରତିଧ୍ୱନିତ ହୋଇଥିଲା।[୨୩୫]

ଗୋଲୱାଲକର ଦଳକୁ ନିରୁତ୍ସାହିତ ବା ନୈରାଶ୍ୟବାଦୀ ନ ହେବାକୁ ଉପଦେଶ ଦେଲେ ଏବଂ ନିଜର ତଥା ନିଜ ଲକ୍ଷ୍ୟ ଉପରେ ଦୃଷ୍ଟି ସ୍ଥିର ରଖି ବିଶ୍ୱାସରେ ଅଗ୍ରସର ହେବାକୁ କହିଲେ।[୨୩୬]

ଏହା ସତ୍ୟ ଯେ ଗୋଟେ ଦଳ ଗଢ଼ି, ସବୁ ପ୍ରଦେଶରେ ଏହାର ଶାଖା ଖୋଲିବା, ଦଳଟିଏ ଗଢ଼ା ହେବାର ମାତ୍ର ଦୁଇମାସ ମଧ୍ୟରେ ନିର୍ବାଚନ ସମ୍ମୁଖୀନ ହେବାଠାରୁ କାହିଁରେ କେତେ ଗୁଣରେ ସହଜ ଥିଲା। ପରିଚିତି ପାଇବା ପରି ଯୋଗ୍ୟ ପ୍ରାର୍ଥୀ ଖୋଜି ବିଭିନ୍ନ ଜାଗାରେ ଅବସ୍ଥାପିତ କରିବା ଭାରତୀୟ ଜନସଂଘର ଏକ ପ୍ରମୁଖ ସମସ୍ୟା ଥିଲା। ସମଗ୍ର ସଂଖ୍ୟାର ମାତ୍ର ୨୦ ପ୍ରତିଶତ ଅର୍ଥାତ୍ ୯୩ଟି ଆସନରେ ଭାରତୀୟ ଜନସଂଘ ଲଢ଼ିଥିଲା। ନିର୍ବାଚନକୁ ଆର୍ଥିକ ସହାୟତା କରିବା ଆଉ ଏକ କଷ୍ଟକର କାର୍ଯ୍ୟ ଥିଲା। ଏହି ପରିସ୍ଥିତିରେ ଯଦି ଜଣାଶୁଣା ପ୍ରାର୍ଥୀଟିଏ ମିଳୁଥିଲା ତେବେ ନିର୍ବାଚନ ଅଭିଯାନ ପାଇଁ ଅର୍ଥ ଯୋଗାଡ଼ କରିବାରେ ସମସ୍ୟା ରହୁଥିଲା।

ସ୍ୱାଧୀନତା ସଂଗ୍ରାମ ଦିନଠାରୁ ଆରମ୍ଭ କରି କଂଗ୍ରେସ ଯେଉଁ ଜନ ସମର୍ଥନ ପାଇଥିଲା ଏବଂ ଲୋକମାନଙ୍କ ସଂସ୍ପର୍ଶରେ ଥିଲା, ନୂଆ ଦଳ ହିସାବରେ ଭାରତୀୟ ଜନସଂଘର ସେପରି କିଛି ବି ନ ଥିଲା ଏବଂ କୌଣସି ଅନୁଭବ ମଧ୍ୟ ନ ଥିଲା। ବିରୋଧୀମାନଙ୍କ ମଧ୍ୟରେ ଏକତାର ଅଭାବ କଂଗ୍ରେସ ବିରୋଧୀ ଭୋଟ୍ ସବୁ ଆତ୍ମସାତ କରିଦେଲା ଏବଂ ଅନେକ ସ୍ଥାନରେ କଂଗ୍ରେସ ମାତ୍ର ୫ ଶହ ଅଧିକ ଭୋଟ୍‌ରେ ଜିତିଥିଲା। ସ୍ୱାଧୀନତା ଆନ୍ଦୋଳନରେ କଂଗ୍ରେସର ଭୂମିକା ଯୋଗୁ ଜନସାଧାରଣଙ୍କ ସହ ଏହା ଏକ ଦୃଢ଼ ଭାବନାତ୍ମକ ବନ୍ଧନରେ ମଧ୍ୟ ଥିଲା।

ଭାରତୀୟ ରାଜନୈତିକ ମେଣ୍ଟର ଜନକ – ଡ. ଶ୍ୟାମାପ୍ରସାଦ ମୁଖାର୍ଜୀ

ନେହେରୁ ଓ ଝାଡ଼ଖଣ୍ଡ ପାର୍ଟିର ଜୟପାଲ ସିଂ ମୁଣ୍ଡାଙ୍କ ବ୍ୟତୀତ ୧୯୫୧ ନିର୍ବାଚନ ଜିତିବାରେ ଡ. ମୁଖାର୍ଜୀ ଏକମାତ୍ର ପାର୍ଟିର ଅଧ୍ୟକ୍ଷ ଥିଲେ। ବିରୋଧୀ ଦଳରେ ଡ. ମୁଖାର୍ଜୀ ସବୁଠୁ ଅଧିକ ପରିଚିତ ଓ ଅନୁଭବୀ ସାଂସଦ ଥିଲେ। ସେ ଜଣେ ଭଲ ଓ ପ୍ରଭାବଶାଳୀ ବକ୍ତା ଥିଲେ। ଯେହେତୁ ସଂସଦରେ ଦଳର ସଂଖ୍ୟା ଉପରେ ନିର୍ଭର କରି କହିବାର ସମୟ ନିର୍ଦ୍ଧାରିତ ହେଉଥିଲା, ଡ. ମୁଖାର୍ଜୀ ସଂସଦ ଭିତରେ ଏକକ ବିରୋଧୀ ଦଳ ଭାବେ ପରିଚାଳିତ ହେବାକୁ ଏକ ନିର୍ବାଚନୀ ପର ମେଣ୍ଟ ପାଇଁ ଉଦ୍ୟମ କଲେ। ୨୮ ମାର୍ଚ୍ଚ ୧୯୫୨ରେ ୪୫ ଜଣ ଲୋକସଭା ସାଂସଦ ଡ. ମୁଖାର୍ଜୀଙ୍କ ନେତୃତ୍ୱରେ କାମ କରିବାକୁ ଏକତ୍ରିତ ହେଲେ। ଏହି ସାଂସଦମାନେ ବିଭିନ୍ନ ଦଳ ଯଥା – ଭାରତୀୟ ଜନସଂଘ, ଅକାଳୀ ଦଳ, ଝାଡଖଣ୍ଡ ପାର୍ଟି, ଗଣତନ୍ତ୍ର ପରିଷଦ, ହିନ୍ଦୁ ମହାସଭା ଏବଂ କିଛି ସ୍ୱାଧୀନ ସାଂସଦ ମଧ୍ୟ ଥିଲେ। ପରେ ସେଥିରେ ତାମିଲନାଡୁ ଟଏଲର ପାର୍ଟି ଏବଂ କମନୱେଲଥ୍ ପାର୍ଟି ଯୋଗଦେଲେ। ଯେହେତୁ ଡ. ମୁଖାର୍ଜୀ ରାଜନୈତିକ ଅସ୍ପୃଶ୍ୟତାରେ ବିଶ୍ୱାସ କରୁ ନ ଥିଲେ ସେ ଅଶୋକ ମେହେଟ୍ଟା, ସୁଚେତା

କୃପାଲିନୀ ଏବଂ କିଷାନ ମଜଦୁର ପ୍ରଜାପାର୍ଟିକୁ ମଧ୍ୟ ଅନୁରୋଧ କଲେ, ମାତ୍ର ସେମାନେ ହିନ୍ଦୁ ମହାସଭାକୁ ଏହି ମେଣ୍ଟରୁ ବାଦ୍ ଦେବାକୁ ଚାହିଁଲେ। ଯାହାବି ହେଉ ଡ. ମୁଖାର୍ଜୀ ସେମାନଙ୍କ ଦାବିକୁ ପ୍ରତ୍ୟାଖ୍ୟାନ କଲେ ଏବଂ ପରିଶେଷରେ ୩୨ ଜଣ ସାଂସଦ ଡ. ମୁଖାର୍ଜୀଙ୍କ ନେତୃତ୍ୱରେ ନେସନାଲ ଡେମୋକ୍ରାଟିକ ପାର୍ଟି ନାଁରେ କାମ କରିବାକୁ ସ୍ଥିର କଲେ।

ଏହା ଆଶ୍ଚର୍ଯ୍ୟର ସହିତ କହୁଛୁ ଯେ ଅନେକ ବର୍ଷ ପରେ ୧୯୯୮ରେ ବିଜେପି ସମାନ ଚିନ୍ତାଧାରାର ଦଳମାନଙ୍କୁ ନେଇ ମେଣ୍ଟ ଗଢିଲା ଏବଂ ତାକୁ ନେସନାଲ ଡେମୋକ୍ରାଟିକ ଆଲିଆନ୍ସ (ଏନ୍‌ଡିଏ) କୁହାଗଲା, ଯାହାକି ନେସନାଲ ଡେମୋକ୍ରାଟିକ ପାର୍ଟି ସହ ସମାନ ଥିଲା।

ସମଗ୍ର ଦେଶରେ ବିଭିନ୍ନ ରାଜନୈତିକ ପଦରେ ଥିବା ବ୍ୟକ୍ତିଙ୍କୁ ନେଇ ନେସନାଲ ଡେମୋକ୍ରାଟିକ ପାର୍ଟି ଗଢା ହୋଇଥିଲା, ଯେମିତିକି ହିନ୍ଦୁ ମହାସଭାରୁ ଏନ୍.ସି. ଚାଟାର୍ଜୀ ଏବଂ ଶକୁନ୍ତଳା ନାୟାର, ଗଣତନ୍ତ୍ର ପରିଷଦରୁ ଆର.ଏନ୍.ସିଂ ଦେଓ, ଅକାଳି ଦଳରୁ ହୁକୁମ ସିଂ, କମନୱେଲ୍‌ଥ ପାର୍ଟିରୁ କ୍ରିଷ୍ଣା ସ୍ୱାମୀ ମୁଦାଲାୟାର ଏବଂ ଦ୍ରାବିଦାର କଜଗମର ଏସ୍.କେ. କାନ୍ଦାସ୍ୱାମୀ। ନେସନାଲ ଡେମୋକ୍ରାଟିକ ପାର୍ଟି କଂଗ୍ରେସ (୩୪୬) ଏବଂ କମ୍ୟୁନିଷ୍ଟ (୩୫)ଙ୍କ ପରେ ତୃତୀୟ ବୃହତ୍ତମ ଦଳ ଥିଲା। ସମାଜବାଦ ଏବଂ ଉଦାରବାଦର ମୌଳିକ ନୀତିଥାଇ ସମାନ ବିଚାରଧାରାର ଦଳଗୁଡିକୁ ଏକାଠି କରିବାକୁ ଡ. ମୁଖାର୍ଜୀ କଠିନ ପରିଶ୍ରମ କରୁଥିଲେ।

୧୯୫୧- ୫୨ ନିର୍ବାଚନ ପରେ ଭାରତୀୟ ଜନସଂଘର ଏକ ଗୁରୁତ୍ୱପୂର୍ଣ୍ଣ ଅଧିବେଶନର କାନପୁର ଅଧ୍ୟାୟରେ ଡ. ମୁଖାର୍ଜୀ ଅଧ୍ୟକ୍ଷ ଓ ମୌଳିଚନ୍ଦ୍ର ଶର୍ମା ଏବଂ ଦୀନଦୟାଲ୍ ଉପାଧ୍ୟାୟ ସାଧାରଣ ସମ୍ପାଦକ ଭାବେ ନିର୍ବାଚିତ ହେଲେ। ଡ. ମୁଖାର୍ଜୀ ନିଜ ଅଧ୍ୟକ୍ଷୀୟ ଉଦ୍‌ବୋଧନରେ କହିଲେ ଯଦିଓ ଆମେ ନିର୍ବାଚନ ଫଳାଫଳରେ ଅସନ୍ତୁଷ୍ଟ ହୋଇଛେ, ଆମେ ଭୁଲିଯିବା ଉଚିତ୍ ନୁହେଁ ଯେ 'ଆମ ଦଳର ଅସ୍ତିତ୍ୱ କେବଳ ନିର୍ବାଚନ ଲଢିବା ପାଇଁ ନୁହେଁ ବରଂ ଏହା ପର୍ଯ୍ୟାପ୍ତ ପରିମାଣରେ ନିଜକୁ ସଙ୍ଗଠିତ କରିବାକୁ ଲକ୍ଷ୍ୟ ରଖିଛି, ଯାହାଦ୍ୱାରା ଭାରତର ଭବିଷ୍ୟତର ପ୍ରଗତିର କାରଣ ପାଇଁ ପ୍ରଭାବଶାଳୀ ସେବା ପ୍ରଦାନ କରିପାରିବ।[୨୩୭]

ସ୍ୱାଧୀନ ଭାରତର ପ୍ରଥମ ସାଧାରଣ ନିର୍ବାଚନ ସରିଯାଇଥିଲା। ନେହେରୁ ଏବଂ ତାଙ୍କ ଦଳ ନିର୍ବାଚନ ଜିତିଥିଲେ। କଂଗ୍ରେସକୁ ବିରୋଧ କଲାଭଳି ଦୃଢ ବିରୋଧୀ ଦଳ ନ ଥିଲେ। ଲୋକମାନଙ୍କ ମନରେ ସ୍ୱାଧୀନତାର ସ୍ମୃତି ତାଜା ଥିଲା। ନେହେରୁ ତାଙ୍କର ଭାରତ ସମ୍ବନ୍ଧରେ ଥିବା ତ୍ରୁଟିପୂର୍ଣ୍ଣ ବିଚାର ଲୋକଙ୍କୁ ଭଲ ବିଚାର କହି

ବୁଝାଇବାରେ ସମର୍ଥ ହୋଇଥିଲେ। ପ୍ରଫେସର ଲାଲ ଏବଂ ମାଥୁର ଏ ସମ୍ବନ୍ଧରେ ଠିକ ଭାବେ କହିଛନ୍ତି :

'ଧର୍ମନିରପେକ୍ଷ' ଏବଂ 'ସାମ୍ପ୍ରଦାୟିକତାବାଦ' ପୋଷାକ ମାଧ୍ୟମରେ ନିଜର ମୁସଲିମ ତୁଷ୍ଟୀକରଣ ନୀତି ଉପରେ ଲୋକଙ୍କ ମନୋଭାବକୁ ଆଧାର କରି ନେହେରୁ ସାରା ଦେଶର ଜନସମୂହକୁ 'ଧର୍ମନିରପେକ୍ଷ' ଓ 'ସାମ୍ପ୍ରଦାୟିକ' ଭାବେ ଭାଗ କରିଦେଲେ। କଂଗ୍ରେସକୁ ମୁସଲମାନଙ୍କ ଏକମାତ୍ର ତ୍ରାଣକର୍ତ୍ତା ଭାବେ ଉପସ୍ଥାପିତ କରି ମୁସଲମାନଙ୍କୁ କଂଗ୍ରେସର ଭୋଟ ବ୍ୟାଙ୍କ ଭାବେ ବଦଳାଇବାରେ ନେହେରୁ ସମର୍ଥ ହୋଇଥିଲେ, କିନ୍ତୁ ସାମ୍ପ୍ରଦାୟିକ ଏକୀକରଣ ଏବଂ ସାଧାରଣ ନାଗରିକ ସଂହିତା ଆଡକୁ ଗତି କରିବାର କୌଣସି ସୁଯୋଗ – ଏକ ଧର୍ମନିରପେକ୍ଷ ରାଷ୍ଟ୍ରର ପୂର୍ବ ଆବଶ୍ୟକତା ଏକଥା ସବୁଦିନ ପାଇଁ ନଷ୍ଟ ହୋଇଗଲା। ଦେଶର ସମ୍ବିଧାନରେ ଏତେ ପବିତ୍ର ଭାବେ ଲେଖାଯାଇଥିବା 'ସାଧାରଣ ନାଗରିକ ସଂହିତା' ଉପରେ ନିଜର ପୂରା ଜୀବନକାଳ ମଧ୍ୟରେ ଧର୍ମନିରପେକ୍ଷତାର ଏ ତ୍ରାଣକର୍ତ୍ତା କେବେ ବି କହି ନ ଥିଲେ, ଯାହାକି ଚକିତ ହେଲାଭଳି କଥା ! କଶ୍ମୀରର ବିଶୃଙ୍ଖଳା, ପୂର୍ବ ବଙ୍ଗରେ ହିନ୍ଦୁମାନଙ୍କର ଦୁର୍ଦ୍ଦଶା ଓ ପାକିସ୍ତାନ ସମସ୍ୟା ନେହେରୁ ଏବଂ ତାଙ୍କ ଦଳ ପାଇଁ ସାମାନ୍ୟ ଚିନ୍ତାର ବିଷୟ ନ ଥିଲା। ହିନ୍ଦୁ କୋଡ୍ ବିଲ ପାସ କରି ହିନ୍ଦୁମାନଙ୍କ ଉପରେ ଲଦି ଦେବା (ମୁସଲିମ ପର୍ସନାଲ ଲ' ବୋର୍ଡକୁ ହାତ ନ ମାରି) କଂଗ୍ରେସ ପାଇଁ ଗୁରୁତ୍ୱପୂର୍ଣ୍ଣ ଥିଲା। ଏହା କେବଳ ସାମ୍ପ୍ରଦାୟିକତାବାଦ ଓ ଧର୍ମନିରପେକ୍ଷ ଉପରେ ଜୋର ଦେଉଥିଲା ଏବଂ ଭାରତକୁ ବ୍ରିଟିଶ ଶାସନରୁ ମୁକ୍ତ କରିବାର ସମସ୍ତ ଶ୍ରେୟ ନିଜ ପାଖରେ ଅବଶ୍ୟ ରଖୁଥିଲେ। ଲୋକମାନଙ୍କ ସ୍ମୃତିରେ ଏବେ ବି ସ୍ୱାଧୀନତା ଆନ୍ଦୋଳନର ସ୍ମୃତି ତାଜା ଥିଲା ଏବଂ କଂଗ୍ରେସର ବିବେକହୀନ କାର୍ଯ୍ୟ ସମ୍ବନ୍ଧରେ ଯୁକ୍ତିଯୁକ୍ତ ଭାବେ ଚିନ୍ତା କରିବାକୁ ଏହା ଯଥେଷ୍ଟ ଥିଲା।[୨୩୮]

୧୦

କଶ୍ମୀର ସମସ୍ୟାରେ ନେହେରୁଙ୍କ ଭୁଲ୍

ଲୌହ ପୁରୁଷ ସର୍ଦ୍ଦାର ପଟେଲ୍ ୫୬୩ଟି ସ୍ୱୟଂଶାସିତ ଛୋଟ ଛୋଟ ରାଜ୍ୟକୁ ଏକତ୍ର କରି ଆମକୁ ଏକ ଶକ୍ତ ଏବଂ ଏକୀକୃତ ଭାରତ ଦେଲେ । ପ୍ରଧାନମନ୍ତ୍ରୀ ନେହେରୁ ଓ ତାଙ୍କ ପାଖ ଗୋଷ୍ଠୀ ଦ୍ୱାରା ଜମ୍ମୁ କଶ୍ମୀର ରାଜ୍ୟକଥା ନିୟନ୍ତ୍ରିତ ହେଉଥିଲା, କିନ୍ତୁ ନେହେରୁଙ୍କ ଦ୍ୱନ୍ଦ୍ୱପୂର୍ଣ୍ଣ କୂଟନୀତି ଯୋଗୁ ଆଜିଯାଏ କଶ୍ମୀରରେ ବିଶୃଙ୍ଖଳା ଲାଗି ରହିଛି । ଏହା ଆମର ସୌଭାଗ୍ୟ ଯେ ସର୍ଦ୍ଦାର ପଟେଲ୍ ଅନ୍ୟ ଦୁଇଟି ରାଜ୍ୟ – ହାଇଦ୍ରାବାଦ ଓ ଜୁନାଗଡର ସମ୍ମିଶ୍ରଣରେ ନେହେରୁଙ୍କୁ ବେଶି ଜଡିତ ହେବାକୁ ଦେଲେ ନାହିଁ । ନଚେତ୍ ଭାରତ ନିଜ ଭୌଗୋଳିକ ପରିସୀମା ମଧ୍ୟରେ ଆହୁରି ଅଧିକ କଶ୍ମୀର ପରି ଅଞ୍ଚଳର କଷ୍ଟ ଭୋଗୁଥାନ୍ତା । ଯଦିଓ କଶ୍ମୀର ଭାରତୀୟ ଅଞ୍ଚଳର ଏକ ଅବିଚ୍ଛେଦ୍ୟ ଅଙ୍ଗ, ତଥାପି ପାକିସ୍ତାନ ଏହାକୁ ଏକ ବିବାଦୀୟ ଅଞ୍ଚଳ ଭାବେ ଉପସ୍ଥାପନ କରୁଛି ଏବଂ କଶ୍ମୀର ବିଚ୍ଛିନ୍ନତାବାଦୀମାନେ ଏହାକୁ ଏକ ସ୍ୱାଧୀନ ରାଷ୍ଟ୍ର ଭାବରେ ଉପସ୍ଥାପନ କରୁଛନ୍ତି । ଏହି ପ୍ରକାର ପରିସ୍ଥିତିରେ ୩ ଲକ୍ଷରୁ ଅଧିକ କଶ୍ମୀର ପଣ୍ଡିତ କଶ୍ମୀରରୁ ବିତାଡିତ ହୋଇ ଗୃହହୀନ ହୋଇଛନ୍ତି । କଶ୍ମୀର ସମସ୍ୟା ସମାଧାନ କରିବାପାଇଁ ପଟେଲ୍ ଏବଂ ଭାରତୀୟ ଜନସଂଘର ମତରେ ସାମ୍ୟତା ଥିଲା, କିନ୍ତୁ ନେହେରୁଙ୍କ ଯୋଜନା ଅଲଗା ପ୍ରକାର ଥିଲା । ସାମ୍ପ୍ରତିକ କଶ୍ମୀର ପରିସ୍ଥିତିକୁ ବୁଝିବା ପାଇଁ ଆସନ୍ତୁ ଏ ସମସ୍ୟାର ଅଂଶୀଦାର ଏବଂ ସମସ୍ୟା ସୃଷ୍ଟିକାରୀଙ୍କୁ ଐତିହାସିକ ଭାବେ ବୁଝିବା ।

୧୯୩୦ରେ ଶେଖ୍ ମହମ୍ମଦ ଅବଦୁଲ୍ଲା ନାମକ ଜଣେ ଶିକ୍ଷକ ଚାକିରି ଛାଡି ମୁସଲିମ କନଫରେନ୍ସ ପ୍ରତିଷ୍ଠା କଲେ । ଏହାର ଉଦ୍ଦେଶ୍ୟ ଥିଲା ଜମ୍ମୁ କଶ୍ମୀରର ଶାସକ ରାଜା ହରି ସିଂଙ୍କ ବିରୋଧରେ ଆନ୍ଦୋଳନ ଆରମ୍ଭ କରିବା ।

ଶାସନର ଗଣତନ୍ତ୍ରୀକରଣ କରିବା ତାଙ୍କ ଉଦ୍ଦେଶ୍ୟ ବୋଲି ଅବଦୁଲ୍ଲା ଚିତ୍ରଣ କଲେ କିନ୍ତୁ ତାଙ୍କର ପ୍ରକୃତ ଉଦ୍ଦେଶ୍ୟ ଥିଲା ମୁସଲମାନଙ୍କୁ ଏକତ୍ରିତ କରିବା, ଯେଉଁମାନେ ଶାସନରେ ଉପଯୁକ୍ତ ପ୍ରତିନିଧିତ୍ୱ ପାଉନାହାନ୍ତି ବୋଲି ଅବଦୁଲ୍ଲା ଭାବୁଥିଲେ।

ଅବଦୁଲ୍ଲାଙ୍କ ଲୋକପ୍ରିୟତା ହିନ୍ଦୁ ମୁସଲିମ ମଧ୍ୟରେ ତିକ୍ତତା ବୃଦ୍ଧି ସହିତ ସମକକ୍ଷ ହୋଇ ଜୁନ୍ ୩୦ରେ ଶ୍ରୀନଗରରେ ସାମ୍ପ୍ରଦାୟିକ ଦଙ୍ଗା ସୃଷ୍ଟି କଲା। ଫଳସ୍ୱରୂପ ମହାରାଜା ହରି ସିଂଙ୍କ ଦ୍ୱାରା ଏକ ଅନୁସନ୍ଧାନ କରାଗଲା ଏବଂ ଏଥିରେ ଜନସାଧାରଣଙ୍କର ଅଧିକ ଅଂଶଗ୍ରହଣ ହେବା ଉଚିତ୍ ବୋଲି ସିଦ୍ଧାନ୍ତ ନିଆଯାଇଥିଲା। ଏହି କଥା ହିଁ ଜମ୍ମୁ କଶ୍ମୀର ପ୍ରଜାସଭା ଗଠନରେ ସହାୟକ ହେଲା। ଏହି ବିକାଶକୁ ଦୃଷ୍ଟିରେ ରଖି ଅବଦୁଲ୍ଲା ଏକ ବ୍ୟାପକ ସମର୍ଥନ ଆଧାର ପାଇଁ ଅଣମୁସଲମାନମାନଙ୍କୁ ତାଙ୍କ ସଙ୍ଗଠନରେ ଅନ୍ତର୍ଭୁକ୍ତ କରିବାକୁ ଚାହୁଁଥିଲେ। ମୁସଲିମ କନଫରେନ୍ସର କାର୍ଯ୍ୟକାରିଣୀରେ ଏ ସଂକଳ୍ପ ପାରିତ ହେଲା ଯେ ଜାତି, ବର୍ଣ୍ଣ ଓ ଧର୍ମ ନିର୍ବିଶେଷରେ ଯେ କୌଣସି ବ୍ୟକ୍ତି ଏ ସଙ୍ଗଠନର ସଦସ୍ୟ ହୋଇପାରିବେ।[୨୩୯] ବକ୍ସି ଗୁଲାମ୍ ମହମ୍ମଦ, ଯିଏ ପରେ ମୁଖ୍ୟମନ୍ତ୍ରୀ ହେଲେ ଏବଂ ଅବଦୁଲ୍ଲାଙ୍କୁ ବନ୍ଦୀ କଲେ ଓ ମିର୍ଜା ଅଫଜୁଲ ବେଗ୍ ଏ ସଂକଳ୍ପକୁ ବିରୋଧ କଲେ, କିନ୍ତୁ ଏ ବିରୋଧ ବୃଥା ହେଲା। ଦଳରୁ ମୁସଲିମ ନାମ ଉଠାଇ ଏ ଦଳକୁ ନେସନାଲ କନଫରେନ୍ସ ନାମରେ ନାମିତ କରାଗଲା। ୧୦ ମେ ୧୯୪୬ରେ ଅବଦୁଲ୍ଲା ମହାରାଜା ହରି ସିଂଙ୍କ ବିରୋଧରେ 'କଶ୍ମୀର ଛାଡ' ସ୍ଲୋଗାନ୍ ଦେଇ ଏକ ଆନ୍ଦୋଳନ ଆରମ୍ଭ କଲେ। ସେ ହିନ୍ଦୁମାନଙ୍କ ବିରୋଧରେ ସାମ୍ପ୍ରଦାୟିକ ଏବଂ ଘୃଣାର ଭାଷଣ ଦେଇ ଲୋକମାନଙ୍କର ଭାବନାକୁ ଉତ୍ତେଜିତ କଲେ ଏବଂ ଜିହାଦ ପାଇଁ ଆହ୍ୱାନ କଲେ। ୧୭ ମେ ୧୯୪୬ରେ ସେ ଘୋଷଣା କଲେ 'ଏହା କାମ କରିବାର ସମୟ, ତୁମେମାନେ କ୍ରୀତଦାସତ୍ୱ ବିରୋଧରେ ଯୁଦ୍ଧ କର ଏବଂ ମଇଦାନକୁ ଜେହାଦ ସୈନିକ ଭାବେ ପ୍ରବେଶ କର। ନାରୀ ପୁରୁଷ ନିର୍ବିଶେଷରେ 'କଶ୍ମୀର ଛାଡ' ବୋଲି ଚିତ୍କାର କର। କଶ୍ମୀର ରାଜ୍ୟ ଏହାର ଇଚ୍ଛା ପ୍ରକାଶ କରିସାରିଛି। ମୁଁ ଜନମତ ସଂଗ୍ରହ ପାଇଁ କହିବି।'[୨୪୦] ୨୦ ମେ ୧୯୪୬ରେ ଏହି ଭାଷଣ ପାଇଁ ସେକ୍ ଅବଦୁଲ୍ଲାଙ୍କୁ ଗିରଫ କରାଗଲା। 'କଶ୍ମୀର ଛାଡ' ଆଦୌ 'ଭାରତ ଛାଡ' ସହ ତୁଳନା ହେବାକଥା ନୁହେଁ। ଅବଦୁଲ୍ଲାଙ୍କ ଉଦ୍ଦେଶ୍ୟ କେବଳ ଏତିକି ଥିଲା ଯେ ମହାରାଜା ହରି ସିଂ ତାଙ୍କୁ କ୍ଷମତା ହସ୍ତାନ୍ତର କରି କଶ୍ମୀର ଛାଡିଯାଆନ୍ତୁ।

ନେହେରୁ ସଙ୍ଗେ ସଙ୍ଗେ ଦରଦ ଦେଖାଇ ଅବଦୁଲ୍ଲାଙ୍କୁ ମୁକ୍ତ କରିବାକୁ ଦାବି

କଲେ। ସେ ଜୁନ୍‌ରେ କଶ୍ମୀର ଯିବାକୁ ସ୍ଥିର କଲେ। ରାଜ୍ୟ ସରକାର ତାଙ୍କ ପ୍ରବେଶ ଉପରେ ପ୍ରତିବନ୍ଧକ ଲଗାଇଲା, ନେହେରୁ କିନ୍ତୁ ଏହାକୁ ଉପେକ୍ଷା କଲେ।

ପ୍ରଥମତଃ ମୁଁ କଶ୍ମୀର ଯାଉଛି ଅବଦୁଲ୍ଲାଙ୍କ ପ୍ରତିରକ୍ଷା ବ୍ୟବସ୍ଥା କରିବାକୁ, ଦ୍ୱିତୀୟରେ ନିଜେ ସବୁ ଜିନିଷ ଠିକରେ ଚାଲିଛି କି ନାହିଁ ଦେଖିବାକୁ, ଯଦିଓ ମୋର ଶ୍ରୀନଗର ଗସ୍ତ ସଂକ୍ଷିପ୍ତ ହେବ ଏବଂ ତୃତୀୟତଃ ରାଜ୍ୟ ସରକାରଙ୍କ ନୀତିରୁ ଆସିଥିବା ଜଟିଳତାକୁ ଦୂର କରିବାକୁ ମୁଁ ଯାହା କରିପାରିବି ତାହା କରିବାକୁ।[୨୪୧]

ଭାଇସରୟଙ୍କ ଉପଦେଶକୁ ଉପେକ୍ଷା କରି ନେହେରୁ କଶ୍ମୀର ଗଲେ। ସେ ନିଜକୁ ଠିକ୍ ପ୍ରମାଣିତ କରିବାକୁ ଯାଇ କହିଲେ : 'ମୁଁ କୌଣସି ରାଜ୍ୟରେ ନିଜକୁ ବାହାର ଲୋକ ବୋଲି ଭାବେ ନାହିଁ। ସାରା ଭାରତ ମୋର ଘର, ଏବଂ ମୁଁ ଯେ କୌଣସି ସ୍ଥାନକୁ ଯିବାକୁ ମୋର ଅଧିକାର ଅଛି ବୋଲି ଦାବି କରୁଛି। ଯଦି ଏହା ଶାସକ ଏବଂ ଅନ୍ୟମାନଙ୍କୁ ଭାରତ ଏବଂ ତା'ର ଲୋକଙ୍କ କୌଣସି ନୂତନ ଅବସ୍ଥା ବିଷୟରେ ଭୁଲ୍ ଚିନ୍ତା କରେ ତେବେ ମୁଁ ସେ ପାଇଁ ଦୁଃଖିତ ନୁହେଁ'।[୨୪୨]

ନେହେରୁ ପ୍ରତିବନ୍ଧକକୁ ନ ମାନି ୨୦ ଜୁନ୍ ୧୯୪୬ରେ ଜମ୍ମୁ କଶ୍ମୀର ଗଲେ ଏବଂ ୨୨ ଜୁନ୍ ୧୯୪୬ରେ ଗିରଫ ହେଲେ। ତାଙ୍କୁ ମୁକ୍ତ କରି ପୁଣି ଦିଲ୍ଲୀ ପଠେଇ ଦିଆଗଲା। କଶ୍ମୀର ପଣ୍ଡିତ ଏବଂ ଅନେକ ହିନ୍ଦୁ ଓ ମୁସଲମାନ୍ ନେହେରୁଙ୍କୁ ନେସନାଲ କନଫରେନ୍ସର ମନ୍ଦ ଉଦ୍ଦେଶ୍ୟ ବିଷୟରେ ସତର୍କ କରାଇଥିଲେ, ତଥାପି ନେହେରୁ ଅବଦୁଲ୍ଲାଙ୍କୁ ଶେର –ଏ-କଶ୍ମୀର ଓ କଶ୍ମୀରରେ ନିଜର ସବୁଠୁ ପ୍ରିୟ ସହକର୍ମୀ କହି ସମର୍ଥନ କଲେ। ଡ. ମୁଖାର୍ଜୀ ମଧ୍ୟ ଅବଦୁଲ୍ଲାଙ୍କ ହିନ୍ଦୁ ବିରୋଧୀ, ପଣ୍ଡିତ ବିରୋଧୀ ଓ ଭାରତ ବିରୋଧୀ ଚିନ୍ତାଧାରା ବିଷୟରେ ନେହେରୁଙ୍କୁ ସତର୍କ କରାଇଥିଲେ।

ନେହେରୁଙ୍କର ଅବଦୁଲ୍ଲାଙ୍କ ପ୍ରତି ଏ ପ୍ରକାର ସମର୍ଥନ ରାଜା ହରି ସିଂଙ୍କୁ କଂଗ୍ରେସକୁ ସନ୍ଦେହ କରିବାକୁ ବାଧ୍ୟ କଲା। ବାସ୍ତବରେ ଏହି କାରଣରୁ ରାଜା ହରି ସିଂ ଭାରତରେ ରାଜ୍ୟଗୁଡିକର ମିଶ୍ରଣ ଆଲୋଚନାରେ ଭାଗ ନେବାକୁ ମନା କରିଦେଲେ। ତଥାପି ସର୍ଦ୍ଦାର ପଟେଲ୍ ହିଁ ନେହେରୁଙ୍କ ବେପରୁଆ ସ୍ୱଭାବରୁ ନଷ୍ଟ ହୋଇଥିବା କୁଟନୈତିକ ଆଧାରକୁ ଉଦ୍ଧାର କରିଥିଲେ ଏବଂ ମହାରାଜାଙ୍କୁ ମନାଇବା ପାଇଁ ଚେଷ୍ଟା କରିଥିଲେ। ପଟେଲ୍ ଲେଖିଲେ :

କଂଗ୍ରେସ ବାବଦରେ ଆପଣଙ୍କ ମନରେ ଯଥେଷ୍ଟ ଭୁଲ୍ ବୁଝାମଣା ଅଛି ଦେଖି ମୁଁ ସତରେ ଦୁଃଖିତ। ହେ ମହାରାଜା ! ଆପଣଙ୍କୁ ଆଶ୍ୱସ୍ତ କରିବାକୁ ମତେ ଅନୁମତି ଦିଅନ୍ତୁ ଯେ କଂଗ୍ରେସ ଆଦୌ ଆପଣଙ୍କର ଶତ୍ରୁ ନୁହେଁ ବରଂ ଆପଣଙ୍କ ରାଜ୍ୟକୁ ସମର୍ଥନ ଦେଲାଭଳି ଅନେକ ଲୋକ କଂଗ୍ରେସରେ ଅଛନ୍ତି, ... ହଁ ଏକଥା ସତ୍ୟ

ଯେ ନିକଟରେ ଘଟିଥିବା ଘଟଣା ଆପଣଙ୍କ ମଙ୍ଗଳ ଚାହୁଁଥିବା ଅନେକ କଂଗ୍ରେସ ସଦସ୍ୟଙ୍କୁ ଅସନ୍ତୁଷ୍ଟ କରିଛି। ପଣ୍ଡିତ ଜବାହରଲାଲ୍ ନେହେରୁ କଶ୍ମୀରର ସନ୍ତାନ। ସେ ଏଥିପାଇଁ ଗର୍ବିତ ଏବଂ ଆପଣ ଆଶ୍ୱସ୍ତ ରୁହନ୍ତୁ ଯେ ସେ ଆଦୌ ଆପଣଙ୍କର ଶତ୍ରୁ ନୁହନ୍ତି। ଆପଣଙ୍କ ରାଜ୍ୟ ଯେଉଁ କଠିନ ଏବଂ ସୂକ୍ଷ୍ମ ସ୍ଥିତିରେ ସ୍ଥାନିତ ହୋଇଛି, ମୁଁ ତାକୁ ସମ୍ପୂର୍ଣ୍ଣ ଭାବେ ପ୍ରଶଂସା କରୁଛି। କିନ୍ତୁ ରାଜ୍ୟର ଜଣେ ଆନ୍ତରିକ ବନ୍ଧୁ ଓ ଶୁଭେଚ୍ଛୁ ଭାବରେ ମୁଁ ଆପଣଙ୍କୁ ଆଶ୍ୱସ୍ତ କରିବାକୁ ଚାହୁଁଛି ଯେ ବିନା ବିଳମ୍ବରେ ଭାରତୀୟ ୟୁନିୟନ ଏବଂ ଏହାର ସମ୍ବିଧାନ ସଭାରେ ଯୋଗ ଦେବାରେ କଶ୍ମିରୀମାନଙ୍କର ମଙ୍ଗଳ ନିହିତ ଅଛି।[୨୪୩]

ଭାରତ ୧୫ ଅଗଷ୍ଟ ୧୯୪୭ରେ ସ୍ୱାଧୀନ ହେଲା ଏବଂ ସର୍ଦ୍ଦାର ପଟେଲଙ୍କ ପ୍ରଶଂସନୀୟ ଉଦ୍ୟମ ଯୋଗୁ ହାଇଦ୍ରାବାଦ ଓ ଜୁନାଗଡର ସମସ୍ୟା ସମାଧାନ ହୋଇପାରିଲା। ତଥାପି, ନେହେରୁଙ୍କ ଭୁଲ୍ ପରିଚାଳନା ଯୋଗୁ କଶ୍ମୀର ସମସ୍ୟା ଲାଗି ରହିଲା। ୧୯୪୭ ସେପ୍ଟେମ୍ବରରେ କଶ୍ମୀର ଉପରେ ପାକିସ୍ତାନର ଆଗୁଆ ଆକ୍ରମଣ ମସୁଧା ବିଷୟରେ ନେହେରୁ ସୂଚନା ପାଇଥିଲେ, କିନ୍ତୁ ସେ ପଟେଲଙ୍କୁ କହିଲେ ଯେ ପର୍ଯ୍ୟନ୍ତ ଅବଦୁଲା ଏବଂ ଅନ୍ୟ ନେସେନାଲ୍ କନଫରେନ୍ସ ନେତାମାନଙ୍କୁ ମହାରାଜା ମୁକ୍ତ କରିନାହାନ୍ତି, ସେ ଯାଏ କିଛି ଦୃଢ ପଦକ୍ଷେପ ନେଇହେବ ନାହିଁ। କୌଣସି ଅଜଣା କାରଣରୁ ନେହେରୁ ନେସେନାଲ୍ କନଫରେନ୍ସକୁ ମୂଲ୍ୟବାନ ସମ୍ପଦ ବୋଲି ଭାବୁଥିଲେ। ଏସବୁ ଘଟଣା ମଧ୍ୟରେ ପାକିସ୍ତାନର ବଦମାସୀ ଜାରି ରହିଥିଲା। ଜମ୍ମୁ କଶ୍ମୀରରେ ବିଶେଷତଃ ସୀମାନ୍ତରେ ହିନ୍ଦୁ ଓ ଶିଖ୍‌ମାନଙ୍କୁ ଲୁଟିବା ଓ ହତ୍ୟା କରିବା ଆରମ୍ଭ ହୋଇଯାଇଥିଲା। ଏ ଖବରରୁ ଜଣାଯାଇଥିଲା ଯେ ସୀମାନ୍ତର ୪ ମାଇଲ୍ ବ୍ୟାପୀ ଅଞ୍ଚଳରେ ହିନ୍ଦୁ ଓ ଶିଖମାନଙ୍କର ପ୍ରାୟ ୭୫ ପ୍ରତିଶତ ଘର ଜଳାଇ ଦିଆଯାଇଥିଲା, ଲୁଟତରାଜ କରାଯାଇଥିଲା, ପୁରୁଷମାନଙ୍କୁ ପୋଡି ଦିଆଯାଇଥିଲା, ମହିଳାମାନେ ଧର୍ଷିତା ହୋଇଥିଲେ ଏବଂ ଛୋଟ ଶିଶୁମାନଙ୍କୁ ମାରି ଦିଆଯାଇଥିଲା। ଆଗାମୀ ଆକ୍ରମଣର ସୂଚନା ସହ ପ୍ରଚାରପତ୍ର ଫିଙ୍ଗା ହେଉଥିଲା, ଗଣହତ୍ୟା ସହ ଜବରଦସ୍ତି ଧର୍ମାନ୍ତରୀକରଣ ମଧ୍ୟ ହେଉଥିଲା। ପାକିସ୍ତାନର ଶାସକ ପ୍ରଧାନମନ୍ତ୍ରୀ ତାଙ୍କ ସେନା ଏବଂ ଅନାମ ଗୋଷ୍ଠୀ ଜମ୍ମୁ କଶ୍ମୀର ସରକାରଙ୍କୁ ଅନୌପଚାରିକ ମାଧ୍ୟମରେ ଧମକ ଦେଇ ଭୟଭୀତ କରାଉଥିଲେ ଯେ ଯଦି ସେମାନେ ପାକିସ୍ତାନରେ ନ ମିଶିବେ ତେବେ ଫଳ ଭୋଗିବା ପାଇଁ ପ୍ରସ୍ତୁତ ରୁହନ୍ତୁ।[୨୪୪]

ଦିନକୁଦିନ ଖରାପ ହେଉଥିବା ଆଇନ ଶୃଙ୍ଖଳା ପରିସ୍ଥିତି, ବିଶେଷକରି ହିନ୍ଦୁ ଓ ଶିଖ୍‌ମାନଙ୍କ ପ୍ରତି ହେଉଥିବା ହିଂସାରେ ବ୍ୟଥିତ ହୋଇ ୨୬ ଅକ୍ଟୋବର

୧୯୪୭ରେ ମହାରାଜା ଭାରତ ସହ ଯୋଗଦାନ ଚୁକ୍ତି ସ୍ୱାକ୍ଷର କଲେ। ଯେତେବେଳେ ଏହି ସ୍ୱାକ୍ଷର ହେଉଥିଲା ସେତେବେଳେ ପାକିସ୍ତାନ ସେନା ଶ୍ରୀନଗରଠୁ ମାତ୍ର ୩୫ କିଲୋମିଟର ଦୂରରେ ଥିଲେ। ଘଟଣାଗୁଡିକ ବଢିବା ଦେଖି ସର୍ଦ୍ଦାର ପଟେଲ୍ ସ୍ଥିତି ସମ୍ଭାଳିଥିଲେ। ଭାରତ ପକ୍ଷରୁ ଏକ ଦୃଢ ପ୍ରତିକ୍ରିୟାର ଅନୁମାନ କରି ଭାଇସରୟ ମାଉଣ୍ଟବ୍ୟାଟେନ୍ ପଟେଲଙ୍କୁ ବିଭ୍ରାନ୍ତ କରିବାକୁ ଚେଷ୍ଟା କଲେ। ସେ ପଟେଲଙ୍କୁ ଲେଖିଲେ ଯେ 'ଏହା ଏକ ନିୟମିତ ସେନା ନୁହେଁ, ବରଂ ଜନଜାତିର ଏକ ଦଳ ଯେଉଁମାନେ ଆକ୍ରମଣ ଅଭିଯାନରେ ନୁହେଁ କେବଳ ଲୁଟତରାଜ କରିବା ପାଇଁ ବାହାରିଥିଲେ।' ପଟେଲ ତାଙ୍କୁ ଅଣଦେଖା କରି ଶ୍ରୀନଗରକୁ ରକ୍ଷା କରିବାକୁ ସ୍ଥିର କଲେ। ଜମ୍ମୁ କଶ୍ମୀରର ପ୍ରଧାନମନ୍ତ୍ରୀ ମେହେର ଚାନ୍ଦ ମହାଜନ ପଟେଲଙ୍କୁ ଧନ୍ୟବାଦ ଦେଇ ଲେଖିଲେ :

ଆପଣ ଗତକାଲି କଶ୍ମୀର ପାଇଁ ଯାହା କଲେ (ଭାରତୀୟ ସେନାକୁ ଶ୍ରୀନଗର ପଠାଇ) ସେଥିପାଇଁ ମୁଁ ଏବଂ ମହାମହିମ ରାଜା ଆପଣଙ୍କ ନିକଟରେ ଗଭୀର ଭାବେ କୃତଜ୍ଞ। ଆପଣଙ୍କର ଏହି ତ୍ୱରିତ୍ ଏବଂ ସମୟୋପଯୋଗୀ ସାହାଯ୍ୟ ପାଇଁ ଆପଣଙ୍କୁ ବ୍ୟକ୍ତିଗତ ଭାବେ ତାଙ୍କର ଗଭୀର କୃତଜ୍ଞତା ଜଣାଇବାକୁ ମହାରାଜା ମୋତେ ନିର୍ଦ୍ଦେଶ ଦେଇଥିଲେ। ମୁଁ କେବଳ ଆପଣଙ୍କ ମୂଲ୍ୟବାନ ଉପଦେଶ ଓ ପଥ ପ୍ରଦର୍ଶନ ଉପରେ ନିର୍ଭର କରୁଛି। ଯଦି ମୁଁ କୌଣସି ମୁର୍ଖତାପୂର୍ଣ୍ଣ ଶବ୍ଦ କହିଥାଏ, ସେ ପାଇଁ ମୁଁ କ୍ଷମା ମାଗୁଛି। ବର୍ତ୍ତମାନ ସବୁ ଆପଣଙ୍କ ହାତରେ ନ୍ୟସ୍ତ କରାଗଲା।[୨୪୫]

କଶ୍ମୀର ସମସ୍ୟା ଉପରେ ନେହେରୁ ପଟେଲଙ୍କୁ ସମାଲୋଚନା କଲେ ଏବଂ ପଟେଲ ପ୍ରାୟ ଇସ୍ତଫା ଦେଇଦେଲେ

ପଟେଲ ପାକିସ୍ତାନକୁ ଆନ୍ତର୍ଜାତିକ ସୀମାରେଖା ପାଖକୁ ଫେରାଇ ନେବାକୁ ଚାହୁଁଥିଲେ। ମାଉଣ୍ଟବ୍ୟାଟେନ ଏବଂ ଲର୍ଡ ଇସମେ ଲିଆକତ୍ ଅଲ୍ଲୀ ଖାଁ ଓ ମହମ୍ମଦ ଅଲ୍ଲୀ ଜିନାଙ୍କୁ ୧ ନଭେମ୍ବର ୧୯୪୭ରେ ଭେଟିଲେ। ଦିଲ୍ଲୀ ଫେରିବା ପରେ ମାଉଣ୍ଟବ୍ୟାଟେନ ଅସ୍ତବିରତି କରିବାକୁ ଜିଦ୍ କରି ଏକ ମିଳିତ ବିଜ୍ଞପ୍ତି ପ୍ରସ୍ତୁତ କରିଥିଲେ ଯେ, ଏକ ଜନମତ ସଂଗ୍ରହ ମିଳିତ ଜାତିସଂଘର ସହମତି ଏବଂ ସମ୍ମାନ ଉପରେ ଭାରତ ଏବଂ ପାକିସ୍ତାନୀ ସରକାରଙ୍କ ଦ୍ୱାରା ଜାରି କରାଯିବ।

ଇତ୍ୟବସରରେ ଅବଦୁଲ୍ଲା ୩୦ ଅକ୍ଟୋବର ୧୯୪୭ରେ ଜମ୍ମୁ କଶ୍ମୀରରେ ଶାସନ ମୁଖ୍ୟ ହୋଇଗଲେ। ନେହେରୁ ମାଉଣ୍ଟବ୍ୟାଟେନ ଓ ନେହେରୁଙ୍କ ମନ୍ତ୍ରୀ ପରିଷଦର ବିଭାଗବିହୀନ ମନ୍ତ୍ରୀ ଗୋପାଳ ସ୍ୱାମୀ ଆୟାଙ୍ଗରଙ୍କ ସହ ମିଶି ଅବଦୁଲ୍ଲା ପଟେଲଙ୍କ

ଅଜାଣତରେ କଶ୍ମୀର ମାମଲାରେ ହସ୍ତକ୍ଷେପ କରିବାକୁ ଆରମ୍ଭ କଲେ। ଏପରିକି ଗୋପାଳସ୍ୱାମୀ ସେନାକୁ ସିଧାସଳଖ ଆଦେଶ ଦେଇଥିଲେ। ଯେବେ ପଟେଲ ଏହାକୁ ବିରୋଧ କଲେ, ନେହେରୁ କହିଲେ 'ବର୍ତ୍ତମାନ କଶ୍ମୀର ସମ୍ବନ୍ଧୀୟ ସମସ୍ୟା –

ଯାହା ସମ୍ଭବତଃ ରାଜ୍ୟ ମନ୍ତ୍ରଣାଳୟ ଏହାର କାର୍ଯ୍ୟ ସମ୍ବନ୍ଧରେ ରଖିଛି, ମୁଁ ଏହି ନୀତିକୁ ପ୍ରଶଂସା କରେ ନାହିଁ। ଏହା ସମସ୍ତ ପ୍ରକାରର ସଂପୃକ୍ତ ପ୍ରସଙ୍ଗକୁ ଉତ୍ଥାପନ କରୁଛି – ଅନ୍ତର୍ଜାତୀୟ ସେନା ଏବଂ ଅନ୍ୟ ପ୍ରସଙ୍ଗ ଯାହା ରାଜ୍ୟ ସରକାରଙ୍କ କ୍ଷମତା ବାହାରେ ବୋଲି ମୁଁ ଭାବୁଛି ଏବଂ ପ୍ରଧାନମନ୍ତ୍ରୀ ଭାବରେ ଆମର ବିଭିନ୍ନ କାର୍ଯ୍ୟକଳାପର ସମନ୍ୱୟ ଆଣିବାକୁ ମୁଁ ଏ ଘଟଣାରେ ବ୍ୟକ୍ତିଗତ ଆଗ୍ରହ ରଖିବାକୁ ବାଧ୍ୟ। ମୁଁ ପ୍ରକୃତରେ ବୁଝିପାରୁନାହିଁ ଯେ ରାଜ୍ୟ ମନ୍ତ୍ରଣାଳୟ କାହିଁକି ଏ ଚିତ୍ରକୁ ଆସିବ। କେବଳ ଏ କଥା ବ୍ୟତୀତ ଯେ ନିଆଯାଇଥିବା ପଦକ୍ଷେପ ବିଷୟରେ ତାକୁ ଅବଗତ କରାଯିବ।[୨୪୬]

ଭାରତର ଲୌହ ପୁରୁଷ କଶ୍ମୀର ସମସ୍ୟାକୁ ଏକ ପଡୋଶୀର ଆକ୍ରୋଶ ଭାବେ ଦେଖୁଥିଲେ ଏବଂ ତଦନୁଯାୟୀ ସମାଧାନ କରିବାକୁ ଚାହୁଁଥିଲେ, 'ଜାତିସଂଘରେ ଉପସ୍ଥାପିତ କରିବାକୁ ନୁହେଁ'। ସେ ନିଜ ଚିଠି ପ୍ୟାଡ୍‌ରେ ଇସ୍ତଫାପତ୍ର ଲେଖି ନେହେରୁଙ୍କୁ ଜବାବ ଦେଲେ।

'ଆଜି ସନ୍ଧ୍ୟା ୭ଟାରେ ଆପଣଙ୍କ ଚିଠି ମିଳିଲା ଏବଂ ମୁଁ ତତ୍‌କ୍ଷଣାତ ଆପଣଙ୍କୁ ଏହା କହିବାକୁ ଲେଖୁଛି। ଏହାମତେ ଯଥେଷ୍ଟ ଯନ୍ତ୍ରଣା ଦେଇଛି। ଆପଣଙ୍କ ଚିଠି ପାଇବା ପୂର୍ବରୁ ମୁଁ ଗୋପାଳସ୍ୱାମୀଙ୍କୁ ଚିଠି ଲେଖି ସାରିଥିଲି, ଯାହାର ଏକ ନକଲ ମଧ୍ୟ ମୁଁ ଦେଉଛି ... ଯେ କୌଣସି ସ୍ଥିତିରେ ଆପଣଙ୍କ ପତ୍ର ମୋ ପାଇଁ ଏହା ସ୍ପଷ୍ଟ କରିଛି ଯେ ମୋର ସରକାରଙ୍କର ସଦସ୍ୟ ପଦରେ ରହିବା ଉଚିତ୍ କି ନୁହେଁ, ତେଣୁ ମୁଁ ମୋର ଇସ୍ତଫା ପ୍ରଦାନ କରୁଛି। ଏକ କାଠିକର ସମୟରେ ମୁଁ ମୋ କାର୍ଯ୍ୟଭାର ଚଳାଇଥିବାବେଳେ ଆପଣ ମୋତେ ଯେଉଁ ସୌଜନ୍ୟତା ଓ ଦୟା ଦେଖାଇଛନ୍ତି, ସେଥିପାଇଁ ମୁଁ ଆପଣଙ୍କ ନିକଟରେ କୃତଜ୍ଞ।[୨୪୭]

ଚିଠିଟି 'ଡ୍ରାଫ୍ଟ' ବୋଲି ଚିହ୍ନିତ ହୋଇଥିଲା। ତେବେ, ଏ ଚିଠି ଟାଇପ ହୋଇ ପଠାହେବା ପୂର୍ବରୁ ଯେଉଁ ଲୋକେ ଏ ବିଷୟରେ ଜାଣିପାରିଲେ ସେମାନେ ନେହେରୁଙ୍କୁ ଓ ପଟେଲଙ୍କୁ ବିବାଦଟିକୁ ଛାଡିଦେବାକୁ ରାଜି କରାଇଲେ।

୧ ଜାନୁଆରୀ ୧୯୪୮ରେ ନେହେରୁ ଏ ମାମଲାଟିକୁ ଜାତିସଂଘକୁ ନେଇ କଶ୍ମୀର ଆକ୍ରମଣର ସମାଧାନ ପାଇଁ ଭାରତୀୟ ସେନାକୁ ପାକିସ୍ତାନ ପଠାଇବାକୁ ଅନୁମତି ଲୋଡିଲେ। ଭାରତର ନିରାପତ୍ତା ଓ ସାର୍ବଭୌମତା ଅପେକ୍ଷା, ପାଶ୍ଚାତ୍ୟ ଦେଶମାନଙ୍କର ଭାରତ ପ୍ରତି କ'ଣ ବିଚାର ରହିବ, ସେ ସମ୍ବନ୍ଧରେ ନେହେରୁ ବେଶି ଚିନ୍ତିତ ଥିଲେ।

ଅବଦୁଲ୍ଲାଙ୍କ ସ୍ୱାଧୀନ କଶ୍ମୀର ପାଇଁ ଆହ୍ୱାନ ଏବଂ କୁଖ୍ୟାତ ୩୭୦ ଧାରାର ଜନ୍ମ

ଅବଦୁଲ୍ଲା ଆତ୍ମପ୍ରଚାର ଆରମ୍ଭ କଲେ ଏବଂ ଏହା କରି ତାଙ୍କର ପ୍ରକୃତ ଉଦ୍ଦେଶ୍ୟ ପ୍ରକାଶ କଲେ। ସେ ସ୍ୱାଧୀନ କଶ୍ମୀର ଦାବି କରିବା ଆରମ୍ଭ କଲେ ଏବଂ ପାକିସ୍ତାନ ଚାଲିଯାଇଥିବା ଜମିଦାରମାନଙ୍କୁ ଫେରିଆସିବାକୁ କହିଲେ। ସେ ଘୋଷଣା କଲେ :

'ଉଭୟ ପାର୍ଶ୍ୱରେ କେଉଁଠି ବି ଯୋଗଦାନ ଶାନ୍ତି ଆଣିବ ନାହିଁ। ଆମେ ଉଭୟ ଉପନିବେଶ ସହ ବନ୍ଧୁ ଭାବେ ରହିବାକୁ ଚାହୁଁ। ଏକ ସ୍ୱାଧୀନ କଶ୍ମୀରର ଗ୍ୟାରେଣ୍ଟି କେବଳ ଭାରତ କିମ୍ବା ପାକିସ୍ତାନ ନୁହେଁ, ବରଂ ବ୍ରିଟେନ୍, ଜାତିସଂଘ ଓ ଜାତିସଂଘର ଅନ୍ୟ ସଦସ୍ୟମାନେ ମଧ୍ୟ ଦେବା ଉଚିତ୍। ... ଏବଂ ଏହା ଏକମାତ୍ର ସମାଧାନ ହୋଇପାରିବ।[୨୪୮]

ଏପରିକି ନେହେରୁଙ୍କ ଘନିଷ୍ଠ ସହଯୋଗୀ ଓ ଅବଦୁଲ୍ଲାଙ୍କ ପ୍ରତି ଅତ୍ୟନ୍ତ ସହୃଦୟ ଥିବା ଗୋପାଳସ୍ୱାମୀ ମଧ୍ୟ ଏ ପ୍ରସ୍ତାବକୁ ଇତିହାସର ସବୁଠୁ ବଡ ବିଶ୍ୱାସଘାତକତା ବୋଲି ବିବେଚନା କରୁଥିଲେ।

ଏହି ସମୟରେ ସମ୍ବିଧାନ ପ୍ରସ୍ତୁତି ଅନ୍ତିମ ପର୍ଯ୍ୟାୟରେ ଥିଲା। କଶ୍ମୀର ସମ୍ବନ୍ଧୀୟ ଅଂଶ ପ୍ରସ୍ତୁତ କରିବାକୁ ଗୋପାଳ ସ୍ୱାମୀଙ୍କୁ ଦାୟିତ୍ୱ ଦିଆଗଲା। ଧାରା ୩୦୬ଏ ଲେଖାସରି ସାମ୍ବିଧାନିକ ସଭାଠାରୁ ଅନୁମୋଦନ ପାଇସାରିଥିଲା। ଏହି ଡ୍ରାଫ୍ଟ ନେହେରୁ, ପଟେଲ୍, ଗୋପାଳସ୍ୱାମୀ, ମହାରାଜା, ଅବଦୁଲ୍ଲା ଏବଂ ତାଙ୍କର ତିନିଜଣ ସହଯୋଗୀଙ୍କ ଦ୍ୱାରା ଆଦୃତ ହୋଇସାରିଥିଲା। କିନ୍ତୁ ଶ୍ରୀନଗରରେ ପହଞ୍ଚିବା କ୍ଷଣି ଅବଦୁଲ୍ଲା ସମ୍ପୂର୍ଣ୍ଣ ମତି ପରିବର୍ତ୍ତନ କରି ଧାରା ୩୦୬ଏ'କୁ ବିରୋଧ କଲେ ଏବଂ ଜମ୍ମୁ କଶ୍ମୀର ପାଇଁ ବିଶେଷ ବ୍ୟବସ୍ଥା ଦାବି କଲେ। କେବଳ ତୋଡ ଦେଖାଇବା ପାଇଁ ନେହେରୁ ଓ ଗୋପାଳସ୍ୱାମୀ ପଟେଲଙ୍କ ସମ୍ମୁଖରେ ଅବଦୁଲ୍ଲାଙ୍କୁ ଦୋଷ ଦେଲେ। ସେମାନେ କିନ୍ତୁ ପଟେଲଙ୍କୁ ହତବମ୍ଭ କରି ଧାରା ୩୦୬ଏ'ର ପୁନର୍ଲିଖନ ସମାନ୍ତରାଳ ଭାବେ କଲେ ଏବଂ ପଟେଲଙ୍କୁ କହିଲେ ଯେ ଧାରାରେ ସାମାନ୍ୟ ପରିବର୍ତ୍ତନ କରାଯାଇଛି। ସେ କହିଲେ :

'ମୋତେ ଲାଗୁଛି ମୂଳ ଡ୍ରାଫ୍ଟ ଉପରେ କିଛି ଗୁରୁତ୍ୱପୂର୍ଣ୍ଣ ପରିବର୍ତ୍ତନ କରାଯାଇଛି, ବିଶେଷକରି ମୌଳିକ ଅଧିକାର ଏବଂ ରାଜ୍ୟନୀତିର ନିର୍ଦ୍ଦେଶନାମାର ପ୍ରଯୋଗତା ଉପରେ ପରିବର୍ତ୍ତନ ହୋଇଛି। ଆପଣ ନିଜେ ଅନୁଭବ କରିପାରିବେ ଯେ ରାଜ୍ୟଟି ଭାରତର ଏକ ଅଂଶ ହେଇଛି ଏବଂ ଭାରତର କୌଣସି ବ୍ୟବସ୍ଥାକୁ ସ୍ୱୀକୃତି ଦେବାକୁ ନାରାଜ ହେଉଛି।...

ଆମ ଦଳ ସ୍ୱୟଂ ଶେଖ ସାହାବଙ୍କ ଉପସ୍ଥିତିରେ ସମ୍ପୂର୍ଣ୍ଣ ବ୍ୟବସ୍ଥାକୁ ଅନୁମୋଦନ କରିବାପରେ ମୁଁ କୌଣସି ପରିବର୍ତ୍ତନ ପସନ୍ଦ କରେ ନାହିଁ। ଯେତେବେଳେ ଶେଖ ସାହେବ ପଛକୁ ଫେରିବାକୁ ଇଚ୍ଛା କରନ୍ତି, ସେ ସର୍ବଦା ଲୋକମାନଙ୍କ ପ୍ରତି ତାଙ୍କର କର୍ତ୍ତବ୍ୟ ସହିତ ଆମକୁ ସାମ୍ନା କରନ୍ତି। ଅବଶ୍ୟ ତାଙ୍କର ଭାରତ କିମ୍ବା ଭାରତ ସରକାରଙ୍କ ପାଇଁ କୌଣସି କର୍ତ୍ତବ୍ୟ ନାହିଁ କିମ୍ବା ବ୍ୟକ୍ତିଗତ ଭିତ୍ତିରେ ତୁମର ଓ ପ୍ରଧାନମନ୍ତ୍ରୀଙ୍କ ପାଇଁ - ଯିଏ ତାଙ୍କୁ ସ୍ଥାନିତ କରିବାକୁ ସବୁପ୍ରକାର ଉପାୟ କରିଥିଲେ। ଏହି ପରିସ୍ଥିତିରେ ମୋ ଦ୍ୱାରା ଆଦୃତ ହେବାର ପ୍ରଶ୍ନ ଉଠୁନାହିଁ। ଆପଣ ଯଦି ଏହା କରିବା ଉଚିତ ମଣୁଛନ୍ତି ତେବେ ଆଗେଇ ଯାଆନ୍ତୁ।[୨୪୯]

ଅବଦୁଲ୍ଲାଙ୍କ ଇଚ୍ଛା ଏବଂ କଳ୍ପନା ଅନୁଯାୟୀ ନେହେରୁ ଏବଂ ଗୋପାଳସ୍ୱାମୀଙ୍କ ଦ୍ୱାରା ଧାରା ୩୦୬ ଏ ପୁନର୍ବାର ଖୋଲାଯାଇଥିଲା। ପଟେଲଙ୍କ ମୃତ୍ୟୁ ସହିତ ନେହେରୁ ଯାହା ଚାହିଁଲେ ସେମିତି ହେଲା। ଧାରା ୩୦୬ ଏ ପରିବର୍ତ୍ତିତ ହୋଇ କୁଖ୍ୟାତ ୩୭୦ରେ ପରିଣତ ହେଲା। ନେହେରୁ ଓ ଅବଦୁଲ୍ଲାଙ୍କ ମଧ୍ୟରେ 'ନେହେରୁ ଅବଦୁଲ୍ଲା ଚୁକ୍ତି' ନାମରେ ଏକ ରାଜିନାମା ହେଲା। ତଥାପି ଧାରା ୩୭୦ ଏହି ଚୁକ୍ତିନାମାକୁ ଅସ୍ଥାୟୀ ଏବଂ କ୍ଷଣସ୍ଥାୟୀ ଅପେକ୍ଷା ଅଧିକ ଶକ୍ତିଶାଳୀ କରିଥିଲା ଏବଂ ଏହି ଧାରା କଶ୍ମୀରକୁ ଏକ ସ୍ଥାୟୀ ବୈଶିଷ୍ଟ୍ୟ ପ୍ରଦାନ କରିଥିଲା।

ଧାରା ୩୭୦ କଶ୍ମୀରକୁ ଅଲଗା ସମ୍ବିଧାନ ଏବଂ ଭିନ୍ନ ପତାକା ପ୍ରଦାନ କରିବା ସହିତ ମୁଖ୍ୟମନ୍ତ୍ରୀଙ୍କ ବଦଳରେ ପ୍ରଧାନମନ୍ତ୍ରୀ ପଦ ପ୍ରଦାନ କରିଥିଲା। ସମସ୍ତ ମୌଳିକ ଅଧିକାର ଯେମିତିକି ସମ୍ପତ୍ତି ପାଇଁ ଅଧିକାର, ନାଗରିକତ୍ୱର ଅଧିକାର ଏବଂ ବନ୍ଦୋବସ୍ତର ଅଧିକାର ଜମ୍ମୁ କଶ୍ମୀରରେ ସମ୍ପୂର୍ଣ୍ଣ ଭିନ୍ନ ଥିଲା। ଏହାଦ୍ୱାରା ଭାରତୀୟମାନେ ଜମ୍ମୁ କଶ୍ମୀରରେ ନାଗରିକତ୍ୱ ପାଇଲେ ନାହିଁ କିନ୍ତୁ ଜମ୍ମୁ କଶ୍ମୀରର ଲୋକେ ସାରା ଭାରତର ନାଗରିକତ୍ୱ ପାଇଲେ। କି ବିଡମ୍ବନା! ମୂଳତଃ ନେହେରୁ ଏକ ସ୍ୱାଧୀନ ଦେଶରେ କଶ୍ମୀରକୁ ଏକ ସମ୍ପୂର୍ଣ୍ଣ ସ୍ୱାଧୀନ ରାଜ୍ୟର ମାନ୍ୟତା ପ୍ରଦାନ କରିଥିଲେ।

ଧାରା ୩୭୦କୁ ନେଇ ନେହେରୁଙ୍କ ଉପରେ ଡ. ମୁଖାର୍ଜୀଙ୍କ ଆରୋପ

ଡ. ମୁଖାର୍ଜୀ ନେହେରୁଙ୍କ ରାଷ୍ଟ୍ରବିରୋଧୀ ଆଭିମୁଖ୍ୟକୁ ନେଇ ତାଙ୍କ ଉପରେ ଆରୋପ ଲଗାଇ କହିଲେ :

'ଶେଖ ଅବଦୁଲ୍ଲା କୌଣସି ମହତ୍ତ୍ୱପୂର୍ଣ୍ଣ ବିଷୟକୁ ସ୍ୱୀକାର ନ କରି ତାଙ୍କର ଅଯୌକ୍ତିକ ଦାବିଗୁଡିକର ସୁରକ୍ଷା କରିପାରିଛନ୍ତି। ଏହା ସହିତ ଭାରତର ସବୁ ସ୍ୱାର୍ଥ ସମର୍ପଣ ହୋଇଛି। ଏହା ମୁସଲମାନଙ୍କ ତୁଷ୍ଟୀକରଣ ଏବଂ ସାମ୍ପ୍ରଦାୟିକ ବିଚ୍ଛିନ୍ନତାବାଦର

ସାଧାରଣ କାହାଣୀର ପୁନରାବୃତ୍ତି ମାତ୍ର। ଏହା ଭାରତ ପାଇଁ କଶ୍ମୀର ହାସଲ କରିବାର ସମ୍ଭାବନା ନାହିଁ କିନ୍ତୁ ଜମ୍ମୁ କଶ୍ମୀରର ସୁରକ୍ଷା ତଥା ବିକାଶ ପାଇଁ ନିଶ୍ଚିତଭାବେ ବିପଦ ସୃଷ୍ଟି କରିବ।[୨୫୦]

ଅବଦୁଲ୍ଲା ଜଣେ ସ୍ୱେଚ୍ଛାଚାରୀ ଶାସକ ଥିଲେ ଏବଂ ତାଙ୍କର ଭୁଲ୍ ଶାସନ ପ୍ରଣାଳୀ ଅନେକଙ୍କୁ ଅସନ୍ତୁଷ୍ଟ କରିଥିଲା। ଏ ସମ୍ବନ୍ଧରେ ଅସଂଖ୍ୟ ଅଭିଯୋଗ ପତ୍ର ନେହେରୁ ଓ ପଟେଲଙ୍କ ନିକଟକୁ ଆସିଥିଲା। ଏପରିକି ମହାରାଜା ହରି ସିଂ ମଧ୍ୟ ଭାରତ ସରକାରଙ୍କୁ ଅବଦୁଲ୍ଲାଙ୍କ ଦୁର୍ବ୍ୟବହାର ସମ୍ବନ୍ଧରେ ଅବଗତ କରାଇଥିଲେ।

୧୯୫୨ ନିର୍ବାଚନରେ ଭାରତୀୟ ଜନସଂଘର ଜମ୍ମୁ କଶ୍ମୀର ସହଯୋଗୀ ପ୍ରଜା ପରିଷଦର ନାମାଙ୍କନକୁ ଅଯଥା କାରଣରୁ ନାକଚ କରି ଦିଆଗଲା। କଂଗ୍ରେସ ନିର୍ବାଚନ ନ ଲଢିବାକୁ ସ୍ଥିର କରିଥିଲା, ଯେମିତିକି ନେସନାଲ କନଫରେନ୍ସ ଜମ୍ମୁ କଶ୍ମୀର ବିଧାନସଭାର ୭୫ଟି ଯାକ ଆସନ ଜିତିପାରିବ।

ଏହି ପରିପ୍ରେକ୍ଷୀରେ ପ୍ରଜା ପରିଷଦ ନିର୍ବାଚନ ବିରୁଦ୍ଧରେ ଏକ ଆନ୍ଦୋଳନ ଆରମ୍ଭ କଲା। ତାହାର ଦାବିଗୁଡିକ ଥିଲା :

ଏକ ଦେଶରେ ଦୁଇ ବିଧାନ
ଏକ ଦେଶରେ ଦୁଇ ନିଶାନ
ଏକ ଦେଶରେ ଦୁଇ ପ୍ରଧାନ
ଚଳିବ ନାହିଁ।

ଜମ୍ମୁ ଏବଂ ଲଦାଖର ଅସଂଖ୍ୟ ଲୋକେ ମଧ୍ୟ ବିରୋଧ କଲେ। ଅବଦୁଲ୍ଲାଙ୍କୁ କଶ୍ମୀରରେ ସୀମିତ ରଖିବାକୁ ଜମ୍ମୁ ଓ ଲଦାଖକୁ କଶ୍ମୀରରୁ ଅଲଗା କରିବାର ପ୍ରସ୍ତାବ ମଧ୍ୟ ରହିଥିଲା। ଅଧିକନ୍ତୁ ଭାଷାଭିତ୍ତିକ, ସାଂସ୍କୃତିକ, ଭୌଗୋଳିକ, ଐତିହାସିକ ଏବଂ ଜାତିଗତ ଭାବେ ଜମ୍ମୁ ଓ ଲଦାଖବାସୀ କଶ୍ମୀରିଙ୍କଠୁ ଭିନ୍ନ ଥିଲେ। କେବଳ ଗୋଟିଏ କଥା ସମ୍ମାନ ଥିଲା – ତାହା ହେଲା ସରକାର । ନିମ୍ନଲିଖିତ ୮ ସୂତ୍ରୀ ଦାବି ଜଣାଇ ପ୍ରଜାପରିଷଦ ଅବଦୁଲ୍ଲା ସରକାର ବିରୋଧରେ ସତ୍ୟାଗ୍ରହ ଆରମ୍ଭ କଲେ।

୧. ଜମ୍ମୁ କଶ୍ମୀର ୟୁନିୟନର ଭାରତରେ ସମ୍ପୂର୍ଣ୍ଣ ମିଶ୍ରଣ।
୨. ଯଦି ଏଥିରେ କିଛି ସମସ୍ୟା ଥିଲା, ତେବେ ଜମ୍ମୁ ଓ ଲଦାଖ ତତ୍କ୍ଷଣାତ ଏକାଠି ହୋଇଯିବା ଉଚିତ୍।
୩. ରାଜ୍ୟରେ ଭାରତୀୟ ସମ୍ବିଧାନ ସମ୍ପୂର୍ଣ୍ଣ ରୂପେ ଲାଗୁହେବା ଉଚିତ୍।
୪. ଭାରତର ସର୍ବୋଚ୍ଚ ନ୍ୟାୟାଳୟଙ୍କ କଶ୍ମୀର ଉପରେ ସମ୍ପୂର୍ଣ୍ଣ ଅଧିକାର ରହିବା ଉଚିତ୍।

୫. ମୁକ୍ତ ଏବଂ ନିରପେକ୍ଷ ଭାବରେ ଜମ୍ମୁ ଓ କଶ୍ମୀର ବିଧାନସଭା ନିର୍ବାଚନ ଆଉଥରେ ହେବା ଉଚିତ୍।

୬. ଭାରତ ଏବଂ ଜମ୍ମୁ କଶ୍ମୀରରେ ଥିବା ସୀମା ଶୁଳ୍କ ପ୍ରତିବନ୍ଧକକୁ ଉଠାଇଦେବା ଉଚିତ୍।

୭. କଶ୍ମୀର ଅନ୍ୟ ଭାରତୀୟ ରାଜ୍ୟପରି ସମାନ ରାଜ୍ୟ, କେନ୍ଦ୍ରୀୟ ଓ ଯୁଗ୍ମ ଆଇନକୁ ପାଳନ କରିବା ଉଚିତ୍।

୮. ରାଜ୍ୟ ସରକାର ବିରୁଦ୍ଧରେ ଥିବା ଭ୍ରଷ୍ଟାଚାର ଅଭିଯୋଗକୁ ଏକ ନିରପେକ୍ଷ ଟ୍ରିବ୍ୟୁନାଲ ଦ୍ୱାରା ଯାଞ୍ଚ ହେବା ଆବଶ୍ୟକ।[୨୫୧]

ଭାରତୀୟ ଜନସଂଘର ବାର୍ଷିକ ଅଧିବେଶନର କାନପୁର ଅଧାୟରେ ସଂଘ କଶ୍ମୀର ସମସ୍ୟା ପ୍ରତି ଧ୍ୟାନଦେଲା ଏବଂ ନିମ୍ନଲିଖିତ ସଂକଳ୍ପ ପାରିତ କଲା।

ଜନସଂଘର ଏହି ଅଧାୟରେ ଭାରତ ସରକାରଙ୍କ ଦ୍ୱାରା କଶ୍ମୀର ପାଇଁ ନିଆଯାଇଥିବା ନୀତି ଉପରେ ଗୁରୁତର ଚିନ୍ତା ପ୍ରକଟ କରାଗଲା। ଏହି ନୀତିର ଫଳସ୍ୱରୂପ ରାଜ୍ୟର ଏକତୃତୀୟାଂଶ ପାକିସ୍ତାନ ଦ୍ୱାରା ଅକ୍ତିଆର କରାଯାଇଛି ଏବଂ ପାକିସ୍ତାନ ଦ୍ୱାରା ଏବେ ବି ଅଧିକୃତ ଅଛି ଏବଂ ରାଜ୍ୟର ଅନ୍ୟଭାଗ ବାସ୍ତବରେ ଏକ ସ୍ୱାଧୀନ ଶେଖ ରାଜ୍ୟ ହୋଇ ଶେଖ ଅବଦୁଲ୍ଲାଙ୍କ ଦ୍ୱାରା ଶାସିତ ହେଉଛି। ସବୁଠୁ ଭୟଙ୍କର କଥା ହେଲା ଏହାର ଏକ ଭିନ୍ନ ସମ୍ବିଧାନ, ଭିନ୍ନ ପତାକା ଏବଂ ଅଲଗା ପ୍ରଧାନମନ୍ତ୍ରୀ ଅଛନ୍ତି।

ଜମ୍ମୁ କଶ୍ମୀର ଭାରତର ଏକ ଅବିଚ୍ଛେଦ୍ୟ ଅଙ୍ଗ। ଜମ୍ମୁ ଓ ଲଦାଖ ଜନସାଧାରଣଙ୍କ ଦ୍ୱାରା ଭାରତରେ ମିଶିବା ପାଇଁ ସାମ୍ବିଧାନିକ ଉପାୟରେ କରାଯାଇଥିବା ଉଦ୍ୟମ ବାସ୍ତବ ଏବଂ ପ୍ରଶଂସାଯୋଗ୍ୟ। ଏହା ସ୍ୱୀକାରଯୋଗ୍ୟ ସତ୍ୟ ଯେ ସେମାନେ ଏକ ଆନ୍ଦୋଳନ କରିବାକୁ ବାଧ୍ୟ ହେଉଛନ୍ତି କାରଣ ସେମାନଙ୍କ ଗଭୀର ଭାବନାକୁ କ୍ରମାଗତ ଭାବେ ଅବହେଳା କରାଯାଇଛି।

ଏହା ଅତ୍ୟନ୍ତ ଦୁଃଖର ବିଷୟ ଯେ ଅବଦୁଲ୍ଲା ସରକାରଙ୍କ ଏହି ଅପବ୍ୟବହାର ଦ୍ୱାରା ଭାରତ ସରକାର ଏବଂ ଅନେକ ଇଂରାଜୀଭାଷା ଖବରକାଗଜ ପ୍ରଭାବିତ ହୋଇଛନ୍ତି।[୨୫୨]

ଡ. ମୁଖାର୍ଜୀ ଅବଦୁଲ୍ଲାଙ୍କୁ ଏକ ଚିଠି ଲେଖିଲେ :

ମୁଁ କିମ୍ବା ପ୍ରଜାପରିଷଦ ଜମ୍ମୁ କଶ୍ମୀର ଉପତ୍ୟକାରୁ ଅଲଗା ହେଉ ବୋଲି ଚାହୁଁ – ଏକଥା ଭାବିବା ବିଲକୁଲ୍ ଭୁଲ୍। ସବୁ ପରିସ୍ଥିତିରେ ରାଜ୍ୟର ଅଖଣ୍ଡତା ବଜାୟ ରହିବା ଉଚିତ୍ । ତଥାପି, ମୁଁ କହୁଥିଲି କି ଏ ବିଷୟରେ ଯଦି ଜମ୍ମୁ କଶ୍ମୀର ଉପତ୍ୟକାର

ଲୋକେ ଅଖଣ୍ଡତାର ଅହିତ ଚାହୁଁଥିଲେ ଏବଂ ସେଥିପାଇଁ ସଂଘର୍ଷ ଓ ଦ୍ୱନ୍ଦ୍ୱ ଅପରିହାର୍ଯ୍ୟ ଥିଲା ତେବେ ଗୋଟିଏ ସମ୍ଭାବ୍ୟ ସମାଧାନ ହୁଏତ କଶ୍ମୀର ଉପତ୍ୟକାକୁ ଏକ ପୃଥକ ରାଜ୍ୟରେ ପରିଣତ କରିଦେବ ଏବଂ ଏହାର ବିକାଶ ପାଇଁ ଯାହା ଦରକାର ତାକୁ ଦେବ।[୨୫୩]

ଏଠି ମହାରାଜା ହରି ସିଂଙ୍କ ପୁତ୍ର କରଣ ସିଂ ସଦର –ଏ- ରିଆସତ ନାମକ ତାଙ୍କ ଆତ୍ମ ଜୀବନୀରେ କଶ୍ମୀରର ଖରାପ ହୋଇଯାଉଥିବା ଅବସ୍ଥା ବିଷୟରେ କହିଥିବା କଥାକୁ ମନେପକାଇବା ପ୍ରଯୁଜ୍ୟ ହେବ।

୧୪ ନଭେମ୍ବରରେ ଶେଖ୍ ଅବଦୁଲ୍ଲାଙ୍କ ବିରୁଦ୍ଧରେ ହୋଇଥିବା ପ୍ରଜାପରିଷଦର ବ୍ୟାପକ ଆନ୍ଦୋଳନରେ ଏହା ପ୍ରତିଫଳିତ ହୋଇଥିଲା। ଭାରତ ସହ ରାଜ୍ୟର ସମ୍ପୂର୍ଣ୍ଣ ମିଶ୍ରଣ ଦାବି ସେମାନଙ୍କର ର୍‍ୟାଲି ସମୟରେ ସ୍ଲୋଗାନରେ ପ୍ରତିଫଳିତ ହେଉଥିଲା- ଏକ ବିଧାନ, ଏକ ନିଶାନ, ଏକ ପ୍ରଧାନ। ଏହି ଆନ୍ଦୋଳନ ବଢି କିଛି ମାସଯାଏ ଚାଲୁ ରହିଲା। ଶେଖ ଏବଂ ତାଙ୍କ ଦଳ ଜମ୍ମୁର ଲୋକଙ୍କ ଭାବନାକୁ ଶାନ୍ତ କରିବାକୁ ଆଦୌ ପ୍ରୟାସ କରି ନ ଥିଲେ ବରଂ ସେମାନଙ୍କ ପ୍ରତି ଶତ୍ରୁତାପୂର୍ଣ୍ଣ ଏବଂ ଆକ୍ରମଣାତ୍ମକ ଭାବ ଜାରି ରଖିଥିଲେ। ଯଦିଓ ପ୍ରଜାପରିଷଦ ପ୍ରତି ଜବାହରଲାଲଙ୍କ ଘୃଣା ବାବଦରେ ମୁଁ ଜାଣିଥିଲି, ତଥାପି ପ୍ରକୃତ ଅବସ୍ଥା ବିଷୟରେ ତାଙ୍କୁ ଜଣାଇବା ମୋର କର୍ତ୍ତବ୍ୟ ବୋଲି ଅନୁଭବ କଲି। ମୁଁ ଏକ ବିସ୍ତୃତ ବିବରଣୀ ପ୍ରସ୍ତୁତ କଲି। ଏହାର ସମସ୍ତ ଅନାବଶ୍ୟକ ଜିନିଷକୁ ବାଦ୍ ଦେଲି। ପରିସ୍ଥିତି ହେଉଛି ଯେ ଜମ୍ମୁ ଏବଂ ଲଦାଖ ଭାରତ ସହିତ ସମ୍ପୂର୍ଣ୍ଣ ଏକୀକରଣ ପାଇଁ ଦୃଢ ଇଚ୍ଛା କରନ୍ତି, ଶେଖ୍ ସାହେବ ଏବଂ ତାଙ୍କ ସହକର୍ମୀମାନେ ଯୋଗଦାନର ସୀମିତ ପ୍ରକୃତି ଉପରେ ଅତ୍ୟଧିକ ଜିଦ କରନ୍ତି ଏବଂ ସମ୍ପୂର୍ଣ୍ଣ ଏକୀକରଣ ପାଇଁ ରାଜି ହୁଅନ୍ତି ନାହିଁ। ମୁଁ ମୋ ଅନୁରୋଧ ଜାରି ରଖିଥିଲି ଯେ ଆନ୍ଦୋଳନକାରୀ ନେତୃତ୍ୱ ଏବଂ ରାଜ୍ୟ ସରକାରଙ୍କ ମଧ୍ୟରେ ଏକ ବାର୍ତ୍ତାଳାପ ହେବା ଉଚିତ୍, କିନ୍ତୁ ଶେଖ ଅବଦୁଲ୍ଲା ଏହା ମଧ୍ୟରୁ କୌଣସି କଥାରେ ରାଜି ହେଲେ ନାହିଁ ଏବଂ ନେହେରୁଙ୍କର ଏପରି କଥାବାର୍ତ୍ତା ପାଇଁ ଘୃଣା ଥିଲା। ସେ (ନେହେରୁ) ଲେଖିଲେ 'ମୋ ମତରେ ଏହି ଲୋକମାନେ (ଆନ୍ଦୋଳନକାରୀ) ଯାହା କରିଛନ୍ତି ତାହା ଦେଶ ଦ୍ରୋହରୁ ଟିକେ କମ୍ ହେବ ଏବଂ ଲୋକେ ଏହାକୁ ହୃଦୟଙ୍ଗମ କରିବା ଉଚିତ୍।[୨୫୪]

ଡ. ମୁଖାର୍ଜୀଙ୍କ ଗିରଫ ଏବଂ ରହସ୍ୟମୟ ହିରାସତ ମୃତ୍ୟୁ

ନେହେରୁ ଭାରତୀୟ ଜନସଂଘ ଏବଂ ପ୍ରଜା ପରିଷଦର ଏକ ସମ୍ବିଧାନ, ଏକ

ନିଶାନ ଏବଂ ଏକ ପ୍ରଧାନ ଦାବିକୁ 'ଦେଶଦ୍ରୋହ' ବୋଲି ଭାବୁଥିଲେ ଏବଂ ସବୁ ରାଜିନାମା ପ୍ରତି ବିଶ୍ୱାସଘାତ କରିଥିବା ଓ ଭାରତୀୟ ସମ୍ବିଧାନର ଉପହାସ କରିଥିବା ଶେଖ ଅବଦୁଲ୍ଲା ନେହେରୁଙ୍କ ପାଇଁ ଜଣେ ଜାତୀୟତାବାଦୀ ଥିଲେ। ୧୦ ଫେବୃଆରୀ ୧୯୫୩ରେ କଶ୍ମୀରର ଅବସ୍ଥା ବିଗିଡ଼ିଯାଇଥିବା ଦର୍ଶାଇ ଭାରତୀୟ ଜନସଂଘ ଏକ ଦୀର୍ଘ ସଂକଳ୍ପ ପାରିତ କରି ପ୍ରଜା ପରିଷଦକୁ ସମର୍ଥନ କରିବ ବୋଲି ପ୍ରତିଶ୍ରୁତି ଦେଲା। ଅନ୍ୟ ଦଳ ସହିତ କଥାବାର୍ତ୍ତା କରି କଶ୍ମୀର ବିଶୃଙ୍ଖଳାକୁ ମୁକାବିଲା କରିବାକୁ ବୈଦ୍ୟ ଗୁରୁଦତ୍ତ, ଉମାଶଙ୍କର ତ୍ରିବେଦୀ ଏବଂ ରାଜକୁମାର ଶ୍ରୀବାସ୍ତବଙ୍କୁ ନେଇ ଏକ କମିଟି ଗଠନ କରାଗଲା। ଇତ୍ୟବସରରେ ହିନ୍ଦୁ ମହାସଭା, ଅଖିଳ ଭାରତୀୟ ରାମରାଜ୍ୟ ପରିଷଦ ଏବଂ ପଞ୍ଜାବ ଆର୍ଯ୍ୟ ସମାଜ ମଧ୍ୟ ଆନ୍ଦୋଳନରେ ଯୋଗ ଦେଲେ।

ଡ. ମୁଖାର୍ଜୀ ଉତ୍ତର ଏବଂ ପଶ୍ଚିମ ଭାରତରେ ବିସ୍ତୃତ ଯାତ୍ରାକରି ଅବଦୁଲ୍ଲାଙ୍କ ବିଚ୍ଛିନ୍ନତାବାଦୀ ବିଚାର ବିରୁଦ୍ଧରେ ସମର୍ଥନ ଯୋଗାଡ଼ କଲେ। ସେ ସମୟରେ 'ବୀର ଅର୍ଜୁନ'ର ସମ୍ପାଦକ (ଦୈନିକ ଏବଂ ସାପ୍ତାହିକ) ବାଜପେୟୀ ତାଙ୍କୁ ସାହାଯ୍ୟ କରୁଥିଲେ ଏବଂ ଭାରତୀୟ ଜନସଂଘରେ ଯୋଗ ଦେଇଥିଲେ। ଯେହେତୁ ଜମ୍ମୁ କଶ୍ମୀରକୁ ପ୍ରବେଶପଥ ପଞ୍ଜାବ ଭିତରଦେଇ ଯାଇଥିଲା, ପଞ୍ଜାବର କଂଗ୍ରେସ ସରକାର ସେ ରାସ୍ତାରେ ଯିଏ ଯାଉଥିଲା ତାକୁ ଗିରଫ କରିପାରୁଥିଲେ। ଜମ୍ମୁ କଶ୍ମୀରରେ ପ୍ରବେଶ କରିବାର ଉଦ୍ୟମ କରି ଭାରତୀୟ ଜନସଂଘର ତିନିଜଣ ରାଜ୍ୟ ସଭାପତି ପଞ୍ଜାବ ଜେଲ୍‌ରେ ଥିଲେ। ଯେହେତୁ ଦଳର ଅନ୍ୟ କୌଣସି ସଦସ୍ୟଙ୍କୁ ଜମ୍ମୁ କଶ୍ମୀରକୁ ପ୍ରବେଶ କରିବାକୁ ଦିଆଯାଉ ନ ଥିଲା, ସାଂସଦ ଭାବେ ଡ. ମୁଖାର୍ଜୀ ଅନୁମତି ନ ନେଇ ସେଠାକୁ ଯିବାକୁ ସ୍ଥିର କଲେ। ତାଙ୍କ ପାଇଁ ଏବଂ ଅନେକ ଭାରତୀୟଙ୍କ ନିମନ୍ତେ ଜମ୍ମୁ କଶ୍ମୀର ଭାରତର ଅଭିନ୍ନ ଅଙ୍ଗ ଥିଲା। ଜମ୍ମୁ କଶ୍ମୀରକୁ ଯାତ୍ରା କରିବା ପୂର୍ବରୁ ୮ ମେ ୧୯୫୩ରେ ଡ. ମୁଖାର୍ଜୀ କହିଲେ:-

ଶ୍ରୀଯୁକ୍ତ ନେହେରୁ ବାରମ୍ବାର ଏହା ଘୋଷଣା କରିଛନ୍ତି ଯେ ଜମ୍ମୁ କଶ୍ମୀର ରାଜ୍ୟର ଯୋଗଦାନ ଶତ ପ୍ରତିଶତ ହୋଇସାରିଛି। ତଥାପି ଏହା ଅତ୍ୟନ୍ତ ଆଶ୍ଚର୍ଯ୍ୟର କଥା ଯେ ପୂର୍ବରୁ ଭାରତ ସରକାରଙ୍କ ବିନା ଅନୁମତିରେ କେହି ଏ ରାଜ୍ୟରେ ପ୍ରବେଶ କରିପାରିବେ ନାହିଁ। କମ୍ୟୁନିଷ୍ଟମାନଙ୍କୁ ମଧ୍ୟ ଏହି ଅନୁମତି ପ୍ରଦାନ କରାଯାଇଛି ଏବଂ ସେମାନେ ଜମ୍ମୁ କଶ୍ମୀରରେ ସେମାନଙ୍କ ଚିରାଚରିତ ଭୂମିକା ତୁଲାଉଛନ୍ତି, କିନ୍ତୁ ଭାରତୀୟ ଏକତା ଏବଂ ରାଷ୍ଟ୍ରୀୟତା ଦୃଷ୍ଟିରୁ ଯେଉଁମାନେ ଭାବନ୍ତି ବା କାର୍ଯ୍ୟ କରନ୍ତି ସେମାନଙ୍କ ପାଇଁ ପ୍ରବେଶକୁ ବାରଣ କରାଯାଇଛି। ମୁଁ ଭାବୁନାହିଁ ଯେ ଭାରତ ସରକାର ଭାରତୀୟ ୟୁନିୟନର ଯେ କୌଣସି ଅଂଶରେ ଯେ କୌଣସି ନାଗରିକର ପ୍ରବେଶ ରୋକିବାକୁ

ହକଦାର। ନେହେରୁଙ୍କ କହିବା ଅନୁଯାୟୀ ଜମ୍ମୁ କଶ୍ମୀର ମଧ୍ୟ ଭାରତର ଅର୍ନ୍ତଭୁକ୍ତ।[୨୫୫]

ନେହେରୁ ଏବଂ ଅବଦୁଲ୍ଲାଙ୍କ ସମସ୍ତ ଚେତାବନୀ ସତ୍ତ୍ୱେ ଡ. ମୁଖାର୍ଜୀ ଜମ୍ମୁ କଶ୍ମୀର ଗଲେ। ଅନେକ ବନ୍ଧୁ, ସହକର୍ମୀ ଏପରିକି ସରସଂଘଚାଳକ ଗୋଲୱାଲକର ତାଙ୍କୁ ଏମିତି ନ କରିବାକୁ ଉପଦେଶ ଦେଇଥିଲେ। ତେବେ ଡ. ମୁଖାର୍ଜୀ ତାଙ୍କ ଜୀବନ ପ୍ରତି କୌଣସି ବିପଦ ଦେଖି ନ ଥିଲେ ଏବଂ ଯେ କୌଣସି ପରିସ୍ଥିତିରେ ଯିବାକୁ ସ୍ଥିର କରିଥିଲେ।

୧୧ ମେ ୧୯୫୩ରେ ପାଖାପାଖି କୋଡିଏ ହଜାର ଲୋକ ତାଙ୍କୁ ଅମୃତସର ଷ୍ଟେସନରେ ସ୍ୱାଗତ କଲେ। ବିନା ଅନୁମତିରେ ତାଙ୍କୁ ଜମ୍ମୁ କଶ୍ମୀରରେ ପ୍ରବେଶ କରିବାକୁ ଅନୁମତି ଦେବାକୁ ପ୍ରାରମ୍ଭିକ ଅନିଚ୍ଛାପରେ ଗୁରୁଦାସପୁରର ପୋଲିସ ଡେପୁଟି କମିଶନର ଆଶ୍ଚର୍ଯ୍ୟଜନକ ଭାବରେ ତାଙ୍କ ମତ ବଦଳାଇ ପଠାନକୋଟ୍‌ରେ ପହଞ୍ଚିବାପରେ ତାଙ୍କୁ ସୂଚନା ଦେଇ କହିଥିଲେ ଯେ ଡ. ମୁଖାର୍ଜୀ ଯାଇ ଜମ୍ମୁ କଶ୍ମୀରରେ ପ୍ରବେଶ କରିପାରିବେ। କିନ୍ତୁ ସେ ଡ. ମୁଖାର୍ଜୀଙ୍କୁ ଅଳ୍ପ କିଛି ଲୋକ ସାଙ୍ଗରେ ନେବାକୁ ଉପଦେଶ ଦେଲେ। ପଠାନକୋଟରେ ଗିରଫ ନ ହୋଇଥିବାରୁ ଡ. ମୁଖାର୍ଜୀ ବହୁତ ଆଚମ୍ବିତ ହୋଇଥିଲେ। ଅଫିସର ଜଣକ ଡ. ମୁଖାର୍ଜୀଙ୍କ ସହ ରାବୀ ନଦୀ ପୋଲର ଅଧାଯାଏ ଗଲେ ଏବଂ ତାଙ୍କୁ ଖୁସିରେ ବିଦାୟ ଦେଲେ। ତେବେ ପୋଲର ଅଧାରେ ରାସ୍ତା ବନ୍ଦ ହୋଇଥିଲା ଏବଂ ତାଙ୍କ ଜିପ୍ ରହିଗଲା। ଜମ୍ମୁ କଶ୍ମୀର ପୋଲିସର କଠୁଆର ସୁପରିଟେଣ୍ଡେଣ୍ଟ୍ ଡ. ମୁଖାର୍ଜୀଙ୍କୁ ୧୦ ମେ ୧୯୫୩ରେ ରାଜ୍ୟର ମୁଖ୍ୟ ସଚିବଙ୍କ ଦ୍ୱାରା ଲେଖା ହୋଇଥିବା ଏକ ଚିଠି ଦେଲେ ଯେଉଁଥିରେ ତାଙ୍କ ଜମ୍ମୁ କଶ୍ମୀର ପ୍ରବେଶ ପାଇଁ ପ୍ରତିବନ୍ଧକ ଲଗାଯାଇଥିଲା। ଜମ୍ମୁ କଶ୍ମୀରର ପୋଲିସ ଇନିସ୍ପେକ୍ଟର ଜେନେରାଲ ଡ. ମୁଖାର୍ଜୀଙ୍କୁ ଦ୍ୱିତୀୟ ଚିଠି ଦେଖାଇଲେ ଯାହା ଜମ୍ମୁ କଶ୍ମୀର ଜନ ସୁରକ୍ଷା ଆଇନ ଅନୁଯାୟୀ ତାଙ୍କୁ ଗିରଫ କରିବା ପାଇଁ ନିର୍ଦ୍ଦେଶ ଥିଲା। ତାଙ୍କ ସହ ଯାଇଥିବା ଦୁଇଜଣ ସହକର୍ମୀ ବୈଦ୍ୟ ଗୁରୁଦତ୍ତ ଏବଂ ଟେକ ଚାନ୍ଦ ମଧ୍ୟ ଗିରଫ ହେଲେ ଏବଂ ଅନ୍ୟମାନଙ୍କୁ ଫେରିଯିବାକୁ ଆଦେଶ ଦିଆଗଲା।

ତାଙ୍କୁ ପଞ୍ଜାବ ମଧ୍ୟ ଦେଇ ଯିବାକୁ ଦେବା ଏବଂ ଜମ୍ମୁ କଶ୍ମୀରରେ ଗିରଫ କରିବା ଏକ ଷଡଯନ୍ତ୍ର ଥିଲା। ଯେହେତୁ ଡ. ମୁଖାର୍ଜୀ ଲୋକସଭାର ସାଂସଦ ଏବଂ ତୃତୀୟ ବୃହତ୍ତମ ଦଳର ନେତା ଥିଲେ, ପଞ୍ଜାବରେ ଗିରଫ ହୋଇଥିଲେ ସେ ଭାରତୀୟ ସମ୍ବିଧାନ ଦ୍ୱାରା ସ୍ଥିରୀକୃତ ହୋଇଥିବା ସମସ୍ତ ସୁବିଧା ପାଇପାରିଥାନ୍ତେ ଏବଂ ସର୍ବୋଚ୍ଚ ନ୍ୟାୟାଳୟକୁ ଆବେଦନ ପାଇଁ ମଧ୍ୟ ଯାଇପାରିଥାନ୍ତେ। ତେବେ ଧାରା ୩୭୦ ମାଧ୍ୟମରେ ଆଇନଗତ ହୋଇଥିବା ନେହେରୁ ଅବଦୁଲା ଚୁକ୍ତିନାମା ଯୋଗୁ ଆଇନ,

ସମ୍ବିଧାନ ଏବଂ ଜମ୍ମୁ କଶ୍ମୀର ନ୍ୟାୟପାଳିକା ଦେଶର ଅନ୍ୟସ୍ଥାନଠାରୁ ଭିନ୍ନ ଏବଂ ଅସମ୍ବନ୍ଧିତ ଥିଲା। ତେଣୁ ନେହେରୁ ଓ ଅବଦୁଲ୍ଲାଙ୍କ ଦ୍ୱାରା କରାଯାଇଥିବା ଷଡଯନ୍ତ୍ର ଏକ ଦୁଃଖଦ ପରିଣାମ ସହ ଡ. ମୁଖାର୍ଜୀଙ୍କୁ ଫାନ୍ଦରେ ପକାଇଲା। ତାଙ୍କ ଶୁଭଚିନ୍ତକମାନଙ୍କର ଭୟ ଓ ଆଶଙ୍କା ସତ୍ୟରେ ପରିଣତ ହେଲା।

୧୯୪୬ରେ ନେହେରୁ ଜମ୍ମୁ କଶ୍ମୀରରେ ବେନିୟମ ଭାବେ ପ୍ରବେଶ କରି କହିଥିଲେ 'ସାରା ଭାରତ ମୋ ଦେଶ'। ସେ ଅବଦୁଲ୍ଲାଙ୍କୁ ସୁରକ୍ଷା ଏବଂ ଏକତା ଯୋଗାଇବା ପାଇଁ ଏହାକୁ ଯଥାର୍ଥ ପ୍ରମାଣିତ କରିଥିଲେ। କିନ୍ତୁ ସ୍ୱାଧୀନତା ପରେ ଡ. ମୁଖାର୍ଜୀଙ୍କ ପ୍ରବେଶକୁ ବେନିୟମ କୁହାଗଲା ଏବଂ ନେହେରୁଙ୍କ ଦ୍ୱାରା ସବୁ ନିୟମ ଚୂର୍ଣ୍ଣ କରାଗଲା। ଡ. ମୁଖାର୍ଜୀ ନେହେରୁ ଓ ଅବଦୁଲ୍ଲାଙ୍କ ଷଡଯନ୍ତ୍ର ବିଷୟରେ ବାରିପାରି ବାଜପେୟୀଙ୍କୁ ଏହି ବାର୍ତ୍ତାଟି ବାହାରକୁ ଦେବାକୁ କହିଲେ। 'ମୁଁ ବିନା ଅନୁମତିରେ ଜମ୍ମୁ କଶ୍ମୀରକୁ ଏକ ବନ୍ଦୀ ଭାବରେ ପ୍ରବେଶ କରିଛି।'[୨୫୬]

ଏହା ସ୍ପଷ୍ଟ ଥିଲା ଯେ ଜମ୍ମୁ କଶ୍ମୀର ପ୍ରଶାସନ ଡ. ମୁଖାର୍ଜୀଙ୍କୁ ଶାରୀରିକ ଓ ମାନସିକ ନିର୍ଯାତନା ଦେବାକୁ ସ୍ଥିର କରିଥିଲା। ତାଙ୍କୁ କୌଣସି ସୁବିଧା ନ ଥିବା ଏକ ଘରୋଇ ଅତିଥି ଭବନରେ ରଖାଯାଇଥିଲା। ଏହା ସରକାରୀ ଘର କିମ୍ବା ଡାକବଙ୍ଗଳା ମଧ୍ୟ ନ ଥିଲା। ଏହା ଏକ ଘରୋଇ, ଜନଶୂନ୍ୟ, ଭଙ୍ଗାଘର ଥିଲା ଯାହାର ବାସିନ୍ଦା ଭାବରେ ପେଚା ଓ ସାପ ରହୁଥିଲେ। ସେ ଘରେ ନାଁ ଉପଯୁକ୍ତ ଉତ୍ତାପ ସୁବିଧା ଥିଲା, ନାଁ ଟେଲିଫୋନ୍ ସଂଯୋଗ ଥିଲା। ଜମ୍ମୁ କଶ୍ମୀରର ଶୀତ ଓ ତୁଷାର ପବନରେ ଅନେକ ଅନୁରୋଧ ପରେ ତାଙ୍କୁ ଶୀତବସ୍ତ୍ର ଓ କମ୍ବଳ ଦିଆଯାଇଥିଲା। ତାଙ୍କର ଅସୁସ୍ଥତା ସତ୍ତ୍ୱେ, ତାଙ୍କର ଅପରାଧ କ'ଣ ନ ଜଣାଇ ଏବଂ କୌଣସି ନ୍ୟାୟିକ ପ୍ରାଧିକରଣ ସମ୍ମୁଖରେ ତାଙ୍କୁ ଉପସ୍ଥିତ ନ କରାଇ ଏପରି ଦୁଃଖଦ ପରିସ୍ଥିତିରେ ତାଙ୍କୁ ବନ୍ଦୀ କରି ରଖାଯାଇଥିଲା। ଏହା ବିଶ୍ୱାସ କରିବା କଷ୍ଟ ଯେ ଜଣେ ସାଂସଦ ଓ ମନ୍ତ୍ରୀଙ୍କ ସହ ଦୁଇମାସ ଧରି କି ପ୍ରକାର ଘଟଣା ଘଟିଲା ସେ ବିଷୟରେ ନେହେରୁ ସରକାର କୌଣସି ଖୋଜ ଖବର ନେଇ ନ ଥିଲେ। ଶ୍ରୀନଗରଠାରୁ ୮ କିଲୋମିଟର ଦୂରରେ ଥିବା ନିଶାର୍ଥବାଗ ନିକଟରେ ୪୨ ଦିନ ଏମିତି ଅସ୍ୱାସ୍ଥ୍ୟକର ପରିବେଶରେ ବନ୍ଦୀ ରହିବାପରେ ସ୍ୱଳ୍ପ ଅସୁସ୍ଥତାରେ ଡ. ମୁଖାର୍ଜୀ ୨୩ ଜୁନ୍ ୧୯୫୩ରେ ମୃତ୍ୟୁବରଣ କଲେ।

ଡ. ମୁଖାର୍ଜୀଙ୍କ ସହ କଠୁଆଯାଏ ଯାଇଥିବା ବାଜପେୟୀ, ଜମ୍ମୁ କଶ୍ମୀର ପୋଲ ଉପରେ ଡ. ମୁଖାର୍ଜୀ ଗିରଫ ହେବାଯାଏ ଘଟଣାକ୍ରମର ସାକ୍ଷୀ ଥିଲେ। ତାଙ୍କ ମୃତ୍ୟୁ ଖବର ଶୁଣି ବାଜପେୟୀ କହିଲେ :

ମୁଁ ଅନୁଭବ କରୁଛି ଡ. ମୁଖାର୍ଜୀ କହୁଛନ୍ତି, ଯେମିତି ତାଙ୍କ ଆତ୍ମା ଆକାଶରୁ

କହୁଛି, 'ଦେଖ ମୁଁ ଜମ୍ମୁ କଶ୍ମୀର ରାଜ୍ୟରୁ ଜଣେ ସହିଦ ଭାବରେ ବାହାରକୁ ଚାଲିଆସିଲି। ସେମାନେ ମତେ ଭିତରେ ରଖିପାରିଲେ ନାହିଁ। ପ୍ରଥମରେ ଭାରତ ସରକାର ମୋର ବିନା ଅନୁମତିରେ ଜମ୍ମୁ କଶ୍ମୀର ପ୍ରବେଶକୁ ରୋକିପାରିଲେନି, ଯଦିଓ ମୁଁ ଜଣେ ବନ୍ଦୀଭାବେ ପ୍ରବେଶ କରିଥିଲି। ଦ୍ୱିତୀୟରେ ଜମ୍ମୁ କଶ୍ମୀର ସରକାର ମୋତେ ବନ୍ଦୀକଲେ କିନ୍ତୁ ବନ୍ଦୀଭାବେ ରଖିପାରିଲେ ନାହିଁ।' ଏହାପରେ ହିଁ ବାଜପେୟୀ କହିଲେ 'ମୁଁ ଭାବିଲି ମୋର ରାଜନୀତିରେ ଯୋଗଦେବା ଉଚିତ୍ ଏବଂ ଡ. ମୁଖାର୍ଜୀଙ୍କ ଅଧୁରା କାମକୁ ପୂରା କରିବା ଉଚିତ୍। ମୁଁ ସାମ୍ବାଦିକତା ପରିତ୍ୟାଗ କରି ଜନସଂଘ ପାଇଁ କାମ କରିବା ଆରମ୍ଭ କଲି।'[୨୫୭]

ଡ. ମୁଖାର୍ଜୀଙ୍କ ମୃତ୍ୟୁ ଦେଶସାରା ବ୍ୟଥା ଓ ଅବିଶ୍ୱାସର ଏକ ତରଙ୍ଗ ସୃଷ୍ଟି କଲା। ଅନେକ ପ୍ରମୁଖ ନାଗରିକ, ରାଜନେତା ଏପରିକି ପଶ୍ଚିମବଙ୍ଗର କଂଗ୍ରେସ ସଭାପତି ମଧ୍ୟ ଏହାର ଅନୁସନ୍ଧାନ ଦାବି କଲେ। ଅଗ୍ରଣୀ ଡାକ୍ତରଙ୍କ ଦ୍ୱାରା ଡ. ମୁଖାର୍ଜୀଙ୍କ ପ୍ରତି ହୋଇଥିବା ଭୁଲ୍ ଚିକିତ୍ସା ଏବଂ ଆପରାଧିକ ଅବହେଳାର ତଦନ୍ତ କମିଶନ ଗଠନ ପାଇଁ ଦାବି ହେଲା। ତାଙ୍କ ମୃତ୍ୟୁ ପୂର୍ବରୁ କୌଣସି ଅସୁସ୍ଥତାର ଖବର ନ ଥିଲା ଏବଂ ୧୬ରୁ ୨୧ ମେ'ରେ କଶ୍ମୀରରେ ନେହେରୁଙ୍କ ଉପସ୍ଥିତି ଏବଂ ଏକାକି ବନ୍ଦୀଥିବା ଡ. ମୁଖାର୍ଜୀଙ୍କୁ ନ ଭେଟିବା ବିଷୟରୁ ତାଙ୍କର ଅସନ୍ତୋଷ ମନୋଭାବ ଜନସାଧାରଣଙ୍କୁ କ୍ରୋଧିତ କରିଥିଲା ଏବଂ କିଛି ବେଇମାନି ଷଡଯନ୍ତ୍ର ଉପରେ ସନ୍ଦେହ ସୃଷ୍ଟି ହୋଇଥିଲା। ଡ. ମୁଖାର୍ଜୀଙ୍କ ମା' ଯୋଗମାୟାଦେବୀ ଏକ ନିରପେକ୍ଷ ତଦନ୍ତର ଦାବିକରି ୪ ଜୁଲାଇ ୧୯୫୩ରେ ନେହେରୁଙ୍କୁ ଏକ ବିସ୍ତୃତ ଚିଠି ଲେଖିଲେ।

'ତାଙ୍କ ମୃତ୍ୟୁର କାରଣ ସନ୍ଦେହ ଘେରରେ ଆଚ୍ଛାଦିତ। ଏହା ଅତ୍ୟନ୍ତ ଆଶ୍ଚର୍ଯ୍ୟଜନକ ଏବଂ ଦୁଃଖଦ ନୁହେଁ କି ଯେ ସେ ସେଠାରେ ବନ୍ଦୀହେବା ପରଠାରୁ, ମୁଁ, ତାଙ୍କ ମା' କଶ୍ମୀର ସରକାରଙ୍କଠାରୁ ପାଇଥିବା ପ୍ରଥମ ସୂଚନା ହେଲା 'ମୋ ପୁଅ ଆଉ ନାହିଁ ।' ଏ ଖବର ତାଙ୍କ ମୃତ୍ୟୁର ଦୁଇଘଣ୍ଟା ପରେ ମତେ ମିଳିଥିଲା।

ମୁଁ ମୋ ପ୍ରିୟ ପୁତ୍ରର ମୃତ୍ୟୁରେ ଏଠାରେ କାନ୍ଦୁନାହିଁ। ମୁକ୍ତ ଭାରତର ଜଣେ ନିର୍ଭୀକ ପୁତ୍ର ଅତ୍ୟଧିକ ଦୁଃଖଦ ଏବଂ ରହସ୍ୟମୟ ପରିସ୍ଥିତିରେ ବିନା ବିଚାରରେ ବନ୍ଦୀଥିବାବେଳେ ତାହାର ମୃତ୍ୟୁକୁ ଭେଟିଛି। ମୁଁ ସେହି ବିଦାୟ ନେଇଥିବା ମହାନ୍ ପୁତ୍ରର ମା' ଦାବି କରୁଛି ଯେ ବିଳମ୍ବ ନ କରି ନିରପେକ୍ଷ ଏବଂ ଦକ୍ଷ ବ୍ୟକ୍ତିଙ୍କ ଦ୍ୱାରା ଏ ଘଟଣାର ସମ୍ପୂର୍ଣ୍ଣ ନିରପେକ୍ଷ ଏବଂ ମୁକ୍ତ ଅନୁସନ୍ଧାନ କରାଯାଉ। ମୁଁ ଜାଣେ କୌଣସି ଜିନିଷ ଆମ ପାଖକୁ ଚାଲିଯାଇଥିବା ଜୀବନକୁ ଫେରାଇ ଆଣିପାରିବ ନାହିଁ। କିନ୍ତୁ, ମୁଁ ଯାହା ଚାହେଁ ତାହା ହେଉଛି ଏକ ମୁକ୍ତ ଭାରତରେ ଘଟିଥିବା ଏହି ଅତ୍ୟନ୍ତ ଦୁଃଖଦ

ଘଟଣାର ପ୍ରକୃତ କାରଣ ଏବଂ ଆପଣଙ୍କ ସରକାର ଏଥିରେ ଯେଉଁ ଭୂମିକା ଗ୍ରହଣ କରିଛନ୍ତି ତାହା ଭାରତର ଲୋକମାନେ ନିଜେ ବିଚାର କରିବେ। ମୋ ନିଜ ତରଫରୁ ଏବଂ ଭାରତମାତାଙ୍କ ତରଫରୁ ଏହି ଦାବି ରଖୁଛି। ସତ୍ୟକୁ ଆଲୋକ ଦେଖାଇବାକୁ ଭଗବାନ ଆପଣଙ୍କୁ ସାହସ ଦିଅନ୍ତୁ।[୨୫୮]

କିନ୍ତୁ ଅନୁସନ୍ଧାନର ସମସ୍ତ ଦାବିକୁ ଦେଶର ସର୍ବଶ୍ରେଷ୍ଠ ରାଜନେତା ଓ ଗଣତାନ୍ତ୍ରିକ ବ୍ୟକ୍ତି ପ୍ରଧାନମନ୍ତ୍ରୀ ନେହେରୁ ଅଗ୍ରାହ୍ୟ କରିଦେଇଥିଲେ। ନେହେରୁଙ୍କର ଏହି ଘୃଣ୍ୟ ମନୋଭାବ ଦେଖି ଯୋଗମାୟା ଦେବୀ ପୁଣି ଥରେ ତାଙ୍କୁ ଚିଠି ଲେଖିଲେ।

ତୁମକୁ କିଛି କହିବା ନିରର୍ଥକ ବାପା! ତୁମେ ସତ୍ୟର ସମ୍ମୁଖୀନ ହେବାକୁ ଡରୁଛ। ମୁଁ ମୋ ପ୍ରିୟ ପୁତ୍ରର ମୃତ୍ୟୁ ପାଇଁ କଶ୍ମୀର ସରକାରଙ୍କୁ ଦାୟୀ କରୁଛି। ମୁଁ ତୁମ ସରକାରକୁ ଏହି ମାମଲାରେ ସମ୍ପୃକ୍ତ ବୋଲି ଅଭିଯୋଗ କରୁଛି। ଏକ ହତାଶ ପ୍ରଚାର ପ୍ରସାର ପାଇଁ ତୁମେ ତୁମର ଶକ୍ତିଶାଳୀ ସମ୍ବଳକୁ ବ୍ୟବହାର କରିପାରିବ, କିନ୍ତୁ ସତ୍ୟ ଏହାର ବାଟ ଖୋଜି ନିଶ୍ଚିତଭାବେ ବାହାରକୁ ଆସିବ ଏବଂ ଦିନେ ତୁମକୁ ଭାରତର ଲୋକ ଏବଂ ସ୍ୱର୍ଗରେ ଭଗବାନଙ୍କୁ ଏହାର ଉତ୍ତର ଦେବାକୁ ପଡିବ।[୨୫୯]

ନେହେରୁ ଡ. ମୁଖାର୍ଜୀଙ୍କ ମୃତ୍ୟୁର ପରିସ୍ଥିତି ସମ୍ବନ୍ଧରେ କୌଣସି ତଦନ୍ତ କରିବେ ନାହିଁ ଶୁଣିଲା ପରେ ୮ ଜୁଲାଇ ୧୯୫୩ରେ ଲକ୍ଷ୍ନୌଠାରେ ଜୟପ୍ରକାଶ ନାରାୟଣ ଏକ ପ୍ରେସ ବିବୃତି ଜାରି କଲେ।

'ସ୍ୱର୍ଗତ ଡ. ଶ୍ୟାମାପ୍ରସାଦ ମୁଖାର୍ଜୀଙ୍କ ଯତ୍ନରେ କୌଣସି ଅବହେଳା ହୋଇ ନ ଥିଲା ବୋଲି ପ୍ରଧାନମନ୍ତ୍ରୀଙ୍କ ବକ୍ତବ୍ୟରେ ମୁଁ ଗଭୀର ଭାବେ ଦୁଃଖିତ। ମୁଁ କହିପାରିବି ନାହିଁ ପ୍ରଧାନମନ୍ତ୍ରୀଙ୍କ ସମ୍ମୁଖରେ କି ତଥ୍ୟ ସବୁ ଉପସ୍ଥାପନ କରାଯାଇଥିଲା। କିନ୍ତୁ ଯେତିକି ମୁଁ ଜାଣିଛି ସେ ତଥ୍ୟ ସବୁ ସମ୍ପୂର୍ଣ୍ଣ ଭିନ୍ନ ସିଦ୍ଧାନ୍ତ ଆଡକୁ ନେଇଯାଆନ୍ତି। ମୋତେ ଲାଗୁଛି ଯେ ଏଭଳି ଏକ ଜାତୀୟ ଦୁଃଖଦ ଘଟଣା ପରେ ଭାରତ ସରକାର ଅତି କମ୍‌ରେ ସମଗ୍ର ଘଟଣାର ସଠିକ ତଥା ନିରପେକ୍ଷ ତଦନ୍ତ କରିପାରିଥାନ୍ତେ। ଏହି ସମୟରେ ପ୍ରଧାନମନ୍ତ୍ରୀଙ୍କ ପାଇଁ ଏପରି ବିବାଦୀୟ ବିଷୟ ଉପରେ ବିଚାର କରିବା ଏବଂ ଯେଉଁମାନେ କଠୋର ଦଣ୍ଡର ଯୋଗ୍ୟ ବୋଲି ମନେ ହୁଅନ୍ତି ସେମାନଙ୍କ ଦୋଷ ଘୋଡାଇବାକୁ ଚେଷ୍ଟା କରିବା ଆଦୌ ଠିକ୍ ମନେ ହେଉନାହିଁ।[୨୬୦]

କଶ୍ମୀର ପାଇଁ ପଟେଲଙ୍କ ଭବିଷ୍ୟବାଣୀ 'ଜବାହରଲାଲ କାନ୍ଦିବେ' ସତ୍ୟ ହେଲା

ନେହେରୁ ଏବଂ ତାଙ୍କ ଗୋଷ୍ଠୀ ଦ୍ୱାରା କଶ୍ମୀର ସମସ୍ୟା ତୁଲାଇବା ଉପାୟ

ସହିତ ପଟେଲ୍ କେବେ ବି ରାଜି ନ ଥିଲେ। ସେ କଶ୍ମୀର ପ୍ରତି ତାଙ୍କ ଆଭିମୁଖ୍ୟ ବାବଦରେ ସ୍ପଷ୍ଟ ଥିଲେ ଏବଂ ଥରେ ଏକ ପ୍ରସିଦ୍ଧ ଟିପ୍ପଣୀ ଦେଇଥିଲେ 'ଜବାହର କାନ୍ଦିବେ'[୨୬୧] ଏବଂ ଏହା ସତ୍ୟ ହେଲା। ପଟେଲ ଏବଂ ଭାରତୀୟ ଜନସଂଘର ଧାରା ୩୭୦ ଉପରେ ସମ୍ପୂର୍ଣ୍ଣ ଅସହମତି ସତ୍ତ୍ୱେ ନେହେରୁ ଏବଂ ଗୋପାଳସ୍ୱାମୀ ଅବଦୁଲ୍ଲାଙ୍କୁ ତୁଷ୍ଟ କରିବାକୁ ଆଗେଇଗଲେ। ପୂର୍ବରୁ କୁହାଯାଇଥିବା ପରି ପଟେଲ ନିଜକୁ କଶ୍ମୀର ମାମଲାରେ ହସ୍ତକ୍ଷେପ କରିବାରୁ ନିବୃତ୍ତ ରଖିଲେ।

ପଟେଲଙ୍କ ମୃତ୍ୟୁ ପରେ ଅବଦୁଲ୍ଲାଙ୍କର ଆଉ କାହାକୁ ଭୟ କରିବାର ନ ଥିଲା ଏବଂ ସେ ଯୋଗଦାନ ଚୁକ୍ତିକୁ ପ୍ରତ୍ୟାଖ୍ୟାନ କରି ଧାରା ୩୭୦ ଅନୁସାରେ କଶ୍ମୀର ଏକ ସମ୍ପୂର୍ଣ୍ଣ ସ୍ୱାଧୀନ ରାଜ୍ୟ ବୋଲି ଦାବି କଲେ। ଏହା ନେହେରୁଙ୍କୁ ସ୍ତବ୍ଧ କଲା ଏବଂ ସିଏ ଅବଦୁଲ୍ଲାଙ୍କୁ ପତ୍ର ଲେଖିଚାଲିଲେ, ମାତ୍ର କୌଣସି ଉତ୍ତର ନ ପାଇ ଭୟଙ୍କର ଭାବେ ଅବହେଳିତ ହେଲେ। ଯେତେବେଳେ ନେହେରୁଙ୍କ ଯୋଗାଯୋଗ ପାଇଁ ଉଦ୍ୟମ ବିଫଳ ହେଲା, ସେ ମୌଲାନା ଆଜାଦଙ୍କୁ ହସ୍ତକ୍ଷେପ କରିବାକୁ କହିଲେ। କିନ୍ତୁ ଅବଦୁଲ୍ଲା ମୌଲାନା ଆଜାଦଙ୍କ ପତ୍ରକୁ ମଧ୍ୟ ଅଣଦେଖା ଓ ଅବହେଳା କଲେ। ବାସ୍ତବରେ ୧୦ ଜୁଲାଇ ୧୯୫୩ରେ ଅବଦୁଲ୍ଲା କଶ୍ମୀର ପୂର୍ଣ୍ଣ ସ୍ୱାଧୀନତା ପାଇବା ଉଚିତ ବୋଲି ଦାବି କରି କଶ୍ମୀରକୁ ଏକ ସ୍ୱାଧୀନ ରାଷ୍ଟ୍ର ବୋଲି ଘୋଷଣା କଲେ। ପ୍ରଥମେ ଆଜାଦ ଏବଂ ପରେ ରଫି ଅହେମଦ କିଦଓ୍ୱାଇଙ୍କୁ କଶ୍ମୀର ପଠାଗଲା। ଉଭୟଙ୍କ ମତ ଥିଲା ଯେ ଅବଦୁଲ୍ଲା ସରକାରଙ୍କୁ ବରଖାସ୍ତ କରିବା ହେଉଛି ଏକମାତ୍ର ସମାଧାନ। ଏହା ପ୍ରମାଣିତ ହେଲା ଯେ କଶ୍ମୀରରେ ନେହେରୁ ବିଫଳ ହେଲେ। ସେ ପରିଶେଷରେ କଟୁ ସତ୍ୟକୁ ସ୍ୱୀକାର କଲେ, ଅବଦୁଲ୍ଲା ବନ୍ଦୀ ହେଲେ ମାତ୍ର ସବୁ ସୁଖ ସୁବିଧା ଥିବା ଏକ ବିଶେଷ ବନ୍ଦୀଗୃହରେ ରହିଲେ।

ନେହେରୁଙ୍କ ଭଉଣୀ ବିଜୟଲକ୍ଷ୍ମୀ ପଣ୍ଡିତଙ୍କର କଶ୍ମୀର ସମସ୍ୟାର ମୂଳ ଉତ୍ସ ସମ୍ବନ୍ଧରେ କୌଣସି ସନ୍ଦେହ ନ ଥିଲା।

'ଯଦି ମୋ ଭାଇ ନିଜେ ଠିକ୍ ଭାବେ ବୁଝିଥାନ୍ତେ, ତେବେ ଅବଦୁଲ୍ଲାର ଏତେ ଭବ୍ୟଧାରଣା କେବେ ବିକଶିତ ହୋଇ ନ ଥାନ୍ତା। ଯଦି ଭାଇ ନିଜ ହାତରେ ନିୟନ୍ତ୍ରଣ ରଖିଥାନ୍ତେ ତେବେ ବକ୍ସି ଗୁଲ୍ଲା ମହମ୍ମଦ ମଧ୍ୟ ସିଧା ରାସ୍ତାରୁ ବିଚ୍ୟୁତ ହୋଇ ନ ଥାନ୍ତେ।[୨୬୨]

ନେହେରୁଙ୍କ କ୍ୟାବିନେଟରେ କାର୍ଯ୍ୟ, ଶକ୍ତି ଏବଂ ଖଣି ମନ୍ତ୍ରୀ ଥିବା ଏନ୍. ଭି. ଗାଡଗିଲ କଶ୍ମୀର ସମସ୍ୟାକୁ ନିମ୍ନମତେ ବ୍ୟାଖ୍ୟା କଲେ।

ଆମ୍ଭମାନଙ୍କ ମଧ୍ୟରୁ ଅନେକ (କ୍ୟାବିନେଟ୍ ମନ୍ତ୍ରୀଗଣ) କଶ୍ମୀର ସମସ୍ୟାକୁ ନେହେରୁଙ୍କ ବ୍ୟକ୍ତିଗତ ସମସ୍ୟା ଭାବେ ବିଚାର କରୁଥିଲୁ। ଜଣେ ଅତି ସାଧାରଣ

ମଣିଷ ଶେଖ ଅବଦୁଲ୍ଲା ଭାରତ ସରକାରଙ୍କ ଦ୍ୱାରା ଅସାଧାରଣ ସ୍ତରକୁ ଉନ୍ନୀତ ହୋଇଗଲା। ମୁଁ ଭୟ କରୁଛି ଯେ ପ୍ରଥମ ୫ ବର୍ଷ ମଧ୍ୟରେ ପ୍ରତ୍ୟେକ ପର୍ଯ୍ୟାୟରେ ଆପୋସ ବୁଝାମଣା କରିବାକୁ ଇଚ୍ଛା କରିଥିବା ମାଧ୍ୟମରେ ସମସ୍ୟାଟିକୁ ବଢାଇବା ପାଇଁ ମଧ୍ୟ ନେହେରୁ ଦାୟୀ ରହିବେ। ଯଦି ବଲ୍ଲଭଭାଇ ପଟେଲଙ୍କୁ ଏ ସମସ୍ୟା ସମାଧାନର ଦାୟିତ୍ୱ ଦିଆଯାଇଥାନ୍ତା ସେ ଅନେକ ଦିନରୁ ଏ ସମସ୍ୟା ସମାଧାନ କରିଦେଇଥାନ୍ତେ।[୨୬୩]

୨୦୧୯ ଅଗଷ୍ଟରେ ମୋଦିଜୀଙ୍କ ଦ୍ୱିତୀୟଥର ପ୍ରଧାନମନ୍ତ୍ରିତ୍ୱ ଆରମ୍ଭ ହେବା ପରେ, ପରିଶେଷରେ ଧାରା ୩୭୦ ଏବଂ ୩୫ଏ ଉଚ୍ଛେଦ କରାଯାଇଛି ଏବଂ ଜମ୍ମୁ କଶ୍ମୀରର ଅବଶିଷ୍ଟ ଭାରତ ସହ ପ୍ରକୃତ ମିଶ୍ରଣ ହୋଇଛି।

୧୧

ଦୀନଦୟାଲ୍ ଉପାଧ୍ୟାୟଙ୍କ ଆଗମନ ଏବଂ ତାଙ୍କ ହେପାଜତରେ ଭାରତୀୟ ଜନସଂଘ

୨୫ ସେପ୍ଟେମ୍ବର ୧୯୧୬ରେ ମଥୁରାଠାରେ ଦୀନଦୟାଲ୍ ଉପାଧ୍ୟାୟ ଜନ୍ମ ଗ୍ରହଣ କରିଥିଲେ। ମାତ୍ର ୩ ବର୍ଷରେ ସେ ପିତୃହୀନ ଏବଂ ୭ ବର୍ଷରେ ମାତୃହୀନ ହୋଇଥିଲେ। ବାପା, ମା'ଙ୍କୁ ହରାଇଥିବାରୁ ତାଙ୍କୁ ଏବଂ ତାଙ୍କ ସାନଭାଇ ଶିବଦୟାଲଙ୍କୁ ତାଙ୍କ ଅଜା ଦେଖାଶୁଣା କରୁଥିଲେ। ଯେତେବେଳେ ଦୀନଦୟାଲ୍ ୧୦ ବର୍ଷର ଓ ତାଙ୍କ ସାନଭାଇ ୫ ବର୍ଷର ହୋଇଥିଲେ, ତାଙ୍କ ଅଜାଙ୍କ ମୃତ୍ୟୁ ସହ ଦୁଃଖର ପାହାଡ଼ ପୁଣି ଭାଙ୍ଗି ପଡିଲା। ତାଙ୍କ ମାମୁ ଓ ମାଇଁ ଦୁଇ ଭାଇଙ୍କୁ ପାଖକୁ ନେଇଗଲେ। ମାତ୍ର ୧୯୩୧ ମସିହାରେ ଦୀନଦୟାଲଙ୍କୁ ୧୫ ବର୍ଷ ହୋଇଥିବା ସମୟରେ ତାଙ୍କ ମାଇଁଙ୍କର ମୃତ୍ୟୁ ହୋଇଗଲା ଏବଂ ତାଙ୍କ ଆଈ ମା' ତାଙ୍କୁ ପାଳିଲେ। କିନ୍ତୁ ୧୮ ନଭେମ୍ବର ୧୯୩୪ରେ ଦୀନଦୟାଲଙ୍କୁ ୧୮ ବର୍ଷ ହୋଇଥିବାବେଳେ ତାଙ୍କ ସାନଭାଇ ଶିବଦୟାଲ୍‌ର ଅସୁସ୍ଥତା ପରେ ମୃତ୍ୟୁ ତାଙ୍କୁ ଆଉ ଏକ ଶକ୍ତ ଧକ୍କା ଦେଇଥିଲା। ସେହି ବର୍ଷ ହିଁ ସେ ବିଦ୍ୟାଳୟ ଶିକ୍ଷା ସମାପ୍ତ କଲେ ଏବଂ ଦୁର୍ଭାଗ୍ୟକୁ ତାଙ୍କ ଆଈଙ୍କର ମଧ୍ୟ ମୃତ୍ୟୁ ହୋଇଗଲା। ବର୍ତ୍ତମାନ ନିଜ ପରିବାର ସଦସ୍ୟଭାବେ କେବଳ ତାଙ୍କ ମାମୁ ଝିଅ ଭଉଣୀ ବଞ୍ଚିଥିଲେ, କିନ୍ତୁ ୧୯୪୦ ରେ ସେ ମଧ୍ୟ ମରିଗଲେ। ୨୪ ବର୍ଷ ବୟସରେ ଦୀନଦୟାଲ୍ ଆଗ୍ରା ବିଶ୍ୱବିଦ୍ୟାଳୟରେ ଇଂରାଜୀରେ ସ୍ନାତକୋତ୍ତର ଶିକ୍ଷା ନେଉଥିଲେ, କିନ୍ତୁ ନିଜ ସଂପର୍କୀୟାଙ୍କ ଅସୁସ୍ଥତା ଏବଂ ତାଙ୍କ ଯତ୍ନ ନେବାପାଇଁ ସେ ଶେଷ ପରୀକ୍ଷା ଦେଇପାରିଲେ ନାହିଁ। ଏହି ସମ୍ପର୍କୀୟାଙ୍କ ମୃତ୍ୟୁ ପରେ ଦୀନଦୟାଲ୍ ଶିକ୍ଷକ ପ୍ରଶିକ୍ଷଣ ତାଲିମ ନେବାକୁ ଆହ୍ଲାବାଦ ଗଲେ। ଏହି ବୟସରେ ସେ ପରିବାରର ୮ ଜଣ ସଦସ୍ୟଙ୍କ ମୃତ୍ୟୁ ଦେଖିସାରିଥିଲେ। ବୋଧହୁଏ ମାନବିକତାର ସେବା ପାଇଁ ସେ ଏକା ରହିଯାଇଥିଲେ!

୧୯୩୭ରେ ସ୍ନାତକ ଶ୍ରେଣୀରେ ପଢିବା ସମୟରେ ଡ. ହେଡଗେଓ୍ୱାରଙ୍କୁ ଭେଟିବାପରେ ଉପାଧ୍ୟାୟ ଆରଏସଏସ ସମ୍ପର୍କରେ ଆସିଲେ। ତେବେ ୧୯୪୧ରେ ଆହ୍ଲାବାଦ ବିଶ୍ୱବିଦ୍ୟାଳୟରୁ ଶିକ୍ଷକ ପ୍ରଶିକ୍ଷଣ ଶେଷ ହେବାପରେ ତାଙ୍କ ଜୀବନ ଲୋକଙ୍କ ସେବାରେ ସତ୍ୟ ଅର୍ଥରେ ଲାଗିଲା। ୧୯୫୨ରେ ଭାରତୀୟ ଜନସଂଘରେ ଯୋଗଦେବା ପର୍ଯ୍ୟନ୍ତ ସେ ଆରଏସଏସର ପ୍ରଚାରକ ଥିଲେ।

ଭାରତୀୟ ଜନସଂଘର ଜାତୀୟ ସାଧାରଣ ସମ୍ପାଦକ ପଦବୀକୁ ଉପାଧ୍ୟାୟଙ୍କୁ ଉନ୍ନୀତ କରାଇବା ବହୁତ ଭଲଭାବେ ବିଚାର କରି କରାଯାଇଥିଲା। ଉଚ୍ଚାଭିଳାଷୀ ବସନ୍ତରାଓ ଓକ ଭାରତୀୟ ଜନସଂଘର ନେତୃତ୍ୱ ନେବାକୁ ଚାହୁଁଥିଲେ। ଭାରତୀୟ ଜନସଂଘ ଗଢିବାରେ ସହଯୋଗ କରିଥିବା ବଳରାଜ ମାଧୋକ ସାମୂହିକ ନେତୃତ୍ୱର ଅଂଶ ହେବାପାଇଁ ଅତ୍ୟଧିକ ମହତ୍ତ୍ୱାକାଂକ୍ଷୀ ଏବଂ ଆକ୍ରମଣାତ୍ମକ ଥିଲେ, ଭାଇ ପ୍ରମାନନ୍ଦଙ୍କ ପୁଅ ଭାଇ ମହାବୀର ନୂତନ ଦଳର ଆବଶ୍ୟକତା ପୂରଣ କରିବା ଭଳି ଯୋଗ୍ୟ ନ ଥିଲେ। ଏହି ପରିପ୍ରେକ୍ଷୀରେ ଗୋଲଓ୍ୱାଲକର ଉପାଧ୍ୟାୟଙ୍କ ସପକ୍ଷରେ ନିର୍ଣ୍ଣୟ ନେଲେ। ପ୍ରକୃତ କାରଣ ହେଉଛି ଗୋଲଓ୍ୱାଲକର ଅନୁଭବ କରିପାରିଥିଲେ ଯେ ଉପାଧ୍ୟାୟ ଭାରତୀୟ ଦର୍ଶନ ଅନୁଯାୟୀ ଭାରତୀୟ ଜନସଂଘର ରାଜନୈତିକ ଦର୍ଶନ ଗଢିପାରିବେ ଏବଂ କ୍ଷମତା ରାଜନୀତିରୁ ବିଚ୍ଛିନ୍ନ ରହିପାରିବେ ଓ ପରିଶେଷରେ ଦେଶର ଉନ୍ନତି ପାଇଁ ଏକ ଦଳ ଗଢିପାରିବେ।[୨୬୪]

୧୯୫୨ ମସିହା ଡିସେମ୍ବର ମାସରେ ଭାରତୀୟ ଜନସଂଘର କାନପୁର ଅଧ୍ୟାୟ ଉପାଧ୍ୟାୟଙ୍କୁ ଜାତୀୟ ମଞ୍ଚରେ ପହଞ୍ଚାଇଥିଲା। ଭାରତୀୟ ଜନସଂଘର ପ୍ରଥମ ସର୍ବଭାରତୀୟ ଅଧିବେଶନ କାନପୁରଠାରେ ୧୯୫୨ ମସିହା ଡିସେମ୍ବର ୨୪ରୁ ୩୧ ଯାଏ ଅନୁଷ୍ଠିତ ହୋଇଥିଲା। ଆରଏସଏସ ଉତ୍ତରପ୍ରଦେଶ ଶାଖାର ପୂର୍ବତନ ସହସଂଘଚାଳକ ଭାରତୀୟ ଜନସଂଘ ଉତ୍ତରପ୍ରଦେଶ ଶାଖାର ସଙ୍ଗଠନ ସଚିବ ଥିଲେ ଏବଂ ସିଏ ହିଁ ଏହି ଅଧିବେଶନର ମୁଖ୍ୟ ଆୟୋଜକ ଥିଲେ। ତେବେ ଉତ୍ତରପ୍ରଦେଶ ଜନସଂଘର ସଚିବ ଉପାଧ୍ୟାୟ ହିଁ ଯା ପଛର ମୁଖ୍ୟ ନାୟକ ଥିଲେ। କାନପୁର ଅଧିବେଶନରେ ପାରିତ ହୋଇଥିବା ୧୬ଟି ସଂକଳ୍ପ ମଧ୍ୟରୁ ୮ଟି ଉପାଧ୍ୟାୟଙ୍କ ଦ୍ୱାରା ପ୍ରସ୍ତୁତ ହୋଇଥିଲା। ଏହି ଅଧ୍ୟାୟରେ ବରିଷ୍ଠ ନେତୃବୃନ୍ଦ ଉପାଧ୍ୟାୟଙ୍କୁ ଭାରତୀୟ ଜନସଂଘର ସାଧାରଣ ସମ୍ପାଦକ ରୂପେ ନିର୍ବାଚିତ କଲେ ଏବଂ ସେ ୧୯୬୮ ମସିହାଯାଏ ଏହି ପଦବୀରେ ରହି ସେବା କଲେ। ସେ ଭାରତୀୟ ଜନସଂଘକୁ ଗୋଲଓ୍ୱାଲକରଙ୍କ ଦ୍ୱାରା ପ୍ରତିନିଧିତ୍ୱ ପାଇ ଯାଇଥିଲେ। ଜନସଂଘ ଏବଂ ଦେଶ ବ୍ୟତୀତ ଦୀନଦୟାଳଙ୍କର କୌଣସି ବ୍ୟକ୍ତିଗତ ଜୀବନ ନ ଥିଲା। ଜନସଂଘ ପ୍ରତିଷ୍ଠା ହେବା

ଦିନଠାରୁ ଡ. ମୁଖାର୍ଜୀ ଉପାଧ୍ୟାୟଙ୍କୁ ଜାଣିଥିଲେ, କିନ୍ତୁ କାନପୁର ଅଧିବେଶନରେ ହିଁ ସେ ଉପାଧ୍ୟାୟଙ୍କର ବୌଦ୍ଧିକ ଏବଂ ସାଙ୍ଗଠନିକ ଦକ୍ଷତାର ଉଚ୍ଚତାକୁ ଭଲଭାବେ ହୃଦୟଙ୍ଗମ କଲେ। ତାଙ୍କ ଦ୍ୱାରା ପ୍ରଭାବିତ ହୋଇ ଡ. ମୁଖାର୍ଜୀ କହିଲେ 'ଯଦି ମୁଁ ଦୁଇଜଣ ଦୀନଦୟାଲ ପାଇବି ମୁଁ ଭାରତୀୟ ରାଜନୀତିର ସ୍ୱରୂପ ବଦଳାଇଦେବି'।[୨୬୫]

ଡ. ମୁଖାର୍ଜୀଙ୍କ ମୃତ୍ୟୁ ପରେ ସମସ୍ତେ ଭାବିଲେ ଯେ ଭାରତୀୟ ଜନସଂଘର ଶେଷ ସମୟ ଆସିଗଲା, ଏପରିକି ଡ. ରାଧାକୃଷ୍ଣନ ମନ୍ତବ୍ୟ ଦେଇଥିଲେ ଯେ ସଂଘର ମସ୍ତକ ଯାଇସାରିଛି ଏବଂ କେବଳ ଶବ ବିସର୍ଜନ ବାକି ଅଛି। ଭାରତୀୟ ଜନସଂଘରେ ଭିନ୍ନ ବିଚାରଧାରାର ଏକ ଯୁବଗୋଷ୍ଠୀ ଥିଲେ। ସେମାନଙ୍କ ମଧ୍ୟରେ ଉପାଧ୍ୟାୟଙ୍କର ସମ୍ପୂର୍ଣ୍ଣ ଭିନ୍ନ ଏବଂ ଦୂରଦୃଷ୍ଟି ସମ୍ପନ୍ନ ବିଚାର ଥିଲା। ଭାରତୀୟ ଜନସଂଘକୁ ପରିଭାଷିତ କରି ସେ କହିଥିଲେ ଯେ ଏହା ଏକ ଭିନ୍ନ ଆଦର୍ଶ ରଖିଥିବା ଦଳ। ଏହା କେବଳ ଯେନତେନ ପ୍ରକାରେଣ କ୍ଷମତା ହାସଲ କରିବାକୁ ଚାହୁଁଥିବା କିଛି ଲୋକଙ୍କ ଦଳ ନୁହେଁ। ଜନସଂଘ ଏକ ଦଳ ନୁହେଁ ବରଂ ଏକ ଆନ୍ଦୋଳନ। ଏହା ଜାତିର ଇଚ୍ଛାଶକ୍ତିରୁ ନିର୍ଗତ ହୋଇଛି ଏବଂ ଯେଉଁ କାର୍ଯ୍ୟ ପାଇଁ ଉଦ୍ଦିଷ୍ଟ ତାହା ନିଶ୍ଚୟ କରିବ।[୨୬୬]

ଆଜି ବି ବିଜେପି ନିଜକୁ ଏକ ଭିନ୍ନ ଚରିତ୍ରର ଦଳ କରି ରଖିଛି ଏବଂ ଏହାର ପ୍ରତିଷ୍ଠାତାଙ୍କ ପ୍ରେରଣାକୁ ଅପମିଶ୍ରଣ ନ କରି ଶୁଦ୍ଧ ରଖିଛି।

ହିନ୍ଦୁ ମହାସଭା ସହ ମିଶ୍ରଣର ବିଫଳ ପ୍ରୟାସ ଏବଂ ନେହେରୁଙ୍କର ଭାରତୀୟ ଜନସଂଘକୁ ଭାଙ୍ଗିବାର ପ୍ରୟାସ

ପ୍ରାୟ ୧ ବର୍ଷ ଧରି ହିନ୍ଦୁ ମହାସଭା, ରାମରାଜ୍ୟ ପରିଷଦ ଏବଂ ଭାରତୀୟ ଜନସଂଘ ମିଶ୍ରଣ ପ୍ରକ୍ରିୟାର କଥାବାର୍ତ୍ତା ଚାଲିଲା। ମହାସଭାର ଏନ୍.ସି. ଚାଟାର୍ଜୀ ଏକ ନିଃସର୍ତ୍ତ ବିଲୟର ସମର୍ଥନ କରୁଥିଲେ, କାରଣ ଡ. ମୁଖାର୍ଜୀ ଏହି ତିନିଦଳ ଏକାଠି ହୁଅନ୍ତୁ ବୋଲି ଚାହୁଁଥିଲେ। ରାମରାଜ୍ୟ ପରିଷଦର ସ୍ୱାମୀ କରପାତ୍ରିଜୀ ସେମାନଙ୍କ ଧର୍ମ ସହିତ ସେମାନଙ୍କ ନୀତି ନିୟମରେ କେବେ ବୁଝାମଣା କରାଯିବ ନାହିଁ, ଏ କଥାରେ ଅଟଳ ଥିବାରୁ ନିଃସର୍ତ୍ତ ବିଲୟକୁ ସମର୍ଥନ କରୁ ନ ଥିଲେ। ଉଭୟ ରାମରାଜ୍ୟ ପରିଷଦ ଏବଂ ହିନ୍ଦୁ ମହାସଭା ଭାରତୀୟ ଜନସଂଘର ସାଙ୍ଗଠନିକ ଦକ୍ଷତାକୁ ବ୍ୟବହାର କରିବାକୁ ଚାହୁଁଥିଲେ, କିନ୍ତୁ ଜନସଂଘର ତଳସ୍ତରର କ୍ୟାଡରମାନଙ୍କ ଦ୍ୱାରା ଗ୍ରହଣୀୟ ହେବେ କି ନାହିଁ ଏ ବାବଦରେ ଅନିଶ୍ଚିତ ଥିଲେ। ଏହି କାରଣରୁ ୩ଟି ସଙ୍ଗଠନର ମିଶ୍ରଣ ସମ୍ଭବ ନୋହିଲା।

ଯଦିଓ ୧୯୫୩ରେ କଥାବାର୍ତ୍ତା ବିଫଳ ହୋଇଥିଲା, ୧୯୫୫ରେ ପୁଣିଥରେ

ମିଶ୍ରଣ ପ୍ରସ୍ତାବ ପୁନର୍ଜୀବିତ ହେଲା, ଯେବେ ଭାରତୀୟ ଜନସଂଘ ଏହାର ସାଧାରଣ ସମ୍ପାଦକଙ୍କୁ ଉପଯୁକ୍ତ କାର୍ଯ୍ୟାନୁଷ୍ଠାନ କରିବାର ସ୍ୱୀକୃତି ଦେଲା । ଏହି ସମୟ ବେଳକୁ ସମସ୍ତେ ଭାରତୀୟ ସଂସ୍କୃତି ଓ ପରମ୍ପରାକୁ ଗ୍ରହଣ କରି, ଜାତି ଓ ଧର୍ମ ନିର୍ବିଶେଷରେ ସମସ୍ତ ଭାରତୀୟ ନାଗରିକଙ୍କୁ ପ୍ରସ୍ତାବିତ ଏକୀକୃତ ସଂସ୍ଥାରେ ସ୍ୱୀକାର କରିବାର ପରମ୍ପରାକୁ ଗ୍ରହଣ କରିଥିଲେ ।[୨୬୭]

ଏହି ଚୁକ୍ତି ଏକ ସକାରାତ୍ମକ ପଦକ୍ଷେପ ଥିଲା । ଯେହେତୁ ମହାସଭା ସର୍ବଦା ଅଣହିନ୍ଦୁମାନଙ୍କର ସଦସ୍ୟତାକୁ ବାରଣ କରିଦେଇଥିଲା ଏବଂ ରାମରାଜ୍ୟ ପରିଷଦ ଏକ କଠୋର ଜାତି ବ୍ୟବସ୍ଥା ଉପରେ ପ୍ରାଧାନ୍ୟ ଦେଉଥିଲା, ତେଣୁ ମିଶ୍ରଣ ଆଦୌ ସମ୍ଭବ ହେଲା ନାହିଁ । ଭାରତୀୟ ଜନସଂଘ ଏବଂ ମହାସଭା ଏକାଠି କାମ କରିବାକୁ ସ୍ଥିର କଲେ ଏବଂ ପରିଶେଷରେ ଉଭୟ ପକ୍ଷର ଗୁରୁତ୍ୱପୂର୍ଣ୍ଣ ନେତୃବୃନ୍ଦ ଭାରତୀୟ ଜନସଂଘରେ ଯୋଗଦେଲେ ।

ଡ. ମୁଖାର୍ଜୀଙ୍କ ମୃତ୍ୟୁ ପରେ ମୌଳିଚନ୍ଦ୍ର ଶର୍ମା ଭାରତୀୟ ଜନସଂଘର କାର୍ଯ୍ୟକାରୀ ସଭାପତି ହେଲେ ଏବଂ ଭାଇ ମହାବୀରଙ୍କ ସ୍ଥାନରେ ଦୀନଦୟାଲ ଉପାଧ୍ୟାୟ ସାଧାରଣ ସମ୍ପାଦକ ଦାୟିତ୍ୱ ତୁଲାଇଲେ । ୧୯୫୪ ଜାନୁଆରୀ ମାସରେ ବମ୍ବେ ଅଧିବେଶନରେ ଉମାଶଙ୍କର ତ୍ରିବେଦୀଙ୍କୁ ସଭାପତି ହେବାକୁ ଅନୁରୋଧ କରାଗଲା । ସେ ସିଭିଲ୍ ଲିବର୍ଟିଜ୍ ୟୁନିୟନର ଜଣେ ସକ୍ରିୟ ସଦସ୍ୟ ଥିଲେ ଏବଂ ଆରଏସଏସ ଉପରେ ଲାଗିଥିବା ପ୍ରତିବନ୍ଧକ ଉଠାଇବାକୁ ପଟେଲଙ୍କ ସହ କଥାବାର୍ତ୍ତା କରିଥିଲେ । ଭାରତୀୟ ଜନସଂଘର ସଭାପତିଭାବେ ଶର୍ମାଙ୍କର ଏକ ପ୍ରଭାବଶାଳୀ କାର୍ଯ୍ୟକାଳ ଥିଲା । ସେ ମୁଖ୍ୟ ପଦରେ ନିଜଦ୍ୱାରା ମନୋନୀତ ବ୍ୟକ୍ତି ଚାହୁଁଥିଲେ । ବାସ୍ତବରେ ଦଳ ମଧ୍ୟରେ ଉତ୍ତେଜନା ଏତେ ଅଧିକ ଥିଲା ଯେ ସେ ୧୯୫୪ ଅଗଷ୍ଟରେ ଜନସଂଘର ଅଖିଳ ଭାରତୀୟ ସମିତିକୁ ଗଲେ ନାହିଁ । ପ୍ରଜା ପରିଷଦର ସଭାପତି ପ୍ରେମନାଥ ଡୋଗ୍ରା ସ୍ୱାଗତ ଭାଷଣ ଦେଇଥିଲେ । ବଢୁଥିବା ମତାନ୍ତର ଯୋଗୁ ଦେଢବର୍ଷ ଜନସଂଘର ସାଧାରଣ ସମ୍ପାଦକ ପଦରେ ରହିବା ପରେ ଶର୍ମା ଇସ୍ତଫା ଦେଇଦେଲେ । ଠିକ୍ ଏହାପରେ ପରେ ୩ ନଭେମ୍ବର ୧୯୫୩ରେ କଂଗ୍ରେସ ଦଳ ମୌଲାନା ଆଜାଦଙ୍କ ମୃତ୍ୟୁ ପରେ ଶର୍ମାଙ୍କୁ ଗୁରଗାଓଁ ନିର୍ବାଚନ ମଣ୍ଡଳୀରେ ଲଢିବାପାଇଁ ଦଳୀୟ ଟିକେଟ୍ ଦେଲା । ଏହା କୁହାଯାଏ ଯେ ଭାରତୀୟ ଜନସଂଘକୁ ଦୁର୍ବଳ କରିବାକୁ ନେହେରୁ ଶର୍ମାଙ୍କୁ ଦଳ ଛାଡିବାକୁ ପ୍ରବର୍ତ୍ତାଇଥିଲେ ଏବଂ ତଦନୁଯାୟୀ ପୁରସ୍କୃତ ମଧ୍ୟ କରିଥିଲେ ।[୨୬୮]

ଭାରତୀୟ ଜନସଂଘ ଦ୍ୱାରା ନିଆଯାଇଥିବା ଗୁରୁତ୍ୱପୂର୍ଣ୍ଣ ପ୍ରସଙ୍ଗ ଯଥା ହିନ୍ଦୀକୁ ସରକାରୀ ଭାଷାର ମାନ୍ୟତା, ଗୋହତ୍ୟା ନିଷେଧ, ସଂସ୍କୃତର ପ୍ରଚାର ଆଦି କଂଗ୍ରେସ

ଦ୍ୱାରା ମଧ୍ୟ ଗ୍ରହଣ କରାଯାଇଥିଲା। ଏହି ଦାବିକୁ ରାଜ୍ୟସ୍ତରରେ କାର୍ଯ୍ୟକାରୀ କରିବାକୁ ପ୍ରାଦେଶିକ ମୁଖ୍ୟମନ୍ତ୍ରୀମାନଙ୍କୁ କୁହାଯାଇଥିଲା, ଯାହାଦ୍ୱାରା ନେହେରୁ ତାଙ୍କର ତଥାକଥିତ ଧର୍ମନିରପେକ୍ଷ ତଥା ପ୍ରଗତିଶୀଳ ମୁଖା ବଜାୟ ରଖିବାରେ ସକ୍ଷମ ହୋଇଥିଲେ। ଏହା ଭାରତୀୟ ଜନସଂଘକୁ ରାଜନୀତି ମଇଦାନରୁ ବାହାର କରିଦେବାକୁ ଏକ ସୁପରିକଳ୍ପିତ ଯୋଜନା ଥିଲା।

ହିନ୍ଦୀଭାଷାକୁ ସରକାରୀ ଭାଷାର ମାନ୍ୟତା ଦେବାକୁ ନେଇ ନେହେରୁଙ୍କ ରାଜନୀତିରୁ ତାଙ୍କର ହିନ୍ଦୀ, ହିନ୍ଦୁ ଏବଂ ହିନ୍ଦୁସ୍ତାନ ପ୍ରତି ଥିବା ବିରୋଧ ଏବଂ ଦୋମୁହାଁ ନୀତି ପରିଷ୍କାର ଜଣାପଡେ। ହିନ୍ଦୀ ସରକାରୀ ଭାଷା ହେଲା ପରେ, ଅଣହିନ୍ଦୀଭାଷୀ ରାଜ୍ୟମାନେ ଇଂରାଜୀକୁ ସରକାରୀ ଭାଷାଭାବେ ବ୍ୟବହାର କରିବାକୁ ୧୫ ବର୍ଷିଆ ଲିଜ୍ ଦାବି କଲେ। ଏହି ସମୟ ହିନ୍ଦୀଭାଷାର ବିସ୍ତାର ପାଇଁ ବ୍ୟବହାର ହେବାର ଥିଲା। ତେବେ ୧୯୬୩ରେ ୧୫ ବର୍ଷିଆ ଲିଜ୍ ଅବଧି ସରିବାକୁ ଥିବାବେଳେ, ନେହେରୁ ଇଂରାଜୀକୁ ଏକ ସହଭାଗୀ ସରକାରୀ ଭାଷା କରିବାକୁ ସଂସଦରେ ବିଲ୍ ଆଣିଲେ। ଭାରତୀୟ ଜନସଂଘ ଏହି ପଦକ୍ଷେପକୁ ନିନ୍ଦା କରିଥିଲା।

ଭାରତୀୟ ଜନସଂଘକୁ ପ୍ରତିହତ କରିବାକୁ କଂଗ୍ରେସ ଜନସଂଘ ଦୃଢ ଥିବା ରାଜ୍ୟରେ ଯଥା ଉତ୍ତରପ୍ରଦେଶ, ମଧ୍ୟପ୍ରଦେଶ, ରାଜସ୍ଥାନ ଓ ବିହାରରେ ହିନ୍ଦୀକୁ ସରକାରୀ ଭାଷା ଭାବେ ଘୋଷଣା କଲା। ୧୯୫୫ ମସିହା ସୁଦ୍ଧା ଗୋହତ୍ୟା ନିଷେଧ ଆଇନ୍ ବିଷୟରେ କଂଗ୍ରେସର ନୀତି ସମାନ ଥିଲା, ଅନେକ ରାଜ୍ୟ ଏ ସମ୍ବନ୍ଧରେ ଆଇନ ପ୍ରଣୟନ କଲେ କିନ୍ତୁ ଏକ ସର୍ବଭାରତୀୟ ଆଇନର ଉଦ୍ୟମ ହେଲା ନାହିଁ। ଯେହେତୁ ରାଜ୍ୟମାନେ ହିନ୍ଦୀ ଏବଂ ଗୋହତ୍ୟା ଉପରେ ଆଇନ୍ ପ୍ରଣୟନ କରିବାକୁ ସକ୍ଷମ ତେଣୁ କେନ୍ଦ୍ରୀୟ ଆଇନର କୌଣସି ଆବଶ୍ୟକତା ନାହିଁ କହି ନେହେରୁ ନିଜର ଆତ୍ମରକ୍ଷା କଲେ।

କଂଗ୍ରେସ ଏହାର ସଦସ୍ୟମାନଙ୍କୁ ପ୍ରଲୋଭିତ କରିବାକୁ ଚେଷ୍ଟା କରୁଥିବା ଫଳାଫଳରୁ ହିଁ ଭାରତୀୟ ଜନସଂଘରେ ବିଶୃଙ୍ଖଳା ଲାଗି ରହୁଥିଲା। ଡ. ମୁଖାର୍ଜୀଙ୍କ ମୃତ୍ୟୁ ପରେ ଦଳର କୌଣସି ଭବିଷ୍ୟତ ନାହିଁ ବୋଲି ଚିନ୍ତା କରି କିଛି ସଦସ୍ୟ ଦଳ ଛାଡି ଚାଲିଗଲେ। ଡ. ମୁଖାର୍ଜୀଙ୍କ ପରେ ଖାଲି ହୋଇଥିବା ଲୋକସଭା ଆସନଟିକୁ ମଧ୍ୟ ଭାରତୀୟ ଜନସଂଘ ଜିତିପାରିଲା ନାହିଁ। ଭାରତୀୟ ଜନସଂଘ ବିଶୃଙ୍ଖଳାକୁ ଦୃଢଭାବେ ଦମନ କରୁଥିଲା। ନିଜର ଅତ୍ୟଧିକ ଉଚ୍ଚାଭିଳାଷ ଯୋଗୁ ପ୍ରଥମ ସଦସ୍ୟଭାବେ ବସନ୍ତରାଓ ଓକ ଦଳରୁ ବହିଷ୍କୃତ ହେଲେ। ବାଜପେୟୀ, ରାଜକୁମାର ଶ୍ରୀବାସ୍ତବ ଏବଂ ରାଜକିଶୋର ଶୁକ୍ଳାଙ୍କୁ ନେଇ ଗଠିତ କମିଟି ଦ୍ୱାରା ଦିଲ୍ଲୀ ଶାଖାର

ଆଉ ୧୫ ଜଣ ପ୍ରମୁଖ ସଦସ୍ୟ ଦଳରୁ ବହିଷ୍କୃତ ହେଲେ। ଏହି ସଦସ୍ୟମାନଙ୍କ ମଧ୍ୟରେ କନୱାର ଲାଲ୍ ଗୁପ୍ତା, ଅମରନାଥ ବଜାଜ ଏବଂ ବସନ୍ତରାଓ ଓକ ଅନ୍ତର୍ଭୁକ୍ତ ଥିଲେ। ପରେ ଗୁପ୍ତା ଏବଂ ଓକ ଦଳକୁ ଫେରିଆସିଲେ।

ବିଧାନସଭାକୁ ନିର୍ବାଚିତ ହୋଇଥିବା ୫ ଜଣ ପ୍ରତିନିଧିଙ୍କ ମଧ୍ୟରୁ ୩ ଜଣ ଦଳ ଛାଡିଦେଲେ। ଉତ୍ତରପ୍ରଦେଶ ବିଧାନସଭାକୁ ନିର୍ବାଚିତ ହୋଇଥିବା ୨ ଜଣ ସଦସ୍ୟଙ୍କ ମଧ୍ୟରୁ ଜଣେ ବିଶୃଙ୍ଖଳିତ ଆଚରଣ ପାଇଁ ବହିଷ୍କୃତ ହେଲେ। ରାଜସ୍ଥାନରେ କଂଗ୍ରେସ ୮୨ଟି ଆସନ ସହ ପାଖାପାଖି ବହୁମତ ପାଇଥିଲାବେଳେ ବିରୋଧୀମାନେ ୭୮ ଆସନ ପାଇଥିଲେ। ବିଧାନସଭା ମଧ୍ୟରେ ରଣନୀତିକୁ ସମନ୍ୱୟ କରିବା ପାଇଁ ସମସ୍ତ ବିରୋଧୀ ଦଳର ଏକ ଦୁର୍ବଳ ସମ୍ମିଳନୀ ଥିଲା। ଏହା ସଂଯୁକ୍ତ ଦଳ ନାମରେ ପରିଚିତ ଥିଲା। ଅବଶ୍ୟ ଏହି ଦଳ ଗଠନ ଜମି ସଂସ୍କାର ବିରୁଦ୍ଧରେ ଥିଲା, ଯେଉଁ କାର୍ଯ୍ୟକ୍ରମକୁ ଭାରତୀୟ ଜନସଂଘ ଦ୍ୱାରା ପ୍ରଭାବଶାଳୀ ଢଙ୍ଗରେ ଉପସ୍ଥାପନ କରାଯାଇଥିଲା। ତେଣୁ ଜନସଂଘ ଚାହିଁଲା ଯେ ଏହାର ସଦସ୍ୟମାନେ ସଂଯୁକ୍ତ ଦଳଠାରୁ ଦୂରେଇ ରୁହନ୍ତୁ। କେବଳ ଭୈରୋ ସିଂ ଶେଖାୱତଙ୍କ ବ୍ୟତୀତ ଆଉ କୌଣସି ସଦସ୍ୟ ଏକଥା ମାନିଲେ ନାହିଁ ଏବଂ ଦଳରୁ ବହିଷ୍କୃତ ହେଲେ। କିଛି ଦିନ ପରେ ୨ ଜଣ ସଦସ୍ୟ ଦଳକୁ ଫେରିଆସିଲେ।

ଉପାଧ୍ୟାୟଙ୍କ ନେତୃତ୍ୱରେ ଭାରତୀୟ ଜନସଂଘର ମୁଖ୍ୟ ଏଜେଣ୍ଡା - ଧର୍ମାନ୍ତରୀକରଣ ବନ୍ଦ କରିବା, ସମାନ ନାଗରିକ ସଂହିତା ପ୍ରଣୟନ ଏବଂ ଗୋଆର ମୁକ୍ତି

ଆଜି ବି ଆମ ଦେଶର ଅନେକ ସ୍ଥାନରେ ଆମେ ବଳପୂର୍ବକ ଧର୍ମାନ୍ତରୀକରଣର ବିଷୟରେ ଚର୍ଚ୍ଚା ଶୁଣୁ। କିନ୍ତୁ ଏ ଘଟଣା ଆଦୌ ନୂଆ ନୁହେଁ। ଓଡିଶା, ମଧ୍ୟପ୍ରଦେଶ, ଆସାମ ଓ ବିହାରରେ ମିସନାରୀମାନେ ଆଦିବାସୀମାନଙ୍କୁ ଧର୍ମାନ୍ତୀକରଣ କରାଉ ଥିବାରୁ ୧୯୫୪ରେ ଜନସଂଘ 'ବିଦେଶୀ ବିରୋଧୀ ମିସନାରୀ ସପ୍ତାହ' ନାମରେ ଏକ ଆନ୍ଦୋଳନ ଆରମ୍ଭ କଲା। ଛୋଟ ନାଗପୁର ଏହି ପ୍ରକାର ବେନିୟମ କାର୍ଯ୍ୟକଳାପର କେନ୍ଦ୍ରସ୍ଥଳ ଥିଲା। ଆନ୍ଦୋଳନ ଉତ୍ତାପକୁ ଅନୁଭବ କରି ଜନସଂଘ ଆନ୍ଦୋଳନ ମଝିରେ ହିଁ ମଧ୍ୟପ୍ରଦେଶର କଂଗ୍ରେସ ସରକାର ମଧ୍ୟପ୍ରଦେଶ ଉଚ୍ଚ ନ୍ୟାୟାଳୟର ଅବସରପ୍ରାପ୍ତ ମୁଖ୍ୟ ନାୟାଧୀଶ ଡ.ଏମ୍. ବି ନିୟୋଗୀଙ୍କ ଅଧ୍ୟକ୍ଷତାରେ 'ଖ୍ରୀଷ୍ଟିଆନ ମିସନାରୀ କାର୍ଯ୍ୟକଳାପ ଅନୁସନ୍ଧାନ କମିଟି' ବିଷୟରେ ଘୋଷଣା କଲେ।

ଦୁଇବର୍ଷ ପରେ ନିମ୍ନଲିଖିତ ଉପସଂହାର ସହ ରିପୋର୍ଟ ଆସିଲା –

୧. ସ୍ୱାଧୀନତା ପରଠାରୁ ଆମେରିକୀୟ କର୍ମଚାରୀମାନଙ୍କର ପ୍ରଶଂସନୀୟ ବୃଦ୍ଧି ହୋଇଛି । ସୁସମାଚାର ପ୍ରଚାରକମାନଙ୍କ ଦଳ ପଠାଯାଇଛି ।

୨. ମିଶନାରୀ କାର୍ଯ୍ୟ ପାଇଁ ଦେଶକୁ ବିପୁଳ ପରିମାଣର ବିଦେଶୀ ଅର୍ଥ ପ୍ରବାହ ହେଇଛି, ଯେଉଁଥିରେ ଶିକ୍ଷା, ଚିକିତ୍ସା ଏବଂ ସୁସମାଚାର ପ୍ରଚାର କାର୍ଯ୍ୟ ସାମିଲ ଅଛି ।

୩. ରୂପାନ୍ତରଣଗୁଡିକ ପ୍ରାୟତଃ ଅଯଥା ପ୍ରଭାବ, ଭୁଲ୍ ଉପସ୍ଥାପନା ଇତ୍ୟାଦି ଦ୍ୱାରା କରାଯାଉଥିଲା । ରୂପାନ୍ତରଣ ପଛରେ ଆର୍ଥିକ ଉଧାରୀ ଏବଂ ଶିକ୍ଷାଗତ ସୁବିଧା ଆଦି ବିଭିନ୍ନ ଉତ୍ସାହ ଥିଲା ।

୪. ପରୋକ୍ଷ ରାଜନୈତିକ କାର୍ଯ୍ୟାବଳୀର ଉଦାହରଣ କମିଟିକୁ ଜଣାଇ ଦିଆଯାଉଥିଲା ।

୫. ଯେହେତୁ ଧର୍ମ ପରିବର୍ତ୍ତନ ତାଙ୍କ ସମାଜ ସହିତ ଏକତା ଏବଂ ଏକତାର ଭାବନାକୁ କଳଙ୍କିତ କରେ, ତାଙ୍କ ଦେଶ ତଥା ରାଜ୍ୟପ୍ରତି ତାଙ୍କର ବିଶ୍ୱସ୍ତତା କ୍ଷୁଣ୍ଣ ହେବାର ଆଶଙ୍କା ରହିଛି ।

୬. ବହୁସଂଖ୍ୟକ ସମ୍ପ୍ରଦାୟର ଧର୍ମ ବିରୁଦ୍ଧରେ ଦୁଷ୍ପ୍ରଚାର ସାର୍ବଜନୀନ ଶାନ୍ତି ଭଙ୍ଗ ଆଶଙ୍କା ସୃଷ୍ଟି କରେ ।

୭. ପାଶ୍ଚାତ୍ୟ ସର୍ବୋଚ୍ଚତା ପ୍ରତିଷ୍ଠା ପାଇଁ ଖ୍ରୀଷ୍ଟିଆନକୁ ପୁନର୍ଜୀବିତ କରିବାକୁ ମିସନାରୀ କାର୍ଯ୍ୟ ଏକକ ନୀତିର ଏକ ଅଂଶ ପରି ଦେଖାଯାଏ । ଖ୍ରୀଷ୍ଟିଆନ ସଂଖ୍ୟାଗରିଷ୍ଠ ଅଞ୍ଚଳ ସୃଷ୍ଟି କରିବାର ଉଦ୍ଦେଶ୍ୟ ସ୍ପଷ୍ଟ ହୋଇଛି ଯାହା ଅଣ-ଖ୍ରୀଷ୍ଟିଆନ ସମାଜର ଏକତାକୁ ବାଧାଦେଇପାରେ ।

୮. ବିଦ୍ୟାଳୟ, ଡାକ୍ତରଖାନା ଏବଂ ଅନାଥାଶ୍ରମଗୁଡିକୁ ସୁସମାଚାର ପ୍ରଚାର କାର୍ଯ୍ୟରେ ବ୍ୟବହାର କରାଯାଉଥିଲା ।

୯. ଆଦିବାସୀ ଓ ହରିଜନମାନେ ସ୍ୱତନ୍ତ୍ର ଲକ୍ଷ୍ୟ ହେଉଥିଲେ ।

୧୦. ମଧ୍ୟପ୍ରଦେଶ ସରକାର ନିରପେକ୍ଷ ରହୁଥିଲା ଏବଂ ମିସନାରୀ କିମ୍ବା ଖ୍ରୀଷ୍ଟିଆନମାନଙ୍କର କାର୍ଯ୍ୟକଳାପରେ ହସ୍ତକ୍ଷେପ କରୁ ନ ଥିଲା ।[୨୬୯]

ଏହି ରିପୋର୍ଟ ଆରଏସଏସ ଏବଂ ଭାରତୀୟ ଜନସଂଘର ଉଦ୍ଦେଶ୍ୟକୁ ପ୍ରମାଣିତ କରିଛି, କିନ୍ତୁ ପାଶ୍ଚାତ୍ୟ ବିଦ୍ୱାନ, 'ଧର୍ମ ନିରପେକ୍ଷବାଦୀ' ଏବଂ 'ସୁସମାଚାର ପ୍ରଚାରକ' ଏହାକୁ ନିନ୍ଦା କରିଛନ୍ତି ।

କେନ୍ଦ୍ରୀୟ କାର୍ଯ୍ୟ କମିଟି ଏହି ରିପୋର୍ଟକୁ ବିଚାର କରିଛି ଏବଂ ଏହାର ସୁପାରିସକୁ ଗ୍ରହଣ କରି, ଯେ ପର୍ଯ୍ୟନ୍ତ ସେମାନେ ଭାରତରେ ବିଦେଶୀ ଖ୍ରୀଷ୍ଟିଆନ

ମିସନାରୀମାନଙ୍କର ଅବାଞ୍ଛିତ କାର୍ଯ୍ୟକଳାପକୁ ଶେଷ କରିବାକୁ ଚାହୁଁଛନ୍ତି, ସେ ସବୁ ପାଇଁ ସମର୍ଥନ ପ୍ରଦାନ କରିଛି। ଭାରତରେ ବିଦେଶୀ ଖ୍ରୀଷ୍ଟିଆନ ମିସନାରୀମାନଙ୍କର ଆପତ୍ତିଜନକ କାର୍ଯ୍ୟକଳାପର ଦୁର୍ଭାଗ୍ୟଜନକ ପ୍ରଭାବକୁ ନେଇ ଭାରତୀୟ ଜନସଂଘର ସବୁଠାରୁ ଭୟଙ୍କର ଆଶଙ୍କାକୁ ନିୟୋଗୀ କମିଟି ପ୍ରମାଣିତ କରୁଛି। କାର୍ଯ୍ୟନିର୍ବାହୀ କମିଟି ଅନୁଭବ କରେ ଯେ ଭାରତୀୟ ଖ୍ରୀଷ୍ଟିଆନ ସମ୍ପ୍ରଦାୟ ନିୟୋଗୀ କମିଟି ଦ୍ୱାରା ସୁପାରିସ ଅନୁଯାୟୀ ବିଦେଶୀ ସମର୍ଥନ ଉପରେ ନିର୍ଭରଶୀଳ ନ ହୋଇ ସ୍ୱାଧୀନ ଭାରତୀୟ ଖ୍ରୀଷ୍ଟିଆନ ଚର୍ଚ୍ଚ ଅଧୀନରେ ଏକତ୍ରିତ ହେବା ଉଚିତ ଏବଂ ଏହିପରି ଭାବରେ ଭାରତର ନାଗରିକମାନଙ୍କର ଏକ ଉତ୍ସର୍ଗୀକୃତ, ବିଶ୍ୱସ୍ତ ଏବଂ ମୂଲ୍ୟବାନ ବିଭାଗ ଗଠନ କରିବା ଉଚିତ।[୨୭୦]

୧୯୫୫ ଜୁଲାଇରେ ଜଗନ୍ନାଥ ରାଓ ଯୋଶୀଙ୍କ ନେତୃତ୍ୱରେ ଭାରତୀୟ ଜନସଂଘ ଗୋଆ ସତ୍ୟାଗ୍ରହ ଆରମ୍ଭ କଲା। ଭାରତୀୟ ଜନସଂଘର କ୍ୟାଡରମାନେ ଗୋଆ ପୋଲିସ ଦ୍ୱାରା ଗିରଫ ହୋଇ ଜେଲ୍‌ରେ ରହିଲେ। ୧୫ ଅଗଷ୍ଟ ୧୯୫୫ରେ ଏକ ଶାନ୍ତିପୂର୍ଣ୍ଣ ଶୋଭାଯାତ୍ରା ସମୟରେ ପୋଲିସ ଗୁଳିରେ ୩୦ ଜଣ ଲୋକ ମରିଗଲେ। ନେହେରୁ ପର୍ତ୍ତୁଗୀଜମାନଙ୍କ ଉପରେ କୌଣସି କାର୍ଯ୍ୟାନୁଷ୍ଠାନ ନେଲେ ନାହିଁ ଏବଂ ପର୍ତ୍ତୁଗୀଜମାନେ ଗୋଆ ନ ଛାଡିଲେ, ଗୋଆକୁ ବଳପୂର୍ବକ ଦଖଲ କରିବାକୁ ମନା କରିଦେଲେ। ପରେ ନେହେରୁ ୧୯୬୨ରେ ଗୋଆକୁ ମୁକ୍ତିଦେବାକୁ ସୈନ୍ୟବଳ ପଠାଇବାକୁ ବାଧ୍ୟ ହେଲେ।

ଭାରତୀୟ ଜନସଂଘ ହିନ୍ଦୁ କୋଡ୍ ବିଲ୍‌କୁ ହିନ୍ଦୁ ସମାଜର ଐତିହ୍ୟ ଏବଂ ପରମ୍ପରା ବିରୁଦ୍ଧରେ ନୁହେଁ ବରଂ ଆଧୁନିକତା ନାମରେ ଏହା ପରିବାର ଓ ସମାଜର ବିଭାଜନକୁ ଉତ୍ସାହିତ କରିବ ବୋଲି ବିରୋଧ କରୁଥିଲା। ଯଦିଓ ଭାରତ ସମ୍ବିଧାନରେ ରାଜନୀତିର ନିର୍ଦ୍ଦେଶନାମାର ଅଂଶ ହୋଇଥିଲା, ନେହେରୁ କିନ୍ତୁ 'ଏକକ ନାଗରିକ ସଂହିତା' ଉପରେ ନୀରବ ଥିଲେ। ଏକକ ନାଗରିକ ସଂହିତାର ଅନୁପସ୍ଥିତିରେ ସମସ୍ତଙ୍କୁ ସମାନ ବ୍ୟବହାର କରାଯାଉ ନ ଥିବା ପରିପ୍ରେକ୍ଷୀରେ ସେ ତାଙ୍କ ଧର୍ମ ନିରପେକ୍ଷତାକୁ ବ୍ୟାଖ୍ୟା କରିବାରେ ଆଦୌ ସକ୍ଷମ ହୋଇ ନ ଥିଲେ।

୧୯୫୭ର ନିର୍ବାଚନ ଏବଂ ଉପାଧ୍ୟାୟଙ୍କ ନେତୃତ୍ୱରେ ଜନସଂଘ

୧୯୫୭ ନିର୍ବାଚନ ପାଖରେ ପହଞ୍ଚିବା ପୂର୍ବରୁ ଭାରତୀୟ ଜନସଂଘ ତା'ର ପ୍ରତିଷ୍ଠାତା ଡ. ମୁଖାର୍ଜୀଙ୍କୁ ହରେଇ ସାରିଥିଲା। ସମାନ ବିଚାରଧାରାର ଦଳମାନଙ୍କ ସହ ମିଶିବା ପାଇଁ ବହୁବାର ଚେଷ୍ଟା କରାଯାଇଥିଲା ଏବଂ ନେହେରୁ ମଧ୍ୟ ଜନସଂଘକୁ

ଭାଙ୍ଗିବାକୁ ଅନେକ ଚେଷ୍ଟା କରିଥିଲେ। ଭାରତୀୟ ଜନସଂଘ କିନ୍ତୁ ଅବିଚଳିତ ଏବଂ ଅବିଭକ୍ତ ରହିଲା। ୧୯୫୭ ନିର୍ବାଚନର ଇସ୍ତାହାର ୧୯୫୨ର ଇସ୍ତାହାରର ଧାରାକୁ ଅନୁସରଣ କରିଥିଲା ଏବଂ ୧୯୫୨ ରୁ ୧୯୫୭ ମଧ୍ୟରେ ଜନସଂଘ ଅନେକଗୁଡ଼ିଏ ସଂକଳ୍ପ ପାରିତ କରିଥିଲା। ଗୋଆର ମୁକ୍ତି ପାଇଁ ଦାବି କରାଯାଇଥିଲା, ସୀମାରେ ଚୀନାର ଦୁଃସାହସିକ କାର୍ଯ୍ୟ ବିଷୟରେ ସରକାରଙ୍କୁ ଚେତାବନୀ ଦିଆଯାଇଥିଲା, ପ୍ରଥମ ପଞ୍ଚ ବାର୍ଷିକ ଯୋଜନାର ବିଫଳତା ଉପରେ ଚିନ୍ତା କରାଯାଇଥିଲା, ଅତ୍ୟାବଶ୍ୟକ ଦ୍ରବ୍ୟର ମୂଲ୍ୟବୃଦ୍ଧି ଏବଂ ଲୋକଙ୍କୁ ଖାଦ୍ୟ, ବସ୍ତ୍ର, ଗୃହ, ଶିକ୍ଷା ଏବଂ ଚିକିତ୍ସା କରି ମୌଳିକ ଆବଶ୍ୟକତା ଯୋଗାଇବାରେ ସରକାରଙ୍କ ବିଫଳତାକୁ ନିନ୍ଦା କରାଯାଇଥିଲା ଓ ଉଚ୍ଚ ସ୍ଥାନରେ ହୋଇଥିବା ଦୁର୍ନୀତି ସହିତ କୃଷକ ଏବଂ ଶ୍ରମିକଙ୍କ ବିଗିଡି ଯାଇଥିବା ଅବସ୍ଥା ଉପରେ ଗୁରୁତ୍ୱ ଦିଆଯାଇଥିଲା।

ଏହି ପ୍ରସଙ୍ଗରେ ଜନସଂଘ ସବୁପ୍ରକାର ବିକାଶ, ଦକ୍ଷ ପ୍ରଶାସନ ଏବଂ କାର୍ଯ୍ୟରେ ସ୍ୱଚ୍ଛତା ପାଇଁ ଏକ ଗଠନମୂଳକ କାର୍ଯ୍ୟକ୍ରମ ପ୍ରଦାନ କରିବାକୁ ଚାହୁଁଥିଲା। ଏହା ଭାରତକୁ ଶକ୍ତିଶାଳୀ ଏବଂ ସମୃଦ୍ଧ କରିବାକୁ ସ୍ଥିର କଲା ଓ ଏହାର ଜାତୀୟ ସୁରକ୍ଷା ଏବଂ ଏକତାକୁ ଦୃଢ କରି ଏକ ପ୍ରଗତିଶୀଳ ତଥା ପ୍ରଜ୍ଞାବାନ ରାଷ୍ଟ୍ରରେ ପରିଣତ କରିବାର ନିଷ୍ପତ୍ତି ନେଲା।

ସେହି ଦିନମାନଙ୍କରେ ଉଭୟ ସଂସଦୀୟ ଓ ବିଧାନସଭା ନିର୍ବାଚନ ଏକା ସମୟରେ ହେଉଥିଲା। ୧୯୫୧ ବିଧାନସଭା ନିର୍ବାଚନରେ ଜନସଂଘ ୭୨୫ ବିଧାନସଭା ଆସନରେ ଲଢିଥିଲା, ମାତ୍ର ୧୯୫୭ରେ ଭାରତୀୟ ଜନସଂଘ ୬୦୬ ବିଧାନସଭା ଆସନରେ ପ୍ରାର୍ଥୀ ଦେଲା, ଏବଂ ମାତ୍ର ୪୭ ଜଣ ପ୍ରାର୍ଥୀ ଦ୍ୱିତୀୟଥର ପାଇଁ ଦଳୀୟ ଟିକେଟ ପାଇଥିଲେ। ୧୯୫୧ର ୯୩ ଆସନ ତୁଳନାରେ ୧୯୫୭ରେ ୧୩୦ ସଂସଦୀୟ କ୍ଷେତ୍ରରେ ଜନସଂଘ ଲଢିଥିଲା ଏବଂ ୧୯୫୧ ମସିହାର ପ୍ରାର୍ଥୀମାନଙ୍କ ମଧ୍ୟରୁ ମାତ୍ର ୮ ଜଣ ଦ୍ୱିତୀୟବାର ପ୍ରାର୍ଥୀ ହୋଇପାରିଥିଲେ। ୩୫ ଜଣ ବିଧାନ ପରିଷଦକୁ ମନୋନୀତ ପ୍ରାର୍ଥୀଙ୍କ ମଧ୍ୟରୁ ମାତ୍ର ୧୪ ଜଣ ପୁନର୍ବାର ମନୋନୀତ ହୋଇଥିଲେ ଏବଂ ବାକି ୨୧ ଜଣ ହୁଏତ ଦଳ ଛାଡିଦେଇଥିଲେ ବା ମୃତ୍ୟୁବରଣ କରିସାରିଥିଲେ।

ଜାତୀୟ ସ୍ତରରେ କୌଣସି ମେଣ୍ଟ ନ ଥିଲା। ମହାସଭା ଏବଂ ପରିଷଦ ସହ ନିର୍ବାଚନ ବୁଝାମଣା ସୀମିତ ଥିଲା ଏବଂ ବାସ୍ତବରେ ଅନେକ ଆସନରେ ସେମାନେ ପରସ୍ପର ବିରୋଧରେ ଲଢୁଥିଲେ। ଆରଏସଏସ ନିର୍ବାଚନରେ ଖୋଲା ଯୋଗଦାନରୁ ଦୂରେଇ ରହିଲା, କିନ୍ତୁ କ୍ୟାଡରଙ୍କଠାରୁ ସଂଘ ପରୋକ୍ଷ ସମର୍ଥନ ପାଇଲା। ଜନସଂଘ

ପାଇଁ ଫଳାଫଳ ଅପେକ୍ଷାକୃତ ଭଲ ଥିଲା । ଏହାର ଭୋଟ୍‌ହାର ୫.୯୩ ପ୍ରତିଶତକୁ ବଢିଥିଲା ଏବଂ ୪ଟି ଲୋକସଭା ଆସନରେ ସଂଘ ବିଜୟୀ ହୋଇଥିଲା । ବାଜପେୟୀ ବଳରାମପୁର ଲୋକସଭା ଆସନରୁ କଂଗ୍ରେସର ସ୍ଥାନୀୟ ମୁସଲିମ ପ୍ରାର୍ଥୀଙ୍କୁ ହରାଇ ଜିତିଥିଲେ, ଯଦିଓ ଲକ୍ଷ୍ନୌ ଓ ମଥୁରାରୁ ହାରିଯାଇଥିଲେ । ଉପାଧ୍ୟାୟ ଫଳାଫଳ ଉପରେ ତାଙ୍କର ସନ୍ତୋଷ ବ୍ୟକ୍ତ କଲେ ।

'ଡ. ମୁଖାର୍ଜୀଙ୍କ ମୃତ୍ୟୁ ପରେ ରାଜନୈତିକ ମହଲରେ ଏହା ଅନୁମାନ କରାଯାଉଥିଲା ଯେ ଭାରତୀୟ ଜନସଂଘ ଶେଷ ହୋଇଯିବ । ଆମ୍ଭେମାନେ ଗତ ୫ ବର୍ଷ ଧରି ଏହି ଅନୁମାନ ବିରୋଧରେ ଲଢିଛୁ । ବର୍ତ୍ତମାନ ଦ୍ୱିତୀୟ ସାଧାରଣ ନିର୍ବାଚନ ଫଳାଫଳରୁ ଏହା ପ୍ରମାଣିତ ହେଲା ଯେ ଭାରତୀୟ ଜନସଂଘ କେବଳ ଜୀବିତ ରହିନାହିଁ ବରଂ ପ୍ରଗତି କରୁଛି । ଯଦି ଆମ୍ଭେ ଆମର ନୀତି ଏବଂ ନେତାଙ୍କ ପ୍ରତି ସତ୍ୟବଦ୍ଧ ନଥାନ୍ତୁ ତେବେ ଏହା କେବେ ସମ୍ଭବ ହୋଇ ନ ଥାନ୍ତା ।'[୨୭୧]

୧୯୫୭ ନିର୍ବାଚନ ପରେ କିଛି ଉପନିର୍ବାଚନ ହୋଇଥିଲା । ଭାରତୀୟ ଜନସଂଘ ଏହି ଉପ ନିର୍ବାଚନଗୁଡିକରେ ଭଲ ପ୍ରଦର୍ଶନ କରିଥିଲା । ଗୁରଗାଓଁଠାରେ ପ୍ରଥମ ଉପନିର୍ବାଚନ ହୋଇଥିଲା । ଜନସଂଘ ନିଜର ପ୍ରାର୍ଥୀ ନ ଦେଇ ପ୍ରକାଶବୀର ଶାସ୍ତ୍ରୀଙ୍କୁ ସମର୍ଥନ ଦେଇଥିଲା, ଯିଏ ୬୧ ପ୍ରତିଶତ ଭୋଟ୍ ପାଇ ୩୮ ହଜାର ବ୍ୟବଧାନରେ ଜିତିଥିଲେ । ୧୯୫୭ରେ କଂଗ୍ରେସ ପ୍ରାର୍ଥୀଭାବେ ନିର୍ବାଚିତ ହୋଇ ୧୯୬୦ରେ ଇସ୍ତଫା ଦେଇ ଉତ୍ତରପ୍ରଦେଶର ଚନ୍ଦ୍ରଭାନ ଗୁପ୍ତାଙ୍କ ମନ୍ତ୍ରିମଣ୍ଡଳରେ ସାମିଲ୍ ହେବାକୁ ସୁଚେତା କୃପାଳିନୀ ଯେତେବେଳେ ଉତ୍ତରପ୍ରଦେଶ ଚାଲିଗଲେ, ନୂଆଦିଲ୍ଲୀ ଆସନ ଖାଲିପଡିଲା । ୧୯୫୭ରେ ନିର୍ବାଚନ ହାରିଥିବା ବଳରାଜ ମାଧୋକଙ୍କୁ ଭାରତୀୟ ଜନସଂଘ ଏହାର ପ୍ରାର୍ଥୀ କରାଇଲା । ଏଥର ସେ ୧୦ ହଜାର ଭୋଟ୍‌ରେ ଜିତିଲେ । ଉତ୍ତରପ୍ରଦେଶର ନଗରପାଳିକା ନିର୍ବାଚନରେ ମଧ୍ୟ ଭାରତୀୟ ଜନସଂଘ ଚମତ୍କାର ପ୍ରଦର୍ଶନ କରିଥିଲା । ଏହି ଫଳାଫଳ ୫ଟି ଜିଲ୍ଲା - ଆଗ୍ରା, ଆହ୍ଲାବାଦ, ବନାରସ, କାନପୁର ଓ ଲକ୍ଷ୍ନୌରେ ଥିବା କଂଗ୍ରେସ ବହୁମତକୁ ପ୍ରତ୍ୟାଖ୍ୟାନ କରିଥିଲା । ଲକ୍ଷ୍ନୌରେ କଂଗ୍ରେସ ୧୩ଟି ଆସନ ପାଇଥିବାବେଳେ ମୋଟ୍ ୬୩ଟି ଆସନରୁ ଜନସଂଘ ୨୬ଟି ଜିତିଥିଲା । ଉତ୍ତରପ୍ରଦେଶ ଜନସଂଘର ସଭାପତି ଯିଏ ବର୍ଷକ ଆଗରୁ ୧୯୫୯ର ବିଧାନସଭା ନିର୍ବାଚନ ହାରିଯାଇଥିଲେ, ପ୍ରଥମକରି ଏକ ନଗରପାଳିକାରେ ଜନସଂଘ ଦଳ ତରଫରୁ ମୁଖ୍ୟ ଆସନରେ ବସିଲେ ଅର୍ଥାତ୍ ଲକ୍ଷ୍ନୌର ମେୟର୍ ହେଲେ ।

ଯେତେବେଳେ ଭାରତୀୟ ଜନସଂଘ ବିଜୟର ସ୍ୱାଦ ଆସ୍ୱାଦନ କରୁଥିଲା ସେତେବେଳେ ଉପାଧ୍ୟୟ ନୀତି ନିୟମକଥା ମନେ ପକାଇଲେ । ସେ ମୂଳତଃ ଜଣେ

ଶୃଙ୍ଖଳିତ ବ୍ୟକ୍ତି ଥିଲେ ଏବଂ ଯେତେ ଗୁରୁତ୍ୱପୂର୍ଣ୍ଣ ବ୍ୟକ୍ତି ହୁଅନ୍ତୁ ନା କାହିଁକି, କାହାରି ବିଶୃଙ୍ଖଳାକୁ ବରଦାସ୍ତ କରୁ ନ ଥିଲେ। ଉଦାହରଣ ସ୍ୱରୂପ ଦିଲ୍ଲୀର ସଂଘଚାଳକ ଧମକ ଦେଲେ କି ଯଦି ତାଙ୍କୁ ଦିଲ୍ଲୀ ମ୍ୟୁନିସିପାଲ୍ କମିଶନର ଷ୍ଟାଣ୍ଡିଂ କମିଟିର ଅଧ୍ୟକ୍ଷ ପାଇଁ ପ୍ରାର୍ଥୀ ନ କରାଯାଏ, ସେ ଇସ୍ତଫା ଦେଇଦେବେ। ଏ ବିଷୟରେ ଶୁଣି, ଉପାଧ୍ୟାୟ କର୍ପୋରେସନର ନେତୃତ୍ୱ ନେଉଥିବା କେଦାରନାଥ ସାହାନୀଙ୍କୁ ଚିଠି ଲେଖିଲେ ଯେ 'ସେ ହରିଚନ୍ଦଙ୍କଠାରୁ ଏକଥା ଆଶା କରୁ ନ ଥିଲେ ଏବଂ ହରିଚନ୍ଦ ଯଦି ଦଳ ଛାଡିବା ବାବଦରେ ଦୃଢ ତେବେ ସେ ଅନ୍ୟ କାହାକୁ ପ୍ରାର୍ଥୀ କରିବେ। ଉପାଧ୍ୟାୟ ଆହୁରି ମଧ୍ୟ ଲେଖିଥିଲେ ଯେ ହରିଚନ୍ଦଙ୍କର ଭାରତୀୟ ଜନସଂଘ ସହିତ ଦୀର୍ଘଦିନର ସମ୍ପର୍କ ଅଛି ଏବଂ ଚେୟାରମ୍ୟାନ୍ ପଦ ପାଇଁ ଦଳ ସହ ଏପରି ବ୍ୟବହାର ଆଦୌ ଉଚିତ ନୁହେଁ।' ଏହି ଯୋଗାଯୋଗ ବିଷୟରେ ଶୁଣି ହରି ଚନ୍ଦ କ୍ଷମା ମାଗିଲେ।

୧୯୫୭ ନିର୍ବାଚନ ପରେ ସଂସଦ ଏବଂ ବାହାରେ ଭାରତୀୟ ଜନସଂଘ ବନାମ ନେହେରୁ

୧୯୫୭ର ନିର୍ବାଚନ ସରିଯାଇଥିଲା। ଭାରତୀୟ ଜନସଂଘ ନିଜର ଚାରିଜଣ - ଦୁଇଜଣ ଉତ୍ତର ପ୍ରଦେଶ ଏବଂ ଦୁଇଜଣ ମହାରାଷ୍ଟ୍ର ସାଂସଦଙ୍କ ସହ ସଂସଦରେ ନିଜ ସ୍ୱରକୁ ଜାଗ୍ରତ କରିଥିଲା। ଲୋକସଭାରେ ୪ ଜଣିଆ ଭାରତୀୟ ଜନସଂଘର ପ୍ରତିନିଧିଙ୍କ ନେତାରୂପେ ବାଜପେୟୀଜୀ ନିର୍ବାଚିତ ହୋଇଥିଲେ। ବାଜପେୟୀ ଉତ୍ତରପ୍ରଦେଶର ବଳରାମପୁର ଆସନରୁ ଜିତିଥିଲେ। ତାଙ୍କର ଅନ୍ୟ ସଂସଦୀୟ ସହକର୍ମୀମାନେ ଥିଲେ ହରଦୋଇ, ଉତ୍ତରପ୍ରଦେଶରୁ ଶିବଦୀନ ଦ୍ରୋହାର, ଧୂଳିଆ ମହାରାଷ୍ଟ୍ରରୁ ଉତ୍ତମରାଓ ପାଟିଲ ଏବଂ ତର୍ଣ୍ଣଗିରି ମହାରାଷ୍ଟ୍ରରୁ ପ୍ରେମଜୀଭାଇ ଅସାର। ସେମାନେ ଉପାଧ୍ୟାୟ, ଏଲ୍.କେ. ଆଡଭାନୀ, ଜଗଦୀଶ ପ୍ରସାଦ ମାଥୁର ଏବଂ କେଦାରନାଥ ସାହାନୀଙ୍କଠାରୁ ବାହାରୁ ସହାୟତା ପାଉଥିଲେ। ଆଡଭାନୀ ସଂସଦୀୟ କାର୍ଯ୍ୟାଳୟ ଦାୟିତ୍ୱରେ ଥିଲେ। ସେମାନେ ସମସ୍ତେ ସାଂସଦମାନଙ୍କର ପୃଷ୍ଠଭୂମି ଅନୁସନ୍ଧାନରେ ସାହାଯ୍ୟ କରୁଥିଲେ। ବିଭିନ୍ନ ବିଷୟ ଉପରେ ପଢିବାର ଅଭ୍ୟାସ ଏବଂ ବିଭିନ୍ନ ଗଣତାନ୍ତ୍ରିକ ଅନୁଷ୍ଠାନର କାର୍ଯ୍ୟକାରିତା ବିଷୟରେ ଜାଣିବା ପାଇଁ ତାଙ୍କର ଆଗ୍ରହ ଆଡଭାନୀଙ୍କୁ ଏ ସମ୍ବନ୍ଧୀୟ କାର୍ଯ୍ୟରେ ସାହାଯ୍ୟ କଲା ଏବଂ ବାଜପେୟୀ ମଧ୍ୟ ଏ କଥାକୁ ସ୍ୱୀକୃତି ଦେଇଥିଲେ। ବାଜପେୟୀ ଜଣେ ପ୍ରଭାବଶାଳୀ ବକ୍ତା ଏବଂ ସାଂସଦ ଥିଲେ ଓ ସଂସଦରେ ତାଙ୍କ ପ୍ରଦର୍ଶନ ଏତେ ଭଲ ଥିଲା ଯେ ନେହେରୁ ମଧ୍ୟ ତାଙ୍କ ଦକ୍ଷତା ଉପରେ ଧ୍ୟାନ ଦେଇଥିଲେ। ଚାଇନା ଆକ୍ରମଣ ଉପରେ

ସଂସଦୀୟ ବିତର୍କ ସମୟରେ ଦୃଢ଼ ହସ୍ତକ୍ଷେପ କରି ବାଜପେୟୀ ନେହେରୁ ସରକାରଙ୍କୁ ଶ୍ୱେତପତ୍ର ଜାରି କରିବାକୁ ବାଧ୍ୟ କରିଥିଲେ। ଆଶ୍ଚର୍ଯ୍ୟର କଥା ହେଉଛି, ତତ୍କାଳୀନ ସଂସଦରେ ଭାରତୀୟ ଜନସଂଘ ଦ୍ୱାରା ଉଠାଯାଇଥିବା ଏବଂ ନେହେରୁଙ୍କ ବିଫଳତାକୁ ଦର୍ଶାଇ ଆଲୋଚନା ହୋଇଥିବା ଅନେକ ପ୍ରସଙ୍ଗ ଆଜି ୨୦୧୯ରେ ବି ପ୍ରାସଙ୍ଗିକ ଓ ଏହାର ସମାଧାନ ହୋଇପାରି ନାହିଁ। ବାଂଲାଦେଶରୁ ବେଆଇନ୍ ସ୍ଥାନାନ୍ତରଣ, କମ୍ୟୁନିଷ୍ଟଙ୍କ ଦ୍ୱାରା ବ୍ୟବହୃତ ଅଗଣତାନ୍ତ୍ରିକ ଉପାୟ, ନେହେରୁ କଂଗ୍ରେସର ପାକିସ୍ତାନ ପ୍ରତି ଅତ୍ୟଧିକ ଦରଦଭଳି ନେହେରୁଙ୍କର ଚୀଇନା ପ୍ରତି ପ୍ରଭାବହୀନ ଆଭିମୁଖ୍ୟ ଏବଂ କଶ୍ମୀରର ସମ୍ପୂର୍ଣ୍ଣ ମିଶ୍ରଣ ପାଇଁ ସଂଘର ଦାବି ଉପରେ ନେହେରୁ ସରକାରଙ୍କୁ ଜନସଂଘ ପ୍ରଭାବଶାଳୀ ଢଙ୍ଗରେ ସମାଲୋଚନା କରିଥିଲା।

ପୂର୍ବ ପାକିସ୍ତାନରୁ (ଆଜିର ବାଂଲାଦେଶ) ଆସାମକୁ ବେଆଇନ ସ୍ଥାନାନ୍ତରଣ ବିଷୟରେ ବାଜପେୟୀ ତାଙ୍କ ପ୍ରସିଦ୍ଧ ବକ୍ତବ୍ୟରେ କହିଥିଲେ :

'ମୁଁ ଏକ ଉପସ୍ଥାପନା କରିପାରେ କି? ରକ୍ଷଣଶୀଳ ଆକଳନ ଅନୁଯାୟୀ ଗତ କିଛି ବର୍ଷ ମଧ୍ୟରେ ୬ ଲକ୍ଷରୁ ଅଧିକ ପଶ୍ଚିମ ପାକିସ୍ତାନୀ ମୁସଲମାନ ଆସାମରେ ଅନୁପ୍ରବେଶ କରିଛନ୍ତି ଏବଂ ମାନ୍ୟବର ପ୍ରଧାନମନ୍ତ୍ରୀ ତାଙ୍କ ସାମ୍ବାଦିକ ସମ୍ମିଳନୀରେ କହିଛନ୍ତି ଯେ ଆସାମକୁ ଆସିଥିଲେ ମଧ୍ୟ ତାହା ବଡ଼ଧରଣର ଅନୁପ୍ରବେଶ ନୁହେଁ। ମୁଁ ବଡଧରଣର ପରିଭାଷା ଜାଣିପାରେ କି? ଲକ୍ଷ ଲକ୍ଷ ଲୋକ ସୀମା ସେପାରିରୁ ଆସି ଆଗରୁ ମୁସଲିମ ବହୁଳ ଜିଲ୍ଲା – କାଛାର, ଗୋଆଲପରା ଏବଂ ନୋଓ୍ୱାଗଙ୍ଗ ଜିଲ୍ଲାରେ ରହିବେ ଏବଂ ସେମାନଙ୍କର ଉଦ୍ଦେଶ୍ୟ ଏହାକୁ ମୁସଲିମ ବହୁଳ ଅଂଶରେ ପରିଣତ କରିବା ଥିବ। ଆମେ କ'ଣ ଏଇଆ ବୁଝିବୁ ଯେ ସରକାର ଏ ବାବଦରେ କୌଣସି ଗମ୍ଭୀର କାର୍ଯ୍ୟାନୁଷ୍ଠାନ ଗ୍ରହଣ କରିବେ ନାହିଁ!'[୬୨]

ଆସାମର ତୁକେ ଗ୍ରାମ ଏବଂ ତ୍ରିପୁରାର ଲକ୍ଷ୍ମୀପୁର ଗ୍ରାମ ଦଖଲ କରି ତ୍ରିପୁରା ଏବଂ ଆସାମରେ ପାକିସ୍ତାନ ଅନୁପ୍ରବେଶକୁ ତ୍ୱରାନ୍ୱିତ କଲା ଏବଂ ଭାରତୀୟ ନାଗରିକଙ୍କ ଧନଜୀବନର ବ୍ୟାପକ କ୍ଷତି ଘଟାଇଲା। ଭାରତ ଓ ପାକିସ୍ତାନ ମଧ୍ୟରେ ଏକ ସଚିବସ୍ତରୀୟ କଥାବାର୍ତ୍ତା ବିଫଳ ହେଲା ଏବଂ ଶେଷରେ ନେହେରୁ ଓ ଫିରୋଜ ଖାଁ ନୁନ୍‌ଙ୍କ ଭିତରେ କଥାବାର୍ତ୍ତା ପରେ ୧୦ ସେପ୍ଟେମ୍ବର ୧୯୫୮ରେ ଏକ ଚୁକ୍ତି ସ୍ୱାକ୍ଷର ହେଲା। ଚୁକ୍ତି ବିଷୟରେ ପାକିସ୍ତାନ ଜାତୀୟ ଆସେଂବ୍ଲିରେ ନୁନ୍ କହିଲା ପରେ ଭାରତୀୟ ସଂସଦ ତଥା ଦେଶର ଲୋକମାନେ ଜାଣିବାକୁ ପାଇଲେ।

ପରେ ଏହା ଜାଣିବାକୁ ମିଳିଲା ଯେ, ନେହେରୁ ପାକିସ୍ତାନକୁ ତା'ର ବେଆଇନ ଦଖଲ ପ୍ରତ୍ୟାହାର କରିବାକୁ କହିନାହାନ୍ତି ବରଂ ୨୪ ପ୍ରଗଣାର ଇଚ୍ଛାମତି,

ଜଲପାଇଗୁଡି ଜିଲ୍ଲାର ବେରୁବାରୀ ୟୁନିୟନ ଏବଂ କୁଚବିହାରକୁ ଲାଗିଥିବା କିଛି ଅଞ୍ଚଳକୁ ପାକିସ୍ତାନକୁ ହସ୍ତାନ୍ତର କରିବାକୁ ରାଜି ହୋଇଛନ୍ତି। ଅଧିକନ୍ତୁ ତ୍ରିପୁରାର ସୀମା ଏବଂ ଆସାମର ପଠାରିଆ ଅଞ୍ଚଳର ସଂରକ୍ଷିତ ଜଙ୍ଗଲରୁ କିଛି ଅଂଶ ପାକିସ୍ତାନକୁ ରେଳଧାରଣା ବିଛାଇବାକୁ ଦିଆଯାଇଛି। ସିଲହଟର ୧୨ଟି ପୋଲିସ ଷ୍ଟେସନ ଏବଂ ଚିଟ୍ଟାଗଙ୍ଗର ପାହାଡିଆ ଅଞ୍ଚଳ ଯେଉଁଠି ୯୦ ପ୍ରତିଶତ ଅଧିବାସୀ ହିନ୍ଦୁ ଥିଲେ, ତାକୁ କାହିଁକି ପୂର୍ବ ବଙ୍ଗକୁ ଭୁଲ୍ ହସ୍ତାନ୍ତରଣ କରାଗଲା, ସେ ପ୍ରସଙ୍ଗରେ ନେହେରୁ - ନୁନ ଆଲୋଚନାରେ କିଛି ପ୍ରଶ୍ନ କରାଗଲା ନାହିଁ। ତତ୍କାଳୀନ ପଶ୍ଚିମବଙ୍ଗ ମୁଖ୍ୟମନ୍ତ୍ରୀ ଏହି ଚୁକ୍ତିକୁ ପ୍ରତ୍ୟାଖାନ କଲେ ଏବଂ ନିର୍ମଳ ବୋଷ ନାମକ ଜଣେ ବ୍ୟକ୍ତି କୋଲକତା ଉଚ୍ଚ ନ୍ୟାୟାଳୟରେ ଏକ ରିଟ୍ ପିଟିସନ୍ ଦାଏର କଲେ। ଜନସାଧାରଣଙ୍କ ଚାପ ବଢିବା କାରଣରୁ ଭାରତର ରାଷ୍ଟ୍ରପତି ଡ. ରାଜେନ୍ଦ୍ର ପ୍ରସାଦ ବେରୁବରୀ ସ୍ଥାନାନ୍ତର ପ୍ରସଙ୍ଗ ସର୍ବୋଚ୍ଚ ନ୍ୟାୟାଳୟକୁ ପଠାଇ ତାଙ୍କ ମତ ଲୋଡିଲେ। ଭାରତୀୟ ସମ୍ବିଧାନ ଅନୁଯାୟୀ ହସ୍ତାନ୍ତରଟି ବେଆଇନ ବୋଲି ସର୍ବୋଚ୍ଚ ନ୍ୟାୟାଳୟ ମତଦେଲେ। ନେହେରୁ ଜିଦ୍ ଧରିଥିଲେ ଏବଂ ତାଙ୍କ କାର୍ଯ୍ୟକୁ ଆଇନଗତ କରିବାକୁ ଏକ ସାମ୍ବିଧାନିକ ସଂଶୋଧନ ଆଣିଥିଲେ। ସଂଶୋଧନ ପାଇଁ ତାଙ୍କୁ ସଂସଦର ସମର୍ଥନ ଆବଶ୍ୟକ ଥିଲା ଏବଂ ସେ ପ୍ରଧାନମନ୍ତ୍ରୀ ପଦ ଛାଡିବାକୁ ଧମକ ଦେଇଥିଲେ। ଏହି କୌଶଳ ତାଙ୍କୁ ବି. ସି. ରାୟଙ୍କ ସମେତ ସମସ୍ତ କଂଗ୍ରେସ କର୍ମୀଙ୍କ ସମର୍ଥନ ପାଇବାରେ ସକ୍ଷମ କରିଥିଲା। ଭାରତୀୟ ଜନସଂଘ ନିରବଚ୍ଛିନ୍ନ ଭାବରେ ସଂସଦ ଭିତରେ ଓ ବାହାରେ ନେହେରୁଙ୍କ ପାକିସ୍ତାନ ପ୍ରୀତିକୁ ବିରୋଧ କରୁଥିଲା।

ଭାରତୀୟ ଜନସଂଘ ଭାରତ ସରକାର ଏବଂ ଜମ୍ମୁ କଶ୍ମୀର ସରକାରଙ୍କ ଉପରେ ଜମ୍ମୁ କଶ୍ମୀରର ଭାରତ ସହ ପୂର୍ଣ୍ଣ ମିଶ୍ରଣ ପାଇଁ ବହୁତ ଚାପ ପକାଇଲା। ଅନୁମତି ବ୍ୟବସ୍ଥାର ଅପସାରଣ ଏବଂ ଧାରା ୩୭୦ ରଦ୍ଦ ହେବା, କଶ୍ମୀରର ଏକୀକରଣକୁ ହୃଦୟଙ୍ଗମ କରିବାରେ ଗୁରୁତ୍ୱପୂର୍ଣ୍ଣ ଥିଲା। ୧୧ ବର୍ଷର ନିରବଚ୍ଛିନ୍ନ ସଂଘର୍ଷ ପରେ ୧୯୫୯ରେ ଅନୁମତି ବ୍ୟବସ୍ଥା ଉଚ୍ଛେଦ ହେଲା ଏବଂ ଜମ୍ମୁ କଶ୍ମୀର ରାଜ୍ୟ ଭାରତର ସର୍ବୋଚ୍ଚ ନ୍ୟାୟାଳୟ ଓ ନିର୍ବାଚନ କମିଶନଙ୍କ ଅଧିକାରକୁ ଆସିଲା।

ଚାଇନା ବିଷୟରେ ନେହେରୁଙ୍କୁ ବାରମ୍ବାର ଭାରତୀୟ ଜନସଂଘ ସତର୍କ କରାଇଥିଲା। ୧୯୫୫ ଜାନୁଆରୀ ପହିଲାରେ ଯୋଧପୁରରେ ହୋଇଥିବା ଜନସଂଘର ବାର୍ଷିକ ଅଧିବେଶନରେ ନିଜ ସଂକଳ୍ପରେ ସଂଘ ଉଲ୍ଲେଖ କରିଥିଲା :

ପଞ୍ଚଶୀଳ ନୀତି ଉପରେ ଆଧାରିତ ସମନ୍ୱୟ ନୀତିରେ ଯୋଗ୍ୟତା ଅଛି କିନ୍ତୁ ଭାରତ ପାଇଁ ଏଥିରେ କିଛି ନୂଆ କଥା ନାହିଁ, ଏବଂ ଆମେ ଭୁଲିପାରିବୁ ନାହିଁ ଯେ

ଏକ ଦେଶ ଯିଏ ଏହାର ସୀମା ମଧ୍ୟରେ ବିଭିନ୍ନ ବ୍ୟବସ୍ଥାର ଅସ୍ତିତ୍ୱକୁ ସହ୍ୟ କରିପାରେ ନାହିଁ ସେ ଏକ ଭିନ୍ନ ଚିନ୍ତାଧାରା କିମ୍ବା ଭିନ୍ନ ନୀତିରେ ବିଶ୍ୱାସ ରଖୁଥିବା ଦେଶ ସହିତ ପ୍ରକୃତ ସହ-ଅସ୍ତିତ୍ୱର ସଂପର୍କରେ କେବେ ବି ରହିବ ନାହିଁ।[୨୭୩]

ନେହେରୁ ଅଭିଯୋଗ କଲେ ଯେ ସତ୍ୟଠାରୁ ବହୁ ଦୂରରେ ରହି ବିରୋଧୀ ବିଶେଷକରି ଜନସଂଘ କୌଣସି ବିକଳ୍ପ ନ ଦେଇ କେବଳ ସମାଲୋଚନା କରିଛନ୍ତି। ୧୮ ମେ ୧୯୫୯ରେ "ଅର୍ଗାନାଇଜର" ପତ୍ରିକାରେ ପ୍ରକାଶିତ 'ଡାଏରୀ' ଶୀର୍ଷକ ଏକ ଆଲେଖ୍ୟରେ ନେହେରୁଙ୍କ ଆରୋପକୁ ଉପାଧ୍ୟାୟଙ୍କ ଦ୍ୱାରା ଦିଆଯାଇଥିବା ଉତ୍ତର ଦ୍ୱାରା ଏହି କଥାକୁ ସବୁଠୁ ଭଲଭାବେ ଚିତ୍ରିତ କରାଯାଇପାରେ :-

ପଣ୍ଡିତ ନେହେରୁ ଅଭିଯୋଗ କରିଛନ୍ତି ଯେ ସମବାୟ ଚାଷର ବିରୋଧୀମାନେ କୌଣସି ବିକଳ୍ପ ବ୍ୟବସ୍ଥା ଦେଉନାହାନ୍ତି। ଅସୁବିଧାଟି ହେଲା ପଣ୍ଡିତଜୀ ନିଜ କପୋଳକଳ୍ପିତ ଚିନ୍ତାଧାରା ସହ ଏତେ ବ୍ୟସ୍ତ ଅଛନ୍ତି ଯେ ସେ ବିକଳ୍ପ ଦେଖିବାରେ ବିଫଳ ହେଉଛନ୍ତି। ଏହା କେବଳ ଏହି ଘଟଣାରେ ସୀମିତ ନୁହେଁ। ଅନ୍ୟାନ୍ୟ ନୀତିସବୁରେ ବି ସେ ଗୋଟିଏ ପାଠ୍ୟକ୍ରମ ଦେଖିପାରନ୍ତି ଏବଂ ସେଇଠି ତାଙ୍କର ନିଜସ୍ୱ ମତ ହୋଇଥାଏ। କୃଷକମାନଙ୍କ ମାଲିକାନାରେ ଚାଷ ଏଠାରେ ଅଛି। ଏହା ଜାପାନ ଏବଂ ଅନ୍ୟ ଦେଶଗୁଡିକରେ ସର୍ବାଧିକ ଫଳପ୍ରଦ ହୋଇଛି। ସମବାୟ ଫାର୍ମଗୁଡିକ ସହ ଏକ ଅସଫଳ ପରୀକ୍ଷଣ ପରେ ପୋଲାଣ୍ଡ ଏହି ପ୍ରୟୋଗରୁ ନିବୃତ୍ତ ହେଲା। ଯଦି ଚାଟୁକାରଙ୍କ ଦୃଷ୍ଟିକୋଣ ଉପରେ ନିର୍ଭର କରିବା ବଦଳରେ ନେହେରୁ ଚିତ୍ରର ଅନ୍ୟ ପାର୍ଶ୍ୱକୁ ସ୍ଥିର ମନରେ ଭାବନ୍ତେ ତେବେ ସେ ସତ୍ୟକୁ ଅନୁଭବ କରନ୍ତେ ... ହଁ ଦ୍ୱନ୍ଦ୍ୱ ଅଛି ଏବଂ ଏହା ଉପରୁ ତଳ ପର୍ଯ୍ୟନ୍ତ ରହିଥାଏ। କଂଗ୍ରେସ ନେତାମାନେ ପ୍ରଥମେ ଏହାର ସମସ୍ତ ବିବରଣୀ ଏବଂ ପ୍ରଭାବ ବିଷୟରେ ଚିନ୍ତା କରନ୍ତୁ ଏବଂ ତା' ପରେ ଲୋକମାନଙ୍କୁ ଏହା ବିଷୟରେ ସ୍ପଷ୍ଟ ଓ ଗୋଟିଏ ସ୍ୱରରେ କୁହନ୍ତୁ। ଆଜିକାଲି ଆମେ ଶୁଣୁଥିବା ଅନେକ ମୁଖର ବକ୍ତବ୍ୟ ଅପେକ୍ଷା ଏହା ବେଶି ଭଲ ହେବ।[୨୭୪]

ଭାରତୀୟ ଜନସଂଘ କଂଗ୍ରେସ ବିଚାରଧାରାର ଘନିଷ୍ଠ ସହଯୋଗୀ କମ୍ୟୁନିଷ୍ଟମାନଙ୍କୁ ମଧ୍ୟ ଛାଡି ନ ଥିଲା। ସେମାନଙ୍କ ଅଗଣତାନ୍ତ୍ରିକ ଉପାୟରେ କାମ କରିବାର ପଦ୍ଧତିକୁ ଭାରତୀୟ ଜନସଂଘ ପ୍ରଥମେ ପଦାରେ ପକାଇଥିଲା। କମ୍ୟୁନିଷ୍ଟମାନଙ୍କ ଉପରେ ଜନସଂଘର ବ୍ୟାଖ୍ୟାନକୁ ନେତୃତ୍ୱ ଦେଇ ସଂସଦରେ ବାଜପେୟୀ କହିଲେ :

କେରଳରେ ଗତ ୨୭ ମାସର କମ୍ୟୁନିଷ୍ଟ ଶାସନ ଏକଥା ସ୍ପଷ୍ଟ କରିଛି ଯେ ଗଣତନ୍ତ୍ର ଏବଂ କମ୍ୟୁନିଜିମ ଏକା ସାଥୀରେ ରହିପାରିବେ ନାହିଁ। ମୁଁ ଆରୋପ ଲଗାଇ

କହୁଛି ଯେ କେରଳରେ କମ୍ୟୁନିଷ୍ଟ ପାର୍ଟି ଏକଛତ୍ରବାଦ ପାଇଁ କାମ କରୁଛି । କେରଳରେ କମ୍ୟୁନିଷ୍ଟ ଶାସନ ପ୍ରମାଣିତ କରିଛି ଯେ ଏ ଦଳ ଗଣତାନ୍ତ୍ରିକ ପଦ୍ଧତିରେ କାମ କରିପାରିବ ନାହିଁ । ଏମିତିକି ଏହା ଏକଥା ଗ୍ରହେଁ ନାହିଁ... କେବଳ କେରଳରେ ନୁହେଁ, ଦେଶର ଯେ କୌଣସି ରାଜ୍ୟରେ କମ୍ୟୁନିଷ୍ଟ ସରକାର କ୍ଷମତାକୁ ଆସିଲେ ସମ୍ବିଧାନ ବିରୁଦ୍ଧରେ କାର୍ଯ୍ୟ କରୁଛି । ଶ୍ରୀ ଡାଙ୍ଗେ ଏହାକୁ ଅଧିକ ସ୍ପଷ୍ଟ କରି କହିଛନ୍ତି ଯେ କେରଳରେ ଯାହା ଘଟିଲା ତା' ପାଇଁ ସେ ଅନୁତାପ କରିନାହାନ୍ତି । ବରଂ ସେ କହିଛନ୍ତି ଯଦି ଆମେ ଆଉଥରେ ନିର୍ବାଚିତ ହେବୁ ତେବେ ଆଉଥରେ ଏହିପରି ସମାନ କାର୍ଯ୍ୟ କରିବୁ ।[୨୭୫]

୧୯୬୨ ନିର୍ବାଚନ ପୂର୍ବରୁ ଭାରତୀୟ ଜନସଂଘ ଏବଂ ଆରଏସଏସ ଉପରେ ପ୍ରତିବନ୍ଧକ ଲଗାଇବାକୁ ନେହେରୁଙ୍କ ବିଫଳ ପ୍ରୟାସ :

ନେହେରୁ ଅନେକ ଯୋଜନା କ୍ଷେତ୍ରରେ ତାଙ୍କର ଯୋଜନା କିମ୍ବା କାର୍ଯ୍ୟକଳାପକୁ ସୁରକ୍ଷା ଦେବାରେ ଅସମର୍ଥ ହୋଇଥିଲେ । ତାଙ୍କର ବିଫଳତା ସହିତ ଭାରତୀୟ ଜନସଂଘର ବଢୁଥିବା ଖ୍ୟାତି ତାଙ୍କୁ ଅସହଜ ଲାଗୁଥିଲା । ଯେହେତୁ ୧୯୬୨ର ନିର୍ବାଚନ ପାଖେଇ ଆସୁଥିଲା, ସେ ଆରଏସଏସ ଓ ଭାରତୀୟ ଜନସଂଘ ଉପରେ ପ୍ରତିବନ୍ଧକ ଲଗାଇବାକୁ ଏକ ସୁଯୋଗ ଅପେକ୍ଷାରେ ଥିଲେ ।

ଜବଲପୁର ଏବଂ ଆଲିଗଡ ଦଙ୍ଗା ଏ ଦୁଇ ସଙ୍ଗଠନ ଉପରେ ନେହେରୁଙ୍କୁ ପ୍ରତିବନ୍ଧକ ଲଗାଇବାକୁ ଏକ ବାହାନା ଯୋଗାଇଲା । ଏହି ଅଞ୍ଚଳରେ ପ୍ରଥମଥର ପାଇଁ ଦଙ୍ଗା ହେଇ ନ ଥିଲା । ଆଲିଗଡରେ ୧୮୨୦, ୧୮୪୦, ୧୯୨୫, ୧୯୨୭, ୧୯୪୭, ୧୯୫୦, ୧୯୫୪, ୧୯୫୬ ଏବଂ ୧୯୬୧ରେ ଦଙ୍ଗା ହେଇଥିଲା । ଜବଲପୁରରେ ୧୯୩୧, ୧୯୩୪ ଏବଂ ୧୯୪୭ରେ ଦଙ୍ଗା ଦେଖିବାକୁ ମିଳିଥିଲା ।

ନେହେରୁ, କମ୍ୟୁନିଷ୍ଟ ଏବଂ ମୁସଲିମ ଉଲେମା ଏବଂ ଅନ୍ୟମାନେ ହିନ୍ଦୁ ସାମ୍ପ୍ରଦାୟିକତା ଏବଂ ଆରଏସଏସ ତଥା ଭାରତୀୟ ଜନସଂଘକୁ ଜବଲପୁର ଦଙ୍ଗା ପାଇଁ ଦାୟୀ କଲେ । ଦିଲ୍ଲୀରେ ଏକ ମୁସଲିମ ସମ୍ମିଳନୀ ଆୟୋଜନ କରି ବିନା ପ୍ରମାଣରେ ଜନସଂଘ ଓ ଆରଏସଏସକୁ ଦୋଷ ଦିଆଗଲା । ଏହା ପଛକୁ ଏମିତି ନିନ୍ଦା କରିବାକୁ ନେହେରୁଙ୍କ ଦ୍ୱାରା ଅଜିତ ଜୈନଙ୍କ ଅଧ୍ୟକ୍ଷତାରେ ଏକ କମିଟି ଗଢାଗଲା । ସାମ୍ପ୍ରଦାୟିକ ଦଳଗୁଡ଼ିକୁ ନିଷିଦ୍ଧ କରିବା ପାଇଁ ଏହା ଏକ ଆଇନ ପ୍ରଣୟନ କରିବାକୁ ସୁପାରିସ କରିଥିଲା । ଏହି ସୁପାରିସକୁ ଅନୁସରଣ କରି ସଂସଦରେ ଏକ ବିତର୍କ ଆରମ୍ଭ

ହୋଇଥିଲା, ଯାହାଦ୍ୱାରା କମିଟିର ପକ୍ଷପାତିତା ପଦାରେ ପଡିଯାଇଥିଲା। ବାଜପେୟୀ ସାମ୍ପ୍ରଦାୟିକତାର ପରିଭାଷା କ'ଣ ଜାଣିବାକୁ ଦାବି କଲେ ଏବଂ କମିଟିରେ କେବଳ କଂଗ୍ରେସ ଲୋକ କାହିଁକି ଅଛନ୍ତି ବୋଲି ଜାଣିବାକୁ ଚାହିଁଲେ। ଆସାମ ସମସ୍ୟା ଉପରେ କୌଣସି ଅନୁସନ୍ଧାନ କାହିଁକି ଆରମ୍ଭ ହୋଇନାହିଁ ବୋଲି ବାଜପେୟୀ କଂଗ୍ରେସ ଏବଂ ନେହେରୁଙ୍କଠାରୁ ଜାଣିବାକୁ ଚାହିଁଲେ। ବାଜପେୟୀ ଏବଂ ଜନସଂଘର ଉଷ୍ମ ଯୁକ୍ତିତର୍କ ନେହେରୁଙ୍କୁ ଜନସଂଘ ଓ ଆରଏସଏସ ଉପରେ ପ୍ରତିବନ୍ଧକ ଲଗାଇବାର ଯୋଜନାକୁ ପ୍ରତ୍ୟାହାର କରିବାକୁ ବାଧ୍ୟ କଲା। ଭାରତୀୟ ରାଷ୍ଟ୍ରୀୟ କଂଗ୍ରେସର ରାଜନୈତିକ ସୁବିଧାବାଦ ଉପରେ ଉପାଧ୍ୟାୟ ଥରେ ଏକ ପ୍ରସିଦ୍ଧ ମନ୍ତବ୍ୟ ଦେଇ କହିଥିଲେ :

କଂଗ୍ରେସର କହିବା ଓ କରିବା ଭିତରେ ଅନେକ ଫରକ ଥାଏ। ଏହା ଜାତୀୟତା ନାମରେ ଶପଥ କରେ କିନ୍ତୁ ସାମ୍ପ୍ରଦାୟିକତାକୁ ଗ୍ରହଣ କରେ। ଏହା କହିବା ଆଦୌ ଭୁଲ୍ ହେବ ନାହିଁ ଯେ କଂଗ୍ରେସ ବର୍ତ୍ତମାନ ସାମ୍ପ୍ରଦାୟିକତାର ଶେଷ ଆଶ୍ରୟସ୍ଥଳୀ ପାଲଟିଛି। ସବୁଠାରୁ ମନ୍ଦ ସାମ୍ପ୍ରଦାୟିକ ତତ୍ତ୍ୱ ମୁସଲିମ ଲିଗକୁ ଜଣେ କଂଗ୍ରେସ ଭିତରେ ଖୋଜି ପାଇବ। କେରଳରେ କଂଗ୍ରେସ ଦଳ କ୍ୟାଥେଲିକ କଂଗ୍ରେସ ନାମରେ ପରିଚିତ। ଯଦି ଏହି ଦଳ ପଞ୍ଜାବରେ ଧଳା ଟୋପି ବଦଳରେ ନୀଳ ପଗଡି ପିନ୍ଧେ ଆମେ ଆଦୌ ଆଶ୍ଚର୍ଯ୍ୟ ହେବୁ ନାହିଁ। ଏହା ନିର୍ବାଚନ ଜିତିବା ପାଇଁ ସବୁକିଛି କରିବ ଏବଂ ଯେ କୌଣସି ଉପାୟ କରିପାରିବ।[୨୭୬]

୧୯୬୨ ନିର୍ବାଚନ

୧୯୬୨ ନିର୍ବାଚନରେ ଭାରତୀୟ ଜନସଂଘ ଏକ ଅତ୍ୟନ୍ତ ଶୃଙ୍ଖଳିତ ଦଳ ରୂପେ ଉଭା ହେଲା। ଭାରତୀୟ ଜନସଂଘର ସର୍ବଭାରତୀୟ ସାଧାରଣ ପରିଷଦର କେନ୍ଦ୍ରୀୟ କାର୍ଯ୍ୟକାରିଣୀର ଅନେକ ବୈଠକରେ ଯୋଗ ଦେଇଥିବା କ୍ରେଗ ବକ୍ଷର ଅନୁଶୀଳନ କଲେ ଯେ :

ଉପରୁ ତଳକୁ ପ୍ରାଧିକରଣର ରେଖା ଏବଂ ସ୍ଥାନୀୟ ୟୁନିଟ୍‌ଗୁଡିକରୁ ଯୋଗାଯୋଗର ଲାଇନ୍‌ଗୁଡିକ ପରିଷ୍କାର ଏବଂ ସକ୍ରିୟ କରାଯାଇଥିଲା। ଦଳ ପ୍ରାୟ ଏକଗଚ୍ଛିଆ ରୂପ ଧାରଣ କରିଥିବାବେଳେ ପ୍ରତୀକ ସଭା ଏବଂ ସାଧାରଣ ଅଧିବେଶନ ସଭାଗୁଡିକ ସକ୍ରିୟ ବିତର୍କର ମଞ୍ଚ ଥିଲା। ଏହା ଅନୁମାନ କରାଯାଇପାରେ ଯେ କାର୍ଯ୍ୟକାରୀ କମିଟିର ବ୍ୟକ୍ତିଗତ ବୈଠକ ମଧ୍ୟ ମତଭେଦର ସମ୍ମୁଖୀନ ହୋଇଥିଲା - ଯାହା ଦଳର ବୃହତ୍ ସଂସ୍ଥା ସମ୍ମୁଖରେ ଏକ ପ୍ରସ୍ତାବ ଆଣିବା ପୂର୍ବରୁ ସମାଧାନ ହେବା

ଆବଶ୍ୟକ ଥିଲା। ରାଜନୈତିକ ବୈଠକଗୁଡିକରେ ଭାଗନେବା ପରେ ଏ ଲେଖକର ଅନୁଭୂତି ଏହା ଯେ ଜନସଂଘ ପିଏସପିର ଅରାଜକତା ଏବଂ କଂଗ୍ରେସର ନିଜସ୍ୱ ଚରିତ୍ର 'କୌଣସି ସଂଶୋଧନ ଗ୍ରହଣୀୟ ନୁହେଁ'ର ମଝାମଝି ଜାଗାରୁ ହିଁ କାମ ଆରମ୍ଭ କରିଛି। ବାସ୍ତବ ସତ୍ୟଟି ଏହା ଥିଲା ଯେ ଅଳ୍ପ ଦିନର ଗେରୁଆ ପଗଡି ପିନ୍ଧା ଜନସଂଘ ନିଜ ଗୋଡରେ ଠିଆ ହୋଇପାରିଥିଲା ଏବଂ ଘୋଷଣାପତ୍ର ଓ ସଂକଳ୍ପ ପତ୍ରରେ ପରିବର୍ତ୍ତନର ପରାମର୍ଶ ଦେଇପାରୁଥିଲା ତଥା ଦଳର ବଡନେତାମାନେ ଏ କଥାରେ ଆଦୌ ଅସନ୍ତୁଷ୍ଟ ହେଉ ନ ଥିଲେ, ଏହା ମାନ୍ୟତା ଏବଂ ଫାଇଲ ଦ୍ୱାରା ପ୍ରସ୍ତୁତ ରିଜୋଲ୍ୟୁସନ ବା ଘୋଷଣାପତ୍ରର ଅଧିକ ସ୍ୱୀକୃତିର କାରଣ ହେଲା।[୨୭୭]

ବରିଷ୍ଠ ନେତାମାନେ ପ୍ରତିଦ୍ୱନ୍ଦ୍ୱିତା କରିବା ବଦଳରେ ନିର୍ବାଚନ ପରିଚାଳନା କରିବାକୁ ନିର୍ଣ୍ଣୟ ନେଉଥିଲେ, ଯାହାଦ୍ୱାରା ଦଳର ନିର୍ବାଚନ ଯନ୍ତ୍ର ନିର୍ଣ୍ଣୟକାରୀଙ୍କ ଅଭାବରୁ ଅସୁବିଧାରେ ପଡିବ ନାହିଁ। ନିର୍ବାଚନ ଲଢୁଥିବା ନେତାଙ୍କ ମଧ୍ୟରେ ଥିଲେ ବାଜପେୟୀ, ବଳରାଜ ମାଧୋକ ଏବଂ ଜଗନ୍ନାଥରାଓ ଯୋଶୀ। ସଭାପତି ରାମାରାଓ ଏବଂ ପୂର୍ବତନ ସଭାପତି ଦେବପ୍ରସାଦ ଘୋଷ ତଥା ପ୍ରେମନାଥ ଡୋଗ୍ରା ମଧ୍ୟ ନିର୍ବାଚନ ଲଢୁଥିଲେ। ଉପାଧ୍ୟାୟ, ନାନାଜୀ ଦେଶମୁଖ, ଜଗଦୀଶ ପ୍ରସାଦ ମାଥୁର ଏବଂ ସୁନ୍ଦରସିଂ ଭଣ୍ଡାରୀଙ୍କ ପରି ଅନ୍ୟ ନେତୃବୃନ୍ଦ ଦଳର କେନ୍ଦ୍ରୀୟ କାର୍ଯ୍ୟାଳୟ ପରିଚାଳନା କରୁଥିଲେ। ରାଜ୍ୟସ୍ତରୀୟ ଦଳର ସମ୍ପାଦକମାନେ ନିର୍ବାଚନ ଲଢିବାରୁ ବିରତ ରହିଲେ।

୧୯୫୭ ନିର୍ବାଚନରେ ଜିତିଥିବା ଅଧିକାଂଶ ନେତାଙ୍କୁ ପୁନର୍ବାର ପ୍ରାର୍ଥୀ କରାଯାଇଥିଲା, କେବଳ ଜୟପୁରର ହରିଶ ଚନ୍ଦ୍ର ଶର୍ମାଙ୍କ ସ୍ଥାନରେ ମହାରାଣୀ ଗାୟତ୍ରୀ ଦେବୀଙ୍କୁ ପ୍ରାର୍ଥୀ କରାଯାଇଥିଲା। ବିଧାନସଭା ସଦସ୍ୟମାନଙ୍କୁ ମଧ୍ୟ ପୁନର୍ବାର ପ୍ରାର୍ଥୀ କରାଯାଇଥିଲା, କେବଳ ମଧ୍ୟପ୍ରଦେଶର ବିମଳ କୁମାର ଚୈରଦିଆଙ୍କୁ ଦଳୀୟ କାର୍ଯ୍ୟ ପାଇଁ କେନ୍ଦ୍ରୀୟ କାର୍ଯ୍ୟାଳୟରେ ରଖାଯାଇଥିଲା।

ଯେଉଁମାନେ ୧୯୫୨ ଓ ୧୯୫୭ ନିର୍ବାଚନ ହାରିଥିବା ସତ୍ତ୍ୱେ ଭଲ ପ୍ରଦର୍ଶନ କରିଥିଲେ, ନିଜ ନିର୍ବାଚନ କ୍ଷେତ୍ରର ଦେଖାଶୁଣା କରିଥିଲେ ଏବଂ ଦଳୀୟ ଶୃଙ୍ଖଳାକୁ ମାନି ରହିଥିଲେ ସେମାନଙ୍କୁ ମଧ୍ୟ ପୁନର୍ବାର ପ୍ରାର୍ଥୀ କରାଯାଇଥିଲା। ଯେଉଁମାନେ ସଚ୍ଚୋଟ ଥିଲେ, କର୍ମଠ ଏବଂ ଦଳ ପ୍ରତି ବିଶ୍ୱସ୍ତ ଥିଲେ ସେମାନେ ଦଳ ଦ୍ୱାରା ପୁରସ୍କୃତ ହୋଇଥିଲେ। ଭାରତୀୟ ଜନସଂଘରେ କୌଣସି ବିଦ୍ରୋହୀ ପ୍ରାର୍ଥୀ ନ ଥିଲେ ଏବଂ ଏହି ଦଳୀୟ ଶୃଙ୍ଖଳା ଅନ୍ୟଦଳମାନଙ୍କୁ ଆଚମ୍ବିତ କରିଥିଲା।

ଘୋଷଣାପତ୍ରର ମୂଳ ୧୯୫୨ ଘୋଷଣାପତ୍ର ସହ ପ୍ରାୟ ସମାନ ଥିଲା। ରୋଜଗାର ସହ ନିବିଡଭାବେ ଜଡିତ ଶିକ୍ଷା ବ୍ୟବସ୍ଥାକୁ ପୁନଃ ପରିବର୍ତ୍ତନ କରିବାକୁ

ଭାରତୀୟ ଜନସଂଘ ପ୍ରତିଶ୍ରୁତିବଦ୍ଧ ଥିଲା। ଶିକ୍ଷା ବ୍ୟକ୍ତିର ବ୍ୟକ୍ତିତ୍ୱର ବିକାଶ ଏବଂ ସମାଜ ଓ ରାଷ୍ଟ୍ର ପ୍ରତି ନିଜର ଦାୟିତ୍ୱବୋଧ ସହ ଯୋଡା ହୋଇଥାଏ। ପ୍ରତିରକ୍ଷା ଖର୍ଚ୍ଚ ବଢାଇବା, କ୍ଷମତାର ବିକେନ୍ଦ୍ରୀକରଣ ଏବଂ ପ୍ରଶାସନିକ ସଂସ୍କାର ଉପରେ ଗୁରୁତ୍ୱ ଦିଆଯାଇଥିଲା। ଭାରତୀୟ ଜନସଂଘ ପୁନର୍ବାର କୃଷି ଋଣ, ଫସଲ ବୀମା, ଜଳସେଚନର ଆଧୁନିକ ରୂପ ଏବଂ କ୍ଷୁଦ୍ର ଓ ମଧ୍ୟମ ଉଦ୍ୟୋଗ ଉପରେ ଘୋଷଣାପତ୍ର ଧ୍ୟାନ ଦେଇଥିଲା।

ଯୋଜନା ଆୟୋଗ ଦ୍ୱାରା ୫ ବର୍ଷ ପାଇଁ ଏକୀକୃତ ଓ କେନ୍ଦ୍ରୀଭୂତ ଯୋଜନା ବିରୋଧରେ ଭାରତୀୟ ଜନସଂଘ ନିଜର ଦୃଢ ମତକୁ ଆଉଥରେ ଦୋହରାଇଲା। ବାସ୍ତବରେ ଅର୍ଥନୀତିର କେନ୍ଦ୍ରୀଭୂତ ଯୋଜନାବଦ୍ଧ ବିକାଶର ତଦାରଖ କରୁଥିବା ଆୟୋଗ ଯୋଜନା କମିଶନ ମୋଦି ପ୍ରଧାନମନ୍ତ୍ରୀ ହେବାଯାଏ ଜାରି ରହିଥିଲା। ମୋଦି ଏହାକୁ ରଦ୍ଦ କରି ନୀତି ଆୟୋଗ ଗଠନ କଲେ ଯାହା ଆର୍ଥିକ ସ୍ଥିତିକୁ ଗତିଶୀଳଭାବେ ମୂଲ୍ୟାଙ୍କନ କଲା ଏବଂ ସାମାଜିକ ସନ୍ତୁଳନ ରଖିବାରେ ସାହାଯ୍ୟ କଲା। ଏହା ଜନସଂଘର ହିଁ ଉଦ୍ଦେଶ୍ୟ ଥିଲା।

୧୯୬୨ ନିର୍ବାଚନ ଫଳାଫଳ ଭାରତୀୟ ଜନସଂଘ ପାଇଁ ଉତ୍ସାହଜନକ ଥିଲା। ୧୯୮ ଲୋକସଭା ଓ ୧୧୪୦ ବିଧାନସଭା ଆସନରେ ଦଳ ଲଢିଥିଲା। ୧୪ଟି ଲୋକସଭା ଆସନରେ ଦଳ ଜିତିଥିଲା ଯାହା ପୂର୍ବ ନିର୍ବାଚନରେ ଦଳ ଜିତିଥିବା ୪ଟି ଆସନ ତୁଳନାରେ ବହୁ ଅଧିକ ଥିଲା। ବିଧାନସଭାରେ ମଧ୍ୟ ଦଳ ନିଜ ଆସନ ସଂଖ୍ୟା ପୂର୍ବର ୫୯ ତୁଳନାରେ ୧୧୬କୁ ବୃଦ୍ଧି କରିପାରିଥିଲା। ଭୋଟ୍ ପ୍ରତିଶତ ଲୋକସଭାରେ ୫.୯୩ ରୁ ୬.୪୪ ଏବଂ ବିଧାନସଭାରେ ୪.୦୩ ରୁ ୬.୦୭ ପ୍ରତିଶତକୁ ବୃଦ୍ଧି ପାଇଥିଲା। କେବଳ ପଶ୍ଚିମବଙ୍ଗ ବ୍ୟତୀତ ସବୁ ରାଜ୍ୟରେ ପ୍ରଦର୍ଶନ ଭଲ ଥିଲା। ଉତ୍ତରପ୍ରଦେଶ ଏବଂ ମଧ୍ୟପ୍ରଦେଶରେ ଏହା ସ୍ୱୀକୃତିପ୍ରାପ୍ତ ସରକାରୀ ବିରୋଧୀ ଦଳ ହୋଇଥିଲା। ଉତ୍ତରପ୍ରଦେଶରେ ଜନସଂଘ ୪୩୦ ଆସନରୁ ୩୭୭ରେ ଲଢିଥିଲା ଏବଂ ପୂର୍ବ ନିର୍ବାଚନରେ ସତର ସ୍ଥାନର ଏ ନିର୍ବାଚନରେ ୪୯ଟି ଆସନ ଜିତିଥିଲା, ଯେତେବେଳେ କି ମଧ୍ୟପ୍ରଦେଶରେ ଦଳ ୨୮୮ ଆସନରୁ ୧୯୫ (୬୮%)ରେ ଲଢିଥିଲା। ରାଜସ୍ଥାନରେ ଚିତ୍ତରଗଡ ଜିଲ୍ଲାର ନିମ୍ବଖେରା ବିଧାନସଭା କ୍ଷେତ୍ରରୁ ଭାରତୀୟ ଜନସଂଘ ଟିକେଟରେ ପ୍ରଥମକରି ଜିତିଥିବା ମୁସଲମାନ ପ୍ରାର୍ଥୀ ଥିଲେ ଅବଦୁଲ ଜାବାର ଖାନ, ଯିଏ କଂଗ୍ରେସ ଦ୍ୱାରା ଆରମ୍ଭ ହୋଇଥିବା ଜାତି ରାଜନୀତି ଖେଳକୁ ପ୍ରତ୍ୟାଖ୍ୟାନ କରିଥିଲେ। ଏହି ଆସନଟି ରାଜପୁତ ଏବଂ ବ୍ରାହ୍ମଣମାନଙ୍କ ଯୁଦ୍ଧକ୍ଷେତ୍ର ରୂପେ ପରିଚିତ ଥିବାରୁ ଏହି ଜାତିଆଣ ଭେଦରେ ନ ପଶି

ଜବାର ଭାଇ ନିର୍ବାଚନରୁ ଓହରି ଯିବାକୁ ଚାହୁଁଥିଲେ। ମିନୁ ମସାନୀ ଯିଏ ମୁକ୍ତ ବଜାର ଚିନ୍ତାଧାରାର ଚାମ୍ପିୟନ ରୂପେ ପ୍ରତିଷ୍ଠିତ ଥିଲେ, ଭାରତୀୟ ଜନସଂଘର ସମର୍ଥନରେ ରାଜକୋଟ ଉପନିର୍ବାଚନ ଜିତିଥିଲେ। ବିରୋଧୀ ଦଳ ଚାରିଟି ଆସନ ଲଢିବାକୁ ଏକ ଚୁକ୍ତି କଲେ ଏବଂ ଜନସଂଘ କେବଳ ଜୋନ ପୁରରୁ ଲଢିବାକୁ ସ୍ଥିର କଲା ଏବଂ ଏହାର କର୍ମୀମାନେ ଅନ୍ୟ ସବୁ ପ୍ରାର୍ଥୀଙ୍କୁ ସମର୍ଥନ ଦେଲେ।

ଯଦିଓ ଭାରତୀୟ ଜନସଂଘ ୧୯୬୨ ନିର୍ବାଚନରେ ଭଲ ପ୍ରଦର୍ଶନ କରିଥିଲା ଏହାର ତାରକାବକ୍ତା ବାଜପେୟୀ ୨୦୦୦ ଭୋଟରେ ନିର୍ବାଚନ ହାରିଯାଇଥିଲେ। ମଜାର କଥା ଯେ ସ୍ୱତନ୍ତ୍ର ଦଳ ୨୦୦୦୦ ଏବଂ ହିନ୍ଦୁ ମହାସଭା ୫୦୦୦ ଭୋଟ୍ ପାଇଥିଲା। ଏହା କୁହାଯାଇପାରେ, ଯେ ଏହି ଦଳମାନେ ଭୋଟ ବିଭାଜନ କରି ବାଜପେୟୀଙ୍କ ହାରିବାର କାରଣ ହୋଇଥିଲେ। ୧୯୬୨ ନିର୍ବାଚନ ପରେ କେବଳ ଉମାଶଙ୍କର ତ୍ରିବେଦୀଙ୍କ ବ୍ୟତୀତ କୌଣସି ଜନସଂଘ ପ୍ରାର୍ଥୀଙ୍କର ସଂସଦୀୟ ଅନୁଭବ ନ ଥିଲା। ଏହା ମଧ୍ୟରେ ଉପନିର୍ବାଚନରେ ଉପାଧ୍ୟାୟ ଜୋନପୁରରୁ ନିର୍ବାଚନ ହାରିଗଲେ। ୧୯୬୨ରେ ରାଜ୍ୟ ସଭା ନିର୍ବାଚନ ଜିତି ବାଜପେୟୀ ସଂସଦର ଉଭୟ ଗୃହରେ ଭାରତୀୟ ଜନସଂଘ ଦଳର ନେତା ହେଲେ।

ନେହେରୁ, ଶାସ୍ତ୍ରୀଙ୍କ ମୃତ୍ୟୁ ଏବଂ ଇନ୍ଦିରା ଗାନ୍ଧୀଙ୍କ ଉତ୍ଥାନ

୧୯୬୨ ନିର୍ବାଚନ ପରେ ନେହେରୁ ଚତୁର୍ଥ ଥର ପାଇଁ ପ୍ରଧାନମନ୍ତ୍ରୀ ଭାବେ ଶପଥ ନେଲେ। କେହିବି ଜାଣି ନ ଥିଲେ ଯେ ଏହା ତାଙ୍କର ଶେଷ କାର୍ଯ୍ୟକାଳ ହେବ। ତାଙ୍କ ଚତୁର୍ଥ ଥର ପ୍ରଧାନମନ୍ତ୍ରୀ କାର୍ଯ୍ୟକାଳର ୬ମାସ ମଧ୍ୟରେ ଚାଇନା ସହ ଏକ ପ୍ରମୁଖ ବିବାଦ ଆରମ୍ଭ ହେଲା। ୧୯୫୩ ପରଠାରୁ ଭାରତୀୟ ସୀମାରେ ଅନେକ ନିମ୍ନସ୍ତରର ନିରନ୍ତର ଆକ୍ରମଣ ପରେ ୮ ସେପ୍ଟେମ୍ବର ୧୯୬୨ରେ ଚାଇନା ବଡଧରଣର ଆକ୍ରମଣ କରି ଥାଗଲାରିଜ ଅଧିକାର କଲା। ଆମେରିକା ଏବଂ ଇଂଲଣ୍ଡ ହସ୍ତକ୍ଷେପ ନ କରିବା ଯାଏ ଚାଇନା କ୍ରମାନ୍ୱୟରେ ଆକ୍ରମଣ ଜାରି ରଖିଥିଲା ଏବଂ ଏହାପରେ ଏକପାଖିଆ ଯୁଦ୍ଧ ବିରତି ଘୋଷଣା କଲା। ତେବେ ଚାଇନା ନିଜ ଦ୍ୱାରା ଅକ୍ତିଆର ହୋଇଥିବା ଅଞ୍ଚଳକୁ ଦଖଲ କରି ରଖିଲା। ଭାରତୀୟ ଜନସଂଘ ନେହେରୁ ସରକାରଙ୍କୁ ଚାଇନା ସମ୍ପର୍କରେ ଚେତାବନୀ ଦେଇଆସୁଥିଲା, କିନ୍ତୁ ଦୋଷଦେବା ଖେଳ ଖେଳି ନ ଥିଲା। ଉପାଧ୍ୟାୟ ସରକାରଙ୍କୁ ସମର୍ଥନ ଦେବାକୁ ସ୍ଥିର କରି କହିଲେ, 'ଆମର ଲଢେଇ ଆଜି କଂଗ୍ରେସ ସହ ନୁହେଁ, କିନ୍ତୁ ଚାଇନା ସହ ହେବା କଥା'।[୨୮] ଏହି ସମର୍ଥନ ପାଇଁ ସେ ସରକାରଙ୍କ ତରଫରୁ କୌଣସି ସ୍ୱୀକୃତି ଆଶା କରୁନାହାନ୍ତି ବୋଲି ମଧ୍ୟ

ପ୍ରକାଶ କରିଥିଲେ। ତଥାପି ଜନସାଧାରଣଙ୍କ ନୂଆ ଆତ୍ମବିଶ୍ୱାସ ଜିତିବା ପାଇଁ ସେ ନେହେରୁ ଏବଂ ତାଙ୍କ ସରକାରଙ୍କୁ ସମର୍ଥନ ଦେଇଥିଲେ। ସଂକଟ ସମୟରେ ଭାରତୀୟ ଜନସଂଘ ଓ ଆରଏସଏସର ଅବଦାନକୁ ନେହେରୁ ୧୯୬୩ର ଗଣତନ୍ତ୍ର ଦିବସ ସମାରୋହକୁ ଅଂଶଗ୍ରହଣ କରିବାକୁ ଆରଏସଏସକୁ ନିମନ୍ତ୍ରଣ ମାଧ୍ୟମରେ ସ୍ୱୀକାର କରିଥିଲେ।

୨୭ ମେ ୧୯୬୪ରେ ନେହେରୁଙ୍କର ମୃତ୍ୟୁ ହେଲା। ତାଙ୍କ ମୃତ୍ୟୁ ପରେ ପରେ ତାଙ୍କ ପସନ୍ଦର ଇନ୍ଦିରା ଗାନ୍ଧୀ, ଗୁଲଜାରିଲାଲ ନନ୍ଦା ଏବଂ ମୋରାରଜୀ ଦେଶାଇ ପ୍ରଧାନମନ୍ତ୍ରୀ ପଦ ପାଇଁ ପ୍ରତିଦ୍ୱନ୍ଦ୍ୱୀ ହେଲେ। ବରିଷ୍ଠ ନେତାମାନଙ୍କୁ ଏହି ପଦବୀରୁ ଦୂରେଇ ରଖିବା ପାଇଁ କାମରାଜ ଯୋଜନା ପ୍ରସ୍ତୁତ ହୋଇଥିବା କୁହାଯାଇଥିଲା। କଂଗ୍ରେସ ଉଚ୍ଚ କର୍ତ୍ତୃପକ୍ଷ ଲାଲବାହାଦୁର ଶାସ୍ତ୍ରୀଙ୍କୁ ଯୋଗ୍ୟ ଭାବୁଥିବାରୁ ପ୍ରଧାନମନ୍ତ୍ରୀ ପଦ ପାଇଁ ତାଙ୍କ ସପକ୍ଷରେ ମତ ଦେଲେ। ଲାଲବାହାଦୁର ଶାସ୍ତ୍ରୀ ଅନ୍ୟ ଦାବିଦାରଙ୍କ ତୁଳନାରେ ତାଙ୍କ ସହିତ ଠିକ ଢଙ୍ଗରେ କାର୍ଯ୍ୟ କରିପାରିବେ ବୋଲି କଂଗ୍ରେସ ଉଚ୍ଚ କର୍ତ୍ତୃପକ୍ଷ ଭାବୁଥିଲେ। ଲାଲବାହାଦୁର ଶାସ୍ତ୍ରୀ ଭାରତର ପ୍ରଧାନମନ୍ତ୍ରୀ ଭାବେ ଶପଥ ନେଲେ।

ଫେବୃଆରୀ ୧୯୬୫ରେ ପାକିସ୍ତାନୀ ସେନା କଚ୍ଛର ରାନଠାରେ ପ୍ରବେଶ କରି କଞ୍ଜରର କୋର୍ଟ ଦଖଲ କଲେ। ଯାହା ଭାରତୀୟ ସୀମାର ଏକ କିଲୋମିଟର ଭିତରକୁ ଥିଲା। ୧୫ ମାର୍ଚ୍ଚ ୧୯୬୫ ବେଳକୁ ପାକିସ୍ତାନୀ ସେନା ଆହୁରି ଭିତରକୁ ଆସି ଡିଙ୍ଗା ସର୍ଦ୍ଦାର ଚୌକୀ ଏବଂ ଭିଗୋକୋଟ ଦଖଲ କଲେ। ଏହା ପରେ ହିଁ ଭାରତ ସରକାର ଜବାବ ଦେବାକୁ ସ୍ଥିର କଲେ ଏବଂ ପାକିସ୍ତାନୀ ସେନାକୁ ପଛକୁ ଫେରାଇବାକୁ ଭାରତୀୟ ସେନା ପଠାଇଲେ। ଭାରତୀୟ ସେନା ପାକିସ୍ତାନୀ ସେନାକୁ ତଡିନେଇ ତା' ମୂଳ ସ୍ଥାନରେ ପହଞ୍ଚାଇବା ପରେ ତତ୍କାଳୀନ ବ୍ରିଟିଶ ପ୍ରଧାନମନ୍ତ୍ରୀ ହାରଲଡ ଉଇଲସନ ଏକ ଅସ୍ତ୍ରବିରତି ପାଇଁ ହସ୍ତକ୍ଷେପ କଲେ। ଶାସ୍ତ୍ରୀ ଅସ୍ତ୍ର ବିରତି ପ୍ରସ୍ତାବକୁ ମନା କରିଦେଇଥିଲେ ମଧ୍ୟ ଏହି ମାମଲାକୁ ଅନ୍ତର୍ଜାତୀୟ ମଧ୍ୟସ୍ଥତାକୁ ପଠାଇବାକୁ ରାଜି ହୋଇଥିଲେ। ଏହି ଚୁକ୍ତିନାମା ପାକିସ୍ତାନର ବେଆଇନ କାର୍ଯ୍ୟକୁ ଆଇନଗତ କରିବ ଏବଂ ଭାରତରେ ଏକ ଅଂଶ କଚ୍ଛକୁ ଏକ ସରକାରୀ ବିବାଦୀୟ ଅଞ୍ଚଳ ଭାବେ ପରିଣତ କରିବା ପରି କାର୍ଯ୍ୟକୁ ଜନସଂଘ ବିରୋଧ କରିଥିଲା। ୧୬ ଅଗଷ୍ଟ ୧୯୬୫ରେ ଭାରତୀୟ ଜନସଂଘର ତତ୍ତ୍ୱାବଧାନରେ ୫ ଲକ୍ଷ ଲୋକ ଚୁକ୍ତିନାମା ବିରୋଧରେ ସେମାନଙ୍କ କ୍ରୋଧ ପ୍ରକାଶ କରିବାକୁ ସଂସଦ ନିକଟକୁ ପଟୁଆର କରିଗଲେ। ୨୦ ଅଗଷ୍ଟ ୧୯୬୫ରେ ଶାସ୍ତ୍ରୀ ଭାରତ ଓ ପାକିସ୍ତାନ ବୈଦେଶିକ

ମନ୍ତ୍ରୀଙ୍କ ବୈଠକ ବନ୍ଦ କଲେ ଏବଂ କଚ୍ଛ ଚୁକ୍ତି ଉପରେ ପରଦା ପକାଇଲେ। ୬ ସେପ୍ଟେମ୍ବର ୧୯୬୫ରେ ଶାସ୍ତ୍ରୀଜୀ ଗୋଲୱାଲକରଙ୍କୁ ସର୍ବଦଳୀୟ ବୈଠକ ପାଇଁ ନିମନ୍ତ୍ରଣ କଲେ ଏବଂ ଏହାପରେ ଭାରତୀୟ ଜନସଂଘ ଓ ଆରଏସଏସ ପ୍ରଧାନମନ୍ତ୍ରୀଙ୍କୁ ପୂର୍ଣ୍ଣପ୍ରାଣରେ ସମର୍ଥନ ଦେବାକୁ ସ୍ଥିର କଲେ।

୨୨ଦିନିଆ ଯୁଦ୍ଧର ଲାଭ ତାସକେଣ୍ଟରେ ହଜିଯାଇଥିଲା ଏବଂ ଭାରତୀୟ ସୈନ୍ୟଦଳ ଦ୍ୱାରା କବଜା ହୋଇଥିବା ପାକିସ୍ତାନୀ ଅଞ୍ଚଳକୁ ଫେରାଇ ଦିଆଯାଇଥିଲା କିନ୍ତୁ ପାକିସ୍ତାନୀମାନଙ୍କ ଦ୍ୱାରା ଅଧିକୃତ ଏକ ଇଞ୍ଚ ଜମି ମଧ୍ୟ ପୁନରୁଦ୍ଧାର ହୋଇପାରିଲା ନାହିଁ। ସେନାବାହିନୀକୁ ୧୫ ଅଗଷ୍ଟ ୧୯୪୭ର ଅବସ୍ଥାନ ନୁହେଁ, ବରଂ ୧୯୪୯ ଜୁଲାଇର ଅବସ୍ଥାନକୁ ଫେରିଯିବାକୁ ଆଦେଶ ଦିଆଗଲା ଏବଂ ଏହାଦ୍ୱାରା ଅଧିକୃତ ଅଞ୍ଚଳ ଉପରେ ପାକିସ୍ତାନର ଅଧିକାରକୁ ସ୍ୱୀକାର କରାଗଲା। ତାସକେଣ୍ଟ ଘୋଷଣାନାମାରେ ଭାରତୀୟ ଜନସଂଘ ସହମତ ହୋଇ ନ ଥିଲା ଏବଂ ୧୫ ଜାନୁଆରୀ ୧୯୬୫ରେ ପାରିତ ହୋଇଥିବା ସଂକଳ୍ପରେ ଏହା କହିଥିଲା ଯେ ଏହା ଭାରତର ଲୋକମାନଙ୍କୁ ଦିଆଯାଇଥିବା ପ୍ରତିଶ୍ରୁତିର ବିରୋଧ ଅଟେ। ରହସ୍ୟପୂର୍ଣ୍ଣ ପରିସ୍ଥିତିରେ ୧୦-୧୧ ଜାନୁଆରୀ ୧୯୬୬ରେ ଶାସ୍ତ୍ରୀଜୀ ତାସକେଣ୍ଟଠାରେ ମୃତ୍ୟୁବରଣ କଲେ। ମୋରାରଜୀ ଦେଶାଇ ପରବର୍ତ୍ତୀ ପ୍ରଧାନମନ୍ତ୍ରୀ ହେବାକୁ ପ୍ରସ୍ତୁତ ଥିଲେ, କିନ୍ତୁ କାମରାଜ ଏବଂ କଂଗ୍ରେସର ସିଣ୍ଡିକେଟ ଇନ୍ଦିରାଗାନ୍ଧୀଙ୍କୁ ପ୍ରଧାନମନ୍ତ୍ରୀ କରିବାପାଇଁ ଷଡ଼ଯନ୍ତ୍ର କରିଥିଲେ, ଯେହେତୁ ଇନ୍ଦିରା ସେମାନଙ୍କର 'ମୂକ କଣ୍ଢେଇ' ହେବେ ବୋଲି ସେମାନେ ଭାବିଥିଲେ ଏବଂ ଏହିପରି ଭାବରେ ଭାରତୀୟ ରାଜନୀତିରେ ଇନ୍ଦିରା ଗାନ୍ଧୀ ଯୁଗର ଆରମ୍ଭ ହେଲା।

ତାଙ୍କ କାର୍ଯ୍ୟକାଳର ବର୍ଷକ ମଧ୍ୟରେ ନେହେରୁଙ୍କ ପ୍ରକୃତ ଝିଅ ପରି ଇନ୍ଦିରା ଗାନ୍ଧୀ ଭାରତୀୟ ପରମ୍ପରା ଓ ମୂଲ୍ୟବୋଧ ପ୍ରତି ନିଜର ଘୃଣା ଦେଖାଇଲେ। ୭ ନଭେମ୍ବର ୧୯୬୬ରେ ଲକ୍ଷ ଲକ୍ଷ ସନାତନୀ ଗୋ ପୂଜକମାନଙ୍କ ଦ୍ୱାରା ସଂସଦ ସମ୍ମୁଖରେ ଏକ ପ୍ରଦର୍ଶନ କରାଯାଇଥିଲା। ଗୋ ହତ୍ୟା ଉପରେ ପ୍ରତିବନ୍ଧକ ଲଗାଇବାର ବିଚାର ସହିତ ଇନ୍ଦିରା ସହମତ ହୋଇ ନ ଥିଲେ। ସେ ବିକ୍ଷୋଭକାରୀଙ୍କ ଉପରେ ଗୁଳି ବର୍ଷଣ କରିବାକୁ ପୋଲିସକୁ ଆଦେଶ ଦେଲେ। ଗୋପାଷ୍ଟମୀ ଦିନ 'କଂଗ୍ରେସ ଓ ଇନ୍ଦିରା ଗାନ୍ଧୀଙ୍କ ଦ୍ୱାରା ବୃହତ୍ ହିନ୍ଦୁ ମାରଣ' ଯୋଜନାରେ ଗୋଟିଏ ଦିନରେ ପ୍ରାୟ ୫ ହଜାରରୁ ଅଧିକ ଲୋକ ମାରି ଦିଆଗଲା।[୨୬୯] ଶବଗୁଡ଼ିକ ରାସ୍ତାରୁ ସଫା କରିନେଇ ଅଜଣା ସ୍ଥାନରେ ଗଦା କରି ନିଆଁ ଲଗାଇ ଦିଆଯାଇଥିଲା।

୧୯୬୨-୬୭ ମଧ୍ୟରେ ଭାରତୀୟ ଜନସଂଘ ଏହାର ଗୁରୁତ୍ୱପୂର୍ଣ୍ଣ

ଆନ୍ଦୋଳନ କରିଥିଲା- ସମ୍ବିଧାନର ନିର୍ଦ୍ଦେଶନାମା ଅନୁଯାୟୀ ଗୋ ହତ୍ୟା ନିଷେଧ ଉପରେ ଆଇନ ପ୍ରଣୟନ ପାଇଁ ଦାବି କରିଥିଲା। ତେଣୁ ୧୯୬୬ ନଭେମ୍ବରରେ ଅନ୍ୟମାନଙ୍କ ମଧ୍ୟରେ ଭାରତୀୟ ଜନସଂଘର ନେତା ବିଜୟ କୁମାର ମାଲହୋତ୍ରା, ଓମ୍ ପ୍ରକାଶ ତ୍ୟାଗୀ, ବସନ୍ତରାଓ ଓକ୍, ବଲରାଜ ମାଧୋକ, ହଂସରାଜ ଗୁପ୍ତା ଏବଂ ଏଲ୍.କେ. ଆଡଭାନୀ ଇନ୍ଦିରା ଗାନ୍ଧୀଙ୍କ ସରକାର ଦ୍ୱାରା ଗିରଫ ହେଲେ। ଜଣେ ସାଂସଦ ସ୍ୱାମୀ ରାମେଶ୍ୱରାନନ୍ଦ ମଧ୍ୟ ଗିରଫ ହେଲେ। ୧୮ ନଭେମ୍ବର ବେଳକୁ ଏମାନଙ୍କ ମଧ୍ୟରୁ ଅଧିକାଂଶ ମୁକ୍ତ ହୋଇଥିଲେ କିନ୍ତୁ ଏକ ବୃହତ ସଂଖ୍ୟାର ସାଧୁ ଦୀର୍ଘକାଳ ଯାଏ ଜେଲ୍‌ରେ ଥିଲେ।

ଆଶ୍ଚର୍ଯ୍ୟଜନକ ଭାବରେ ଏହା ସେହି କଂଗ୍ରେସ ଥିଲା, ଯିଏ 'ଜୁଆଳି ପଡିଥିବା ଯୋଡି ବଳଦ'କୁ ନିଜ ଦଳୀୟ ଚିହ୍ନ ରୂପେ ବ୍ୟବହାର କରୁଥିଲା ଏବଂ ଏହା କୃଷକ ପ୍ରାଧାନ୍ୟ ଥିବା ଜନସାଧାରଣଙ୍କ ସହ ଯୋଗସୂତ୍ର ବହନ କରେ ବୋଲି ଧରି ନିଆଯାଇଥିଲା। ଅଧିକାଂଶ କଂଗ୍ରେସ ସଦସ୍ୟଙ୍କ ସମର୍ଥନ ସହ ଇନ୍ଦିରା ଗାନ୍ଧୀ କଂଗ୍ରେସରୁ ବାହାରି ନିଜର ଦଳ ଗଢିବାକୁ ସ୍ଥିର କଲେ। ନୂଆ ଦଳ କଂଗ୍ରେସ (ଆର୍) ନାମରେ ନାମିତ ହେଲା ଏବଂ ପୁରୁଣା କଂଗ୍ରେସ ନିଜକୁ କଂଗ୍ରେସ (ଓ) ନାମରେ ନାମିତ କଲା। ଯେହେତୁ ଯୋଡି ବଳଦ ଚିହ୍ନ କଂଗ୍ରେସର ପରିଚୟ ହୋଇସାରିଥିଲା, ଇନ୍ଦିରା ଗାନ୍ଧୀ ଏହି ଚିହ୍ନକୁ ଦଳୀୟ ଚିହ୍ନ ଭାବେ ବ୍ୟବହାର କରିବାକୁ ଚାହିଁଲେ, କିନ୍ତୁ କଂଗ୍ରେସ (ଓ)ର ଆବେଦନ ପରେ ସେ ଏଥିରୁ ବଞ୍ଚିତ ହେଲେ। ଯେହେତୁ କଂଗ୍ରେସ (ଓ)ର ପ୍ରମୁଖ ବ୍ୟକ୍ତିମାନେ ସ୍ୱାଧୀନତା ସଂଗ୍ରାମ ସହ ଜଡିତ ଥିଲେ, ସେମାନେ ପ୍ରମାଣ କରିବାକୁ ଚେଷ୍ଟା କଲେ ଯେ ସେ ପର୍ଯ୍ୟନ୍ତ ଭଲଭାବେ ପ୍ରତିଷ୍ଠିତ ହୋଇସାରିଥିବା ଏବଂ ୪ଟି ନିର୍ବାଚନରେ କଂଗ୍ରେସକୁ ଜିତାଇ ସାରିଥିବା ଦଳୀୟ ପ୍ରତୀକ ଉପରେ କେବଳ ସେମାନଙ୍କର ଅଧିକାର ଅଛି। ଇନ୍ଦିରା ଏକ ନୂତନ ପ୍ରତୀକକୁ ବାଛିବା ପାଇଁ ଯଥେଷ୍ଟ ସମୟ ନେଲେ ଏବଂ ଶେଷରେ ଗାଈ ବାଛୁରିକୁ ବାଛିଲେ। ଇଏ ସେହି ଇନ୍ଦିରା ଥିଲେ, ଯିଏ ଗୋ ହତ୍ୟା ନିଷେଧ ଦାବିକରି ଆନ୍ଦୋଳନ କରୁଥିବା ଲକ୍ଷ ଲକ୍ଷ ସାଧୁ ସନ୍ଥଙ୍କ ଉପରେ ଗୁଳିବର୍ଷଣ କରିବାକୁ ପୋଲିସକୁ ନିର୍ଦ୍ଦେଶ ଦେଇଥିଲେ।

ଦୀନଦୟାଲ ଉପାଧ୍ୟାୟଙ୍କ ସମନ୍ୱିତ ମାନବବାଦର ବିଚାର

ଦୀନଦୟାଲ ଉପାଧ୍ୟାୟଙ୍କ ଅନୁଯାୟୀ ଭାରତର ପ୍ରାଥମିକ ଚିନ୍ତା ପାଶ୍ଚାତ୍ୟ ଆଦର୍ଶ ଉପରେ ନିର୍ଭର କରିବା ବଦଳରେ ଏକ ସ୍ୱଦେଶୀ ବିକାଶ ଆଦର୍ଶ ଗଠନ କରିବା ଉଚିତ୍ ଥିଲା। ପୁଞ୍ଜିବାଦୀ ବ୍ୟକ୍ତିଗତତା ଏବଂ ମାର୍କ୍ସବାଦୀ ସମାଜବାଦର ଉଭୟ ଦର୍ଶନକୁ

ଉପାଧ୍ୟାୟ ବିରୋଧ କରୁଥିଲେ। ସେ ପୁଞ୍ଜିବାଦ ଏବଂ ସମାଜବାଦ ମଧ୍ୟରେ ଏକ ମଧ୍ୟମପନ୍ଥା ବିଷୟରେ କହୁଥିଲେ ଏବଂ ଉଭୟ ପଦ୍ଧତିର ଯୋଗ୍ୟତାକୁ ମୂଲ୍ୟାଙ୍କନ କରୁଥିବାବେଳେ ସେମାନଙ୍କ ଅତ୍ୟଧିକତାକୁ ସମାଲୋଚନା କରିଥିଲେ। ସେ କହିଥିଲେ ଯେ ଏହା ବ୍ୟକ୍ତି ଓ ସମାଜ ମଧ୍ୟରେ ଲଢେଇ ନୁହେଁ, ଯେମିତିକି ପୁଞ୍ଜିବାଦ ବ୍ୟକ୍ତି ଉପରେ ଧ୍ୟାନ କେନ୍ଦ୍ରିତ କରେ ଏବଂ ସମାଜବାଦ ସମାଜ ଉପରେ ଧ୍ୟାନ କେନ୍ଦ୍ରିତ କରିଥାଏ। ଉପାଧ୍ୟାୟଙ୍କ ଅନୁଯାୟୀ ମଣିଷର ସାମଗ୍ରିକ ସୁଖ ଏବଂ କଲ୍ୟାଣ ପାଇଁ ବ୍ୟକ୍ତି ଏବଂ ସମାଜକୁ ଏକ ଅବିଚ୍ଛେଦ୍ୟ ଏକକ ଭାବେ କାର୍ଯ୍ୟ କରିବାକୁ ହେବ। ସେ ଏହି ବିଚାରକୁ ଏକାତ୍ମ ମାନବବାଦ ବୋଲି କହିଥିଲେ।

ଉପାଧ୍ୟାୟଙ୍କ ଅନୁଯାୟୀ ମାନବଜାତି ଶରୀର, ମନ, ବୁଦ୍ଧି ଏବଂ ଆତ୍ମାର ୪ଟି କ୍ରମିକ ସଙ୍ଗଠିତ ଗୁଣ ଯାହା ଧର୍ମ, ଅର୍ଥ, କାମ ଏବଂ ମୋକ୍ଷ ପରି ୪ଟି ବୈଶ୍ୱିକ ଓ ସାର୍ବଭୌମିକ ଉଦ୍ଦେଶ୍ୟ ପାଇଁ ଉଦ୍ଦିଷ୍ଟ ଅଟେ। ଯେତେବେଳେ କେହି ଜଣେ ମଧ୍ୟ ଅଣଦେଖା ହେବା ଉଚିତ ନୁହେଁ ସେତେବେଳେ ସମଗ୍ର ମାନବ ଜାତି ଏବଂ ସମାଜ ପାଇଁ ମୌଳିକ ନୀତି ହେଲା ଧର୍ମ ଏବଂ ଚରମ ଲକ୍ଷ୍ୟ ମୋକ୍ଷ ପ୍ରାପ୍ତି। ସେ ଦାବି କରିଛନ୍ତି ଯେ ପୁଞ୍ଜିବାଦୀ ଓ ସମାଜବାଦୀ ଉଭୟ ବିଚାରଧାରାରେ ସମସ୍ୟା ଏହା ଥିଲା ଯେ ଏମାନେ କେବଳ ଶରୀର ଓ ମନର ଆବଶ୍ୟକତା ଉପରେ ଧ୍ୟାନ ଦେଇଛନ୍ତି ଏବଂ ଏଥିପାଇଁ ଏହା ଇଚ୍ଛା ଓ ଧନର ଭୌତିକବାଦୀ ଉଦ୍ଦେଶ୍ୟ ଉପରେ ଆଧାରିତ।

'ବ୍ୟକ୍ତି ହିଁ ସବୁକିଛି' - ଏହା ଯେଉଁ ସାମାଜିକ ବ୍ୟବସ୍ଥାର ଧାରା, ଉପାଧ୍ୟାୟ ସେ ବିଚାରକୁ ପ୍ରତ୍ୟାଖ୍ୟାନ କଲେ। ବ୍ୟକ୍ତିଗତତାକୁ ଏକ 'ବଡ଼ ହୃଦୟହୀନ ଯନ୍ତ୍ର'ର ଅଂଶ ଭାବେ ଚୂର୍ଣ୍ଣ କରାଯାଉଥିବା ସାମ୍ୟବାଦକୁ ମଧ୍ୟ ସେ ପ୍ରତ୍ୟାଖାନ କରିଥିଲେ। ଉପାଧ୍ୟାୟଙ୍କ ଅନୁଯାୟୀ ସମାଜ ବ୍ୟକ୍ତିବିଶେଷଙ୍କ ମଧ୍ୟରେ ସାମାଜିକ ଚୁକ୍ତିରୁ ଉତ୍ପନ୍ନ ହେବା ବଦଳରେ ଏକ ନିର୍ଦ୍ଦିଷ୍ଟ 'ଜାତୀୟ ଆତ୍ମା' ବା 'ନୈତିକତା' ସହିତ ଏକ ପ୍ରାକୃତିକ ଜୀବ ଭାବରେ ଜନ୍ମଗ୍ରହଣ କରିଥିଲା ଏବଂ ସାମାଜିକ ସଙ୍ଗଠନର ଆବଶ୍ୟକତା ବ୍ୟକ୍ତିବିଶେଷଙ୍କ ସହ ସମାନ୍ତରାଳ ଭାବରେ ହୋଇଥିଲା।

୧୯୬୭ ନିର୍ବାଚନ ଏବଂ ଉପାଧ୍ୟାୟଙ୍କ ନେତୃତ୍ୱରେ ଭାରତୀୟ ଜନସଂଘ

ଇନ୍ଦିରା ଗାନ୍ଧୀ ପ୍ରଧାନମନ୍ତ୍ରୀ ହେବାର ବର୍ଷକ ମଧ୍ୟରେ ୧୯୬୭ର ସାଧାରଣ ନିର୍ବାଚନ ଆସିଲା। କଂଗ୍ରେସ ବର୍ତ୍ତମାନ ଆଉ ପୂର୍ବର କଂଗ୍ରେସ ହୋଇ ନ ଥିଲା। ଏଠାରେ ଏବେ ସ୍ପଷ୍ଟ ଭାବେ ଇନ୍ଦିରା ସମର୍ଥକ ଏବଂ ଇନ୍ଦିରା ବିରୋଧୀଙ୍କ ଶିବିର ଥିଲା। ଭାରତୀୟ ଜନସଂଘ ନିଜକୁ ସାଙ୍ଗଠନିକ ଭାବରେ ଅଧିକ ଶକ୍ତିଶାଳୀ କରୁଥିଲା।

ଯାହାର ସଠିକ ନୀତି, ସ୍ୱଚ୍ଛ ନୀତି ଏବଂ ଏକ ନିର୍ଦ୍ଦିଷ୍ଟ କାର୍ଯ୍ୟକ୍ରମ ଥିବ, ଯାହାର ମୂଳ ମାଟିରେ ଥିବ ଏବଂ ଏକ ଦେଶବ୍ୟାପୀ ସଙ୍ଗଠନ ଥିବ ଯେଉଁଥିରେ ଏକ ନିଷ୍ଠାପର, ନିଃସ୍ୱାର୍ଥପର ଏବଂ ଶୃଙ୍ଖଳିତ ସେବକ ଥିବେ ଏହିପରି ଏକ ବିକଳ୍ପ ଦଳ ଦେଶ ଚାହୁଁଥିଲା। ଲକ୍ଷ୍ୟକୁ ଆଖିରେ ରଖି ସବୁ ସମସ୍ୟା ପାଇଁ ଏକ ବ୍ୟାବହାରିକ ଦୃଷ୍ଟିକୋଣ ଏ ବିକଳ୍ପ ଦଳର ଆଉ ଏକ ଗୁଣଥିବା ଆବଶ୍ୟକ ବୋଲି ଦେଶବାସୀ ଆଶା କରୁଥିଲେ। ଏହି ସମୟରେ ଭାରତୀୟ ଜନସଂଘ କଂଗ୍ରେସର ବିକଳ୍ପ ଭାବେ ନିଜକୁ ଉପସ୍ଥାପିତ କଲା। ସଂଘ ଲୋକମାନଙ୍କର ସମର୍ଥନ ଏବଂ ବିଶ୍ୱାସ ବହୁ ପରିମାଣରେ ଜିତି ସାରିଥିଲା। ଏହାର ନୀତିଗୁଡିକ ସମୟର ପରୀକ୍ଷାରେ ଉତ୍ତୀର୍ଣ୍ଣ ହୋଇଥିଲେ। ଏହାର ଆଭିମୁଖ୍ୟ ସକାରାତ୍ମକ ଥିଲା। ବିରୋଧୀ ଦଳ ଭାବରେ ଏହା ଲୋକମାନଙ୍କର ସ୍ୱାର୍ଥ ଏବଂ ଅଧିକାର ପାଇଁ ଜାଗ୍ରତ ପ୍ରହରୀ ରୂପେ କାମ କରିଥିଲା। ଏକପକ୍ଷରେ ସରକାରଙ୍କ ଭୁଲ୍ ନୀତିକୁ ନିର୍ଭୟ ଭାବେ ବିରୋଧ କଲାବେଳେ ଅନ୍ୟପକ୍ଷରେ ଲୋକମାନଙ୍କର ମଙ୍ଗଳ ଏବଂ ଦେଶକୁ ସୁରକ୍ଷା ଦେବା ପାଇଁ ସରକାରଙ୍କୁ ସକ୍ରିୟ ସମର୍ଥନ ଦେବାରେ ଜନସଂଘ ଆଦୌ ଅବହେଳା କରି ନ ଥିଲା।

୧୯୬୭ରେ ଜନସଂଘର ଘୋଷଣାପତ୍ର ଦଳର ଜଣାଶୁଣା ନୀତି ଓ କାର୍ଯ୍ୟକ୍ରମକୁ ଅନୁସରଣ କଲା। ଅର୍ଥନୀତିରେ ଉଦାରୀକରଣ, କ୍ଷୁଦ୍ର ଶିଳ୍ପଗୁଡିକର ସୁରକ୍ଷା, ପ୍ରଶାସନ ଏବଂ ନ୍ୟାୟପାଳିକାରେ ସଂସ୍କାର, ଟିକସ ବ୍ୟବସ୍ଥାରେ ସଂସ୍କାର, ଶିକ୍ଷା ବ୍ୟବସ୍ଥାର ଭାରତୀୟ କରଣ, ଜମ୍ମୁ କଶ୍ମୀରର ଏକୀକରଣ, ପାକିସ୍ତାନ ଏବଂ ଚୀନ୍ ଦଖଲ କରିଥିବା ଅଞ୍ଚଳଗୁଡିକର ମୁକ୍ତି ପାଇଁ ନିଜର ପ୍ରତିବଦ୍ଧତାକୁ ଦଳ ଆଉ ଥରେ ଦୋହରାଇଲା। ପ୍ରତିରକ୍ଷା ସାମର୍ଥ୍ୟର ବୃଦ୍ଧି, ଏକ ବାସ୍ତବବାଦୀ ବୈଦେଶିକ ନୀତି, ଆଞ୍ଚଳିକ ଭାଷାରେ ସର୍ବଭାରତୀୟ ପ୍ରଶାସନିକ ପରୀକ୍ଷା ପାଇଁ ଦାବି, ପ୍ରତିରକ୍ଷା ଉପରେ ଅଧିକ ନଜର ଓ ବଜେଟ୍ ବୃଦ୍ଧି, କୃଷିର ଆଧୁନିକୀକରଣ ଏବଂ ସମଗ୍ର ଭାରତରେ ଗୋହତ୍ୟାକୁ ନିଷିଦ୍ଧ କରିବା ପାଇଁ ଏକ କେନ୍ଦ୍ରୀୟ ଆଇନ ପ୍ରଣୟନ ଆଦି ଦଳର ଘୋଷଣାପତ୍ରର ଅଂଶ ଥିଲା।

ସମାନ ବିଚାରଧାରା ଥିବା ଦଳଗୁଡିକ ସହିତ ଏକ ବ୍ୟାପକ ପ୍ରାକ୍ ନିର୍ବାଚନୀ ବୁଝାମଣା ସହ ଜନସଂଘ ୧୯୬୭ ନିର୍ବାଚନ ମଇଦାନରେ ଓହ୍ଲାଇଥିଲା। ବିରୋଧୀ ଭୋଟ୍ ବିଭାଜନକୁ ଦୂର କରିବା ପାଇଁ ଜନସଂଘ ସ୍ୱତନ୍ତ୍ର ପାର୍ଟି ସହ ଏକ ବୁଝାମଣା କରିଥିଲା। ଜିତିଲେ ରାଜସ୍ଥାନ ଓ ଗୁଜରାଟର ସହଯୋଗୀ ସରକାରରେ କିଏ ନେତୃତ୍ୱ ନେବ ଏକଥା ମଧ୍ୟ ସ୍ଥିର ହୋଇସାରିଥିଲା। ରାଜସ୍ଥାନରେ ଭାରତୀୟ ଜନସଂଘ ୬୩ ଆସନରେ ଲଢିବା ବେଳେ ସ୍ୱତନ୍ତ୍ର ପାର୍ଟି ୧୦୭ଟି ଆସନରେ ଏବଂ ଅନ୍ୟ

ଆସନଗୁଡ଼ିକରେ ସ୍ୱାଧୀନ ପ୍ରାର୍ଥୀ ଲଢ଼ିଥିଲେ। ୨୩ଟି ଲୋକସଭା ଆସନରୁ ୧୪ଟିରେ ସ୍ୱତନ୍ତ୍ର ପାର୍ଟି ଏବଂ ୭ଟିରେ ଜନସଂଘ ଲଢ଼ିଥିଲା। ଅନ୍ୟ ଦୁଇଟି ଆସନ ବିକାନେର ଏବଂ ଭରତପୁର ମହାରାଜାଙ୍କ ପାଇଁ ଛାଡ଼ି ଦିଆଯାଇଥିଲା। ଗୁଜରାଟରେ ଜନସଂଘ ଦୁର୍ବଳ ସ୍ଥିତିରେ ଥିବାରୁ ମାତ୍ର ୧୬ଟି ଆସନରେ ଲଢ଼ିଥିଲା ଏବଂ ୧୬୮ଟି ଆସନରେ ସ୍ୱତନ୍ତ୍ର ପାର୍ଟି ଲଢ଼ିଥିଲା। ଏଠାରୁ ଜନସଂଘ ଲୋକସଭା ପାଇଁ ଆଦୌ ଲଢ଼ି ନ ଥିଲା ଓ ସ୍ୱତନ୍ତ୍ର ପାର୍ଟି ୨୪ଟିରୁ ୨୧ଟି ଆସନରେ ଲଢ଼ି ବାକି ୩ଟି ସ୍ୱାଧୀନ ପ୍ରାର୍ଥୀଙ୍କ ପାଇଁ ଛାଡ଼ିଦେଇଥିଲା। ହରିୟାଣା, ପଞ୍ଜାବ ଏବଂ ହିମାଚଳ ପ୍ରଦେଶରେ ମଧ୍ୟ ଜନସଂଘ ଓ ସ୍ୱତନ୍ତ୍ର ପାର୍ଟି ଭିତରେ ନିର୍ବାଚନୀ ବୁଝାମଣା ହୋଇଥିଲା। ଉତ୍ତରପ୍ରଦେଶ ଓ ବିହାରରେ ଜନସଂଘ ଏକାକୀ ନିର୍ବାଚନ ଲଢ଼ିଥିଲା। ଅନ୍ୟ ରାଜ୍ୟଗୁଡ଼ିକରେ ସ୍ୱତନ୍ତ୍ର ପାର୍ଟି ଜନସଂଘର ଅବସ୍ଥିତିକୁ ସମ୍ମାନ ଦେଇଥିଲା ଏବଂ ଆସନ ଭାଗବଣ୍ଟାରେ ନିଜର ଶ୍ରେଷ୍ଠ ସାମର୍ଥ୍ୟ ଅନୁଯାୟୀ ଜନସଂଘକୁ ସ୍ଥାନ ଦେବାକୁ ଚେଷ୍ଟା କରିଥିଲା। ମଧ୍ୟପ୍ରଦେଶରେ ଜନସଂଘ କଂଗ୍ରେସ ଛାଡ଼ିଥିବା ରାଜମାତା ବିଜୟାରାଜେ ସିନ୍ଧିଆଙ୍କ ସହ ଗ୍ୱାଲିୟରରେ ଏକ ବୁଝାମଣା କରିଥିଲା। ରାଜମାତା ଉଭୟ ଜନସଂଘ ଏବଂ ସ୍ୱତନ୍ତ୍ର ପାର୍ଟିର ଦଳୀୟ ଚିହ୍ନକୁ ନିଜ ପ୍ରାର୍ଥୀମାନଙ୍କ ପାଇଁ ବ୍ୟବହାର କରିଥିଲେ।

ଭାରତୀୟ ଜନସଂଘ ଗଠନ ଦିନରୁ ୧୯୬୭ର ନିର୍ବାଚନ ଫଳାଫଳ ଏହା ପାଇଁ ସର୍ବୋତ୍ତମ ଥିଲା। ସଂସଦରେ କଂଗ୍ରେସ ୨୮୪ଟି ଆସନ ପାଇଲା ଏବଂ ଉତ୍ତରପ୍ରଦେଶ, ରାଜସ୍ଥାନ, ପଞ୍ଜାବ, ପଶ୍ଚିମବଙ୍ଗ, ବିହାର, ଓଡ଼ିଶା, ମାଡ୍ରାସ ଏବଂ କେରଳ ବିଧାନସଭାରେ ସଂଖ୍ୟା ଗରିଷ୍ଠତା ପାଇବାରେ ବିଫଳ ହେଲା। ଲୋକସଭାରେ ଜନସଂଘ ୩୫ଟି ଆସନ ଓ ସ୍ୱତନ୍ତ୍ର ପାର୍ଟି ୪୪ଟି ଆସନ ପାଇଲେ। ୧୯୬୭ରେ ଜନସଂଘର ଲୋକସଭା ପାଇଁ ଭୋଟ୍ ପ୍ରତିଶତ ୧୭.୫୭ରୁ ୨୨.୫୮କୁ ବୃଦ୍ଧି ପାଇଥିଲା। ଉତ୍ତରପ୍ରଦେଶ, ମଧ୍ୟପ୍ରଦେଶ ଏବଂ ହରିୟାଣା ରାଜ୍ୟ ବିଧାନସଭାରେ ଜନସଂଘ ଦ୍ୱିତୀୟ ବୃହତ୍ତମ ଦଳ ଭାବରେ ସ୍ଥାନ ପାଇଲା। ଓଡିଶା, ଆନ୍ଧ୍ରପ୍ରଦେଶ ଏବଂ ଗୁଜରାଟରେ ସ୍ୱତନ୍ତ୍ର ପାର୍ଟି ଦ୍ୱିତୀୟ ବୃହତ୍ତମ ପାର୍ଟି ଭାବେ ସ୍ଥାନୀତ ହେଲା।

ଉତ୍ତରପ୍ରଦେଶର ୪୨୫ ବିଧାନସଭା ଆସନରୁ ୪୦୧ଟି ଆସନରେ ଜନସଂଘ ଲଢ଼ିଥିଲା ଏବଂ ୯୮ ଆସନ ଜିତିଥିଲା। ଲୋକସଭା ପାଇଁ ୮୫ ଆସନରୁ ୭୭ରେ ଲଢ଼ି ୧୨ଟିରେ ଜିତିଥିଲା ଏବଂ ଏଥର ବାଜପେୟୀ ବଲରାମପୁରରୁ ଜିତିଥିଲେ। କଂଗ୍ରେସ ମାଡ୍ରାସରେ ଦ୍ରାବିଡ ମୁନେତ୍ର କଜଗମ (ଡିଏମ୍‌କେ)ଠୁ ହାରିଲା ଏବଂ ଦିଲ୍ଲୀରେ ଜନସଂଘଠାରୁ ହାରିଲା। ଦିଲ୍ଲୀର ୭ଟି

ଆସନରୁ ଜନସଂଘ ୬ଟିରେ ଜିତିଥିଲା ଏବଂ ୪୬.୭୨ ପ୍ରତିଶତ ଭୋଟ୍ ପାଇଥିଲା। ଜନସଂଘ ମଧ୍ୟ ଦିଲ୍ଲୀ ମହାନଗର ପରିଷଦ ଓ ନଗରପାଳିକା ପରିଷଦରେ ସମ୍ପୂର୍ଣ୍ଣ ବହୁମତ ପାଇଥିଲା। ଦଳର ସଭାପତି ବଳରାଜ ମାଧୋକ ଦକ୍ଷିଣ ଦିଲ୍ଲୀ ଆସନରୁ ଜିତିଥିଲେ। ଦିଲ୍ଲୀରେ କଂଗ୍ରେସ ମୂଳପୋଛ ହୋଇଯାଇଥିଲା। 'ଦିଲ୍ଲୀ ମହାନଗର ଅଧିନିୟମ' ଅନୁଯାୟୀ କେନ୍ଦ୍ର ଗୃହ ମନ୍ତ୍ରଣାଳୟ ଦ୍ୱାରା ୫ ଜଣ ସଦସ୍ୟଙ୍କୁ ମନୋନୀତ କରାଯାଉଥିଲା। ଭାରତୀୟ ଜନସଂଘ ଚେୟାରମ୍ୟାନ ରୂପେ ଆଡଭାନୀଙ୍କୁ ମନୋନୀତ କଲା ଏବଂ ସେ ୧୩ଟି ଭୋଟ୍‌ରେ ଜିତିଲେ। ବିଜୟ କୁମାର ମାଲହୋତ୍ରା ମୁଖ୍ୟନିର୍ବାହୀ ପାରିଷଦଭାବେ ନିର୍ବାଚିତ ହେଲେ।

ପ୍ରଥମଥର ପାଇଁ କଂଗ୍ରେସକୁ କେହି ପ୍ରକୃତ ଅର୍ଥରେ ଆହ୍ୱାନ ଦେଲା। ୧୯୬୭ ସାଧାରଣ ନିର୍ବାଚନ ଏମିତି ଏକ ପରିସ୍ଥିତି ସୃଷ୍ଟି କଲା ଯେଉଁଠି ୮ଟି ରାଜ୍ୟରେ କୌଣସି ଗୋଟିଏ ଦଳ ବହୁମତ ପାଇ ନ ଥିଲେ। ମେଣ୍ଟ ସରକାରର ଯୁଗ ଆରମ୍ଭ ହେଲା। କମ୍ୟୁନିଷ୍ଟ ଏବଂ ସୋସିଆଲିଷ୍ଟମାନଙ୍କ ସହ କୌଣସି ପ୍ରକାର ବୁଝାମଣାର ଘୋର ବିରୋଧୀ ଥିଲେ ଭାରତୀୟ ଜନସଂଘର ସଭାପତି ବଳରାଜ ମାଧୋକ। ସେ କେବଳ ସ୍ୱତନ୍ତ୍ର ପାର୍ଟି ପରି ସମାନ ବିଚାରଧାରା ରଖୁଥିବା ଦଳ ସହ ସାମ୍ମୁଖ୍ୟ ଗଢ଼ିବା ସପକ୍ଷରେ ଥିଲେ।

୧୯୫୩ରୁ ଜନସଂଘର ସମ୍ପାଦକ ଏବଂ ୧୯୫୭ରୁ ଦଳର ସଂସଦୀୟ ମୁଖ୍ୟ ବାଜପେୟୀ, କଂଗ୍ରେସକୁ କ୍ଷମତା ବାହାରେ ରଖିବାକୁ ସକ୍ଷମ ହେଉଥିବା ସବୁ ଦଳ ସହ ମେଣ୍ଟ ସପକ୍ଷରେ ଥିଲେ। ସେ ଚାହୁଁଥିଲେ ଅସାମାଜିକ ତଥା ପଛୁଆ ବର୍ଗର ଲୋକଙ୍କୁ ଏକତ୍ରିତ କରିବା ପାଇଁ ଭାରତୀୟ ଜନସଂଘ ସବୁପ୍ରକାର ଉଦ୍ୟମ କରୁ। ମାଧୋକ ଏହାକୁ ଦକ୍ଷିଣ ପାର୍ଶ୍ୱକୁ ଢଳିବା ଆଖ୍ୟା ଦେଲେ।

ଉପାଧ୍ୟାୟ ମଧ୍ୟ କଂଗ୍ରେସ ବିରୋଧୀ ରାଜନୀତି ବିପକ୍ଷରେ ଥିଲେ। ସେ ଏହାକୁ ନକାରାତ୍ମକ ରାଜନୀତି ବୋଲି ବିବେଚନା କରିଥିଲେ ଏବଂ ତାଙ୍କ ଅନୁଯାୟୀ ଏହା ଏକ ସୁସ୍ଥ ରାଜନୈତିକ ଦଳର ବିକାଶର ବିରୁଦ୍ଧାଚରଣ କରିବା ହିଁ ଥିଲା। ଏଥିସହିତ ସେ ଅସ୍ପୃଶ୍ୟତା ରାଜନୀତିରେ ବିଶ୍ୱାସ କରୁ ନ ଥିଲେ ଏବଂ ମତ ରଖିଥିଲେ ଯେ ଦେଶର ସମସ୍ୟାର ସମାଧାନ ସମସ୍ତଙ୍କ ଅଂଶଗ୍ରହଣ ଦ୍ୱାରା ହିଁ ସମ୍ଭବ। ଯଦିଓ ସେ କମ୍ୟୁନିଷ୍ଟମାନଙ୍କ ପ୍ରତି ଅବିଶ୍ୱାସୀ ଥିଲେ ତଥାପି ନୂତନ ସରକାର ଗଠନରେ ସେମାନଙ୍କ ସହ ସହଯୋଗ କରିବାରେ କୌଣସି କ୍ଷତି ଦେଖୁ ନ ଥିଲେ।

ଦଳରେ ସାଧାରଣ ସହମତି ହେଲା ଯେ, ଦୁର୍ନୀତିଗ୍ରସ୍ତ କଂଗ୍ରେସକୁ ସରକାର ଗଠନରୁ ନିବୃତ୍ତ କରିବା ପାଇଁ ମିଳିତ ସରକାରରେ ଭାରତୀୟ ଜନସଂଘ ଅଂଶଗ୍ରହଣ

କରିବ। ଭାରତୀୟ ଜନସଂଘ ଦେଖିଲା ଯେ ବହୁମତ ପାଇ ନ ଥିବା ରାଜ୍ୟରେ କଂଗ୍ରେସ ଯଦି ସରକାର ଗଢେ ତେବେ ଏହା ଜନମତର ବିରୋଧ ହେବ।

ବିହାରରେ ଜନସଂଘର ୨୬ଟି ଆସନ, ସାମ୍ଯୁଖ୍ୟ ସୋସାଲିଷ୍ଟ ପାର୍ଟିର ୬୮, ପ୍ରଜା ସୋସାଲିଷ୍ଟ ପାର୍ଟିର ୮ଟି, ସିପିଆଇର ୨୪ଟି, ସିପିଆଇ (ଏମ୍)ର ୪ଟି, ସ୍ୱତନ୍ତ୍ର ପାର୍ଟିର ୩ଟି, ସ୍ୱାଧୀନ ପ୍ରାର୍ଥୀମାନଙ୍କର ୨୧ଟି ଏବଂ କଂଗ୍ରେସର ୧୨୮ଟି ଆସନ ଥିଲା ଓ ବିଧାନସଭାର ମୋଟ୍ ଆସନ ସଂଖ୍ୟା ଥିଲା ୩୧୮। ଜନସଂଘ ଦୁଇ କମ୍ୟୁନିଷ୍ଟ ପାର୍ଟି ସହ ମିଶି ସରକାର ଗଢିବାକୁ ଚାହିଁଲା କିନ୍ତୁ ସେମାନେ ଆବଶ୍ୟକ ସଂଖ୍ୟାରୁ ଯଥେଷ୍ଟ କମ୍ ଥିଲେ। ଯେତେବେଳେ ମହାମାୟା ପ୍ରସାଦ ସିହ୍ନା ୨୬ ସଦସ୍ୟଙ୍କ ସହ କଂଗ୍ରେସ ଛାଡ଼ି 'ଜନକ୍ରାନ୍ତି' ଦଳ ଗଢିଲେ ତାଙ୍କୁ ମୁଖ୍ୟମନ୍ତ୍ରୀ କରି ସରକାର ଗଠନ ହେଲା। ସାମ୍ଯୁଖ୍ୟ ସୋସାଲିଷ୍ଟ ପାର୍ଟିର କର୍ପୁରୀ ଠାକୁର ଉପମୁଖ୍ୟମନ୍ତ୍ରୀ ହେଲେ ଏବଂ ଜନସଂଘ ଦୁଇଟି କ୍ୟାବିନେଟ୍ ପାହ୍ୟା ଏବଂ ଗୋଟିଏ ରାଜ୍ୟମନ୍ତ୍ରୀ ପାହ୍ୟା ପାଇଲା। ପଞ୍ଜାବରେ ଗୁମନାମ ସିଂ ଦୁଇ ଅକାଲୀ ଦଳର ୨୬, ଜନସଂଘର ୯, ରିପବ୍ଲିକାନର ୩, ସିପିଆଇର ୫, ସିପିଆଇ(ଏମ୍)ର ୩, ସାମ୍ଯୁଖ୍ୟ ସୋସାଲିଷ୍ଟ ପାର୍ଟିର ୧ ଏବଂ କିଛି ସ୍ୱାଧୀନ ସଦସ୍ୟଙ୍କୁ ନେଇ ସରକାର ଗଢିଲେ।

ରାଜସ୍ଥାନରେ ଝୁଲା ବିଧାନସଭା ହେଲା। ରାଜସ୍ଥାନରେ ରାଜ୍ୟପାଳଙ୍କୁ ବିରୋଧୀ ମିଳିତ ମଞ୍ଚ (ସଂଯୁକ୍ତ ଦଳ)କୁ ସୁଯୋଗ ଦେବାକୁ ନ ଦେଇ ଗଣତନ୍ତ୍ରର ପରିହାସ କରି କଂଗ୍ରେସ ରାଷ୍ଟ୍ରପତି ଶାସନ ଲଗାଇଲା। ୧୯୬୭ ମାର୍ଚ୍ଚ ୧୪ ରେ ଏହାର କେନ୍ଦ୍ରୀୟ କାର୍ଯ୍ୟକାରିଣୀ ବୈଠକରେ ଭାରତୀୟ ଜନସଂଘ ଏହି ଅଗଣତାନ୍ତ୍ରିକ ନିଷ୍ପତ୍ତି ବିରୁଦ୍ଧରେ ଏକ ଦୃଢ ସଂକଳ୍ପ ପାରିତ କଲା।[୨୮୦]

ଇନ୍ଦିରା ଗାନ୍ଧୀ ୧୯୬୭ ନିର୍ବାଚନ ପରେ ପ୍ରଧାନମନ୍ତ୍ରୀ ଭାବେ ଶପଥ ନେଲେ, କିନ୍ତୁ ସମଗ୍ର ଭାରତ ଉପରେ ନିୟନ୍ତ୍ରଣ ନ ଥିବାରୁ ଏହାର କ୍ଷୁଦ୍ର କଳେବର ପାଇଁ କଂଗ୍ରେସ ଏ ପରିସ୍ଥିତିରେ ବଡ ଅସହଜ ବୋଧ କଲା। ନିର୍ବାଚନ ପରବର୍ତ୍ତୀ ପରିସ୍ଥିତି ସହ କଂଗ୍ରେସ ନିଜକୁ ସମନ୍ୱୟ କରିବାରେ ବିଫଳ ହୋଇଥିଲା ଏବଂ ଅନ୍ୟ ଦଳ ଜିତିଥିବା ରାଜ୍ୟଗୁଡିକରେ ଦାୟିତ୍ୱପୂର୍ଣ୍ଣ ବିରୋଧୀ ଦଳ ଭଳି କାର୍ଯ୍ୟ କରିବା ବଦଳରେ ସରକାରଙ୍କୁ ହଟାଇବା ପାଇଁ ଅଗଣତାନ୍ତ୍ରିକ, ଅସମ୍ବିଧାନିକ ତଥା ଦୁର୍ନୀତିଗ୍ରସ୍ତ ଉପାୟ ଅବଲମ୍ବନ କରିଥିଲା। କେନ୍ଦ୍ରର କଂଗ୍ରେସ ସରକାର ଏହି ଉଦ୍ଦେଶ୍ୟ ପାଇଁ ରାଜ୍ୟପାଳମାନଙ୍କୁ ମୋହରା ଭାବେ ବ୍ୟବହାର କରିବାକୁ ମଧ୍ୟ ପଛେଇଲା ନାହିଁ। ହରିଆଣାରେ ଫ୍ଲୋର କ୍ରସିଂକୁ ରାଷ୍ଟ୍ରପତି ଶାସନ ଲଗାଇବାର ଏକ ଅସ୍ତ୍ରରୂପେ ବ୍ୟବହାର କରାଗଲା ଯଦିଓ ବିରୋଧୀ ଦଳ ପୂର୍ଣ୍ଣ ବହୁମତ ପ୍ରମାଣ କରିବାକୁ ପ୍ରସ୍ତୁତ ଥିଲେ, କିନ୍ତୁ ପଞ୍ଜାବ ଓ ବେଙ୍ଗଲରେ

ଫ୍ଲୋର କ୍ରସିଂକୁ ଉତ୍ସାହିତ କରାଯାଇଥିଲା । ସେ ରାଜ୍ୟଗୁଡିକରେ ଅଳ୍ପ ବହୁମତ ଥିବା ସରକାରଙ୍କୁ ରକ୍ଷା କରିବାକୁ ଫ୍ଲୋର କ୍ରସିଂର ବ୍ୟବହାର କରାଯାଇଥିଲା ।[୨୮୧]

ଦୁଇ ଦଶନ୍ଧି ଧରି କ୍ଷମତାରେ ଥିବା ହେତୁ କଂଗ୍ରେସର ଅନ୍ତର୍ଜାତୀୟ ସମ୍ବନ୍ଧ ବେଶ ଭଲ ଥିଲା । ଭାରତୀୟ ନିର୍ବାଚନରେ ବିଦେଶୀ ହସ୍ତକ୍ଷେପକୁ ଏହି ସମୟରେ ଚିହ୍ନିତ କରାଯାଇଥିଲା । ରୁଷିଆ ଦ୍ୱାରା ପରିଚାଳିତ ଏବଂ ନିୟନ୍ତ୍ରିତ 'ରେଡିଓ ପିସ ଆଣ୍ଡ ଫ୍ରିଡମ' ଦ୍ୱାରା ଭାରତୀୟ ରାଜନେତା, ବିଶେଷକରି ଜନସଂଘର ନେତାମାନଙ୍କ ବିରୋଧରେ ନିନ୍ଦନୀୟ ପ୍ରଚାର କରାଯାଉଥିଲା । ଏହା ସ୍ପଷ୍ଟଭାବେ ଚିହ୍ନିତ ହୋଇଥିଲା । ସମାନ ଭାବରେ ସି.ଆଇ.ଏ.ର କାର୍ଯ୍ୟକଳାପ ବିଷୟରେ ଆମେରିକାନ ପ୍ରେସ୍‌ରେ ପ୍ରକାଶିତ ରିପୋର୍ଟ ଏହା କହିଥିଲା ଯେ ଆମେରିକା ଦ୍ୱାରା ଭାରତରେ ବ୍ୟବସ୍ଥିତ ଢଙ୍ଗରେ ଗୁପ୍ତଚରୀ ଏବଂ ପଞ୍ଚମ ସ୍ତମ୍ଭ କାର୍ଯ୍ୟକଳାପ ଚଳାଇଥିଲା । କେନ୍ଦ୍ରୀୟ ଗୃହମନ୍ତ୍ରୀ ବସନ୍ତରାଓ ଚଭନଙ୍କ ଦ୍ୱାରା ଏହା ପ୍ରମାଣିତ ହୋଇଥିଲା ଯେ ଭାରତର ଚତୁର୍ଥ ସାଧାରଣ ନିର୍ବାଚନକୁ ପ୍ରଭାବିତ କରିବାକୁ ଏହି ଦୁଇ ଦେଶ ପ୍ରଭୁତ ଅର୍ଥ ଖର୍ଚ୍ଚ କରିଥିଲେ ।[୨୮୨]

ନିର୍ବାଚନରେ ନିଜର ପତନ ପାଇଁ ଇନ୍ଦିରାଙ୍କ ନେତୃତ୍ୱର ସରକାର କେତେଦୂର ପ୍ରତିଶୋଧ ପରାୟଣ ହୋଇପାରିବ ଏକଥା କେହି ଜାଣି ନ ଥିଲେ । ଭାରତୀୟ ଜନସଂଘ ୧୯୬୭ ସାଧାରଣ ନିର୍ବାଚନରେ ଉଭୟ ଲୋକସଭା ଏବଂ ବିଧାନସଭା କ୍ଷେତ୍ରରେ ଭଲ ପ୍ରଦର୍ଶନ କରିଥିଲା । ଏହା ମଧ୍ୟ ସର୍ବାଧିକ ଜନବହୁଳ ରାଜ୍ୟ ଉତ୍ତରପ୍ରଦେଶରେ ଏକ ମେଣ୍ଟ ସରକାର ଗଢିବାରେ ସମର୍ଥ ହୋଇଥିଲା କିନ୍ତୁ ଏହାପରେ ଦେଶ ଏକ ଘଟଣାରେ ସ୍ତବ୍ଧ ହୋଇଯାଇଥିଲା । ଭାରତୀୟ ଜନସଂଘର ଜାତୀୟ ଅଧ୍ୟକ୍ଷ ଦୀନଦୟାଲ ଉପାଧ୍ୟାୟ ଲକ୍ଷ୍ନୌରୁ ପାଟନା ଯାତ୍ରା କରୁଥିବା ସମୟରେ ତାଙ୍କ ମୃତଦେହ ୧୦ ଫେବୃଆରୀ ୧୯୬୮ରେ ମୋଗଲସରାଇ ନିକଟର ଏକ ରେଳଧାରଣା କଡରୁ ମିଳିଥିଲା । ଭାରତୀୟ ଜନସଂଘ ଏହି ହତ୍ୟା ପାଇଁ ଏକ ବିଚାର ବିଭାଗୀୟ ଅନୁସନ୍ଧାନ ଦାବି କଲା ଏବଂ ୭୦ରୁ ଊର୍ଦ୍ଧ୍ୱ ସାଂସଦ ଏହାକୁ ସମର୍ଥନ ଦେଲେ । ଇନ୍ଦିରା ସରକାରଙ୍କ ପ୍ରଭାବରେ ଥିବା କେନ୍ଦ୍ରୀୟ ଅନୁସନ୍ଧାନ ବ୍ୟୁରୋ (ସିବିଆଇ) ଏକ ତରବରିଆ ଅନୁସନ୍ଧାନ କଲା ଏବଂ କିଛି ଉଲ୍ଲେଖନୀୟ ଫଳ ମିଳିଲା ନାହିଁ । ଏପରିକି ପ୍ରମାଣ ଅଭାବରୁ ଅଭିଯୁକ୍ତମାନେ ନିର୍ଦ୍ଦୋଷରେ ଖଲାସ ହୋଇଯାଇଥିଲେ ।

୧୨

ଭାରତୀୟ ଜନସଂଘର ଅଧ୍ୟକ୍ଷ ରୂପେ ଶ୍ରୀ ଅଟଳ ବିହାରୀ ବାଜପେୟୀ

ଦୀନଦୟାଲ ଉପାଧ୍ୟାୟଙ୍କ ହତ୍ୟା ପରେ ଶ୍ରୀ ଅଟଳ ବିହାରୀ ବାଜପେୟୀ ଭାରତୀୟ ଜନସଂଘର ଅଧ୍ୟକ୍ଷ ନିଯୁକ୍ତ ହେଲେ। ଦଳକୁ ସଙ୍ଗଠିତ କରି ରଖିବା ଏବଂ ବିଭିନ୍ନ ରାଜ୍ୟରେ ଥିବା ସଂଯୁକ୍ତ ବିଧାୟକ ଦଳର ମେଣ୍ଟ ସରକାରଗୁଡିକର ସମସ୍ୟାକୁ ବୁଝିବା ପରି ଦୁଇଟି ମୁଖ୍ୟ ଆହ୍ୱାନ ସହ ବାଜପେୟୀ ସମ୍ମୁଖୀନ ହୋଇଥିଲେ। ମେଣ୍ଟ ସରକାରର ଆହ୍ୱାନ ଏପରି ଥିଲା ଯେ ସମସ୍ତ ମିଳିତ ଦଳ ସାଧାରଣ ସର୍ବନିମ୍ନ କାର୍ଯ୍ୟକ୍ରମରେ ନିଜକୁ ସୀମିତ ରଖିବେ ଏବଂ ନିଜ ନିଜ ଦଳର କାର୍ଯ୍ୟକ୍ରମ ପାଇଁ ଜିଦ୍ ଧରିବେ ନାହିଁ।

ପଞ୍ଜାବରେ ଜନସଂଘ, ଅକାଳୀ ଦଳ ଏବଂ କମ୍ୟୁନିଷ୍ଟମାନେ ସାଧାରଣ ସର୍ବନିମ୍ନ କାର୍ଯ୍ୟକ୍ରମ ପ୍ରତି ଦୃଢ ରହି ସେ ପର୍ଯ୍ୟନ୍ତ ସୁରୁଖୁରୁରେ ଶାସନ ଚଳାଉଥିଲେ, ଯେ ପର୍ଯ୍ୟନ୍ତ କଂଗ୍ରେସ ଅକାଳୀ ଦଳମାନଙ୍କ ମଧ୍ୟରେ ଏକ ବିଭାଜନ ସୃଷ୍ଟି କରି ନ ଥିଲା। ଉତ୍ତରପ୍ରଦେଶ ଏବଂ ବିହାରରେ ବହୁଦଳୀୟ ସରକାରର କିଛି ଅଂଶୀଦାର ଦଳ ନିଜକୁ ଦାୟିତ୍ୱବାନ ଅଂଶୀଦାର ଭାବରେ ଚଳାଇବାରେ ବିଫଳ ହୋଇଥିଲେ, ତେଣୁ ଉଭୟ ରାଜ୍ୟରେ ସରକାରଙ୍କ ପତନକୁ ନିୟନ୍ତ୍ରଣ ତଥା ପରିଚାଳନା କରିବାରେ କଂଗ୍ରେସକୁ ସୁଯୋଗ ଦେଇଥିଲେ। ମଧ୍ୟପ୍ରଦେଶରେ କୌଣସି ବୈଚାରିକ ପ୍ରଭେଦ ନ ଥିଲା, କିନ୍ତୁ ଅଂଶୀଦାରମାନେ ଅତ୍ୟଧିକ ବ୍ୟକ୍ତିଗତ ଥିବାରୁ ଏକତ୍ର କାର୍ଯ୍ୟ କରିପାରୁ ନ ଥିଲେ।

ବହୁଦଳୀୟ ସରକାରର ତିକ୍ତତା ଏବଂ ବିଫଳତାର ମୋଟାମୋଟି ଫଳ ଏଇଆ ଥିଲା ଯେ ୧୯୬୮ ଶେଷ ବେଳକୁ ହରିୟାଣା, ପଞ୍ଜାବ, ପଶ୍ଚିମବଙ୍ଗ, ଉତ୍ତରପ୍ରଦେଶ

ଏବଂ ବିହାରରେ ମଧ୍ୟବର୍ତ୍ତୀକାଳୀନ ନିର୍ବାଚନ ଆବଶ୍ୟକ ହେଲା । ଭାରତୀୟ ଜନସଂଘ ଏହି ନିର୍ବାଚନରେ ଏକାକୀ ଲଢ଼ିବାକୁ ସ୍ଥିର କଲା ଏବଂ ୭ ସେପ୍ଟେମ୍ବର ୧୯୬୮ରେ ସଂଘର ସର୍ବଭାରତୀୟ ସାଧାରଣ ପରିଷଦର ଇନ୍ଦୋର ବୈଠକରେ ଏକ ସଂକଳ୍ପ ପାରିତ ହେଲା ।

'ଉତ୍ତରପ୍ରଦେଶରେ ହେବାକୁଥିବା ଆଗାମୀ ମଧ୍ୟବର୍ତ୍ତୀକାଳୀନ ନିର୍ବାଚନରେ ଭାରତୀୟ ଜନସଂଘ ସମସ୍ତ ଆସନରେ ନିଜର ପ୍ରାର୍ଥୀ ଦେବ ଏବଂ ରାଜ୍ୟ ବିଧାନସଭାରେ ଏକ ସ୍ୱଷ୍ଟ ବହୁମତ ପାଇବାକୁ ସମ୍ପୂର୍ଣ୍ଣ ଚେଷ୍ଟା କରିବ । ବିହାର ଯେଉଁଠାରେ ଆମର କାର୍ଯ୍ୟ ସେତେଟା ବ୍ୟାପକ ନ ଥିଲା, କିନ୍ତୁ ନିକଟରେ ଜନସଂଘର ଭାବନା ଉପରେ ଏକ ଜବରଦସ୍ତ ଆଗ୍ରହ ଦେଖାଦେଇଛି, ଦଳ ଏଠି ଅଧିକା ଆସନରେ ପ୍ରାର୍ଥୀ ଦେବ ଏବଂ ରାଜ୍ୟର ବୃହତ୍ତମ ଏକକ ଦଳ ହେବାକୁ ଚେଷ୍ଟା କରିବ । ପଞ୍ଜାବରେ ଅକାଳୀ ଦଳ ଏବଂ ଅନ୍ୟ ଜାତୀୟତାବାଦୀ ଦଳର ସହଯୋଗରେ ଆମେ ସବୁ ଆସନରେ ନିର୍ବାଚନ ଲଢ଼ିବୁ । ପଶ୍ଚିମବଙ୍ଗରେ ଏହି ନିର୍ବାଚନରେ ଆମର ଉଦ୍ଦେଶ୍ୟ ହେଉଛି ବିଧାନସଭାରେ ନିଜର ଏକ ଦୃଢ଼ ସ୍ଥାନ ସୁରକ୍ଷିତ କରିବା ଏବଂ ଏକ ତୃତୀୟ ଶକ୍ତିର ନାଭିକେନ୍ଦ୍ର ହେବା, ଯାହାକି ସମୟକ୍ରମେ ଉଭୟ କଂଗ୍ରେସ ଏବଂ କମ୍ୟୁନିଷ୍ଟ ପାର୍ଟି ପାଇଁ ଏକ ବିକଳ୍ପ ହୋଇପାରିବ । ଏସବୁ ନିର୍ବାଚନଗୁଡ଼ିକରେ ଜନସଂଘ କମ୍ୟୁନିଷ୍ଟମାନଙ୍କ ସହ ଆଦୌ କୌଣସି ବୁଝାମଣା କରିବ ନାହିଁ । ସ୍ଥାନୀୟ ସ୍ତରରେ ଥିବା ଅଣକଂଗ୍ରେସ ଦଳ କିମ୍ବା ପ୍ରାର୍ଥୀମାନଙ୍କ ସହ ବୁଝାମଣା କରାଯାଇପାରେ ।[୨୮୩]

୧୯୬୯ରେ ଉପନିର୍ବାଚନ ହେଲା । କଂଗ୍ରେସ ଖୋଲାଖୋଲି ଭାବେ ସାମ୍ପ୍ରଦାୟିକ କାର୍ଡ ଖେଳିଲା ଏବଂ ବିଭାଜନକାରୀ ରାଜନୀତି କଲା । ଉତ୍ତରପ୍ରଦେଶରେ କଂଗ୍ରେସ ନିଜକୁ ମୁସଲମାନମାନଙ୍କର ଏକମାତ୍ର ତ୍ରାଣକର୍ତ୍ତା ଭାବରେ ଉପସ୍ଥାପିତ କରିଥିଲା ଏବଂ ବିହାରରେ ଏହା ଏକ ପୃଥକ ଝାଡଖଣ୍ଡ ରାଜ୍ୟ ଗଠନ ପାଇଁ ବିଚ୍ଛିନ୍ନତାବାଦୀ ଦାବିକୁ ଉତ୍ସାହିତ କରିଥିଲା । କଂଗ୍ରେସ ପଶ୍ଚିମବଙ୍ଗରେ ଅଣବଙ୍ଗାଳୀ ଭୋଟରମାନଙ୍କ ମଧ୍ୟରେ ଏକ ଅଦ୍ଭୁତ ଭୟ ସୃଷ୍ଟି କରିବାକୁ ଚେଷ୍ଟା କରିଥିଲା । ଭାରତୀୟ ଜନସଂଘ ଏହି ନିର୍ବାଚନରେ ବେଶି ଭଲ ପ୍ରଦର୍ଶନ କଲା ନାହିଁ । ଉତ୍ତରପ୍ରଦେଶରେ ୪୨୫ରୁ ୩୯୭ ଆସନରେ ଲଢ଼ି ମାତ୍ର ୪୯ଟି ଆସନ ଜନସଂଘ ପାଇଲା (୧୭.୯୩ ପ୍ରତିଶତ ଭୋଟ), ବିହାରରେ ୩୦୩ ଆସନରେ ଲଢ଼ି ୩୪ରେ ଜିତିଲା, ହରିୟାଣାରେ ୮୨ରୁ ୪୪ରେ ଲଢ଼ି ୭ଟିରେ ଜିତିଲା ଏବଂ ପଞ୍ଜାବରେ ୧୦୪ରୁ ୩୦ ଆସନରେ ଲଢ଼ି ଗୋଟିଏ ମଧ୍ୟ ଜିତିପାରିଲା ନାହିଁ ।

ଜନସଂଘର ୧୫ତମ ସର୍ବଭାରତୀୟ ଅଧିବେଶନ ବମ୍ବେଠାରେ ଏହି

ହାରାହାରି କାର୍ଯ୍ୟଦକ୍ଷତାର କାରଣଗୁଡିକ ଅନୁଶୀଳନ କରାଯାଇଥିଲା ଏବଂ ଏହା ପ୍ରମାଣିତ ହୋଇଥିଲା ଯେ ବିଶେଷକରି ଗତ ନିର୍ବାଚନରେ ଜିତିଥିବା ନିର୍ବାଚନ ମଣ୍ଡଳୀଗୁଡିକରେ ଜନସଂଘର କର୍ମୀମାନଙ୍କର ଅତ୍ୟଧିକ ଆତ୍ମବିଶ୍ୱାସ ହେତୁ ଏପରି ଘଟିଲା ଏବଂ ଏହା ଦଳକୁ ବହୁତ ମହଙ୍ଗା ପଡିଲା । ଅଧିକନ୍ତୁ, ଏହାର ଶତ୍ରୁମାନଙ୍କର ଶକ୍ତିକୁ ଅମାନ୍ୟ କରିବାର ଏକ ପ୍ରବୃତ୍ତି ଦଳ ବିରୁଦ୍ଧରେ ଗଲା । ଉଦାହରଣ ସ୍ୱରୂପ କଂଗ୍ରେସ ଦ୍ୱାରା ଭାରତୀୟ ଜନସଂଘର ସଫଳତାକୁ ରୋକିବା ପାଇଁ ମୁସଲମାନ ମତଦାତାଙ୍କୁ ସମାନ ପ୍ରକାର ଭୋଟ୍ ଦେବାକୁ କ୍ରମାଗତ ଭାବେ ପରାମର୍ଶ ଦିଆଯାଇଥିଲା କିନ୍ତୁ ଏହି ଭୟକୁ ନିୟନ୍ତ୍ରଣ କରିବା ପାଇଁ ଜନସଂଘ ଅଧିକ କିଛି କରି ନ ଥିଲା । ଅଧିକନ୍ତୁ ଦଳ ଏହାର ଅଳ୍ପ ସମ୍ବଳ ସହ ମଧ୍ୟ ଲଢୁଥିଲା । ବିଶେଷକରି ଯାନବାହନର ସ୍ୱଳ୍ପତା ନିର୍ବାଚନ ପ୍ରଚାରକୁ ବହୁଳଭାବେ ପ୍ରଭାବିତ କରିଥିଲା ।[୨୮୪]

କଂଗ୍ରେସରେ ବିଭାଜନ ଏବଂ ବାମପନ୍ଥୀମାନଙ୍କ ଦ୍ୱାରା ଶିକ୍ଷା ପ୍ରଣାଳୀ ଅଧିକୃତ

୧୯୬୭ ନିର୍ବାଚନରେ ସିଣ୍ଡିକେଟ୍ ହାରିଯିବା ପରେ ମଧ୍ୟ ଇନ୍ଦିରା ଏବଂ ସିଣ୍ଡିକେଟ ମଧ୍ୟରେ କ୍ଷମତା ସଂଘର୍ଷ ବନ୍ଦ ହୋଇ ନ ଥିଲା । ସିଣ୍ଡିକେଟ୍ ମୋରାରଜୀ ଦେଶାଇଙ୍କୁ ଅର୍ଥମନ୍ତ୍ରୀ ଏବଂ ଉପପ୍ରଧାନମନ୍ତ୍ରୀ ରୂପେ ଦେଖିବାକୁ ଚାହୁଁଥିଲା । ଇନ୍ଦିରା କ୍ଷମତା ସଂଗ୍ରାମକୁ ନୀତି ଏବଂ କାର୍ଯ୍ୟକ୍ରମରେ ପରିଣତ କରିଥିଲେ ଓ କଂଗ୍ରେସ କାର୍ଯ୍ୟକାରିଣୀ କମିଟିରେ ଏକ ଦଶସୂତ୍ରୀ କାର୍ଯ୍ୟକ୍ରମ ଗ୍ରହଣ କରିଥିଲେ, ଯାହା ଭବିଷ୍ୟତରେ କ୍ଷମତା ସଂଗ୍ରାମରେ ତାଙ୍କ ଟ୍ରମ୍ପ୍ କାର୍ଡ ହେବ । ବ୍ୟାଙ୍କ ଏବଂ ବୀମା କମ୍ପାନୀଗୁଡିକର ଜାତୀୟକରଣ, ଆମଦାନୀ ଏବଂ ରପ୍ତାନି ବାଣିଜ୍ୟରେ ରାଜ୍ୟ ବାଣିଜ୍ୟ, ସାଧାରଣ ବଣ୍ଟନ ବ୍ୟବସ୍ଥା, ବ୍ୟବସାୟ ସଂସ୍ଥା ଉପରେ କଡା ନିୟନ୍ତ୍ରଣ ଏବଂ ଘରୋଇ ପାଣ୍ଠି ବନ୍ଦ କରିବା ଇନ୍ଦିରାଙ୍କ 'ଗରିବି ହଟାଓ' ସ୍ଲୋଗାନର ମୁଖ୍ୟ ଧାରା ହୋଇଥିଲା ।

ଯଦିଓ ମୋରାରଜୀଙ୍କୁ ନିଜ ଉପ ପ୍ରଧାନମନ୍ତ୍ରୀ ରୂପେ ନିଯୁକ୍ତି ଦେବା ପାଇଁ ଇନ୍ଦିରା ବାଧ୍ୟ ହୋଇଥିଲେ, ୧୯୬୭ ମସିହାରେ କଂଗ୍ରେସର ବିଶେଷ ଭଲ ପ୍ରଦର୍ଶନ ହୋଇ ନ ଥିବାର କାରଣ ଇନ୍ଦିରାଙ୍କୁ ନିଜ ଯୋଗ୍ୟତା ବଳରେ ଜଣେ ନେତାରୂପେ ଉଭା ହେବାକୁ ସକ୍ଷମ କରାଇଥିଲା । କେ. କାମରାଜ, ଏସ୍. ନିଜଲିଙ୍ଗାପା, ଏସ୍.କେ. ପାଟିଲ୍, ଅତୁଲ୍ୟ ଘୋଷ ଏବଂ ଏନ୍. ସଞ୍ଜୀବ ରେଡ୍ଡୀଙ୍କୁ ନେଇ ଗଠିତ ସିଣ୍ଡିକେଟ୍ ସହ ଇନ୍ଦିରାଙ୍କ କ୍ଷମତା ସଂଘର୍ଷ ଦୁଇବର୍ଷରୁ ଊର୍ଦ୍ଧ୍ୱ ଧରି ଚାଲିଲା । ୧୯୬୯ରେ ଜାକିର

ହୁସେନଙ୍କ ମୃତ୍ୟୁ ପରେ ରାଷ୍ଟ୍ରପତି ନିର୍ବାଚନକୁ ନେଇ ସିଣ୍ଡିକେଟ୍ ଓ ଇନ୍ଦିରାଙ୍କ ମଧ୍ୟରେ ଖୋଲାଖୋଲି ଲଢେଇ ଆରମ୍ଭ ହୋଇଗଲା। ସିଣ୍ଡିକେଟ୍ ନୀଲମ ସଞ୍ଜୀବ ରେଡ୍ଡୀଙ୍କୁ ରାଷ୍ଟ୍ରପତି ପଦ ପାଇଁ ପ୍ରାର୍ଥୀ ରୂପେ ଚୟନ କରିସାରିଥିଲା। ଏହି ନିର୍ଣ୍ଣୟର ୫ଦିନ ପରେ ଇନ୍ଦିରା ଗାନ୍ଧୀ ମୋରାରଜୀ ଦେଶାଇଙ୍କୁ ତାଙ୍କ ମନ୍ତ୍ରୀ ପରିଷଦରୁ ବହିଷ୍କୃତ କରି ଅର୍ଥ ମନ୍ତ୍ରଣାଳୟକୁ ନିଜ ପାଖରେ ରଖିଲେ। ୨୧ ଜୁଲାଇ ୧୯୬୯ରେ ରାଷ୍ଟ୍ରପତିଙ୍କ ଅଧ୍ୟାଦେଶ ମାଧ୍ୟମରେ ସେ ୧୪ଟି ବ୍ୟାଙ୍କର ଜାତୀୟକରଣ ଘୋଷଣା କଲେ। ପରେ ସେ ବ୍ୟକ୍ତିଗତ ପାଣ୍ଠି ଉଚ୍ଛେଦର ଘୋଷଣା ମଧ୍ୟ କଲେ। ଏହିପରି ସେ ଜନତାଙ୍କ ମଧ୍ୟରେ ପ୍ରଗତିଶୀଳ ନେତାଙ୍କ ଭାବମୂର୍ତ୍ତି ଲାଭ କଲେ। ଭାରତର ରାଷ୍ଟ୍ରପତି ପଦ ପାଇଁ ଇନ୍ଦିରା ଖୋଲାଖୋଲି ଭାବରେ ରେଡ୍ଡିଙ୍କ ପ୍ରାର୍ଥିତ୍ୱକୁ ବିରୋଧ କଲେ ଏବଂ ଉପରାଷ୍ଟ୍ରପତି ଭି.ଭି. ଗିରିଙ୍କ ପ୍ରାର୍ଥିତ୍ୱଙ୍କୁ ସମର୍ଥନ ଦେଲେ। ଗିରିଙ୍କ ବିଜୟକୁ ନିଶ୍ଚିତ କରିବାକୁ ଇଲେକ୍ଟୋରାଲ୍ କଲେଜଗୁଡ଼ିକୁ ନିଜ ବିବେକ ଅନୁଯାୟୀ ଭୋଟ୍ ଦେବାକୁ ସେ ଅପିଲ କଲେ। ୨୦ ଅଗଷ୍ଟ ୧୯୬୯ରେ ଭି.ଭି. ଗିରି ଏକ ସ୍ୱଳ୍ପ ବ୍ୟବଧାନରେ ଭାରତର ରାଷ୍ଟ୍ରପତି ରୂପେ ଜିତି ନିଯୁକ୍ତ ହେଲେ।

କଂଗ୍ରେସ ମଧ୍ୟରେ ଚାଲିଥିବା ଚାପା ଉତ୍ତେଜନା କାରଣରୁ ନଭେମ୍ବର ୧୯୬୯ ପ୍ରଥମ ସପ୍ତାହରେ କଂଗ୍ରେସ ଔପଚାରିକ ଭାବେ ବିଭାଜିତ ହେଲା। ସଂସଦରେ ଥିବା ୨୮୮ ସଦସ୍ୟଙ୍କ ମଧ୍ୟରୁ ୨୨୦ ଇନ୍ଦିରାଙ୍କୁ ସମର୍ଥନ ଦେଲେ ଏବଂ ବଳକା ୬୮ ଜଣ ସିଣ୍ଡିକେଟ୍ ସହ ରହିଲେ। ୭୦୫ ସର୍ବଭାରତୀୟ କଂଗ୍ରେସ କମିଟି ମଧ୍ୟରୁ ୪୪୬ ଇନ୍ଦିରାଙ୍କ ସହ ରହିଲେ। ସରକାର ବହୁମତ ହରାଇଲା ଏବଂ ଅଳ୍ପ ମତର ସରକାର ସିପିଆଇ, ଡିଏମ୍‌କେ ଏବଂ ଅନ୍ୟ ନିର୍ଦ୍ଦଳୀୟଙ୍କ ସମର୍ଥନରେ ତିଷ୍ଠି ରହିଲା। ପ୍ରଗତିଶୀଳ ଏବଂ କନଫର୍ମିଂସ୍ଟ ଲବି ମଧ୍ୟରେ ଯୁଦ୍ଧ ଭାବରେ ଏହି ବିଭାଜନ କରାଯାଇଥିଲା ଏବଂ ଇନ୍ଦିରାଙ୍କୁ ଗରିବଙ୍କ ସମର୍ଥକ, ପୁଞ୍ଜିବାଦୀ ବିରୋଧୀ ଏବଂ ଜଣେ ପ୍ରଗତିଶୀଳ ନେତ୍ରୀ ଭାବରେ ଉପସ୍ଥାପିତ କରାଯାଇଥିଲା। ଏହି ଗୋଲାପୀ ଚିତ୍ର ଆଙ୍କିବାରେ କମ୍ୟୁନିଷ୍ଟ ବୌଦ୍ଧିକ ଲବି ପ୍ରମୁଖ ଭୂମିକା ଗ୍ରହଣ କରିଥିଲା।

ବାମପନ୍ଥୀମାନଙ୍କ ଦ୍ୱାରା କଂଗ୍ରେସକୁ ଏପରି ସମର୍ଥନ ବାମପନ୍ଥୀମାନଙ୍କର ଭାରତୀୟ ଶିକ୍ଷା ବ୍ୟବସ୍ଥାକୁ କବ୍‌ଜା କରିବାର ପ୍ରଥମ ସୋପାନ ଥିଲା। ଏହା ଇନ୍ଦିରା ଗାନ୍ଧୀ ଏବଂ ତାଙ୍କ ଶିକ୍ଷାମନ୍ତ୍ରୀ ନୁରୁଲ ହାସନଙ୍କ ମାନସ ସନ୍ତାନ ଭାବେ ଜବାହରଲାଲ୍ ନେହେରୁ ବିଶ୍ୱବିଦ୍ୟାଳୟ ରୂପେ ଜନ୍ମ ନେଲା। ଏହା ଔପନିବେଶକ ବ୍ରିଟେନର ହୈଲି ବ୍ୟୁରି କଲେଜର ଧାରାରେ ତିଆରି ହୋଇଥିଲା, ଯେଉଁଠାରେ ପ୍ରତିବଦ୍ଧତା ଥିବା ବିଶେଷକରି ତାଙ୍କ ପ୍ରତି ଏବଂ ବାମପନ୍ଥୀ ଆଦର୍ଶ ପ୍ରତି ପ୍ରତିବଦ୍ଧତା ଥିବା ସରକାରୀ

କର୍ମଚାରୀ ପ୍ରଶିକ୍ଷିତ ହୋଇ ବାହାରିବେ ବୋଲି ଇନ୍ଦିରା ଅନୁମାନ କରୁଥିଲେ।[୨୮୫] ମନେ ରଖିବା ଉଚିତ୍ ଯେ, ସିଣ୍ଡିକେଟ୍ ସହ ସମ୍ପର୍କ ତୁଟିବା ପରେ ଯେବେ ସିପିଆଇ ଇନ୍ଦିରା ସରକାରଙ୍କୁ ସମର୍ଥନ ଦେଲା, ସେହି ସମୟରେ ହିଁ ଜେଏନ୍‌ୟୁ ତିଆରି ହେଲା। ଏହି ଅନୁଷ୍ଠାନ ନିଜର ପାଠ୍ୟକ୍ରମରେ ହାସାନଙ୍କ ଦ୍ୱାରା ଚୟନ କରାହୋଇଥିବା ପାଠ୍ୟକ୍ରମ ଏବଂ ଶିକ୍ଷକଙ୍କୁ ନିଯୁକ୍ତି ଦେଇଥିଲା, ଯେଉଁ ବିଚାରଧାରା ହାସାନ ତାଙ୍କ ସିପିଆଇ ସମର୍ଥକ ଶିକ୍ଷକଙ୍କଠୁ ପାଇଥିଲେ। ବର୍ଷ ବର୍ଷ ଧରି ଅନେକ ଅଧ୍ୟାପକ ପଦଗୁଡିକ ବାମପନ୍ଥୀ କିମ୍ୱା ଉଦାରବାଦୀ ଶିକ୍ଷାବିତ୍‌ମାନଙ୍କ ଦ୍ୱାରା ପରିଚାଳିତ ହୋଇଆସିଛି।

ଡ. ଚନ୍ଦନ ମିତ୍ର ଲେଖନ୍ତି[୨୮୬] ଯେ, ପ୍ରଥମ ବର୍ଷଗୁଡିକରେ ଜେଏନ୍‌ୟୁରେ ଦିଲ୍ଲୀର ଆଭିଜାତ୍ୟ ଅନୁଷ୍ଠାନ ସେଣ୍ଟ୍ ଷ୍ଟିଫେନ୍ସର ବିଦ୍ୟାର୍ଥୀମାନେ ପ୍ରବେଶ କରିଥିଲେ, ଯେଉଁମାନେ ନିଜକୁ 'କ୍ରାନ୍ତିକାରୀ' ବୋଲି ସ୍ଲୋଗାନ୍ ଦେଉଥିଲେ। ଅସଲରେ କିନ୍ତୁ ଭାରତୀୟ ପ୍ରଶାସନିକ ସେବାରେ ଯୋଗଦେଇ ଏମାନେ ନିଜର ଭାରତ ପ୍ରତି ଥିବା ଉଦ୍ଦେଶ୍ୟକୁ ପୂରଣ କରୁଥିଲେ। କିନ୍ତୁ ଜରୁରିକାଳୀନ ପରିସ୍ଥିତି ଘୋଷଣାକୁ ନେଇ ରାଜନୀତିର ମନ୍ଥନ ଏବଂ ୧୯୭୭ରେ ଇନ୍ଦିରାଙ୍କ ଉଲ୍ଲେଖନୀୟ ପରାଜୟ ଜେଏନ୍‌ୟୁକୁ ନିଜ ଆତ୍ମସନ୍ତୋଷ ଭ୍ରମରୁ ବାହାର କଲା।

ଡ. ମିତ୍ର ଆହୁରି କହିଛନ୍ତି ଯେ ମୋରାରଜୀ ସରକାରରେ ଥିବା ଦକ୍ଷିଣପନ୍ଥୀ ସମର୍ଥକ ତ୍ରିଗୁଣ ସେନଙ୍କ ନିକଟରେ ଜେଏନ୍‌ୟୁରୁ ବାହାରିଥିବା ବହୁ ସଂଖ୍ୟାର ଲମ୍ୱାବାଳଧାରୀ, ଝୁଲା ପକାଇଥିବା ବିଦ୍ରୋହୀଙ୍କ ପାଇଁ ଆଦୌ ସମୟ ନ ଥିଲା। ଜନସଂଘ ନେତାଙ୍କ ପାଇଁ ଏହା ଆଶ୍ଚର୍ଯ୍ୟର ବିଷୟ ଥିଲା ଯେ ଏହି ବିଶ୍ୱବିଦ୍ୟାଳୟର ପ୍ରାୟ ସବୁ ପ୍ରାଧ୍ୟାପକ ଜଣେ ଜଣେ କାର୍ଡଧାରୀ କମ୍ୟୁନିଷ୍ଟ ଥିଲେ। ଦେଶର ବିଶ୍ୱବିଦ୍ୟାଳୟଗୁଡିକରେ ଅଧ୍ୟାପକ ନିଯୁକ୍ତି ବ୍ୟବସ୍ଥା ଉପରେ ବିଶେଷକରି ପ୍ରତିଷ୍ଠିତ ଜାତୀୟ ଅନୁଷ୍ଠାନଗୁଡିକରେ ନିଯୁକ୍ତି ଉପରେ ପ୍ରଫେସର ହାସାନଙ୍କ ମୁଖ୍ୟ ଉଦ୍ଦେଶ୍ୟ ଥିଲା। ଯେଉଁମାନେ ପ୍ରଶାସନିକ ସେବାରେ ମନୋନୀତ ହୋଇପାରିନାହାନ୍ତି, କିନ୍ତୁ ଜନତା ପାର୍ଟି ଶାସନ ବିରୁଦ୍ଧରେ ବାମପନ୍ଥୀ ଯୁଦ୍ଧରେ ସାମିଲ୍ ହୋଇ ଉତ୍କୃଷ୍ଟ ତୋପ ପାହାର ଖାଇବାକୁ ପ୍ରସ୍ତୁତ ଅଛନ୍ତି, ସେମାନଙ୍କୁ ନିଯୁକ୍ତି ଦେବା।

ଭାରତୀୟ ଜନସଂଘ ଜନତା ଦଳର ଏକମାତ୍ର ଆଦର୍ଶଗତ ଉପାଦାନ ଥିଲା ଏବଂ ପୂର୍ବରୁ ଜନସଂଘ ସଦସ୍ୟମାନେ ଜେଏନ୍‌ୟୁ ବାମପନ୍ଥୀ ଆଦର୍ଶ ବିରୋଧରେ ଆଦର୍ଶ ଯୁଦ୍ଧର ନେତୃତ୍ୱ ନେଇଥିଲେ। ବିଶେଷକରି ମୋରାରଜୀ ସରକାରଙ୍କ ପାଠ୍ୟକ୍ରମର ପୁନର୍ବିଚାର ଏବଂ ମାର୍କ୍ସବାଦୀ ଇତିହାସ ଲିପିକୁ ଏକ ଜାତୀୟତାବାଦୀ ରୂପରେ ବଦଳାଇବା ପାଇଁ ସଂକଳ୍ପବଦ୍ଧତା ଉପରେ ଏହି ସଂଘର୍ଷ ପ୍ରାୟତଃ ରାସ୍ତା

ଉପରକୁ ଚାଲି ଆସୁଥିଲା । କିନ୍ତୁ ଯେତେବେଳେ ଇନ୍ଦିରା ୧୯୮୦ରେ ପୁନର୍ବାର କ୍ଷମତାକୁ ଫେରିଲେ ସେ ଜେଏନ୍‌ୟୁର ବାମପନ୍ଥୀ ପ୍ରକୃତିର ପୁନରୁଦ୍ଧାର ପାଇଁ କାମ କଲେ । ଜନତା ପାର୍ଟି ଦ୍ୱାରା କଂଗ୍ରେସ ବାମପନ୍ଥୀ ଢାଞ୍ଚାର ବିକଳ୍ପ ଭାବରେ ଏକାଠି ହେବାକୁ ଚେଷ୍ଟା କରିଥିବା ଶିକ୍ଷା ବ୍ୟବସ୍ଥାର ଆକ୍ରୋଶମୂଳକ ବିଲୋପ ପୂର୍ବରୁ ଏକ ବିଚ୍ଛିନ୍ନ ତଥା ଦିଶାହୀନ ବିରୋଧର ପତନ ହୋଇଥିଲା । ସଞ୍ଜୟ ଗାନ୍ଧୀ କମ୍ୟୁନିଷ୍ଟମାନଙ୍କ ବିରୁଦ୍ଧରେ ଯୁଦ୍ଧ ଆରମ୍ଭ କରିଥିଲେ, କିନ୍ତୁ ତାଙ୍କର ଅକାଳ ମୃତ୍ୟୁ ପରେ ବାମପନ୍ଥୀମାନେ ପୁଣି ଫେରିଆସିଲେ, ସବ୍‌ସିଡି ଫେରିଆସିଲା ଏବଂ ଶିକ୍ଷାକର୍ମରେ ପୃଷ୍ଠପୋଷକତା ଏବଂ ଅନୁଗ୍ରହ ପୁନର୍ସ୍ଥାପିତ ହେଲା ଏବଂ ଏହି ପଦ୍ଧତି ପରବର୍ତ୍ତୀ କିଛି ଦଶନ୍ଧି ମଧ୍ୟରେ ଅପେକ୍ଷାକୃତ ଅପରିବର୍ତ୍ତିତ ରହିଲା ।

ବାଜପେୟୀଙ୍କ ନେତୃତ୍ୱରେ ୧୯୭୧ ନିର୍ବାଚନ

ଦୀନଦୟାଲ ଉପାଧ୍ୟାୟଙ୍କ ମୃତ୍ୟୁ ପରେ ବଲରାଜ ମାଧୋକ ଜନସଂଘ ପାଇଁ ଏକ ସମସ୍ୟା ହୋଇଗଲେ । ଲୋକମାନଙ୍କ ପାଇଁ ତାଙ୍କ ସହିତ କାମ କରିବା କାଠିକର ପାଠ ହେଲା । ତାଙ୍କ କଠିନ ଚରିତ୍ରକୁ ମଧୁର କରିବାକୁ ଉପାଧ୍ୟାୟ ମାଧୋକଙ୍କୁ ଦଳର ସଭାପତି କରିବାକୁ ଚାହୁଁଥିଲେ, କାରଣ ଉପାଧ୍ୟାୟ ଭାବୁଥିଲେ ଦଳ ଚଳାଇବାର ଦାୟିତ୍ୱବୋଧ ମାଧୋକଙ୍କୁ ଅନୁଶାସନର ମୂଲ୍ୟବୋଧ ଅନୁଭବ କରାଇବ । କିନ୍ତୁ ଏହି ଆଶାର ବିପରୀତରେ ମାଧୋକ ଅହଂକାରୀ ଏବଂ ଅନିୟମିତ ହୋଇଗଲେ । ମାଧୋକ ଚାହୁଁଥିଲେ ଯେ ଜନସଂଘ ସ୍ୱତନ୍ତ୍ର ପାର୍ଟି ଏବଂ ଭାରତୀୟ କ୍ରାନ୍ତି ଦଳ ସହ ମିଶିଯାଉ, କିନ୍ତୁ ଦଳର ସାଧାରଣ ମତ ଏହା ଥିଲା ଯେ, ଜନସଂଘ କେବଳ ସେହିଦଳ ସହ ମେଣ୍ଟ କରିବା ଉଚିତ, ଯିଏ ସାଧାରଣ ସର୍ବନିମ୍ନ କାର୍ଯ୍ୟକ୍ରମରେ ବିଶ୍ୱାସ କରୁଥିବ । ଶେଷରେ ଭାରତୀୟ ଜନସଂଘର ସଂସଦୀୟ ବୋର୍ଡ ସେପ୍ଟେମ୍ବର ୧୯୬୪ରେ ମାଧୋକଙ୍କୁ ତାଙ୍କ ଭାଷଣ ପାଇଁ ନିନ୍ଦା କରିଥିଲା ।

୧୯୭୧ ଲୋକସଭା ନିର୍ବାଚନ ପାଇଁ ଜନସଂଘ, ସ୍ୱତନ୍ତ୍ର ପାର୍ଟି, କଂଗ୍ରେସ (ଓ) ଏବଂ ଏସଏସପି ମଧ୍ୟରେ ମେଣ୍ଟ ହୋଇଥିଲା, ଯାହା ବୃହତ୍ ମେଣ୍ଟ ନାଁରେ ପରିଚିତ ଥିଲା ଏବଂ ୩୦୦ ଆସନ ପାଇଁ ଏହି ଦଳମାନଙ୍କ ମଧ୍ୟରେ ବୁଝାମଣା ହୋଇଥିଲା । ଫେବୃଆରୀ ୧୯୭୧ରେ ନିର୍ବାଚନ ହେଲା ଏବଂ ଭାରତୀୟ ଜନସଂଘ କେବଳ ମଣିପୁର ଏବଂ ଦାଦ୍ରା ଓ ନଗରହାବେଲୀ ବ୍ୟତୀତ ସାରା ଭାରତରେ ୧୫୯ଟି ଆସନରେ ଲଢିଥିଲା । ଦୁଇ ପୋଖତ ନେତା ଶ୍ୟାମାପ୍ରସାଦ ମୁଖାର୍ଜୀ ଏବଂ ଦୀନଦୟାଲ ଉପାଧ୍ୟାୟଙ୍କ ବିନା ନିର୍ବାଚନ ଲଢିବାରେ ପ୍ରଥମ ଅନୁଭୂତି ଜନସଂଘର ୧୯୭୧ରେ

ହୋଇଥିଲା । କଂଗ୍ରେସର ବିଭାଜନ ଇନ୍ଦିରାଙ୍କୁ ତାଙ୍କର ଏକକ ତଥା ଏକତ୍ରିତ ନେତୃତ୍ୱକୁ ଉପସ୍ଥାପନ କରିବାରେ ସାହାଯ୍ୟ କଲା ଏବଂ ଏହା ତାଙ୍କ ପାଇଁ ବହୁତ ଲାଭଦାୟୀ ହେଲା । ୫୧୮ ଆସନ ଥିବା ସଂସଦରେ ୩୫୨ ଆସନ ନେଇ କଂଗ୍ରେସ କ୍ଷମତାକୁ ଫେରିଲା । କଂଗ୍ରେସ (ଇନ୍ଦିରା) ଏମିତି ଦୁଇ ତୃତୀୟାଂଶ ବହୁମତ ପାଇଲା ଏବଂ ଏହି ସଂଖ୍ୟା ସମ୍ବିଧାନ ସଂଶୋଧନ ପାଇଁ ଆବଶ୍ୟକ ସଂଖ୍ୟା ଥିଲା । ଜନସଂଘ ମାତ୍ର ୨୨ଟି ଆସନ ପାଇଥିଲା, ଯାହା ମଧ୍ୟରୁ ମଧ୍ୟପ୍ରଦେଶରେ ୧୧ଟି, ଉତ୍ତରପ୍ରଦେଶ ଓ ରାଜସ୍ଥାନରୁ ୪ଟି ଲେଖାଏଁ, ବିହାରରୁ ୨ଟି ଏବଂ ହରିୟାଣାରୁ ଗୋଟିଏ ଥିଲା । ଜନସଂଘ ୧୯୬୭ରେ ପାଇଥିବା ଭୋଟ୍ ପ୍ରତିଶତ ୯.୪୧ ରୁ କମି ୧୯୭୧ରେ ୭.୩୫କୁ ଖସି ଆସିଥିଲା । ମଧ୍ୟପ୍ରଦେଶରେ ଦଳ ସାମାନ୍ୟ ଭଲ ପ୍ରଦର୍ଶନ କରି ଭୋଟ୍ ପ୍ରତିଶତ ୨୯.୫୬ ରୁ ୩୩.୫୬କୁ ବଢାଇଥିଲା ଏବଂ ପୂର୍ବର ୧୦ଟି ବଦଳରେ ଏଥର ୧୧ଟି ଆସନ ପାଇଥିଲା । ରାଜସ୍ଥାନରେ ୩ଟି ବଦଳରେ ୪ଟି ଆସନ ଏବଂ ୧୨.୩୮ ପ୍ରତିଶତ ଭୋଟ୍ ମିଳିଥିଲା, ତେବେ ଅନ୍ୟ ରାଜ୍ୟଗୁଡ଼ିକରେ ଦଳର ପ୍ରଦର୍ଶନ ଅତ୍ୟନ୍ତ ଦୟନୀୟ ଥିଲା । ଉତ୍ତରପ୍ରଦେଶର ଭୋଟ୍ ପରିମାଣ ୨୨.୫୮ରୁ ୧୨.୩୮ ପ୍ରତିଶତକୁ ଖସି ଆସିଥିଲା ଏବଂ ୨୯.୫୭ ପ୍ରତିଶତ ଭୋଟ୍ ପାଇବା ସତ୍ତ୍ୱେ ଦଳ ଦିଲ୍ଲୀର ସବୁ ଆସନ ହାରିଯାଇଥିଲା । ମାତ୍ର ମାସକ ତଳେ ଅନୁଷ୍ଠିତ ଦିଲ୍ଲୀ ନଗରପାଳିକା ନିର୍ବାଚନରେ କେବଳ ବହୁମତ ନୁହେଁ, ନିଜ ଆସନ ସଂଖ୍ୟା ବଢାଇଥିବା ଜନସଂଘର ଦିଲ୍ଲୀର ସବୁ ଲୋକସଭା ଆସନ ହାରିଯିବା ବିଲକୁଲ ନାଟକୀୟ ଥିଲା । ପୂର୍ବ ଲୋକସଭାରେ ୪୪ଟି ଆସନ ପାଇଥିବା ସ୍ୱତନ୍ତ୍ର ପାର୍ଟି ଏଥର ମାତ୍ର ୯ଟି ଆସନ ପାଇଲା, ସୋସାଲିଷ୍ଟ ଦଳ - ପ୍ରଜା ସୋସାଲିଷ୍ଟ ପାର୍ଟି ଏବଂ ସଂଯୁକ୍ତ ସୋସାଲିଷ୍ଟ ପାର୍ଟି ଏକତ୍ର ୩୬ରୁ ୫ ଆସନକୁ ଖସିଆସିଥିଲେ ।

୧୯୭୧ ନିର୍ବାଚନକୁ ଆଜି ବି ଭୟଙ୍କର ଅଭିଯୋଗ ଏବଂ ନିର୍ବାଚନ ଘୋଟାଲା ତଥା ନିର୍ବାଚନ ପାଇଁ ସରକାରୀ କଳ ଏବଂ ସଂସାଧନର ଅନିୟନ୍ତ୍ରିତ ଦୁରୁପଯୋଗ ପାଇଁ ସ୍ମରଣ କରାଯାଏ । ରେଡିଓ ଓ ଟେଲିଭିଜନର ଅପବ୍ୟବହାର ନିନ୍ଦନୀୟ ଅନୁପାତର ହୋଇଥିଲା । ନିର୍ଦ୍ଦିଷ୍ଟ ବର୍ଗର ଦୃଢ ସମର୍ଥନକୁ ସୁରକ୍ଷିତ କରିବା ଲାଗି ଇନ୍ଦିରା ସାମ୍ପ୍ରଦାୟିକ ଆବେଗର ଅନୁସରଣ କରିଥିଲେ । ଶାସକ ଦଳ ଲାଇସେନ୍ସର ଅପବ୍ୟବହାର ମାଧ୍ୟମରେ ଯୋଗାଡ କରିଥିବା ବିପୁଳ ଅର୍ଥଶକ୍ତିକୁ ଇନ୍ଦିରା ସଂସ୍କୃତର ପ୍ରଚୁର ପ୍ରସାର କରିବା ପାଇଁ ସାରା ଦେଶରେ ଏକ ହାଇଭୋଟଟେଜ ଅଭିଯାନ ଚଳାଇଲା, ଯାହାଦ୍ୱାରା ଅନ୍ୟ ସମସ୍ତ ନିର୍ବାଚନୀ ପ୍ରସଙ୍ଗ ଓ ବିତର୍କିତ ଅପ୍ରାସଙ୍ଗିକ ହୋଇଯାଇଥିଲା ।[୨୮୭]

ଭାରତୀୟ ଜନସଂଘର ଡର ଥିଲା ଯେ ଇନ୍ଦିରାଙ୍କ ବୃହତ୍ ବିଜୟ ତାଙ୍କୁ ଗଣତାନ୍ତ୍ରିକ ପ୍ରକ୍ରିୟା ଏବଂ ଆଦର୍ଶକୁ ଅବମାନନା କରିବାକୁ ସୁଯୋଗ ଦେବ। ନ୍ୟାୟପାଳିକାକୁ ଅପମାନିତ କରାଯିବ ଏବଂ ଏହାର ସ୍ୱାଧୀନତା ସ୍ଥିତି ହ୍ରାସ ପାଇବ ବୋଲି ଆଶଙ୍କା ମଧ୍ୟ ଥିଲା। ଜନସଂଘର ଆଶଙ୍କା ସତ୍ୟ ହେଲା। ଦୁଇବର୍ଷ ମଧ୍ୟରେ ଉଚ୍ଚତମ ନ୍ୟାୟାଳୟର ୩ ଜଣ ବରିଷ୍ଠ ନ୍ୟାୟାଧୀଶ ନିଲମ୍ବିତ ହେଲେ, କାରଣ ସେମାନେ ସ୍ୱାଧୀନ ବୋଲି ବିବେଚନା କରାଯାଇଥିଲା ଏବଂ ସରକାରଙ୍କ ପାଇଁ ଏହା ଅସୁବିଧାଜନକ ଥିଲା। କଂଗ୍ରେସ ନେତା ସିଦ୍ଧାର୍ଥ ଶଙ୍କର ରାୟଙ୍କ ସମ୍ପର୍କୀୟ ଏ. ଏନ୍. ରାୟଙ୍କୁ ଭାରତର ମୁଖ୍ୟ ନ୍ୟାୟାଧୀଶ ରୂପେ ନିଯୁକ୍ତି ଦିଆଗଲା। ତାଙ୍କର ନିଯୁକ୍ତି ୩ ଜଣ ବରିଷ୍ଠ ନ୍ୟାୟାଧୀଶ – ଜେ.ଏମ୍. ସେଲଟ, ଏ.ଏନ୍. ଗ୍ରୋଭର ଏବଂ କେ.ଏସ୍. ହେଗଡେଙ୍କୁ ଅତିକ୍ରମ କରି କରାଯାଇଥିଲା। ଏହାକୁ ନ୍ୟାୟପାଳିକା ଉପରେ ଏକ ସିଧାସଳଖ ଆକ୍ରମଣ ରୂପେ ଦେଖାଗଲା। ଏହା ଭାରତର ନ୍ୟାୟପାଳିକା ଇତିହାସରେ ଅଭୂତପୂର୍ବ ବୋଲି ବିବେଚନା କରାଯାଇଥିଲା। ଭାରତର ଗଣତନ୍ତ୍ରର ସବୁଠାରୁ କଳା ଦିବସ ରୂପେ ଏହା ଜନସାଧାରଣଙ୍କ ସ୍ମୃତିରେ ରହିଲା। ଜରୁରିକାଳୀନ ପରିସ୍ଥିତି ପଛରେ ସିଦ୍ଧାର୍ଥ ଶଙ୍କର ରାୟଙ୍କ ମସ୍ତିଷ୍କ ଥିଲା ଏବଂ ଏ.ଏନ୍. ରାୟ ନ୍ୟାୟପାଳିକାରେ ଇନ୍ଦିରାଙ୍କ ତ୍ରାଣକର୍ତ୍ତା ଥିଲେ। ଏହି ପଦକ୍ଷେପ ବାର୍ ଆସୋସିଏସନ୍ ଏବଂ ଆଇନଗତ ଦଳ ମଧ୍ୟରେ ଅନେକ ବିରୋଧ ଦ୍ୱାରା ଚିହ୍ନିତ ହୋଇଥିଲା। ପୂର୍ବତନ ମୁଖ୍ୟ ନ୍ୟାୟାଧୀଶ ମହମ୍ମଦ ହିଦାୟତୁଲ୍ଲା କହିଲେ ଯେ ଏହା 'ଆଗକୁ ଦେଖୁଥିବା ବିଚାରପତି' ସୃଷ୍ଟି ନ କରିବାର ପ୍ରୟାସ କିନ୍ତୁ ପ୍ରଧାନ ବିଚାରପତିଙ୍କ କାର୍ଯ୍ୟାଳୟକୁ ଯିବାକୁ ଅପେକ୍ଷା କରିଥିବା ବିଚାରପତିମାନଙ୍କ ଉଦ୍ଦେଶ୍ୟ ଅଟେ।[୨୮୮] ଜଷ୍ଟିସ ରାୟ ପ୍ରଧାନମନ୍ତ୍ରୀ ଇନ୍ଦିରାଙ୍କ ପ୍ରତି ଏକ ବ୍ୟଭିଚାର ମନୋଭାବ ପୋଷଣ କରିଥିବା ଅଭିଯୋଗ ହୋଇଥିଲା। ଇନ୍ଦିରାଙ୍କ ପ୍ରଭାବରେ ଜଷ୍ଟିସ ରାୟ ନିଜକୁ ବଶ୍ୟ କରିଦେଇଥିଲେ। ସେ ଇନ୍ଦିରାଙ୍କୁ ବାରମ୍ବାର ଫୋନ୍ କରି ତାଙ୍କର ବ୍ୟକ୍ତିଗତ ସହାୟକଙ୍କଠାରୁ ପରାମର୍ଶ ମାଗୁଥିଲେ। ଏହି ପ୍ରକ୍ରିୟା ଦୀର୍ଘ ସମୟଧରି ଚାଲିଥିବା ବେଳେ ଶେଷରେ ମୋରାରଜୀଙ୍କ ସମୟରେ ନ୍ୟାୟପାଳିକାର କ୍ଷମତା ପୁନର୍ସ୍ଥାପିତ ହେଲା।

ବାଂଲାଦେଶ ପ୍ରସଙ୍ଗରେ ଇନ୍ଦିରା ଗାନ୍ଧୀଙ୍କ ଭୁଲ୍ ଏବଂ ଭାରତୀୟ ଜନସଂଘର ହସ୍ତକ୍ଷେପ

୧୯୭୦ ଡିସେମ୍ବରରେ ପାକିସ୍ତାନର ସାମରିକ ଶାସକ ଜେନେରାଲ ୟାହା ଖାନ୍ ପାକିସ୍ତାନ ନେସନାଲ ଆସେମ୍ବ୍ଲି ପାଇଁ ପ୍ରତିନିଧି ଚୟନ କରିବାକୁ ନିର୍ବାଚନର

ଆଦେଶ ଦେଲେ। ପୂର୍ବ ପାକିସ୍ତାନ (ଆଜିର ବାଂଲାଦେଶ)ର ଆୱାମି ଲିଗ୍ ନେତା ଶେଖ ମୁଜିବୁର ରହମନ ଏକ ବୃହତ୍ ବ୍ୟବଧାନରେ ନେସନାଲ ଆସେମ୍ବ୍ଲି ନିର୍ବାଚନ ଜିତିଲେ। ପୂର୍ବ ପାକିସ୍ତାନର ନିଜସ୍ୱ ସରକାର ଗଠନ ପାଇଁ ପାକିସ୍ତାନର ଜାତୀୟ ସଭାରେ ରହମାନ ମଧ୍ୟ ସଂଖ୍ୟାଗରିଷ୍ଠତା ହାସଲ କରିଥିଲେ, କିନ୍ତୁ ପୂର୍ବ ପାକିସ୍ତାନଙ୍କୁ ଏକ ଉପନିବେଶ ବୋଲି ବିବେଚନା କରୁଥିବା ପଶ୍ଚିମ ପାକିସ୍ତାନ ପ୍ରତିଷ୍ଠାନ ତାଙ୍କୁ ଏହି ସୁଯୋଗ ଦେବାକୁ ମନା କରିଦେଇଥିଲା। ୨୫ ମାର୍ଚ୍ଚ ୧୯୭୧ରେ ପାକିସ୍ତାନୀ ସେନାକୁ ପୂର୍ବ ପାକିସ୍ତାନ ଉପରେ ଆକ୍ରମଣ କରିବାକୁ ଆଦେଶ ଦିଆଗଲା। ଦୁଇ ଦିନ ମଧ୍ୟରେ ୪୦ ପ୍ରତିଶତ ଶିକ୍ଷକ ଓ ଛାତ୍ରଙ୍କୁ ମାରି ଦିଆଗଲା। ପଶ୍ଚିମ ପାକିସ୍ତାନର ସେନାଦ୍ୱାରା ହଜାର ହଜାର ନାଗରିକଙ୍କୁ ହତ୍ୟା କରାଗଲା, ଗାଁ ସବୁ ଲୁଟ୍ ହେଲା ଏବଂ ଜଳାଇ ଦିଆଗଲା, ଅନେକ ବୁଦ୍ଧିଜୀବୀ, ରାଜନେତା ଏବଂ ସାମାଜିକ କର୍ମୀଙ୍କୁ ମଧ୍ୟ ହତ୍ୟା କରାଗଲା। ଏପରିକି ପୂର୍ବ ପାକିସ୍ତାନର ପୋଲିସ ଏବଂ ସେନାର ଲୋକେ ମଧ୍ୟ ଏ ବର୍ବରତାରୁ ବାଦ ପଡି ନ ଥିଲେ। ପୂର୍ବ ପାକିସ୍ତାନର ହିନ୍ଦୁମାନେ ବିଶେଷରୂପେ କ୍ଷତିଗ୍ରସ୍ତ ହୋଇଥିଲେ। ସେମାନଙ୍କୁ ହତ୍ୟା କରାଗଲା, ପଙ୍ଗୁ କରି ଦିଆଗଲା, ବଳାତ୍କାର କରାଗଲା ଏବଂ ଭାରତରେ ଶରଣାର୍ଥୀ ହେବାକୁ ବାଧ୍ୟ କରାଗଲା। ଇନ୍ଦିରାଙ୍କ ନେତୃତ୍ୱରେ ଭାରତ ସରକାର ମଧ୍ୟ ଏହିସବୁ ଘଟଣାର ନୀରବ ଦର୍ଶକ ସାଜିଥିଲେ।

ଉଦୟପୁରରେ ଅନୁଷ୍ଠିତ ନିଜର ୧୭ତମ ସର୍ବଭାରତୀୟ ଅଧିବେଶନରେ ୨ ଜୁଲାଇ ୧୯୭୧ରେ ଭାରତୀୟ ଜନସଂଘ ନିମ୍ନଲିଖିତ ସଂକଳ୍ପ ପାଳିତ କଲେ।

ରାକ୍ଷସୀ ଅବୋଧତା - ପାକିସ୍ତାନର ସଂଜ୍ଞା:

୧ ଡିସେମ୍ବରରେ ପୂର୍ବବଙ୍ଗର ଘଟଣାକ୍ରମ, ଯେବେ ଶ୍ରୀ ମୁଜିବୁର ରହମାନଙ୍କ ଆୱାମୀ ଲିଗ ପାକିସ୍ତାନ ନେସନାଲ ଆସେମ୍ବ୍ଲି ଏବଂ ପୂର୍ବବଙ୍ଗର ବିଧାନସଭାରେ ପ୍ରବଳ ବହୁମତରେ କ୍ଷମତାକୁ ଫେରିଲା, ଯଦିଓ ଏହାର ପରିମାଣ ଏବଂ ବର୍ବରତା ମଧ୍ୟ ଅଧିକ ଥିଲା, ଏହା କିନ୍ତୁ ୨୪ ବର୍ଷ ତଳେ ଦୁଇ ରାଷ୍ଟ୍ର ସିଦ୍ଧାନ୍ତ ଆଣିଥିବା ମୁସଲିମ ଲିଗ୍ ଏବଂ କଂଗ୍ରେସ ଦ୍ୱାରା କରାଯାଇଥିବା ଭୁଲ୍‌ର ପରିଣାମ ରାକ୍ଷସୀ ଅବୋଧତା ପାକିସ୍ତାନର ସୃଷ୍ଟିର ଏହା ଏକ କ୍ରମ ମାତ୍ର ଥିଲା। ଏକ ଦର୍ଶନ ବା ବିଚାରଧାରା ଯାହା ଗ୍ରହଣ କରୁଥିଲା କି ଢାକାଠାରୁ ୧୨୦୦ ମାଇଲ୍ ଦୂରରେ ଥିବା ଲାହୋର ଏବଂ ଇସଲାମାବାଦ ସହ ନିକଟତର ଅନୁଭବ କରିବ ଏବଂ ପୂର୍ବବଙ୍ଗର ଅଧିବାସୀମାନେ ନିଜ ଅଣମୁସଲିମ ବଙ୍ଗାଳୀ ପଡୋଶୀଙ୍କଠାରୁ ପଶ୍ଚିମ ପାକିସ୍ତାନର ପଡୋଶୀଙ୍କୁ ବେଶି

ନିଜର ଭାବିବ ଯେମିତି ବିଭାଜନ ପୂର୍ବରୁ ଥିଲା – ଏହା ଅତ୍ୟନ୍ତ ଅଯୌକ୍ତିକ, ଅବୈଜ୍ଞାନିକ ଏବଂ ଅବାସ୍ତବ ଅଟେ।

ପାକିସ୍ତାନ ବର୍ବରତାର ୩ଟି ଉଦ୍ଦେଶ୍ୟ – ଭାରତ ସରକାରଙ୍କ ନିଷ୍କ୍ରିୟତା ଏବଂ ଅନିର୍ଦ୍ଦିଷ୍ଟତା ପାକିସ୍ତାନର ସାମରିକ ଜୁଣ୍ଟାକୁ ୩ଟି ନିର୍ଦ୍ଧାରିତ ଉଦ୍ଦେଶ୍ୟ ସହ ପୂର୍ବବଙ୍ଗରେ ଅଭୂତପୂର୍ବ କାର୍ଯ୍ୟକ୍ରମ ଆରମ୍ଭ କରିବାକୁ ପ୍ରୋତ୍ସାହିତ କଲା। ଶ୍ରୀ ଆନ୍‌ଥୋନୀ ମାସ୍କେରେନ୍ସଙ୍କ ଅନୁଯାୟୀ ସ୍ପଷ୍ଟ ଭାବରେ ପ୍ରଥମ ଉଦ୍ଦେଶ୍ୟଟି ହେଲା ଯେଉଁମାନେ ପାକିସ୍ତାନର ମୌଳିକ ଗଠନ, ଆୟତନ ବା ବିଚାରଧାରାକୁ ଆହ୍ୱାନ କରୁଥିଲେ ସେ ସମସ୍ତଙ୍କୁ ବିନାଶ କରିବା। ଏହା ବର୍ଣ୍ଣନା କରେ ଯେ ସେମାନଙ୍କର ବିଶେଷ ଉଦ୍ଦେଶ୍ୟ ଥିଲା ବାଂଲାଦେଶରେ ଆନ୍ଦୋଳନ ଆରମ୍ଭ କରିଥିବା ବୁଦ୍ଧିଜୀବୀ, ଛାତ୍ର, ପ୍ରାଧ୍ୟାପକ ଏବଂ ଯୁବକମାନଙ୍କୁ ମାରିବା। ଦ୍ୱିତୀୟ ଉଦ୍ଦେଶ୍ୟ ଥିଲା ପାକିସ୍ତାନର ଯେ କୌଣସି ସମ୍ବିଧାନରେ ପଶ୍ଚିମ ପାକିସ୍ତାନ ଏବଂ ପୂର୍ବ ବଙ୍ଗ ମଧ୍ୟରେ ସମାନତାର ନୀତି କାର୍ଯ୍ୟକାରୀ କରିବାକୁ ପୂର୍ବ ବଙ୍ଗର ଜନସଂଖ୍ୟାକୁ ହ୍ରାସ କରିବା, ତୃତୀୟ ଉଦ୍ଦେଶ୍ୟ ଥିଲା ପୂର୍ବ ବଙ୍ଗର ପ୍ରତ୍ୟେକ ହିନ୍ଦୁଙ୍କୁ ହଟାଇବା ଯେପରି ସେମାନେ ପଶ୍ଚିମ ପଞ୍ଜାବରେ କରିଥିଲେ ଏବଂ ଏମିତି କରି ପୂର୍ବ ବଙ୍ଗକୁ କୌଣସି ବିରୋଧୀ ନ ଥାଇ କେବଳ ଇସଲାମ ଅଞ୍ଚଳରେ ପରିଣତ କରିବାକୁ ଚାହୁଁଥିଲେ। ଏଥିପାଇଁ ପୂର୍ବ ବଙ୍ଗର ପ୍ରାୟ ଏକ କୋଟି ହିନ୍ଦୁଙ୍କୁ ବ୍ୟବସ୍ଥିତ ଭାବରେ ବିନାଶ କରି ଦିଆଯାଇଛି। ଇସଲାମାବାଦର ସର୍ବୋଚ୍ଚ ସ୍ତରରେ ସମସ୍ତ ହିନ୍ଦୁଙ୍କୁ ବିନାଶ କରିବା ଏବଂ ବାହାର କରିବା ପାଇଁ ଯୋଜନା ପାକିସ୍ତାନ ସରକାରଙ୍କ ସରକାରୀ ପତ୍ର 'ପାକିସ୍ତାନ ଟାଇମ୍ସ'ରୁ ଲେଖା ଏବଂ ଢାକାରୁ ମାଇକେଲ୍ ହର୍ଣ୍ଣ ବି'ଙ୍କ ରିପୋର୍ଟ ୨୩ ଜୁନ୍ ୧୯୭୧ରେ 'ଲଣ୍ଡନ ଟାଇମ୍ସ'ରେ 'ହିନ୍ଦୁମାନଙ୍କର ବ୍ୟବସ୍ଥିତ ଶିକାର' ଶୀର୍ଷକରେ ପ୍ରକାଶିତ ହୋଇଥିଲା।

ପାକିସ୍ତାନର ନୀତିର ଅନ୍ୟ ଏକ ଉଦ୍ଦେଶ୍ୟ ସିନ୍ଧ, ବଲୁଚିସ୍ଥାନ ଏବଂ ପଖତୁନୀସ୍ଥାନ ଜାତୀୟତାବାଦୀଙ୍କ ହୃଦୟରେ ଆତଙ୍କ ସୃଷ୍ଟି କରିବା ପରି ମନେହୁଏ, ଯାହାଦ୍ୱାରା ସେମାନେ ବାଂଲାଦେଶର ଜାତୀୟତାବାଦୀଙ୍କ ଆଦର୍ଶକୁ ଅନୁକରଣ କରିବାକୁ ସାହସ କରିବେ ନାହିଁ।

ଆଭାସୀ ପାକ୍ ଆକ୍ରୋଶ: ଏହି ପରିସ୍ଥିତିରେ ପାକିସ୍ତାନର କ୍ଷମତାରେ ଥିବା ଜୁଣ୍ଟା ୭୦ ଲକ୍ଷ ଶରଣାର୍ଥୀଙ୍କୁ ବାଧ୍ୟ କରି ଭାରତ ବିରୋଧରେ ଏକ ଆଭାସୀ ଆକ୍ରମଣର ଯୋଜନା କଲା। ଏହିପରି ବୃହତ୍ ସଂଖ୍ୟାର ଅଶ୍ରୁତପୂର୍ବ ପଳାୟନର ଆର୍ଥିକ, ରାଜନୀତିକ ଏବଂ ଭାବନାତ୍ମକ ଭୋଗାଭୋଗ ଆଜିଯାଏ ଚାଲି ଆସୁଛି। ଏଥି ସହିତ ପାକିସ୍ତାନୀ ସଶସ୍ତ୍ରବାହିନୀ ସୀମା ଆକ୍ରମଣ, ଭାରତୀୟ ବାୟୁମଣ୍ଡଳର ଉଲ୍ଲଂଘନ ଏବଂ ଦୁର୍ବଳତାର

ସହ ଆକ୍ରୋଶମୂଳକ କାର୍ଯ୍ୟ କରି ଆସୁଛନ୍ତି। ଭାରତ ସରକାରଙ୍କ ନିଜସ୍ୱ ସ୍ୱୀକାରୋକ୍ତି ଅନୁଯାୟୀ ପାକିସ୍ତାନର ସଶସ୍ତ୍ର ବାହିନୀ ଦ୍ୱାରା ଆମ ଅଞ୍ଚଳକୁ ଅନୁପ୍ରବେଶ ତଥା ଆକ୍ରମଣ ଦ୍ୱାରା ବହୁ ଭାରତୀୟ ସାଧାରଣ ନାଗରିକ ଏବଂ ସଶସ୍ତ୍ର କର୍ମଚାରୀ ନିହତ ହୋଇଛନ୍ତି।

ବାଂଲାଦେଶକୁ ତତ୍କ୍ଷଣାତ୍ ସାହାଯ୍ୟ : ଏହି ପରିସ୍ଥିତିରେ ଭାରତୀୟ ଜନସଂଘ ବିବେଚନା କଲା ଯେ ଭାରତ ସରକାର ନିମ୍ନଲିଖିତ ପ୍ରକାରେ ବାଂଲାଦେଶକୁ ସାହାଯ୍ୟ କରିବାକୁ ତତ୍କ୍ଷଣାତ ପଦକ୍ଷେପ ନେବା ଉଚିତ।

୧. ସ୍ୱାଧୀନ ବାଂଲାଦେଶର ଗଣତାନ୍ତ୍ରିକ ଭାବରେ ନିର୍ବାଚିତ ସରକାରଙ୍କୁ ତୁରନ୍ତ ସ୍ୱୀକୃତି ଦିଆଯିବ ଏବଂ ସେଠାରେ ସ୍ଥିତିକୁ ସ୍ୱାଭାବିକ କରିବାକୁ ପ୍ରଭାବଶାଳୀ ନୈତିକ ଏବଂ ଜିନିଷପତ୍ର ସହାୟତା ଶୀଘ୍ର ଯୋଗାଇ ଦିଆଯିବା ଉଚିତ୍।

୨. ବିସ୍ଥାପିତ ଲୋକଙ୍କୁ ଦୂର ସ୍ଥାନକୁ ଯିବାକୁ ଯେତେଦୂର ସମ୍ଭବ ବନ୍ଦ କରିବା, ଶରଣାର୍ଥୀ ଶିବିର ସବୁ ବାଂଲାଦେଶ ସୀମାରେ ହିଁ କରାଯିବା ଉଚିତ୍, ଯେମିତି ସେଠାରୁ ପାକିସ୍ତାନୀ ସେନା ଦଖଲକୁ ତଡି ବାହାର କରିଦେଲାପରେ ସେମାନେ ନିଜ ନିଜ ଘରକୁ ଫେରିପାରିବେ। ଶରଣାର୍ଥୀମାନଙ୍କ ମଧ୍ୟରେ ପାକିସ୍ତାନୀ ଏଜେଂଟ୍ ଏବଂ ଅନ୍ୟାନ୍ୟ ଅବାଞ୍ଛିତ ଉପାଦାନଗୁଡିକୁ ଚିହ୍ନଟ କରିବା ପାଇଁ ବ୍ୟବସ୍ଥା କରାଯିବା ଉଚିତ। ଏମାନଙ୍କ ମଧ୍ୟରେ ଥିବା ଯୁବକମାନଙ୍କୁ ସାମରିକ ତାଲିମ ଦିଆଯିବା ମଧ୍ୟ ଉଚିତ।

୩. ଆମ ସୀମାରେ ପାକ୍ ଆକ୍ରୋଶକୁ ରୋକିବା ପାଇଁ ପ୍ରଭାବଶାଳୀ ସାମରିକ କାର୍ଯ୍ୟାନୁଷ୍ଠାନ ଗ୍ରହଣ କରାଯିବା ଉଚିତ।

୪. ଶେଖ ଅବଦୁଲ୍ଲା, ମଜଲିସ୍ –ଇ- ମୁସାରତ, ତାମିର- ଏ- ମିଲତ, ଜମାତେ –ଏ- ଇସଲାମ, ମୁସଲିମ ଲିଗ୍ ଏବଂ ଅନ୍ୟ ଉପାଦାନ ସବୁ ଯେଉଁମାନେ ପାକିସ୍ତାନର ସାମରିକ ଶାସକ ଜୁଣ୍ଟା ବାଂଲାଦେଶରେ ନରସଂହାର କରୁଛି ବୋଲି ମାନିବାକୁ ନାରାଜ, ସେମାନଙ୍କ ଉପରେ ପ୍ରଭାବଶାଳୀ ପ୍ରତିବନ୍ଧକ ଲଗାଯିବା ଉଚିତ। ଜାତୀୟ ମନୋଭାବକୁ ପ୍ରତିନିଧିତ୍ୱ ଦେବା ପରିବର୍ତ୍ତେ ଯେଉଁ ଖବରକାଗଜଗୁଡ଼ିକ ପାକିସ୍ତାନକୁ ସମର୍ଥନ ଦେଇଛନ୍ତି, ସେମାନଙ୍କ ବିରୁଦ୍ଧରେ କାର୍ଯ୍ୟାନୁଷ୍ଠାନ ନିଆଯିବା ଉଚିତ।

୫. ପାକ୍ ଆକ୍ରୋଶକୁ ପ୍ରତ୍ୟାହାର କରିବା, ବାଂଲାଦେଶବାସୀଙ୍କ ପାଇଁ ନ୍ୟାୟ ପାଇବା ଏବଂ ଭାରତର ସମ୍ମାନ, ଅଖଣ୍ଡତା ଓ ନିରାପତ୍ତା ରକ୍ଷା କରିବା ଦିଗରେ ସମସ୍ତ ଦେଶପ୍ରେମୀ ସଙ୍ଗଠନ ଏବଂ ଉପାଦାନଗୁଡିକର ସହଯୋଗକୁ ସୁରକ୍ଷିତ ରଖିବା ପାଇଁ ପଦକ୍ଷେପ ନିଆଯିବା ଉଚିତ।

୬. ଭାରତର ବୈଦେଶିକ ନୀତିର ସମସ୍ତ ଦିଗରୁ ଏକ ପୁନଃସୃଜନ ହେବା ଆବଶ୍ୟକ।

ଏହି ଦାବିକୁ ସମର୍ଥନ କରି ଜନମତକୁ ଶିକ୍ଷିତ ତଥା ସଙ୍ଗଠିତ କରିବାକୁ ଭାରତୀୟ ଜନସଂଘ ଏହାର ସମସ୍ତ ଶାଖାକୁ ଆହ୍ୱାନ କଲା, ଯାହାଦ୍ୱାରା ସରକାର ଦେଶର ବ୍ୟାପକ ଭିତ୍ତିଭୂମିରେ କାର୍ଯ୍ୟ କରିବାକୁ ବାଧ୍ୟ ହେବେ। ଜନସଂଘ ସାଧାରଣ ଜନତାଙ୍କୁ ମଧ୍ୟ ନିବେଦନ କଲା ଯେ ସେମାନେ ବିସ୍ଥାପିତଙ୍କ ଦୁଃଖ ଦୂର କରିବା ପାଇଁ ସମ୍ପୂର୍ଣ୍ଣ ନୈତିକ ଏବଂ ସାମଗ୍ରୀ ଆଦି ସହାୟତା କରନ୍ତୁ।[୨୮୯]

ପୂର୍ବ ପାକିସ୍ତାନରେ କ'ଣ ଘଟୁଛି ଏବଂ ଏହାର ପ୍ରଭାବ ତଥା ଭାରତ ପ୍ରତି ବିପଦ ବିଷୟରେ ଭାରତୀୟ ଜନସଂଘ ଏକ ବ୍ୟାପକ ଜନଶିକ୍ଷା ଅଭିଯାନ ଆରମ୍ଭ କରିଥିଲା। ୨୫ ମେ ୧୯୭୧ରେ ବାଜପେୟୀ ନିମ୍ନମତେ ଏ ଘଟଣାକୁ ସଂସଦରେ ଉପସ୍ଥାପିତ କରିଥିଲେ।

ବାଂଲାଦେଶ ସମସ୍ୟାର ବିଭିନ୍ନ ଦିଗ ରହିଛି ଏବଂ ଯଦିଓ ସେମାନେ ପରସ୍ପର ସହ ସମ୍ପର୍କିତ, ସେମାନଙ୍କୁ ଭିନ୍ନ ଭିନ୍ନ ଭାଗରେ ଦେଖିବା ଅଧିକ ଉଚିତ ହେବ। ପ୍ରଥମ ଦିଗଟି ହେଲା ବାଂଲାଦେଶ ଆମର ପଡ଼ୋଶୀ। କିଛିଦିନ ପୂର୍ବରୁ ଏହା ଆମ ଦେଶର ଏକ ଅଂଶ ଥିଲା। ଏହାର ଜନସାଧାରଣଙ୍କର ଏବଂ ଆମର ରକ୍ତ, ମାଂସ ସମାନ। ରାଜନୀତି ଆମକୁ ବିଭାଜିତ କରିଦେଲା, କିନ୍ତୁ ତା'ପରେ ମଧ୍ୟ ଆମେ ସମାନ ଇତିହାସ ଏବଂ ସଂସ୍କୃତିର ଅବିସ୍ମରଣୀୟ ବନ୍ଧନରେ ବନ୍ଧା ହେଇଛୁ। ବାଂଲାଦେଶରେ ବର୍ତ୍ତମାନ ନରସଂହାର ଚାଲିଛି। ଏକ ସମଗ୍ର ଜାତିକୁ ବିନାଶ କରିବାକୁ ଚେଷ୍ଟା କରାଯାଉଛି। ମିଳିତ ଜାତିସଂଘର ଚାର୍ଟର ନରସଂହାର ବିରୁଦ୍ଧରେ, ଏକ ଜାତି କିମ୍ବା ପ୍ରଜାତିର ବିରୁଦ୍ଧରେ କହିଥାଏ। ତଥାପି, ବାଂଲାଦେଶରେ ଚାଲିଥିବା ନରସଂହାର ବିଷୟରେ ଏଯାବତ ଜାତିସଂଘ କୌଣସି ପ୍ରତିକ୍ରିୟା ପ୍ରକାଶ କରିନାହିଁ। ଆମେ କିନ୍ତୁ ପଡ଼ୋଶୀ ହିସାବରେ ଆମେ କର୍ତ୍ତବ୍ୟ କରିବା ଉଚିତ।

ନରସଂହାର ବନ୍ଦ ହେବା ଉଚିତ – ବାଂଲାଦେଶରେ ଲକ୍ଷ ଲକ୍ଷ ଲୋକେ ଗଣହତ୍ୟାର ଶିକାର ହେଇ ଆସୁଛନ୍ତି। ମହିଳାମାନେ ଗଣଲଜ୍ଜାର ଶିକାର ହେଉଛନ୍ତି। ବୁଦ୍ଧିଜୀବୀମାନେ ବିନାଶ ହେଉଛନ୍ତି। ପାକିସ୍ତାନୀ ସେନା ବାଂଲାଦେଶରେ ଏପରି ଆଚରଣ କରୁଛି, ଯେପରି ସାମ୍ରାଜ୍ୟବାଦୀ ସେନାମାନେ ଉପନିବେଶଗୁଡ଼ିକରେ ଆଚରଣ କରୁଥିଲେ। ବାସ୍ତବରେ ମାନବତା ବିରୁଦ୍ଧରେ କରାଯାଇଥିବା ସମସ୍ତ ଅପରାଧ ବାଂଲାଦେଶରେ ଅମୂଳକ ହୋଇ ପଡ଼ିଛି। ଏହି ନରସଂହାର ନିଶ୍ଚିତଭାବେ ବନ୍ଦ ହେବା ଉଚିତ। ଯେହେତୁ ସେମାନେ ସର୍ବଦା ରାଜନୀତିର ପଶାପାଲିରେ ନିଜର ଗୋଟି ଚଳାଉଥାନ୍ତି, ସେହେତୁ

ଯଦି ମିଳିତ ଜାତିସଂଘ ଏବଂ ବିଶ୍ୱର ବଡଶକ୍ତି ଏଥିରେ ହସ୍ତକ୍ଷେପ କରିବାକୁ ମନା କରନ୍ତି, ତେବେ ଭାରତକୁ ଏହାର କର୍ତ୍ତବ୍ୟ ପାଳନ କରିବାକୁ ହେବ।

ବାଂଲାଦେଶ ସମସ୍ୟାର ଅନ୍ୟ ଦିଗଟି ହେଲା ସେଠାରେ ଗଣତନ୍ତ୍ରର ହତ୍ୟା ହେଇ ଚାଲିଛି। ୧୯୪୯ରେ ପାକିସ୍ତାନର ଅବସ୍ଥିତି ଆରମ୍ଭ ହେଲା ଏବଂ ଆମେ ଭାବିଥିଲୁ ଯେ ବନ୍ଧୁତ୍ୱପୂର୍ଣ୍ଣ ସମ୍ବନ୍ଧ ଗଢିବା ସହଜସାଧ୍ୟ ହେବ। କିନ୍ତୁ ଆଜିଯାଏ ପାକିସ୍ତାନର ଗୋଟେ ସମ୍ବିଧାନ ନାହିଁ କି ଏଠାରେ ମୁକ୍ତ ନିର୍ବାଚନ ହୁଏ ନାହିଁ। ସେନା କ୍ଷମତା ଅକ୍ତିଆର କରିଛି। ଯେତେବେଳେ ଶୁଣିଲୁ ଯେ ସେଠାରେ ନିର୍ବାଚନ ହେବ ସେତେବେଳେ ଆମେ ବହୁତ ଖୁସି ହୋଇଥିଲୁ। ସେଠାରେ ଯେଉଁ ନିର୍ବାଚନ ହେଲା ସେଥିରେ ଆୱାମୀ ଲିଗ୍ ଦଳ ବହୁମତ ପାଇଲା। ଶେଖ ମୁଜିବୁର ରହମନ ଯିଏ ବର୍ତ୍ତମାନ ଜେଲ୍‌ରେ ଅଛନ୍ତି ଏବଂ ଆମେ ଜାଣିନାହୁଁ ସେ ସୁରକ୍ଷିତ ଅଛନ୍ତି କି ନାହିଁ, ସେ ସମ୍ପୂର୍ଣ୍ଣ ପାକିସ୍ତାନର ପ୍ରଧାନମନ୍ତ୍ରୀ ହେବା ଉଚିତ ହେଇଥାନ୍ତା। କିନ୍ତୁ ତାଙ୍କୁ ବନ୍ଦୀ କରାଗଲା ଏବଂ ତାଙ୍କ ଜୀବନ ଏବେ ବିପନ୍ନ। ଜନସାଧାରଣଙ୍କ ଦ୍ୱାରା ନିର୍ବାଚିତ ପ୍ରତିନିଧିଙ୍କୁ କ୍ଷମତା ହସ୍ତାନ୍ତର କରିବା ବଦଳରେ ପାକିସ୍ତାନୀ ସେନା ସେମାନଙ୍କର ଗଣତାନ୍ତ୍ରିକ ଅଧିକାରକୁ ହତ୍ୟା କରିଛି।

ପାକିସ୍ତାନର ସମସ୍ୟା ଆମର ସମସ୍ୟା ହୋଇସାରିଛି: ବାଂଲାଦେଶ ସମସ୍ୟାର ଆଉ ଏକ ତୃତୀୟ ଦିଗ ମଧ୍ୟ ଅଛି, ଯାହା ଆମ ସହ ମଧ୍ୟ ଅନ୍ତରଙ୍ଗ ଭାବେ ଜଡିତ। ପ୍ରଧାନମନ୍ତ୍ରୀ ସଠିକ୍ ଭାବେ କହିଛନ୍ତି ଯେ, ପାକିସ୍ତାନର ସମସ୍ୟା ଆମର ମଧ୍ୟ ସମସ୍ୟା। ୩୫ ଲକ୍ଷରୁ ଅଧିକ ଲୋକ ବିତାଡ଼ିତ ହୋଇଛନ୍ତି, ସେମାନେ ଆମ ଦେଶକୁ ବାସସ୍ଥାନ ସନ୍ଧାନରେ ଆସିଛନ୍ତି। ବାସହୀନ ଏବଂ ଗୋଟିଏ ଦାନା ଶସ୍ୟରୁ ବଞ୍ଚିତ ପୁରୁଷ, ମହିଳା ଏବଂ ପିଲାମାନେ ସେମାନଙ୍କର ଜୀବନ ଓ ସମ୍ମାନ ରକ୍ଷା ପାଇଁ ଭାରତମାତାଙ୍କୁ ଶରଣ ମାଗୁଛନ୍ତି। ସେମାନଙ୍କ ସଂଖ୍ୟା ହୁଏତ କୋଟିଏକୁ ବୃଦ୍ଧି ପାଇପାରେ। ପାକିସ୍ତାନୀ ସେନା ଜଣେ ବି ହିନ୍ଦୁଙ୍କୁ ସେଠାରେ ରଖାଇଦେବ ନାହିଁ। ଅନେକ ସଂଖ୍ୟାରେ ମୁସଲମାନମାନେ ମଧ୍ୟ ବିତାଡିତ ହୋଇଛନ୍ତି। ଗତକାଲି ପ୍ରଧାନମନ୍ତ୍ରୀ କହିଲେ ଯେ, ବୌଦ୍ଧ ଏବଂ ଖ୍ରୀଷ୍ଟିଆନମାନେ ମଧ୍ୟ ଆସିଛନ୍ତି। କୋଟିଏ ଲୋକଙ୍କୁ ଥଇଥାନ କରି ରଖିବା ଏବଂ ସେମାନଙ୍କ ଦାୟିତ୍ୱ ନେବା ଏକ ଭୟଙ୍କର ସମସ୍ୟା। ମୁଁ କହିବାକୁ ଚାହିଁବି ଯେ ଏହି ଲୋକମାନଙ୍କୁ ଏକ ଯୋଜନା ମାଧ୍ୟମରେ ବିତାଡିତ କରାଯାଇଛି। କହିବାକୁ ଗଲେ ପାକିସ୍ତାନ ଆମ ବିପକ୍ଷରେ ଏକ ରକମ ଯୁଦ୍ଧ ଘୋଷଣା କରିଛି। ଏକ କୋଟି ଲୋକଙ୍କୁ ଭାରତ ପଠାଇ ଏହା ଆମ ଅର୍ଥନୀତିକୁ ଭଣ୍ଡୁର କରିବାକୁ, ଉତ୍ତର ପୂର୍ବ ଅଞ୍ଚଳକୁ ବିପଦରେ ପକାଇବାକୁ ଏବଂ ଆମ ଦେଶରେ ସାମ୍ପ୍ରଦାୟିକ ବିଭ୍ରାଟ ସୃଷ୍ଟି କରିବାକୁ ଚାହୁଁଛି।

ବାଂଲାଦେଶକୁ ପରିଚୟ ଦିଅନ୍ତୁ: ପ୍ରଧାନମନ୍ତ୍ରୀ କହିଛନ୍ତି ଯେ ଯେଉଁ ଲୋକମାନେ ଏଠାକୁ ଆସିଛନ୍ତି ସେମାନଙ୍କର ଫେରିଯିବା ଉଚିତ ହେବ। କିନ୍ତୁ ସେମାନେ ଫେରିଯିବେ କି? ଯଦି ଜୀବନ ସୁରକ୍ଷିତ ନୁହେଁ, ଯଦି ମହିଳାଙ୍କ ସମ୍ମାନ ଲୁଣ୍ଠିତ ହୁଏ, ଯଦି ଧର୍ମ ଆଧାରରେ ଭେଦଭାବ ଜାରି ରହେ, ଯଦି ସେନା ଏପରି ଅମାନୁଷିକ ତଥା ବର୍ବର ଅତ୍ୟାଚାର ଜାରି ରଖେ ତେବେ ଆମର ପ୍ରବଳ ଇଚ୍ଛା ସତ୍ତ୍ୱେ କେହି ଜଣେ ବି ଫେରିଯିବେ ନାହିଁ। ଯଦି ଆମ୍ଭେ ସତରେ ଚାହୁଁ ସେମାନେ ଫେରିଯାନ୍ତୁ, ତେବେ ଏକମାତ୍ର ଉପାୟ ହେଲା – ବାଂଲାଦେଶକୁ ମୁକ୍ତ ଦେଶ ଭାବେ ପରିଚୟ ଦେବା ଏବଂ ଯଦି ବାଂଲାଦେଶ ଏମିତି ଚାହେଁ ତାକୁ ସବୁ ପ୍ରକାର ସକ୍ରିୟ ସହାୟତା ଯୋଗାଇ ଦେବା।

ଆସନ୍ତୁ ଆମେ ବିଶ୍ୱ ବିବେକକୁ ଜାଗ୍ରତ କରିବା : ଉପବାଚସ୍ପତି ମହାଶୟ! ବିଶ୍ୱର ଦେଶମାନେ ଜାଣିବାକୁ ଚାହିଁଛନ୍ତି ଯେ, ଭାରତ ବାଂଲାଦେଶ ପାଇଁ କ'ଣ କରୁଛି। ଆସନ୍ତୁ ଆମେ ବିଶ୍ୱ ବିବେକକୁ ଜାଗ୍ରତ କରିବା। ଆସନ୍ତୁ ଆମେ ବାଂଲାଦେଶ ସପକ୍ଷରେ ଏକ ମତାଦର୍ଶ ତିଆରି କରିବା। ସରକାର ଏ ଉଦ୍ୟମରେ କିଛି ପରିମାଣରେ କୃତକାର୍ଯ୍ୟ ମଧ୍ୟ ହୋଇଛନ୍ତି। କିନ୍ତୁ ବାଂଲାଦେଶର ଭବିଷ୍ୟତକୁ ଏହି ପ୍ରୟାସର ଫଳାଫଳର ଭରସାରେ ଛାଡି ଦିଆଯାଇପାରିବ ନାହିଁ। ଆମକୁ ସାହସିକ ପଦକ୍ଷେପ ନେଇ ଆମ ଦାୟିତ୍ୱ ସମ୍ପାଦନ କରିବାକୁ ହେବ। ଯଦି ସରକାର ନିଷ୍କ୍ରିୟ ରୁହନ୍ତି ଏବଂ ନିରାଶା ଲୋକମାନଙ୍କୁ ଅତିକ୍ରମ କରେ ତେବେ କିଛି ଉପାଦାନ ଏ ପରିସ୍ଥିତିର ସୁଯୋଗ ନେଇପାରନ୍ତି। ଅର୍ଥନୀତିକୁ ପରିଚାଳନା କରିବା କାଠିକର ହୋଇପାରେ ଏବଂ ଶାନ୍ତି ବିପଦରେ ପଡିପାରେ। ତେଣୁ ବାଂଲାଦେଶର ଆହ୍ୱାନଗୁଡିକୁ ସାହସର ସହ ଆମେ ସମ୍ମୁଖୀନ ହେବା ଉଚିତ।[୨୯୦]

ବାଜପେୟୀ ଯୁକ୍ତି କଲେ ଯେ ଲୋକଙ୍କୁ ଭାରତକୁ ଠେଲିବା ଏକ ଆକ୍ରମଣର କାର୍ଯ୍ୟ ବୋଲି ବିବେଚନା ହେବା ଉଚିତ। ଭାରତରେ ଆଶ୍ରୟ ନେଇଥିବା ବିସ୍ଥାପିତମାନେ ଛଅମାସ ମଧ୍ୟରେ ଫେରିଯିବେ ବୋଲି ପ୍ରଧାନମନ୍ତ୍ରୀଙ୍କ ଆଶାବାଦିତା ପ୍ରସଙ୍ଗ ଉପରେ ବାଜପେୟୀ ପ୍ରଶ୍ନ କରିଥିଲେ। ଅଧିକନ୍ତୁ ପୂର୍ବବଙ୍ଗରେ ପାକିସ୍ତାନୀ ପ୍ରତିଷ୍ଠାନ ଦ୍ୱାରା ନରସଂହାରରୁ ପଳାୟନ କରିଥିବା ୬ ନିୟୁତ ଲୋକ ଅର୍ଥନୀତିକୁ ନଷ୍ଟ କରିଦେବେ ଏବଂ ରାଜନୈତିକ ସ୍ଥିରତା ପ୍ରତି ବିପଦ ସୃଷ୍ଟି କରିବେ। ବିଭାଜନ ସମୟରେ କେବଳ ହିନ୍ଦୁମାନେ ଭାରତକୁ ଆସିଥିଲେ, କିନ୍ତୁ ଏବେ ଖ୍ରୀଷ୍ଟିଆନ ଏବଂ ମୁସଲମାନମାନେ ଆସୁଥିବାରୁ ସାମ୍ପ୍ରଦାୟିକ ସମସ୍ୟା ମଧ୍ୟ ହେବ। ସେ ସୂଚିତ କରିଥିଲେ ଯେ, ତ୍ରିପୁରାର ଜନସଂଖ୍ୟାଠାରୁ ଅଧିକ ସଂଖ୍ୟକ ବିସ୍ଥାପିତ ଲୋକ

ସେଠାରେ ପ୍ରବେଶ କରୁଛନ୍ତି ଏବଂ ଆସାମ ଓ ମେଘାଳୟଠାରେ ଉତ୍ତେଜନା ସୃଷ୍ଟି ହେଉଛି ।

ପାକିସ୍ତାନ ସହ ଯୁଦ୍ଧ, ଭାରତୀୟ ଜନସଂଘର ଚେତାବନୀ ଏବଂ ଇନ୍ଦିରାଙ୍କ ବିନାଶକାରୀ ସିମଲା ଚୁକ୍ତି

ଯେତେବେଳେ ପରିସ୍ଥିତି ନିୟନ୍ତ୍ରଣ ବାହାରକୁ ଚାଲିଗଲା, ସେତେବେଳେ ପୂର୍ବ-ପଶ୍ଚିମ ପାକିସ୍ତାନ ବିବାଦରେ ଭାରତର ହସ୍ତକ୍ଷେପ ଅପରିହାର୍ଯ୍ୟ ହୋଇପଡିଲା । ଯେତେବେଳେ ଜନସଂଘ ଦ୍ୱାରା ପଡୁଥିବା ଚାପ ରାଜନୈତିକ ଭୟ ବୋଲି ଦିଶିଲା, ଇନ୍ଦିରା ଗାନ୍ଧୀଙ୍କ ସରକାର ପରିଶେଷରେ ଭାରତୀୟ ସେନାକୁ ପୂର୍ବ ପାକିସ୍ତାନକୁ ପଠାଇଲେ । ଯୁଦ୍ଧ ସମୟରେ ସରକାର ଓ ଇନ୍ଦିରାଙ୍କୁ ଜନସଂଘ ପୂର୍ଣ୍ଣ ପ୍ରାଣରେ ସମର୍ଥନ ଦେଲା । ଥରେ ପାକିସ୍ତାନୀ ସେନା ଆତ୍ମସମର୍ପଣ କଲା ପରେ ଜନସଂଘ ସରକାରଙ୍କୁ ସ୍ମରଣ କରାଇଦେଲା ଯେ, ଯେହେତୁ ଭାରତ ବର୍ତ୍ତମାନ ଏକ ସୁବିଧାଜନକ ସ୍ଥିତିରେ ଅଛି, ତେଣୁ ପାକିସ୍ତାନକୁ କିସ୍ତିରେ ନୁହେଁ ବରଂ ଏକାଥରେ ସମସ୍ତ ବିଚାରାଧୀନ ସମସ୍ୟାର ସମାଧାନ କରିବା ପାଇଁ ବାଧ୍ୟ କରିବା ଉଚିତ ।

ଭାରତୀୟ ଜନସଂଘ ଚାହୁଁଥିଲା ଭାରତୀୟ ସେନା ପ୍ରତ୍ୟାହାର ପୂର୍ବରୁ ପାକିସ୍ତାନ ଅଧିକୃତ କଶ୍ମୀର, ଯୁଦ୍ଧ ପରିଶୋଧ, ସିନ୍ଧର ଥାରପରକର ଜିଲ୍ଲାର ସିନ୍ଧି ହିନ୍ଦୁମାନଙ୍କ ସମସ୍ୟା, ପାକିସ୍ତାନ ଦ୍ୱାରା ଭାରତଠାରୁ ନିଆଯାଇଥିବା ଋଣ, ବିଭାଜନ ବେଳେ ଭାରତୀୟମାନେ ଛାଡି ଆସିଥିବା ସମ୍ପତ୍ତିର ମୂଲ୍ୟ ସହିତ ସବୁ ପରିଶୋଧ ସମସ୍ୟାର ସମାଧାନ ହେଉ । ଭାରତ ପାକିସ୍ତାନ ମଧ୍ୟରେ ସ୍ଥାୟୀ ଅନ୍ତରାଷ୍ଟ୍ରୀୟ ସୀମା ରୂପେ ଅସ୍ତ୍ରବିରତି ରେଖାର ସ୍ଥାପନା - ଯାହାର ଅର୍ଥ ହେଉଛି ୩୦ ହଜାର ବର୍ଗ ମାଇଲ୍ ଭାରତୀୟ ଅଞ୍ଚଳର ଲେଖିଦେବା – ଏହାକୁ ଭାରତର ସାର୍ବଭୌମତା ଏବଂ ଆଞ୍ଚଳିକ ଅଖଣ୍ଡତା ପ୍ରତି ଚରମ ବିଶ୍ୱାସଘାତକତା ବୋଲି ଭାରତୀୟ ଜନସଂଘ ବିବେଚନା କରିଥିଲା । ଏଥିସହ ଶେଖ ମୁଜିବରଙ୍କ ଦାବି ଅନୁଯାୟୀ ପାକିସ୍ତାନୀ ସେନାର ଯୁଦ୍ଧ ଅପରାଧୀ ଭାବରେ ବିଚାର ପ୍ରକ୍ରିୟାକୁ ଜନସଂଘ ସମର୍ଥନ କରିଥିଲା, ଯେହେତୁ ବଳାତ୍କାର, ଶିଶୁ ହତ୍ୟା ଏବଂ ହତ୍ୟା ଭଳି ଜଘନ୍ୟ ଅପରାଧ କରିଥିବା ଅପରାଧୀମାନଙ୍କୁ ବିନା ଦଣ୍ଡରେ ଛାଡିବା ଉଚିତ ନ ଥିଲା ।

କିନ୍ତୁ ବାସ୍ତବରେ ଯାହା ଘଟିଲା, ତାହା ଭାରତ ବିରୁଦ୍ଧରେ ବିଶ୍ୱାସଘାତକତାଠୁ କୌଣସି ଗୁଣରେ କମ୍ ନ ଥିଲା । ୨ ଜୁଲାଇ ୧୯୭୨ରେ ସ୍ୱାକ୍ଷରିତ ହୋଇଥିବା ସିମଲା ଚୁକ୍ତି ଦେଶ ପାଇଁ ଏକ କଠୋର ଆଘାତ ଥିଲା । ଜୁଲିଫିକର ଅଲ୍ଲୀ ଭୁଟ୍ଟୋ

ତାଙ୍କ ୯୩ ହଜାର ସୈନ୍ୟବାହିନୀଙ୍କୁ ଧରି ଚାଲିଗଲେ ଏବଂ ୯ ହଜାର ବର୍ଗ କିଲୋମିଟର ଅଞ୍ଚଳ ଅଧିକାର କରିଥିବା ଭାରତୀୟ ସେନାଙ୍କୁ କିଛି ମିଳିଲା ନାହିଁ। ପାକିସ୍ତାନକୁ ୧୯୪୮ ସମୟର ସ୍ଥିତିକୁ ଫେରାଇ ଦିଆଗଲା। ଇନ୍ଦିରାଙ୍କ ଦ୍ୱାରା ସ୍ୱାକ୍ଷର ହୋଇଥିବା ସିମଳା ଚୁକ୍ତି ଏକ ପ୍ରକାର ନିଜକୁ ବିକିବା ପରି ଥିଲା ଏବଂ ତାସ୍‌କେଣ୍ଟ ଓ ନେହେରୁ ଲିଆକତ ଚୁକ୍ତିଠାରୁ ଅଧିକ ନିକୃଷ୍ଟ ଥିଲା।

ଜନସାଧାରଣଙ୍କ ଇଚ୍ଛା ଇନ୍ଦିରାଙ୍କ ଦ୍ୱାରା ସ୍ୱୀକୃତ ହୋଇ ନ ଥିଲା, ସେ ପାକିସ୍ତାନଠୁ ଭାରତ ପାଇବାକୁ ଥିବା ସମସ୍ତ ସୁବିଧା ଓ ଲାଭକୁ ନଷ୍ଟ କରିଦେଇଥିଲେ। ତଥାପି ଇନ୍ଦିରା, ତାଙ୍କ ଗଣମାଧ୍ୟମ ପରିଚାଳକ ଏବଂ ବଶମ୍ୱଦ ବୁଦ୍ଧିଜୀବୀମାନେ ସିମଳା ଚୁକ୍ତିକୁ ବୃହତ୍ ସଫଳତା ବୋଲି ପ୍ରଚାର କଲେ। ଇନ୍ଦିରାଙ୍କୁ କେବଳ ହାସଲକାରୀ ନୁହେଁ ବରଂ ଶାନ୍ତିର ଦୂତ ବୋଲି ବିଜ୍ଞାପିତ କରାଗଲା। ଏହି ଚୁକ୍ତିନାମାକୁ ଭାରତ - ପାକିସ୍ତାନ ସମ୍ପର୍କର ଏକ ନୂତନ ଯୁଗ ସୃଷ୍ଟି କରିବାର ସାଧନ ରୂପେ ନାମିତ କରାଯାଇଥିଲା।

୧୩

ଲାଲକୃଷ୍ଣ ଆଡଭାନୀ ଭାରତୀୟ ଜନସଂଘର ସଭାପତି ହେଲେ, ଜୟପ୍ରକାଶଙ୍କ ଆନ୍ଦୋଳନ ଏବଂ ଇନ୍ଦିରା ଗାନ୍ଧୀଙ୍କ ଭୟଙ୍କର ଜରୁରୀ ପରିସ୍ଥିତିର ପ୍ରଚଳନ

ଦୀନଦୟାଲ ଉପାଧ୍ୟାୟଙ୍କ ମୃତ୍ୟୁ ପରଠାରୁ ଅଟଳ ବିହାରୀ ବାଜପେୟୀ ଜନସଂଘର ସଭାପତି ଦାୟିତ୍ୱ ତୁଲାଉଥିଲେ, କିନ୍ତୁ ସେ ସଂସଦୀୟ ନେତା ଭାବରେ ନିଜ ଭୂମିକା ଉପରେ ମନୋନିବେଶ କରିବାକୁ ଚାହିଁଲେ। ତେଣୁ ତାଙ୍କୁ ଦଳ ଅଧ୍ୟକ୍ଷ ପଦରୁ ଅବ୍ୟାହତି ଦେବାକୁ ସେ ଅନୁରୋଧ କଲେ। ଆରମ୍ଭରେ ଆଡଭାନୀ ରାଜି ହେଲେ ନାହିଁ ଏବଂ ବରିଷ୍ଠ ଉପସଭାପତି ଭାଇ ମହାବୀରଙ୍କ ନାମ ସୁପାରିସ କଲେ। ତେବେ ମହାବୀର ଭାଇ ମନା କରିବା ପରେ ଆଡଭାନୀଙ୍କ ନିକଟରେ ନାହିଁ କରିବାର ଆଉ କିଛି କାରଣ ନ ଥିଲା। ୧୧ ଜାନୁଆରୀ ୧୯୭୩ରେ ସେ ଦଳର ଅଧ୍ୟକ୍ଷ ରୂପେ ନିର୍ବାଚିତ ହେଲେ ଏବଂ ସେହି ବର୍ଷ ଫେବୃଆରୀରେ କାନପୁରରେ ଅନୁଷ୍ଠିତ ଦଳର ବାର୍ଷିକ ଅଧିବେଶନରେ ଔପଚାରିକ ଭାବେ ଦାୟିତ୍ୱ ଗ୍ରହଣ କଲେ।

ସଂକ୍ଷିପ୍ତ ଭାବେ କହିଲେ ୧୯୪୨ରେ ଆଡଭାନୀ ଜଣେ ସ୍ୱୟଂସେବକଭାବେ ଆରଏସଏସରେ ଯୋଗ ଦେଇଥିଲେ। ୧୯୪୪ରେ ସେ କରାଚିର ମଡେଲ୍ ଉଚ୍ଚ ବିଦ୍ୟାଳୟରେ ଶିକ୍ଷକ ଭାବେ ଯୋଗ ଦେଇଥିଲେ। ୧୨ ସେପ୍ଟେମ୍ବର ୧୯୪୭ରେ ସେ କରାଚିରୁ ଦିଲ୍ଲୀ ଆସିଲେ। ସେବେଠାରୁ ୧୯୫୧

ଯାଏ ସେ ପ୍ରଚାରକ ଭାବେ ଅଲୱାର, ଭରତପୁର, କୋଟା, ବୁନ୍ଦି ଏବଂ ଝଲାୱାରରେ କାମ କଲେ। ୧୯୫୨ରେ ସେ ଭାରତୀୟ ଜନସଂଘର ରାଜସ୍ଥାନ ରାଜ୍ୟ ଶାଖାର ଯୁଗ୍ମ ସମ୍ପାଦକ ଭାବେ ମନୋନୀତ ହେଲେ। ପରେ ୧୯୫୭ରେ ସେ ସଂସଦୀୟ କାମରେ ବାଜପେୟୀଙ୍କୁ ସହାୟତା ଦେବାକୁ ଏବଂ ଭାରତୀୟ ଜନସଂଘର ସାଙ୍ଗଠନିକ କାର୍ଯ୍ୟ କରିବାକୁ ଦିଲ୍ଲୀ ଆସିଲେ। ୧୯୫୮ ରୁ ୬୩ ମଧ୍ୟରେ ସେ ଜନସଂଘର ଦିଲ୍ଲୀ ଶାଖା ସମ୍ପାଦକ ଥିଲେ। ଏକାସଙ୍ଗରେ ୧୯୬୦-୬୭ ସେ 'ଅର୍ଗାନାଇଜର' ପତ୍ରିକାର ସହ ସମ୍ପାଦକ ଭାବେ ଦାୟିତ୍ୱ ତୁଲାଇଥିଲେ। ୧୯୬୭ରେ ଦିଲ୍ଲୀ ମହାନଗର ପରିଷଦର ଅଧ୍ୟକ୍ଷ ହେଲେ ଆଡଭାନୀ। ୧୯୭୦ ଏପ୍ରିଲ୍‌ରେ ପ୍ରଥମ ଥର ପାଇଁ ରାଜ୍ୟ ସଭା ସଦସ୍ୟଭାବେ ସଂସଦକୁ ପ୍ରବେଶ କଲେ। ୧୯୭୩ରେ ସେ ଭାରତୀୟ ଜନସଂଘର ଅଧ୍ୟକ୍ଷ ଭାବେ ନିର୍ବାଚିତ ହେଲେ।[୨୯୧]

ଇନ୍ଦିରା ଗାନ୍ଧୀଙ୍କ ଦୁର୍ନୀତି, ପୃଷ୍ଠପୋଷକତା ଏବଂ ଏକଛତ୍ରବାଦୀ ଶାସନ ଓ ଜୟପ୍ରକାଶ ନାରାୟଣଙ୍କ ଆନ୍ଦୋଳନର ଉତ୍ଥାନ

୧୯୭୧ର ଲୋକ ସଭା ନିର୍ବାଚନ ଏବଂ ୧୯୭୨ର ବିଧାନସଭା ନିର୍ବାଚନ ପରେ ଇନ୍ଦିରା ଏକ ବଶମ୍ବଦ ଏବଂ ଦରବାର ଗିରି ସଂସ୍କୃତି ଆରମ୍ଭ କଲେ। କେବଳ ବିରୋଧୀ ଦଳ ନୁହେଁ, ତାଙ୍କ ନିଜ ଦଳର ନେତାମାନଙ୍କୁ ମଧ୍ୟ ତାଙ୍କ ପ୍ରତି ବଶମ୍ବଦ ରହିବାକୁ ଏବଂ ବଂଶବାଦ ଶାସନକୁ ମାନିବାକୁ ବାଧ୍ୟ କରାଯାଉଥିଲା। ଦୁର୍ଭାଗ୍ୟବଶତଃ ଆଜି ୨୦୧୯ରେ ମଧ୍ୟ କଂଗ୍ରେସର ସେହି ସମାନ ପ୍ରବୃତ୍ତି ବଳବତ୍ତର ରହିଛି। ନେହେରୁ ଗାନ୍ଧୀ ପରିବାରରୁ ଆସୁଥିବା କଂଗ୍ରେସ ପ୍ରଭୁମାନଙ୍କର ନାମ ବଦଳିଛି କେବଳ।

ବେକାରି ହାର ଏବଂ ମୂଲ୍ୟରେ ବୃଦ୍ଧି, ଅତ୍ୟାବଶ୍ୟକ ସାମଗ୍ରୀର ଅଭାବ ଦେଖାଗଲା, ଶିଳ୍ପଗୁଡିକ ହ୍ରାସ ପାଇବାରେ ଲାଗିଲା ଏବଂ ଧର୍ମଘଟ, ପ୍ରଦର୍ଶନ ଏବଂ ବିରୋଧ ହିଂସାତ୍ମକ ତଥା ନିତିଦିନିଆ କାମରେ ପରିଣତ ହେଲା। ଲୋକମାନେ ସମାନତା ଏବଂ ସମାଜବାଦର ବାକ୍ୟ ଅପେକ୍ଷା ପ୍ରକୃତ ଗୁଣାତ୍ମକ ପରିବର୍ତ୍ତନ ଚାହୁଁଥିଲେ। ଗୁଜରାଟ ଏବଂ ବିହାରରେ ଜନପ୍ରିୟ ଆନ୍ଦୋଳନ ସବୁ ଆରମ୍ଭ ହେଲା। ଦୁର୍ବଳ ଭବିଷ୍ୟତର ସମ୍ମୁଖୀନ ହେଉଥିବା ଛାତ୍ରମାନେ ଏ ପ୍ରକାର ଗତିବିଧିର ମୂଳଦୁଆ ଥିଲେ। ଏହି ପରିସ୍ଥିତିରେ ଜୟପ୍ରକାଶ ନାରାୟଣ, ଲୋକପ୍ରିୟ ଭାବେ ଜେପି ନାଁରେ ପରିଚିତ ନିଜ ରାଜନୈତିକ ସନ୍ନ୍ୟାସକୁ ପ୍ରତ୍ୟାହାର କରି ଲୋକମାନଙ୍କ ଦ୍ୱାରା ଆରମ୍ଭ ହୋଇଥିବା ଏହି ଆନ୍ଦୋଳନର ନେତୃତ୍ୱ ନେଇ ଭାଇବନ୍ଧୁ ପୋଷଣ, ଦୁର୍ନୀତି ଏବଂ ଶାସନ ପଦ୍ଧତିରେ ଥିବା ବର୍ଜ୍ୟବସ୍ତୁର ମୂଳୋତ୍ପାଟନ କରିବାକୁ ବାହାରିଲେ।

ବିହାର ଛାତ୍ର ସଂଘ ତତ୍ତ୍ୱାବଧାନରେ ବିହାର, ପାଟନା ବିଶ୍ୱବିଦ୍ୟାଳୟ, ମଗଧ ବିଶ୍ୱବିଦ୍ୟାଳୟ ଏବଂ ଭାଗଲପୁର ବିଶ୍ୱବିଦ୍ୟାଳୟ ସହ ସଂଯୁକ୍ତ ୬୭ଟି କଲେଜର ଛାତ୍ରମାନେ ଏକାଠି ହୋଇ ଶିକ୍ଷା ଅଧିକାରୀମାନଙ୍କ ବିରୋଧରେ ଦାବି ଜଣାଇଲେ ଏବଂ ମୂଲ୍ୟବୃଦ୍ଧି, ଭ୍ରଷ୍ଟାଚାର ଏବଂ ବେରୋଜଗାରିର ବିରୋଧ କଲେ। ଏ ସମିତିର କାର୍ଯ୍ୟନିର୍ବାହୀ କମିଟିରେ ବିଭିନ୍ନ ଗୋଷ୍ଠୀ ଓ ବିଭିନ୍ନ ରାଜନୈତିକ ଦଳର ଲୋକ ଥିଲେ। ଅଖିଳ ଭାରତୀୟ ବିଦ୍ୟାର୍ଥୀ ପରିଷଦ, ତରୁଣ ଶାନ୍ତି ସେନା, ସମାଜବାଦୀ ଯୁବ ଜନସଭା, ସଂଯୁକ୍ତ ସୋସାଲିଷ୍ଟ ପାର୍ଟି, ସୋସାଲିଷ୍ଟ ପାର୍ଟି ଏବଂ ସର୍ବୋଦୟ ଆନ୍ଦୋଳନର ପ୍ରତିନିଧିମାନେ ଏହାର ସଦସ୍ୟ ଥିଲେ। ସମିତି ବିହାରର ସବୁ ଜିଲ୍ଲାରେ ପ୍ରଦର୍ଶନ କଲା। ପୋଲିସ ନିରସ୍ତ୍ର ଛାତ୍ରମାନଙ୍କୁ ଆକ୍ରମଣ କଲା ଓ ଗୁଳି ଚଳାଇଲା। ୭ ଜଣ ମରିଗଲେ, ଅନେକ ଖଣ୍ଡିଆଖାବରା ହେଲେ ଏବଂ ବହୁତ ଲୋକ ଗିରଫ ହେଲେ। ତେବେ ବି ବିଦ୍ରୋହ ଜାରି ରହିଲା। ୧୮ ମାର୍ଚ୍ଚ ୧୯୭୪ରେ ପାଟଣା ବିଶ୍ୱବିଦ୍ୟାଳୟର ଛାତ୍ରମାନେ ଏକ ୧୧ ସୂତ୍ରୀ ଚାର୍ଟର ଦାବି ନେଇ ମୁଖ୍ୟମନ୍ତ୍ରୀଙ୍କୁ ବିଧାନସଭାରେ ଯାଇ ଦେବାକୁ ଚାହିଁଲେ। ଗୁଜରାଟରେ ନବନିର୍ମାଣ ଆନ୍ଦୋଳନ ବଡ଼ ରୂପ ଧାରଣ କରି ବିଧାନସଭା ଭଙ୍ଗ କରିବାରେ ସହାୟକ ହୋଇଥିଲାବେଳେ ବିହାର ସରକାର ତାଙ୍କ ରାଜ୍ୟରେ ଆନ୍ଦୋଳନକୁ ଦୃଢ଼ ହସ୍ତରେ ଦମନ କଲେ। 'ସର୍ଚ୍ଚ ଲାଇଟ୍' ଓ 'ପ୍ରଦୀପ' ନାମକ ଦୁଇଟି ସମ୍ବାଦପତ୍ର ଆନ୍ଦୋଳନକୁ ସମର୍ଥନ କରୁଥିବାରୁ ଆକ୍ରୋଶର ସମ୍ମୁଖୀନ ହେଲେ। ଏହି ଦୁଇ ସମ୍ବାଦପତ୍ରର ପାଟଣାରେ ଥିବା ଅଫିସ ପୋଡ଼ି ଦିଆଯାଇଥିଲା ଏବଂ ପୋଲିସ କିଛି କରି ନ ଥିଲା।

୧୮ ମାର୍ଚ୍ଚ ୧୯୭୪ରେ ଜନସାଧାରଣ ଏବଂ ଛାତ୍ରମାନଙ୍କ ଉପରେ ପୋଲିସର ବର୍ବରତା ପରେ ଛାତ୍ରନେତାମାନେ ଜେପିଙ୍କୁ ମାର୍ଗଦର୍ଶକ ହେବାକୁ ଅନୁରୋଧ କଲେ। ଜେପି ଛାତ୍ରମାନଙ୍କୁ ଦୁଇଟି ସର୍ତ୍ତରେ ମାର୍ଗଦର୍ଶନ ଏବଂ ନେତୃତ୍ୱ ଦେବା ପାଇଁ ରାଜି ହୋଇଥିଲେ ଯେ ଆନ୍ଦୋଳନ ସମ୍ପୂର୍ଣ୍ଣ ଅହିଂସକ ଏବଂ ପକ୍ଷପାତବିହୀନ ହେବ ଏବଂ ଛାତ୍ରନେତାମାନେ ରାଜି ହୋଇଥିଲେ। ସଂଘର୍ଷକୁ ବିସ୍ତୃତ ଆଧାର ଦେବାକୁ ଜେପି ଦୁଇଟି କମିଟି ଗଠନ କଲେ, ଜନସଂଘର୍ଷ ସମିତି ଏବଂ ଛାତ୍ର ସଂଘର୍ଷ ସମିତି ଓ ଦୁଇଟିଯାକ ସମିତି ତାଙ୍କ ନେତୃତ୍ୱରେ ହିଁ କାମ କରିବାର ଥିଲା। ୨୦ ମାର୍ଚ୍ଚ ୧୯୭୪ରେ ଜେପି 'ବିହାରର ଆତ୍ମାରୁ ରକ୍ତ କ୍ଷରଣ ହେଉଛି' ଶୀର୍ଷକରେ ଏକ ପ୍ରେସ ବିବୃତି ଜାରି କଲେ। :-

'ସବୁ ଦୃଷ୍ଟିରୁ ଶ୍ରୀ ଅବଦୁଲ ଗଫର ଜଣେ ସମ୍ମାନନୀୟ ବ୍ୟକ୍ତି ଏବଂ ତାଙ୍କ କାର୍ଯ୍ୟାଳୟ ପ୍ରତି ମଧ୍ୟ ତାଙ୍କର ଅତ୍ୟଧିକ ଆଗ୍ରହ ନାହିଁ। ଏହି ପରିପ୍ରେକ୍ଷୀରେ ମୋର

ତାଙ୍କୁ କହିବାର କଥା ଯେ ତାଙ୍କ ଉଚ୍ଚ କର୍ତ୍ତୃପକ୍ଷ ଯାହା କୁହନ୍ତୁ ନା କାହିଁକି ସେ ନିଜ ରାଜ୍ୟର ସ୍ୱାର୍ଥ ଦୃଷ୍ଟିରୁ ଇସ୍ତଫା ଦେଇଦେବା ଉଚିତ।'[୨୯୨]

ଅନେକ କିଛି ପରିବର୍ତ୍ତନ ହେଲା ନାହିଁ ଏବଂ ସରକାରୀ ଦସ୍ତାବିଜ ଅନୁଯାୟୀ ୧୨ ଏପ୍ରିଲ ୧୯୭୪ରେ ଗୟାଠାରେ ପୁଲିସ ଗୁଳିରେ ୮ଜଣ ମୃତ୍ୟୁବରଣ କଲେ। ବିହାରର ପରିସ୍ଥିତି ବିଷୟରେ ବାଜପେୟୀ ସଂସଦରେ କହିଲେ। ଏପ୍ରିଲ୍ ୧୯୭୪ରେ ଲୋକସଭାରେ ଏକ ଆଲୋଚନା ସମୟରେ ବାଜପେୟୀ ବିହାରର କ୍ରୋଧ ପ୍ରତି ସମସ୍ତଙ୍କ ଦୃଷ୍ଟି ଆକର୍ଷଣ କଲେ :-

ଲୋକେ କ୍ରୋଧରେ ଅଛନ୍ତି, ସେମାନେ ବିଦ୍ରୋହ କରିବାକୁ ଯାଉଛନ୍ତି। ସାଧାରଣ ଲୋକେ ଧୈର୍ଯ୍ୟହରା ହେଉଛନ୍ତି। ସବୁକଥାର ଅଭାବ ପରିଲକ୍ଷିତ ହେଉଛି। ମୂଲ୍ୟବୃଦ୍ଧି ଆକାଶଛୁଆଁ ହେଲାଣି। ବିଭେଦର ବିଭାଜନ ପ୍ରଶସ୍ତ ହୋଇ ଚାଲିଛି ଏବଂ ପ୍ରଶାସନ ମୁଣ୍ଡରୁ ଗୋଡଯାଏ ଦୁର୍ନୀତିରେ ବୁଡି ରହିଛି। ୨୧ ସେପ୍ଟେମ୍ବର ୧୯୭୩ରେ ବିହାରର ରାଜ୍ୟପାଳ ଯାହା କହିଛନ୍ତି, ତାହା ମୁଁ ଏଠାରେ କହିବାକୁ ଚାହିଁବି। ସାକ୍ଷାତ୍କାର ନେବା ଅବସରରେ 'ଦି ହିନ୍ଦୁ'ର ସମ୍ବାଦଦାତା ଯେତେବେଳେ ତାଙ୍କୁ ୩୭ ଲକ୍ଷର ନଗଦ ରୋଜଗାର ଯୋଜନା ବାବଦରେ ପଚାରିଲେ, ସେତେବେଳେ ଶ୍ରୀ ଭଣ୍ଡାରେ କ'ଣ କହିଲେ ?

'ବିହାରରେ କୌଣସି ନଗଦ ଯୋଜନା ନାହିଁ। ରାଜ୍ୟରେ କେବଳ ଗୋଟିଏ ଯୋଜନା ଅଛି ଏବଂ ତାହା ହେଉଛି "ଦମନ ଯୋଜନା" । ଏହା ଆନ୍ଦୋଳନ ପୂର୍ବର ଘଟଣା। ବେରୋଜଗାରି ଦ୍ୱାରା ହତାଶ ହୋଇ ଛାତ୍ରମାନେ ଉତ୍ତେଜିତ ହେଲେ। ମୋ ସମ୍ମୁଖରେ ପୂର୍ବତନ ସାଂସଦ ମୁଦ୍ରିକା ପ୍ରସାଦ ସିଂଙ୍କର ବକ୍ତବ୍ୟ ଅଛି। ସେ ଜଣେ କଂଗ୍ରେସ ନେତା ଏବଂ ଦାୟିତ୍ୱବାନ ମଣିଷ। ଏକ ପ୍ରେସ୍ ରିପୋର୍ଟ ଅନୁଯାୟୀ ସେ କହିଛନ୍ତି, 'ସେ ସାମ୍ବାଦିକମାନଙ୍କୁ କହିଛନ୍ତି ଯେ, ପୋଲିସର ଅବିବେକୀ ଗୁଳିଚାଳନା ଯୋଗୁ ୧୨ ଏପ୍ରିଲ୍‌ରେ ଗୟାଠାରେ ୪୦ ରୁ ୫୦ ଜଣଙ୍କ ମୃତ୍ୟୁ ଘଟିଛି ଏବଂ ଏହା ଜନସାଧାରଣ ମଧ୍ୟ ବିଶ୍ୱାସ କରନ୍ତି।' ସେ କହିଛନ୍ତି ଯେ ୪୮ ଘଣ୍ଟା ପାଇଁ ସମଗ୍ର ଗୟା ଜିଲ୍ଲାର ଲୋକେ ଗୃହବନ୍ଦୀ ହୋଇ ରହିଥିଲେ। ସଶସ୍ତ୍ର ପାଟ୍ରୋଲିଂ ବାହିନୀ ପ୍ରତି ୫ ମିନିଟ୍‌ରେ ଘୋଷଣା କରୁଥିଲେ ଯେ, ଯିଏ ଘରୁ ବାହାରିବ ସେ ଗୁଳିରେ ମରିବ। ଏଠାରେ ଗୃହମନ୍ତ୍ରୀଙ୍କ ବକ୍ତବ୍ୟ ଭୁଲ୍ ପ୍ରମାଣିତ ହୋଇଛି। ଆହୁରି ଶ୍ରୀ ସିଂ କହୁଛନ୍ତି ଯେ ସରକାରୀ ତଥ୍ୟ ଅନୁଯାୟୀ ପୋଲିସ ଗୁଳିରେ ୮ ଜଣଙ୍କର ମୃତ୍ୟୁ ହୋଇଛି।[୨୯୩]

ରାଜ୍ୟର କଂଗ୍ରେସ ସରକାରଙ୍କ ଦ୍ୱାରା ଛାତ୍ର ଆନ୍ଦୋଳନର ମୁକାବିଲା ହିଂସା ଦ୍ୱାରା କରାଯାଇଥିଲା ଏବଂ ଯେ କୌଣସି ଗଣମାଧ୍ୟମ ଏ ଘଟଣାକୁ ମୁଖ୍ୟ ଆକର୍ଷକ

ଖବର ରୂପେ ପ୍ରଚାରିତ କରିବାକୁ ଚାହୁଁଥିଲା, ତା'ର ମଧ୍ୟ ଅନୁରୂପ ଦଶା ହେଉଥିଲା। 'ସର୍ଚ୍ଚ ଲାଇଟ୍' ଏବଂ 'ପ୍ରଦୀପ' ନାମରେ ଦୁଇଟି ଖବରକାଗଜ ସରକାରଙ୍କୁ ସମାଲୋଚନା କରୁଥିଲେ ଏବଂ ଏମାନଙ୍କ ସମ୍ପାଦକୀୟ ଲେଖା କଂଗ୍ରେସ କମ୍ୟୁନିଷ୍ଟ ଗଠବନ୍ଧନକୁ କାଠଗଡ଼ାରେ ଠିଆ କରାଇଥିଲା। ସର୍ଚ୍ଚ ଲାଇଟ୍‌ର ସମ୍ପାଦକ ଏସ୍. କେ. ରାଓ ଦିଲ୍ଲୀର ଏକ ସାମ୍ବାଦିକ ସମ୍ମିଳନୀରେ କହିଥିଲେ ଯେ ତାଙ୍କ ଅଫିସ ପୋଡ଼ି ଦିଆଯିବା- ସ୍ପଷ୍ଟ କଥା କହୁଥିବା ଏକ ସମ୍ବାଦପତ୍ର ବିରୁଦ୍ଧରେ ଭୟଙ୍କର ଷଡ଼ଯନ୍ତ୍ର। ପୋଲିସ ଆନ୍ଦୋଳନକାରୀଙ୍କ ବିରୋଧରେ କୌଣସି କାର୍ଯ୍ୟାନୁଷ୍ଠାନ ଗ୍ରହଣ କରି ନ ଥିବା ଏବଂ ଅଗ୍ନିକାଣ୍ଡ ପରେ ଅଗ୍ନିଶମ ସେବା ଉପଲବ୍ଧ ନ ହେବା ଘଟଣାରୁ ରାଜ୍ୟ ସରକାରଙ୍କ ଜଟିଳତା ଜଣାପଡୁଛି ବୋଲି ମଧ୍ୟ ଏସ୍.କେ. ରାଓ କହିଥିଲେ।

ଧୀରେ ଧୀରେ ଛାତ୍ର ଆନ୍ଦୋଳନରୁ ଏହା ଜନଆନ୍ଦୋଳନରେ ପରିଣତ ହେଲା ଏବଂ ସହରରୁ ଗାଁକୁ ମାଡ଼ିଗଲା। ସରକାରୀ କାର୍ଯ୍ୟାଳୟ ସମ୍ମୁଖରେ ପିକେଟିଂ ଏବଂ ଧାରଣା ସରକାରଙ୍କୁ ପଙ୍ଗୁ ବନାଇଦେଲା। 'ବିଧାନସଭାକୁ ସମାପ୍ତ କରିବା ସପ୍ତାହ'ର ଅବସରରେ ୧୮ ଜଣ ଜନସଂଘ ଏବଂ ୬ ଜଣ ଏସ୍ଏସ୍‌ପି ବିଧାୟକ ନିଜ ଆସନରୁ ଇସ୍ତଫା ଦେଇଦେଲେ। ଅନେକ ବିଧାୟକ ଏପରି କରିବାକୁ ପ୍ରତିଜ୍ଞା କଲେ। ବିଧାନସଭା ଭଙ୍ଗ ସପ୍ତାହରେ ୧୦ ଲକ୍ଷ ସ୍ୱାକ୍ଷର ସଂଗୃହୀତ ହୋଇ ୫ ଜୁନ୍‌ରେ ଦାଖଲ ହେବାର ଥିଲା। ସିପିଆଇ କଂଗ୍ରେସକୁ ସୁରକ୍ଷା ଦେବାକୁ ଆସିଲା। ବିଧାନସଭା ବିଲୋପ ଦାବିକୁ ବିରୋଧ କରିବା ଏବଂ କଳାବଜାରି ରୋକିବାକୁ ପଦକ୍ଷେପ ନେବା, ଜରୁରୀ ଦ୍ରବ୍ୟର ବାଣିଜ୍ୟ ଗ୍ରହଣ କରିବା, କୃଷି ଶ୍ରମିକଙ୍କ ବେତନ ବୃଦ୍ଧି ଏବଂ ଦୁର୍ନୀତିକୁ ବିଲୋପ କରିବା ପ୍ରସଙ୍ଗରେ କମ୍ୟୁନିଷ୍ଟମାନେ ଶ୍ରମିକ, ଛାତ୍ର, କୃଷକ, ଯୁବକ ଏବଂ ମହିଳାମାନଙ୍କୁ ନେଇ ୩ ଜୁନ୍‌ରେ ଏକ ସମାନ୍ତରାଳ ର୍‌ୟାଲିର ଆୟୋଜନ କଲେ। ଜେପିଙ୍କ ଆନ୍ଦୋଳନକୁ ଭଙ୍ଗୁର କରିବାକୁ ଏହା ଏକ ଉଦ୍ୟମ ଥିଲା।

ଜେପି କିନ୍ତୁ ନିଜ ଆନ୍ଦୋଳନକୁ ଆଗେଇ ନେଇ ୫ ଲକ୍ଷ ଲୋକଙ୍କ ପଟୁଆରରେ ୫ ଜୁନ୍ ୧୯୭୪ରେ ରାଜ୍ୟପାଳଙ୍କ ନିକଟରେ ସ୍ୱାକ୍ଷରିତ ଦସ୍ତାବିଜ ଦାଖଲ କରିବାକୁ ଗଲେ। ଜେପିଙ୍କ ଦ୍ୱାରା ଗାନ୍ଧୀ ମୈଦାନରୁ ରାଜଭବନ ଯାଏ ୫ ଜୁନ୍‌ର ପଟୁଆର ଅବଦୁଲ ଗଫୁରଙ୍କ ମନ୍ତ୍ରୀ ପରିଷଦ ଏବଂ ବିହାର ବିଧାନସଭା ଉପରେ ଲୋକଙ୍କ ଆତ୍ମବିଶ୍ୱାସର ଅଭାବକୁ ଦର୍ଶାଇଥିଲା। ଛାତ୍ର ସଂଘର୍ଷ ସମିତି ଏବଂ ଜନସଂଘର୍ଷ ସମିତି ୩, ୪,୫ ଅକ୍ଟୋବର ୧୯୭୪ରେ ତିନିଦିନିଆ ବିହାର ବନ୍ଦର ଡାକରା ଦେଇଥିଲେ। ଜେପି ଘୋଷଣା କଲେ ଯେ ଗାନ୍ଧୀ ଜୟନ୍ତୀ ପ୍ରତିଜ୍ଞା ଦିବସ ରୂପେ ପାଳିତ ହେବ; ଯେଉଁଠି ସମାଜର ସବା ଶେଷ ଧାଡିର ଲୋକମାନଙ୍କ ଉନ୍ନତି ପାଇଁ

କାମ କରିବାକୁ ସମସ୍ତେ ପ୍ରତିଜ୍ଞା କରିବେ। ବନ୍ଦ ପୂର୍ବରୁ ଜେପି ପ୍ରଧାନମନ୍ତ୍ରୀଙ୍କୁ ଅନୁରୋଧ କଲେ ଯେ ବିଧାନସଭା ଭଙ୍ଗକୁ ଏକ ସମ୍ମାନର ପ୍ରଶ୍ନ ବୋଲି ନ ଭାବି ବିହାରର ୯୦ ପ୍ରତିଶତ ଲୋକ କ'ଣ କହୁଛନ୍ତି ତାକୁ ଶୁଣନ୍ତୁ। ସରକାରଙ୍କ ନିର୍ଦ୍ଦେଶରେ ପୋଲିସ ଫୋର୍ସ ଅଧିକ ହିଂସା ଘଟାଇଥିଲା ଏବଂ କୌଣସି ଯଥାର୍ଥତା ବିନା ପ୍ରତିଶୋଧପରାୟଣ ହୋଇ ବିନା କାରଣରେ ଗୁଳି ଚଳାଇଥିଲା।

୪ ନଭେମ୍ବରରେ ପାଟଣାଠାରେ ଆଉ ଏକ ବିରାଟ ଧାରଣା ପାଇଁ ପ୍ରସ୍ତୁତି ଆରମ୍ଭ ହେଲା। ବିହାର ସରକାର ଏହାକୁ ପ୍ରତିହତ କରିବାକୁ ବିସ୍ତୃତ ଯୋଜନା ପ୍ରସ୍ତୁତ କଲା। ସମସ୍ତ ସରକାରୀ ଅଟ୍ଟାଳିକା, ମନ୍ତ୍ରୀ ଏବଂ ବିଧାୟକଙ୍କ ବାସଭବନ ଓ ଅନ୍ୟ ପୁରୁଣା ସ୍ଥାନରେ ବ୍ୟାରିକେଡ୍ ଏବଂ ରାସ୍ତା ଅବରୋଧ କରାଯାଇଥିଲା। ପୋଲିସ ଚେକ୍ ପଏଣ୍ଟଗୁଡ଼ିକ କେନ୍ଦ୍ରୀୟ ରିଜର୍ଭ ପୋଲିସ ବଳ (ସିଆରପିଏଫ୍) ଏବଂ ସୀମା ସୁରକ୍ଷା ବଳ (ବିଏସଏଫ୍) ଦ୍ୱାରା ପରିଚାଳନା କରାଯାଉଥିଲା। ପାଟନାକୁ ଆସୁଥିବା ସବୁ ପ୍ରବେଶ ପଥ ବନ୍ଦ କରି ଦିଆଗଲା, ପୂର୍ବତଟ ରେଳ ବ୍ୟବସ୍ଥାନର ୫୮ଟି ଟ୍ରେନ ବାତିଲ୍ କରି ଦିଆଗଲା, ପାଟନାକୁ ଆସୁଥିବା ବସ୍ ଏବଂ ଷ୍ଟିମର ସେବା ମଧ୍ୟ ବନ୍ଦ କରି ଦିଆଗଲା। ପ୍ରଦର୍ଶନ ଆରମ୍ଭ ହେବା ପୂର୍ବରୁ ସାରା ରାଜ୍ୟରୁ ପ୍ରାୟ ୩ ହଜାର ଲୋକଙ୍କୁ ଗିରଫ କରାଗଲା। ପାଟନା ଏବଂ ତା'ର ଆଖପାଖ ଅଞ୍ଚଳରେ ଆକାଶ ମାର୍ଗରୁ ସର୍ବେକ୍ଷଣ ଆରମ୍ଭ ହୋଇଥିଲା।

ଜେପି ନିଜ ଘରୁ ପୂର୍ବାହ୍ନ ୧୦ଟାରେ ବାହାରି ଗାନ୍ଧୀ ମୈଦାନରେ ପହଞ୍ଚିଲେ ଏବଂ ୨୦ ହଜାର ଲୋକ ତାଙ୍କୁ ଅନୁସରଣ କଲେ। ଲୋକଙ୍କ ଭିଡ଼ ଶାନ୍ତିପୂର୍ଣ୍ଣ ଥିଲା ଏବଂ ଲୋକେ ଜେପିଙ୍କ ନିର୍ଦ୍ଦେଶାବଳୀ ମାନୁଥିଲେ। ପୋଲିସ ଜେପିଙ୍କ ଜିପକୁ ଯିବାକୁ ଦେଲା ଏବଂ ଶାନ୍ତିପୂର୍ଣ୍ଣ ଜନସମୂହ ଉପରକୁ ଲୁହବୁହା ଗ୍ୟାସ୍ ଏବଂ ଲାଠିଚାର୍ଜ କଲା। ଆନ୍ଦୋଳନର ସର୍ବୋଚ୍ଚ ଉତ୍ସାହ ସମୟରେ ପାଖାପାଖି ୪୦ ହଜାର ଲୋକ ଆନ୍ଦୋଳନର ଅଂଶ ଥିଲେ। ମୈଦାନରେ ଅପର ପାର୍ଶ୍ୱରେ ଆହୁରି ଅଧିକ ଲୋକ ଜେପିଙ୍କୁ ଅପେକ୍ଷା କରିଥିଲେ। ଭିଡ଼ ଶାନ୍ତିପୂର୍ଣ୍ଣ ଥିଲା, କିନ୍ତୁ ପୋଲିସ ଚୁପ୍ ରହିଲା ନାହିଁ। ସେମାନେ ଜେପିଙ୍କୁ ଆକ୍ରମଣ କରିବାକୁ ଆଗେଇଲେ। ଜେପିଙ୍କୁ ସୁରକ୍ଷା ଦେବା ପାଇଁ ନିଯୁକ୍ତ ୪ଜଣ ସିକ୍ୟୁରିଟି ମଧ୍ୟ ମାଡ଼ ଖାଇଲେ। ଲୋକେ ଜେପିଙ୍କୁ ରକ୍ଷା କରିବାକୁ ଦୌଡ଼ିଲେ, ତଥାପି ସେ ପୋଲିସଙ୍କ ଆକ୍ରମଣର ଶିକାର ହେଲେ। ତାଙ୍କ ଆଡକୁ ଲକ୍ଷ୍ୟ କରି ଫିଙ୍ଗାଯାଇଥିବା ଏକ ଟେକା ନାନାଜୀ ଦେଶମୁଖଙ୍କ ଦ୍ୱାରା ଅଟକାଇ ଦିଆଯାଇଥିଲା ଏବଂ ଏହା ନାନାଜୀଙ୍କ ବାହୁରେ ବାଜିଥିଲା। ହାବିଲଦାର ସୁରେଶ ସିଂ ଜେପିଙ୍କ ସୁରକ୍ଷା ପାଇଁ ନିଜ ରିଭଲଭର କାଢିଲେ, କିନ୍ତୁ ତାହା ବୃଥା ହେଲା।

ଅର୍ଥମନ୍ତ୍ରୀ ଦାରୋଗା ରାଏଙ୍କ ବାସଭବନରେ ପହଞ୍ଚିଲା ବେଳକୁ ଜେପିଙ୍କ ବ୍ୟତୀତ ଅନ୍ୟ ସମସ୍ତେ ଗିରଫ ହୋଇସାରିଥିଲେ ଏବଂ ଜେପି ମଧ୍ୟ ନିଜେ ଗିରଫ ହେବାକୁ ଜିଦ୍ ଧରିଲେ। ରାତି ୧୦ଟା ୩୦ରେ ତାଙ୍କ ଧାରଣା ଶେଷକଲା ପରେ ଜେପି କହିଲେ "ମୁଁ ଏମିତି ଲଜ୍ଜାହୀନ ନିଷ୍ଠୁରତା ବ୍ରିଟିଶ ଶାସନ ସମୟରେ ମଧ୍ୟ ଦେଖି ନ ଥିଲି।[୨୯୪] ସେ ଇନ୍ଦିରା ଗାନ୍ଧୀଙ୍କ ପାଇଁ କହିଲେ 'ଇନ୍ଦିରା ଗାନ୍ଧୀ ବାସ୍ତବତାକୁ ବୁଝି ଲୋକଙ୍କ ଦାବି ସ୍ୱୀକାର କରିବା ଉଚିତ ଥିଲା।' ଯଦି ପ୍ରଧାନମନ୍ତ୍ରୀ ବାସ୍ତବତାକୁ ଦେଖିବାକୁ ମନା କରୁଛନ୍ତି ତେବେ ମୁଁ ଦାୟିତ୍ୱର ସହ କହିବି ଯେ ସେ ତାଙ୍କ ପଦବୀ ଛାଡିଦେବା ଉଚିତ, ଏ ମହାନ୍ ଦେଶର ପ୍ରଧାନମନ୍ତ୍ରୀ ହେବାକୁ ସେ ସମ୍ପୂର୍ଣ୍ଣ ଅଯୋଗ୍ୟ।"[୨୯୫]

ଜେପି ଚାହୁଁଥିଲେ ଆନ୍ଦୋଳନ ବିନା ପକ୍ଷପାତରେ ହେଉ। ତେବେ, ଯେହେତୁ ଏହା ଏକ ଖୋଲା ଆନ୍ଦୋଳନ ଥିଲା ସେ ଭିନ୍ନ ଆଦର୍ଶ ଏବଂ ଦଳୀୟ ଆନୁଗତ୍ୟର ଛାତ୍ରମାନଙ୍କ ଯୋଗଦାନକୁ ବିରୋଧ କରି ନ ଥିଲେ। ରାଜନୈତିକ ଦଳମାନେ ଆନ୍ଦୋଳନରେ ପ୍ରତ୍ୟକ୍ଷ ଭାବେ ସାମିଲ ନ ଥିଲେ, କିନ୍ତୁ ସେମାନଙ୍କ ନେତା, କର୍ମୀ ଏବଂ ସହଯୋଗୀମାନେ ବ୍ୟକ୍ତିଗତ ଭାବରେ ଏଥିରେ ଯୋଗ ଦେଇଥିଲେ। ଯେଉଁ ଦଳମାନେ ଏ ଆନ୍ଦୋଳନର ଅଂଶ ଥିଲେ ସେମାନେ ହେଲେ ଭାରତୀୟ ଜନସଂଘ, ଭାରତୀୟ ଲୋକଦଳ, ସୋସାଲିଷ୍ଟ ପାର୍ଟି ଏବଂ କଂଗ୍ରେସ (ଓ) । କଂଗ୍ରେସ (ଓ)ର ନେତୃତ୍ୱ ପ୍ରଭାବଶାଳୀ ଥିଲା କିନ୍ତୁ ଏମାନେ ପରିଚାଳନା କମିଟିରେ ସଂଖ୍ୟା ଦୃଷ୍ଟିରୁ ବହୁତ ଦୁର୍ବଳ ଥିଲେ। ଭାରତୀୟ ଜନସଂଘ ଏବଂ ଏବିଭିପିରେ ଏକ ଶୃଙ୍ଖଳିତ ତଥା ଦୃଢ଼ କ୍ୟାଡର ରହିଥିଲେ ଏବଂ ଜେପି ସେମାନଙ୍କ ଉପରେ ନିର୍ଭରଶୀଳ ଥିଲେ, କାରଣ ବହୁ ବିଶ୍ୱବିଦ୍ୟାଳୟ ପରିଷଦରେ ଏହା ସବୁଠାରୁ ଶକ୍ତିଶାଳୀ ଉପାଦାନ ଥିଲା।

ଜନ ଆନ୍ଦୋଳନକୁ ବିରୋଧ କରିବାକୁ ଯାଇ କଂଗ୍ରେସ ଏବ ସିପିଆଇ ରାଜ୍ୟ ଶାସନ କାଳକୁ ବ୍ୟବହାର କରି ଏବଂ ଲକ୍ଷ ଲକ୍ଷ ଟଙ୍କା ଖର୍ଚ୍ଚ କରି ୧୬ ନଭେମ୍ବର ୧୯୭୪ରେ ଏକ ରାଲିର ଆୟୋଜନ କଲେ। ସିପିଆଇ ଜେପିଙ୍କୁ ଆମେରିକାର ଏଜେଣ୍ଟ କହି ନିନ୍ଦା କଲା ଏବଂ ତାଙ୍କୁ ଫାସିଷ୍ଟ ବୋଲି କହିଲା। ଏ ରାଲି କିନ୍ତୁ ଏକ ଦୟନୀୟ ପ୍ରଦର୍ଶନ ଥିଲା। ୧୮ ନଭେମ୍ବର ୧୯୭୪ରେ ଗାନ୍ଧୀ ମୈଦାନଠାରେ ଜେପି ଆଉ ଏକ ରାଲିର ଆୟୋଜନ କଲେ। ଏହା ପୂର୍ବର ରେକର୍ଡକୁ ଭାଙ୍ଗିଲା ଏବଂ ୧୬ ନଭେମ୍ବରରେ ଅନୁଷ୍ଠିତ କଂଗ୍ରେସ ଓ ସିପିଆଇର ମିଳିତ ରାଲିଠାରୁ ଏଥିରେ ବହୁ ଅଧିକ ସଂଖ୍ୟକ ଲୋକ ଯୋଗ ଦେଇଥିଲେ। ଏଥିରୁ ପ୍ରମାଣିତ ହୋଇଥିଲା ଯେ ଜନସାଧାରଣଙ୍କ ସମବେଦନା କାହା ସହିତ ଅଛି।

୨୫ ନଭେମ୍ବର ୧୯୭୪ରେ ଭାରତୀୟ ଜନସଂଘ, ଭାରତୀୟ ଲୋକଦଳ। କଂଗ୍ରେସ (ଓ) ସୋସାଲିଷ୍ଟ ପାର୍ଟି ଏବଂ ଅକାଳୀ ଦଳ ଆଦି ସବୁ ବିରୋଧୀ ଦଳ ମିଶି ଦିଲ୍ଲୀରେ ବୈଠକ କଲେ। ପ୍ରଥମ ବୈଠକରେ ଚରଣ ସିଂ ଅଧ୍ୟକ୍ଷତା କରିଥିଲେ। ସମସ୍ତ ବିରୋଧୀ ଦଳ ବିରୋଧୀଙ୍କୁ ଏକତ୍ର କରି ନେତୃତ୍ୱ ନେବାକୁ ଜେପିଙ୍କୁ ଅନୁରୋଧ କଲେ। ନିର୍ବାଚନରେ ତାଙ୍କ ଦ୍ୱାରା ଉଠାଯାଇଥିବା ସମସ୍ୟାର ସମାଧାନ ପାଇଁ ଇନ୍ଦିରା ଜେପିଙ୍କୁ ଆହ୍ୱାନ ଦେଇ ସାରିଥିଲେ, ତେଣୁ ବିରୋଧୀ ଦଳମାନଙ୍କର ଏବଂ ପ୍ରସ୍ତାବକୁ ଜେପି ଗ୍ରହଣ କରି ନେଇଥିଲେ। ୬ ମାର୍ଚ୍ଚ ୧୯୭୫ରେ ଜେପିଙ୍କ ନେତୃତ୍ୱରେ ଏକ ବୃହତ୍ ଜାତୀୟ ସ୍ତରର ପ୍ରଦର୍ଶନର ଯୋଜନା ହେଲା। ଜେପି ଜୋର ଦେଇଥିଲେ ଯେ ପ୍ରସ୍ତାବିତ ପ୍ରଦର୍ଶନ ଗୋଟିଏ ବ୍ୟାନର ବ୍ୟବହାର କରି ହେବ ଏବଂ ଭାଗ ନେଉଥିବା ଦଳମାନେ ନିଜ ଦଳର ପତାକା ବା ବ୍ୟାନର ଧରିବେ ନାହିଁ।

ବିରୋଧୀ ଦଳର ଏକତା ପାଇଁ ସାଧାରଣ ପ୍ରତୀକ ପ୍ରାର୍ଥୀ ଏବଂ କାର୍ଯ୍ୟକ୍ରମ ପାଇଁ ଭାରତୀୟ ଜନସଂଘ ଏକ ସଂକଳ୍ପ ପାରିତ କଲା। ୨୨-୨୫ ଜାନୁଆରୀ ୧୯୭୫ରେ ଅହମ୍ମଦାବାଦଠାରେ ଅନୁଷ୍ଠିତ କାର୍ଯ୍ୟକାରିଣୀ ବୈଠକରେ ଭାରତୀୟ ଜନସଂଘ ନିମ୍ନଲିଖିତ ସଂକଳ୍ପ ପାରିତ କଲା।

ଗତ ନଭେମ୍ବରରେ ହୋଇଥିବା ଜମ୍ମୁ ବୈଠକରେ ଜନସଂଘର କେନ୍ଦ୍ରୀୟ କାର୍ଯ୍ୟନିର୍ବାହୀ ଜେପି ଆନ୍ଦୋଳନରେ ଅଂଶଗ୍ରହଣ କରୁଥିବା ସମସ୍ତ ବିରୋଧୀ ଦଳକୁ ନିବେଦନ କରିଥିଲେ ଯେ, ସେମାନେ ପ୍ରତିଷ୍ଠାନ ବିରୋଧରେ ଚାଲିଥିବା ଲୋକପ୍ରିୟ ସଂଗ୍ରାମର ସମ୍ପ୍ରସାରଣ ଭାବେ ନିର୍ବାଚନକୁ ଦେଖିବେ। ଆମ କାର୍ଯ୍ୟକାରିଣୀ ଏକ ଶକ୍ତ ନିର୍ବାଚନ ରଣନୀତିର ରୂପରେଖକୁ ଔପଚାରିକ ରୂପ ଦେଇଛନ୍ତି, ଯେଉଁଥିରେ ସାଧାରଣ ଲାକଙ୍କ ପ୍ରାର୍ଥିତ୍ୱ, ଏକ ସାଧାରଣ ସର୍ବନିମ୍ନ କାର୍ଯ୍ୟକ୍ରମ ଏବଂ ଏକ ସାଧାରଣ ପ୍ରତୀକର ପରିକଳ୍ପନା କରାଯାଇଛି।[୨୯୬]

ବିହାର ଏବଂ ଗୁଜରାଟରେ ନୂତନ ନିର୍ବାଚନ, ଲୋକମାନଙ୍କର ସାମାଜିକ - ଅର୍ଥନୈତିକ ଅଧିକାର, ଗଣତାନ୍ତ୍ରିକ ତଥା ନାଗରିକ ଅଧିକାର, ମୁକ୍ତ ଏବଂ ନିରପେକ୍ଷ ନିର୍ବାଚନ, ରାଜନୈତିକ ଶକ୍ତିର ବିକେନ୍ଦ୍ରୀକରଣ, ଶିକ୍ଷା ସଂସ୍କାର ଏବଂ ରାଜନୈତିକ ଦୁର୍ନୀତି ନିବାରଣ ଆଦି ଦାବି କରି ୬ ମାର୍ଚ୍ଚ ୧୯୭୫ରେ ସଂସଦ ନିକଟକୁ ଏକ ରାଲି କରାଯାଇଥିଲା। ବାଚସ୍ପତିଙ୍କୁ ଦାବିପତ୍ର ଦେବା ପରେ ଜେପି ଏକ ବିଶାଳ ରାଲିକୁ ବୋଟ୍ କ୍ଲବଠାରେ ସମ୍ବୋଧନ କରିଥିଲେ। ଜେପି କହିଥିଲେ ଯେ ସେ ଆଶା କରିଥିଲେ, 'ପ୍ରଧାନମନ୍ତ୍ରୀ ସ୍ପଷ୍ଟ ବାର୍ତ୍ତା ପଢିବାକୁ ଯତ୍ନବାନ ହେବେ ଏବଂ ସଚେତନ

ହେବେ – ଠିକ୍ ସମୟରେ ନିଜର ମାର୍ଗ ସଂଶୋଧନ କରନ୍ତୁ , ନଚେତ୍ ପୂର୍ବରୁ ଧୈର୍ଯ୍ୟହରା ହୋଇଥିବା ଲୋକେ ଆପଣଙ୍କୁ ବାହାରକୁ କାଢି ଫିଙ୍ଗିଦେବେ।[୨୯୭]

ଭାରତୀୟ ଜନସଂଘ ସବୁଠୁ ବଡ଼ ସଙ୍ଗଠିତ ଏବଂ ନିଃସ୍ୱାର୍ଥ ଶକ୍ତିଭାବେ ଏହି ଆନ୍ଦୋଳନର ସମର୍ଥକ ବୋଲି ଜେପି ଜାଣିଥିଲେ। ୭ ମାର୍ଚ୍ଚ ୧୯୭୫ରେ ସାରା ଭାରତରୁ ୪୦ ହଜାର ପ୍ରତିନିଧି ଯୋଗ ଦେଇଥିବା ଜନସଂଘର ଏକ କାର୍ଯ୍ୟକ୍ରମରେ ଜେପି ଯୋଗ ଦେଇଥିଲେ। ଜେପି କହିଥିଲେ ଯେ ସେ ବିହାର ଆନ୍ଦୋଳନକୁ ସମର୍ଥନ ଏବଂ ସହାୟତା ଜଣାଇଥିବା ଭାରତୀୟ ଜନସଂଘକୁ ଧନ୍ୟବାଦ ଓ କୃତଜ୍ଞତା ଜଣାଇବାକୁ ଏ ବୈଠକରେ ଯୋଗଦେବାକୁ ଆସିଛନ୍ତି ଏବଂ କିପରି ପୋଲିସର ବର୍ବରତାରୁ ନାନାଜୀ ଦେଶମୁଖ ତାଙ୍କୁ ରକ୍ଷା କରିଥିଲେ, ସେ କଥା ସ୍ମରଣ କରାଇଥିଲେ। ଜନସଂଘର ବିରୋଧୀଙ୍କୁ ଚୁପ କରିବାକୁ ଜେପି କହିଥିଲେ ଯେ, ଯଦି ଜନସଂଘ ଫାସିଷ୍ଟ ତେବେ ମୁଁ ମଧ୍ୟ ଜଣେ ଫାସିଷ୍ଟ। ବାସ୍ତବରେ ଫାସିଜିମର ସୂର୍ଯ୍ୟୋଦୟ ଅନ୍ୟ କେଉଁଠାରେ ହେଉଛି।[୨୯୮]

୧୯୭୬ରେ ହେବାକୁ ଥିବା ସାଧାରଣ ନିର୍ବାଚନରେ ଇନ୍ଦିରାଙ୍କୁ ଆହ୍ୱାନ ଦେବାକୁ ଜନତା ମୋର୍ଚ୍ଚା ନିଜକୁ ଗଢୁଥିଲା ଏବଂ ଏକୀଭୂତ ହେଉଥିଲା। ଗୁଜରାଟରେ, ଜନତା ମୋର୍ଚ୍ଚା ୧୯୭୫ରେ ଏହାର ପ୍ରଥମ ନିର୍ବାଚନ ବିଜୟର ସ୍ୱାଦ ଚାଖିଥିଲା। ଯାହା ଦ୍ୱାରା ଅଂଶଗ୍ରହଣକାରୀ ଦଳଗୁଡିକ କଂଗ୍ରେସର ବଂଶବାଦୀ ରାଜନୀତିକୁ ବିରୋଧ କରିବାକୁ ବିରୋଧୀ ଦଳମାନେ ଏକୀଭୂତ ହେବା କଥା ବିଶ୍ୱାସ କରିବା ଆରମ୍ଭ କରିଥିଲେ। ବିହାରରେ ଜେପିଙ୍କ ଆନ୍ଦୋଳନ ପରି ଗୁଜରାଟରେ କଂଗ୍ରେସ (ଓ) ର ମୋରାରଜୀ ଦେଶାଇ ଆର୍ଥିକ ସଙ୍କଟ ଏବଂ ସାଧାରଣ ଜୀବନରେ ଦୁର୍ନୀତି ବିରୋଧରେ ନବନିର୍ମାଣ ଆନ୍ଦୋଳନ ଚଳାଇଥିଲେ। ସ୍ୱାଧୀନତା ପରବର୍ତ୍ତୀ ଭାରତର ଇତିହାସରେ ଏହା ଏକମାତ୍ର ସଫଳ ଆନ୍ଦୋଳନ ବୋଲି କୁହାଯାଏ, ଯାହାଦ୍ୱାରା ଏକ ନିର୍ବାଚିତ ରାଜ୍ୟ ସରକାର ଭାଙ୍ଗିଯାଇଥିଲା। ମୋରାରଜୀଙ୍କ ଅନଶନ ପାଇଁ ଗୁଜରାଟ ବିଧାନସଭା ନିର୍ବାଚନ ତାରିଖ ଘୋଷଣା କରିବାକୁ ଇନ୍ଦିରା ବାଧ୍ୟ ହେଲେ। ବିଧାନସଭା ନିର୍ବାଚନ ଜୁନ୍ ୧୯୭୫ରେ ହେବାର ଘୋଷଣା ହେବାପରେ ୧୩ ଏପ୍ରିଲ୍ ୧୯୭୫ରେ ମୋରାରଜୀ ତାଙ୍କ ଅନଶନ ଭାଙ୍ଗିଲେ। ଜନସଂଘ, ଭାରତୀୟ ଲୋକଦଳ, କଂଗ୍ରେସ (ଓ) ଏବଂ ସୋସାଲିଷ୍ଟ ଫ୍ରଣ୍ଟକୁ ନେଇ ମୋରାରଜୀଙ୍କ ନେତୃତ୍ୱରେ ଜନତା ମୋର୍ଚ୍ଚା ଗଠନ ହେଲା। ମୋର୍ଚ୍ଚାର ଏକ ସାଧାରଣ ଘୋଷଣାପତ୍ର ଥିଲା ଏବଂ ପ୍ରାର୍ଥୀ ଚୟନ ପାଇଁ ମୋରାରଜୀଙ୍କ ନେତୃତ୍ୱରେ ତିନିଜଣିଆ କମିଟି ଗଠନ କରାଯାଇଥିଲା। ମୋର୍ଚ୍ଚାର ଅଂଶୀଦାର ଦଳର ଅନ୍ୟ ନେତାମାନଙ୍କ ସହ ମିଶି ଜେପି ଗୁଜରାଟରେ ନିର୍ବାଚନ

ପ୍ରଚାର କଲେ । ମୋରାରଜୀ ସବୁ ଜିଲ୍ଲାକୁ ଗସ୍ତକଲେ ଏବଂ ପାଖାପାଖି ୧୦୦ଟି ସଭାରେ ଉଦ୍‌ବୋଧନ ଦେଲେ । ଆତ୍ମସମ୍ମାନ ବାଜିରେ ଲାଗିଥିବାରୁ ଇନ୍ଦିରା ୧୧ ଦିନ ଗସ୍ତ କରି ଗୁଜରାଟରେ ୧୧୦ଟି ସଭାରେ ଉଦ୍‌ବୋଧନ ଦେଲେ ।

୯ ଜୁନ୍ ୧୯୭୫ରେ ଭୋଟ୍ ନିଆଗଲା । ଏବଂ ୧୨ ଜୁନ୍‌ରେ ଗଣିବା ଆରମ୍ଭ ହେଲା । ଜନତା ମୋର୍ଚ୍ଚା ଏକକ ସଂଖ୍ୟା ଗରିଷ୍ଠ ଦଳ ରୂପେ ନିର୍ବାଚିତ ହେଲା, କିନ୍ତୁ ବହୁମତରୁ କିଛି କମ୍ ଆସନ ପାଇଲା । ୧୮୨ ଆସନ ଥିବା ବିଧାନସଭାରେ ଜନତା ମୋର୍ଚ୍ଚା ୮୬ଟି ଆସନ ପାଇଲେ, କଂଗ୍ରେସ ୭୫ଟି ପାଇଲା, କିଶାନ ମଜଦୁର ଲୋକପକ୍ଷ ୧୨ଟି ଆସନ ଏବଂ ସ୍ୱାଧୀନ ୮ଟି ଆସନ ପାଇଲେ । ଜନତା ମୋର୍ଚ୍ଚା କିଶାନ ମଜଦୁର ଲୋକପକ୍ଷ ସହାୟତାରେ ଗୁଜରାଟରେ ସରକାର ଗଠନ କଲା । ବାବୁ ଭାଇ ଜେ ପଟେଲ ଗୁଜରାଟର ମୁଖ୍ୟମନ୍ତ୍ରୀ ହେଲେ ।

ଆହ୍ଲାବାଦ ଉଚ୍ଚ ନ୍ୟାୟାଳୟ ଇନ୍ଦିରା ଗାନ୍ଧୀଙ୍କ ନିର୍ବାଚନକୁ ଅସିଦ୍ଧ ଘୋଷଣା କଲେ ଏବଂ ତାଙ୍କୁ ୬ ବର୍ଷ ପାଇଁ ନିର୍ବାଚନ ଲଢ଼ିବାକୁ ଅଯୋଗ୍ୟ ଘୋଷଣା କଲେ

ଗୁଜରାଟରେ ନିଜ ଦଳର କ୍ଷତି ଘଟଣାରୁ ଇନ୍ଦିରା ମୁକୁଳି ନ ଥିଲେ ଏବଂ ସେହି ସମୟରେ ଆହୁରି ଖରାପ ଖବର ଆସିଲା । ୧୨ ଜୁନ୍ ୧୯୭୫ରେ ଯେତେବେଳେ ଗୁଜରାଟ ନିର୍ବାଚନ ଫଳାଫଳ ଆସୁଥିଲା, ଆହ୍ଲାବାଦ ଉଚ୍ଚ ନ୍ୟାୟାଳୟ ରାଜନାରାୟଣଙ୍କ ଦ୍ୱାରା ଦାଏର ହୋଇଥିବା ନିର୍ବାଚନ ପିଟିସନକୁ ଗ୍ରହଣ କଲେ । ପିଟିସନଟି ରାୟବରେଲୀରୁ ୧୯୭୧ରେ ଇନ୍ଦିରା ଗାନ୍ଧୀଙ୍କ ଲୋକସଭା ନିର୍ବାଚନ ସମ୍ବନ୍ଧୀୟ ଥିଲା । ଯଦିଓ ଇନ୍ଦିରାଙ୍କ ବିରୋଧରେ ୧୯୭୧ ସାଧାରଣ ନିର୍ବାଚନରେ ସରକାରୀ କଳ ଓ ସାଧନ ଅପବ୍ୟବହାରର ଅନେକ ଅଭିଯୋଗ ଥିଲା, ଉଚ୍ଚ ନ୍ୟାୟାଳୟ ତାଙ୍କୁ ଦୁଇଟି ଅଧିନିୟମ ଅନୁଯାୟୀ – ରିପ୍ରେଜେଣ୍ଟେସନ ଅଫ୍ ପିପୁଲସ୍ ଆକ୍ଟର ଧାରା ୧୨୩ (୭)ରେ ଭ୍ରଷ୍ଟ ଆଚରଣ, ରାୟବରେଲୀରେ ୧ରୁ ୨୫ ଫେବୃଆରୀ ୧୯୭୧ରେ ମାଇକ୍ ନିର୍ମାଣ ଏବଂ ବିଦ୍ୟୁତ୍ ଯୋଗାଣ ପାଇଁ ସରକାରୀ କର୍ମଚାରୀଙ୍କ ସହାୟତା ପାଇବା ଏବଂ ପ୍ରଧାନମନ୍ତ୍ରୀ କାର୍ଯ୍ୟାଳୟରେ ସ୍ୱତନ୍ତ୍ର ଡ୍ୟୁଟି ପାଇଁ ନିଯୁକ୍ତ ଅଫିସର ପଦରେ ଥିବା ଅଧିକାରୀ ଯଶପାଲ କାପୁରଙ୍କ ସହାୟତା ନେଇଥିବା ପାଇଁ ଇନ୍ଦିରାଙ୍କୁ ଦୋଷୀସାବ୍ୟସ୍ତ କଲେ । ହାଇକୋର୍ଟଙ୍କ ରାୟ ବିରୋଧରେ କଂଗ୍ରେସ ଦ୍ୱାରା ପ୍ରତିଦିନ ବଡ଼ଧରଣର ବିରୋଧ ପ୍ରଦର୍ଶନର ଆୟୋଜନ କରାଯାଉଥିଲା । ପ୍ରଧାନମନ୍ତ୍ରୀଙ୍କ ବାସଭବନ ବାହାରେ ତଥାକଥିତ ସ୍ୱତଃପ୍ରବୃତ୍ତ ସମାବେଶ ଏକ ଦୈନନ୍ଦିନ କାର୍ଯ୍ୟରେ

ପରିଣତ ହେଲା । ୧୩ ଜୁନ୍ ୧୯୭୫ରେ କଂଗ୍ରେସ ବୋଟ୍ କ୍ଲବଠାରେ ଏକ ରାଲି ଆୟୋଜନ କଲା । ଭାରତର ବିଭିନ୍ନ ପ୍ରାନ୍ତରୁ ଟ୍ରେନ ସବୁ ଦିଲ୍ଲୀଠାରେ ଏକତ୍ରିତ ହୋଇଥିଲା । ହଜାର ହଜାର ବସ୍, ଟ୍ରକ ଏବଂ ଟ୍ରାକ୍ଟର ଦିଲ୍ଲୀକୁ ଲୋକ ଆଣିବା କାମରେ ନିୟୋଜିତ ହୋଇଥିଲେ । ୨୩ ଜୁନରେ ଇନ୍ଦିରା ସର୍ବୋଚ୍ଚ ନ୍ୟାୟାଳୟର ଅବକାଶକାଳୀନ ବିଚାରପତି ନ୍ୟାୟାଧିଶ କୃଷ୍ଣ ଆୟାରଙ୍କ ନିକଟରେ ଏକ ସ୍ଥାୟୀ ଷ୍ଟେ ପାଇଁ ଆବେଦନ କରିଥିଲେ, ଯାହାଦ୍ୱାରା ସେ ସଂସଦ ଏବଂ ପ୍ରଧାନମନ୍ତ୍ରୀଙ୍କ ଆସନ ବଜାୟ ରଖିପାରିବେ । ଜଷ୍ଟିସ ଆୟାର ଏକ ସର୍ତ୍ତମୂଳକ ଷ୍ଟେ' ଘୋଷଣା କରି ତାଙ୍କୁ ପ୍ରଧାନମନ୍ତ୍ରୀ ପଦକୁ ବଜାୟ ରଖିବାକୁ ଏବଂ ସେହି କ୍ଷମତାରେ ସଂସଦକୁ ସମ୍ବୋଧିତ କରିବାକୁ ଅନୁମତି ଦେଇଥିଲେ । ତେବେ, ସେ ଭୋଟ୍ ଦେବା ଅଧିକାର ଏବଂ ସଦସ୍ୟଭାବେ ବେତନ ପାଇବାକୁ ବଞ୍ଚିତ ହୋଇଥିଲେ । ଏହି ଆଦେଶ ତାଙ୍କ ଅବସ୍ଥାକୁ ଅପମାନିତ ମଧ୍ୟ କଲା ।

ଇନ୍ଦିରା ଗାନ୍ଧୀ କୋର୍ଟର ରାୟରୁ ନିଜକୁ ସୁରକ୍ଷା ଦେବାକୁ ଏବଂ ପ୍ରଧାନମନ୍ତ୍ରୀ ପଦବୀ ରକ୍ଷା କରିବାକୁ ଦେଶରେ ଜରୁରକାଳୀନ ପରିସ୍ଥିତି ଘୋଷଣା କଲେ

୧୯୭୧ ପରଠାରୁ ପାକିସ୍ତାନ ସହ ଯୁଦ୍ଧର ବାହ୍ୟ ବିପଦ ହେତୁ ଏକ ବାହ୍ୟ ଜରୁରିକାଳୀନ ପରିସ୍ଥିତି ସୃଷ୍ଟି ହୋଇଥିଲା । ତେବେ ଏହାକୁ ପ୍ରତ୍ୟାହାର କରିବା ବଦଳରେ ଆଭ୍ୟନ୍ତରୀଣ ପରିସ୍ଥିତି ଯୋଗୁ ଭାରତର ସୁରକ୍ଷା ପ୍ରତି ବିପଦ ଅଛି କହି, ୨୫ ଜୁନ୍ ୧୯୭୫ରେ ଦ୍ୱିତୀୟ ଜରୁରିକାଳୀନ ପରିସ୍ଥିତି ଘୋଷଣା କରାଗଲା । ସିପିଆଇ ବ୍ୟତୀତ ଅନ୍ୟ ସମସ୍ତ ବିରୋଧୀ ଦଳର ପ୍ରମୁଖ ନେତାମାନେ ୨୫ ଜୁନ୍ ରାତିରେ ଗିରଫ ହେଲେ । ଗଣମାଧ୍ୟମ ଉପରେ ସମୁଦାୟ ପ୍ରତିବନ୍ଧକ ଘୋଷଣା କରାଯାଇଥିଲା ଏବଂ ଏହାକୁ ଅତି ନିର୍ମମ ଭାବେ କାର୍ଯ୍ୟକାରୀ କରାଯାଇଥିଲା । କୌଣସି ସମ୍ବାଦପତ୍ର କୌଣସି ପ୍ରକାରେ ଗିରଫ ହୋଇଥିବା ବ୍ୟକ୍ତିଙ୍କ ସଂଖ୍ୟା, ନାମ ଏବଂ ଠିକଣା ଆଦି କିଛି ସୂଚନା ପ୍ରକାଶିତ କରିପାରୁ ନ ଥିଲା ବା କୌଣସି ଉପାୟରେ ଜରୁରିକାଳୀନ ପରିସ୍ଥିତି କିମ୍ବା ସରକାରଙ୍କ କାର୍ଯ୍ୟର ସମାଲୋଚନା କରିପାରୁ ନ ଥିଲା । ଜରୁରିକାଳୀନ ପରିସ୍ଥିତିର ଘୋଷଣା ବା ଗିରଫଦାରି ବିଷୟରେ କୌଣସି ସମାଚାର ଛାପିବାରୁ ରୋକିବା ପାଇଁ ଦିଲ୍ଲୀର ସମ୍ବାଦପତ୍ର କାର୍ଯ୍ୟାଳୟଗୁଡିକର ବିଦ୍ୟୁତ୍ ସଂଯୋଗ ବିନା କୌଣସି ସୂଚନାରେ କାଟି ଦିଆଯାଇଥିଲା ।

ଜରୁରିକାଳୀନ ଘଟଣାଗୁଡିକର କୌଣସି ପ୍ରକୃତ ଖବର ଲୋକମାନଙ୍କ ପାଖରେ ପହଞ୍ଚିପାରିବ ନାହିଁ ବୋଲି ଇନ୍ଦିରା ପୂରା ଗଣମାଧ୍ୟମକୁ ଦମନ କରିଥିଲେ । ୨୭ ଜୁନ୍

୧୯୭୫ ସକାଳ ୮ଟା ସମୟରେ ଇନ୍ଦିରା ରାଷ୍ଟ୍ର ଉଦ୍ଦେଶ୍ୟରେ ଏକ ସରକାରୀ ପ୍ରସାରଣରେ କହିଥିଲେ ଯେ ଗଣତନ୍ତ୍ର ନାମରେ ଗଣତନ୍ତ୍ରର କାର୍ଯ୍ୟକୁ ଅଗ୍ରାହ୍ୟ କରାଯାଇଛି ଏବଂ ଉପଯୁକ୍ତ ନିର୍ବାଚିତ ସରକାରମାନଙ୍କୁ କାର୍ଯ୍ୟ କରିବାକୁ ଅନୁମତି ଦିଆଯାଇନାହିଁ ଓ କେତେକ କ୍ଷେତ୍ରରେ ବିଧାନସଭାଗୁଡିକୁ ଭଙ୍ଗ କରିବାକୁ ବାଧ୍ୟ କରାଯାଇଛି। ଇନ୍ଦିରା ତାଙ୍କ ମନ୍ତ୍ରିମଣ୍ଡଳର ସହକର୍ମୀ ଏଲ୍.ଏନ୍ ମିଶ୍ରଙ୍କ ହତ୍ୟା ଏବଂ ଦେଶର ଖରାପ ଆଇନ ଶୃଙ୍ଖଳା ପରିସ୍ଥିତିକୁ ପ୍ରତିପାଦନ କରିବା ପାଇଁ ମୁଖ୍ୟ ନ୍ୟାୟାଧୀଶଙ୍କ ଉପରେ ହୋଇଥିବା ଆକ୍ରମଣର ଉଦାହରଣ ଦେଲେ। ସେ କହିଲେ ଯେ କିଛି ଲୋକ ସଶସ୍ତ୍ର ବାହିନୀଙ୍କୁ ବିଦ୍ରୋହ କରିବାକୁ ଏବଂ ପୋଲିସକୁ ମଧ୍ୟ ବିଦ୍ରୋହ କରିବାକୁ ପ୍ରବର୍ତ୍ତାଉଛନ୍ତି। ତେଣୁ ପ୍ରଧାନମନ୍ତ୍ରୀଙ୍କ ଅନୁଷ୍ଠାନର ସୁରକ୍ଷା ତଥା ଦେଶର ସ୍ଥିରତା ପାଇଁ ତାଙ୍କୁ ଦେଶ ଭିତରୁ ଜରୁରୀ ପରିସ୍ଥିତି ପରି ନିର୍ଣ୍ଣାୟକ କାର୍ଯ୍ୟ କରିବାକୁ ପଡିଲା।

୨୭ ଜୁନରେ ଅନ୍ୟ ଏକ ପ୍ରସାରଣରେ ଇନ୍ଦିରା ପୁଣି ଥରେ କହିଲେ ଯେ, ବିପକ୍ଷ ଦଳମାନେ ଦେଶରେ ବ୍ୟାପକ ଘେରାଉ, ଆନ୍ଦୋଳନ, ବିଘଟନ ଏବଂ ଔଦ୍ୟୋଗିକ ଶ୍ରମିକମାନଙ୍କୁ, ପୋଲିସ ଏବଂ ପ୍ରତିରକ୍ଷା ଶକ୍ତିକୁ ଆନ୍ଦୋଳନ କରିବାକୁ ପ୍ରବର୍ତ୍ତାଉଛନ୍ତି ଏବଂ କେନ୍ଦ୍ର ସରକାରଙ୍କୁ ଭଙ୍ଗ କରିବାକୁ ଚେଷ୍ଟା କରୁଛନ୍ତି। ସେମାନଙ୍କ ମଧ୍ୟରୁ ଜଣେ ଚାହୁଁଥିଲେ ଯେ, ସଶସ୍ତ୍ର ବଳ ସରକାରଙ୍କ କଥା ନ ମାନନ୍ତୁ ଏବଂ ଏହା ୨୯ ଜୁନ୍ ୧୯୭୫ରୁ ଆରମ୍ଭ ହେବାରେ ଥିଲା। ଯଦି ଯୋଜନା ଅନୁଯାୟୀ ଏହା ହୋଇଥାନ୍ତା, ତେବେ ଏହା ସାଧାରଣ ଜନତାଙ୍କ ପାଇଁ ଘୋର ବିପଦ ହୋଇଥାନ୍ତା ଏବଂ ଅର୍ଥନୀତିର ଅବିଶ୍ୱସନୀୟ କ୍ଷତି ଘଟାଇଥାନ୍ତା। ଇନ୍ଦିରା ଏହି ଯୋଜନାକୁ ରାଷ୍ଟ୍ର ବିରୋଧୀ ଏବଂ ଗଣତନ୍ତ୍ର ବିରୋଧୀ ବୋଲି କହିଲେ। ସେ ଆହୁରି କହିଲେ ଯେ ହିଂସାପୂର୍ଣ୍ଣ କାର୍ଯ୍ୟ ଏବଂ ସମ୍ବେଦନହୀନ ସତ୍ୟାଗ୍ରହ ସମ୍ପୂର୍ଣ୍ଣ ପରିଶ୍ରମକୁ ନଷ୍ଟ କରିଦେବ, ଯାହା ବର୍ଷ ବର୍ଷ ଧରି ଶ୍ରମ ଓ ଆଶା ଦ୍ୱାରା ଗଢାଯାଇଥିଲା। ସେ ଆହୁରି କହିଲେ ଯେ ତାଙ୍କର ଭରସା ଅଛି ଜରୁରିକାଳୀନ ପରିସ୍ଥିତି ଶୀଘ୍ର ଉଠିଯିବ।

ସଂସଦରୁ ଜରୁରିକାଳୀନ ପରିସ୍ଥିତି ଘୋଷଣା ପାଇଁ ଆନୁଷ୍ଠାନିକ ଅନୁମୋଦନ ମାଗିବାକୁ ୨୧ ଜୁଲାଇ ୧୯୭୫ରେ ସଂସଦର ଉଭୟ ଗୃହରେ 'କାହିଁକି ଜରୁରିକାଳୀନ ପରିସ୍ଥିତି' ଶୀର୍ଷକ ନାମକ ଏକ ପୁସ୍ତିକା ଉପସ୍ଥାପିତ କରାଯାଇଥିଲା, ଯେତେବେଳେ ଅଧିକାଂଶ ବିରୋଧୀ ଦଳ ନେତା ଜେଲ୍‌ରେ ଥିଲେ। ଆଭ୍ୟନ୍ତରୀଣ ଜରୁରିକାଳୀନ ଘୋଷଣା ଏବଂ ଆଭ୍ୟନ୍ତରୀଣ ସୁରକ୍ଷା ଆଇନକୁ ରକ୍ଷା କରିବା (ମିସା) ଅଧୀନରେ ବିରୋଧୀ ଦଳର ନେତାଙ୍କୁ ଗିରଫ କରିବାର କାରଣ ଏବଂ ଯଥାର୍ଥତା

ଦର୍ଶାଯାଇଥିଲା ଯେ, ବିରୋଧୀ ହିଂସା ପ୍ରଚାର କରୁଥିଲେ ଏବଂ ଦେଶରେ ଅରାଜକତା ସୃଷ୍ଟି କରୁଥିଲେ। ତେବେ ବାସ୍ତବତା ହେଉଛି ନିଷ୍ଠୁର ମିସା ଆଇନ୍ ରାଜନୈତିକ ବିରୋଧୀଙ୍କୁ ଅଟକାଇବା ପାଇଁ ବହୁଳ ଭାବେ ବ୍ୟବହୃତ ହେଉଥିଲା, ଯଦିଓ ଇନ୍ଦିରାଙ୍କ ଦ୍ୱାରା ୧୩ ଏପ୍ରିଲ ୧୯୭୫ରେ ମୋରାରଜୀଙ୍କୁ ଲେଖାଯାଇଥିବା ଚିଠିରେ (ଯେତେବେଳେ ମୋରାରଜୀ ବର୍ଷା ପୂର୍ବରୁ ଗୁଜରାଟରେ ନିର୍ବାଚନ ଦାବିକରି ଆମରଣ ଅନଶନ କରୁଥିଲେ) ଲେଖିଥିଲେ ଯେ ମିସା ରାଜନୈତିକ କାର୍ଯ୍ୟକଳାପ ବିରୁଦ୍ଧରେ ବ୍ୟବହୃତ ହେବାପାଇଁ ଉଦ୍ଦିଷ୍ଟ ନୁହେଁ । କିନ୍ତୁ ବାସ୍ତବରେ ଯାହା ଘଟିଲା ତାହା ସମ୍ପୂର୍ଣ୍ଣ ବିପରୀତ ଥିଲା। ସିପିଆଇ ବ୍ୟତୀତ (ସରକାରରେ କଂଗ୍ରେସର ସହଯୋଗୀ) ସବୁ ବିରୋଧୀ ଦଳର ନେତାମାନଙ୍କୁ ଅନ୍ୟାୟ ଭାବେ ମିସା ଅଧୀନରେ ଗିରଫ କରାଯାଇଥିଲା।

କେବଳ ବିରୋଧୀ ନେତାମାନଙ୍କୁ ଜେଲ୍‌ରେ ପୂରାଇ ଏବଂ ଗଣମାଧ୍ୟମଙ୍କୁ ଦମନ କରି ଇନ୍ଦିରା ଚୁପ୍ ରହି ନ ଥିଲେ। ୮ ଡିସେମ୍ବର ୧୯୭୫ରେ ତାଙ୍କ ଦ୍ୱାରା ତିନୋଟି ଅଧ୍ୟାଦେଶ ଘୋଷଣା ହେଲା। ପ୍ରଥମଟି ପ୍ରେସ କାଉନ୍‌ସିଲ୍ ଅଫ୍ ଇଣ୍ଡିଆକୁ ରଦ୍ଦ କଲା, ଦ୍ୱିତୀୟଟି ସଂସଦୀୟ ପ୍ରକ୍ରିୟାର ରିପୋର୍ଟରେ ମାନହାନି ସମ୍ପର୍କରେ ପ୍ରେସକୁ ଦିଆଯାଇଥିବା ପ୍ରତିରକ୍ଷାକୁ ଉଠାଇ ଦେଲା, ତୃତୀୟଟି ଆପତ୍ତିଜନକ ବିଷୟ ପ୍ରକାଶ କରିବାରେ ଦୋଷୀ ସାବ୍ୟସ୍ତ ହୋଇଥିବା କୌଣସି ଖବରକାଗଜ ବିରୁଦ୍ଧରେ କାର୍ଯ୍ୟ କରିବାକୁ ସରକାରଙ୍କୁ କ୍ଷମତା ଦେଇ ଗଣମାଧ୍ୟମର ସ୍ୱାଧୀନତାକୁ ବନ୍ଦ କରିଦେଲା। ସମ୍ବିଧାନ ଦ୍ୱାରା ସୁନିଶ୍ଚିତ ମୌଳିକ ଅଧିକାରଗୁଡିକ ସ୍ଥଗିତ ରଖାଗଲା, ବିଶେଷକରି ଆଇନ ଆଖିରେ ସମସ୍ତେ ସମାନ (ଧାରା – ୧୪), ଜୀବନ ଏବଂ ବ୍ୟକ୍ତିଗତ ସ୍ୱାଧୀନତାର ସୁରକ୍ଷା (ଧାରା –୨୧), ନିର୍ଦ୍ଦିଷ୍ଟ ମାମଲାର ଗିରଫ ଏବଂ ନଜରବନ୍ଦୀରୁ ସୁରକ୍ଷା (ଧାରା –୨୨) ଏବଂ ଅଭିବ୍ୟକ୍ତିର ସ୍ୱାଧୀନତା ସଭା, ସଙ୍ଗଠନ, ବାଣିଜ୍ୟ, ଆନ୍ଦୋଳନ ଇତ୍ୟାଦି ୭ସ୍ତରୀୟ ସ୍ୱାଧୀନତା (ଧାରା –୧୯)କୁ ମଧ୍ୟ ରଦ୍ଦ କରାଗଲା।

ଚଣ୍ଡିଗଡ଼ରେ ବନ୍ଦୀ ହେବା ପାଇଁ ପ୍ରଧାନମନ୍ତ୍ରୀଙ୍କୁ ସମ୍ବୋଧିତ କରି ଜୁଲାଇ ୧୯୭୫ରେ ଚିଠି ବିଷୟରେ ଇନ୍ଦିରା କରିଥିବା ଅଭିଯୋଗକୁ ଜେପି ଖଣ୍ଡନ କରିଛନ୍ତି। ଜେପି କହିଥିଲେ ଯେ ଗଣମାଧ୍ୟମର ସ୍ୱାଧୀନତା ଏବଂ ଜନସାଧାରଣଙ୍କ ଅସନ୍ତୋଷକୁ ଖଣ୍ଡନ କରି ପ୍ରଧାନମନ୍ତ୍ରୀ ସମାଲୋଚନା କିମ୍ବା ବିରୋଧର ଭୟ ନ କରି ବିକୃତି ଏବଂ ଅସତ୍ୟକୁ ଜାରି ରଖିଥିଲେ। ସରକାରଙ୍କୁ ପଙ୍ଗୁ କରିବାର କୌଣସି ଯୋଜନା ନ ଥିଲା ବୋଲି ସେ ଏକ ସ୍ୱରରେ କହିଛନ୍ତି। ସେ କେବଳ ଏହା କହିଥିଲେ ଯେ, ବିହାରରେ ଏକ ଜନ ଆନ୍ଦୋଳନ ଚାଲିଥିଲା, କେବଳ ଗ୍ରାମରୁ ବ୍ଲକସ୍ତର ପର୍ଯ୍ୟନ୍ତ ଜନତା ସରକାର

ଗଠନ କରାଯାଇଥିଲା ଏବଂ ଏହା ଏକ ଗଠନମୂଳକ କାର୍ଯ୍ୟକ୍ରମ, ଯାହାକି ସାଧାରଣ ବଣ୍ଟନ ବ୍ୟବସ୍ଥା (ପିଡିଏସ୍)କୁ ନିୟନ୍ତ୍ରଣ କରିପାରିଥାନ୍ତା, କଥାବାର୍ତ୍ତା ଓ ମଧ୍ୟସ୍ଥତା ପରି ପୁରୁଣା ପ୍ରଥା ମାଧ୍ୟମରେ ବିବାଦର ସମାଧାନ କରିଥାନ୍ତା, ହରିଜନଙ୍କ ପାଇଁ ଏକ ଯଥାର୍ଥ ଚୁକ୍ତି ନିଶ୍ଚିତ କରିଥାନ୍ତା ଏବଂ 'ତିଲକ' ଏବଂ 'ଯୌତୁକ' ପରି ସାମାଜିକ ଦୁଷ୍କର୍ମକୁ ରୋକିପାରିଥାନ୍ତା। ସେ ଜୋର ଦେଇ କହିଥିଲେ ଯେ ଏ ବିଷୟରେ କୌଣସି ବିଧ୍ୱଂସକ ଜିନିଷ ନାହିଁ। କେବଳ ଯେଉଁଠାରେ ଜନତା ସରକାର ଦୃଢଭାବେ ସଙ୍ଗଠିତ ହୋଇଥିଲା ସେଠାରେ ଟିକସ ନ ଦେବାଭଳି କାର୍ଯ୍ୟକ୍ରମ ଗ୍ରହଣ କରାଯାଇଥିଲା। ଏହି ଆନ୍ଦୋଳନର ଶିଖରରେ ସହରାଞ୍ଚଳରେ ସରକାରୀ କାର୍ଯ୍ୟାଳୟର କାର୍ଯ୍ୟ ବନ୍ଦ କରିବାକୁ ଧାରଣା ଓ ପିକେଟିଂ ମାଧ୍ୟମରେ ଉଦ୍ୟମ କରାଯାଇଥିଲା। ସେ କହିଥିଲେ ଯେ ଏହାକୁ ବ୍ରିଟିଶ ସରକାରଙ୍କୁ ପଙ୍ଗୁ କରିବା ସହ ତୁଳନା କରାଯାଇପାରିବ ନାହିଁ। କାରଣ ବିହାର ଏକ ଗଣତନ୍ତ୍ର ଥିଲା ଏବଂ ଯଦି ସରକାର ଓ ବିଧାନସଭା ଦୁର୍ନୀତି ଓ ଭୁଲ୍ ଶାସନରେ ଲିପ୍ତ ଥିଲେ ତେବେ ସେମାନଙ୍କୁ ଇସ୍ତଫା ଦେବାକୁ କହିବାର ସମସ୍ତ ଅଧିକାର ଜନତାଙ୍କ ନିକଟରେ ଥିଲା। ସରକାର ବିଭିନ୍ନ ବୈଠକ ଏବଂ ଆଲୋଚନା ଉପରେ ଅନୁସନ୍ଧାନ କରିବାରେ ବିଫଳ ହେବା ପରେ ଛାତ୍ରମାନେ ଏହି ବିରୋଧ ପ୍ରଦର୍ଶନ କରିଥିଲେ ବୋଲି ଜେପି ଦର୍ଶାଇଛନ୍ତି। ବିହାର ସରକାରଙ୍କୁ ଏ ସମସ୍ୟାକୁ କଥାବାର୍ତ୍ତା ମାଧ୍ୟମରେ ସମାଧାନ କରିବାର ସୁଯୋଗ ଦିଆଯାଇଥିଲା, ଯାହା ସେମାନେ କରିବାରେ ବିଫଳ ହୋଇଥିଲେ। ସେ ଦୃଢୋକ୍ତି ପ୍ରକାଶ କରିଥିଲେ ଯେ ଗଣତନ୍ତ୍ରରେ ଜଣେ ନାଗରିକ ଅବମାନନା କରିବାର ଅବିସ୍ମରଣୀୟ ଅଧିକାର ପାଇଥାଏ, ଯେତେବେଳେ ସେ ଜାଣିବାକୁ ପାଏ ଯେ ସମାଧାନ ସଂସ୍କାରର ଅନ୍ୟସବୁ ପଥ ଶୁଖିଯାଇଛି। କୋର୍ଟଙ୍କ ରାୟକୁ ସିଆଇଏ ସହ ଯୋଡି ପ୍ରଧାନମନ୍ତ୍ରୀଙ୍କ ସମର୍ଥକମାନେ ଯେଉଁ ଅପକର୍ମ କରିଥିଲେ, ତାହାରି ମୁକାବିଲା ପାଇଁ ଏକ ଶୃଙ୍ଖଳିତ ସତ୍ୟାଗ୍ରହ - ନାଗରିକ ଅବମାନନା ପ୍ରସ୍ତୁତ କରାଯାଇଥିଲା। ଜେପି ତର୍କ ଦେଇଥିଲେ ଯେ ନିର୍ବାଚନ ପିଟିସନ ରାୟ ପରେ ପ୍ରଧାନମନ୍ତ୍ରୀ ଇସ୍ତଫା ଦିଅନ୍ତୁ ବୋଲି କହୁଥିବାରୁ ଗଣମାଧ୍ୟମର ଏମିତି ଦୟନୀୟ ପରିସ୍ଥିତି ହେଇଥିଲା। ପ୍ରଧାନମନ୍ତ୍ରୀଙ୍କ ବ୍ୟକ୍ତିଗତ ଅହଂ ଗଣମାଧ୍ୟମକୁ ବନ୍ଦ କରି ଗଣତାନ୍ତ୍ରିକ ଜୀବନକୁ ଛଡାଇ ନେଇଛି। ସେ ପଚାରିଲେ 'ଏକ ଗଣତାନ୍ତ୍ରିକ ଦେଶର ପ୍ରଧାନମନ୍ତ୍ରୀ ନିଜ ସଂସଦରେ ଭୋଟ୍ ମଧ୍ୟ ଦେଇପାରିବେ ନାହିଁ। କାରଣ ସେ ଦୁର୍ନୀତିଗ୍ରସ୍ତ ନିର୍ବାଚନ ଅଭ୍ୟାସରେ ଦୋଷୀ ସାବ୍ୟସ୍ତ ହୋଇଥିଲେ – ଏକଥା କିଏ ଚିନ୍ତା ବି କରିପାରିବ?' ଜେପି କହୁଥିଲେ ଯେ ଇନ୍ଦିରା ତାଙ୍କ କାର୍ଯ୍ୟକଳାପ ଦ୍ୱାରା ପ୍ରଧାନମନ୍ତ୍ରୀ ଅନୁଷ୍ଠାନର ମର୍ଯ୍ୟାଦା ହାନି କରିଛନ୍ତି।

ବିଭିନ୍ନ ସଂଶୋଧନ ମାଧ୍ୟମରେ ଇନ୍ଦିରା କୌଣସି ବିଲ୍ ପାସ୍ କରିବା ପାଇଁ ନିଜକୁ ଏବଂ ସଂସଦକୁ ନ୍ୟାୟପାଳିକା ପ୍ରତି ପ୍ରତିରୋଧ କରିଥିଲେ। ତା'ପରେ ନିର୍ବାଚନ ନିୟମରେ ପରିବର୍ତ୍ତନ ହେଲା, ଯାହା ଜରୁରିକାଳୀନ ପରିସ୍ଥିତିର ପ୍ରକୃତ ଉଦ୍ଦେଶ୍ୟ ଥିଲା। ଆହ୍ଲାବାଦ ଉଚ୍ଚ ନ୍ୟାୟାଳୟର ରାୟରୁ ନିଜକୁ ସୁରକ୍ଷା ଦେବାକୁ ଇନ୍ଦିରା ନିର୍ବାଚନ ନିୟମରେ ପରିବର୍ତ୍ତନ ଆଣିଲେ। ଆହ୍ଲାବାଦ ଉଚ୍ଚ ନ୍ୟାୟାଳୟ ଇନ୍ଦିରାଙ୍କ ନିର୍ବାଚନକୁ ବାତିଲ କରି ତାଙ୍କୁ ୬ ବର୍ଷ ପାଇଁ ନିର୍ବାଚନ ଲଢିବାକୁ ଅଯୋଗ୍ୟ ଘୋଷିତ କରିଥିଲେ। ସଂଶୋଧିତ ନିର୍ବାଚନ ଆଇନ୍ ଅନୁଯାୟୀ ଇନ୍ଦିରା ସର୍ବୋଚ୍ଚ ନ୍ୟାୟାଳୟର ମୁଖ୍ୟ ନ୍ୟାୟାଧୀଶ ଜଷ୍ଟିସ୍ ଏ.ଏନ୍ ରାୟଙ୍କଠାରୁ ନିଜକୁ ସୁହାଇବା ପରି ରାୟ ପାଇଲେ। ଜଷ୍ଟିସ୍ ରାୟକୁ ଇନ୍ଦିରା ୩ ଜଣ ବରିଷ୍ଠ ନ୍ୟାୟାଧୀଶଙ୍କୁ ଆଡ଼େଇ ଦେଇ ମୁଖ୍ୟ ନ୍ୟାୟାଧୀଶ କରିଥିଲେ ବୋଲି ଆମେ ଆଗରୁ ଆଲୋଚନା କରିସାରିଛେ।

ଏହି ସମ୍ବନ୍ଧରେ ଆଡଭାନୀ ନିଜ ବହି 'ପ୍ରିଜନର୍ସ ସ୍କ୍ରାପ'ରେ କହିଲେ : ଇନ୍ଦିରା ଗାନ୍ଧୀଙ୍କ ନିର୍ବାଚନୀ ଭ୍ରଷ୍ଟାଚାରର ଉପରେ ଆହ୍ଲାବାଦ ଉଚ୍ଚ ନ୍ୟାୟାଳୟର ରାୟକୁ ପ୍ରତିହତ କରିବାର ଏହା ଏକ ଲଜ୍ଜାହୀନ ପ୍ରୟାସ। ଏହା ଯେମିତି ଗୋଟେ ଖେଳର ନିୟମକୁ ବଦଳାଇ ସେ ନିୟମକୁ ଲାଗୁକରି ବାଜି ହାରିଥିବା ଖେଳାଳିକୁ ଜିତାଇବା ପରି ହେଲା। ଆହ୍ଲାବାଦ ଅଦାଲତ ରାୟ ମାମଲାରେ କିମ୍ବା ଇନ୍ଦିରା ଗାନ୍ଧୀଙ୍କ ସହ ବ୍ୟକ୍ତିଗତ ଭାବରେ ଜରୁରିକାଳୀନ ପରିସ୍ଥିତିର କୌଣସି ସମ୍ପର୍କ ନ ଥିବା କହୁଥିବା ସମସ୍ତ ଉଚ୍ଚସ୍ୱରକୁ ସରକାର ଏହି ବିଲ୍ ସହିତ ନାଟକୀୟ ଭାବେ ପ୍ରତ୍ୟାଖାତ କରିଛନ୍ତି। ଏଥିରେ ଆଶ୍ଚର୍ଯ୍ୟ ହେବାର କ'ଣ ଅଛି ଯେ ମୁଖ୍ୟ ସେନ୍ସର ତୁରନ୍ତ ରେଡିଓ ଏବଂ ପ୍ରେସ ଉପରେ ଚାପ ପକାଇ କ'ଣ ଘଟୁଛି ତାହା ଲୋକମାନଙ୍କୁ ଜଣାଇ ନ ଦେବାକୁ ଚେଷ୍ଟା କରିଥିଲେ!

କିଛି ବର୍ଷ ପରେ ସାହା କମିଶନ ତାଙ୍କ ମଧ୍ୟବର୍ତ୍ତିକାଳୀନ ରିପୋର୍ଟରେ ଜରୁରୀ ପରିସ୍ଥିତି ଘୋଷଣାର ମୁଖ୍ୟ କାରଣଗୁଡିକୁ ରେଖାଙ୍କିତ କରିଥିଲେ। ଶାହ କମିଶନଙ୍କ ଅନୁଯାୟୀ ନିର୍ବାଚନୀ ମାମଲା ଏବଂ ସର୍ବୋଚ୍ଚ ନ୍ୟାୟାଳୟଙ୍କ ସର୍ତ୍ତମୂଳକ ଷ୍ଟେ' ଇନ୍ଦିରା ଗାନ୍ଧୀଙ୍କ ପ୍ରଧାନମନ୍ତ୍ରିତ୍ୱକୁ ନେଇ ବିପଜ୍ଜନକ ପରିସ୍ଥିତି ସୃଷ୍ଟି ହୋଇଥିବାରୁ ପ୍ରଧାନମନ୍ତ୍ରୀ ନିଜ ସ୍ଥାନକୁ ବଜାୟ ରଖିବାକୁ ଜରୁରିକାଳୀନ ପରିସ୍ଥିତିର ଘୋଷଣା କରିଥିଲେ। ଅନ୍ୟସବୁ ଯେପରିକି ଗୁଜରାଟ ଘଟଣା, ବିହାର ଆନ୍ଦୋଳନ ଏସବୁ ଗୁରୁତର କାରଣ ହୋଇପାରେ କିନ୍ତୁ ଜରୁରିକାଳୀନ ପରିସ୍ଥିତିର ପ୍ରତ୍ୟକ୍ଷ କାରଣ ନୁହେଁ।

ପରିଶେଷରେ ଇନ୍ଦିରା ହାର ମାନିଲେ

ଯଦିଓ ଇନ୍ଦିରା ସର୍ବୋଚ୍ଚ ନ୍ୟାୟାଳୟ ଉପରେ ଯଥେଷ୍ଟ ନିୟନ୍ତ୍ରଣ ପ୍ରତିଷ୍ଠା କରିଥିଲେ କିନ୍ତୁ ଦେଶର ବିଭିନ୍ନ ଉଚ୍ଚ ନ୍ୟାୟାଳୟ ଉପରେ ନିୟନ୍ତ୍ରଣ କରିପାରି ନ ଥିଲେ। ଧୀରେ ଧୀରେ ବିଭିନ୍ନ ରାଜ୍ୟର ଉଚ୍ଚ ନ୍ୟାୟାଳୟ ଜରୁରିକାଳୀନ ପରିସ୍ଥିତି ବିରୋଧରେ ମତ ଦେବା ଆରମ୍ଭ କଲେ। ଆହ୍ଲାବାଦ ଉଚ୍ଚ ନ୍ୟାୟାଳୟ, କୁଳଦୀପ ନାୟାର ମାମଲାରେ ଦିଲ୍ଲୀ ଉଚ୍ଚ ନ୍ୟାୟାଳୟ, ପ୍ରେସ ସେନ୍ସରସିପ୍ ଘଟଣାରେ ବମ୍ବେ ଉଚ୍ଚ ନ୍ୟାୟାଳୟ, ମୋରାରଜୀ ଦେଶାଇ ମାମଲାରେ ଅନ୍ୟ ଏକ ଅଦାଲତ, ଆଡଭାନୀ ଓ ବାଜପେୟୀଙ୍କୁ ଅଟକ ରଖିବା ଘଟଣାରେ କର୍ଣ୍ଣାଟକ ଉଚ୍ଚ ନ୍ୟାୟାଳୟ ଇନ୍ଦିରା ଗାନ୍ଧୀ ସରକାର ବିରୋଧରେ ରାୟ ଦେଲେ। ଆରଏସଏସ କାର୍ଯ୍ୟକର୍ତ୍ତାଙ୍କ ଦ୍ୱାରା ଭୂମିଗତ ପ୍ରତିରୋଧ ଆନ୍ଦୋଳନ ମଧ୍ୟ ସ୍ଥିର ହୋଇ ଚାଲିଥିଲା। ୨୫ ହଜାର ଆରଏସଏସ କାର୍ଯ୍ୟକର୍ତ୍ତା ମିସା ଏବଂ ଭାରତର ପ୍ରତିରକ୍ଷା ଆଇନ ବଳରେ ଅଟକ ରହିଥିଲେ। ସତ୍ୟାଗ୍ରହରେ ଭାଗ ନେଇଥିବା ଆଉ ଏକଲକ୍ଷ କର୍ମୀ ଗିରଫ ହୋଇଥିଲେ। ପାଖାପାଖି ୭୦ ଜଣ ଜେଲ୍‌ରେ କିମ୍ବା ଭୂମିଗତ କାର୍ଯ୍ୟ କଲାବେଳେ ମରିଗଲେ। ଏହିପରି ବନ୍ଦୀ ହୋଇଥିବା ବା ସତ୍ୟାଗ୍ରହ କରୁଥିବା ଲୋକଙ୍କ ମଧ୍ୟରୁ ପ୍ରାୟ ୮୦ ପ୍ରତିଶତ ଆରଏସଏସ ଏବଂ ଭାରତୀୟ ଜନସଂଘର ଥିଲେ। ୯ ମାସର ଜରୁରିକାଳୀନ ସମୟରେ ଭୂତଳ କାର୍ଯ୍ୟକଳାପ ନ୍ୟୁଜ ସିଟ୍ ଏବଂ ବୁଲେଟିନ୍ ଓ ଅନ୍ୟାନ୍ୟ ସାହିତ୍ୟ ମାଧ୍ୟମରେ ଏହି ଆନ୍ଦୋଳନ ତଥା ଦେଶରେ ଘଟୁଥିବା ଖବର ବିଷୟରେ ସୂଚନା ପ୍ରଦାନ କରିଥିଲା। ପ୍ରମୁଖ ସମାଚାର ପତ୍ର ମଧ୍ୟରେ ଥିଲା 'ଅର୍ଗାନାଇଜର'ର ସମ୍ପାଦକ ଭି.ପି. ଭାଟିଆଙ୍କ 'ସତ୍ୟ ସମାଚାର', ବାରଣାସୀରୁ 'ଜନବାଣୀ', ବମ୍ବେରୁ 'ବଜ୍ରଯୁଗ' ଏବଂ ଗୌହାଟିରୁ 'ସତ୍ୟବ୍ରତ'। ଜର୍ଜ ର୍ଣ୍ଣାଣ୍ଡିଜମଧ୍ୟ ନିଜ ଲୁଚିଥିବା ସ୍ଥାନରୁ ନିଜ ପତ୍ରିକା ଜାରି ରଖିଥିଲେ।

ଏତେବେଳକୁ ଜରୁରିକାଳୀନ ପରିସ୍ଥିତି ପ୍ରାୟ ପାଞ୍ଚମାସର ହୋଇସାରିଥିଲା। ଇନ୍ଦିରା ଗାନ୍ଧୀ ସବୁ ଦିଗରୁ ଅସନ୍ତୋଷର ଉତ୍ତାପର ସମ୍ମୁଖୀନ ହେଉଥିଲେ। ସେ ଏ ପ୍ରକାର ଚାପ କମାଇବାକୁ ବିରୋଧୀ ଦଳର କିଛି ପ୍ରମୁଖ ନେତାଙ୍କୁ ମୁକ୍ତ କରିବା କଥା ଚିନ୍ତା କଲେ। ପାଞ୍ଚମାସ ଧରି ଗୋଟିଏ ଘରେ ଏକାନ୍ତବାସରେ ଥିବା ଜେପିଙ୍କୁ ମୁକ୍ତ କରି ଇନ୍ଦିରା ଏ କାର୍ଯ୍ୟର ଆରମ୍ଭ କଲେ। ୭ ନଭେମ୍ବରରେ ଜେପିଙ୍କ ଭାଇ ରାଜେଶ୍ୱର ପ୍ରସାଦ ଯେତେବେଳେ ଜେପିଙ୍କୁ ଭେଟିବାକୁ ଯାଇଥିଲେ ସେତେବେଳେ ଜେପିଙ୍କ ସ୍ୱାସ୍ଥ୍ୟ ଭଗ୍ନ ହେବା ଆରମ୍ଭ ହୋଇସାରିଥିଲା। ତାଙ୍କ ଭଗ୍ନ ସ୍ୱାସ୍ଥ୍ୟ ଦେଖି, ତାଙ୍କ ଅଜାଣତରେ ରାଜେଶ୍ୱର ପ୍ରସାଦ ଇନ୍ଦିରାଙ୍କୁ ୯ ନଭେମ୍ବରରେ ଚିଠି ଲେଖିଲେ ଏବଂ

୧୨ ନଭେମ୍ବରରେ ଜେପି ପାରୋଲରେ ମୁକ୍ତ ହେଲେ। ତାଙ୍କୁ ୩୦ଦିନ ପରେ ଆତ୍ମସମର୍ପଣ କରିବାକୁ କୁହାଯାଇଥିଲା, କିନ୍ତୁ ତାଙ୍କ ସ୍ୱାସ୍ଥ୍ୟାବସ୍ଥା ଖରାପ ହେବାରୁ ଅଟକ ଆଦେଶକୁ ପ୍ରତ୍ୟାହାର କରି ନିଆଗଲା। ତାଙ୍କର ଦୁଇଟିଯାକ ବୃକ୍କ (କିଡ୍‌ନୀ) ନଷ୍ଟ ହୋଇଯାଇଥିଲା ଏବଂ ଚିକିତ୍ସା ପାଇଁ ତାଙ୍କୁ ବିଦେଶ ଯିବାକୁ ହେଲା। ଅବଶିଷ୍ଟ ଜୀବନ ପାଇଁ ଜେପି ଡାଏଲିସିସ ଯନ୍ତ୍ର ସହ ବନ୍ଧା ହୋଇ ରହିଲେ, ଯଦ୍ୱାରା ତାଙ୍କର ଆଉ କୁଆଡେ ଯିବାଆସିବା ସମ୍ଭବ ହେଲା ନାହିଁ। ମୁଁ ଅନୁମାନ କରୁଛି ଏହାଦ୍ୱାରା ଇନ୍ଦିରାଙ୍କ ଉଦ୍ଦେଶ୍ୟ ପୂର୍ଣ୍ଣ ହେଲା। ୭ ମାର୍ଚ୍ଚ ୧୯୭୪ରେ ଭାରତୀୟ ଲୋକଦଳର ଅଧ୍ୟକ୍ଷ ଚରଣ ସିଂ ମୁକ୍ତ ହେଲେ ଏବଂ କିଛି ଦିନ ପରେ କଂଗ୍ରେସ (ଓ)ର ଅଧ୍ୟକ୍ଷ ଅଶୋକ ମେହେଟ୍ଟା ମୁକ୍ତ ହେଲେ। ସ୍ୱାସ୍ଥ୍ୟଗତ କାରଣରୁ ବାଜପେୟୀଙ୍କୁ ପାରୋଲରେ ଛଡାଗଲା। ସୋସାଲିଷ୍ଟ ପାର୍ଟିର ଏଲ୍‌ଜି ଗୋରେ ପୂର୍ବରୁ ବାହାରେ ଥିଲେ ଏବଂ ପିଲୁ ମୋଦି ଅକ୍ଟୋବର ଆରମ୍ଭରେ ମୁକ୍ତ ହେଲେ।

ଯଦିଓ ଜେପି ଏବଂ ଅଳ୍ପ କିଛି ପ୍ରମୁଖ ନେତା ମୁକ୍ତ ହୋଇସାରିଥିଲେ, ପରିସ୍ଥିତିକୁ ସ୍ୱାଭାବିକ କରିବାକୁ ଜେପି ସରକାରଙ୍କ ତରଫରୁ କୌଣସି ସୂଚନା ବା ଇଚ୍ଛାଶକ୍ତି ଦେଖିବାକୁ ପାଇଲେ ନାହିଁ। ଜେପି କହିଲେ ସରକାରଙ୍କ ସହ କଥାବାର୍ତ୍ତା ବା ସଂଳାପର ପର୍ଯ୍ୟାପ୍ତ ଆଧାର କେବଳ ସେତିକିବେଳେ ସମ୍ଭବ ହେବ ଯେବେ ସରକାର ଜରୁରୀ ପରିସ୍ଥିତିକୁ ରଦ୍ଦ କରିବେ, ପ୍ରେସର ସ୍ୱାଧୀନତା ଉପରେ ଲାଗିଥିବା ସବୁ ପ୍ରତିବନ୍ଧକଙ୍କୁ ଫେରାଇ ନେବେ। ଲୋକମାନଙ୍କର ଏକାଠି ହେବାର ଅଧିକାର ସହିତ ନାଗରିକ ଅଧିକାର ପୁନଃ ପ୍ରଦାନ କରିବେ। ରାଜନୈତିକ ଗତିବିଧିକୁ ମିସା ଆଇନ ଅନ୍ତର୍ଭୁକ୍ତ କରିବେ ନାହିଁ, ୪୨ତମ ସମ୍ବିଧାନ ସଂଶୋଧନ ଦ୍ୱାରା ହବିଅସ୍ କର୍ପୋସ୍ ଏବଂ ନ୍ୟାୟିକ ସମୀକ୍ଷା ଦ୍ୱାରା ସମସ୍ତ ରାଜନୈତିକ ବନ୍ଦୀଙ୍କୁ ବିନା ସର୍ତ୍ତରେ ମୁକ୍ତ କରିବେ ଏବଂ ମୁକ୍ତ ତଥା ନିରପେକ୍ଷ ନିର୍ବାଚନ ପାଇଁ ଏକ ନିର୍ଦ୍ଦିଷ୍ଟ ତାରିଖ ଘୋଷଣା କରିବେ। ସେ କହିଲେ ଯେ ଯଦି ଏହି ସବୁ ଦାବି ପୂରଣ ହୁଏ ସେ ୧୯୭୫ରେ ଜନ ଏବଂ ଛାତ୍ର ସଂଘର୍ଷ ସମିତି ଦ୍ୱାରା ଆରମ୍ଭ ହୋଇଥିବା ଆନ୍ଦୋଳନକୁ ସ୍ଥଗିତ ରଖିବାକୁ ପ୍ରସ୍ତୁତ ଅଛନ୍ତି।

୧୯୭୭ ଆରମ୍ଭରେ ଇନ୍ଦିରା ଗାନ୍ଧୀ ଆଂଶିକଭାବେ ପରାଜିତ ହେଲେ। ୧୮ ଜାନୁଆରୀ ୧୯୭୭ରେ ସେ ଲୋକସଭା ଭଙ୍ଗର ଘୋଷଣା କଲେ। ଯଦିଓ ଜରୁରିକାଳୀନ ପରିସ୍ଥିତି ସେ ଯାଏ ବଳବତ୍ତର ଥିଲା, ଇନ୍ଦିରା ଗାନ୍ଧୀ ତାଙ୍କର ଏକ ରେଡିଓ ଭାଷଣରେ ଜରୁରିକାଳୀନ ପରିସ୍ଥିତିକୁ ଠିକ୍ ବୋଲି କହିଲେ ଏବଂ ଏହା ଦ୍ୱାରା ଦେଶର କେତେ ଲାଭ ହୋଇଛି ତାହା ମଧ୍ୟ କହିଲେ। ତାଙ୍କର ମୁଖ୍ୟ ଯୁକ୍ତି

ଥିଲା ଯେ ସେ ଦେଶକୁ ଜାତୀୟ ପଙ୍ଗୁତା ଏବଂ ହିଂସାରୁ ରକ୍ଷା କରିଛନ୍ତି ଓ ଶୃଙ୍ଖଳାର ପୁନର୍ସ୍ଥାପନ କରି ଶାନ୍ତିର ଅନୁଭବ କରାଇଛନ୍ତି। ଏହିପରି ଭାବରେ ସେ ଚିତ୍ରିତ କରିବାକୁ ଚେଷ୍ଟା କଲେ ଯେ ସେ ଜନସଂଖ୍ୟାର ସେହି ବିଭାଗଗୁଡିକୁ ସାହାଯ୍ୟ କରିବା ପାଇଁ ଅନେକ ନୀତି ଆପଣେଇବାକୁ ସକ୍ଷମ ହୋଇଥିଲେ, ଯେଉଁମାନେ ବିକାଶ ଯୋଜନାରେ ଅଧିକ ଲାଭ ପାଇ ନ ଥିଲେ। ନୀତିଗୁଡିକରେ ପ୍ରତିବନ୍ଧକକୁ ହଟାଇବାକୁ ସମ୍ବିଧାନର ସଂଶୋଧନ କରାଯାଇଥିଲା, ଯାହା ଲୋକଙ୍କ ସେବା କରିବା ପାଇଁ ପରିକଳ୍ପନା ଥିଲା। ଇନ୍ଦିରାଙ୍କ ଅନୁଯାୟୀ, ଜରୁରିକାଳୀନ ପରିସ୍ଥିତିରେ ଯୌତୁକ ଭଳି ସାମାଜିକ ବ୍ୟାଧିର ମୁକାବିଲା କରାଯାଇଥିଲା ଏବଂ ପିଲାମାନଙ୍କୁ ସୁସ୍ଥ ରଖିବା ତଥା ସେମାନଙ୍କର ଉତ୍ତମ ଯତ୍ନ ନେବାପାଇଁ ପରିବାର ନିୟନ୍ତ୍ରଣ ଯୋଜନା ପ୍ରଣୟନ ହୋଇଥିଲା। ତାଙ୍କ କହିବା ଅନୁଯାୟୀ ମୁଦ୍ରାସ୍ଫୀତି ବିରୋଧୀ ନୀତି ପାଇଁ ଦେଶର ଆର୍ଥିକ ପରିସ୍ଥିତିରେ ଉନ୍ନତି ହୋଇଥିଲା ଏବଂ କୃଷକ, କାରଖାନା ଶ୍ରମିକ, ବୈଜ୍ଞାନିକ ଏବଂ ଟେକ୍ନିସିଆନମାନଙ୍କ ନୂତନ ସମର୍ପଣ ଭାବ ଯୋଗୁ ଦେଶରେ ଉତ୍ପାଦନ ମଧ୍ୟ ବୃଦ୍ଧି ପାଇଥିଲା।

ବର୍ତ୍ତମାନ ଦେଶ ଆଉ ଥରେ ସାଧାରଣ ନିର୍ବାଚନ ପାଇଁ ପ୍ରସ୍ତୁତ ହେଲା। ଇନ୍ଦିରାଙ୍କ ସମ୍ମୁଖରେ ସବୁଠୁ ବଡ଼ ଆହ୍ୱାନ ଥିଲା କେମିତି ଲୋକଙ୍କୁ ଜରୁରିକାଳୀନ ପରିସ୍ଥିତି ଠିକ୍ ବୋଲି କହିବେ ଏବଂ ବିରୋଧୀମାନଙ୍କ ପାଇଁ ଆହ୍ୱାନ ଥିଲା କିପରି ସବୁ ବିରୋଧୀ ଏକତ୍ରିତ ହେବେ।

୧୪

ବିରୋଧୀ ଏକତା ଏବଂ ଭାରତୀୟ ଜନସଂଘ ତଥା ଅନ୍ୟ ଦଳର ଜନତା ପାର୍ଟିରେ ବିଲୀନ ହେବା

ଶ୍ୟାମାପ୍ରସାଦ ମୁଖାର୍ଜୀଙ୍କ ସମୟରୁ ହିଁ ବିରୋଧୀ ଏକତା ପାଇଁ ପ୍ରୟାସ ହୋଇ ଆସୁଥିଲା ଏବଂ କିଛି ସଫଳ ହୋଇଥିଲା ଓ କିଛି ହୋଇ ନ ଥିଲା। ୧୫ ଅଗଷ୍ଟ ୧୯୫୩ରେ ଭାରତୀୟ ଜନସଂଘର ସାଧାରଣ ପରିଷଦ ଆହ୍ଲାବାଦଠାରେ ଜନସଂଘ, ହିନ୍ଦୁ ମହାସଭା ଏବଂ ରାମରାଜ୍ୟ ପରିଷଦ ଏକାଠି ମିଶିଯିବା ପାଇଁ ଏକ ସଂକଳ୍ପ ପାରିତ କଲେ। ଏହି ମିଶ୍ରଣ ସଫଳ ହୋଇପାରିଲା ନାହିଁ କାରଣ ରାଜନୈତିକ କାର୍ଯ୍ୟକଳାପ କୌଣସି ନିର୍ଦ୍ଦିଷ୍ଟ ଧର୍ମ ସହିତ ଜଡ଼ିତ ହେବା ଆବଶ୍ୟକ କିମ୍ବା ଏହା ଜାତିଗତ କାରଣ ଉପରେ ଆଧାରିତ ହୋଇପାରେ ବୋଲି ପ୍ରସ୍ତାବ ଗ୍ରହଣ କରିବାକୁ ଭାରତୀୟ ଜନସଂଘ ରାଜି ହୋଇ ନ ଥିଲା। ଏହି ବିପର୍ଯ୍ୟୟ ୨୦ ଏପ୍ରିଲ୍ ୧୯୫୭ରେ ଜନସଂଘର କେନ୍ଦ୍ରୀୟ କାର୍ଯ୍ୟକାରିଣୀ ଏକ ସଂକଳ୍ପ ପାରିତ କରି ଏହାର ସଦସ୍ୟମାନଙ୍କୁ ବିଭିନ୍ନ ବିଧାନସଭା କ୍ଷେତ୍ରରେ ସାଧାରଣ ପ୍ରସଙ୍ଗରେ ଅନ୍ୟ ଗୋଷ୍ଠୀ ଏବଂ ଦଳର ସହଯୋଗରେ କାର୍ଯ୍ୟ କରିବାକୁ ତଥା ସରକାରଙ୍କ ପ୍ରତି ଜାତୀୟ ଗଣତାନ୍ତ୍ରିକ ବିରୋଧକୁ ଦୃଢ଼ କରିବାକୁ ନିର୍ଦ୍ଦେଶ ଦେଇଥିଲେ। ଜନସଂଘର କେନ୍ଦ୍ରୀୟ କାର୍ଯ୍ୟକାରିଣୀ ବୈଠକ ଆହ୍ଲାବାଦରେ ୧୩ ଜୁନ୍ ୧୯୬୩ରେ ବିରୋଧୀ ଏକତା କଥା ପୁନର୍ବାର କୁହାଗଲା। ୨ ନଭେମ୍ବର ୧୯୬୬ରେ ନାଗପୁରଠାରେ ଏହାର ସାଧାରଣ ପରିଷଦ ବୈଠକରେ ଜନସଂଘ ଜାତୀୟ ଗଣତାନ୍ତ୍ରିକ ବିକଳ୍ପ ଗଢ଼ିବାର ପ୍ରୟାସ ଆରମ୍ଭ କଲା। ପରେ

ରାଜଗୋପାଲଚାରୀ ସ୍ୱତନ୍ତ୍ର ପାର୍ଟିକୁ ଜନସଂଘ ସହ ବିଲୀନ କରିବାକୁ ଚାହିଁଲେ, କିନ୍ତୁ ଅର୍ଥନୈତିକ ଏବଂ ବୈଦେଶିକ ନୀତିର ଉଦ୍ଦେଶ୍ୟରେ ଦୁଇଦଳ ଭିତରେ ମୌଳିକ ପାର୍ଥକ୍ୟ ଯୋଗୁ ଏ ପ୍ରସ୍ତାବ କାର୍ଯ୍ୟକାରୀ ହୋଇପାରିଲା ନାହିଁ। ତେବେ ସ୍ୱତନ୍ତ୍ର ପାର୍ଟି ସହ ଗୁଜରାଟ, ରାଜସ୍ଥାନ ଏବଂ ଓଡ଼ିଶା ନିର୍ବାଚନ ପରିପେକ୍ଷୀରେ ଜନସଂଘର ସମନ୍ୱୟ ଥିଲା। ୧୯୬୩ରେ ଜନସଂଘ ପ୍ରଜା ସୋସାଲିଷ୍ଟ ପାର୍ଟିକୁ ବିରୋଧୀ ସହଯୋଗର ଅଂଶ କରିପାରି ନ ଥିବାରୁ ପଶ୍ଚାତାପ କଲା।

୧୯୭୪ -୭୫ରେ ଭାରତୀୟ କିଷାନ ଦଳ ଅଧ୍ୟକ୍ଷ ଚରଣ ସିଂ କମ୍ୟୁନିଷ୍ଟଙ୍କୁ ବାଦ ଦେଇ ସବୁ ଅଣକଂଗ୍ରେସ ଦଳ ମିଶି ଗୋଟିଏ ପାର୍ଟି ଗଢିବା ସପକ୍ଷରେ ଯୁକ୍ତି କରିଥିଲେ। ତାଙ୍କର ଉଦ୍ଦେଶ୍ୟ ଥିଲା ଯେ ନୂଆଦଳର ନେତୃତ୍ୱ ସେ ନେବେ। ତାଙ୍କ ଉଦ୍ଦେଶ୍ୟ ବୁଝିପାରି କଂଗ୍ରେସ (ଓ) ଏବଂ ଜନସଂଘ ସେ ମଞ୍ଚକୁ ଯିବାକୁ ଚାହିଁ ନ ଥିଲେ। ଭାରତୀୟ ଲୋକଦଳରେ ଜନସଂଘକୁ ମିଶାଇବା ପାଇଁ ଚରଣ ସିଂ ସେ ସମୟର ଆରଏସଏସ ସରସଂଘ ଚାଳକ ବାବା ସାହେବ ଦେଓରାସଙ୍କୁ ଭେଟିଥିଲେ, କିନ୍ତୁ 'ଜନସଂଘର ନେତୃବୃନ୍ଦ ନିଜ ବୁଦ୍ଧି ଜ୍ଞାନ ଅନୁଯାୟୀ ନିଜ ନିର୍ଣ୍ଣୟ ନିଅନ୍ତି' ବୋଲି ଦେଓରାସ ଚରଣ ସିଂଙ୍କୁ କହିଥିଲେ।[୨୯୯] ୨୯ ଅଗଷ୍ଟ ୧୯୭୪ରେ ଭାରତୀୟ କିଷାନ ଦଳ, ଉତ୍କଳ କଂଗ୍ରେସ, ଲୋକତାନ୍ତ୍ରିକ ଦଳ, ପଞ୍ଜାବ କ୍ଷେତିବାରୀ ଜମିଦାର ୟୁନିୟନ, ହରିଜନ ସଂଘର୍ଷ ସମିତି ଆଦିକୁ ନେଇ ଚରଣ ସିଂ ଭାରତୀୟ ଲୋକଦଳ ଗଢିଲେ ଏବଂ ନିଜେ ଏହାର ଅଧ୍ୟକ୍ଷ ହେଲେ।

ଜେପିଙ୍କ ଆନ୍ଦୋଳନ ଯୋଗୁ ବିରୋଧୀଦଳମାନେ ଏବେ ପରସ୍ପରର ନିକଟବର୍ତ୍ତୀ ହୋଇଥିଲେ। ଜରୁରିକାଳୀନ ପରିସ୍ଥିତି ସେମାନଙ୍କୁ ଏକତ୍ର କରିଥିଲା। ମାର୍ଚ୍ଚ ୧୯୭୫ରେ ଦିଲ୍ଲୀଠାରେ ଭାରତୀୟ ଜନସଂଘର ପୂର୍ଣ୍ଣାଙ୍ଗ ଅଧିବେଶନରେ ଆଡଭାନୀ ତାଙ୍କ ଅଧ୍ୟକ୍ଷୀୟ ଉଦ୍‌ବୋଧନରେ ମିଶ୍ରଣ ସମସ୍ୟା ପ୍ରସଙ୍ଗକୁ ତୁଲେଇଲେ ଏବଂ ପ୍ରଥମ ଥର ପାଇଁ ସାଧାରଣ ସର୍ବନିମ୍ନ ଯୋଜନା, ସାଧାରଣ ଜନତା ପାର୍ଟୀ ଏବଂ ସାଧାରଣ ପ୍ରତୀକ ବାବଦରେ କହିଲେ।

ଆଜି ଭାରତୀୟ ରାଜନୈତିକ ଦୃଶ୍ୟ ଏକ ପ୍ରବାହ ସ୍ଥିତିରେ ଅଛି। ସବୁ ବିରୋଧୀ ଦଳଙ୍କୁ ଏକାଠି କରିବାକୁ ଜେପି ଆନ୍ଦୋଳନ ଏକ ଉତ୍‌ପ୍ରେରକ ରୂପେ କାର୍ଯ୍ୟ କରିଛି। ଏହା ଏଥିପାଇଁ ସମ୍ଭବ ହେଲା ଯେ ମୁଖ୍ୟ ପ୍ରସଙ୍ଗଗୁଡିକର ଆଦର୍ଶ ସହିତ କୌଣସି ସମ୍ପର୍କ ନାହିଁ।

କିନ୍ତୁ ଏହି ଆନ୍ଦୋଳନରେ ଅଂଶଗ୍ରହଣ କରୁଥିବା ସମସ୍ତ ରାଜନୈତିକ ଦଳ ସଚେତନ ଅଛନ୍ତି ଯେ ଯଦି ଏହି ଆନ୍ଦୋଳନ ଏକ ସ୍ଥିର ଆନୁଷ୍ଠାନିକ ବ୍ୟବସ୍ଥା ବାଛି

ନ ଥାଏ, ଯାହାକୁ ଲୋକମାନେ ଦେଶର ଶାସନ ପାଇଁ ଏକ ବିକଳ୍ପ ଉପକରଣ ଭାବେ ଦେଖିପାରିବେ, ତେବେ ଏହି ଆନ୍ଦୋଳନର ଉଦ୍ଦେଶ୍ୟ ସମ୍ପୂର୍ଣ୍ଣ ରୂପେ ହାସଲ ହୋଇପାରିବ ନାହିଁ।

ଗୋଟିଏ ଦୃଷ୍ଟିକୋଣ ହେଉଛି, ଏହି ଅଭିଯାନର ସମସ୍ତ ଦଳ ସେମାନଙ୍କର ପୃଥକ୍ ପରିଚୟ ତ୍ୟାଗ କରିବା ଉଚିତ। ନିଜକୁ ଏଠାରେ ଏବଂ ବର୍ତ୍ତମାନ ଗୋଟିଏ ଦଳରେ ମିଶ୍ରଣ କରିବା ଉଚିତ ଏବଂ ତା'ପରେ ସମସ୍ତ ଧ୍ୟାନ କଂଗ୍ରେସ ଦଳକୁ ବହିଷ୍କାର କରିବା ପାଇଁ ଧ୍ୟାନ ଦେବା ଉଚିତ।

ଏହି ଦୃଷ୍ଟିକୋଣକୁ ବିଚାରକୁ ନିଆଯାଏ ନାହିଁ ଯେ କେବଳ କଂଗ୍ରେସ ବିରୋଧୀ ହେବା ଏକ ଦଳକୁ ଏକାଠି ରଖିବା ପାଇଁ ଏକ ଦୁର୍ବଳ ବନ୍ଧନ ଅଟେ। ଆମେ ଭାବୁଛୁ ସଙ୍ଗଠିତ ଏକତା ବହୁତ ଜରୁରୀ କିନ୍ତୁ ଏକ ଦଳ ଉଦ୍ଦେଶ୍ୟମୂଳକ ପରିବର୍ତ୍ତନର ଏକ ସାଧନ ହେବାପାଇଁ ସଙ୍ଗଠିତ ଏକତା ଅପେକ୍ଷା ଅନ୍ୟ ଗୁରୁତ୍ୱପୂର୍ଣ୍ଣ ଗୁଣ ହେଉଛି ତୃଣମୂଳଠୁ ଆରମ୍ଭ କରି ଶୀର୍ଷଯାଏ ସମସ୍ତ ସ୍ତରରେ ପାରସ୍ପରିକ ବିଶ୍ୱାସର ଜୋରଦାର ଉପସ୍ଥିତି।

କେବଳ ଏକକ ଲକ୍ଷ୍ୟ ପାଇଁ କାମ କରି ଏବଂ ସଂଘର୍ଷ କରି ଏହି ଆସ୍ଥା ଓ ବିଶ୍ୱାସ ହାସଲ କରିହେବ। ବିହାରରେ ଆନ୍ଦୋଳନ ଏବଂ ବାହାରକୁ ଏହାର ବର୍ଦ୍ଧିତ ହେବା ଆମକୁ ଏକ ଅପୂର୍ବ ସୁଯୋଗ ଦେଇଛି ଏ ଲକ୍ଷ୍ୟ ହାସଲ କରିବାକୁ। ତେଣୁ ଆସନ୍ତୁ ଆମେ ଏ ଆନ୍ଦୋଳନକୁ ଏକାଠି ବ୍ୟାପକ ଏବଂ ତୀବ୍ର କରିବା।

ତେଣୁ ଏ ଆନ୍ଦୋଳନରେ ମିଳିତଭାବେ କାର୍ଯ୍ୟ କରିବା, ସଂସଦରେ ଏକ ମିଳିତ ବ୍ଲକ ଗଠନ ଏବଂ ଏକ ସାଧାରଣ ସର୍ବନିମ୍ନ କାର୍ଯ୍ୟକ୍ରମ, ସାଧାରଣ ଜନତା ପ୍ରାର୍ଥୀ ଓ ଏକ ସାଧାରଣ ପ୍ରତୀକ ଉପରେ ଆଧାରିତ ନିର୍ବାଚନୀ ରଣନୀତି ହେଉଛି ସେହି ପଦକ୍ଷେପ ଯାହା ଆମେ ଭାବୁଛୁ କଂଗ୍ରେସ ପାଇଁ ଏକ ଆନୁଷ୍ଠାନିକ ବିକଳ୍ପ ହୋଇପାରିବ।[୩୦୦]

ଉପରୋକ୍ତ ରଣନୀତି ଗୁଜରାଟ ବିଧାନସଭା ନିର୍ବାଚନରେ ପ୍ରୟୋଗ କରାଯାଇଥିଲା। ଜନତା ମୋର୍ଚ୍ଚା ଗଠନ କରାଯାଇଥିଲା। ସାଧାରଣ ସର୍ବନିମ୍ନ ଯୋଜନା ପ୍ରସ୍ତୁତ କରାଯାଇଥିଲା ଏବଂ ମିଳିତଭାବେ ନିର୍ବାଚନ ପ୍ରଚାର କରାଯାଇଥିଲା। ଜନତା ମୋର୍ଚ୍ଚା ନିର୍ବାଚନ ଜିତିଥିଲା ଏବଂ କଂଗ୍ରେସ ନିଜର ପୂର୍ବ ଆସନ ସଂଖ୍ୟା ୧୪୦ରୁ ଅଧାକୁ ଖସି ଆସିଥିଲା। ପ୍ରକୃତରେ ଜନସଂଘର ଅଧ୍ୟକ୍ଷ ଶ୍ରୀଯୁକ୍ତ ଆଡଭାନୀ ଜେଲରୁ ଏକ ବାର୍ତ୍ତା ପଠାଇ ତାଙ୍କ ଦଳର ସଦସ୍ୟ ମାନଙ୍କୁ ଏକ ମିଳିତ ଦଳ ଗଠନ ପାଇଁ ପଦକ୍ଷେପ ନେବାକୁ ଅନୁରୋଧ କରି କହିଥିଲେ ଯେ ଏହି ଦଳ ଶିଖର ବୈଠକରେ ଫଳାଫଳ ନୁହେଁ ବରଂ କ୍ୟାଡର ସ୍ତରରେ ପ୍ରତିଷ୍ଠିତ ଏକତା ହେବ।

୧୯୭୬ ମାର୍ଚ୍ଚ ବେଳକୁ ଅଧିକାଂଶ ବିରୋଧୀ ଦଳ ନେତା ଜେଲରୁ ମୁକୁଳି ସାରିଥିଲେ ଏବଂ ୨୧,୨୨ ମାର୍ଚ୍ଚରେ ଏମାନଙ୍କର ଏକ ବୈଠକ ଅନୁଷ୍ଠିତ ହେଲା। ବୈଠକରେ ଆଚାର୍ଯ୍ୟ କୃପାଳିନୀ (ନିରପେକ୍ଷ), ଚରଣ ସିଂ (ଭାରତୀୟ ଲୋକଦଳ), ଏନ୍‌ଜିଗୋରେ (ସୋସାଲିଷ୍ଟ ପାର୍ଟି), ଏଚ୍‌ଏମ୍ ପଟେଲ୍ (ଭାରତୀୟ ଲୋକଦଳ), ଶାନ୍ତିଭୂଷଣ (କଂଗ୍ରେସ (ଓ)) ଓମ୍ ପ୍ରକାଶ ତ୍ୟାଗୀ (ଜନସଂଘ), ତ୍ରିବିଦ ଚୌଧୁରୀ (ରିଭୋଲୁସନାରୀ ସୋସାଲିଷ୍ଟ ପାର୍ଟି), ନିରଞ୍ଜନ ଦେଶାଇ (ସର୍ବୋଦୟ), ଏସ୍‌ଏମ୍‌ଯୋଶୀ (ସ୍ୱତନ୍ତ୍ର ପାର୍ଟି), କ୍ରିଷ୍ଣକାନ୍ତ (ବିଦ୍ରୋହୀ କଂଗ୍ରେସ), ପିଜି ମାଓ୍ୱାଲାଙ୍କର (ସ୍ୱାଧୀନ), ନିଜଲିଙ୍ଗାପ୍ପା (କଂଗ୍ରେସ (ଓ)), ବାବୁଭାଇ ପଟେଲ (କଂଗ୍ରେସ (ଓ)), ଉତ୍ତମରାଓ ପାଟିଲ (ଜନସଂଘ), ଏରା ସାହେଜିଆନ (ଡି.ଏମ୍.କେ), ଏରାସୋ ସେକୁଏରିଆ (ଭାରତୀୟ ଲୋକଦଳ), ଦିଗ୍‌ବିଜୟ ନାରାୟଣ ସିଂ (କଂଗ୍ରେସ (ଓ)) ଏବଂ ଯୁଦୁନାଥ ଥାଙ୍ଗା (ସର୍ବୋଦ୍ଵୟ) ଅନ୍ତର୍ଭୁକ୍ତ ଥିଲେ। ଏକକ ଏକୀକୃତ ବିରୋଧୀ ଦଳ ପାଇଁ ନୀତି ଏବଂ କାର୍ଯ୍ୟକ୍ରମ ପ୍ରସ୍ତୁତ କରିବାକୁ ଏକ ପରିଚାଳନା କମିଟି ଗଠନ କରାଯାଇଥିଲା। ଏ ପ୍ରକ୍ରିୟା ଦୁଇମାସ ମଧ୍ୟରେ ଶେଷ ହେବାକୁ ଥିଲା। ଗୋରେ ସଂଯୋଜକ ଥାଇ ଏହି କମିଟିରେ ଥିଲେ ଏଚଏମ ପଟେଲ, ଶାନ୍ତିଭୂଷଣ ଏବଂ ଓପି ତ୍ୟାଗୀ।

ପରିଚାଳନା କମିଟି ଏକ ସମୀକ୍ଷା ପତ୍ର ପ୍ରସ୍ତୁତ କଲା ଏବଂ ଯା ଉପରେ ୨୨,୨୩ ମେ'ରେ ଏ ପତ୍ର ସମସ୍ତଙ୍କ ଦୃଷ୍ଟିକୁ ଆସିଲା। ଏ ପତ୍ର ଉପରେ ବିଚାର ବିମର୍ଶ ହେଲା। ଭାରତୀୟ ଜନସଂଘ, ଭାରତୀୟ ଲୋକଦଳ, କଂଗ୍ରେସ (ଓ) ଏବଂ ସୋସାଲିଷ୍ଟ ପାର୍ଟିକୁ ନେଇ ଏକ ନୂଆ ଜାତୀୟ ଦଳର ଘୋଷଣା ଜେପି ୨୬ ମେ'ରେ କଲେ। ଜେପି ଘୋଷଣା କଲେ ଯେ ଡିଏମ୍‌କେ ସହ କଥାବାର୍ତ୍ତା ଚାଲିଛି ନୂଆ ଦଳରେ ଯୋଗଦେବାକୁ ଏବଂ ୧୯୭୬ ଜୁନ୍‌ରେ ଔପଚାରିକ ଭାବେ ନୂଆ ଦଳର ଘୋଷଣା ହେବ। ଔପଚାରିକ ଘୋଷଣା ପରେ ପୁରୁଣା ୪ଟି ଦଳର ବିଲୟ ଘଟିବ। ନୂଆଦଳ ଘୋଷଣା ପରେ ପୁରୁଣା ଏହି ୪ଦଳ ଭାଙ୍ଗିଯିବେ ଏବଂ ନୂଆଦଳ ଏହି ପୁରୁଣା ଦଳର ସଦସ୍ୟ ନ ଥିବା ନୂଆ ସଦସ୍ୟମାନଙ୍କୁ ମଧ୍ୟ ଗ୍ରହଣ କରିବ। ଦଳର ନାମ, ସମ୍ବିଧାନ ଏବଂ କର୍ମକର୍ତ୍ତାଙ୍କ ନାମ ପରେ ଘୋଷଣା କରାଯିବ। ବିଭିନ୍ନ ଦଳ ଏହି ଘୋଷଣା ଉପରେ ଭିନ୍ନ ଭିନ୍ନ ପ୍ରତିକ୍ରିୟା ରଖିଥିଲେ।

୧୬ ଜୁନ୍ ୧୯୭୬ରେ କଂଗ୍ରେସ (ଓ) ଏକ ସଂକଳ୍ପ ପାରିତ କଲା ଯେ ଗଣତାନ୍ତ୍ରିକ ସ୍ୱାଧୀନତାର ପୁନରୁଦ୍ଧାର ପାଇଁ ଏକ ଅହିଂସ ସଂଗ୍ରାମ ହେବା ଉଚିତ ଏବଂ ଶାସକ ଦଳର ଏକ ବିକଳ୍ପ ହେବା ପାଇଁ ଗଣତାନ୍ତ୍ରିକ ବିରୋଧର ଏକୀକରଣର

ଆବଶ୍ୟକତା ନିହାତି ଜରୁରୀ। ୨୯ ଜୁନ୍‌ରେ ଅଶୋକ ମେହେଟ୍ଟା ଗୋରେନ୍‌କୁ ଲେଖିଲେ ଯେ ନିକଟ ଭବିଷ୍ୟତରେ ନିର୍ବାଚନ ହେବାର କୌଣସି ସମ୍ଭାବନା ନାହିଁ, ତେଣୁ ବିରୋଧୀ ଏକତା ଏବେ ଜରୁରୀ ନୁହେଁ। ପ୍ରକୃତରେ କଂଗ୍ରେସ (ଓ) ଜେପିଙ୍କର ଗୋଟିଏ ଦଳର ପ୍ରସ୍ତାବକୁ ପୂର୍ଣ୍ଣ ପ୍ରାଣରେ ସମର୍ଥନ କରୁ ନ ଥିଲା।

ଯେହେତୁ ଆଡଭାନୀ ନୂଆ ପାର୍ଟିର ଘୋଷଣାକୁ ସମର୍ଥନ କରୁଥିଲେ, ସେ ମେହେଟ୍ଟାଙ୍କ ଚିଠି ଦେଖି ବିଚଳିତ ବୋଧ କଲେ। ଯେହେତୁ ସଭାପତିଙ୍କ ସମେତ ଜାତୀୟ କାର୍ଯ୍ୟନିର୍ବାହୀର ୩୦ ଜଣ ସଦସ୍ୟ ଜେଲ୍‌ରେ ଥିଲେ ତେଣୁ ଔପଚାରିକ ଭାବେ ଦଳର ଘୋଷଣା ହୋଇପାରି ନ ଥିଲା।

ଭାରତୀୟ ଲୋକଦଳର ଚରଣ ସିଂ ଏହି ଚାରିଦଳର ମିଶ୍ରଣ ହେଉ ବୋଲି ଚାହୁଁଥିଲେ ଏବଂ ନୂଆ ଦଳର ନେତା ହେବାକୁ ମଧ୍ୟ ଚାହୁଁଥିଲେ। ସେ ସନ୍ଦେହ କଲେ ଯେ ଜେପି ଦଳମାନଙ୍କର ମିଶ୍ରଣ ପାଇଁ କାମ କରୁନାହାନ୍ତି ବରଂ ନିଜ ନେତୃତ୍ୱରେ ଏକ ଦଳ ଗଢିବା ଯୋଜନାରେ ଅଛନ୍ତି। କାର୍ଯ୍ୟକାରିଣୀ କମିଟିର ସଦସ୍ୟମାନେ ଜେଲ୍‌ରେ ଥିବାରୁ ଗୋରେ ସୋସାଲିଷ୍ଟ ପାର୍ଟିର ଆଭିମୁଖ୍ୟ ସ୍ପଷ୍ଟ କରିପାରିଲେ ନାହିଁ। ଏହି ଚାରିଦଳ ଘନିଷ୍ଠ ଭାବେ କାର୍ଯ୍ୟ କରନ୍ତୁ ଏବଂ ଏକତାର ଧାରଣା ବଜାୟ ରଖିବାକୁ ନେତାମାନେ ମିଳିତ ଯାତ୍ରା ଆୟୋଜନ କରନ୍ତୁ ବୋଲି ସେ ମତ ଦେଲେ।

ଏହି ମିଶ୍ରଣର କଥାବାର୍ତ୍ତା ଚାଲିଥିଲାବେଳେ ଜେପି ଏ ଦଳର ନେତା କିଏ ହେବ ସେ ବାବଦରେ ପରାମର୍ଶ କରିବା ଆରମ୍ଭ କରିଦେଲେ। ଜେଲ୍ ବାହାରେ ଥିବା ନେତାମାନଙ୍କ ମଧ୍ୟରୁ ଜଣେ ନୂଆ ଦଳର ନେତା ହେବାର ଥିଲା। ଚରଣ ସିଂ ଅଧ୍ୟକ୍ଷ ହେବାକୁ ଆଶା ବାନ୍ଧିଥିଲେ। ୨୦ ମେ ୧୯୭୬ରେ ଲୋକସଂଘର୍ଷ ସମିତିର ନେତା ଏବଂ ଆରଏସଏସର ପ୍ରଚାରକ ଜେପିଙ୍କୁ ଏକ ଚିଠି ଲେଖି ଅଧ୍ୟକ୍ଷ ପଦ ପାଇଁ ଏସ୍‌ଏନ୍‌ଯୋଶୀଙ୍କ ନାମ ସୁପାରିସ କରିବାକୁ ଅନୁରୋଧ କଲେ। ଏ ସମ୍ବନ୍ଧରେ ଶୁଣି ଚରଣ ସିଂ ଆରଏସଏସ ଉପରେ କ୍ଷୁବ୍ଧ ହେଲେ ଏବଂ ନୂଆଦଳ ଓ ଆରଏସଏସର ଦ୍ୱୈତ ସଦସ୍ୟତା ଉପରେ ପ୍ରଶ୍ନ କଲେ। ଓ.ପି. ତ୍ୟାଗୀ ଚରଣ ସିଂଙ୍କ ସହ ଏକମତ ନ ହୋଇ କହିଲେ ଯେ ଏହା ନୂଆ ଦଳ ଉପରେ ନିର୍ଭର କରେ ସେ କ'ଣ ସର୍ତ୍ତାବଳୀ ରଖିବାକୁ ଚାହିଁବ। ବାଜପେୟୀ ଆରଏସଏସର କର୍ମକର୍ତ୍ତାଙ୍କୁ ଏକ ବାର୍ତ୍ତା ଲେଖି କହିଲେ 'ମୁଁ ସେମାନଙ୍କୁ ସ୍ପଷ୍ଟ ଭାବେ କହିଛି ଯେ ମୁଁ ଏମିତି କୌଣସି ଦଳରେ ଯୋଗ ଦେବି ନାହିଁ ଯିଏ ଆରଏସଏସକୁ ଦଳରେ ଯୋଗ ଦେବାକୁ ବାରଣ କରିବ।'[୩୦୧] ୨୪ ଜୁଲାଇ ୧୯୭୬ରେ ଭାରତୀୟ ଲୋକଦଳର କାର୍ଯ୍ୟନିର୍ବାହୀ ପ୍ରକାଶ କଲେ ଯେ ଅନ୍ୟଦଳ (ଭା.ଜ.ସ), କଂଗ୍ରେସ (ଓ) ଏବଂ ସମାଜବାଦୀ ଦଳ) ଅନ୍ୟ ଦଳର

ବିଲୋପ ଉପରେ ନିଷ୍ପତ୍ତି ନେବାରେ ଅସମର୍ଥତା କିମ୍ବା ଏକତା ହାସଲ ପାଇଁ ଜେପିଙ୍କ ଉଦ୍ୟମକୁ ନିରାଶ କରିଛି ଏବଂ ' ମିଶ୍ରଣ ସମ୍ବନ୍ଧୀୟ ସତ୍ୟ' ଶୀର୍ଷକ ଏକ ମନୋଗ୍ରାଫ୍ ପ୍ରକାଶ କରିଛି ଓ ଜେପିଙ୍କ ବିଫଳତା ପାଇଁ ମିଛରେ ଅନ୍ୟ ତିନିଦଳକୁ ଦାୟୀ କରିଥିଲେ।

ଇତ୍ୟବସରରେ ଭାରତୀୟ ଜନସଂଘର ସଭାପତି ଓ ସାଧାରଣ ସମ୍ପାଦକ ଭାବେ ୟୁ.ଏଲ୍. ପାଟିଲ ଏବଂ ଓ.ପି. ତ୍ୟାଗୀ ୨୬ ସେପ୍ଟେମ୍ବର ୧୯୭୬ରେ ନିଯୁକ୍ତ ହେଲେ। ୨୧ ଅଗଷ୍ଟ ୧୯୭୬ରେ ତ୍ୟାଗୀ ଚରଣ ସିଂଙ୍କୁ ଏକ ଚିଠି ଲେଖି ଆରଏସଏସ ସମ୍ବନ୍ଧୀୟ ପ୍ରଶ୍ନ ଉପରେ ଆମ୍ନା ସାମନା କଲେ। ସେ ଲେଖିଲେ ଯେ ଆରଏସଏସ ପ୍ରତି ଚରଣ ସିଂଙ୍କ ଆଭିମୁଖ୍ୟ ଆଶ୍ଚର୍ଯ୍ୟଜନକ ଏବଂ କୌଣସି ରାଜନୈତିକ ଦଳ ଏହାର ସଦସ୍ୟମାନଙ୍କୁ ସାମାଜିକ ତଥା ସାଂସ୍କୃତିକ ସଙ୍ଗଠନରେ କାର୍ଯ୍ୟ କରିବାକୁ ବାରଣ କରିବା ଉଚିତ ନୁହେଁ।

ଇନ୍ଦିରା ୧୮ ଜାନୁଆରୀ ୧୯୭୭ରେ ଲୋକସଭା ଭଙ୍ଗ କଲେ ଏବଂ ଜେପି ନିର୍ବାଚନ ଘୋଷଣାକୁ ସ୍ୱାଗତ କଲେ। ଦଳୀୟ ପ୍ରତିନିଧିମାନଙ୍କ ସହ ଗଭୀର ଆଲୋଚନା ଏବଂ ଜେପିଙ୍କ ଚାପ ଯୋଗୁ ୨୦ ଜାନୁଆରୀ ୧୯୭୭ରେ ଜନତା ପାର୍ଟି ଆରମ୍ଭ ହେବାର ନିର୍ଣ୍ଣୟ ହେଲା। ୨୩ ଜାନୁଆରୀ ୧୯୭୭ରେ ମୋରାରଜୀ ଘୋଷଣା କଲେ ଯେ ସବୁ ବିରୋଧୀ ଦଳ ଗୋଟିଏ ଦଳଭାବେ ନିର୍ବାଚନ ଲଢ଼ିବେ। ଏହା ଜନତା ଦଳ ଭାବେ ପରିଚିତ ହେବ ଏବଂ ଏହାର ଗୋଟିଏ ପ୍ରତୀକ ରହିବ। ଯେହେତୁ ଭାରତର ନିର୍ବାଚନ କମିଶନଙ୍କ ସହ ଔପଚାରିକତା କରିବାର ସମୟ ନ ଥିଲା, ସ୍ଥିର ହେଲା ଯେ ଭାରତୀୟ ଲୋକଦଳ ପ୍ରତୀକ ହଳଧର (ଲଙ୍ଗଳ ଧରିଥିବା ଲୋକ)କୁ ଗ୍ରହଣ କରାଯିବ।

କଂଗ୍ରେସ ଦଳ ମଧ୍ୟରେ ଆଉ ଏକ ବଡ଼ଧରଣର ଦଳ ବଦଳ ହେଲା। ଫେବୃଆରୀ ୧୯୭୭ରେ ଜଗଜ୍ଜୀବନ ରାମ ପ୍ରଧାନମନ୍ତ୍ରୀଙ୍କୁ ଭେଟି ଜରୁରିକାଳୀନ ପରିସ୍ଥିତିକୁ ଉଠାଇବାକୁ ଅନୁରୋଧ କଲେ ଏବଂ ୨ ଫେବୃଆରୀରେ ସେ ଉଭୟ ମନ୍ତ୍ରୀ ପରିଷଦ ଓ କଂଗ୍ରେସରୁ ଇସ୍ତଫା ଦେଇ 'କଂଗ୍ରେସ ଫର ଡେମୋକ୍ରାସି' (ସିଏଫ୍‌ଡି) ନାଁରେ ଏକ ଦଳ ଗଢ଼ିବାର ଘୋଷଣା କଲେ। ଜନତା ପାର୍ଟିର କେନ୍ଦ୍ରୀୟ କାର୍ଯ୍ୟନିର୍ବାହୀ ସେହିଦିନ ତାଙ୍କୁ ଭେଟି ତାଙ୍କ ଇସ୍ତଫାକୁ ସ୍ୱାଗତ ଜଣାଇଲା। ଜଗଜ୍ଜୀବନ ରାମ ନିର୍ବାଚନ ପୂର୍ବରୁ ସିଏଫ୍‌ଡିକୁ ଜନତା ପାର୍ଟିରେ ମିଶାଇବାକୁ ପ୍ରସ୍ତୁତ ନ ଥିଲେ ଏବଂ କହିଲେ ଏ ସମ୍ବନ୍ଧରେ ନିର୍ବାଚନ ପରେ ମଧ୍ୟ ଚିନ୍ତା କରାଯାଇ ପାରିବ। ଯାହାହେଉ ସେ ଜନତା ପାର୍ଟିର ପ୍ରତୀକ ବ୍ୟବହାର କରିବାକୁ ରାଜି ହେଲେ।

ଜନତା ପାର୍ଟିର ନିର୍ବାଚନ ଇସ୍ତାହାର ୧୦ ଫେବୃଆରୀ ୧୯୭୭ରେ ଦିଲ୍ଲୀଠାରେ ଚରଣ ସିଂଙ୍କ ଦ୍ୱାରା ଉନ୍ମୋଚନ ହେଲା। ଏହା ନିର୍ବାଚନ ସନ୍ଦର୍ଭରେ

ଏବଂ ଏଥିରେ ଜଡ଼ିତ ପ୍ରସଙ୍ଗଗୁଡ଼ିକୁ ଲୋକଲୋଚନକୁ ଆଣିଥିଲା ଏବଂ ଦଳ ଅନୁସରଣ କରିବାକୁ ଥିବା କାର୍ଯ୍ୟକ୍ରମର ସୂଚନା ମଧ୍ୟ ଦେଇଥିଲା। ଯୋଜନା ମଧ୍ୟରେ ରାଜନୈତିକ, ଅର୍ଥନୀତିକ, ସାମାଜିକ ତଥା ବୈଦେଶିକ ନୀତି ସାମିଲ ଥିଲା।

୧୯୭୭ର ଐତିହାସିକ ନିର୍ବାଚନ ଏବଂ ଏହାର ଫଳାଫଳ

ବିରୋଧୀ ଦେଶକୁ ଅସ୍ଥିର କରୁଛନ୍ତି ଏବଂ କଂଗ୍ରେସ ସ୍ଥିରତା ପ୍ରଦାନ କରିପାରିବ ବୋଲି ଅଭିଯୋଗରେ ଇନ୍ଦିରା ନିର୍ବାଚନ ପ୍ରଚାର କରିବାକୁ ଯାଇଥିଲେ। ସେ ବିରୋଧୀ ଏକତାକୁ ଏକ ରାଜନୈତିକ ସୁବିଧାବାଦ ଏବଂ ଏକ ବୃହତ୍ ଗୋଳାଘଣ୍ଟା କହି ଖାରଜ କଲେ। କଂଗ୍ରେସ ପାଇଁ ଇନ୍ଦିରା ଏକମାତ୍ର ପ୍ରଚାରକ ଥିଲେ ଏବଂ ସେ ଜନତା ଦଳର ଜନସଂଘ ଉପାଦାନ ଉପରେ ଜୋରଦାର ଆକ୍ରମଣ କରି ଲୋକଙ୍କୁ ଚେତାବନୀ ଦେଇଥିଲେ ଯେ ଯେତେବେଳେ ବି ବିରୋଧୀ ଦଳ ଏକାଠି ହୁଅନ୍ତି, ସେତେବେଳେ ଜନସଂଘ ସେମାନଙ୍କ ଉପରେ ପ୍ରଭାବୀ ହୋଇଥାଏ। ସେ ଏକଥା ମଧ୍ୟ କହିଥିଲେ ଯେ ୧୯୭୧ ପରି ଏହି ମେଣ୍ଟ ଯେ କୌଣସି ସମୟରେ ଭାଙ୍ଗିଯାଇପାରେ।

ଜନତା ପାର୍ଟି ପାଇଁ ନିର୍ବାଚନ ପ୍ରଚାରର ସ୍ୱର ଜେପିଙ୍କ ଦ୍ୱାରା ପ୍ରସ୍ତୁତ ହୋଇଥିଲା, ଯିଏ କହିଥିଲେ ଯେ ୧୯୭୭ ନିର୍ବାଚନ ଗଣତନ୍ତ୍ର ଏବଂ ଏକଚ୍ଛତ୍ରବାଦ ମଧ୍ୟରେ ହେବ– ଏହି ନିର୍ବାଚନର ମୁଖ୍ୟ ଉଦ୍ଦେଶ୍ୟ ହେଉଛି ଯେ ଦେଶ ଗଣତନ୍ତ୍ରକୁ ଫେରିବ ନା ଇନ୍ଦିରାଙ୍କ ଏକଚ୍ଛତ୍ରବାଦ ଚାଲୁ ରହିବ ସେ ବିଷୟରେ ନିର୍ଣ୍ଣୟ ନେବା। ମୋରାରଜୀ ଦେଶକୁ ବର୍ଷ ବର୍ଷ ଧରି ଗ୍ରାସିଥିବା ଭୟରୁ ମୁକ୍ତି ଦେବା ଉପରେ ଜୋର ଦେଇଥିଲେ। ଜନତା ଦଳକୁ ସୁବିଧାବାଦୀ ଏବଂ ଗୋଳାଘଣ୍ଟା କହିଥିବାରୁ ବାଜପେୟୀ କଂଗ୍ରେସ ଉପରେ ଭୟଙ୍କର ଭାବେ ବର୍ଷିଥିଲେ । ସେ କହିଥିଲେ “ ଆମେ ନିର୍ବାଚନ ପରେ ନୂଆଦଳ ଗଢ଼ିବାର ପ୍ରତିଶ୍ରୁତି ଦେଇଛୁ। ଆମେ ଆମ ଘର ଜଳେଇଲା ପରେ ଏକାଠି ହୋଇଛୁ।”[୩୦୨] ଜଳନ୍ଧରରେ ଜନସମୂହକୁ ଉଦ୍‌ବୋଧନ ଦେଇ ସେ କହିଥିଲେ ଜନତା ପାର୍ଟି ଜେଲ୍‌ରେ ଜନ୍ମ ନେଇଛି, ଏକାଠି ହେବାର ପ୍ରଜ୍ଞା ବିରୋଧୀଦଳ ଭିତରେ ଜେଲ୍‌ରେ ହିଁ ଆରମ୍ଭ ହୋଇଛି ଏବଂ ଏଥିପାଇଁ ପ୍ରଧାନମନ୍ତ୍ରୀ ସେମାନଙ୍କ କୃତଜ୍ଞତା ପାଇବା ଯୋଗ୍ୟ। ୧ ମାର୍ଚ୍ଚ ୧୯୭୭ରେ ତିରୁଚିଠାରେ ଏକ ସାମ୍ବାଦିକ ସମ୍ମିଳନୀରେ ଆଡଭାନୀ କହିଥିଲେ ଜନତାପାର୍ଟି ଜେପିଙ୍କ ମାର୍ଗଦର୍ଶନରେ ତାହାର ନେତା ବାଛିବ। ଯେବେ କଂଗ୍ରେସର ଜଣେ ମାତ୍ର ପ୍ରଚାରକ ଥିଲେ, ଜନତା ପାର୍ଟି ପାଖରେ ନିଜ ସଭାରେ ପ୍ରବଳ ଜନସମାଗମ କରାଇ ପାରୁଥିବା ଅନେକ ଜନପ୍ରିୟ ନେତା ଥିଲେ।[୩୦୩]

ଫଳାଫଳ ସମସ୍ତଙ୍କୁ ଆଶ୍ଚର୍ଯ୍ୟ କରାଇଥିଲା। ଲୋକେ ଜରୁରିକାଳୀନ

ପରିସ୍ଥିତି ବିରୋଧରେ ମତଦାନ କରିଥିଲେ। ସରିଯାଉଥିବା ପଞ୍ଚମ ଲୋକସଭାରେ କଂଗ୍ରେସ ପାଖରେ ୩୫୫ ଆସନ, କଂଗ୍ରେସ (ଓ) ୧୧ଟି, ଜନସଂଘ ପାଖରେ ୧୬ଟି, ବିଡିଏଲ୍ ପାଖରେ ୯ଟି ଏବଂ ସୋସାଲିଷ୍ଟ ପାର୍ଟି ପାଖରେ ୩ଟି ଆସନ ଥିଲା। ତେବେ ୧୯୭୭ ନିର୍ବାଚନରେ ଜନତାପାର୍ଟି ୨୭୧ଟି ଆସନ ପାଇଲା। ସିଏଫ୍‌ଡି ୨୮ଟି ଏବଂ କଂଗ୍ରେସ ୧୫୪ଟି ଆସନ ପାଇଲା। ଜନତା ପାର୍ଟି ଏବଂ ସିଏଫ୍‌ଡି ୪୨.୧୭ ପ୍ରତିଶତ ଭୋଟ୍ ପାଇଲେ ଏବଂ କଂଗ୍ରେସ ପାଇଲା ୩୪.୫୪ ପ୍ରତିଶତ। ଜନତା ପାର୍ଟିରେ ୨୭୧ ଜଣ ସାଂସଦଙ୍କ ମଧ୍ୟରୁ ଜନସଂଘ ୯୩ଟି ଆସନ ପାଇଥିଲା, ଭାରତୀୟ ଲୋକଦଳ ୭୧ଟି (ଚରଣ ସିଂ ଗୋଷ୍ଠୀ – ୩୦, ରାଜନାରାୟଣ ଗୋଷ୍ଠୀ – ୨୬ ଏବଂ ବିଜୁ ପଟ୍ଟନାୟକ ଗୋଷ୍ଠୀ - ୧୪), କଂଗ୍ରେସ (ଓ) ୫୧ଟି ଆସନ, ସୋସାଲିଷ୍ଟ ପାର୍ଟି ୨୮ଟି, ଚନ୍ଦ୍ରଶେଖର ଗୋଷ୍ଠୀ ୬ଟି ଓ ଆଞ୍ଚଳିକ ଦଳ ତଥା ସ୍ୱାଧୀନ ପ୍ରାର୍ଥୀମାନେ ୨୫ଟି ଆସନ ପାଇଥିଲେ। ବିହାର ଏବଂ ଉତ୍ତରପ୍ରଦେଶରେ କଂଗ୍ରେସ ମୂଳପୋଛ ହୋଇଯାଇଥିଲା, ଏବଂ ଜନତା ପାର୍ଟି ଓ ସିଏଫ୍‌ଡି ୫୨/୫୪ ଏବଂ ୮୫/୮୫ ଆସନ ପାଇଥିଲେ। ଗୁଜରାଟରେ କଂଗ୍ରେସ ୧୦ଟି ଆସନ ଏବଂ ଜନତା ପାର୍ଟି – ସିଏଫ୍‌ଡି ଯଥାକ୍ରମେ ୧୬ ଏବଂ ୨୬ଟି ଆସନ ପାଇଥିଲେ।

ଜନତା ପାର୍ଟି, ଜନସଂଘ, ଭାରତୀୟ ଲୋକଦଳ, କଂଗ୍ରେସ (ଓ) ଏବଂ ସୋସାଲିଷ୍ଟ ପାର୍ଟିକୁ ନେଇ ନିର୍ବାଚନ ବୁଝାମଣା ପାଇଁ କଥାବାର୍ତ୍ତା ୧୯୭୭ ମାର୍ଚ୍ଚରେ ଆରମ୍ଭ ହୋଇଥିଲା। ସିଏଫ୍‌ଡି ଏଥିରେ ମିଶି ନ ଥିଲା, କିନ୍ତୁ ସାଧାରଣ ନିର୍ବାଚନ ପ୍ରତୀକରେ ଲଢିଥିଲା, ଯେଉଁ ସିଏଫ୍‌ଡି ପ୍ରାର୍ଥୀ ଜନତା ପାର୍ଟି ପ୍ରତୀକ ବ୍ୟବହାର କରିଥିଲେ ସେମାନେ ଜିତିଥିଲେ ଓ ଯେଉଁମାନେ ଏ ପ୍ରତୀକ ବ୍ୟବହାର କରି ନ ଥିଲେ ସେମାନେ ହାରିଥିଲେ। ମେ ୧୯୭୭ରେ ଉପରୋକ୍ତ ୪ଟି ପାର୍ଟି ଏବଂ ସିଏଫ୍‌ଡି ଔପଚାରିକ ଭାବେ ମିଶି ଏକ ଜାତୀୟ ଦଳ ଗଢିଲେ। ଜେ.ପି. କୃପାଲିନୀ ଏବଂ ଜେପିଙ୍କ ଦ୍ୱାରା ଚନ୍ଦ୍ରଶେଖର ନୂତନ ଦଳର ଅଧ୍ୟକ୍ଷ ରୂପେ ମନୋନୀତ ହେଲେ ଏବଂ ଜନତା ପାର୍ଟିର ଜାତୀୟ ଅଧିବେଶନ ୧୯୭୭ ମେ'ରେ ସର୍ବସମ୍ମତି ରୂପେ ଅଧ୍ୟକ୍ଷ ନିର୍ବାଚିତ ହେଲେ। ଜନତା ଦଳର ସବୁ ନୂଆ ସାଂସଦଙ୍କୁ ଜେପି ଏ ଶପଥ ନେବାକୁ କହିଲେ, "ଆମେ ପ୍ରତିଶ୍ରୁତି ଦେଉଛୁ ଯେ ଦଳର ଉଦ୍ଦେଶ୍ୟ ପୂରଣ ଏବଂ ଆମ ଘୋଷଣାପତ୍ରରେ ବର୍ଣ୍ଣିତ ରାଜନୈତିକ, ଅର୍ଥନୈତିକ ଏବଂ ସାମାଜିକ ପ୍ରତିଶ୍ରୁତିର ଉଦ୍ଦେଶ୍ୟକୁ ପୂରା କରିବାକୁ ପାର୍ଟିର ଉଦ୍ଦେଶ୍ୟ ପୂରଣ ପାଇଁ ଏକଜୁଟ ରହିବୁ"।[୩୦୪]

ଜନତା ପାର୍ଟିର ପ୍ରଶ୍ନ: ପ୍ରଧାନମନ୍ତ୍ରୀ କିଏ ହେବ ?

ଶପଥ ଗ୍ରହଣ ପରେ, ଜନତା ଦଳର ସାଂସଦମାନେ ସଂସଦର କେନ୍ଦ୍ରୀୟ ହଲ୍‌ଠାରେ ଏକତ୍ରିତ ହେଲେ। ଆଚାର୍ଯ୍ୟ କୃପାଳିନୀ ଏବଂ ଜେପି ଅନ୍ୟମାନଙ୍କ ସହ ପରାମର୍ଶ କରି ଜନତା ପାର୍ଟିର ନେତା ଚୟନ କରିବେ ବୋଲି ସମସ୍ତେ ସ୍ୱୀକୃତି ଦେଇଥିଲେ। ସର୍ବସମ୍ମତିକ୍ରମେ ଏହା ସ୍ଥିର ହେଲା ଯେ ମୋରାରଜୀ ସରକାରର ନେତୃତ୍ୱ ନେବେ।

ଆଲୋଚନା ଚାଲୁଥିବା ସମୟରେ ପ୍ରଧାନମନ୍ତ୍ରୀ ପ୍ରାର୍ଥିତ୍ୱକୁ ନେଇ ତିନୋଟି ନାମ ଉପରେ ବିବାଦ ଥିଲା : ମୋରାରଜୀ ଦେଶାଇ, ଚରଣ ସିଂ ଏବଂ ଜଗଜ୍ଜୀବନ ରାମ। ସବୁଠାରୁ ଅଧିକ ସାଂସଦ ଥିବା ଦଳ ଭାରତୀୟ ଜନସଂଘ ପ୍ରଧାନମନ୍ତ୍ରିତ୍ୱ ପାଇଁ ଦାବି ଜଣାଇ ନ ଥିଲା ବରଂ ଜଗଜ୍ଜୀବନ ରାମଙ୍କ ପ୍ରାର୍ଥିତ୍ୱକୁ ସମର୍ଥନ ଜଣାଇଥିଲା। ଭାରତୀୟ ଜନସଂଘ ଏବଂ ସୋସାଲିଷ୍ଟ ଦଳର ସାଂସଦ ଓ ମତଦାତାମାନେ ଚାହୁଁଥିଲେ ଯେ ପ୍ରମାଣିତ ପ୍ରଶାସନିକ ଦକ୍ଷତା ଏବଂ ରାଜନୈତିକ ସୌନ୍ଦର୍ଯ୍ୟ ଥିବା ଜଣେ ହରିଜନ ପ୍ରାର୍ଥୀ ପ୍ରଧାନମନ୍ତ୍ରୀ ହୁଅନ୍ତୁ। ତେବେ, ଚରଣ ସିଂଙ୍କର ପ୍ରଧାନମନ୍ତ୍ରୀ ହେବାକୁ ଆବଶ୍ୟକୀୟ ଜାତୀୟ ଦୃଷ୍ଟିକୋଣ ନ ଥିବାରୁ ତାଙ୍କ ନାମ ପ୍ରଧାନମନ୍ତ୍ରୀ ପଦପାଇଁ ପ୍ରତ୍ୟାଖାନ କରାଯାଇଥିଲା। ଜଗଜ୍ଜୀବନ ରାମ ନିର୍ବାଚିତ ହେବେ ବୋଲି ଅନୁଭବ କରି ମୋରାରଜୀ ଦେଶାଇଙ୍କ ସମର୍ଥନରେ ଜେପିଙ୍କୁ ଏକ ଚିଠି ଲେଖିଲେ, ଯାହାଦ୍ୱାରା ଏ ଆଲୋଚନାର ଅନ୍ତ ହେଲା। ମଜାକଥା ହେଲା ଜଗଜ୍ଜୀବନ ରାମଙ୍କ କନ୍ୟା ମୀରାକୁମାର ପରେ ୨୦୦୯ -୧୪ ପଞ୍ଚଦଶ ଲୋକସଭାରେ ବାଚସ୍ପତି ହୋଇଥିଲେ। ପ୍ରଧାନମନ୍ତ୍ରୀ ଘୋଷିତ ହେବାପରେ ଜନସଂଘ ମୋରାରଜୀଙ୍କୁ ପୁନଃ ସମର୍ଥନ କରିଥିଲେ ହେଁ, ଚରଣ ସିଂ ହଜିଯାଇଥିବା ସୁଯୋଗକୁ ନେଇ ଅସନ୍ତୋଷ ପ୍ରକାଶ କରିଥିଲେ। ଅନ୍ୟପକ୍ଷରେ ଚରଣ ସିଂ ପ୍ରଥମ ଦିନରୁ ଶେଷ ପର୍ଯ୍ୟନ୍ତ ଅସନ୍ତୁଷ୍ଟ ରହିଥିଲେ ଏବଂ ସେ ପ୍ରଧାନମନ୍ତ୍ରୀ ହୋଇ ନ ଥିବାରୁ ତିକ୍ତ ଅଭିଯୋଗ ଜାରି ରଖିଥିଲେ।

ସବୁ ଅଂଶୀଦାର ଦଳମାନଙ୍କ ମଧ୍ୟରୁ ୨ଜଣ ଲେଖା ପ୍ରତିନିଧିଙ୍କୁ ନେଇ ଏକ କ୍ଷୁଦ୍ର ମନ୍ତ୍ରୀ ପରିଷଦ ଗଢିବାର ନିଷ୍ପତ୍ତି ନିଆଯାଇଥିଲା। ତେବେ ଏହା ଘୋଷଣା କରାଗଲା କି ପ୍ରଧାନମନ୍ତ୍ରୀଙ୍କ ସମେତ ଏକ ୨୦ ଜଣିଆ ମନ୍ତ୍ରିମଣ୍ଡଳ ରହିବେ। ଜନତା ଦଳରୁ ୧୭ ଜଣ, ସିଏଫ୍‌ଡିରୁ ୨ ଜଣ ଏବଂ ଅକାଳୀ ଦଳରୁ ଜଣେ। ୧୭ ଜଣଙ୍କ ମଧ୍ୟରୁ କଂଗ୍ରେସ (ଓ)ର ୬ଜଣ, ଜନସଂଘ ଓ ସୋସାଲିଷ୍ଟ ପାର୍ଟିରୁ ୩ଜଣ ଲେଖାଏ, ଭାରତୀୟ ଲୋକଦଳରୁ ୪ଜଣ ଏବଂ ଏତଦ୍‌ବ୍ୟତୀତ ଶାନ୍ତିଭୂଷଣ, ଯିଏ ଇନ୍ଦିରାଙ୍କ ବିରୁଦ୍ଧରେ

ପିଟିସନ୍ ଆବେଦନ କରିଥିବା ରାଜନାରାୟଣଙ୍କ ଓକିଲ ଥିଲେ – ମନ୍ତ୍ରିମଣ୍ଡଳରେ ଅନ୍ତର୍ଭୁକ୍ତ ଥିଲେ । ଚରଣ ସିଂଙ୍କୁ କ୍ଷମତାରେ ଦ୍ୱିତୀୟ ସ୍ଥାନ ମିଳିଥିଲା ଏବଂ ସେ ଗୃହମନ୍ତ୍ରୀ ସ୍ଥାନ ପାଇଥିଲେ । ଜଷ୍ଟିସ ହେଗଡେ ଲୋକସଭାର ବାଚସ୍ପତି ହୋଇଥିଲେ ।

ଚରଣ ସିଂଙ୍କ ବ୍ୟତୀତ ଅନ୍ୟ କିଛି ଅସନ୍ତୁଷ୍ଟ ଆତ୍ମା ଥିଲେ । ପ୍ରକୃତରେ ବିଶେଷ କିଛି ବିଚାର ବିମର୍ଶ ହୋଇ ନ ଥିଲା ଏବଂ କଂଗ୍ରେସ(ଓ) କୁ ଅଯଥା ଅନୁଗ୍ରହ ମିଳିଥିଲା । ଜଗଜ୍ଜୀବନ ରାମ କ୍ୟାବିନେଟ ଗଠନ ପ୍ରକ୍ରିୟାକୁ ନେଇ ଅସନ୍ତୁଷ୍ଟ ଥିଲେ । ସେ ଏବଂ ଏଚ.ଏନ. ବହୁଗୁଣା ଶପଥ ଗ୍ରହଣ ଉତ୍ସବକୁ ପ୍ରତ୍ୟାଖ୍ୟାନ କଲେ । ସହାନୁଭୂତି ପ୍ରଦର୍ଶନ କରି ରାଜ ନାରାୟଣ ଏବଂ ଜର୍ଜ ଫର୍ଣ୍ଣାଣ୍ଡିଜ ମଧ୍ୟ ଶପଥ ଗ୍ରହଣ ଉତ୍ସବରୁ ଦୂରେଇ ରହିଲେ । ଡାକ୍ତରଖାନାରେ ଥିବା ଜେପିଙ୍କ ଅନୁପସ୍ଥିତିରେ ଏକ ପାଞ୍ଚ ଜଣିଆ ଦଳ- ଚନ୍ଦ୍ରଶେଖର, ଏନ୍.ଜି. ଗୋରେ, ଶାନ୍ତିଭୂଷଣ, ଏଲ୍.କେ. ଆଡଭାନୀ ଏବଂ ଏଚ୍.ଏମ୍. ପଟେଲ୍ ଏ ପରିସ୍ଥିତିକୁ ଦୂର କରିବାକୁ ହସ୍ତକ୍ଷେପ କଲେ । ଡାକ୍ତରଖାନାରୁ ଜେପି ଜଗଜ୍ଜୀବନ ରାମଙ୍କୁ ନିବେଦନ କଲେ ଯେ ସେ କ୍ୟାବିନେଟ୍‌ରେ ଯୋଗଦେଇ ସଂକଟକୁ ଶେଷ କରନ୍ତୁ । ଏହିସବୁ ହସ୍ତକ୍ଷେପ ଏବଂ ଜନସାଧାରଣଙ୍କ ଚାପ ଯୋଗୁ ୨୮ ମାର୍ଚ୍ଚ ୧୯୭୭ରେ ଜଗଜ୍ଜୀବନ ରାମ, ଏଚଏନ ବହୁଗୁଣା, ଜର୍ଜ ଫର୍ଣ୍ଣାଣ୍ଡିଜ, ରାଜନାରାୟଣ ଏବଂ ବ୍ରିଜଲାଲ ବର୍ମା (ନାନାଜୀ ଦେଶମୁଖଙ୍କ ବଦଳରେ) ଶପଥ ନେଲେ । ସ୍ୱାଧୀନ ଭାରତର ପ୍ରଥମ ଅଣକଂଗ୍ରେସ ସରକାର ମନ୍ତ୍ରୀ ପରିଷଦର ରୂପରେଖ ନିମ୍ନମତେ ଥିଲା ।

ପ୍ରଧାନମନ୍ତ୍ରୀ – ମୋରାରଜୀ ଦେଶାଇ

ଗୃହମନ୍ତ୍ରୀ - ଚରଣ ସିଂ

ପ୍ରତିରକ୍ଷା ମନ୍ତ୍ରୀ – ଜଗଜ୍ଜୀବନ ରାମ

ବୈଦେଶିକ ବ୍ୟାପାର - ଅଟଳ ବିହାରୀ ବାଜପେୟୀ

ସୂଚନା ଓ ପ୍ରସାରଣ – ଏଲ୍.କେ. ଆଡଭାନୀ

କୃଷି ଓ ଜଳସେଚନ - ପ୍ରକାଶ ସିଂ ବାଦଲ

ଆଇନ୍ ଏବଂ କମ୍ପାନୀ ଦାୟିତ୍ୱ – ଶାନ୍ତିଭୂଷଣ

ଶିଳ୍ପ – ଜର୍ଜ ଫର୍ଣ୍ଣାଣ୍ଡିଜ

ରେଳବାଇ – ମଧୁ ଦଣ୍ଡବତେ

ସ୍ୱାସ୍ଥ୍ୟ ଓ ପରିବାର କଲ୍ୟାଣ – ରାଜନାରାୟଣ

ଇସ୍ପାତ ଓ ଖଣି – ବିଜୁ ପଟ୍ଟନାୟକ

ଯୋଗାଯୋଗ ମାଧ୍ୟମ – ବ୍ରିଜଲାଲ ବର୍ମା

କାର୍ଯ୍ୟ, ବାସଗୃହ ଯୋଗାଣ ଓ ପୁନଃ ଥଇଥାନ - ସିକନ୍ଦର ବକ୍ତ

ଶିକ୍ଷା, ସାମାଜିକ ଉନ୍ନତି ଏବଂ ସଂସ୍କୃତି - ପ୍ରତାପ ଚନ୍ଦ୍ର

ବାଣିଜ୍ୟ, ସିଭିଲ୍ ସପ୍ଲାଏ ଏବଂ ସହଯୋଗ – ମୋହନ ଧରିଆ

ପର୍ଯ୍ୟଟନ ଓ ବେସାମରିକ ବିମାନ ଚଳାଚଳ - ପୁରୁଷୋତ୍ତମ କୌଶିକ

ଅର୍ଥ, ରାଜସ୍ୱ ଓ ବ୍ୟାଙ୍କିଂ – ଏଚ୍.ଏମ୍. ପଟେଲ୍

ଶକ୍ତିମନ୍ତ୍ରୀ - ପି. ରାମଚନ୍ଦ୍ରନ

ସଂସଦୀୟ ବ୍ୟାପାର ଓ ଶ୍ରମ – ରବୀନ୍ଦ୍ର ବର୍ମା

ଏଇଠି ନାନାଜୀ ଦେଶମୁଖଙ୍କ ସଂପର୍କରେ କହିବା ନିହାତି ଗୁରୁତ୍ୱପୂର୍ଣ୍ଣ। ନାନାଜୀ ଉତ୍ତରପ୍ରଦେଶର ବଲରାମପୁର ଲୋକସଭା ଆସନରୁ ଭଲ ମତ ବ୍ୟବଧାନରେ ନିର୍ବାଚନ ଜିତିଥିଲେ। ତାଙ୍କୁ କ୍ୟାବିନେଟ୍‌ରେ ମନ୍ତ୍ରୀପଦ ଯଚାଯାଇଥିଲା, କିନ୍ତୁ ଜେପି ସେତେବେଳେ 'ସମ୍ପୂର୍ଣ୍ଣ ବିପ୍ଳବ'ର ଆହ୍ୱାନ ଦେଲେ ଏବଂ ଦେଶମୁଖ ଏହି ଆନ୍ଦୋଳନକୁ ସମର୍ଥନ ଦେଲେ। ଜନତା ପାର୍ଟି ଗଢାହେଲାବେଳେ ଦେଶମୁଖ ଏହାର ଅନ୍ୟତମ ସ୍ଥପତି ଥିଲେ। ୧୯୮୦ରେ ଯେବେ ନାନାଜୀଙ୍କୁ ୬୦ ବର୍ଷ ହେଲା, ସେ କେବଳ ନିର୍ବାଚନ ରଣାଙ୍ଗନ ନୁହେଁ ବରଂ ପୂରା ରାଜନୀତିରୁ ସନ୍ୟାସ ନେବାକୁ ଚାହିଁଲେ। ପରେ ସେ ନିଜକୁ ସାମାଜିକ ଏବଂ ଗଠନମୂଳକ କାର୍ଯ୍ୟରେ ଉତ୍ସର୍ଗ କଲେ ଏବଂ କେବେହେଲେ ବି ନିଜକୁ ବିଜ୍ଞାପିତ କଲେ ନାହିଁ। ରାଷ୍ଟ୍ର ପାଇଁ ତାଙ୍କ ଉତ୍ସର୍ଗୀକୃତ ସେବାକୁ ସମ୍ମାନ ଜଣାଇବାକୁ ୧୯୯୯ରେ ନାନାଜୀଙ୍କୁ ରାଜ୍ୟ ସଭାକୁ ମନୋନୀତ କରାଯାଇଥିଲା।

ଜଗଜ୍ଜୀବନ ରାମଙ୍କ ଦଳ ସିଏଫ୍‌ଡି ଏବଂ ଜନତା ଦଳର ଔପଚାରିକ ମିଶ୍ରଣ ୧ ମେ' ୧୯୭୭ରେ ହେଲା। ସରକାର ଗଠନରେ ପ୍ରାରମ୍ଭିକ ଅସୁବିଧା ଓ ବିବାଦ ସତ୍ତ୍ୱେ ଲୋକେ ନୂତନ ସ୍ୱାଧୀନତାରେ ଆନନ୍ଦିତ ହେଲେ। 'ଦ୍ୱିତୀୟ ମୁକ୍ତିର ସ୍ଥପତି' ଜେପି ସବୁଠାରୁ ବେଶି ଆନନ୍ଦିତ ଥିଲେ। ସେ କହିଲେ, ମୋ ଜୀବନର କାର୍ଯ୍ୟ ବର୍ତ୍ତମାନ ହୋଇସାରିଛି। ନିର୍ବାଚନରେ ପରାଜୟ ଏବଂ କାର୍ଯ୍ୟାଳୟ ଛାଡିବା ପୂର୍ବରୁ ଇନ୍ଦିରା ଜରୁରିକାଳୀନ ପରିସ୍ଥିତିକୁ ଉଠାଇ ଦେଇଥିଲେ। ସେ ଆରଏସଏସ ଏବଂ ଅନ୍ୟ ଅନୁଷ୍ଠାନଗୁଡିକରୁ ମଧ୍ୟ ପ୍ରତିବନ୍ଧକ ହଟେଇ ଦେଇଥିଲେ। ତେବେ ୧୯୭୧ରେ ଲଗାଯାଇଥିବା ବାହ୍ୟ ଜରୁରୀ ପରିସ୍ଥିତି ବଳବତ୍ତର ଥିଲା।

ମୋରାରଜୀ ଦେଶାଇ ସରକାର 'ଆପତ୍ତିଜନକ ବିଷୟ ଅଧିନିୟମ ପ୍ରକାଶନ ରୋକିବା' ପ୍ରତ୍ୟାହାର କରିନେଲେ ଏବଂ ସଂସଦୀୟ ପ୍ରକ୍ରିୟା (ସୁରକ୍ଷା) ଅଧିନିୟମକୁ ପୁନର୍ସ୍ଥାପିତ କଲେ, ଯାହା ଲୋକପ୍ରିୟଭାବେ ଫିରୋଜ ଗାନ୍ଧୀ ଅଧିନିୟମ ଭାବେ

ଜଣାଶୁଣା, ରାଜନୈତିକ ଅବରୋଧ ହଟାଇଲେ, ମିସାକୁ ରଦ୍ଦ କଲେ, ସମ୍ବାଦ ସଂସ୍ଥାମାନଙ୍କୁ ସରକାରଙ୍କ ଅଙ୍କୁଶରୁ ମୁକ୍ତ କଲେ ଏବଂ ସମାଚାରର ଏକଚଟିଆ ନୀତିକୁ ରଦ୍ଦକଲେ, ଜରୁରିକାଳୀନ ପରିସ୍ଥିତି ସମୟରେ ୪୨ତମ ସମ୍ବିଧାନ ସଂଶୋଧନ ନ୍ୟାୟପାଳିକାର ଶକ୍ତି ଏବଂ ସ୍ୱାଧୀନତା ଉପରେ ଗୁରୁତର ଆକ୍ରମଣ କରିଥିବାରୁ ଏହି ଗଣତାନ୍ତ୍ରିକ ବିରୋଧୀ ୪୨ତମ ସମ୍ବିଧାନ ସଂଶୋଧନକୁ ରଦ୍ଦ କଲେ। ୧୬ ଡିସେମ୍ବର ୧୯୭୭ରେ ମୋରାରଜୀ ସରକାର ୪୪ତମ ସଂଶୋଧନ ନାଁରେ ନୂଆ ବିଲ୍ ଆଗତ କଲା - ଯଦ୍ଦ୍ୱାରା ଜରୁରିକାଳୀନ ପରିସ୍ଥିତି ପୂର୍ବରୁ ଥିବା ଉଚ୍ଚ ନ୍ୟାୟାଳୟ ଏବଂ ସର୍ବୋଚ୍ଚ ନ୍ୟାୟାଳୟର କ୍ଷମତା ଓ ଶକ୍ତି ଆଉଥରେ ବାହାଲ ହେଲା। ଯଦିଓ କଂଗ୍ରେସର ରାଜ୍ୟସଭାରେ ବହୁମତ ଥିଲା, ଇନ୍ଦିରା ଜାଣିଥିଲେ ଲୋକେ ଜରୁରିକାଳୀନ ପରିସ୍ଥିତି ସମୟରେ ହୋଇଥିବା ସାମ୍ବିଧାନିକ ପରିବର୍ତ୍ତନ ସମ୍ପର୍କରେ କ'ଣ ଭାବୁଥିଲେ, ତେଣୁ ରାଜ୍ୟ ସଭାରେ କୌଣସି ବିରୋଧ ନ ହୋଇ ଏ ବିଲ୍ ୧୯୭୮ରେ ପାସ୍ ହୋଇଗଲା।

୧୯୭୭ ସାଧାରଣ ନିର୍ବାଚନ ପରେ ରାଜ୍ୟଗୁଡ଼ିକରେ ବିଧାନସଭା ନିର୍ବାଚନ

୨୨ ମାର୍ଚ୍ଚ ୧୯୭୭ରେ ଲୋକସଭା ଭୋଟ୍ ପରେ ଜେପି ଦାବି କଲେ ଯେ ସବୁ କଂଗ୍ରେସ ନେତୃତ୍ୱାଧୀନ ରାଜ୍ୟ ବିଧାନସଭାଗୁଡିକୁ ଭଙ୍ଗ କରିଦିଆଯାଉ। ପୂର୍ବତନ ରାଷ୍ଟ୍ରପତି ଭି.ଭି. ଗିରି ଏ ଦାବିକୁ ସମର୍ଥନ ଜଣାଇଲେ। ବିହାର, ହରିଆଣା, ହିମାଚଳ ପ୍ରଦେଶ, ମଧ୍ୟପ୍ରଦେଶ, ଓଡ଼ିଶା, ପଞ୍ଜାବ, ରାଜସ୍ଥାନ, ଉତ୍ତରପ୍ରଦେଶ ଓ ପଶ୍ଚିମବଙ୍ଗରେ ଥିବା କଂଗ୍ରେସ ନେତୃତ୍ୱାଧୀନ ସରକାର ଚାହୁଁଥିଲେ ୪୨ତମ ସମ୍ବିଧାନ ସଂଶୋଧନ, ଯାହାକି ପୂର୍ବର ୫ ବର୍ଷିଆ କାର୍ଯ୍ୟକାଳ ବଦଳରେ ଲୋକ ସଭା ଏବଂ ବିଧାନସଭାକୁ ୬ ବର୍ଷିଆ କାର୍ଯ୍ୟକାଳର ସୁବିଧା ଦେଇଥିଲା ସେହି ଅନୁଯାୟୀ ସେମାନଙ୍କର କାର୍ଯ୍ୟକାଳ ବଢାଯାଉ।

ଏପ୍ରିଲ୍ ୧୯୭୭ରେ କେନ୍ଦ୍ର ଗୃହମନ୍ତ୍ରୀ ଚରଣ ସିଂ ଉପରୋକ୍ତ ୯ଟି ରାଜ୍ୟର ମୁଖ୍ୟମନ୍ତ୍ରୀମାନଙ୍କୁ ଚିଠି ଲେଖି କହିଲେ ଯେ ସେମାନେ ବିଧାନସଭା ଭଙ୍ଗ କରି ନୂଆ ଜନମତ ଲୋଡ଼ନ୍ତୁ। ସେ ଯାଏ ସେମାନେ କାର୍ଯ୍ୟକାରୀ ସରକାରୀ ଭାବେ ଦାୟିତ୍ୱ ତୁଲାଇ ପାରିବେ। ସେମାନେ ଚରଣ ସିଂଙ୍କ ଉପଦେଶ ମାନିବାକୁ ମନା କରିଦେଲେ ଏବଂ ସର୍ବୋଚ୍ଚ ନ୍ୟାୟାଳୟକୁ କେନ୍ଦ୍ର ସରକାରଙ୍କ ବିରୋଧରେ ନିର୍ଦ୍ଦେଶ ଦେବାକୁ ଆବେଦନ କଲେ। ସର୍ବୋଚ୍ଚ ନ୍ୟାୟାଳୟର ୭ ଜଣିଆ ଖଣ୍ଡପୀଠ ଏ ଆବେଦନ ଖାରଜ କରିଦେଲେ। ଏହି ପରିସ୍ଥିତିରେ କେନ୍ଦ୍ର ସରକାର ଧାରା ୩୫୬ ଅନୁଯାୟୀ ଏ

ରାଜ୍ୟଗୁଡିକରେ ରାଷ୍ଟ୍ରପତି ଶାସନ ଜାରି କରିବାକୁ ସ୍ଥିର କଲେ। କାର୍ଯ୍ୟକାରୀ ରାଷ୍ଟ୍ରପତି ପ୍ରଥମେ ଅମଙ୍ଗ ହେଉଥିଲେ କିନ୍ତୁ ୩୦ ଏପ୍ରିଲ୍ ୧୯୭୭ରେ ରାଷ୍ଟ୍ରପତି ଶାସନର ଘୋଷଣା କଲେ। ଯେହେତୁ ରାଜ୍ୟସଭାରେ କଂଗ୍ରେସର ବହୁମତ ଥିଲା, ଧାରା ୩୫୬ ଘୋଷଣା ଦୁଇ ଗୃହରେ ଆଦୃତ ହେବାର କୌଣସି ସମ୍ଭାବନା ନ ଥିଲା ଏବଂ ଦୁଇମାସ ମଧ୍ୟରେ ଏ ଧାରା ପ୍ରଭାବହୀନ ହେଇଯାଇଥାଆନ୍ତା। ତେଣୁ ନିର୍ବାଚନର ସମସ୍ତ ପ୍ରକ୍ରିୟା ଦୁଇମାସ ମଧ୍ୟରେ ସାରିବାର ଥିଲା।

ନୂତନଭାବେ ଗଠିତ ଜନତା ସରକାର ଆଉଥରେ ନିର୍ବାଚନ ପ୍ରକ୍ରିୟାକୁ ଗଲା। ଉତ୍ତରପ୍ରଦେଶରେ ଟିକେଟ ବଣ୍ଟନ ପ୍ରକ୍ରିୟା ଚରଣ ସିଂଙ୍କୁ ଅସନ୍ତୁଷ୍ଟ କଲା। ସେ ଭାରତର ନିର୍ବାଚନ କମିଶନଙ୍କୁ ଚିଠିଲେଖି ଜନତା ପାର୍ଟିର ନିର୍ବାଚନ ଚିହ୍ନ ପ୍ରତ୍ୟାହାର କରିନେବାକୁ କହିଲେ, ଯେଉଁ ଚିହ୍ନ କି ମୂଳତଃ ଭାରତୀୟ ଲୋକଦଳର ଥିଲା, ଯଦ୍ଦ୍ୱାରା ସେ ନିଜ ଦଳ ଏବଂ ସମର୍ଥକଙ୍କ ଲାଗି ଉତ୍ତରପ୍ରଦେଶ ବିଧାନସଭା ପାଇଁ ଅଧିକ ଆସନର ଚାପ ଜନତା ଦଳ ଉପରେ ପକାଇ ପାରିବେ ବୋଲି ଭାବିଲେ। ତେବେ, ଯେତେବେଳେ ଜନତା ପାର୍ଟି ଏକଥା ଶୁଣିଲା ନାହିଁ ସେ ନିର୍ବାଚନ କମିଶନଠାରୁ ନିଜ ପତ୍ର ପ୍ରତ୍ୟାହାର କରିନେଲେ। ତଥାପି ଏହା ଦଳକୁ ଏକ ଲଜ୍ଜାଜନକ ସ୍ଥିତିରେ ପକାଇଲା ଏବଂ ଚରଣ ସିଂଙ୍କ ନୀଚତା ପଦାରେ ପଡିଲା। ଜନତା ପାର୍ଟି ରାଜ୍ୟ ନିର୍ବାଚନରେ ମଧ୍ୟ ଭଲ ପ୍ରଦର୍ଶନ କଲା।

ଜନତା ପାର୍ଟିର ସଂସଦୀୟ ବୋର୍ଡ ରାଜ୍ୟ ବିଧାୟକମାନଙ୍କୁ ମୁଖ୍ୟମନ୍ତ୍ରୀ ଚୟନ କରିବାର କ୍ଷମତା ଦେଲା। ଏହି ନିଷ୍ପତ୍ତିରେ ପ୍ରତ୍ୟେକ ସଙ୍ଗଠନର ଗୋଷ୍ଠୀଶକ୍ତି ଏକ ପ୍ରମୁଖ ଭୂମିକା ଗ୍ରହଣ କରିଥିଲା। ଭାରତୀୟ ଜନସଂଘ ସଂଘଠନ ଦିଲ୍ଲୀ ଏବଂ ମଧ୍ୟପ୍ରଦେଶରେ ସମ୍ପୂର୍ଣ୍ଣ ବହୁମତ ପାଇଥିଲା ଏବଂ ରାଜସ୍ଥାନ ଓ ହିମାଚଳ ପ୍ରଦେଶରେ ସବୁଠୁ ବଡ ଗୋଷ୍ଠୀ ରୂପେ ଭୋଟ୍ ପାଇଥିଲା। ଓଡିଶା ଏବଂ ଉତ୍ତରପ୍ରଦେଶରେ ଭାରତୀୟ ଲୋକଦଳ ପୂର୍ଣ୍ଣ ବହୁମତ ପାଇଥିଲା ଏବଂ ହରିଆଣାରେ ସବୁଠୁ ବଡ ଗୋଷ୍ଠୀରୂପେ ଭୋଟ ପାଇଥିଲା। ତେଣୁ ସଂପୃକ୍ତ ଗୋଷ୍ଠୀରୁ ମୁଖ୍ୟମନ୍ତ୍ରୀ ଚୟନ କରାହେଲେ। ବିରୋଧୀ ଏକତା ପାଇଁ ଭାରତୀୟ ଜନସଂଘ ତା'ର ଦାବି ପରିତ୍ୟାଗ କଲା। ଉଦାହରଣ ସ୍ୱରୂପ ବିହାରରେ ଭାରତୀୟ ଜନସଂଘ ସବୁଠୁ ବଡ଼ ଗୋଷ୍ଠୀ ହୋଇଥିଲେ ହେଁ ଭାରତୀୟ ଲୋକଦଳର କର୍ପୂରୀ ଠାକୁରଙ୍କୁ ସମର୍ଥନ କରିଥିଲା।

ଜନତା ସରକାରର ଅସୁନ୍ଦର ବିଚ୍ଛିନ୍ନତା

ସରକାରଙ୍କ ଭଲ ପ୍ରଦର୍ଶନ ଅପେକ୍ଷା, କେତେକ ନେତା ଏବଂ ଗୋଷ୍ଠୀର

ବିବାଦୀୟ ଅଭିଳାଷ ଅଧିକ ପ୍ରଚର ହୋଇଥିଲା। ଏହା ଦଳ ଏବଂ ସରକାରଙ୍କ ପ୍ରତିଛବିକୁ ନଷ୍ଟ କରିଦେଲା। ଜେପିଙ୍କ ଦ୍ୱାରା ଆରମ୍ଭ ହୋଇଥିବା 'ସମ୍ପୂର୍ଣ୍ଣ କ୍ରାନ୍ତି' ର ମୂଳଦୁଆ ରଖିବା ଏବଂ ରାଜନୀତିର ରୂପରେଖ ପରିବର୍ତ୍ତନ କରିବାକୁ ସାଧାରଣ ଜନତା ଦେଇଥିବା ଐତିହାସିକ ସୁଯୋଗକୁ ଜନତା ପାର୍ଟି ପଥଭ୍ରଷ୍ଟ ହୋଇ ନଷ୍ଟ କରିଦେଲା।

ଭାରତୀୟ ଜନସଂଘ କେବଳ ନୂତନ ଜନତା ଦଳର ଗଠନ ପାଇଁ ପ୍ରତିଶ୍ରୁତିବଦ୍ଧ ଥିଲା, କୌଣସି ବ୍ୟକ୍ତିବିଶେଷଙ୍କ ପାଇଁ ନୁହେଁ, ଯେଉଁଥିପାଇଁ ସବୁଠାରୁ ଅଧିକ ଆସନର ଅଧିକାରୀ ହୋଇଥିଲେ ହେଁ ଏହା ପ୍ରଧାନମନ୍ତ୍ରୀ ପଦ ପାଇଁ ଦାବି କରି ନ ଥିଲା। ଚରଣ ସିଂଙ୍କ ପରି ବ୍ୟକ୍ତିମାନଙ୍କର କେବଳ ସର୍ତ୍ତମୂଳକ ଭାଗୀଦାରି ଥିଲା। ପାର୍ଟି ଭିତରର ଝଗଡା ଅତି ନିମ୍ନସ୍ତରକୁ ଚାଲିଗଲା। ଯେତେବେଳେ ପ୍ରଧାନମନ୍ତ୍ରୀଙ୍କ ପୁଅ କାନ୍ତି ଦେଶାଇଙ୍କ ବିରୋଧରେ ଭ୍ରଷ୍ଟାଚାରର ଅଭିଯୋଗ ଆସିଲା, ସେତେବେଳେ ଗୃହମନ୍ତ୍ରୀ ଚରଣ ସିଂ ପ୍ରଧାନମନ୍ତ୍ରୀଙ୍କ ସହ କଥାବାର୍ତ୍ତା ହେବା ବଦଳରେ ସରକାରର ଆଭ୍ୟନ୍ତରୀଣ ମାମଲାରେ ମୋରାରଜୀଙ୍କୁ ଚିଠି ଲେଖିଲେ ଏବଂ ଗଣମାଧ୍ୟମ ସାମ୍ନାରେ ତାକୁ ପ୍ରକାଶ କରିଦେଲେ। ୧୧ ମାର୍ଚ୍ଚରୁ ୨୮ ମାର୍ଚ୍ଚ ୧୯୭୮ ଭିତରେ ୬ଟି ଚିଠିର ଆଦାନ ପ୍ରଦାନ ହୋଇଥିଲା। ଏହି ଘଟଣା ସରକାରଙ୍କ ପ୍ରତିଷ୍ଠାର ପ୍ରଭୁତ କ୍ଷତି ସାଧନ କଲା।

ରାଜ୍ୟ ସଭାରେ ବହୁମତ ଥିବା କଂଗ୍ରେସ (ଇ) ଶାସନ ଉପରସ୍ତରରେ ଥିବା ଏହି ଦୁଇବ୍ୟକ୍ତିଙ୍କ ଅସନ୍ତୋଷକୁ ଗୃହ ପରିଚାଳନାକୁ ପଙ୍ଗୁ କରିବା ପାଇଁ ବ୍ୟବହାର କଲା। ସେମାନେ ପ୍ରଧାନମନ୍ତ୍ରୀ ଏବଂ ଗୃହମନ୍ତ୍ରୀଙ୍କ ମଧ୍ୟରେ ବିନିମୟ ହୋଇଥିବା ଚିଠିକୁ ରାଜ୍ୟ ସଭାରେ ଉପସ୍ଥାପନ କରିବାକୁ କହିଲେ। ମୋରାରଜୀ ଏହାକୁ ଦୁଇମନ୍ତ୍ରୀଙ୍କ ମଧ୍ୟରେ ଗୋପନୀୟତା କହି ବିରୋଧ କଲେ। ରାଜ୍ୟ ସଭାରେ ଜନତା ଦଳର ନେତା ଆଡଭାନୀ କଂଗ୍ରେସ (ଇ) ସହ କଥାବାର୍ତ୍ତା କରି ଏ ନିଷ୍କର୍ଷରେ ପହଞ୍ଚିଲେ ଯେ, ବିରୋଧୀ ଦଳ ଏ ଘଟଣାକୁ ଜୀବନ୍ତ ରଖିବାକୁ ଚାହୁଁଛି। ଆଡଭାନୀ ଏହି ପ୍ରସଙ୍ଗର ବୈଷୟିକ ପ୍ରତିକ୍ରିୟା ବଦଳରେ ଏକ ରାଜନୈତିକ ପ୍ରତିକ୍ରିୟାର ଆଗ୍ରହ ରଖିଲେ। ସେ ପ୍ରଧାନମନ୍ତ୍ରୀଙ୍କୁ କହିଲେ ଚିଠିଗୁଡିକୁ ମୁଖ୍ୟ ନ୍ୟାୟାଧୀଶଙ୍କୁ ପଠାଇ ତାଙ୍କ ଉପରେ ବିଚାର ଛାଡିଦିଅନ୍ତୁ ଏବଂ ଘଟଣାକୁ ବନ୍ଦ କରି ଜନସାଧାରଣଙ୍କ ସନ୍ଦେହ ଦୂର କରନ୍ତୁ। ମୋରାରଜୀ ଏହାକୁ ମଧ୍ୟ ପ୍ରତ୍ୟାଖାନ କଲେ ଏବଂ ୧୫ ଡିସେମ୍ବର ୧୯୭୮ରେ ଆଡଭାନୀ ମନ୍ତ୍ରୀ ପରିଷଦରୁ ଇସ୍ତଫା ଦେଇଦେଲେ।

ଆଡଭାନୀଙ୍କ ଇସ୍ତଫା ସହ ମନ୍ତ୍ରୀ ପରିଷଦ ଏ ମାମଲାରେ ହସ୍ତକ୍ଷେପ କଲା ଏବଂ ସମୁଦାୟ ଘଟଣା ଭାରତର ମୁଖ୍ୟ ନ୍ୟାୟାଧୀଶଙ୍କୁ ଜଣାଇବାକୁ ପ୍ରଧାନମନ୍ତ୍ରୀଙ୍କୁ ବାଧ୍ୟ କଲା। ମୁଖ୍ୟ ନ୍ୟାୟଧୀଶଙ୍କ ଦ୍ୱାରା ଜଣେ ପୂର୍ବତନ ନ୍ୟାୟାଧୀଶ ବୈଦ୍ୟଲିଙ୍ଗମ୍‌ଙ୍କୁ

ଘଟଣାର ପ୍ରାଥମିକ ଅନୁସନ୍ଧାନ କରିବାକୁ କୁହାଗଲା। ସେ ଦେଖିଲେ କିଛି ଅଭିଯୋଗ ସମ୍ପୂର୍ଣ୍ଣ ଭିତ୍ତିହୀନ ଏବଂ ଅନ୍ୟକିଛି ନିୟମିତ ଅନୁସନ୍ଧାନର ଅପେକ୍ଷା ରଖେ।

୨୮ ଜୁନ୍ ୧୯୭୮ରେ ଚରଣ ସିଂ ସରକାରଙ୍କ ବିଫଳତାକୁ ସୂଚିତ କରି ଏକ ବକ୍ତବ୍ୟ ଦେଲେ। ଗୃହମନ୍ତ୍ରୀ ଭାବେ ସେ ନିଜର ସହଯୋଗୀମାନଙ୍କୁ ଅସଂଯତ ଭାଷାରେ ଭର୍ତ୍ସନା କରୁଥିଲେ ଏବଂ କୌଣସି କାର୍ଯ୍ୟ କରିବା ପୂର୍ବରୁ କାହାରି ପରାମର୍ଶ ନେଉ ନ ଥିଲେ। ଅକ୍ଟୋବର ୧୯୭୭ରେ କିଛି ନିର୍ବାଚନ କାର୍ଯ୍ୟାବଳୀକୁ ନେଇ ଇନ୍ଦିରାକୁ ଗିରଫ କରିବାର ଚରଣ ସିଂଙ୍କ ଅଧ୍ୟାଦେଶ ସରକାରଙ୍କ ବୋକାମିକୁ ପଦାରେ ପକାଇଲା ଏବଂ ସରକାର ହାସ୍ୟାସ୍ପଦ ହେଲେ। ପ୍ରକୃତରେ ଏହା ଇନ୍ଦିରାଙ୍କ ରାଜନୈତିକ ଜୀବନକୁ ପୁନର୍ଜୀବିତ କଲା। ଇତ୍ୟବସରରେ ରାଜନାରାୟଣ ଚନ୍ଦ୍ରଶେଖରଙ୍କୁ ତାଙ୍କର ଦଳ ଅଧ୍ୟକ୍ଷ ରହିବାର ବୈଧତାର ପ୍ରଶ୍ନ ଉଠାଇ ଜେରା କଲେ। ନିଷେଧାଦେଶର ଉଲ୍ଲଂଘନ କରି ରାଜନାରାୟଣ ସଭା ମଧ୍ୟ କରିଥିଲେ।

ମନ୍ତ୍ରୀ ପରିଷଦ ମଧ୍ୟ ଦୁଇ କ୍ୟାବିନେଟ୍ ମନ୍ତ୍ରୀ ଚରଣ ସିଂ ଏବଂ ରାଜନାରାୟଣଙ୍କ ଅସଂଯତ ବ୍ୟବହାରକୁ ଗୁରୁତ୍ୱର ସହ ନେଲା ଏବଂ ଆବଶ୍ୟକ କାର୍ଯ୍ୟାନୁଷ୍ଠାନ ନେବାକୁ ପ୍ରଧାନମନ୍ତ୍ରୀଙ୍କୁ ଅନୁମତି ଦେଲା। ବରିଷ୍ଠ ସହଯୋଗୀ ବାଜପେୟୀ, ଆଡଭାନୀ, ଜର୍ଜ ଫର୍ଣ୍ଣାଣ୍ଡିଜ ଏବଂ ବିଜୁ ପଟ୍ଟନାୟକ ଆଦି ମୋରାରଜୀଙ୍କୁ ପରାମର୍ଶ ଦେଲେ ଉପରୋକ୍ତ ମନ୍ତ୍ରୀଦ୍ୱୟଙ୍କୁ ସେମାନଙ୍କ ଅସଂଯତ ଆଚରଣର କାରଣ ଜଣାଇବାକୁ କୁହାଯାଉ, କିନ୍ତୁ ପ୍ରଧାନମନ୍ତ୍ରୀ ଏସବୁ ନ ଶୁଣି ସେ ଦୁଇଜଣଙ୍କୁ ଇସ୍ତଫା ଦେବାକୁ କହିଲେ। ୩୦ ଜୁନ୍ ୧୯୭୮ରେ ଚରଣ ସିଂ ଇସ୍ତଫା ଦେଲେ, ପରେ ଦଳ ଅଧ୍ୟକ୍ଷ ଚନ୍ଦ୍ରଶେଖର ଏବଂ ଆଡଭାନୀ ଚରଣ ସିଂଙ୍କ ପୁନଃପ୍ରବେଶକୁ ସୁଗମ କଲେ। ଚରଣ ସିଂ ୨୪ ଜାନୁଆରୀ ୧୯୭୯ରେ ଉପପ୍ରଧାନମନ୍ତ୍ରୀ ହେଲେ ଏବଂ ଅର୍ଥ ବିଭାଗର ଦାୟିତ୍ୱରେ ରହିଲେ, ଜଗଜ୍ଜୀବନ ରାମ ମଧ୍ୟ ଉପପ୍ରଧାନମନ୍ତ୍ରୀ ହେଲେ। ପୂର୍ବରୁ ଇସ୍ତଫା ଦେଇଥିବା ଭାରତୀୟ ଲୋକଦଳର ୪ଜଣ ମନ୍ତ୍ରୀ ମଧ୍ୟ ପୂର୍ବରୁ ଥିବା ବିଭାଗରେ ପୁନଃସ୍ଥାପିତ ହେଲେ। ରାଜନାରାୟଣ ଆଉ ପୁନଃ ପ୍ରବେଶ କଲେ ନାହିଁ। ଯେବେଠୁ ତାଙ୍କୁ ମନ୍ତ୍ରିମଣ୍ଡଳ ଛାଡିବାକୁ ପଡିଥିଲା, ସେବେଠାରୁ ଚରଣ ସିଂ ଭାରତୀୟ ଜନସଂଘକୁ ତିକ୍ତ ଦୃଷ୍ଟିରେ ଦେଖୁଥିଲେ ଏବଂ ଏଥିପାଇଁ ସେ ଆଉଥରେ ଦ୍ୱୈତ ସଦସ୍ୟତା କଥା ଉଠାଇଲେ। ଅବଶ୍ୟ ସେ ଏକ ବୁଝାମଣା କରିବାକୁ ଚାହୁଁଥିଲେ ଯେ ଯଦି ସ୍ଥାନ ଖାଲି ହୁଏ ତେବେ ତାଙ୍କୁ ପ୍ରଧାନମନ୍ତ୍ରୀ କରିବାକୁ ପ୍ରତିଶ୍ରୁତି ଦେଲେ ସେ ଏ ବିଷୟରେ ମୁଣ୍ଡ ଖେଳାଇବେ ନାହିଁ।

କିନ୍ତୁ ଚରଣ ସିଂ ଏକା ସରକାରଙ୍କୁ ତଳକୁ ପକାଇପାରୁ ନ ଥିଲେ। ସେ

ଇନ୍ଦିରା, ୱାଇ.ବି. ଚଭନ, ସିପିଆଇ ଏବଂ ତତ୍କାଳୀନ ରାଷ୍ଟ୍ରପତି ନୀଲମ ସଞ୍ଜୀବ ରେଡ୍ଡୀଙ୍କ ସମର୍ଥନ ପାଇଲେ। ୯ ଜୁଲାଇ ୧୯୭୯ରେ ମୌସୁମୀ ଅଧିବେଶନ ଆରମ୍ଭ ହେଲା। କଂଗ୍ରେସ (ଇ)ର ସି.ଏମ୍. ଷ୍ଟିଫେନ୍ ଓହରିଯିବା ପରେ ୱାଇ. ବି. ଚଭନ୍ ବିରୋଧୀ ଦଳ ନେତା ହେଲେ। ବଜେଟ୍ ଏବଂ ମୌସୁମୀ ଅଧିବେଶନ ମଧ୍ୟର ମଧ୍ୟାନ୍ତର ଯୋଗୁ କଂଗ୍ରେସ (ଇ)ର ଶକ୍ତି କମିଯାଇଥିଲା। ବିରୋଧୀ ଦଳ ନେତା ହେଲା ପରେ ୱାଇ.ବି. ଚଭନ୍ ୧୧ ଜୁଲାଇ ୧୯୭୯ରେ ସରକାର ବିରୋଧରେ ଏକ ଅବିଶ୍ୱାସ ପ୍ରସ୍ତାବ ଆଣିଲେ।

ଯଦିଓ ଚରଣ ସିଂ ଉପପ୍ରଧାନମନ୍ତ୍ରୀ ଥିଲେ, ସରକାରଙ୍କୁ ଦୁର୍ବଳ କରିବାକୁ ସେ ପ୍ରଖ୍ୟାତ ନେତା କର୍ପୁରୀ ଠାକୁର, ଚୌଧୁରୀ ଦେବୀଲାଲ ଏବଂ ତାଙ୍କ ସମର୍ଥକମାନଙ୍କୁ ରାଜନାରାୟଣଙ୍କ ସହ ସହଯୋଗ କରିବାକୁ ଉତ୍ସାହିତ କଲେ। ୧୧ ଜୁଲାଇ ବେଳକୁ ଏହି ଗୋଷ୍ଠୀର ଅନେକ ସାଂସଦ ରାଜନାରାୟଣଙ୍କ ସହ ମିଶିଗଲେ ଏବଂ ଜନତା ପାର୍ଟି ବହୁମତ ହରାଇଥିବାରୁ କେନ୍ଦ୍ରୀୟ ସଂସଦୀୟ ବୋର୍ଡ ମୋରାରଜୀ ଦେଶାଇଙ୍କୁ ଇସ୍ତଫା ଦେବାକୁ କହିଲା। ଚରଣ ସିଂ ବୈଠକରେ ଯୋଗଦେଲେ ନାହିଁ। ମୋରାରଜୀ କହିଲେ ସେ ଇସ୍ତଫା ଦେବେନାହିଁ ଏବଂ ଯଦି ଭୋଟ୍ ନିଆଯାଏ ତେବେ ସରକାର ନିଶ୍ଚୟ ଜିତିବ।

୧୫ ଜୁଲାଇରେ ଜର୍ଜ ଫର୍ଣ୍ଣାଣ୍ଡିଜ, ପୁରୁଷୋତ୍ତମ କୌଶିକ (ଉଭୟ କ୍ୟାବିନେଟ୍ ମନ୍ତ୍ରୀ), ମୃଣାଳ ଗୋରେ, ମଧୁ ଲିମାୟେ, ଶରଦ ଯାଦବ ଏବଂ ଅନ୍ୟ କିଛି ସମାଜବାଦୀ ମଧ୍ୟ ଇସ୍ତଫା ଦେଲେ। ସମାଜବାଦୀ ଗୋଷ୍ଠୀ ଭାଙ୍ଗିଗଲା ଏବଂ କିଛି ଜନତା (ଏସ୍)ରେ ଯୋଗଦେଲେ ଓ ଆଉକିଛି ସଂସଦରେ ସୋସାଲିଷ୍ଟ ଗୋଷ୍ଠୀ ଗଢିଲେ। ଜନତା ସରକାରର ଅନ୍ତ ଘଟାଇ ୧୫ ଜୁଲାଇ ୧୯୭୯ରେ ମୋରାରଜୀ ଇସ୍ତଫା ଦେଲେ। ସେ ସଂସଦରେ ଜନତା ପାର୍ଟିର ନେତା ରହିଲେ। ଅନ୍ୟମାନଙ୍କ ସହ ପରାମର୍ଶ ପରେ ରାଷ୍ଟ୍ରପତି ସଞ୍ଜୀବ ରେଡ୍ଡୀ ୧୮ ଜୁଲାଇ ୧୯୭୯ରେ ବିରୋଧୀ ଦଳ ନେତା ୱାଇ.ବି. ଚଭନଙ୍କୁ ସରକାର ଗଢିବାକୁ ନିମନ୍ତ୍ରଣ କଲେ। ତେବେ ସେ ସରକାର ଗଢିବାକୁ ଅସମର୍ଥ ହେଲେ ଏବଂ ୨୩ ଜୁଲାଇରେ ଜନତା (ଏସ୍) ଏବଂ କଂଗ୍ରେସ ମେଣ୍ଟକୁ ସମର୍ଥନ ଦେବାକୁ ସ୍ଥିର କଲେ। ୨୪ ଜୁଲାଇରେ ସି.ଏମ୍. ଷ୍ଟିଫେନ୍ ରାଷ୍ଟ୍ରପତିଙ୍କୁ ସୂଚନା ଦେଲେ ଯେ ଜନତା ପାର୍ଟି ଅଧ୍ୟକ୍ଷଙ୍କ ଅନୁରୋଧରେ ଚରଣ ସିଂଙ୍କୁ ସରକାର ଗଢିବା ପାଇଁ ସମର୍ଥନ ଦେବାକୁ କଂଗ୍ରେସ (ଇ) ପ୍ରସ୍ତୁତ ଅଛି। ସମାଜବାଦୀ ଗୋଷ୍ଠୀର ନେତାଭାବେ ଜର୍ଜ ଫର୍ଣ୍ଣାଣ୍ଡିଜ ମଧ୍ୟ ଚରଣ ସିଂଙ୍କୁ ସମର୍ଥନ ଦେଇଥିଲେ।

ଏହି ସମୟରେ ଉଭୟ ମୋରାରଜୀ ଏବଂ ଚରଣ ସିଂ ସରକାର ଗଢ଼ିବାକୁ ଦାବି କଲେ। ରାଷ୍ଟ୍ରପତି ଉଭୟଙ୍କୁ ସେମାନଙ୍କ ଦାବିକୁ ପ୍ରମାଣିତ କରିବାକୁ କହିଲେ। ଉଭୟ ସମର୍ଥନର ପତ୍ର ଦାଖଲ କଲେ। ଦୁଇପତ୍ରରେ ସମାନ ନାମ ସବୁ ବାଦ ଦେବାପରେ ଦେଖାଗଲା ଯେ ଚରଣ ସିଂଙ୍କ ପାଖରେ ଅଧିକ ୨୪ଜଣ ସଦସ୍ୟଙ୍କ ବହୁମତ ଅଛି। ଯାଞ୍ଚ ହୋଇ ନ ଥିବା ନାମଗୁଡିକ ଅନ୍ତର୍ଭୁକ୍ତ କରିବା ମୋରାରଜୀଙ୍କ ପାଇଁ ଏକ ଲଜ୍ଜାଜନକ ଘଟଣା ଥିଲା ଏବଂ ସେ ଅନୁତାପ କରିବାକୁ ସକ୍ରିୟ ରାଜନୀତିରୁ ସନ୍ନ୍ୟାସ ନେବାର ଘୋଷଣା କଲେ। ସର୍ବସମ୍ମତିକ୍ରମେ ଜଗଜ୍ଜୀବନ ରାମ ସଂସଦରେ ଜନତା ପାର୍ଟିର ନେତା ଚୟନ ହେଲେ।

ରାଷ୍ଟ୍ରପତି ଚରଣ ସିଂଙ୍କୁ ସରକାର ଗଢ଼ିବାକୁ ନିମନ୍ତ୍ରଣ ଦେଲେ ଏବଂ ବହୁମତ ସାବ୍ୟସ୍ତ କରିବାକୁ ତାଙ୍କୁ ଏକମାସ ସମୟ ଦେଲେ। ୨୮ ଜୁଲାଇରେ ପ୍ରଧାନମନ୍ତ୍ରୀ ଭାବେ ଚରଣ ସିଂ ଏବଂ ଉପପ୍ରଧାନମନ୍ତ୍ରୀଭାବେ ୱାଇ.ବି. ଚଭନ ଶପଥ ନେଲେ। ଗୁରୁତ୍ୱପୂର୍ଣ୍ଣ ବିଶ୍ୱାସ ମତଦାନ ଦିନ ସ୍ଥିର ହେବା ପୂର୍ବରୁ ଇନ୍ଦିରା ଚରଣ ସିଂଙ୍କ ସରକାରଠାରୁ ସମର୍ଥନ ପ୍ରତ୍ୟାହାର କରିନେଲେ। ୨୦ ଅଗଷ୍ଟରେ ବିଶ୍ୱାସ ମତଦାନର ମାତ୍ର ଘଣ୍ଟାଏ ପୂର୍ବରୁ ଚରଣ ସିଂ ଏକ ଜରୁରୀ କ୍ୟାବିନେଟ ସଭାକରି ତାଙ୍କ ସରକାର ଇସ୍ତଫା ଦେବେ ବୋଲି ନିର୍ଣ୍ଣୟ କଲେ।

ପରେପରେ ଜଗଜ୍ଜୀବନ ରାମ ତାଙ୍କ ଦାବି ଜଣାଇବାକୁ ରାଷ୍ଟ୍ରପତି ଭବନ ଗଲେ। ୨୦ ଅଗଷ୍ଟ ସକାଳେ ସେ ୨୦୩ ଜନତା ପାର୍ଟି ସାଂସଦ ଏବଂ ଅନ୍ୟକିଛି ସାଂସଦଙ୍କ ସମର୍ଥନ ପାଇଥିଲେ। ସନ୍ଧ୍ୟା ସୁଦ୍ଧା ଏହା ଦେଖାଗଲା ଯେ ଅନେକ କଂଗ୍ରେସ ନେତା ସେମାନଙ୍କ ନେତୃତ୍ୱ ବିରୋଧରେ ବିଦ୍ରୋହ କରିବାକୁ ପ୍ରସ୍ତୁତ ଥିଲେ। ସାଧାରଣ ରାଜନୈତିକ ମୂଲ୍ୟାଙ୍କନ କହୁଥିଲା ଯେ ଜଗଜ୍ଜୀବନ ରାମ ୧୯୮୨ ଯାଏ ଏକ ସ୍ଥିର ସରକାର ଦେଇପାରିବେ। ଜଗଜ୍ଜୀବନଙ୍କ ଆଡକୁ ଗତିର ପରିବର୍ତ୍ତନକୁ ଅନୁଭବ କରି ଭାରତର ତତ୍କାଳୀନ ରାଷ୍ଟ୍ରପତି ୪୮ ଘଣ୍ଟା ଭିତରେ ଲୋକସଭା ଭଙ୍ଗ କରିଦେଲେ, ଯଦିଓ ପୂର୍ବରୁ ସେ ଚରଣ ସିଂଙ୍କୁ ସରକାର ଗଢ଼ିବାକୁ ୧୩ ଦିନ ସମୟ ଦେଇଥିଲେ ଏବଂ ବହୁମତ ସାବ୍ୟସ୍ତ କରିବାକୁ ଏକମାସ ସମୟ ଦେଇଥିଲେ। ଚରଣ ସିଂ ମଧ୍ୟବର୍ତ୍ତିକାଳୀନ କାର୍ଯ୍ୟକାରୀ ପ୍ରଧାନମନ୍ତ୍ରୀ ଭାବେ ଆଗାମୀ ନିର୍ବାଚନ ଯାଏ ରହିଲେ।

୧୯୮୦ ନିର୍ବାଚନ ପୂର୍ବରୁ ଚରଣ ସିଂଙ୍କ ପାର୍ଟି ଜନତା (ଏସ୍) ଏବଂ ମଧୁଲିମାଏଙ୍କ ସମାଜବାଦୀ ଗୋଷ୍ଠି ମିଶି ଲୋକଦଳ ନାଁରେ ଏକ ନୂଆଦଳ ଗଢ଼ିଲେ। ଭାରତୀୟ ଜନସଂଘ ଅଂଶୀଦାର ଥିବା ଜନତାଦଳ ଜଗଜ୍ଜୀବନ ରାମଙ୍କୁ ୧୯୮୦ ନିର୍ବାଚନ ପାଇଁ ପ୍ରଧାନମନ୍ତ୍ରୀ ପ୍ରାର୍ଥୀରୂପେ ଉପସ୍ଥାପନ କଲା।

୧୯୮୦ ନିର୍ବାଚନ ଏବଂ ପ୍ରଧାନମନ୍ତ୍ରୀ ରୂପେ ଇନ୍ଦିରାଙ୍କ ପ୍ରତ୍ୟାବର୍ତ୍ତନ

୧୯୮୦ ଆରମ୍ଭରେ ନିର୍ବାଚନ ହେଲା ଏବଂ ଇନ୍ଦିରାଙ୍କ ନେତୃତ୍ୱରେ କଂଗ୍ରେସ (ଇ) କ୍ଷମତାକୁ ଫେରିଲା। ସପ୍ତମ ଲୋକସଭାରେ ଦଳମାନଙ୍କର ଆସନ ସଂଖ୍ୟା ଥିଲା – କଂଗ୍ରେସ (ଇ) ୨୫୩, କଂଗ୍ରେସ (ଓ) – ୧୩, ଜନତା ପାର୍ଟି – ୩୧, ଜନତା (ଏସ୍) (ଲୋକଦଳ) – ୪୨, ସିପିଆଇ(ଏମ୍) – ୩୬ ଏବଂ ସିପିଆଇ-୧୧।

ମଧ୍ୟବର୍ତ୍ତିକାଳୀନ ନିର୍ବାଚନ ପରେ ବାଜପେୟୀ କହିଲେ ଯେ ଜଗଜ୍ଜୀବନ ରାମଙ୍କୁ ପ୍ରଧାନମନ୍ତ୍ରୀ ଭାବେ ମତଦାତାମାନେ ଗ୍ରହଣ କଲେ ନାହିଁ। ଏହି ମନ୍ତବ୍ୟକୁ ପରେ ବିରୋଧ କରାଗଲା। ନିର୍ବାଚନ ସମୟରେ ଜଗଜ୍ଜୀବନ ରାମ କହୁଥିଲେ ଯେ ଦ୍ୱୈତ ସଦସ୍ୟତା ଏକ ବେକାର ପ୍ରସଙ୍ଗ, କିନ୍ତୁ ପରେ ସେ ଏକଥା ଉଠାଇଲେ।

ଚନ୍ଦ୍ରଶେଖରଙ୍କ ଗୋଷ୍ଠୀ ଏବଂ ସମାଜବାଦୀମାନଙ୍କର ଭୟ ଥିଲା ଜନସଂଘ ହୁଏତ ଜନତା ପାର୍ଟିକୁ ଦଖଲ କରିନେବ, ତେଣୁ ସେମାନେ ଦ୍ୱୈତ ସଦସ୍ୟତା କଥା ପୁଣି ଉଠାଇଲେ। ଜନତା ପାର୍ଟିର ଜାତୀୟ କାର୍ଯ୍ୟନିର୍ବାହୀ ୪ ଏପ୍ରିଲ୍ ୧୯୮୦ରେ ଆରଏସ୍ଏସ୍ ସହିତ ସଂପର୍କକୁ ବିରୋଧ କରି ଏକ ସଂକଳ୍ପ ପାରିତ କଲେ। ଯେତେବେଳେ ଏହା ଘଟିଲା ଜନସଂଘ ଜନତା ଦଳରୁ ବାହାରି ୬ ଏପ୍ରିଲ୍ ୧୯୮୦ରେ ଭାରତୀୟ ଜନତା ପାର୍ଟି (ବିଜେପି) ନାଁରେ ଏକ ନୂଆ ଦଳ ଗଢିଲେ। ଏହିପରି ଭାବେ ଜନତା ଦଳ ଭାଙ୍ଗିଗଲା।

ଭାଗ-୫

ଭାରତୀୟ ଜନତା ପାର୍ଟି
(୧୯୮୦ – ୨୦୧୯)

ମୂଳ ବିଷୟ – ବିଜେପିରେ ପହଞ୍ଚିବା ପୂର୍ବରୁ ମୁଁ କାହିଁକି ବିଭିନ୍ନ ଆଡ଼େ ଭ୍ରମଣ କରି ବହିର ଅଧାପୃଷ୍ଠା ସାରିଲି – ଏ ବିଷୟରେ ଜଣେ ନିଶ୍ଚୟ ବିସ୍ମିତ ହେବ। ଯଦିଓ ବିଜେପି ୧୯୮୦ରେ ଗଠନ ହେଲା, ପାର୍ଟିକୁ ସମ୍ପୂର୍ଣ୍ଣ ରୂପେ ବୁଝିବାକୁ ଜଣଙ୍କୁ ଆରଏସଏସ – ବିଜେପିର ଆଦର୍ଶଗତ ଦିଗବାରେଣି, ଭାରତୀୟ ଜନସଂଘ – ବିଜେପିର ପୂର୍ବ ରାଜନୈତିକ ଅବତାର, ଅନେକ ସାଂସ୍କୃତିକ, ସାମାଜିକ, ଆର୍ଥିକ ବକ୍ତବ୍ୟର ଇତିହାସକୁ ବୁଝିବାକୁ ହେବ ଯାହା ଏବେକାର ବିଜେପି ଗଠନରେ ସହାୟକ ହେଲା। ଉପରୋକ୍ତ ସବୁ ବିଷୟ ଚାରିଟି ଭାଗରେ କହିସାରି ମୁଁ ବର୍ତ୍ତମାନ ପାଠକଙ୍କୁ ବିଜେପି ସହ ପରିଚିତ କରାଇବି।

୧୫

ଭାରତୀୟ ଜନତା ପାର୍ଟିର ଗଠନ ଏବଂ ପ୍ରାରମ୍ଭିକ ବର୍ଷ ସମୂହ (୧୯୮୦ -୮୬)

ଜନତା ଦଳର ପରୀକ୍ଷଣ

ଭାରତୀୟ ଜନସଂଘରୁ ଜନତା ପାର୍ଟି ମାଧ୍ୟମରେ ବିଜେପି ସୃଷ୍ଟି ହେଲା, ତେଣୁ ଉଭୟଙ୍କର ଉପାଦାନ ବିଜେପିରେ ରହିଲା। ପୂର୍ବରୁ ଥିବା ଭାରତୀୟ ଜନସଂଘ ୧୯୫୧ରେ ପ୍ରତିଷ୍ଠା ହୋଇଥିଲା ଏବଂ ସେବେଠୁ ଦଳ ୧୯୫୨-୭୧ ମଧ୍ୟରେ ୫ଟି ଲୋକସଭା ନିର୍ବାଚନ ଲଢିଥିଲା। ପରେ ୧୯୭୭ରେ ଜନସଂଘ ଜନତା ପାର୍ଟିର ଅଂଶୀଦାର ରୂପେ ନିର୍ବାଚନ ଲଢିଥିଲା, ଯଦିଓ ଔପଚାରିକ ଭାବେ ଦୁଇଦଳ ମିଶି ନ ଥିଲେ।[୩୦୫] ଲୋକସଭା ନିର୍ବାଚନର ଫଳକୁ ଅନୁଧ୍ୟାନ କଲେ ଜଣାଯାଏ ଯେ ଭାରତୀୟ ଜନସଂଘର ଗତି ସବୁବେଳେ ଊର୍ଦ୍ଧ୍ୱକୁ ଥିଲା। ୧୯୫୨ରେ ତିନୋଟି ଆସନ ଏବଂ ୩ ପ୍ରତିଶତ ଭୋଟରୁ , ୧୯୭୧ରେ ୨୨ଟି ଆସନ ସହ ୭.୪ ପ୍ରତିଶତ ଭୋଟ୍ ଦଳ ପାଇଥିଲା। ପରେ ଏହା ଜନତା ପାର୍ଟିର ଏକ ଗୁରୁତ୍ୱପୂର୍ଣ୍ଣ ଅଂଶ ହେଇ ଇନ୍ଦିରା ଗାନ୍ଧୀ ଏବଂ ତାଙ୍କ ଦ୍ୱାରା ଜାରି ହୋଇଥିବା ଜରୁରିକାଳୀନ ପରିସ୍ଥିତି ବିରୋଧରେ ସଂଗ୍ରାମ କଲା। ୧୯୭୭ ନିର୍ବାଚନ ଜନତା ପାର୍ଟି ସହଯୋଗୀ ଭାବେ ଲଢି ଏହା ବିଜୟୀ ହେଲା। ଜନତା ପାର୍ଟି ୪୦୫ରୁ ୨୯୯ ଆସନ ଜିତିଥିଲା ଏବଂ ୪୨.୧୭ ପ୍ରତିଶତ ଭୋଟ୍ ପାଇଥିଲା। ଅନେଶତ ଆସନ ସହିତ ଭାରତୀୟ ଜନସଂଘ ଜନତା ପାର୍ଟିରେ ସବୁଠୁ ବଡ ଅଂଶୀଦାର ଥିଲା। ତେବେ, ଆମେ ପୂର୍ବ ଅଧ୍ୟାୟରେ ଦେଖିଛନ୍ତି ଯେ ଜନତା ସରକାର ଅଧୀନ ଦିନ ତିଷ୍ଠିଲା

ନାହିଁ। ଷଷ୍ଠ ଲୋକସଭା ଜନତା ପାର୍ଟି ଦ୍ୱାରା ଭଙ୍ଗ ହେଲା। ଜନସଂଘର ନେତାମାନଙ୍କର ଆରଏସଏସ ସହ ସମ୍ପର୍କ ବିଷୟରେ ଜନତା ପାର୍ଟି ମଧ୍ୟରେ ଅନ୍ତର୍ଦ୍ୱନ୍ଦ୍ୱ ଥିଲା। ଆଶା କରାଯାଉଥିବା ପରି ଜନତା ପାର୍ଟି ୧୯୮୦ ନିର୍ବାଚନରେ ଧ୍ୱଂସ ହୋଇଗଲା। ଯେହେତୁ କଂଗ୍ରେସ ଏହା ବିରୋଧରେ ନକାରାତ୍ମକ ପ୍ରଚାର ପରିଚାଳନା କରିବାରେ ସକ୍ଷମ ହେଲା, ୪୩୨ ଆସନରେ ଲଢୁଥିବା ଜନତା ପାର୍ଟି ମାତ୍ର ୩୧ଟି ଆସନ ଏବଂ ୧୯ ପ୍ରତିଶତ ଭୋଟ୍ ପାଇଲା। ଜନସଂଘର ଅବଦାନ ଅଧା ଆସନ ଅର୍ଥାତ୍ ୧୫ଟି ଆସନ ପାଇଁ ଥିଲା।

ବାଜପେୟୀ ଏବଂ ଆଡଭାନୀଙ୍କ ପରି ବ୍ୟକ୍ତିବିଶେଷଙ୍କ ନେତୃତ୍ୱରେ ଅବା ଜନସଂଘ ପାଇଁ ନୂତନ ଅବତାରରେ ନିଜ ରାସ୍ତା ବାଛିବାକୁ ଏହା ସଠିକ ସମୟ ଥିଲା।

ବିଜେପିର ଗଠନ

ଜନତା ପାର୍ଟିର ବିଖଣ୍ଡନ ହେବା ପରେ ୧୯୮୦ ଲୋକସଭା ନିର୍ବାଚନରେ ଇନ୍ଦିରାଙ୍କ ପାଇଁ କ୍ଷମତାକୁ ଫେରିବା ସହଜ ହୋଇଗଲା। ତଥାପି ଜନତା ପାର୍ଟିର ନେତାମାନେ ନିର୍ବାଚନ ପରାଜୟ ପାଇଁ ଭାରତୀୟ ଜନସଂଘର ନେତୃବୃନ୍ଦଙ୍କୁ ଦାୟୀ କରିବାରେ ଲାଗିଥିଲେ। ଏହାର କେନ୍ଦ୍ରୀୟ କାରଣରେ ସେମାନେ ଜନସଂଘ ସଦସ୍ୟମାନଙ୍କର ଆରଏସଏସ ସହ ଦ୍ୱୈତ ସଦସ୍ୟତାକୁ ଦେଖୁଥିଲେ। ସେମାନଙ୍କ ଉପରେ ପରାଜୟକୁ ସମ୍ପୂର୍ଣ୍ଣ ରୂପେ ଦାୟୀ କରିବାକୁ ଚେଷ୍ଟା କରାଯାଇଥିଲା, ଯେଉଁମାନେ ପୂର୍ବରୁ ଜନସଂଘରେ ଥିଲେ ଏବଂ ଆରଏସଏସ ସହିତ ସେମାନଙ୍କର ସଂପର୍କ ଛିନ୍ନ କରିବାକୁ ମନା କରିଦେଇଥିଲେ ବୋଲି ଆଡଭାନୀ କହିଲେ।[୩୦୬] ସେ ଆହୁରି କହିଲେ ଯେ ସେ ଏବଂ ବାଜପେୟୀ ଏହାର ଦୃଢ଼ ବ୍ୟତିକ୍ରମ ଆପଣାଇଛନ୍ତି।

ପରେ ବିଦାୟୀ ପ୍ରଧାନମନ୍ତ୍ରୀ ମୋରାରଜୀ ଦେଶାଇ ଜନତା ପାର୍ଟି ମଧ୍ୟରେ ଥିବା ପୂର୍ବ ଜନସଂଘର ସଦସ୍ୟମାନଙ୍କ ମଧ୍ୟରେ ଏକ ବୁଝାମଣା କରିବାକୁ ପ୍ରୟାସ କରିଥିଲେ, କିନ୍ତୁ ୪ ଏପ୍ରିଲ୍ ୧୯୮୦ରେ ଜନତା ପାର୍ଟିର ଜାତୀୟ କାର୍ଯ୍ୟନିର୍ବାହୀ ବୁଝାମଣା ପ୍ରସ୍ତାବକୁ ନାକଚ କରି ଏହା ବଦଳରେ ଜନସଂଘର ନେତାମାନଙ୍କୁ ଦଳରୁ ବାହାର କରିବାକୁ ସଂକଳ୍ପ ନେଲେ। ବାଜପେୟୀ, ଆଡଭାନୀ ଏବଂ ସେମାନଙ୍କ ସମର୍ଥକମାନଙ୍କ ପାଇଁ ଏହା ଉଭୟ ଆଘାତ ଓ ଆଶ୍ୱାସନା ପରି ଥିଲା। ଜୟପ୍ରକାଶ ନାରାୟଣଙ୍କ ଆହ୍ୱାନରେ ଦେଶକୁ ଏକ ଦୃଢ଼ ରାଜନୈତିକ ବିକଳ୍ପ ଦେବାକୁ ଜନତା ପାର୍ଟିରେ ସେମାନେ ମିଶିଯିବା ସେମାନଙ୍କର 'ସର୍ବୋଚ୍ଚ ବଳିଦାନ' ଥିବାରୁ ଏହା

ଆଘାତ ପରି ଲାଗିଲା। ଯଦିଓ ସେମାନେ 'ଦଳ ସହିତ ସହଯୋଗରେ ରହି ଗର୍ବିତ ଥିଲେ', ଏହା କିନ୍ତୁ ଶେଷରେ ସେମାନଙ୍କୁ ସୁନ୍ଦର ମୁକ୍ତି ଦେଇଥିବାରୁ ଆଶ୍ୱାସନାର ବିଷୟ ଥିଲା।

୫-୬ ଏପ୍ରିଲ୍ ୧୯୮୦ରେ ଦୁଇଦିନିଆ ଜାତୀୟ ସମ୍ମିଳନୀରେ ପୂର୍ବତନ ଭାରତୀୟ ଜନସଂଘର ସଦସ୍ୟମାନେ ଦିଲ୍ଲୀଠାରେ ମିଳିତ ହେଲେ ଏବଂ ବାଜପେୟୀଙ୍କୁ ପ୍ରତିଷ୍ଠାତା ଅଧ୍ୟକ୍ଷ କରି ଏକ ନୂଆ ରାଜନୈତିକ ସଙ୍ଗଠନର ନିଷ୍ପତ୍ତି ନେଲେ। ସଙ୍ଗଠନର ନାମ ଏବଂ ମୂଳ ସିଦ୍ଧାନ୍ତ ସବୁ ବାଜପେୟୀଙ୍କ ପରାମର୍ଶରେ ହୋଇଥିଲା, ଯିଏ ଭାବୁଥିଲେ ଯେ ଅଧିକ କଠୋରପନ୍ଥୀ 'ଜନସଂଘ'କୁ ଫେରିଯିବା ଏକ ଉତ୍ତମ ବିଚାର ନୁହେଁ।

ବିଜେପି ଭାରତୀୟ ଜନସଂଘ ଏବଂ ଜନତା ପାର୍ଟିର ମିଶାମିଶି ରୂପ ଥିଲା, ତଥାପି ଉଭୟଙ୍କଠାରୁ ବହୁତ ଭିନ୍ନ ଥିଲା। ପ୍ରତୀକଭାବେ ଏହାର ଏକ ନୂଆ ପ୍ରତୀକ ଥିଲା - ଦୁଇ ତୃତୀୟାଂଶ ଗେରୁଆ ଏବଂ ଏକ ତୃତୀୟାଂଶ ସବୁଜ – ଏବଂ ପଦ୍ମକୁ ପଥ ଦେଉଥିବା ଏକ ଦୀପ। ଗୋଟେ ଅଦ୍ଭୁତ ସଂଯୋଗରେ ସ୍ୱାଧୀନ ପ୍ରାର୍ଥୀମାନଙ୍କ ପାଇଁ ଥିବା ପ୍ରତୀକ ଚିହ୍ନ ପଦ୍ମ ଫୁଲ ବିଜେପିର ଦଳୀୟ ଚିହ୍ନ ହୋଇଗଲା। ଆଡଭାନୀଙ୍କ ନେତୃତ୍ୱରେ ଯାଇଥିବା ବିଜେପି ପ୍ରତିନିଧି ଦଳ ତୁରନ୍ତ ପଦ୍ମ ଚିହ୍ନଙ୍କୁ ଗ୍ରହଣ କଲେ ଏବଂ ଏହାପରେ ମୁଖ୍ୟ ନିର୍ବାଚନ କମିଶନରଙ୍କ ଦ୍ୱାରା ଦଳକୁ ଔପଚାରିକ ଭାବେ ପ୍ରଦାନ କରାଗଲା। ବୈଚାରିକ ସ୍ତରରେ ଦଳ ଦୀନଦୟାଲ ଉପାଧ୍ୟାୟଙ୍କ 'ଅବିଚ୍ଛେଦ୍ୟ ମାନବବାଦ'କୁ ଗ୍ରହଣ କରିଥିଲା, କିନ୍ତୁ ଗାନ୍ଧୀଙ୍କ ସମାଜବାଦକୁ ମଧ୍ୟ ଅନୁସରଣ କରିବାକୁ ପ୍ରତିଜ୍ଞା କରିଥିଲେ, ଯେହେତୁ ଏହା ଦଳର ଆଦର୍ଶ ସହିତ ସମ୍ପୂର୍ଣ୍ଣ ସୁସଙ୍ଗତ ଥିଲା। ଅନ୍ୟ ପ୍ରମୁଖ ପାର୍ଥକ୍ୟ ହେଉଛି ଯେ ଜନସଂଘ ପରି କ୍ୟାଡରଭିତ୍ତିକ ଦଳ ନ ହୋଇ ବିଜେପି ଏକ ଜନ ଆଧାରିତ ଦଳ ହୋଇଗଲା। ଏହି କାରଣରୁ ଜରୁରିକାଳୀନ ପରିସ୍ଥିତି ସମୟରେ ଏବଂ ତା'ପରେ ଦଳ ଅନେକ ଅଣଆରଏସଏସ ସଦସ୍ୟଙ୍କୁ ଆକର୍ଷିତ କରିଥିଲା।

ବିଜେପିର ପ୍ରଥମ ସର୍ବଦଳୀୟ ଅଧିବେଶନ ୨୮ରୁ ୩୦ ସେପ୍ଟେମ୍ବର ଡିସେମ୍ବର ୧୯୮୦ରେ ସମତାନଗର ବମ୍ବେଠାରେ ଅନୁଷ୍ଠିତ ହେଇଥିଲା ଏବଂ ଏଥିରେ ୫୦ ହଜାର ପ୍ରତିନିଧି ଯୋଗ ଦେଇଥିଲେ। ଏହି ଅଧିବେଶନରେ ଔପଚାରିକଭାବେ ବାଜପେୟୀଙ୍କୁ ଦଳର ଅଧ୍ୟକ୍ଷ ଭାବେ ନିର୍ବାଚିତ କରାଗଲା। ଆଡଭାନୀ, ସୁରଜଭାନ ଏବଂ ସିକନ୍ଦର ବକ୍ତ ଦଳର ସାଧାରଣ ସମ୍ପାଦକଭାବେ ନିର୍ବାଚିତ ହେଲେ। ଦଳ ଗଢାଯିବାପରେ ଏହା ଯାତ୍ରାର ଏକ ମାଇଲ ଖୁଣ୍ଟ ରୂପେ

ପରିଣତ ହୋଇଥିଲା ଏବଂ ବାଜପେୟୀ ନିଜକୁ ଭାରତୀୟ ରାଜନୈତିକ କ୍ଷେତ୍ରର ଜଣେ ନିର୍ବିବାଦୀୟ ନେତାରୂପେ ପ୍ରତିଷ୍ଠିତ କରିପାରିଥିଲେ। ତାଙ୍କର ମତ ଥିଲା ଯେ ଦଳ ପଛକୁ ନ ଚାହିଁ ଆଗକୁ ଦେଖିବା ଉଚିତ। ବାଜପେୟୀ ତାଙ୍କ ଉଦ୍‌ଘାଟନୀ ଅଧ୍ୟକ୍ଷୀୟ ଉଦ୍‌ବୋଧନରେ କହିଥିଲେ 'ଆମେ ଭବିଷ୍ୟତକୁ ଦେଖିବୁ, ଅତୀତକୁ ନୁହେଁ। ଯେହେତୁ ଆମେ ଆମର ଦଳକୁ ପୁନର୍ନିର୍ମାଣ ପାଇଁ ପ୍ରୟାସ ଆରମ୍ଭ କରୁଛୁ, ଆମର ମୂଳ ଚିନ୍ତାଧାରା ଏବଂ ନୀତି ଅନୁସାରେ ଆମେ ଆଗକୁ ବଢ଼ିବୁ'।[୩୦୭] ହିନ୍ଦୀରେ ଦିଆଯାଇଥିବା ତାଙ୍କ ଭାଷଣ ତାଙ୍କ ବାଗ୍ମୀ ଦକ୍ଷତାର ଏବଂ ଭବିଷ୍ୟତ ଉପରେ ତାଙ୍କ ଆସ୍ଥା ଓ ବିଶ୍ୱାସର ଏକ ସୁନ୍ଦର ଉଦାହରଣ ଥିଲା। 'ଅନ୍ଧେରା ଛଟେଗା, ସୁରଜ ନିକଲେଗା ଔର କମଲ୍ ଖିଲେଗା (ଅନ୍ଧାର ହଟିଯିବ, ସୂର୍ଯ୍ୟ ଉଇଁବ ଏବଂ ପଦ୍ମ ଫୁଟିବ) ସେ ଗର୍ଜନ କଲେ। ତାଙ୍କ ବକ୍ତବ୍ୟ ଉଭୟ ସାମ୍ବାଦିକ ଓ ନେତୃବୃନ୍ଦଙ୍କ ଦ୍ୱାରା ଆଦୃତ ଏବଂ ପ୍ରଶଂସିତ ହେଇଥିଲା।

ଦଳ ମଧ୍ୟ ଏହାର ଆଦର୍ଶକୁ ସଜାଡ଼ିଛି। ଏହା ସେହି ସମୟରେ ପ୍ରଚଳିତ ବିଭିନ୍ନ କାରଣ ଯୋଗୁ ହେଇଥିଲା। ଜନତା ଦଳ ସହ ନିଜର ପଥ ପରିବର୍ତ୍ତନ କଲା ପରେ ଦଳ ଅନେକ ନୂଆ ସଦସ୍ୟ ଏବଂ ପ୍ରଶଂସକଙ୍କୁ ଦଳକୁ ଆଣିଲା। ବିଶେଷକରି ଜରୁରିକାଳୀନ ପରିସ୍ଥିତି ବିରୋଧରେ ଲଢ଼ିଥିବା ପୂର୍ବତନ ଜନତା ଦଳର ମନ୍ତ୍ରୀ ଶାନ୍ତିଭୂଷଣ ଦଳକୁ ଆସିଲେ। ଏହିପରି ଦଳ ଏହାର ମୁଖ୍ୟ ମାର୍ଗଦର୍ଶିକା ଉପାଧ୍ୟାୟଙ୍କ 'ଅବିଚ୍ଛେଦ୍ୟ ମାନବବାଦ' ଏବଂ 'ଗାନ୍ଧୀଙ୍କ ସମାଜବାଦ' ଭିତରେ ଏକ ସନ୍ତୁଳିତ ବିଚାର ଗଢ଼ିପାରିଲା। ଦଳ ଗାନ୍ଧୀଙ୍କ ସମାଜବାଦକୁ ମାର୍କ୍ସବାଦ ଏବଂ ସାମ୍ୟବାଦର କାର୍ଯ୍ୟକ୍ଷମ ବିକଳ୍ପ ଭାବେ ଦେଖୁଥିଲା। କେବଳ ରାଜମାତା ସିନ୍ଧିଆଙ୍କ ବ୍ୟତୀତ ଏ ଆଦର୍ଶ ଦଳରେ ସମସ୍ତଙ୍କ ଦ୍ୱାରା ଗ୍ରହଣୀୟ ହୋଇଥିଲା। ତେବେ ରାଜମାତା ମଧ୍ୟ ପରେ ପାର୍ଟିର ବିଚାରଧାରାକୁ ଗ୍ରହଣ କଲେ।

ନୂତନଭାବେ ଗଠିତ ବିଜେପିକୁ ୧୯୮୦ର ନିର୍ବାଚନ ରାଜନୀତିରେ ନିଜର ଉପସ୍ଥିତି ନିର୍ଣ୍ଣୟ କରିବାକୁ କିଛି ସମୟ ଲାଗିଲା। ଜନତା ପାର୍ଟି ସରକାରଙ୍କୁ ନିହାତି ଅସଫଳ କହିବାକୁ ସମର୍ଥ ହେଇ କଂଗ୍ରେସ ୧୯୮୦ ନିର୍ବାଚନରେ ନିଜକୁ ପୁନଃସ୍ଥାପିତ କରିପାରିଲା। ପୁଣିଥରେ କ୍ଷମତାକୁ ଫେରିବା ପରେ ଇନ୍ଦିରା ଗାନ୍ଧୀ ଜନତା ସରକାର ସମୟରେ ନୂତନଭାବେ ଗଢାହେଇଥିବା ରାଜ୍ୟ ବିଧାନସଭାଗୁଡ଼ିକୁ ଭଙ୍ଗ କରିବା ଆରମ୍ଭ କଲେ। ନୂତନଭାବେ ଗଢାଯାଇଥିବା ବିଜେପି ଏହି ନିର୍ବାଚନ ସବୁ ନିଜ ପ୍ରତୀକ ପଦ୍ମଫୁଲ ବ୍ୟବହାର କରି ଲଢ଼ିଲା। ୧୪ଟି ରାଜ୍ୟରେ ବିଧାନସଭା ନିର୍ବାଚନ ହେଇଥିଲାବେଳେ ବିଜେପି ୯ଟିରେ ଭାଗ ନେଇଥିଲା। ବିଜେପି ଲଢ଼ି ନ ଥିବା ୫ଟି ରାଜ୍ୟ ଏବଂ ଗୋଟିଏ କେନ୍ଦ୍ରଶାସିତ ଅଞ୍ଚଳ ହେଲା ଅରୁଣାଚଳ ପ୍ରଦେଶ,

ଗୋଆ, କେରଳ, ମଣିପୁର ଏବଂ ପଣ୍ଡିଚେରୀ। ମଜାକଥା ହେଲା ବିଜେପି ଗଠନ ହେବାର କିଛି ସପ୍ତାହ ମଧ୍ୟରେ ହିଁ ନିର୍ବାଚନ ଘୋଷଣା କରାଯାଇଥିଲା। ଦଳ ସମ୍ପୂର୍ଣ୍ଣ ନୂଆ ଥିଲା ଏବଂ ଏହାର ସମ୍ବଳ ସୀମିତ ଥିଲା। ତଥାପି ଏହା ଲଢୁଥିବା ରାଜ୍ୟରେ ବିଶେଷତଃ ମଧ୍ୟପ୍ରଦେଶ ଏବଂ ରାଜସ୍ଥାନରେ ଭଲ ପ୍ରଦର୍ଶନ କରିବାକୁ ସକ୍ଷମ ହୋଇଥିଲା। ଯଦିଓ ବିଜେପି ଏକ ପ୍ରତିଶ୍ରୁତିପୂର୍ଣ୍ଣ ଆରମ୍ଭ କରିଥିଲା, କିଛି ଲୋକ ବିଶ୍ୱାସ କରୁଥିଲେ ଯେ ୧୯୮୦ ଲୋକସଭାରେ ଜନତା ପାର୍ଟିର ଅଂଶୀଦାରମାନଙ୍କ ମଧ୍ୟରେ ଥିବା ଆଭ୍ୟନ୍ତରୀଣ କଳହ ପାଇଁ ଏପରି ଫଳ ମିଳିଲା। ଏପରିକି ବିଜେପି ମଧ୍ୟ ଭାବୁଥିଲା କଂଗ୍ରେସ (ଇ) କିମ୍ବା ଇନ୍ଦିରାଙ୍କୁ ସମର୍ଥନ ଅପେକ୍ଷା ଏହା ବେଶି ନକାରାତ୍ମକ ମତର ଫଳ।

ଦ୍ୱିତୀୟ ପର୍ଯ୍ୟାୟ ରାଜ୍ୟ ବିଧାନସଭା ନିର୍ବାଚନ ୧୯୮୨ରେ – ହରିଆଣା, ନାଗାଲାଣ୍ଡ, ହିମାଚଳ ପ୍ରଦେଶ, କେରଳ ଏବଂ ପଶ୍ଚିମବଙ୍ଗରେ ନିର୍ବାଚନ ହେଲା। ଏହିସବୁ ରାଜ୍ୟଗୁଡ଼ିକରେ ବିଶେଷକରି ହିମାଚଳ ପ୍ରଦେଶରେ ବିଜେପିର ପ୍ରଦର୍ଶନ ବେଶ୍ ଭଲ ଥିଲା। ଦଳ ଏଠାରେ ୨୯ଟି ଆସନ ଏବଂ ୩୫.୨ ପ୍ରତିଶତ ଭୋଟ୍ ପାଇଥିଲା। କଂଗ୍ରେସଠୁ ଟିକେ କମ୍ କାରଣ କଂଗ୍ରେସ ୩୧ଟି ଆସନ ଏବଂ ୪୨.୫ ପ୍ରତିଶତ ଭୋଟ୍ ପାଇଥିଲା ଏବଂ ବିଧାନସଭାରେ ଏହାର ଆସନ ସଂଖ୍ୟା ୬୮ ଥିଲା।

ଇତ୍ୟବସରରେ ଆଉ ୭ଟି ବିଧାନସଭା ଏବଂ କେନ୍ଦ୍ରଶାସିତ ଅଞ୍ଚଳରେ ୧୯୮୩ ମସିହାରେ ନିର୍ବାଚନ ହେଲା। ଆନ୍ଧ୍ରପ୍ରଦେଶ, ଦିଲ୍ଲୀ, ଜମ୍ମୁ କଶ୍ମୀର, କର୍ଣ୍ଣାଟକ, ତ୍ରିପୁରା, ଆସାମ ଏବଂ ମେଘାଳୟରେ ନିର୍ବାଚନ ଅନୁଷ୍ଠିତ ହେଲା, କିନ୍ତୁ ବିଜେପି ଆସାମ ଓ ମେଘାଳୟରେ ନିର୍ବାଚନ ଲଢ଼ି ନ ଥିଲା। ପୁଣି ଥରେ ଦଳର ପ୍ରଦର୍ଶନ ମିଶାମିଶି ଥିଲା। କିନ୍ତୁ ଏହାର ବଢୁଥିବା ଶକ୍ତି ହିଁ ଚମକଦାର ଥିଲା। ବିଜେପି ଉଲ୍ଲେଖଯୋଗ୍ୟ ସଫଳତା ପାଇଥିବା ରାଜ୍ୟଗୁଡ଼ିକ ହେଲେ ଆନ୍ଧ୍ରପ୍ରଦେଶ (୩ଟି ଆସନ), ଦିଲ୍ଲୀ (୯ଟି ଆସନ) ଏବଂ କର୍ଣ୍ଣାଟକ (୧୮ଟି ଆସନ)। ଅଧିକ ଗୁରୁତ୍ୱପୂର୍ଣ୍ଣ କଥାଟି ହେଲା ୧୯୮୦ରେ କଂଗ୍ରେସ (ଇ) ଏବଂ ମିଳିତ ଜନତା ଦଳ ମଧ୍ୟରେ ଭୋଟ୍ ପାର୍ଥକ୍ୟ ୧୩ ପ୍ରତିଶତ ଥିଲାବେଳେ ୧୯୮୦ ବିଧାନସଭା ନିର୍ବାଚନରେ କଂଗ୍ରେସ (ଇ) ଏବଂ ବିଜେପି ମଧ୍ୟରେ ଏହା ତିନି ପତିଶତକୁ କମି ଆସିଥିଲା। ଆଶ୍ଚର୍ଯ୍ୟଜନକ ଭାବେ ଜନତା ପାର୍ଟିର ପ୍ରଚାର କଂଗ୍ରେସ ଅପେକ୍ଷା ବିଜେପି ବିରୋଧରେ ବେଶି ହୋଇଥିଲେ ମଧ୍ୟ ଏହା ସମ୍ଭବ ହୋଇଥିଲା।[୩୦୮]

ରାଜ୍ୟ ବିଧାନସଭା ନିର୍ବାଚନରେ ବିଜେପିର ପ୍ରଦର୍ଶନ
(୧୯୮୦-୧୯୮୩)

	ରାଜ୍ୟ / କେନ୍ଦ୍ର ଶାସିତ ଅଞ୍ଚଳ	ବର୍ଷ	ମତଦାନ %	ମୋଟ ଆସନ ସଂଖ୍ୟା	ଲଢ଼ିଥିବା ଆସନ ସଂଖ୍ୟା	ଜିତିଥିବା ଆସନ ସଂଖ୍ୟା
୧	ବିହାର	୧୯୮୦	୫୭.୨୮	୩୨୪	୨୪୬	୨୧
୨	ଗୁଜରାଟ	୧୯୮୦	୪୮.୩୭	୧୮୨	୧୨୭	୦୯
୩	ମଧ୍ୟପ୍ରଦେଶ	୧୯୮୦	୪୯.୦୩	୩୨୦	୩୧୦	୬୦
୪	ମହାରାଷ୍ଟ୍ର	୧୯୮୦	୫୩.୩	୨୮୮	୧୪୫	୧୪
୫	ଓଡ଼ିଶା	୧୯୮୦	୪୭.୮	୧୪୭	୨୮	୦୦
୬	ପଞ୍ଜାବ	୧୯୮୦	୬୪.୩୩	୧୧୭	୪୧	୦୧
୭	ରାଜସ୍ଥାନ	୧୯୮୦	୫୧.୦୬	୨୦୦	୧୨୩	୩୨
୮	ତାମିଲନାଡୁ	୧୯୮୦	୬୫.୪୨	୨୩୪	୧୦	୦୦
୯	ଉତ୍ତରପ୍ରଦେଶ	୧୯୮୦	୪୪.୯୨	୪୨୫	୪୦୦	୧୧
୧୦	ହରିଆଣା	୧୯୮୨	୬୯.୮୭	୯୦	୨୪	୦୬
୧୧	ହିମାଚଳ ପ୍ରଦେଶ	୧୯୮୨	୭୧.୦୬	୬୮	୬୭	୨୯
୧୨	କେରଳ	୧୯୮୨	୭୩.୫୧	୧୪୦	୬୯	୦୦
୧୩	ନାଗାଲାଣ୍ଡ	୧୯୮୨	୭୪.୪୪	୬୦	୦୦	୦୦
୧୪	ପଶ୍ଚିମବଙ୍ଗ	୧୯୮୨	୭୬.୯୬	୨୯୪	୫୨	୦୦
୧୫	ଆନ୍ଧ୍ରପ୍ରଦେଶ	୧୯୮୩	୬୭.୭	୨୯୪	୮୦	୦୩
୧୬	ଦିଲ୍ଲୀ	୧୯୮୩	୫୩.୪୬	୫୬	୫୦	୧୯
୧୭	ଜମ୍ମୁ କଶ୍ମୀର	୧୯୮୩	୭୩.୨୪	୭୬	୨୭	୦୦
୧୮	କର୍ଣ୍ଣାଟକ	୧୯୮୩	୬୫.୬୭	୨୨୪	୧୧୦	୧୮
୧୯	ତ୍ରିପୁରା	୧୯୮୩	୮୩.୦୩	୬୦	୦୪	୦୦

ସ୍ପଷ୍ଟଭାବେ ବିଜେପି ଚମକଦାର ପ୍ରଦର୍ଶନ ଦ୍ୱାରା ନିଜର ଅଭିଯାନ ଆରମ୍ଭ କରି ନ ଥିଲା। କିନ୍ତୁ ଫଳାଫଳ ଦଳକୁ ନିଜ ରାସ୍ତା ତିଆରି କରି ନିଜକୁ ସମର୍ଥ କରିବାରେ ସକ୍ଷମ କଲା। ପରବର୍ତ୍ତୀ ବିଧାନସଭା ନିର୍ବାଚନଗୁଡିକରେ ଦଳ ରାଜ୍ୟଗୁଡିକରେ ନିଜ ଆସନ ସଂଖ୍ୟା ବଢାଇବାକୁ ସମର୍ଥ ହୋଇଥିଲା। ତେବେ

୧୯୯୦ ବିଧାନସଭା ନିର୍ବାଚନରେ ବିଜେପି ପାଇଁ ବାସ୍ତବରେ ପ୍ରକୃତ ବିଜୟ ଆସିଲା । ଦଳ ତିନୋଟି ରାଜ୍ୟ – ମଧ୍ୟପ୍ରଦେଶ, ହିମାଚଳ ପ୍ରଦେଶ ଏବଂ ରାଜସ୍ଥାନରେ ନିଜ ସରକାର ଗଠନ କରିବାରେ ସକ୍ଷମ ହେଲା ।

୧୯୮୪ ଲୋକସଭା ନିର୍ବାଚନ ଏବଂ ବିଜେପିର ପ୍ରଦର୍ଶନ

୧୯୮୦ ଦଶକର ଆରମ୍ଭରେ ଦୁଇଟି ପ୍ରମୁଖ ଘଟଣା ଦେଶକୁ ସ୍ତମ୍ଭୀଭୂତ କରିଦେଇଥିଲା । ପ୍ରଥମଟି ହେଲା ଉଡ଼ାଜାହାଜ ଦୁର୍ଘଟଣାରେ ଇନ୍ଦିରା ଗାନ୍ଧୀଙ୍କ କନିଷ୍ଠ ପୁତ୍ର ସଞ୍ଜୟ ଗାନ୍ଧୀଙ୍କର ଅକାଳ ମୃତ୍ୟୁ । ଏହି ଘଟଣା ପରେ ଇନ୍ଦିରାଙ୍କ ଜ୍ୟେଷ୍ଠପୁତ୍ର ରାଜୀବ ଗାନ୍ଧୀ ଯିଏ କି ସେହି ସମୟରେ ଜଣେ ବୃତ୍ତିଧାରୀ ପାଇଲଟ୍ ଥିଲେ ତାଙ୍କୁ ଦଳରେ ମିଶାଇ କଂଗ୍ରେସ ବଂଶବାଦ ଉତ୍ତରାଧିକାର ଦିଗରେ କାମ କରିବା ଆରମ୍ଭ କରିଦେଲା । ୨ ବର୍ଷ ମଧ୍ୟରେ ରାଜୀବ ଗାନ୍ଧୀଙ୍କୁ ଦଳର ସାଧାରଣ ସଚିବ ପଦକୁ ଉନ୍ନୀତ କରି ସ୍ପଷ୍ଟ ସୂଚନା ଦିଆଗଲା ଯେ ମା'ଙ୍କ ପରେ ପୁଅଙ୍କ ହାତରେ କ୍ଷମତାର ଡୋରି ରହିବ । ଦ୍ୱିତୀୟ ଦୁର୍ଭାଗ୍ୟପୂର୍ଣ୍ଣ ଘଟଣାଟି ଥିଲା ୩୧ ଅକ୍ଟୋବର ୧୯୮୪ରେ ନିଜର ଦୁଇ ଶିଖ ଅଙ୍ଗରକ୍ଷକଙ୍କ ଦ୍ୱାରା ଇନ୍ଦିରା ଗାନ୍ଧୀଙ୍କ ନିର୍ମମ ହତ୍ୟା, ଯାହା ଖଲିସ୍ଥାନୀ ଆତଙ୍କବାଦକୁ ନିର୍ମୂଳ କରିବାକୁ ଅମୃତସହରଠାରେ ସ୍ୱର୍ଣ୍ଣ ମନ୍ଦିର ଭିତରେ 'ଅପରେସନ ବ୍ଲୁ ଷ୍ଟାର' ନାମକ ଯୋଜନାର ପ୍ରତିକ୍ରିୟାରେ ଘଟିଥିଲା । ତେବେ ଇନ୍ଦିରାଙ୍କ ମୃତ୍ୟୁ ପରି ସମାନ ଦୁଃଖଦ ଘଟଣା ଥିଲା ଶାସକ ଦଳର ଉଚ୍ଚସ୍ତରର ନେତୃବୃନ୍ଦଙ୍କ ଦ୍ୱାରା ପରିଚାଳିତ ଦିଲ୍ଲୀ ଏବଂ ଦେଶର ଅନ୍ୟସ୍ଥାନମାନଙ୍କରେ ପ୍ରାୟୋଜିତ ଶିଖ୍ ଗଣହତ୍ୟା ।

ଇତ୍ୟବସରରେ ଇନ୍ଦିରା ଗାନ୍ଧୀଙ୍କ ହତ୍ୟା ଦିନ ହିଁ ରାଜୀବ ଗାନ୍ଧୀଙ୍କୁ ପ୍ରଧାନମନ୍ତ୍ରୀ ଭାବେ ଦାୟିତ୍ୱ ଦିଆଗଲା । ଇନ୍ଦିରା ଗାନ୍ଧୀଙ୍କ ମୃତ୍ୟୁପର ସମ୍ବେଦନାର ଫାଇଦା ନେବାପାଇଁ କଂଗ୍ରେସ ସରକାର ଲୋକସଭା ଭଙ୍ଗ କରି ଦେଶକୁ ଆଗୁଆ ନିର୍ବାଚନ ପାଇଁ ଏକ ପ୍ରକାର ବାଧ୍ୟ କଲେ । ନିଃସନ୍ଦେହରେ ଦେଶ ପ୍ରଧାନମନ୍ତ୍ରୀଙ୍କ ମୃତ୍ୟୁରେ ଶୋକଗ୍ରସ୍ତ ଥିଲା, କିନ୍ତୁ ରାଜୀବଙ୍କ ସମେତ କଂଗ୍ରେସ ଦଳ ତଥା ଏହାର ବରିଷ୍ଠ ନେତୃବର୍ଗ ନିର୍ବାଚନ ପ୍ରଚାରରେ ମଧ୍ୟ ଶିଖ୍ ବିରୋଧୀ ଏଜେଣ୍ଡା ବ୍ୟବହାର କରିବା ଅତ୍ୟନ୍ତ ଦୁର୍ଭାଗ୍ୟଜନକ ଥିଲା । ୧୯୮୪ ନିର୍ବାଚନ ରାଲିରେ ରାଜୀବ ଗାନ୍ଧୀ ଦିଲ୍ଲୀର ବୋର୍ଟ କ୍ଲବଠାରେ ଦେଇଥିବା ସେହି କୁଖ୍ୟାତ ବାର୍ତ୍ତା 'ଯେବେ ଗୋଟେ ବଡଗଛ ଉପୁଡ଼ିପଡେ ଆଖପାଖର ଭୂମି ହଲଚଲ୍ ହୁଏ' – ଏକଥା ଆଡଭାନୀ ତାଙ୍କ ଆତ୍ମଜୀବନୀରେ ଲେଖିଛନ୍ତି ।[୩୦୯]

ବିଜେପି ଦଳକୁ କଂଗ୍ରେସ ପାଇଁ 'ସମବେଦନା ଲହରି'ର କ୍ଷତିପୂରଣ ଦେବାକୁ

ପଡିଲା ଏବଂ ଦଳ ଲଢିଥିବା ୫୪୨ ଆସନରୁ ମାତ୍ର ଦୁଇଟି ଆସନ - ଗୋଟିଏ ଗୁଜରାଟ ଏବଂ ଅନ୍ୟଟି ଆନ୍ଧ୍ରପ୍ରଦେଶରୁ ଜିତିବା ପାଇଁ ସମର୍ଥ ହୋଇଥିଲା । କଂଗ୍ରେସର ନକାରାତ୍ମକ ନିର୍ବାଚନ ପ୍ରଚାର ଦଳ ପାଇଁ ଅଭୂତପୂର୍ବ ସଂଖ୍ୟା ୪୦୧ଟି ଆସନ ଦେବାକୁ ସମର୍ଥ ହେଲା । ଭାରତୀୟ ଜନସଂଘ ପ୍ରଥମ ସାଧାରଣ ନିର୍ବାଚନ ୧୯୫୨ରେ, ଜନତା ଦଳ ସହ ମିଶିବା ପୂର୍ବରୁ ବରଂ ଭଲ ପ୍ରଦର୍ଶନ କରିଥିଲା । ୧୯୫୨ରେ ପ୍ରଥମକରି ଜନସଂଘ ଲୋକସଭାରେ ପ୍ରବେଶ କଲାବେଳେ ତିନୋଟି ଆସନ ଜିତିଥିଲାବେଳେ ୧୯୬୭ରେ ୩୫ଟି, ୧୯୭୧ରେ ଜନସଂଘ ଭୋଟ୍ ପ୍ରତିଶତ ଅଧିକ ପାଇଥିଲେ ହେଁ ଆସନ ସଂଖ୍ୟା କମି ୨୨ଟି ଆସନ ପାଇଥିଲା । ୧୯୭୭ରେ ଜନସଂଘ ଜନତା ଦଳର ଅଂଶୀଦାରଭାବେ ୯୩ଟି ଆସନ ପାଇଥିଲା ।

ମାର୍ଚ୍ଚ ୧୯୮୫ରେ ବିଜେପିର ଜାତୀୟ କାର୍ଯ୍ୟନିର୍ବାହୀ ଅଧିବେଶନରେ ଦଳର ନିର୍ବାଚନ ବିପର୍ଯ୍ୟୟ ପାଇଁ ନିଜକୁ ସମ୍ପୂର୍ଣ୍ଣ ରୂପେ ଦାୟୀ କରି ନୈତିକତା ଦୃଷ୍ଟିରୁ ଇସ୍ତଫା ଦେବାକୁ ଦଳ ଅଧ୍ୟକ୍ଷ ବାଜପେୟୀ ନିଜ ଆଡୁ ପ୍ରସ୍ତାବ ଦେଲେ । ଦଳର ଅନ୍ୟ ନେତୃବୃନ୍ଦ ଏବଂ ସଦସ୍ୟମାନେ ତାଙ୍କୁ ଏଥିରୁ ତୁରନ୍ତ କ୍ଷାନ୍ତ ହେବାକୁ ପ୍ରବର୍ତ୍ତାଇବାରେ ସକ୍ଷମ ହେଲେ । ଦଳ ବିଶ୍ୱାସ କରୁଥିଲା ଯେ କେବଳ ସମବେଦନା ଭୋଟ ଯୋଗୁ କଂଗ୍ରେସ ଦଳର ଏ ବିଜୟ ସମ୍ଭବ ହୋଇଛି । ଏହା କଂଗ୍ରେସ ଦଳ ପ୍ରତି ସମର୍ଥନର କିମ୍ବା ନୂଆଦଳ ବିଜେପି ପ୍ରତି ବିରୋଧର ନିଦର୍ଶନ ନୁହେଁ ।

ତେବେ ବାଜପେୟୀ ଏକ ନୂତନ ନେତୃତ୍ୱ ଉପରେ ଗୁରୁତ୍ୱ ଦେଇ କହିଲେ ଯେ ଦଳର କୌଣସି ପଦବୀ ପାଇଁ ସ୍ଥାୟୀ ପ୍ରତିନିଧି ରହିବା ଉଚିତ୍ ନୁହେଁ । ଏହିପରି ଦୁଇ ବର୍ଷର ଅବଧି ଏବଂ କ୍ରମାଗତ ଭାବେ ଦୁଇଟି ଅବଧିର ନିୟମ ଦଳ ଅଧ୍ୟକ୍ଷଙ୍କ ପାଇଁ ଦଳୀୟ ସମ୍ବିଧାନରେ ଗ୍ରହଣ କରାଗଲା । ପରେ ନୂଆଦିଲ୍ଲୀଠାରେ ମେ ୧୯୮୬ରେ ଅନୁଷ୍ଠିତ ଦଳର ବାର୍ଷିକ ଅଧିବେଶନରେ ଦଳର ଜାତୀୟ ପରିଷଦ ଆଡଭାନୀଙ୍କୁ ଅଧ୍ୟକ୍ଷଭାବେ ନିର୍ବାଚିତ କଲା । ଦଳର ଅଧ୍ୟକ୍ଷ ଦାୟିତ୍ୱ ନେଲାପରେ ଆଡଭାନୀ ଏହି ପଦବୀ ପାଇଁ ଏକ ନିର୍ଦ୍ଦିଷ୍ଟ ଏବଂ ସୀମିତ କାର୍ଯ୍ୟକାଳ ଲାଗି ବାଜପେୟୀଙ୍କ ନିଷ୍ପତ୍ତିକୁ ପ୍ରଶଂସା କରି କହିଲେ ଯେ ଏହା କଂଗ୍ରେସ ସମେତ ଅନ୍ୟ ଦଳ ଉପରେ ମଧ୍ୟ ସୁସ୍ଥ ପ୍ରଭାବ ପକାଇପାରେ ।

ବିଜେପି ନିଜର ଆତ୍ମନିରୀକ୍ଷଣ କରିବା ଉଦ୍ଦେଶ୍ୟରେ ୧୯୮୪ର ସାଧାରଣ ନିର୍ବାଚନରେ ନିଜ ହାରିବାର କାରଣଗୁଡିକୁ ଅନୁଧାନ କରିବାକୁ ଏକ ୧୨ ଜଣିଆ କମିଟି ଗଠନ କଲା । ଗତ ୫ ବର୍ଷରେ ଦଳର କାର୍ଯ୍ୟକାରିତା, ସଫଳତା ଏବଂ ତ୍ରୁଟିଗୁଡିକର ସମୀକ୍ଷା କରିବା ଏବଂ ସମସ୍ତ ଦିଗରେ ଯଥା ବୈଚାରିକ, ସାଙ୍ଗଠନିକ,

ଗଠନମୂଳକ ଏବଂ ନିର୍ବାଚନ ସମ୍ବନ୍ଧରେ ବୁଝିବାକୁ ଆଗାମୀ ୫ ବର୍ଷ ପାଇଁ ମଧ୍ୟ ଯୋଜନା ହେଲା।[୩୧୦] ଏହି ଗୋଷ୍ଠୀର ନେତୃତ୍ୱ ଦଳର ତତ୍କାଳୀନ ଅଧ୍ୟକ୍ଷ ନେଇଥିଲେ ଏବଂ ସଙ୍କୋଚ ମତାମତ ପାଇଁ ଦୁଇ ତୁଙ୍ଗ ନେତା ବାଜପେୟୀ ଏବଂ ଆଡଭାନୀଙ୍କୁ ଏଥିରୁ ବାଦ୍ ଦିଆଯାଇଥିଲା। ଏହି ଦୁଇ ଗୋଷ୍ଠୀ ଦଳର ପୂର୍ବ ସମସ୍ତ ଅବତାରରେ ଏହାର ପ୍ରଦର୍ଶନ ନିରୀକ୍ଷଣ କଲା – ଭାରତୀୟ ଜନସଂଘ (୧୯୫୨ -୧୯୭୧), ଜନତା ପାର୍ଟିର ଅଂଶୀଦାର (୧୯୭୭ -୧୯୮୦) ଏବଂ ବିଜେପି (୧୯୮୪)। ଏହି ସର୍ବେକ୍ଷଣରୁ ଜଣାଗଲା ଯେ ଦଳ ପ୍ରତି ସାଧାରଣ ଜନତାଙ୍କ ଆସ୍ଥାରେ ଅତ୍ୟଧିକ ପରିବର୍ତ୍ତନ ହୋଇନାହିଁ।

ଭାରତୀୟ ଜନସଂଘ ବନାମ ବିଜେପିର ପ୍ରଥମ ଲୋକସଭା ନିର୍ବାଚନ ୧୯୮୪ରେ ପ୍ରଦର୍ଶନ

	ବର୍ଷ	ବିଜୟ / ଲଢେଇ	ଭୋଟ୍ ପ୍ରତିଶତ
ଭାରତୀୟ ଜନସଂଘ	୧୯୫୨	୦୩/୯୪	୩.୩ %
ଭାରତୀୟ ଜନସଂଘ	୧୯୫୭	୦୪/୧୩୦	୪.୯ %
ଭାରତୀୟ ଜନସଂଘ	୧୯୬୨	୧୪/ ୧୯୬	୬.୪୪ %
ଭାରତୀୟ ଜନସଂଘ	୧୯୬୭	୩୫/୨୫୧	୯.୪ %
ଭାରତୀୟ ଜନସଂଘ	୧୯୭୧	୨୨/୧୫୭	୭.୪ %
ଜନତା ପାର୍ଟିର ଅଂଶୀଦାର ଭାବେ ଜନସଂଘ	୧୯୭୭	୯୩ /ଜଣାନାହିଁ (ଜେ.ପି : ୨୯୯/୪୦୫)	୧୪ (ଜେପି:୪୨.୧)
ଜନତା ପାର୍ଟିର ଅଂଶୀଦାର ଭାବେ ଜନସଂଘ	୧୯୮୦	୧୫ / ଜଣା ନାହିଁ (ଜେପି : ୩୧/୪୩୨)	୮.୬
ବିଜେପି	୧୯୮୪	୦୨/୨୨୪	୭.୪

ଏହିପରି ସର୍ବେକ୍ଷଣ ପରେ ଜାଣିବାକୁ ମିଳିଲା ଯେ, ୧୯୮୦ -୧୯୮୪ ସାଧାରଣ ନିର୍ବାଚନ ମଧ୍ୟରେ ବିଜେପି (ପୂର୍ବର ଜନସଂଘ)ର ଭୋଟ୍ ପ୍ରତିଶତ ମାତ୍ର ୧ ପ୍ରତିଶତ କମିଥିଲା। ଏମିତି ଏକ ପ୍ରତିଶତ କମିବା ମଧ୍ୟ ପ୍ରଧାନମନ୍ତ୍ରୀ ଇନ୍ଦିରା ଗାନ୍ଧୀଙ୍କ ମୃତ୍ୟୁ ପରେ ହୋଇଥିବା ସମବେଦନା ଲହରି ପାଇଁ କମ୍ ହୋଇଥିଲା, ତେଣୁ ଦଳର ଏ

ବିଷୟରେ ବିଶେଷ ବ୍ୟସ୍ତ ହେବାର କିଛି ନ ଥିଲା ଏବଂ ଦଳ ନିଜର ଭବିଷ୍ୟତ ସମ୍ବନ୍ଧରେ ନିରାଶ ହେବାର ଆବଶ୍ୟକତା ନ ଥିଲା । ଏହି ଗୋଷ୍ଠୀ ମଧ୍ୟ ସେହି ସମୟରେ ଉଠିଥିବା ଦୁଇଟି ପ୍ରଯୁଜ୍ୟ ପ୍ରଶ୍ନର ଉତ୍ତର ନିମ୍ନମତେ ଦେବାକୁ ଚେଷ୍ଟା କରିଥିଲା ।

କ. ଜନତା ଦଳରେ ଭାରତୀୟ ଜନସଂଘର ମିଶ୍ରଣ ଏବଂ ପୁଣି ଜନତା ଦଳ ଛାଡିବା ଯୋଗୁ ଦଳ ହାରିଲା କି ?

ଖ. ଭାରତୀୟ ଜନସଂଘ ପୁନର୍ଜୀବିତ କରାଯିବା ଉଚିତ୍ କି ?

ଗୋଷ୍ଠୀ ଅନୁଯାୟୀ ଏ ଦୁଇଟି ପ୍ରଶ୍ନର ଉତ୍ତର କେବଳ 'ନା' । କାର୍ଯ୍ୟକାରୀ ଗୋଷ୍ଠୀ ଦଳ ପାଇଁ ସବୁଠୁ ବେଶି ପ୍ରଯୁଜ୍ୟ ବିଚାରଧାରା ବିଷୟରେ ମଧ୍ୟ ମତ ଦେଇଥିଲେ । ସେମାନେ କହିଥିଲେ ଗାନ୍ଧିଜୀଙ୍କ ସମାଜବାଦ, ବିଜେପି ଏବଂ ଅନ୍ୟ ଦଳ ମଧ୍ୟର ପ୍ରଭେଦକୁ ଧୂଆଁଳିଆ କରିଦେଉଛି । ତେବେ ଗୋଷ୍ଠୀ ଏହା ସ୍ପଷ୍ଟ କରିଥିଲା କି ଗାନ୍ଧୀଙ୍କ ସମାଜବାଦକୁ ସମ୍ପୂର୍ଣ୍ଣ ପ୍ରତ୍ୟାଖାନ କରିବାକୁ ସୁପାରିସ କରାଯାଉନାହିଁ, ବରଂ ଏହା ଅବିଚ୍ଛେଦ୍ୟ ମାନବବାଦକୁ ଦଳର କେନ୍ଦ୍ରୀୟ ବିଚାରଧାରା କରିବାକୁ କହୁଛି । ଗୋଷ୍ଠୀ ଦଳ ପାଇଁ ୫ଟି ମୌଳିକ ପ୍ରତିବଦ୍ଧତାର ପରାମର୍ଶ ଦେଲା, ଯାହା ପରେ ୧୧ ଅକ୍ଟୋବର ୧୯୮୫ରେ ଦଳର ଜାତୀୟ ପରିଷଦ ଦ୍ୱାରା ସଂକଳ୍ପ ରୂପେ ପାରିତ ହେଲା ।

ଜାତୀୟ ପରିଷଦ ଏହିପରି ସଂକଳ୍ପ କଲା:-

୧. ପଣ୍ଡିତ ଦୀନଦୟାଲ୍ ଉପାଧ୍ୟାୟଙ୍କ ଦ୍ୱାରା ପ୍ରସ୍ତାବିତ ଅବିଚ୍ଛେଦ୍ୟ ମାନବବାଦ ଦଳର ମୌଳିକ ଦର୍ଶନ ହେବ ।

୨. ଦଳ ନିମ୍ନଲିଖିତ ଭାବେ ଏହାର ମୌଳିକ ପ୍ରତିବଦ୍ଧତାକୁ ପୁନଃ ପ୍ରକାଶ କଲା ।

କ. ଜାତୀୟତାବାଦ ଏବଂ ଜାତୀୟ ସଂହତି

ଖ. ଗଣତନ୍ତ୍ର

ଗ. ଗାନ୍ଧୀଙ୍କ ସମାଜବାଦ

ଘ. ସକାରାତ୍ମକ ଧର୍ମ ନିରପେକ୍ଷତା, ଅର୍ଥାତ୍ ସର୍ବଧର୍ମ ସମଭାବ

ଙ. ମୂଲ୍ୟବୋଧଭିତ୍ତିକ ରାଜନୀତି

୩. ଦଳ ନିମ୍ନଲିଖିତମତେ ଏହାର ଉଦ୍ଦେଶ୍ୟ ପୁନଃ ପ୍ରକାଶ କଲା ।

ବିଜେପିର ଉଦ୍ଦେଶ୍ୟ ଏକ ଗଣତାନ୍ତ୍ରିକ ରାଷ୍ଟ୍ରର ସ୍ଥାପନା କରିବା, ଯାହା ଜାତି, ଧର୍ମ ଏବଂ ଲିଙ୍ଗ ନିର୍ବିଶେଷରେ ସମସ୍ତ ନାଗରିକଙ୍କୁ ରାଜନୀତିକ, ସାମାଜିକ ଏବଂ ଆର୍ଥିକ ନ୍ୟାୟ ପ୍ରଦାନ କରିବ, ତଥା ସମସ୍ତଙ୍କୁ ସୁଯୋଗର ସମାନତା ଏବଂ ଅଭିବ୍ୟକ୍ତିର ସ୍ୱାଧୀନତା ଦେବ ।

ଭାରତକୁ ଏକ ଶକ୍ତିଶାଳୀ ଏବଂ ସମୃଦ୍ଧ ରାଷ୍ଟ୍ରରୂପେ ଗଢିବାକୁ ବିଜେପି ପ୍ରତିଶ୍ରୁତିବଦ୍ଧ, ଯେଉଁଠି ଆଧୁନିକ, ପ୍ରଗତିଶୀଳ ଏବଂ ପ୍ରବୁଦ୍ଧ ଦୃଷ୍ଟିକୋଣ ରହିବ ଏବଂ ଯାହା ଭାରତର ପୁରାତନ ଯୁଗର ସଂସ୍କୃତି ଏବଂ ମୂଲ୍ୟବୋଧରୁ ପ୍ରେରଣା ଆଣି ଏକ ମହାନ୍ ବିଶ୍ୱଶକ୍ତି ଭାବେ ପ୍ରତିଷ୍ଠିତ ହେବ ଏବଂ ବିଶ୍ୱଶାନ୍ତି ପ୍ରତିଷ୍ଠା ଓ ନ୍ୟାୟିକ ଶୃଙ୍ଖଳା ପାଇଁ ରାଷ୍ଟ୍ରଗୁଡିକର ମିଳିତ ଶକ୍ତିରେ ଏକ ପ୍ରଭାବଶାଳୀ ଭୂମିକା ଗ୍ରହଣ କରିବ।[୩୧୧]

ଗାନ୍ଧୀଙ୍କ ସମାଜବାଦ ଅର୍ଥ ଏକ ସାମାଜିକ ଅର୍ଥନୈତିକ ବ୍ୟବସ୍ଥା ଯାହା ସମାନତା ଏବଂ ଶୋଷଣରୁ ମୁକ୍ତି ଉପରେ ଆଧାରିତ ଏକ ସମାଜର ପ୍ରସ୍ତାବନା। ଅନ୍ୟ ଏକ ଗୁରୁତ୍ୱପୂର୍ଣ୍ଣ ପ୍ରସଙ୍ଗର ସମାଧାନ ହେଲା ଦଳର ଆଧାର ପ୍ରକୃତି ସମ୍ବନ୍ଧୀୟ- ଏହା ଭାରତୀୟ ଜନସଂଘ ପରି କ୍ୟାଡରଭିତ୍ତିକ ହେବ ନା ଜନତା ଦଳ ପରି ଜନସାଧାରଣଙ୍କ ଦଳ ହେବ। ଗୋଷ୍ଠୀ ନିଜ ରିପୋର୍ଟରେ ପରାମର୍ଶ ଦେଲେ:

ଆମେ ଏକ କ୍ୟାଡରଭିତ୍ତିକ ଦଳ ଗଢିବାରେ ସଫଳତା ପାଇଛୁ କିନ୍ତୁ ଆମକୁ ଆମ ଲକ୍ଷ୍ୟସ୍ଥଳରେ ପହଞ୍ଚାଇବାକୁ କ୍ୟାଡରଭିତ୍ତିକ ଦଳ ସମର୍ଥ ହେବ ନାହିଁ, ଏହା ବାସ୍ତବରେ ଆମ ଆଧାରକୁ ଏକ କ୍ୟାଡର ମଧ୍ୟରେ ସୀମିତ କରିବ। ଆମେ ଏକ କ୍ୟାଡର ଆଧାରିତ ଜନସାଧାରଣଙ୍କ ଦଳ ହେବା ଉଚିତ। କ୍ୟାଡରଭିତ୍ତିକ ଏବଂ ଜନସାଧାରଣଭିତ୍ତିକ ପରସ୍ପର ପ୍ରତି ବିରୋଧାଭାସରେ ଥିବା ପରି ପ୍ରତୀୟମାନ ହୁଅନ୍ତି, କିନ୍ତୁ ଦୁହିଁଙ୍କ ମଧ୍ୟରେ ଉତ୍ତମ ବନ୍ଧନ ହେବା ସମ୍ଭବ ହେବ।[୩୧୨]

ଆଡଭାନୀଙ୍କ ଅନୁଯାୟୀ ଗୋଷ୍ଠୀର ସୁପାରିସ ତାଙ୍କ ବିଚାରଧାରା ସହ ମେଳ ଖାଉଥିଲା, ଯେଉଁଠାରେ ସେ ବିଜେପିକୁ 'ଦୃଢ ବିଚାରଧାରା ପରିଚୟର ଏକ ଲଢୁଆ ଦଳ' ରୂପେ ଦେଖୁଥିଲେ- ଗୋଟେ ପଟେ ବିଜେପିର ଆଧାର ବିସ୍ତାର କରିବା ଅନ୍ୟପଟେ ନିଜ କ୍ୟାଡରଭିତ୍ତିକୁ ସଂରକ୍ଷିତ ରଖି ଦଳର ସଙ୍ଗଠନକୁ ଅଧିକ ଶକ୍ତିଶାଳୀ, ଅଧିକ ଶୃଙ୍ଖଳିତ ତଥା ଗତିଶୀଳ କରିବା ମଧ୍ୟରେ କୌଣସି ବାଦବିବାଦ ନ ଥିଲା।[୩୧୩]

ବିଜେପି ଭିତରେ ଚିନ୍ତାଧାରାର ସ୍ୱଚ୍ଛତା ବୋଧହୁଏ ଏହାକୁ ଫିନିକ୍ସ (ପାଉଁଶରୁ ଜୀବନ୍ତ ହେବାପରି) ପରି ଆଗାମୀ ବର୍ଷମାନଙ୍କରେ ଏହାର ଶକ୍ତି ବୃଦ୍ଧି କରିଥିଲା, ୧୯୮୪ରେ ଦୁଇଟି ଆସନରୁ ୧୯୯୯ରେ ୧୮୨ଟି, ୨୦୧୪ରେ ୨୮୨ଟି ଏବଂ ୨୦୧୯ରେ ୩୦୩ ଆସନ ପାଇବାକୁ ଦଳ ସକ୍ଷମ ହେଲା। ତେବେ ବିଜେପିର ଉତ୍ଥାନରେ କଂଗ୍ରେସର ଅକ୍ଷମତା, ଅପାରଗତା ଏବଂ ବଂଶବାଦ ରାଜନୀତି ମଧ୍ୟ ଏକ ପ୍ରମୁଖ ଭୂମିକା ଗ୍ରହଣ କରିଥିଲା। ୧୯୮୪ରୁ ୧୯୮୯ ମଧ୍ୟରେ ରାଜୀବ ଗାନ୍ଧୀ ସରକାରଙ୍କ ଦ୍ୱାରା ହୋଇଥିବା କ୍ରମାଗତ ତ୍ରୁଟି ସବୁ ବିଜେପିକୁ ମତଦାତାଙ୍କ ବିଶ୍ୱାସ ଜିତାଇବାରେ ସାହାଯ୍ୟ କରିଥିଲା।

ଇନ୍ଦିରା ଗାନ୍ଧୀଙ୍କ ଦୁର୍ଭାଗ୍ୟପୂର୍ଣ୍ଣ ହତ୍ୟାର ସମବେଦନା ଲହରିରୁ ତାଙ୍କ ବଡ଼ପୁଅ ରାଜୀବ ଗାନ୍ଧୀ ଏକ ଅଭୂତପୂର୍ବ ବିଜୟ ପାଇ ୧୯୮୪ ଲୋକସଭା ନିର୍ବାଚନ ଜିତିଥିଲେ। ୫୪୧ ଆସନରୁ ୪୧୪ଟି ଆସନ କଂଗ୍ରେସ ଜିତିଥିଲା। ଆମେରିକାର ଲାଇବ୍ରେରୀ ଅଫ୍ କଂଗ୍ରେସର ଏକ ଆଲେଖ୍ୟ ଅନୁଯାୟୀ "ବିଭାଜିତ ଦେଶକୁ ଆଗେଇ ନେବାପାଇଁ ଜରୁରୀ ଆବଶ୍ୟକତା ଥିବା ଶକ୍ତି, ଉତ୍ସାହ ଏବଂ ଦୃଷ୍ଟିକୋଣ ନେଇ ସେ ରାଜନୀତିକୁ ଆସିଲେ। ଅଧିକନ୍ତୁ ତାଙ୍କର ରୂପ, ବ୍ୟକ୍ତିଗତ ଚମତ୍କାରିତା ଏବଂ 'ମିଷ୍ଟର କ୍ଲିନ୍' ଭାବେ ଖ୍ୟାତି ଏପରି ସମ୍ପତ୍ତି ଥିଲା ଯେ ଏସବୁ ଭାରତ ତଥା ବିଦେଶରେ, ବିଶେଷକରି ଆମେରିକାରେ ଅନେକ ବନ୍ଧୁ ସୃଷ୍ଟି କରାଇବାରେ ସହାୟକ ହୋଇଥିଲା"।[୩୧୪] ତେବେ ଅସ୍ତ୍ରଶସ୍ତ୍ର ସଉଦାରେ ଲାଞ୍ଚ ଅଭିଯୋଗ, ଯାହାପରେ ବୋଫର୍ସ ଘୋଟାଲା ନାଁରେ ପରିଚିତ ହେଲା, ଗଣମାଧ୍ୟମ ଦ୍ୱାରା ରାଜୀବ ଗାନ୍ଧୀଙ୍କ 'ମିଷ୍ଟର କ୍ଲିନ୍' ଛବିକୁ ତୁରନ୍ତ କଳଙ୍କିତ କରିଦେଲା। ନିର୍ବାଚନରେ ଲାଭ ପାଇବା ପାଇଁ ସଂଖ୍ୟାଲଘୁ ସମ୍ପ୍ରଦାୟକୁ ଖୁସି କରିବାକୁ, ଶ୍ରୀ ଗାନ୍ଧୀ ଜଣେ ମୁସଲମାନ ମହିଳାଙ୍କୁ ଭରଣପୋଷଣ ଭତ୍ତା ପ୍ରଦାନ କରୁଥିବା ସର୍ବୋଚ୍ଚ ନ୍ୟାୟାଳୟର ଏକ ରାୟକୁ ଖାରଜ କରି, ନିଜର ଅନେକ ସମସାମୟିକଙ୍କ ସମ୍ମାନ ହରାଇଥିଲେ।

ରାଜୀବ ଗାନ୍ଧୀଙ୍କ ମନ୍ତ୍ରୀ ପରିଷଦରେ ଅର୍ଥମନ୍ତ୍ରୀ ଥିବା ଭି.ପି. ସିଂ ଟିକସ ଫାଙ୍କୁଥିବା ଏବଂ କଳାଟଙ୍କା ଜମା କରୁଥିବା ସନ୍ଦେହରେ କିଛି ବ୍ୟକ୍ତିଙ୍କ ଉପରେ ଅତର୍କିତ ଚଢାଉ କରିବାକୁ ଆଦେଶ ଦେଇଥିଲେ ବୋଲି ଶୁଣାଯାଏ। ଏମାନଙ୍କ ମଧ୍ୟରୁ ଅନେକ ବ୍ୟବସାୟୀ ପ୍ରଧାନମନ୍ତ୍ରୀ ରାଜୀବଙ୍କ ପାଖଲୋକ ଥିଲେ ଅବା ତାଙ୍କର ଜଣାଶୁଣା ଥିଲେ। ଯଥାଶୀଘ୍ର ରାଜୀବ ଗାନ୍ଧୀ ଭି.ପି. ସିଂଙ୍କୁ ପ୍ରତିରକ୍ଷା ମନ୍ତ୍ରଣାଳୟକୁ ବଦଳି କରିଦେଲେ। ରାଜନୈତିକ ସମୀକ୍ଷକ ଇନ୍ଦର ମାଲହୋତ୍ରା କହନ୍ତି – 'ପ୍ରତିରକ୍ଷା ମନ୍ତ୍ରଣାଳୟରେ ଭି.ପି. ସିଂ ରାଜୀବଙ୍କ ମିଥ୍ୟା ଆସ୍ଫାଳନ ସମ୍ବନ୍ଧରେ ପ୍ରମାଣ ପାଇଲେ (ପ୍ରତିରକ୍ଷା ସଉଦାରେ ସେ ସମସ୍ତ ମଧ୍ୟସ୍ଥିମାନଙ୍କୁ ବାଦ୍ ଦେଇଛନ୍ତି)। ପଶ୍ଚିମ ଜର୍ମାନୀରେ ଥିବା ଭାରତୀୟ ରାଷ୍ଟ୍ରଦୂତଙ୍କଠାରୁ ଏହା ଏକ ଅତ୍ୟନ୍ତ ଗୋପନୀୟ ଟେଲିଗ୍ରାମ୍ ଥିଲା ଯେ 'ଏଚ୍‌ଡିଡବ୍ଲୁ'ରୁ ଦୁଇଟି ବୁଡାଜାହଜ କ୍ରୟ ପାଇଁ ଜଣେ ଏଜେଣ୍ଟଙ୍କୁ କମିଶନ ଦିଆଯାଇଥିଲା।[୩୧୫] ତେବେ ରାଜୀବଙ୍କୁ ଆଘାତ ଦେଇ ତାଙ୍କର 'ମିଷ୍ଟର କ୍ଲିନ୍' ଛବିର ସତ୍ୟତାକୁ ପଦାରେ ପକାଇବାକୁ ଆଉ ଏକ ଝଡ ଅପେକ୍ଷା କରିଥିଲା।

ଏପ୍ରିଲ୍ ୧୯୮୭ରେ ସ୍ୱିଡିସ ରେଡିଓରୁ ଏକ ଖବର ପ୍ରକାଶିତ ହେଲା ଯେ ସ୍ୱିଡିସ ଅର୍ଥଶସ୍ତ୍ର ସଂସ୍ଥା 'ଏବି' ଭାରି ୨୮୫ ଅୟୁତ ଡଲାର ଅସ୍ତ୍ରଚୁକ୍ତି ପାଇବାକୁ ଭାରତର ଉଚ୍ଚସ୍ତରରେ ଥିବା ରାଜନେତା ଏବଂ ପ୍ରତିରକ୍ଷା ଦାୟିତ୍ୱରେ ଥିବା ଉଚ୍ଚ

ଅଧିକାରୀମାନଙ୍କୁ ଲାଞ୍ଚ ଦେଇଛି । ଆମେରିକାର ଲାଇବ୍ରେରୀ ଅଫ୍ କଂଗ୍ରେସର ଆଲେଖ୍ୟ କହେ 'ଏହି ରହସ୍ୟ ଉଦ୍‌ଘାଟନ ତୁରନ୍ତ ଦେଶର ଦୃଷ୍ଟି ଆକର୍ଷଣ କଲା ଏବଂ ରାଜୀବ ଗାନ୍ଧୀ ଓ ତାଙ୍କ ସାଙ୍ଗମାନେ ଏହି ମାମଲାରେ ଜଡ଼ିତ ବୋଲି ଦେଶବାସୀ ବିଶ୍ୱାସ କଲେ । ଏହି ଲାଞ୍ଚ ଅଭିଯୋଗକୁ ତଦନ୍ତ କରିବାକୁ ତତ୍କାଳୀନ ପ୍ରତିରକ୍ଷା ମନ୍ତ୍ରୀ ଭି.ପି. ସିଂ ଯେବେ ଅନୁସନ୍ଧାନ କରିବାକୁ ଚାହିଁଲେ, ତାଙ୍କୁ ଇସ୍ତଫା ଦେବାକୁ ବାଧ କରାଗଲା ।'[୩୧୬] ଏହିପରି ବୋଫର୍ସ ଘୋଟାଲା ରାଜୀବଙ୍କ ରାଜନୈତିକ ଜୀବନରେ ଏକ ଅଦ୍ଭୁତ ଭିନ୍ନମୋଡ ଆଣିଲା ଏବଂ ପରବର୍ତ୍ତୀ ଲୋକସଭା ନିର୍ବାଚନରେ ସେ ପୂର୍ଣ୍ଣ ବହୁମତ ପାଇଲେ ନାହିଁ । ଭି.ପି. ସିଂଙ୍କ ଜାତୀୟ ସାମ୍ମୁଖ୍ୟ ସରକାର ଗଠନ କଲା । ଏହି ଘଟଣା ରାଜୀବଙ୍କର 'ମିଷ୍ଟର କ୍ଲିନ୍' ପ୍ରତିଛବିର ଉଜ୍ଜ୍ୱଳ ଦିଗକୁ ଛିନ୍‌ଛତ୍ର କରିଦେଲା । ମାଲହୋତ୍ରା କହିଲେ ଯେ, ୧୬ ଏପ୍ରିଲ ୧୯୮୭ ଯାଏ ଦେଶବାସୀଙ୍କ ଚକ୍ଷୁରେ ରାଜୀବ ଗାନ୍ଧୀ କୌଣସି ଭୁଲ୍ କରିପାରିବେ ନାହିଁ ବୋଲି ପରିଚିତ ଥିଲେ, ଏବଂ ତା'ପରେ ସେ କିଛି ଠିକ୍ କରିପାରିବେ ନାହିଁ ବୋଲି ପରିଚିତ ହେଲେ ।[୩୧୭]

ଏପ୍ରିଲ ୧୯୭୮ରେ ୫ଟି ସନ୍ତାନର ମା' ଶାହ ବାନୋ ନାମ୍ନୀ ଏକ ମୁସଲମାନ ମହିଳାଙ୍କୁ ତାଙ୍କ ଓକିଲ ସ୍ୱାମୀ ମହମ୍ମଦ ଅହମ୍ମଦ ଖାନ୍ ଯେବେ ଘରୁ କାଢିଦେଲେ ଏବଂ ଭରଣପୋଷଣ ପାଇଁ କିଛି ଦେବେନି ବୋଲି ମନାକଲେ, ସେ ମହିଳା ଇନ୍ଦୋରର ସ୍ଥାନୀୟ ଅଦାଲତରେ ଏକ ଆବେଦନ କଲେ । କିଛି ମାସ ପରେ ଓକିଲ ଜଣକ ଶାହବାନୋଙ୍କୁ ତଲାକ ଦେଇ, କେସ୍ ଲଢିଲେ ଏବଂ କହିଲେ ଭାରତରେ ଚାଲିଥିବା ମୁସଲିମ ପର୍ସନାଲ ନିୟମ ଅନୁଯାୟୀ ସ୍ୱାମୀ କେବଳ ଇଦତ ଅର୍ଥାତ୍ ଛାଡପତ୍ର ଆବେଦନ ପରେ ବାଧ୍ୟତାମୂଳକ ଏକାଠି ରହିବାର ଦିନଗୁଡିକ ପାଇଁ ଭରଣପୋଷଣ ଦେବାକୁ ବାଧ୍ୟ । ୧୯୭୯ ଅଗଷ୍ଟରେ ଶାହ ବାନୋ କେସ୍ ଜିତିଲେ କିନ୍ତୁ ଏକ ପରିବର୍ତ୍ତିତ ଭରଣପୋଷଣ ପାଇଁ ଉଚ୍ଚ ନ୍ୟାୟାଳୟରେ ଆବେଦନ କଲେ । ୧୯୮୦ରେ ଉଚ୍ଚ ନ୍ୟାୟାଳୟ ଶାହ ବାନୋଙ୍କ ସପକ୍ଷରେ ରାୟ ଦେଲା । ତାଙ୍କ ସ୍ୱାମୀ କିନ୍ତୁ ଶାହ ବାନୋ ଆଉ ତାଙ୍କ ଦାୟିତ୍ୱ ନୁହନ୍ତି କହି ସର୍ବୋଚ୍ଚ ନ୍ୟାୟାଳୟକୁ ଗଲେ ଏବଂ ଏ କେସ୍ ଏକ ବଡ ଖଣ୍ଡପୀଠରେ ଶୁଣାଣି ହେଲା । ୨୩ ଏପ୍ରିଲ୍ ୧୯୮୫ରେ ସର୍ବୋଚ୍ଚ ନ୍ୟାୟାଳୟ ଶାହ ବାନୋଙ୍କ ସପକ୍ଷରେ ରାୟ ଦେଲେ ଏବଂ ଉଚ୍ଚ ନ୍ୟାୟାଳୟ ଦେଇଥିବା ଭରଣପୋଷଣ ରାୟକୁ କାଏମ ରଖିଲେ । ଏହି ରାୟକୁ ଭାରତରେ ମୁସଲମାନ ମହିଳାଙ୍କ ଅଧିକାର ସମ୍ବନ୍ଧୀୟ ଏକ ଅଭୂତପୂର୍ବ ରାୟ ବୋଲି କହି ଅନେକ ଗୋଷ୍ଠୀ ଏବଂ ବୁଦ୍ଧିଜୀବୀ ଏହାକୁ ସମର୍ଥନ ଦେଲେ ।

ପ୍ରାରମ୍ଭରେ ରାଜୀବ ଗାନ୍ଧୀ ସରକାର ମଧ୍ୟ ସଂସଦରେ ଏହି ରାୟ ସପକ୍ଷରେ

କହିବାକୁ ଆରିଫ ମହମ୍ମଦ ଖାଁଙ୍କୁ ନିଯୁକ୍ତ କରିଥିଲେ। ତେବେ ଅଳ୍ପ କିଛି ଅନ୍ୟ ଗୋଷ୍ଠୀ ଏବଂ ରାଜନେତା ବିଚାର କରୁଥିଲେ କି ଏହା ସରିଆ ଆଇନ ସହ ବିବାଦ ସୃଷ୍ଟି କରିବ ଏବଂ ଚାହୁଁଥିଲେ ସରକାର ଏହି ରାୟକୁ ବଦଳାଇ ଦିଅନ୍ତୁ। ସେମାନେ ଭୟଭୀତ ଥିଲେ ଏ ରାୟ ପରବର୍ତ୍ତୀ ନିର୍ବାଚନରେ ପ୍ରଭାବ ପକାଇବ। ଜିଆଉର ରହମାନ ଅନସାରୀ ନାମକ ରାଜୀବଙ୍କ ଆଉ ଏକ ମନ୍ତ୍ରୀଙ୍କୁ ଏଥର ରାୟକୁ ବିରୋଧ କରିବାକୁ ନିର୍ଦ୍ଦେଶ ଦିଆଗଲା। ଲୋକସଭାରେ ନିଜର ପୂର୍ଣ୍ଣ ବହୁମତକୁ ବ୍ୟବହାର କରି ରାଜୀବ ଗାନ୍ଧୀ ସରକାର ମୁସଲିମ ମହିଳା ଆକ୍ଟ ୧୯୮୬ (ଛାଡପତ୍ରରେ ଅଧିକାରର ସୁରକ୍ଷା) ଆଣିଲା ଏବଂ ସର୍ବୋଚ୍ଚ ନ୍ୟାୟାଳୟଙ୍କ ରାୟକୁ ବଦଳାଇଦେଲା। ଏହା ସ୍ପଷ୍ଟ ଥିଲା ଯେ ଆଗକୁ ଆସୁଥିବା କିଛି ନିର୍ବାଚନ ପାଇଁ ରାଜୀବ ଗାନ୍ଧୀ କିଛି ମୁସଲିମ ଗୋଷ୍ଠୀ ଦ୍ୱାରା ଚାପଗ୍ରସ୍ତ ହୋଇଥିଲେ। 'ଦି ପ୍ରିଂଟ୍'ର ରସିଦ କିଦୱାଇଙ୍କ ଅନୁଯାୟୀ 'ଉଭୟ ହିନ୍ଦୁ' ଦକ୍ଷିଣପନ୍ଥୀ ଏବଂ ଉଦାରବାଦୀମାନେ ରାଜୀବ ଗାନ୍ଧୀଙ୍କୁ ଶାହ ବାନୋ କେସର ଏପରି ଓଲଟପାଲଟ ପାଇଁ ଦାୟୀ କଲେ ଏବଂ ରୁଢିବାଦୀ ମୁସଲମାନ ମୁସଲିମ ଧର୍ମଗୁରୁ ଅଲ୍ ଇଣ୍ଡିଆ ମୁସଲିମ ପର୍ସନାଲ ଲ ବୋର୍ଡ ଏବଂ ଅନସାରୀ ଦ୍ୱାରା ପ୍ରତିନିଧିତ୍ୱରେ ଅଳ୍ପସଂଖ୍ୟକ ତୁଷ୍ଟୀକରଣ ପାଇଁ ସେ ଏପରି କରିଛନ୍ତି ବୋଲି କହିଲେ'।[୩୧୮] ଏହି ଅତିରିକ୍ତ ମୁସଲିମ ତୁଷ୍ଟୀକରଣର ବୋଝକୁ ସମତୁଲ କରିବାକୁ ରାଜୀବ ସମର୍ଥନ ପାଇଁ ଏକ ହିନ୍ଦୁ କାରଣ ଖୋଜିବାକୁ ଲାଗିଲେ। ୧୯୮୬ ଫେବୃଆରୀରେ ବିଶ୍ୱ ହିନ୍ଦୁ ପରିଷଦର ନେତୃବୃନ୍ଦ ଏବଂ ଗୋରଖନାଥ ମଠର ମହନ୍ତ ଅଭୈଦ୍ୟନାଥଙ୍କ ମିଳିତ ଉଦ୍ୟମରେ ରାମ ଜନ୍ମଭୂମି ଆନ୍ଦୋଳନର ପ୍ରବକ୍ତାମାନେ ରାମ ଜନ୍ମଭୂମିର ତାଲା ଖୋଲିବାକୁ ଏକ ଅଦାଲତ ଆଦେଶ ହାସଲ କଲେ। ରାଜୀବ ଏହି ଘଟଣାକୁ ସୁଯୋଗ ବୋଲି ବାରିପାରି ଏ ଉଦ୍ୟମରେ ସହାୟତା କରିବାକୁ ଲାଗିଲେ। ତାଙ୍କ ସରକାର ଅଦାଲତ ଆଦେଶକୁ ବିରୋଧ କଲା ନାହିଁ, ବରଂ ଏହି ଆଦେଶ ଆଣିବା ଦ୍ୱାରା ତାଲା ଖୋଲିବା ସକ୍ଷମ ହୋଇଛି ବୋଲି ପ୍ରଚାର କରାଗଲା।[୩୧୯]

ସିପିଆଇ(ଏମ୍) ସଦସ୍ୟ ତଥା କାର୍ଯ୍ୟକର୍ତ୍ତା ସୁଭାସିନୀ ଅଲ୍ଲି 'ଇଣ୍ଡିଆ ଟୁଡେ'ରେ ଲେଖିଲେ ଯେ କଂଗ୍ରେସ ନେତା ଉଭୟ ହିନ୍ଦୁ ଓ ମୁସଲମାନ ମୌଲବାଦୀଙ୍କୁ ତୁଷ୍ଟ କରିବାକୁ ଉଦ୍ୟମ କଲେ କିନ୍ତୁ ଦୟନୀୟ ଭାବେ ବିଫଳ ହେଲେ, କାରଣ ତାଙ୍କରି ଉଦ୍ୟମରୁ ଜନତା ଦଳ ତତ୍କ୍ଷଣାତ ଲାଭ ପାଇଲା ଏବଂ ଆଗକୁ ଯାଇ ବିଜେପି ଲାଭବାନ ହେଲା :

ରାଜୀବ ଗାନ୍ଧୀ ଦୁଇଟି ରାଜନୈତିକ ନିର୍ଣ୍ଣୟ କଲେ, ଯାହାର କ୍ଷଣିକ ଏବଂ ବିନାଶକାରୀ ଫଳ ମିଳିଲା : ସେ ସଂସଦରେ ଏମିତି ଏକ ନିୟମ ଗଢିଲେ,

ଯେଉଁଥିରେ ମୁସଲମାନ ସ୍ତ୍ରୀ ଲୋକେ ତାଙ୍କ ପୂର୍ବତନ ସ୍ୱାମୀଙ୍କଠାରୁ ଭରଣପୋଷଣ ଦାବି କରିପାରିବେ ନାହିଁ ଏବଂ ବାବ୍ରୀ ମସଜିଦ ମଧ୍ୟରେ ଥିବା ଅସ୍ଥାୟୀ ରାମ ମନ୍ଦିରର ସ୍ଥାପନା ବ୍ୟବସ୍ଥାର ତାଲା ଖୋଲିବାରେ ଉତ୍ତରପ୍ରଦେଶ ସରକାରଙ୍କୁ ସବୁଜ ସଂକେତ ଦେଲେ। ଏହା ପୁଣି ସେତେବେଳେ, ଯେତେବେଳେ କି ଏହି ସ୍ଥାନ ଅଦାଲତ ଦ୍ୱାରା ବନ୍ଦ ହୋଇଥିଲା ଏବଂ ମାମଲା ଅଦାଲତରେ ଚାଲିଥିଲା।[୩୨୦]

ତାଙ୍କ ରାଜନୈତିକ ତ୍ରୁଟି, ବୋଫର୍ସ ଘୋଟାଲା ଏବଂ ଶାହ ବାନୋ ରାୟର ପରିବର୍ତ୍ତନ, ବିରୋଧୀ ନେତା ଭି.ପି. ସିଂଙ୍କୁ ତତ୍କ୍ଷଣାତ ସାହାଯ୍ୟ କଲା ଏବଂ ଆଗକୁ ଯାଇ ବିଜେପି ମଧ୍ୟ ଲାଭବାନ ହେଲା – ଏକଥା ସୁଭାସିନୀ ଅଲ୍ଲୀ ଠିକ୍ କହିଥିଲେ। ଛୋଟ ଛୋଟ ଦଳକୁ ମିଶାଇ ଭି.ପି. ସିଂ ଜନତା ଦଳ ଗଢିଲେ ଏବଂ ତେଲଗୁ ଦେଶମ ପାର୍ଟି, ଡିଏମ୍‌କେ, ଆସାମ ଗଣପରିଷଦକୁ ନେଇ 'ଜାତୀୟ ସାମ୍ମୁଖ୍ୟ' ଗଠନ କଲେ। ଇତ୍ୟବସରରେ ବିଜେପି ଉତ୍ତରପ୍ରଦେଶର ଅଯୋଧ୍ୟାଠାରେ ରାମ ଜନ୍ମଭୂମି ଆନ୍ଦୋଳନକୁ ସମର୍ଥନ କଲା, ଯାହାକୁ କଂଗ୍ରେସ ଆଗରୁ ଅସ୍ଥାୟୀ ରାମ ମନ୍ଦିରର ତାଲା ଖୋଲି ହିନ୍ଦୁ ତୁଷ୍ଟୀକରଣର ଅସ୍ତ୍ରଭାବେ ବ୍ୟବହାର କରିଥିଲା। ପରବର୍ତ୍ତୀ ଲୋକସଭା ନିର୍ବାଚନ ୧୯୮୯ରେ କଂଗ୍ରେସ ୪୧୪ରୁ ୧୮୯ ଆସନକୁ ଖସି ଆସିଲା। ସିଂଙ୍କ ଜନତାଦଳ ୧୪୩ ଏବଂ ୧୯୮୪ରେ ଦୁଇଟି ଆସନ ପାଇଥିବା ବିଜେପି ୮୫ଟି ଆସନ ପାଇଲା। ବିଜେପିର ବାହ୍ୟ ସମର୍ଥନରେ ସିଂ ଜାତୀୟ ସାମ୍ମୁଖ୍ୟ ସରକାରର ପ୍ରଧାନମନ୍ତ୍ରୀ ହେଲେ। ସେତେବେଳେ ହୁଏତ କମ୍ ଲୋକ ଜାଣିଥିବେ ଯେ ୧୯୮୯ରେ ସରକାରକୁ ସମର୍ଥନ ଦେଉଥିବା ବିଜେପି ୧୯୯୬ରେ ସରକାର ଗଢିପାରିବ। ଏହା ହିଁ ସେତେବେଳର ବିଜେପି ଉତ୍ଥାନର ସ୍ଥପତି ଆଡଭାନୀ ବାଜପେୟୀଙ୍କ ସହ ମିଶି ଯୋଜନା କରିଥିଲେ।

୧୬

ଲାଲକୃଷ୍ଣ ଆଡଭାନୀଙ୍କ ଉତ୍‌ଥାନ ଏବଂ ବିଜେପି (୧୯୮୬ -୧୯୯୬)

ମେ ୧୯୮୬ରେ ସହ ପ୍ରତିଷ୍ଠାତା ଏବଂ ବରିଷ୍ଠ ନେତା ଲାଲକୃଷ୍ଣ ଆଡଭାନୀ ଦଳର ଅଧ୍ୟକ୍ଷ ଭାବେ ଦାୟିତ୍ୱ ଗ୍ରହଣ କଲେ। ସେ ଯାଏ, ଯଦିଓ ଦଳ ନୂଆ ଥିଲା, ଆଶାନୁରୂପ ସଫଳତା ପାଇ ନ ଥିଲା। ଏମିତିକି ପ୍ରଥମ ଥର ଲୋକସଭା ନିର୍ବାଚନରେ ଜନସଂଘ ପାଇଥିବା ଆସନ ସଂଖ୍ୟା ୩ ରୁ କମି ୧୯୮୪ରେ ବିଜେପି ମାତ୍ର ଦୁଇଟି ଆସନ ପାଇଥିଲା। ଅଧିକନ୍ତୁ ଦଳ ଏ ଯାଏଁ ଏହାର ଆଦର୍ଶଗତ ଆଭିମୁଖ୍ୟ ଏବଂ ସାଙ୍ଗଠନିକ ପ୍ରସଙ୍ଗଗୁଡିକୁ ନିର୍ମାଣ କରି ଚାଲିଥିଲା। ଦଳର କାର୍ଯ୍ୟକାରିଣୀ ଗୋଷ୍ଠୀ ଏକମାତ୍ର ଉଜ୍ଜ୍ୱଳ ରେଖା ଦେଖିଥିଲେ ଯେ ଦଳର ନିର୍ବାଚନ ଭିତ୍ତିଭୂମିରେ ବିଶେଷ କିଛି ଫରକ ପଡିନାହିଁ – ଜନତା ଦଳର ଅଂଶୀଦାର ଭାବେ ୧୯୮୦ରେ ଦଳ ୮.୬ ପ୍ରତିଶତ ଭୋଟ୍ ପାଇଥିଲାବେଳେ କଂଗ୍ରେସ ଦଳ ପ୍ରତି ଅଭୂତପୂର୍ବ ସମବେଦନା ସତ୍ତ୍ୱେ ୧୯୮୪ରେ ଦଳର ଭୋଟ୍ ପ୍ରତିଶତ ୭.୬୬କୁ ମାତ୍ର କମିଥିଲା।

ବିଜେପି ଅଧ୍ୟକ୍ଷଭାବେ ଆଡଭାନୀ ଦଳର ସାଙ୍ଗଠନିକ ଏବଂ ଆଦର୍ଶଗତ କାରଣଗୁଡିକୁ ଦୃଢ କରିବାରେ ଲାଗିଲେ। ମେ ୧୯୮୬ରେ ଦିଲ୍ଲୀଠାରେ ତାଙ୍କ ଅଧ୍ୟକ୍ଷ ଉଦ୍‌ବୋଧନରେ ଗୁରୁତ୍ୱ ଦେଇ ଆଡଭାନୀ କହିଲେ ଦଳ କେବଳ କଂଗ୍ରେସର ବିକଳ୍ପ ନୁହେଁ ବରଂ ଏହା ଏକ ରାଜନୈତିକ ସଂସ୍କୃତିର ବିକଳ୍ପ ଭାବେ ଗଢା ହେବା ଉଚିତ:

'ପ୍ରାୟ ଦୁଇଦଶନ୍ଧି ଧରି ଭାରତୀୟ ରାଜନୀତି ଆଶା ନିରାଶାର ଦୁଇ ବିନ୍ଦୁ ମଧ୍ୟରେ ଦୋଳାୟମାନ ହେଉଛି। ଏହି ପ୍ରକାର ବାରମ୍ବାର ଲୋକମାନଙ୍କର ଆଶା ଆକାଂକ୍ଷାର ଜୁଆର ଓ ଭଟ୍ଟା ସବୁ ରାଜନେତା ଏବଂ ରାଜନୈତିକ ଦଳଗୁଡିକ ଉପରେ

ଅସନ୍ତୋଷ ସୃଷ୍ଟି କରୁଛି – ବରଂ କହିବାକୁ ଗଲେ ସମ୍ପୂର୍ଣ୍ଣ ପଦ୍ଧତି ଉପରେ ଅସନ୍ତୋଷ ବଢାଉଛି। ଏହି ଅପମାନକୁ ଦୂର କରିବାକୁ ବିଜେପି ପ୍ରୟାସ କରୁ ଏବଂ ଆଚରଣ, ପ୍ରଦର୍ଶନ, ସେବା ଓ ବଳିଦାନ ଦ୍ୱାରା ଜନସାଧାରଣଙ୍କୁ ପ୍ରମାଣ କରୁ ଯେ ଏ ଦଳ ମହାତ୍ମାଗାନ୍ଧୀ, ଜୟପ୍ରକାଶ, ଶ୍ୟାମାପ୍ରସାଦ ମୁଖାର୍ଜୀ ଓ ଦୀନଦୟାଲ ଉପାଧ୍ୟାୟଙ୍କ ଦ୍ୱାରା ଅନୁପ୍ରାଣିତ ହେଇଛି ଏବଂ ବାସ୍ତବରେ ଏହା ନିଶ୍ଚିତ ଏକ ଭିନ୍ନ ଚିନ୍ତାଧାରାର ଦଳ। ଯଦିଓ ବର୍ତ୍ତମାନ ପର୍ଯ୍ୟନ୍ତ ସାରା ରାଷ୍ଟ୍ରରେ ଦଳ ନିଜର ଉପସ୍ଥିତି ଜାହିର କରି ଶାସକ ଦଳ ପାଇଁ ଏକ ବିକଳ୍ପ ଭାବେ ଉଭା ହୋଇନାହିଁ, ତଥାପି ଦଳ ପାଖରେ ନିଶ୍ଚିତ ଭାବେ ଏକ ବିକଳ୍ପ ରାଜନୈତିକ ସଂସ୍କୃତି ଅଛି।[୩୨୧]

ଲାଲକୃଷ୍ଣ ଆଡଭାନୀଙ୍କ ନେତୃତ୍ୱରେ ଦଳ ଯୁବବର୍ଗଙ୍କୁ ସୁଯୋଗ ଦେବା ଉପରେ ଗୁରୁତ୍ୱ ଦେଲା। ସେହି ସମୟରେ ଯୁବଶକ୍ତି ଭାବେ ଯୋଗ ଦେଇଥିବା ବ୍ୟକ୍ତିମାନଙ୍କ ମଧ୍ୟରେ କେଦାରନାଥ ସାହାଣୀ, କିଷନଲାଲ ଶର୍ମା, ଡ. ମୁରଲୀ ମନୋହର ଯୋଶୀ, ସୁଷମା ସ୍ୱରାଜ, ଏସ୍. ଭେଙ୍କୟା ନାଇଡୁ, ଅରୁଣ ଜେଟଲୀ, ନରେନ୍ଦ୍ର ମୋଦି, ରାଜନାଥ ସିଂ, କେଏନ୍ ଗୋବିନ୍ଦାଚାର୍ଯ୍ୟ ଏବଂ ଯଶୋବନ୍ତ ସିଂ ପ୍ରମୁଖ ଥିଲେ। ବିଜେପିକୁ ଏକ ଜନସାଧାରଣଙ୍କ ଦଳ ରୂପେ ଗଢିବା ଆଡଭାନୀଙ୍କ ମୁଖ୍ୟ ଲକ୍ଷ୍ୟ ଥିଲା ଏବଂ ସମସ୍ତଙ୍କୁ ଆଶ୍ଚର୍ଯ୍ୟ କରି ସେ ସେହି ଦିଗରେ କାମ କରିବା ଆରମ୍ଭ କଲେ।

୮ ନଭେମ୍ବର ୧୯୨୭ରେ କରାଚୀଠାରେ ଜନ୍ମିତ ଆଡଭାନୀ ୨୦ ବର୍ଷ ବୟସରେ ଅର୍ଥାତ୍ ୧୯୪୭ରେ ଭାରତକୁ ସ୍ଥାନାନ୍ତରିତ ହୋଇଥିଲେ। ପୂର୍ବରୁ କରାଚୀଠାରେ ଆରଏସଏସ୍‌ର ସଦସ୍ୟ ଥିବା ଆଡଭାନୀ ଭାରତ ଆସିବାପରେ ଆରଏସ୍‌ଏସ୍‌ରେ ପୁଣି ଯୋଗଦାନ କରି ସମାଜସେବା ଏବଂ ଗୋଷ୍ଠୀ ନିର୍ମାଣ କାର୍ଯ୍ୟରେ ଭାରତ ସାରା ବହୁଳ ଭାବେ ଯାତ୍ରା କଲେ। ସେ ପରେ ଭାରତୀୟ ଜନସଂଘରେ ଯୋଗଦେଇ ଦିଲ୍ଲୀ ଜନସଂଘର ମୁଖ୍ୟ ହେଲେ (୧୯୭୦-୭୨) ଏବଂ ୧୯୭୩-୭୭ ଯାଏ ଭାରତୀୟ ଜନସଂଘର ସର୍ବଭାରତୀୟ ମୁଖ୍ୟ ହେଲେ। ଇତ୍ୟବସରରେ ଆଡଭାନୀ ୧୯୭୦ ଏବଂ ୧୯୭୬ରେ ଦୁଇଥର ରାଜ୍ୟ ସଭାକୁ ନିର୍ବାଚିତ ହୋଇଥିଲେ। ୧୯୭୭-୭୯ ମଧ୍ୟରେ ଆଡଭାନୀ ସୂଚନା ଓ ପ୍ରସାରଣ ମନ୍ତ୍ରୀ ତଥା ରାଜ୍ୟ ସଭାରେ ଦଳର ନେତା ଦାୟିତ୍ୱ ତୁଲାଇଥିଲେ। ଇତ୍ୟବସରରେ ସେ ଜନସଂଘକୁ ଏକ ଗୁରୁତ୍ୱପୂର୍ଣ୍ଣ ଅଂଶୀଦାର ରୂପେ ପାଇଥିବା ଜନତା ପାର୍ଟିର ସାଧାରଣ ସଚିବ ପଦବୀ ମଣ୍ଡନ କରିସାରିଥିଲେ। ୧୯୮୦ ଲୋକସଭା ନିର୍ବାଚନରେ ଜନତା ପାର୍ଟିର ପରାଜୟ ପରେ ମଧ୍ୟ ଆଡଭାନୀ ବିରୋଧୀ ଦଳର ନେତା ଦାୟିତ୍ୱ ତୁଲାଉଥିଲେ, ଯେ ପର୍ଯ୍ୟନ୍ତ ଜନସଂଘକୁ ଜନତାପାର୍ଟି ଛାଡିବାକୁ ବାଧ୍ୟ କରାଯାଇ ନ ଥିଲା ଏବଂ ଯାହାର ଫଳସ୍ୱରୂପ

ବିଜେପିର ଗଠନ ହେଲା। ତା'ପରେ ନୂଆକରି ଗଢାଯାଇଥିବା ବିଜେପି ଦଳର ସାଧାରଣ ସଚିବ ଦାୟିତ୍ୱ ସେ ତୁଲାଇଲେ, ବାଜପେୟୀ ଅଧ୍ୟକ୍ଷ ଥିଲେ ଏବଂ ୧୯୮୦ -୮୬ ଯାଏ ଆଡଭାନୀ ଏହି ଦାୟିତ୍ୱରେ ଥିଲେ। ଏହା ପରେ ଆଡଭାନୀ ଦଳର ଅଧ୍ୟକ୍ଷ ହେଲେ। ଏହି ଅବସରରେ ୧୯୮୨ରେ ସେ ତୃତୀୟ ଥର ପାଇଁ ରାଜ୍ୟ ସଭାକୁ ନିର୍ବାଚିତ ହେଲେ।[୩୨୨]

ବିଜେପି ରାମ ଜନ୍ମଭୂମି ଆନ୍ଦୋଳନକୁ ସମର୍ଥନ ଦେଲା

୧୯୮୦-୮୬ ମଧ୍ୟରେ ବାଜପେୟୀଙ୍କ ନେତୃତ୍ୱରେ ବିଜେପି ହିନ୍ଦୁତ୍ୱ ପ୍ରତି ଏକ ମଧ୍ୟମ ଧରଣର ଆଭିମୁଖ୍ୟ ରଖିଥିଲା। ତେବେ ଏହି ଆଭିମୁଖ୍ୟ ଆଶାନୁରୂପ ସଫଳତା ଦେଲା ନାହିଁ ଏବଂ ବିଜେପି ୧୯୮୪ରେ ମାତ୍ର ଦୁଇଟି ଲୋକସଭା ଆସନ ଜିତିଲା। ଆଡଭାନୀ ଏହି କଥାକୁ ହୃଦୟଙ୍ଗମ କଲେ ଏବଂ ଜନସଂଘର କଠୋର ହିନ୍ଦୁତ୍ୱ ଆଭିମୁଖ୍ୟକୁ ଫେରି ଆସିଲେ। ଅଯୋଧ୍ୟାରେ ବାବ୍ରୀ ମସଜିଦ୍ ବିବାଦୀୟ ଢାଞ୍ଚା ଉପରେ ରାମ ମନ୍ଦିର ଗଢିବାକୁ ବିଶ୍ୱହିନ୍ଦୁ ପରିଷଦର ସଂଗ୍ରାମରେ ଆଡଭାନୀ ନିଜ ଦଳର ସମର୍ଥନ ଦେଲେ। ଏହିପରି ଭାବରେ ରାମ ଜନ୍ମଭୂମି ଆନ୍ଦୋଳନ ବା ଅଯୋଧ୍ୟା ଆନ୍ଦୋଳନ ବିଜେପି ଇତିହାସରେ ଏକ ଗୁରୁତ୍ୱପୂର୍ଣ୍ଣ ମୁହୂର୍ତ୍ତ ହୋଇଗଲା। ୧୯୯୦ର ଶେଷ ଆଡକୁ ରାମ ରଥଯାତ୍ରା କରି ଏଥିରେ ମୁଖ୍ୟ ଭୂମିକା ତୁଲାଇଥିବା ଆଡଭାନୀ ଏ ଅଧ୍ୟାୟକୁ ତାଙ୍କ ରାଜନୈତିକ ଜୀବନର 'ସବୁଠାରୁ ଅଧିକ ନିର୍ଣ୍ଣାୟକ ଏବଂ ପରିବର୍ତ୍ତନକାରୀ ଘଟଣା' ବୋଲି କହିଛନ୍ତି। ଏହାର ପ୍ରଭାବ ଆମ ସମାଜରେ, ରାଜନୀତିରେ ବରଂ ବାସ୍ତବରେ ଆମ ଜାତୀୟ ପରିଚୟର ଭାବନାରେ ବହୁଳଭାବେ ଅନୁଭୂତ ହୋଇଛି।[୩୨୩]

'ହିନ୍ଦୁ ସମାଜକୁ ଏକାଠି କରି ହିନ୍ଦୁ ଧର୍ମକୁ ସେବା ଏବଂ ସୁରକ୍ଷା ଦେବାକୁ' ଉଦ୍ଦେଶ୍ୟ ରଖି ୧୯୬୪ରେ ଏମ୍.ଏସ୍. ଗୋଲୱାଲକର, ଶିବରାମ ଶଙ୍କର ଆପ୍ଟେ ଏବଂ ସ୍ୱାମୀ ଚିନ୍ମୟାନନ୍ଦଙ୍କ ଦ୍ୱାରା ବିଶ୍ୱ ହିନ୍ଦୁ ପରିଷଦ ଗଠନ କରାଯାଇଥିଲା।[୩୨୪] ସଂଘ ପରିବାରର ଏକ ସଦସ୍ୟ ଭାବେ ବିଶ୍ୱ ହିନ୍ଦୁ ପରିଷଦ ଅଗ୍ରଭାଗରେ ରହି ହିନ୍ଦୁ ମନ୍ଦିରଗୁଡିକର ନିର୍ମାଣ ଓ ରକ୍ଷଣାବେକ୍ଷଣ, ଗୋ ହତ୍ୟାର ପ୍ରତିବାଦ, ହିନ୍ଦୁମାନଙ୍କର ଧର୍ମାନ୍ତରୀକରଣ ଏବଂ ଅଯୋଧ୍ୟା ଓ ରାମ ଜନ୍ମଭୂମି ପ୍ରସଙ୍ଗ ଆଦି ଦେଖୁଥିଲା।[୩୨୫] ପ୍ରକୃତରେ ୧୯୮୪ଠାରୁ ଏହା ରାମ ଜନ୍ମଭୂମି ଆନ୍ଦୋଳନର ନେତୃତ୍ୱ ନେଇ ଆସୁଥିଲା। ବିଶ୍ୱ ହିନ୍ଦୁ ପରିଷଦ ହିଁ ଭିନ୍ନ ଭିନ୍ନ ହିନ୍ଦୁ ସଙ୍ଗଠନର ନେତୃବୃନ୍ଦଙ୍କୁ 'ରାମ ଜନ୍ମଭୂମି ମୁକ୍ତି ଯଜ୍ଞ ସମିତି' ପାଇଁ ଏକତ୍ର କରିପାରିଥିଲା। ଏହି ସମ୍ବନ୍ଧୀୟ ଏକ

ସଚେତନତା ଯାତ୍ରା ଅକ୍ଟୋବର ୧୯୮୪ରେ ବିହାରର ସୀତାମଢିଠାରୁ ଆରମ୍ଭ ହୋଇ ଅଯୋଧ୍ୟାରେ ୧୯୮୫ରେ ପହଞ୍ଚିବା ପରେ ଜୋରରେ ଗତିଶୀଳ ହେଲା। ଏହି ଅବସରରେ ବିଜେପି ୧୯୮୪ର ଅନାକାଂକ୍ଷିତ ପରାଜୟର ଗ୍ଲାନିରୁ ମୁକୁଳି ଆସୁଥିଲା। ୧୯୮୯ ସେପ୍ଟେମ୍ବରରେ ବିଶ୍ୱ ହିନ୍ଦୁ ପରିଷଦ ୧୯୮୯ ନଭେମ୍ବର ୧୦ରେ ପ୍ରସ୍ତାବିତ ରାମ ମନ୍ଦିରର ଶିଳାନ୍ୟାସ କରିବାକୁ ଘୋଷଣା କଲା। ସାରା ଦେଶରୁ ଏଥିପାଇଁ ରାମଶିଳା ଆଣିବାର ପ୍ରସ୍ତୁତି ହେଲା।

ହିନ୍ଦୁ ମହାସଭାର ସଦସ୍ୟ ଓ ପରେ ବିଜେପି ଦଳର ଲୋକସଭା ସାଂସଦ ତଥା ଗୋରଖନାଥ ମନ୍ଦିରର ତତ୍କାଳୀନ ମୁଖ୍ୟ ପୁରୋହିତ ମହନ୍ତ ଅଭେଦ୍ୟନାଥ ଏହି ରାମ ଜନ୍ମଭୂମି ଆନ୍ଦୋଳନର ମୁଖ୍ୟ ନେତା ଥିଲେ। ସେ ଏବେକାର ଉତ୍ତରପ୍ରଦେଶ ମୁଖ୍ୟମନ୍ତ୍ରୀ ଯୋଗୀ ଆଦିତ୍ୟନାଥଙ୍କର ଗୁରୁ ଓ ପଥ ପ୍ରଦର୍ଶକ ଥିଲେ। ୧୯୮୦ ମସିହା ପରଠାରୁ ବିଶ୍ୱ ହିନ୍ଦୁ ପରିଷଦ ରାମ ଜନ୍ମଭୂମି ଆନ୍ଦୋଳନର ନେତୃତ୍ୱ ନେଇ ଜାତୀୟ ସ୍ତରରେ ରାମ ଜନ୍ମଭୂମି ମୁକ୍ତି ଯଜ୍ଞ ସମିତି ଏବଂ କରସେବା ସମିତି ଗଢିଲେ। ଏହି ପଦକ୍ଷେପଗୁଡିକର ପ୍ରତିକ୍ରିୟା ଅତ୍ୟଧିକ ଥିଲା କାରଣ ଏହି ଆନ୍ଦୋଳନ ପ୍ରତି କଂଗ୍ରେସର ଆଭିମୁଖ୍ୟ ଅସଂଗତ ଥିଲା। ଏହି ସମୟରେ ଉଭୟ କେନ୍ଦ୍ର ଏବଂ ଉତ୍ତରପ୍ରଦେଶ ରାଜ୍ୟରେ କଂଗ୍ରେସ ସରକାର ଥିଲା। ଯେଉଁ ଭୂମିରେ ଶିଳାନ୍ୟାସ ହେବ ସେ ଭୂଇଁ ବିବାଦୀୟ ନୁହେଁ କହି କଂଗ୍ରେସ ସରକାର ଶିଳାନ୍ୟାସ କରିବାକୁ ୮ ନଭେମ୍ବର ୧୯୮୯ରେ ଅନୁମତି ଦେଲା। ତେବେ ଗୋଟିଏ ଦିନପରେ ୯ ନଭେମ୍ବରରେ କେନ୍ଦ୍ରର ରାଜୀବ ଗାନ୍ଧୀ ସରକାର ପ୍ରସ୍ତାବିତ ଶିଳାନ୍ୟାସ ଉତ୍ସବକୁ ସ୍ଥଗିତ ରଖିବାକୁ ଆଦେଶ ଦେଲା। କଂଗ୍ରେସ ଏବଂ ରାଜୀବ ଗାନ୍ଧୀଙ୍କର ଏ ପ୍ରକାର ବ୍ୟବହାର ଶାହ ବାନୋ ଘଟଣାରେ ଭୟଙ୍କର ରାଜନୈତିକ ତ୍ରୁଟି କରିଥିବା ସହ ସମାନ ଥିଲା। ତେବେ ଉଭୟ ଘଟଣାରେ କଂଗ୍ରେସର ଆନ୍ତରିକ ଉଦ୍ଦେଶ୍ୟ ମୂଳ ପ୍ରସଙ୍ଗର ସମାଧାନ ନୁହେଁ ବରଂ ଅଳ୍ପସଂଖ୍ୟକ ତୁଷ୍ଟୀକରଣ ଥିଲା।

ଧର୍ମକୁ ରାଜନୀତିର ମୁଖ୍ୟସ୍ରୋତକୁ ଆଣିବାର ଦେଖି, ବିଜେପି ବିଶେଷକରି ଆଡଭାନୀ ଚିନ୍ତାକଲେ ଯେ ଅଯୋଧ୍ୟା ପ୍ରସଙ୍ଗ କେବଳ ରାମମନ୍ଦିର ଗଠନରେ ସୀମିତ ରହି ମଧ୍ୟ ଅରାଜନୈତିକ ଘଟଣା ହୋଇ ରହି ନ ଥିଲା। ସେ କହିଲେ :

ଏହା (ଅଯୋଧ୍ୟା ପ୍ରସଙ୍ଗ) ବାସ୍ତବିକ ଧର୍ମ ନିରପେକ୍ଷତା ଏବଂ ଛଦ୍ମ ଧର୍ମ ନିରପେକ୍ଷତା ମଧ୍ୟରେ ଏକ ସଂଘର୍ଷର ପ୍ରତୀକ ହେଇସାରିଛି। ଏହା ଭାରତର ରାଷ୍ଟ୍ରବାଦ ଏବଂ ରାଷ୍ଟ୍ରୀୟ ପରିଚୟର ସ୍ରୋତ ବିଷୟରେ ଦୁଇ ବିପରୀତ ଧାରଣା ମଧ୍ୟରେ ଏକ ତୀକ୍ଷ୍ଣ ଧ୍ରୁବୀକରଣ ବିତର୍କ ପାଇଁ ସନ୍ଦର୍ଭ ପ୍ରଦାନ କରିଛି : ସାଂସ୍କୃତିକ ଜାତୀୟତାର

ଏକୀକରଣ ଧାରଣା ଏବଂ ହିନ୍ଦୁ ବିରୋଧୀ ଜାତୀୟତା ବାଦକୁ ବିଭାଜନ କରୁଥିବା ଧାରଣା । ଏହି ପରିପେକ୍ଷୀରେ ହିଁ ବିଜେପି ରାମ ମନ୍ଦିର ଆନ୍ଦୋଳନକୁ ସମର୍ଥନ କରିବାକୁ ସ୍ଥିର କଲା ।[୩୨୬]

ଅଯୋଧ୍ୟାରେ ରାମ ମନ୍ଦିର ଗଢିବାର ଜାତୀୟ ଆସ୍ପୃହାକୁ ପରିପୂର୍ଣ୍ଣ କରିବାକୁ ବିଜେପି ଏହି ଆନ୍ଦୋଳନରେ ସକ୍ରିୟ ଭାବେ ଯୋଗଦାନ କଲା ।

୧୯୮୯ର ଲୋକସଭା ନିର୍ବାଚନ

୧୯୮୪ ଲୋକସଭା ନିର୍ବାଚନରେ ଘୋର ପରାଜୟ ପରେ ମଧ୍ୟ ବିଜେପି ଜନସାଧାରଣଙ୍କ ନିକଟରେ ବ୍ୟାପକଭାବେ ଗ୍ରହଣୀୟ ହେବାର ସମସ୍ତ ପ୍ରଚେଷ୍ଟା ଜାରି ରଖିଥିଲା । ଜନତା ପାର୍ଟି ଏବଂ ପରେ ପରିବର୍ତ୍ତନ ହୋଇଥିବା ଜନତା ଦଳ ତଥାପି ଜାତୀୟ ସ୍ତରର ପ୍ରମୁଖ ଖେଳାଳି ଥିଲା ।

ବିଶ୍ୱ ହିନ୍ଦୁ ପରିଷଦ ଦ୍ୱାରା ଆରମ୍ଭ ହୋଇଥିବା ଜାତୀୟସ୍ତରର ଗଣ ଆନ୍ଦୋଳନ ହିନ୍ଦୁଙ୍କୁ ସମର୍ଥନ ଦେବାର କୌଣସି ସ୍ପଷ୍ଟ ଇଙ୍ଗିତ କଂଗ୍ରେସଠାରୁ ମିଳୁ ନ ଥିଲା ବେଳେ, ଅଯୋଧ୍ୟା ଆନ୍ଦୋଳନରେ ଅଂଶଗ୍ରହଣ କରିବାର ନିଷ୍ପତ୍ତି ବିଜେପି ପାଇଁ ଟ୍ରମ୍ପ କାର୍ଡ ସାବ୍ୟସ୍ତ ହେଲା । ବାସ୍ତବରେ ପ୍ରଧାନମନ୍ତ୍ରୀ ରାଜୀବ ଗାନ୍ଧୀଙ୍କ ଦ୍ୱାରା ପରିଚାଳିତ କଂଗ୍ରେସ ଦଳ ଏହାର ଆଭିମୁଖ୍ୟ ବଦଳେଇ ଚାଲିଥିଲା । ଆଡଭାନୀଙ୍କ ନେତୃତ୍ୱରେ ବିଜେପି ଅଯୋଧ୍ୟା ଆନ୍ଦୋଳନକୁ ସମର୍ଥନ ଦେବାର ସ୍ପଷ୍ଟ ନିଷ୍ପତ୍ତି ନେଲା । ୧୯୮୯ ଜୁନ୍‌ରେ ହିମାଚଳ ପ୍ରଦେଶର ପାଲାମପୁରଠାରେ ଅନୁଷ୍ଠିତ ଦଳର ଜାତୀୟ କାର୍ଯ୍ୟନିର୍ବାହୀ ବୈଠକରେ ଦଳ ଏହି ସମ୍ପର୍କରେ ଏକ ସଂକଳ୍ପ ପାରିତ କଲା ।

"ବିଜେପି ବିଶ୍ୱାସ କରେ ଅଯୋଧ୍ୟା ବିବାଦର ରୂପରେଖ ଏମିତି ଯେ ଏହା ଆଇନର ଅଦାଲତରେ ସମାଧାନ ହେଇପାରିବ ନାହିଁ । ନେହେରୁ ସୋମନାଥ ମନ୍ଦିର ପ୍ରସଙ୍ଗରେ ନେଇଥିବା ସକାରାତ୍ମକ ନିଷ୍ପତ୍ତି ପରି ଅଯୋଧ୍ୟା ପ୍ରସଙ୍ଗରେ ମଧ୍ୟ ନିଷ୍ପତ୍ତି ନେବାକୁ ବିଜେପି ରାଜୀବ ଗାନ୍ଧୀ ସରକାରଙ୍କୁ ଆହ୍ୱାନ କଲା । ଆପୋସ ବୁଝାମଣା ମାଧ୍ୟମରେ ହେଉ ବା ଆଇନ ଦ୍ୱାରା ହେଉ ଲୋକମାନଙ୍କ ଭାବାବେଗକୁ ବୁଝି ରାମ ଜନ୍ମସ୍ଥାନ ହିନ୍ଦୁମାନଙ୍କୁ ହସ୍ତାନ୍ତର ହେବା ଉଚିତ୍ । ମକଦ୍ଦମା ନିଶ୍ଚିତ ଭାବରେ କୌଣସି ସମାଧାନ ନୁହେଁ ।[୩୨୭]

ଏହିପରି ବିଜେପି ସ୍ପଷ୍ଟ କଲା ଯେ ମୁସଲମାନ ଭ୍ରାତୃଭାବରେ ଆବେଗକୁ ଆଘାତ ନ ଦେଇ ଦଳ ଅଯୋଧ୍ୟାରେ ରାମ ମନ୍ଦିର ନିର୍ମାଣ କରିବାକୁ ଚାହୁଁଛି । ଏସବୁ ୧୯୮୯ରେ ହୋଇଥିବା ନବମ ଲୋକସଭା ନିର୍ବାଚନ ଉପରେ ପ୍ରଭାବ ପକାଇଲା

ଯେଉଁଠି ଦଳ ନିର୍ବାଚନ ହେବାକୁ ଥିବା ୫୨୯ ଆସନରୁ ୨୨୬ ଆସନରେ ଲଢିଥିଲା। ୧୯୮୪ରେ ଦୁଇଟି ଆସନ ପରିବର୍ତ୍ତେ ଦଳ ଏ ନିର୍ବାଚନରେ ନିଜ ଆସନ ସଂଖ୍ୟା ୮୫କୁ ବଢେଇ ପାରିଥିଲା ଏବଂ ନିଜ ଭୋଟ ପ୍ରତିଶତ ୭.୭୪ ରୁ ୧୧.୩୬ ପ୍ରତିଶତକୁ ବଢେଇ ପାରିଥିଲା। ଫଳାଫଳ କିନ୍ତୁ କଂଗ୍ରେସ ବିରୁଦ୍ଧରେ ଯାଇଥିଲା ଏବଂ କଂଗ୍ରେସ ଦଳ ୧୯୭ ଟି ଆସନ ଏବଂ ୩୯.୫୩ ପ୍ରତିଶତ ଭୋଟ୍ ପାଇଲା। ଯଦିଓ କଂଗ୍ରେସ ଏହି ନିର୍ବାଚନରେ ଏକକ ସଂଖ୍ୟାଗରିଷ୍ଠ ଦଳଭାବେ ଭୋଟ୍ ପାଇଥିଲା, ଆସନ ସଂଖ୍ୟା ଏତେମାତ୍ରାରେ କମିବା ଦଳ ପାଇଁ ନିଶ୍ଚିତ ଲଜ୍ଜାଜନକ ଥିଲା। ଏହା ନିଶ୍ଚିତଭାବେ ରାଜୀବ ଗାନ୍ଧୀ ସରକାର ବିରୁଦ୍ଧରେ ଜନମତ ଥିଲା। ଜନତା ଦଳ ୧୪୩ଟି ଆସନ ଏବଂ ୭.୭୯ ପ୍ରତିଶତ ଭୋଟ୍ ପାଇଥିଲାବେଳେ, ସିପିଆଇ ଓ ସିପିଆଇ (ଏମ୍) ଯଥାକ୍ରମେ ୩୨ ଓ ୧୨ଟି ଆସନ ପାଇଥିଲେ।

ସେହିସବୁ ରାଜ୍ୟ, ଯେଉଁଠି ବିଜେପିର ପ୍ରଦର୍ଶନ ଉଲ୍ଲେଖନୀୟ ଥିଲା

କ୍ର. ସଂ.	ରାଜ୍ୟ / କେନ୍ଦ୍ର ଶାସିତ ଅଞ୍ଚଳ	ମତଦାନ %	ମୋଟ ଲୋ.ସ. ଆସନ ସଂଖ୍ୟା	ଲଢ଼ିଥିବା ଆସନ ସଂଖ୍ୟା	ଜିତିଥିବା ଆସନ ସଂଖ୍ୟା	ଭୋଟ %
୧	ମଧ୍ୟପ୍ରଦେଶ	୫୫.୨୧	୪୦	୩୩	୨୭	୩୯.୬୬
୨	ଗୁଜରାଟ	୫୪.୫୮	୨୬	୧୨	୧୨	୩୦.୪୭
୩	ରାଜସ୍ଥାନ	୫୬.୫୩	୨୫	୧୭	୧୩	୨୯.୬୪
୪	ମହାରାଷ୍ଟ୍ର	୫୯.୮୬	୪୮	୩୩	୧୦	୨୩.୭୨
୫	ବିହାର	୬୦.୨୪	୫୪	୨୪	୦୮	୧୧.୭୨
୬	ଉତ୍ତରପ୍ରଦେଶ	୫୧.୨୭	୮୫	୩୧	୦୮	୭.୫୮
୭	ଦିଲ୍ଲୀ	୫୪.୩	୦୭	୦୫	୦୪	୨୬.୧୯
	ସମଗ୍ର		୫୨୯	୨୨୫	୮୫	୧୧.୬୦

ଅଯୋଧ୍ୟା ଆନ୍ଦୋଳନକୁ ସମର୍ଥନ ଦେବା ବ୍ୟତୀତ ବିଜେପିର ଉତ୍ଥାନ, ଭୋଟ୍ ପ୍ରତିଶତ ବୃଦ୍ଧି ଏବଂ ଆସନ ସଂଖ୍ୟା ବୃଦ୍ଧି ପାଇଁ ଆଉ ଦୁଇଟି କାରଣକୁ ଗୁରୁତ୍ୱ ଦିଆଯିବା ଉଚିତ :- ଏହା ସକାରାତ୍ମକ ଧର୍ମ ନିରପେକ୍ଷତା ଅର୍ଥାତ୍ ସମସ୍ତଙ୍କ ପାଇଁ ନ୍ୟାୟ ଏବଂ କାହାରି ପାଇଁ ତୁଷ୍ଟୀକରଣ ନୁହେଁ, ଏବଂ ବିଜେପିର ଅନ୍ୟ ରାଜନୈତିକ ଦଳମାନଙ୍କଠୁ ଭିନ୍ନ ପ୍ରତିଛବି ; ଶୃଙ୍ଖଳିତ ଏବଂ ଜନସାଧାରଣଙ୍କ ସେବାକୁ ମୁଖ୍ୟ

ଲକ୍ଷ୍ୟ ଭାବେ ଦେଖିବା, କଂଗ୍ରେସ କିମ୍ବା ଜନତା ଦଳ ପରି ନୁହେଁ, ଯେଉଁଠି ସବୁବେଳେ ଦଳବଦଳ, ବିଶୃଙ୍ଖଳା ଏବଂ ଅନ୍ତର୍ଦ୍ୱନ୍ଦ ଲାଗି ରହିଥିଲା।

୧୯୮୯ ଲୋକସଭା ନିର୍ବାଚନରେ ଭଲ ପ୍ରଦର୍ଶନ ପରେ ପରବର୍ତ୍ତୀ ରାଜ୍ୟ ବିଧାନସଭା ନିର୍ବାଚନଗୁଡିକ ବିଜେପି ପାଇଁ ମୁଖ୍ୟ ଆହ୍ୱାନ ହେଲେ। ପରବର୍ଷ ଅର୍ଥାତ୍ ୧୯୯୦ରେ ୧୦ଟି ରାଜ୍ୟରେ ନିର୍ବାଚନ ହେଲା। ୧୯୮୯ରେ ୮ଟି ରାଜ୍ୟ - ଆନ୍ଧ୍ରପ୍ରଦେଶ, କର୍ଣ୍ଣାଟକ, ଉତ୍ତରପ୍ରଦେଶ, ମିଜୋରାମ, ନାଗାଲାଣ୍ଡ, ସିକିମ୍, ତାମିଲନାଡୁ ଏବଂ ଗୋଆରେ ନିର୍ବାଚନ ହୋଇଥିଲା ଏବଂ ଏହା ମଧ୍ୟରୁ ଉତ୍ତର ପ୍ରଦେଶରେ ବିଜେପିର ପ୍ରଦର୍ଶନ ପୂର୍ବ ଅପେକ୍ଷା ଭଲ ଥିଲା, ଯଦିଓ ୪୨୫ ଆସନ ଥିବା ବିଧାନସଭାରେ ଏହା ଅପେକ୍ଷାକୃତ କମ୍ ଆସନରେ ଲଢିଥିଲା (୧୯୮୫ରେ ୧୬ଟି ଆସନ ଜିତିଥିଲାବେଳେ ୧୯୮୯ରେ ୨୭୫ ଆସନ ଲଢି ୫୭ଟି ଜିତିଥିଲା) ଏବଂ କର୍ଣ୍ଣାଟକରେ ମଧ୍ୟ ୪ଟି ଆସନ ପାଇଥିଲା।

ରାମ ଜନ୍ମଭୂମି ଆନ୍ଦୋଳନକୁ ବିଜେପିର ସମର୍ଥନ- ୧୯୯୦ର ରାମ ରଥଯାତ୍ରା

ବିଶ୍ୱ ହିନ୍ଦୁ ପରିଷଦର ଅଯୋଧ୍ୟା ଆନ୍ଦୋଳନକୁ ବିଜେପିର ସମର୍ଥନ ଦେବା ନିର୍ଣ୍ଣୟ ୧୯୮୯ ସାଧାରଣ ନିର୍ବାଚନରେ ଦଳକୁ ଭଲ ପ୍ରଦର୍ଶନରେ ସାହାଯ୍ୟ କରିଥିଲା। ଆଡଭାନୀଙ୍କ ନେତୃତ୍ୱରେ ବିଜେପି ବର୍ତ୍ତମାନ ସାରା ଦେଶରେ ନିଜର ଉପସ୍ଥିତି ସୃଷ୍ଟି କରିବାକୁ ଚାହୁଁଥିଲା। ଏଣୁ ଦଳ ସାରା ଦେଶରେ ଆଡଭାନୀଙ୍କ ଦ୍ୱାରା ରାମ ରଥଯାତ୍ରା କରିବାର ନିଷ୍ପତ୍ତି ନେଲା। ଏହା ୨୫ ସେପ୍ଟେମ୍ବର ୧୯୯୦ରେ ଦୀନଦୟାଲ ଉପାଧ୍ୟାୟଙ୍କ ଜନ୍ମ ଦିବସରେ ଆରମ୍ଭ ହେଲା। ଏହି ଯାତ୍ରା ସାରା ଭାରତରେ ୧୦,୦୦୦ କିଲୋମିଟର ଯାତ୍ରା କରି ୩୦ ଅକ୍ଟୋବରରେ ଅଯୋଧ୍ୟାରେ ସମାପ୍ତ ହୋଇଥାନ୍ତା, ଯେଉଁଠି କରସେବକମାନେ ଏଥିରେ ସାମିଲ୍ ହୋଇଥାନ୍ତେ। ବିଜେପି ପାଇଁ ଏହି ଯାତ୍ରାର ଉଦ୍ଦେଶ୍ୟ ରାମ ଜନ୍ମଭୂମି ଆନ୍ଦୋଳନକୁ ସମର୍ଥନ ଦେବାଠୁ କାହିଁରେ କେତେଗୁଣ ଅଧିକା ଥିଲା। ଏହା ଛଦ୍ମ ଧର୍ମନିରପେକ୍ଷତାର ଆକ୍ରମଣରୁ ସତ୍ୟ ଧର୍ମ ନିରପେକ୍ଷତାକୁ ପୁନରୁଦ୍ଧାର କରିବା ସମ୍ବନ୍ଧରେ ମଧ୍ୟ ପଦକ୍ଷେପ ଥିଲା। ଏହା ଆମ ସାଂସ୍କୃତିକ ଐତିହ୍ୟକୁ ଭାରତର ଜାତୀୟ ପରିଚୟର ପରିଭାଷିତ ଉତ୍ସ ଭାବରେ ପୁନଃସ୍ଥାପିତ କରିବା ବିଷୟରେ ସମ୍ପର୍କିତ ବୋଲି ଆଡଭାନୀ କହିଥିଲେ। ପରେ ଏହି ଘଟଣାକୁ 'ମୋର ରାଜନୈତିକ ଜୀବନରେ ଏକ ଉତ୍ସାହଜନକ ସମୟ' ବୋଲି ଆଡଭାନୀ କହିଥିଲେ।[୩୨୮]

କେ. ଭୂଷଣ ଏବଂ ଜି. କାତ୍ୟାଲଙ୍କ ଦ୍ୱାରା ଲାଲକୃଷ୍ଣ ଆଡଭାନୀଙ୍କ ଉପରେ ଲିଖିତ 'ଉପ ପ୍ରଧାନମନ୍ତ୍ରୀ' ପୁସ୍ତକ ଅନୁଯାୟୀ:

ଏହି ଯାତ୍ରା ତିନୋଟି ମୌଳିକ ପ୍ରଶ୍ନ ଉଠାଇବାକୁ ଲକ୍ଷ୍ୟ ରଖିଥିଲା ଯାହା ଜାତିର ସାମୂହିକ ଅନ୍ତରାତ୍ମା ଓ ଅବଚେତନରେ ଲୁଚି ରହିଥିଲା। କିନ୍ତୁ ୧୯୪୭ ମସିହାରୁ ଭାରତକୁ ଶାସନ କରୁଥିବା ଛଦ୍ମ ଧର୍ମନିରପେକ୍ଷଙ୍କ ପ୍ରତିଶୋଧ ଭୟରେ କେହି ସେମାନଙ୍କୁ ପଚାରିବାକୁ ସାହସ କରି ନ ଥିଲେ।

ଏହି ପ୍ରଶ୍ନ ସବୁ ହେଲା :

- ଧର୍ମନିରପେକ୍ଷତା କ'ଣ ? ସାମ୍ପ୍ରଦାୟିକତା କ'ଣ ?
- ନିରନ୍ତର ଭାବେ ଏକ ଅଳ୍ପସଂଖ୍ୟକ ସାମ୍ପ୍ରଦାୟିକତାକୁ ପ୍ରଶ୍ରୟ ଦେଇ ଜାତୀୟ ସଂହତି ହାସଲ କରାଯାଇପାରିବ କି ?
- (ସେହି ସମୟରେ କଂଗ୍ରେସ) ସରକାର କ'ଣ ଅଳ୍ପସଂଖ୍ୟକ ବାଦର ସଂସ୍କୃତିକୁ ପରିତ୍ୟାଗ କରିପାରିବେ ନାହିଁ।[୩୨୯]

ରଥଯାତ୍ରାର ଆରମ୍ଭ ବିନ୍ଦୁଟି ସୋମନାଥ ମନ୍ଦିର ଥିଲା, କାରଣ ଏହାର ଅଯୋଧ୍ୟା ଆନ୍ଦୋଳନ ସହ ସାମ୍ୟତା ଥିଲା। ମୁସଲମାନ ଆକ୍ରମଣକାରୀଙ୍କ ଦ୍ୱାରା ବାରମ୍ବାର ଧ୍ୱଂସର ସମ୍ମୁଖୀନ ହେଇଥିବା ସୋମନାଥ ମନ୍ଦିର ଭାରତ ସରକାରଙ୍କ ସହମତିରେ ପୁନର୍ନିର୍ମାଣ ହେଇଥିଲା। ନେହେରୁଙ୍କ ଦୃଢ଼ ବିରୋଧ ସତ୍ତ୍ୱେ ସର୍ଦ୍ଦାର ପଟେଲ ସୋମନାଥ ମନ୍ଦିର ପୁନର୍ଗଠନକୁ ସମର୍ଥନ ଦେଇଥିଲେ ଏବଂ ନିଜେ ପୁନରୁଦ୍ଧାର କାର୍ଯ୍ୟକୁ ତଦାରଖ କରିଥିଲେ। ସମ୍ପୂର୍ଣ୍ଣ ପୁନରୁଦ୍ଧାର କାର୍ଯ୍ୟ କିନ୍ତୁ ପଟେଲଙ୍କ ମୃତ୍ୟୁ ପରେ ଶେଷ ହୋଇଥିଲା, ଏବଂ ସୋମନାଥ ମନ୍ଦିର ଭାରତର ପ୍ରଥମ ରାଷ୍ଟ୍ରପତି ଡ. ରାଜେନ୍ଦ୍ର ପ୍ରସାଦଙ୍କ ଦ୍ୱାରା ଉଦ୍‌ଘାଟିତ ହୋଇଥିଲା।[୩୩୦] ତେଣୁ ସୋମନାଥ ମନ୍ଦିର ପ୍ରେରଣାର ସ୍ରୋତ ଏବଂ ଆଡଭାନୀଙ୍କ ଦ୍ୱାରା ଆରମ୍ଭ ହୋଇଥିବା ରଥଯାତ୍ରାର ପ୍ରାରମ୍ଭ ବିନ୍ଦୁ ଥିଲା।

୨୩ ଅକ୍ଟୋବରରେ ଯାତ୍ରା ସମୟରେ ବିହାରରେ ତତ୍କାଳୀନ ମୁଖ୍ୟମନ୍ତ୍ରୀ ଲାଲୁ ପ୍ରସାଦ ଯାଦବ, ଲାଲକୃଷ୍ଣ ଆଡଭାନୀଙ୍କୁ ଗିରଫ କରିବାର ଆଦେଶ ଦେଲେ। ଏହି କାର୍ଯ୍ୟ ସେହି ସମୟରେ ଲାଲୁଙ୍କ ଅଳ୍ପସଂଖ୍ୟକ ସନ୍ତୁଷ୍ଟୀକରଣ ରାଜନୀତିକୁ ସୁହାଉଥିଲା। ଆଡଭାନୀଙ୍କୁ ମାସାଞ୍ଜୋରେ ଏକ ସରକାରୀ ଅତିଥିଭବନରେ ପ୍ରତିଷେଧକ ନଜରବନ୍ଦରେ ରଖାଗଲା। ତେବେ କରସେବକମାନେ ରଥଯାତ୍ରା ଜାରି ରଖିଲେ। ଯେତେବେଳେ ରଥଯାତ୍ରା ଉତ୍ତରପ୍ରଦେଶରେ ପହଞ୍ଚିଲା, ରାଜ୍ୟର ମୁଖ୍ୟମନ୍ତ୍ରୀ ଆଉ ଜଣେ ଜନତା ଦଳ ନେତା ମୁଲାୟମ ସିଂ ଯାଦବ ନିଜ ଅଳ୍ପସଂଖ୍ୟକ ମତଦାତାଙ୍କୁ ଧର୍ମନିରପେକ୍ଷତାର ପ୍ରମାଣ ଦେବାକୁ ଯାଇ ରଥଯାତ୍ରା କାର୍ଯ୍ୟକର୍ତ୍ତାମାନଙ୍କୁ ଗିରଫ କରିବାର ଆଦେଶ

ଦେଲେ। ପାଖାପାଖି ୧.୫୦ ଲକ୍ଷ କାର୍ଯ୍ୟକର୍ତ୍ତା ଉତ୍ତରପ୍ରଦେଶରେ ଗିରଫ ହେବାର ବିଶ୍ୱାସ କରାଯାଏ, ତଥାପି ହଜାର ହଜାର କାର୍ଯ୍ୟକର୍ତ୍ତା ଅଯୋଧ୍ୟାରେ ପହଞ୍ଚିବାକୁ ସକ୍ଷମ ହୋଇଥିଲେ। ମୁଲାୟମ କରସେବକମାନଙ୍କ ଉପରେ ଅମାନୁଷିକ ଭାବେ ଗୁଳିଚାଳନାର ଆଦେଶ ଦେଲେ। ଏଥିରେ ପାଖାପାଖି ୨୪ ଜଣ କରସେବକ ପ୍ରାଣ ହରାଇଲେ। ଜନତା ଦଳର ରଥଯାତ୍ରା ବିରୋଧକୁ ନେଇ ବିଜେପି କେନ୍ଦ୍ର ସରକାରଙ୍କଠାରୁ ନିଜ ସମର୍ଥନ ପ୍ରତ୍ୟାହାର କଲା ଏବଂ ଭି.ପି. ସିଂ ସରକାରଙ୍କର ପତନ ଘଟିଲା। ପରେ କଂଗ୍ରେସ ସମର୍ଥନରେ ଚନ୍ଦ୍ରଶେଖର ଅଳ୍ପଦିନ ପାଇଁ ପ୍ରଧାନମନ୍ତ୍ରୀ ହେଲେ।

ବିଜେପି ଏହାର ପ୍ରଥମ ରାଜ୍ୟ ସରକାର ଗଢ଼ିଲା ଏବଂ ଆଗକୁ ବଢି ଚାଲିଲା

ଦଶବର୍ଷ ଧରି ନିର୍ବାଚନ ଲଢି ଆସୁଥିବା ବିଜେପି ପାଇଁ ୧୯୯୦ ମସିହା ଏକ ଐତିହାସିକ ବର୍ଷ ଥିଲା। ଏହି ବର୍ଷ ୧୦ଟି ରାଜ୍ୟ ଏବଂ କେନ୍ଦ୍ରଶାସିତ ଅଞ୍ଚଳ ଯଥା ବିହାର, ଗୁଜରାଟ, ମଧ୍ୟପ୍ରଦେଶ, ମହାରାଷ୍ଟ୍ର, ମଣିପୁର, ଓଡ଼ିଶା, ପଣ୍ଡିଚେରୀ, ଅରୁଣାଚଳ ପ୍ରଦେଶ ଏବଂ ରାଜସ୍ଥାନରେ ନିର୍ବାଚନ ହେଲା। ଅରୁଣାଚଳ ପ୍ରଦେଶ ବ୍ୟତୀତ ବିଜେପି ଅନ୍ୟ ସବୁଠାରେ ନିର୍ବାଚନ ଲଢିଥିଲା ଏବଂ ବିହାର, ଗୁଜରାଟ ଏବଂ ମହାରାଷ୍ଟ୍ରରେ ଏହାର ଆସନ ସଂଖ୍ୟା ବଢାଇବାରେ ସମର୍ଥ ହୋଇଥିଲା। ତେବେ ମଣିପୁର ଓ ପଣ୍ଡିଚେରୀରେ ଦଳ ଗୋଟିଏ ବି ଆସନ ଜିତି ନ ଥିଲା।

ବାସ୍ତବିକ ଆଶ୍ଚର୍ଯ୍ୟ ହେବାର କଥା ମଧ୍ୟପ୍ରଦେଶ, ହିମାଚଳ ପ୍ରଦେଶ ଏବଂ ରାଜସ୍ଥାନ କ୍ଷେତ୍ରରେ ଘଟିଲା, ଯେଉଁଠି ବିଜେପି ସରକାର ଗଢିଲା। ମଧ୍ୟପ୍ରଦେଶ ଓ ହିମାଚଳ ପ୍ରଦେଶରେ ଦଳ ସମ୍ପୂର୍ଣ୍ଣ ବହୁମତ – ଯଥାକ୍ରମେ ୨୨୦ ଓ ୪୬ ଆସନ ପାଇଲା। ହିମାଚଳରେ ଶାନ୍ତାକୁମାର ଏବଂ ମଧ୍ୟପ୍ରଦେଶରେ ସୁନ୍ଦରଲାଲ ପଟୱା ମୁଖ୍ୟମନ୍ତ୍ରୀ ହେଲେ। ରାଜସ୍ଥାନରେ ବିଜେପି ୮୫ଟି ଆସନ ଓ ୩୮.୪ ପ୍ରତିଶତ ଭୋଟ୍ ପାଇ ଜିତିଲା ଏବଂ କଂଗ୍ରେସ ୩୩.୬ ପ୍ରତିଶତ ଭୋଟ୍ ପାଇ ୫୦ଟି ଆସନ ଜିତିଲା। ଜନତା ଦଳ ୨୧.୬ ପ୍ରତିଶତ ଭୋଟ୍ ପାଇ ୫୫ଟି ଆସନ ଜିତିଲା। ବିଜେପି ଅନ୍ୟ ଦଳଙ୍କ ସହାୟତାରେ ରାଜସ୍ଥାନରେ ସରକାର ଗଢିଲା ଏବଂ ଭୈରୋ ସିଂ ଶେଖାୱତ ମୁଖ୍ୟମନ୍ତ୍ରୀ ହେଲେ। ମହାରାଷ୍ଟ୍ରରେ ଦଳ ୧୯୮୦ରେ ୧୪ଟି ଆସନ ପାଇଥିଲାବେଳେ ୧୯୯୦ରେ ୪୨ଟି ପାଇଲା, କିନ୍ତୁ କଂଗ୍ରେସ ୧୪୧ ଏବଂ

ଶିବସେନା ୫୨ଟି ଆସନ ପାଇଥିଲେ। କିନ୍ତୁ ମହାରାଷ୍ଟ୍ରରେ ବିଜେପିର ଉତ୍ଥାନ ଲାଗି ମଞ୍ଚ ସଜାସରିଥିଲା।

୧୯୯୦ ବିଧାନସଭା ନିର୍ବାଚନ ଉଭୟ ବିଜେପି ଏବଂ ରାଷ୍ଟ୍ର ପାଇଁ ଯାତ୍ରାର ଏକ ମାଇଲଖୁଣ୍ଟ ଥିଲା। ଏହା ସୂଚାଇଦେଲା ଯେ ଭାରତର ରାଜନୈତିକ କ୍ଷେତ୍ର କେବଳ ଦୁଇଟି ଦଳ– କଂଗ୍ରେସ ଓ ଜନତା ଦଳ ମଧ୍ୟ ସୀମିତ ନୁହେଁ, ବରଂ ଏଠାରେ ବୋଧଶକ୍ତି ଥିବା ଅନ୍ୟ ଏକ ଦଳ ପାଇଁ ସ୍ଥାନ ଅଛି। ଯେତେବେଳେ ତିନୋଟି ରାଜ୍ୟରେ ବିଜେପି ସରକାର ଥିଲା ଏହା ମଧ୍ୟ କମ୍ୟୁନିଷ୍ଟ ପାର୍ଟି ସହ କେନ୍ଦ୍ରରେ ସରକାର ଗଢିଥିବା ଜନତା ଦଳକୁ ସମର୍ଥନ ଦେଉଥିଲା। ରାଜସ୍ଥାନକୁ ମିଶାଇ ୫ଟି ରାଜ୍ୟରେ ଜନତା ଦଳର ସରକାର ଥିଲା। ରାଜସ୍ଥାନରେ ବିଜେପି ସହ ଜନତା ଦଳର ମେଣ୍ଟ ସରକାର ଥିଲା। ଉତ୍ତରପ୍ରଦେଶରେ ବିଜେପିର ପ୍ରଦର୍ଶନ ସର୍ବୋତ୍ତମ ଥିଲା, ଦଳ ୪୨୪ରୁ ୨୨୧ ଟି ଆସନ ଜିତିଲା, କଲ୍ୟାଣ ସିଂ ପ୍ରଥମ ବିଜେପି ମୁଖ୍ୟମନ୍ତ୍ରୀ ଭାବେ ଶପଥ ନେଲେ।

ନିମ୍ନରେ ଥିବା ଟେବୁଲରେ ୧୯୯୦ ରୁ ୧୯୯୬ ଯାଏ ବିଜେପିର ପ୍ରଦର୍ଶନ ସମ୍ପର୍କରେ ବିବରଣୀ ଦିଆଯାଇଛି, ଯେଉଁ ସମୟରେ ଦଳ ଅନେକ ରାଜ୍ୟରେ ସରକାର ଗଢିବାକୁ ସମର୍ଥନ ହୋଇଥିଲା।

ବିଜେପିର ରାଜ୍ୟ ବିଧାନସଭା ନିର୍ବାଚନରେ ପ୍ରଦର୍ଶନ (୧୯୯୦-୧୯୯୬)

ବର୍ଷ		ରାଜ୍ୟ / କେନ୍ଦ୍ର ଶାସିତ ଅଞ୍ଚଳ	ମତଦାନ %	ମୋଟ ଆସନ ସଂଖ୍ୟା	ବିଜେପି ଲଢ଼ିଥିବା ଆସନ ସଂଖ୍ୟା	ବିଜେପି ଜିତିଥିବା
୧୯୯୦	୧	ମଧ୍ୟପ୍ରଦେଶ	୫୪.୧୯	୩୨୦	୨୬୯	୨୨୦
	୨	ରାଜସ୍ଥାନ	୫୭.୦୯	୨୦୦	୧୨୮	୮୫
	୩	ଗୁଜରାଟ	୫୨.୨	୧୮୨	୧୪୩	୬୭
	୪	ହିମାଚଳ ପ୍ରଦେଶ	୬୭.୭୫	୬୮	୫୧	୪୬
	୫	ମହାରାଷ୍ଟ୍ର	୬୨.୨୬	୨୮୮	୧୦୪	୪୨
	୬	ବିହାର	୬୨.୦୪	୩୨୪	୨୩୯	୩୯
	୭	ଓଡ଼ିଶା	୫୬.୬୩	୧୪୭	୬୩	୦୨
୧୯୯୧	୧	ଉତ୍ତରପ୍ରଦେଶ	୭୬.୮	୪୨୪	୪୧୫	୨୨୧
	୨	ଆସାମ	୭୪.୬୭	୧୨୬	୪୮	୧୦

	୩	ହରିଆଣା	୬୫.୮୬	୯୦	୮୯	୦୨
୧୯୯୨	୧	ପଞ୍ଜାବ	୨୩.୮୨	୧୧୭	୬୬	୦୬
୧୯୯୩	୧	ଉତ୍ତରପ୍ରଦେଶ	୫୭.୧୩	୪୨୪	୪୨୨	୧୭୭
	୨	ମଧ୍ୟପ୍ରଦେଶ	୬୦.୬୬	୩୨୦	୩୨୦	୧୧୭
	୩	ରାଜସ୍ଥାନ	୬୦.୫୯	୨୦୦	୧୯୬	୯୫
	୪	ଦିଲ୍ଲୀ	୬୧.୭୫	୭୦	୭୦	୪୯
	୫	ହିମାଚଳ ପ୍ରଦେଶ	୭୧.୫	୬୮	୬୮	୦୮
୧୯୯୪	୧	କର୍ଣ୍ଣାଟକ	୬୮.୫୯	୨୨୪	୨୨୩	୪୦
	୨	ଗୋଆ	୭୧.୨	୪୦	୧୨	୦୪
	୩	ଆନ୍ଧ୍ରପ୍ରଦେଶ	୭୧.୦୨	୨୯୪	୨୮୦	୦୩
୧୯୯୫	୧	ଗୁଜରାଟ	୬୪.୩୯	୧୮୨	୧୮୧	୧୨୧
	୨	ମହାରାଷ୍ଟ୍ର	୭୧.୬୯	୨୮୮	୧୧୬	୬୫
	୩	ବିହାର	୬୧.୭୯	୩୨୪	୩୧୫	୪୧
	୪	ଓଡ଼ିଶା	୭୩.୬୪	୧୪୭	୧୪୪	୦୯
	୫	ମଣିପୁର	୯୧.୪୧	୬୦	୨୦	୦୧
୧୯୯୬	୧	ଉତ୍ତରପ୍ରଦେଶ	୫୫.୭୩	୪୨୪	୪୧୪	୧୭୪ (ଏସ୍.ପି ୧୧୦ ବିଏସ୍‌ପି
						୬୭)
	୨	ହରିଆଣା	୭୦.୫୪	୯୦	୨୫	୧୧
	୩	ଜମ୍ମୁ କଶ୍ମୀର	୫୩.୯୨	୮୭	୫୨	୦୮
	୪	ଆସାମ	୭୮.୯୨	୧୨୬	୧୧୭	୦୪
	୫	ତାମିଲନାଡୁ	୬୬.୯୫	୨୩୪	୧୪୩	୦୧

ଏହି ସମୟରେ ଆଞ୍ଚଳିକ ରାଜନୈତିକ ନେତା – ଓଡିଶାରେ ବିଜୁ ପଟ୍ଟନାୟକ, ଜମ୍ମୁ କଶ୍ମୀରରେ ସେକ୍ ଅବଦୁଲ୍ଲା ଏବଂ ଆନ୍ଧ୍ରପ୍ରଦେଶରେ ଅଭିନେତାରୁ ରାଜନେତା ପାଲଟିଥିବା ଏନ୍.ଟି. ରାମାରାଓଙ୍କ ପରି ନେତାଙ୍କ ଉତ୍ଥାନ ହୋଇଥିଲା ଏବଂ ଏମାନେ ଜାତୀୟ ରାଜନୀତିରେ ମଧ୍ୟ ଗଭୀର ପ୍ରଭାବ ପକାଇଥିଲେ । ଏହି

ରାଜନୈତିକ ନେତାମାନେ କଂଗ୍ରେସ ବିରୋଧରେ ସମସ୍ତ ବିରୋଧୀ ଦଳମାନଙ୍କୁ ଏକାଠି କରିବାକୁ ଚେଷ୍ଟା କରୁଥିଲେ। ବାଜପେୟୀ ଏବଂ ଆଡଭାନୀ ମଧ୍ୟ ସମସ୍ତ ଜାତୀୟତାବାଦୀ ଏବଂ ଗଣତାନ୍ତ୍ରିକ ଦଳଗୁଡିକୁ ଏକାଠି ରଖିବାକୁ ବହୁତ ଆଗ୍ରହୀ ଥିଲେ। ତେବେ ଆଡଭାନୀ ନିଜ ଦଳର ସାଙ୍ଗଠନିକ ଦକ୍ଷତା ଏବଂ ରାଜନୈତିକ ସାମର୍ଥ୍ୟ ବଢାଇବା ଉପରେ ବେଶି ଗୁରୁତ୍ୱ ଦେଉଥିଲେ। ତାଙ୍କ ମତକୁ ଗ୍ରହଣ କରାଗଲା।

୧୯୯୨ ମସିହାରେ ବିଜେପି ଏକ ବିଶେଷ ପ୍ରକାର ସଙ୍କଟର ସମ୍ମୁଖୀନ ହେଲା। ୬ ଡିସେମ୍ବର ୧୯୯୨ରେ ବିଶ୍ୱ ହିନ୍ଦୁ ପରିଷଦ ଏବଂ ବିଜେପି ମିଳିତଭାବେ ୧.୫୦ ଲକ୍ଷ କରସେବକଙ୍କୁ ନେଇ ରାମ ଜନ୍ମଭୂମି ଅଯୋଧ୍ୟାଠାରେ ଏକ ବିଶାଳ ରାଲିର ଆୟୋଜନ କଲେ। ହଠାତ୍ ଜନଗହଳି ହିଂସ୍ର ହୋଇ ସୁରକ୍ଷା ବଳୟକୁ ଅତିକ୍ରମ କରି ବିବାଦୀୟ ସ୍ଥାନରେ ଥିବା ମସ୍‌ଜିଦ୍ ଭାଙ୍ଗି ପକାଇଲେ। ଏହା ପରେ ଦେଶର ବିଭିନ୍ନ ସ୍ଥାନରେ ହିନ୍ଦୁ ଓ ମୁସଲିମମାନଙ୍କ ମଧ୍ୟରେ ସାମ୍ପ୍ରଦାୟିକ ଦଙ୍ଗା ଆରମ୍ଭ ହୋଇଗଲା। ସେହି ସମୟରେ ବିଜେପିର କଲ୍ୟାଣ ସିଂ ଉତ୍ତରପ୍ରଦେଶର ମୁଖ୍ୟମନ୍ତ୍ରୀ ଏବଂ କଂଗ୍ରେସର ପି.ଭି. ନରସିଂହା ରାଓ ଦେଶର ପ୍ରଧାନମନ୍ତ୍ରୀ ଥିଲେ। ଏହି ଘଟଣାର ନୈତିକ ଦାୟିତ୍ୱ ନେଇ କଲ୍ୟାଣ ସିଂ ମୁଖ୍ୟମନ୍ତ୍ରୀ ପଦରୁ ଇସ୍ତଫା ଦେଇଦେଲେ। ଏହି ଘଟଣାର ରାଜନୈତିକ ଫାଇଦା ଉଠାଇ ପ୍ରଧାନମନ୍ତ୍ରୀ ନରସିଂହା ରାଓ ଉତ୍ତରପ୍ରଦେଶର ବିଧାନସଭା ଭଙ୍ଗ କରିଦେଲେ ଏବଂ ଗଣତାନ୍ତ୍ରିକ ଭାବେ ନିର୍ବାଚିତ ହୋଇଥିବା ରାଜସ୍ଥାନ, ମଧ୍ୟପ୍ରଦେଶ ଏବଂ ହିମାଚଳ ପ୍ରଦେଶର ସରକାରକୁ ବରଖାସ୍ତ କରି ତିନିଟି ରାଜ୍ୟରେ ରାଷ୍ଟ୍ରପତି ଶାସନ ଜାରି କଲେ। ଆଡଭାନୀ ଏବଂ ମୁରଲୀ ମନୋହର ଯୋଶୀ ଏହା ପରେ ଗିରଫ ହେଲେ।

ଏହାପରେ ବିଭିନ୍ନ ରାଜ୍ୟରେ ବିଜେପିର ନିର୍ବାଚନ ପ୍ରଦର୍ଶନ ଭଲ ଓ ମନ୍ଦ ମିଶାମିଶି ରହିଲା।

୧୯୯୩ରେ ବିଜେପି ସ୍ପଷ୍ଟ ବହୁମତ ପାଇ ଦିଲ୍ଲୀରେ ସରକାର ଗଠନ କଲା ଏବଂ ମଦନଲାଲ୍ ଖୁରାନା ମୁଖ୍ୟମନ୍ତ୍ରୀ ହେଲେ। ରାଜସ୍ଥାନରେ ଦଳ ୧୯୯୦ର ୮୫ ଆସନରୁ ନିଜ ସ୍ଥିତି ବଢାଇ ୧୯୯୩ରେ ୯୫ଟି ଆସନ ପାଇଲା ଏବଂ ନିଜ କ୍ଷମତାରେ ସରକାର ଗଠନ କଲା। ଭୈରୋ ସିଂ ଶେଖାୱତ ରାଜ୍ୟର ମୁଖ୍ୟମନ୍ତ୍ରୀ ହେଲେ। ଉତ୍ତରପ୍ରଦେଶରେ ଦଳ ବହୁମତ ପାଇବାରେ ଅସମର୍ଥ ହେଲା କିନ୍ତୁ ଏକକ ସଂଖ୍ୟାଗରିଷ୍ଠତା ହାସଲ କଲା। ଦୁଇ ଭୟଙ୍କର ପରସ୍ପର ବିରୋଧୀ ଦଳ - ମୁଲାୟମ ସିଂଙ୍କ ସମାଜବାଦୀ ଦଳ ୧୦୯ ଆସନ ଏବଂ କାଂଶୀରାମଙ୍କ ବହୁଜନ ସମାଜ ଦଳ

୬୭ଟି ଆସନ ପାଇ ମେଣ୍ଟ ସରକାର ଗଠନ କଲେ। ପରବର୍ତ୍ତୀ ବିଧାନସଭା ନିର୍ବାଚନଗୁଡ଼ିକରେ ବିଜେପି ନିଜ ଉପସ୍ଥିତି ଜାରି ରଖିଲା।

୧୯୯୪ରେ କର୍ଣ୍ଣାଟକରେ ବିଜେପି ପ୍ରଭାବଶାଳୀ ପ୍ରଦର୍ଶନ କରିଥିଲା, ୧୯୮୯ରେ ଦଳ ଏଠାରେ ୪ଟି ଆସନ ପାଇଥିଲାବେଳେ ୯୪ରେ ୪୦ଟି ଆସନ ପାଇଥିଲା। ସମାନ ଭାବରେ ୧୯୮୯ରେ ଦଳ ଗୋଆରେ ଗୋଟିଏ ବି ଆସନ ପାଇ ନ ଥିଲାବେଳେ ୧୯୯୪ରେ ୪ଟି ଆସନ ପାଇଥିଲା। ୧୯୯୦ରେ ବିହାରରେ ହାରିଥିବା କଂଗ୍ରେସର ଆସନ ସଂଖ୍ୟା ୧୯୯୪ରେ ୭୦ରୁ ୨୯କୁ ଖସି ଆସିଥିଲା। ବିଜେପି ବିହାରରେ ୧୯୮୯ରେ ୩୯ଟି ଏବଂ ୧୯୯୪ରେ ୪୧ଟି ଆସନ ପାଇଥିଲା।

୧୯୯୫ରେ ବିଜେପି ମହାରାଷ୍ଟ୍ର ଏବଂ ଗୁଜରାଟରେ ସରକାର ଗଠନ କଲା। ଗୁଜରାଟରେ ବିଜେପି ୧୨୧ ଆସନ ପାଇ ଏକ ପ୍ରଭାବଶାଳୀ ବିଜୟ ସହ ଦୁଇ ତୃତୀୟାଂଶ ବହୁମତ ପାଇଥିଲା। କେଶୁଭାଇ ପଟେଲ ଗୁଜରାଟର ମୁଖ୍ୟମନ୍ତ୍ରୀ ହେଲେ। ମହାରାଷ୍ଟ୍ରରେ ବିଜେପିର ଆସନ ସଂଖ୍ୟା ପୂର୍ବ ନିର୍ବାଚନର ୪୨ରୁ ବଢ଼ି ୬୪ ହେଲା ଏବଂ ସହଯୋଗୀ ଶିବସେନା ୭୩ଟି ଆସନ ପାଇଲା ଏବଂ ଉଭୟ ଦଳ ମେଣ୍ଟ ସରକାର ଗଠନ କଲେ। ଓଡ଼ିଶା ଓ ବିହାରରେ ଦଳ ଯଥାକ୍ରମେ ୯ଟି ଏବଂ ୪୧ଟି ଆସନ ପାଇଥିଲା। ୧୯୯୫ରେ ଉତ୍ତର ପୂର୍ବ ରାଜ୍ୟରେ ହୋଇଥିବା ନିର୍ବାଚନରେ ଦଳ ମଣିପୁରରେ ଗୋଟିଏ ଆସନ ପାଇଲା ଏବଂ ଅରୁଣାଚଳ ପ୍ରଦେଶରେ ଦୁର୍ବଳ ସଙ୍ଗଠନ ଯୋଗୁ କୌଣସି ଆସନ ପାଇଲା ନାହିଁ। ୧୯୯୪ ଏବଂ ୧୯୯୫ରେ ହୋଇଥିବା ବିଧାନସଭା ନିର୍ବାଚନ ପରେ ଭାରତର ରାଜନୈତିକ ମାନଚିତ୍ର ପୁନର୍ବାର ଅଙ୍କିତ ହେଲା। ବିଜୟ କୁମାର ମାଲହୋତ୍ରା ଏବଂ ଜେ.ସି. ଜେଟଲୀଙ୍କ ଅନୁଯାୟୀ 'ଏହି କ୍ଷୁଦ୍ର ନିର୍ବାଚନରେ ସବୁଠାରୁ ବେଶି କ୍ଷତିଗ୍ରସ୍ତ ଥିଲା କଂଗ୍ରେସ ଦଳ, କାରଣ ୬ଟି ବଡ ରାଜ୍ୟରୁ ୪ଟିରେ ଯଥା ଆନ୍ଧ୍ରପ୍ରଦେଶ, କର୍ଣ୍ଣାଟକ, ମହାରାଷ୍ଟ୍ର ଏବଂ ଗୁଜରାଟରେ ଦଳ କ୍ଷମତା ହରାଇଥିଲା'।[୩୩୧]

୧୯୯୬ରେ ୮ଟି ରାଜ୍ୟରେ ନିର୍ବାଚନ ହେଲା। ଏ ମଧ୍ୟରୁ ଉତ୍ତରପ୍ରଦେଶରେ ବିଜେପି ପୁଣି ଏକକ ସଂଖ୍ୟାଗରିଷ୍ଠ ଦଳ ଭାବେ ୧୩୪ଟି ଆସନ ପାଇଲା (୧୯୯୩ରେ ୧୭୫ଟି) । ଏଥର ଦଳ ୬୭ଟି ଆସନ ପାଇଥିବା ବହୁଜନ ସମାଜ ପାର୍ଟି ସହ ମେଣ୍ଟ କରି ସରକାର ଗଢ଼ିବାକୁ ସକ୍ଷମ ହେଲା। ୪ଟି ରାଜ୍ୟରେ ବିଜେପି ଭଲ ପ୍ରଦର୍ଶନ କରିବାରେ ସକ୍ଷମ ହେଲା। ହରିଆଣାରେ ୧୧ (୧୯୯୧-୯), ଜମ୍ମୁ କଶ୍ମୀରରେ ୮ (ପୂର୍ବରୁ ୨ଟି), ଆସାମରେ ୪ (ପୂର୍ବରୁ ୦)

ଏବଂ ତାମିଲନାଡୁରେ ପ୍ରଥମଥର ପାଇଁ ଗୋଟିଏ ଆସନ ପାଇଲା। କେରଳ, ପଶ୍ଚିମବଙ୍ଗ ଏବଂ ପଣ୍ଡିଚେରୀରେ ଏହାର ଭୋଟ୍ ପ୍ରତିଶତ ବଢିଥିଲା କିନ୍ତୁ ଦଳ ଗୋଟିଏ ମଧ୍ୟ ଆସନ ଜିତି ନ ଥିଲା।

କିଛି ରାଜ୍ୟ ବିଧାନସଭା ନିର୍ବାଚନରେ ବିଜେପିର ତୁଳନାତ୍ମକ ପ୍ରଦର୍ଶନ (୧୯୮୫-୧୯୯୬)

	ରାଜ୍ୟ / କେନ୍ଦ୍ର ଶାସିତ ଅଞ୍ଚଳ	ମୋଟ ଆସନ ସଂଖ୍ୟା	ବର୍ଷ	ବିଜେପି ଲଢ଼ିଥିବା ଆସନ ସଂଖ୍ୟା	ବିଜେପି ବିଜୟୀ ଆସନ ସଂଖ୍ୟା	ଭୋଟ୍ ପ୍ରତିଶତ	ବିଜୟୀ ହୋଇଥିବା ଅନ୍ୟ ପ୍ରମୁଖ ଦଳ
୧	ମଧ୍ୟପ୍ରଦେଶ	୩୨୦	୧୯୮୫	୩୧୨	୫୮	୩୨.୪	୨୫୦- କଂଗ୍ରେସ
			୧୯୯୦	୨୬୯	୨୨୦	୩୯.୧	୫୬-କଂ
			୧୯୯୩	୩୨୦	୧୧୭	୩୮.୭	୧୭୪- କଂ
୨	ହିମାଚଳପ୍ରଦେଶ	୬୮	୧୯୮୫	୫୭	୦୭	୩୦.୬	୫୮- କଂ
			୧୯୯୦	୫୧	୪୬	୪୧.୮	୯- କଂ
			୧୯୯୩	୬୮	୦୮	୩୫.୮	୫୨- କଂ
୩	ରାଜସ୍ଥାନ	୨୦୦	୧୯୮୫	୧୧୮	୩୯	୨୧.୨	୧୧୩-କଂ
			୧୯୯୦	୧୨୮	୮୫	୩୩.୬	୫୦- କଂ ୫୫- ଜ.ଦ.
			୧୯୯୩	୧୯୬	୯୫	୩୮.୪	୭୬- କଂ ୬୦- ଜ.ଦ.
୪	ମହାରାଷ୍ଟ୍ର	୨୮୮	୧୯୮୫	୬୭	୧୬	୭.୩	୧୬୨- କଂ
			୧୯୯୦	୧୦୪	୪୨	୧୦.୭	୧୪୧-କଂ
							୫୨- ଶିବସେନା
			୧୯୯୫	୧୧୬	୬୫	୧୨.୬	୭୩- ଶି.ସେ. (ବିଜେପି ସହଯୋଗୀ)
							୮୦- କଂ
୫	ଉତ୍ତରପ୍ରଦେଶ	୪୨୫	୧୯୮୫	୩୪୭	୧୬	୯.୯	୨୬୯- କଂ
			୧୯୮୯	୪୦୦	୫୭	୧୧.୬	୨୦୮- ଜ.ଦ.

			୧୯୯୧	୪୧୫	୨୨୧	୩୧.୫	୯୨- ଜ.ଦ.
							୬୦- କଂ
			୧୯୯୬	୪୧୪	୧୭୪	୩୨.୫୨	୧୧୦- ସ.ପା. ୬୭- ବ.ସ.ପା.
୬	ବିହାର	୩୨୪	୧୯୮୫	୨୩୪	୧୬	୭.୫	୧୯୬- କଂ ୪୬- ଜ.ଦ.
			୧୯୯୦	୨୩୯	୩୯	୧୧.୬	୧୨୩- ଜ.ଦ.
							୭୦- କଂ
			୧୯୯୫	୩୧୫	୪୧		୧୬୭- ଜନତାଦଳ
୭	ଗୁଜରାଟ	୧୮୨	୧୯୮୫	୧୨୪	୧୧	୧୫.୦	୧୪୯- କଂ
			୧୯୯୦	୧୪୩	୬୭	୨୬.୭	୭୦- ଜ.ଦ.
							୩୩- କଂ
			୧୯୯୫	୧୮୨	୧୨୧	୪୨.୫୧	୪୫- କଂ
୮	ହରିଆଣା	୯୦	୧୯୮୭	୨୦	୧୬	୧୦.୧	୫- କଂ
							୬୦- ଲୋକଦଳ
			୧୯୯୧	୮୯	୦୨	୯.୪	୫୧- କଂ ୧୬- ଜ.ପା.
			୧୯୯୬	୨୫	୧୧	୮.୮୮	୦୯- କଂ
							୩୩- ହରିଆଣା ବିକାଶ ପାର୍ଟି
୯	ଆସାମ	୧୨୬	୧୯୮୫	୩୭	୦୦	୧.୧	୨୫- କଂ
							୯୨- ନିର୍ଦ୍ଦଳୀୟ
			୧୯୯୧	୪୮	୧୦	୬.୭	୬୬- କଂ(ଇ)
							୧୯- ଆସାମ ଗଣ ପରିଷଦ
			୧୯୯୬	୧୧୭	୦୪	୧୦.୪୧	୩୪- କଂ
							୫୯- ଆସାମ ଗଣ ପରିଷଦ
୧୦	ଦିଲ୍ଲୀ	୪୮	୧୯୫୨	୦	୦୫	-	୩୯-କଂ
		୫୬	୧୯୮୩	୫୦	୧୯	୩୭.୦	୭୪- କଂ
		୭୦	୧୯୯୩	୭୦	୪୯	୪୨.୮	୧୪- କଂ

ବିଜେପିର ଆଞ୍ଚଳିକ ନେତୃତ୍ୱରେ ଉତ୍ଥାନ

୧୯୯୦ ରୁ ୧୯୯୬ ଯେତେବେଳେ ବିଜେପି ବିଭିନ୍ନ ରାଜ୍ୟରେ ସରକାର ଗଠନ କରୁଥିଲା, ସେତେବେଳେ ଅନେକ ଆଞ୍ଚଳିକ ନେତୃବୃନ୍ଦ ଦଳ ଭିତରେ ସାମ୍ନାକୁ ଆସିଲେ। ବିଜେପିର କେନ୍ଦ୍ରୀୟ ନେତୃବୃନ୍ଦ ମଧ୍ୟ ଆଞ୍ଚଳିକ ନେତୃବୃନ୍ଦଙ୍କୁ ଉପଯୁକ୍ତ ଗୁରୁତ୍ୱ ଦେଲେ। ବିଜେପିର ଏହି ଚରିତ୍ର ଆଜି ବି ଦୃଢ଼ ଅଛି। ଉଦାହରଣ ସ୍ୱରୂପ ଗୁଜରାଟର ନରେନ୍ଦ୍ର ମୋଦି ନିଜ ଶ୍ରମ ଓ ସାଧନା, ଦକ୍ଷତା ଓ ଲୋକପ୍ରିୟତା ବଳରେ ସାଧାରଣ କାର୍ଯ୍ୟକର୍ତ୍ତାରୁ ଉଠି ପ୍ରଧାନମନ୍ତ୍ରୀ ଆସନରେ ପହଞ୍ଚିଲେ। ଏହା ବିପରୀତରେ କଂଗ୍ରେସ ଦଳରେ ପ୍ରତ୍ୟେକ ଆଞ୍ଚଳିକ ନେତା – ଶରଦ ପାୱାରଙ୍କଠୁ ଆରମ୍ଭ କରି ମମତା ବାନାର୍ଜୀ, ବିଜୁ ପଟ୍ଟନାୟକ ଏବଂ ୱାଇ.ଏସ୍. ଆର୍ .ରେଡ୍ଡୀଙ୍କ ଯାଏ, ଯିଏ ଟିକେ ଅଧିକ ଉନ୍ନତି କଲେ ସେମାନଙ୍କୁ ହଟେଇ ଦିଆଗଲା ଏବଂ ସେମାନେ ଆଞ୍ଚଳିକ ଦଳ ଗଢ଼ିବାକୁ ବାଧ୍ୟ ହେଲେ।

ମଧ୍ୟପ୍ରଦେଶରେ ସୁନ୍ଦରଲାଲ୍ ପଟୱା ରାଜ୍ୟରେ ଦଳ ଗଢାହେଲା ଦିନୁ ନିଜ ପରିଶ୍ରମରେ ଦଳକୁ ଦୃଢ କରିବାର ସମସ୍ତ ଶ୍ରେୟ ନେଇଥିଲେ। ସେ ୧୯୯୦ରେ ରାଜ୍ୟରେ ବିଜେପି ବିଜୟର କାରଣ ହୋଇଥିଲେ। ସେ ଦୁଇଥର ମଧ୍ୟପ୍ରଦେଶର ମୁଖ୍ୟମନ୍ତ୍ରୀ ହୋଇଥିଲେ। ୧୯୫୧ରେ ଭାରତୀୟ ଜନସଂଘରେ ଯୋଗଦେବା ପୂର୍ବରୁ ପଟୱା ଇନ୍ଦୋରର ରାଜ୍ୟ ପ୍ରଜାମଣ୍ଡଳ ଏବଂ ଆରଏସଏସ ସହ ସମ୍ପୃକ୍ତ ଥିଲେ। ୧୯୯୮ରେ ପଟୱା ଆରଏସଏସ ରାଲିରେ ଯୋଗଦେଇଥିବା କାରଣରୁ ଜେଲ୍ ଯାଇଥିଲେ। ଜରୁରିକାଳୀନ ପରିସ୍ଥିତି ସମୟରେ ସେ ବନ୍ଦୀ ହୋଇଥିବା ବିରୋଧୀ ଦଳମାନଙ୍କ ମଧ୍ୟରେ ଥିଲେ। ଜନସଂଘ ଜନତା ଦଳର ଅଂଶୀଦାର ଥିବାବେଳେ ସେ ପ୍ରଥମେ ୧୯୮୦ ଜାନୁଆରୀରୁ ଫେବୃଆରୀ ଯାଏ ରାଜ୍ୟର ପ୍ରଥମ ମୁଖ୍ୟମନ୍ତ୍ରୀ ହୋଇଥିଲେ। ୧୯୯୦ ମାର୍ଚ୍ଚରେ ସେ ଦ୍ୱିତୀୟଥର ପାଇଁ ରାଜ୍ୟର ମୁଖ୍ୟମନ୍ତ୍ରୀ ହେଲେ, ଯେବେ ବିଜେପି ରାଜ୍ୟରେ ଏକ ପ୍ରଭାବଶାଳୀ ବିଜୟ ଲାଭ କଲା। ମଧ୍ୟପ୍ରଦେଶ ବିଧାନସଭାର ୩୨୯ ଆସନରୁ ୨୬୯ଟିରେ ଲଢି ଦଳ ୨୨୦ ଆସନ ଜିତି ବହୁମତ ପାଇଥିଲା। ଯେ ଯାଏ ବିନା କାରଣରେ ସେ ସମୟରେ କେନ୍ଦ୍ରରେ ଥିବା କଂଗ୍ରେସ ସରକାର ବାବ୍ରୀ ମସଜିଦ ଘଟଣା ପରେ ତାଙ୍କ ସରକାରଙ୍କୁ ବରଖାସ୍ତ ନ କରିବା ଯାଏ ସୁନ୍ଦରଲାଲ୍ ଡିସେମ୍ବର ୧୯୯୨ ଯାଏ ମୁଖ୍ୟମନ୍ତ୍ରୀ ରହିଲେ। ଦଳ ପାଇଁ ତାଙ୍କ ଅବଦାନକୁ ମନେ ପକାଇ ଆଡଭାନୀ କହନ୍ତି 'ଏହିପରି ଲୋକମାନଙ୍କ ପାଇଁ (ପଟୱା ଓ ବାଜପେୟୀ) ଦଳ ଆଜି ଏହି ଉଚ୍ଚତାରେ ପହଞ୍ଚି ପାରିଛି'।[୩୩୨]

ଟାଇମ୍ସ ଅଫ୍ ଇଣ୍ଡିଆ ଅନୁଯାୟୀ :-

ପୂର୍ବର ଜନସଂଘ ଓ ପରେ ବିଜେପିରେ ପରିବର୍ତ୍ତିତ ହୋଇଥିବା ଦଳ ପାଇଁ ପଟୱାଙ୍କ ଅବଦାନ ଅବିସ୍ମରଣୀୟ। ବିଜେପିର ବିରୋଧୀ ଦଳରୁ ଶାସକ ଦଳ ହେବାର ଯାତ୍ରାରେ ପଟୱା ଏକ ପ୍ରମୁଖ ଭୂମିକା ଗ୍ରହଣ କରିଥିଲେ। ତାଙ୍କର ବ୍ୟକ୍ତିଗତ ଯୁଦ୍ଧ, ଏକ କଠିନ ଆପୋସ ବୁଝାମଣା ସଙ୍ଗଠନର ମୂଳଦୁଆ, ମଧ୍ୟପ୍ରଦେଶରେ ବିଜେପି ପାଇଁ ଅଧିକ ବ୍ୟବହାରିକ ରାଜନୈତିକ ବ୍ୟକ୍ତିତ୍ୱ ପାଇଁ ରାସ୍ତା ଖୋଲିଥିଲା।[୩୩୩]

ଜାତୀୟ ରାଜନୀତିରେ ପଟୱା ପ୍ରଥମେ ଛିନ୍ଦୱାଡାରୁ ୧୯୯୭ରେ ଏକ ଉପନିର୍ବାଚନରେ କଂଗ୍ରେସର କମଳନାଥଙ୍କୁ ହରାଇ ଲୋକସଭାକୁ ନିର୍ବାଚିତ ହୋଇଥିଲେ। ୧୯୯୯ରେ ସେ ହୋସାଙ୍ଗାବାଦ ଲୋକସଭା ଆସନରୁ ଜିତି ବାଜପେୟୀଙ୍କ ସରକାରରେ ୧୯୯୯ ରୁ ୨୦୦୧ ଯାଏ ମନ୍ତ୍ରୀ ଥିଲେ। ପଟୱା ଜଣେ ଖୁବ ଭଲ ପ୍ରଶାସକ ଥିଲେ ଏବ ତାଙ୍କ ମନ୍ତ୍ରୀମାନଙ୍କୁ କାମ କରିବାକୁ ସମ୍ପୂର୍ଣ୍ଣ ସ୍ୱାଧୀନତା ଦେଉଥିଲେ। ୨୦୧୭ରେ ପଟୱାଙ୍କୁ ଭାରତର ଦ୍ୱିତୀୟ ସର୍ବୋଚ୍ଚ ବେସାମରିକ ପୁରସ୍କାର ପଦ୍ମ ବିଭୂଷଣ ଦିଆଯାଇଥିଲା।

ଯଦି ମଧ୍ୟପ୍ରଦେଶରେ ଜଣେ ପଟୱା ଥିଲେ, ତେବେ ଦିଲ୍ଲୀରେ ନେତୃତ୍ୱ ନେବାକୁ ଜଣେ ମଦନଲାଲ୍ ଖୁରାନା ଥିଲେ, ଯିଏ କି ୧୯୯୩ରେ ଦିଲ୍ଲୀ ବିଧାନସଭା ନିର୍ବାଚନରେ ୪୯ ଆସନ ପାଇ ବିଜେପି ଜିତିବା ପରେ ଦିଲ୍ଲୀର ମୁଖ୍ୟମନ୍ତ୍ରୀ ହୋଇଥିଲେ। ବିଭାଜନ ସମୟରେ ମଦନଲାଲ୍ ଖୁରାନାଙ୍କ ପରିବାର ପାକିସ୍ତାନରୁ ଆସି ଦିଲ୍ଲୀରେ ଅବସ୍ଥାପିତ ହୋଇଥିଲେ। ଦିଲ୍ଲୀ ବିଶ୍ୱବିଦ୍ୟାଳୟରୁ ସ୍ନାତକ ଡିଗ୍ରୀ ପରେ ସେ ଆହ୍ଲାବାଦ ବିଶ୍ୱବିଦ୍ୟାଳୟ ଗଲେ ଏବଂ ସେଠାରେ ସେ ଛାତ୍ର ରାଜନୀତିରେ ସକ୍ରିୟ ହେଲେ। ସେ ପରେ ଏବିଭିପି, ଆରଏସଏସ ଏବଂ ଭାରତୀୟ ଜନସଂଘ ସହ ସମ୍ପୃକ୍ତ ହେଲେ। ରେଡିଫଙ୍କ ସମ୍ବନ୍ଧରେ ଏକ ଆଲେଖ୍ୟ 'ଶୀତରେ ସିଂହ' କୁହେ, ଯୁବକ ଖୁରାନା ଅନ୍ୟ ଜଣେ ପ୍ରମୁଖ ବିଜେପି ନେତା ବିଜୟ କୁମାର ମାଲହୋତ୍ରାଙ୍କ ସହ ରାଜନୀତିରେ ପ୍ରବେଶ କରିବାର ନିଷ୍ପତ୍ତି ନେଇ ଏକ ସାନ୍ଧ୍ୟ ମହାବିଦ୍ୟାଳୟରେ ଶିକ୍ଷକତା କଲେ। ଖୁରାନା, ମାଲହୋତ୍ରା, କେଦାରନାଥ ସାହାନୀ ଏବଂ କନୱରଲାଲ୍ ଗୁପ୍ତା ବିଜେପିର ପୂର୍ବ ଅବତାର ଜନସଂଘର ଦିଲ୍ଲୀ ପ୍ରାନ୍ତର ପ୍ରତିଷ୍ଠା କଲେ। ୧୯୬୫ରୁ ୧୯୬୭ ଖୁରାନା ଜନସଂଘର ସାଧାରଣ ସଚିବ ଥିଲେ।[୩୩୪] ମାଲହୋତ୍ରା, ସାହାନୀ ଏବଂ ଅନ୍ୟମାନଙ୍କ ସହ ଖୁରାନା କଠିନ ପରିଶ୍ରମ କରି ଦିଲ୍ଲୀରେ ବିଜେପିକୁ ଦୃଢ କଲେ ଏବଂ ଫଳସ୍ୱରୂପ ଦଳ ଦିଲ୍ଲୀରେ ପ୍ରଥମ ସରକାର ଗଢିଲା। ସେ ୧୯୯୩ ରୁ ୧୯୯୬ ଯାଏ ଦିଲ୍ଲୀର ମୁଖ୍ୟମନ୍ତ୍ରୀ ଥିଲେ।

ପଟୱାଙ୍କ ପରି ଶାନ୍ତାକୁମାର ଦୁଇଥର ହିମାଚଳ ପ୍ରଦେଶର ମୁଖ୍ୟମନ୍ତ୍ରୀ ହୋଇଥିଲେ। ପ୍ରଥମେ ୧୯୭୭ ଜୁନ୍‌ରୁ ୧୪ ଫେବୃଆରୀ ୧୯୮୦ ଯାଏ ଜନତା ସରକାରରେ ଏବଂ ପରେ ବହୁମତ ସହ ୧୯୯୦ ବିଧାନସଭା ନିର୍ବାଚନରେ ବିଜେପି ସରକାରରେ ମୁଖ୍ୟମନ୍ତ୍ରୀ ହୋଇଥିଲେ। ୧୯୯୦ ବିଧାନସଭା ନିର୍ବାଚନରେ ଦଳ ହିମାଚଳ ପ୍ରଦେଶରେ ୬୮ଟି ଆସନ ଲଢି ୪୬ଟି ଜିତିଥିଲା। ଶାନ୍ତାକୁମାର ୫ ମାର୍ଚ୍ଚ ୧୯୯୦ରୁ ୧୫ ଡିସେମ୍ବର ୧୯୯୨ ଯାଏ ମୁଖ୍ୟମନ୍ତ୍ରୀ ଥିଲେ ଏବଂ ବାବ୍ରୀ ମସଜିଦ ଭଙ୍ଗ ଘଟଣା ପରେ କେନ୍ଦ୍ରର କଂଗ୍ରେସ ସରକାର ରାଜ୍ୟରେ ବହୁମତ ଥିବା ସରକାରକୁ ଭାଙ୍ଗିଦେଇଥିଲେ। ପ୍ରମୁଖ ନେତା ଶାନ୍ତାକୁମାର ୧୯୮୦ - ୮୫ରେ ହିମାଚଳ ପ୍ରଦେଶ ବିଧାନସଭାର ବିରୋଧୀ ଦଳ ନେତା ଥିଲେ ଏବଂ (୧୯୮୯-୯୧, ୧୯୯୮-୯୯, ୧୯୯୯-୨୦୦୪ ଏବଂ ୨୦୧୪) ୪ ଥର ସାଂସଦ ଥିଲେ। ସେ ମଧ୍ୟ ଖାଉଟି କଲ୍ୟାଣ ଓ ସାଧାରଣ ବଣ୍ଟନ ଏବଂ ଗ୍ରାମ୍ୟ ଉନ୍ନୟନ କେନ୍ଦ୍ରମନ୍ତ୍ରୀ ଭାବେ ବାଜପେୟୀ ସରକାରରେ ସାମିଲ ଥିଲେ। ୨୦୦୮ରେ ସେ ରାଜ୍ୟସଭାକୁ ନିର୍ବାଚିତ ହୋଇଥିଲେ, କିନ୍ତୁ ୨୦୧୪ରେ କାଙ୍ଗରା ଆସନରୁ ଜିତି ପୁଣି ଲୋକସଭାକୁ ଫେରିଥିଲେ।

୧୯୯୧ ବିଧାନସଭା ନିର୍ବାଚନରେ କଲ୍ୟାଣ ସିଂଙ୍କ ନେତୃତ୍ୱରେ ବିଜେପି ଉତ୍ତରପ୍ରଦେଶରେ ଆଶ୍ଚର୍ଯ୍ୟଜନକ ବିଜୟ ପାଇଥିଲା। ୪୧୫ ଆସନ ସଂଖ୍ୟା ଥିବା ବିଧାନସଭାରେ ୪୧୫ଟି ଆସନରେ ଲଢି ଦଳ ୨୨୧ ଆସନ ପାଇ ଅଭୂତପୂର୍ବ ବିଜୟ ପାଇଲା। କଂଗ୍ରେସ ଓ ଜନତା ଦଳ ଯଥାକ୍ରମେ ୪୬ ଏବଂ ୯୨ ଆସନ ପାଇ ପଛରେ ପଡିଗଲେ। ଅଯୋଧ୍ୟା ଆନ୍ଦୋଳନକୁ ସମର୍ଥନ ଏବଂ ପରେ ଆଡଭାନୀଙ୍କ ଦ୍ୱାରା ରାମ ରଥଯାତ୍ରାର ସୁଫଳ ବିଜେପିକୁ ମିଳିଲା।

'ସ୍ୱରାଜ୍ୟ'ରେ ଅତୁଲ ଚନ୍ଦ୍ରଙ୍କ କହିବା ଅନୁଯାୟୀ -

ପ୍ରଥମ ଥର ପାଇଁ ହିନ୍ଦୁ ଲହରି ଏବଂ ସ୍ଲୋଗାନ "ରାମଲାଲା ହମ ଆୟେଙ୍ଗେ, ମନ୍ଦିର ୱହି ବନାୟେଙ୍ଗେ" ଉପରେ ନିର୍ଭର କରି ବିଜେପି କ୍ଷମତାକୁ ଆସିଲା। ଉତ୍ତରପ୍ରଦେଶ ରାଜନୀତି ହାସଲ କରିଥିବା ଗେରୁଆ ରଙ୍ଗ ସେହି ବିକାଶରେ ପ୍ରାଧାନ୍ୟ ବିସ୍ତାର କରିଥିଲା, ଯାହା ପରେ ଜଣେ ମୁଖ୍ୟ ନେତା କଲ୍ୟାଣ ସିଂଙ୍କୁ ମୁଖ୍ୟମନ୍ତ୍ରୀ ଭାବେ ନିଯୁକ୍ତ କରାଗଲା ଏବଂ କଲ୍ୟାଣ ସିଂ କଠୋର ତଥା ଦକ୍ଷ ପ୍ରଶାସକ ଭାବେ ସୁନାମ ଅର୍ଜନ କରିଥିଲେ।[୩୩୫]

କଲ୍ୟାଣ ସିଂ ସରକାର ବାବ୍ରୀ ମସଜିଦ ପାଖରେ ସାହସର ସହ ଏକ ଜାଗା ଦଖଲ କରି ତାକୁ 'ଚବୁତରା' ନାମ ଦେଲେ ଏବଂ ଏହା ଧାର୍ମିକ ଭଜନ ପାଇଁ ଉଦ୍ଦିଷ୍ଟ

ସ୍ଥାନ ବୋଲି କହିଲେ ଓ ବିଶ୍ୱ ହିନ୍ଦୁ ପରିଷଦ ଏହାକୁ ରାମ ମନ୍ଦିର ସ୍ଥାପନାର ସ୍ଥାନ ବୋଲି କହିଲେ। କଲ୍ୟାଣ ସିଂଙ୍କ କାର୍ଯ୍ୟକାଳ ସମୟରେ ହିଁ ୬ ଡିସେମ୍ବର ୧୯୯୨ରେ ବାବ୍ରୀ ମସଜିଦର ବିବାଦୀୟ ସ୍ଥାନର ଅନାଦର ହୋଇଥିଲା। ଏହି ଦୁର୍ଭାଗ୍ୟପୂର୍ଣ୍ଣ ଘଟଣାର ନୈତିକ ଦାୟିତ୍ୱ ନେଇ କଲ୍ୟାଣ ସିଂ ସେହିଦିନ ସନ୍ଧ୍ୟାରେ ହିଁ ଇସ୍ତଫା ଦେଇଦେଲେ। ପରେ ୨୧ ସେପ୍ଟେମ୍ବର ୧୯୯୭ରୁ ୧୨ ନଭେମ୍ବର ୧୯୯୯ ଯାଏ କଲ୍ୟାଣ ସିଂ ଦ୍ୱିତୀୟ ଥର ପାଇଁ ମୁଖ୍ୟମନ୍ତ୍ରୀ ହେଲେ।

ଶକ୍ତ କେନ୍ଦ୍ରୀୟ ନେତୃତ୍ୱ ବ୍ୟତୀତ ବିଜେପିର ଏହି ଦୃଢ ଆଞ୍ଚଳିକ ନେତୃତ୍ୱମାନେ ରାଜ୍ୟରେ ଦଳର ସଙ୍ଗଠନକୁ ଦୃଢ କରିଥିଲେ।

ମଣ୍ଡଳ କମିଶନ ଏବଂ ଜାତିଭିତ୍ତିକ ରାଜନୀତିର ଉତ୍ଥାନ।

ଭାରତର ସାମାଜିକ ଏବଂ ଶିକ୍ଷାଗତ ଭାବେ ପଛୁଆ ଶ୍ରେଣୀମାନଙ୍କୁ ଚିହ୍ନଟ କରିବାକୁ ୧୯୭୯ରେ ଜନତା ପାର୍ଟି ସରକାର ଏକ କମିଶନ ଗଢିଥିଲେ। ଏହି କମିଶନଟି ଏସଇବିସି ନାଁରେ ବି.ପି. ମଣ୍ଡଳ ନାମକ ଜଣେ ସାଂସଦଙ୍କ ନେତୃତ୍ୱରେ ଗଢା ହୋଇଥିଲା ଏବଂ ମଣ୍ଡଳ କମିଶନ ନାମରେ ପରିଚିତ ହେଲା। କମିଶନ ଏହାର ରିପୋର୍ଟ ୧୯୮୦ ଡିସେମ୍ବରରେ ପ୍ରଦାନ କରିଥିଲା, କିନ୍ତୁ ଇନ୍ଦିରାଙ୍କ ନେତୃତ୍ୱରେ କଂଗ୍ରେସ ସରକାର ଓ ପରେ ରାଜୀବଙ୍କ ନେତୃତ୍ୱର ସରକାର ଏହି କମିଶନ ରିପୋର୍ଟକୁ କାର୍ଯ୍ୟକାରୀ କରି ନ ଥିଲା। ଇତ୍ୟବସରରେ ବୋଫର୍ସ ଘୋଟାଲା ପାଇଁ ରାଜୀବ ଗାନ୍ଧୀଙ୍କୁ ହରାଇ ଭି ପି ସିଂ କ୍ଷମତାକୁ ଆସିଲେ, କିନ୍ତୁ ତାଙ୍କ ପାଖରେ ବହୁମତ ନ ଥିଲା। 'ଜାତୀୟ ସାମ୍ମୁଖ୍ୟ' ମେଣ୍ଟ କରି ବିଜେପିର ବାହ୍ୟ ସମର୍ଥନରେ ଭି.ପି. ସିଂ ଏକ ଅଳ୍ପମତ ସରକାର ଗଢିଲେ।

୧୯୯୦ ବେଳକୁ ସଂଘ ପରିବାର ଏବଂ ବିଜେପି ସମର୍ଥନରେ ଅଯୋଧ୍ୟା ଆନ୍ଦୋଳନ ଜନସାଧାରଣଙ୍କ ସମର୍ଥନ ପାଇସାରିଥିଲା। ଭି. ପି. ସିଂ ଅପେକ୍ଷାକୃତ ଭାବେ ଦୁର୍ବଳ ନେତା ସାବ୍ୟସ୍ତ ହେଲେ ଏବଂ ସମାଧାନର ପଥ ଖୋଜିବାକୁ ସକ୍ଷମ ହେଲେ ନାହିଁ। ଏହାକୁ ବିରୋଧ କରିବାକୁ ସେ ଏକ ରାଜନୈତିକ ଜୁଆ ଖେଳିବା କଥା ଚିନ୍ତା କଲେ। 'ଦି କୁଇଣ୍ଟ'ର ଲେଖକ ଦିବ୍ୟାନୀ ରତନପାଲଙ୍କ ଅନୁସାରେ 'ରାଜନୈତିକ କ୍ଷେତ୍ରର ଦୁଇପ୍ରାନ୍ତର ଚାପରେ ତଥା ଦେଶର ସର୍ବୋଚ୍ଚ ପଦ ହାତେଇବାକୁ ପ୍ରସ୍ତୁତ ଆକ୍ରମଣାତ୍ମକ ଉପପ୍ରଧାନମନ୍ତ୍ରୀ ଦେବୀଲାଲଙ୍କ ଉଚ୍ଚାକାଂକ୍ଷାକୁ ଦୃଷ୍ଟିଦେଇ ଭି.ପି. ସିଂ ମଣ୍ଡଳ କମିଶନର ରିପୋର୍ଟ ଉପରୁ ଧୂଳି ଝାଡି ନିଜ ସ୍ୱାଧୀନତା ଦିବସର ଭାଷଣରେ ଏହାର କାର୍ଯ୍ୟକାରିତାର ଘୋଷଣା କଲେ'।[୩୩୬] ବିଜେପିର ଅଯୋଧ୍ୟାରେ ରାମମନ୍ଦିର

କରିବାର ଯୋଜନା ବିରୋଧରେ ସିଂ ଏହି ଘୋଷଣା କରିଥିଲେ। ରାଜନୈତିକ କ୍ଷେତ୍ରରେ ଏହାକୁ 'ମଣ୍ଡଳ ବନାମ କମଣ୍ଡଳ' ବୋଲି କୁହାଯାଉଥିଲା, ଯାହାକି ତଥାକଥିତ ଉଚ୍ଚଜାତି ଏବଂ ପଛୁଆ ବର୍ଗଙ୍କ ମଧ୍ୟରେ ହିଂସ୍ର ସାମାଜିକ ସଂଘାତରେ ପରବର୍ତ୍ତିତ ହେଲା। ୧୪ ଅଗଷ୍ଟ ୧୯୯୧ରେ ଏହି ନିଷ୍ପତ୍ତିକୁ ସର୍ବୋଚ୍ଚ ନ୍ୟାୟାଳୟରେ ଚ୍ୟାଲେଞ୍ଜ କରାଗଲା। ଏକ ୯ ଜଣିଆ ଖଣ୍ଡପୀଠ ୧୬ ନଭେମ୍ବର ୧୯୯୨ରେ ମଣ୍ଡଳ କମିଶନଙ୍କୁ ବୈଧ ବୋଲି ଘୋଷଣା କଲେ ଏବଂ ସଂରକ୍ଷଣ ପାଇଁ କେନ୍ଦ୍ର ଏକ ନିର୍ଦ୍ଦେଶନାମା ଜାରିକଲା ଓ ଏ ସମ୍ବନ୍ଧରେ 'ଦି ପାୟୋନିୟର'ରେ ରିପୋର୍ଟ ପ୍ରକାଶ ହେଲା।[୩୩୭]

ମଣ୍ଡଳ କମିଶନ ସୁପାରିସର କାର୍ଯ୍ୟକାରିତା ଆଗାମୀ ବର୍ଷଗୁଡିକରେ ଜାତିଭିତ୍ତିକ ଏବଂ ଭୋଟ ବ୍ୟାଙ୍କ ରାଜନୀତିରେ ବିଶ୍ୱାସ କରୁଥିବା ଅନେକ ତଥାକଥିତ ସମାଜବାଦୀ ନେତୃବୃନ୍ଦଙ୍କର ଉତ୍ଥାନର କାରଣ ହେଲା। ତାଙ୍କ ମଧ୍ୟରୁ ଅନେକ ଜନତା ଦଳ ମାଧ୍ୟମରେ ରାଜନୀତିକୁ ଆସିଥିଲେ କିନ୍ତୁ ଏକ ବିଶେଷ ଜାତି କିମ୍ବା ସମ୍ପ୍ରଦାୟକୁ ଲକ୍ଷ୍ୟ କରି ନିଜର ରାଜନୀତି ଦଳ ରହିବାକୁ ଚାଲିଗଲେ। ଏମାନଙ୍କ ମଧ୍ୟରେ ପ୍ରମୁଖ ଥିଲେ ମୁଲାୟମ ସିଂ ଯାଦବ (ଉତ୍ତରପ୍ରଦେଶ) ଏବଂ ଲାଲୁ ପ୍ରସାଦ ଯାଦବ (ବିହାର)। ତେବେ ମଣ୍ଡଳ କମିଶନ ଜନତା ଦଳର ନେତୃବୃନ୍ଦଙ୍କର ବ୍ୟକ୍ତିଗତ ଆଂକାକ୍ଷା ଯୋଗୁ ଜାତୀୟ ସ୍ତରରେ ଦଳକୁ ପୁନରୁତ୍‌ଥାନ କରାଇ ଦେଲା ନାହିଁ। ଅନ୍ୟପକ୍ଷରେ ଏକ ସଂଯୁକ୍ତ ଏବଂ ନିର୍ଦ୍ଦିଷ୍ଟ ଲକ୍ଷ୍ୟ ନେଇ ବିଜେପି ଜାତୀୟ ସ୍ତରରେ ଗଣନା ହେବାପରି ଶକ୍ତି ଭାବେ ମାନ୍ୟତା ପାଇଲା। ବାଜପେୟୀ ଏବଂ ଆଡଭାନୀଙ୍କ ଦୃଢ ନେତୃତ୍ୱରେ ଦଳ ତ୍ୱରିତ୍ ବେଗରେ କଂଗ୍ରେସ ପାଇଁ ଏକ ପ୍ରକୃତ ଆହ୍ୱାନ ଭାବେ ଗଢି ହେଉଥିଲା। ଏହା ମୁଖ୍ୟ ବିରୋଧୀ ଦଳର ସ୍ଥାନ ପାଇଲା - ଯାହା ଅତୀତରେ ଜନତା ପାର୍ଟି ଏବଂ ଜନତା ଦଳ ପାଇଥିଲା। ତେବେ ବିଜେପି ସଂସଦରେ କଂଗ୍ରେସର ସ୍ଥାନ ନେବାକୁ ସମ୍ପୂର୍ଣ୍ଣ ରୂପେ ପ୍ରସ୍ତୁତ ହେଉଥିଲା। ବିଜେପି ଯାତ୍ରାର ଏକ ଅଦ୍ଭୁତ ସମୟ ଆରମ୍ଭ ହେବାକୁ ଯାଉଥିଲା।

୧୭

ବିଜେପିର ସୁବର୍ଣ୍ଣ ବର୍ଷ ସମୂହ, କେନ୍ଦ୍ରରେ ସରକାର (୧୯୯୬ -୨୦୦୪)

ଗଠନ ହେବା ଦିନରୁ ବିଜେପି ଧୀରେ ଧୀରେ ବୃଦ୍ଧି ପାଇଥିଲା । ୧୯୯୦ ରୁ ୧୯୯୬ ମଧ୍ୟରେ ଦଳ ବିଭିନ୍ନ ରାଜ୍ୟରେ ସରକାର ଗଢିଥିଲା ଏବଂ ଲୋକସଭାରେ ମଧ୍ୟ ନିଜ ଆସନ ସଂଖ୍ୟା ବଢେଇ ଚାଲିଥିଲା । ବାଜପେୟୀ ଆଡଭାନୀ ଯୋଡି ନିରନ୍ତର ଦଳକୁ ଗଠନ ହେବା ଦିନଠାରୁ ଉପରକୁ ଉଠାଇବାର ଉଦ୍ୟମ କରି ଜାତୀୟ ସ୍ତରରେ ଦଳକୁ କଂଗ୍ରେସର ବିକଳ୍ପ ଭାବେ ପହଞ୍ଚାଇବାରେ ସକ୍ଷମ ହୋଇଥିଲେ । ଭାରତୀୟ ରାଜନୀତିରେ ଆପଣ ବାଜପେୟୀ ଆଡଭାନୀ ଯୋଡିର ସମତୁଲ ସୌହାର୍ଦ୍ଦ୍ୟ ଅନ୍ୟ କେଉଁଠାରେ କାଁ ଭାଁ ପାଇବେ । କେବଳ ନରେନ୍ଦ୍ର ମୋଦି, ଅମିତ ଶାହ ଯୋଡି ପୂର୍ବୋକ୍ତ ଯୋଡିର ପାଖାପାଖି ଆସିବେ । ଆଡଭାନୀ ବାଜପେୟୀଙ୍କଠାରୁ ମାତ୍ର ୩ ବର୍ଷ ସାନ । ଦୁହେଁ ପରସ୍ପରକୁ ୧୯୫୨ରେ ଭେଟିଥିଲେ, ଯେବେ ବାଜପେୟୀ ଜନସଂଘ ଏବଂ ଆଡଭାନୀ ଆରଏସଏସ୍‌ରେ ଥିଲେ । ୧୯୫୭ରେ ଆଡଭାନୀ ଦିଲ୍ଲୀ ଚାଲିଆସିଲେ ଏବଂ ସେତେବେଳକୁ ସାଂସଦ ହୋଇସାରିଥିବା ବାଜପେୟୀଙ୍କ ସହ ଘନିଷ୍ଠ ଭାବେ କାମ କରିବାକୁ ଲାଗିଲେ । ସେମାନଙ୍କ ରାଜନୈତିକ ସହଭାଗିତା ଏବଂ ବନ୍ଧୁତ୍ୱ ସାତ ଦଶନ୍ଧି ଧରି ରହିଥିଲା । 'ହିନ୍ଦୁସ୍ତାନ ଟାଇମ୍ସ'ର ଏକ ଆଲେଖ୍ୟ ଅନୁଯାୟୀ :

ରାଷ୍ଟ୍ରୀୟ ସ୍ୱୟଂ ସେବକ ସଂଘ ପ୍ରତି ସେମାନଙ୍କର ବିଶ୍ୱସ୍ତତା ଏବଂ ହିନ୍ଦୁ ସମାଜକୁ ଏକତ୍ର କରିବାର ବିଶ୍ୱ ଦୃଷ୍ଟିକୋଣକୁ ଉଭୟ ଶ୍ରେୟ ଦେଉଥିଲେ । ଉଭୟଙ୍କର ସାହିତ୍ୟ,

ସାମ୍ପାଦିକତା ଏବଂ ସିନେମାରେ ରୁଚି ଥିଲା। ଯେତେବେଳେ ଆରଏସଏସ ଏହାର ସର୍ବୋତ୍ତମ କାର୍ଯ୍ୟକର୍ତ୍ତାମାନଙ୍କୁ ରାଜନୈତିକ ଦଳ ଗଢିବାକୁ ପଠାଇଲା, ସେବେ ଉଭୟ ବାଜପେୟୀ ଏବଂ ଆଡଭାନୀ ୧୯୫୧ରେ ଭାରତୀୟ ଜନସଂଘରେ ଯୋଗଦେଲେ ଏବଂ ସେମାନେ ଦଳକୁ ଭୂଇଁରୁ ଉଠେଇ ମଜଭୁତ କରି ଗଢିବାରେ ସହାୟକ ହେଲେ।[୩୩୮]

ପ୍ରଥମେ ଜନସଂଘ ଓ ପରେ ବିଜେପିର ବରିଷ୍ଠ ନେତାଭାବେ ସେମାନେ ଅନେକ ଗୁରୁତ୍ୱପୂର୍ଣ୍ଣ ନିଷ୍ପତ୍ତି ନେଇଥିଲେ। ଏହା ଜନତା ପାର୍ଟି ସହ ଜନସଂଘର ମିଶ୍ରଣ, ଯାହା ଶେଷରେ ଇନ୍ଦିରା ଗାନ୍ଧୀଙ୍କୁ ଗାଦିଚ୍ୟୁତ କରିବା ହେଉ, ବା ଜନତା ପାର୍ଟି ମେଣ୍ଟରୁ ବାହାରିଯାଇ ନୂଆ ଦଳ ବିଜେପି ଗଢିବା ହେଉ। ବିଜେପିର ସର୍ବୋଚ୍ଚ ଗୋଷ୍ଠୀ ଭାବେ ସେମାନେ ପରେ ଅନ୍ୟ ଦଳମାନଙ୍କ ସହ ମେଣ୍ଟ କରି ତିନିଥର କେନ୍ଦ୍ର ସରକାର ଗଢିଥିବା ବିଜେପି ପାଇଁ ଗୁରୁତ୍ୱପୂର୍ଣ୍ଣ ଭୂମିକା ତୁଲେଇଥିଲେ। ଯେବେ ଆଡଭାନୀ କଠୋର ହିନ୍ଦୁତ୍ୱ ରୂପରେ ଦଳର ଆଧାରକୁ ଜନସାଧାରଣଙ୍କ ନିକଟକୁ ପହଞ୍ଚାଇବାରେ ଏକ ନିର୍ଣ୍ଣାୟକ ଭୂମିକା ଗ୍ରହଣ କରିଥିଲେ, ବାଜପେୟୀ ନିଜ ନମ୍ର ହିନ୍ଦୁତ୍ୱ ସହ ଏହାକୁ ସ୍ୱୀକାର କରି ଦଳର ଆସନ ସଂଖ୍ୟା ୧୬୧ (୧୯୯୬) ଏବଂ ୧୮୨ (୧୯୯୯) ପର୍ଯ୍ୟନ୍ତ ପହଞ୍ଚାଇବାକୁ ଆବଶ୍ୟକ ସ୍ୱୀକାର୍ଯ୍ୟତା ପ୍ରଦାନ କରିଥିଲେ। କିନ୍ତୁ ସେମାନଙ୍କ ମଧ୍ୟରେ ମତଭେଦ ମଧ୍ୟ ଥିଲା। ବିଶେଷତଃ ନବେ ଦଶକରେ ଆଡଭାନୀଙ୍କ ପରି କଠୋର ହିନ୍ଦୁତ୍ୱକୁ ବାଜପେୟୀ ପ୍ରୋତ୍ସାହିତ କରିବାକୁ ଚାହୁଁ ନ ଥିଲେ। ଏହି ଅଳ୍ପ କିଛି ମତଭେଦ ସତ୍ତ୍ୱେ ୧୬ ଅଗଷ୍ଟ ୨୦୧୮ରେ ବାଜପେୟୀଙ୍କ ଦୁଃଖଦ ଅନ୍ତ ହେବାଯାଏ ଉଭୟଙ୍କ ବନ୍ଧୁତ୍ୱ ଅତୁଟ ଥିଲା। ଏହା ଏମିତି ଏକ ସହଭାଗିତା, ଯାହା ସମକାଳୀନ ଭାରତୀୟ ରାଜନୈତିକ ଇତିହାସରେ ଅଦ୍ୱିତୀୟ ହୋଇ ରହିବାର ସମ୍ଭାବନା ଅଛି। ବାଜପେୟୀଙ୍କୁ ଆଡଭାନୀ ତାଙ୍କର 'ବରିଷ୍ଠ', 'ନେତା' ଏବଂ 'ରାଜନୈତିକ ଗୁରୁ' ରୂପେ ଦେଖନ୍ତି ବୋଲି ବାରମ୍ବାର ସ୍ୱୀକାର କରିଛନ୍ତି। ବୋଧହୁଏ ଏଥିପାଇଁ ୧୯୯୫ରେ ବିଜେପି ଅଧ୍ୟକ୍ଷ ଥିବାବେଳେ ଆଡଭାନୀ ଦଳର ପ୍ରଥମ ପ୍ରଧାନମନ୍ତ୍ରୀ ପ୍ରାର୍ଥୀରୂପେ ବାଜପେୟୀଙ୍କ ନାମ ଘୋଷଣା କରିଥିଲେ।

ଆଡଭାନୀ ବାଜପେୟୀଙ୍କୁ ପ୍ରଧାନମନ୍ତ୍ରୀ ପ୍ରାର୍ଥୀରୂପେ ଘୋଷଣା କଲେ

୧୯୯୬ ଲୋକସଭା ନିର୍ବାଚନର କିଛି ମାସ ପୂର୍ବରୁ ତତ୍କାଳୀନ ବିଜେପି ଅଧ୍ୟକ୍ଷ ଆଡଭାନୀ ଦଳ ଭିତରେ ଏବଂ ବାହାରେ ସମସ୍ତଙ୍କୁ ଆଶ୍ଚର୍ଯ୍ୟାନ୍ୱିତ କରିଦେଲେ। ୧୯୯୫ ନଭେମ୍ବରରେ ମୁମ୍ବାଇରେ ଅନୁଷ୍ଠିତ ଦଳର ମହାଅଧିବେଶନରେ (ବୃହତ୍

ସମ୍ମିଳନୀ) ସମସ୍ତଙ୍କୁ ଆଶ୍ଚର୍ଯ୍ୟ କରି ଆଡଭାନୀ ବାଜପେୟୀ ଦଳର ପ୍ରଧାନମନ୍ତ୍ରୀ ପ୍ରାର୍ଥୀ ହେବେ ବୋଲି ଘୋଷଣା କଲେ। ସେ ବୋଧହୁଏ ବାଜପେୟୀଙ୍କ ବଢୁଥିବା ଲୋକପ୍ରିୟତା ଏବଂ ରାଜନୈତିକ ଦଳ ନିର୍ବିଶେଷରେ ଜନସାଧାରଣଙ୍କ ଦ୍ୱାରା ବାଜପେୟୀଙ୍କ ଗ୍ରହଣୀୟତାକୁ ଅନୁଭବ କରିପାରିଥିଲେ। 'ଅନେକ ବର୍ଷ ଯାଏ କେବଳ ଆମ ଦଳୀୟ ଲୋକ ନୁହେଁ ବରଂ ସାଧାରଣ ଲୋକ ଏହି ସ୍ଲୋଗାନକୁ ମନ୍ତ୍ର ଭଳି ଜପିବେ – 'ଅଗଲି ବାରି ଅଟଳ ବିହାରୀ' (ଏଥର ବାଜପେୟୀଙ୍କ ପ୍ରଧାନମନ୍ତ୍ରୀ ହେବାର ପାଳି)। ଅଟଳଜୀଙ୍କ ନେତୃତ୍ୱରେ ବିଜେପି ପରବର୍ତ୍ତୀ ସରକାର ଗଢ଼ିବା ବିଷୟରେ ମୁଁ ସ୍ଥିର ନିଶ୍ଚିତ'।[୩୩୯]

ଆଡଭାନୀ ତାଙ୍କ ଆତ୍ମଜୀବନୀରେ ଏକଥା ସ୍ପଷ୍ଟ କରିଛନ୍ତି ଯେ ସେ ଏହି ଘୋଷଣା 'ନିଜର ବ୍ୟକ୍ତିଗତ ବିଶ୍ୱାସ' ଏବଂ 'ଲକ୍ଷ ଲକ୍ଷ ଭାରତୀୟଙ୍କ ଭାବନା' ଆଧାରରେ କରିଥିଲେ। ସିଏନ୍‌ଏନ୍ - ଆଇବିଏନକୁ ଏକ ସାକ୍ଷାତକାରରେ ଆଡଭାନୀ କହିଛନ୍ତି ଏହା 'ତାଙ୍କ ପାଇଁ' 'ବାସ୍ତବ ସ୍ଥାନ' ଥିଲା। ଯେତେବେଳେ ତାଙ୍କୁ ପ୍ରଶ୍ନ କରାଯାଇଥିଲା ଯେ – ପ୍ରଧାନମନ୍ତ୍ରୀ ପ୍ରାର୍ଥୀଙ୍କ ନାମ ଚୟନ କରିବାର ବେଳ ଆସିଲା ସେତେବେଳେ ଆପଣ ଅଟଳ ବିହାରୀ ବାଜପେୟୀଙ୍କୁ ସ୍ଥାନ ପ୍ରଦାନ କରିବା ପଛର ରାଜନୈତିକ ଭାବନାଟି କ'ଣ ଥିଲା, ସେ ଉତ୍ତର ଦେଲେ ଅନେକ ସମୟରେ ଏହା ଚିନ୍ତା କରାଯାଏ କି 'ମୁଁ ସେ ସ୍ଥାନ ପାଇବା କଥା, କିନ୍ତୁ ଏଇଟା ତାଙ୍କର ବାସ୍ତବ ସ୍ଥାନ ଥିଲା। ମୁଁ ତାଙ୍କୁ ସବୁବେଳେ ମୋ ନେତାଭାବେ ସମ୍ମାନ ଦିଏ। ପ୍ରକୃତରେ ଏହିସବୁ ସାକ୍ଷାତ୍‌କାର ପରେ ମୁଁ ଆଜିକାଲି କହୁଛି ଯେ ସେ ମୋର 'ଆଦର୍ଶ ପୁରୁଷ' ବା ରୋଲ ମଡେଲ। ଦେଶର ନେତା ଆଉ କେମିତି ହେବା କଥା କି' ?[୩୪୦]

ବାଜପେୟୀଙ୍କ ଜୀବନୀ ଲେଖିଥିବା କିଂଶୁକ ନାଗଙ୍କ ଅନୁଯାୟୀ ଆଡଭାନୀ ଏ କଥା କାହାରିକୁ, ଏପରିକି ଆରଏସଏସକୁ ମଧ୍ୟ କହି ନ ଥିଲେ। ସେ ଲେଖିଛନ୍ତି 'ଦର୍ଶକମାନେ ଖୁବ ଜୋରରେ ତାଳି ବଜାଇବା ପୂର୍ବରୁ ସେଠାରେ ଗୋଟେ ମୁହୂର୍ତ୍ତ ପାଇଁ ନୀରବତା ଖେଳି ଯାଇଥିଲା। 'ଅଗଲି ବାରି ଅଟଳ ବିହାରୀ' ସ୍ଲୋଗାନରେ ଗଗନ ପବନ ପ୍ରକମ୍ପିତ ହେଲା।[୩୪୧] ନାଗ ଆହୁରି କହିଛନ୍ତି ଯେ ନବେ ଦଶକର ମଧ୍ୟଭାଗରେ କେବଳ ଅଟଳ ବିହାରୀଙ୍କ ପରି ଉଦାରବାଦୀ ନେତା ହିଁ ଜନସାଧାରଣଙ୍କ ଦ୍ୱାରା ଗ୍ରହଣୀୟ ହୋଇପାରିଥିଲେ। ତେଣୁ ନିର୍ବାଚନ ପ୍ରଚାର ସମୟରେ ବିଜେପି ଏହାକୁ ବାଜପେୟୀ ଏବଂ ନରସିଂହା ରାଓଙ୍କ ଭିତରେ ଲଢେଇଭାବେ ଉପସ୍ଥାପିତ କଲା। ଦୁର୍ନୀତିର ଅଭିଯୋଗ ଏବଂ ପ୍ରଶାସନରେ ସାଧୁତା ତଥା ସଚ୍ଚୋଟତାର ଅଭାବରେ ଶ୍ରୀ ରାଓଙ୍କ ଛବି ମଳିନ ପଡିଥିବା ଏହାର କାରଣ ଥିଲା ।[୩୪୨]

୧୯୯୬ ଲୋକସଭା ନିର୍ବାଚନ : ବାଜପେୟୀଙ୍କ ନେତୃତ୍ୱରେ ବିଜେପିର ୧୩ ଦିନ ପାଇଁ କେନ୍ଦ୍ର ସରକାର ଗଠନ

ଯେତେବେଳେ ବିଜେପି ଏକକ ସଂଖ୍ୟାଗରିଷ୍ଠ ଦଳଭାବେ ସ୍ଥାନ ପାଇଲା, ସେବେ ଅଟଳ ବିହାରୀ ବାଜପେୟୀଙ୍କ ନେତୃତ୍ୱରେ ବିଜେପି ପରବର୍ତ୍ତୀ ସରକାର ଗଢିବ ବୋଲି ଆଡଭାନୀ କରିଥିବା ଭବିଷ୍ୟବାଣୀ ସତ ହେଲା। ଦଳ ୫୪୩ ଆସନରୁ ୪୭୧ଟିରେ ଲଢି ୧୬୧ଟି ନିର୍ବାଚନ ମଣ୍ଡଳୀରେ ଜିତିଥିଲା ଏବଂ ୨୦.୯୨ ପ୍ରତିଶତ ଭୋଟ ପାଇଥିଲା। କଂଗ୍ରେସ ୧୪୦ଟି ଆସନ, ଜନତା ଦଳ -୪୬, ସିପିଆଇ (ଏମ୍) – ୩୨ ଏବଂ ସିପିଆଇ -୯ ଟି ଆସନ ପାଇଥିଲେ।

ସ୍ୱାଧୀନତା ପରବର୍ତ୍ତୀ ୪୯ ବର୍ଷ ଧରି କେନ୍ଦ୍ରରେ ଦୀର୍ଘଦିନ ଶାସନ କରିବା ଏବଂ କେନ୍ଦ୍ରରେ ସରକାର ଗଠନ ଉପରେ ପ୍ରଭାବ ପକାଇବା ପରେ ଜାତୀୟ ରାଜନୀତିରୁ କଂଗ୍ରେସକୁ ବିତାଡିତ କରିଥିବାରୁ ୧୯୯୬ ନିର୍ବାଚନ ଗୁରୁତ୍ୱପୂର୍ଣ୍ଣ ଥିଲା। ସେହି ସମୟ ପର୍ଯ୍ୟନ୍ତ ସାଧାରଣ ନିର୍ବାଚନରେ ବିଜେପିର ସର୍ବୋତ୍ତମ ପ୍ରଦର୍ଶନ ସହ ଦଳ ଏକ ଅଗ୍ରଣୀ ଦଳଭାବେ ଉଭା ହେଲା ଏବଂ ଏକ ମିଳିତ ମଞ୍ଚର ନେତୃତ୍ୱ ନେବାକୁ ଓ ଦେଶକୁ ଶାସନ କରିବାକୁ ସକ୍ଷମ ହେଲା। ବିଜୟ କୁମାର ମାଲହୋତ୍ରା ଏବଂ ଜେ.ସି. ଜେଟଲିଙ୍କ କହିବା ଅନୁସାରେ 'ବିଜେପି କେବଳ ସମସ୍ତ ବିରୋଧୀଙ୍କୁ ପରାସ୍ତ କରି ଲୋକସଭାର ସର୍ବବୃହତ ଦଳ ହୋଇ ନ ଥିଲା ବରଂ ସର୍ବାଧିକ ସଂଖ୍ୟାରେ ମହିଳା, ସଂରକ୍ଷିତ ଜାତି ଓ ଜନଜାତିର ସଦସ୍ୟମାନଙ୍କୁ ସଂସଦକୁ ଆଣିଥିଲା'।[୩୪୩] ୧୬୧ ଜଣ ଆଇନ ପ୍ରଣେତାଙ୍କ ମଧ୍ୟରୁ ବିଜେପିରେ ସେତେବେଳେ ୧୪ଜଣ ମହିଳା ଏବଂ ୪୨ ଜଣ ସଂରକ୍ଷିତ ଜାତି ଓ ଜନଜାତିର ସାଂସଦ ଥିଲେ।

ସେମାନେ କହନ୍ତି ଯେ ୧୯୯୬ ନିର୍ବାଚନର ଫଳାଫଳ ବାଜପେୟୀଙ୍କ ପାଇଁ ଜନାଦେଶ ଥିଲା, ଯିଏ ରାଜନୀତିରେ ଭ୍ରଷ୍ଟାଚାରର ପ୍ରତୀକ ନରସିଂହା ରାଓଙ୍କ ନେତୃତ୍ୱ ବିରୋଧରେ ସାଧାରଣ ଜୀବନରେ ସମ୍ଭାବ୍ୟତାକୁ ବ୍ୟକ୍ତ କରିଥିଲେ।[୩୪୪] ଆନନ୍ଦର କଥା ଯେ ପୂର୍ବ ତିନୋଟି ନିର୍ବାଚନ - ୧୯୮୯, ୯୧ ଏବଂ ୧୯୯୬ରେ ବିଜେପିର ଭୋଟ୍ ପ୍ରତିଶତ ଯଥାକ୍ରମେ ୧୧.୩୬, ୨୦.୧୧ ଏବଂ ୨୦.୨୯କୁ ବଢିଥିଲା। ଅନ୍ୟପକ୍ଷରେ କଂଗ୍ରେସର ଭୋଟ୍ ପ୍ରତିଶତ କ୍ରମାଗତ ଭାବେ ୧୯୮୯ରେ ୩୯.୫୩, ୧୯୯୧ରେ ୩୭.୫୭ ଏବଂ ୧୯୯୬ରେ ୨୮.୨ କୁ କମି ଆସିଥିଲା। ଏହା ଦର୍ଶାଉଥିଲା ଯେ ଯଦିଓ ବିଜେପି ଦଳ ସବୁ ରାଜ୍ୟରେ ପ୍ରତିନିଧିତ୍ୱ ପାଇ ନ ଥିଲା, ଏହା କିନ୍ତୁ ଲୋକଙ୍କ ପସନ୍ଦର ଦଳଭାବେ ବଢି ଚାଲିଥିଲା।

ବିଜେପି ୧୬୧ଟି ଆସନ ଜିତିଥିବା ରାଜ୍ୟ ସମୂହ

ରାଜ୍ୟ / କେନ୍ଦ୍ରଶାସିତ ଅଞ୍ଚଳ	ଲୋକସଭା ଆସନ ସଂଖ୍ୟା	ବିଜେପି ଲଢିଥିବା ଆସନ ସଂଖ୍ୟା	ବିଜେପି ଜିତିଥିବା ଆସନ ସଂଖ୍ୟା
ଉତ୍ତରପ୍ରଦେଶ	୮୫	୮୩	୫୨
ମଧ୍ୟପ୍ରଦେଶ	୪୦	୩୯	୨୭
ବିହାର	୫୪	୩୨	୧୮
ମହାରାଷ୍ଟ୍ର	୪୮	୨୫	୧୮
ଗୁଜରାଟ	୨୬	୨୬	୧୬
ରାଜସ୍ଥାନ	୨୫	୨୫	୧୨
କର୍ଣ୍ଣାଟକ	୨୮	୨୮	୦୬
ଦିଲ୍ଲୀ	୦୭	୦୭	୦୭
ହରିଆଣା	୧୦	୦୬	୦୪
ଆସାମ	୧୪	୧୪	୦୧
ଜମ୍ମୁ କଶ୍ମୀର	୦୬	୦୫	୦୧
ଚଣ୍ଡିଗଡ଼	୦୧	୦୧	୦୧

ଏକକ ସଂଖ୍ୟା ଗରିଷ୍ଠ ଦଳର ନେତାଭାବେ ବାଜପେୟୀଙ୍କୁ ଏକ ଅଳ୍ପମତର ସରକାର (ନିର୍ବାଚନରେ କେହି ବହୁମତ ପାଇ ନ ଥିଲେ) ଗଢିବାକୁ ତତ୍କାଳୀନ ରାଷ୍ଟ୍ରପତି ଶଙ୍କର ଦୟାଲ ଶର୍ମା ନିମନ୍ତ୍ରଣ କଲେ। ଏହା ବିଜେପିର ପ୍ରଥମ ଥର ସରକାର ଗଢିବା ପାଇଁ ପଥ ପରିଷ୍କାର କଲା ଏବଂ ୧୬ ମେ ୧୯୯୬ରେ ବାଜପେୟୀ ପ୍ରଥମ ପ୍ରଧାନମନ୍ତ୍ରୀ ରୂପେ ଶପଥ ନେଲେ।

ତେବେ ବାଜପେୟୀ ଅନୁଭବ କଲେ ଯେ କିଛି ବିରୋଧୀ ଦଳ ବିଜେପିକୁ 'ରାଜନୈତିକ ଅସ୍ପୃଶ୍ୟ' ଦଳଭାବେ ଉପସ୍ଥାପନ କରୁଛନ୍ତି ଏବଂ ଏଥିପାଇଁ ଆଞ୍ଚଳିକ ଦଳମାନେ ମଧ୍ୟ ତାଙ୍କ ଅଳ୍ପମତର ସରକାରଙ୍କୁ ସମର୍ଥନ ଦେବାକୁ ଆଗେଇ ଆସୁ ନ ଥିଲେ। ୧୩ ଦିନ ପରେ ବିଶ୍ୱାସମତ ଲୋଡି ବାଜପେୟୀ ଇସ୍ତଫା ଦେଲେ, କିନ୍ତୁ ତା' ପୂର୍ବରୁ କଂଗ୍ରେସ, ବାମପନ୍ଥୀ ଦଳ ଏବଂ ଆଞ୍ଚଳିକ ଦଳର ରାଜନୈତିକ ସୁବିଧାବାଦକୁ ଦେଶବାସୀଙ୍କ ସମ୍ମୁଖକୁ ଆଣିସାରିଥିଲେ। ଶଶୀ ଶେଖରଙ୍କ ଅନୁଯାୟୀ ବାଜପେୟୀ କହିଥିଲେ "ସିଧାସଳଖ ଓ ସ୍ପଷ୍ଟ ଭାବରେ କୁହନ୍ତୁ ଯେ ଆପଣମାନେ ମତେ କୌଣସି ମୂଲ୍ୟରେ କ୍ଷମତା ଦେଖିବାକୁ ଚାହୁଁନାହାନ୍ତି, ଏହା ନକାରାତ୍ମକ

ରାଜନୀତି, ଏହା ପ୍ରତିକ୍ରିୟାଶୀଳ ରାଜନୀତି, ଆମ ମାନଙ୍କୁ ଅସ୍ପୃଶ୍ୟ କରି ଆମକୁ ରୋକିବାର ଏହା ହୀନ ରାଜନୀତି – ଏବଂ ଏହା ସୁସ୍ଥ ରାଜନୀତି ନୁହେଁ" ।[୩୪୫] ସଂସଦରେ ଏକ ଭାବପ୍ରବଣ ଭାଷଣ ଦେଇ ବାଜପେୟୀ ତାଙ୍କ ଚିରାଚରିତ ଢଙ୍ଗରେ ବଜ୍ର ଗମ୍ଭୀର କଣ୍ଠରେ କହିଥିଲେ – 'ଆମେ ଆପଣଙ୍କୁ କଥା ଦେଉଛୁ ଯେ ଆପଣ କ୍ଷମତା ଚାହୁଁଥିବାବେଳେ ଆମେ ଏହି ଦେଶ ପାଇଁ କାମ କରିବାକୁ ଚାହୁଁ ଏବଂ ଏହି ପ୍ରୟାସରେ ଆମେ କେବେ ବି ସ୍ଥିର ହୋଇ ବସିବୁ ନାହିଁ।[୩୪୬]

ବାଜପେୟୀ ଘୋଷଣା କଲେ ଯେ ଏକକ ସଂଖ୍ୟାଗରିଷ୍ଠ ଦଳଥିବା ବିଜେପି ବିନା ମିଳିତ ମଞ୍ଚ ଗଠନ କରିବାର କୌଣସି ପ୍ରୟାସ ତିଷ୍ଠିବ ନାହିଁ, ଯଦି ତୁମେ ଆମକୁ ଛାଡି ଏକ ସରକାର ଗଠନ କରିବାକୁ ଚାହୁଁଛ ମୁଁ ଏହାର ସ୍ଥିରତାର କୌଣସି ଚିହ୍ନ ଦେଖୁନାହିଁ ଏହାର ଜନ୍ମ କଷ୍ଟସାଧ୍ୟ, ଜନ୍ମ ପରେ ବଞ୍ଚିବା ଆହୁରି କଷ୍ଟସାଧ୍ୟ। ସବୁ କଥା ପାଇଁ ଆପଣମାନଙ୍କୁ କଂଗ୍ରେସ ନିକଟକୁ ଦୌଡିବାକୁ ହେବ'।[୩୪୭]

ଫଳାଫଳର ଅସ୍ଥିରତା ପାଇଁ ସେ ଚିନ୍ତିତ ଥିଲେ ଏବଂ ଗୋଟିଏ ସର୍ତ୍ତରେ କଂଗ୍ରେସକୁ ସମର୍ଥନ ପ୍ରଦାନ କରିବାର ସୀମା ପର୍ଯ୍ୟନ୍ତ ଯାଇଥିଲେ ବୋଲି ବିଶ୍ୱାସ କରାଯାଏ। ଦେଶରେ ରାଜନୈତିକ ସ୍ଥିରତା ନିଶ୍ଚିତ କରିବାକୁ ବାଜପେୟୀ କେନ୍ଦ୍ରରେ କଂଗ୍ରେସ ସରକାରକୁ ବାହ୍ୟ ସମର୍ଥନ ପ୍ରଦାନ କରିବାକୁ ପ୍ରସ୍ତାବ ଦେଇଥିଲେ। ବାଜପେୟୀଙ୍କର ଗୋଟିଏ ସର୍ତ୍ତ ଥିଲା ଯେ ମନମୋହନ ସିଂ ପ୍ରଧାନମନ୍ତ୍ରୀ ହେବା ଉଚିତ।[୩୪୮] କଂଗ୍ରେସ ଏକଥାରେ ଆଗ୍ରହୀ ନ ଥିବାରୁ ଏହା ଅବଶ୍ୟ ବାସ୍ତବରୂପ ନେଇ ନ ଥିଲା। ଯାହାହେଉ ଏହାର ୮ ବର୍ଷ ପରେ ୨୦୦୪ରେ ଡ. ମନମୋହନ ସିଂ ଦେଶର ପ୍ରଧାନମନ୍ତ୍ରୀ ହେଲେ।

କଂଗ୍ରେସ ପୂର୍ବରୁ ହିଁ ବିଜେପି ବିରୋଧୀ ସାମ୍ମୁଖ୍ୟ ଗଠନରେ ବ୍ୟସ୍ତ ଥିଲା ଏବଂ ଏ ପ୍ରକାର ହତାଶିଆ ପ୍ରୟାସରେ ଭି ପି ସିଂ ଏବଂ ଜ୍ୟୋତି ବସୁଙ୍କୁ ମଧ୍ୟ ଦେଶର ପ୍ରଧାନମନ୍ତ୍ରୀ ପଦ ଯାଚିବାକୁ ପଛାଇ ନ ଥିଲା। କଂଗ୍ରେସ ୟୁନାଇଟେଡ୍ ଫ୍ରଣ୍ଟର କବାଟ ବାଡ଼େଇବାକୁ ପ୍ରଥମେ କୋଲକତାର ଅଲ୍ଲିମୁଦ୍ଦିନ ରାସ୍ତାରେ ଯାଇ ସିପିଆଇ(ଏମ୍)ର ପ୍ରମୁଖ ଜ୍ୟୋତି ବସୁଙ୍କୁ ପ୍ରଧାନମନ୍ତ୍ରୀ ପଦ ଯାଚିଥିଲା। ଯାହାକୁ ଶ୍ରୀ ବସୁ ଏବଂ ତାଙ୍କ ଦଳ ପ୍ରତ୍ୟାଖାନ କରିଥିଲେ ଏବଂ ପରେ ଜନତା ଦଳ ପାଖକୁ ଯାଇଥିଲା ଓ ଶେଷରେ ଜନତା ଦଳର ଦେବେ ଗୌଡା ଦେଶର ପ୍ରଧାନମନ୍ତ୍ରୀ ହେଲେ।[୩୪୯] ତତ୍କାଳୀନ କର୍ଣ୍ଣାଟକ ମୁଖ୍ୟମନ୍ତ୍ରୀ ଏଚ୍.ଡି. ଦେବେଗୌଡାଙ୍କ ନେତୃତ୍ୱରେ ୟୁନାଇଟେଡ ଫ୍ରଣ୍ଟ ନାମକ ୧୩ ଦଳିଆ ମେଣ୍ଟ କେନ୍ଦ୍ରରେ ତାଙ୍କୁ ପ୍ରଧାନମନ୍ତ୍ରୀ ରୂପେ ନେଇ ଜୁନ୍ ୧୯୯୬ରେ ଶପଥ ଗ୍ରହଣ କଲା ଏବଂ କଂଗ୍ରେସ ଏ ସରକାରକୁ ବାହ୍ୟ ସମର୍ଥନ ଦେଲା। ୧୯ ଏପ୍ରିଲ୍

୧୯୯୭ରେ କଂଗ୍ରେସର ସମର୍ଥନ ପ୍ରତ୍ୟାହାର ଯୋଗୁ ଏ ସରକାର ମାତ୍ର ୧୧ ମାସ ତିଷ୍ଠିଥିଲା ।

କଂଗ୍ରେସ ସଭାପତି ସୀତାନାଥ କେଶରୀ ଏହି ସମର୍ଥନ ପ୍ରତ୍ୟାହାର ପାଇଁ ଅତ୍ୟନ୍ତ ତୁଚ୍ଛ କାରଣ ଦର୍ଶାଇଥିଲେ । ସେ କହିଲେ ଦେବେଗୌଡା କଂଗ୍ରେସକୁ (ତାଙ୍କୁ) ଉଚିତ ସମ୍ମାନ ଦେଉ ନ ଥିଲେ । ତାଙ୍କ ସହ ବିଚାର ବିମର୍ଶ କରିବା ପରିବର୍ତ୍ତେ ପ୍ରଧାନମନ୍ତ୍ରୀ ଅନ୍ୟ କଂଗ୍ରେସ ନେତାମାନଙ୍କ ସହ ରାଜନୀତି କରୁଛନ୍ତି ।[୩୫୦] କିନ୍ତୁ କଂଗ୍ରେସର ବିଜେପିକୁ କ୍ଷମତାରୁ ବାହାରେ ରଖିବାର ହତାଶ ପ୍ରୟାସ ଜାରି ରହିଲା ଏବଂ ଇନ୍ଦିରା ଗାନ୍ଧୀଙ୍କ ପୂର୍ବତନ ଘନିଷ୍ଠ ସହଯୋଗୀ ଇନ୍ଦ୍ର କୁମାର ଗୁଜରାଲଙ୍କୁ କଂଗ୍ରେସ ଦଳ ମେଣ୍ଟ ସରକାରର ନେତୃତ୍ୱ ନେବାକୁ ପ୍ରଧାନମନ୍ତ୍ରୀ ଭାବେ ଚୟନ କଲା । ଗୁଜରାଲଙ୍କ ସରକାର ୨୧ ଏପ୍ରିଲ୍ ୧୯୯୭ରେ ଶପଥ ନେଲା । ନଭେମ୍ବର ୧୯୯୭ରେ କଂଗ୍ରେସ ସମର୍ଥନ ପ୍ରତ୍ୟାହାର କରିନେଲା ଏବଂ ୧୯୯୮ ଫେବୃଆରୀ ଓ ମାର୍ଚ୍ଚରେ ନୂଆ ନିର୍ବାଚନ ହେବ ବୋଲି ଘୋଷଣା କରାହେଲା । କଂଗ୍ରେସ କହିବା ଅନୁସାରେ ଗୁଜରାଲ ସରକାରଠୁ ସମର୍ଥନ ପ୍ରତ୍ୟାହାରର କାରଣ ଡିଏମ୍‌କେ ମନ୍ତ୍ରୀମାନଙ୍କୁ ଗୁଜରାଲ ବରଖାସ୍ତ କଲେ ନାହିଁ ଅର୍ଥାତ୍ କଂଗ୍ରେସର କଥା ଅନୁଯାୟୀ କାମ କଲେ ନାହିଁ ବୋଲି ଦଳ ଦର୍ଶାଇଲା । ତେବେ କଂଗ୍ରେସ ୨୦୦୪ରେ କ୍ଷମତାକୁ ଆସିବା ପାଇଁ ଏହି ଡିଏମ୍‌କେ ସହ ହାତ ମିଳାଇଲା ।

ନୂଆ ଆଇନ୍ ପ୍ରଣେତାମାନଙ୍କୁ ଚୟନ କରିବାକୁ ନୂଆ ନିର୍ବାଚନର ବିଗୁଲ ବାଜିଲା । 'ଜନସାଧାରଣଙ୍କ ହିରୋ' ଅଟଳ ବିହାରୀ ବାଜପେୟୀଙ୍କ ନେତୃତ୍ୱରେ ବିଜେପି ଲୋକଙ୍କଠାରୁ ଜନାଦେଶ ପାଇବା ପାଇଁ ପ୍ରସ୍ତୁତ ଥିଲା ।[୩୫୧]

୧୯୯୮ ଲୋକ ସଭା ନିର୍ବାଚନ : ଦ୍ୱିତୀୟ ଥର ପାଇଁ ବାଜପେୟୀଙ୍କ ନେତୃତ୍ୱରେ ବିଜେପିର ୧୩ ମାସର ସରକାର

୧୯୯୬ରେ ବାଜପେୟୀଙ୍କ ଇସ୍ତଫା ପରେ ଜୁନ୍ ୧୯୯୬ ରୁ ମାର୍ଚ୍ଚ ୧୯୯୮ ମଧ୍ୟରେ ଦେବେଗୌଡା ଏବଂ ଗୁଜରାଲଙ୍କ ନେତୃତ୍ୱରେ ଦୁଇ ଦୁଇଟି ଅସ୍ଥିର ସରକାରକୁ ଦେଶ ଦେଖିଥିଲା । ଜୈନ ହୱାଲା କେସ୍‌ରେ ତାଙ୍କ ନାମକୁ ମିଛରେ ଯୋଡାଯାଇଥିବା ଏବଂ ଏ ମାମଲା ପରିଷ୍କାର ନ ହେଲା ଯାଏ ଲୋକସଭା ନିର୍ବାଚନ ଲଢିବେ ନାହିଁ ବୋଲି ଶପଥ ନେଇଥିବାରୁ ଶ୍ରୀ ଆଡଭାନୀ ଦୃଶ୍ୟପଟ୍ଟରୁ ଅପସରି ଯାଇଥିଲେ । ସେ କିନ୍ତୁ ବିଜେପି ଅଧ୍ୟକ୍ଷଭାବେ ସକ୍ରିୟ ଥିଲେ ଏବଂ ରାମ ରଥଯାତ୍ରା ପରି ଆଉ ଏକ ସ୍ୱର୍ଣ୍ଣ ଜୟନ୍ତୀ ଯାତ୍ରା ୧୯୯୭ ମେ'ରୁ ଜୁଲାଇ ମଧ୍ୟରେ କରିଥିଲେ ।

ଏହି ଯାତ୍ରା ଭାରତ ସ୍ୱାଧୀନତାର ୫୦ ବର୍ଷ ପୂର୍ତ୍ତିକୁ ପାଳନ କରିବା ପାଇଁ ଉଦ୍ଦିଷ୍ଟ ଥିଲା। ଏହା ମଧ୍ୟ ମଧ୍ୟବର୍ତ୍ତୀ ନିର୍ବାଚନ ପାଇଁ ବିଜେପିକୁ ପ୍ରସ୍ତୁତ ହେବାରେ ସାହାଯ୍ୟ କଲା, ଯାହା କଂଗ୍ରେସର ପ୍ରରୋଚନାରେ ୟୁନାଇଟେଡ ଫ୍ରଣ୍ଟ ସରକାରର ଅସ୍ଥିରତା ଯୋଗୁ ଦେଶ ଉପରେ ବୋଝ ସଦୃଶ ଥିଲା।

ଆଡଭାନୀ ନିଜ ଦଳକୁ ଏକ ଆଗୁଆ ନିର୍ବାଚନ ପାଇଁ ପ୍ରସ୍ତୁତ କରିଥିଲେ, ଯାହା ପରବର୍ତ୍ତୀ ସମୟରେ ୧୯୯୮ ଫେବୃଆରୀ ଓ ମାର୍ଚ୍ଚରେ ହୋଇଥିଲା। ବିଜେପି ପୁଣି ଥରେ ବାଜପେୟୀଙ୍କୁ ପ୍ରଧାନମନ୍ତ୍ରୀ ପ୍ରାର୍ଥୀଭାବେ ଉପସ୍ଥାପନ କଲା। ଏହା ଏକ ସମର୍ଥ ପ୍ରଧାନମନ୍ତ୍ରୀଙ୍କ ନେତୃତ୍ୱରେ ଏକ ସ୍ଥିର ସରକାରର ପ୍ରତିଶ୍ରୁତି ଦେଲା। ଦୂରଦର୍ଶନରେ ସାରା ଦେଶରେ ପ୍ରସାରିତ ହୋଇଥିବା ୧୯୯୬ରେ ବାଜପେୟୀଙ୍କ ଲୋକସଭା ଭାଷଣ, ସମ୍ପ୍ରଦାୟ ନିର୍ବିଶେଷରେ ତାଙ୍କ ଗ୍ରହଣୀୟତା ଓ ଲୋକପ୍ରିୟତାକୁ ବହୁଗୁଣିତ କରିଥିଲା। ଏହି ଲୋକପ୍ରିୟତା ଆସନରେ ବଦଳି ୧୯୯୮ରେ ବିଜେପିକୁ ଅଧିକ ଆସନ ସହ ପୁଣି ଏକକ ସଂଖ୍ୟାଗରିଷ୍ଠ ଦଳଭାବେ ସ୍ଥାନିତ କଲା। ଏହା ୧୮୨ଟି ଆସନ (୧୯୯୬ -୧୬୧) ପାଇଲା ଏବଂ ଭୋଟ୍ ପ୍ରତିଶତ ୨୦.୩ ରୁ ୨୫.୫୯କୁ ବଢିଗଲା।

ଲୋକମାନଙ୍କ ଆଗରେ କଂଗ୍ରେସର ନକାରାତ୍ମକ ରାଜନୀତିର ମୁଖା ଖୋଲିଯାଇଥିବାରୁ ଜନସାଧାରଣଙ୍କ ସମର୍ଥନ ପାଇବାରୁ କଂଗ୍ରେସ ପୁଣି ଥରେ ବଞ୍ଚିତ ହେଲା। କଂଗ୍ରେସ ଦଳ ୧୯୯୬ରେ ୧୪୦ ଆସନ ଜାଗାରେ ଗୋଟିଏ ଅଧିକା ଆସନ ୧୪୧ ପାଇଥିଲା ୧୯୯୮ରେ। ସୋନିଆ ଗାନ୍ଧୀଙ୍କ ଜୋରଦାର ନିର୍ବାଚନ ପ୍ରଚାର ପରେ ମଧ୍ୟ ଏତିକି ହୋଇପାରିଥିଲା। ୧୯୯୭ରେ କଂଗ୍ରେସର ବାର୍ଷିକ ଅଧିବେଶନ କଲିକତାଠାରେ ସୋନିଆ ଗାନ୍ଧୀ ଦଳକୁ ପୁନର୍ଜୀବିତ କରିବାର ଆଗ୍ରହ ନେଇ ଦଳର ପ୍ରାଥମିକ ସଦସ୍ୟ ପଦ ଗ୍ରହଣ କରିଥିଲେ ଏବଂ ଏହାର ତୁରନ୍ତ ପରେ ୧୯୯୮ରେ ସେ ଦଳର ଜାତୀୟ ଅଧ୍ୟକ୍ଷା ହେଲେ।[୩୫୨] ତାଙ୍କ ଗାନ୍ଧୀ ସାଙ୍ଗିଆ ହିଁ ତାଙ୍କୁ ଏହି ପଦ ପାଇଁ ଯୋଗ୍ୟ କଲା। ୟୁନାଇଟେଡ୍ ଫ୍ରଣ୍ଟର ଆସନ ସଂଖ୍ୟା ପୂର୍ବର ୧୮୩ ତୁଳନାରେ ୮୬କୁ ଖସିଆସି ସେମାନଙ୍କୁ ଦାରୁଣ ଆଘାତ ଦେଲା। ସିପିଆଇ (ଏମ) ଏବଂ ସିପିଆଇ ଯଥାକ୍ରମେ ୩୨ ଓ ୯ଟି ଆସନ ପାଇଲେ। ସବୁଠୁ ଭିନ୍ନ କଥା ହେଲା ବିଜେପି କଂଗ୍ରେସ ତୁଳନାରେ କମ୍ ଆସନରେ ଲଢି (କଂଗ୍ରେସ – ୪୬୨) (ବିଜେପି – ୩୮୪) ମଧ୍ୟ ଅଧିକ ଆସନ ଜିତିବାରେ ସକ୍ଷମ ହୋଇଥିଲା।

ଏହି ସମୟରେ ମଧ୍ୟପ୍ରଦେଶ, ଉତ୍ତରପ୍ରଦେଶ, କର୍ଣ୍ଣାଟକ, ବିହାର, ଗୁଜରାଟ, ହିମାଚଳ ପ୍ରଦେଶ ଏବଂ ପଞ୍ଜାବ ଆଦି ରାଜ୍ୟରେ ମଧ୍ୟ ବିଜେପିର ପ୍ରଦର୍ଶନ ଭଲ ଥିଲା। ଅଧିକ ଗୁରୁତ୍ୱପୂର୍ଣ୍ଣ କଥା ହେଉଛି ଦଳ ଓଡ଼ିଶା, ତାମିଲନାଡୁ,

ଆନ୍ଧ୍ରପ୍ରଦେଶ, ପଶ୍ଚିମବଙ୍ଗ ଏବଂ ଆସାମରେ ନିଜର ନୂଆ ଭୂମି ତିଆରି କଲା। ବିଜେପି ଦଳ ସବୁଠାରୁ ଭଲ ପ୍ରଦର୍ଶନ ଉତ୍ତରପ୍ରଦେଶରେ କରିଥିଲା। ୮୫ ଲୋକସଭା ଆସନରୁ ଦଳ ଏଠାରେ ୫୭ଟି ଆସନ ପାଇଥିଲା। (ସେ ଯାଏ ଉତ୍ତରାଖଣ୍ଡ ଅଲଗା ହୋଇ ନ ଥିଲା) ।

୧୯୯୬ ନିର୍ବାଚନରେ ବିଜେପି ଜିତିଥିବା ଲୋକସଭା ଆସନ

ରାଜ୍ୟ / କେନ୍ଦ୍ରଶାସିତ ଅଞ୍ଚଳ	ଲୋକସଭା ଆସନ ସଂଖ୍ୟା	ବିଜେପି ଲଢିଥିବା ଆସନ ସଂଖ୍ୟା	ବିଜେପି ଜିତିଥିବା ଆସନ ସଂଖ୍ୟା
ଉତ୍ତରପ୍ରଦେଶ	୮୫	୮୨	୫୭
ମଧ୍ୟପ୍ରଦେଶ	୪୦	୪୦	୩୦
ବିହାର	୫୪	୩୨	୨୦
ଗୁଜରାଟ	୨୬	୨୬	୧୯
କର୍ଣ୍ଣାଟକ	୨୮	୧୮	୧୩
ଓଡ଼ିଶା	୨୧	୦୯	୦୭
ଦିଲ୍ଲୀ	୦୭	୦୭	୦୬
ରାଜସ୍ଥାନ	୨୫	୨୫	୦୫
ଆନ୍ଧ୍ରପ୍ରଦେଶ	୪୨	୩୮	୦୪
ମହାରାଷ୍ଟ୍ର	୪୮	୨୫	୦୪
ହିମାଚଳ ପ୍ରଦେଶ	୦୪	୦୪	୦୩
ପଞ୍ଜାବ	୧୩	୦୩	୦୩
ତାମିଲନାଡୁ	୩୯	୦୫	୦୩
ଜମ୍ମୁ କଶ୍ମୀର	୦୬	୦୬	୦୨
ଆସାମ	୧୪	୧୪	୦୧
ହରିଆଣା	୧୦	୦୬	୦୧
ପଶ୍ଚିମବଙ୍ଗ	୪୨	୧୪	୦୧
ଚଣ୍ଡିଗଡ	୦୧	୦୧	୦୧
ଦାଦ୍ରା ଓ ନଗରହାବେଲୀ	୦୧	୦୧	୦୧
ଦାମନ ଓ ଡିଉ	୦୧	୦୧	୦୧
ସମଗ୍ର			୧୮୨

ବିଜେପି ଆଉ 'ରାଜନୈତିକ ଅସ୍ପୃଶ୍ୟ' ଦଳ ହୋଇ ନ ରହିବା ଏହି ନିର୍ବାଚନରେ ସବୁଠାରୁ ଉଲ୍ଲେଖଯୋଗ୍ୟ ପରିଣାମ ହେଲା। ଅନ୍ୟ ଦଳମାନଙ୍କ ପାଇଁ ବିଜେପି ବେଶି ଗ୍ରହଣୀୟ ହୋଇଥିଲା ଏବଂ ସେମାନେ ଦଳ ସହ ମିଶି ଜାତୀୟ ଗଣତାନ୍ତ୍ରିକ ମେଣ୍ଟ ବା ଏନ୍‌ଡିଏ ଗଠନ କରିବାକୁ ଆଗେଇ ଆସିଥିଲେ। ସେମାନେ ଏକତ୍ର ଭାବେ ୨୫୫ଟି ଆସନ ପାଇଥିଲେ ଏବଂ ୧୨ଜଣ ସାଂସଦ ସହ ତେଲଗୁ ଦେଶମ ପାର୍ଟି ମେଣ୍ଟ ସରକାରକୁ ବାହ୍ୟ ସମର୍ଥନ ଦେଲା। ସେ ସମୟରେ ମେଣ୍ଟର ଅଂଶୀଦାରମାନେ ହେଲେ :

ଦଳ (ପ୍ରମୁଖ ଅଂଶୀଦାର)	୧୯୯୮ ଲୋକସଭା ନିର୍ବାଚନରେ ଆସନ ସଂଖ୍ୟା
ବିଜେପି	୧୮୨
ଏଆଇଏଡିଏମ୍‌କେ	୧୮
ସମତା ପାର୍ଟି	୧୨
ବିଜୁ ଜନତା ଦଳ	୯
ଶିରୋମଣି ଅକାଳି ଦଳ	୮
ତୃଣମୂଳ କଂଗ୍ରେସ	୭
ଶିବସେନା	୬
ପଟଲୀ ମକଲ କଛି	୪
ଲୋକ ଜନଶକ୍ତି ପାର୍ଟି	୩
ଏମ୍‌ଡିଏମ୍‌କେ	୩
ହରିଆଣା ବିକାଶ ପାର୍ଟି	୧
ତମିଝଗା ରାଜୀବ କଂଗ୍ରେସ	୧
ଜନତା ପାର୍ଟି	୧
ତେଲଗୁ ଦେଶମ ପାର୍ଟି (ଟିଡିପି)	୧୨ (ବାହ୍ୟ ସମର୍ଥନ)

ଏନ୍‌ଡିଏରେ ସବୁମିଶି ୨୪ଟି ଦଳ ଥିଲେ, ଯେଉଁମାନେ ହେଲେ ଟିଡିପି, ସର୍ବଭାରତୀୟ ତୃଣମୂଳ କଂଗ୍ରେସ, ଭାରତୀୟ ଜାତୀୟ ଲୋକଦଳ, ଜମ୍ମୁ କଶ୍ମୀର ନେସନାଲ କନଫରେନ୍ସ, ସିକିମ୍ ଡେମୋକ୍ରାଟିକ ଫ୍ରଣ୍ଟ, ରାଷ୍ଟ୍ରୀୟ ଲୋକ ଦଳ, ଅଖିଳ ଭାରତୀୟ ଲୋକତାନ୍ତ୍ରିକ କଂଗେସ, ଡିଏମ୍‌କେ, ମଣିପୁର ରାଜ୍ୟ କଂଗ୍ରେସ ପାର୍ଟି, ଜନତାଦଳ (ୟୁନାଇଟେଡ), ଆନାଏମ୍‌ଜିଆର୍, କେରଳ କଂଗ୍ରେସ (ମଣି) ଏବଂ ଇଣ୍ଡିଆନ ଫେଡେରାଲ ଡେମୋକ୍ରାଟିକ ପାର୍ଟି ।[୩୫୩]

ମେଣ୍ଟର ଅଂଶୀଦାରମାନେ ଏକ ସାଧାରଣ ସର୍ବନିମ୍ନ ଯୋଜନା ଅନୁଯାୟୀ (ସିଏମ୍‌ପି) ସରକାର ଚଲାଇବାକୁ ରାଜି ହୋଇଥିଲେ। ୧୯ ମାର୍ଚ୍ଚ ୧୯୯୮ରେ ବାଜପେୟୀ ଦ୍ୱିତୀୟ ଥର ପାଇଁ ପ୍ରଧାନମନ୍ତ୍ରୀ ଭାବେ ଶପଥ ନେଲେ। ଆଡଭାନୀ ଗୃହମନ୍ତ୍ରୀ ଭାବେ ଶପଥ ନେଲେ। ଇତ୍ୟବସରରେ ଏପ୍ରିଲ୍ ୧୯୯୮ରେ ଆଡଭାନୀ ଦଳର ଅଧ୍ୟକ୍ଷ ପଦର ଦାୟିତ୍ୱ ଉଷାଭାଇ ଠାକରେଙ୍କୁ ହସ୍ତାନ୍ତର କରିଦେଲେ। ସେ ଜଣେ ନିଷ୍ଠାବାନ ଆରଏସଏସ ସଦସ୍ୟ, ୧୯୫୬ରେ ଜନସଂଘ ଏବଂ ପରେ ବିଜେପିର ନେତା ଥିଲେ। ବିଜେପି ୧୯୯୯ ଲୋକସଭା ନିର୍ବାଚନ ଉଷାଭାଇଙ୍କ ଅଧ୍ୟକ୍ଷତାରେ ହିଁ ଲଢିଥିଲା।

ବାଜପେୟୀ ସରକାର କାମ ଆରମ୍ଭ କରିବା ପରେ ଭାରତକୁ ଆଣବିକ ଶକ୍ତି ରାଷ୍ଟ୍ର ଭାବେ ସୁଦୃଢ କରିବାକୁ ଏକ ପ୍ରମୁଖ ନିଷ୍ପତ୍ତି ନେଇଥିଲା। କ୍ଷମତାକୁ ଆସିବାର ଦୁଇମାସ ମଧ୍ୟରେ ଏହା ୧୧- ୧୩ ମେ ୧୯୯୮ ମସିହା ସୁଦ୍ଧା ଗୋପନୀୟ ଭାବେ ପରମାଣୁ ଶକ୍ତିର ପରୀକ୍ଷଣ କରିଥିଲା। ପ୍ରଥମଥର ଏହା ୧୯୭୪ରେ ହୋଇଥିଲା। ଅଟଳ ବିହାରୀ ବାଜପେୟୀଙ୍କ ଜୀବନୀ ଲେଖକ କିଙ୍ଗସୁକ୍ ନାଗ କହିଛନ୍ତି ଯେ 'ଅଟଳଜୀ- ଏହି ବାର୍ତ୍ତା ଦେବାକୁ ଚାହୁଁଥିଲେ ଯେ ତାଙ୍କ ଶାସନ ଏକ ଶକ୍ତିଶାଳୀ ଶାସନ।[୩୫୪] ଇଣ୍ଡିଆ ଟୁଡେକୁ ବାଜପେୟୀ ଦେଇଥିବା ଏକ ସାକ୍ଷାତକାରକୁ ଉଦ୍ଧାର କରି ଶ୍ରୀ ନାଗ କହିଛନ୍ତି ବାଜପେୟୀ ବିଶ୍ୱାସ କରୁଥିଲେ ଯେ ଏହି ପରୀକ୍ଷଣ 'ଏକ ଦୃଢ ଆତ୍ମବିଶ୍ୱାସୀ ଭାରତର ଉତ୍ଥାନର ଆରମ୍ଭ"[୩୫୫] ଏହି ପରୀକ୍ଷଣକୁ ଏକ କୋଡ୍ ନାମ (ଗୁପ୍ତ ନାମ) 'ଅପରେସନ୍ ଶକ୍ତି' ଦିଆଯାଇଥିଲା। ବାଜପେୟୀଙ୍କ ନେତୃତ୍ୱରେ ଭାରତ ସରକାର ଖୁବଶୀଘ୍ର ଏକ ସାମ୍ବାଦିକ ସମ୍ମିଳନୀ ଡାକି ଭାରତକୁ ଏକ ସମ୍ପୂର୍ଣ୍ଣ ଆଣବିକ ଶକ୍ତି ଦେଶ ବୋଲି ଘୋଷଣା କଲେ। ଏହି ପରୀକ୍ଷଣ ପରେ ବିଭିନ୍ନ ଦେଶରୁ ସମାଲୋଚନା (କିଛି ପ୍ରତିବନ୍ଧକ) ଯେମିତି ଆମେରିକା, ଚାଇନା, କାନାଡ଼ା, ଜାପାନ, ବ୍ରିଟେନ ଏବଂ ୟୁରୋପିଆନ ୟୁନିୟନ ଆଦିରୁ ଆସିଲା ଏବଂ ପାକିସ୍ତାନ ତା'ନିଜ ଢଙ୍ଗରେ ୨୮ ମେ ୧୯୯୮ରେ ପରମାଣୁ ପରୀକ୍ଷଣ କରି ପ୍ରତିକ୍ରିୟା ପ୍ରକାଶ କଲେ। ଏନ୍‌ଡିଏ ସରକାରର ଏହି ଉଲ୍ଲେଖଯୋଗ୍ୟ ଘଟଣାରେ ଦେଶର ସାଧାରଣ ଜନତା ଗର୍ବ ଅନୁଭବ କରୁଥିବାବେଳେ, ଚିରାଚରିତ ଢଙ୍ଗରେ କଂଗ୍ରେସ ଓ କମ୍ୟୁନିଷ୍ଟ ଦଳ ଭାରତ ନିଜକୁ ଆଣବିକ ଶକ୍ତି ଘୋଷଣା କରିବା କଥାକୁ ଗ୍ରହଣ କଲେ ନାହିଁ ବରଂ ସମାଲୋଚନା କଲେ। ତେବେ ବାଜପେୟୀ ନିଜ ନିଷ୍ପତ୍ତି ଉପରେ ଦୃଢ ଥିବାରୁ ଆନ୍ତର୍ଜାତିକ ଚାପ ତାଙ୍କୁ ବ୍ୟଥିତ କଲା ନାହିଁ। ସେ ବର୍ତ୍ତମାନ ଆମର ସବୁବେଳେ କଷ୍ଟ ଦେଉଥିବା ପଡୋଶୀ ପାକିସ୍ତାନ ସହ ପରିସ୍ଥିତି ସୁଧାରିବାରେ ଧ୍ୟାନ କେନ୍ଦ୍ରିତ କଲେ।

ନିଜ ଆତ୍ମଜୀବନୀରେ ଆଡଭାନୀ କହିବା ଅନୁଯାୟୀ ଜନସଂଘର (ପରେ ବିଜେପି) ନେତୃବୃନ୍ଦ ତାଙ୍କୁ ଓ ବାଜପେୟୀଙ୍କ ସମେତ ୧୯୬୪ରୁ ଭାରତ ଏକ ଆଣବିକ ଶକ୍ତି ସଂପନ୍ନ ରାଷ୍ଟ୍ର ହେଉ ବୋଲି ଚାହୁଁଥିଲେ।[୩୫୬] ଭାରତ ଚାଇନା ଯୁଦ୍ଧର ଦୁଇବର୍ଷ ପରେ ଯେଉଁ ବର୍ଷ ଚାଇନା ନିଜକୁ ଆଣବିକ ଶକ୍ତି ସମ୍ପନ୍ନ ବୋଲି ଘୋଷଣା କଲା, ସେହି ବର୍ଷଠାରୁ ଏ ଆଶା ପୋଷଣ କରାଯାଇଥିଲା।

ଭାରତକୁ ଆଣବିକ ଶକ୍ତି ସମ୍ପନ୍ନ ରାଷ୍ଟ୍ର କଲାପରେ ବାଜପେୟୀଙ୍କ ଆଗାମୀ ଲକ୍ଷ୍ୟ ପାକିସ୍ତାନ ସହ ଶାନ୍ତି ପ୍ରତିଷ୍ଠା କରିବା ପ୍ରକ୍ରିୟାକୁ ତ୍ୱରାନ୍ୱିତ କରିବା ଥିଲା। (ପାକିସ୍ତାନ ମଧ୍ୟ ଆଣବିକ ଶକ୍ତି ସଂପନ୍ନ ହୋଇଥିଲା) । ଏହି ବିଷୟଟି ତାଙ୍କ ହୃଦୟର ଅତି ନିକଟବର୍ତ୍ତୀ ଥିଲା। ସେ ତାଙ୍କ ପାକିସ୍ତାନୀ ପ୍ରତିପକ୍ଷ ନୱାଜ ସରିଫଙ୍କ ସହ ଏକ ବ୍ୟାପକ କୂଟନୈତିକ ଶାନ୍ତି ପ୍ରକ୍ରିୟା ପାଇଁ ଦାବି କରିବା ଆରମ୍ଭ କଲେ। ଏହାଦ୍ୱାରା ଦିଲ୍ଲୀ – ଲାହୋର ବସ୍ ସେବା ଲୋକମାନଙ୍କ ସହିତ ଯୋଗାଯୋଗ କରିବାକୁ ଲକ୍ଷ୍ୟ ରଖିଥିଲା।

୨୦ ଫେବୃଆରୀ ୧୯୯୯ରେ ବାଜପେୟୀଙ୍କ ଅମୃତସରଠୁ ଲାହୋର ଯାତ୍ରା ସହିତ ଏହି ବସ୍ ସେବା ଆରମ୍ଭ ହୋଇଥିଲା। ୱାଘା ସୀମାନ୍ତରେ ପାକିସ୍ତାନୀ ପ୍ରଧାନମନ୍ତ୍ରୀ ଭାରତର ପ୍ରଧାନମନ୍ତ୍ରୀଙ୍କୁ ସ୍ୱାଗତ କରିଥିଲେ। ତା' ପରଦିନ ଦୁଇ ପ୍ରଧାନମନ୍ତ୍ରୀ ଲାହୋର ଘୋଷଣାନାମା ସ୍ୱାକ୍ଷର କରିଥିଲେ, ଯେଉଁଥିରେ ଦୁଇଦେଶ ଦ୍ୱିପାକ୍ଷିକ ବିବାଦର ଶାନ୍ତିପୂର୍ଣ୍ଣ ସମାଧାନ ପାଇଁ ରାଜି ହୋଇଥିଲେ। ଯେଉଁଥିରେ କଶ୍ମୀର ପ୍ରସଙ୍ଗ ଏବଂ ପରସ୍ପର ମଧ୍ୟରେ ବାଣିଜ୍ୟକୁ ଉତ୍ସାହ ପ୍ରଦାନ ଓ ସାଂସ୍କୃତିକ ବିନିମୟ ସାମିଲ ଥିଲା। ନାଗ ତାଙ୍କ ବହିରେ ଏ ସମ୍ବନ୍ଧରେ ଏକ ମଜାଦାର ଘଟଣା ଉଲ୍ଲେଖ କରି କହିଛନ୍ତି ଯେ - ନିଜ ବ୍ୟବହାର ଓ ଭାଷଣ ଦ୍ୱାରା ବାଜପେୟୀ ପାକିସ୍ତାନରେ ଏତେ ଲୋକପ୍ରିୟ ହୋଇଗଲେ ଯେ ନୱାଜ ସରିଫ ମଜାରେ କହିଲେ, 'ବାଜପେୟୀ ସାହବ ଏବେ ପାକିସ୍ତାନରେ ମଧ୍ୟ ନିର୍ବାଚନ ଜିତିପାରିବେ'।[୩୫୭]

ବାଜପେୟୀଙ୍କ ଗସ୍ତ ଦ୍ୱାରା ଆରମ୍ଭ ହୋଇଥିବା ଭାରତ ପାକିସ୍ତାନ ଶାନ୍ତି ପ୍ରକ୍ରିୟା, କାରଗିଲ ସେକ୍ଟରରେ ପାକିସ୍ତାନର ଆକ୍ରମଣ ଦ୍ୱାରା ନଷ୍ଟ ହୋଇଥିଲା। ଲଦାଖ ଏବଂ କଶ୍ମୀର ପ୍ରସଙ୍ଗରେ ଭାରତ ପାଇଁ ଏହା ରଣନୀତିକ ଭାବେ ଗୁରୁତ୍ୱପୂର୍ଣ୍ଣ ସ୍ଥାନ ଥିବାରୁ କାରଗିଲକୁ ଚୟନ କରାଯାଇଥିଲା। ଅନୁପ୍ରବେଶ କିନ୍ତୁ କେବଳ କାରଗିଲ ଯାଏ ସୀମିତ ନ ଥିଲା, ବରଂ ବାଟାଲିକ ଓ ଅଖନୁର ସେକ୍ଟରରେ ମଧ୍ୟ ଅନୁପ୍ରବେଶ ହେବାର ତଥ୍ୟ ମିଳିଥିଲା। ସେହି ସମୟରେ ପାକିସ୍ତାନର ସେନାମୁଖ୍ୟ ଥିଲେ ପରଭେଜ ମୁଶରଫ। ଅନୁପ୍ରବେଶକାରୀଙ୍କୁ ତଡିବା ପାଇଁ ୨୬ ମେ ୧୯୯୯ରେ ଭାରତ

'ଅପରେସନ ବିଜୟ'ର ଶୁଭାରମ୍ଭ କଲା। ଭାରତୀୟ ବାୟୁ ସେନା ଦ୍ୱାରା ସହାୟତାପ୍ରାପ୍ତ ଭାରତୀୟ ସଶସ୍ତ୍ର ବାହିନୀକୁ ପାକିସ୍ତାନୀ ସେନାସହ ଦୁନିଆର ସବୁଠାରୁ କଠିନ ଅଞ୍ଚଳରେ ଲଢିବାକୁ ପଡିଲା। କାରଗିଲ ବିଶ୍ୱର ସବୁଠାରୁ ଉଚ୍ଚତମ ଯୁଦ୍ଧକ୍ଷେତ୍ର ଥିଲା ଏବଂ ସେଠାକାର ତାପମାତ୍ରା ପ୍ରାୟ -୧୫ ଡିଗ୍ରୀ ସେଣ୍ଟିଗ୍ରେଡ ତଳକୁ ଚାଲିଯାଉଥିଲା। ପାକିସ୍ତାନର ବହୁତ ସୈନ୍ୟ ମୃତାହତ ହୋଇଥିବାବେଳେ ଭାରତ ମଧ୍ୟ ତିନିମାସ ଧରି ଚାଲିଥିବା ଯୁଦ୍ଧରେ ନିଜର ବହୁତ ସୈନ୍ୟଙ୍କୁ ହରାଇଥିଲା। ଭାରତର ସଫଳତା ସହ କାରଗିଲ ପୋଷ୍ଟକୁ ପୁନରୁଦ୍ଧାର ଏବଂ ଅନ୍ୟ ଅଞ୍ଚଳରୁ ଅନୁପ୍ରବେଶକାରୀଙ୍କୁ ତଡିବା ସହ ୨୬ ଜୁଲାଇ ୧୯୯୯ରେ ଏ ଯୁଦ୍ଧ ଶେଷ ହେଲା। ଏହି ଘଟଣା କିନ୍ତୁ ଭାରତ ସହ ଶାନ୍ତି ପ୍ରତିଷ୍ଠା ପାଇଁ ପାକିସ୍ତାନ ସରକାରଙ୍କ ଆନ୍ତରିକତା ଉପରେ ବାଜପେୟୀଙ୍କ ବିଶ୍ୱାସକୁ ଦୋହଲାଇ ଦେଲା।

୧୯୯୯ ଲୋକସଭା ନିର୍ବାଚନ, ବିଜେପି ନେତୃତ୍ୱରେ ଏନ୍‌ଡିଏକୁ ବହୁମତ

ଯଦିଓ ପାକିସ୍ତାନୀ ଅନୁପ୍ରବେଶକାରୀମାନଙ୍କ ଉପରେ ଭାରତ ଏକ ନିର୍ଣ୍ଣାୟକ ବିଜୟ ପାଇବାରେ ସକ୍ଷମ ହେଲା, ଦେଶ ମଧ୍ୟବର୍ତ୍ତୀ ନିର୍ବାଚନ ରୂପରେ ଆଉ ଏକ ଆହ୍ୱାନର ସମ୍ମୁଖୀନ ହେଲା। ତିନିବର୍ଷ ମଧ୍ୟରେ ଦେଶର ଏହା ତୃତୀୟ ସାଧାରଣ ନିର୍ବାଚନ ଥିଲା।

ବାଜପେୟୀ ସରକାରଙ୍କୁ ଅସ୍ଥିର କରିବା ପାଇଁ କଂଗ୍ରେସ ଉଦ୍ୟମ ଜାରି ରଖିଥିଲା। ଫଳସ୍ୱରୂପ ଏଆଇଏଡିଏମ୍‌କେ ଏନ୍‌ଡିଏ ସରକାରଠାରୁ ସମର୍ଥନ ପ୍ରତ୍ୟାହାର କରି ସରକାରକୁ ବିଶ୍ୱାସମତ ପ୍ରମାଣ କରିବାକୁ ବାଧ୍ୟ କଲା ଏବଂ ରାଜନୈତିକ ଇତିହାସରେ କେବେ ଘଟି ନ ଥିବା ଏକ ଅଦ୍ଭୁତ ଘଟଣା ଘଟି ସରକାର ଗୋଟିଏ ମାତ୍ର ଭୋଟରେ ଭାଙ୍ଗିଗଲା। ବିଜେପି ନେତୃତ୍ୱରେ ଶାସକ ଦଳ ମୋଟ ୨୬୯ଟି ଭୋଟ୍ ପାଇଥିଲାବେଳେ ବିରୋଧୀ ୨୭୦ଟି ଭୋଟ୍ ପାଇଥିଲେ। ସେହି ଭୋଟ୍‌ଟି ଓଡିଶାର ଗିରିଧର ଗମାଙ୍ଗଙ୍କର ଥିଲା, ଯିଏ ନିକଟରେ ରାଜ୍ୟର ମୁଖ୍ୟମନ୍ତ୍ରୀ ହୋଇଥିଲେ କିନ୍ତୁ ଲୋକସଭା ସଦସ୍ୟ ପଦରୁ ଇସ୍ତଫା ଦେଇ ନ ଥିଲେ। ତାଙ୍କୁ ମତ ଦେବାକୁ ଅନୁମତି ଦିଆଯିବ କି ନାହିଁ, ଏ ସମ୍ବନ୍ଧରେ ସଂସଦରେ ଜୋରଦାର ବିତର୍କ ହେଲା। ତତ୍କାଳୀନ ବାଚସ୍ପତି ଜି.ଏମ୍.ସି ବାଲଯୋଗୀ ଗମାଙ୍ଗ ଭୋଟ୍ ଦେବେ କି ନ ଦେବେ ଏ ନିଷ୍ପତ୍ତି ଗମାଙ୍ଗଙ୍କ ବିବେକ ଉପରେ ଛାଡିଦେଲେ। ଅବଶ୍ୟ ସେ ନିଜ ଦଳର ହାଇକମାଣ୍ଡଙ୍କ ଆଦେଶ ମାନି ସରକାର ବିରୋଧରେ ଭୋଟ୍ ଦେଲେ। 'ମୁଁ ମତ ଦେଲି କାରଣ ମୋ ଦଳ ଚାହିଁଲା ମୁଁ ମତ ଦିଏ' – ଏହା କହିବା ସହିତ ଗମାଙ୍ଗ

ଯୋଡିଲେ ଯେ 'ଦଳର ବିବେକ ହିଁ ମୋର ବିବେକ'।[୩୫୮] ଏ ଘଟଣା ସମସ୍ତ ଅଧିକାର ନିୟମ ବିରୁଦ୍ଧରେ ଥିଲା। ଅଧିକନ୍ତୁ, କଂଗ୍ରେସ ଓ ଅନ୍ୟ ବିରୋଧୀ ଦଳ ମିଶି ଏକ ବିକଳ୍ପ ସରକାର ଗଢି ନ ପାରିବା ଅବସ୍ଥାରେ ଥିବା ସତ୍ତ୍ୱେ ଏହା ଘଟିଲା। ସେମାନେ ଦେଶକୁ ଆଉ ଏକ ନିର୍ବାଚନ ପାଇଁ ବଳପୂର୍ବକ ବାଧ୍ୟ କଲେ।

ବିଜେପି ଏଥର ନିର୍ବାଚନ ପୂର୍ବରୁ ନିଜ ସହଯୋଗୀମାନଙ୍କ ସହ ମେଣ୍ଟ କରି ଏନ୍‌ଡିଏର ଅଂଶୀଦାର ରୂପେ ନିର୍ବାଚନ ରଣାଙ୍ଗନାକୁ ଓହ୍ଲାଇଲା। ୧୯୯୮ ଲୋକସଭା ନିର୍ବାଚନ ପରେ ଏନ୍‌ଡିଏ ମେଣ୍ଟ ସୃଷ୍ଟି ହୋଇଥିଲା। ବିଜେପି ନେତୃତ୍ୱରେ ଏହା ଏକ ସାଧାରଣ ନିର୍ବାଚନ ଇସ୍ତାହାରରେ ଜନସାଧାରଣଙ୍କ ପାଖକୁ ସୁରକ୍ଷା, ସ୍ଥିରତା ଏବଂ ବିକାଶ ପାଇଁ ଭୋଟ୍ ମାଗିଥିଲେ। ୫୪୫ରୁ ୩୦୬ଟି ଆସନ ପାଇ ଏନ୍‌ଡିଏ ବହୁମତ ପାଇଥିଲା। ବିଜେପି ଏକା ୩୩୯ ଆସନ ଲଢି ୧୮୨ଟି ଜିତିଥିଲା। ୧୯୯୮ରେ ଦଳ ୩୮୮ଟି ଆସନ ଲଢି ସମାନଭାବେ ୧୮୨ଟି ଆସନ ପାଇଥିବାବେଳେ ଏଥର କିନ୍ତୁ ୩୩୯ଟିରେ ଲଢିଥିଲା। ଇତ୍ୟବସରରେ କଂଗ୍ରେସ ଲୋକଙ୍କ ଦ୍ୱାରା ଆହୁରି ପ୍ରତ୍ୟାଖାତ ହୋଇ ୧୪୦ ତୁଳନାରେ ୧୧୪ ଆସନକୁ ଖସି ଆସିଥିଲା। ଏଥିରୁ ସ୍ପଷ୍ଟ ଥିଲା ଯେ ପୂର୍ବର ଏନ୍‌ଡିଏ ସରକାର ଉପରେ ଜନସାଧାରଣ ଖୁସି ଥିଲେ ଏବଂ ତାକୁ ଆଉଥରେ କ୍ଷମତାକୁ ଫେରାଇ ଆଣିଲେ।

୧୯୯୯ରେ ବିଜେପି ୧୮୨ଟି ଆସନ ଜିତିଥିବା ରାଜ୍ୟ ଓ କେନ୍ଦ୍ରଶାସିତ ଅଞ୍ଚଳ ସମୂହ

କ୍ର.ସଂ.	ରାଜ୍ୟ / କେନ୍ଦ୍ରଶାସିତ ଅଞ୍ଚଳ	ଲୋକସଭା ଆସନ ସଂଖ୍ୟା	ବିଜେପି ଲଢିଥିବା ଆସନ ସଂଖ୍ୟା	ବିଜେପି ଜିତିଥିବା ଆସନ ସଂଖ୍ୟା
୧	ଉତ୍ତରପ୍ରଦେଶ	୮୫	୭୭	୨୯
୨	ମଧ୍ୟପ୍ରଦେଶ	୪୦	୪୦	୨୯
୩	ବିହାର	୫୪	୨୯	୨୩
୪	ଗୁଜରାଟ	୨୬	୨୬	୨୦
୫	ରାଜସ୍ଥାନ	୨୫	୨୪	୧୬
୬	ମହାରାଷ୍ଟ୍ର	୪୮	୨୬	୧୩
୭	ଓଡ଼ିଶା	୨୧	୦୯	୦୯
୮	ଆନ୍ଧ୍ରପ୍ରଦେଶ	୪୨	୦୮	୦୭
୯	କର୍ଣ୍ଣାଟକ	୨୮	୧୯	୦୭

୧୦	ଦିଲ୍ଲୀ	୦୭	୦୭	୦୭
୧୧	ହରିଆଣା	୧୦	୦୫	୦୫
୧୨	ତାମିଲନାଡୁ	୩୯	୦୬	୦୪
୧୩	ହିମାଚଳ ପ୍ରଦେଶ	୦୪	୦୩	୦୩
୧୪	ଆସାମ	୧୪	୧୨	୦୨
୧୫	ଗୋଆ	୦୨	୦୨	୦୨
୧୬	ଜମ୍ମୁ ଆଣ୍ଡ କଶ୍ମୀର	୦୬	୦୬	୦୨
୧୭	ୱେଷ୍ଟ ବେଙ୍ଗଲ	୪୨	୧୩	୦୨
୧୮	ପଞ୍ଜାବ	୧୩	୦୩	୦୧
୧୯	ଆଣ୍ଡାମାନ୍ ଆଣ୍ଡ ନିକୋବର	୦୧	୦୧	୦୧
	ସମଗ୍ର			୧୮୨

ଦଳ	୧୯୯୯ରେ ଲୋକସଭା ଆସନ
ଭାରତୀୟ ଜନତା ପାର୍ଟି (ବିଜେପି)	୧୮୨
ତେଲୁଗୁ ଦେଶମ ପାର୍ଟି (ଟିଡିପି)	୨୯
ଜନତା ଦଳ (ୟୁନାଇଟେଡ)	୨୧
ଶିବସେନା (ଏସ୍‌ଏସ୍)	୧୫
ଡିଏମ୍‌କେ	୧୨
ବିଜୁ ଜନତା ଦଳ (ବିଜେଡି)	୧୦
ତୃଣମୂଳ କଂଗ୍ରେସ	୦୮
ଇଣ୍ଡିଆନ୍ ନେସନାଲ ଲୋକଦଳ	୦୫
ପଟଲୀ ମକଲ କଛୀ	୦୫
ଜମ୍ମୁ କଶ୍ମୀର ନେସନାଲ କନଫରେନ୍ସ	୦୪
ଏମ୍‌ଡିଏମ୍‌କେ	୦୪
ଅଖିଳ ଭାରତୀୟ ଲୋକତାନ୍ତ୍ରିକ କଂଗ୍ରେସ	୦୨
ଶିରମଣି ଅକାଳୀ ଦଳ	୦୨
ହିମାଚଳ ବିକାଶ କଂଗ୍ରେସ	୦୧
ମଣିପୁର ଷ୍ଟେଟ କଂଗ୍ରେସ ପାର୍ଟି	୦୧
ମିଜୋ ନେସନାଲ ଫ୍ରଣ୍ଟ	୦୧

ସିକିମ୍ ଡେମୋକ୍ରାଟିକ୍ ଫ୍ରଣ୍ଟ	୦୧
ଏମ୍.ଜି.ଆର. ଆନା ଡିଏମ୍‌କେ	୦୧
ନିର୍ଦ୍ଦଳୀୟ	୦୨
ଏନ୍‌ଡିଏ	୩୦୬

ତୃତୀୟ ଥର ପାଇଁ ବାଜପେୟୀଙ୍କ ପ୍ରଧାନମନ୍ତ୍ରିତ୍ୱ

ବାଜପେୟୀ ଜଣେ ଯୋଦ୍ଧା ଥିଲେ। ଆଡଭାନୀଙ୍କ ସହ ସେ ଦଳକୁ କ୍ଷମତାରେ ଆଣିବା ପାଇଁ ପରିଚାଳନା କଲେ ଏବଂ ପ୍ରଥମେ ୧୩ ମାସ ଓ ପରେ ପୂର୍ଣ୍ଣ ଅବଧି ପାଇଁ କ୍ଷମତା ହାସଲ କଲେ। ସରକାରଙ୍କ ଏହି ପାଳିରେ ରଣନୀତି ଭାବରେ ଅନ୍ତର୍ଜାତୀୟ କୂଟନୀତି, ଚତୁର ଅର୍ଥନୈତିକ ନୀତି ଏବଂ ଭାରତ ପାଇଁ ଗରିଆଡେ ବିକାଶ ଦ୍ୱାରା ଦେଶ ଚିହ୍ନିତ ହେଇଥିଲା।

ବାଜପେୟୀଙ୍କ ବିଶ୍ୱ କୂଟନୀତି

ଯଦିଓ ବାଜପେୟୀଙ୍କ ଶାନ୍ତି ପଦକ୍ଷେପକୁ ପାକିସ୍ତାନ ପଛରୁ ଛୁରାଘାତ କରି କାରଗିଲ୍ ଯୁଦ୍ଧ କରିଥିଲା – ସେ କିନ୍ତୁ କଶ୍ମୀର ସମସ୍ୟାର ସମାଧାନ ପାଇଁ ଉତ୍ସୁକ ଥିଲେ। ଏତେ ବିଶ୍ୱାସଘାତ ପରେ ବି ପାକିସ୍ତାନକୁ ଭାରତ ସହ ଶାନ୍ତିପୂର୍ଣ୍ଣ ସମ୍ପର୍କ ରଖିବାକୁ ଆଉ ଏକ ସୁଯୋଗ ଦେବାକୁ ସେ ହୃଦୟର ସହ ଚାହୁଁଥିଲେ। ପ୍ରଧାନମନ୍ତ୍ରୀ ଭାବରେ ସେ ୨୦୦୧ରେ 'ହିନ୍ଦୁ'ରେ ପ୍ରକାଶିତ ତାଙ୍କ ନୂତନ ବର୍ଷର ପ୍ରେରଣାରେ ନିଜର ଭାବନାକୁ ନିମ୍ନମତେ ସ୍ପଷ୍ଟ କରିଥିଲେ :

"ଭାରତ କଶ୍ମୀର ସମସ୍ୟାର ସ୍ଥାୟୀ ସମାଧାନ ପାଇଁ ସବୁବେଳେ ଇଚ୍ଛା କରିଛି ଏବଂ ପ୍ରସ୍ତୁତ ଅଛି। ଏହି ଉଦ୍ଦେଶ୍ୟରେ ଆମେ ପାକିସ୍ତାନ ସହିତ ଯେ କୌଣସି ସ୍ତରରେ ଆଲୋଚନା ଆରମ୍ଭ କରିବାକୁ ପ୍ରସ୍ତୁତ ଅଛୁ ଯଦିଓ ମତେ ଏକଥା ବହୁତ ଦୁଃଖ ଦେଇଛି ଯେ ପାକିସ୍ତାନ ସରକାର ନିଜ ଭୂମିରେ ଆତଙ୍କବାଦୀ ସଙ୍ଗଠନ ଉପରେ କୌଣସି ଲଗାମ ଲଗାଇବା ପାଇଁ ପର୍ଯ୍ୟାପ୍ତ କାମ କରୁନାହିଁ ଏବଂ ଆତଙ୍କବାଦୀ ସଙ୍ଗଠନ ସେମାନଙ୍କ ହତ୍ୟା କରିବା କାର୍ଯ୍ୟକ୍ରମ କଶ୍ମୀର ଏବଂ ଦେଶର ଅନ୍ୟ ଭାଗରେ ଜାରି ରଖିଛନ୍ତି। କଶ୍ମୀର ସମସ୍ୟାର ଏକ ସ୍ଥାୟୀ ସମାଧାନ ପାଇଁ ଆମର ସନ୍ଧାନରେ, ଆମେ କେବଳ ଅତୀତର ପରାଜିତ ପଥରେ ଯିବା ନାହିଁ। ଏହି ସନ୍ଧାନରେ, ଆମକୁ ମାର୍ଗଦର୍ଶନ କରିବାକୁ ଥିବା ଏକମାତ୍ର ଆଲୋକ ହେଉଛି ଶାନ୍ତି, ନ୍ୟାୟ ଏବଂ ଜାତିର ଗୁରୁତ୍ୱପୂର୍ଣ୍ଣ ସ୍ୱାର୍ଥ ପ୍ରତି ଆମର ପ୍ରତିବଦ୍ଧତା ଅଛି'।[୩୫୯]

ତତ୍କାଳୀନ ପାକିସ୍ତାନ ରାଷ୍ଟ୍ରପତି ପରଭେଜ ମୁଶରଫଙ୍କୁ ଭାରତ - ପାକ୍ ଶାନ୍ତି ପ୍ରକ୍ରିୟା ପାଇଁ ନିମନ୍ତ୍ରଣ କରି ଚେଷ୍ଟା କରିବାକୁ ଆଡଭାନୀ ବାଜପେୟୀଙ୍କୁ ପରାମର୍ଶ ଦେଲେ। ସେନାର ଉପଯୋଗ କରି ମୁଶରଫ ନୱାଜ ସରିଫଙ୍କୁ ଗାଦିଚ୍ୟୁତ କରି ରାଷ୍ଟ୍ରପତି ହୋଇଥିଲେ। ଭାରତର ନିମନ୍ତ୍ରଣରେ ମୁଶରଫ ଧୁମ୍‌ଧାମ୍‌ରେ ଶିଖରବାର୍ତ୍ତା ସ୍ଥଳ ଆଗ୍ରାଠାରେ ପହଞ୍ଚିଲେ। ସାରା ବିଶ୍ୱ ଏହି ଘଟଣା ଉପରେ ନଜର ରଖିଥିଲା। ଗଣମାଧ୍ୟମମାନେ ଅତିରିକ୍ତ ପରିଶ୍ରମ କରୁଥିଲେ। ଭାରତ ସର୍ବୋତ୍ତମ ଆତିଥ୍ୟ ପ୍ରଦାନ କରିବାକୁ ଉଦ୍ୟମ କରିଥିଲା, କିନ୍ତୁ ମୁଶରଫଙ୍କ ମନରେ ଅନ୍ୟ କଥା ଥିଲା। ତଥ୍ୟ ଅନୁଯାୟୀ ସେ କଶ୍ମୀରର ବିଚ୍ଛିନ୍ନତାବାଦୀ ନେତାମାନଙ୍କ ସହ ବୈଠକ କରିଥିଲେ ଏବଂ ପରେ ଭାରତୀୟ ଗଣମାଧ୍ୟମ ସହ ବେସରକାରୀ ଭାବେ କଥାବାର୍ତ୍ତା କରିଥିଲେ, ଯାହା କାର୍ଯ୍ୟକ୍ରମରେ ସାମିଲ ନ ଥିଲା। ଯୋଜନା ଅନୁଯାୟୀ କାର୍ଯ୍ୟ ହେଲାନାହିଁ। ମୁଶରଫ କଶ୍ମୀରକୁ କେନ୍ଦ୍ରୀୟ ପ୍ରସଙ୍ଗ ବୋଲି ଜିଦ୍ ଧରି ଘୋଷଣା ଡ୍ରାଫ୍ଟରେ ସୀମାପାର ଆତଙ୍କବାଦକୁ ଉଲ୍ଲେଖ କରିବାକୁ ବିରୋଧ କଲେ ଏବଂ ଏହା ସ୍ୱାକ୍ଷରିତ ହୋଇପାରିଲା ନାହିଁ। ଆଗ୍ରା ଶିଖରବାର୍ତ୍ତା ଚାଲିଥିବା ସମୟରେ ମଧ୍ୟ ପାକିସ୍ତାନ ଭାରତ ପାକ୍ ସୀମାରେ ଏହାର ଆତଙ୍କବାଦୀ କାର୍ଯ୍ୟକଳାପ ଜାରି ରଖିଥିଲା।

ଐତିହାସିକ ଆଗ୍ରା ଶିଖରବାର୍ତ୍ତା, ଯାହା ଭାରତ ଏବଂ ପାକିସ୍ତାନ ମଧ୍ୟରେ ଏକ ଶାନ୍ତି ପ୍ରକ୍ରିୟାରେ ପହଞ୍ଚିବା ପାଇଁ ଅତି ନିକଟରେ ହୋଇଥିଲା, ଏଥିରୁ ବଞ୍ଚିତ ହେବାର ସର୍ବବୃହତ୍ କୂଟନୈତିକ ସୁଯୋଗ ହୋଇଗଲା। ୧୩ ଡିସେମ୍ବର ୨୦୦୧ରେ ଭାରତର ସଂସଦ ଉପରେ ଏକ ଭୟଙ୍କର ଆତଙ୍କବାଦ ଆକ୍ରମଣ ହେଲା, ଯହିଁରେ ୯ଜଣ ପ୍ରାଣ ହରାଇଲେ। ତଥାପି ଶାନ୍ତି ପ୍ରକ୍ରିୟା ଉପରେ ନିଜର ବିଶ୍ୱାସକୁ ବଜାୟ ରଖି ଭାରତ ପାକିସ୍ତାନ ସହ କଥାବାର୍ତ୍ତା ହେବାର ରାସ୍ତା ଆଉଥରେ ଖୋଲିଲା। ସେ ସମୟରେ ଭାରତର ଉପପ୍ରଧାନମନ୍ତ୍ରୀ ଏବଂ ଗୃହମନ୍ତ୍ରୀ ଥିବା ଆଡଭାନୀ ନିଜ ଆତ୍ମଜୀବନୀରେ କହନ୍ତି :

'ଏହିସବୁ ପ୍ରୟାସର ଆନନ୍ଦଦାୟକ ଫଳ ହେଉଛି ଜାନୁଆରୀ ୨୦୦୪ରେ ଇସଲାମାବାଦରେ ସାର୍କ ଶିଖର ସମ୍ମିଳନୀରେ ବାଜପେୟୀ ମୁଶରଫ ଆଲୋଚନା ପରେ ଜାରି ହୋଇଥିବା ଐତିହାସିକ ମିଳିତ ବିବୃତି। ମିଳିତ ବିବୃତି ମାଧ୍ୟମରେ ପାକିସ୍ତାନ ପ୍ରଥମଥର ପାଇଁ ନିଜ ଅଞ୍ଚଳ କିମ୍ବା ଏହାର ଅଧୀନରେ ଥିବା ଅଞ୍ଚଳକୁ ଭାରତ ବିରୋଧରେ ଆତଙ୍କବାଦୀ କାର୍ଯ୍ୟକଳାପରେ ବ୍ୟବହାର ନ କରିବାକୁ ପ୍ରତିଶ୍ରୁତି ଦେଲା'।[୩୬୦]

ସେ ମିଳିତ ବିବୃତିକୁ 'ଭାରତର କୂଟନୈତିକ ଇତିହାସର ସବୁଠାରୁ ବଡ ସଫଳତା' କହି ପ୍ରଶଂସା କରିଛନ୍ତି।

ବାଜପେୟୀଙ୍କ ନେତୃତ୍ୱରେ ଭାରତ ଆମେରିକା ସମ୍ପର୍କରେ ମଧ୍ୟ ବହୁତ ଉନ୍ନତି ହୋଇଥିଲା ଏବଂ ସେତେବେଳକାର ଆମେରିକା ରାଷ୍ଟ୍ରପତି ଜର୍ଜ ବୁଶ୍ ଓ ବିଲ କ୍ଲିଣ୍ଟନଙ୍କ ସହ ସୌହାର୍ଦ୍ଦ୍ୟପୂର୍ଣ୍ଣ ସମ୍ପର୍କ ସ୍ଥାପିତ ହୋଇପାରିଥିଲା । ଆମେରିକାର ରାଷ୍ଟ୍ରଦୂତ କେନେଥ୍ ଜଷ୍ଟର ଏହି କଥାକୁ ନିଶ୍ଚିତ କରିବାକୁ ଯାଇ କହିଥିଲେ, 'ବାଜପେୟୀ ଏବଂ ବୁଶ୍‌ଙ୍କ ପୂର୍ବରୁ ଭାରତ ଆମେରିକା ସମ୍ପର୍କ ବହୁ ଦୂରରେ ଥିଲା, ଏମାନେ କିନ୍ତୁ ଏ ସମ୍ପର୍କକୁ ଏକ ନୂତନ ସ୍ତରକୁ ନେଇଯାଇଥିଲେ ।[୩୬୧] ବାଜପେୟୀ ସେହି ସମୟରେ ଆମେରିକା ରାଷ୍ଟ୍ରପତି ବିଲ୍ କ୍ଲିଣ୍ଟନଙ୍କ ସହ ଦୁଇ ଦେଶର ଦ୍ୱିପାକ୍ଷିକ ସମ୍ପର୍କକୁ ଅନ୍ୟସ୍ତରକୁ ନେଇଯାଇଥିଲେ । ବିଲ୍ କ୍ଲିଣ୍ଟନ ୨୦୦୦ ମସିହାରେ ଭାରତ ଆସିଥିଲେ ଏବଂ ଏହା ୧୯୭୮ରେ ତତ୍କାଳୀନ ଆମେରିକା ରାଷ୍ଟ୍ରପତି ଜିମି କାର୍ଟରଙ୍କ ଭାରତ ଗସ୍ତର ୨୪ ବର୍ଷ ପରେ ସମ୍ଭବ ହୋଇଥିଲା । କ୍ଲିଣ୍ଟନଙ୍କ ଗସ୍ତ ସମୟରେ ଦୁଇ ଦେଶର ମୁଖ୍ୟ ଦ୍ୱିପାକ୍ଷିକ ଏବଂ ଅର୍ଥନୈତିକ ପ୍ରସଙ୍ଗ ଉପରେ ଆଲୋଚନା କରିଥିଲେ । ୧୬ ଅଗଷ୍ଟ ୨୦୧୮ରେ ବାଜପେୟୀଙ୍କ ମୃତ୍ୟୁ ପରେ ତାଙ୍କୁ ମହାନ ନିଷ୍ଠାର ନେତା କହି ବିଲ୍ କ୍ଲିଣ୍ଟନ ଶ୍ରଦ୍ଧାଞ୍ଜଳି ଜଣାଇଥିଲେ । ବାଜପେୟୀଙ୍କ ପାଇଁ ଶୋକବାର୍ତ୍ତାରେ ଶ୍ରୀ କ୍ଲିଣ୍ଟନ କହିଥିଲେ:

'ସେ ଓ ତାଙ୍କ ପ୍ରମୁଖ ମନ୍ତ୍ରୀମାନେ ସେମାନଙ୍କର ଦୂରଦୃଷ୍ଟି ସହ ରଣନୀତିକ କଥାବାର୍ତ୍ତାରେ ଭାଗ ନେବାକୁ ବିଶ୍ୱାସ ଉତ୍ପନ୍ନ କରି ଭାରତ ଆମେରିକା ସମ୍ପର୍କର ଏକ ନୂଆ ଯୁଗ ଆରମ୍ଭ କରିଥିଲେ । ଆମେରିକାର ରାଷ୍ଟ୍ରପତି ଭାବେ ତାଙ୍କ ସହ ଘନିଷ୍ଠଭାବେ କାମ କରି ଦୁଇ ଦେଶର ବନ୍ଧୁତ୍ୱର ବନ୍ଧନକୁ ଦୃଢ କରିବାକୁ ଏବଂ ବିଶ୍ୱକୁ ଆହୁରି ସୁନ୍ଦର ଓ ଶାନ୍ତିପୂର୍ଣ୍ଣ ଭାବେ ଦେଖିବାକୁ ଆମେ ଯେଉଁ ପ୍ରୟାସ କରିଥିଲୁ, ସେଥିପାଇଁ ମୁଁ ସବୁବେଳେ ଗର୍ବ ଅନୁଭବ କରିବି' ।[୩୬୨]

ବାଜପେୟୀ ପ୍ରଶାସନ ଭାରତର 'ପୂର୍ବକୁ ଦୃଷ୍ଟି'[୩୬୩] ନୀତି ଆପଣାଇ ଏସିଆରେ ଭାରତର ସ୍ଥିତିକୁ ମଜଭୁତ କରିଥିଲା । ଏସୀୟ ଆଞ୍ଚଳିକ ସହଯୋଗ ପାଇଁ ଭାରତର ରଣନୀତିର ଦ୍ୱିତୀୟ ପର୍ଯ୍ୟାୟଭାବେ ଜଣାଶୁଣା ତାଙ୍କ ସରକାରଙ୍କ ପଦକ୍ଷେପ ଏକ ଉଲ୍ଲେଖନୀୟ ପରିବର୍ତ୍ତନ ଆଣିଲା ।[୩୬୪] ତତ୍କାଳୀନ ବୈଦେଶିକ ବ୍ୟାପାର ମନ୍ତ୍ରୀ ଯଶୋବନ୍ତ ସିହ୍ନା ସେପ୍ଟେମ୍ବର ୨୦୦୩ରେ ହାୱାର୍ଡ ବିଶ୍ୱବିଦ୍ୟାଳୟରେ ତାଙ୍କର ଏକ ବକ୍ତବ୍ୟରେ କହିଥିଲେ ଭାରତୀୟ ବୈଦେଶିକ ନୀତିରେ ଅତୀତରେ ଏସିଆ କେବଳ ମୌଖିକ ଭାବେ ଗୁରୁତ୍ୱପୂର୍ଣ୍ଣ ଥିଲା, କିନ୍ତୁ ବର୍ତ୍ତମାନ ଭାରତର କୂଟନୀତି ପାଇଁ ଏହା ଏକ ବ୍ୟବସାୟିକ ବାସ୍ତବତା । ସେ କହିଲେ :

'ଅତୀତରେ, ଏସିଆର ଅଧିକାଂଶ ଅଂଶ ସହିତ ଭାରତର ଯୋଗଦାନ,

ଉପନିବେଶବାଦ ଏବଂ ସାଂସ୍କୃତିକ ସମ୍ପର୍କର ଭାଗୀଦାରି ଅନୁଭୂତି ଉପରେ ଆଧାର କରି ଏସୀୟ ଭାଇଚାରାର ଏକ ଆଦର୍ଶବାଦୀ ଧାରଣା ଉପରେ ନିର୍ମାଣ ହୋଇଥିଲା। ଇତିହାସ, ସଂସ୍କୃତି ପରି ବାଣିଜ୍ୟ, ପୁଞ୍ଜି ବିନିଯୋଗ ଏବଂ ଉତ୍ପାଦନ ଦ୍ୱାରା ଆଜି ଏହି ଅଞ୍ଚଳର ଲୟ ନିର୍ଣ୍ଣୟ କରାଯାଇଛି। ଏହା ହିଁ ଆମର ଦଶନ୍ଧି ପୁରୁଣା 'ପୂର୍ବକୁ ଦୃଷ୍ଟି' ନୀତିକୁ ପ୍ରେରିତ କରେ। ପୂର୍ବରୁ ଏହି ଅଞ୍ଚଳ ଆମକୁ ବାହ୍ୟ ବାଣିଜ୍ୟର ୪୫ ପ୍ରତିଶତ ଅଧିକାର କରିସାରିଛି'।[୩୬୫]

ଅଟଳଜୀଙ୍କ ଦୃଢ ଘରୋଇ ଶାସନ

ଭାରତର ଉନ୍ନତ ଅନ୍ତର୍ଜାତୀୟ ସ୍ଥିତି ବ୍ୟତୀତ ଘରୋଇ ଶାସନରେ ମଧ୍ୟ ବାଜପେୟୀଙ୍କ ପ୍ରଭାବ ସୁଦୂରପ୍ରସାରୀ ଥିଲା। ତାଙ୍କ କାର୍ଯ୍ୟକାଳର ଶେଷ ଭାଗକୁ ୨୦୦୪ରେ ଭାରତର ଜିଡିପି ୮ ପ୍ରତିଶତରେ ପହଞ୍ଚି ସାରିଥିଲା। ପ୍ରଧାନମନ୍ତ୍ରୀ ଭାବେ ସେ ନେଇଥିବା ପଦକ୍ଷେପ ସବୁ ଭାରତକୁ ଉନ୍ନତିର ଯାତ୍ରା ପଥରେ ନେଇଥିଲା। ରାଜନୈତିକ ଦଳ ନିର୍ବିଶେଷରେ ରାଜନେତାମାନେ ତାଙ୍କର ବିକାଶ କେନ୍ଦ୍ରିକ ଆଭିମୁଖ୍ୟ ଏବଂ ରାଷ୍ଟ୍ରନୀତିକୁ ପ୍ରଶଂସା କରିଥିଲେ। ଭିତ୍ତିଭୂମି ବିକାଶ, ଶିକ୍ଷା ଏବଂ ଘରୋଇକରଣ (ଉଦାରୀକରଣ) ଉପରେ ବାଜପେୟୀ ସରକାର ଗୁରୁତ୍ୱାରୋପ କରିଥିଲେ। ତାଙ୍କର ପୂର୍ବବର୍ତ୍ତୀ ପ୍ରଧାନମନ୍ତ୍ରୀ ପି.ଭି. ନରସିଂହା ରାଓ ଭାରତୀୟ ଅର୍ଥନୀତିକୁ ଉଦାରୀକରଣ କଲା ପରେ ଦ୍ୱିତୀୟ ଥର ଅର୍ଥନୈତିକ ସଂସ୍କାରର ଯୋଗଦାନର ଶ୍ରେୟ ବାଜପେୟୀଙ୍କୁ ଦିଆଯାଇଛି। ୨୦୧୮ରେ ବାଜପେୟୀଙ୍କ ମୃତ୍ୟୁ ପରେ ଉତ୍ତରପ୍ରଦେଶ ମୁଖ୍ୟମନ୍ତ୍ରୀ ଯୋଗୀ ଆଦିତ୍ୟନାଥ କହିଥିଲେ ଯେ 'ଜାତୀୟ ସ୍ୱାର୍ଥ ସର୍ବଦା ବାଜପେୟୀଙ୍କ ମନର ଶୀର୍ଷରେ ଥିଲା' ଏବଂ ରାଜନୀତିର ମୂଲ୍ୟବୋଧ ଓ ଆଦର୍ଶକୁ ପ୍ରାଧାନ୍ୟ ଦେଇ ସେ ଉତ୍ତମ ଶାସନ ପାଇ ମୂଳଦୁଆ ପକାଇ ଯାଇଛନ୍ତି'।[୩୬୬] ଏଥିପାଇଁ ଏବେକାର ବିଜେପି ସରକାର ବାଜପେୟୀଙ୍କ ଜନ୍ମଦିନ ୨୫ ଡିସେମ୍ବରକୁ 'ସୁଶାସନ ଦିବସ' ରୂପେ ପାଳିବାକୁ ନିର୍ଣ୍ଣୟ ନେଲେ। ବାଜପେୟୀଙ୍କ ଦ୍ୱାରା ନିଆଯାଇଥିବା ଉଲ୍ଲେଖନୀୟ ପଦକ୍ଷେପ ମଧ୍ୟରେ ସଂଚାରକ୍ରାନ୍ତି, ସର୍ବଶିକ୍ଷା ଅଭିଯାନ, ସ୍ୱର୍ଣ୍ଣ ଚତୁର୍ଭୁଜ ଯୋଜନା, ଗ୍ରାମୀଣ ସଡ଼କ, ଦିଲ୍ଲୀ ମେଟ୍ରୋ, ସାର୍ବଜନୀନ ଉଦ୍ୟୋଗଗୁଡିକରୁ ପୁଞ୍ଜି ପ୍ରତ୍ୟାହାର ଏବଂ ଆର୍ଥିକ ଅନୁଶାସନ ଆଦି ଅନ୍ତର୍ଭୁକ୍ତ।

ମନ୍ଦ ଟେଲି ସାନ୍ଦ୍ରତା ସହ ଚାଲୁଥିବା ସଞ୍ଚାର ବିଭାଗର ରୂପାନ୍ତରଣ କରିବାକୁ ଗୁରୁତ୍ୱପୂର୍ଣ୍ଣ ନିଷ୍ପତ୍ତି ବାଜପେୟୀ ସରକାର ନେଲେ। ୧୯୯୯ରେ ନୂଆ ଟେଲିକମ୍ ନୀତିର ରାସ୍ତାରେ ତାଙ୍କ ସରକାର ଅନ୍ୟ କମ୍ପାନୀମାନଙ୍କ ପାଇଁ ବାଟ ଖୋଲି ଏହି ବିଭାଗକୁ ଅଧିକ ପ୍ରତିଯୋଗିତାପୂର୍ଣ୍ଣ କରିଥିଲା। ଏକ ଲାଇସେନ୍ସମୁକ୍ତ ମଡେଲରୁ ଏକ

ରାଜସ୍ୱ ବଣ୍ଟନ ମଡେଲକୁ ନୀତି ବଦଳିଲା ପରେ ଏହା ଏହି ବିଭାଗକୁ ଉତ୍ସାହପ୍ରଦ କରିଥିଲା ଏବଂ ଗ୍ରାହକଙ୍କ ଆଧାର ବୃଦ୍ଧି କରି କଲ୍ ଦର ହ୍ରାସ କରିଥିଲା। ୨୦୦୦ ମସିହାରେ ସରକାର ଦୂରସଞ୍ଚର ବିଭାଗକୁ ଦୁଇଭାଗରେ ବିଭକ୍ତ କରିଥିଲେ : ନୀତି ପ୍ରଣୟନ ବିଭାଗଟି ଦୂର ସଞ୍ଚର ବିଭାଗ ଏବଂ ସେବା ପ୍ରଦାନ କରୁଥିବା ବିଭାଗଟି ଭାରତ ସଞ୍ଚର ନିଗମ ଲିମିଟେଡ (ବିଏସ୍ଏନ୍ଏଲ୍) କୁହାଗଲା। ୧୫ ସେପ୍ଟେମ୍ବର ୨୦୦୦ରେ ଆରମ୍ଭ ହୋଇ ଅକ୍ଟୋବର ୨୦୧୬ ବେଳକୁ ବିଏସ୍ଏନ୍ଏଲ୍ର ମୋବାଇଲ୍ ଫୋନ ଗ୍ରାହକଙ୍କ ସଂଖ୍ୟା ୯୪.୩୬ ନିୟୁତ ଏବଂ ବ୍ରଡ୍ବ୍ୟାଣ୍ଡ ଗ୍ରାହକ ସଂଖ୍ୟା ୨୧.୮୬ରେ ପହଞ୍ଚିଥିଲା ଓ ୨୦୧୫-୧୬ ଆର୍ଥିକ ବର୍ଷରେ ଏହାର କାରବାର ୩୨,୯୧୯ କୋଟି ମୁଦ୍ରାରେ ପହଞ୍ଚିଥିଲା।[୩୬୭] ବାଜପେୟୀଙ୍କ ନେତୃତ୍ୱରେ କେନ୍ଦ୍ର ସରକାର ବିଏସ୍ଏନ୍ଏଲ୍କୁ ୧୦,୦୦୦ କୋଟି ମୁଦ୍ରା ଲାଭରେ ଛାଡିଥିଲେ ବୋଲି ତତ୍କାଳୀନ ଦୂର ସଞ୍ଚାର ମନ୍ତ୍ରୀ ରବିଶଙ୍କର ପ୍ରସାଦ ୨୦୧୫ରେ ଏକ ବିବୃତିରେ କହିଥିଲେ। ୨୦୦୦ ମସିହାରେ ବାଜପେୟୀ ସରକାର ମଧ୍ୟ ଟେଲିକମ୍ ବିବାଦ ସମାଧାନ ଏବଂ ଅପିଲ୍ ଟ୍ରିବ୍ୟୁନାଲ (ଟିଡିସାଟ) ପ୍ରତିଷ୍ଠା କରିଥିଲେ, ଯାହା ଟେଲିକମ୍ ରେଗୁଲେଟୋରି ଅଥରିଟି ଅଫ୍ ଇଣ୍ଡିଆ (ଟ୍ରାଇ) ବିଚ୍ଚର ଏବଂ ବିବାଦର ସମାଧାନ କାର୍ଯ୍ୟରୁ ମୁକ୍ତ କରି ଏହାକୁ ନିୟାମକ ଢାଞ୍ଚାରେ ଧ୍ୟାନ ଦେବାରେ ସାହାଯ୍ୟ କରିଥିଲା।

ବିଦ୍ୟାଳୟ ଶିକ୍ଷାକୁ ଗୁରୁତ୍ୱ ଦେବାକୁ ଏବଂ ଡ୍ରପ୍ ଆଉଟ୍ ହାରକୁ ବନ୍ଦ କରିବା ପାଇଁ ବାଜପେୟୀ ସରକାର ୨୦୦୧ରେ ସର୍ବଶିକ୍ଷା ଅଭିଯାନ ନାମରେ ଏକ ଯୋଜନା ପ୍ରଣୟନ କରିଥିଲେ। ଏକ କେନ୍ଦ୍ରୀୟ ପ୍ରାୟୋଜିତ ଯୋଜନା, ସର୍ବଶିକ୍ଷା ଅଭିଯାନ ଦେଶରେ ଶିକ୍ଷାଗତ ଉପକରଣର ଉନ୍ନତି ଏବଂ ୬ରୁ ୧୪ ବର୍ଷ ବୟସର ପିଲାମାନଙ୍କ ପାଇଁ ଶିକ୍ଷାକୁ ଏକ ମୌଳିକ ଅଧିକାର କରିବା ପାଇଁ ଲକ୍ଷ୍ୟ ରଖି କରାଯାଇଥିଲା। ଏହି ଯୋଜନାଟି ଯଥେଷ୍ଟ ସଫଳତା ପାଇଲା। 'ଇଣ୍ଡିଆ ଟୁଡେ'ର ଆଲେଖ୍ୟ ଅନୁଯାୟୀ ଫଳାଫଳ ହେଲା ୫ ବର୍ଷ ମଧ୍ୟରେ ବିଦ୍ୟାଳୟର ଡ୍ରପ୍ ଆଉଟ୍ ହାର ୬୦ ପ୍ରତିଶତ ହ୍ରାସ ପାଇଲା।[୩୬୮] ସାମାଜିକ କ୍ଷେତ୍ରରେ ସର୍ବଶିକ୍ଷା ଅଭିଯାନ ବ୍ୟତୀତ ଅନେକ ପଦକ୍ଷେପ ଏନ୍ଡିଏ ଦ୍ୱାରା ନିଆଯାଇଥିଲା ଯେମିତି - ଅନ୍ତ୍ୟୋଦୟ ଯୋଜନା (ଗରିବ ଲୋକଙ୍କର ଖାଦ୍ୟ ସୁରକ୍ଷା ପାଇଁ ସର୍ବବୃହତ୍ ଯୋଜନା), ବାଲ୍ମୀକି- ଆମ୍ବେଦକର ଆବାସ ଯୋଜନା, ଯାହା ଗୃହ ନିର୍ମାଣରେ ଅଭୂତପୂର୍ବ ବୃଦ୍ଧି ଆଣିଥିଲା ଏବଂ ପିଇବାପାଣି ଓ ଜଳ ସଂରକ୍ଷଣ ପାଇଁ 'ସ୍ୱଜଳ ଧାରା' ଓ ହରିଆଲି ଯୋଜନା ଅନ୍ତର୍ଭୁକ୍ତ ଥିଲା।

ଉନ୍ନତିରେ ସହାୟକ ହେବା ପାଇଁ ବାଜପେୟୀ ଭିତ୍ତିଭୂମି ନିର୍ମାଣ ଉପରେ ଗୁରୁତ୍ୱ ଦେଇଥିଲେ। ତେଣୁ ସେ ରାଜପଥ ଏବଂ ସଡ଼କ ନିର୍ମାଣ ପାଇଁ ତାଙ୍କର ଏକ

ଉଚ୍ଚକୋଟୀର ପ୍ରକଳ୍ପ – ସୁବର୍ଣ୍ଣ ଚତୁର୍ଭୁଜ ଆରମ୍ଭ କଲେ। ଏହା ଚତୁର୍ଭୁଜ ପରି ଜାତୀୟ ରାଜପଥଗୁଡିକ ଚାରୋଟି ଭାରତୀୟ ମହାନଗରକୁ ସଂଯୁକ୍ତ କରୁଥିଲା- ଉତ୍ତରରେ ଦିଲ୍ଲୀ, ପୂର୍ବରେ କୋଲକତା, ପଶ୍ଚିମରେ ମୁମ୍ବାଇ ଏବଂ ଦକ୍ଷିଣରେ ଚେନ୍ନାଇ ମହାନଗର ବ୍ୟତୀତ, ସ୍ୱର୍ଣ୍ଣ ଚତୁର୍ଭୁଜ, ଭାରତର ଅନେକ ଶିଳ୍ପ କୃଷି ଏବଂ ସାଂସ୍କୃତିକ କେନ୍ଦ୍ର ସହ ସଂଯୁକ୍ତ ଥିଲା।

କିଂସୁକ ନାଗ କହନ୍ତି :

ଅଟଳଜୀ ବୁଝିଥିଲେ ଯେ ସମଗ୍ର ଦେଶକୁ ସଂଯୋଗ କରୁଥିବା ଏକ ସଡକ ନେଟୱର୍କ ଅର୍ଥନୈତିକ କାର୍ଯ୍ୟକଳାପକୁ ତ୍ୱରାନ୍ୱିତ କରିବ ଏବଂ ବହୁଗୁଣିତ ଉପାୟରେ ଅଭିବୃଦ୍ଧି ଆଣିବ। ପ୍ରଥମେ ଏହା ଅତ୍ୟଧିକ ପରିଶ୍ରମୀ ନିର୍ମାଣ ଶିଳ୍ପକୁ ଉତ୍ସାହିତ କରି ରାସ୍ତା ତିଆରି କରାଇବ ଏବଂ ରାସ୍ତା ପ୍ରସ୍ତୁତ ହେଲାପରେ କୃଷକମାନଙ୍କୁ ବଜାର ପ୍ରବେଶ ପାଇଁ ସୁବିଧା ହେବ। ଛୋଟ ସହରଗୁଡିକ ମଧ୍ୟ ସଡ଼କ ଦ୍ୱାରା ସଂଯୁକ୍ତ ହେଇ ଜାତୀୟ ମୁଖ୍ୟସ୍ରୋତକୁ ଆସିବେ।[୩୬୯]

'ଦି ଇଣ୍ଡିଆନ ଏକ୍ସପ୍ରେସ' ଲେଖିଥିଲା ଯେ, ପୂର୍ବତନ ପ୍ରଧାନମନ୍ତ୍ରୀ ବାଜପେୟୀଙ୍କ ସ୍ୱପ୍ନ ପ୍ରକଳ୍ପ ସୁବର୍ଣ୍ଣ ଚତୁର୍ଭୁଜ, ସ୍ୱାଧୀନ ଭାରତରେ ସଡ଼କ ପଥରେ ସବୁଠାରୁ ବଡ ଭିତ୍ତିଭୂମି ହସ୍ତକ୍ଷେପ ଭାବରେ ସଂଲଗ୍ନ ହୋଇଛି, ଯାହା ୫୮୪୬ କିଲୋମିଟର ଜାତୀୟ ରାଜପଥ ସୃଷ୍ଟି କରିଛି।[୩୭୦]

ଗ୍ରାମୀଣ ସଂଯୋଗକୁ ବଢାଇବା ପାଇଁ ୨୦୦୦ ମସିହାରେ ବାଜପେୟୀ ପ୍ରଧାନମନ୍ତ୍ରୀ ଗ୍ରାମ ସଡକ ଯୋଜନା (ପିଏମ୍‌ଜିଏସ୍‌ୱାଇ) ଆରମ୍ଭ କରିଥିଲେ। ସମତଳ ଅଞ୍ଚଳରେ ସର୍ବନିମ୍ନ ୫୦୦ ଜନସଂଖ୍ୟା ଏବଂ ପାହାଡିଆ ରାଜ୍ୟରେ, ଆଦିବାସୀ ଓ ମରୁଭୂମି ଅଞ୍ଚଳରେ ୨୫୦ ଜନସଂଖ୍ୟା ଥିବା ପ୍ରତ୍ୟେକ ଗାଁକୁ ସବୁଦିନିଆ ଗ୍ରାମୀଣ ରାସ୍ତା ନିର୍ମାଣ ପାଇଁ ଏହି ଯୋଜନାରେ ଲକ୍ଷ୍ୟ ରଖାଯାଇଥିଲା। ଏହି ଯୋଜନାର ସମସ୍ତ ଅର୍ଥ କେନ୍ଦ୍ରରୁ ଆସୁଥିଲା। ଏହା ଶାସନ ପରିବର୍ତ୍ତନକୁ ମୁକାବିଲା କରି ଆରମ୍ଭରୁ ସଫଳତା ସହ ଏଯାଏଁ ଜାରି ରହିଛି। ଗ୍ରାମ୍ୟ ଉନ୍ନୟନ ମନ୍ତ୍ରୀ ନରେନ୍ଦ୍ର ସିଂ ତୋମାର କହିଥିଲେ ଯେ ଡିସେମ୍ବର ୨୦୧୭ ସୁଦ୍ଧା ୮୦ ପ୍ରତିଶତରୁ ଅଧିକ ବାସସ୍ଥାନ ଏହି ପ୍ରକଳ୍ପ ଦ୍ୱାରା ସଂଯୋଗୀକରଣ ହୋଇସାରିଛନ୍ତି ଏବଂ ମାର୍ଚ୍ଚ ୨୦୧୯ ସୁଦ୍ଧା ପୂର୍ଣ୍ଣ ଗ୍ରାମୀଣ ସଂଯୋଗୀକରଣକୁ ହାସଲ କରିବାକୁ ସେ ରାଜ୍ୟର ବରିଷ୍ଠ ଅଧିକାରୀମାନଙ୍କୁ ନିର୍ଦ୍ଦେଶ ଦେଇଥିଲେ।[୩୭୧]

ମେଟ୍ରୋ ରେଲସେବା ଦିଲ୍ଲୀର ଜୀବନରେଖା। ଏକ ସ୍ୱୟଂଚାଳିତ ସଂସ୍ଥାଭାବେ ୧୯୯୫ ମସିହାରେ କେନ୍ଦ୍ର ଏବଂ ଦିଲ୍ଲୀ ସରକାରଙ୍କ ଦ୍ୱାରା ଦିଲ୍ଲୀ ମେଟ୍ରୋ ରେଳ

କର୍ପୋରେସନ ସ୍ଥାପନା ହୋଇଥିଲା। ଦିଲ୍ଲୀ ମେଟ୍ରୋ ପ୍ରକଳ୍ପ ଅନେକ ଦିନରୁ ଶୀତଳଭଣ୍ଡାରରେ ପଡି ରହିଥିଲା। ଯୋଜନା ପ୍ରଣୟନ ହୋଇସାରିଥିଲା କିନ୍ତୁ କାର୍ଯ୍ୟକାରୀ ହୋଇ ନ ଥିଲା। ମେଟ୍ରୋ ରେଳ ପ୍ରକଳ୍ପ ୧୯୯୬ରେ ଅନୁମୋଦିତ ହୋଇଥିଲେ ମଧ୍ୟ ବାଜପେୟୀ ସରକାର ଆସିବାଯାଏ ଏହା ବନ୍ଦ ହୋଇପଡ଼ିଥିଲା ଏବଂ ବାଜପେୟୀଙ୍କ ଅକୁଣ୍ଠ ସମର୍ଥନ ପରେ ଏ ପ୍ରକଳ୍ପ ଚାଲୁହେଲା। ଦିଲ୍ଲୀର ପୂର୍ବତନ ମୁଖ୍ୟମନ୍ତ୍ରୀ ଶିଳା ଦୀକ୍ଷିତ୍ କହିବା ଅନୁଯାୟୀ ବାଜପେୟୀଜୀ ଗୋଟିଏ ମାତ୍ର ବାକ୍ୟ କହିଲେ, 'ଦୟାକରି ଏହାକୁ ତୁରନ୍ତ କାର୍ଯ୍ୟକାରୀ କରନ୍ତୁ'।[୩୭୨] ୨୪ ଡିସେମ୍ବର ୨୦୦୨ରେ ବାଜପେୟୀ ଦିଲ୍ଲୀ ମେଟ୍ରୋର ପ୍ରଥମ ଯାତ୍ରା, (ଯାହା ସାହଦରା ଏବଂ ତିଶହଜାରୀ ମଧ୍ୟରେ ଚାଲିଥିଲା) ଉଦ୍‌ଘାଟନ କରିଥିଲେ ଏବଂ ନିଜ ଟିକେଟ ନେବାକୁ ଗୁରୁତ୍ୱ ଦେଇଥିଲେ। ଆଜି ଦିଲ୍ଲୀଦେଇ ଯାଉଥିବା କୌଣସି ବ୍ୟକ୍ତି ବା ଏଠାରେ ରହୁଥିବା କୌଣସି ବ୍ୟକ୍ତି ଦିଲ୍ଲୀକୁ ଏହାର ବିଶ୍ୱସ୍ତରୀୟ ମେଟ୍ରୋ ନେଟ୍‌ୱର୍କ ବ୍ୟତୀତ କଳ୍ପନା କରିପାରିବ ନାହିଁ।

ବାଜପେୟୀ ଆରମ୍ଭରୁ ସାର୍ବଜନୀନ କ୍ଷେତ୍ରର କାର୍ଯ୍ୟକୁ ଘରୋଇକରଣ କରିବାକୁ ଆଗ୍ରହୀ ଥିଲେ। ପ୍ରଧାନମନ୍ତ୍ରୀ ରୂପେ କାର୍ଯ୍ୟ କରିବାର ପ୍ରଥମ କାର୍ଯ୍ୟକାଳରୁ ହିଁ ସେ ଏ ଲକ୍ଷ୍ୟ ଆରମ୍ଭ କରିଥିଲେ। ୧୯୯୮-୯୯ ମସିହାର ପୂରା ବଜେଟ୍‌ର ଆକଳନ ୫ ହଜାର କୋଟି ଟଙ୍କା ଥିବାବେଳେ, ଏହାର ପ୍ରତିବଦଳରେ ବିନିବେଶରୁ ୯ହଜାର କୋଟିରୁ ଅଧିକ ଆୟରୁ ଏହା ସ୍ପଷ୍ଟ ହୋଇଗଲା।[୩୭୩] ପ୍ରାୟତଃ ଘରୋଇକରଣର ସୁବର୍ଣ୍ଣ ଯୁଗ କୁହାଯାଉଥିବା ଏହି ସମୟରେ ସରକାର ଭାରତ ଆଲୁମିନିୟମ କମ୍ପାନୀ ଲିମିଟେଡ୍, କମ୍ପ୍ୟୁଟର ମ୍ୟାନେଜମେଣ୍ଟ କର୍ପୋରେସନ ଲିମିଟେଡ, ହିନ୍ଦୁସ୍ତାନ ଜିଙ୍କ୍ ଲିମିଟେଡ, ହିନ୍ଦୁସ୍ତାନ ଟେଲି ପ୍ରିଣ୍ଟର ଲିମିଟେଡ, ଇଣ୍ଡିଆନ ପେଟ୍ରୋକେମିକାଲ କର୍ପୋରେସନ ଲିମିଟେଡ, ମଡର୍ଣ୍ଣ ଫୁଡ୍ ଇଣ୍ଡଷ୍ଟ୍ରି ଲିମିଟେଡ, ପାରାଦୀପ ଫସ୍‌ଫେଟ ଲିମିଟେଡ, ବିଦେଶ ସଞ୍ଚାର ନିଗମ ଲିମିଟେଡ, ମାରୁତି ଉଦ୍ୟୋଗ ଲିମିଟେଡ, ହୋଟେଲ କର୍ପୋରେସନ ଅଫ୍ ଇଣ୍ଡିଆ ଲିମିଟେଡର ଦୁଇଟି ହୋଟେଲ୍ ୟୁନିଟ, ଇଣ୍ଡିଆନ ଟୁରିଜମ୍ କର୍ପୋରେସନ ଲିମିଟେଡର ୧୭ଟି ହୋଟେଲ ୟୁନିଟିର ଘରୋଇକରଣ କରିଥିଲେ ଏବଂ ଆଇବିପି ଆଣ୍ଡ କୋ'କୁ ଇଣ୍ଡିଆନ ଅଏଲ୍ କର୍ପୋରେସନ ଅଧିଗ୍ରହଣ କରିଥିଲା।[୩୭୪] ବାଜପେୟୀ ନିଜ ମନ୍ତ୍ରିମଣ୍ଡଳରେ ଏକ ବିନିବେଶ ବିଭାଗ ରଖିଥିଲେ, ଯାହା ପରେ ପୂର୍ଣ୍ଣ ମନ୍ତ୍ରଣାଳୟରେ ପରିଣତ ହେଲା ଏବଂ ପ୍ରଖ୍ୟାତ ସାମ୍ବାଦିକ ରାଜନେତା ଶ୍ରୀ ଅରୁଣ ସୌରୀ ଏହି ବିଭାଗର ଦାୟିତ୍ୱରେ ଥିଲେ। ଏହା କିନ୍ତୁ ଉଭୟ ଦଳ ମଧ୍ୟରୁ ଏବଂ ବାହାରୁ ବିନା ପ୍ରତିବାଦରେ ଘଟି ନ ଥିଲା। 'ବିଜନେସ ଟୁଡେ'ର ଏକ ଆଲେଖ୍ୟ ଅନୁଯାୟୀ :

ମାରୁତିର ବିନିବେଶ ଭାରି ନିବେଶ ମନ୍ତ୍ରଣାଳୟ ଦ୍ୱାରା ପ୍ରତିରୋଧର ସମ୍ମୁଖୀନ ହେଲା। ସେହି ସମୟରେ ପେଟ୍ରୋଲିୟମ ମନ୍ତ୍ରଣାଳୟ ତାଙ୍କ ଅନ୍ୟ କ୍ୟାବିନେଟ ସହଯୋଗୀଙ୍କ ସହ ମିଶି ତୈଳ କମ୍ପାନୀ ବିପିସିଏଲ୍ ଏବଂ ଏଚପିସିଏଲ୍‌ରେ ବିନିବେଶକୁ ଘୋର ବିରୋଧ କରିଥିଲେ। ଏହିସବୁ ବିରୋଧ ସତ୍ତ୍ୱେ ବାଜପେୟୀଙ୍କ ନେତୃତ୍ୱରେ ସରକାର ବିଭିନ୍ନ କେନ୍ଦ୍ର ସରକାରଙ୍କ ଅଧୀନ ସଂସ୍ଥାଗୁଡିକର ବିନିବେଶରୁ ୧୯୯୮ରୁ ୨୦୦୪ ମଧ୍ୟରେ ୩୭୦୦୦ କୋଟି ଟଙ୍କା ପାଇଥିଲେ।[୩୭୫]

ବାଜପେୟୀଙ୍କ ସରକାର ଦ୍ୱାରା ନିଆଯାଇଥିବା ଅନ୍ୟ ଏକ ଉଲ୍ଲେଖନୀୟ ପଦକ୍ଷେପ ହେଲା - ଆର୍ଥିକ ସଂସ୍କାର ପାଇଁ ଆର୍ଥିକ ଦାୟିତ୍ୱ ଏବଂ ବଜେଟ୍ ପରିଚାଳନା ବିଲ୍ (ଏଫ୍‌ଆରବିଏମ୍), ଯାହା ଆର୍ଥିକ ନିଅଣ୍ଟକୁ ଜିଡିପିର ତିନି ପ୍ରତିଶତ ତଳେ ରଖିବାକୁ ପ୍ରସ୍ତାବ ଦେଇଥିଲା। ଏହି ନିୟମ (ଏଫ୍‌ଆରବିଏମ୍) ସ୍ୱଚ୍ଛ ଆର୍ଥିକ ପରିଚାଳନା ପ୍ରଣାଳୀ ପ୍ରଣୟନ କରିବା ଏବଂ ଦୀର୍ଘ ସମୟ ମଧ୍ୟରେ ଦେଶର ଆର୍ଥିକ ସ୍ଥିରତା ଆଣିବା ଉଦ୍ଦେଶ୍ୟରେ କରାଯାଇଥିଲା।

୧୯୯୧ର ଆର୍ଥିକ ସଂସ୍କାର ପରେ ବଲିଉଡ୍ ବା ହିନ୍ଦୀ ସିନେମା ଶିଳ୍ପ ପାଇଁ ବାଜପେୟୀ ସରକାର ଦ୍ୱିତୀୟ ପ୍ରମୁଖ ବୃଦ୍ଧି ଆଣିଲେ, ଯାହା ଭାରତରେ ମଲ୍ଟିପ୍ଲେକ୍ସର ପ୍ରବେଶକୁ ସୁଗମ କରିଥିଲା। ୧୯୯୮ରେ ବାଜପେୟୀଙ୍କ ନେତୃତ୍ୱରେ ଏନ୍‌ଡିଏ ସରକାର ସିନେମାକୁ ଶିଳ୍ପର ମାନ୍ୟତା ଦେଲେ। ସିନେମା ଶିଳ୍ପରେ କ୍ରାନ୍ତି ଆଣିଥିବା ଏହି ପଦକ୍ଷେପକୁ ଫିଲ୍ମ ନିର୍ମାତାମାନେ ଅଭୂତପୂର୍ବ ପରିବର୍ତ୍ତନ କହି ପ୍ରଶଂସା କରିଥିଲେ। ଏହା ସେମାନଙ୍କୁ କଳାଟଙ୍କାରୁ ଦୂରେଇ ରଖିବାରେ ସାହାଯ୍ୟ କଲା ଏବଂ ଫିଲ୍ମ ନିର୍ମାଣରେ କର୍ପୋରେଟ୍ ଏବଂ ସ୍ୱଚ୍ଛ ମୁଦ୍ରା ପ୍ରୟୋଗ ପାଇଁ ବାଟ ଫିଟାଇଲା। ନୂଆ ସହସ୍ରାବ୍ଦୀରେ ଆର୍ଥିକ ସଂସ୍ଥା ପରି ବ୍ୟାଙ୍କମାନ ଯେମିତିକି ଇଣ୍ଡଷ୍ଟ୍ରିଆଲ ଡେଭଲପମେଣ୍ଟ ବ୍ୟାଙ୍କ ଅଫ୍ ଇଣ୍ଡିଆ (ଆଇଡିବିଆଇ) ଆଦି ଆସି ୧୫ରୁ ୧୬ ପ୍ରତିଶତ ହାରରେ ଋଣଦେବା ଆରମ୍ଭ କଲେ। ପ୍ରସିଦ୍ଧ ଫିଲ୍ମ ନିର୍ମାତା ମୁକେଶ ଭଟ୍ଟ 'ମିଣ୍ଟ' କୁ ସାକ୍ଷାତକାର ଦେଇ କହିଲେ ଗତ ୫ ବର୍ଷ ହେଲା କିଛି କର୍ପୋରେଟ ଫିଲ୍ମ ନିର୍ମାଣରେ ଅର୍ଥ ଲଗାଉଛନ୍ତି ଏବଂ ଏହାର କୌଣସି ସୁଧ ସେମାନେ ନେଇନାହାନ୍ତି, କିନ୍ତୁ ଫିଲ୍ମ ରାଜସ୍ୱର ୫୦% ଅର୍ଥ ନେଉଛନ୍ତି।[୩୭୬]

ଏନ୍‌ଡିଏର ଆର୍ଥିକ ନୀତି କେନ୍ଦ୍ରରେ ରୋଜଗାରର ତୀବ୍ର ଅଭିବୃଦ୍ଧି ପାଇଁ ଲକ୍ଷ୍ୟକରି କରାଯାଇଥିଲା। ବାର୍ଷିକ ୧୦ହଜାର କୋଟି ଟଙ୍କା ବ୍ୟୟ ସହ ଗ୍ରାମୀଣ ରୋଜଗାର ଯୋଜନାପରି ସରକାରଙ୍କ ପଦକ୍ଷେପଗୁଡିକରେ ଏହା ପ୍ରତିଫଳିତ ହୋଇଥିଲା ଏବଂ ଏହି ଟଙ୍କାର ଅଧା ରାଜ୍ୟଗୁଡିକୁ ମାଗଣା ଖାଦ୍ୟଶସ୍ୟ ଆକାରରେ

ଦିଆଯାଉଥିଲା। 'କାମ ପାଇଁ ଖାଦ୍ୟ' ଯୋଜନା ହିସାବରେ ଏହା ପୃଥିବୀର ସବୁଠାରୁ ବଡ ଯୋଜନା ଥିଲା। ସ୍ୱର୍ଣ୍ଣ ଜୟନ୍ତୀ ସ୍ୱରୋଜଗାର ଯୋଜନା ଏବଂ ଅନ୍ୟ କ୍ଷୁଦ୍ର ଋଣ ପ୍ରଦାନ ପାଇଁ ପଦକ୍ଷେପ ଦେଶରେ ନୀରବରେ ଏକ ସ୍ୱୟଂ ସହାୟକ ଗୋଷ୍ଠୀ ବିପ୍ଳବ ଆରମ୍ଭ କରିଥିଲା। କୃଷି, ଗ୍ରାମୀଣ ଶିଳ୍ପ ଏବଂ କ୍ଷୁଦ୍ର ଉଦ୍ୟୋଗକୁ ଉପକୃତ କରିବା ପାଇଁ ଏନ୍‌ଡିଏ ସରକାର ମଧ୍ୟ ପ୍ରମୁଖ ପଦକ୍ଷେପ ନେଇଥିଲେ ଯେପରି କିଷାନ କ୍ରେଡିଟ କାର୍ଡ ଯୋଜନା, ସର୍ବନିମ୍ନ ସହାୟତା ମୂଲ୍ୟରେ କ୍ରମାଗତ ବୃଦ୍ଧି, ଖଦୀ ଏବଂ ଗ୍ରାମୀଣ ଶିଳ୍ପ ଆୟୋଗ ଇତ୍ୟାଦିରେ କ୍ରମାଗତ ବିସ୍ତାର, କ୍ଷୁଦ୍ରଶିଳ୍ପ କ୍ଷେତ୍ର ପାଇଁ ସ୍ୱତନ୍ତ୍ର ପ୍ୟାକେଜର ଘୋଷଣା ଆଦି କରାଯାଇଥିଲା। ଏନ୍‌ଡିଏ ସରକାର ତାଙ୍କ ଶେଷ ୫ ବର୍ଷର କାର୍ଯ୍ୟକାଳରେ ଅତ୍ୟାବଶ୍ୟକ ଦ୍ରବ୍ୟର ମୂଲ୍ୟ ଉପରେ ସର୍ବଦା ନଜର ରଖିଥିଲେ। ଏହି ସମୟରେ ଭାରତର ମୋଟାମୋଟି ଆର୍ଥିକ ଅଭିବୃଦ୍ଧି ସ୍ଥିର ଭାବରେ ତ୍ୱରାନ୍ୱିତ ହୋଇଥିଲା। ଅନେକ ଘରୋଇ ଏବଂ ବୈଶ୍ୱିକ ପ୍ରତିକୂଳ ପରିସ୍ଥିତି ସତ୍ତ୍ୱେ ଭାରତର ଅର୍ଥନୈତିକ ବ୍ୟାପକତା ମୌଳିକ ଭାବେ ଦୃଢ ରହିଆସିଛି। ମୁଦ୍ରାସ୍ଫୀତି ଦୃଢ ଭାବରେ ନିୟନ୍ତ୍ରିତ ଥିଲା। ଏକ ଅତ୍ୟଧିକ ପ୍ରତିଯୋଗିତାପୂର୍ଣ୍ଣ ଅନ୍ତର୍ଜାତୀୟ ବଜାରରେ ରପ୍ତାନି ସ୍ଥିର ଭାବରେ ବୃଦ୍ଧି ପାଇଥିଲା। ବିଦେଶୀ ମୁଦ୍ରା ପାଣ୍ଠି ଶିଖର ସ୍ତରକୁ ଛୁଇଁଥିଲା। ଉତ୍ପାଦିତ କ୍ଷେତ୍ର ନିଜକୁ ପୁନଃ ନିର୍ମାଣ କରି ବିଶ୍ୱସ୍ତରରେ ପ୍ରତିଯୋଗୀ ହୋଇପାରିଲା।

ବାଜପେୟୀ ଯୁଗର ଦ୍ୱନ୍ଦ୍ୱ ପଛର ସତ୍ୟ

ବାଜପେୟୀ ଯୁଗର ଏକ ପ୍ରମୁଖ ବିବାଦ ହେଲା ତଥାକଥିତ ଅଟଳ - ଆଡଭାନୀ ବିବାଦ। ଆଡଭାନୀ ନିଜ ଆତ୍ମଜୀବନୀରେ 'ଅଟଳ ବିହାରୀ ବାଜପେୟୀ – କବିର ହୃଦୟ ସହ ଜଣେ ରାଜନେତା' ଶୀର୍ଷକ ଅଧ୍ୟାୟରେ କହିଛନ୍ତି କିପରି କିଛି ବିରୋଧୀ ଉଭୟଙ୍କ ମଧ୍ୟରେ ମତଭେଦ କରିବାକୁ ଚେଷ୍ଟା କରିଥିଲେ। ଏପରି କୌଣସି ଦ୍ୱନ୍ଦ୍ୱକୁ ଅସ୍ୱୀକାର କରି ଆଡଭାନୀ ସ୍ମରଣ କରାନ୍ତି ଯେ ଯେବେ ବାଜପେୟୀଙ୍କୁ ପ୍ରଧାନମନ୍ତ୍ରୀ ପ୍ରାର୍ଥୀରୂପେ ସେ ଘୋଷଣା କରିଥିଲେ, କିଛି ଲୋକ ଏହାକୁ ତାଙ୍କର ମହାନ ତ୍ୟାଗ କହି ବର୍ଣ୍ଣନା କରିଥିଲେ, ଯଦିଓ ଏମିତି କିଛି ବି ନ ଥିଲା। ବିଭିନ୍ନ ପ୍ରସଙ୍ଗରେ ନିଜସ୍ୱ ମତ ଥିବା ଦୁଇଜଣ ଭିନ୍ନ ବ୍ୟକ୍ତିତ୍ୱ ଥିଲେ ସେମାନେ। ବାଜପେୟୀ ଏବଂ ଆଡଭାନୀଙ୍କ ଗୁଜରାଟ ଦଙ୍ଗା ଓ ଲାହୋର ବସ୍ ସେବା ଦ୍ୱାରା ପାକିସ୍ତାନ ସହ ଶାନ୍ତି ସ୍ଥାପନକୁ ନେଇ ହୁଏତ ଭିନ୍ନମତ ରହିଥିଲା[୩୭୭] କିନ୍ତୁ ଏମିତି ବହୁତ କାରଣ ଥିଲା ଯାହା ସେମାନଙ୍କର ବନ୍ଧୁତାକୁ ଆହୁରି ଗାଢ କରିଥିଲା। ଆଡଭାନୀ କୁହନ୍ତି ଆମେ ଦୁହେଁ ଜନସଂଘ ଏବଂ ବିଜେପିର ଆଦର୍ଶ, ବିଚାରଧାରା ଓ ନୈତିକତାରେ ଉତ୍ସାହିତ ଥିଲୁ

ଏବଂ ଗଢି ହେଇଥିଲୁ । ଯାହା - ପ୍ରଥମେ ରାଷ୍ଟ୍ର, ପରେ ଦଳ ଏବଂ ସର୍ବଶେଷରେ ନିଜ ବ୍ୟକ୍ତିସତ୍ତାକୁ ରଖିବାର ଶିକ୍ଷା ଦେଇଥିଲା ।[୩୭୮] ବାଜପେୟୀ ମଧ୍ୟ ଅନେକ ସମୟରେ ଦୁଇନେତାଙ୍କ ମଧ୍ୟରେ ମତଭେଦକୁ କଳ୍ପନାଜଳ୍ପନା କହି ଖାରଜ କରିଛନ୍ତି । ଉଭୟ ଏକଥାକୁ ମଧ୍ୟ ଅସ୍ୱୀକାର କରିଛନ୍ତି ଯେ ଏନ୍‌ଡିଏ ମଧ୍ୟରେ ଦୁଇଟି କ୍ଷମତା କେନ୍ଦ୍ର ଥିଲା ଏବଂ ବିଶେଷକରି ୨୦୦୨ରେ ଆଡଭାନୀଙ୍କ ଉପପ୍ରଧାନମନ୍ତ୍ରୀ ଭାବେ ନିଯୁକ୍ତି ହେଲା ପରେ ଏମିତି ହୋଇଥିଲା ।

ତଥାକଥିତ ଅଟଳ–ଗୋବିନ୍ଦାଚାର୍ଯ୍ୟ ଦ୍ୱନ୍ଦ୍ୱ ମଧ୍ୟ ସେତେବେଳର ଗଣମାଧ୍ୟମ ପାଇଁ ଏକ ରସରସିଆ ଖବର ଥିଲା । ଆରଏସଏସ ସମର୍ଥିତ ଛାତ୍ର ସଙ୍ଗଠନ ଏବିଭିପିର ଜଣେ ଛାତ୍ରନେତା ଥିଲେ କେ.ଏନ୍. ଗୋବିନ୍ଦାଚାର୍ଯ୍ୟ । ଏକ ଛାତ୍ର ଆନ୍ଦୋଳନ ସମୟରେ ଗୋବିନ୍ଦାଚାର୍ଯ୍ୟଙ୍କୁ ଦେଖି ଆଡଭାନୀ ତାଙ୍କ କାର୍ଯ୍ୟାବଳୀ ଦ୍ୱାରା ପ୍ରଭାବିତ ହୋଇଥିଲେ । ପରେ ଆଡଭାନୀ ତାଙ୍କୁ ବିଜେପିର ସାଧାରଣ ସଚିବ ଭାବେ ଦଳରେ ମିଶାଇଲେ । ରାମ ମନ୍ଦିର ଆନ୍ଦୋଳନ ସମେତ ଅନେକ ସଫଳ ଅଭିଯାନ ପଛରେ ଗୋବିନ୍ଦାଚାର୍ଯ୍ୟଙ୍କ ବୁଦ୍ଧି କାମ କରୁଥିଲା ଏବଂ ଅନେକ ଲୋକ ଏହା କୁହନ୍ତି ଯେ ଆଡଭାନୀଙ୍କ ରଥଯାତ୍ରାର କଳ୍ପନା ମଧ୍ୟ ଗୋବିନ୍ଦାଚାର୍ଯ୍ୟଙ୍କ ଦ୍ୱାରା ହୋଇଥିଲା ।[୩୭୯] ତେବେ ୧୯୯୯ ଲୋକସଭା ନିର୍ବାଚନ ସମୟରେ ହିଁ ଗଣମାଧ୍ୟମରେ ଗୋବିନ୍ଦାଚାର୍ଯ୍ୟଙ୍କର ଏକ ବାର୍ତ୍ତା ପ୍ରସାରିତ ହେଲା ଯେ, 'ବାଜପେୟୀ, ବିଜେପିର ଏକ ମୁଖା ମାତ୍ର, ଅସଲ ନେତା ହେଉଛନ୍ତି ଦଳ ଅଧ୍ୟକ୍ଷ ଲାଲକୃଷ୍ଣ ଆଡଭାନୀ'[୩୮୦] ଏ ମନ୍ତବ୍ୟ ବାଜପେୟୀଙ୍କୁ ଆଘାତ ଦେଇଥିଲା । ଗୋବିନ୍ଦାଚାର୍ଯ୍ୟ କିନ୍ତୁ ଏପରି ମନ୍ତବ୍ୟ ଦେଇଥିବା କଥାକୁ ଅସ୍ୱୀକାର କରିଥିଲେ । ଗୋବିନ୍ଦାଚାର୍ଯ୍ୟଙ୍କ ଅନୁଯାୟୀ ଯେତେବେଳେ ୧୯୯୬ ନିର୍ବାଚନରେ ବିଜେପିର ନେତୃତ୍ୱ ବାବଦରେ ତାଙ୍କୁ ପ୍ରଶ୍ନ କରାଯାଇଥିଲା, ସେ କହିଥିଲେ ଯେ ବାଜପେୟୀ ହେଉଛନ୍ତି ବିଜେପିର ସବୁଠାରୁ ଲୋକପ୍ରିୟ ଏବଂ ସମସ୍ତଙ୍କ ଦ୍ୱାରା ଗ୍ରହଣୀୟ ବ୍ୟକ୍ତି, ଏବଂ ତାଙ୍କୁ ନେତାଭାବେ ଉପସ୍ଥାପନ କରି ଦଳ ନିର୍ବାଚନରେ ବହୁମତ ପାଇବ । ଗଣମାଧ୍ୟମର କିଛି ଲୋକେ ହିନ୍ଦୀ ଶବ୍ଦ ଚେହେରାକୁ ଇଂରାଜୀ ଶବ୍ଦରେ ପରିବର୍ତ୍ତନ କରି 'ମୁଖା' ଶବ୍ଦ ବ୍ୟବହାର କରିଥିଲେ ଏବଂ ତାଙ୍କ କଥାର ସମ୍ପୂର୍ଣ୍ଣ ମର୍ମ ବଦଳି ଯାଇଥିଲା ।[୩୮୧]

ଗଣମାଧ୍ୟମ ବାଜପେୟୀଙ୍କ ସହ ଯୋଡ଼ିବାକୁ ଭଲ ପାଉଥିବା ଅନ୍ୟ ଏକ ବିବାଦ ହେଉଛି ଆରଏସଏସ ସହ ତାଙ୍କର ଅସହଜ ସମ୍ପର୍କ । ଆରଏସଏସ ଏବଂ ବିଜେପି ମଧ୍ୟରେ ଥିବା ଅନ୍ତସମ୍ବନ୍ଧ ବିଷୟରେ ଏବେ ଭଲଭାବେ ଜଣା । ଆରଏସଏସ ସର୍ବଦା ବିଜେପି ନେତୃବୃନ୍ଦ ଏବଂ ସରକାରର ସଫଳତା ପାଇଁ ପ୍ରମୁଖ ଭାବେ

ଯୋଗଦାନ କରିଛି । ବିଶ୍ୱାସ କରାଯାଏ ଯେ, ଯେତେବେଳେ ସମଗ୍ର ଆରଏସଏସ ନିଜର ବଳ କୌଶଳ ବିଜେପି ପଛରେ ଲଗାଇଛି ଏବଂ ସମର୍ଥନ ଦେଇଛି, ସେତେବେଳେ କୌଣସି ରାଜ୍ୟ ବିଧାନସଭା କି ଲୋକସଭା ନିର୍ବାଚନରେ ବିଜେପି ନିଶ୍ଚୟ ଭଲ ଫଳ ପାଇଛି । ଉଭୟ ଅଟଳଜୀ ଏବଂ ଆଡଭାନୀଜୀ ଆରଏସଏସର ପ୍ରମୁଖ ବ୍ୟକ୍ତି ଥିଲେ, ଯାହାଙ୍କୁ ସଙ୍ଗଠନ ଭାରତୀୟ ଜନସଂଘକୁ ପଠାଇଥିଲା । ରାଜନୀତିରେ ଜଣକୁ ବିଭିନ୍ନ ନିର୍ବାଚନ ମଣ୍ଡଳୀକୁ ଦେଖିବାକୁ ପଡେ । ଯେତେବେଳେ ଆଡଭାନୀ ଆରଏସଏସର ସାଂସ୍କୃତିକ ଜାତୀୟତା ଏବଂ ହିନ୍ଦୁ ରାଷ୍ଟ୍ରର ଆଦର୍ଶକୁ ଗଭୀରଭାବେ ପ୍ରତିଫଳିତ କରିବାର ଭୂମିକା ଗ୍ରହଣ କରିଥିଲେ, ସେତେବେଳେ ବାଜପେୟୀ ଜଣେ ଜନନେତା, ଜଣେ ବିଶ୍ୱସ୍ତରୀୟ ବ୍ୟକ୍ତିତ୍ୱ ଭାବେ ଦାୟିତ୍ୱ ତୁଲାଇଥିଲେ । ମୋ ବୁଝିବାରେ ବାଜପେୟୀ-ଆଡଭାନୀ ଯୋଡି ମଧ୍ୟରେ ଏହା ସବୁଠାରୁ ଚତୁର ରଣନୀତି ଥିଲା । ଏହିସବୁ କାରଣକୁ ବାଜପେୟୀଙ୍କ ପ୍ରଧାନମନ୍ତ୍ରିତ୍ୱ ସମୟରେ ଆରଏସଏସ୍ ସହିତ ଅସନ୍ତୁଷ୍ଟ ସମ୍ପର୍କର କାରଣ ବୋଲି ଗଣମାଧ୍ୟମ ଏବଂ ଲେଖକମାନେ ଗ୍ରହଣ କରିଥିଲେ । ବାଜପେୟୀ ପ୍ରଧାନମନ୍ତ୍ରୀ ରୂପେ କାର୍ଯ୍ୟ କରିବାବେଳେ ଦୁଇଜଣ ଆରଏସଏସ ମୁଖ୍ୟ : କେ ସୁଦର୍ଶନ ଏବଂ ରାଜେନ୍ଦ୍ର ସିଂ (ରାଜୁ ଭୈୟା)ଙ୍କ ସହ କାମ କରିଥିଲେ । ରାଜୁ ଭୈୟା ବାଜପେୟୀଙ୍କ ସମସାମୟିକ ଏବଂ କେ. ସୁଦର୍ଶନ ତାଙ୍କଠାରୁ ସାନ ଥିଲେ । କାହାଣୀ ସୃଷ୍ଟି କରିବା ପାଇଁ ଗଣମାଧ୍ୟମ ଏକ ସମାବେଶ ବିନ୍ଦୁ ଗଢି କହିଲା ଯେ ବାଜପେୟୀଙ୍କର ରାଜୁଭୈୟାଙ୍କ ସହ କାମ କରିବା ସମ୍ପର୍କ ଭଲ ଥିଲା, ସେ କିନ୍ତୁ କେ. ସୁଦର୍ଶନଙ୍କ ମତାମତ ଓ ଉପଦେଶକୁ ଗ୍ରହଣ କରିବାକୁ ରାଜି ନ ଥିଲେ । ବାସ୍ତବ କଥା ହେଉଛି, ବାଜପେୟୀ କେବଳ ବିଜେପିର ନୁହେଁ ବରଂ ଏକ ମେଣ୍ଟ ସରକାର ଚଳାଉଥିଲେ । ଅନେକ ସମୟରେ ଆରଏସଏସ ଦ୍ୱାରା ଦିଆଯାଇଥିବା ପରାମର୍ଶକୁ ଗ୍ରହଣ କରିବା ସମ୍ଭବ ହେଉ ନ ଥିଲା, ତେଣୁ ଗଣମାଧ୍ୟମ ଏହାକୁ ବାଜପେୟୀ ଏବଂ କେ. ସୁଦର୍ଶନଙ୍କ ଭିତରେ ଭଲ ସମ୍ପର୍କ ନ ଥିବା କଥା କହି ଚିତ୍ରିତ କରୁଥିଲା ।

୨୦୦୧ରେ ନ୍ୟୁଜ୍ ପୋର୍ଟାଲ୍ ତେହେଲେକା ଡଟ୍ କମ୍ ଦ୍ୱାରା ପରିଚାଳିତ ଏକ ଷ୍ଟିଙ୍ଗ ଅପରେସନ ବିଜେପିକୁ ଖୁବ୍ ଆଘାତ ଦେଇଥିଲା । ଏହାର ନାମ ଥିଲା 'ଅପରେସନ ୱେଷ୍ଟ ଏଣ୍ଡ' । କଥିତ ରୂପରେ ଏହି ଘଟଣା ସମ୍ବନ୍ଧରେ କୁହାଯାଇପାରେ ଯେ ତତ୍କାଳୀନ ବିଜେପି ଅଧ୍ୟକ୍ଷ ବଙ୍ଗାରୁ ଲକ୍ଷ୍ମଣ ଏକ କାଳ୍ପନିକ ବ୍ରିଟିଶ ଶସ୍ତ୍ର କମ୍ପାନୀର ସାମ୍ବାଦିକଠାରୁ ଏକ ଲକ୍ଷ ଟଙ୍କା ଲାଞ୍ଚ ନେଇଥିଲେ । ତେହେଲକାର ରିପୋର୍ଟ ଅନୁଯାୟୀ ଲାଞ୍ଚ ପ୍ରତିବଦଳରେ ଶସ୍ତ୍ର ବେପାରୀ ଚାହୁଁଥିଲା ଯେ ବିଜେପି ଅଧ୍ୟକ୍ଷ ପ୍ରତିରକ୍ଷା ମନ୍ତ୍ରଣାଳୟକୁ

ସେମାନଙ୍କ କମ୍ପାନୀଠାରୁ ଭାରତୀୟ ସେନା ପାଇଁ ହ୍ୟାଣ୍ଡ ହେଲ୍ଡ ଥର୍ମାଲ୍ ଇମେଜର କିଣିବା ପାଇଁ ସୁପାରିସ୍ କରନ୍ତୁ। ଏପରି ଜଣାଯାଉଥିଲା ଯେ ସେମାନେ ଆଗରୁ କେତେଥର ଭେଟିଥିଲେ। ୧୩ ମାର୍ଚ୍ଚ ୨୦୦୧ରେ ପ୍ରସାରିତ ଏହି ଷ୍ଟିଙ୍ଗ ଅପରେସନ ବିରୋଧୀଙ୍କୁ ବିଜେପି ଉପରେ ଆକ୍ରମଣ କରିବାକୁ ସୁଯୋଗ ଦେଲା। ଏହାପରେ ପରେ ଲକ୍ଷ୍ମଣ ନିଜ ପଦବୀରୁ ଇସ୍ତଫା ଦେଇଦେଲେ। ସେହି ସମୟରେ ଜର୍ଜ ଫର୍ଣ୍ଣାଣ୍ଡିଜଙ୍କ ସମତା ଦଳର ସଭାପତି ଥିବା ଜୟା ଜେଟଲୀଙ୍କ ଉପରେ ମଧ୍ୟ ତେହେଲେକା ଷ୍ଟିଙ୍ଗ ଅପରେସନ୍ କରିଥିଲା ଏବଂ ସେତେବେଳେ ସମତା ଦଳ ଏନ୍‌ଡିଏର ଏକ ପ୍ରମୁଖ ଅଂଶୀଦାର ଥିଲା (୧୯୯୯-୨୦୦୪)। ଜୟାଙ୍କ ଉପରେ ମଧ୍ୟ ପ୍ରତିରକ୍ଷା ସଉଦା ପାଇଁ ଲାଞ୍ଚ ନେଉଥିବାର ସମାନ ଅଭିଯୋଗ ଲାଗିଥିଲା। ତାଙ୍କ ଆତ୍ମଜୀବନୀ 'ଲାଇଫ୍ ଆମଙ୍ଗ ଦି ସ୍କର୍ପିଅନ୍ସ'ରେ ଜୟା ଲେଖିଛନ୍ତି ଯେ ଏହିସବୁ ଅସମ୍ପୂର୍ଣ୍ଣ ଏବଂ ମିଥ୍ୟା ତଥ୍ୟ ସମ୍ବଳିତ ଷ୍ଟିଙ୍ଗରୁ ଶେଷରେ କଂଗ୍ରେସ ହିଁ ଲାଭବାନ ହୋଇଥିଲା।[୩୮୨]

ସେ ଲେଖିଛନ୍ତି :

ଶେଷରେ 'ଅପରେସନ ୱେଷ୍ଟ ଏଣ୍ଡ' କେବଳ ଭାରତୀୟ ରାଜନେତା ଏବଂ ପ୍ରତିରକ୍ଷା ଅଧିକାରୀମାନଙ୍କୁ ଦୁର୍ନୀତିଗ୍ରସ୍ତ ବୋଲି ଗଢାଯାଇଥିବା ଏକ ବାଜେ କାହାଣୀ ହୋଇ ରହିଗଲା ଯେ ଯଦି ଲାଞ୍ଚ ଦିଆଯାଏ ତେବେ ଏମାନେ ଏହାକୁ ଏକ ପ୍ରକୃତ ବ୍ୟବସାୟିକ ଚୁକ୍ତି ବୋଲି କହିପାରିଥାଆନ୍ତେ! ସେମାନେ ସ୍ପଷ୍ଟ ରୂପରେ ନୈତିକ ଓ ସଚ୍ଚୋଟ ଲୋକଙ୍କୁ ଲକ୍ଷ୍ୟ କରିଥିଲେ ଏବଂ ପ୍ରକୃତରେ ଅସାଧୁ ଲୋକଙ୍କ ବଦଳରେ ଭଲ ଲୋକଙ୍କୁ ବିନାଶ କରିବାକୁ ଚାହୁଁଥିଲେ। ମୁଁ ଅନୁମାନ କରୁଛି ତେହଲକା ପ୍ରତିରକ୍ଷା ଭ୍ରଷ୍ଟାଚାରର କାହାଣୀର ସ୍ପଷ୍ଟ ହିତାଧିକାରୀ ହେଉଛି କଂଗ୍ରେସ, ଯିଏ ଆଶା କରୁଥିଲା ଏହାଦ୍ୱାରା ତା' ଉପରେ ହୋଇଥିବା ବୋଫର୍ସ ଭ୍ରଷ୍ଟାଚାରର ଆରୋପ ଜନମାନସରୁ ପୋଛି ହୋଇପାରିବ।[୩୮୩]

ଜୟା ଆହୁରି କହିଛନ୍ତି ଯେ ତେହେଲେକା ସାମ୍ବାଦିକମାନେ 'ଭଡାରେ ଆସିଥିବା ଏକ ଦଲାଲ ଗୋଷ୍ଠୀ' ଯେଉଁମାନଙ୍କର ଏକ ଶକ୍ତିଶାଳୀ ସଂରକ୍ଷକ ଥିବାପରି ଅନୁଭୂତ ହୁଏ।[୩୮୪] ତେହଲକା ସହ କଂଗ୍ରେସର ସମ୍ପର୍କ ଅଛପା ନ ଥିଲା। ବିଜେପି ନେତା ଅରୁଣ ଜେଟଲୀ ଥରେ ଏକ ଚିଠି ବିଷୟରେ ଉଲ୍ଲେଖ କରିଥିଲେ ଯାହା ତତ୍କାଳୀନ କଂଗ୍ରେସ ଅଧ୍ୟକ୍ଷା ସେହି ସମୟର ଅର୍ଥମନ୍ତ୍ରୀ ଚିଦାମ୍ବରଙ୍କୁ ଲେଖିଥିଲେ ଏବଂ ସେ ଚିଠିରେ ତେହଲକାକୁ ଆର୍ଥିକ ସହାୟତା ଦେଉଥିବା ସଂସ୍ଥା 'ଫାଷ୍ଟ ଗ୍ଲୋବାଲ' ସହ ଯେମିତି ଅନ୍ୟାୟପୂର୍ଣ୍ଣ ବା ଅନୁଚିତ ବ୍ୟବହାର ନ ହୁଏ ତାହା ଦେଖିବାକୁ ନିର୍ଦ୍ଦେଶ ଥିଲା।[୩୮୫]

ବଙ୍ଗାରୁ ଲକ୍ଷ୍ମଣଙ୍କ ଇସ୍ତଫା ପରେ, ଜନ କୃଷ୍ଣମୂର୍ତ୍ତି ବିଜେପିର ନୂଆ ଅଧ୍ୟକ୍ଷଭାବେ ଦାୟିତ୍ୱ ନେଲେ। ତେବେ ବର୍ଷକ ପରେ ବାଜପେୟୀଙ୍କ ମନ୍ତ୍ରିମଣ୍ଡଳରେ ସାମିଲ ହେବାପରେ କୃଷ୍ଣମୂର୍ତ୍ତି ଅଧ୍ୟକ୍ଷ ପଦ ଛାଡିଲେ ଏବଂ ଏମ୍. ଭେଙ୍କୟାନାଇଡୁ ବିଜେପିର ଅଧ୍ୟକ୍ଷ ହେଲେ।

୨୦୦୨ର ଗୁଜରାଟ ଦଙ୍ଗା ଏବଂ ବାଜପେୟୀଙ୍କ ରାଜଧର୍ମ ପାଳନର ସତ୍ୟତା

୨୦୦୨ରେ ଦୁଇଟି ଦୁଃଖଦ ଘଟଣା କଂଗ୍ରେସ ସମେତ ବିଜେପିର ପ୍ରମୁଖ ରାଜନୈତିକ ପ୍ରତିଦ୍ୱନ୍ଦ୍ୱୀମାନଙ୍କ ପାଇଁ କେନ୍ଦ୍ରରେ ଏନ୍‌ଡିଏ ସରକାରଙ୍କ ଦ୍ୱାରା କରାଯାଇଥିବା ଭଲ କାର୍ଯ୍ୟକୁ ଅପମାନିତ କରିବାକୁ ଏକ ସୁଯୋଗ ପାଲଟିଗଲା। ପ୍ରଥମଟି ହେଲା ଗୋଧ୍ରା ଟ୍ରେନ ପୋଡି – ଯେଉଁଥିରେ ୫୯ ଜଣ କରସେବକଙ୍କୁ ପୋଡି ମାରି ଦିଆଯାଇଥିଲା ; ଏବଂ ଦ୍ୱିତୀୟଟି ହେଲା ଏହାର ପ୍ରଭାବରେ ଗୁଜରାଟର ଅନେକ ଭାଗରେ ଉପୁଜିଥିବା ସାମ୍ପ୍ରଦାୟିକ ଦଙ୍ଗା। ସଂସଦରେ ଉପସ୍ଥାପିତ ହୋଇଥିବା ସରକାରୀ ତଥ୍ୟ ଅନୁଯାୟୀ ଗୋଧ୍ରା ପରବର୍ତ୍ତୀ ଘଟଣାରେ ୭୯୦ ମୁସଲମାନ ଏବଂ ୨୫୪ ହିନ୍ଦୁ ମରିଥିଲେ, ୨୨୩ ଜଣଙ୍କର ପତ୍ତା ମିଳି ନ ଥିଲା ଏବଂ ୨୫୦୦ ଜଣ ଆହତ ହୋଇଥିଲେ।[୩୮୬]

ନରେନ୍ଦ୍ର ମୋଦିଙ୍କ ନେତୃତ୍ୱରେ ଥିବା ଗୁଜରାଟ ରାଜ୍ୟ ସରକାର ଏବଂ କେନ୍ଦ୍ରର ଏନ୍‌ଡିଏ ସରକାର ଏହି ଘଟଣା ପାଇଁ ଭୟଙ୍କର ଭାବେ ସମାଲୋଚିତ ହୋଇଥିଲେ। ବିରୋଧୀ ଦଳମାନେ ମୋଦି ସରକାରଙ୍କୁ ନିଷ୍କ୍ରିୟତା ଏବଂ ଏକ ନିର୍ଦ୍ଦିଷ୍ଟ ସମ୍ପ୍ରଦାୟ ଉପରେ ହିଂସା ହେବାକୁ ଅନୁମତି ଦେବାକଥା କହି ନିନ୍ଦା କରିଥିଲେ। ଅଭିଯୋଗଗୁଡିକୁ ଉଭୟ କେନ୍ଦ୍ର ଓ ରାଜ୍ୟ ସରକାରଙ୍କ ଦ୍ୱାରା ଜୋରଦାର ଉପାୟରେ ଖାରଜ କରାଯାଇଥିଲା।

ଇଣ୍ଡିଆ ଟୁଡେ'ରେ ପ୍ରକାଶିତ ଏକ ଆଲେଖ୍ୟରେ ଏହି ଘଟଣାର ଏବଂ କ୍ରମାନୁସାରେ ଘଟଣାର ବିବରଣୀ ଓ ରାଜ୍ୟ ସରକାରଙ୍କ ଦ୍ୱାରା ନିଆଯାଇଥିବା କାର୍ଯ୍ୟାନୁଷ୍ଠାନର ଏକ ବିବରଣୀ ଦିଆଯାଇଥିଲା।[୩୮୭]

ଫେବୃଆରୀ ୨୭, ୨୦୦୨

ସକାଳ ୮.୦୩ - ଗୋଧ୍ରାକାଣ୍ଡରେ ୫୭ କରସେବକଙ୍କ ମୃତ୍ୟୁ ।

ସକାଳ ୮.୩୦ - ମୋଦିଙ୍କୁ ଏହି ହତ୍ୟାକାଣ୍ଡ ବିଷୟରେ ସୂଚନା ଦିଆଗଲା।

ଅପରାହ୍ନ ୪.୩୦ - ଗୁଜରାଟ ବିଧାନସଭା ସ୍ଥଗିତ କରାଗଲା ଏବଂ ମୋଦିଙ୍କ ଗୋଧ୍ରା ପରିଦର୍ଶନ ଓ ଏକ ବୈଠକ ଡାକି ପୋଲିସକୁ ଦେଖିଲାମାତ୍ରେ ଗୁଳିଚଳନାର ଆଦେଶ

ରାତି ୧୦.୩୦ – ବରିଷ୍ଠ ସରକାରୀ ଅଧିକାରୀମାନଙ୍କ ସହ ମୁଖ୍ୟମନ୍ତ୍ରୀଙ୍କ ବୈଠକ : ସମ୍ବେଦନଶୀଳ ସ୍ଥାନରେ କର୍ଫ୍ୟୁ ଏବଂ ପୂର୍ବରୁ ସନ୍ଦିଗ୍ଧ ବ୍ୟକ୍ତିଙ୍କ ଗିରଫ ଆଦେଶ

ଫେବୃଆରୀ ୨୮, ୨୦୦୨

ସକାଳ ୮.୦୦ – ବିଶ୍ୱ ହିନ୍ଦୁ ପରିଷଦର ବନ୍ଦ ଡାକରା ଅବସରରେ ସ୍ଥିତି ନିରୀକ୍ଷଣ ପାଇଁ ମୁଖ୍ୟମନ୍ତ୍ରୀ ନିବାସରେ ବିଶେଷ କଣ୍ଟ୍ରୋଲ ରୁମ୍ ଗଠିତ ।

ମଧ୍ୟାହ୍ନ ୧୨.୦୦ – ସେନା ମୁତୟନ ପାଇଁ କେନ୍ଦ୍ର ସହ ମୋଦିଙ୍କ ଅନୌପଚାରିକ କଥାବାର୍ତ୍ତା । କ୍ୟାବିନେଟ ସଚିବ ଟି.ଆର. ପ୍ରସାଦ, ପ୍ରତିରକ୍ଷା ସଚିବ ୱାଇ ନାରାୟଣଙ୍କୁ ସେନା ପଠାଇବାକୁ କହିଲେ ।

ଅପରାହ୍ନ ୧୨.୩୦ – ଉପସେନାମୁଖ୍ୟ ଲେଫ୍ଟନାଣ୍ଟ୍ ଜେନେରାଲ୍ ଏନ୍. ସି. ଭିଜ୍ ପ୍ରତିରକ୍ଷା ସଚିବ ନାରାୟଣଙ୍କୁ କହିଲେ ଯେ ସୀମାନ୍ତରେ ସେନା ମୁତୟନ ଥିବାରୁ ମାତ୍ର ଦୁଇଟି ସ୍ତମ୍ଭ ସେନା ଅଛନ୍ତି।

ଅପରାହ୍ନ ୧୨.୩୫ – ତ୍ୱରିତ୍ ଭାବେ ବିଗୁଡୁଥିବା ଅହମ୍ମଦାବାଦ ପରିସ୍ଥିତି ଦେଖି କ୍ୟାବିନେଟ ସଚିବ ମୁଖ୍ୟ ସେନାଧକ୍ଷ ପଦ୍ମନାଭନଙ୍କୁ ସେନାକୁ ପ୍ରସ୍ତୁତ କରିବାକୁ କହିଲେ।

ଅପରାହ୍ନ ୧୨.୪୫- ନାରାୟଣ ବିଜ ତୁରନ୍ତ ଗୁଜରାଟକୁ ସେନା ପଠାଇବାର ବ୍ୟବସ୍ଥା କଲେ।

ଅପରାହ୍ନ ୪.୦୦ - ଆଡଭାନୀଙ୍କ ପରାମର୍ଶ ପରେ ମୋଦି ସେନା ମୁତୟନ ପାଇଁ ଅନୁରୋଧ କଲେ।

ସନ୍ଧ୍ୟା ୬.୪୫ - ପ୍ରଧାନମନ୍ତ୍ରୀଙ୍କ ଅଧକ୍ଷତାରେ ସୁରକ୍ଷା ଉପରେ କ୍ୟାବିନେଟ କମିଟିର ବୈଠକ, ଅହମ୍ମଦାବାଦ ଏବଂ ଗୁଜରାଟର ଅନ୍ୟସ୍ଥାନରେ ତୁରନ୍ତ ସେନା ମୁତୟନ ପାଇଁ ମଞ୍ଜୁରି, ସେନା ମୁତୟନକୁ ଦେଖିବାକୁ ଜର୍ଜ ଫର୍ଣ୍ଣାଣ୍ଡିଜଙ୍କୁ ବାଜପେୟୀଙ୍କ ନିଯୁକ୍ତି ।

ରାତି ୧୧.୩୦ – ସୈନ୍ୟମାନଙ୍କର ବିମାନ ଉଡାଣ ଆରମ୍ଭ ।

ମାର୍ଚ୍ଚ ୧, ୨୦୦୨

ସକାଳ ୨.୩୦ – ଅହମ୍ମଦାବାଦରେ ଏକ ବ୍ରିଗେଡ୍ ପହଞ୍ଚିଲା। ୫୪ତମ ଡିଭିଜନର ଜେନେରାଲ ଅଫିସର କମାଣ୍ଡିଙ୍ଗ ଯୋଗାଯୋଗ କାର୍ଯ୍ୟନିର୍ବାହୀ ମୁଖ୍ୟ ସଚିବ ଏହାର ଦାୟିତ୍ୱରେ ଥିଲେ।

ସକାଳ ୯.୦୦ – ରାଜ୍ୟ ପ୍ରତିନିଧି ଏବଂ ସେନା ପ୍ରତିନିଧିମାନଙ୍କ ମଧ୍ୟରେ ଆଲୋଚନା ଏବଂ ପରେ ପରେ ଅହମ୍ମଦାବାଦରେ ସେନାର ଫ୍ଲାଗ ମାର୍ଚ୍ଚ ।

ଗୁଜରାଟ ରାଜ୍ୟ ସରକାର ତା'ର ପଡୋଶୀ କଂଗ୍ରେସ ଶାସିତ ରାଜ୍ୟ ମଧ୍ୟପ୍ରଦେଶ, ରାଜସ୍ଥାନ ଏବଂ ମହାରାଷ୍ଟ୍ର ସରକାରଙ୍କଠୁ ମଧ୍ୟ ସାହାଯ୍ୟ ମାଗିଥିଲେ। ଗୁଜରାଟ ଦଙ୍ଗାର କଂଗ୍ରେସ ସମ୍ପୃକ୍ତିକୁ 'ଦି ପାୟୋନିଅର'ର ଓପିନିୟନ ସମ୍ପାଦକ ରାଜେଶ ସିଂ ସୂଚାଇଥିଲେ ଯେ ସେତେବେଳେ ପଡୋଶୀ ରାଜ୍ୟ ସରକାରର ମୁଖ୍ୟମାନେ ମୋଦିଙ୍କୁ ସାହାଯ୍ୟ କରିବାକୁ ମନା କରିଦେଇଥିଲେ। ଏକଥା ବର୍ଣ୍ଣନା କରିବାକୁ ଯାଇ ଶ୍ରୀ ରାଜେଶ ସିଂ କହିଥିଲେ :

୨୦୦୨ ହିଂସାରେ ଏହା କେବଳ କଂଗ୍ରେସ ନେତାଙ୍କ ପ୍ରତ୍ୟକ୍ଷ ଯୋଗଦାନ ନୁହେଁ, ଯାହା ମୋଦିଙ୍କ ବିରୋଧରେ ଦଳ ପ୍ରକାଶ କରିଛି (ନରେନ୍ଦ୍ର ମୋଦି : ଏକ ରାଜନୈତିକ ଜୀବନୀର ରଚୟିତା ମାରିନୋ ଲେଖନ୍ତି (ମଧୁ ପୂର୍ଣ୍ଣିମାକିଶୋର ତାଙ୍କ ବହି 'ମୋଦି, ମୁସଲିମ, ମିଡିଆ – ନରେନ୍ଦ୍ର ମୋଦିଙ୍କ ଗୁଜରାଟର ସ୍ୱର) ହିଂସାକୁ ରୋକିବା ପାଇଁ ମୋଦିଙ୍କ ଅନୁରୋଧକୁ ତିନୋଟି ଯାକ କଂଗ୍ରେସ ଶାସିତ ରାଜ୍ୟ ନାହିଁ କରିଦେଲେ। ଆମେ କିନ୍ତୁ ସମ୍ପୂର୍ଣ୍ଣ ଭାବେ ଗୁଜରାଟର ମୁଖ୍ୟମନ୍ତ୍ରୀଙ୍କୁ ଦାୟୀ କରିବା ବ୍ୟତୀତ କେବେହେଲେ ସାହାଯ୍ୟ ନ କରି ଅପରାଧ ସମତୁଲ କାର୍ଯ୍ୟ କରିଥିବା ଏହି ରାଜ୍ୟ ସରକାରଙ୍କୁ ଦୋଷ ଦେଉନାହିଁ। ଏହି ପଡୋଶୀ ରାଜ୍ୟମାନଙ୍କର କାହାଣୀ କୌଣସି ଦୂରଦର୍ଶନର ତର୍କ କିମ୍ବା ଗଣମାଧ୍ୟମରେ ଆସିନାହିଁ।

ମାରିନୋ ଲେଖନ୍ତି : ଗୁଜରାଟର ତିନି ପଡୋଶୀ ରାଜ୍ୟର ମୁଖ୍ୟମନ୍ତ୍ରୀ – ରାଜସ୍ଥାନର ଅଶୋକ ଗେହଲଟ, ମହାରାଷ୍ଟ୍ରର ସ୍ୱର୍ଗତଃ ବିଳାସ ରାଓ ଦେଶମୁଖ ଏବଂ ମଧ୍ୟପ୍ରଦେଶର ଦିଗବିଜୟ ସିଂଙ୍କୁ ଆଇନ୍ ଶୃଙ୍ଖଳା ଏବଂ ଅର୍ଦ୍ଧ ସାମରିକ ବଳ ରୂପରେ ସହାୟତା ପଠାଇବାକୁ ମୋଦିଜୀ ଆବେଦନ କରିଥିଲେ। ସେ ପ୍ରତ୍ୟେକ ରାଜ୍ୟରୁ ୧୦ କମ୍ପାନୀ ସଶସ୍ତ୍ର ପୋଲିସ ପଠାଇବା ପାଇଁ ବିନୀତ ଅନୁରୋଧ କରିଥିଲେ। ହିଂସା ଘଟିବାର ମାତ୍ର ଦିନକ ପରେ ମାର୍ଚ୍ଚ ୧ ତାରିଖରେ ଏହି ତିନି କଂଗ୍ରେସ ମୁଖ୍ୟମନ୍ତ୍ରୀଙ୍କୁ ଅନୁରୋଧ ଜଣାଇ ଚିଠି ଦିଆଯାଇଥିଲା। ପ୍ରତିକ୍ରିୟା କ'ଣ ଥିଲା ?

ମାରିନୋ ଲେଖିଛନ୍ତି, ମହାରାଷ୍ଟ୍ର ଶେଷରେ ସାହାଯ୍ୟ କରିବାକୁ ସୀମିତ କର୍ମଚାରୀ ପଠାଇଲା, କିନ୍ତୁ ଅନ୍ୟମାନେ ସମ୍ପୂର୍ଣ୍ଣ ମନା କରିଦେଲେ। ବାସ୍ତବରେ ଦୁଇ ସପ୍ତାହ ପର୍ଯ୍ୟନ୍ତ ଦିଗବିଜୟ ସିଂଙ୍କ ପାଖରୁ କୌଣସି ଉତ୍ତର ମଧ୍ୟ ମିଳି ନ ଥିଲା ଏବଂ ଯେତେବେଳେ ଉତ୍ତର ଆସିଲା ମଧ୍ୟପ୍ରଦେଶର ସ୍ୱତନ୍ତ୍ର ସଶସ୍ତ୍ର ବାହିନୀର ନିଜ ରାଜ୍ୟ ହିତରେ ଜରୁରୀ ପ୍ରତିବଦ୍ଧତା ଥିବାରୁ ସେମାନଙ୍କୁ ଗୁଜରାଟ ପଠାଯାଇପାରିବ ନାହିଁ ବାହାନାରେ ଅନୁରୋଧକୁ ପ୍ରତ୍ୟାଖାନ କରାଗଲା।[୩୮୮]

ସଂସଦ ଗୃହରେ ରାଜ୍ୟ ସରକାରଙ୍କ ନିଷ୍କ୍ରିୟତା ଅଭିଯୋଗକୁ ତତ୍କାଳୀନ ଗୃହମନ୍ତ୍ରୀ ଆଡଭାନୀ ମଧ୍ୟ ଅସ୍ୱୀକାର କରିଥିଲେ : 'ମୁଁ ସ୍ୱୀକାର କରୁଛି ଯେ ଯେ କୌଣସି ସ୍ଥାନରେ, ପ୍ରଶାସନରେ ପୋଲିସର କାର୍ଯ୍ୟ ଇତ୍ୟାଦିରେ କିଛି ତ୍ରୁଟି ଘଟିଥିଲା, କିନ୍ତୁ ଗୋଧ୍ରା ଘଟଣାକୁ ସରକାର ନିଜେ ପରିଚାଳନା କରିଥିଲେ ବୋଲି ଅଭିଯୋଗ କରିବା, ଏହା ଏକ ସୁଚିନ୍ତିତ ହତ୍ୟାକାଣ୍ଡ କହିବା, ରାଜ୍ୟ ଦ୍ୱାରା ସଙ୍ଗଠିତ ଅଶାନ୍ତି ଏବଂ ରାଜ୍ୟଦ୍ୱାରା ସଙ୍ଗଠିତ ନରସଂହାର କହିବା – ମୋର ଭୟ ହେଉଛି ଏହା ଭାରତର ଶତ୍ରୁମାନଙ୍କୁ ଆମ ଉପରେ ଆକ୍ରମଣ କରିବାପାଇଁ ଅସ୍ତ୍ର ଯୋଗାଇବା ସଦୃଶ'।[୩୮୯] ମୋଦିଙ୍କ ଇସ୍ତଫା ପାଇଁ ଦାବି ବଢିବା ସହ ଆଡଭାନୀ ଦଳର ଅନ୍ୟମାନଙ୍କ ବିରୁଦ୍ଧରେ ଯାଇଁ ମୋଦିଙ୍କୁ ଅକୁଣ୍ଠ ସମର୍ଥନ ଦେଇଥିଲେ। ଆଡଭାନୀ କହିଲେ ଯେ ଆମ୍ଭେମାନେ ରାଜ୍ୟ ଅବସ୍ଥାର ପ୍ରକୃତ ସମାଧାନ ଖୋଜିବା ଦରକାର ଏବଂ ମୁଖ୍ୟମନ୍ତ୍ରୀ ମୋଦିଙ୍କ ଅପସାରଣ ଏହାର ସମାଧାନ ନୁହେଁ।[୩୯୦]

୨୦୦୨ ଗୁଜରାଟ ଦଙ୍ଗା ପରେ ଗଣମାଧ୍ୟମଗୁଡିକ ମୋଦିଙ୍କ ଉପରେ ବାଜପେୟୀ ଦେଇଥିବା ବିବୃତିକୁ ଆଂଶିକ ଏବଂ ସମ୍ପାଦିତ କରି ବହୁଳଭାବେ ପ୍ରସାରିତ କରିଥିଲେ। ଗୁଜରାଟ ଦଙ୍ଗା ପରେ ମୋଦିଙ୍କ ପାଇଁ କି ବାର୍ତ୍ତା ଦେବେ ବୋଲି ଏକ ସାମ୍ବାଦିକଙ୍କ ପ୍ରଶ୍ନର ଉତ୍ତରରେ ବାଜପେୟୀ କହିଥିଲେ ମୋଦି 'ରାଜଧର୍ମ' ପାଳନ କରିବା ଉଚିତ୍। ସେ ସ୍ପଷ୍ଟ କରିଥିଲେ ଯେ ରାଜଧର୍ମ ଏକ ଅର୍ଥପୂର୍ଣ୍ଣ ଶବ୍ଦ ଏବଂ କ୍ଷମତାରେ ଥିବା ବ୍ୟକ୍ତିଙ୍କ ପାଇଁ ଏହାର ଅର୍ଥ ହେଉଛି ସମାଜର ଉଚ୍ଚ ଓ ନିମ୍ନବର୍ଗ କିମ୍ବା କୌଣସି ଧର୍ମର ଲୋକମାନଙ୍କ ମଧ୍ୟରେ ଭେଦଭାବ ନ କରିବା।[୩୯୧] ମୋଦି ଉତ୍ତର ଦେଇଥିଲେ 'ମୁଁ ତାହାହିଁ କରୁଛି ମହାଶୟ'। ବାଜପେୟୀ ତତ୍କ୍ଷଣାତ କହିଲେ ' ମୁଁ ନିଶ୍ଚିତ ଯେ ନରେନ୍ଦ୍ରଭାଇ ତାହା ହିଁ କରୁଛନ୍ତି।'[୩୯୨] ପ୍ରକାଶଥାଉ କି, ବାଜପେୟୀ ଏବଂ ମୋଦିଙ୍କ ମଧ୍ୟରେ ମତଭେଦ ଅଛି ବୋଲି ଦର୍ଶାଇବା ପାଇଁ ଭିଡିଓଟି ଗଣମାଧ୍ୟମ ଦ୍ୱାରା ଚତୁରଭାବେ ସମ୍ପାଦିତ କରି ପ୍ରଦର୍ଶିତ ହୋଇଥିଲା।

ପ୍ରଧାନମନ୍ତ୍ରୀଙ୍କ ବକ୍ତବ୍ୟର ପ୍ରଥମ ଅଂଶ ଯେଉଁଥିରେ ସେ କହିଥିଲେ ଯେ

ମୁଖ୍ୟମନ୍ତ୍ରୀ ରାଜଧର୍ମ ପାଳନ କରନ୍ତୁ – ଏହାକୁ ଗଣମାଧ୍ୟମ ବାରମ୍ବାର ପ୍ରଦର୍ଶିତ କରିଥିଲେ, ବକ୍ତବ୍ୟର ଦ୍ୱିତୀୟ ଅଂଶ ଯେଉଁଥିରେ ବାଜପେୟୀ କହିଥିଲେ – ମୁଖ୍ୟମନ୍ତ୍ରୀ ମୋଦି ନିଶ୍ଚୟ ରାଜଧର୍ମ ପାଳନ କରୁଥିବେ ବୋଲି ସେ ନିଶ୍ଚିତ ଅଛନ୍ତି, ଏହାକୁ ଭିଡିଓ ବାର୍ତ୍ତାରୁ ବାଦ୍ ଦିଆଯାଇଥିଲା । ବହୁ ବର୍ଷ ଧରି ଏହି ଭିଡିଓର ସମ୍ପାଦିତ ଅଂଶ ବ୍ୟବହାର କରି ଏହା ଦର୍ଶାଯାଇଥିଲା ଯେ ବାଜପେୟୀ ଏବଂ ମୋଦିଙ୍କ ମଧ୍ୟରେ ସମ୍ପର୍କ ତିକ୍ତ ହୋଇଯାଇଛି ଓ ତତ୍କାଳୀନ ଗୁଜରାଟ ମୁଖ୍ୟମନ୍ତ୍ରୀଙ୍କ ରାଜନୈତିକ ପଦ୍ଧତିରେ ପ୍ରଧାନମନ୍ତ୍ରୀ ବାଜପେୟୀ ସହମତ ନୁହନ୍ତି ।[୩୯୩]

ପରେ ସର୍ବୋଚ୍ଚ ନ୍ୟାୟାଳୟଙ୍କ ଦ୍ୱାରା ନିଯୋଜିତ ବିଶେଷ ଅନୁସନ୍ଧାନ ଦଳ (ଏସ୍ଆଇଟି) ଦ୍ୱାରା ମୋଦିଙ୍କୁ ୨୦୧୨ରେ ନିର୍ଦ୍ଦୋଷ ପ୍ରମାଣ ବା କ୍ଲିନଚିଟ୍ ମିଳିଥିଲା । ଏହି ଅନୁସନ୍ଧାନ ଦଳ କହିଥିଲା – ଗୋଧ୍ରା ପରବର୍ତ୍ତୀ ଦଙ୍ଗାକୁ ନିୟନ୍ତ୍ରଣ କରିବାକୁ ତତ୍କାଳୀନ ଗୁଜରାଟ ମୁଖ୍ୟମନ୍ତ୍ରୀ ଯେତେ ସମ୍ଭବ ପଦକ୍ଷେପ ନେଇଥିଲେ । ନିଜର ଶେଷ ରିପୋର୍ଟରେ ବିଶେଷ ଅନୁସନ୍ଧାନ ଦଳ (ଏସ୍ଆଇଟି) କହିଥିଲା :

ମୋଦିଙ୍କ ଦ୍ୱାରା ଆଇନ ଶୃଙ୍ଖଳା ସମୀକ୍ଷା ବୈଠକ ବାରମ୍ବାର ଅନୁଷ୍ଠିତ ହୋଇଥିଲା ଏବଂ ପରିସ୍ଥିତିକୁ ନିୟନ୍ତ୍ରଣ କରିବା ପାଇଁ ସମସ୍ତ କାର୍ଯ୍ୟ କରାଯାଇଥିଲା । ସାମ୍ପ୍ରଦାୟିକ ହିଂସାକୁ ରୋକିବାକୁ ଠିକ୍ ସମୟରେ ସେନାକୁ ଡକାଯାଇଥିଲା । ମୋଦି ପରିସ୍ଥିତିକୁ ନିୟନ୍ତ୍ରଣ କରିବାରେ, ଦଙ୍ଗା କ୍ଷତିଗ୍ରସ୍ତଙ୍କ ପାଇଁ ରିଲିଫ ଶିବିର ସ୍ଥାପନ କରିବାରେ ଏବଂ ସ୍ୱାଭାବିକତା ଓ ଶାନ୍ତି ଫେରାଇ ଆଣିବା ଉଦ୍ୟମରେ ବ୍ୟସ୍ତ ଥିଲେ । ସମ୍ପୃକ୍ତ ବ୍ୟକ୍ତିଙ୍କ ବିଶେଷ ଅନୁସନ୍ଧାନ ଏବଂ ସନ୍ତୋଷଜନକ ବାଖ୍ୟାକୁ ଦୃଷ୍ଟିରେ ରଖି ନରେନ୍ଦ୍ର ମୋଦିଙ୍କ ବିରୋଧରେ କୌଣସି ଆପରାଧିକ ମାମଲା ରୁଜୁ କରାଯାଇପାରିବ ନାହିଁ ।[୩୯୪]

ପରେ ୨୦୧୩ରେ ଏକ ସ୍ଥାନୀୟ ଅଦାଲତ ଏସ୍ଆଇଟି ରିପୋର୍ଟକୁ ସମର୍ଥନ କରି ଧାର୍ମିକ ହିଂସା ସମୟରେ ମୁସଲମାନମାନଙ୍କୁ ସୁରକ୍ଷା ଦେବାରେ ଉଦ୍ଦେଶ୍ୟମୂଳକ ଭାବେ ବିଫଳ ହୋଇଥିବା ଅଭିଯୋଗରେ ମୋଦିଙ୍କ ବିରୋଧରେ ମାମଲା ରୁଜୁ କରିବାର ଆବେଦନକୁ ଖାରଜ କରିଦେଇଥିଲେ ।[୩୯୫] ଏସ୍ଆଇଟି ରିପୋର୍ଟ ଏବଂ ଏହା ଉପରେ ପରବର୍ତ୍ତୀ ଅଦାଲତ ନିର୍ଦ୍ଦେଶ ପରେ ମଧ୍ୟ ଏକ ନିର୍ଦ୍ଦିଷ୍ଟ ସମ୍ପ୍ରଦାୟ ବିରୁଦ୍ଧରେ ପକ୍ଷପାତିତା ଅଭିଯୋଗରେ ମୋଦିଙ୍କୁ ନିର୍ଦ୍ଦୋଷରେ ଖଲାସ କରାଯିବା ପରେ ମଧ୍ୟ ମୋଦିଙ୍କ ବିରୋଧରେ ଗଣମାଧ୍ୟମର ଭୀଷଣ ଅଭିଯାନ କେବେହେଲେ ବନ୍ଦ ହୋଇନାହିଁ – ଏହା ଆଜି ବି ଜାରି ରହିଛି । ମୋଦିଙ୍କୁ ଗୋଧ୍ରା ଦଙ୍ଗା ସହ ଯୋଡିବା ପାଇଁ ଏକାଧିକ ଷଡଯନ୍ତ୍ର ଥିଓରି ରିପୋର୍ଟ କରିବା ପରଠାରୁ ଅନେକ ସାମ୍ବାଦିକ ଉନ୍ନତି କରିଛନ୍ତି । ରାଣା ଆୟୁବଙ୍କ ପରି ସାମ୍ବାଦିକ ମନଗଢା କାହାଣୀ ଓ ଶୁଣାକଥାକୁ କାହାଣୀ

ରୂପ ଦେଇ ମୋଦିଙ୍କୁ ଖଳନାୟକ ରୂପେ ଚିତ୍ରିତ କରିବାକୁ ଚେଷ୍ଟା କରିଛନ୍ତି । ନିକଟରେ ସର୍ବୋଚ୍ଚ ଅଦାଲତ ଆୟୁବଙ୍କ ଗୁଜରାଟ ବହିକୁ ଭର୍ତ୍ସନା କରି କହିଛନ୍ତି ଯେ ପୁସ୍ତକଟି ଆଶଙ୍କା, ଅନୁମାନ ଏବଂ କାଳ୍ପନିକ ପୃଷ୍ଠଭୂମି ଉପରେ ଆଧାରିତ ।[୩୯୬]

ବାଜପେୟୀଙ୍କ ତୃତୀୟ ପାଳି ସରକାର କଥାକୁ ଫେରିଆସିଲେ ଆମେ ଦେଖିବା ଯେ ୨୦୦୨ ମସିହାରେ ବାଜପେୟୀ ମନ୍ତ୍ରିମଣ୍ଡଳ ଅଦଳବଦଳ କରି ବିଜେପି ଅଧ୍ୟକ୍ଷ ଜନ କୃଷ୍ଣମୂର୍ତ୍ତିଙ୍କୁ ନିଜ ମନ୍ତ୍ରୀ ପରିଷଦରେ କେନ୍ଦ୍ରୀୟ ଆଇନମନ୍ତ୍ରୀ ରୂପେ ସାମିଲ୍ କଲେ । ତା'ପରେ ଶ୍ରୀମାନ୍ ଭେଙ୍କୟା ନାଇଡୁ ଦଳର ଅଧ୍ୟକ୍ଷ ରୂପେ ଦାୟିତ୍ୱ ନେଲେ । ପୂର୍ବରୁ ୧୯୯୬ରେ ସେ ଦଳର ମୁଖପାତ୍ର (ସାଧାରଣତଃ ହିନ୍ଦୀରେ କହନ୍ତି) ଥିଲେ ଏବଂ ୨୦୦୦ ମସିହାଯାଏ ଏହି ପଦବୀରେ ରହିଲେ । ଏହା ମଧ୍ୟରେ ସେ ୧୯୯୮ରେ ରାଜ୍ୟ ସଭାକୁ ନିର୍ବାଚିତ ହେଲେ । (୨୦୦୪, ୨୦୧୦, ୨୦୧୬ରେ ମଧ୍ୟ ନାଇଡୁ ରାଜ୍ୟ ସଭାକୁ ଯାଇଥିଲେ) । ବାଜପେୟୀ ଭେଙ୍କୟାଙ୍କୁ ତାଙ୍କ ସରକାରରେ କେନ୍ଦ୍ରୀୟ ଗ୍ରାମ୍ୟ ଉନ୍ନୟନ ମନ୍ତ୍ରୀ ଭାବେ ସାମିଲ କଲେ ଏବଂ ନାଇଡୁ ବାଜପେୟୀଙ୍କ ଅନେକ ପ୍ରିୟ ଗ୍ରାମୀଣ ଉନ୍ନୟନ ଯୋଜନାର ଦେଖାରଖା କଲେ ।

ଭେଙ୍କୟା ଦଳ ଅଧ୍ୟକ୍ଷ ହେଲା ପରେ ଦୁଇବର୍ଷ ମଧ୍ୟରେ ଅନେକ ରାଜ୍ୟରେ ଦଳ ନିର୍ବାଚନର ସମ୍ମୁଖୀନ ହେଲା । ଯଦିଓ କିଛି ଆଘାତ ଲାଗିଥିଲା, ତେବେ ଦଳ ବିଧାନସଭା ନିର୍ବାଚନରେ କିଛି ଚମତ୍କାର ପ୍ରଦର୍ଶନ କରିବାରେ ସଫଳ ହୋଇଥିଲା । ଏହା ମଧ୍ୟରେ ଦଳ ୨୦୦୪ରେ ଆସୁଥିବା ଲୋକସଭା ନିର୍ବାଚନ ପାଇଁ ପ୍ରସ୍ତୁତ ହେଉଥିଲା । ଦଳ ନିଶ୍ଚିତ ଥିଲା ଯେ ଦେଶର ଜନସାଧାରଣଙ୍କ ମାନସିକତା ଦଳ ସହ ଅଛି । ଲୋକେ ବାଜପେୟୀଙ୍କ ନେତୃତ୍ୱକୁ ବିଶ୍ୱାସ କରୁଛନ୍ତି ଏବଂ ଏନ୍‌ଡିଏ ସହଜରେ ଏକ ନୂତନ ଜନାଦେଶ ପାଇ ନିର୍ବାଚନ ଜିତିବ । ଭାରତ ସବୁ ମାପଦଣ୍ଡରେ ଉନ୍ନତି କରୁଥିଲା – ଅର୍ଥନୀତି ବହୁତ ଭଲ ଚାଲୁଥିଲା, ସରକାରଙ୍କ ଅନେକ ଯୋଜନାର ରୂପାୟନ ହୋଇଥିଲା ଏବଂ ଆନ୍ତର୍ଜାତିକ ସ୍ତରରେ ଭାରତର କୂଟନୈତିକ ସ୍ଥିତି ବେଶ୍ ମଜଭୁତ୍ ଥିଲା । ଏହି ବିଶ୍ୱାସକୁ ହୃଦୟରେ ରଖି ଅକ୍ଟୋବର ୨୦୦୩ରେ ଦଳ ୫ ମାସ ଆଗୁଆ ନିର୍ବାଚନ କରିବାକୁ ସ୍ଥିର କଲା । ପ୍ରଥମରେ ବାଜପେୟୀ ଏକ ଆଗୁଆ ନିର୍ବାଚନ ପାଇଁ ରାଜି ନ ଥିଲେ, କିନ୍ତୁ ଦଳୀୟ ସହଯୋଗୀମାନଙ୍କ ଦ୍ୱାରା ବୁଝାଯିବା ପରେ ସେ ଏ କଥାକୁ ସମର୍ଥନ କରିଥିଲେ । ସେ ଏନ୍‌ଡିଏର ସହଯୋଗୀମାନଙ୍କୁ ଫେବୃଆରୀ ୨୦୦୪ ସୁଦ୍ଧା ଆଗୁଆ ନିର୍ବାଚନ କରାଇବାକୁ ବୁଝାଇଲେ । ତେବେ ଭାରତର ନିର୍ବାଚନ କମିଶନ କହିଲେ ଯେ ଏ କାର୍ଯ୍ୟ ପାଇଁ ଆଉଟିକେ ଅଧିକ ସମୟ ଦରକାର ଏବଂ ପରେ ଏପ୍ରିଲ୍ – ମେ ୨୦୦୪ରେ ସାଧାରଣ ନିର୍ବାଚନ ଅନୁଷ୍ଠିତ ହେଲା ।

୧୮

ବିଜେପିର ହାରିବାର (ହଜିଯାଇଥିବା) ଦଶନ୍ଧି (୨୦୦୪ - ୨୦୧୩)

୧୯୯୮ରୁ ୨୦୦୪ ମଧ୍ୟରେ ଏନ୍‌ଡିଏ ସରକାରର ନେତୃତ୍ୱ ନେଇ ଦୁଇଥର ପ୍ରଧାନମନ୍ତ୍ରୀ ଭାବରେ ବାଜପେୟୀଙ୍କ ପ୍ରଦର୍ଶନ ଭାରତକୁ ଅଧିକରୁ ଅଧିକ ଶକ୍ତିଶାଳୀ କରିବାରେ ସାହାଯ୍ୟ କଲା। ଏନ୍‌ଡିଏ ସରକାର ରାଜନୈତିକ ସ୍ଥିରତାର ଉପଯୋଗ ରାଷ୍ଟ୍ର ନିର୍ମାଣର ଚାରି ମୁଖ୍ୟସ୍ତମ୍ଭ - ରାଷ୍ଟ୍ରୀୟ ସୁରକ୍ଷା, ଆର୍ଥିକ ବିକାଶ, ସାମାଜିକ ବିକାଶ ଏବଂ ଲୋକତନ୍ତ୍ରକୁ ମଜଭୁତ କରିବା ପାଇଁ ବ୍ୟବହାର କରିଥିଲେ।

ଅପ୍ରତ୍ୟାଶିତ ଭାବେ ୨୦୦୪ ନିର୍ବାଚନରେ ବିଜେପି ହାରିଲା

ବିଜେପି ନେତୃତ୍ୱରେ ଏନ୍‌ଡିଏ ସରକାର ଭାରତରେ ପରିବର୍ତ୍ତନ ଆଣିବାକୁ କଠିନ ପରିଶ୍ରମ କରିଛି ତଥା ସହର ଓ ଗ୍ରାମ ନିର୍ବିଶେଷରେ ସବୁଠି ଉନ୍ନୟନର କାମ କରିଛି, ଏକଥା ଉପରେ କାହାରି ମନରେ ସନ୍ଦେହ ନ ଥିଲା। ବାଜପେୟୀଙ୍କ ଦ୍ୱାରା ଆରମ୍ଭ ହୋଇଥିବା ଅନେକ ଯୋଜନା ତାଙ୍କ ପରେ ୟୁପିଏର ପ୍ରଧାନମନ୍ତ୍ରୀ ହୋଇଥିବା ମନମୋହନ ସିଂଙ୍କ ଦ୍ୱାରା ଗ୍ରହଣ କରାଯାଇଥିଲା। କହିବାକୁ ଗଲେ ବାଜପେୟୀଙ୍କ ଦ୍ୱାରା ନିଆଯାଇଥିବା ବିକାଶମୂଳକ ପଦକ୍ଷେପକୁ ଏହା ମାନ୍ୟତା ପ୍ରଦାନ ହିଁ ଥିଲା। ଉଭୟ ଘରୋଇ ଏବଂ ଆନ୍ତର୍ଜାତିକ ସ୍ତରରେ ବାଜପେୟୀ ସରକାରଙ୍କ ଉଲ୍ଲେଖନୀୟ ଅବଦାନ ସତ୍ତ୍ୱେ ଏନ୍‌ଡିଏ ଯେତେବେଳେ ଆଗୁଆ ନିର୍ବାଚନରେ ଜନସାଧାରଣଙ୍କ ନିକଟକୁ ଜନାଦେଶ ମାଗିବାକୁ ଗଲା, ମତଦାତାମାନଙ୍କର ଏନ୍‌ଡିଏ ପ୍ରତି ପ୍ରତିକ୍ରିୟା ଏତେ ଉତ୍ସାହଜନକ ନ ଥିଲା। ସରକାର ଏବଂ ବିଜେପିର ବିଶ୍ୱାସ ଭୁଲ୍ ପ୍ରମାଣିତ

ହେଲା। ଏକ ଆଶ୍ଚର୍ଯ୍ୟଜନକ ଫଳାଫଳରେ କେବଳ ଏନ୍‌ଡିଏର ଆସନ ସଂଖ୍ୟା ନୁହେଁ, ବିଜେପି ମଧ୍ୟ ୧୯୯୯ ତୁଳନାରେ କମ୍ ଆସନ ପାଇଥିଲା। ଏନ୍‌ଡିଏ ୧୮୭ ଏବଂ ବିଜେପି ୧୩୮ଟି ଆସନ ପାଇଥିଲା। ୧୯୯୮ ଏବଂ ୧୯୯୯ରେ ବିଜେପି ୧୮୨ଟି ଆସନ ପାଇଥିଲା। ଏହା ବଦଳରେ ୟୁପିଏ ୨୨୧ଟି ଆସନ ଏବଂ କଂଗ୍ରେସ ବିଜେପିଠାରୁ ୭ଟି ଅଧିକ ୧୪୫ଟି ଆସନ ପାଇଥିଲା।

୧୯୯୯ ଏବଂ ୨୦୦୪ ମଧ୍ୟରେ ବିଭିନ୍ନ ରାଜ୍ୟରେ ବିଜେପିର ତୁଳନାତ୍ମକ ପ୍ରଦର୍ଶନ

କ୍ର.ସ.	ରାଜ୍ୟ / କେନ୍ଦ୍ରଶାସିତ ଅଞ୍ଚଳ	ଲୋକସଭା ଆସନ ସଂଖ୍ୟା	୧୯୯୯ ବିଜେପି ଆସନ ସଂଖ୍ୟା	୨୦୦୪ ବିଜେପି ଆସନ ସଂଖ୍ୟା
୧	ଉତ୍ତରପ୍ରଦେଶ	୮୫	୨୯	୧୦
୨	ମଧ୍ୟପ୍ରଦେଶ	୪୦	୨୯	୨୫
୩	ବିହାର	୫୪	୨୩	୫
୪	ଗୁଜରାଟ	୨୬	୨୦	୧୪
୫	ରାଜସ୍ଥାନ	୨୫	୧୬	୨୧
୬	ମହାରାଷ୍ଟ୍ର	୪୮	୧୩	୧୩
୭	ଓଡ଼ିଶା	୨୧	୦୯	୦୭
୮	ଆନ୍ଧ୍ରପ୍ରଦେଶ	୪୨	୦୭	୦
୯	କର୍ଣ୍ଣାଟକ	୨୮	୦୭	୧୮
୧୦	ଦିଲ୍ଲୀ	୦୭	୦୭	୦
୧୧	ହରିଆଣା	୧୦	୦୫	୧
୧୨	ତାମିଲନାଡୁ	୩୯	୦୪	୦
୧୩	ହିମାଚଳ ପ୍ରଦେଶ	୦୪	୦୩	୧
୧୪	ଆସାମ	୧୪	୨	୨
୧୫	ଗୋଆ	୨	୨	୧
୧୬	ଜମ୍ମୁ ଆଣ୍ଡ କଶ୍ମୀର	୬	୨	୦
୧୭	ପଶ୍ଚିମବଙ୍ଗ	୪୨	୨	୦
୧୮	ପଞ୍ଜାବ	୧୩	୧	୩
୧୯	ଆଣ୍ଡାମାନ ଆଣ୍ଡ ନିକୋବର	୧	୧	୦

୨୦	ଅରୁଣାଚଳ ପ୍ରଦେଶ	୦୩	୦	୨
୨୧	କେରଳ	୨୦	୦	୦
୨୨	ମଣିପୁର	୨	୦	୦
୨୩	ମେଘାଳୟ	୨	୦	୦
୨୪	ମିଜୋରାମ	୧	୦	୦
୨୫	ନାଗାଲାଣ୍ଡ	୧	୦	୦
୨୬	ସିକିମ୍	୧	୦	୦
୨୭	ତ୍ରିପୁରା	୨	୦	୦
୨୮	ଛତିଶଗଡ	୧୧	ନୂଆରାଜ୍ୟ	୧୦
୨୯	ଝାଡଖଣ୍ଡ	୧୪	ନୂଆରାଜ୍ୟ	୦୧
୩୦	ଉତ୍ତରାଞ୍ଚଳ	୦୫	ନୂଆରାଜ୍ୟ	୦୩
୩୧	ଚଣ୍ଡିଗଡ	୦୧	୦	୦
୩୨	ଦାଦ୍ରା ଆଣ୍ଡ ନଗର ହାବେଲି	୦୧	୦	୦
୩୩	ଦାମନ ଆଣ୍ଡ ଡିଉ	୦୧	୦	୦
୩୪	ଲାକ୍ଷାଦ୍ୱୀପ	୦୧	୦	୦
୩୫	ପଣ୍ଡିଚେରୀ	୦୧	୦	୦
ସମଗ୍ର		୫୪୩	୧୮୨	୧୩୮

୧୯୯୯ ଏବଂ ୨୦୦୪ରେ ପ୍ରମୁଖ ନିର୍ବାଚନ ମଣ୍ଡଳୀ ଗୁଡିକରେ ଏନ୍‌ଡିଏର ପ୍ରଦର୍ଶନ

ଦଳ	୧୯୯୯ରେ ଲୋକସଭା ଆସନ ସଂଖ୍ୟା	୨୦୦୪ରେ ଲୋକସଭା ଆସନ ସଂଖ୍ୟା
ଭାରତୀୟ ଜନତା ପାର୍ଟି	୧୮୨	୧୩୮
ତେଲଗୁ ଦେଶମ ପାର୍ଟି	୨୯	୦୫
ଶିବସେନା	୧୫	୧୨
ଡିଏମ୍‌କେ	୧୨	୧୬ (ୟୁପିଏ ରେ ସାମିଲ)
ବିଜୁ ଜନତା ଦଳ	୧୦	୧୧

ତୃଣମୂଳ କଂଗ୍ରେସ		୮	୨
ଇଣ୍ଡିଆନ ନେସନାଲ ଲୋକଦଳ		୫	୦
ପତଲି ମକଲ କଚି		୫	୬ (ୟୁପିଏରେ ସାମିଲ)
ଜମ୍ମୁ କଶ୍ମୀର ନେସନାଲ କନଫରେନ୍ସ		୪	କୌଣସି ମେଣ୍ଟରେ ସାମିଲ ନୁହଁ
ଏମ୍‌ଡିଏମକେ		୪	୪ (ୟୁପିଏରେ ସାମିଲ)
ଅଖିଳ ଭାରତୀୟ ଲୋକତାନ୍ତ୍ରିକ କଂଗ୍ରେସ		୨	-
ଶିରୋମଣି ଅକାଳୀ ଦଳ		୨	୮
ହିମାଚଳ ବିକାଶ କଂଗ୍ରେସ		୧	-
ମଣିପୁର ରାଜ୍ୟ କଂଗ୍ରେସ ପାର୍ଟି		୧	-
ମିଜୋ ନେସନାଲ ଫ୍ରଣ୍ଟ୍		୧	୧
ସିକିମ୍ ଡେମୋକ୍ରାଟିକ ଫ୍ରଣ୍ଟ୍		୧	କୌଣସି ମେଣ୍ଟରେ ସାମିଲ ନୁହଁ
ଏମ୍‌ଜିଆର୍ ଆନା ଡିଏମ୍‌କେ		୧	-
ନାଗାଲାଣ୍ଡ ପିପୁଲ ଫ୍ରଣ୍ଟ୍		--	୧
ନିର୍ଦ୍ଦଳୀୟ		୨	୧
ସମଗ୍ର		୩୦୬	୧୮୭

ଅନ୍ୟପକ୍ଷରେ କଂଗ୍ରେସ ଏବଂ ଏହାର ସହଯୋଗୀ ୨୦୦୪ ଲୋକସଭା ନିର୍ବାଚନରେ ୟୁପିଏ ବ୍ୟାନରରେ ୨୨୧ଟି ଆସନ ପାଇବାରେ ସକ୍ଷମ ହେଲେ ।

ୟୁପିଏର ୨୨୧ ଆସନରେ ଅଂଶୀଦାରମାନଙ୍କ ସଂଖ୍ୟା

ଦଳ	୨୦୦୪ ଲୋକସଭା ନିର୍ବାଚନରେ ଆସନ ସଂଖ୍ୟା
ଭାରତୀୟ ଜାତୀୟ କଂଗ୍ରେସ	୧୪୫
ରାଷ୍ଟ୍ରୀୟ ଜନତା ଦଳ	୨୨
ଡିଏମ୍‌କେ	୧୬
ନେସନାଲ କଂଗ୍ରେସ ପାର୍ଟି	୯
ପତଲୀ ମକଲ କଛୀ	୬
ତେଲେଙ୍ଗେନା ରାଷ୍ଟ୍ର ସମିତି	୨

ଝାଡଖଣ୍ଡ ମୁକ୍ତି ମୋର୍ଚ୍ଚା	୫
ଲୋକ ଜନଶକ୍ତି ପାର୍ଟି	୪
ଏମ୍‌ଡିଏମ୍‌କେ	୪
ଇଣ୍ଡିଆନ ୟୁନିୟନ ମୁସଲିମ ଲିଗ	୧
ରିପବ୍ଲିକ ପାର୍ଟି ଅଫ୍ ଇଣ୍ଡିଆ (ଅଠାଓଲେ)	୧
ଜମ୍ମୁ କଶ୍ମୀର ପିପୁଲ୍ସ ଡେମୋକ୍ରାଟିକ ପାର୍ଟି	୧
ନିର୍ଦ୍ଦଳୀୟ	୫
ସମଗ୍ର	୨୨୧

ୟୁପିଏର ୨୨୧ ଆସନ ବ୍ୟତୀତ କଂଗ୍ରେସ ସରକାରକୁ ବାହ୍ୟ ସମର୍ଥନ ଦେବାକୁ ୮ଟି ଦଳ ଯୋଗାଡ଼ କରିପାରିଲା। ସିପିଆଇ(ଏମ୍) – ୪୩ଟି ଆସନ, ସମାଜବାଦୀ ପାର୍ଟି – ୩୬ଟି ଆସନ, ବହୁଜନ ସମାଜ ପାର୍ଟି – ୧୯ଟି ଆସନ, ସିପିଆଇ – ୧୦ଟି ଆସନ ଏବଂ ଅଲ୍ ଇଣ୍ଡିଆ ଫରୱାର୍ଡ ବ୍ଲକ, ରିଭୋଲ୍ୟୁସନାରୀ ସୋସିଆଲ ପାର୍ଟି, ରାଷ୍ଟ୍ରୀୟ ଲୋକ ଦଳ ତଥା ଜନତା ଦଳ (ସିକ୍ୟୁଲାର) ପ୍ରତ୍ୟେକ ତିନୋଟି ଲେଖାଏ ଆସନ ସହ ସରକାରକୁ ବାହ୍ୟ ସମର୍ଥନ ଦେଉଥିଲେ। ଏହିସବୁ ଦଳ ମିଶି ୧୨୦ଟି ଆସନ ସହ ୟୁପିଏର ୨୨୧ ସଂଖ୍ୟାର ସରକାରକୁ ବାହାରୁ ସମର୍ଥନ ଦେଲେ।

ଯଦିଓ ତୁଳନାତ୍ମକ ଭାବରେ ୨୦୦୪ ନିର୍ବାଚନରେ ବିଜେପି କଂଗ୍ରେସଠାରୁ ମାତ୍ର ୭ଟି ଆସନ କମ୍ ପାଇଥିଲା, ଲୋକସଭା ନିର୍ବାଚନର ଫଳ କିନ୍ତୁ ଏନ୍‌ଡିଏ ସରକାର ପାଇଁ ଦାରୁଣ ଆଘାତ ଥିଲା। ୧୯୮୪ରୁ ୨ଟି ଆସନ ସହ ୧୯୯୯ରେ ୧୮୨ ଆସନ ପର୍ଯ୍ୟନ୍ତ ବିଜେପିର ଊର୍ଦ୍ଧ୍ୱଗତି ବନ୍ଦ ହୋଇଗଲା। ଅଧିକନ୍ତୁ ୧୯୯୬ରୁ ସଂସଦର ଲୋକସଭାରେ ଏକକ ସର୍ବବୃହତ୍ ଦଳର ମାନ୍ୟତା ମଧ୍ୟ ବିଜେପି ପାଖରେ ରହିଲା ନାହିଁ। ବିଜେପି ନମ୍ରତାର ସହ ଲୋକଙ୍କ ନିର୍ଣ୍ଣୟକୁ ଗ୍ରହଣ କଲା ଏବଂ ଦେଶର ଇଚ୍ଛାକୁ ସମ୍ମାନ ଜଣାଇ ସକାରାତ୍ମକ ବିରୋଧୀ ଦଳର ଭୂମିକାରେ ରହିବାକୁ ନିଷ୍ପତ୍ତି ନେଲା। ତେବେ, ଏଥିରେ କୌଣସି ସନ୍ଦେହ ନାହିଁ ଯେ ଜନାଦେଶ 'ସବୁଠୁ ଖଣ୍ଡବିଖଣ୍ଡିତ ଏବଂ ଭୁଲ୍ ନିର୍ଣ୍ଣୟ' ଥିଲା ଏବଂ କଂଗ୍ରେସ ଦ୍ୱାରା କରାଯାଇଥିବା ଗଠବନ୍ଧନ 'ସୁବିଧାବାଦ'ର ଏକ ପ୍ରକୃଷ୍ଟ ଉଦାହରଣ ଥିଲା।[୩୯୭]

ଏହି ସମୟରେ ଅନେକ କାରଣରୁ ଏନ୍‌ଡିଏ କ୍ଷତିଗ୍ରସ୍ତ ହୋଇଥିଲା। ବିଜେପିର ନିଜସ୍ୱ ପାର୍ଟି ଦସ୍ତାବିଜ 'ବିଜେପିର ବିବର୍ତ୍ତନ' ନିମ୍ନଲିଖିତ ମୁଖ୍ୟ କାରଣଗୁଡିକୁ ତାଲିକାଭୁକ୍ତ କରିଛି।

୧. ଉତ୍ତମ ଶାସନ ସମାନ ପ୍ରଭାବ ସୃଷ୍ଟି କରି ନ ଥିଲା ଏବଂ ଏନ୍‌ଡିଏ 'ବଡ଼ ଚିତ୍ର' ଉପରେ ଧ୍ୟାନଦେଇ ହୁଏତ କିଛି ବିବରଣୀ ହରାଇ ଥାଇପାରେ।

୨. ଦ୍ରୁତ ପରିବର୍ତ୍ତନର ମାନବ ମୂଲ୍ୟ ପାଇଁ ଏହା ଯଥେଷ୍ଟ ଧ୍ୟାନ ଦେଇ ନ ଥାଇପାରେ : ଏହିପରି ଉଭୟ ବୈଷୟିକ ଏବଂ ବଜାରର ଅଗ୍ରଗତି ଦ୍ୱାରା ଅଭିଭୂତ ସମ୍ପ୍ରଦାୟକୁ ପର୍ଯ୍ୟାପ୍ତ ଆରାମ ମିଳି ନ ଥାଇପାରେ।

୩. ପରିବର୍ତ୍ତନର ଶିଖରକୁ ଉଠିଲାବେଳେ, ଯେଉଁ ଲୋକେ ଏ ପରିବର୍ତ୍ତନରୁ ନିଜକୁ ଅଲଗା ରଖିଥିବେ, ସରକାର ହୁଏତ ତାଙ୍କୁ ଅସନ୍ତୁଷ୍ଟ କରିଥିବେ ଏବଂ ଏହିପରି ଲୋକମାନେ 'ଭାରତ ଉଜ୍ଜ୍ୱଳ ହେଉଛି' ଧାରଣା ଦ୍ୱାରା ପ୍ରଭାବିତ ହୋଇ ନ ଥିବେ।

୪. କେନ୍ଦ୍ରରେ ବିଜେପିର ଉତ୍ଥାନ ଅନେକ ଆଶା ସୃଷ୍ଟି କରିଥିଲା ଏବଂ ଅଯୋଧ୍ୟାରେ ରାମ ମନ୍ଦିର ନିର୍ମାଣ ଭଳି କେତେକ ଅତ୍ୟନ୍ତ ଭାବପ୍ରବଣ ବିଷୟରେ ଆଶା ସଞ୍ଚାର ହୋଇଥିଲା। ବିଜେପି ଏ ମଧ୍ୟରୁ କିଛି ଆଶା ପୂରଣରେ ସମର୍ଥ ହେଲା ନାହିଁ।

୫. ବିଜେପି ଏହାର କର୍ମୀମାନଙ୍କୁ ଯଥେଷ୍ଟ ଏବଂ ସମାନ ଭାବରେ ଆଧାର ସ୍ତରରେ ଆନ୍ଦୋଳିତ କରିବାରେ ବିଫଳ ହେଲା।

ପ୍ରଥମେ ବାଜପେୟୀ ଏବଂ ପରେ ଆଡଭାନୀଙ୍କ ଦୀର୍ଘଦିନର ସହଯୋଗୀ ସୁଧୀନ୍ଦ୍ର କୁଲକର୍ଣ୍ଣି ଆଉ ଦୁଇଟି କାରଣ ଯୋଡ଼ିଛନ୍ତି। ୨୦୦୪ରେ ବିଜେପି ହାରିବାର ଦୁଇଟି ପ୍ରମୁଖ କାରଣ ହେଲା : ୨୦୦୨ ଗୁଜରାଟରେ ଘଟିଥିବା ସାମ୍ପ୍ରଦାୟିକ ହିଂସା (ଯାହା ଶାସକ ଦଳ ବିରୁଦ୍ଧରେ ମୁସଲମାନଙ୍କ ଏକୀକରଣରେ ସହାୟକ ହୋଇଥିଲା) ଏବଂ ବାଜପେୟୀଙ୍କ ସହ ସଂଘର କଠୋରପନ୍ଥୀମାନଙ୍କର ମୋହଭଙ୍ଗ। ସେ ଆହୁରି ମଧ୍ୟ ଯୋଡ଼ିଛନ୍ତି, 'ମୋର ଏଥିରେ କୌଣସି ସନ୍ଦେହ ନାହିଁ ଯେ ବାଜପେୟୀ ଯଦି ୨୦୦୪ରେ ଏକ ନୂତନ ଜନାଦେଶ ପାଇ ଆସିଥାନ୍ତେ, ତେବେ ପାକିସ୍ତାନ ସହ କଶ୍ମୀର ଉପରେ ଥିବା ବିବାଦର ନିଶ୍ଚିତ ସମାଧାନ ହୋଇଥାନ୍ତା।[୩୯]' ଏହା ସହିତ ନିର୍ବାଚନର ଫଳାଫଳ ପରେ ଦଳ ଅଧ୍ୟକ୍ଷ ଦାୟିତ୍ୱ ନେଇଥିବା ଆଡଭାନୀ ମଧ୍ୟ ପରାଜୟର ବିଶ୍ଳେଷଣ କରି ନିଜ ମତ ରଖି କହିଲେ ଯେ ଏହି ପରାଜୟ ପାଇଁ କୌଣସି ଗୋଟିଏ କାରଣ ଦାୟୀ ନୁହେଁ, ବରଂ ବିରୋଧୀଙ୍କ ନକାରାତ୍ମକ ପ୍ରଚାର ଏନ୍‌ଡିଏର ସକାରାତ୍ମକ ପ୍ରଚାର ଉପରେ ପ୍ରଭାବ ପକାଇଲା। କିନ୍ତୁ ମିଳିତ ମଞ୍ଚ ପରିଚାଳନାରେ ଦଳର ବିଫଳତା

ଏବଂ ଅନୁପଯୁକ୍ତ ଅଭିଯାନରେ ବ୍ୟବହୃତ ବାକ୍ୟାଂଶ 'ଭାରତ ଉଜ୍ଜ୍ୱଳ ହେଉଛି'କୁ ଦାୟୀ କରିଥିଲେ ଏବଂ କହିଥିଲେ ଯେ ଏହା ହିଁ ବିରୋଧୀଙ୍କୁ ଏନ୍‌ଡିଏ ବିରୋଧରେ ପ୍ରଚାର କରିବାର ସୁଯୋଗ ଦେଲା। ଗ୍ରେ ୱାଲର୍ଡ ୱାଇଡ୍'ର ପ୍ରତାପ ସୁଥାନ, ଯିଏ 'ଭାରତ ଉଜ୍ଜ୍ୱଳ ହେଉଛି ବାକ୍ୟାଂଶ ସୃଷ୍ଟି କରିଥିଲେ, କହିଥିଲେ ଯେ ଏହା ବିଦେଶୀ ନିବେଶକାରୀଙ୍କୁ ଆକୃଷ୍ଟ କରିବାକୁ ସରକାରଙ୍କ କୌଶଳ ପାଇଁ ନିର୍ମାଣ କରାଯାଇଥିଲା। ବିଜେପିର ରାଜନୈତିକ ମାଲିକମାନେ ଏହାକୁ ରାଜନୈତିକ ପ୍ରଚାର ରୂପେ ବ୍ୟବହାର କଲେ, ଯାହାପାଇଁ ଏହା ଆଦୌ ଉଦ୍ଦିଷ୍ଟ ନ ଥିଲା। ତେଣୁ ଭୁଲ୍ କିମ୍ବା ଅନୁପଯୁକ୍ତ କାରଣ ପାଇଁ ବ୍ୟବହୃତ ହୋଇଥିବା ଏହା ଏକ ଭଲ ଅଭିଯାନ ଥିଲା।[୩୯୯]

୨୦୦୨ ପରେ ରାଜ୍ୟ ବିଧାନସଭା ନିର୍ବାଚନଗୁଡିକରେ ବିଜେପିର ମିଶ୍ରିତ ପ୍ରଦର୍ଶନ

ଏନ୍‌ଡିଏ ସରକାର ଶୀର୍ଷରେ ଥିବାବେଳେ ୨୦୦୨ ରୁ ୨୦୦୪ ମସିହା ମଧ୍ୟରେ ବିଜେପି ରାଜ୍ୟ ବିଧାନସଭା ନିର୍ବାଚନଗୁଡିକରେ ମିଶ୍ରିତ ଫଳ ମିଳିଥିଲା। ବହୁ ସଂଘର୍ଷ ପରେ ଦଳ ୨୦୦୫ରେ ବିହାର ଓ ଝାଡ଼ଖଣ୍ଡରେ କ୍ଷମତାକୁ ଆସିପାରିଲା। ୨୦୦୪ରୁ ଦଳ ଏହାର ନିର୍ବାଚନ ଫଳରେ ଅବନତି ଦେଖିଲା।

୨୦୦୨ରେ ବିଜେପି ଗୋଆରେ ସରକାର ଗଠନ କଲା ଏବଂ ୨୦୦୨ ଦଙ୍ଗାରେ ନିଷ୍କ୍ରିୟତାର ଅଭିଯୋଗ ପ୍ରେକ୍ଷାପଟ୍ଟରେ ମଧ୍ୟ ଗୁଜରାଟରେ କ୍ଷମତାକୁ ଫେରିଲା। ତେବେ ଦଳର ପ୍ରଦର୍ଶନ ଜମ୍ମୁ କଶ୍ମୀର (ଆସନ), ଉତ୍ତରାଞ୍ଚଳ (ରାଜ୍ୟ ପୁନର୍ଗଠନ) ପରେ ପ୍ରଥମ ନିର୍ବାଚନ : ବିଜେପି ୧୯ ଏବଂ କଂଗ୍ରେସ ୩୬) । ଉତ୍ତରପ୍ରଦେଶ (୧୯୯୬ରେ ୧୭୪ ଆସନ ଥିଲାବେଳେ ମାତ୍ର ୮୮ଟି), ପଞ୍ଜାବ (ବିଜେପି-୩ ଓ ଶିରୋମଣି ଅକାଳୀ ଦଳ ୪୧, ୧୯୯୭ରେ ଏହି ସଂଖ୍ୟା ୧୮ ଓ ୭୫ ଥିଲା) ଏବଂ ମଣିପୁର (୪ଟି ଆସନ) ଆଦି ରାଜ୍ୟରେ ଆଦୌ ଭଲ ନ ଥିଲା।

୨୦୦୩ରେ ଦଳ ପ୍ରଥମ ଥର ପାଇଁ ନୂତନ ଗଠିତ ରାଜ୍ୟ ଛତିଶଗଡରେ ସରକାର ଗଠନ କଲା, ମଧ୍ୟପ୍ରଦେଶରେ ୧୦ ବର୍ଷର ପୁରୁଣା କଂଗ୍ରେସ ସରକାରକୁ ଗାଦିଚ୍ୟୁତ କଲା ଏବଂ ରାଜସ୍ଥାନରେ ପୂର୍ଣ୍ଣ ବହୁମତ ପାଇଲା। ଅନ୍ୟ ରାଜ୍ୟଗୁଡିକରେ ଦଳର ପ୍ରଦର୍ଶନ ଆଶାଜନକ ନ ଥିଲା। ହିମାଚଳ ପ୍ରଦେଶରେ ଦଳ ୧୬ଟି ଆସନ ପାଇଲା (୧୯୯୮ -୩୧), ନାଗାଲାଣ୍ଡରେ

୭ଟି, ମେଘାଳୟରେ ମାତ୍ର ୨ଟି ଏବଂ ତ୍ରିପୁରା ଓ ମିଜୋରାମରେ ଗୋଟିଏ ହେଲେ ଆସନ ପାଇଲା ନାହିଁ।

୨୦୦୪ରେ କର୍ଣ୍ଣାଟକରେ ବିଜେପିର ଆସନ ସଂଖ୍ୟା ବୃଦ୍ଧି ପାଇଲା। ଦଳ ଏଠାରେ ୧୯୯୯ର ୪୪ଟି ଆସନ ସ୍ଥାନରେ ୭୯ଟି ଆସନ ପାଇଲା ଏବଂ ଅରୁଣାଚଳ ପ୍ରଦେଶରେ ମଧ୍ୟ ଦଳ ପୂର୍ବ ନିର୍ବାଚନରେ ଗୋଟିଏ ଆସନ ପାଇ ନ ଥିବାବେଳେ ଏଥର ୯ଟି ପାଇଲା। ମହାରାଷ୍ଟ୍ରରେ ଦଳ ପୂର୍ବ ନିର୍ବାଚନ ତୁଳନାରେ ୨ଟି କମ୍ ଅର୍ଥାତ୍ ୫୪ଟି ଆସନ (୧୯୯୬-୫୬) ପାଇଲା ବେଳେ ସମସ୍ତଙ୍କୁ ଆଶ୍ଚର୍ଯ୍ୟ କରି ଏନ୍‌ସିପି ଓ କଂଗ୍ରେସ ମେଣ୍ଟ ନିଜର ଶାସନ ସଂଖ୍ୟାରେ ବୃଦ୍ଧି କଲେ। ବିଜେପିର ସହଯୋଗୀ ଶିବସେନା ୧୯୯୯ରେ ୬୯ ତୁଳନାରେ ୭ଟି କମ୍ ଅର୍ଥାତ୍ ୬୨ଟି ଆସନ ପାଇଲା। ଓଡିଶାରେ ଦଳ ବିଜୁ ଜନତା ଦଳ ସହ ମେଣ୍ଟ କରିଥିଲା ଏବଂ ମେଣ୍ଟ ପୂର୍ଣ୍ଣବହୁମତ ପାଇଲା। ଦଳ ୧୯୯୯ରେ ସିକିମ୍‌ରେ ନିର୍ବାଚନ ଲଢି ନ ଥିଲା ଏବଂ ୨୦୦୪ରେ ମଧ୍ୟ ଏଠାରେ ଗୋଟିଏ ବି ଆସନ ପାଇଲା ନାହିଁ। କର୍ଣ୍ଣାଟକରେ ବିରୋଧୀ ଦଳ ଭାବେ ବିଜେପି, ଜନତା ଦଳ (ଏସ୍) ଏବଂ ଜନତାଦଳ (ୟୁ) କଂଗ୍ରେସ ବିରୋଧରେ ଲଢିଥିଲେ। ନିର୍ବାଚନ ପରେ ବିଜେପି ଏକକ ସଂଖ୍ୟାଗରିଷ୍ଠ ଦଳଭାବେ ୭୯ଟି ଆସନ ପାଇଲା କିନ୍ତୁ ବିଜେପିକୁ କ୍ଷମତା ବାହାରେ ରଖିବାକୁ କଂଗ୍ରେସ (୬୫ଟି ଆସନ) ଏବଂ ଜନତାଦଳ ୫୫ଟି ଆସନ ସହ ମେଣ୍ଟ କରି ସରକାର ଗଢିଲେ। ୨୦୧୮ରେ ଯେତେବେଳେ ଦୁଇ ଶତ୍ରୁ କଂଗ୍ରେସ (୮୦ଟି ଆସନ) ଏବଂ ଜନତା ଦଳ (ଏସ୍) ୩୪ ଆସନ ସହ ଏକାଠି ମେଣ୍ଟ କରି କର୍ଣ୍ଣାଟକରେ ବିଜେପିକୁ କ୍ଷମତାର ବାହାର ରଖିଲେ, ସେତେବେଳେ ଇତିହାସର ପୁନରାବୃତ୍ତି ଘଟିଲା, ଯଦିଓ ୧୦୪ ଆସନ ସହ ବିଜେପି ଏକକ ସଂଖ୍ୟାଗରିଷ୍ଠ ଦଳ ଥିଲା।

୨୦୦୫ରେ ଯଦିଓ ଏନ୍‌ଡିଏ କେନ୍ଦ୍ରରେ କ୍ଷମତା ହରାଇଥିଲା, ଏହା ବିହାର ଓ ଝାଡ଼ଖଣ୍ଡ ରାଜ୍ୟରେ ଭଲ ପ୍ରଦର୍ଶନ କରି ସରକାର ଗଢିଲା ଏବଂ ହରିଆଣାରେ କଂଗ୍ରେସ ଜିତିଲା। ବିହାର ଓ ଝାଡ଼ଖଣ୍ଡରେ ବିଜୟ କିନ୍ତୁ ଏତେ ସହଜ ନ ଥିଲା, ଯେହେତୁ କଂଗ୍ରେସ କ୍ଷମତା ପାଇବାକୁ ନିଜର ବାଜେ କୌଶଳ ସବୁ ଆପଣାଇଥିଲା।

୨୦୦୨ରୁ ୨୦୦୪ ମଧ୍ୟରେ ରାଜ୍ୟ ବିଧାନସଭା ନିର୍ବାଚନ ଗୁଡିକରେ ବିଜେପିର ପ୍ରଦର୍ଶନ

	ରାଜ୍ୟ / କେନ୍ଦ୍ର ଶାସିତ ଅଞ୍ଚଳ	ବର୍ଷ	ଭୋଟ ପ୍ରତିଶତ	ମୋଟ ଆସନ ସଂଖ୍ୟା	ଲଢ଼ିଥିବା ଆସନ ସଂଖ୍ୟା	ଜିତିଥିବା ଆସନ ସଂଖ୍ୟା	
୧	ଗୋଆ	୨୦୦୨	୬୮.୭୬	୪୦	୩୯	୧୭	କ୍ଷମତାକୁ ଆସିଲା
୨	ଗୁଜରାଟ	୨୦୦୨	୬୧.୫୪	୧୮୨	୧୮୨	୧୨୭	କ୍ଷମତାକୁ ଆସିଲା
୩	ଜମ୍ମୁ କଶ୍ମୀର	୨୦୦୨	୪୩.୭୦	୮୭	୫୮	୧	-
୪	ମଣିପୁର	୨୦୦୨	୯୦.୨୧	୬୦	୪୬	୪	-
୫	ପଞ୍ଜାବ	୨୦୦୨	୬୫.୧୪	୧୧୭	୨୩	୩	ହାରିଲା
					(ଶି.ଅ.ଦ.୯୨)	(ଶି.ଅ.ଦ.୪୧)	
୬	ଉତ୍ତରପ୍ରଦେଶ	୨୦୦୨	୫୩.୮୦	୪୦୨	୩୨୦	୮୮	ବୃହତ୍ ଦଳ ହୋଇ ରହିଲା ନାହିଁ
୭	ଉତ୍ତରାଞ୍ଚଳ	୨୦୦୨	୫୪.୩୪	୭୦	୬୯	୧୯	ହାରିଲା
୮	ଛତିଶଗଡ	୨୦୦୩	୭୧.୩୦	୯୦	୯୦	୫୦	କ୍ଷମତାକୁ ଆସିଲା
୯	ଦିଲ୍ଲୀ	୨୦୦୩	୫୩.୩୯	୭୦	୭୦	୨୦	-
୧୦	ହିମାଚଳ ପ୍ରଦେଶ	୨୦୦୩	୭୪.୫୧	୬୮	୬୮	୧୬	ହାରିଲା
୧୧	ମଧ୍ୟପ୍ରଦେଶ	୨୦୦୩	୬୭.୪୦	୨୩୦	୨୩୦	୧୭୩	କ୍ଷମତାକୁ ଆସିଲା
୧୨	ମେଘାଳୟ	୨୦୦୩	୭୦.୩୫	୬୦	୨୮	୨	-
୧୩	ମିଜୋରାମ	୨୦୦୩	୭୮.୬୭	୪୦	୮	୦	-
୧୪	ନାଗାଲାଣ୍ଡ	୨୦୦୩	୮୭.୮୫	୬୦	୩୮	୭	-
୧୫	ରାଜସ୍ଥାନ	୨୦୦୩	୬୭.୧୮	୨୦୦	୧୯୭	୧୨୦	କ୍ଷମତାକୁ ଆସିଲା
୧୬	ତ୍ରିପୁରା	୨୦୦୩	୭୭.୫୮	୬୦	୨୧	୦	-
୧୭	ଆନ୍ଧ୍ରପ୍ରଦେଶ	୨୦୦୪	୬୯.୯୬	୨୯୪	୨୭	୨	-
୧୮	ଅରୁଣାଚଳ ପ୍ରଦେଶ	୨୦୦୪	୭୦.୨୧	୬୦	୩୯	୯	-
୧୯	କର୍ଣ୍ଣାଟକ	୨୦୦୪	୬୫.୧୭	୨୨୪	୧୯୮	୭୯	ସଂଖ୍ୟାଗରିଷ୍ଠ ଦଳ
୨୦	ମହାରାଷ୍ଟ୍ର	୨୦୦୪	୬୩.୪୧	୨୮୮	୧୧୧ (ଶିବସେନା ୧୬୩)	୫୪ (ଶି.ସେ. ୬୨	କଂଗ୍ରେସ ଓ ଏନ୍‌ସିପି କ୍ଷମତା ବଜାୟ ରଖିଲେ
୨୧	ଓଡ଼ିଶା	୨୦୦୪	୬୬.୦୫	୧୪୭	୬୩ (ବିଜେଡି-୮୪)	୩୨ (ବିଜେଡି-୬୧)	ବିଜେଡି ଓ ବିଜେପି କ୍ଷମତା ବଜାୟ ରଖିଲେ

୨୨	ସିକିମ୍	୨୦୦୪	୭୯.୨୩	୩୨	୪	୦	-
୨୩	ବିହାର	୨୦୦୫	୪୬.୮୭	୨୪୩	୧୦୨ (ଜେଡିୟୁ ୧୩୯)	୫୫ (ଜେଡିୟୁ ୮୮)	ଜେଡିୟୁ-ବିଜେପି କ୍ଷମତାକୁ ଆସିଲେ
୨୪	ହରିଆଣା	୨୦୦୫	୭୧.୯୬	୯୦	୯୦	୨	-
୨୫	ଝାଡଖଣ୍ଡ	୨୦୦୫	୫୭.୦୩	୮୧	୬୩ (ଜେଡିୟୁ ୧୮)	୩୦ (ଜେଡିୟୁ ୬)	ଜେଡିୟୁ-ବିଜେପି କ୍ଷମତାକୁ ଆସିଲେ

ପୂର୍ବରୁ ୨୦୦୪ ଫେବୃଆରୀ ମାସରେ ଅନୁଷ୍ଠିତ ହୋଇଥିବା ବିଧାନସଭା ନିର୍ବାଚନ ହେଇଥିବାବେଳେ କୌଣସି ଦଳ ସରକାର ଗଢ଼ିବାକୁ ସମର୍ଥ ନ ହେବାରୁ ୨୦୦୫ ନଭେମ୍ବରରେ ବିହାରରେ ପୁନର୍ବାର ବିଧାନସଭା ନିର୍ବାଚନ ଅନୁଷ୍ଠିତ ହେଲା। ଏହି ପୂର୍ବ ନିର୍ବାଚନରେ ରାଷ୍ଟ୍ରୀୟ ଜନତା ଦଳ ସବୁଠୁ ଅଧିକ ଆସନ (୭୫), ପାଇଥିବାବେଳେ ଜନତା ଦଳ (ୟୁନାଇଟେଡ୍ ୫୫ଟି), ବିଜେପି ୩୫ଟି, ଲୋକ ଜନଶକ୍ତି ୨୯ଟି ଏବଂ କଂଗ୍ରେସ ୧୦ଟି ଆସନ ପାଇଥିଲେ।

ପରାଜୟ ପରେ ଦଳର ନେତୃତ୍ୱରେ ପରିବର୍ତ୍ତନ ହେଲା। ତତ୍କାଳୀନ ଦଳ ଅଧ୍ୟକ୍ଷ ଭେଙ୍କୟା ନାଇଡୁ ୨୦୦୪ ଅକ୍ଟୋବରରେ ନିଜ ପଦରୁ ଇସ୍ତଫା ଦେଲେ। ଆଡଭାନୀ ଦଳର ଅଧ୍ୟକ୍ଷ ପଦ ଗ୍ରହଣ କଲେ।

ଜୁନ୍ ୨୦୦୫ରେ ଆଡଭାନୀ ନିଜ ପରିବାର ସହ ପାକିସ୍ତାନ ଭ୍ରମଣରେ ଗଲେ ଏବଂ ପାକିସ୍ତାନର ପ୍ରତିଷ୍ଠାତା ମହମ୍ମଦ ଅଲ୍ଲି ଜିନ୍ନାଙ୍କୁ 'ଧର୍ମନିରପେକ୍ଷ' ଏବଂ 'ମହାନ୍ ନେତା' କହି ସମ୍ବୋଧନ କଲେ। ଜିନ୍ନାଙ୍କ କବରରେ ଥିବା ଏକ ପୁସ୍ତିକାରେ ଆଡଭାନୀ ଲେଖିଲେ :

ତାଙ୍କ ଯୁବା ବୟସରେ ଭାରତୀୟ ସ୍ୱାଧୀନତା ସଂଗ୍ରାମର ଜଣେ ପ୍ରମୁଖ ନେତୃତ୍ୱ ସରୋଜିନୀ ନାଇଡୁ ଜିନାଙ୍କୁ ହିନ୍ଦୁ ମୁସଲିମ୍ ଏକତାର ରାଷ୍ଟ୍ରଦୂତ ବୋଲି ବର୍ଣ୍ଣନା କରିଥିଲେ। ୧୧ ଅଗଷ୍ଟ ୧୯୪୭ରେ ପାକିସ୍ତାନର ସମ୍ବିଧାନ ସଭାରେ ତାଙ୍କ ଉଦ୍‌ବୋଧନ ପ୍ରକୃତରେ ଅତି ଉତ୍ତମ ଥିଲା, ଏକ ବଳଶାଳୀ ଗୁପ୍ତଚର, ଏକ ଧର୍ମ ନିରପେକ୍ଷ ଦେଶରେ ଯେତେବେଳେ ସବୁ ନାଗରିକ ନିଜ ଧର୍ମୀୟ ଆଚରଣ ମୁକ୍ତ ଭାବରେ କରିପାରିବେ ଏବଂ ରାଷ୍ଟ୍ର ଲୋକଙ୍କ ବିଶ୍ୱାସକୁ ନେଇ ସେମାନଙ୍କ ମଧ୍ୟରେ ଭେଦଭାବ କରିବ ନାହିଁ - ଏହିପରି ଭାବୁଥିବା ଜଣେ ମହାନ ବ୍ୟକ୍ତିଙ୍କୁ ମୋର ସସମ୍ମାନ ଶ୍ରଦ୍ଧାଞ୍ଜଳି।[୪୦୦]

ବୁଝିହେଉଥିବା ପରି ଏ ଘଟଣା ଭାରତରେ ବହୁତ ସମସ୍ୟା ସୃଷ୍ଟି କଲା ଏବଂ ଆରଏସଏସ୍ ଓ ବିଶ୍ୱ ହିନ୍ଦୁ ପରିଷଦ ପରି ସଂସ୍ଥାମାନେ ଆଦୌ ଖୁସୀ ନ ଥିଲେ। ସେ ତାଙ୍କର ପାକିସ୍ତାନର ବକ୍ତବ୍ୟକୁ ସମୀକ୍ଷା କରନ୍ତୁ ବୋଲି ଆରଏସଏସ ଦାବି କଲା। ଆଡଭାନୀ ତତ୍କ୍ଷଣାତ ନିଜ ଇସ୍ତଫା ଦେବାକୁ ଚାହିଁଲେ, ସାମ୍ବାଦିକ ନିନା ବ୍ୟାସ 'ଦି ହିନ୍ଦୁ'ରେ ଲେଖିଲେ : ଯେହେତୁ ସେ ନିଶ୍ଚିତ ଥିଲେ ଯେ ତାଙ୍କ ଇସ୍ତଫା ଗ୍ରହଣ କରାଯିବ। ନେତୃତ୍ୱ ପରିବର୍ତ୍ତନ ଉପରେ ଧ୍ୟାନ କେନ୍ଦ୍ରୀତ କରାଗଲା, ଯେଉଁ ସମସ୍ୟା ରାଷ୍ଟ୍ରୀୟ ସ୍ୱୟଂ ସେବକ ସଂଘର ମୁଖ୍ୟ କେ. ସୁଦର୍ଶନଙ୍କ ଦ୍ୱାରା କିଛି ମାସ ପୂର୍ବରୁ ଉତ୍ଥାପନ କରି କୁହାଯାଇଥିଲା ଯେ ବିଜେପିର ବୟସ୍କ ନେତୃତ୍ୱ ଆଗାମୀ ପିଢ଼ିର ନେତୃତ୍ୱଙ୍କ ପାଇଁ ରାସ୍ତା ଛାଡିଦେବା ଉଚିତ। ସଂଘ ପରିବାର ସହ ଏକମତ ହୋଇ ଦଳର ନେତୃତ୍ୱ କିଏ ନେବେ ତାହା ସ୍ଥିର କରିବା ବିଜେପି ସମ୍ମୁଖରେ ବର୍ତ୍ତମାନ ଏକ ଜରୁରୀ କାମ ଥିଲା।[୪୦୧]

ଉତ୍ତର ପ୍ରଦେଶର ପୂର୍ବତନ ମୁଖ୍ୟମନ୍ତ୍ରୀ ରାଜନାଥ ସିଂ ୧ ଜାନୁଆରୀ ୨୦୦୬ରେ ଆଡଭାନୀଙ୍କ ସ୍ଥାନରେ ଦଳର ଅଧ୍ୟକ୍ଷ ହେଲେ ଏବଂ ୨୬ ନଭେମ୍ବର ୨୦୦୬ରେ ତାଙ୍କ କାର୍ଯ୍ୟକାଳ ସାରିଲେ। ରାଜନାଥ ୨୬ ନଭେମ୍ବର ୨୦୦୬ରେ ପୁନର୍ନିର୍ବାଚିତ ହେଲେ ଏବଂ ୧୯ ଡିସେମ୍ବର ୨୦୦୯ ଯାଏ ଅଧ୍ୟକ୍ଷ ରହିଲେ। ରାଜନୈତିକ ବିଶ୍ଳେଷଣକାରୀମାନେ ତାଙ୍କ ନିଯୁକ୍ତିକୁ ନେଇ ଭିନ୍ନ ମତ ରଖନ୍ତି। ଆରଏସଏସର ପୂର୍ବ ପସନ୍ଦ ଆଡଭାନୀ ସଂଘର ଯୋଜନା ଅନୁଯାୟୀ କାମ ନ କରିଥିବାରୁ ରାଜନାଥ ସିଂଙ୍କୁ ଆରଏଏସଏସର ଆଶୀର୍ବାଦରୁ ଦଳୀୟ ଅଧ୍ୟକ୍ଷ ପଦ ମିଳିଥିଲା ବୋଲି କୁହାଯାଏ। ଯଦିଓ ରାଜନାଥ ସିଂଙ୍କର କୌଣସି ପ୍ରଭାବଶାଳୀ ରେକର୍ଡ ନ ଥିଲା, ତେବେ ଏହି ମିଷ୍ଟଭାଷୀ, ନିରୀହ ବ୍ୟବହାର ଏବଂ ଅନୁଭବୀ ମଣିଷ ପାଖରେ କେହି କିଛି ବଡ ଦୋଷ ଖୋଜି ପାଇ ନ ଥିଲେ। ଯଦିଓ ରାଜନାଥ ସିଂ ଆରଏସଏସର ନିକଟତର ଥିଲେ, ସିଂଙ୍କର ସ୍ୱଚ୍ଛ ପ୍ରତିଛବି ଯୋଗୁ ଆଡଭାନୀ ମଧ୍ୟ ତାଙ୍କ ନାମକୁ ବିରୋଧ କରିପାରି ନ ଥିଲେ ବୋଲି 'ଇଣ୍ଡିଆ ଟୁଡେ'ର ଏକ ରିପୋର୍ଟ, ସିଂଙ୍କର ୨୦୦୬ ପ୍ରଥମ ନିଯୁକ୍ତି କଥା କହି କୁହେ।[୪୦୨] ରାଜନାଥଙ୍କ ନିଯୁକ୍ତି ଏକ ମନ୍ଥର ସାଙ୍ଗଠନିକ ପଦକ୍ଷେପ ଗ୍ରହଣ କରିବ ବୋଲି ଅନୁମାନ କରାଯାଉଥିଲା, ଯାହା ସମୟକ୍ରମେ ବିଜେପିକୁ ଏକ 'ଆଦର୍ଶବାଦୀ' ଦଳ ଭାବରେ ପୁଣି କାର୍ଯ୍ୟ ଆରମ୍ଭ କରିବାରେ ସହାୟକ ହେବ ବୋଲି ଦାସଗୁପ୍ତା ତାଙ୍କ 'ସେମିନାର' ପ୍ରବନ୍ଧରେ କହିଛନ୍ତି:[୪୦୩]।

୨୦୦୬ରେ ଆସାମ, ତାମିଲନାଡୁ, ପଶ୍ଚିମବଙ୍ଗ, କେରଳ ଓ ପୁଡୁଚେରୀରେ ବିଧାନସଭା ନିର୍ବାଚନକୁ ରାଜନାଥ ସିଂ ତାଙ୍କ କାର୍ଯ୍ୟକାଳର ପ୍ରଥମ ଆହ୍ୱାନ ଭାବେ

ସମ୍ମୁଖୀନ ହେଲେ। ଏହି ରାଜ୍ୟଗୁଡ଼ିକ ମଧ୍ୟରୁ କୌଣସି ରାଜ୍ୟ ବିଜେପିର ଗଡ଼ ନ ଥିଲା, କିନ୍ତୁ ଏ ନିର୍ବାଚନରେ ଦଳ ନିଜର ଉପସ୍ଥିତି ମଧ୍ୟ ଅନୁଭବ କରାଇବାରେ ବିଫଳ ହେଲା। ରାଜନାଥ ସିଂଙ୍କ ଅଧ୍ୟକ୍ଷତାରେ ଦଳ ନିଜର ପ୍ରଥମ ପ୍ରମୁଖ ବିଜୟ ୨୦୦୭ରେ ପାଇଲା, ଯେବେ ଉତ୍ତରାଖଣ୍ଡରେ ଏହା କଂଗ୍ରେସ ସରକାରକୁ ସ୍ଥାନାନ୍ତରିତ କଲା, ଗୁଜରାଟରେ କ୍ଷମତା ବଜାୟ ରଖିଲା ଏବଂ ପଞ୍ଜାବରେ ଅକାଳୀ ଦଳ ସହ ମିଶି ନିର୍ବାଚନ ଜିତିଲା।

ଗୁଜରାଟ ବିଧାନସଭା ନିର୍ବାଚନ ଜିତିବା ଏକାଧିକ କାରଣରୁ ଉଲ୍ଲେଖନୀୟ ଥିଲା। ଏହା ସେହି ରାଜ୍ୟ ଯିଏ ଗୋଧ୍ରା ପରର ଦଙ୍ଗାରେ ଏକ ହଜାରରୁ ଅଧିକ ଲୋକଙ୍କ ମୃତ୍ୟୁର ସାକ୍ଷୀ ଥିଲା। ବିରୋଧୀ ଦଳର ସରକାରଙ୍କ ଉପରେ ଦଙ୍ଗା ସମୟରେ ନିଷ୍କ୍ରିୟତାର ଅଭିଯୋଗ ସତ୍ତ୍ୱେ ମୋଦି ସରକାର ୨୦୦୨ରେ ପୁନର୍ନିର୍ବାଚିତ ହୋଇଥିଲେ। ବିରୋଧୀ ଦଳ କିନ୍ତୁ ଗୁଜରାଟ ବିଜେପିକୁ ଦୋଷ ଦେବା ଜାରି ରଖିଥିଲେ। ତତ୍କାଳୀନ କଂଗ୍ରେସ ଅଧ୍ୟକ୍ଷା ସୋନିଆ ଗାନ୍ଧୀ ବିଜେପି ଏବଂ ମୋଦିଙ୍କୁ ପରୋକ୍ଷରେ 'ମୌତ୍ କା ସୌଦାଗର' ବା 'ମୃତ୍ୟୁର ବ୍ୟବସାୟୀ' ବୋଲି ୧ ଡିସେମ୍ବର ୨୦୦୭ରେ ନବାସରୀଠାରେ ନିଜ ନିର୍ବାଚନୀ ଭାଷଣରେ କହିଥିଲେ। ଏହା ସତ୍ତ୍ୱେ ମଧ୍ୟ ରାଜ୍ୟରେ ବିଜେପି ଜିତିଲା। ଏହି ବିଜୟ କିନ୍ତୁ ୨୦୦୨ର ଦଙ୍ଗାର ଦୋଷକୁ ଦଳ ଉପରୁ କାଢିବାକୁ ସମର୍ଥ ହୋଇ ନ ଥିଲା ଏବଂ କେନ୍ଦ୍ର ସ୍ତରର ଅନେକ ନେତା ୨୦୦୨ ଘଟଣାକୁ ୨୦୦୪ରେ ଏନ୍‌ଡିଏର ଲୋକସଭା ନିର୍ବାଚନ ପରାଜୟର କାରଣ ବୋଲି କହୁଥିଲେ। ୨୦୦୭ରେ ଗୁଜରାଟରେ ବିଜେପିର ବିଜୟ ଏହିପରି ଜନସାଧାରଣଙ୍କ ଭାବନାକୁ ଆକଳନ କରିବାର ଏକ ଗୁରୁତ୍ୱପୂର୍ଣ୍ଣ ଉପାୟ ହୋଇଗଲା। ଏହି ବିଜୟ – ଯାହାକୁ ଆଡଭାନୀ ଐତିହାସିକ ବୋଲି କହିଥିଲେ, ବିଜେପି ଦଳକୁ ପରବର୍ତ୍ତୀ ଲୋକସଭା ନିର୍ବାଚନ ଲଢିବାକୁ ମଜଭୁତ କରାଇଲା। 'ଗୁଜରାଟରେ ବିଜେପିର ଚମତ୍କାର ବିଜୟ ପ୍ରକୃତରେ ଏକ ପରିବର୍ତ୍ତନ ପାଲଟିଛି କାରଣ ଏହା ଆଗାମୀ ସଂସଦୀୟ ନିର୍ବାଚନରେ ଦଳର ପ୍ରତ୍ୟାବର୍ତ୍ତନର ସଂକେତ ଦେଉଛି' : – ସେତେବେଳେ ୨୦୦୯ ନିର୍ବାଚନ ପାଇଁ ଦଳର ପ୍ରଧାନମନ୍ତ୍ରୀ ପ୍ରାର୍ଥୀ ଘୋଷିତ ହୋଇଥିବା ଆଡଭାନୀ କହିଥିଲେ।[୪୦୪]

୨୦୦୭ର ସଫଳତା ପରେ ୨୦୦୮ରେ କର୍ଣ୍ଣାଟକ ବିଧାନସଭା ନିର୍ବାଚନରେ ଦଳର ଅଭୂତପୂର୍ବ ବିଜୟ ହେଲା। ୨୨୪ ଆସନ ବିଶିଷ୍ଟ ବିଧାନସଭାରେ ଦଳ ୧୧୦ଟି ଆସନ ପାଇ ୬ଜଣ ସ୍ୱାଧୀନ ସଭ୍ୟଙ୍କ ସମର୍ଥନରେ ସରକାର ଗଢିଲା। ପ୍ରଥମଥର ପାଇଁ ଦାକ୍ଷିଣାତ୍ୟରେ ଏବଂ କର୍ଣ୍ଣାଟକରେ ବିଜେପି ନିଜ

ଦଳର ସରକାର ଗଢିବାରେ ସମର୍ଥ ହୋଇଥିଲା । ୨୦୦୮ରୁ ଦଳର ବିଜୟର ଗତି ଜାରି ରହି ମଧ୍ୟପ୍ରଦେଶ (୨୩୦ ରୁ ୧୪୩) ଆସନ ଏବଂ ଛତିଶଗଡରେ (୯୦ ରୁ ୫୦) ଆସନ ପାଇ ନିଜ ବିଜୟ ଯାତ୍ରା ଜାରି ରଖିଲା । ତେବେ ଦଳ ବର୍ତ୍ତମାନ ୨୦୦୯ ଲୋକସଭା ନିର୍ବାଚନ ପାଇଁ ପ୍ରସ୍ତୁତ ହେଲା ।

୨୦୦୯ ନିର୍ବାଚନରେ ବିଜେପି ହାରିଲା

୨୦୦୪ ଲୋକସଭା ନିର୍ବାଚନର ଶୋଚନୀୟ ପରାଜୟ ପରେ ବିଜେପି ଦଳ ରାଜ୍ୟ ବିଧାନସଭା ନିର୍ବାଚନରେ ଉତ୍ତରାଖଣ୍ଡ, ଗୁଜରାଟ, ପଞ୍ଜାବ, କର୍ଣ୍ଣାଟକ, ମଧ୍ୟପ୍ରଦେଶ ଏବଂ ଛତିଶଗଡ ଆଦି ରାଜ୍ୟରେ ଜିତି ଧୀରେଧୀରେ ନିଜର ଆତ୍ମବିଶ୍ୱାସ ଫେରିପାଉଥିଲା । ପୂର୍ବତନ ଉପ-ପ୍ରଧାନମନ୍ତ୍ରୀ ଆଡଭାନୀ ଦଳର ପ୍ରଧାନମନ୍ତ୍ରୀ ପାର୍ଥୀ ରୂପେ ଘୋଷିତ ହୋଇସାରିଥିଲେ । ଗୁଜରାଟ ବିଜୟ ଏବଂ ପ୍ରଥମକରି ଦକ୍ଷିଣ ଭାରତର କର୍ଣ୍ଣାଟକରେ ସରକାର ଗଢିବା ପରେ ଦଳର ବିଶ୍ୱାସ ହୋଇଥିଲା ଯେ ୨୦୦୯ ଲୋକସଭା ନିର୍ବାଚନ ଦଳ ଜିତିପାରିବ । ରାଜନାଥ ସିଂ ପାର୍ଟିର ଅଧ୍ୟକ୍ଷ ଥିଲେ । କିନ୍ତୁ ନିର୍ବାଚନର ଫଳ ଯେବେ ଆସିଲା, ବିଜେପି ପାଇଁ ଏହା ଅତ୍ୟନ୍ତ ଆଶ୍ଚର୍ଯ୍ୟଜନକ ଥିଲା । ଆଉ ଥରେ ବିଜେପି ଏକ ଅତ୍ୟଧିକ ଆତ୍ମବିଶ୍ୱାସ ଥିବା ଦଳ ବୋଲି ଚିହ୍ନିତ ହେଲା । ଯେତେବେଳେ ବିଜେପିର ଆସନ ସଂଖ୍ୟା ଆହୁରି କମିଯାଇଥିଲା, କଂଗ୍ରେସ ନିଜର ଆସନ ସଂଖ୍ୟା ବୃଦ୍ଧି କରିପାରିଥିଲା । କଂଗ୍ରେସ ୨୦୬ ଆସନ (୨୦୦୪ ଅପେକ୍ଷା ୬୧ଟି ଅଧିକ) ପାଇଥିଲାବେଳେ ବିଜେପି ୧୧୬ (୨୦୦୪ ଅପେକ୍ଷା ୨୨ଟି କମ୍) ଆସନ ପାଇଥିଲା । ଏହିପରି ୟୁପିଏ ୨୬୨ଟି ଏବଂ ଏନ୍‌ଡିଏ ୧୫୯ଟି ଆସନ ପାଇଲେ ।

୨୦୦୯ ଲୋକସଭା ନିର୍ବାଚନରେ ୟୁପିଏ ଓ ଏନ୍‌ଡିଏ ଅନ୍ତର୍ଭୁକ୍ତ ବିଭିନ୍ନ ଦଳର ଆସନ ସଂଖ୍ୟା

ୟୁନାଇଟେଡ ପ୍ରୋଗ୍ରେସିଭ ଆଲିଆନ୍ସ (ୟୁପିଏ)	**୨୬୨**
ଭାରତୀୟ ଜାତୀୟ କଂଗ୍ରେସ	୨୦୬
ସର୍ବଭାରତୀୟ ତୃଣମୂଳ କଂଗ୍ରେସ	୧୯
ଦ୍ରାବିଡ ମୁନେତ୍ର କଝଗମ (ଡିଏମ୍‌କେ)	୧୮
ନେସନାଲିଷ୍ଟ କଂଗ୍ରେସ ପାର୍ଟି	୯
ନେସନାଲ କନଫରେନ୍ସ	୩

ଝାଡଖଣ୍ଡ ମୁକ୍ତି ମୋର୍ଚ୍ଚା	୨
ଇଣ୍ଡିଆନ ୟୁନିୟନ ମୁସଲିମ ଲିଗ	୨
ବିଧୁଥଲାଲ ଚିରୁଥାଇଗଲ କଟୀ	୧
କେରଳ କଂଗ୍ରେସ (ମଣି)	୧
ଅଲ୍ ଇଣ୍ଡିଆ ମଜଲିସ- ଏ- ଇତେହାଦୁଲ ମୁସଲିମିନ	୧

ନେସନାଲ ଡେମୋକ୍ରାଟିକ ଆଲିଆନ୍ସ (ଏନ୍‌ଡିଏ)	**୧୯୯**
ଭାରତୀୟ ଜନତା ପାର୍ଟି	୧୧୬
ଜନଦା ଦଳ (ୟୁନାଇଟେଡ)	୨୦
ଶିବସେନା	୧୧
ରାଷ୍ଟ୍ରୀୟ ଲୋକ ଦଳ	୫
ତେଲେଙ୍ଗାନା ରାଷ୍ଟ୍ର ସମିତି	୨
ଆସାମ ଗଣ ପରିଷଦ	୧

ଭାରତର ନିର୍ବାଚନ କମିଶନଙ୍କଠାରୁ ସଂଗୃହୀତ

ଏତଦ୍ ବ୍ୟତୀତ ଆଉ କିଛି ଦଳ ଉପରୋକ୍ତ ଦୁଇ ମେଣ୍ଟରେ ନ ଥିଲେ। ସେମାନେ ହେଲେ ସମାଜବାଦୀ ପାର୍ଟି – ୨୪ ଆସନ, ବହୁଜନ ସମାଜ ପାର୍ଟି – ୨୨ ଆସନ, ସିପିଆଇ (ଏମ୍) – ୧୬ଟି ଆସନ, ବିଜୁ ଜନତା ଦଳ – ୧୪ଟି ଆସନ, ଏଆଇଏଡିଏମ୍‌କେ – ୯ଟି ଆସନ, ତେଲଗୁ ଦେଶମ ପାର୍ଟି – ୬ଟି ଆସନ, ରାଷ୍ଟ୍ରୀୟ ଜନତା ଦଳ – ୪ଟି ଆସନ, ସିପିଆଇ – ୪ଟି ଆସନ, ଜନତା ଦଳ (ଏସ୍) – ୩ଟି ଆସନ, ଆର୍‌ଏସ୍‌ପି – ୨ଟି ଆସନ, ଏଆଇଏଫ୍‌ବି – ୨ଟି ଆସନ।

ବିଜେପିର ଏହି ପରାଜୟକୁ ବିଶ୍ଳେଷଣ କରି ସ୍ୱପନ ଦାସଗୁପ୍ତା 'ସେମିନାର'ରେ ଏକ ଆଲେଖ୍ୟ ଲେଖିଥିଲେ :

୨୦୦୯ ମସିହାରେ ବିଜେପିର ନିର୍ବାଚନ ପ୍ରଚାରରେ ସମସ୍ୟା ଥିଲା ଯେ ହିନ୍ଦୁତ୍ୱ ଅପେକ୍ଷା ଦଳ ଅଧିକ ଗୁରୁତ୍ୱପୂର୍ଣ୍ଣ ପ୍ରସଙ୍ଗରେ ନିଜ ଆଭିମୁଖ୍ୟ କ'ଣ ରଖିଛି ସେ ନେଇ ସାଧାରଣ ଲୋକଙ୍କ ମନରେ ଦ୍ୱନ୍ଦ୍ୱ ସୃଷ୍ଟି ହୋଇଥିଲା। ୨୦୦୯ରେ ଏହାର ମୁଖ୍ୟ ନିର୍ବାଚନମଣ୍ଡଳୀଗୁଡ଼ିକୁ ମଧ୍ୟ ସଠିକ ସଙ୍କେତ ପଠାଇବାରେ ବିଜେପି ବିଫଳ ହୋଇଥିଲା। ଉଦାହରଣ ସ୍ୱରୂପ ଭାରତ - ଆମେରିକା ଆଣବିକ ଚୁକ୍ତିନାମାକୁ ଦଳର

ବିରୋଧ, ଏହାର ପାରମ୍ପରିକ ନିର୍ବାଚନମଣ୍ଡଳୀର ବୁଝିବା ବାହାରେ ଥିଲା / ବୁଝିବା ଅସମ୍ଭବ ଥିଲା । ମାତ୍ର ୫ ବର୍ଷ ମଧ୍ୟରେ ଦଳ ମଧ୍ୟବିତ୍ତ ଶ୍ରେଣୀ ମଧ୍ୟରେ ନିଜର ସମର୍ଥନ ନଷ୍ଟ କରିଦେଇଥିଲା ଏବଂ ବହୁ ସଂଖ୍ୟାରେ ସହରାଞ୍ଚଳ ଆସନରେ ବିଶେଷ ଭାବରେ ଦିଲ୍ଲୀ ଏବଂ ମୁମ୍ବାଇରେ ଦଳର ପରାଜୟରେ ଏହି କଥା ପ୍ରତିଫଳିତ ହୋଇଥିଲା । ମନମୋହନ ସିଂଙ୍କ ନେତୃତ୍ୱରେ କଂଗ୍ରେସ ଅନେକଙ୍କ ପାଇଁ ଅଧିକ ଭଲ ପସନ୍ଦ ମନେ ହେଉଥିଲା, ଯେଉଁମାନେ ଅତୀତରେ ବିଜେପିକୁ ଭୋଟ୍ ଦେଇଥିଲେ ।[୪୦୫]

୨୦୦୫ରେ ଆଡଭାନୀଙ୍କ ପାକିସ୍ତାନ ଗସ୍ତ ସମୟରେ ସେ ବାବ୍ରି ମସଜିଦ ଭାଙ୍ଗିବାକୁ ତାଙ୍କ ଜୀବନର ସବୁଠାରୁ ଦୁଃଖଦ ଅଂଶ ଏବଂ ଜିନ୍ନାଙ୍କୁ 'ଧର୍ମନିରପେକ୍ଷ' ତଥା ମହାନ ବ୍ୟକ୍ତି ବୋଲି କହିବା ଅନେକ ଭୋଟରଙ୍କ ମନରେ ଦ୍ୱନ୍ଦ୍ୱ ସୃଷ୍ଟି କରିଥିଲା । ବ୍ୟାପକ ସ୍ୱୀକୃତି ହାସଲ କରିବା ପାଇଁ ୧୯୯୨ର ତାଙ୍କ କଠୋର ହିନ୍ଦୁତ୍ୱ ଛବିର ଏହା ବିପରୀତ ପରିବର୍ତ୍ତନ ଥିଲା, କିନ୍ତୁ ଏ ପ୍ରୟାସ ଦୟନୀୟ ଭାବେ ବିଫଳ ହେଲା ଏବଂ ୨୦୦୯ର ଲୋକସଭା ନିର୍ବାଚନ ଫଳରୁ ଏହା ସ୍ପଷ୍ଟ ପ୍ରମାଣିତ ହେଲା ଯେ ବିଜେପିକୁ ନେତୃତ୍ୱ ଦେବାରେ ଶ୍ରୀ ଆଡଭାନୀ ବିଫଳ ହୋଇଥିଲେ ।

୨୦୦୯ର ଲୋକସଭା ନିର୍ବାଚନ ପରାଜୟ ବିଜେପି ପାଇଁ ଦେହସୁହା ହୋଇଯାଇଥିଲା । ପୂର୍ବବର୍ତ୍ତୀ ୨୦୦୪ ନିର୍ବାଚନ ପରି ଜିତିବାର ଦୃଢ଼ ଆଶା ରଖିଥିବା ଦଳ ଏଥର ମଧ୍ୟ ଫଳ ଆସିଲା ପରେ ହତାଶ ହୋଇଥିଲା । ଦଳ ଅଧ୍ୟକ୍ଷ ରାଜନାଥ ସିଂ ତାଙ୍କ ପଦବୀରୁ ଇସ୍ତଫା ଦେଇଦେଲେ । ବିଜେପି ଏବଂ ଆରଏସଏସ୍ ଉଭୟ ଦଳର ଅଧ୍ୟକ୍ଷ ପଦ ପାଇଁ ଟନାଘଟନା ଆରମ୍ଭ କଲେ ଏବଂ ଶେଷରେ ସେହି ସମୟରେ ମହାରାଷ୍ଟ୍ର ବିଜେପି ମୁଖ୍ୟ ଶ୍ରୀ ନୀତୀନ ଗଡକରୀଙ୍କୁ ଦାୟିତ୍ୱ ଦେବାକୁ ସ୍ଥିର କଲେ । ଜଣେ ଶୃଙ୍ଖଳିତ ଆରଏସଏସ ସୈନିକ ନୀତୀନ ଗଡକରୀ ପ୍ରଥମ ମହାରାଷ୍ଟ୍ର ମୁଖ୍ୟ ଏବଂ ସେଯାବତ ଦାୟିତ୍ୱ ନେଇଥିବା ବିଜେପି ଅଧ୍ୟକ୍ଷମାନଙ୍କ ମଧ୍ୟରେ ସର୍ବକନିଷ୍ଠ ଥିଲେ । ଲୋକସଭାରେ ପୂର୍ବରୁ ଆଡଭାନୀ ରହୁଥିବା ବିରୋଧୀ ଦଳ ନେତାପଦରେ ସ୍ୱର୍ଗତା ସୁଷମା ସ୍ୱରାଜ ଦାୟିତ୍ୱ ନେଲେ ।

ଇତ୍ୟବସରରେ ବିଜେପି ଖୁବ ଶୀଘ୍ର ୭ଟି ରାଜ୍ୟରେ ନିର୍ବାଚନର ସମ୍ମୁଖୀନ ହେଲା ଏବଂ ଫଳାଫଳଗୁଡ଼ିକ ବିଷୟରେ ଲେଖିବା ପାଇଁ ବିଶେଷ କିଛି ନ ଥିଲା । ଝାଡଖଣ୍ଡରେ ୧୮ଟି, ଓଡ଼ିଶାରେ ୬ଟି, ହରିଆଣାରେ ୪ଟି, ଅରୁଣାଚଳ ପ୍ରଦେଶରେ ୩ଟି ଏବଂ ଆନ୍ଧ୍ରପ୍ରଦେଶରେ ୨ଟି ଆସନ ଜିତିବାକୁ ବିଜେପି ଦଳ ସକ୍ଷମ ହୋଇଥିଲା ।[୪୦୬] ମହାରାଷ୍ଟ୍ରରେ ବିଜେପି ୪୬ଟି ଏବଂ ସହଯୋଗୀ ଶିବସେନା ୪୫ଟି ଆସନ ଜିତିଲେ, କିନ୍ତୁ କଂଗ୍ରେସ ଓ ଏନ୍‌ସିପି ଯଥାକ୍ରମେ ୮୨ ଓ ୬୨ ଆସନ ପାଇ ସରକାର ଗଢିଲେ ।[୪୦୭]

ଦଳ ସିକିମ୍‌ରେ ନିର୍ବାଚନ ଲଢି ନ ଥିଲା। ୨୦୧୦ରେ ଜନତା ଦଳ (ୟୁ) ସହ ମେଣ୍ଟ କରି ବିଜେପି ବିହାର ବିଧାନସଭା ନିର୍ବାଚନରେ ଭଲ ପ୍ରଦର୍ଶନ କଲା। ବିହାରରେ ଦଳ ନିଜର ଆସନ ସଂଖ୍ୟା ୫୫ରୁ ୯୧କୁ ବୃଦ୍ଧି କରିଥିଲା ଏବଂ ସହଯୋଗୀ ଜେଡି (ୟୁ) ନୀତିଶ କୁମାରଙ୍କ ନେତୃତ୍ୱରେ ୧୧୫ଟି ଆସନ ପାଇଥିଲା। ଜେଡି (ୟୁ) ଏବଂ ବିଜେପି ମେଣ୍ଟ ବିରୋଧୀ ଦଳ ଆରଜେଡି, ଏଲଜେପି ଏବଂ କଂଗ୍ରେସକୁ ଆସନ ସଂଖ୍ୟାରେ ବହୁ ପଛରେ ପକାଇ ଦ୍ୱିତୀୟ ଥର ପାଇଁ ସରକାର ଗଢିଥିଲେ।

୨୦୧୧ରେ କେରଳ, ତାମିଲନାଡୁ, ଆସାମ, ପଣ୍ଡିଚେରୀ ଏବଂ ପଶ୍ଚିମବଙ୍ଗରେ ବିଧାନସଭା ନିର୍ବାଚନ ଅନୁଷ୍ଠିତ ହେଲା। ବିଜେପି କେବଳ ଆସାମରେ ୫ଟି ଆସନ ପାଇଥିଲା। ୨୦୧୨ରେ ଗୋଆ, ମଣିପୁର, ପଞ୍ଜାବ, ଉତ୍ତରାଖଣ୍ଡ, ଉତ୍ତରପ୍ରଦେଶ, ଗୁଜରାଟ ଏବଂ ହିମାଚଳ ପ୍ରଦେଶରେ ବିଧାନସଭା ନିର୍ବାଚନ ଅନୁଷ୍ଠିତ ହେଲା। ବିଜେପି ଗୋଆ, ଗୁଜରାଟ ଏବଂ ପଞ୍ଜାବରେ (ଶିରୋମଣି ଅକାଳୀ ଦଳ ସହ ମେଣ୍ଟ) ସରକାର ଗଠନ କଲା, କିନ୍ତୁ ଉତ୍ତରାଞ୍ଚଳ ଏବଂ ହିମାଚଳ ପ୍ରଦେଶରେ ନିର୍ବାଚନ ହାରିଗଲା।

୨୦୧୩ରେ ତ୍ରିପୁରା, ମେଘାଳୟ, ନାଗାଲାଣ୍ଡ, କର୍ଣ୍ଣାଟକ, ଦିଲ୍ଲୀ, ରାଜସ୍ଥାନ, ମଧ୍ୟପ୍ରଦେଶ, ଛତିଶଗଡ ଏବଂ ମିଜୋରାମ ବିଧାନସଭା ପାଇଁ ନିର୍ବାଚନ ଅନୁଷ୍ଠିତ ହେଲା। ରାଜସ୍ଥାନରେ ବିଜେପି କଂଗ୍ରେସକୁ ହଟାଇ କ୍ଷମତା ପାଇଲା। ଛତିଶଗଡ ଏବଂ ମଧ୍ୟପ୍ରଦେଶରେ ପୁନର୍ବାର କ୍ଷମତାକୁ ଆସିଲା ଏବଂ ଦିଲ୍ଲୀରେ ଏକକ ସଂଖ୍ୟାଗରିଷ୍ଠ ଦଳ ରୂପେ ନିର୍ବାଚିତ ହେଲା, କିନ୍ତୁ ବହୁମତ ନ ଥିବାରୁ ସରକାର ଗଢିଲା ନାହିଁ। ଆମ୍ ଆଦମୀ ପାର୍ଟି (ଆପ୍) ନାମରେ ଏକ ନୂଆ ଦଳ ଆନ୍ନାଙ୍କ ଭ୍ରଷ୍ଟାଚାର ବିରୋଧୀ ଆନ୍ଦୋଳନର ଫଳସ୍ୱରୂପ ଗଠନ ହୋଇଥିଲା ଏବଂ ଏହି ନୂଆଦଳ ଉଭୟ କଂଗ୍ରେସ ଓ ବିଜେପିକୁ କ୍ଷମତାରୁ ବାହାରେ ରଖିଲା। ଦଳଗତ କାରଣରୁ କର୍ଣ୍ଣାଟକରେ ବିଜେପି ହାରିଗଲା, ଯେହେତୁ ବି.ଏସ୍. ୟେଦୁରପ୍ପା ବିଜେପିରୁ ବାହାରିଯାଇ ନୂଆ ଦଳ ଗଢିଥିଲେ।

ପରେ ୨୦୧୩ରେ ନୀତୀନ ଗଡକରୀଙ୍କୁ ଦ୍ୱିତୀୟଥର ପାଇଁ କାର୍ଯ୍ୟକାଳ ଦେବାକୁ ଦଳର ନିୟମରେ ସଂଶୋଧନ କରାଯାଇଥିଲା, କିନ୍ତୁ ୨୦୦୦ରେ ପ୍ରତିଷ୍ଠିତ ହୋଇଥିବା ଗଡକରୀଙ୍କ ପୂର୍ତ୍ତିଗୋଷ୍ଠୀର ଆୟକର ଅନୁସନ୍ଧାନକୁ ନେଇ ଦଳର ଅନେକ ଲୋକ ତାଙ୍କ ପୁନର୍ନିର୍ବାଚନରେ ଆପତ୍ତି ଉଠାଇଥିଲେ। ଗଡକରୀ ଏହି ଅନୁସନ୍ଧାନକୁ କଂଗ୍ରେସ ନେତୃତ୍ୱରେ ଥିବା ୟୁପିଏ ସରକାରର ତାଙ୍କୁ ବଦନାମ କରିବାକୁ ଏକ ଅଭିସନ୍ଧି ଥିଲା ବୋଲି କହିଥିଲେ। ବିଜେପି ପୁଣି ଥରେ ରାଜନାଥ ସିଂଙ୍କୁ ଦଳ ଅଧ୍ୟକ୍ଷ ଚୟନ କଲା।

୨୦୧୪ ନିର୍ବାଚନ ପୂର୍ବର ପ୍ରସ୍ତୁତି

୨୦୦୪ ଏବଂ ୨୦୦୯ର ଲଗାତାର ପରାଜୟ ପରେ ଆଡଭାନୀଙ୍କ ନେତୃତ୍ୱ ଏବଂ ପ୍ରଧାନମନ୍ତ୍ରୀ ପ୍ରାର୍ଥିତ୍ୱକୁ ନେଇ ବାରମ୍ବାର ପ୍ରଶ୍ନ ଉଠିଲା । ରାଜନାଥ ସିଂ ଏବଂ ଗଡକରୀଙ୍କ ନେତୃତ୍ୱରେ ଦଳ ରାଜ୍ୟ ବିଧାନସଭା ନିର୍ବାଚନଗୁଡିକରେ ଭଲ ପ୍ରଦର୍ଶନ କରିଥିଲା, କିନ୍ତୁ ଦଳକୁ ନୂଆ ଚମକ ଦେଇ ୨୦୧୪ ନିର୍ବାଚନ ପାଇଁ ପ୍ରସ୍ତୁତ କରିବାକୁ ଜଣେ ଭିନ୍ନ ବ୍ୟକ୍ତିତ୍ୱର ଆବଶ୍ୟକତା ଥିଲା । ଏକାଧିକ ଦୁର୍ନୀତି, କାର୍ଯ୍ୟକାରୀ ହୋଇ ନ ଥିବା ନୀତି, ଅର୍ଥନୈତିକ ଅବନତି ଏବଂ ଉଚ୍ଚ ମୁଦ୍ରାସ୍ଫୀତି ଯୋଗୁ ୟୁପିଏ-୨ ସରକାର ବଦନାମ ହୋଇଥିଲା । ଯେତେବେଳେ ଦେଶ ୨୦୧୪ ନିର୍ବାଚନ ପାଇଁ ପ୍ରସ୍ତୁତ ହେଉଥିଲା, ସେତେବେଳେ ତିନୋଟି ଗୁରୁତ୍ୱପୂର୍ଣ୍ଣ ଘଟଣା ଘଟିଥିଲା, ଯାହା ଦେଶର ରାଜନୀତିକୁ ଆଗାମୀ ବର୍ଷଗୁଡିକ ପାଇଁ ରୂପାୟିତ କରିଥିଲା । ଏହି ଘଟଣାଗୁଡିକ ହେଲା – ବାବା ରାମଦେବ ଏବଂ ଆନ୍ନା ହଜାରେଙ୍କ ୨୦୧୧ରେ ଭ୍ରଷ୍ଟାଚାର ବିରୋଧୀ ଆନ୍ଦୋଳନ, ୨୦୧୨ର ଲୋମଟାଙ୍କୁରା ନିର୍ଭୟା ଗଣବଳାତ୍କାର ଘଟଣା ଏବଂ ୨୦୧୨ରେ ନରେନ୍ଦ୍ର ମୋଦିଙ୍କର ଗୁଜରାଟରେ ତୃତୀୟଥର ପାଇଁ ମୁଖ୍ୟମନ୍ତ୍ରୀ ରୂପେ ନିର୍ବାଚିତ ହେବା ।

ବାବା ରାମଦେବ ଏବଂ ଆନ୍ନା ହଜାରେଙ୍କ ଭ୍ରଷ୍ଟାଚାର ବିରୋଧୀ ଆନ୍ଦୋଳନ

୨୦୧୦ ସୁଦ୍ଧା ୟୁପିଏ-୨ ସରକାରରେ ଅନେକ ଉଲ୍ଲେଖଯୋଗ୍ୟ ଭ୍ରଷ୍ଟାଚାରରୁ ଅଭିଯୋଗ ଆସିସାରିଥିଲା । ଉଦାହରଣ ସ୍ୱରୂପ ଆଦର୍ଶ ଗୃହ ନିର୍ମାଣ ସମାଜ ଦୁର୍ନୀତି ।[୪୦୮] ୨୦୧୦ ଗୃହ ଋଣ ଘୋଟାଲା[୪୦୯] ରାଡିଆଟେପ୍ ବିବାଦ[୪୧୦] ଏବଂ ୨ଜି ସ୍ପେକଟ୍ରମ ଦୁର୍ନୀତି [୪୧୧] । ଏହି ବ୍ୟାପକ ରାଜନୈତିକ ଦୁର୍ନୀତି ବିରୋଧରେ ଦେଶବ୍ୟାପୀ ଏକ କ୍ରୋଧର ବାତାବରଣ ସୃଷ୍ଟି ହୋଇଥିଲା । ଦେଶବ୍ୟାପୀ ଏହି ଭ୍ରଷ୍ଟାଚାର ବିରୋଧୀ ଆନ୍ଦୋଳନରେ ପ୍ରଦର୍ଶନ, ବିରୋଧର ଶୃଙ୍ଖଳା ଆରମ୍ଭ ହେଲା ଏବଂ ରାଜନୈତିକ ଦୁର୍ନୀତି ବିରୋଧରେ ଦୃଢ ଆଇନ୍ ପ୍ରଣୟନ ଏବଂ କାର୍ଯ୍ୟକାରୀ ହେଉ ବୋଲି ଦାବି ଉଠିଲା । ଯେବେ ଭ୍ରଷ୍ଟାଚାର ବିରୋଧୀ କର୍ମୀ ଶ୍ରୀ ଆନ୍ନା ହଜାରେ ୨୦୧୧ରେ ଏହି ଆନ୍ଦୋଳନରେ ଯୋଗଦେଲେ, ସେବେ ଏ ଆନ୍ଦୋଳନ ଅଧିକ ଗତିଶୀଳ ଏବଂ ଲୋକପ୍ରିୟ ହେଲା । ଆନ୍ନା ହଜାରେ ନୂଆଦିଲ୍ଲୀର ଯନ୍ତରମନ୍ତରଠାରେ ଅନଶନରେ ବସିଲେ । ସାରାଦେଶରୁ ଅନେକ ଚିହ୍ନା ଓ ଅଚିହ୍ନା କାର୍ଯ୍ୟକର୍ତ୍ତା ତୁରନ୍ତ ଏ ଆନ୍ଦୋଳନରେ

ଯୋଗଦେଲେ। ଭ୍ରଷ୍ଟାଚାରକୁ ରୋକିବା ପାଇଁ ଜନ ଲୋକପାଳ ବିଲ୍‌ର ପ୍ରଣୟନ ସେମାନଙ୍କର ମୁଖ୍ୟ ଦାବି ଥିଲା। ପରେ ୨୦୧୧ ଜୁନରେ ଯୋଗଗୁରୁ ବାବା ରାମଦେବ ଏହି ଆନ୍ଦୋଳନରେ ଯୋଗଦେଇ ବିଦେଶୀ ବ୍ୟାଙ୍କରେ ଗଚ୍ଛିତ କଳାଟଙ୍କାକୁ ଫେରାଇ ଆଣିବାକୁ ଦାବି କଲେ। '୨୦୧୧ର ୧୦ଟି ଶୀର୍ଷ ଖବର' ଶୀର୍ଷକରେ ଏହି ଆନ୍ଦୋଳନ ଆମେରିକାର 'ଟାଇମ୍' ପତ୍ରିକାରେ ସ୍ଥାନିତ ହେଲା।[୪୧୨]

ସେତେବେଳେ ଗୁଡାଏ ବିରାଟ ଦୁର୍ନୀତି ଅଭିଯୋଗର ସମ୍ମୁଖୀନ ହେଉଥିବା ୟୁପିଏ-୨ ସରକାର ପାଇଁ ଏହି ଆନ୍ଦୋଳନ ଘୋର ଅଶ୍ୱସ୍ତିର କାରଣ ହୋଇଗଲା। ଅଧିକନ୍ତୁ ଆନ୍ଦୋଳନକୁ ସାରାଦେଶର ସମର୍ଥନ, କଂଗ୍ରେସ ନେତୃତ୍ୱର ସରକାର ପାଇଁ ମୁଣ୍ଡବିନ୍ଧାର କାରଣ ହେଲା। ମହାତ୍ମା ଗାନ୍ଧୀଙ୍କ ଶିଷ୍ୟ ଆନ୍ନା ହଜାରେ ଉଚ୍ଚସ୍ତରୀୟ ଭ୍ରଷ୍ଟାଚାର ବିରୁଦ୍ଧରେ ଦେଶବ୍ୟାପୀ ହୋଇଥିବା ଏହି ଆନ୍ଦୋଳନର 'ପରିଚୟ' ହୋଇଯାଇଥିଲେ। କଂଗ୍ରେସ ନେତୃତ୍ୱରେ ଚାଲିଥିବା ସରକାର ପାଇଁ ସେ ଏକ ବଡ କଣ୍ଟା ପାଲଟି ଯାଇଥିଲେ – 'ୱାଶିଂଟନ୍ ପୋଷ୍ଟ' ରିପୋର୍ଟ କଲା।[୪୧୩] ଏକ ଅବରୋଧିତ କେନ୍ଦ୍ର ସରକାର, ପ୍ରଦର୍ଶନକାରୀଙ୍କ ଦାବିକୁ ଶୁଣିବା ବଦଳରେ ଚାପ ପକାଇବା କୌଶଳ ଅବଲମ୍ବନ କରିଥିଲେ। ପ୍ରଥମେ ଜୁନ୍ ୨୦୧୧ରେ ରାମଲୀଳା ମଇଦାନରେ ଆନ୍ଦୋଳନ କରୁଥିବା ବାବା ରାମଦେବଙ୍କ ସମର୍ଥକମାନଙ୍କ ଉପରେ ଲାଠି ଚାର୍ଜର ଆଦେଶ ଦିଆଗଲା ଏବଂ ପରେ ପରେ ୧୬ ଅଗଷ୍ଟ ୨୦୧୧ରେ ଆନ୍ନା ହଜାରେଙ୍କୁ ଗିରଫ କରାଗଲା। 'ଦି ହିନ୍ଦୁ' କଂଗ୍ରେସ ନେତୃତ୍ୱରେ ଚାଲୁଥିବା ସରକାରଙ୍କୁ କଡାଭାଷାରେ ନିନ୍ଦା କରି ଏକ ଆଲେଖ୍ୟ ଲେଖିଲା। ଏହି ଆଲେଖ୍ୟ କୁହେ :

ନୈତିକତାରହିତ ଏକ ଭ୍ରଷ୍ଟ ସରକାର ଜନସାଧାରଣଙ୍କ ବୈଧ କ୍ରୋଧର ଯୁକ୍ତିଯୁକ୍ତ ମୁକାବିଲା କରିବାକୁ ଆଦୌ ସକ୍ଷମ ନୁହନ୍ତି। ଲୋକପାଳ ବିଲ୍‌ରେ ଦୁର୍ନୀତି ନିବାରଣ ବ୍ୟବସ୍ଥାକୁ ସମର୍ଥନ କରି ସେ ଉପବାସ ଆରମ୍ଭ କରିବା ପୂର୍ବରୁ ଆନ୍ନା ହଜାରେଙ୍କୁ ବେଆଇନ ଭାବେ ବନ୍ଦୀ କରିବାକୁ ନିର୍ଦ୍ଦେଶ ଦେଇ ଏବଂ ଜାତୀୟ ରାଜଧାନୀରେ ବହୁସଂଖ୍ୟକ ଶାନ୍ତିପୂର୍ଣ୍ଣ ପ୍ରଦର୍ଶନକାରୀଙ୍କୁ ଗିରଫ କରିବାକୁ ଆଦେଶ ଦେଇ ୟୁପିଏ ସରକାର ନିଜର କୁତ୍ସିତ, ଦମନକାରୀ ଚେହେରା ପ୍ରକାଶ କରିଥିଲା। ଗଣତନ୍ତ୍ରରେ କୌଣସି ପ୍ରତିନିଧି ସରକାର ନାଗରିକମାନଙ୍କୁ ଅସନ୍ତୋଷ ଏବଂ ଶାନ୍ତିପୂର୍ଣ୍ଣ ବିରୋଧର ମୌଳିକ ଅଧିକାରକୁ ଅସ୍ୱୀକାର କରିପାରିବେ ନାହିଁ। ବିକ୍ଷୋଭକାରୀମାନେ ଗ୍ରହଣ କରି ନ ପାରିବା ପରି ଅଯୌକ୍ତିକ, ଅସମାନ ଏବଂ ସନ୍ଦେହଜନକ ଭାବରେ ସଂକଳ୍ପିତ ଅବସ୍ଥା ଉପରେ ଜିଦ୍ ଧରିବା, ଗଣତାନ୍ତ୍ରିକ ଅଧିକାରକୁ ଅସ୍ୱୀକାର କରିବା ସହ ସମାନ।[୪୧୪]

ଆଲେଖ୍ୟଟି ଯଦିଓ ଏକ ସାମ୍ବାଦିକତା ଆଲେଖ୍ୟ ଥିଲା, ଏହା କିନ୍ତୁ ସରକାରୀ କାର୍ଯ୍ୟରେ ପ୍ରଚଳିତ ଭ୍ରଷ୍ଟାଚାର ବିରୁଦ୍ଧରେ ଲୋକଙ୍କ ଆନ୍ଦୋଳନ ପ୍ରତି କଂଗ୍ରେସର ମନୋଭାବ ପାଇଁ ସାଧାରଣ ଲୋକଙ୍କ ମନରେ ସୃଷ୍ଟି ହୋଇଥିବା କ୍ରୋଧକୁ ପ୍ରତିଫଳିତ କରିଥିଲା। ଏହି ଆନ୍ଦୋଳନ ସାରାଦେଶରେ ଏକ ଦୃଢ କଂଗ୍ରେସ ବିରୋଧୀ ପରିବେଶ ସୃଷ୍ଟି କଲା ଏବଂ ସେତେବେଳକୁ ଆଗାମୀ ନିର୍ବାଚନ ପାଇଁ ମାତ୍ର ଦୁଇବର୍ଷ ସମୟ ଥିଲା।

୨୦୧୨ର ନିର୍ଭୟା ଘଟଣା

୧୬ ଡିସେମ୍ବର ୨୦୧୨ରେ ଭାରତର ରାଜଧାନୀ ଦିଲ୍ଲୀରେ ଏକ ଘଟଣା ସାରା ଦେଶକୁ ସ୍ତମ୍ଭୀଭୂତ କରିଦେଲା। ତେଇଶି ବର୍ଷ ବୟସ୍କା ଫିଜିଓଥେରାପି ଛାତ୍ରୀ ନିର୍ଭୟା ଦକ୍ଷିଣ ଦିଲ୍ଲୀ ଅଞ୍ଚଳରେ ଏକ ଚଳନ୍ତା ବେସରକାରୀ ବସରେ ନିଜ ପୁରୁଷ ବନ୍ଧୁଙ୍କ ସହ ଯାତ୍ରା କରୁଥିଲାବେଳେ ଛଅ ଜଣ ପୁରୁଷଙ୍କ ଦ୍ୱାରା ଯୌନ ଉତ୍ପୀଡ଼ନ, ଗଣଧର୍ଷଣ ଏବଂ ଭୟଙ୍କର ନିର୍ଯାତନାର ଶିକାର ହେଲେ। ଅପରାଧୀମାନେ ତାଙ୍କ ବନ୍ଧୁଙ୍କୁ ମଧ୍ୟ ନିଷ୍ଠୁର ମାଡ ମାରିଥିଲେ। ସେ ୬ ଜଣଙ୍କ ମଧ୍ୟରେ ଥିଲେ ବସ୍‌ର ଡ୍ରାଇଭର, ଡ୍ରାଇଭରର ଭାଇ, ଜଣେ ଜିମ୍ ସହାୟକ, ଜଣେ ଫଳ ବିକାଳି ଏବଂ ଜଣେ ନାବାଳକ, ଯେଉଁମାନେ କି ପରେ ଦେଶର ବିଭିନ୍ନ ସ୍ଥାନରୁ ଗିରଫ ହୋଇଥିଲେ। ଦିଲ୍ଲୀର ଏକ ଡାକ୍ତରଖାନାରେ ୧୧ଦିନ ଇଣ୍ଟେନସିଭ କେୟାରରେ ରହିବାପରେ ଗୁରୁତର ନିର୍ଭୟାଙ୍କୁ ସିଙ୍ଗାପୁରର ଏକ ଡାକ୍ତରଖାନାକୁ ସ୍ଥାନାନ୍ତରଣ କରାଗଲା। କିନ୍ତୁ ଦୁଇଦିନ ପରେ ସେ ସେଠାରେ ସବୁଦିନ ପାଇଁ ଆଖି ବୁଜିଦେଲେ। ତାଙ୍କ ବନ୍ଧୁ ସେ ଭୟଙ୍କର ନିର୍ଯାତନାରୁ ସୁସ୍ଥ ହୋଇ ପୋଲିସକୁ ଅପରାଧୀମାନଙ୍କୁ ଧରିବାରେ ସାହାଯ୍ୟ କଲେ।

ଏ ଘଟଣା ବ୍ୟାପକ ଭାବେ ଜାତୀୟ ଓ ଅନ୍ତର୍ଜାତୀୟ କ୍ରୋଧ ସୃଷ୍ଟି କଲା। ଦେଶର ଅନେକ ସହରରେ ବିକ୍ଷୋଭ ପ୍ରଦର୍ଶନ କରାଯାଇଥିଲା। ହଜାର ହଜାର ଯୁବକ ମହିଳାଙ୍କୁ ପର୍ଯ୍ୟାପ୍ତ ସୁରକ୍ଷା ଯୋଗାଇ ନ ଥିବା କେନ୍ଦ୍ର ସରକାରଙ୍କ ବିରୁଦ୍ଧରେ ଦିଲ୍ଲୀରେ ବିରୋଧ ପ୍ରଦର୍ଶନ କରିଥିଲେ। ୨୧ ଡିସେମ୍ବର ୨୦୧୨ରେ ନୂଆଦିଲ୍ଲୀଠାରେ ଏହି ବିକ୍ଷୋଭ ଆରମ୍ଭ ହୋଇଥିଲା ଏବଂ ହଜାର ହଜାର ଯୁବକଯୁବତୀ ସୁରକ୍ଷାବାହିନୀ ସହ ସଂଘର୍ଷ କରିଥିଲେ। ୨୯ ଡିସେମ୍ବର ୨୦୧୨ରେ ସିଙ୍ଗାପୁରଠାରେ ନିର୍ଭୟାଙ୍କ ମୃତ୍ୟୁ ହେଲାପରେ ସାରା ଦେଶରେ ଏହି ବିକ୍ଷୋଭ ତୀବ୍ରରୂପ ଧାରଣ କରିଥିଲା। କୋଲକତା, ଚେନ୍ନାଇ, ବେଙ୍ଗାଲୁରୁ , ହାଇଦ୍ରାବାଦ, କୋଚି, ଥିରୁବନନ୍ତପୁରମ, ମୁମ୍ବାଇ, ଭୁବନେଶ୍ୱର ଏବଂ ବିଶାଖାପାଟନା ଆଦି ଅନେକ ସହରରୁ ଏହି ତୀବ୍ର

ବିରୋଧର ଖବର ଆସିଥିଲା । ଏହି ମାମଲାର ଫାଷ୍ଟଟ୍ରାକ୍ କୋର୍ଟ ଦ୍ୱାରା 'ବିରଳ ଦୁର୍ଲଭ' ଭାବରେ ବିଚାର କରାଯାଇଥିଲା ଏବଂ ୪ ଜଣ ଅପରାଧୀଙ୍କୁ ମୃତ୍ୟୁଦଣ୍ଡ ଦିଆଯାଇଥିଲା । ସେ ଭୟଙ୍କର ଅପରାଧର ତଥାକଥିତ ନେତା, ଜଣେ ଅଭିଯୁକ୍ତ ଜେଲ୍‌ରେ ଆତ୍ମହତ୍ୟା କରିଦେଲା ଏବଂ ଅନ୍ୟଜଣେ ୧୭ ବର୍ଷର ନାବାଳକକୁ 'ନାବାଳକ ନ୍ୟାୟ ବୋର୍ଡ' ଦ୍ୱାରା ବିଚାର କରାଯାଇ ତାକୁ ୩ ବର୍ଷ କାରାଦଣ୍ଡ ଭୋଗିବା ପରେ ମୁକ୍ତ କରାଯାଇଥିଲା । ସେମାନଙ୍କ ମଧ୍ୟରୁ ୩ଜଣ ସର୍ବୋଚ୍ଚ ନ୍ୟାୟାଳୟରେ ଆବେଦନ କଲେ ଏବଂ ୨୦୧୮ ଜୁଲାଇରେ ସର୍ବୋଚ୍ଚ ନ୍ୟାୟାଳୟ ତଳକୋର୍ଟ ଦ୍ୱାରା ଦିଆଯାଇଥିବା ଦଣ୍ଡାଦେଶକୁ ୪ଜଣ ଅଭିଯୁକ୍ତଙ୍କ ପାଇଁ କାଏମ ରଖିଲେ ।

ବିକ୍ଷୋଭକାରୀମାନେ ଦାବି କଲେ ଯେ ମହିଳାଙ୍କ ପ୍ରତି ଯୌନ ଅପରାଧ, ଗତିରୋଧ ଏବଂ ଏସିଡ୍ ଆକ୍ରମଣ ଭଳି ଅପରାଧ ପାଇଁ କଠୋର ଦଣ୍ଡ ବିଧାନ କରାଯାଉ । ମହିଳାଙ୍କ ଉପରେ ଯୌନ ହିଂସା ବିରୋଧରେ ଆଇନ ପରବର୍ତ୍ତୀ ସମୟରେ ବଳାତ୍କାରୀଙ୍କ ପାଇଁ କଠୋର କରାଯାଇଥିଲା, ଯେଉଁଥିରେ ଅପରାଧୀକୁ ମୃତ୍ୟୁଦଣ୍ଡର ବ୍ୟବସ୍ଥା ମଧ୍ୟ କରାଗଲା ।

ନରେନ୍ଦ୍ର ମୋଦିଙ୍କର ଗୁଜରାଟରେ ପୁନର୍ବାର ମୁଖ୍ୟମନ୍ତ୍ରୀ ରୂପେ ଚୟନ

୨୦୧୨ର ଗୁଜରାଟ ବିଧାନସଭା ନିର୍ବାଚନ ଅତ୍ୟନ୍ତ ଗୁରୁତ୍ୱପୂର୍ଣ୍ଣ ଥିଲା – ଯେହେତୁ ମୋଦିଜୀଙ୍କୁ 'ଭବିଷ୍ୟତର ଯୋଗ୍ୟ ପ୍ରଧାନମନ୍ତ୍ରୀ' ପ୍ରାର୍ଥୀ ରୂପେ ବିବେଚିତ ହେଉଥିଲେ ।[୪୧୫] ଏହି ନିର୍ବାଚନରେ ମୋଦିଙ୍କ ନେତୃତ୍ୱରେ ବିଜେପି ଜିତିଲା ଏବଂ ୧୯୯୫ରୁ ଏକାଦିକ୍ରମେ ଏହା ବିଜେପିର ପଞ୍ଚମ ବିଜୟ ଥିଲା ଓ ୧୧୫ ଆସନ ପାଇଁ ଦଳ ପୂର୍ଣ୍ଣ ବହୁମତ ପାଇଲା । କଂଗ୍ରେସ ୬୦ଟି ଆସନ ପାଇଲା । ମୋଦିଙ୍କର ଏହା ତୃତୀୟ ଥର ପାଇଁ ବିଜୟ ଥିଲା । ମୋଦିଙ୍କ ନେତୃତ୍ୱରେ ଦେଶର ଆର୍ଥିକ ଶକ୍ତିକେନ୍ଦ୍ର ଭାବେ ଗୁଜରାଟ ପରିଚିତି ପାଇଥିଲା ।[୪୧୬] ଏବଂ ଅନ୍ୟ ରାଜ୍ୟଗୁଡ଼ିକ ପାଇଁ ଅନୁକରଣୀୟ ହୋଇଥିଲା । ଫଳାଫଳ କେବଳ ମୋଦିଙ୍କ ବିକାଶକୈନ୍ଦ୍ରିକ ଶାସନ ପାଇଁ ପ୍ରଶଂସାରେ ସୀମିତ ନ ଥିଲା ବରଂ ପ୍ରମାଣିତ କାର୍ଯ୍ୟକ୍ଷମତାର ରେକର୍ଡ ସହ ବିଜେପି ମଧ୍ୟରେ ଜଣେ ନିର୍ବିବାଦୀୟ ନେତାରୂପେ ତାଙ୍କ ସ୍ଥିତି ଦୃଢ ହେଲା ।

ବର୍ତ୍ତମାନ ଦେଖାଯାଉଛି ଯେ ଭାରତରେ ସାମାଜିକ ଗଣମାଧ୍ୟମର ବୃଦ୍ଧି ଏବଂ ଗୁଜରାଟ ମୁଖ୍ୟମନ୍ତ୍ରୀ ନରେନ୍ଦ୍ର ମୋଦିଙ୍କର ଜାତୀୟ ସ୍ତରରେ ଆବିର୍ଭାବ ପ୍ରାୟ ସମାନ୍ତରାଳ ଘଟଣା ଥିଲା । ୨୦୧୨ ସୁଦ୍ଧା ଭାରତ ଏକ ଦୃଢ ସାମାଜିକ ଗଣମାଧ୍ୟମର ଉପସ୍ଥିତି

ଦେଖୁଥିଲା, ଯାହା ପରେ ମୋଦିଜୀ ୨୦୧୪ରେ ଲୋକସଭା ନିର୍ବାଚନ ପୂର୍ବରୁ ନିଜ ସପକ୍ଷରେ ବ୍ୟବହାର କରୁଥିଲେ। ୨୦୧୨ରେ 'ହିନ୍ଦୁସ୍ତାନ ଟାଇମ୍ସ'ରେ ବାହାରିଥିବା ' ଦି ରାଇଜ୍ ଆଣ୍ଡ ରାଇଜ୍ ଅପ୍ ସୋସିଆଲ ମିଡିଆ' ଆଲେଖ୍ୟ ଅନୁଯାୟୀ ୫୫ ନିୟୁତ ଭାରତୀୟ କୌଣସି ନା କୌଣସି ସୋସିଆଲ ନେଟୱାର୍କର ଅଂଶ ଥିଲେ ଏବଂ ତନ୍ମଧ୍ୟରୁ ୬୦ ପ୍ରତିଶତ ନିଜ ମୋବାଇଲ୍ ଫୋନ୍ ଦ୍ୱାରା ସମ୍ପର୍କିତ ହୋଇଥିଲେ।[୪୧୭] ସେତେବେଳେ ଭାରତ ପୂର୍ବରୁ ୯୦୦ ନିୟୁତରୁ ଅଧିକ ମୋବାଇଲ ଫୋନ ଗ୍ରାହକଙ୍କୁ ଗୁଗଲ୍ ଦ୍ୱାରା ସମର୍ଥିତ ହୋଇଥିବା ଶସ୍ତା ହ୍ୟାଣ୍ଡସେଟ୍ ସାହାଯ୍ୟରେ ସାହାଯ୍ୟ କରିଥିଲା। ଅନ୍ୟପକ୍ଷରେ ଫେସବୁକ ତ୍ୱରିତ୍ ବେଗରେ ଭାରତୀୟମାନଙ୍କୁ ଅନ୍‌ଲାଇନ୍‌ରେ ସଂଯୁକ୍ତ କରୁଥିଲା।

ଗୁଜରାଟରେ ୨୦୧୨ର ବିଜୟ ମୋଦିଙ୍କୁ ୨୦୧୪ ଲୋକସଭା ନିର୍ବାଚନ ପାଇଁ ବିଜେପିର ପ୍ରଧାନମନ୍ତ୍ରୀ ପ୍ରାର୍ଥୀ ରୂପେ ଜଣେ ଦୃଢ ପ୍ରତିଯୋଗୀ ଭାବେ ଉପସ୍ଥାପିତ କଲା। ରାଜନୈତିକ ସମୀକ୍ଷକମାନେ ମୋଦିଙ୍କୁ ଜାତୀୟ ଦୃଶ୍ୟପଟ୍ଟରେ ବିଶ୍ଲେଷଣ କରିବା ଆରମ୍ଭ କଲେ। ଭାରତର ରାଷ୍ଟ୍ରପତି ରାମନାଥ କୋବିନ୍ଦଙ୍କ ପୂର୍ବତନ ପ୍ରେସ ସେକ୍ରେଟାରୀ ଶ୍ରୀ ଅଶୋକ ମଲ୍ଲିକ କହିଲେ ଯେ, 'ମୋଦି ଅଫିସରେ ତାଙ୍କ କାର୍ଯ୍ୟର ଦସ୍ତାବିଜ, ତାଙ୍କ ଶାସନ, ଅର୍ଥନୈତିକ ଅଭିବୃଦ୍ଧି ମଡେଲ ଏବଂ ସାଧାରଣ ଭାବରେ ରାଜନୈତିକ ଆକାଂକ୍ଷା ସହ ଭୋଟ ମାଗିଥିଲେ।[୪୧୮] ସେ ଆହୁରି କହିଲେ ଗୁଜରାଟରେ ମୋଦି ବିଜେପି ଅପେକ୍ଷା ଅଧିକ ଲୋକପ୍ରିୟ ଥିଲେ ... ତେବେ ସବୁଠାରୁ ଉଲ୍ଲେଖନୀୟ କଥା ହେଉଛି ପାର୍ଟିରେ ମୋଦିଙ୍କ ସ୍ଥିତି ଏବଂ ନୈତିକ ପ୍ରାଧିକରଣ ସମ୍ପୂର୍ଣ୍ଣ ଭାବରେ ତାଙ୍କର ନିଜସ୍ୱ ଅଟେ। ଏକ ସାଧାରଣ ଘରୁ ଆସିଥିବା ଏହି ପ୍ରଥମ ପିଢିର ଉପଲବ୍ଧିର କଥା କୁହାଯାଉଛି କାରଣ ସମ୍ଭାବିତ ପ୍ରଧାନମନ୍ତ୍ରୀ ଭାରତୀୟ ଲୋକତନ୍ତ୍ରର ଏକ ସୁଖଦ ପ୍ରତିବିମ୍ବ' ।[୪୧୯]

ଲେଖକ ଏବଂ ଭାରତର ରାଜନୈତିକ ଅର୍ଥନୀତି ବିଶେଷଜ୍ଞ ମିଲନ ବୈଷ୍ଣବ ବିଶ୍ୱାସ କରନ୍ତି ଯେ, ୨୦୦୪ରୁ ବିରୋଧୀ ଦଳରେ ଥିବା ବିଜେପି ନିଜ ଦଳ ଭିତରେ ଆଭ୍ୟନ୍ତରୀଣ ଆଦର୍ଶଗତ ସଂଘର୍ଷ, କ୍ଷୁଦ୍ର ପ୍ରତିଦ୍ୱନ୍ଦ୍ୱିତା ଏବଂ ଆଞ୍ଚଳିକ ନେତାମାନଙ୍କର ଭଙ୍ଗାଟୁଟା ଗୋଷ୍ଠୀକୁ ପରିଚାଳନା କରିବାରେ ବ୍ୟସ୍ତ ରହିଥିଲେ। ୨୦୧୩ରେ ଶ୍ରୀ ବୈଷ୍ଣବ ଲେଖନ୍ତି :

ନରେନ୍ଦ୍ର ମୋଦିଙ୍କ ଉତ୍ଥାନ ଦଳକୁ ଏକ ନୂତନ ବ୍ୟାଖ୍ୟାନ ପ୍ରସ୍ତୁତ କରିବାକୁ ସୁଯୋଗ ଦେଲା। ଏକ ନୂତନ ଆରମ୍ଭ ପାଇଁ, ମୋଦିଙ୍କ ଉତ୍ଥାନ ଦଳ ମଧ୍ୟରେ ଏକ ପିଢିଗତ ପରିବର୍ତ୍ତନକୁ ପ୍ରତିନିଧିତ୍ୱ କରେ। ତାଙ୍କର 'ସର୍ବନିମ୍ନ ସରକାର ଓ ସର୍ବାଧିକ

ଶାସନ'ର ଆଦର୍ଶ ସମର୍ଥକଙ୍କୁ ଖୁସି କରିଛି, ଯେଉଁଥିରେ ମଧ୍ୟବିତ୍ତ ଶ୍ରେଣୀର ଅନେକ ଲୋକ ଅଛନ୍ତି, ଯେଉଁମାନେ ତାଙ୍କ ରାଜ୍ୟର ପ୍ରଭାବଶାଳୀ ଅଭିବୃଦ୍ଧି ରେକର୍ଡ ପାଇଁ ନେତାଙ୍କୁ ପ୍ରଶଂସା କରନ୍ତି ଏବଂ କଂଗ୍ରେସର ଏକ ଦଶନ୍ଧିର କୁଶାସନ ପରେ ଦଳର ପଦବୀ ଏବଂ ଫାଇଲ୍ ଏକ ସୁଯୋଗର ଗନ୍ଧ ବାରିପାରିଲା।[୪୨୦]

ମଲ୍ଲିକ ନିଜ ୨୦୧୨ ଆଲେଖ୍ୟରେ କହିଥିଲେ ଯେ ଜଣେ କ୍ଷମତାସୀନ ନେତାଙ୍କ ପାଇଁ ନୁହେଁ, ବରଂ ଏକ ପ୍ରାଧିକୃତ ନେତାଙ୍କ ପାଇଁ ଭାରତର ଆକାଂକ୍ଷାକୁ ମୋଦି ପ୍ରତିନିଧିତ୍ୱ କରୁଥିଲେ।

ଏହିସବୁ କାରଣ ପରବର୍ତ୍ତୀ ଲୋକସଭା ନିର୍ବାଚନ ପାଇଁ ମଞ୍ଚ ପ୍ରସ୍ତୁତ କଲା, ଯାହା ଭାରତ ଏବଂ ବିଜେପିର ଇତିହାସରେ ଏକ ମାଇଲଖୁଣ୍ଟ ହୋଇ ରହିଗଲା।

୧ ୯

ନରେନ୍ଦ୍ର ମୋଦି ଏବଂ ଅମିତ ଶାହଙ୍କ ଯୁଗର ଆରମ୍ଭ

ନରେନ୍ଦ୍ର ମୋଦିଙ୍କୁ ବିଜେପିର ପ୍ରଧାନମନ୍ତ୍ରୀ ପ୍ରାର୍ଥୀରୂପେ ଘୋଷଣା କରାଗଲା ।

ବିଜେପି ମଧ୍ୟରେ ମାସାଧିକ କାଳ ଲାଗି ରହିଥିବା କଳ୍ପନାଜଳ୍ପନା ଏବଂ ସାମାନ୍ୟ କଳହ ପରେ ଦଳର ବରିଷ୍ଠ ନେତାମାନେ ପ୍ରଧାନମନ୍ତ୍ରୀ ପ୍ରାର୍ଥୀରୂପେ ଉପସ୍ଥାପିତ କରିବାକୁ ଗୋଟିଏ ନାମରେ ରାଜି ହେଲେ । ଚୟନ କରାଯାଇଥିବା ବ୍ୟକ୍ତି ଜଣକ କୌଣସି ବଂଶବାଦୀ ରାଜନୈତିକ ପରିବାରର ନ ଥିଲେ, ଦଳର ଏ ଗୋଷ୍ଠୀ କିମ୍ବା ସେ ଗୋଷ୍ଠୀର ନ ଥିଲେ – ସେ ଥିଲେ ଗୁଜରାଟର ତିନିଥରର ମୁଖ୍ୟମନ୍ତ୍ରୀ ଶ୍ରୀ ନରେନ୍ଦ୍ର ମୋଦି । ଏହି ଗୋଟିଏ ନିଷ୍ପତ୍ତି ସେହିଦିନଠାରୁ ଦେଶର ରାଜନୈତିକ ଦୃଶ୍ୟପଟ୍ଟରେ ପରିବର୍ତ୍ତନ ଆଣିଛି ।

୧୨ ସେପ୍ଟେମ୍ବର ୨୦୧୩ରେ ବିଜେପି ଦଳର ଗୋଆ ସମ୍ମିଳନୀଠାରେ ନରେନ୍ଦ୍ର ମୋଦିଙ୍କୁ ଔପଚାରିକ ଭାବେ ଦଳର ପ୍ରଧାନମନ୍ତ୍ରୀ ପ୍ରାର୍ଥୀ ବୋଲି ଘୋଷଣା କରାଗଲା । ସେହି ବର୍ଷ ଜୁନ୍‌ରେ ମୋଦିଙ୍କୁ ବିଜେପି ଦଳର ନିର୍ବାଚନ କମିଟିର ମୁଖ୍ୟ ଘୋଷଣା କରାଯିବାର ତିନିମାସ ପରେ ଏହି ଘୋଷଣା ହେଲା । ସେହି ଅବସରରେ ପାର୍ଟିର ଅଧ୍ୟକ୍ଷ ରାଜନାଥ ସିଂ କହିଲେ ଯେ 'ଦେଶର ତଥା ପାର୍ଟି କ୍ୟାଡରମାନଙ୍କ ମନୋଭାବକୁ ଲକ୍ଷ୍ୟକରି ଆମେ ଏହି ନିର୍ଣ୍ଣୟ ନେବାକୁ ନିଷ୍ପତ୍ତି କଲୁ ।'[୪୨୧]

ପ୍ରଧାନମନ୍ତ୍ରୀ ପ୍ରାର୍ଥୀଙ୍କ ନାମକୁ ନେଇ ଦଳ ମଧ୍ୟରେ ବିଭାଜନ ହୋଇଥିଲା ବୋଲି ଗଣମାଧ୍ୟମରେ ଗୁଜବ ପ୍ରଚାରିତ ହୋଇଥିଲା, କିନ୍ତୁ ତତ୍କାଳୀନ ବିଜେପି ଅଧ୍ୟକ୍ଷ ରାଜନାଥ ସିଂ ସ୍ପଷ୍ଟ କରିଥିଲେ ଯେ ଦଳର ସଂସଦୀୟ ବୋର୍ଡ ଦ୍ୱାରା ସର୍ବସମ୍ମତିଭାବେ ଏହି ନିଷ୍ପତ୍ତି ନିଆଯାଇଛି।[୪୨୨] ଦଳୀୟ କର୍ମୀ, ଯେଉଁମାନଙ୍କ ପାଖରେ ଏବେ ଜଣେ ବ୍ୟକ୍ତି ଉପରେ ଧ୍ୟାନ କେନ୍ଦ୍ରିତ କରିବାର ଥିଲା, ପରିଚାଳନା ଦୃଷ୍ଟିରୁ ସବୁଠୁ ଅଧିକ ପ୍ରଭାବିତ ଥିଲେ। ଦେଶର ବର୍ତ୍ତମାନର ମନୋବଳ ଏବଂ ନେତାଙ୍କ ଲୋକପ୍ରିୟତା ଉପରେ ଆଧାର କରି ବିଜେପିର ନେତୃତ୍ୱକୁ ସଂକୁଚିତ କରିବାର ପରମ୍ପରା ରହିଛି। ଗୁଜରାଟରେ ମୋଦି ବର୍ଷ ବର୍ଷ ପରିଶ୍ରମ କରି ମୁଖ୍ୟମନ୍ତ୍ରୀଭାବେ ନିଜର ରାଜନୈତିକ ଅଭିଜ୍ଞତାକୁ ସମୃଦ୍ଧ କରିଥିବା ଯୋଗୁ ଏହି ଶୀର୍ଷପଦ ପାଇଁ ସେ ଉପଯୁକ୍ତ ବିବେଚିତ ହେଲେ। ବିଜେପି ନେତାମାନେ ଏହି ନିଷ୍ପତ୍ତିରେ ଖୁସି ଥିଲେ ଏବଂ ଦଳ ଓ ଏହାର ନିର୍ବାଚନ ପ୍ରଚାର ଆଶା କରାଯାଉଥିବା ଦିଗ ସପକ୍ଷରେ ସ୍ୱର ଉଠାଇଲେ।

ଲୋକପ୍ରିୟ ସ୍ଥାନୀୟ ନେତାମାନେ ଗତ ଚାରି ଦଶନ୍ଧି ମଧ୍ୟରେ ବିଜେପି ପାଇଁ କାର୍ଯ୍ୟ କରିଛନ୍ତି। ମୋଦିଙ୍କର ନିଜ ଦଳରେ ଉତ୍ଥାନ ଅତ୍ୟନ୍ତ ତେଜୋମୟ ଥିଲା, ଯେହେତୁ ବରିଷ୍ଠ ନେତା ଆଡଭାନୀ, ମୁରଲୀ ମନୋହର ଯୋଶୀ ଏବଂ ସଂସଦର ଉଭୟ ଗୃହରେ ତତ୍କାଳୀନ ନେତା ସୁଷମା ସ୍ୱରାଜ ଓ ଅରୁଣ ଜେଟଲୀଙ୍କୁ ବାଦ୍ ଦେଇ ତାଙ୍କୁ ପ୍ରଧାନମନ୍ତ୍ରୀ ପଦ ପାଇଁ ପ୍ରାର୍ଥୀ କରାଯାଇଥିଲା। ଜଣେ ବିଜେପି ଏବଂ ଏହାର ଅନ୍ତର୍ନିହିତ ଢାଞ୍ଚାକୁ ଶ୍ରେୟ ଦେବା ଉଚିତ୍, ଯାହା ସୁଯୋଗ ଆସିଲେ ଦୃଢ଼ ସ୍ଥାନୀୟ ନେତାମାନଙ୍କୁ କେନ୍ଦ୍ରସ୍ତରରେ ନେତୃତ୍ୱ ନେବାକୁ ଅନୁମତି ଦିଏ। ତେବେ କଂଗ୍ରେସର ଏ ସମ୍ବନ୍ଧରେ ସମ୍ପୂର୍ଣ୍ଣ ଭିନ୍ନ ଢାଞ୍ଚା ଅଛି। ଇନ୍ଦିରା ଗାନ୍ଧୀଙ୍କ ଦ୍ୱାରା ଗ୍ରହଣ କରାଯାଇଥିବା ଶକ୍ତିଶାଳୀ କେନ୍ଦ୍ର ତଥା ଅମଲାତନ୍ତ୍ର ସୂତ୍ରକୁ ପରେ କଂଗ୍ରେସରେ କେହି ବଦଳେଇବାର ଉତ୍ସାହ କିମ୍ବା ସାହସ ପାଇଲେ ନାହିଁ। ଦଶନ୍ଧି, ଦଶନ୍ଧି ଧରି କଂଗ୍ରେସ ଏହାର ଶକ୍ତିଶାଳୀ ସ୍ଥାନୀୟ ନେତାମାନଙ୍କୁ ଅପମାନିତ ଏବଂ ଅଣଦେଖା କରିଥିଲା, ଯାହାଦ୍ୱାରା ଦଳରେ ଅନେକ ବିଭାଜନ ହୋଇଥିଲା ଏବଂ ଅନେକ ତୁଙ୍ଗ ନେତା ଦଳ ଛାଡି ଚାଲିଯାଇଥିଲେ। ଦଳ ଭିତରେ ନିଜର ପ୍ରାପ୍ୟ ସମ୍ମାନ ପାଇ ନ ଥିବାରୁ ବିଜୁ ପଟ୍ଟନାୟକ, ଶରଦ ପାୱାର, ମମତା ବାନାର୍ଜୀ ଏବଂ ଜଗନ ରେଡ୍ଡୀ ଆଦି ନେତା ଦଳରୁ ବାହାରିଯାଇ ନିଜର ଆଞ୍ଚଳିକ ସଙ୍ଗଠନ ଗଢିଥିଲେ।

କଂଗ୍ରେସ ଏହାକୁ 'ଅଭିଷେକ' ବୋଲି କହିଛି। ଏମିତି ଏକ ଶବ୍ଦ ଯାହା ନିଜସ୍ୱ କାର୍ଯ୍ୟ ପ୍ରଣାଳୀ ସହିତ ସମ୍ପୂର୍ଣ୍ଣ ରୂପେ ପୁନଃ ପ୍ରକାଶିତ ହୋଇଛି – ଗୋଟିଏ ପରିବାର ଦ୍ୱାରା ପରିଚାଳିତ ହେଉଛି, କିନ୍ତୁ ଏହି ଶବ୍ଦଟି ଯୋଗ୍ୟତା ଓ ଲୋକପ୍ରିୟତା

ଉପରେ ଆଧାର କରି ବିଜେପିର ଗଣତାନ୍ତ୍ରିକ ପଦ୍ଧତିରେ ନେତା ଚୟନର ବିରୋଧ ଶବ୍ଦ ଅଟେ। ମମତା ବାନାର୍ଜୀଙ୍କ ପରି ଆଞ୍ଚଳିକ ରାଜନେତାମାନେ ଏହାକୁ ଅଣଦେଖା କରିବାରେ ତତ୍ପର ହୋଇଥିଲେ, ଏହାକୁ କୌଣସି ଗୁରୁତ୍ୱ ଦେବାକୁ ମନା କରିଦେଇଥିଲେ ଏବଂ ତାଙ୍କ ଦଶନ୍ଧି ପୁରୁଣା କଥାକୁ ଆଉଥରେ ଦୋହରାଇଲେ – 'ଆଗାମୀ ପ୍ରଧାନମନ୍ତ୍ରୀ ଜଣେ ଆଞ୍ଚଳିକ ନେତା ହେବ।

କିନ୍ତୁ 'ଧର୍ମନିରପେକ୍ଷ ଗୋଷ୍ଠୀ' ମଧ୍ୟରେ ଥିବା ଚିନ୍ତା, ଯାହା ପରେ ନିଜକୁ 'ମହାଗଠବନ୍ଧନ'ରେ ପୁନର୍ନିର୍ମାଣ କଲା, ତାହା ସାଧାରଣ ନିର୍ବାଚନ ପୂର୍ବରୁ ଏକ ଅର୍ଦ୍ଧବିରାମରେ ପହଁଚିଥିଲା। ପ୍ରାୟ ସବୁ ରାଜନୈତିକ ବ୍ୟକ୍ତି, ଦେବେଗୌଡାଙ୍କ ଠାରୁ ଆରମ୍ଭ କରି କେଜରିୱାଲଙ୍କ ଯାଏ, ମମତା ବାନାର୍ଜୀଙ୍କ ଠାରୁ ଆରମ୍ଭ କରି ଶଶୀ ଥରୁରଙ୍କ ଯାଏ, ଯେଉଁମାନେ ବର୍ତ୍ତମାନର ବିରୋଧୀ ଦଳର ଅଂଶ, 'ମୋଦି ତରଙ୍ଗ'କୁ କାଳ୍ପନିକ କହି ବରଖାସ୍ତ କରିବାରେ ତତ୍ପର ଥିଲେ।

ମଣିଶଙ୍କର ଆୟାର ବହୁତ ଆଗକୁ ଯାଇ କହି ପକାଇଲେ ଯେ 'ମୋଦିଙ୍କର ଭାରତର ପ୍ରଧାନମନ୍ତ୍ରୀ ହେବା ପାଇଁ ଯୋଗ୍ୟତା ନାହିଁ, ଅତିବେଶିରେ ମୋଦି କଂଗ୍ରେସର ବାର୍ଷିକ ଅଧିବେଶନ ସମୟରେ ଚା' ବିକ୍ରି କରିପାରିବେ'।[୪୨୩] ମୋଦିଙ୍କୁ ପରିହାସ କରି ଏବଂ ତାଙ୍କୁ ଚା' ବାଲା ବା ଚା' ବିକ୍ରେତା ବୋଲି କହି କଂଗ୍ରେସ ଏକ ବଡ ଭୁଲ୍ କଲା। 'ଏ ମନ୍ତବ୍ୟ ପୁନର୍ବାର ଆସିଛି' : କହି ନିଜ ପୁସ୍ତକ 'ମୋଦି ଇଫେକ୍ଟ'ରେ ଲେଖକ ଲାନ୍ସ ପ୍ରାଇସ୍ କହିଛନ୍ତି ଯେ 'ଏକ ଦଳ ଯାହାକୁ କେବଳ ଅଭିଜାତ ଦଳ ରୂପେ ଦେଖାଯାଇଛି ଏବଂ ଯାହା ଗୋଟିଏ ପରିବାର ଦ୍ୱାରା ପରିଚାଳିତ ହୋଇଛି, ସେ ଗରିବ କହିଲେ କ'ଣ ବୁଝାଏ ଜାଣିନାହିଁ। ଅପରପକ୍ଷେ ମୋଦିଙ୍କ ନମ୍ର ଆରମ୍ଭ ହେଉଛି କାହାଣୀର ଏକ ଗୁରୁତ୍ୱପୂର୍ଣ୍ଣ ଅଂଶ, ଯାହାକି କଠିନ ପରିଶ୍ରମ ଏବଂ ଉତ୍ସର୍ଗୀକୃତ ମାଧ୍ୟମରେ ନିଜର ପରିବର୍ତ୍ତନକୁ ବ୍ୟବହାର କରି ଭାରତ ନିଜେ କ'ଣ ହାସଲ କରିପାରିବ ତାହା କହିବା ପାଇଁ ବ୍ୟବହାର କରିଥିଲା।[୪୨୪]

ଗୁଜରାଟ ମୁଖ୍ୟମନ୍ତ୍ରୀ ହିସାବରେ ମୋଦିଙ୍କର କାର୍ଯ୍ୟକଳାପ ଲୋକମାନଙ୍କୁ ତାଙ୍କ ଦକ୍ଷତା ଏବଂ ତାଙ୍କ ଦ୍ୱାରା ସକାରାତ୍ମକ ପରିବର୍ତ୍ତନ ସମ୍ଭବ ଉପରେ ବିଶ୍ୱାସ କରିବାକୁ ନିଶ୍ଚିତ ଭାବେ ସାହାଯ୍ୟ କରିଥିଲା। ୨୦୦୨ର ଗୁଜରାଟ ଦଙ୍ଗା ମୋଦିଙ୍କୁ ବିରୋଧ କରିବା ପାଇଁ ଏକମାତ୍ର କାରଣ ଥିଲା। ଅଦାଲତଗୁଡିକ ମୋଦିଙ୍କୁ ୨୦୦୨ ଦଙ୍ଗା ପାଇଁ ନିର୍ଦ୍ଦୋଷ ଘୋଷଣା କରିଥିଲେ ଏବଂ ୨୦୦୨ ପରେ ଦୀର୍ଘ ୧୨ ବର୍ଷ ଧରି ଗୁଜରାଟ କୌଣସି ସାମ୍ପ୍ରଦାୟିକ ହିଂସାରୁ ମୁକ୍ତ ଥିଲା। ଲାନ୍ସ ପ୍ରାଇସ୍ ଲେଖନ୍ତି :

୨୦୦୨ ପରେ ଗୁଜରାଟ ନିଜ ଅର୍ଥନୈତିକ ବିକାଶ ପାଇଁ ଜଣାଶୁଣା ହେଲା

ଏବଂ ଗୁଜରାଟ ମଡେଲ ଏମିତି ଏକ ଆଭିଧାନିକ ଶବ୍ଦରେ ପାଲଟିଗଲା ଯାହା ବିଦ୍ୟୁତ, ଜଳ ଯୋଗାଣ, ଉନ୍ନତ ସଡକ ଏବଂ ଭିତ୍ତିଭୂମି ପ୍ରକଳ୍ପରେ ବିପୁଳ ପରିମାଣର ବିନିଯୋଗ ସହ ସମକକ୍ଷ ହୋଇଥିଲା। ଏହା ପରବର୍ତ୍ତୀ ସମୟରେ ଉଭୟ ଜାତୀୟ ତଥା ଅନ୍ତର୍ଜାତୀୟ କମ୍ପାନୀ ଦ୍ୱାରା ବ୍ୟାପକ ଅନ୍ତର୍ନିହିତ ପୁଞ୍ଜି ବିନିଯୋଗ ଆଣିଥିଲା, ଏହା ଦ୍ୱି ବାର୍ଷିକ 'ଭାଇବ୍ରାଣ୍ଟ ଗୁଜରାଟ'ରେ ବହୁ ଆକର୍ଷଣ ସହିତ ଆରମ୍ଭ ହୋଇଥିଲା, ଯେଉଁଠି ସାରା ବିଶ୍ୱର ବ୍ୟବସାୟିକ ପ୍ରତିଭାମାନେ ଗୁଜରାଟରେ ପୁଞ୍ଜି ନିବେଶ କରିବାକୁ ଧାଡି ବାନ୍ଧିଥିଲେ। ଜାତୀୟ ଅର୍ଥନୀତିର ଅଭିବୃଦ୍ଧି ହାର ୭.୬ ପ୍ରତିଶତ ଥିବାବେଳେ ଗୁଜରାଟ ଅଭିବୃଦ୍ଧିକୁ ୧୦.୧ ପ୍ରତିଶତରେ ପହଞ୍ଚାଇ ମୋଦିଜୀ ରାଜ୍ୟକୁ ଗର୍ବିତ କରାଇବାରେ ସକ୍ଷମ ହେଲେ। ଯଦିଓ ଦେଶର ଜନସଂଖ୍ୟାର ୫ ଶତକଡା ଗୁଜରାଟରେ ରହନ୍ତି ଏବଂ ଦେଶର ଭୂଭାଗର ୬ ପ୍ରତିଶତ ଗୁଜରାଟ ରାଜ୍ୟର ଭୌଗୋଳିକ ସ୍ଥିତି, ରାଜ୍ୟ କିନ୍ତୁ ଦେଶର ମୋଟ୍ ଶିଳ୍ପ ଉତ୍ପାଦନର ୧୬ ପ୍ରତିଶତ ଦେବାକୁ ସମର୍ଥ ହୋଇଥିଲା।[୪୨୫]

ଅହଂକାର ଏବଂ ଅସମ୍ଭବତାର ମିଥ୍ୟା ଭାବନାରେ ବିରୋଧୀ ଦଳ ମତଦାନ ପରେ ବିଜେପି ଏବଂ ମୋଦି ବିଜୟୀ ହେବାର ସମ୍ଭାବନାକୁ ସଂକ୍ଷେପରେ ଖାରଜ କରିଦେଲେ। ସମ୍ଭବତଃ ଏହା ସେମାନଙ୍କର ନିଜ କ୍ୟାଡରଙ୍କ ମନୋବଳକୁ ଉଚ୍ଚରେ ରଖିବା ପାଇଁ ଉଦ୍ଦିଷ୍ଟ ଥିଲା କିନ୍ତୁ ଭିତରର ଗଭୀରତାରେ ସେମାନଙ୍କ ମଧ୍ୟରୁ କେତେକ ଜାଣିଥିଲେ ଯେ ସେମାନେ ଏପରି ଏକ ଲୋକସଭା ନିର୍ବାଚନ ଫଳାଫଳର ସାକ୍ଷୀ ହେବାକୁ ଯାଉଛନ୍ତି, ଯେପରି ଦୁଇ ଦଶନ୍ଧିରୁ ଅଧିକ ସମୟ ଯାଏ ଭାରତୀୟ ରାଜନୀତିରେ କେବେ ଦେଖାଯାଇ ନ ଥିଲା। ଦେବେ ଗୌଡା ଏବଂ ଏ. ଆର୍. ଅନନ୍ତମୂର୍ତ୍ତି ଙ୍କ ପରି ଲୋକେ ଯିଏ କହିଥିଲେ ଯେ ଯଦି ମୋଦି ଜିତନ୍ତି ତେବେ ସେମାନେ ତାଙ୍କ ରାଜ୍ୟ ଓ ଦେଶ ଛାଡିଦେବେ, ସେମାନଙ୍କୁ ନିଜ କଥାକୁ ପୁଣି ଢୋକିବାକୁ ପଡିଲା।

ଆଜି ୨୦୧୯ରେ ଯେବେ ଆମେ ଏଠାରେ ଠିଆହୋଇ ଦେଖୁ, ସେତେବେଳେ ଆମେ ଅନୁଭବ କରୁ ଯେ ବିଜେପି ଏବଂ ସମାନ ଚିନ୍ତାଧାରା ଦଳ ପଂଚାୟତଠୁ ଆରମ୍ଭ କରି ଲୋକସଭା ନିର୍ବାଚନ ଜିତି ଭାରତର ଅଧିକାଂଶ ଅଞ୍ଚଳକୁ ଗେରୁଆ ରଙ୍ଗରେ ରଙ୍ଗାୟିତ କରିଛନ୍ତି, ଆମେ ବୁଝିପାରୁ ଯେ ମୋଦିଙ୍କୁ ପ୍ରଧାନମନ୍ତ୍ରୀ ପ୍ରାର୍ଥୀ କରିବା ଭାରତୀୟ ରାଜନୀତି ଇତିହାସରେ ଏକ ଐତିହାସିକ ମୁହୂର୍ତ୍ତ ଥିଲା, ଯାହା ନିରନ୍ତର ରହିଲେ ଦେଶର ରାଜନୈତିକ ବିମର୍ଶକୁ ତୃଣମୂଳ ସ୍ତରରେ ବଦଳେଇବାର ସାମର୍ଥ୍ୟ ରଖେ।

୨୦୦୯ରେ ଭାରତୀୟ ରାଜନୀତିରେ ଜଣେ ସାମାନ୍ୟ ଅଂଶୀଦାରରୁ ଆରମ୍ଭ କରି ବର୍ତ୍ତମାନ ଯାହା ବିଜେପିର ସ୍ଥାନ - ଭାରତୀୟ ରାଜନୀତିରେ ଧୁରନ୍ଧର ଏବଂ

ଏଥିରେ ମୋଦିଙ୍କ ସହ ଆଉ ଜଣେ ମହତ୍ତ୍ୱପୂର୍ଣ୍ଣ ଖେଳାଳି ଅଛନ୍ତି, ତାଙ୍କ ନାଁ ହେଉଛି ଅମିତ ଶାହ। ଶାହ ସବୁବେଳେ ମୋଦିଙ୍କ ସହ ଯଜ୍ଞବେଦିର ଅଗ୍ନି ପରି ଥିଲେ। ମୋଦିଙ୍କ କରିସ୍ମା ଏବଂ ଶାହଙ୍କ ଆଶ୍ଚର୍ଯ୍ୟଜନକ ଯୋଜନା ଓ ରଣନୀତିର ମିଶ୍ରଣ ହିଁ ବିଜେପି ଭାଗ୍ୟରେ ୨୦୧୪ରୁ ୨୦୧୭ ମାତ୍ର ୩ ବର୍ଷ ମଧ୍ୟରେ ଐତିହାସିକ ପରିବର୍ତ୍ତନ ଆଣିବାକୁ ସକ୍ଷମ ହୋଇଥିଲା। ମୋଦିଙ୍କ ବିପରୀତରେ ଶାହ ଏକ ସଂପନ୍ନ ପରିବାରରେ ଜନ୍ମଗ୍ରହଣ କରିଥିଲେ – ତାଙ୍କ ପ୍ରପିତାମହ ଜଣେ ନଗରଶେଠ ଥିଲେ। ଶାହ ଯେମିତି ଅତ୍ୟଧିକ ସୌଖୀନ ଢଙ୍ଗରେ ଲାଳନପାଳନ ନ ହେବେ ଏହା ତାଙ୍କ ପରିବାର ସୁନିଶ୍ଚିତ କରିଥିଲେ। ଶାହ ସବୁବେଳେ ବିଦ୍ୟାଳୟକୁ ଚାଲି ଚାଲି ଯାଉଥିଲେ ଏବଂ ତାଙ୍କ ପରିବାର ଅହମ୍ମଦାବାଦରେ ଏକ ବଖୁରିକିଆ ବସାଘରେ ରହୁଥିଲେ। ଏହି ଅନୁଭବ ତାଙ୍କୁ ସରଳତା କ'ଣ ଶିଖାଇଲା। ଶାହ ଜାତୀୟ ସ୍ତରର ନେତା ହେବାପରେ ମଧ୍ୟ ତାଙ୍କ ଆଚରଣରେ ଏହି ସରଳତା ପ୍ରତିଫଳିତ ହୋଇଥିଲା। ୨୦୦୨ରେ ମୋଦି ପ୍ରଧାନମନ୍ତ୍ରୀ ହେବା ପରେ, ଶାହ ଅହମ୍ମଦାବାଦର ସାର୍ଖେଜ ବିଧାନସଭା ଆସନରୁ ନିର୍ବାଚନ ଲଢିଥିଲେ। ସେ ବହୁ ଭୋଟ୍ ବ୍ୟବଧାନରେ ଏ ନିର୍ବାଚନ ଜିତିଥିଲେ। ୨୦୦୭ରେ ଆହୁରି ଅଧିକ ଭୋଟ୍‌ରେ ସେ ପୁନର୍ବାର ଜିତିଥିଲେ ଏବଂ ଭାରତୀୟ ରାଜନୀତିରେ ନିଜ ସ୍ଥିତି ଦୃଢ କରିବାକୁ ଲାଗିଲେ। ମୋଦିଙ୍କ ୧୨ ବର୍ଷର ମୁଖ୍ୟମନ୍ତ୍ରୀ କାର୍ଯ୍ୟକାଳରେ ଶାହ ଉଭୟ ସରକାର ଓ ଦଳରେ ଦ୍ୱିତୀୟ ସମର୍ଥ ମଣିଷ ଭାବେ ଅଧିକ ଶକ୍ତିଶାଳୀ ଏବଂ ଦାୟିତ୍ୱବାନ ନେତା ଥିଲେ। ଏକଦା ଶାହ ୧୨ଟି ବିଭାଗ ଦାୟିତ୍ୱରେ ଥିଲେ ଏବଂ ଏହା ମଧ୍ୟରେ ଗୃହ, ଆଇନକାନୁନ ଏବଂ ଜେଲ୍ ସଂସ୍କାର ଆଦି ବିଭାଗ ଅନ୍ତର୍ଭୁକ୍ତ ଥିଲା।

ମହାନ ନେତାମାନେ ସେମାନଙ୍କ ପ୍ରତିବାଦକାରୀଙ୍କ ଦ୍ୱାରା ବିବାଦ ବିନା କଦାପି ଉନ୍ନତି କରିନାହାନ୍ତି। ଏଣୁ ଶାହ ଏ କଥାର ବ୍ୟତିକ୍ରମ ନ ଥିଲେ। ତାଙ୍କ ବିରୋଧରେ ମଧ୍ୟ କିଛି ସଙ୍ଗିନ ମାମଲା ଦାଏର କରାଯାଇଥିଲା। ଏହି ସମସ୍ତ ମାମଲାରେ କିଛି ସାର ନ ଥିଲା, ଏବଂ ରାଜନୈତିକ ଉଦ୍ଦେଶ୍ୟପ୍ରଣୋଦିତ ମନେ ହେଉଥିଲା। ୨୦୧୦ରେ କେନ୍ଦ୍ରରେ ୟୁପିଏ ଅଧୀନରେ ଥିବାବେଳେ ସିବିଆଇ ତାଙ୍କ ବିରୋଧରେ ସୋରାବୁଦ୍ଦିନ ଶେଖ୍ ନାମକ ଜଣେ ଅପରାଧୀ ତଥା ଚୋରାଚାଲାଣକାରୀକୁ ହଟାଇବା ପାଇଁ ପୋଲିସ ଏନ୍‌କାଉଣ୍ଟର କରିଥିବା ଅଭିଯୋଗ ଆଣିଥିଲା। ରାଜନୈତିକ ଉଦ୍ଦେଶ୍ୟପ୍ରଣୋଦିତ କହି ଶାହ ଏହି ଅଭିଯୋଗକୁ ଖାରଜ କରିଦେଇଥିଲେ ଏବଂ ଏହି ମାମଲାର ପ୍ରାରମ୍ଭିକ ତଦନ୍ତ କରୁଥିବା ତତ୍କାଳୀନ ପୋଲିସ କମିଶନର ଗୀତା ଜୋହରୀ ଦାବି କରିଥିଲେ ଯେ କେନ୍ଦ୍ର ନିୟନ୍ତ୍ରଣ କରୁଥିବା ସିବିଆଇ ଶାହଙ୍କୁ ଏହି

ମିଥ୍ୟା ମାମଲାରେ ଅଭିଯୁକ୍ତ କରିବାକୁ ଗୀତାଙ୍କ ଉପରେ ଚାପ ପକାଉଥିଲା।

ଇଶରତ ଜାହାଁ ହତ୍ୟାରେ ମଧ୍ୟ ଶାହଙ୍କୁ ମିଥ୍ୟା ଅଭିଯୁକ୍ତ କରାଯାଇଥିଲା। ପ୍ରାଥମିକ ଅନୁସନ୍ଧାନରେ ସିବିଆଇ ଗୁଜରାଟ ସରକାର ହିଁ ପ୍ରାୟୋଜିତ ଏନ୍‌କାଉଣ୍ଟରରେ ଇଶରତ ଜାହାଁଙ୍କୁ ମାରିଛନ୍ତି ବୋଲି ଅଭିଯୋଗ କଲା। ୟୁପିଏ ଅଧୀନରେ ଥିବା ଅନୁସନ୍ଧାନ ସଂସ୍ଥା ଇଶରତ କେବଳ ଜଣେ କଲେଜ ଛାତ୍ରୀ ଯାହାଙ୍କ ଉପରେ ଆତଙ୍କବାଦୀ ବୋଲି ମିଥ୍ୟା ଆରୋପ ଲଗାଯାଇଛି କହି ଏକ ବ୍ୟାଖ୍ୟାନ ଗଢିବାକୁ ଚେଷ୍ଟା କଲା। ଯେହେତୁ ଇଶରତ ଆତଙ୍କବାଦୀ ବୋଲି ପ୍ରମାଣ କରିବାକୁ ଯଥେଷ୍ଟ ସାକ୍ଷୀ ପ୍ରମାଣ ଥିଲା, ଅନୁସନ୍ଧାନ ସଂସ୍ଥାର ଏହି ଦାବି ମଧ୍ୟ ଭୁଲ ହେଲା। ମୁମ୍ବାଇର ୨୬/୧୧ ଆକ୍ରମଣରେ ଜଡିତ ଥାଇ ହାଜତରେ ଥିବା ଡେଭିଡ ହେଡଲେ ସ୍ୱୀକାର କରିଥିଲା ଯେ ଇଶରତ ଲସ୍କର – ଏ – ତୋଏବା ଆତଙ୍କବାଦୀ ସଙ୍ଗଠନର ଜଣେ କାର୍ଯ୍ୟକର୍ତ୍ତା ଥିଲା।[୪୨୬]

ଆସନ୍ତୁ ଆମେ ୨୦୧୪ର ଐତିହାସିକ ନିର୍ବାଚନ ପାଖକୁ ଫେରି ଆସିବା।

ବିଜେପି ୨୦୧୪ ନିର୍ବାଚନକୁ ପ୍ରବାହିତ କରିନେଲା

ଯେତେବେଳେ ୮୧ ନିୟୁତ ଯୋଗ୍ୟ ଭୋଟର ଶହ ଶହ ରାଜନେତା ଏବଂ ପ୍ରମୁଖ ଦଳର ଭାଗ୍ୟ ନିର୍ଣ୍ଣୟ କରିବାକୁ ଯାଉଥିଲେ, ସେତେବେଳେ ସାରା ଦେଶରେ ଅନେକ ଘଟଣା ଘଟୁଥିଲା, ଯାହା କେବଳ ଫଳାଫଳ ଦିନ ଦେଖାଯିବାର ଥିଲା। ଅନେକ ରାଜନୈତିକ ଦଳ ଭୋଟରମାନଙ୍କୁ ନିଜ ଆଡକୁ ଆକୃଷ୍ଟ କରିବାକୁ ସେମାନଙ୍କର ସର୍ବଶ୍ରେଷ୍ଠ ଉଦ୍ୟମ କରିଥିଲେ। ତେବେ ଫଳାଫଳ ଆସିଲା ପରେ ଦେଖାଗଲା ଯେ ବିଜେପି କେବଳ ସଂଖ୍ୟାଗରିଷ୍ଠତା ନୁହେଁ ବରଂ ଏକ ଦଳ ଭାବେ ସମ୍ପୂର୍ଣ୍ଣ ବହୁମତ ପାଇଥିଲା। ପ୍ରଥମ ଦୃଷ୍ଟିରେ ଅତ୍ୟନ୍ତ ସହଜ ଦିଶୁଥିଲା ପରି ଏ ବିଜୟ, ପୁଙ୍ଖାନୁପୁଙ୍ଖ ତର୍ଜମା ପରେ ବୁଝିହୁଏ ଯେ ଏହାକୁ ବାସ୍ତବତାରେ ପରିଣତ କରିବା ପଛରେ ଥିଲା ମାସ ମାସ ଧରି ସୁନିୟନ୍ତ୍ରିତ ଯୋଜନା ଏବଂ ଉଦ୍ୟମ।

ଏହି ନିର୍ବାଚନରେ 'ମୋଦି ତରଙ୍ଗ' ନିଃସନ୍ଦେହରେ ପଟ୍ଟ ପରିବର୍ତ୍ତନର ସବୁଠାରୁ ବଡ କାରଣ ଥିଲା। ମୋଦି କେବେ ବି ନିର୍ବାଚନ ହାରି ନ ଥିଲେ ଏବଂ ରାଜନୀତିରେ ତାଙ୍କ ପ୍ରଭାବ ବଢିବାରେ ଲାଗିଥିଲା ଓ ଏହି ବିଜୟ ତାଙ୍କ ପ୍ରଭାବକୁ ଅଧିକ ବିସ୍ତାର ଦେଲା। ପ୍ରଶାନ୍ତ ଝା ନିଜ ପୁସ୍ତକ 'ହାଓ ଦି ବିଜେପି ଉଇନ୍ସ'ରେ ଲେଖିଛନ୍ତି ୨୦୦୨ ପରେ ଯଦି ସେ ହିନ୍ଦୁ ହୃଦୟର ସମ୍ରାଟ ହୋଇଥିଲେ : ମୋଦି ନିଜକୁ ଯତ୍ନର ସହ ଗଢି 'ବିକାଶ ପୁରୁଷ' ବା ଉନ୍ନତି ପଥରେ ଥିବା ମଣିଷ ବୋଲି

ପ୍ରତିପାଦିତ କରି ଚାଲିଥିଲେ ଓ ୨୦୦୭ ପରେ 'ଗୁଜରାଟ ମଡେଲ' ନାମରେ ବିକାଶର ରଥ ଆଗକୁ ନେଇ ଚାଲିଥିଲେ। ଏହି ଦୁଇଟି କଥା ସଂଯୁକ୍ତ ଭାବେ ମୋଦିଙ୍କ ୨୦୧୪ ବିଜୟର କାରଣ ହୋଇଥିଲା।[୪୨୭]

୨୦୧୪ର ନିର୍ବାଚନ ଯୁଦ୍ଧରେ ଉତ୍ତର ପ୍ରଦେଶର ଭୂମିକା ଅତ୍ୟନ୍ତ ଗୁରୁତ୍ୱପୂର୍ଣ୍ଣ ଥିଲା। ମୋଦିଙ୍କ ଆବେଦନ ଏକ ବ୍ୟାଖ୍ୟାନ ସ୍ତରରେ ଭୋଟରଙ୍କୁ ଆକର୍ଷିତ କରୁଥିଲାବେଳେ ଶାହ ନିଶ୍ଚିତ କରୁଥିଲେ ଯେ ବୁଥ୍ ସ୍ତରରେ ଏହା ବିଜେପି ପାଇଁ କିପରି ଭୋଟ୍‌ରେ ପରିଣତ ହେବ। ସେ ଦଳୀୟ କ୍ୟାଡରମାନଙ୍କୁ ଉତ୍ସାହିତ କରିବା ଏବଂ ଦଳର ସଦସ୍ୟ ସଂଖ୍ୟା ବଢାଇବା କାମ ଆରମ୍ଭ କଲେ। ନୂତନ ବିସ୍ତାରିତ ସଦସ୍ୟତା ସୁନିଶ୍ଚିତ କଲା ଯେ ପର୍ଯ୍ୟବେକ୍ଷଣ ପଦ୍ଧତି ପ୍ରକୃତରେ ଏକ ବୁଥ୍ ସ୍ତରରେ ପରିଚାଳନା କରିବାରେ ସକ୍ଷମ ଥିଲା। ଉତ୍ତର ପ୍ରଦେଶରେ ଅଖିଳ ଭାରତୀୟ ବିଦ୍ୟାର୍ଥୀ ପରିଷଦର କାର୍ଯ୍ୟ କରିଥିବା ପ୍ରମୁଖ ଆରଏସଏସ ବ୍ୟକ୍ତିତ୍ୱ ଏବଂ ରଣନୀତିକାର ସୁନୀଲ ବଂଶଲଙ୍କ ସାହାଯ୍ୟ ଅମିତ୍ ଶାହ ନେଲେ। ପ୍ରଶାନ୍ତ ଝାଙ୍କ ବହିରେ ବଂଶଲ୍ କହିଛନ୍ତି ଯେ 'ଅମିତ ଭାଇ ରଣନୀତି ହିସାବରେ ପ୍ରଥମ ପଦକ୍ଷେପ ଭାବେ ଯାହା ନେଉଥିଲେ ତାହା ହେଉଛି ପରିସ୍ଥିତିର ଗବେଷଣା'। ଶାହ ୨୦୧୩ରେ ହିଁ ଉତ୍ତର ପ୍ରଦେଶର ଦାୟିତ୍ୱରେ ରହିଲେ। ମାତ୍ର ୬ ମାସ ମଧ୍ୟରେ ସେ ରାଜ୍ୟର ପ୍ରତି କୋଣ ଅନୁକୋଣକୁ ଗସ୍ତ କରିଥିଲେ। ସେ ରାଜ୍ୟର ସବୁ ଅଞ୍ଚଳର ସମସ୍ୟା ଓ ପ୍ରସଙ୍ଗ ବାବଦରେ ଅବଗତ ଥିଲେ। ସେ ବୁଝିପାରିଥିଲେ କେଉଁ ନେତା କେଉଁ ଅଞ୍ଚଳକୁ ଅଧିକ ଯୋଗ୍ୟ ହେବେ। ସେ ପ୍ରତ୍ୟେକ ନିର୍ବାଚନ ମଣ୍ଡଳୀର ଗାଣିତିକ ଏବଂ ଜାତି ଗଣିତକୁ ଭଲଭାବେ ଜାଣିଥିଲେ। ଅମିତ ଶାହ ନିଜ କେନ୍ଦ୍ରୀୟ ଟିମ୍‌ରେ ୬୦ ଜଣ ଲୋକଙ୍କୁ ନେଲେ ଏବଂ ସେମାନଙ୍କୁ ୧୯ଟି ଗୋଷ୍ଠୀରେ ବିଭକ୍ତ କଲେ। ସେମାନେ ଗଣମାଧ୍ୟମ, ସାମାଜିକ ଗଣମାଧ୍ୟମ, ଯୁଦ୍ଧକକ୍ଷ, ନିର୍ଦ୍ଦିଷ୍ଟ ନେତାମାନଙ୍କର ନିର୍ବାଚନମଣ୍ଡଳୀର ଅନୁରୋଧ ଇତ୍ୟାଦିକୁ ନିରୀକ୍ଷଣ କଲେ ଏବଂ ସେମାନଙ୍କ ନିର୍ବାଚନ ଅଭିଯାନର ସଂଯୋଜନା ଆଦି କାର୍ଯ୍ୟ ଦେଖିଲେ।

ଉତ୍ତର ପ୍ରଦେଶରେ ସାଧାରଣତଃ ବିଜେପି ବାବଦରେ ଲୋକମାନଙ୍କ ମଧ୍ୟରେ ଧାରଣା ଥିଲା ଯେ ବିଜେପି ଉଚ୍ଚବର୍ଗୀୟ ଠାକୁର, ବ୍ରାହ୍ମଣ ଏବଂ ଧନୀ ବ୍ୟବସାୟୀଙ୍କ ଦଳ। ବିଜେପି କିପରି ଅଧିକାଂଶ ଭୋଟରଙ୍କ ଦ୍ୱାରା ଗ୍ରହଣୀୟ ହୋଇପାରିବ ଏ ସମ୍ବନ୍ଧରେ ଶାହଙ୍କ ସାମାଜିକ ଇଞ୍ଜିନିୟରିଂ ନିଶ୍ଚିତ କଲା। ଉତ୍ତର ପ୍ରଦେଶ ବିଜେପିର ମୁଖ୍ୟ ଭାବେ କେଶବ ପ୍ରକାଶ ମୌର୍ଯ୍ୟଙ୍କ ନିଯୁକ୍ତି ଏ ବିଷୟରେ ପ୍ରଥମ ପଦକ୍ଷେପ ଥିଲା। ମୌର୍ଯ୍ୟ ଏକ ପଛୁଆ ବର୍ଗର ସଦସ୍ୟ ଥିଲେ କିନ୍ତୁ ଆରଏସଏସର ପ୍ରଶିକ୍ଷିତ

ଥିଲେ। ସେ ପଛୁଆ ବର୍ଗଙ୍କ ନିକଟରେ ଆରଏସଏସର ସାଂସ୍କୃତିକ ଆଦର୍ଶକୁ ପହଞ୍ଚାଇବାରେ ଏକ ଗୁରୁତ୍ୱପୂର୍ଣ୍ଣ ଭୂମିକା ତୁଲାଇଲେ। ସେ ସୈନି – କାଶ୍ୟପ - କୁଶୱାହା ଏବଂ ମୌର୍ଯ୍ୟମାନଙ୍କର ବଡ ସଙ୍ଗଠନ ସହିତ ନିଜକୁ ସଂଯୁକ୍ତ କଲେ। ଝା ଲେଖିଛନ୍ତି, 'ସାମାଜିକ ଦିଗରୁ ଦୃଢ କିନ୍ତୁ ଜନସଂଖ୍ୟା ଦିଗରୁ ରାଜନୈତିକ ଭାବେ ଦୁର୍ବଳ ଓ ରାଜନୈତିକ ଦିଗରୁ ବିଛିନ୍ନ ସଂଖ୍ୟାଧିକ (ପଛୁଆ ଓ ଦଳିତ) ଉଭୟଙ୍କୁ ଏକାଠି କରିବା ଉପରେ ସୁବିଧାବାଦୀଙ୍କ ବିପକ୍ଷରେ ରାଜନୈତିକ ସାମ୍ମୁଖ୍ୟ ଗଠନର କୌଶଳ ନିର୍ଭର କରୁଥିଲା'।[୪୨୮]

ଅନେକ ଗୁରୁତ୍ୱପୂର୍ଣ୍ଣ ଆସନ ମାତ୍ର ୫ ରୁ ୧୦ ପ୍ରତିଶତ ଭୋଟ୍ ବ୍ୟବଧାନରେ ହରାଉଥିବା କଥା ବିଜେପି ହୃଦୟଙ୍ଗମ କଲା। ଏମାନେ ସେହି ଭୋଟର ଥିଲେ ଯେଉଁମାନେ ବିଜେପିର ରାଜନୈତିକ ନେତୃତ୍ୱ ସମ୍ବନ୍ଧରେ ଏଯାଏ କିଛି କହିପାରୁ ନ ଥିଲେ। ଶାହ ଏହି ଦୂରତ୍ୱକୁ ବନ୍ଦ କରିବାକୁ ଦୁଇଟି ପଦକ୍ଷେପ ନେଲେ। ପ୍ରଥମରେ ଏହି ସମ୍ପ୍ରଦାୟର ଅନ୍ୟ ଦଳରେ ଥିବା କିଛି ନେତା ଯେଉଁମାନେ ନିଜ ସହ ଉଲ୍ଲେଖନୀୟ ଭୋଟରଙ୍କୁ ନେଇ ଆସି ପାରିବାର ସମ୍ଭାବନା ଥିଲା, ସେପରି ଲୋକଙ୍କୁ ବିଜେପିକୁ ଆଣିଲେ। ଦ୍ୱିତୀୟରେ ଏହିସବୁ ସମ୍ପ୍ରଦାୟର କିଛି ନେତାଙ୍କୁ ସେ ଆଗେଇବାକୁ ଦେଲେ ଏବଂ ସେମାନଙ୍କୁ ବିଜେପି ସପକ୍ଷରେ ଭୋଟ୍ ସବୁ ଆଣିବାର ଦାୟିତ୍ୱ ମଧ୍ୟ ଦେଲେ। ଉଭୟ ରଣନୀତି କାମ ଦେଲା।'

୨୦୧୪ ନିର୍ବାଚନ ପ୍ରଚାରରେ ବାବା ରାମଦେବ ଏବଂ ଶ୍ରୀ ଶ୍ରୀଙ୍କ ପରି ସନ୍ଥଙ୍କ ଭୂମିକା

ହିନ୍ଦୁ ଗୌରବକୁ ପୁନଃ ଉତ୍ସାହିତ କରିବା ୨୦୧୪ ନିର୍ବାଚନର ଏକ ପ୍ରମୁଖ ବୈଶିଷ୍ଟ୍ୟ ଥିଲା। ଦଶନ୍ଧି ଦଶନ୍ଧି ଧରି କଂଗ୍ରେସ ଶାସନରେ ହିନ୍ଦୁମାନଙ୍କର ଏକ ବଡ଼ ଗୋଷ୍ଠୀ ଶ୍ୱାସରୁଦ୍ଧ ହେବା ଅବସ୍ଥାକୁ ଆସିଯାଇଥିଲା। ୨୦୧୦–୧୪ ସମୟ ଏପରି ଥିଲା ଯେ ଜଣେ ବ୍ୟକ୍ତି ନିଜକୁ ଗର୍ବର ସହ ଜଣେ ମୁସଲମାନ, ଜଣେ ଦଳିତ, ଜଣେ ଖ୍ରୀଷ୍ଟିଆନ ଏପରିକି ଜଣେ ଗର୍ବିତ ବ୍ରାହ୍ମଣ ବୋଲି କହିପାରୁଥିଲା, କିନ୍ତୁ ନିଜକୁ ଗୌରବଶାଳୀ ହିନ୍ଦୁ ବୋଲି କହିବା ସମସ୍ତ ସମାଲୋଚନାକୁ ଆକର୍ଷିତ କରୁଥିଲା। ଦଶନ୍ଧି ପରେ ଦଶନ୍ଧି ଏହି ଆତ୍ମଘୋଷିତ ଉଦାରବାଦୀମାନେ ହିନ୍ଦୁମାନଙ୍କର ଜୀବନକୁ ନିର୍ଦ୍ଧାରିତ କରୁଥିଲେ। କାରଣ ସେମାନେ ମୁସଲମାନ ଏବଂ ଖ୍ରୀଷ୍ଟିଆନଙ୍କ ଜୀବନକୁ ନିର୍ଦ୍ଧାରିତ କରିପାରି ନ ଥାନ୍ତେ : ଯେହେତୁ ଏହା ସଂଖ୍ୟାଲଘୁମାନଙ୍କ ଅଧିକାରର ଉଲ୍ଲଙ୍ଘନ ହୁଅନ୍ତା। ହିନ୍ଦୁମାନଙ୍କର ଏକ ବୃହତ ଗୋଷ୍ଠୀ ବିଦ୍ରୋହୀ ହେଉଥିଲା। ସେମାନଙ୍କ

ସଂସ୍କୃତିକୁ ଅପମାନିତ କରୁଥିବା ବ୍ୟକ୍ତି ପୁରୁଣା ଏବଂ ସ୍ଥବୀର ଅଟେ। ଏପରିକି ଏହି ବ୍ୟାଖ୍ୟାନ ସୃଷ୍ଟି କରାଯାଇଥିଲା ଯେ ରକ୍ଷା ବନ୍ଧନ ପିତୃସତ୍ତା କୈନ୍ଦ୍ରିକ, ଗଣେଶ ଚତୁର୍ଥୀ ନଦୀକୁ ପ୍ରଦୂଷିତ କରେ ଏବଂ ଦୀପାବଳି କୁକୁରମାନଙ୍କୁ ଭୟଭୀତ କରାଏ। କଂଗ୍ରେସ ଶାସନ ଅଧୀନରେ ଦଶନ୍ଧି ଧରି 'ପୃଷ୍ଠପୋଷକତା' ଗ୍ରହଣ କରିଥିବା ତଥାକଥିତ ବୁଦ୍ଧିଜୀବୀମାନଙ୍କର ଏକ ଛୋଟ ଗୋଷ୍ଠୀ ହିନ୍ଦୁ ଜୀବନର ପ୍ରତ୍ୟେକ ଦିଗ ଏବଂ ହିନ୍ଦୁମାନେ କିପରି ଜୀବନଯାପନ କରିବେ ସେ ବିଷୟରେ ନିର୍ଦ୍ଦେଶ ଦେବା, ଆରମ୍ଭ କରିଥିଲେ।

ଏହାପରେ ବାବା ରାମଦେବ ଆସିଲେ। ସେ 'ଯୋଗ'କୁ ଏକ ଭିନ୍ନ ମଞ୍ଚକୁ ନେଇଗଲେ। ସାରା ବିଶ୍ୱ କେବଳ ଯୋଗର ଉପକାରିତାକୁ ସ୍ୱୀକାର କଲା ନାହିଁ ବରଂ ନିଜ ଗେରୁଆ ବସ୍ତ୍ର ପ୍ରତି ଗର୍ବ କରୁଥିବା ଜଣେ ସାଧୁଙ୍କ ନିକଟରେ ନତମସ୍ତକ ହେଲା। ବାବା ରାମଦେବ ମଧ୍ୟ ଜଣେ ଉଦ୍ୟୋଗୀ ହେଲେ ଏବଂ ତାଙ୍କ କମ୍ପାନୀ ମହଙ୍ଗା ବହୁରାଷ୍ଟ୍ରୀୟ ଏଫଏମସିଜିମାନଙ୍କ ପାଇଁ ବିପଦ ସୃଷ୍ଟି କଲା। ଯେତେବେଳେ ବାବା ରାମଦେବ ମୋଦିଙ୍କ ନେତୃତ୍ୱକୁ ନିଜର ସମର୍ଥନ ଦେଲେ, ସେତେବେଳେ ପୂର୍ବରୁ କୌଣସି କାରଣରୁ ବିଜେପି ପ୍ରତି ଅସନ୍ତୁଷ୍ଟ ଥିବା ଅନେକ ହିନ୍ଦୁ ମୋଦିଙ୍କ ବିଜେପିକୁ ନିର୍ଦ୍ଧାରିତ ରାଜନୈତିକ ଦଳ ଭାବେ ବିଚାର କରିବାକୁ ଲାଗିଲେ ଏବଂ ଦଳରେ ଯୋଗଦେଲେ। ଜାତିର ରେଖାରେ ବିଭାଜିତ ଅନେକ ହିନ୍ଦୁ ବିଜେପିକୁ ସମର୍ଥନ କରିବାକୁ ଏକତ୍ରିତ ହୋଇଥିଲେ। ଏହି ଏକତ୍ରୀକରଣକୁ ସେମାନେ ଏକ ଶକ୍ତିଭାବେ କଳନା କଲେ, ଯାହା ସେମାନଙ୍କୁ ମତାମତ ଦେବାର ସୁଯୋଗ ଦେବ ବୋଲି ଭାବିଲେ। ବାସ୍ତବରେ ବାବା ରାମଦେବ ହିଁ ହରିଦ୍ୱାରଠାରେ ଭାରତର ପ୍ରମୁଖ ସାଧୁ ସନ୍ଥମାନଙ୍କ ସମ୍ମୁଖରେ ମୋଦିଜୀଙ୍କ ନାମ ଭାରତର ପରବର୍ତ୍ତୀ ନେତୃତ୍ୱ ପାଇଁ ପ୍ରସ୍ତାବ ଦେଇଥିଲେ। ଭ୍ରଷ୍ଟାଚାର ଏବଂ କଳାଧନ ବିରୋଧରେ ବାବା ରାମଦେବଙ୍କ ଅଭିଯାନ କୋଟି କୋଟି ନାଗରିକଙ୍କ ହୃଦୟର ଗୁଞ୍ଜନ ହେଲା। ଶ୍ରୀ ଶ୍ରୀ ରବିଶଙ୍କର ମଧ୍ୟ ତାଙ୍କ ନିଜ ଦକ୍ଷତାରେ ଦେଶକୁ ଯନ୍ତ୍ରଣା ଦେଇଥିବା ବିଭିନ୍ନ ପ୍ରସଙ୍ଗ ଉପରେ ତର୍କ ଆରମ୍ଭ କଲେ। ଅନେକ ସାଧୁସନ୍ଥ ଏବଂ ତାଙ୍କର ଅନୁଗାମୀମାନେ ମୋଦିଙ୍କ ନେତୃତ୍ୱ ଉପରେ ଆସ୍ଥା ପ୍ରକଟ କଲେ। ଏହି ଆଲୋଚନା ସବୁ ଯୁବବର୍ଗଙ୍କର ତର୍କବିତର୍କର କେନ୍ଦ୍ରବିନ୍ଦୁ ହେଲା ଏବଂ ପ୍ରଥମଥର ପାଇଁ ନିଜ ମତ ସାବ୍ୟସ୍ତ କରୁଥିବା ବହୁ ଯୁବକଙ୍କୁ ବିଜେପି ସପକ୍ଷରେ ଆଣିପାରିଲା।

କଂଗ୍ରେସ ଦ୍ୱାରା ସୃଷ୍ଟ ହିନ୍ଦୁ ଆତଙ୍କବାଦର ମନଗଢ଼ା କାହାଣୀ

ୟୁପିଏ-୨ ସରକାରର ଅଂଶ ଭାବରେ ଥିବା କଂଗ୍ରେସ, ବିଜେପି ଉପରେ ଆକ୍ରମଣ କରିବାକୁ ହତାଶ ଉଦ୍ୟମ କରି ଆତଙ୍କ ଏବଂ ହିନ୍ଦୁତ୍ୱର ଏକ ଅପମାନଜନକ ସଂଯୋଗ ଗଢ଼ି ସେ ଯାଏ ଶୁଣାଯାଇ ନ ଥିବା 'ଗେରୁଆ ଆତଙ୍କ' ବୋଲି ଏକ ଶବ୍ଦ ସୃଷ୍ଟି କଲେ। ୨୦୦୭ରେ ମକ୍କା ଏବଂ ସମଝୌତା ଏକ୍ସପ୍ରେସରେ ଆତଙ୍କବାଦୀ ଆକ୍ରମଣ ପରେ, ବିଶ୍ୱ ଆତଙ୍କବାଦୀ ବିତର୍କରେ ହିନ୍ଦୁ କିମ୍ବା ଗେରୁଆ ଆତଙ୍କବାଦ ଧାରଣା ପ୍ରତିଷ୍ଠା କରିବାକୁ କଂଗ୍ରେସ ଏକ ଘୃଣ୍ୟ ପ୍ରୟାସ ଆରମ୍ଭ କଲା। ଅନେକ କଂଗ୍ରେସ ନେତା 'ହିନ୍ଦୁ ଆତଙ୍କ'ର ପ୍ରଚାର ପ୍ରତିଷ୍ଠା କରିବାକୁ ଚେଷ୍ଟା କଲେ। ୨୫ ଅଗଷ୍ଟ ୨୦୧୦ରେ ତତ୍କାଳୀନ ଗୃହମନ୍ତ୍ରୀ ପି. ଚିଦାମ୍ବରମ ଦିଲ୍ଲୀଠାରେ ଅନୁଷ୍ଠିତ ରାଜ୍ୟ ପୋଲିସ ମହାନିର୍ଦ୍ଦେଶକମାନଙ୍କ ସମ୍ମିଳନୀରେ ଉଦ୍‌ବୋଧନ ଦେଇ କେବେ ଘଟି ନ ଥିବା ଘଟଣା ବିଷୟରେ ମିଥ୍ୟା ଚେତାବନୀ ଦେବାକୁ ଚେଷ୍ଟା କରି କହିଲେ - ନିକଟରେ 'ଗେରୁଆ ଆତଙ୍କବାଦ'ର ଆବିଷ୍କାର ହେଇଛି, ଯାହା ଅତୀତରେ ଅନେକ ବୋମା ବିସ୍ଫୋରଣରେ ଜଡ଼ିତ ଥିଲା।[୪୨୯]

୨୦୦୬ ରୁ ୨୦୧୬ ମଧ୍ୟରେ ଗୃହ ମନ୍ତ୍ରଣାଳୟର ଆଭ୍ୟନ୍ତରୀଣ ସୁରକ୍ଷା ବିଭାଗରେ ଅବସ୍ଥାପିତ ଆର୍.ଭି. ଏସ୍. ମଣି ନାମକ ଜନୈକ ଅଧିକାରୀ ନିଜ ପୁସ୍ତକ 'ହିନ୍ଦୁ ଟେରର : ଇନ୍‌ସାଇଡର ଆକାଉଣ୍ଟ ଅଫ୍ ମିନିଷ୍ଟ୍ରି ଅଫ୍ ହୋମ୍ ଆଫାୟର୍ସ' ଏହି ତଥ୍ୟ ଦେଇଛନ୍ତି[୪୩୦] ଯେ ଏହା କଂଗ୍ରେସର ଦୁର୍ଦ୍ଦାନ୍ତ ଆଭିମୁଖ୍ୟ ଥିଲା। ସେ କହନ୍ତି, 'ହିନ୍ଦୁ ଆତଙ୍କବାଦ' ଧାରଣାକୁ ପରିଚିତ କରିବାକୁ କଂଗ୍ରେସ ନେତୃବୃନ୍ଦ ହିଁ ଜାତୀୟ ଅନୁସନ୍ଧାନ ସଂସ୍ଥା (ଏନ୍‌ଆଇଏ)କୁ ନିର୍ଦ୍ଦେଶ ଦେଇଥିଲେ। ଏନ୍‌ଆଇଏକୁ ଦିଆଯାଉଥିବା ସବୁ ମାମଲାରେ ସେମାନେ ପ୍ରମାଣର ପ୍ରଥମ ତଥ୍ୟକୁ ଆଡେଇ ଯାଉଥିଲେ ଏବଂ 'ହିନ୍ଦୁ ଆତଙ୍କବାଦୀ' ବ୍ୟାଖ୍ୟାନକୁ ସମର୍ଥନ କରୁଥିବା ପ୍ରମାଣ ସହିତ ବଦଳାଇ ଦେଉଥିଲେ।[୪୩୧] ମଣିଙ୍କ ବହିର ସମୀକ୍ଷା କରିଥିବା ' ଦି ସଣ୍ଡେ ଗାର୍ଡିଆନ'ର ସାମ୍ବାଦିକ ଅଭିନନ୍ଦନ ମିଶ୍ର ଦାବି କରନ୍ତି ଯେ ୟୁପିଏ ସରକାର ସମୟରେ ତାଙ୍କ ସହ ସମ୍ପର୍କିତ ଥିବା ଏନ୍‌ଆଇଏର କିଛି ବରିଷ୍ଠ ଅଧିକାରୀ ନିଜ ନାମ ଘୋଷଣା ନ କରି ସ୍ୱୀକାର କରିଥିଲେ ଯେ ସେମାନଙ୍କ ପାଖରେ କୌଣସି ସଙ୍ଗଠିତ 'ହିନ୍ଦୁ ଆତଙ୍କବାଦ'ର ପ୍ରମାଣ ନ ଥିଲା।[୪୩୨]

ସଂଖ୍ୟାଲଘୁ ବ୍ୟାପାର ମନ୍ତ୍ରୀ ଏ.ଆର୍. ଆନ୍ତୁଲେ ମଧ୍ୟ ୨୬/୧୧ ମୁମ୍ବାଇ ଆତଙ୍କବାଦୀ ଆକ୍ରମଣରେ ନିହତ ହେଇଥିବା ମହାରାଷ୍ଟ୍ର ଆଣ୍ଟି ଟେରୋରିଷ୍ଟ ସ୍କ୍ୱାଡ୍‌ର

ମୁଖ୍ୟ ହେମନ୍ତ କରକରେଙ୍କ ମୃତ୍ୟୁକୁ କଂଗ୍ରେସର ହିନ୍ଦୁ ଆତଙ୍କବାଦୀ ଧାରଣା ସହ ପ୍ରମାଣିତ କରିବାକୁ ଚେଷ୍ଟା କରିଥିଲେ । ଯେହେତୁ ଶ୍ରୀ କର୍‌କରେ 'ହିନ୍ଦୁ ଆତଙ୍କବାଦ'ର ଅନୁସନ୍ଧାନ କରୁଥିଲେ, ସେଥିପାଇଁ ତାଙ୍କୁ ହତ୍ୟା କରାଯାଇଥିଲା ବୋଲି କଂଗ୍ରେସ ଲୋକେ ପ୍ରଚାର କଲେ । ୨୩ ଡିସେମ୍ବର ୨୦୦୮ରେ ଏକ ଗୋପନୀୟ ତଥ୍ୟରେ ଭାରତର ଆମେରିକୀୟ ରାଷ୍ଟ୍ରଦୂତ ଡେଭିଡ ମୁଲଫୋଡଙ୍କ ଦ୍ୱାରା ଏହି ନିରାଧାର ଦାବିକୁ ଅପମାନଜନକ ବୋଲି କୁହାଯାଇଥିଲା, ଯାହା ପରେ ଉଇକିଲିକ୍ସ ଦ୍ୱାରା ୨୦୧୦ରେ ପ୍ରକାଶିତ ହୋଇଥିଲା । ପ୍ରଥମେ କଂଗ୍ରେସ ଦଳ ଆନ୍ତୁଲେଙ୍କ ମତଠାରୁ ନିଜକୁ ଦୂରେଇ ରଖୁଥିଲା ବେଳେ ଦୁଇଦିନ ପରେ ଏହି ଷଡଯନ୍ତ୍ରକୁ ସମ୍ପୂର୍ଣ୍ଣ ସମର୍ଥନ କରି ଏକ ବିରୋଧୀ ବିବୃତ୍ତି ଜାରି କଲା । ଏହି ସମୟରେ ଆନ୍ତୁଲେଙ୍କ ସମ୍ପୂର୍ଣ୍ଣ ନିରାଧାର ଦାବିକୁ ଭାରତୀୟ ମୁସଲିମ୍ ସମ୍ପ୍ରଦାୟର ସମର୍ଥନ ମିଳିଲା । ମୁଲଫୋଡ ଆଗକୁ ଲେଖିଛନ୍ତି, 'ସମଗ୍ର ଘଟଣାବଳୀ ଦର୍ଶାଏ ଯେ ଯଦି ଏହା ତାହାର ସ୍ୱାର୍ଥର ଅନୁକୂଳ, ତେବେ କଂଗ୍ରେସ ଦଳ ସର୍ବଦା ନିଜର ଜାତି/ଧର୍ମ ରାଜନୀତିରେ ରୁହେ ।[୪୩୩] ସ୍ୱାମୀ ଅସୀମାନନ୍ଦଙ୍କ ସମେତ ୪ ଜଣ ଅଭିଯୁକ୍ତଙ୍କୁ ସମଝୌତା ଏକ୍ସପ୍ରେସ ବୋମାମାଡ ଘଟଣାରେ 'ଗେରୁଆ ଆତଙ୍କକୁ ପ୍ରସାର କରିବା ଅଭିଯୋଗରେ ୨୦୦୭ରେ ଗିରଫ କରାଯାଇଥିବା ସମସ୍ତଙ୍କୁ ୨୦୧୯ରେ ବିଶେଷ ଏନ୍‌ଆଇଏ ଅଦାଲତ ଦ୍ୱାରା ମୁକ୍ତ କରି ଦିଆଗଲା ପରେ ସବୁ ସିଦ୍ଧାନ୍ତ ନିଷ୍ପତି ହୋଇଗଲା । କଂଗ୍ରେସ ନେତା ସୁଶୀଲ କୁମାର ସିନ୍ଦେ ଏବଂ ଦିଗ୍‌ବିଜୟ ସିଂ 'ହିନ୍ଦୁ ଆତଙ୍କ ସିଦ୍ଧାନ୍ତକୁ ଆଗକୁ ବଢାଇବାକୁ ସେମାନଙ୍କର ସବୁ ଉଦ୍ୟମ ଜାରି ରଖିଥିଲେ । ଏମିତିକି ଦିଗ୍‌ବିଜୟ ସିଂ 'ଉର୍ଦ୍ଦୁ ସହର' ଖବରକାଗଜର ସମ୍ପାଦକ ଲେଖିଥିବା '୨୬/୧୧ : ଆର୍‌ଏସଏସ କି ସାଜିସ' ପୁସ୍ତକ ଉନ୍ମୋଚନ ସମାରୋହରେ ବଡ ଆଗ୍ରହର ସହ ଯୋଗ ଦେଇଥିଲେ ।

୨୦୧୪ର ଐତିହାସିକ ନିର୍ବାଚନ ଫଳାଫଳ

୧୬ ମେ ୨୦୧୪ ସକାଳୁ କୋଟି କୋଟି ଲୋକଙ୍କ ଆଖି ଟେଲିଭିଜନ ପରଦାରେ ଲାଖି ରହିଥିଲା, କେବଳ ଭାରତରେ ନୁହେଁ, ବରଂ ବିଦେଶରେ ରହୁଥିବା ପ୍ରବାସୀ ଭାରତୀୟମାନେ ମଧ୍ୟ ଆଗ୍ରହର ସହ ନିର୍ବାଚନ ଫଳାଫଳକୁ ଅପେକ୍ଷା କରିଥିଲେ । ଭାରତ ଗତ କିଛି ଦଶନ୍ଧି ଧରି ଏକ ନିର୍ବାଚନ ପ୍ରକ୍ରିୟା ପଛରେ ଏପରି ଶକ୍ତି, ଏପରି ରୁଚି ଓ ଏପରି ଆଗ୍ରହ ଦେଖି ନ ଥିଲା । ଆଗାମୀ ଫଳାଫଳଗୁଡିକ ଏହି ନିର୍ବାଚନ ଫଳାଫଳଗୁଡିକ ଏହି ନିର୍ବାଚନ ସୃଷ୍ଟି କରିଥିବା ଉତାପ ଓ ଘର୍ଷଣକୁ ପ୍ରତିଫଳିତ କରିବାର ଥିଲା । ଏକଜିଟ ପୋଲ୍‌ର ଆକଳନ ପରେ ମୋଦି ବିରୋଧୀମାନେ ତାଙ୍କ

ଆଭିମୁଖ୍ୟ 'ମୋଦି କେବେ ବି ପ୍ରଧାନମନ୍ତ୍ରୀ ହୋଇପାରିବେ ନାହିଁ'ରୁ 'ମୋଦି ବହୁମତ ପାଇବେ ନାହିଁ' ଏବଂ ତାଙ୍କୁ ପ୍ରଧାନମନ୍ତ୍ରୀ ହେବାକୁ ଅନ୍ୟମାନଙ୍କର ସାହାଯ୍ୟ ନେବାକୁ ପଡିବ – ଏହି କଥାକୁ ବଦଳାଇ ଦେଇଥିଲେ। ୨୭୨ଟି ଆସନ ଥିଲା ବହୁମତ ପାଇବାର ସର୍ବନିମ୍ନ ସଂଖ୍ୟା। ବିଜେପି ୨୮୨ ଅର୍ଥାତ୍ ସର୍ବନିମ୍ନ ବହୁମତରୁ ଦଶଟି ଅଧିକ ସଂଖ୍ୟା ପାଇଲା। ଅନ୍ୟ ଏନ୍‌ଡିଏ ସହଯୋଗୀମାନଙ୍କ ସହ ମିଶି ଏହି ସଂଖ୍ୟା ୩୩୦ ଯାଏ ଯାଇଥିଲା। ମୋଦିଙ୍କ ଜିତିବା ସ୍ପଷ୍ଟ ହେଲା କ୍ଷଣି ଶୁଭେଚ୍ଛାର ସୁଅ ଛୁଟିଲା।

ଦିନ ୧୦.୨୬ରେ ଟୁଇଟରରେ ଥିବା ତାଙ୍କ ୯.୭ ଲକ୍ଷ ଅନୁଗାମୀମାନଙ୍କ ସହ ରାଜନାଥ ସିଂ ଏହି କଥା ବାଣ୍ଟିଲେ ଯେ ବିଜେପିର ଲୋକସଭା ନିର୍ବାଚନରେ ଉତ୍ତମ ପ୍ରଦର୍ଶନ ଯୋଗୁ ସେ ଶ୍ରୀ ନରେନ୍ଦ୍ର ମୋଦିଙ୍କୁ ଶୁଭେଚ୍ଛା ବାର୍ତ୍ତା ଜଣେଇଛନ୍ତି। ଧାରାରୁ ଜଣାଯାଉଥିଲା ଯେ ଏହା ଜୋରଦାର ବିଜୟ ହେବାକୁ ଯାଉଛି।[୪୩୪] ଦିନ ୧୨.୦୨ରେ ନିର୍ବାଚନର ହିରୋ ମଣିଷ ଜଣଙ୍କ ନିଜ ୮.୮ ନିୟୁତ ଟୁଇଟର ଅନୁଗାମୀଙ୍କୁ ଟୁଇଟ୍ କଲେ ଯେ 'ଭାରତ ଜିତିଯାଇଛି ଭଲ ଦିନ ଆସୁଛି'।

ମଧ୍ୟାହ୍ନ ସୁଦ୍ଧା ଏହା ସ୍ପଷ୍ଟ ହୋଇଯାଇଥିଲା ଯେ କଂଗ୍ରେସ କେବଳ ନିର୍ବାଚନ ହାରିନାହିଁ। ବରଂ ନିର୍ବାଚନ ଇତିହାସରେ ଏହା ଦଳର ସବୁଠୁ ବିପର୍ଯ୍ୟୟ ପରାଜୟ ହୋଇଥିଲା। ୫୪୩ ଲୋକସଭା ଆସନରେ କଂଗ୍ରେସ ଦଳ କେବଳ ୪୪ଟି ଆସନ ପାଇବାକୁ ସକ୍ଷମ ହୋଇଥିଲା। ଉତ୍ତର ପ୍ରଦେଶର କେବଳ ସୋନିଆ ଗାନ୍ଧୀ ଏବଂ ରାହୁଲ ଗାନ୍ଧୀ ଜିତିପାରିଥିଲେ। ସେମାନଙ୍କର ପରିବାରର ଆସନ ବୋଲି କୁହାଯାଉଥିବା ଆମେଠିରେ ରାହୁଲ ଗାନ୍ଧୀଙ୍କୁ ବିଜେପିର ସ୍ମୃତି ଇରାନୀ ବେଶ୍ କଡା ମୁକାବିଲା ଦେଇଥିଲେ।

ନିଜ ବିଜୟରେ ଅହଂକାର ନୁହେଁ, ବରଂ ନମ୍ରତା ପ୍ରଦର୍ଶନ କରି ଶ୍ରୀଯୁକ୍ତ ମୋଦି ନିଜ ନବେ ବର୍ଷିଆ ମା'ଙ୍କୁ ପ୍ରଣାମ କରି ଆଶୀର୍ବାଦ ଭିକ୍ଷା କରିବାକୁ ଗଲେ। ଭାରତର ସର୍ବାଧିକ କ୍ଷମତା ଥିବା ବ୍ୟକ୍ତିଙ୍କର ମା'ଙ୍କ ପାଦସ୍ପର୍ଶର ଦୃଶ୍ୟ ସିଧା ପ୍ରସାରଣ ହୋଇଥିଲା। ଏଠାରେ ଜଣେ ବ୍ୟକ୍ତି ଯିଏ ଭାରତୀୟ ପରମ୍ପରା ଏବଂ ସଂସ୍କୃତିକୁ କିପରି ଜୀବନ୍ତ ରଖିବେ ଜାଣିଥିଲେ ଏବଂ କେବଳ ପ୍ରଚାର କରି ନ ଥିଲେ, କିନ୍ତୁ ଏହା ମଧ୍ୟ ଅଭ୍ୟାସ କରିଥିଲେ।

ଆତ୍ମଘୋଷିତ ଧର୍ମନିରପେକ୍ଷ ଦଳଗୁଡିକ ଦ୍ୱାରା ଦଶନ୍ଧି ଦଶନ୍ଧି ଧରି ନିଜେ ଚୟନକର୍ତ୍ତା ଭାବରେ ବ୍ୟବହାର କରାଯିବା ପରେ ଭାରତର ସଂଖ୍ୟାଲଘୁ ସମ୍ପ୍ରଦାୟ ମୋଦି ଏବଂ ବିଜେପିର ଆରୋହଣକୁ ନେଇ ଚିନ୍ତିତ ଥିଲେ। କଂଗ୍ରେସ ଏବଂ ସେହି

ପ୍ରକାର ଚିନ୍ତାଧାରା ରଖୁଥିବା ଅନ୍ୟ ଦଳଗୁଡିକ ଦ୍ୱାରା ସେମାନଙ୍କୁ ବୁଝାଇ ଦିଆଯାଇଥିଲା ଯେ, ବିଜେପି ହେଉଛି ହିନ୍ଦୁମାନଙ୍କର ଦଳ, ଏବଂ ମୋଦିଙ୍କ ଭାରତର ସଂଖ୍ୟାଲଘୁଙ୍କ ସ୍ୱାର୍ଥକୁ ଆଦୌ ସ୍ୱୀକାର କରାଯିବ ନାହିଁ। ତେବେ ନିଜର ବିଜୟ ପରେ ସଂଖ୍ୟାଲଘୁମାନଙ୍କ ସହ ନିଜର ପ୍ରଥମ କଥାବାର୍ତ୍ତାରେ ହିଁ ମୋଦି ସେମାନଙ୍କର ଭୟ ଦୂର କରିବାକୁ ଚେଷ୍ଟା କଲେ। ସେ ସଂଖ୍ୟାଲଘୁମାନଙ୍କୁ ବୁଝାଇଲେ ଯେ ତାଙ୍କୁ ଭୋଟ୍ ଦେଇଥିବା, ନ ଦେଇଥିବା ଉର୍ଦ୍ଧ୍ୱରେ ତାଙ୍କ ସରକାର ସମସ୍ତ ଭାରତୀୟଙ୍କର । ସେ କହିଲେ ;

ଯଦିଓ ଆମେ ସରକାର ଚଳାଇବାକୁ ଏକ ସ୍ପଷ୍ଟ ବହୁମତ ପାଇଛୁ, ସମସ୍ତ ଭାରତୀୟଙ୍କୁ ସାଥିରେ ନେଇ ଭାରତକୁ ଆଗକୁ ନେବା ଆମର ଦାୟିତ୍ୱ। ଆମ ଭବିଷ୍ୟତକୁ ନିର୍ଦ୍ଧାରଣ କରିବାକୁ ସ୍ୱାଧୀନ ଭାବେ ବଞ୍ଚିବା ଆମ ସ୍ୱପ୍ନ। ଭାରତର ୧୨୫ କୋଟି ଲୋକେ ଦେଶ ପାଇଁ ଆତ୍ମବଳି ନୁହେଁ, ଦେଶ ପାଇଁ ବଞ୍ଚିବାକୁ ଭାବିବା ଉଚିତ୍। ଯଦି ୧୨୫ କୋଟି ଲୋକ ଏମିତି ରହିବାକୁ ଚାହିଁବେ ତେବେ ମୋ ଦେଶ ୧୨୫କୋଟି ପାଦ ଆଗକୁ ଯିବ ... ଆପଣମାନେ ମୋ ଉପରେ ବିଶ୍ୱାସ ରଖିଛନ୍ତି ଓ ମୁଁ ଆପଣମାନଙ୍କ ଉପରେ ବିଶ୍ୱାସ ରଖିଛି। ଏ ଦେଶର ଜନସାଧାରଣ ସେମାନଙ୍କର ଫଇସଲା ଶୁଣାଇଛନ୍ତି। ଏହି ଜନାଦେଶ କୁହେ ଯେ ଆମକୁ ୧୨୫ କୋଟି ଲୋକଙ୍କର ସ୍ୱପ୍ନକୁ ସାକାର କରିବାକୁ ହେବ। ମୋର ବହୁତ କଠିନ ପରିଶ୍ରମ କରିବା ଉଚିତ ...[୪୩୫]

ବିଜେପି ଏବଂ ମୋଦିଙ୍କ ପାଇଁ ଏହା ପ୍ରତିକ୍ଷିତ ମୁହୂର୍ତ୍ତ ଥିଲା। ଫୋନ୍ ଦ୍ୱାରା ଏବଂ ୧୪୦ ଅକ୍ଷରର ଟୁଇଟ୍ ଦ୍ୱାରା ସାରା ବିଶ୍ୱର ନେତୃବୃନ୍ଦଙ୍କଠାରୁ ଶୁଭେଚ୍ଛା ବାର୍ତ୍ତା ବର୍ଷା ହେବାକୁ ଲାଗିଲା। ପ୍ରଥମେ ବ୍ରିଟେନ୍, ତା'ପରେ କାନାଡ଼ା, ରୁଷିଆ, ଜାପାନ୍, ଦକ୍ଷିଣ ଆଫ୍ରିକା, ଫ୍ରାନ୍ସ ଏବଂ ଜର୍ମାନୀରୁ ବାର୍ତ୍ତା ଆସିଲା। ଦିନସାରା ଶୁଭେଚ୍ଛା ଦେଉଥିବା ଦେଶମାନଙ୍କ ସଂଖ୍ୟା ବଢିବାକୁ ଲାଗିଲା। ପଶ୍ଚିମ କ୍ଷେତ୍ରର ସର୍ବବୃହତ୍ କ୍ଷମତାକେନ୍ଦ୍ର ଆମେରିକାର ତତ୍କାଳୀନ ରାଷ୍ଟ୍ରପତି ବାରାକ୍ ଓବାମା ମଧ୍ୟ ଫୋନ୍ କଲେ। କୂଟନୈତିକ ସ୍ତରରେ ତାଙ୍କୁ ନିମନ୍ତ୍ରଣ କରିବା ପାଇଁ ପାଶ୍ଚାତ୍ୟ ସରକାରମାନଙ୍କ ମଧ୍ୟରେ ଆମେରିକା ସବାଶେଷରେ ଏବଂ ଅତ୍ୟଧିକ ଭ୍ରମାତ୍ମକ ପଦ୍ଧତି ଆପଣେଇଥିଲା ବୋଲି ମୋଦି ଆଦୌ ଭୁଲି ନ ଥିଲେ। ତେଣୁ, ନ୍ୟୁଜିଲାଣ୍ଡ ଏବଂ ଫିଜିକୁ ଧନ୍ୟବାଦ ଦେବାପରେ ସବାଶେଷରେ ସେ ଆମେରିକାର ଶୁଭେଚ୍ଛାକୁ ସ୍ୱୀକୃତି ଦେଲେ।[୪୩୬]

ଏହି ବିଜୟ ବିଜେପି ପାଇଁ ବାରମ୍ବାର ପ୍ରତିଧ୍ୱନିତ ହେବାପରି ବିଜୟ ଥିଲା। ଭାରତରେ ବିଭିନ୍ନ ନେତୃବୃନ୍ଦ ବିଭିନ୍ନ ପ୍ରକାର ପ୍ରତିକ୍ରିୟା ଦେଲେ। ତାଙ୍କ ଦଳ

ବିରୋଧରେ ଏହା ସ୍ପଷ୍ଟ ଜନାଦେଶ ବୋଲି ସୋନିଆ ଗାନ୍ଧୀ ସ୍ୱୀକାର କଲେ ଏବଂ ସେ ଜନମତକୁ ସମ୍ମାନର ସହ ଗ୍ରହଣ କରୁଛନ୍ତି ବୋଲି କହିଲେ। ବିପୁଳ କ୍ଷତି ପରେ ସାମ୍ବାଦିକ ସମ୍ମିଳନୀରେ ରାହୁଲ ଗାନ୍ଧୀଙ୍କ ସ୍ମିତହସ ଏହା କହୁଥିଲା ସତେଯେମିତି ୪୪ ପରି ଅତି ଅଳ୍ପ ଆସନ ସଂଖ୍ୟା କଂଗ୍ରେସ ଦଳ ପାଇଁ ପର୍ଯ୍ୟାପ୍ତ ଲଜ୍ଜାର ବିଷୟ ନ ଥିଲା। 'ଭାରତ ହିଁ ଜିତିଛି' – ଏ ତିନୋଟି ଶବ୍ଦ ହିଁ ପ୍ରଧାନମନ୍ତ୍ରୀ ମୋଦିଙ୍କ ଦ୍ୱାରା କୁହାଯାଇଥିବା ପ୍ରଥମ ବାକ୍ୟ ଥିଲା। ଦଳ ଅଧ୍ୟକ୍ଷ ରାଜନାଥ ସିଂ ଦଳର ବିଜୟ ପାଇଁ ସମସ୍ତ ଶ୍ରେୟ ମୋଦିଙ୍କ ପ୍ରଖର ନେତୃତ୍ୱକୁ ଦେଲେ। ଆଡଭାନୀ ୟୁପିଏ ସରକାରରେ ହୋଇଥିବା ଭ୍ରଷ୍ଟାଚାରକୁ ଏଥିପାଇଁ ଦାୟୀକରି କଂଗ୍ରେସକୁ ନିଜ ବଂଶବାଦ ରାଜନୀତି ବିଷୟରେ ଆତ୍ମନିରୀକ୍ଷଣ କରିବାକୁ କହିଲେ। ୱାର୍ଲ୍ଡ ଇକୋନୋମିକ ଫୋରମ୍‌ର ପ୍ରତିଷ୍ଠାତା କ୍ଲାଉସ୍ ସ୍ୱାବ ତାଙ୍କ ପୁସ୍ତକ 'ମାର୍ଚ୍ଚ ୱିଥ୍ ଏ ବିଲିୟନ'ରେ କହନ୍ତି – 'ମୁଁ ଦେଶର ଭବିଷ୍ୟତ ସମ୍ବନ୍ଧରେ ଆଗରୁ କେବେ ବି ଏବେପରି ଆଶାବାଦୀ ନ ଥିଲି। ପ୍ରଧାନମନ୍ତ୍ରୀ ମୋଦିଙ୍କ ନେତୃତ୍ୱରେ ଭାରତ ବିଶ୍ୱ ଭବିଷ୍ୟତ ଗଢିବାରେ ବେଶ୍ ପ୍ରଭାବଶାଳୀ ହେବ'।[୪୩୭]

ଆନ୍ତର୍ଜାତିକ ଗାଲିଚାରେ ପ୍ରଧାନମନ୍ତ୍ରୀ ମୋଦି

ଯଦି ନରେନ୍ଦ୍ର ମୋଦି ଲ୍ୟୁଟେନ୍ସ ଦିଲ୍ଲୀ ଏବଂ ରାଇସିନା ହିଲ୍ସକୁ ଜଣେ ବାହାର ଲୋକ ଭାବେ ଆସିଲେ, ତେବେ ସେ ଅନ୍ତର୍ଜାତୀୟ ଭୂ ରାଜନୈତିକ କ୍ଷେତ୍ରକୁ ଏକ ଅସ୍ପୃଶ୍ୟ ବ୍ୟକ୍ତି ହିସାବରେ ଆସିଥିଲେ। ଆମେ ଭୁଲିବା ଉଚିତ ନୁହେଁ ଯେ ବାମପନ୍ଥୀ ଉଦାରବାଦର ପ୍ରବକ୍ତାମାନଙ୍କର ନିରନ୍ତର ଅଭିଯାନ ଗଠନରେ ମୋଦିଙ୍କୁ ବିଶ୍ୱସମୁଦାୟରେ କିପରି ଅଲଗା ମଣିଷଭାବେ ଦେଖାଯାଉଥିଲା ଏବଂ କିପରି ଆମେରିକା ତାଙ୍କୁ ଭିଜା ନ ଦେବାକୁ କଳା ତାଲିକାଭୁକ୍ତ କରିଥିଲା – ଏକଥା 'ଡେଲି ଓ' ଆଲେଖ୍ୟରେ ଶ୍ରୀ ସନ୍ଦୀପ ଘୋଷ ଲେଖିଛନ୍ତି।[୪୩୮]

ମୋଦି ଲ୍ୟୁଟେନ୍ସ ଦିଲ୍ଲୀ ଏବଂ ଅନ୍ତର୍ଜାତୀୟ ସମ୍ବନ୍ଧର ସମ୍ମୁଖୀନ ହେଲେ। ନିଜ ଶପଥ ଗ୍ରହଣ ଉତ୍ସବକୁ ତତ୍କାଳୀନ ପାକିସ୍ତାନ ପ୍ରଧାନମନ୍ତ୍ରୀ ନୱାଜ ସରିଫଙ୍କୁ ମୋଦିଙ୍କର ନିମନ୍ତ୍ରଣ କରିବା ଅନେକଙ୍କୁ ସ୍ତମ୍ଭୀଭୂତ କରିଦେଇଥିଲା। ଏହା ନୱାଜ ସରିଫଙ୍କୁ ଆଶ୍ଚର୍ଯ୍ୟାନ୍ୱିତ କରିଥିଲା। ସରିଫ ମଧ୍ୟ ମନା କରିପାରିଲେ ନାହିଁ, ନଚେତ୍ ଭାରତ ପାକ୍ ସମ୍ବନ୍ଧକୁ ଉତ୍ତମ କରିବାର ରାସ୍ତାରେ ସେ ବାଧା ସୃଷ୍ଟି କରୁଛନ୍ତି ବୋଲି ଅଭିଯୋଗ ହୋଇଥାନ୍ତା। ପାକିସ୍ତାନ ସେନାର ଅସନ୍ତୋଷ ସତ୍ତ୍ୱେ ସେ ହଁ କହିଲେ ଏବଂ ଶପଥ ଗ୍ରହଣ ଉତ୍ସବରେ ଯୋଗ ଦେଲେ।

ନିଜ ପୁସ୍ତକ 'ମୋଦି'ଓ ୱାଲ୍ଡ : ଏକ୍ସପାଣ୍ଡିଂ ଇଣ୍ଡିଆସ୍ ସ୍ଫିଅର ଅଫ୍ ଇନ୍‌ଫ୍ଲୁଏନ୍ସ'ରେ ଭାରତର ପ୍ରମୁଖ ରଣନୀତିକାର ବିଶ୍ଳେଷକ ସି. ରାଜାମୋହନ ଯୁକ୍ତି କରନ୍ତି ଯେ ମୋଦିଙ୍କ ବୈଦେଶିକ ନୀତି ଭାରତରେ ତୃତୀୟ ଗଣତନ୍ତ୍ରର ଆରମ୍ଭ ବିଷୟରେ ଜଣାଇଥାଏ ।[୪୩୯] ପ୍ରଥମଟି ନେହେରୁଙ୍କ ଯୁଗ ଏବଂ ଦ୍ୱିତୀୟଟି ୧୯୯୦ ଦଶକରେ ଅର୍ଥନୈତିକ ସଂସ୍କାରର ମନମୋହନ ଯୁଗ ବୋଲି କୁହାଯାଇଥାଏ । ଗତ ୫ ବର୍ଷ ମଧ୍ୟରେ ଭାରତ ବିଶ୍ୱସ୍ତରରେ ଏକ ପ୍ରମୁଖ ଖେଳାଳି ଭାବରେ ନିଜର ସ୍ଥିତିରେ ଏକ ଗୁରୁତ୍ୱପୂର୍ଣ୍ଣ ପରିବର୍ତ୍ତନ ଦେଖିଛି – ଗଣତନ୍ତ୍ର ଦିବସ ସମାରୋହରେ ଓବାମା ମୁଖ୍ୟ ଅତିଥି ହେବା, ୩୦ଜଣ ଆମେରିକାନ କଂଗ୍ରେସ ଲୋକଙ୍କ ସହ ମାଡିସନ୍ ସ୍କୋୟାର ଗାର୍ଡେନ୍‌ରେ ସମାବେଶ, ସିନ୍‌ଜୋ ଆବେଙ୍କୁ ଆଲିଙ୍ଗନ, ଜି ଜିନ୍ ପିଙ୍ଗଙ୍କ ସହ ବୈଠକ, ୟେମେନରୁ ଭାରତୀୟମାନଙ୍କୁ ସୁରୁଖୁରୁରେ ସ୍ଥାନାନ୍ତର, ନେପାଳରେ ରିଲିଫ୍ ପରିଚାଳନା ଏବଂ ମଧ୍ୟ ଓ ପୂର୍ବ ଏସିଆର ଏକୀକୃତ ଯାତ୍ରା, ଡୋକଲାମ କୂଟନୀତି ଏବଂ ପାକିସ୍ତାନ ଉପରେ ଦୁଇଟି ନିର୍ଣ୍ଣାୟକ ସର୍ଜିକାଲ୍ ଷ୍ଟ୍ରାଇକ୍ ଆଦି ଯା ମଧ୍ୟରେ ଅନ୍ତର୍ଭୁକ୍ତ । ଏହା ଏକ ବୃହତ୍ ଭୂମିକା ଗ୍ରହଣ କରିବାକୁ ଏବଂ ଅନ୍ୟ ଦେଶମାନଙ୍କ ସହ ଜଡିତ ହେବାର ଇଚ୍ଛା, ଯାହା ଭାରତକୁ କୂଟନୈତିକ ସମ୍ପର୍କରେ ଏକ ନୂତନ ସ୍ୱାଭାବିକ ସମ୍ପର୍କ ଗଠନ କରିବାରେ ସାହାଯ୍ୟ କରିଛି ।

ଅବଜରଭର ରିସର୍ଚ୍ଚ ଫାଉଣ୍ଡେସନ୍ (ଓଆର୍‌ଏଫ୍)ର ରଣନୀତିକ ପାଠ୍ୟକ୍ରମ ବିଭାଗୀୟ ମୁଖ୍ୟ ହର୍ଷ. ଭି. ପନ୍ଥ ଲେଖନ୍ତି :

ଗଠନମୂଳକ କାରକଗୁଡିକ ସେମାନଙ୍କର ବିଷୟବସ୍ତୁ ଗଠନ କରିବାରେ ଅଧିକ ଗୁରୁତ୍ୱପୂର୍ଣ୍ଣ, କିନ୍ତୁ ଯଦି ଆମେ ଅତି ନିକଟରୁ ଦେଖିବା ତେବେ ଆମେ ଜାଣିବା ଯେ ଭାରତୀୟ ବୈଦେଶିକ ନୀତିରେ କିଛି ମହତ୍ତ୍ୱପୂର୍ଣ୍ଣ ପରିବର୍ତ୍ତନ ହୋଇଛି । ଯେତେବେଳେ ଅତୀତରେ ଭାରତୀୟ କୂଟନୀତି ବିଶ୍ୱ ରାଜନୀତିରେ ପରିବର୍ତ୍ତନକୁ ଲୁଚିଛପି ଜବାବ ଦେଉଥିଲା, ସେତେବେଳେ ମୋଦି ସରକାର ଭାରତର ବୈଦେଶିକ ନୀତିକୁ ବଦଳାଇବାକୁ ଉଦ୍ୟମ କରିଛନ୍ତି । ସୁଦୃଢ଼ ଭାରତ - ଆମେରିକା ସମ୍ପର୍କର ଆବଶ୍ୟକତାକୁ ସ୍ପଷ୍ଟ କରିବାର ଅତୀତର କଷ୍ଟକର ଦିନ ସବୁ ସରିଯାଇଛି । ଇସ୍ରାଏଲ୍ ସହ ଭାରତର ସମ୍ପର୍କ ପରିଶେଷରେ ବନ୍ଦ ବାକ୍ସ ଭିତରୁ ବାହାରକୁ ଆସିଛି ଏବଂ ଏକ ପରିବର୍ତ୍ତନ ପାଇଁ ସବୁବେଳେ ବେଜିଂ ଭାରତକୁ ଆହ୍ୱାନ କରିବା ପରିବର୍ତ୍ତେ, ଭାରତ ଠିଆ ହୋଇ ଚାଇନା ସମ୍ମୁଖରେ ନିଜ ବାହ୍ୟ ରୂପରେଖ ବିଷୟରେ ଆହ୍ୱାନ କରୁଛି । ଗୋଷ୍ଠୀ ନିରପେକ୍ଷତାକୁ ଏକ ସଭ୍ୟ ସମାଧି ଦିଆଯାଇଛି ଏବଂ କଡ଼ା ପ୍ରତିକ୍ରିୟା ଆଧାରରେ ପ୍ରମୁଖ ଶକ୍ତି କୂଟନୀତି ଚାଲିଛି । ଗୋଷ୍ଠୀ ନିରପେକ୍ଷ ନାମରେ ନୂଆଦିଲ୍ଲୀ

ଅନେକ ଦିନଧରି ଚୀନର କାଞ୍ଚନିକ ବା ଅନ୍ୟ ପ୍ରକାରର ସମ୍ବେଦନଶୀଳତାକୁ ଅଯଥା ଗୁରୁତ୍ୱ ଦେଇ ଆସୁଥିଲା। ବର୍ତ୍ତମାନ ଭାରତ ଚୀନ ପରିଧିରେ ଚାପ ବିନ୍ଦୁ ନିର୍ମାଣ କରୁଛି ଏବଂ ଭାରତ - ପ୍ରଶାନ୍ତ ମହାସାଗରକୁ ସ୍ଥିର କରିବା ପାଇଁ ଆମେରିକା, ଜାପାନ୍ ଏବଂ ଅଷ୍ଟ୍ରେଲିଆ ଭଳି ଶକ୍ତି ବ୍ୟବହାର କରିବାରେ ଦ୍ୱିଧା ପ୍ରକାଶ କରୁନାହିଁ। ଭାରତୀୟ ବୌଦ୍ଧିକ ପ୍ରତିଷ୍ଠାନର ବିଭାଗଗୁଡିକ ଆମେରିକୀୟ ବିରୋଧୀ ବିରୋଧକୁ ବଜାୟ ରଖିଥିବାବେଳେ, ମୋଦି ନିଜ ଦେଶର ଘରୋଇ ବିକାଶର ଆଜେଣ୍ଡା ପାଇଁ, ନିଜ ପୁଞ୍ଜି ଓ ପ୍ରଯୁକ୍ତି ବିଦ୍ୟାର ଉପଯୋଗ କରିବା ପାଇଁ ଆମେରିକା ସହ ଏକ ନୂଆ ସହଭାଗୀ ସମ୍ପର୍କ ଗଢିବାକୁ ନିଜର ନିର୍ଣ୍ଣାୟକ ଜନାଦେଶକୁ ବ୍ୟବହାର କରିଛନ୍ତି। ଚିନ୍‌ର ବଢୁଥିବା ଆଞ୍ଚଳିକ ଶକ୍ତି ଏବଂ ଦୃଢତା ପାଇଁ ସେ ଭାରତର ଆହ୍ୱାନକୁ ସ୍ଥାନିତ କରିବାରେ ଆଦୌ ଅସ୍ପଷ୍ଟ ନୁହନ୍ତି।[୪୪୦]

ପୂର୍ବରୁ କୁହାଯାଇଥିବା ବୈଦେଶିକ ନୀତିରୁ ଏହି ବିଦାୟର ଫଳାଫଳ ସ୍ୱରୂପ ଭାରତ ସହଯୋଗୀମାନଙ୍କ ସହ ନିବିଡ଼ ସମ୍ପର୍କ ସ୍ଥାପନ କରିଥିବାବେଳେ ଅନ୍ୟ ଅନେକ ଦେଶ ଭାରତକୁ ସେମାନଙ୍କ ବିକାଶ ଯାତ୍ରାରେ ଏକ ପ୍ରମୁଖ ରଣନୀତିକ ଅଂଶୀଦାର ଭାବରେ ଦେଖିବା ଆରମ୍ଭ କରିଛନ୍ତି। ସହଭାଗୀ ନୀତି ଏବଂ ମୂଲ୍ୟବୋଧ, ଏକ ସାଂସ୍କୃତିକ ଇତିହାସ ଓ ସାଧାରଣ ଆହ୍ୱାନ ଉପରେ ଆଧାର କରି ଏକ ପ୍ରାକୃତିକ ଗଠବନ୍ଧନ ଧାରଣା ଆଡକୁ ପରିବର୍ତ୍ତିତ ହୋଇଛି। ଏହାଦ୍ୱାରା ଭାରତ ପୃଥିବୀର ଏକାଧିକ ଦେଶ ସହିତ ଏକ ନୂତନ ପ୍ରକାରର ଗଠବନ୍ଧନ ସୃଷ୍ଟି କରିଛି।[୪୪୧]

୨୦୦୮ର ଆର୍ଥିକ ସଂକଟର ପରବର୍ଷଗୁଡିକରେ ମଧ୍ୟ ଚିନ୍‌ର ପୁନରୁତଥାନ ଦେଖିବାକୁ ମିଳିଲା। ଏହାର 'ଏକ ବେଲ୍ଟ ଏକ ରାସ୍ତା' (ଓବିଓଆର) ନୀତି ଏସିଆରେ ବାଣିଜ୍ୟର ପଦ୍ଧତିକୁ ବଦଳେଇବାର ଥିଲା। ଏହି ଯୋଜନାରେ କୋଟି କୋଟି ଆମେରିକୀୟ ଡଲାର ପୁଞ୍ଜି ବିନିଯୋଗ ହୋଇଛି ଏବଂ ଅଶୀଟି ଦେଶ ଓ ସଙ୍ଗଠନ ଏ କାର୍ଯ୍ୟରେ ସହଯୋଗ କରିବାକୁ ଚିନ୍ ସହ ବାଧ୍ୟତାମୂଳକ ଭାବେ ଏକ ଚୁକ୍ତିନାମା କରିଛନ୍ତି। ନିଜ ଦୈନନ୍ଦିନ ଖର୍ଚ୍ଚ ପାଇଁ ଚୀନ ଉପରେ ଅତ୍ୟଧିକ ନିର୍ଭରଶୀଳ ପାକିସ୍ତାନ ଏହି ଯୋଜନାର ତୁରନ୍ତ ଶିକାର ହେଲା। ଅଷ୍ଟଦେଶୀୟ ସାଂଘାଇ ସହଯୋଗ ସଙ୍ଗଠନ (ଏସ୍‌ସିଓ)ର ସଦସ୍ୟ ଭାବେ ଭାରତ ଏକମାତ୍ର ଦେଶ, ଯିଏକି ଚୀନର 'ଏକ ବେଲ୍ଟ ଏକ ରାସ୍ତା' ବା ବେଲ୍ଟ ଏବଂ ରାସ୍ତା ପଦକ୍ଷେପ ଭାବରେ ଜଣାଶୁଣା ପ୍ରସ୍ତାବକୁ ସମର୍ଥନ ନ ଦେଇ ବିରୋଧ କରିଥିଲା। ଏପରିକି କ୍ଷମତାଶାଳୀ ରୁଷିଆ ମଧ୍ୟ ଏ ପ୍ରଲୋଭନ ପାଖରେ ନତମସ୍ତକ ହେଇଥିଲା, କିନ୍ତୁ ମୋଦି ସରକାର ଆଉ ଥରେ ଦୋହରାଇଲେ ଯେ ଏହିପରି ସହଯୋଗକୁ ସଦସ୍ୟ ରାଷ୍ଟ୍ରମାନଙ୍କର ଆଞ୍ଚଳିକ ଅଖଣ୍ଡତା

ଏବଂ ସେମାନଙ୍କର ସାର୍ବଭୌମତାକୁ ସମ୍ମାନ କରିବାକୁ ପଡିବ। ୫୦ ବିଲିଅନ୍ ଡଲାରର ଚିନ୍ ପାକିସ୍ତାନ ଅର୍ଥନୈତିକ କରିଡର ପ୍ରକଳ୍ପ ପାକିସ୍ତାନ ଅଧିକୃତ କଶ୍ମୀର ଦେଇ ଗତି କରୁଥିବା ଏ କଥାର ପ୍ରମାଣ।

ମୋଦିଙ୍କ ବହୁଚର୍ଚ୍ଚିତ ବୈଦେଶିକ ଗସ୍ତ ଯୋଗୁ ଭାରତ ଆଜି ବିଶ୍ୱ ରାଜନୀତିରେ ଏକ ଭିନ୍ନ ସ୍ଥିତିକୁ ନିର୍ଦ୍ଦେଶ ଦେଇଛି : ଭାରତର ଜଣେ ପ୍ରମୁଖ ଶିଳ୍ପପତି ରାହୁଲ ବଜାଜଙ୍କ ଏହି ବିବୃତିରୁ ଏହା ଜଣାଯାଇଛି। 'ଦି ଇକୋନମିକ୍ ଟାଇମ୍ସ'ର ଏକ ଆଲେଖ୍ୟ ଅନୁଯାୟୀ :

ବିଶ୍ୱ ଅର୍ଥନୈତିକ ମଞ୍ଚ (ଡବ୍ଲ୍ୟୁ.ଇ.ଏଫ୍.ର ବାର୍ଷିକ ବୈଠକରେ ଭାରତର ସବୁଠୁ ବରିଷ୍ଠ ପ୍ରତିନିଧି ରାହୁଲ ବଜାଜ୍ ପଚାରିଲେ ଯେ ଏହି ବର୍ଷ କିପରି ଭିନ୍ନ ଓ ସ୍ୱତନ୍ତ୍ର ତାହା ଆପଣମାନେ ଜାଣିଛନ୍ତି କି ? ଐତିହାସିକ ଭାବେ ସର୍ବଦଳୀୟ ବୈଠକ ସାଧାରଣତଃ ସନ୍ଧ୍ୟାରେ ଆରମ୍ଭ ହୁଏ, କିନ୍ତୁ ପ୍ରଧାନମନ୍ତ୍ରୀ ମୋଦିଙ୍କ ବ୍ୟସ୍ତବହୁଳ କାର୍ଯ୍ୟସୂଚୀ ସହ ସମନ୍ୱୟ ରଖି ସେମାନେ ମଙ୍ଗଳବାର ପୂର୍ବାହ୍ନ ୧୧ଟାରେ ବୈଠକ ରଖିବାକୁ ରାଜି ହୋଇଛନ୍ତି – ୩୯ ବର୍ଷ ଧରି ଡାଭୋସ ସମ୍ମିଳନୀରେ ଯୋଗ ଦେଇଥିବା ପ୍ରମୁଖ ବ୍ୟକ୍ତି ହୋଟେଲ୍ ଲବି ବାହାରେ ସରକାରମାନଙ୍କର ମୁଖିଆ ଭାବେ ପ୍ରତିନିଧିତ୍ୱ କରୁଥିବା ପ୍ରମୁଖ ବ୍ୟକ୍ତିଗଣ, ପ୍ରମୁଖ କ୍ଷମତାରେ ମୁଖ୍ୟ କାର୍ଯ୍ୟନିର୍ବାହୀ ଗଣ, ଚିନ୍ତକ ନେତୃବୃନ୍ଦ, ପପ୍ ଆଇକନ୍, ଉଦାରବାଦୀ ଗଣ, ଦୁଇ ଦଶନ୍ଧି ମଧ୍ୟରେ ସର୍ବାଧିକ ତୁଷାରପାତ ହୋଇଥିବା ଡାଭୋସ କ୍ଲଷ୍ଟର୍ସର ସ୍କାଇ ରିସୋର୍ଟ ଉପରେ ଓହ୍ଲାଇବାକୁ ସ୍ଥିର କଲେ। ଏହା ପ୍ରମାଣିତ କରୁଥିଲା ଯେ ଭାରତ ଏବଂ ମୋଦି କିପରି ଭାବେ ବିଶ୍ୱ ଅର୍ଥନୀତିକ ମଞ୍ଚ ପାଇଁ ରଣନୀତି ସ୍ଥିର କରିଥିଲେ।[୪୪୨]

ଆଜିଯାଏ ଆଞ୍ଚଳିକ ମାନଚିତ୍ରରେ ଅଜଣା ଥିବା 'ଡୋକଲାମ' ନାମକ ସ୍ଥାନଟିଏ ଅଚାନକ ୨୦୧୭-୧୮ରେ ଚର୍ଚ୍ଚାକୁ ଆସିଲା। ଭାରତ, ଚିନ୍ ଓ ଭୁଟାନ ମଧ୍ୟରେ ଡୋକଲାମ ତ୍ରିସଂଯୋଗ ସ୍ଥାନ ଅଟେ ଏବଂ ୧୯୬୦ ଆରମ୍ଭରୁ ଭୁଟାନ୍ ଓ ଚିନ୍ ମଧ୍ୟରେ ଏକ ବିବାଦୀୟ ଅଞ୍ଚଳ ରୂପେ ରହିଆସିଛି। ଚିନ୍ ବେନିୟମ ଭାବେ ସେ ଅଞ୍ଚଳରେ ନିର୍ମାଣ କାର୍ଯ୍ୟ କରୁଥିଲା ଏବଂ ଫଳସ୍ୱରୂପ ଭୁଟାନ ବିରୋଧ କଲା। ଉପଗ୍ରହ ପ୍ରତିଛବିଗୁଡିକ ଚାଇନା ପକ୍ଷରୁ ନିକଟରେ ହୋଇଥିବା ଘଟଣା କ୍ରମକୁ ପ୍ରମାଣିତ କରିଥିଲା - ଅନେକ ଅର୍ଦ୍ଧ ସାମରିକ ବାହିନୀର ମୁତୟନ, କିଛି ହେଲିପ୍ୟାଡ୍ ଏବଂ ନୂତନ ଖାଲ ଯେଉଁଠାରେ ଭାରତୀୟ ଚିନ୍ ସୈନ୍ୟବାହିନୀ ମୁହାଁମୁହିଁ ହୋଇଥିଲେ। ଭୁଟାନର ସମର୍ଥନ ପାଇଁ ଭାରତୀୟ ସୈନ୍ୟବାହିନୀ ଏହି ସଡ଼କ ନିର୍ମାଣକୁ ବିରୋଧ କରିଥିଲେ ଏବଂ ଚୀନାମାନଙ୍କର ଅଗ୍ରଗତିକୁ ପ୍ରତିରୋଧ କରିଥିଲେ। ମାସାଧିକ ଧରି

ଚାଲିଆସୁଥିବା ବିବାଦ, ଗତିରୋଧ ଏବଂ ମୌଖିକ ଭାଷଣବାଜି ପରେ ମଧ୍ୟ ଭାରତ ନିଜ ସ୍ଥିତି ବଦଳେଇବାକୁ ମନା କରିଦେଇଥିଲା ଏବଂ ଚୀନ୍ ନିଜ ପୂର୍ବସ୍ଥିତିକୁ ଫେରିବାକୁ ବାଧ୍ୟ ହୋଇଥିଲା। ନିକଟ ଅତୀତରେ ଦୁଇ ବୃହତ୍ ଏସୀୟ ମହାଶକ୍ତି ମଧ୍ୟରେ ଏହା ପ୍ରମୁଖ ମୁହାଁମୁହିଁ ଥିଲା। ଚୀନ ବାଧ୍ୟ ହୋଇ ନିଜ ସ୍ଥିତିକୁ ଫେରିଯିବା କେବଳ ମୋଦି ସରକାରଙ୍କ ନୂତନ ଦୃଢ ଓ ଅନ୍ତର୍ଜାତୀୟ ସମର୍ଥନ ହାସଲ କରିଥିବା ବିଦେଶ ନୀତି ଯୋଗୁ ହିଁ ସମ୍ଭବପର ହୋଇପାରିଥିଲା। ଅନେକ ପ୍ରମୁଖ ଦେଶ ଯେପରିକି ଆମେରିକା, ବ୍ରିଟେନ୍ ଓ ଅଷ୍ଟ୍ରେଲିଆ ଆଦି ଏହି ପ୍ରସଙ୍ଗରେ କୂଟନୈତିକ ସଂକଳ୍ପକୁ ସମର୍ଥନ ଦେଲେ ଏବଂ ଜାପାନ ଭାରତକୁ ପୂର୍ଣ୍ଣ ସମର୍ଥନ ଦେଲା। ପରିସ୍ଥିତି ଖରାପ ହେବା ଦେଖି ଚୀନ୍ ସେନା ନିଜ ପୂର୍ବସ୍ଥିତିକୁ ଫେରିଗଲା ଏବଂ ଭାରତୀୟ ସେନାର ମଧ୍ୟ ସେଠାରେ ରହିବାର କୌଣସି ଆବଶ୍ୟକତା ନ ଥିଲା।

ମୋଦିଙ୍କ ଦ୍ୱାରା ନିଆଯାଇଥିବା ଆଉ ଏକ ଗୁରୁତ୍ୱପୂର୍ଣ୍ଣ ପଦକ୍ଷେପ ହେଉଛି ଚାବାହର ବନ୍ଦରର ବିକାଶ। ୨୦୧୮ରେ ଦକ୍ଷିଣ ପୂର୍ବ ଇରାନ୍‌ରେ ବନ୍ଦରର ବିକାଶ ପାଇଁ ଭାରତ ଓ ଇରାନ୍ ମଧ୍ୟରେ ଏକ ୮୫ ନିୟୁତ ଡଲାରର ଚୁକ୍ତି ସ୍ୱାକ୍ଷରିତ ହେଲା। ଏହି ଚୁକ୍ତି ଲିଜ୍ ସାହିଦ ବେହେସ୍ତି ବନ୍ଦରର (ଚାବାହର ବନ୍ଦରର ପ୍ରଥମ ଭାଗ) କାର୍ଯ୍ୟ ନିୟନ୍ତ୍ରଣ ଭାରତକୁ ହସ୍ତାନ୍ତର କରିଥିଲା ଏବଂ ଏହି ଚୁକ୍ତି ନୂଆଦିଲ୍ଲୀରେ ଭାରତର ପ୍ରଧାନମନ୍ତ୍ରୀ ମୋଦି ଏବଂ ଇରାନ୍‌ର ରାଷ୍ଟ୍ରପତି ହସନ୍ ରୁହାନିଙ୍କ ଉପସ୍ଥିତିରେ ସ୍ୱାକ୍ଷରିତ ହୋଇଥିଲା। ଏବେ ଭାରତକୁ ଇରାନ୍, ଆଫଗାନିସ୍ତାନ ଏବଂ ସେହି ଅଞ୍ଚଳର ଅନ୍ୟଦେଶ ସହିତ ବାଣିଜ୍ୟ କରିବାକୁ ଆଉ ପାକିସ୍ତାନର ଦୟା ଉପରେ ନିର୍ଭର କରିବାକୁ ପଡୁନାହିଁ।[୪୪୩] ବନ୍ଦର କାର୍ଯ୍ୟକ୍ଷମ ହୋଇସାରିଛି । ଫେବୃଆରୀ ୨୦୧୯ରେ ଆଫଗାନିସ୍ତାନର ରାଷ୍ଟ୍ରପତି ଆସାରାଫ ଘାନି ପଶ୍ଚିମ ନିମ୍ରୋଜ ପ୍ରଦେଶରୁ ପ୍ରଥମ ଆଫଗାନି ମାଲ୍ ପରିବହନକାରୀ ଜାହାଜକୁ ଇରାନ୍‌ର ଚାବାହାର ବନ୍ଦର ମଧ୍ୟଦେଇ ଭାରତକୁ ରପ୍ତାନି କରିବାକୁ ପତାକା ଦେଖାଇ ବିଦାୟ ଦେଇଥିଲେ। ୨୩ଟି ଟ୍ରକକୁ ନେଇ ଗଠିତ ସାମଗ୍ରୀ ୫୭୦ ଟନ୍ ସାମଗ୍ରୀ ପରିବହନ କରୁଥିଲା।[୪୪୪]

ମାନବ ସଭ୍ୟତାକୁ ଭାରତୀୟ ସଭ୍ୟତାର ସର୍ବବୃହତ୍ ଅବଦାନ ହେଉଛି 'ଯୋଗ', ଆନ୍ତର୍ଜାତିକ ଯୋଗ ଦିବସ ପାଳନ ହେବା ପୂର୍ବରୁ କେବେ ଏତେ ଆକର୍ଷଣର କେନ୍ଦ୍ରବିନ୍ଦୁ ହୋଇ ନ ଥିଲା। ୨୭ ସେପ୍ଟେମ୍ବର ୨୦୧୪ରେ ଜାତିସଂଘର ସାଧାରଣ ପରିଷଦରେ ନିଜ ଉଦ୍‌ବୋଧନ ଅବସରରେ ପ୍ରଧାନମନ୍ତ୍ରୀ ମୋଦି ଆନ୍ତର୍ଜାତିକ ଯୋଗ ଦିବସର ପ୍ରସ୍ତାବ ରଖିଥିଲେ। ସର୍ବମୋଟ୍ ୧୭୭ଟି ଦେଶ ଏହି ପ୍ରସ୍ତାବକୁ ସମର୍ଥନ ଦେଇ ସଂକଳ୍ପ ପାରିତ କରିଥିଲେ ଏବଂ ପୂର୍ବରୁ କୌଣସି ସଂକଳ୍ପ ପାରିତ

ପାଇଁ ଏତେ ସମର୍ଥନ ମିଳି ନ ଥିଲା। ଯୋଗ ହେଉଛି ଭାରତୀୟ ପ୍ରାଚୀନ ପରମ୍ପରାର ଏକ ଦୁର୍ମୂଲ୍ୟ ଉପହାର। ଏହା ଶରୀର ଓ ମନର ଏକତା, ଚିନ୍ତା ଏବଂ କାର୍ଯ୍ୟ, ସଂଯମତା ଏବଂ ପୂର୍ଣ୍ଣତା, ମନୁଷ୍ୟ ଏବଂ ପ୍ରକୃତି ମଧ୍ୟରେ ସମନ୍ୱୟ, ସ୍ୱାସ୍ଥ୍ୟ ଏବଂ ସୁସ୍ଥତା ପାଇଁ ଏକ ସାମଗ୍ରିକ ଆଭିମୁଖ୍ୟକୁ ଧାରଣ କରେ। ଏହା କେବଳ ବ୍ୟାୟାମ ନୁହେଁ, ବରଂ ନିଜ ସହ ଜଗତ ଏବଂ ପ୍ରକୃତିର ଏକତ୍ୱର ଭାବନାର ଆବିଷ୍କାର କରିବା ସହ ଆମ ଜୀବନଶୈଳୀକୁ ପରିବର୍ତ୍ତନ କରି ଭିନ୍ନ ଚେତନା ସୃଷ୍ଟି କରି କଲ୍ୟାଣକାରୀ ହୋଇଥାଏ। କିଛି ବର୍ଷ ପୂର୍ବରୁ ମଧ୍ୟପ୍ରଦେଶ ଓ ରାଜସ୍ଥାନ ପରି ବିଜେପି ଶାସିତ ରାଜ୍ୟରେ ସ୍କୁଲ୍ ପାଠ୍ୟକ୍ରମରେ ଅନ୍ତର୍ଭୁକ୍ତ 'ଯୋଗ', ଯାହାକୁ ସାମ୍ପ୍ରଦାୟିକ କୁହାଯାଉଥିଲା, ବର୍ତ୍ତମାନ ଆନ୍ତର୍ଜାତିକ ସ୍ୱୀକୃତି ପାଇଲା। ଏହିପରି ପଦକ୍ଷେପ ଭାରତକୁ ଅନ୍ତର୍ଜାତୀୟ ସ୍ତରରେ ଏହାର କୋମଳ ସାଂସ୍କୃତିକ ଶକ୍ତି ପ୍ରଦର୍ଶନ କରିବାରେ ସାହାଯ୍ୟ କରେ।

ମୋଦିଙ୍କ ନେତୃତ୍ୱରେ ଭାରତ ଆମେରିକା ସମେତ ପ୍ରମୁଖ ଶକ୍ତିମାନଙ୍କ ସହ ସମାନ ସର୍ତ୍ତରେ ଯୋଗାଯୋଗ କରିବାରେ ସଫଳ ହୋଇଛି। ଯେତେବେଳେ ପ୍ରାୟ ଅନେକ ଦେଶ, ଏପରିକି ଆମେରିକା- ନାଟୋ ସହଯୋଗୀ ଦେଶ ମଧ୍ୟ ଟ୍ରମ୍ପ ପ୍ରଶାସନ ସହ କଠିନ ସମୟ ବିତାଉଛନ୍ତି ସେତେବେଳେ ଭାରତ ଟ୍ରମ୍ପ ପ୍ରଶାସନ ସହ ଉତ୍ତମ ସମ୍ପର୍କ ରଖିବାରେ ସକ୍ଷମ ହୋଇଛି। ଆମେରିକା ବର୍ତ୍ତମାନ ଭାରତକୁ ଏକ ରଣନୀତିକ ଭାଗୀଦାର ତଥା ଏକ ଶକ୍ତିଶାଳୀ ନେତାଙ୍କ ନେତୃତ୍ୱରେ ଏକ ଭିନ୍ନ ଦେଶ ଭାବରେ ଦେଖୁଛି ଯାହା କଠୋର ନିଷ୍ପତ୍ତି ନେବାକୁ ପଛଘୁଂଚ ଦେବନାହିଁ।[୪୪୫]

ଅନ୍ତର୍ଜାତୀୟ ସ୍ତରରେ ଅକ୍ଲାନ୍ତ ପରିଶ୍ରମ ହେତୁ ମୋଦି ବିଶ୍ୱନେତାଙ୍କ ସହ ନିଜର ବ୍ୟକ୍ତିତ୍ୱ ମାଧ୍ୟମରେ ଚୀନ୍, ମାଲଦ୍ୱୀପ ଏବଂ ଶ୍ରୀଲଙ୍କା ସହ ଭାରତର ସମ୍ପର୍କ ସୁଦୃଢ଼ କରିବାକୁ ସଫଳ ହୋଇଛନ୍ତି। ଏହା ଭାରତକୁ ଏସିଆର ପଡୋଶୀ ଦେଶମାନଙ୍କ ସହିତ ସ୍ଥାୟୀ ଆର୍ଥିକ, ଭୌଗୋଳିକ ସେତୁ ନିର୍ମାଣ କରିବାରେ ସାହାଯ୍ୟ କରିଛି ଏବଂ ଆମେରିକା ଓ ରୁଷିଆ ସହିତ ଏହାର ରଣନୀତିକ ସଙ୍ଗଠନକୁ ମଜଭୁତ କରିଛି। କେବଳ ପଡୋଶୀମାନଙ୍କ ସହ ନୁହେଁ, ବରଂ ପୂର୍ବତନ ଆମେରିକାନ ରାଷ୍ଟ୍ରପତି ବାରାକ ଓବାମା ଏବେକାର ଆମେରିକୀୟ ରାଷ୍ଟ୍ରପତି ଟ୍ରମ୍ପ, ଜାପାନର ପ୍ରଧାନମନ୍ତ୍ରୀ ସିନ୍‌ଜୋ ଆବେ, ଚୀନ୍‌ର ରାଷ୍ଟ୍ରମୁଖ୍ୟ ଜି ଜିନ୍ ପିଙ୍ଗ ଏବଂ ଇସ୍ରାଏଲର ପ୍ରଧାନମନ୍ତ୍ରୀ ବେଞ୍ଜାମିନ ନେତାନ୍ୟାହୁଙ୍କ ସହ ମୋଦି ଏବେ ବ୍ୟକ୍ତିଗତ ସମୀକରଣ ସହଭାଗ କରୁଛନ୍ତି। ଏହିସବୁ ଘଟଣା ବିଶ୍ୱକୁ ଭାରତ ଏବଂ ଏହାର ପ୍ରସଙ୍ଗକୁ ଦୃଷ୍ଟି ଦେବାକୁ ବାଧ୍ୟ କରିଛି।

ଭାରତୀୟ ସେନା ଉପରେ ପୁଲଓ୍ୱାମାଠାରେ ୨୦୧୯ ଫେବୃଆରୀ ୧୪ରେ

ଆତଙ୍କବାଦୀ ଆକ୍ରମଣ ପରେ ଭାରତ ଯେତେବେଳେ ପାକିସ୍ତାନ ଉପରେ ସର୍ଜିକାଲ୍ ଷ୍ଟ୍ରାଇକ୍ କଲା, ସେତେବେଳେ ବିଶ୍ୱ ପରିପ୍ରେକ୍ଷୀରେ ଭାରତର ଏହି ନୂତନ କ୍ଷମତାପୂର୍ଣ୍ଣ ଅବସ୍ଥିତି ହିଁ ଅନେକ ଦେଶମାନଙ୍କୁ ଭାରତ ସମର୍ଥନରେ ଠିଆ କରାଇ ପାରିଥିଲା। ଏହା ଡୋକଲାମରେ ଭାରତର ପୂର୍ବ ଆଭିମୁଖ୍ୟର ଏକ ପ୍ରକୃତ ଉତ୍ତରାଧିକାର ଥିଲା, ଯେଉଁଠାରେ ଏହା ଚାଇନିଜ୍‌ମାନଙ୍କ ଆଗରେ ମୁଣ୍ଡ ନୁଆଇଁବାକୁ ମନା କରିଦେଇଥିଲା। ନିକଟରେ ବିଶ୍ୱ ସଙ୍ଗଠନରେ ଭାରତର ସୁଦୃଢ ସ୍ଥିତିର ଅନ୍ୟ ଏକ ପ୍ରମାଣ ମିଳିଥିଲା, ଯେତେବେଳେ ଭାରତୀୟ ବାୟୁସେନାର ଡ୍ୱିଙ୍ଗ କମାଣ୍ଡର ଅଭିନନ୍ଦନ ବର୍ଦ୍ଧମାନ ଆକାଶ ମାର୍ଗର ଏକ ଯୁଦ୍ଧ ସମୟରେ ପାକିସ୍ତାନରେ ଅବତରଣ କରିଥିଲେ ଏବଂ ପାକିସ୍ତାନ ତାଙ୍କୁ ମୁକ୍ତ କରିବାରେ ଆଦୌ ବିଳମ୍ବ କରି ନ ଥିଲା।

ଭାରତ ନିଜ ପ୍ରବାସୀ ଭାରତୀୟମାନଙ୍କ ସହ ଅଧିକ ଏବଂ ନିୟମିତ ଭାବରେ ସଂଯୁକ୍ତ ହେବା ବିଶ୍ୱ କୂଟନୈତିକ କ୍ଷେତ୍ରରେ ଏହି ବିବର୍ତ୍ତନିକ ପରିବର୍ତ୍ତନର ପ୍ରମୁଖ କାରଣ ହେଲା। ପ୍ରଧାନମନ୍ତ୍ରୀ ମୋଦି ନିଜେ ବିଦେଶରେ ଭାରତୀୟଙ୍କ ସହ ଅନେକ ବୈଠକ କରିଛନ୍ତି ଏବଂ 'ବ୍ରାଣ୍ଡ ଇଣ୍ଡିଆ'କୁ ଲୋକପ୍ରିୟ କରିବାପାଇଁ ନିଜ ଗସ୍ତକୁ ବ୍ୟବହାର କରିଛନ୍ତି। ଏହି ବିପଣନ କୌଶଳ ବିଶ୍ଳେଷକଙ୍କ ଆଶାକୁ ଅତିକ୍ରମ କରିଗଲା କାରଣ ୨୦୧୪ରୁ ଭାରତ ପ୍ରତ୍ୟକ୍ଷ ବିଦେଶୀ ପୁଞ୍ଜି ବିନିଯୋଗ (ଏଫ୍‌ଡିଆଇ) ପ୍ରବାହର ରେକର୍ଡ କରିଛି।[୪୪୬] ବିଶେଷକରି ଟେସଲା, ଉବେର, ଫେସବୁକ ଏବଂ ଟୁଇଟର ଭଳି ପୃଥକ ଚିନ୍ତାଧାରା ରଖୁଥିବା ବିଦେଶର ଶୀର୍ଷ ବ୍ୟବସାୟ ମୁଖ୍ୟଙ୍କୁ ମୋଦି ଭେଟିଛନ୍ତି। ଏହିପରି ଗସ୍ତ ସବୁ 'ବ୍ରାଣ୍ଡ ଇଣ୍ଡିଆ' ଛବି ଗଢିବାରେ ବହୁମାତ୍ରାରେ ଯୋଗଦାନ କରିଛି। ବିଶ୍ୱସ୍ତରୀୟ ଚିନ୍ତାଧାରା ଥିବା ଭାରତୀୟ ଉଦ୍ୟୋଗୀମାନେ ଅଂଶୀଦାର ଏବଂ ନିବେଶକମାନଙ୍କ ସହ ଜଡିତ ଥିବାବେଳେ ଭାରତର ଭାବମୂର୍ତ୍ତିରେ ଏହି ସକାରାତ୍ମକ ପରିବର୍ତ୍ତନ ଅନୁଭବ କରିଛନ୍ତି। ମୋଦିଙ୍କ କାର୍ଯ୍ୟକାଳ ମଧ୍ୟରେ ଭାରତୀୟ ପାସପୋର୍ଟର ଶକ୍ତି ନିରନ୍ତରଭାବେ ବଢିଚାଲିଛି। ସାଂଖ୍ୟିକ ଦୃଷ୍ଟିରୁ ଦେଖିଲେ ଭାରତୀୟ ପାସପୋର୍ଟ ଗତ ୪ ବର୍ଷରେ ୧୧ଟି ପାହ୍ୟା ଉପରକୁ ଯାଇଛି।[୪୪୭]

ଘରୋଇ ମଇଦାନରେ ପ୍ରଧାନମନ୍ତ୍ରୀ ମୋଦି

ପ୍ରଧାନମନ୍ତ୍ରୀ ମୋଦି ଏବଂ ଏନଡିଏ ଏକ କ୍ରୋନି ପୁଞ୍ଜିବାଦ, ଅଚଳ ଅର୍ଥନୀତି, ଯୁଗ୍ମ ଆର୍ଥିକ ଏବଂ ସାମ୍ପ୍ରତିକ ଆକାଉଣ୍ଟ ଅଭାବ, ଯୁଗ୍ମ ବାଲାନ୍ସସିଟ୍ ସମସ୍ୟା, ଉଚ୍ଚ ମୁଦ୍ରାସ୍ଫୀତି, ଆଭ୍ୟନ୍ତରୀଣ ନିରାପତ୍ତାର ଏକାଧିକ ଆହ୍ୱାନ ଏବଂ ସରକାରୀ ଯୋଜନାର ଖରାପ୍ ବିତରଣ ଆଦି ସମସ୍ୟାକୁ ଉତ୍ତରାଧିକାର ସୂତ୍ରରେ ପାଇଥିଲେ। ୨୦୧୪ରୁ

୨୦୧୯ ମଧ୍ୟରେ ମୋଦି ସରକାର କେବଳ ଏହି ଅନେକ ଆହ୍ୱାନକୁ ଫଳପ୍ରଦ ଭାବରେ ମୁକାବିଲା କରିନାହାନ୍ତି, ବରଂ ମଧ୍ୟମରୁ ଦୀର୍ଘମିଆଦୀ ପର୍ଯ୍ୟନ୍ତ ପ୍ରମୁଖ ସଂସ୍କାର ଆଣିବାରେ ସଫଳ ହୋଇଛନ୍ତି। ଏହି ନିମ୍ନ ଆଧାରରୁ ବିତରଣ କରି ପ୍ରଧାନମନ୍ତ୍ରୀ ମୋଦି ସମାଲୋଚକମାନଙ୍କ ଦ୍ୱାରା ମଧ୍ୟ ପ୍ରଶଂସା ପାଇଛନ୍ତି।

ଆଭ୍ୟନ୍ତରୀଣ ନିରାପତ୍ତା ସର୍ବଦା ମୋଦି ସରକାରଙ୍କ ଏକ ମୁଖ୍ୟ ଧ୍ୟାନର ବିଷୟବସ୍ତୁ ହୋଇ ରହିଛି। ୨୦୦୮ରେ ମୁମ୍ବାଇରେ ୨୬/୧୧ର ଭୟଙ୍କର ଆତଙ୍କବାଦୀ ଆକ୍ରମଣ ପରେ ୟୁପିଏ ସରକାର ଏହି କାଣ୍ଡ ଘଟାଇଥିବା ଅପରାଧୀମାନଙ୍କ ଉପରେ କୌଣସି କଡ଼ା କାର୍ଯ୍ୟାନୁଷ୍ଠାନ ଗ୍ରହଣ କରି ନ ଥିଲା। ଏକମାତ୍ର ଅପରାଧୀ ଭାବେ ଧରାପଡିଥିବା ଆତଙ୍କବାଦୀ ଅଜମଲ୍ କସବର ଅଦାଲତ କାର୍ଯ୍ୟାନୁଷ୍ଠାନ ଏବଂ କୂଟନୈତିକ ସ୍ତରରେ ଘଟଣାର ଅନୁସନ୍ଧାନ ବ୍ୟତୀତ ୟୁପିଏ ସରକାର ଆଉ କିଛି କରି ନ ଥିଲା। ମନମୋହନ ସିଂଙ୍କ ନେତୃତ୍ୱରେ ୟୁପିଏ ସରକାର ପାକିସ୍ତାନ ଆତଙ୍କବାଦ ପ୍ରତି ନରମ ମନୋଭାବ ପୋଷଣ କରୁଥିଲେ। ୨୦୦୫ ରୁ ୨୦୧୩ ମଧ୍ୟରେ ଦେଶର ବିଭିନ୍ନ ସ୍ଥାନରେ ଅତିକମ୍‌ରେ ୧୦ଟି ଆତଙ୍କବାଦୀ ଆକ୍ରମଣ ହୋଇଥିଲା। କେବଳ ୨୦୦୮ ମସିହାରେ ହିଁ ବିଭିନ୍ନ ସ୍ଥାନରେ ୫ଟି ବଡ ଆତଙ୍କବାଦୀ ଆକ୍ରମଣ ହୋଇଥିଲା :- ଜୟପୁର (ଅଶୀ ମୃତ)[୪୪୮], ଅହମ୍ମଦାବାଦ (୫୬ ମୃତ)[୪୪୯], ଦିଲ୍ଲୀ (୩୦ ମୃତ)[୪୫୦], ମୁମ୍ବାଇ (୧୭୦ ମୃତ)[୪୫୧] ଏବଂ ଆସାମ (୮୦ ମୃତ)[୪୫୨]। ସମାନ ସମୟ ଅବଧିରେ ଆହୁରି ଅନେକ ଆକ୍ରମଣ ଓ ମୃତ୍ୟୁ ହୋଇଥିଲା ଯେମିତି ୨୦୦୫ରେ ଦିଲ୍ଲୀରେ ୬୩ ଜଣଙ୍କ ମୃତ୍ୟୁ[୪୫୩], ୨୦୦୬ରେ ମୁମ୍ବାଇରେ ୧୭୪ ମୃତ[୪୫୪], ୨୦୧୧ରେ ମୁମ୍ବାଇରେ ୨୧ ମୃତ, ପାଟନା (୨୦୧୩ରେ ନରେନ୍ଦ୍ର ମୋଦିଙ୍କ ରାଲିରେ ୬ ମୃତ)[୪୫୫]। ତେବେ ଆତଙ୍କବାଦ ବିରୋଧରେ ପ୍ରଧାନମନ୍ତ୍ରୀ ମୋଦିଙ୍କ କଠୋର ଆଭିମୁଖ୍ୟକୁ ଦୃଷ୍ଟିରେ ରଖି କଶ୍ମୀର ଏବଂ ପଞ୍ଜାବର ସୀମାନ୍ତ ଅଞ୍ଚଳ ବ୍ୟତୀତ, ଦେଶରେ ସୌଭାଗ୍ୟବଶତଃ କୌଣସି ବଡ଼ ଆତଙ୍କବାଦୀ କାର୍ଯ୍ୟକଳାପ ଘଟିନାହିଁ। ସେପ୍ଟେମ୍ବର ୨୦୦୨ରେ ଅକ୍ଷରଧାମ ମନ୍ଦିର ଆକ୍ରମଣ ଉପରେ ଗୁଜରାଟ ରାଜ୍ୟ ସରକାରଙ୍କ ପ୍ରତିକ୍ରିୟାରେ ପ୍ରଧାନମନ୍ତ୍ରୀ ମୋଦିଙ୍କ ଆତଙ୍କବାଦ ପ୍ରତି କଠୋର ଆଭିମୁଖ୍ୟ ସ୍ପଷ୍ଟ ହୋଇଥିଲା।[୪୫୬]

ଆତଙ୍କବାଦୀ କାର୍ଯ୍ୟକଳାପକୁ ରୋକିବା ଏବଂ ମାନବ ଜୀବନ ରକ୍ଷା କରିବା ପାଇଁ ଯାହା ଆବଶ୍ୟକ ତାହା କରିବାକୁ ମୋଦି ସରକାର ସୁରକ୍ଷାବଳକୁ ସ୍ପଷ୍ଟ ନିର୍ଦ୍ଦେଶ ଦେଇଛନ୍ତି। ଆତଙ୍କବାଦୀ କାର୍ଯ୍ୟକଳାପକୁ ପୂର୍ବାବଲୋକନ କରିବା ଏବଂ ସନ୍ଦିଗ୍ଧ ଉପାଦାନଗୁଡିକୁ ଦମନ କରିବା ପାଇଁ, ଆତଙ୍କବାଦ ମୁକାବିଲା ପାଇଁ ଆବଶ୍ୟକ

ପଦକ୍ଷେପ ନେବାକୁ ଗୁପ୍ତଚର ଏଜେନ୍ସି ଏବଂ ସୁରକ୍ଷା ବାହିନୀକୁ ମୋଦି ସରକାର ସମ୍ପୂର୍ଣ୍ଣ କ୍ଷମତା ଦେଇଛନ୍ତି। 'ପ୍ରଥମେ ସୁରକ୍ଷା' ଲକ୍ଷ୍ୟ ଯୋଜନାରେ ମୋଦି ସରକାର ଅନେକ ଗୁରୁତ୍ୱପୂର୍ଣ୍ଣ ପଦକ୍ଷେପ ନେଇଛନ୍ତି।[୪୫୭] ଭାରତୀୟ ମୁଜାହିଦ୍ଦିନର ମେରୁଦଣ୍ଡକୁ ଭାଙ୍ଗି ଦିଆଯାଇଛି। ଫେବୃଆରୀ ୨୦୧୩ରେ ହାଇଦ୍ରାବାଦର ଦିଲସୁଖ ନଗରଠାରେ ବୋମା ବିସ୍ଫୋରଣ ଘଟାଇ ୧୮ ଜଣଙ୍କୁ ହତ୍ୟା ଓ ୧୩୧ ଜଣଙ୍କୁ ଗୁରୁତର ଆହତ କରିଥିବା ଅଭିଯୋଗରେ ୫ ଜଣ ଭାରତୀୟ ମୁଜାହିଦ୍ଦିନର କାର୍ଯ୍ୟକର୍ତ୍ତାଙ୍କୁ ଜାତୀୟ ଅନୁସନ୍ଧାନ ସଂସ୍ଥା (ଏନ୍‌ଆଇଏ)ର ବିଶେଷ ଅଦାଲତ ଦ୍ୱାରା ମୃତ୍ୟୁଦଣ୍ଡ ଦିଆଯାଇଛି। ଆଇଏସଆଇଏସ୍‌ର ମୁଖ୍ୟ ବିପଦକୁ କେନ୍ଦ୍ର ଏବଂ ରାଜ୍ୟ ସଂସ୍ଥାଗୁଡ଼ିକ ମିଳିତ ଭାବେ ମୁକାବିଲା କରିଛନ୍ତି ଏବଂ ସାରା ଦେଶରୁ ଆଇଏସଆଇଏସ ପ୍ରତି ସହାନୁଭୂତି ରଖୁଥିବା ୯୦ରୁ ଅଧିକ ବ୍ୟକ୍ତିଙ୍କୁ ଗିରଫ କରାଯାଇଛି। ଆତଙ୍କବାଦୀ ଅନୁଷ୍ଠାନ ୟୁନାଇଟେଡ୍ ନେସନାଲ ଲିବେରେସନ ଫ୍ରଣ୍ଟ୍ (ୟୁଏନ୍‌ଏଲ୍‌ଏଫ୍) ଫ୍ରଣ୍ଟର ମୁଖ୍ୟ ନେତୃବୃନ୍ଦ, ଯୁଦ୍ଧ ଏବଂ ଆପରାଧିକ ଷଡଯନ୍ତ୍ର ପାଇଁ ଜାତୀୟ ଅନୁସନ୍ଧାନ ସଂସ୍ଥାର ବିଶେଷ ଅଦାଲତ ଦ୍ୱାରା ୭ରୁ ୧୦ ବର୍ଷ ପର୍ଯ୍ୟନ୍ତ ସଶ୍ରମ କାରାଦଣ୍ଡରେ ଦଣ୍ଡିତ ହୋଇଛନ୍ତି ; ଆଇଏସ୍‌ଆଇଏସ୍ ଏବଂ ଅନସାର- ଉଲ୍- ଉମହାକୁ ବେନିୟମ କାର୍ଯ୍ୟକଳାପ ବିରୋଧ ଆକ୍ଟ (ୟୁଏପିଏ)ର ପ୍ରଥମ ଅନୁଚ୍ଛେଦ ଅନ୍ତର୍ଭୁକ୍ତ କରାଯାଇ ଆତଙ୍କବାଦୀ ଅନୁଷ୍ଠାନ ବୋଲି ଘୋଷଣା କରାଯାଇଛି। ବିଭିନ୍ନ ଧାର୍ମିକ ଗୋଷ୍ଠୀ ଏବଂ ସମ୍ପ୍ରଦାୟ ମଧ୍ୟରେ ସମନ୍ୱୟ ରକ୍ଷା କରିବାକୁ ଇସଲାମିକ୍ ରିସର୍ଚ୍ଚ ଫାଉଣ୍ଡେସନ୍ (ଆଇଆର୍‌ଏଫ)କୁ ବେଆଇନ୍ କାର୍ଯ୍ୟକଳାପ ନିବାରଣ ଅଧିନିୟମର ଧାରା ୩ ଅନୁଯାୟୀ ଏ ବେଆଇନ୍ ସଙ୍ଗଠନ ଭାବେ ଘୋଷଣା କରାଯାଇଥିଲା। ନକଲି ଭାରତୀୟ ମୁଦ୍ରାଗୁଡ଼ିକର ଚିହ୍ନଟ ଏବଂ ଜବତ କରିବାର ଏକ ଜାତୀୟ ଡାଟାବେଶ ସୃଷ୍ଟି କରିବାକୁ ନୂତନ ସଫ୍ଟୱେର ଗଢ଼ାଯାଇଛି। ଭୋପାଲ, ଗୌହାଟୀ ଏବଂ ପୁନାଠାରେ ଅତ୍ୟାଧୁନିକ ସୁବିଧା ସହିତ ତିନୋଟି ଅତିରିକ୍ତ କେନ୍ଦ୍ରୀୟ ଫୋରେନସିକ ସାଇନ୍ସ ଲ୍ୟାବ୍ କାର୍ଯ୍ୟକ୍ଷମ ହୋଇଛି। ୨୦୧୪ ରୁ ଆସିଥିବା ୫ ହଜାର ଫୋରେନସିକ ମାମଲାରୁ ୯୪ ପ୍ରତିଶତ ମାମଲା ପରୀକ୍ଷା କରାଯାଇ ତଥ୍ୟ ପ୍ରଦାନ କରାଯାଇଛି। ଜାତୀୟ ଅନୁସନ୍ଧାନ ସଂସ୍ଥା (ଏନ୍‌ଆଇଏ)କୁ ଶକ୍ତିଶାଳୀ କରିବାକୁ ଏହାର ତିନୋଟି ନୂତନ ଶାଖା କଲିକତା, ରାୟପୁର ଏବଂ ଜମ୍ମୁଠାରେ କାର୍ଯ୍ୟକ୍ଷମ କରାଯାଇଛି।

ଏବେ ଫଳାଫଳ ସମସ୍ତଙ୍କ ପାଇଁ ଦୃଶ୍ୟମାନ। ମୋଦି ସରକାର କ୍ଷମତାକୁ ଆସି ବାମପନ୍ଥୀ ଉଗ୍ରବାଦ ବିରୋଧରେ ଏହାର କଠୋର ଆଭିମୁଖ୍ୟ ସ୍ପଷ୍ଟ କଲାପରେ ନକ୍ସଲମାନଙ୍କ ଦ୍ୱାରା ହତ୍ୟା ଘଟଣା ବହୁତ କମିଯାଇଛି। ଏହି ବିପଦକୁ ମୁକାବିଲା

କରିବାକୁ ସରକାର ଏକ ନୂତନ କାର୍ଯ୍ୟକ୍ଷମ ତତ୍ତ୍ୱ 'ସମାଧାନ' ଆରମ୍ଭ କରିଛନ୍ତି। ସମାଧାନ (SAMADHAN)ର ପ୍ରତ୍ୟେକ ଅକ୍ଷର ସରକାରଙ୍କର ନିର୍ଦ୍ଦିଷ୍ଟ ଗୁଣକୁ ସୂଚାଏ : ଏସ୍- ସ୍ମାର୍ଟ ପୋଲିସିଙ୍ଗ ଏଣ୍ଡ ଲିଡରସିପ୍, ଏ - ଆଗ୍ରେସିଭ ଷ୍ଟ୍ରାଟେଜି, ଏମ୍ – ମୋଟିଭେସନ ଏଣ୍ଡ ଟ୍ରେନିଂ, ଏ - ଆକ୍ସନେବୁଲ୍ ଇଂଟେଲିଜେନ୍ସ, ଡି - ଡ୍ୟାସବୋର୍ଡ ଫର ଡେଭଲପମେଣ୍ଟ୍ ଏଣ୍ଡ କି ପରଫରମାନ୍ସିଂ ଇଣ୍ଡିକେଟର୍ସ, ଏଚ – ହାରନେସିଙ୍ଗ ଟେକ୍ନୋଲୋଜି ଫର୍ ଡେଭଲପମେଣ୍ଟ୍ ଏଣ୍ଡ ସିକ୍ୟୁରିଟି, ଏ- ଆକ୍ସନ ପ୍ଲାନ ଫର୍ ଇଚ୍ ଥିଏଟର, ଏନ୍- ନୋ ଆକସେସ ଟୁ ଫାଇନାନ୍ସିଙ୍ଗ । ବାମପନ୍ଥୀ ଉଗ୍ରବାଦକୁ ମୁକାବିଲା କରିବା ପାଇଁ ସରକାର ଜାନୁଆରୀ ୨୦୧୫ରେ ଜାତୀୟ ନୀତି ଏବଂ କାର୍ଯ୍ୟ ଯୋଜନା ଆରମ୍ଭ କରିଥିଲେ, ଯେଉଁଥିରେ ସୁରକ୍ଷା, ବିକାଶ, ସ୍ଥାନୀୟ ସମ୍ପ୍ରଦାୟର ଅଧିକାର ଏବଂ ଅଧିକାରକୁ ସୁନିଶ୍ଚିତ କରାଯାଇଥିଲା। ସରକାର ଅତ୍ୟାଧୁନିକ ଜ୍ଞାନକୌଶଳ ବ୍ୟବହାର କରି ଏବଂ ପ୍ରମୁଖ କାର୍ଯ୍ୟଦକ୍ଷତାର ଉପଯୋଗ କରି ବାମପନ୍ଥୀ ଉଗ୍ରବାଦ ବିରୋଧରେ ସୁରକ୍ଷା ବାହିନୀର କାର୍ଯ୍ୟକ୍ଷମ କାର୍ଯ୍ୟଦକ୍ଷତାକୁ ଉନ୍ନତ କରିବାକୁ ଇଚ୍ଛା କରନ୍ତି। ଏହା ଫଳରେ ମେ ୨୦୧୪ରୁ ଏପ୍ରିଲ୍ ୨୦୧୭ ମଧ୍ୟରେ ହିଂସାର ପରିମାଣ କମିଯାଇଥିଲା।[୪୫୮] ବାମପନ୍ଥୀ ଉଗ୍ରବାଦ ସମ୍ପର୍କିତ ଘଟଣା ୨୫ ପ୍ରତିଶତ କମ୍ ହୋଇଥିଲା, ମୃତ୍ୟୁସଂଖ୍ୟା ୪୨ ପ୍ରତିଶତ କମିଯାଇଥିଲା, ବାମପନ୍ଥୀ ଉଗ୍ରବାଦୀ କ୍ୟାଡରମାନଙ୍କୁ ହଟାଇବାରେ ୬୫ ପ୍ରତିଶତ ବୃଦ୍ଧି ଏବଂ ଏହିପରି କ୍ୟାଡରମାନଙ୍କର ଆତ୍ମସମର୍ପଣରେ ୧୮୫ ପ୍ରତିଶତ ବୃଦ୍ଧି ହୋଇଥିଲା। ସେହି ସମୟରେ ରାଜ୍ୟଗୁଡିକୁ ସୁରକ୍ଷା ସଂପର୍କିତ ଖର୍ଚ୍ଚ ସହାୟତା ୬୭୫.୭୩ କୋଟିକୁ ବୃଦ୍ଧି କରାଯାଇଥିଲା, ଯେତେବେଳେ କି ୨୦୧୧ ମେ' ରୁ ୨୦୧୪ ଏପ୍ରିଲ୍ ମଧ୍ୟରେ ଏହି ରାଶି ୫୭୫.୨ କୋଟି ଟଙ୍କା ଥିଲା। ସମାନ ଅବଧିରେ ବାମପନ୍ଥୀ ଉଗ୍ରବାଦ ଦ୍ୱାରା ପ୍ରଭାବିତ ରାଜ୍ୟଗୁଡିକରେ ଦୁର୍ଗ ପରି ପୋଲିସ ଷ୍ଟେସନର ସଂଖ୍ୟା ୬୬ରୁ ୩୦୭କୁ ବୃଦ୍ଧି ପାଇଲା– ୩ ବର୍ଷ ମଧ୍ୟରେ ଏନ୍‌ଡିଏ ଅଧୀନରେ ୨୪୧ଟି ଉପରୋକ୍ତ ନିର୍ମାଣ ହେଲା, ଯେତେବେଳେ କି ୪ ବର୍ଷ ମଧ୍ୟରେ ୟୁପିଏ ସରକାର ଅଧୀନରେ ମାତ୍ର ୬୬ଟି ନିର୍ମାଣ ହୋଇପାରିଥିଲା। ଏହା ସହିତ ଏନ୍‌ଡିଏ ସରକାର ନେଇଥିବା ଅନ୍ୟ ପଦକ୍ଷେପ ସବୁ ମିଶି ଭାରତର ଲାଲ୍ କରିଡରରେ ନକ୍ସଲମାନଙ୍କର କାର୍ଯ୍ୟକଳାପକୁ ଯଥେଷ୍ଟ କମ୍ କରିବାରେ ସହାୟକ ହୋଇଥିଲା। ଏପ୍ରିଲ୍ ୨୦୧୮ ବେଳକୁ ମାଓ ଆକ୍ରାନ୍ତ ଜିଲ୍ଲାଗୁଡ଼ିକରେ ଯଥେଷ୍ଟ ହ୍ରାସ ହୋଇଥିଲା - ନକ୍ସଲ ପ୍ରଭାବିତ ଭୌଗୋଳିକ ଅଞ୍ଚଳରୁ ୪୪ଟି ଜିଲ୍ଲା ବାଦ୍ ପଡିଥିଲେ।[୪୫୯]

ସଶସ୍ତ୍ର ବାହିନୀର ଆଧୁନିକୀକରଣଠାରୁ ଆରମ୍ଭ କରି ଭାରତର ପ୍ରତିରକ୍ଷା

ପାଇଁ ଶକ୍ତିଶାଳୀ ଅସ୍ତ୍ରଶସ୍ତ୍ର କିଣିବା ପର୍ଯ୍ୟନ୍ତ ମୋଦି ସରକାର କୌଣସି ପ୍ରୟାସ ଛାଡିନାହାନ୍ତି, ଯେଉଁଥିରେ ଭାରତର ପ୍ରତିରକ୍ଷା ସୁଦୃଢ ହେଇଛି ଏବଂ କୌଣସି ବାହ୍ୟ ଆହ୍ୱାନର ସମ୍ମୁଖୀନ ହେବାକୁ ଦେଶ ପ୍ରସ୍ତୁତ ଅଛି। ଆମର ସୁରକ୍ଷା ବାହିନୀକୁ ମଜଭୁତ କରିବାକୁ ମୋଦି ସରକାର ରାଫେଲ୍ ଜେଟ୍ସ, ଆପାଚେ ଆକ୍ରମକ ହେଲିକପ୍ଟର ଏବଂ ଚିନୁକ ପରିବହନ ହେଲିକପ୍ଟର ଭଳି ଗୁରୁତ୍ୱପୂର୍ଣ୍ଣ ପ୍ରତିରକ୍ଷା ସାମଗ୍ରୀ କ୍ରୟ କରିଛି। ଅନ୍ୟାନ୍ୟ ଗୁରୁତ୍ୱପୂର୍ଣ୍ଣ କାରବାରରେ ୫ଟି ରୁଷିଆ ନିର୍ମିତ ଆଲମାଜ - ଆଂଟେଲ୍ ଏସ୍ ୪୦୦ ଟ୍ରାୟମ୍ଫ ଯାହାକି ବାୟୁସେନା ପ୍ରତିରକ୍ଷା ପ୍ରଣାଳୀ ଅନ୍ତର୍ଭୁକ୍ତ ଏବଂ ୪୦୦ କିଲୋମିଟର ଦୂରରେ ଶତ୍ରୁ ବାୟୁ ଲକ୍ଷ୍ୟସ୍ଥଳକୁ ସନ୍ଧାନ କରିପାରି ଏକାସାଙ୍ଗରେ ୩୦ଟି ଲକ୍ଷ୍ୟ ନିୟୋଜିତ କରିପାରିବ : ଅକ୍ଟୋବର ୨୦୨୦ରେ ଭାରତ ଏହାର ପ୍ରଥମ ରେଜିମେଣ୍ଟାଲ୍ ସେଟ୍ ଗ୍ରହଣ କରିବା ଆରମ୍ଭ କରିବ।[୪୬୦] ସେହିଭଳି ସେନା ପାଇଁ ଏୟାର ମିଶାଇଲ୍ (ମିଷ୍ଟର ସାମ୍)ର ମଧ୍ୟମ ସୀମାପୃଷ୍ଠକୁ ମିଳିତ ଭାବରେ ବିକଶିତ କରିବା ପାଇଁ ଭାରତ ଇସ୍ରାଏଲ୍ ସହିତ ୧୭ ହଜାର କୋଟି ଟଙ୍କାର ଚୁକ୍ତି ସ୍ୱାକ୍ଷର କରିଛି। ଏହା ଭାରତକୁ ନିଜର ପ୍ରତିରକ୍ଷା ପ୍ରଣାଳୀକୁ ସୁଦୃଢ଼ କରିବାରେ ସାହାଯ୍ୟ କରିଛି ଏବଂ ପଡୋଶୀ ଦେଶଗୁଡ଼ିକ ଦ୍ୱାରା କୌଣସି ଆହ୍ୱାନ ପାଇଁ ଦେଶ ନିଜକୁ ପ୍ରସ୍ତୁତ କରିଛି।

ଭାରତ ସ୍ୱାଧୀନ ହେବାର ୭ ଦଶନ୍ଧି ପରେ ମଧ୍ୟ ଦେଶର ଅନେକ ଗ୍ରାମୀଣ ଇଲାକାଗୁଡିକ ବିଦ୍ୟୁତ୍ ସଂଯୋଗୀକରଣ, ରନ୍ଧନ ଗ୍ୟାସ୍ ଏବଂ ଶୌଚାଳୟ ପରି ମୌଳିକ ସୁବିଧାରୁ ବଞ୍ଚିତ ଥିଲେ। ମୋଦି ସରକାର 'ଗ୍ରାମ ସ୍ୱରାଜ' ଅଭିଯାନ ନାମକ ଏକ ଗ୍ରାମୀଣ ପ୍ରସାରଣ ଆରମ୍ଭ କରି ଏହାର ୭ଟି ଫ୍ଲାଗସିପ୍ କଲ୍ୟାଣ ଯୋଜନାର ଶତ ପ୍ରତିଶତ କାର୍ଯ୍ୟକାରୀ କରିବାକୁ ଲକ୍ଷ୍ୟ ରଖିଛି, ଯଥା - ପ୍ରଧାନମନ୍ତ୍ରୀ ଜନଧନ ଯୋଜନା, ପ୍ରଧାନମନ୍ତ୍ରୀ ଜୀବନଜ୍ୟୋତି ବୀମା ଯୋଜନା, ପ୍ରଧାନମନ୍ତ୍ରୀ ସୁରକ୍ଷା ବୀମା ଯୋଜନା, ପ୍ରଧାନମନ୍ତ୍ରୀ ସହଜ ବିଜୁଳି ସବୁ ଘର ଯୋଜନା, ଉନ୍ନତ ଜ୍ୟୋତି ବା ସୁଲଭ ମୂଲ୍ୟରେ ସମସ୍ତଙ୍କୁ ଏଲଇଡି ବଲବ ଯୋଗାଣ ଯୋଜନା, ମିଶନ ଇନ୍ଦ୍ରଧନୁ ଏବଂ ପ୍ରଧାନମନ୍ତ୍ରୀ ଉଜ୍ଜ୍ୱଳା ଯୋଜନା। ସାରା ବିଶ୍ୱରେ ଏକ ବୃହତ୍ ଆର୍ଥିକ ଅନ୍ତର୍ଭୁକ୍ତୀକରଣ ଯୋଜନା ବା ପ୍ରଧାନମନ୍ତ୍ରୀ ଜନଧନ ଯୋଜନା ୨୮ ଅଗଷ୍ଟ ୨୦୧୪ରେ ଜାତୀୟ ଲକ୍ଷ୍ୟ ଭାବେ ଦରିଦ୍ର ଲୋକଙ୍କ ଆର୍ଥିକ ଅନ୍ତର୍ଭୁକ୍ତୀକରଣ ପାଇଁ ଏବଂ ଦେଶର ସମସ୍ତ ପରିବାର, ବିଶେଷ କରି ଦରିଦ୍ର ପରିବାରକୁ ବ୍ୟାଙ୍କିଙ୍ଗ୍ ସେବା ଯୋଗାଇବା ଲକ୍ଷ୍ୟ ରଖିଛି। ଏହି ଯୋଜନା ଏକ ମୌଳିକ ସଞ୍ଚୟ ବ୍ୟାଙ୍କ ଖାତା, ଆଧାରିତ କ୍ରେଡିଟ୍, ରେମିଟାନ୍ସ ସୁବିଧା, ବୀମା ଏବଂ ପେନସନ୍ ଆଦି ଆର୍ଥିକ ସେବାକୁ ସୁନିଶ୍ଚିତ କଲା। ଏହି

ଯୋଜନା ଅନ୍ତର୍ଗତ ମୌଳିକ ବ୍ୟାଙ୍କିଙ୍ଗ ଆକାଉଣ୍ଟଗୁଡିକ ଏକ ରୁପେ ଡେବିଟ୍ କାର୍ଡ ସହିତ ଏକଲକ୍ଷ ଟଙ୍କାର ଦୁର୍ଘଟଣା ବୀମା ଯୋଜନା ଏବଂ ଆଧାର ଲିଙ୍କ ଆକାଉଣ୍ଟ ପାଇଁ ୫ହଜାର ଟଙ୍କାର ଏକ ଓଭର ଡ୍ରାଫ୍ଟ ସୁବିଧା ସହ ଆସିଥାଏ।

ମୂଳ ଲକ୍ଷ୍ୟରେ ୨୬ ଜାନୁଆରୀ ୨୦୧୫ ସୁଦ୍ଧା ବ୍ୟାଙ୍କ ଖାତା ନ ଥିବା ପରିବାରଗୁଡିକରେ ୭.୫ କୋଟି ବ୍ୟାଙ୍କ ଖାତା ଖୋଲିବାର ଯୋଜନା ଥିଲାବେଳେ, ବ୍ୟାଙ୍କମାନେ ୩୧ ଜାନୁଆରୀ ୨୦୧୫ ସୁଦ୍ଧା ୨୧.୬ କୋଟି ପରିବାର ଉପରେ ସର୍ଭେ କରି ୧୨.୫୪ କୋଟି ଖାତା ଖୋଲିଥିଲେ ଏବଂ ଏହି ଖାତାଗୁଡିକରେ ଜମା ହୋଇଥିବା ରାଶି ୧୦ ହଜାର କୋଟିରୁ ଅଧିକ ଟଙ୍କା ହୋଇଥିଲା। ଆଜି ପ୍ରାୟ ଶତ ପ୍ରତିଶତ ପରିବାର ପାଖରେ ବ୍ୟାଙ୍କ ଖାତା ଅଛି। ନୂଆ ବ୍ୟାଙ୍କ ଖାତାଗୁଡିକ ମଧ୍ୟରୁ ୬୦ ପ୍ରତିଶତ ଗ୍ରାମୀଣ ଅଞ୍ଚଳରେ ଏବଂ ୪୦ ପ୍ରତିଶତ ସହରାଞ୍ଚଳରେ ହୋଇଥିଲା। ମହିଳା ବ୍ୟାଙ୍କ ଖାତାର ପରିମାଣ ୫୧ ପ୍ରତିଶତ ଥିଲା।[୪୬୧]

ଭାରତ ସରକାରଙ୍କ ଆର୍ଥିକ ସେବା ବିଭାଗ ଦ୍ୱାରା ଆର୍ଥିକ ଅନ୍ତର୍ଭୁକ୍ତୀକରଣ ଅଭିଯାନରେ ଗୋଟିଏ ସପ୍ତାହରେ ପ୍ରଧାନମନ୍ତ୍ରୀ ଜନଧନ ଯୋଜନା ଦ୍ୱାରା ୧୮,୦୯୬,୧୩୦ ବ୍ୟାଙ୍କ ଖାତା ଖୋଲିବାର ସଫଳତା ଗିନିଜ ବୁକ ଅଫ୍ ୱାଲର୍ଡ ରେକର୍ଡ ଦ୍ୱାରା ସ୍ୱୀକୃତିପ୍ରାପ୍ତ ହୋଇଛି। ମାର୍ଚ୍ଚ ୨୦୧୯ ସୁଦ୍ଧା ପ୍ରଧାନମନ୍ତ୍ରୀ ଜନଧନ ଯୋଜନା ଦ୍ୱାରା ୩୫.୧୬ କୋଟି ହିତାଧିକାରୀ ଲାଭବାନ ହୋଇଥିଲେ ଏବଂ ସମଗ୍ର ଜମାରାଶି ୯୫.୩୮୨ କୋଟି ଟଙ୍କା ହୋଇଥିଲା।

ଦରିଦ୍ର ବା ଗରିବ ଲୋକମାନଙ୍କୁ ସାମାଜିକ ସୁରକ୍ଷା ଯୋଗାଇବା ଏକ ଗୁରୁତ୍ୱପୂର୍ଣ୍ଣ ପ୍ରସଙ୍ଗ ଅଟେ, କିନ୍ତୁ ଦୁଃଖର କଥା ଯେ ପୂର୍ବରୁ ଦୀର୍ଘ ୧୦ ବର୍ଷ ଧରି ଶାସନ କରୁଥିବା ୟୁପିଏ ସରକାର ପାଇଁ ଏକଥା ଆଦୌ ଚିନ୍ତାର ବିଷୟ ନ ଥିଲା। କିନ୍ତୁ କ୍ଷମତାକୁ ଆସିବାର ବର୍ଷକ ମଧ୍ୟରେ ଏନ୍‌ଡିଏ ସରକାର ୨୦୧୫ ମେ'ରେ ପ୍ରଧାନମନ୍ତ୍ରୀ ଜୀବନଜ୍ୟୋତି ବୀମା ଯୋଜନା ଆରମ୍ଭ କରି ଲୋକମାନଙ୍କୁ ଶସ୍ତାରେ ବୀମା ସୁରକ୍ଷା ଯୋଗାଇବାକୁ ଆରମ୍ଭ କଲେ। ଏହି ବୃହତ୍ ସାମାଜିକ ସୁରକ୍ଷା ଯୋଜନା ବାର୍ଷିକ ମାତ୍ର ୩୩୦ ଟଙ୍କା କିସ୍ତି ବିନିମୟରେ ନାଗରିକମାନଙ୍କୁ ୨ ଲକ୍ଷ ଟଙ୍କାର ଜୀବନ ବୀମା ରାଶି ପ୍ରଦାନ କରିବାର ଯୋଜନା ପ୍ରଣୟନ ହୋଇଥିଲା। ୨୦୧୮ ମେ' ୧୪ ସୁଦ୍ଧା ପାଖାପାଖି ୫.୩୫ କୋଟି ଲୋକେ ପ୍ରଧାନମନ୍ତ୍ରୀ ଜୀବନ ଜ୍ୟୋତି ବୀମା ଯୋଜନାରେ ପଞ୍ଜୀକୃତ ହୋଇସାରିଥିଲେ।[୪୬୨] ଭବିଷ୍ୟତରେ ଅନେକ ଲୋକଙ୍କ ପାଇଁ ବହୁଳଭାବେ ଲାଭଦାୟକ ହେବାକୁ ଯାଉଥିବା ଏହା ଆଉ ଏକ ମଙ୍ଗଳକାରୀ ଯୋଜନା ଅଟେ। ଅତ୍ୟନ୍ତ ସଫଳ ପ୍ରଧାନମନ୍ତ୍ରୀ ଜୀବନ ଜ୍ୟୋତି ବୀମା ଯୋଜନା

ସହିତ ଆରମ୍ଭ ହୋଇଥିବା ଏହି ଯୋଜନା ଗରିବଙ୍କ ପାଇଁ ମୂଳ ମୂଲ୍ୟ ସହ ଆକସ୍ମିକ ଦୁର୍ଘଟଣାଜନିତ ବୀମା ସୁରକ୍ଷା ମଧ୍ୟ ଅଟେ। ଏହି ଯୋଜନାରେ ବାର୍ଷିକ ମାତ୍ର ୧୨ ଟଙ୍କା କିସ୍ତିରେ ୨ ଲକ୍ଷ ଟଙ୍କାର ଦୁର୍ଘଟଣାଜନିତ ମୃତ୍ୟୁ ବୀମା ଏବଂ ଦୁର୍ଘଟଣାରେ ଆଂଶିକ ଭିନ୍ନକ୍ଷମ ହେଲେ ଏକ ଲକ୍ଷ ଟଙ୍କା ଯୋଗାଇ ଦିଆଯାଏ ; ମେ ୨୦୧୮ ସୁଦ୍ଧା ପାଖାପାଖି ୧୩.୫୩ କୋଟି ଲୋକେ ପ୍ରଧାନମନ୍ତ୍ରୀ ସୁରକ୍ଷା ବୀମା ଯୋଜନାରେ ପଞ୍ଜୀକୃତ ହୋଇ ସାରିଥିଲେ, ସପ୍ତାହକୁ ପ୍ରାୟ ୧.୫ ଲକ୍ଷ ଲୋକ ଯୋଗ ଦେଉଥିଲେ।[୪୬୩]

ଦେଶର ଶିଶୁମାନଙ୍କ ସ୍ୱାସ୍ଥ୍ୟ ଅତ୍ୟନ୍ତ ଗୁରୁତ୍ୱପୂର୍ଣ୍ଣ ହେବା ଉଚିତ୍। ଏଥିପାଇଁ ମୋଦି ସରକାରଙ୍କ ଦ୍ୱାରା ୨୫ ଡିସେମ୍ବର ୨୦୧୪ରେ ମା' ଓ ନବଜାତ ଶିଶୁମାନଙ୍କ ପାଇଁ ଅତ୍ୟନ୍ତ ଉତ୍ସାହୀ ଟିକାକରଣ ଯୋଜନା 'ମିଶନ ଇନ୍ଦ୍ରଧନୁଷ' ଯାହା ସ୍ୱାସ୍ଥ୍ୟସେବାକୁ ବୃଦ୍ଧି କରିବା ପାଇଁ ୧୨ଟି ସର୍ବୋତ୍ତମ ବୈଶ୍ୱିକ ପ୍ରଥା ମଧ୍ୟରୁ ଗୋଟିଏ ଥିଲା ଆରମ୍ଭ ହେଲା। ଏହି ଯୋଜନା ୨୦୨୦ ସୁଦ୍ଧା ଆଦୌ ଟିକା ନେଇ ନ ଥିବା କିମ୍ବା ଆଂଶିକଭାବେ ଟିକା ନେଇଥିବା ସମସ୍ତ ଶିଶୁଙ୍କୁ ୧୨ଟି ଜୀବନ ପ୍ରତି ବିପଦ ଥିବା ରୋଗ ବିପକ୍ଷରେ ସମ୍ପୂର୍ଣ୍ଣ ଟିକାକରଣର ଲକ୍ଷ୍ୟ ରଖିଛି। ପ୍ରତିବର୍ଷ ୫ ପ୍ରତିଶତ ଏବଂ ଅଧିକ ପିଲାଙ୍କୁ ଟିକାକରଣରେ ସାମିଲ୍ କରି ଏ ପ୍ରକ୍ରିୟାକୁ ତ୍ୱରାନ୍ୱିତ କରି, ୨୬ ନିୟୁତ ପିଲାଙ୍କୁ ପ୍ରତିବର୍ଷ ଟିକାଦେବାର ଯୋଜନା ରଖିଛି : 'ମିଶନ୍ ଇନ୍ଦ୍ରଧନୁଷ' ସାରା ବିଶ୍ୱରେ ୧୨ଟି ସର୍ବୋତ୍ତମ ପ୍ରୟାସ ମଧ୍ୟରୁ ଗୋଟିଏ ବୋଲି 'ବ୍ରିଟିଶ ମେଡିକାଲ ଜର୍ଣ୍ଣାଲ'ରେ 'ଭାରତରେ ଟିକାକରଣ ଯୋଜନାରେ ଉନ୍ନତି : ଏକ ସୁଗଠିତ ଯୋଜନା ମିଶନ୍ ଇନ୍ଦ୍ରଧନୁଷଠାରୁ ଶିକ୍ଷା, ଏକ ବିଭାଗୀୟ ପ୍ରଣାଳୀକୁ ମଜଭୁତ କରିବା ରଣନୀତି' ଶୀର୍ଷକରେ ପ୍ରକାଶିତ ହୋଇଥିଲା।[୪୬୪]

୨୦୧୪ ମେ'ରେ ଏନ୍‌ଡିଏ ସରକାର ଦାୟିତ୍ୱ ନେବାବେଳକୁ ଦେଶର ଅନେକ ଗ୍ରାମୀଣ ଅଞ୍ଚଳ ବିଦ୍ୟୁତ୍ ସଂଯୋଗରୁ ବଞ୍ଚିତ ଥିଲେ। ସ୍ୱାଧୀନତା ପରେ ଦେଶରେ ଅଧିକାଂଶ ସମୟ କ୍ଷମତାରେ ଥିବା 'କଂଗ୍ରେସ' ଲୋକମାନଙ୍କୁ ଏପରି ମୌଳିକ ସୁବିଧା ଯୋଗାଇବାରେ ଅକ୍ଷମ ହୋଇଥିଲା। 'ଦି ହିନ୍ଦୁ'ର ଏକ ଆଲେଖ୍ୟ ଅନୁଯାୟୀ ବିଦ୍ୟୁତ୍ ଅଭାବରୁ ଏସିଆର ତୃତୀୟ ବୃହତ୍ତମ ଅର୍ଥନୀତି (ଭାରତ) ବର୍ଷ ବର୍ଷ ଧରି ରହି ଆସିଛି, ଶିଳ୍ପ ସଂସ୍ଥାମାନଙ୍କୁ ବ୍ଲାକ ଆଉଟ ସହ ମୁକାବିଲା କରିବାକୁ ପଡିଛି ଏବଂ ଡାକ୍ତରଖାନାଗୁଡିକ ଡିଜେଲ୍ ଚାଳିତ ଜେନେରେଟର ଉପରେ ନିର୍ଭର କରିବାକୁ ବାଧ୍ୟ ହୋଇଛନ୍ତି। ୨୦୧୭ ମସିହାରେ ବିଶ୍ୱବ୍ୟାଙ୍କର ଏକ ତଥ୍ୟ ଅନୁଯାୟୀ ସାରା ବିଶ୍ୱରେ ୧.୦୬ ବିଲିୟନ ଲୋକଙ୍କ ପାଖରେ ବିଦ୍ୟୁତ ସଂଯୋଗ ନ ଥିଲା ଏବଂ ଭାରତ ଓ

ନାଇଜେରିଆ ଏହି ତାଲିକାର ଶୀର୍ଷରେ ଥିଲେ।[୪୬୫] ବ୍ୟକ୍ତିଗତ ସ୍ତରରେ ଏହା ପ୍ରଧାନମନ୍ତ୍ରୀ ମୋଦିଙ୍କ ଅସନ୍ତୋଷର କାରଣ ହେଲା ଏବଂ ସେ ଭାରତର ସବୁ ଗାଁ'କୁ ବିଦ୍ୟୁତ୍‌କରଣ କରିବାର ଲକ୍ଷ୍ୟ ରଖିଲେ। 'ପ୍ରଧାନମନ୍ତ୍ରୀ ସହଜ ବିଜୁଳି ସବୁ ଘର ଯୋଜନା'ରେ ମୋଦି ସରକାର ସବୁ ଗାଁ, ଏପରିକି କଠିନ ପଥ ଦେଇ ପହଁଚିଥିବା ଗାଁ'ଗୁଡିକୁ ମଧ୍ୟ ଏହି ଯୋଜନାରେ ସାମିଲ୍ କରି ସବୁଠି ବିଦ୍ୟୁତ୍‌କରଣ ପାଇଁ ଉଦ୍ୟମ କଲେ। ଏହି ଯୋଜନାର ଅକ୍ଳାନ୍ତ ଉଦ୍ୟମ ଫଳପ୍ରଦ ହେଲା ଏବଂ ୨୦୧୮ ଏପ୍ରିଲ୍ ୨୮ ସୁଦ୍ଧା ଜନଗଣନାରେ ଥିବା ସମସ୍ତ ଭାରତୀୟ ଗାଁ ବିଦ୍ୟୁତ୍‌କରଣ ହୋଇସାରିଥିଲା।[୪୬୬] ବିଶେଷକରି ଦେଶର ଦୂରଦୂରାନ୍ତରେ ସାଧାରଣ ଲୋକଙ୍କ ଜୀବନର ଉନ୍ନତି ପାଇଁ ଏହା ଏକ ପ୍ରମୁଖ ସଫଳତା ଥିଲା।

'ଉଜ୍ଜ୍ୱଳ' (ସମସ୍ତଙ୍କ ପାଇଁ ସୁଲଭ ମୂଲ୍ୟରେ ଏଲ୍‌ଇଡି ବା ଉନ୍ନତ ଜ୍ୟୋତି) ଯୋଜନା ଲକ୍ଷ୍ୟ ଭାରତର ଶକ୍ତି ଆବଶ୍ୟକତାକୁ କମ୍ କରିବା, ପରିବେଶକୁ ସଂରକ୍ଷଣ କରିବା ଏବଂ ଏଲ୍‌ଇଡି ବଲବ୍, ଟ୍ୟୁବ ଲାଇଟ୍ସ ଏବଂ ସିଲିଙ୍ଗ ଫ୍ୟାନ୍ ଆଦି ତୁଳନାତ୍ମକ ଭାବେ କମ୍ ବିଜୁଳି ଖର୍ଚ୍ଚ କରୁଥିବା ଉପକରଣ ବ୍ୟବହାର କରି ଅଙ୍ଗାରକାମ୍ଳ ନିର୍ଗମନକୁ କମ୍ କରିବା ଆଦି ଥିଲା। ଉଜ୍ଜ୍ୱଳ ଯୋଜନା ଘରୋଇ ବ୍ୟବହାରରେ ଉପଯୁକ୍ତ ଶକ୍ତି ବିନିଯୋଗର ଲକ୍ଷ୍ୟ ରଖେ, ଖର୍ଚ୍ଚ ହ୍ରାସ କରିବା ପାଇଁ ଶକ୍ତି ଦକ୍ଷ ଉପକରଣ ବ୍ୟବହାର ଏବଂ ଚାହିଦା ଏକତ୍ର କରିବାର ଉପଭୋକ୍ତାମାନଙ୍କ ସଚେତନତା ବଢାଇବା ଯାହାଦ୍ୱାରା ଆବାସିକ ଉପଭୋକ୍ତାମାନଙ୍କ ଦ୍ୱାରା ଅଧିକ ଏଲ୍‌ଇଡି ଲାଇଟ୍ ବ୍ୟବହାର ହୋଇପାରିବ, ଏ କଥାକୁ ଗୁରୁତ୍ୱ ଦିଏ। ୨୦୧୫ରେ ଆରମ୍ଭ ହେବା ପରଠାରୁ ଉଜ୍ଜ୍ୱଳ ଯୋଜନା ଅଭୂତପୂର୍ବ ସଫଳତା ପାଇଛି। ପ୍ରାୟ ୩୫ କୋଟି ଏଲ୍‌ଇଡି ବଲ୍, ୭୦ ଲକ୍ଷ ଟ୍ୟୁବ୍‌ଲାଇଟ୍ ଏବଂ ୨୨ ଲକ୍ଷ ଶକ୍ତି ସଞ୍ଚୟକାରୀ ପଙ୍ଖା ବିତରଣ ହୋଇସାରିଛି ଏବଂ ଏହାଦ୍ୱାରା ୩୯ ହଜାର ନିୟୁତ କିଲୋୱାଟ ହର୍ସ ଶକ୍ତି ଯାହାର ମୂଲ୍ୟ ୧୮ ହଜାର କୋଟି ଟଙ୍କା ହେବ, ତାହା ସଞ୍ଚୟ କରାଯାଇପାରିଛି।[୪୬୭]

କାଠ, ଘଷି ଜାଳି ଖାଦ୍ୟ ପ୍ରସ୍ତୁତ କରୁଥିବା ଏବଂ ଏହାଦ୍ୱାରା ଭୟଙ୍କର ସ୍ୱାସ୍ଥ୍ୟ ସମସ୍ୟାର ସମ୍ମୁଖୀନ ହେଉଥିବା ଗ୍ରାମୀଣ ମହିଳାମାନଙ୍କ ସ୍ୱାସ୍ଥ୍ୟରେ ଉନ୍ନତି ଆଣିବା ନିମ୍ନୋକ୍ତ ଯୋଜନାର ଉଦ୍ଦେଶ୍ୟ ଥିଲା। 'ପ୍ରଧାନମନ୍ତ୍ରୀ ଉଜ୍ଜ୍ୱଳା ଯୋଜନା'ରେ ସରକାର ୬ କୋଟିରୁ ଅଧିକ ଏଲ୍‌ପିଜି ସଂଯୋଗ ପ୍ରଦାନ କଲେ, ଯହିଁରୁ ୫୦ ପ୍ରତିଶତ ଅନୁସୂଚିତ ଜାତି ଓ ଜନଜାତିମାନଙ୍କ ପାଇଁ ଉଦ୍ଦିଷ୍ଟ ଥିଲା। ଏହି ଯୋଜନା ଦ୍ୱାରା ଗ୍ରାମୀଣ ମହିଳାମାନେ ଏଲ୍‌ପିଜି ରନ୍ଧନ ଗ୍ୟାସ୍ ସଂଯୋଗ କିପରି ପାଇବେ ଏବଂ ତାହା ସେମାନଙ୍କ ପାଇଁ ନିରାପଦ ଓ ସ୍ୱାସ୍ଥ୍ୟ ଅନୁକୂଳ ହେବ ଏକଥା ନିଶ୍ଚିତ

କରାଯାଇଛି । ପ୍ରଧାନମନ୍ତ୍ରୀ ଉଜ୍ଜ୍ୱଳା ଯୋଜନା ଆରମ୍ଭ ହେବା ପୂର୍ବରୁ ୬୨ ପ୍ରତିଶତ ଲୋକେ ଏଲ୍‌ପିଜି ରନ୍ଧନ ଗ୍ୟାସ୍ ବ୍ୟବହାର କରୁଥିବାବେଳେ, ଏହି ଯୋଜନା ପରେ ଏହା ୮୦ ପ୍ରତିଶତକୁ ବଢ଼ିଛି ବୋଲି ସରକାରୀ ତଥ୍ୟ କୁହେ । ଏହି ବୃହତ୍ ଯୋଜନାକୁ ପାଣି ଯୋଗାଇବା ପାଇଁ ପ୍ରଧାନମନ୍ତ୍ରୀ ମୋଦି ଲାଲ୍‌କିଲ୍ଲାର ମଞ୍ଚରୁ ଭାରତର ସ୍ୱଚ୍ଛଳ ନାଗରିକମାନଙ୍କୁ ନିଜ ନିଜର ଏଲ୍‌ପିଜି ସବ୍‌ସିଡି ଛାଡିବାକୁ ଆହ୍ୱାନ କଲେ ଓ ସମସ୍ତଙ୍କୁ ଆଶ୍ଚର୍ଯ୍ୟ କରି ୧.୨୫ କୋଟି ଲୋକେ ସ୍ୱେଚ୍ଛାକୃତ ଭାବେ ସେମାନଙ୍କ ସବ୍‌ସିଡିକୁ ପରିତ୍ୟାଗ କଲେ ।

ପୂର୍ବତନ ୟୁପିଏ ସରକାରଙ୍କ ଦ୍ୱାରା ବ୍ୟାପକ ଦୁର୍ନୀତି ସହ ଛାଡି ଯାଇଥିବା ଦେଶର ଅର୍ଥନୀତିର ଉନ୍ନତି କରିବା ପାଇଁ ମୋଦି ସରକାରଙ୍କ ଦ୍ୱାରା ଅନେକ ପ୍ରଭାବଶାଳୀ ପ୍ରୟାସ କରାଯାଇଛି । କେନ୍ଦ୍ରରେ ଆବଶ୍ୟକ ଥିବା ନିର୍ଣ୍ଣାୟକ ନେତୃତ୍ୱ ଫଳରେ ଏ ସମ୍ବନ୍ଧରେ ଅନେକ ସାହସିକ ପଦକ୍ଷେପ ନେବା ସମ୍ଭବ ହୋଇପାରିଛି । ଲୋକପ୍ରିୟ ଭାବେ ପରିଚିତ 'ମୋଦି ନମିକ୍ସ' ନାମରେ ଅନେକ ଐତିହାସିକ ପଦକ୍ଷେପ ଦେଶର ଅର୍ଥନୀତିକୁ ସୁଦୃଢ଼ କରିବାକୁ ନିଆଯାଇଛି । ସେଗୁଡିକ ହେଲା 'ମେକ୍‌ଇନ୍ ଇଣ୍ଡିଆ' - ସ୍ଥାନୀୟ ଉତ୍ପାଦନ ଉପରେ ଗୁରୁତ୍ୱ, ଉଦ୍ୟୋଗିତା ଏବଂ ନିଯୁକ୍ତି ସୃଷ୍ଟି ପାଇଁ ମୋଦି ସରକାରଙ୍କ ଏକ ପ୍ରମୁଖ ପଦକ୍ଷେପ ହୋଇପାରିଛି । ଏହି କାର୍ଯ୍ୟକ୍ରମର ଏକ ପ୍ରମୁଖ ଅନୁକ୍ରମଣିକା ହେଉଛି – 'ବ୍ୟବସାୟ କରିବାର ସହଜତା - ଯାହା ଅଧୀନରେ ଶିଳ୍ପକୁ ଲାଇସେନ୍ସ ତଥା ନିୟନ୍ତ୍ରଣମୁକ୍ତ କରିବା ପାଇଁ କେନ୍ଦ୍ର ପ୍ରୟାସ କରିଛି : ଶ୍ରମ ଆଇନ୍‌ରେ ସଂଶୋଧନଠାରୁ ଆରମ୍ଭ କରି ଅନ୍‌ଲାଇନ୍ ରିଟର୍ଣ୍ଣ ଦାଖଲ ଏବଂ ଯୁକ୍ତିଯୁକ୍ତ କରଣଠାରୁ ଶିଳ୍ପ ଲାଇସେନ୍ସର ବୈଧତା ବୃଦ୍ଧି ପାଇଁ ନିୟାମକ ପରିବେଶ ତଥା ଅନେକ ପରିବର୍ତ୍ତନ ଆସିଛି ।[୪୬୮] ଏହି ଯୋଜନାରେ ନିଆଯାଇଥିବା ଅନ୍ୟାନ୍ୟ ଗୁରୁତ୍ୱପୂର୍ଣ୍ଣ ପଦକ୍ଷେପଗୁଡିକ ହେଉଛି – ଭିତ୍ତିଭୂମି ବିକାଶର ବୃଦ୍ଧି ଏବଂ ମାନସିକତାର ପରିବର୍ତ୍ତନ, ଯେଉଁଠାରେ ସରକାର ନିୟାମକ ଭାବରେ ଦେଖାଯାଉ ନାହାନ୍ତି କିନ୍ତୁ ଏକ ସୁବିଧାକାରୀ ତଥା ଷ୍ଟାର୍ଟ ଅପ୍ ଅର୍ଥନୈତିକ ଅଭିବୃଦ୍ଧି ଅଂଶୀଦାର ଭାବରେ ଦେଖାଯାଆନ୍ତି । ଅନ୍ୟ ଏକ କାରଣ ହେଉଛି ଉତ୍ପାଦନ, ଭିତ୍ତିଭୂମି ଏବଂ ସେବାକାର୍ଯ୍ୟ କଳାପରେ ନୂତନ କ୍ଷେତ୍ରଗୁଡିକର ଚିହ୍ନଟ ଏବଂ ପ୍ରତିରକ୍ଷା ଉତ୍ପାଦନ ନିର୍ମାଣ ଏବଂ ରେଳ ଭିତ୍ତିଭୂମିରେ ବିଦେଶୀ ପୁଞ୍ଜି ଲଗାଣ । 'ଆଜି ଭାରତର ବିଶ୍ୱସନୀୟତା ପୂର୍ବାପେକ୍ଷା ଅଧିକ ଶକ୍ତିଶାଳୀ ହୋଇପାରିଛି । 'ମେକ୍ ଇନ୍ ଇଣ୍ଡିଆ' ପୁଞ୍ଜିନିବେଶର ଦ୍ୱାର ଖୋଲି ଦେଇଛି । ଅନେକ ଉଦ୍ୟୋଗ ଏହାକୁ ମନ୍ତ୍ରଭାବେ ଗ୍ରହଣ କରୁଛନ୍ତି ବିଶ୍ୱର ସର୍ବବୃହତ୍ ଗଣତନ୍ତ୍ର ବିଶ୍ୱର ସବୁଠୁ କ୍ଷମତାସମ୍ପନ୍ନ ଅର୍ଥନୀତି ହେବା ରାସ୍ତାରେ ଆଗେଇ ଚାଲିଛି ।[୪୬୯]

ଆମେ ସମସ୍ତେ ବିଭିନ୍ନ ପ୍ରକାର ଋଣ ଏବଂ କ୍ରେଡିଟ୍ ମାଧ୍ୟମରେ ଅର୍ଥନୈତିକ ଶିଡ଼ି ଉପରକୁ ଯାଇଛୁ। ଏହି ଆର୍ଥିକ ଶକ୍ତି ଗରିବ ଲୋକମାନଙ୍କ ପାଇଁ ଉପଲବ୍ଧ ନ ଥିଲା। ମୋଦି ସରକାର ନିଜ କାର୍ଯ୍ୟକାଳର ଆରମ୍ଭରେ ହିଁ ଏହି କଥାକୁ ଅନୁଭବ କଲେ ଏବଂ 'ମୁଦ୍ରା ଯୋଜନା'ର ପରିକଳ୍ପନା କଲେ। ଏହି ପ୍ରଧାନମନ୍ତ୍ରୀ ମୁଦ୍ରା ଯୋଜନାରେ ସାଧାରଣ ଲୋକଙ୍କୁ ସେମାନଙ୍କ ଅଣ-କର୍ପୋରେଟ୍, ଅଣ–କୃଷି, କ୍ଷୁଦ୍ର/ସୂକ୍ଷ୍ମ ଉଦ୍ୟୋଗ ଯୋଜନା ପାଇଁ ୫୦ ହଜାରରୁ ୧ ଲକ୍ଷ ଟଙ୍କା ପର୍ଯ୍ୟନ୍ତ ଋଣ ମିଳିଥାଏ। ଋଣ ଅଭାବ ହେତୁ କାର୍ଯ୍ୟ ଆରମ୍ଭ କରିବାକୁ ଅସମର୍ଥ ଥିବା ଯୁବ ଉଦ୍ୟୋଗୀମାନଙ୍କ ଛୋଟ ଉଦ୍ୟୋଗକୁ ସମର୍ଥନ କରିବା ଏହି ଯୋଜନାର ଉଦ୍ଦେଶ୍ୟ । ମୁଦ୍ରା ଯୋଜନା ସମର୍ଥିତ ଉଦ୍ୟୋଗ ସମଗ୍ର ଦେଶର ଅଭିବୃଦ୍ଧିରେ ସହାୟକ ହୋଇଛି କାରଣ ସେମାନେ ଉତ୍ପାଦନ, ସେବା, ଖୁଚୁରା ଏବଂ ସହଯୋଗୀ କୃଷି ସେବାଭଳି କ୍ଷେତ୍ରରେ ଆୟ ଏବଂ ରୋଜଗାର ସୃଷ୍ଟି କରିଛନ୍ତି। 'ସ୍କୋଚ' ଥିଙ୍କ ଟ୍ୟାଙ୍କର ଏକ ରିପୋର୍ଟରେ କୁହାଯାଇଛି ଯେ, ଏହି ଯୋଜନାରେ ୩.୪୨ ଲକ୍ଷ କୋଟି ଟଙ୍କାକୁ ୮ କୋଟି ଲୋକଙ୍କୁ ଋଣ ଆକାରରେ ପ୍ରଦାନ କରାଯାଇଛି ଏବଂ ଏହାଦ୍ୱାରା ୫.୫ କୋଟି ନିଯୁକ୍ତି ସୃଷ୍ଟି ହୋଇଛି।[୪୭୦]

୨୦୧୮ ଏପ୍ରିଲ୍‌ରେ ଲୋକସଭାରେ ଅର୍ଥ ମନ୍ତ୍ରଣାଳୟ ଦ୍ୱାରା ଦିଆଯାଇଥିବା ତଥ୍ୟ ଅନୁସାରେ ୨୦୧୫ ମସିହାରୁ ସାରା ଦେଶରେ ପ୍ରାୟ ୧୨ କୋଟି ଲୋକଙ୍କୁ ସଫଳତାର ସହ ଋଣ ପ୍ରଦାନ କରାଯାଇଛି। ଏହିପରି ଲୋକମାନଙ୍କ ମଧ୍ୟରେ କାରିଗର, ଉତ୍ପାଦକ, ଦୋକାନୀ ତଥା ଫଳ ଏବଂ ପନିପରିବା ବିକ୍ରେତା ମଧ୍ୟ ଅଛନ୍ତି। ଏହି ଯୋଜନାର ୧୨ କୋଟି ହିତାଧିକାରୀଙ୍କ ମଧ୍ୟରୁ ୬ କୋଟି ୫୯ ଲକ୍ଷ ହେଉଛନ୍ତି ଅନୁସୂଚିତ ଜାତିର ଏବଂ ୫୮ ଲକ୍ଷରୁ ଅଧିକ ଅନୁସୂଚିତ ଜନଜାତିର। ଅନ୍ୟ ପଛୁଆ ଜାତିର ୩ କୋଟି ୮୨ ଲକ୍ଷ ଲୋକଙ୍କୁ ମୁଦ୍ରା ଯୋଜନାରେ ଗତ ୩ ବର୍ଷ ମଧ୍ୟରେ ଋଣ ପ୍ରଦାନ କରାଯାଇଛି।[୪୭୧]

ପ୍ରତ୍ୟେକ ରାଜନେତା ତଥା ଅର୍ଥନୈତିକ ସମୀକ୍ଷକ ଭାରତୀୟ ଅର୍ଥନୀତିରେ କଳାଟଙ୍କାର ବିପଦ ବିଷୟରେ କହିଛନ୍ତି, କିନ୍ତୁ କେହି ବି ଏହାକୁ ଦାୟିତ୍ୱର ସହ ମୁଣ୍ଡକୁ ନେବାକୁ ମେରୁଦଣ୍ଡ ସଳଖି ନାହାନ୍ତି। ଏକ ସମୟରେ ଯେତେବେଳେ ଛାୟା ଅର୍ଥନୀତି, କଳାଟଙ୍କା ଏବଂ ନକଲି ମୁଦ୍ରା ଦ୍ୱାରା ଭାରତୀୟ ଅର୍ଥନୀତି ପଙ୍ଗୁ ହୋଇଯାଇଥିଲା, ସେତେବେଳେ ୮ ନଭେମ୍ବର ୨୦୧୬ରେ ମୋଦି ବିମୁଦ୍ରୀକରଣ ଘୋଷଣା କରି ୫ଶହ ଓ ହଜାର ଟଙ୍କା ମୂଲ୍ୟର ମୁଦ୍ରାକୁ ବଦଳାଇ ୨୦୦୦ ଟଙ୍କା ମୂଲ୍ୟର ମୁଦ୍ରା ପ୍ରଚଳନ କଲେ। ଏହି ଐତିହାସିକ ପଦକ୍ଷେପ ଆନୁଷ୍ଠାନିକ ଅର୍ଥବ୍ୟବସ୍ଥାକୁ ଆଗକୁ

ବଢିବାରେ ସାହାଯ୍ୟ କଲା ଏବଂ ପରିଣାମ ସ୍ୱରୂପ ଅଧିକ ଟିକସ ସଂଗ୍ରହରେ ସହାୟକ ହେଲା। ସରକାରଙ୍କର ଏହି ପଦକ୍ଷେପର ଏକ ଆଭ୍ୟନ୍ତରୀଣ ସର୍ବେକ୍ଷଣରୁ ଜଣାଯାଏ ଯେ ଏହାଦ୍ୱାରା ବିମୁଦ୍ରୀକରଣ ପୂର୍ବରୁ ଥିବା ସଂଖ୍ୟା ଅନୁସାରେ ୪.୫ ଲକ୍ଷ କୋଟିର ଅଧିକ ଟଙ୍କା ବ୍ୟାଙ୍କଗୁଡିକରେ ଜମା ହୋଇଥିଲା।[୪୭୨] ଅଧିକନ୍ତୁ ବିମୁଦ୍ରୀକରଣ ଦ୍ୱାରା ଟିକସ ଆଦାୟ ଅନୁପାତର ସଂଖ୍ୟା ଦ୍ୱିଗୁଣିତ ହୋଇଛି। ୧,୩୦,୦୦୦/- କୋଟି ଟଙ୍କା ପୁନରୁଦ୍ଧାର ହୋଇଛି। ୫୦ ହଜାର କୋଟି ଟଙ୍କାର ସମ୍ପତ୍ତି ଜବତ ହୋଇଛି, ପ୍ରାୟ ୩୩୮,୦୦୦ ମିଛ କମ୍ପାନୀର ରହସ୍ୟ ଉପରୁ ପର୍ଦ୍ଦା ହଟିଛି ଏବଂ ନକଲି ମୁଦ୍ରା ମାଧ୍ୟମରେ ଆତଙ୍କବାଦୀ ପାଣ୍ଠିର ମେରୁଦଣ୍ଡ ଭାଙ୍ଗିଛି। 'ଦି ଇକୋନମିକ୍ ଟାଇମ୍ସ'ର ଏକ ଆଲେଖ୍ୟ ଅନୁଯାୟୀ ପୂର୍ବରୁ ଆର୍ଥିକ ବର୍ଷଗୁଡିକରେ ଆୟକର ସଂଗ୍ରହ ୬.୬ ପ୍ରତିଶତ ଏବଂ ୯ ପ୍ରତିଶତ ଥିବାବେଳେ; ବିମୁଦ୍ରୀକରଣ ପରେ ଏହା ଯଥାକ୍ରମେ ୧୫ ଓ ୧୮ ପ୍ରତିଶତକୁ ବୃଦ୍ଧି ପାଇଛି।[୪୭୩] ବିମୁଦ୍ରୀକରଣ ମଧ୍ୟ ସାରା ଦେଶରେ ଡିଜିଟାଲ୍ ଦେୟକୁ ବହୁଳ ଭାବେ ବଢାଇବାରେ ସହାୟକ ହେଇଛି।

ମୋଦି ସରକାରଙ୍କ ଦ୍ୱାରା ନିଆଯାଇଥିବା ଦୁଇଟି ସାହସୀ ଏବଂ ଦୀର୍ଘସ୍ଥାୟୀ ପଦକ୍ଷେପ ହେଲା- ବିମୁଦ୍ରୀକରଣ ଏବଂ ଦ୍ରବ୍ୟ ଓ ସେବା କର (ଜିଏସ୍‌ଟି) ବ୍ୟବସ୍ଥା । ଜିଏସ୍‌ଟି ହେଉଛି ମୋଦି ସରକାରଙ୍କ ଦ୍ୱାରା ନିଆଯାଇଥିବା ଦ୍ୱିତୀୟ ଗୁରୁତ୍ୱପୂର୍ଣ୍ଣ ପଦକ୍ଷେପ, ଯାହାଦ୍ୱାରା ସାରା ଦେଶରେ ଏକ ପ୍ରକାର ଏବଂ ଜନ-ଅନୁକୂଳ କର ବ୍ୟବସ୍ଥାର ପ୍ରଚଳନ ହେଲା ଏହା ବ୍ୟବସାୟର ଆନୁଷ୍ଠାନିକତା ଏବଂ ଉତ୍ତମ କର ସଂଗ୍ରହ ପାଇଁ ବାଟ ଫିଟାଇଲା। ଜିଏସ୍‌ଟି ବ୍ୟବସ୍ଥା ଟିକସ ସଂସ୍କାରରେ ଏକ ପ୍ରମୁଖ ବ୍ୟବସ୍ଥା ଥିଲା ଏବଂ ବ୍ୟବସାୟୀ ଓ ଗ୍ରାହକଙ୍କ ଆବଶ୍ୟକତା ପ୍ରତି ପ୍ରଶାସନିକ ତୀବ୍ରତା ଏବଂ ସମ୍ବେଦନଶୀଳ ଆବଶ୍ୟକତା ଥିଲା। ଉଦାହରଣ ସ୍ୱରୂପ ଅକଟ୍ରାଇ ଗେଟଗୁଡିକର ଅପସାରଣ ରାଜ୍ୟ ସୀମାରେ ସାମଗ୍ରୀର ସୁଗମ ଗତିରେ ସହାୟକ ହେଲା ଏବଂ ପରିବହନ ଶିଳ୍ପଗୁଡିକୁ ସେମାନଙ୍କ ଉତ୍ପାଦନ ବୃଦ୍ଧିରେ ସାହାଯ୍ୟ କଲା। ସ୍ୱାଧୀନତା ପରଠାରୁ ସର୍ବବୃହତ୍ ଟିକସ ବିପ୍ଳବ ବୋଲି କୁହାଯାଉଥିବା 'ଜିଏସଟି' ଟିକସ ହ୍ରାସ କରିବାରେ ସାହାଯ୍ୟ କରିଛି ଏବଂ ମଧ୍ୟବିତ୍ତ ଶ୍ରେଣୀର ଲୋକ ଉପକୃତ ହୋଇ ଜନସାଧାରଣ ବ୍ୟବହାର କରୁଥିବା ବହୁ ସାମଗ୍ରୀ ଶସ୍ତା ହୋଇଛି।

ମୋଦି ସରକାର ମଧ୍ୟ ସଫଳତାର ସହିତ ଏକ ଭଲ ଆର୍ଥିକ ଅନୁଶାସନ ବଜାୟ ରଖିବାରେ ସଫଳ ହୋଇଛନ୍ତି – ଚତୁର ଅର୍ଥନୈତିକ ନିଷ୍ପତ୍ତି ସହିତ ୨୦୧୬-୧୭ରେ ଆର୍ଥିକ ନିଅଣ୍ଟ ୩.୫ ପ୍ରତିଶତରେ ଥିଲା।[୪୭୪] ଯେତେବେଳେ ମୁଦ୍ରାସ୍ଫୀତି ୬% ତଳେ ଥିଲା, କିନ୍ତୁ କିଛି ତ୍ରୈମାସିକରେ ଏହା ୨%କୁ କମିଥିଲା।[୪୭୫] ମୋଦି

ସରକାର ଦ୍ୱାରା ନିଆଯାଇଥିବା ଅନ୍ୟ ପ୍ରମୁଖ ପଦକ୍ଷେପଗୁଡିକ ମଧ୍ୟରେ ଅନ୍ତର୍ଭୁକ୍ତ ଥିଲା- ଆୟକର ସଂସ୍କାର, ୨୦୧୬ର ରିଅଲ ଇଷ୍ଟେଟ ନିୟାମକ ପ୍ରାଧିକରଣ ଅଧିନିୟମ ଏବଂ ଇନସଲଭେନ୍ସି ଏବଂ ଦେବାଳିଆ ସଂକେତ (ଅଣ ପ୍ରଦର୍ଶନ ସଂପତ୍ତିର ଭାରତର ଦୀର୍ଘକାଳୀନ ସମସ୍ୟାର ମୁକାବିଲା ପାଇଁ)। ଏଗୁଡିକ ଅର୍ଥନୀତିକୁ ମଜଭୁତ କରିବାରେ ଏବଂ ବ୍ୟବସାୟକୁ ଶୃଙ୍ଖଳିତ କରିବାରେ ସାହାଯ୍ୟ କରିଛି।

ଏହି ସଂସ୍କାର ସବୁ ଅନେକ ଅନ୍ତର୍ଜାତୀୟ ସ୍ତରରେ ପ୍ରଶଂସା ଲାଭ କରିଛି। ୨୦୧୭ ନଭେମ୍ବରରେ ଆମେରିକୀୟ କ୍ରେଡିଟ ରେଟିଂ ଏଜେନ୍ସି ମୁଡିସ ଭାରତର ମୂଲ୍ୟାୟନକୁ ଗୋଟିଏ ସ୍ତରରେ ଉନ୍ନତ କରିଛି- ଦେଶ ପାଇଁ ଦୃଷ୍ଟିକୋଣକୁ ସ୍ଥିରରୁ ସକାରାତ୍ମକରେ ପରିବର୍ତ୍ତନ କରିଛି। ଏହା ଏବଂ ଭୂମିରେ ଦୃଶ୍ୟମାନ ଅନେକ ପରିବର୍ତ୍ତନ 'ମୋଦିନୋମିକ୍ସ' ଏବଂ ମୋଦି ସରକାରଙ୍କ ପ୍ରମୁଖ ସଂସ୍କାରକୁ ବୈଧ କରିଥିଲା, ଯାହା ଭାରତୀୟ ଅର୍ଥନୀତିକୁ ବଦଳାଇବାରେ ସକ୍ଷମ ହୋଇଥିଲା। ଆମେରିକା, ଚାଇନା, ଜାପାନ, ଜର୍ମାନୀ, ଇଂଲଣ୍ଡ ଏବଂ ଫ୍ରାନ୍ସ ପରେ ଭାରତ ବିଶ୍ୱର ବୃହତ୍ତମ ଅର୍ଥନୀତି। କେନ୍ଦ୍ର ସରକାର ଏବଂ ଅନ୍ୟାନ୍ୟ ବିଶ୍ୱାସଯୋଗ୍ୟ ସଂସ୍ଥା ନିଶ୍ଚିତ କରିବାକୁ ଚେଷ୍ଟା କରୁଛନ୍ତି, ଯେମିତି ୨୦୩୦ ସୁଦ୍ଧା ଭାରତ ବିଶ୍ୱର ତିନୋଟି ବୃହତ ଅର୍ଥନୀତି ମଧ୍ୟରୁ ଗୋଟିଏ ହେବ। ଆନ୍ତର୍ଜାତିକ ମୁଦ୍ରାପାଣ୍ଠିର ପୂର୍ବତନ ଅର୍ଥନୀତିଜ୍ଞ ମରିସ ଅବଷ୍ଟଫେଲ୍ଡ 'ଜିଏସ୍‌ଟି'କୁ ପ୍ରଶଂସା କରି କହିଛନ୍ତି ଯେ ଭାରତର ଅଭିବୃଦ୍ଧି ଅତ୍ୟନ୍ତ ଦୃଢ଼ ଅଟେ। ପ୍ରଧାନମନ୍ତ୍ରୀ ନରେନ୍ଦ୍ର ମୋଦିଙ୍କ ନେତୃତ୍ୱରେ ସରକାର ସମୟରେ ଭାରତ ବାସ୍ତବରେ କିଛି ମୌଳିକ ସଂସ୍କାର କରିପାରିଛି। ଏଥିମଧ୍ୟରେ ଜିଏସ୍‌ଟି ଏବଂ ଇନ୍‌ସଲଭେନ୍ସି ଆଣ୍ଡ ବ୍ୟାଙ୍କରପସି କୋଡ୍ ଆଦି ଅନ୍ତର୍ଭୁକ୍ତ... ଅର୍ଥନୈତିକ ଅନ୍ତର୍ଭୁକ୍ତୀକରଣ ପାଇଁ ସେମାନେ ଯାହା କରିଛନ୍ତି, ତାହା ବାସ୍ତବରେ ଅତ୍ୟନ୍ତ ଗୁରୁତ୍ୱପୂର୍ଣ୍ଣ ବୋଲି ଅବଷ୍ଟଫେଲ୍ଡ କହିଛନ୍ତି।[୪୭୬]

ଉପରୋକ୍ତ କାରଣଗୁଡ଼ିକର ପ୍ରତି ବଦଳରେ ସହଜରେ ବ୍ୟବସାୟ କରିବାରେ ଭାରତର ମାନ୍ୟତା ମଧ୍ୟ ଗତ ୫ ବର୍ଷ ମଧ୍ୟରେ ବହୁଗୁଣିତ ହୋଇଛି। ବିଶ୍ୱ ବ୍ୟାଙ୍କ ଦ୍ୱାରା ମୂଲ୍ୟାଙ୍କନ କରାଯାଇଥିବା ୧୯୦ଟି ଦେଶ ମଧ୍ୟରୁ ଭାରତର ସ୍ଥାନ ୨୦୧୭ରେ ୧୦୦ ଥିବାବେଳେ ଏବେ ୭୭ରେ ଅର୍ଥାତ୍ ୨୩ଟି ସ୍ଥାନ ଉପରେ ଅଛି। ଗତବର୍ଷ ଭାରତ ୩୦ ସ୍ଥାନରେ ନିଜ ମାନ୍ୟତାକୁ ଉନ୍ନତ କରିଛି ବୋଲି ବିଚାରକୁ ନେଇ ଭାରତର ଲମ୍ଫ ମହତ୍ତ୍ୱପୂର୍ଣ୍ଣ ଏବଂ ଭାରତ ଆକାରର ଯେ କୌଣସି ବୃହତ୍ ତଥା ବିବିଧ ଦେଶ ପାଇଁ ଏହା ଏକ ବିରଳ କୀର୍ତ୍ତି। ସରକାରଙ୍କ ନିରନ୍ତର ପ୍ରୟାସର ପରିଣାମ ସ୍ୱରୂପ ଭାରତ ଗତ ଦୁଇବର୍ଷରେ ୫୦ତମ ପାହ୍ୟା ଏବଂ ଗତ ୪ ବର୍ଷ ମଧ୍ୟରେ ୬୦ ପାହ୍ୟାରେ ଉନ୍ନତି ଆଣିଛି।[୪୭୭]

୨୦୧୮ରେ ଭାରତ ମିଳିତ ଜାତିସଂଘର ଇ-ସରକାରୀ ସୂଚକାଙ୍କର ଶ୍ରେଷ୍ଠ ୧୦୦ରେ ପ୍ରବେଶ କରିଛି। ଗତ ୪ ବର୍ଷ ମଧ୍ୟରେ ଭାରତ ୨୨ଟି ସ୍ଥାନ ଉପରକୁ ଏବଂ ଗତ ଦୁଇ ବର୍ଷ ମଧ୍ୟରେ ୧୧ଟି ସ୍ଥାନ ଉପରକୁ ଯାଇଛି। ବର୍ତ୍ତମାନ ଭାରତ ର୍‍ୟାଙ୍କିଙ୍ଗରେ ୯୬ତମ ସ୍ଥାନ ଅଧିକାର କରିଛି। ଇ-ଅଂଶଗ୍ରହଣ ଉପ-ସୂଚକାଙ୍କରେ ଭାରତ ଶ୍ରେଷ୍ଠ ୧୫ ମଧ୍ୟରେ ରହିଛି, ଯାହାର ଉଚ୍ଚ ସ୍କୋର ୦.୯୫୫୧ ରହିଛି । ଶାସନରେ ନାଗରିକମାନଙ୍କର ବ୍ୟାପକ ଅନ୍‌ଲାଇନ୍ ଅଂଶଗ୍ରହଣ ପାଇଁ ପ୍ଲାଟଫର୍ମ 'ମାଇଁ ଗର୍ଭନମେଣ୍ଟ' କୁ ଧନ୍ୟବାଦ।[୪୬୮]

ମୋଦି ସରକାରଙ୍କ ଧ୍ୟାନରେ କୃଷକମାନେ ସର୍ବଦା ଆଗରେ ରହିଛନ୍ତି। ସାତ ଦଶନ୍ଧି ଧରି ଚାଲିଥିବା କଂଗ୍ରେସର ଦୀର୍ଘ ଶାସନ କୃଷକମାନଙ୍କ ଅବସ୍ଥାରେ କିଛି ଆଖିଦୃଶିଆ ଉନ୍ନତି ଆସି ନ ଥିଲା, ବରଂ ସେମାନଙ୍କ ଯୋଜନା ସବୁ କୃଷକ – ବିରୋଧୀ ଥିଲା, ଯାହା କୃଷକମାନଙ୍କୁ ଅଧିକ ଋଣ ନେବାକୁ ବାଧ୍ୟ କରୁଥିଲା ଏବଂ ଋଣ ଶୁଝି ନ ପାରି ଅଧିକାଂଶ ସମୟରେ କୃଷକମାନେ ଆତ୍ମହତ୍ୟା କରୁଥିଲେ। ଏହି ଗୁରୁତ୍ୱପୂର୍ଣ୍ଣ ପ୍ରସଙ୍ଗ ଉପରେ ଏକ ସମ୍ବେଦନଶୀଳ ଦୃଷ୍ଟିକୋଣକୁ ନେଇ ମୋଦି କୃଷକମାନଙ୍କ କଲ୍ୟାଣକୁ ପ୍ରାଥମିକତା ଦେବା ପାଇଁ ଅନେକ ପଦକ୍ଷେପ ନେଲେ। ମୋଦି କେବଳ ଋଣ ଛାଡ ପରି ଜନପ୍ରିୟ ସମାଧାନ ଉପରେ ଧ୍ୟାନଦେବା ବଦଳରେ କୃଷକମାନଙ୍କୁ ସଶକ୍ତ କରିବାକୁ ରଣନୀତିକ ପଦକ୍ଷେପ ନେଲେ। ଚାଷକୁ ଯଥାସମ୍ଭବ ବିପଦମୁକ୍ତ କରିବା ପାଇଁ ଓ ଫସଲହାନି ହେଲେ କୃଷକମାନଙ୍କୁ ସୁରକ୍ଷା ଦେବାପାଇଁ 'ପ୍ରଧାନମନ୍ତ୍ରୀ ଫସଲ ବୀମା ଯୋଜନା' ଆରମ୍ଭ କରାଗଲା। ଏହାପରେ ମଞ୍ଜିରୁ ବଜାରଯାଏ ବହୁସ୍ତରୀୟ ଯୋଜନାରେ ପରିଣତ ହୋଇ ପ୍ରତ୍ୟେକ ପର୍ଯ୍ୟାୟରେ କୃଷି ଉତ୍ପାଦନକୁ ବଢାଇବାକୁ ପ୍ରୟାସ ହେଲା। ୨୦୧୭ରେ ଆଗାମୀ ଆର୍ଥିକ ବର୍ଷ ପାଇଁ କୃଷି ଋଣ ଲକ୍ଷ୍ୟକୁ ୧୧ ପ୍ରତିଶତ ବୃଦ୍ଧିକରି ୧୦ ଲକ୍ଷ କୋଟି କରାଯାଇଥିଲା ଏବଂ କ୍ଷୁଦ୍ର ଜଳସେଚନ ଓ ଦୁଗ୍ଧ ପ୍ରକ୍ରିୟାକରଣ ପାଇଁ ୫ ହଜାର କୋଟି ଟଙ୍କାର ଦୁଇଟି ଉତ୍ସର୍ଗୀକୃତ ପାଣ୍ଠି ଘୋଷଣା କରାଯାଇଥିଲା। ଭୂମି-ସ୍ୱାସ୍ଥ୍ୟ କାର୍ଡ, ନିମ ପୁଟଦିଆ ୟୁରିଆ, ଦୁଗ୍ଧ ଉତ୍ପାଦନ ବଢାଇବାକୁ ବ୍ଲୁ ଆନ୍ଦୋଳନ, ସାର ଓ କୀଟନାଶକ ଇତ୍ୟାଦିର ସହଜ ଉପଲବ୍ଧତା ସହଜରେ ମିଳିବାପରି ଋଣ ଏବଂ ଶୀତଳଭଣ୍ଡାର ପରି କ୍ଷେତ୍ରରେ ଅଧିକ ବିନିଯୋଗ କରି ମୋଦି ସରକାର କୃଷକମାନଙ୍କ ଆୟ ବଢାଇବାକୁ ବିଭିନ୍ନ ଯୋଜନା ପ୍ରଣୟନ କରିଛନ୍ତି। ଡିସେମ୍ବର ୨୦୧୯ ସୁଦ୍ଧା ୯୯ଟି ଚାଲୁଥିବା ଜଳସେଚନ ପ୍ରକଳ୍ପ ଏବଂ ୨୦୨୨ ସୁଦ୍ଧା କୃଷକଙ୍କ ଆୟ ଦ୍ୱିଗୁଣିତ କରିବାକୁ ସରକାର ଲକ୍ଷ୍ୟ ରଖିଛନ୍ତି ଏବଂ ଏହି ଯୋଜନା କୃଷକମାନଙ୍କ ପାଇଁ ଏକ ଦୀର୍ଘକାଳୀନ ସମାଧାନ ସାବ୍ୟସ୍ତ

ହେବ। ବିଜେପି ୱେବସାଇଟ୍ ଅନୁଯାୟୀ କୃଷିକ୍ଷେତ୍ର ପାଇଁ ୫ ବର୍ଷିଆ ବଜେଟ୍ ଆବଣ୍ଟନ ୧.୨୧ ଲକ୍ଷ କୋଟିରୁ ୨.୧୧ ଲକ୍ଷ କୋଟିକୁ ବୃଦ୍ଧି ପାଇଛି। ଖରିଫ ଫସଲ ପାଇଁ ଉତ୍ପାଦନ ମୂଲ୍ୟର ସର୍ବନିମ୍ନ ସହାୟକ ମୂଲ୍ୟ ୧.୫ ଗୁଣକୁ ବୃଦ୍ଧି କରାଯାଇଛି।[୪୭୯] ଫେବୃଆରୀ ୨୦୧୯ରେ ଘୋଷଣା ହୋଇଥିବା 'କିଷାନ ସମ୍ମାନ ନିଧି ଯୋଜନା' କୃଷକମାନଙ୍କ ପାଇଁ ନିଆଯାଇଥିବା ଅନ୍ୟ ଏକ ଐତିହାସିକ ପଦକ୍ଷେପ। ଏହି ଯୋଜନାରେ ୧୨ କୋଟି ନାମମାତ୍ର ଚାଷୀ ଉପକୃତ ହେବେ, ଏବଂ ବାର୍ଷିକ ୬ ହଜାର ଟଙ୍କା ପାଇବେ। ସରକାର ଏ କୃଷକ କଲ୍ୟାଣ ଯୋଜନା ପାଇଁ ବାର୍ଷିକ ୭୫ ହଜାର କୋଟି ଟଙ୍କା ଖର୍ଚ୍ଚ କରିବେ। ଏହି ଯୋଜନା ଘୋଷଣା କରିବାର ମାସକ ମଧ୍ୟରେ ସରକାର ୨.୬ କୋଟି କୃଷକଙ୍କୁ ପ୍ରଥମ କିସ୍ତି ଆକାରରେ ୫ ହଜାର କୋଟି ଟଙ୍କା ଦେଇଥିଲେ। ଆଧୁନିକ ଭାରତୀୟ କୃଷିର ଜନକ ଏମ୍.ଏସ୍. ସ୍ୱାମୀନାଥନ୍, ଭାରତର ଚାଷୀଙ୍କ ଅବସ୍ଥା ସୁଧାରିବା ପାଇଁ ସମସ୍ତ କୌଶଳ ତଥା ରଣନୀତିକ ପଦକ୍ଷେପ ପାଇଁ ମୋଦି ସରକାରଙ୍କୁ ପ୍ରଶଂସା କରିଛନ୍ତି।[୪୮୦]

ମୋଦି ସରକାର ଶୀଘ୍ର ଅନୁଭବ କଲେ ଯେ ଏକ ସୁସ୍ଥ ଜନସଂଖ୍ୟା ହିଁ ଏକ ସୁସ୍ଥ ରାଷ୍ଟ୍ରର ନେତୃତ୍ୱ ନେଇପାରିବ। ୨୩ ସେପ୍ଟେମ୍ବର ୨୦୧୮ରେ ସରକାର ବିଶ୍ୱର ସର୍ବବୃହତ୍ ସ୍ୱାସ୍ଥ୍ୟବୀମା ଯୋଜନା 'ଆୟୁଷ୍ମାନ ଭାରତ' ଆରମ୍ଭ କଲେ। ଏହି ଯୋଜନାରେ ପାଖାପାଖି ୫୦ କୋଟି ଲୋକଙ୍କୁ ବିସ୍ତୃତ ବୀମା ଯୋଜନାରେ ଅନ୍ତର୍ଭୁକ୍ତ କରାଯାଇପାରିଛି। ଏହି ଯୋଜନା ଉଭୟ ସରକାରୀ ଓ ବେସରକାରୀ ବୀମା ଯୋଜନାରେ ସମନ୍ୱୟ ରଖି ପ୍ରତି ପରିବାରକୁ ୫ ଲକ୍ଷ ଟଙ୍କା ପର୍ଯ୍ୟନ୍ତ ବୀମା ଯୋଜନାରେ ଅନ୍ତର୍ଭୁକ୍ତ କରିଛି। ଆରମ୍ଭ ହେବାର କିଛି ମାସ ମଧ୍ୟରେ ପ୍ରାୟ ୧୦ ଲକ୍ଷ ଦରିଦ୍ର ରୋଗୀଙ୍କ ହିତାଧିକାରରେ ବିନିଯୋଗ ହୋଇ ଏହି ଯୋଜନା ଭାରତର ଜନସ୍ୱାସ୍ଥ୍ୟ ମିଶନର ରୂପରେଖରେ ବଡ ପରିବର୍ତ୍ତନ ଆଣିପାରିଛି।

ନରେନ୍ଦ୍ର ମୋଦିଙ୍କ ୱେବସାଇଟ୍ ଅନୁଯାୟୀ ପୂର୍ବରୁ ବୀମା ସୁବିଧା ପାଉ ନ ଥିବା କର୍କଟ ଓ ହୃଦରୋଗ ଭଳି ଅଣସଂକ୍ରାମକ ରୋଗରେ ପୀଡିତ ୫୦୦ ନିୟୁତରୁ ଅଧିକ ଭାରତୀୟ, ବର୍ତ୍ତମାନ ମାଗଣା ସ୍ୱାସ୍ଥ୍ୟସେବା ପାଇପାରିବେ।[୪୮୧] ଆୟୁଷ୍ମାନ ଭାରତ ଯୋଜନା ବ୍ୟତୀତ ଦେଶରେ ୫ହଜାରରୁ ଅଧିକ ଜନଔଷଧି କେନ୍ଦ୍ର ମାଧ୍ୟମରେ ଲୋକମାନଙ୍କ ପାଇଁ ସ୍ୱଳ୍ପ ମୂଲ୍ୟର ଜେନେରିକ ଔଷଧ ଉପଲବ୍ଧ କରାଇବା ଏବଂ ହୃଦରୋଗ ଚିକିତ୍ସା ପାଇଁ ଷ୍ଟେଣ୍ଟ ମୂଲ୍ୟ ହ୍ରାସ କରିବା ଓ ଆଣ୍ଠୁ ପ୍ରତିରୋପଣକୁ ସୁଲଭ ମୂଲ୍ୟରେ ଯୋଗାଇବା ଆଦି ବ୍ୟବସ୍ଥାକୁ ଲୋକେ ଖୁବ୍ ପ୍ରଶଂସା କରିଛନ୍ତି।

ଯଦିଓ ଭାରତ ଏକ ବୃଦ୍ଧି ପାଉଥିବା ଅର୍ଥନୀତି ତଥାପି ଆମ ସହରଗୁଡିକ

ପରିଷ୍କାର ନୁହେଁ। ଅନେକ ବେସରକାରୀ ସଂସ୍ଥା ଓ ସାମାଜିକ ଗୋଷ୍ଠୀ ବର୍ଷ ବର୍ଷ ଧରି ସ୍ୱଚ୍ଛତା ପ୍ରସଙ୍ଗ ଉଠାଇଥିଲେ ମଧ୍ୟ ସେତେବେଳେ କ୍ଷମତାରେ ଥିବା ସରକାର ଏ କଥାକୁ ଏଡେଇ ଯାଇଥିଲେ। ରାଜନୈତିକ ଏବଂ ନୀତି ସମୀକ୍ଷକମାନେ ସର୍ବଦା ଏକଥାରେ ଦୃଢ ଥିଲେ ଯେ 'ସ୍ୱଚ୍ଛତା' ସରକାରଙ୍କ ପାଇଁ କଦାପି ଏକ ଏଜେଣ୍ଡା ହୋଇପାରିବ ନାହିଁ। ସ୍ୱାଧୀନତାର ୭ ଦଶନ୍ଧି ପରେ ମଧ୍ୟ ସେମାନଙ୍କ ଘରେ ଶୌଚାଳୟର ଅଭାବ ହେତୁ ଅନେକ ଭାରତୀୟ ଖୋଲା ସ୍ଥାନରେ ମଳ ତ୍ୟାଗ କରିବାକୁ ବାଧ୍ୟ ହେଉଥିଲେ – ଏକଥା ମୋଦିଙ୍କ ଧ୍ୟାନ ଆକର୍ଷଣ କଲା। ଏଥିପାଇଁ 'ସ୍ୱଚ୍ଛ ଭାରତ ମିଶନ' ଆରମ୍ଭ ହୋଇ ଚତୁର୍ଦ୍ଦିଗରେ ପରିଷ୍କାର ପରିଚ୍ଛନ୍ନତା ଏବଂ ଅଦ୍ଭୁତ ଗତିରେ ଶୌଚାଳୟ ନିର୍ମାଣ ଆରମ୍ଭ ହେଲା। ଇଂଲଣ୍ଡର ପତ୍ରିକା 'ଇଣ୍ଡିପେଣ୍ଡେଣ୍ଟ୍' ଲେଖିଲା ଯେ 'ଭାରତ ମାନବ ଇତିହାସର ସବୁଠାରୁ ବଡ ଶୌଚାଳୟ ନିର୍ମାଣ ଦୌଡରେ ଥିଲା। 'ଡେଲି ଓ' ର ଏକ ଆଲେଖ୍ୟ ଅନୁଯାୟୀ ୨୦୧୪ ଅକ୍ଟୋବରଠାରୁ ୯୨ ନିୟୁତ ଶୌଚାଳୟ ନିର୍ମିତ ହୋଇସାରିଛି ଏବଂ ବିଶ୍ୱର ଏହି ପ୍ରକାରର ବୃହତ ଅଭିଯାନରେ ଏହା ପ୍ରାୟ ୫୦୦ ନିୟୁତ ଘରକୁ ଏହି ଯୋଜନାରେ ଅନ୍ତର୍ଭୁକ୍ତ କରିପାରିଛି।[୪୮୨]

ଯୋଜନା ଆୟୋଗ ଦ୍ୱାରା ୫ ବର୍ଷର କେନ୍ଦ୍ରୀୟ ଯୋଜନାର ବିଫଳତା ଉପରେ ଅନେକ ନୀତି ଓ ପ୍ରଶାସନିକ ବିଶ୍ଳେଷକ ମନ୍ତବ୍ୟ ଦେଇଛନ୍ତି। କିନ୍ତୁ ସରକାରମାନେ ସ୍ଥିତାବସ୍ଥା ବଜାୟ ରଖିବା ନ୍ୟାୟରେ କେବେହେଲେ ଏ ଅନୁଷ୍ଠାନରେ ହାତ ମାରି ନ ଥିଲେ। ବଦଳୁଥିବା ସମୟକୁ ଦୃଷ୍ଟିରେ ରଖି ମୋଦି ସରକାର ଯୋଜନା ଆୟୋଗକୁ ଭାଙ୍ଗିଦେଲେ ଓ ସେହି ସ୍ଥାନରେ 'ନୀତି ଆୟୋଗ' (ନେସନାଲ ଇନଷ୍ଟିଚ୍ୟୁସନ ଅଫ୍ ଟ୍ରାନ୍ସଫରମିଙ୍ଗ ଇଣ୍ଡିଆ) ଗଠନ କଲେ ଏବଂ ଏହା ସରକାରଙ୍କ ପାଇଁ ଏକ 'ଥିଙ୍କ ଟ୍ୟାଙ୍କ' ରୂପେ କାମ କରୁଛି। ଏହା ସରକାରଙ୍କ ନୀତି ନିର୍ଦ୍ଧାରଣ କରିବାରେ ସାହାଯ୍ୟ କରେ, ଯାହା ଦେଶର ଆବଶ୍ୟକତାକୁ ଅନୁମାନ କରିଥାଏ, ପ୍ରତିଫଳିତ କରିଥାଏ ଏବଂ ନାଗରିକଙ୍କ ସୁବିଧା ପାଇଁ ଏହାକୁ ଠିକ୍ ଭାବରେ କାର୍ଯ୍ୟକାରୀ କରିଥାଏ।[୪୮୩] ଏହି ଯୋଜନା ସରକାରଙ୍କୁ ଦୀର୍ଘକାଳୀନ ସଂସ୍କାର ଆଣିବାରେ ସାହାଯ୍ୟ କରିଛି।

ଏନ୍‌ଡିଏ ସରକାରର ପ୍ରମୁଖ ରୋଜଗାର ସୃଜନ ଯୋଜନା, ପ୍ରଧାନମନ୍ତ୍ରୀ ରୋଜଗାର ଯୋଜନା, ଯୁବଶକ୍ତି ପାଇଁ ରୋଜଗାର ଯୋଗାଇବା ଉପରେ କେନ୍ଦ୍ରିତ ହୋଇଛି। ମାର୍ଚ୍ଚ ୨୦୧୯ ସୁଦ୍ଧା ୧୦ ନିୟୁତ ଯୁବ ଶକ୍ତିକୁ କାର୍ଯ୍ୟ ଯୋଗାଇବା ଲକ୍ଷ୍ୟ ରଖିଥିବା ସରକାର ତଥ୍ୟ ଅନୁଯାୟୀ ୮.୫ ନିୟୁତ ଯୁବଶକ୍ତିଙ୍କୁ କାର୍ଯ୍ୟ ଯୋଗାଇ

ଦେଇଛନ୍ତି ।[୪୮୪] କଂଗ୍ରେସ ଅଭିଯୋଗର ବିପରୀତରେ ହାର୍ଭାର୍ଡ ବିଶ୍ୱବିଦ୍ୟାଳୟରୁ ଡିଷ୍ଟିଂସନ ସହ ଏମ୍‌ବିଏ ଡିଗ୍ରୀ ପ୍ରାପ୍ତ କେନ୍ଦ୍ରମନ୍ତ୍ରୀ ଜୟନ୍ତ ସିହ୍ନା କହିଛନ୍ତି ଯେ ମୋଦି ସରକାରଙ୍କ କାର୍ଯ୍ୟକାଳରେ ଭାରତରେ ଚାକିରି ଅଭିବୃଦ୍ଧି ମଜଭୁତ ହୋଇଛି ଏବଂ ଆମର ସର୍ଭେ ଯଥେଷ୍ଟ ମଜଭୁତ ନ ଥିବାରୁ ବହୁ ପରିମାଣରେ ରୋଜଗାର ବିଷୟରେ ଠିକ୍ ଭାବେ ଆକଳନ କରାଯାଇ ପାରୁନାହିଁ । ଜାନୁଆରୀ ୨୦୧୮ରେ ନାସକମ୍ ରିପୋର୍ଟ ଅନୁଯାୟୀ ଅଟୋ ମୋବାଇଲ୍, ଆଇଟି- ବିପିଏମ୍ ଖୁଚୁରା ଏବଂ ବୟନ କେନ୍ଦ୍ରରେ ୧.୪ କୋଟି ନୂତନ ନିଯୁକ୍ତି ସୃଷ୍ଟି ହୋଇଥିଲା । ନୌକରୀ ଚାକିରି ସ୍ପିକ ଇଣ୍ଡେକ୍ସ ବର୍ଷକୁ ୧୦ରୁ ୧୬ ପ୍ରତିଶତ ପଞ୍ଜୀକରଣ କରିଥିଲା, ବର୍ଷକୁ ବର୍ଷ ଅଧିକ ଅଭିବୃଦ୍ଧି, ପ୍ରତିବର୍ଷ ଏକ ଶକ୍ତିଶାଳୀ ଚାକିରି ଅଭିବୃଦ୍ଧିକୁ ବୈଧ କରିଥିଲା ।[୪୮୫] ସେହିପରି ଭାରତୀୟ ଉଦ୍ୟୋଗ ପରିସଂଘ (ସିଆଇଆଇ) ନିଯୁକ୍ତି ସୃଷ୍ଟି ଉପରେ ସରକାରଙ୍କ ଆଭିମୁଖ୍ୟକୁ ଆହୁରି ବୈଧ କରିଛି । ସିଆଇଆଇ କହିଛି ଯେ ମୋଦି ସରକାରଙ୍କ ଦ୍ୱାରା ସମ୍ପ୍ରତି ନିଆଯାଇଥିବା ସଂସ୍କାର ପୂର୍ବରୁ ଥିବା ଉଦୀୟମାନ କ୍ଷେତ୍ରଗୁଡିକରେ ନୂତନ ଜୀବିକା ଅର୍ଜନର ସୁଯୋଗ ସୃଷ୍ଟି କରିଛି । ମାର୍ଚ୍ଚ ୨୦୧୯ରେ ସିଆଇଆଇ ଦ୍ୱାରା ସର୍ଭେ ରିପୋର୍ଟରେ ଦର୍ଶାଯାଇଛି ଯେ ମଧ୍ୟମ ଓ କ୍ଷୁଦ୍ର ଉଦ୍ୟୋଗଗୁଡିକରେ ପାଖାପାଖି ୧୩.୫ରୁ ୧୪.୯ ନିଯୁତ ଚାକିରି ଗତ ୪ ବର୍ଷରେ ସୃଷ୍ଟି କରିବାରେ ସକ୍ଷମ ହୋଇଛି । ଏହି ସର୍ଭେରୁ ୩.୩ ପ୍ରତିଶତ (ଚକ୍ରବୃଦ୍ଧି ହାର) ଅଭିବୃଦ୍ଧି ପ୍ରମାଣିତ ହୋଇଛି । ଶ୍ରମିକ ବ୍ୟୁରୋର ବୃହତ ସ୍ତରର ତଥ୍ୟ ସହ ମିଳାଇଲା ପରେ ଦେଖାଯାଇଛି ଯେ ଏହା ୧୩.୫ରୁ ୧୪.୯ ନିଯୁତ ଚାକିରି ପ୍ରତିବର୍ଷ ସୃଷ୍ଟି କରିବାରେ ସକ୍ଷମ ହୋଇଛି ଏବଂ ଏହା ସିଆଇଆଇର ସଭାପତି ରାକେଶ ମିତ୍ତଲ୍ ମଧ୍ୟ କହିଛନ୍ତି । ମିତ୍ତଲ୍ କହିଛନ୍ତି ଯେ 'ମଧ୍ୟମ ଓ କ୍ଷୁଦ୍ର ଉଦ୍ୟୋଗ କ୍ଷେତ୍ରରେ ରୋଜଗାରର ଅତି ସୁସ୍ଥ ବୃଦ୍ଧି ହୋଇଛି' ।[୪୮୬] ଅଧିକନ୍ତୁ ସରକାରୀ ତଥ୍ୟରୁ ଏକଥା ଦେଖାଯାଇଛି ଯେ ଏମ୍ପ୍ଲୟର୍ସ ପ୍ରୋଭିଡେଣ୍ଟ୍ ଫଣ୍ଡ ଯୋଜନା ଏବଂ ନେସନାଲ ପେନସନ୍ ଯୋଜନାରେ ଅଧିକ ହିତାଧିକାରୀ ପଞ୍ଜୀକୃତ ହୋଇଛନ୍ତି ଏବଂ ଏହା ପ୍ରମାଣିତ କରୁଛି ଯେ ଏହି ସଂଖ୍ୟା ବୃଦ୍ଧି ମୋଦି ସରକାରଙ୍କ ସମୟରେ ଚାକିରି ପାଇଥିବା ଲୋକଙ୍କ ସଂଖ୍ୟାବୃଦ୍ଧି ଯୋଗୁ ସମ୍ଭବ ହୋଇପାରିଛି ।

ମୋଦି ସରକାରଙ୍କ ପ୍ରଥମ କାର୍ଯ୍ୟକାଳ ସମୟରେ କଂଗ୍ରେସ ଅତି ନିମ୍ନସ୍ତରକୁ ଓହ୍ଲାଇ ପାରୁ ପର୍ଯ୍ୟନ୍ତ ସଂସଦୀୟ କାର୍ଯ୍ୟ ଚଳେଇ ନ ଦେବାକୁ ଉଦ୍ୟମ କରିଥିଲା । ଉଦାହରଣ ସ୍ୱରୂପ, ୨୦୧୭ରେ ଲୋକସଭାର ଶୀତକାଳୀନ ଅଧିବେଶନକୁ ସମ୍ପୂର୍ଣ୍ଣ ଅଚଳ କରିଦିଆଯାଇଥିଲା ଏବଂ ସଂସଦୀୟ କାର୍ଯ୍ୟକ୍ରମର ସଫଳତା କମି ମାତ୍ର ୧୬

ପ୍ରତିଶତକୁ ଖସିଯାଇଥିଲା।[୪୮୭] ଇତ୍ୟବସରରେ ରାହୁଲ ଗାନ୍ଧୀ କଂଗ୍ରେସର ସଭାପତି ନିଯୁକ୍ତ ହୋଇଥିଲେ ଏବଂ ନିଜ ମା'ଙ୍କ ହାତରୁ ଶାସନ ଡୋରି ନିଜ ହାତକୁ ନେଇଥିଲେ। ବାତାବରଣକୁ ସାମ୍ପ୍ରଦାୟିକ କରିବା ଓ ଧ୍ରୁବୀକରଣ କରିବା ଉଦ୍ଦେଶ୍ୟରେ କଂଗ୍ରେସ ମିଥ୍ୟା ପ୍ରଚାର କରିବାକୁ ଲାଗିଲା ଯେ ଏସ୍‌ସି/ଏସ୍‌ଟି ଆକ୍ଟକୁ ବିଜେପି ସରକାର ହଟାଇବାକୁ ଯାଉଛନ୍ତି। ଏ କଥାରେ ଲେଶ ମାତ୍ର ସତ୍ୟତା ନ ଥିଲା। ଆକସ୍ମିକ ଭାବରେ ରାହୁଲ ଗାନ୍ଧୀ ସଂସଦ ମଧ୍ୟରେ ପ୍ରଧାନମନ୍ତ୍ରୀଙ୍କୁ ଆଲିଙ୍ଗନ କଲେ ଓ କଂଗ୍ରେସ ଦଳର ମୁଖପାତ୍ରଙ୍କୁ ପରେ ଏ ସମ୍ବନ୍ଧରେ ଲଜ୍ଜାଜନକ ଭାବେ ସଫେଇ ଦେବାକୁ ପଡିଲା। ରାହୁଲ ଦୃଢ ଥିଲେ ଯେ ପ୍ରଧାନମନ୍ତ୍ରୀଙ୍କୁ ଆଲିଙ୍ଗନ କରି ସେ ଏକ ପ୍ରଶଂସା ଯୋଗ୍ୟ କାର୍ଯ୍ୟ କରିଛନ୍ତି ଏବଂ ଅତିଖୁସିରେ ନିଜର ଏକ ଆଖିବୁଜି ସେ ନିଜ ଦଳୀୟ ସାଂସଦମାନଙ୍କୁ ଚାହିଁଥିଲେ। ପ୍ରକୃତରେ କିନ୍ତୁ ଏହି କାର୍ଯ୍ୟକଳାପକୁ ଦେଖି ସାରାଦେଶ ରାହୁଲଙ୍କୁ ନାବାଳକ କହି ଥଟ୍ଟା କରିଥିଲା।

ଲୁଟେନ୍ସର ଶକ୍ତି ସଂରଚନା ଭଙ୍ଗ

ଦେଶର ଅନେକ କ୍ଷମତାଶୀଳ ଲୋକେ ହଠାତ୍ କ୍ଷମତାହୀନ ହୋଇଯିବାରୁ ମୋଦି ସରକାରଙ୍କ ଉପରେ ଅସନ୍ତୁଷ୍ଟ ହେଲେ। ଏହି କ୍ଷମତାଶାଳୀ ଲୋକେ ବର୍ଷ ବର୍ଷ ଧରି ଭାରତୀୟମାନଙ୍କୁ କ'ଣ ଭୁଲ, କ'ଣ ଠିକ୍ ଏ ବିଷୟରେ ଏକଚାଟିଆ ନିର୍ଦ୍ଦେଶ ଦେଉଥିଲେ। ଏମାନେ ୨୦୧୪ ପର୍ଯ୍ୟନ୍ତ ସରକାରର ଅଂଶୀଦାର ନ ଥାଇ ବା ମତଦାତାମାନଙ୍କ ଦ୍ୱାରା ନିର୍ବାଚିତ ନ ହୋଇ ମଧ୍ୟ ଏହି ତଥାକଥିତ କ୍ଷମତାଶାଳୀ ଲୋକେ ଦେଶର ଲୋକଙ୍କ ଉପରେ ପ୍ରଭାବ ପକାଇ ଚାଲିଥିଲେ।

ଏଇ ଲ୍ୟୁଟେନ୍ସମାନଙ୍କ ମଧ୍ୟରେ ଯେଉଁ ଅଦ୍ଭୁତ ସାମ୍ୟ ଥିଲା ତାହା ହେଉଛି ସେମାନେ ସମସ୍ତେ କନଭେଣ୍ଟ ଶିକ୍ଷା ପ୍ରାପ୍ତ ଇଂରାଜୀରେ କଥାବାର୍ତ୍ତା କରୁଥିବା ଲୋକେ ଏବଂ ସେମାନଙ୍କର ସବୁକିଛି ଜାଣିଥିବା ମନୋଭାବ। ସେମାନେ ଦେଶର ଅବଶିଷ୍ଟ ଲୋକଙ୍କୁ ଘୃଣା କରୁଥିଲେ। ଆଞ୍ଚଳିକ ଭାଷାରେ କଥା କହୁଥିବା କୌଣସି ଲୋକ ସେମାନଙ୍କ ପାଇଁ ଶିକ୍ଷିତ ନ ଥିଲେ; ସେମାନଙ୍କ ପାଇଁ ୟୁରୋପିଆନ କଳା, ସଂସ୍କୃତି ହିଁ ସର୍ବମାନ୍ୟ ଏବଂ ସୌଖୀନ ହଲିଉଡ୍ ସିନେମା ସବୁ ପ୍ରିୟ ଥିଲା। ସେମାନଙ୍କ ପାଇଁ କଫି ପିଇବା ସ୍ଥାନ ଏବଂ ଖାଦ୍ୟ ତାଲିକା ସୁସ୍ୱାଦୁ ଖାଦ୍ୟ ଅପେକ୍ଷା ଉଚ୍ଚାରଣ କରାଯାଇପାରୁ ନ ଥିବା ଫରାସୀ ଖାଦ୍ୟ ଦ୍ୱାରା ସ୍ଥିର ହେଉଥିଲା। ଏହି ଗୋଷ୍ଠୀ ନିଜକୁ ସାମନ୍ତବାଦୀ ଏବଂ କୁଳୀନ ବୋଲି ଭାବୁଥିଲା ଏବଂ ପୂର୍ବ ସରକାରମାନଙ୍କର ଚାଟୁକାର ଥିଲା ତଥା ବଶତା ସ୍ୱୀକାର କରୁଥିଲା।

ଏହା କୌଣସି ସାଧାରଣ ବସ୍ତୁ ନ ଥିଲା । ସେମାନେ ଲ୍ୟୁଟେନ୍ସ ଦିଲ୍ଲୀର କିଛି ବର୍ଗ କିଲୋମିଟରରୁ ଦେଶକୁ ନିୟନ୍ତ୍ରଣ କରୁଥିଲେ । ଏହା ପରସ୍ପରକୁ ପ୍ରଶଂସା କରିବା ଏବଂ ପରସ୍ପରକୁ ବୈଧତା ଦେବାପାଇଁ ଏକ କ୍ଲବ ମାତ୍ର ଥିଲା । ଏହା ଏକ ଷଡ଼ଯନ୍ତ୍ରକାରୀ ଗୋଷ୍ଠୀ, କଳାକାର, ହାସ୍ୟାଭିନେତା, ଅଭିନେତା, କ୍ରୀଡ଼ାବିତ୍, ମିଡିଆ, ସାମ୍ବାଦିକ, ବ୍ୟବସାୟୀ, ସଂସ୍କୃତି ଏବଂ ସାହିତ୍ୟିକମାନଙ୍କର ଏକ ଆତ୍ମବଡିମା ପୂର୍ଣ୍ଣଗୋଷ୍ଠୀ କହିଲେ ଅତ୍ୟୁକ୍ତି ହେବ ନାହିଁ । ସେମାନେ ସମସ୍ତେ ଉଲ୍ଲେଖନୀୟ ହେବାର କାରଣ ହେଉଛି ପୂର୍ବ ସରକାର ସେମାନଙ୍କୁ ପୁରସ୍କୃତ କରିଥିଲେ ଓ ସେମାନେ ପ୍ରାୟତଃ ପୂର୍ବ ସରକାରଙ୍କ ସହକର୍ମୀ ଥିଲେ ।

ସରକାର ନିୟନ୍ତ୍ରିତ ବିଶ୍ୱବିଦ୍ୟାଳୟଗୁଡିକୁ ପ୍ରବେଶ କରିବାକୁ ହେଲେ ଜଣକୁ ଏହି ଲ୍ୟୁଟେନ୍ସମାନଙ୍କର ରାଜନୈତିକ ଚିନ୍ତାଧାରାକୁ ଗ୍ରହଣ କରିବାକୁ ପଡୁଥିଲା । ଯଦି ଜଣେ ପିଏଚ୍‌ଡି କରିବାକୁ ଚାହୁଁଥିଲା ତେବେ ତାକୁ ସେମାନଙ୍କ ଚିନ୍ତାଧାରା ସହିତ ନିଜକୁ ଖାପ ଖୁଆଇବାକୁ ପଡୁଥିଲା । ଡ୍ରାମା କିମ୍ବା ଫିଲ୍ମ ସ୍କୁଲରେ ପ୍ରବେଶ ପାଇବାକୁ ଜଣକୁ ସେମାନଙ୍କ ପଦଚିହ୍ନରେ ଚାଲିବାକୁ ହେଉଥିଲା । ସେମାନଙ୍କ ରୁଚିର ହେଲେ ହିଁ ଜଣକର କଳା ପ୍ରଶଂସିତ ହେଉଥିଲା । ଯଦି ସାମ୍ବାଦିକତାରେ ବିରୋଧୀକୁ ପଦାରେ ପକାଇ ଏବଂ ସରକାରଙ୍କୁ ସମର୍ଥନ କରିବାରେ ଜଣେ ସମର୍ଥ ହେଉଥିଲା, ତେବେ ଯାଇ ତାକୁ ସାହସୀ ସାମ୍ବାଦିକ କୁହାଯାଉଥିଲା । ଏପରିକି ସେମାନେ ଶୁଣିବାକୁ ଚାହୁଁଥିବା ସଂଗୀତ ହେଲେ ହିଁ ସଙ୍ଗୀତ ପଦବାଚ୍ୟ ହେଉଥିଲା ।

ଶାସନ ବା କ୍ଷମତାର ଉପକରଣ ପରୋକ୍ଷ ଭାବରେ ସେମାନଙ୍କ ହାତରେ ହିଁ ଥିଲା । ବୀର ସାଙ୍ଗଭି କିମ୍ବା ନୀରା ରାଡିଆଙ୍କର ସ୍ପେକ୍ଟ୍ରମ ଆବଣ୍ଟନରେ କୌଣସି ଭୂମିକା ନ ଥିଲା, ଅଥଚ କିଏ ସେ କୁଖ୍ୟାତ ରାଡିଆ ରେକର୍ଡିଂ ବାବଦରେ ଶୁଣି ନ ଥିଲା ? ସେମାନେ ଏହିପରି କ୍ଷେତ୍ରରେ ହସ୍ତକ୍ଷେପ କରିବାର କାରଣ ସେମାନଙ୍କ ପଛରେ ୟୁପିଏ ସରକାରର ସମର୍ଥନ ଥିଲା । କରଦାତାଙ୍କ ଅର୍ଥରେ ସାମ୍ବାଦିକମାନଙ୍କୁ ସାମ୍ବାଦିକ ସମ୍ମିଳନୀ କରିବା ପାଇଁ ବିଦେଶର ସୁରମ୍ୟ ସ୍ଥାନକୁ ନେଇଯାଉଥିଲେ ପୂର୍ବତନ ସରକାର । ଏପରିକି ସରକାରଙ୍କ ଦ୍ୱାରା ନିଆଯାଉଥିବା ନିର୍ଣ୍ଣୟ ବାବଦରେ ମନ୍ତ୍ରିମଣ୍ଡଳରେ ଥିବା ମନ୍ତ୍ରୀମାନେ ଜାଣିବା ପୂର୍ବରୁ ସମ୍ବାଦ ସରବରାହ ସଂସ୍ଥାମାନେ ଜାଣିଯାଉଥିଲେ । ତେବେ ଏସବୁ କଥା ୨୦୧୪ରେ ହଠାତ୍ ବନ୍ଦ ହୋଇଗଲା ।

ସେମାନେ ହଠାତ୍ ସରକାରଙ୍କଠାରୁ ଅନୁଗ୍ରହ ପାଇବା ବନ୍ଦ ହେବାପରେ ୨୦୧୪ ପର୍ଯ୍ୟନ୍ତ ଏକ ଗଣମାଧ୍ୟମ - ସରକାର ବୁଝାମଣାରେ ବ୍ୟସ୍ତ ଥିବା ଏହି ଗୋଷ୍ଠୀର ନିରାଶା ଦୃଶ୍ୟମାନ ହେଲା । ଦେଶର କୌଣସି ଅନିୟମିତ ଘଟଣାକୁ ନେଇ

ମୋଦି ସରକାରଙ୍କ ଉପରେ ଆକ୍ରମଣ କରିବାର ସାମାନ୍ୟ ସୁଯୋଗକୁ ସାମାଜିକ ଗଣମାଧ୍ୟମରେ ପ୍ରଚାର କରିବାରେ ଏଭଳି ସାମାଜିକ ଯୋଦ୍ଧାମାନେ ନିୟମିତ ଭାବେ ଲାଗି ରହିଲେ। ତିଳକୁ ତାଳ କରି ଦେଖାଇବାର ପ୍ରକୃତି ଏତେ ସହଜରେ ଛାଡି ଯାଆନ୍ତା କେମିତି ? ଗୋଷ୍ଠୀ ମଧ୍ୟରୁ ଏହିପରି କାର୍ଯ୍ୟ କରୁଥିବା ଯେ କୌଣସି ବ୍ୟକ୍ତି ପୂରାଗୋଷ୍ଠୀର ସମର୍ଥନ ପାଉଥିଲା। ସେମାନେ ଭାବୁଥିଲେ ବାରମ୍ବାର କହି ସେମାନେ ଯେ କୌଣସି ମିଥ୍ୟାକୁ ସତ୍ୟରେ ପରିଣତ କରିପାରିବେ। ଏହିପରି ଏକ ବ୍ୟାଖ୍ୟାନ ଥିଲା 'ଅସହିଷ୍ଣୁତା' ଏବଂ ଅନ୍ୟ ଏକ ଥିଲା 'ମବ୍ –ଲିଞ୍ଚିଂ' ।

ମୋଦି ସରକାର କ୍ଷମତାକୁ ଆସିବାର ବର୍ଷକ ପରେ କିଛି କ୍ଷମତାଶାଳୀ ଲୋକେ କହିବାକୁ ଲାଗିଲେ ଯେ ହଠାତ୍ ଭାରତ ଅସହିଷ୍ଣୁ ହେବା ଆରମ୍ଭ କରିଛି। ଦାଦ୍ରୀଠାରେ ଗୋମାଂସ ରଖିଥିବା ଘଟଣାରେ ଜଣେ ମୁସଲମାନ ଲୋକଙ୍କୁ ଦଳେ ଲୋକ ପିଟି ପିଟି ମାରିଦେଲେ। ସ୍ଥାନୀୟ ଅଞ୍ଚଳରେ ନିୟମ ଅନୁସାରେ ସେଠାକାର ହିନ୍ଦୁ ଅଧିବାସୀମାନେ ଗୋମାତାଙ୍କୁ ପୂଜା କରୁଥିବାରୁ ଏହା ବେନିୟମ ଥିଲା। ଏ ଘଟଣା ଅତ୍ୟନ୍ତ ଦୁଃଖଦାୟକ ଏବଂ ଘୃଣ୍ୟ ଅପରାଧ ଥିଲା। ସ୍ଥାନୀୟ ଲୋକେ ଆଇନକୁ ହାତକୁ ନେବା ବଦଳରେ ସେହି ଅଞ୍ଚଳର ପୋଲିସ ପ୍ରଶାସନକୁ ଅନୁସନ୍ଧାନ ପାଇଁ ଦେଇଦେବାର ଥିଲା।

୧୩୦ କୋଟି ଜନସଂଖ୍ୟାର ଏ ଦେଶରେ ଏହି ଦୁର୍ଭାଗ୍ୟପୂର୍ଣ୍ଣ ଘଟଣା କୌଣସି ପ୍ରକାରେ ସାର୍ବଜନୀନ ହେଲା। ଏହି ଘଟଣାକୁ ଲ୍ୟୁଟେନ୍ସ ଦିଲ୍ଲୀର କ୍ଷମତାଶାଳୀ ଲୋକେ 'ଅସହିଷ୍ଣୁତା'ର ଆଖ୍ୟାଦେଇ ଏକ ନୂଆ ବ୍ୟାଖ୍ୟାନ ସୃଷ୍ଟି କଲେ। ପୀଡିତ ଯେହେତୁ ମୁସଲମାନ ଥିଲା ଓ ଅଭିଯୁକ୍ତମାନେ ହିନ୍ଦୁ ଥିଲେ ଲ୍ୟୁଟେନ୍ସମାନଙ୍କୁ ଏପରି ବ୍ୟାଖ୍ୟାନ ଗଢିବାକୁ ସୁବିଧା ହେଲା। ଅପରାଧର ମୂଳ କାରଣ ଗାଈମାନଙ୍କୁ ସୁରକ୍ଷା ଦେବାପାଇଁ ହିନ୍ଦୁ ବିଶ୍ୱାସ ଥିବାରୁ ଏ ସମ୍ବନ୍ଧରେ ଡ୍ରାମା କରିବାକୁ ସେମାନେ ଅନୁକୂଳ ପରିସ୍ଥିତି ବୋଲି ଭାବିଲେ। ଆଇନ ଶୃଙ୍ଖଳା ବ୍ୟବସ୍ଥା ରାଜ୍ୟ ସରକାରଙ୍କ ଅଧୀନରେ ଥାଏ ଏବଂ ଉତ୍ତର ପ୍ରଦେଶରେ ସେ ସମୟରେ ଅଖିଳେଶ ଯାଦବଙ୍କ ସରକାର ଥିଲା। ଏକଥା କିନ୍ତୁ ଏ ସ୍ୱାର୍ଥାନ୍ୱେଷୀ ଗୋଷ୍ଠୀଙ୍କ ପାଇଁ କିଛି ଫରକ ରଖି ନ ଥିଲା।

ଜଣକ ପରେ ଜଣେ ଅନେକ ଉଲ୍ଲେଖନୀୟ ବ୍ୟକ୍ତିତ୍ୱ, ଅଧିକାଂଶ ପୁରସ୍କାରପ୍ରାପ୍ତ ସାମ୍ବାଦିକ, ଲେଖକ, ଚଳଚ୍ଚିତ୍ର ବ୍ୟକ୍ତିତ୍ୱମାନେ 'ଦେଶରେ ଅସହିଷ୍ଣୁତା ବଢୁଛି' କହି ପ୍ରତିବାଦରେ ସେମାନଙ୍କ ପୁରସ୍କାର ଫେରାଇବା ଆରମ୍ଭ କଲେ।

ସେମାନେ ଅନେକ ତଥ୍ୟକୁ ଅଣଦେଖା କରିଛନ୍ତି।

ଘୃଣ୍ୟ ଅପରାଧ ଭାରତ ପାଇଁ ନୂଆ କଥା ନ ଥିଲା। ୟୁପିଏ ଶାସନର ଶେଷ

ବର୍ଷରେ ୨୦୧୩ ମସିହାରେ ଭାରତରେ ଲିଞ୍ଚିଂ ଏକ ଗୁଗଲ ସନ୍ଧାନରୁ ଜଣାପଡେ ଯେ ଏହିପରି ଘଟଣା ବହୁପରିମାଣରେ ଘଟିଥିଲା । ମହିଳାମାନଙ୍କୁ ଅସଦାଚରଣ କରିବା ଅପରାଧରେ ଆସାମରେ ୩ଜଣ କଳା ଲୋକଙ୍କୁ ନଗ୍ନ କରି ଲିଞ୍ଚିଂ କରାଯାଇଥିଲା । ଶେଷରେ ଜଣାପଡିଲା ଯେ ସେମାନେ ମହିଳାମାନଙ୍କୁ ଅସଦାଚରଣ କରି ନ ଥିଲେ, ବରଂ ତେଲ ଚୋରି କରୁଥିଲେ ।[୪୮୮]

ସେତେବେଳେ କଂଗ୍ରେସଶାସିତ ହିମାଚଳ ପ୍ରଦେଶରେ ଜଣେ ଦଳିତ ମହିଳାଙ୍କୁ ଲିଞ୍ଚିଂ କରି ହତ୍ୟା କରାଯାଇଥିଲା । [୪୮୯] ଏକ ଭୁଲ୍ ବୁଝାମଣାରୁ ଜଣେ ବରିଷ୍ଠ ପୋଲିସଙ୍କୁ ଲିଚିଙ୍ଗ କରାଯାଇଥିଲା ।[୪୯୦] କିନ୍ତୁ ୨୦୧୪ ପୂର୍ବର ଏହି ଲିଞ୍ଚିଂ ସବୁ ଗଣମାଧ୍ୟମର ଧ୍ୟାନ ଆକର୍ଷଣ କରି ନ ଥିଲା, କାରଣ ମୋଦି କ୍ଷମତାରେ ନ ଥିଲେ ଏବଂ ଲ୍ୟୁଟେନ୍ସମାନଙ୍କ ପାଇଁ ବ୍ୟାଖ୍ୟାନ ମଧ୍ୟ ଗଢିବାର କିଛି କାରଣ ନ ଥିଲା, କାହାଣୀ ନ ଥିଲା ଓ ଏହି ଖବରରେ ସେମାନଙ୍କୁ ଟିଆରପି ମଧ୍ୟ ମିଳି ନ ଥାନ୍ତା ।

'ଆୱାର୍ଡ ୱାପସି' ବା ପୁରସ୍କାର ଫେରାଇବା ଡ୍ରାମା ବେଶ୍ ସଙ୍ଗଠିତ ଢଙ୍ଗରେ ହୋଇଥିଲା । ବିହାର ନିର୍ବାଚନକୁ ଆଖିରେ ରଖି ପୂର୍ବର କଂଗ୍ରେସ ସରକାରଙ୍କଠାରୁ ପୁରସ୍କୃତ ବା ଉପକୃତ ହୋଇଥିବା କଳାକାରମାନେ ବଡ ଖୁସିରେ ପୁରସ୍କାରଗୁଡ଼ିକୁ ଫେରାଇବା ଆରମ୍ଭ କଲେ । ଅନ୍ଧବିଶ୍ୱାସୀ ବିରୋଧୀ କାର୍ଯ୍ୟକର୍ତ୍ତା ଏମ୍.ଏମ୍. କାଲବୁର୍ଗୀଙ୍କ ହତ୍ୟାକୁ ବିରୋଧ କରି ଉଦୟ ପ୍ରକାଶଙ୍କ ଦ୍ୱାରା ଏହି ଅଭିଯାନ ଆରମ୍ଭ କରାଯାଇଥିଲା । ଏ ୪ ମାସିଆ ଯୋଜନାରେ ଗାନ୍ଧୀ ନେହେରୁ ପରିବାରର ନୟନତାରା ସେହଗଲ ମଧ୍ୟ ସାମିଲ୍ ହୋଇଥିଲେ । ସର୍ବମୋଟ୍ ୫୦ ଜଣ ବ୍ୟକ୍ତି ପୁରସ୍କାର ଫେରାଇଥିଲେ । ଯହିଁରୁ ୪୦ଟି ସାହିତ୍ୟ ଏକାଡେମୀ ପୁରସ୍କାର ଥିଲା । ହୁରିୟତ ସହ ଘନିଷ୍ଠ ଥିବା ଅରୁନ୍ଧତୀ ରାୟ ମଧ୍ୟ ଏହି ପୁରସ୍କାର ଫେରାଇବା ଗୋଷ୍ଠୀରେ ସାମିଲ୍ ଥିଲେ ।[୪୯୧] ସେହି ସମୟର ସାହିତ୍ୟ ଏକାଡେମୀ ସଭାପତି ଥିବା ବିଶ୍ୱନାଥ ତିୱାରୀ ନିଜ ନିରବତା ଭାଙ୍ଗି ଏ ଡ୍ରାମା ପଛରେ ଥିବା ଷଡଯନ୍ତ୍ରକୁ ପ୍ରକାଶ କଲେ । ନିଜ ଆଲେଖ୍ୟରେ ତିୱାରୀ ଲେଖିଲେ 'ପୁରସ୍କାର ଫେରାଇବାର ସତ୍ୟତା ଏବଂ ଏହା ପଛର ଛଳନା'[୪୯୨] – ଏହି ଗୋଷ୍ଠୀରେ ତିନି ପ୍ରକାର ଲୋକ ଅଛନ୍ତି । ଏମାନେ ହେଲେ ମୋଦିଙ୍କୁ ଘୃଣା କରୁଥିବା ଲୋକେ, ସରକାରଙ୍କୁ ବଦନାମ କରୁଥିବା ଲୋକେ ଏବଂ ପ୍ରଚାର ଖୋଜୁଥିବା ଲୋକେ । ତିୱାରୀ କହିଲେ ଯେ ଏ ସୁନ୍ଦର ସଙ୍ଗଠିତ ଅଭିଯାନର ପ୍ରମାଣ ତାଙ୍କ ପାଖରେ ଅଛି । କିଛି ଲେଖକ ମୋଦି ସରକାର କ୍ଷମତାକୁ ଆସିବା ପୂର୍ବରୁ ମୋଦି ବିରୋଧୀ ପ୍ରଦର୍ଶନ ଆରମ୍ଭ କରିଦେଇଥିଲେ । ଏହି ଉଚ୍ଚକୋଟୀର ଛଦ୍ମ ନାଟକ ଶୀଘ୍ର ଶେଷ ହେଲା ଏବଂ ଲୋକଙ୍କ ମନରୁ ବିଲୋପ ହେଲା । ବିଜେପି ବିହାର ନିର୍ବାଚନରେ

ଜିତିପାରିଲା ନାହିଁ, କିନ୍ତୁ ଏହାର ପ୍ରକୃତ କାରଣ ଥିଲା ଜେଡିୟୁ ଏବଂ ଆର୍‌ଜେଡି ଭିତରେ ମେଣ୍ଟ। ପୁରସ୍କାର ଫେରାଇବା ଯୋଜନା ଏହାକୁ କେବଳ ସୁରକ୍ଷା କବଚ ଦେବାକୁ ଚେଷ୍ଟା କରିଥିଲା।

ମୋଦି ଏବଂ ଶାହଙ୍କ ନେତୃତ୍ୱରେ ବିଜେପିର ବିଧାନସଭା ବିଜୟ ଜାରି ରହିଲା।

୨୦୧୪ ଜୁଲାଇରେ ବିଜେପିର କେନ୍ଦ୍ରୀୟ ସଂସଦୀୟ ବୋର୍ଡ ସର୍ବସମ୍ମତି କ୍ରମେ ଶ୍ରୀ ଅମିତ ଶାହଙ୍କୁ ଦଳର ଅଧ୍ୟକ୍ଷ ଚୟନ କଲା। ଦଳର ଅଧ୍ୟକ୍ଷ ହେବାପରେ ଶାହ ଜୋରସୋରରେ ସଭ୍ୟ ସଂଗ୍ରହ ଅଭିଯାନରେ ଲାଗିଲେ ଏବଂ ୨୦୧୫ ମାର୍ଚ୍ଚ ସୁଦ୍ଧା ବିଜେପିର ସଦସ୍ୟ ସଂଖ୍ୟା ୧୦୦ ନିୟୁତ ହୋଇସାରିଥିଲା।

ଶାହଙ୍କ ନେତୃତ୍ୱରେ ଦଳ ୨୦୧୪-୧୬ ମଧ୍ୟରେ ମହାରାଷ୍ଟ୍ର, ହରିୟାଣା, ଜମ୍ମୁ କଶ୍ମୀର, ଝାଡଖଣ୍ଡ ଏବଂ ଆସାମ ବିଧାନସଭା ନିର୍ବାଚନରେ ସଫଳତା ପାଇଲା ଯଦିଓ ଦିଲ୍ଲୀ ଓ ବିହାରରେ ଦଳ ନିର୍ବାଚନ ହାରିଗଲା। ଆସାମରେ ୨୦୦୧ରୁ ସରକାରରେ ଥିବା ତରୁଣ ଗୋଗଇଙ୍କ ସରକାରକୁ ସ୍ଥାନଚ୍ୟୁତ କରି ବିଜେପି ଜଣେ ଯୁବ ନେତା ସର୍ବାନନ୍ଦ ସୋନଓ୍ୱାଲଙ୍କୁ ମୁଖ୍ୟମନ୍ତ୍ରୀ କଲା। ନୂଆକରି ଜିତିଥିବା ରାଜ୍ୟଗୁଡିକରେ ମୁଖ୍ୟମନ୍ତ୍ରୀ ଚୟନ ସମୟରେ ଦଳ ପ୍ରମାଣିତ କରିଥିଲା ଯେ ଏହା ନେତୃତ୍ୱ ନେବାର କ୍ଷମତାକୁ ହିଁ ଗୁରୁତ୍ୱ ଦିଏ ଏବଂ ବିଜେପି ଦଳ ମଧ୍ୟରେ ଜାତିଭିତ୍ତିକ ଆଧାରରେ ନିର୍ଣ୍ଣୟ ନିଆଯାଏ ନାହିଁ। ମହାରାଷ୍ଟ୍ର ଏପରି ଏକ ରାଜ୍ୟ ଥିଲା ଯେଉଁଠାରେ ମରାଠା ସମ୍ପ୍ରଦାୟ ଗୁରୁତ୍ୱପୂର୍ଣ୍ଣ ଥିଲା ଏବଂ ପୂର୍ବରୁ ଅଧିକାଂଶ ମୁଖ୍ୟମନ୍ତ୍ରୀ ମରାଠା ସମ୍ପ୍ରଦାୟର ଥିଲେ। ଜଣେ ଅଣ-ମରାଠା ଦେବେନ୍ଦ୍ର ଫଡନାବିସଙ୍କୁ ମୁଖ୍ୟମନ୍ତ୍ରୀ କରି ଦଳ ସ୍ପଷ୍ଟ ସଂକେତ ଦେଲା ଯେ ଯୋଗ୍ୟ ନେତୃତ୍ୱ ହିଁ ପ୍ରୋତ୍ସାହିତ ହେବେ। ହରିଆଣାରେ ଅଣ-ଜାଠ ମନୋହରଲାଲ୍ ଖଟର ଏବଂ ଝାଡଖଣ୍ଡରେ ଅଣ-ଆଦିବାସୀ ରଘୁବର ଦାସଙ୍କୁ ରାଜନୈତିକ ପଣ୍ଡିତମାନଙ୍କ ଲୋକପ୍ରିୟ ଜାତିଗଣନା ବିରୁଦ୍ଧରେ ଯାଇ ବିଜେପି ଦଳ ମୁଖ୍ୟମନ୍ତ୍ରୀ ଚୟନ କଲା।

ଏହାପରେ ୨୦୧୭ରେ ଐତିହାସିକ ବିମୁଦ୍ରୀକରଣ ଘଟଣା ପରେ ପରେ ଉତ୍ତର ପ୍ରଦେଶର ନିର୍ବାଚନ ଆସିଲା। ସମୀକ୍ଷକମାନେ ଆକଳନ କରୁଥିଲେ ଯେ ବିମୁଦ୍ରୀକରଣ ବିଜେପି ପାଇଁ ରାଜନୈତିକ ଆତ୍ମହତ୍ୟା ପ୍ରମାଣିତ ହୋଇସାରିଛି। କିନ୍ତୁ ସମସ୍ତେ ଭୁଲ୍ ପ୍ରମାଣିତ ହେଲେ। ୨୦୧୭ ଉତ୍ତର ପ୍ରଦେଶ ବିଧାନସଭା ନିର୍ବାଚନ ପ୍ରଚାରର ନେତୃତ୍ୱ ଶାହ ନେଲେ ଏବଂ ବିଜେପି ପାଇଁ ଏକ ଚମକଦାର ବିଜୟ ଆଣିବାରେ ସକ୍ଷମ ହେଲେ। ବିଜେପି ଦଳ ମୋଟ୍ ୪୦୩ ଆସନରୁ ୩୨୫ ଆସନରେ

ଜିତିଲା ଏବଂ ଲୋକପ୍ରିୟ ନେତା ଯୋଗୀ ଆଦିତ୍ୟନାଥ ଉତ୍ତରପ୍ରଦେଶର ମୁଖ୍ୟମନ୍ତ୍ରୀ ହେଲେ। ବିଜେପି ଉତ୍ତରାଖଣ୍ଡ ନିର୍ବାଚନ ମଧ୍ୟ ଜିତିଲା ଏବଂ ସେହି ବର୍ଷ ନିର୍ବାଚନ ହୋଇଥିବା ମଣିପୁରରେ ଭଲ ପ୍ରଦର୍ଶନ କଲା।

୨୦୧୭ର ଗୁଜରାଟ ନିର୍ବାଚନ ଉଭୟ ମୋଦି ଏବଂ ଶାହଙ୍କ ବ୍ୟକ୍ତିଗତ ସମ୍ମାନର ପ୍ରଶ୍ନ ହୋଇଗଲା। କଂଗ୍ରେସ ସେହି ଅପରିଷ୍କାର ଜାତି କାର୍ଡ ଖେଳି ଜାତି ସମୀକରଣର ସମାଧାନ ପାଇଁ ହାର୍ଦ୍ଦିକ ପଟେଲ୍, ଅଳ୍ପେଶ ଠାକୁର ଏବଂ ଜିଗ୍ନେଶ ମେଓ୍ୱାନୀଙ୍କ ସହ ଅଂଶୀଦାର ହେଲା। ନିଜର ହିନ୍ଦୁ ପରିଚୟ ପତ୍ରକୁ ପ୍ରମାଣିତ କରିବାକୁ ରାହୁଲ ଗାନ୍ଧୀ ବିଭିନ୍ନ ମନ୍ଦିର ପରିଦର୍ଶନ କଲେ। କଂଗ୍ରେସ ଗୁଜରାଟ ବିଧାନସଭାରେ ନିଜର କିଛି ଆସନ ସଂଖ୍ୟା ବଢାଇ ଆଂଶିକ ସଫଳତା ପାଇଲା ଏବଂ କଂଗ୍ରେସର ଗଣମାଧ୍ୟମ ପରିଚାଳକମାନେ ଏହି ସଫଳତାକୁ ରାହୁଲଙ୍କ 'ନୈତିକ ବିଜୟ' ବୋଲି ଅଭିହିତ କଲେ। କିନ୍ତୁ ଲଗାତର ୬ ଥର ପାଇଁ ବିଜେପି ଗୁଜରାଟ ବିଧାନସଭା ନିର୍ବାଚନ ଜିତିଲା। ନିଜ ପ୍ରଶାସନିକ ଦକ୍ଷତା ଆଧାରରେ ଜଣେ ଅଣ-ପଟେଲ୍ ବିଜୟ ରୂପାନୀ ଦ୍ୱିତୀୟଥର ପାଇଁ ମୁଖ୍ୟମନ୍ତ୍ରୀ ହେଲେ। ସେହି ବର୍ଷ ବିଜେପି ହିମାଚଳ ପ୍ରଦେଶରେ କଂଗ୍ରେସଠାରୁ କ୍ଷମତା ଛଡାଇ ଆଣିଲା, କିନ୍ତୁ ଦୁଃଖର କଥା ପଞ୍ଜାବରେ ବିଜେପି ହାରିଗଲା। ୨୦୧୮ରେ ପ୍ରଥମଥର ପାଇଁ ବାମପନ୍ଥୀ ଶାସିତ ପୂର୍ବୋତ୍ତର ରାଜ୍ୟ ତ୍ରିପୁରାରେ ବିଜେପି ଦୁଇ ତୃତୀୟାଂଶ ବହୁ ମତ ପାଇ ଜିତିଲା ଏବଂ ସିପିଆଇ (ଏମ୍) ନେତୃତ୍ୱରେ ବାମ ସାମ୍ମୁଖ୍ୟର ନିରନ୍ତର ୨୫ ବର୍ଷ ଶାସନର ଅନ୍ତ ଘଟିଲା। ଯୁବ ନେତୃତ୍ୱ ବିପ୍ଳବ କୁମାର ଦେବଙ୍କୁ ବିଜେପି ସେଠାରେ ମୁଖ୍ୟମନ୍ତ୍ରୀ ନିଯୁକ୍ତ କଲା। ଉଭୟ ନାଗାଲାଣ୍ଡ ଓ ମେଘାଳୟରେ ଦଳ ଭଲ ପ୍ରଦର୍ଶନ କଲା ଓ ସହଯୋଗୀମାନଙ୍କ ସହାୟତାରେ ସରକାର ଗଢିଲା।

୨୦୧୮ ମସିହାରେ ବିଜେପି କର୍ଣ୍ଣାଟକ ବିଧାନସଭା ନିର୍ବାଚନରେ ଭଲ ପ୍ରଦର୍ଶନ କରି ସବୁଠାରୁ ଅଧିକ ଆସନ ପାଇଥିବା ଦଳ ହେଲା, କିନ୍ତୁ ସରକାର ଗଢିବା ପାଇଁ ଆବଶ୍ୟକ ସଂଖ୍ୟାଠାରୁ ୯ଟି ଆସନ କମ୍ ପାଇଲା। ଏକ ଜୋରଦାର ଡ୍ରାମା ପରେ ବିଜେପିକୁ କ୍ଷମତା ବାହାରେ ରଖିବାକୁ କଂଗ୍ରେସ ଏବଂ ଜେଡି (ଏସ୍) ନିର୍ବାଚନ ପରର ଏକ ସୁବିଧାବାଦୀ ମେଣ୍ଟ କଲେ। ୨୨୪ ଆସନ ଥିବା ବିଧାନସଭାରେ ମାତ୍ର ୩୭ଟି ଆସନ ପାଇ, ଜନମତକୁ ଅପମାନ ଦେଇ ଜେଡି (ଏସ୍)ର କୁମାର ସ୍ୱାମୀ ମୁଖ୍ୟମନ୍ତ୍ରୀ ଭାବେ ଶପଥ ନେଲେ। ତାଙ୍କ ଶପଥ ଗ୍ରହଣ ମଞ୍ଚରେ କଂଗ୍ରେସ, ବହୁଜନ ସମାଜ ପାର୍ଟି, ସମାଜବାଦୀ ପାର୍ଟି, ରାଷ୍ଟ୍ରୀୟ ଜନତା ଦଳ, ତୃଣମୂଳ କଂଗ୍ରେସ, ରାଷ୍ଟ୍ରୀୟ ଲୋକଦଳ, ତେଲୁଗୁ ଦେଶମ୍ ପାର୍ଟି, ନେସନାଲ

କଂଗ୍ରେସ ପାର୍ଟି, ଡିଏମ୍‌କେ, ଆପ୍ ଏବଂ ସିପିଆଇ (ଏମ୍)ର ନେତୃବୃନ୍ଦ ଏକାଠି ହାତ ମିଳାଇ ୨୦୧୯ ସାଧାରଣ ନିର୍ବାଚନରେ ବିଜେପି ବିରୋଧରେ 'ମହାଗଠବନ୍ଧନ' ଗଢିବାର ସଂକେତ ଦେଲେ। କାଞ୍ଚନିକ ରୂପରେ ସଫଳ ମହାଗଠବନ୍ଧନର ନିର୍ମାଣ ଗଢୁଥିବା ଏହି ଦଳମାନେ ସେମାନଙ୍କର ନୀତି, ଆଦର୍ଶ ଏବଂ ଅର୍ଥନୈତିକ ସମ୍ବନୟରେ ଭୟଙ୍କର ଭାବେ ଭିନ୍ନ ଥିଲେ ଓ ସର୍ବୋପରି ରାଜନେତାଙ୍କ ଦ୍ୱାରା ସୁବିଧାବାଦୀର ଆଖ୍ୟା ପାଇଥିଲେ। ସେମାନଙ୍କର ସାମୂହିକ କାର୍ଯ୍ୟରେ ଆତ୍ମବିଶ୍ୱାସ ନଥିଲା କିମ୍ବା ଦେଶର ସ୍ୱାର୍ଥକୁ ସର୍ବୋଚ୍ଚ ଭାବେ ଦେଖିବାର ଦୃଷ୍ଟିକୋଣ ମଧ୍ୟ ନ ଥିଲା। ପୂର୍ବ ନିର୍ବାଚନଗୁଡ଼ିକରେ ଅଧିକ ପ୍ରତିଶତ ଭୋଟ୍ ପାଇଥିବାରୁ ଏହି ଦଳମାନେ ଏକାଠି ହୋଇ ନିଜକୁ ଉପଯୋଗୀ ସାବ୍ୟସ୍ତ କରିପାରିବେ ବୋଲି ଭାବୁଥିଲେ। ବାସ୍ତବରେ କର୍ଣ୍ଣାଟକ ବିଧାନସଭା ନିର୍ବାଚନର ମାତ୍ର ୩ମାସ ପରେ କଂଗ୍ରେସ ଓ ଜେଡି (ଏସ୍) ନିଜ ହିସାବରେ ଅଲଗା ହୋଇ ନଗରପାଳିକା ନିର୍ବାଚନ ଲଢ଼ିବାକୁ ସ୍ଥିର କଲେ।[୪୯୩] ଆମେ ପରେ ଦେଖିବା ଯେ କିପରି ମହାଗଠବନ୍ଧନ ନିଜ ଦର୍ଶନ ଅଭାବ ଯୋଗୁ ପ୍ରକୃତରେ ସମ୍ଭବ ହେଲାନାହିଁ ଏବଂ ପରିଶେଷରେ ୨୦୧୯ ସାଧାରଣ ନିର୍ବାଚନ ପରେ କର୍ଣ୍ଣାଟକରେ କଂଗ୍ରେସ ଓ ଜେଡି (ଏସ୍) ମେଣ୍ଟ ମଧ୍ୟ ଭାଙ୍ଗିଗଲା।

୨୦୧୯ ସାଧାରଣ ନିର୍ବାଚନ ପୂର୍ବରୁ ଶେଷ ବିଧାନସଭା ନିର୍ବାଚନ ଛତିଶଗଡ, ରାଜସ୍ଥାନ, ମଧ୍ୟପ୍ରଦେଶ, ତେଲେଙ୍ଗାନା ଓ ମିଜୋରାମରେ ହୋଇଥିଲା। ଉଭୟ କଂଗ୍ରେସ ଓ ବିଜେପି ପାଇଁ ଫଳାଫଳ ମିଶ୍ରିତ ଥିଲା। କଂଗ୍ରେସ ଆରାମରେ ଛତିଶଗଡ ଜିତିଲା କିନ୍ତୁ ରାଜସ୍ଥାନ ଓ ମଧ୍ୟପ୍ରଦେଶରେ ଛୋଟ ଛୋଟ ଦଳ ଏବଂ ସ୍ୱାଧୀନ ପ୍ରାର୍ଥୀମାନଙ୍କ ସହାୟତାରେ ଅଧା ଆସନ ସଂଖ୍ୟାଯାଏ ପହଁଚିପାରିଲା। ତେଲେଙ୍ଗାନାରେ ଟିଆରଏସ୍ ଏକ ବୃହତ ବହୁମତ ବିଜୟ ପାଇଲା ଏବଂ ନାଗାଲାଣ୍ଡରେ ଏନ୍‌ଡିଏ ସରକାର ଗଠନ କଲା। କିନ୍ତୁ ହିନ୍ଦୀ ବେଲ୍ଟରେ ଏହି ତିନୋଟି ବିଜୟ କଂଗ୍ରେସକୁ ପୁଣି ପ୍ରତିଯୋଗିତାକୁ ଫେରାଇ ଆଣିଲା, ନଚେତ୍ ୨୦୧୯ ସାଧାରଣ ନିର୍ବାଚନ କେବଳ ମୋଦି ଓ ଶାହଙ୍କ ଯାତ୍ରାପଥ ହିଁ ଥିଲା।

୨୦

୨୦୧୯ ସାଧାରଣ ନିର୍ବାଚନରେ ମୋଦିଙ୍କ ଶକ୍ତିଶାଳୀ ପ୍ରତ୍ୟାବର୍ତ୍ତନ

ତିନୋଟି ରାଜ୍ୟ ନିର୍ବାଚନ ହାରିବା ପରେ ମଧ୍ୟ ବିଜେପି ଦଳ ଶକ୍ତିଶାଳୀ ପ୍ରତୀୟମାନ ହେଉଥିଲା। ବାସ୍ତବରେ କହିବାକୁ ଗଲେ ୧୯୫୦ର କଂଗ୍ରେସ ସହ ଆଜିର ବିଜେପି ତୁଳନୀୟ। ଏହା କେବଳ ଗୋରକ୍ଷା ବେଲ୍ଟର ଦଳ ହୋଇ ରହିନାହିଁ। ପ୍ରଧାନମନ୍ତ୍ରୀ, ରାଷ୍ଟ୍ରପତି ଓ ଉପରାଷ୍ଟ୍ରପତି ସମସ୍ତେ ଆରଏସଏସ ଓ ବିଜେପି ପୃଷ୍ଠଭୂମିରୁ ଆସିବା ଭାରତ ଇତିହାସରେ ପୂର୍ବରୁ କେବେ ଘଟି ନ ଥିଲା। ଉତ୍ତର ପ୍ରଦେଶ ଉପନିର୍ବାଚନଗୁଡିକରେ ବିଜେପି ତିନୋଟି ଆସନ ହରାଇଥିଲା। ଏହି ହାରିବା ଏକ ପ୍ରତିବନ୍ଧକ ଥିଲା କିନ୍ତୁ ଏହା ମଧ୍ୟ ସମାନଭାବେ ପ୍ରଯୁଜ୍ୟ ଯେ ଉପନିର୍ବାଚନ ସାଧାରଣ ନିର୍ବାଚନ ପରି ସମାନ ଉତ୍ତାପ ଏବଂ ତୀବ୍ରତା ସୃଷ୍ଟି କରେ ନାହିଁ। ନିର୍ବାଚନରେ ପ୍ରବେଶ କରିବାକୁ ଉତ୍ସାହର ସହିତ ଅପେକ୍ଷା କରିଥିବାବେଳେ ସମସ୍ତଙ୍କ ଆଖି ମୋଦିଙ୍କ ଉପରେ ରହିଥିଲା। ତାଙ୍କର ଲୋକପ୍ରିୟତା ମୂଲ୍ୟାୟନ ଅଧିକ ଥିଲା ଏବଂ ପ୍ୟୁ ରିସର୍ଚ୍ଚ ସେଣ୍ଟର ସର୍ଭେରେ କୁହାଯାଇଥିଲା ଯେ ୧୦ଜଣ ଭାରତୀୟଙ୍କ ମଧ୍ୟରୁ ୯ଜଣ ମୋଦିଙ୍କୁ ଅନୁମୋଦନ କରିଛନ୍ତି ଏବଂ ୭୦ ପ୍ରତିଶତରୁ ଅଧିକ ଭାରତୀୟ କହିଛନ୍ତି ଯେ ସେମାନେ ୨୦୧୯ରେ ମୋଦିଙ୍କୁ ଆଉଥରେ ଭୋଟ୍ ଦେବେ।[୪୯୪, ୪୯୫]

ମୋଦି ଲୋକସଭା ନିର୍ବାଚନର ବ୍ୟାଖ୍ୟାନ ଗଢ଼ିଲେ

୨୦୧୯ ନିର୍ବାଚନ ବର୍ଷ ଆରମ୍ଭରେ ପ୍ରଧାନମନ୍ତ୍ରୀ ମୋଦି ସାଧାରଣ ନିର୍ବାଚନ ପାଇଁ ବ୍ୟାଖ୍ୟାନ ସ୍ଥିର କରିବାକୁ ବାଛିଥିଲେ, ଯେଉଁଥିରେ ସେ ପୁନର୍ବାର ନିର୍ବାଚନ

ଲଢ଼ିବାକୁ ଚାହୁଁଥିଲେ । ଏଏନ୍ଆଇ ଖବର ସଂସ୍ଥାକୁ ନୂଆବର୍ଷ ଅବସରରେ ଦେଇଥିବା ସାକ୍ଷାତକାରରେ ମୋଦି ପରବର୍ତ୍ତୀ ସରକାରଙ୍କୁ ଭୋଟ୍ ଦେବାବେଳେ ଦେଶ କେଉଁ ପ୍ରସଙ୍ଗରେ ଦୃଷ୍ଟି ଦେବା ଉଚିତ ସେ ବିଷୟରେ ସ୍ପଷ୍ଟ କହିଥିଲେ । ଏହି ୯୦ ମିନିଟ୍ର ସ୍ୱତନ୍ତ୍ର ସାକ୍ଷାତକାରରେ ମୋଦି ତାଙ୍କ ଉପରେ ବିରୋଧୀଙ୍କ ଅଭିଯୋଗ ସମେତ ତାଙ୍କୁ ପଚରାଯାଇଥିବା ପ୍ରଶ୍ନର ଉତ୍ତର କେବଳ ଦେଇ ନ ଥିଲେ ବରଂ ଲୋକସଭା ନିର୍ବାଚନରେ ସେ 'ମୋଦି ବନାମ ଅନ୍ୟମାନେ' ଯୁଦ୍ଧ ପାଇଁ ପ୍ରସ୍ତୁତ ବୋଲି ଘୋଷଣା କରିଥିଲେ ।

ବିରୋଧୀଙ୍କ ଅଭିଯୋଗ ଥିଲା ଯେ ମୋଦି ଅନେକ ବିଷୟରେ କିଛି କହୁନାହାନ୍ତି । ପ୍ରଧାନମନ୍ତ୍ରୀ ଏହି ସାକ୍ଷାତକାରରେ ସବୁ ପ୍ରସଙ୍ଗର ଅବତାରଣା କରିଥିଲେ । ଏଥିରେ ଅଯୋଧ୍ୟାରେ ରାମମନ୍ଦିର, ଫାର୍ମରଣ ଛାଡ, ସର୍ଜିକାଲ୍ ଷ୍ଟ୍ରାଇକ୍, ବିମୁଦ୍ରୀକରଣ, ଜିଏସ୍ଟି, ଦେଶରେ ଚାକିରିର ସ୍ଥିତି, ରାଫେଲ୍ ପ୍ରସଙ୍ଗ, ସବରୀମାଲା ବିବାଦ ଏବଂ ଲୋକସଭା ନିର୍ବାଚନ ସହ ଜଡିତ ଅନ୍ୟାନ୍ୟ ପ୍ରସଙ୍ଗ ଅନ୍ତର୍ଭୁକ୍ତ ଥିଲା । ମୋଦିଙ୍କ ୱେବସାଇଟ୍ ତଥ୍ୟ ଅନୁଯାୟୀ 'ପ୍ରଧାନମନ୍ତ୍ରୀ ସବୁ ପ୍ରଶ୍ନର ଉତ୍ତର ଦେଇଥିଲେ, କ୍ୱଚିତ୍ କୌଣସି ପ୍ରସଙ୍ଗକୁ ଛାଡିଥିଲେ' ।[୪୯୬] 'ଫାଷ୍ଟପୋଷ୍ଟ'ରେ ବାହାରିଥିବା ଏକ ରିପୋର୍ଟ ଏହି ସାକ୍ଷାତକାରକୁ 'ଫଳପ୍ରଦ' କହିଥିଲା, ଯେହେତୁ ଏହା ଅନେକ ଜାତୀୟ ପ୍ରସଙ୍ଗକୁ ସ୍ଥାନିତ କରିଥିଲା । ଏହା କହିଲା :

ପ୍ରଥମ ପରିବାରର ନେତୃତ୍ୱରେ ଶକ୍ତିଶାଳୀ ଲୋକଙ୍କୁ ନେଇ ସେ ନିଜକୁ ଲୋକମାନଙ୍କର ପ୍ରତିନିଧି ରୂପେ ସ୍ଥାନିତ କରିବା ପାଇଁ ତାଙ୍କ ଉଦ୍ଦେଶ୍ୟକୁ ସ୍ପଷ୍ଟ ଭାବେ ସଂକେତ ଦେଇଥିଲେ ... ଏହା ମଧ୍ୟ ଗଣମାଧ୍ୟମର ଆଲୋଚନା ପାଇଁ ସ୍ୱରକୁ ସ୍ଥିର କଲା, ଯାହା ବିଜେପିକୁ ଅଭିଯାନର ପ୍ରାଥମିକ ଦିନରେ ନିଜ ବ୍ୟବହାର ନିୟନ୍ତ୍ରଣ କରିବାକୁ ନିର୍ଦ୍ଦେଶ ଦେଲା । ପ୍ରଧାନମନ୍ତ୍ରୀ ନିଶ୍ଚିତଭାବେ ପ୍ରତିକ୍ରିୟାଶୀଳ ହେବା ବଦଳରେ ବକ୍ତବ୍ୟକୁ ନିୟନ୍ତ୍ରଣ କରିବାକୁ ଚାହିଁଛନ୍ତି ।[୪୯୭]

ଏହାକୁ 'ମୋଦି ବନାମ ଅନ୍ୟମାନେ' ପ୍ରତିଯୋଗିତାରେ ପରିଣତ କରି ମୋଦି ଏଏନ୍ଆଇକୁ କହିଲେ ଯେ ବିରୋଧୀ ଦଳର ନେତୃବୃନ୍ଦଙ୍କ ପାଇଁ ମୋଦି ହିଁ ମୁଖ୍ୟ ପ୍ରସଙ୍ଗ । ବିଭିନ୍ନ ସମୟରେ ସେମାନେ ମୋଦିଙ୍କୁ ଦୁର୍ବ୍ୟବହାର କରିବାକୁ ଘେରିଥିଲେ । ଆପଣମାନେ କେବେ ବି ସେମାନଙ୍କ ପାଖରୁ ଭାରତ ସଂପର୍କରେ ସେମାନଙ୍କର ଦୃଷ୍ଟିକୋଣ ବିଷୟରେ କିଛି ଶୁଣିବାକୁ ପାଇବେ ନାହିଁ । ୨୦୧୯ରେ ଭାରତର ଜନସାଧାରଣ ହିଁ ଏଜେଣ୍ଡା ସ୍ଥିର କରିବେ, ଆକାଂକ୍ଷାକୁ ପୂରା କରିପାରିବେ ଏବଂ କିଏ ସେମାନଙ୍କ ଆକାଂକ୍ଷାକୁ ପୂରା କରି ନ ପାରିବ ଏକଥା ଜନସାଧାରଣ

ଭଲଭାବେ ଜାଣନ୍ତି । ଭାରତର ଜନସାଧାରଣ ଦେଖୁଛନ୍ତି କିପରି ଲୁଟ୍ କରିବାକୁ ଚାହୁଁଥିବା ନେତାମାନେ ସେମାନଙ୍କ ପଦବୀକୁ ଭୁଲି ମିଳିତ ମଞ୍ଚ ଗଠନ କରିବାକୁ ଆଗେଇ ଆସୁଛନ୍ତି । ୨୦୧୯ ନିର୍ବାଚନ ଭାରତର ଜନସାଧାରଣ ବନାମ ବିରୋଧୀ ମେଣ୍ଟ ହେବାକୁ ଯାଉଛି ।[୪୯୮]

ବିଜେପି ବିରୋଧୀ ଶକ୍ତିମାନଙ୍କର ମହାଗଠବନ୍ଧନ ସମ୍ପର୍କରେ ମୋଦି କହିଲେ ଯେ ପ୍ରଥମ ମେଣ୍ଟ ତେଲେଙ୍ଗାନାରେ ହୋଇଥିଲା ଏବଂ ଫଳାଫଳ ସମସ୍ତେ ଦେଖିଛନ୍ତି । ସେମାନଙ୍କର ପ୍ରମୁଖ ନେତୃତ୍ୱ ନିଜର ପଦବୀ ଭୁଲିପାରନ୍ତି, କିନ୍ତୁ ଜନସାଧାରଣ କଦାପି ଏହି ପ୍ରକାରର ସୁବିଧାବାଦୀ ଲୋକଙ୍କୁ ଗ୍ରହଣ କରନ୍ତି ନାହିଁ । ସେ କହିଲେ ଆମ ଦେଶରେ ରାଜନେତାମାନଙ୍କୁ ଆଞ୍ଚଳିକ ଆକାଂକ୍ଷା ପୂରଣ କରିବାର ଆବଶ୍ୟକତା ଥିଲା ଏବଂ ସେ ଏହାକୁ ପୂରଣ କରିବାକୁ ପ୍ରତିବଦ୍ଧ ଥିଲେ ।

ଯେତେବେଳେ ଏଏନ୍ଆଇର ସ୍ମିତା ପ୍ରକାଶ ତାଙ୍କୁ ଗଣତାନ୍ତ୍ରିକ ଅନୁଷ୍ଠାନକୁ ନଷ୍ଟ କରୁଛନ୍ତି ବୋଲି ବିରୋଧୀଙ୍କ ଅଭିଯୋଗ ସମ୍ପର୍କରେ ପଚାରିଲେ, ମୋଦି କହିଲେ ଯେ ଦୀର୍ଘ ୧୦ ବର୍ଷ ଧରି ପ୍ରଧାନମନ୍ତ୍ରୀ କାର୍ଯ୍ୟାଳୟ (ପିଏମ୍ଓ) ଦୁର୍ବଳ ହୋଇପଡିଥିଲା ଏବଂ ତତ୍କାଳୀନ କଂଗ୍ରେସ ସଭାପତି ସୋନିଆ ଗାନ୍ଧୀଙ୍କ ନେତୃତ୍ୱରେ ଜାତୀୟ ପରାମର୍ଶଦାତା ପରିଷଦ ନାମକ ଏକ ଅସାମ୍ବିଧାନିକ ସଂସ୍ଥା ଗଢାଯାଇଥିଲା । ଏହି ସଂସ୍ଥା ଅନୁଷ୍ଠାନଗୁଡିକୁ ଅସମ୍ମାନ କରୁଥିଲା । ମୋଦି ପଚାରିଥିଲେ କେଉଁ କ୍ଷେତ୍ରରେ କ୍ୟାବିନେଟ୍ ନେଇଥିବା ନିଷ୍ପତ୍ତିକୁ ଦଳର ନେତା (ରାହୁଲ ଗାନ୍ଧୀ)ଙ୍କର ଚିରି ଫିଙ୍ଗିଦେବାର ଅଧିକାର ଅଛି ? ସେ ଆହୁରି କହିଲେ ଯେ ଜଣେ ପୂର୍ବତନ ପ୍ରଧାନମନ୍ତ୍ରୀ ଯୋଜନା କମିଶନକୁ 'ଜୋକରଙ୍କ ଦଳ' ବୋଲି କହିଥିଲେ । ଆପଣ ଜାଣନ୍ତି କି ସେ ସମୟରେ ଯୋଜନା କମିଶନର ଉପାଧ୍ୟକ୍ଷ କିଏ ଥିଲେ ? ସେ ପଚାରିଲେ ଏବଂ ସ୍ମରଣ କରାଇଦେଲେ ଯେ ରାଜୀବ ଗାନ୍ଧୀ ଏପରି କହିଥିଲେ ଏବଂ ସେତେବେଳେ ଯୋଜନା କମିଶନର ଉପାଧ୍ୟକ୍ଷ ମନମୋହନ ସିଂ ଥିଲେ ।

କଂଗ୍ରେସର ଏକମାତ୍ର ନିର୍ବାଚନୀ ପ୍ରସଙ୍ଗ 'ରାଫେଲ୍' ବିଷୟରେ ମୋଦି କହିଲେ କି ସେ ଏ ବିଷୟରେ ସଂସଦ ଗୃହ ଏବଂ ଅନେକ ଜନସାଧାରଣଙ୍କ ସଭାରେ କହିସାରିଛନ୍ତି । ଏ ବିଷୟରେ ଭାରତୀୟ ସର୍ବୋଚ୍ଚ ନ୍ୟାୟାଳୟ ନିଜର ମତ ରଖିସାରିଛନ୍ତି ଏବଂ ଫ୍ରାନ୍ସ ରାଷ୍ଟ୍ରପତି ମଧ୍ୟ ଏ ବିଷୟରେ ସ୍ପଷ୍ଟ କରିସାରିଛନ୍ତି । ସେମାନଙ୍କ ପାଇଁ ମୋର ଅପରାଧ ହେଉଛି ପ୍ରତିରକ୍ଷା କ୍ଷେତ୍ରରେ ଆତ୍ମନିର୍ଭରଶୀଳ ହେବାପାଇଁ ମୁଁ 'ମେକ୍ ଇନ୍ ଇଣ୍ଡିଆ'ରେ କାମ କରୁଛି । ମୋର ଅପରାଧ ହେଉଛି ଯେ ପ୍ରତିରକ୍ଷା ବାହିନୀର ଆବଶ୍ୟକତା ଉପରେ ମୁଁ ଧ୍ୟାନ ଦେଉଛି । ସେମାନଙ୍କ ଅପବ୍ୟବହାର ପାଇଁ ମୁଁ ଆଦୌ

ଚିନ୍ତିତ ବା ବ୍ୟଥିତ ନୁହେଁ, ମୁଁ ମୋର କାର୍ଯ୍ୟ କରିବି ଏବଂ ସଶସ୍ତ୍ର ବାହିନୀକୁ ମଜଭୁତ କରିବି। ମୁଁ ସଚ୍ଚୋଟତା ସହ କାମ କରୁଛି।

ସର୍ଜିକାଲ୍ ଷ୍ଟ୍ରାଇକ୍ ଉପରେ ପ୍ରଧାନମନ୍ତ୍ରୀ ମୋଦି କହିଲେ, 'ଏଠାରେ କିଛି ରାଜନୈତିକ ଦଳ ପାକିସ୍ତାନର ଭାଷା ପରି ସମାନ ଭାଷାରେ କଥା କହିବା ଆରମ୍ଭ କରିଛନ୍ତି। ଏହି ଦଳମାନେ ଆମର ସଶସ୍ତ୍ର ବାହିନୀର ଅପମାନ କରୁଛନ୍ତି। ସେମାନେ ଏପରି ସମ୍ବେଦନଶୀଳ ପ୍ରସଙ୍ଗକୁ ମଧ୍ୟ ରାଜନୀତୀକରଣ କରୁଛନ୍ତି। ପ୍ରଧାନମନ୍ତ୍ରୀ ଭାବରେ ମୁଁ ସର୍ବଦା ଆମ ସଶସ୍ତ୍ର ବାହିନୀର ପ୍ରଶଂସା କରିବି। ଗୋଟିଏ ଯୁଦ୍ଧ ଆଧାରରେ ପାକିସ୍ତାନ କଦାପି ଉନ୍ନତି କରିପାରିବ ନାହିଁ। ସେ ଦେଶକୁ ଉନ୍ନତି କରିବାକୁ ଆହୁରି ଅଧିକ ସମୟ ଲାଗିବ। ଦଳ ମତ ନିର୍ବିଶେଷରେ ଭାରତର ସମସ୍ତ ପ୍ରଧାନମନ୍ତ୍ରୀ ପାକିସ୍ତାନ ସହ ବାର୍ତ୍ତାଳାପ କରିବାକୁ କେବେ ବିରୋଧ କରି ନାହାନ୍ତି। କିନ୍ତୁ ବୋମାର ଶବ୍ଦ ମଧ୍ୟରେ ଆମେ ଆଉ କିଛି ଶବ୍ଦ ଶୁଣିପାରିବା କି ? ଆଜି ଆତଙ୍କବାଦ ସମର୍ଥିତ ପାକିସ୍ତାନ ଏକଘରିକିଆ ହୋଇଯାଇଛି'।

ପୂର୍ବର ୟୁପିଏ ସରକାରର ଭ୍ରଷ୍ଟାଚାର ବିଷୟରେ ମୋଦି କହିଲେ 'ଯେଉଁମାନେ ଜନସାଧାରଣଙ୍କୁ ଲୁଟ କରି ଫେରାର ହୋଇଛନ୍ତି। ସେମାନଙ୍କୁ ଫେରି ଆସିବାକୁ ହେବ। ଜନତାଙ୍କଠୁ ନେଇଥିବା ଗୋଟି ଗୋଟି ପଇସା ସେମାନେ ଜନତାଙ୍କୁ ଫେରାଇବେ। ଏହା ସତ୍ୟ ଯେ ଦେଶର ତଥାକଥିତ 'ପ୍ରଥମ ପରିବାର' ଜାମିନ ପାଇ ବାହାରେ ଅଛନ୍ତି। ଜଣେ ପୂର୍ବତନ ଅର୍ଥମନ୍ତ୍ରୀଙ୍କୁ ଅଦାଲତକୁ ଯିବାକୁ ପଡିଛି ଏବଂ ଜନତା ଏସବୁ ଦେଖୁଛନ୍ତି। ଆମର କୌଣସି ବ୍ୟକ୍ତି ବିରୁଦ୍ଧରେ କିଛି କହିବାର ନାହିଁ। ସରକାରୀ ବିଭାଗଗୁଡିକ ବୃତ୍ତିଗତ ଭାବରେ କାମ କରୁଛନ୍ତି।

ଜିଏସ୍‌ଟି ଉପରେ ମୋଦି କହିଲେ, 'ଆଗରୁ ଅନେକ ପ୍ରକାରର ଲୁକ୍କାୟିତ କର ଥିଲା। କରର ଦର ସେଥିପାଇଁ ବହୁତ ଉଚ୍ଚା ଥିଲା। ଦ୍ରବ୍ୟ ଓ ସେବା କର ବ୍ୟବସ୍ଥାକୁ ସରଳ କରିଦେଇଛି। ଏହି ବ୍ୟବସ୍ଥା ଅନେକ ଦ୍ରବ୍ୟ ଉପରେ କର ହ୍ରାସ କରିପାରିଛି। ଆମର ଦୃଷ୍ଟିକୋଣ ଜିଏସ୍‌ଟି ଉପରେ ଲଗାତର ପ୍ରତିକ୍ରିୟା ନେବା ଓ ତଦନୁଯାୟୀ କାମ କରିବା ଉପରେ ରହିଛି ଏବଂ ଜିଏସ୍‌ଟି ଠିକ୍ ଢଙ୍ଗରେ ଚାଲିଛି। ଦ୍ରବ୍ୟ ଓ ସେବା କର ପରିଷଦରେ ଅନେକ ସଦସ୍ୟ ଅଛନ୍ତି। ବିଜେପି ଦଳ ଦ୍ୱାରା ଶାସିତ ହେଉ ନ ଥିବା ଅନେକ ରାଜ୍ୟ ସରକାର ମଧ୍ୟ ଏହି ପରିଷଦରେ ଅଛନ୍ତି। ଯାହା ହେଉଛି ସମସ୍ତଙ୍କ ସହମତିରେ ହେଉଛି। ଲୋକମାନେ ଏହି ନୂଆ ନିୟମ ପାଇଁ ଯେଉଁ ଅସୁବିଧାର ସମ୍ମୁଖୀନ ହେଉଛନ୍ତି, ସେ ସମସ୍ୟାକୁ ଜିଏସ୍‌ଟି ପରିଷଦ ସାମ୍ନାରେ ରଖିବାକୁ ଆମେ ପ୍ରତିବଦ୍ଧ ଅଛୁ। ଲୋକମାନଙ୍କର ପ୍ରତିକ୍ରିୟା ଓ ମତାମତ

ଆମ ପାଇଁ ସବୁଠାରୁ ଗୁରୁତ୍ୱପୂର୍ଣ୍ଣ। ଜିଏସ୍‌ଟି ସରଳ ଏବଂ ଗ୍ରାହକ ଅନୁକୂଳ ହେବା ନିହାତି ଆବଶ୍ୟକ। ଏହି ଦିଗରେ ନିରନ୍ତର କାମ ଚାଲିଛି'।

ମଧ୍ୟବିତ୍ତମାନେ ମୋଦି ସରକାରଙ୍କଠାରୁ କ'ଣ ପାଇଛନ୍ତି ପ୍ରଶ୍ନର ଉତ୍ତରରେ ପ୍ରଧାନମନ୍ତ୍ରୀ ଉତ୍ତର ଦେଲେ 'ଆଇ.ଆଇ.ଟି. ଏବଂ ଆଇ.ଆଇ.ଏମ୍. ପରି ଅଧିକ ଶୈକ୍ଷିକ ଅନୁଷ୍ଠାନ ସ୍ଥାପନ କରାଯାଇଛି। ଗୁଣାତ୍ମକ ଏବଂ ସୁଲଭ ସ୍ୱାସ୍ଥ୍ୟସେବା ପାଇଁ ଏକ ଯୋଜନା ଅଛି। ବିମାନ ଯାତ୍ରା ସୁଲଭ ହେବାରୁ ଅନେକ ଲୋକ ବିମାନରେ ଯିବା ଆସିବା କରୁଛନ୍ତି। ଏସବୁ କଥାରେ କିଏ ଉପକୃତ ହେଉଛି ? ମଧ୍ୟବିତ୍ତମାନେ'।

କୃଷିଋଣ ଛାଡ଼ ସମ୍ବନ୍ଧରେ ପଚରାଯିବାରୁ ପ୍ରଧାନମନ୍ତ୍ରୀ କହିଲେ, 'ଆମେ କୃଷି ଋଣ ଛାଡ଼ ବିଷୟରେ କଥାବାର୍ତ୍ତା କରୁଛୁ ଏବଂ ଏହା ସାଧାରଣତଃ ନିର୍ବାଚନ ସହ ଯୋଡି ହୋଇଯାଏ। ଆମେ ଗଠନମୂଳକ ପ୍ରସଙ୍ଗଗୁଡିକ ବିଷୟରେ ମଧ୍ୟ ଚିନ୍ତା କରିବା ଉଚିତ :- କେମିତି ଆମ କୃଷକମାନଙ୍କୁ ଅଧିକ କ୍ଷମତାଶାଳୀ କରିବା, କେମିତି ଅଧିକ ଜମିକୁ ଜଳସେଚିତ କରିପାରିବା, ଅଧିକ ଋଣ ଯୋଗାଇପାରିବା, ଭଲ ବଜାର ଦେଇପାରିବା। ଜଣେ କୃଷକ କାହିଁକି ଋଣଭାରରେ ବୁଡିଯାଏ ? ମୁଁ ଏମିତି ଏକ ବ୍ୟବସ୍ଥା ଚାହେଁ ଯେଉଁଠି କୃଷକ କେବେ ବି ଋଣଗ୍ରସ୍ତ ହେବ ନାହିଁ। କୃଷକମାନଙ୍କର ଏକ କ୍ଷୁଦ୍ର ଗୋଷ୍ଠୀ ହିଁ ବ୍ୟାଙ୍କରୁ ଋଣ ନିଅନ୍ତି। ଯେତେବେଳେ ସରକାର ଋଣଛାଡର ଘୋଷଣା କରନ୍ତି, ସେତେବେଳେ ବେସରକାରୀ ଋଣଦାତାମାନଙ୍କଠାରୁ ଋଣ ନେଇଥିବା ଅଧିକାଂଶ କୃଷକ ଲାଭବାନ ହୁଅନ୍ତି ନାହିଁ। ଆତ୍ମହତ୍ୟା ବା ଅକାଳ ମୃତ୍ୟୁରେ ପଡୁଥିବା କୃଷକମାନେ ଏହିସବୁ ଯୋଜନାର ପରିଧିରେ ମଧ୍ୟ ଆସନ୍ତି ନାହିଁ। ଆମ ସରକାର କୃଷକମାନଙ୍କ ପାଇଁ ସର୍ବନିମ୍ନ ସହାୟକ ମୂଲ୍ୟ (ଏମ୍‌ଏସ୍‌ପି) ପରି ଐତିହାସିକ ନିର୍ଣ୍ଣୟ ନେଇଛି। ଆମେ ଏପରି କାହିଁକି କଲୁ ? କାରଣ ଏ ଯୋଜନାରେ କୃଷକକୁ ଋଣ ଉପରେ ନିର୍ଭର କରିବାକୁ ପଡ଼ିବ ନାହିଁ ଏବଂ କୃଷକ ସମୃଦ୍ଧ ହେବ। ମୋ ପାଇଁ କୃଷକ କଲ୍ୟାଣ କୌଣସି ରାଜନୀତିର ବିଷୟ ନୁହେଁ। କୃଷକମାନଙ୍କର ଜୀବନରେ ଉନ୍ନତି ଆଣିବାକୁ ଯାହା ସମ୍ଭବ ଉଦ୍ୟମ କରିବି'।

ବିବଦମାନ ବିଷୟ 'ତିନି ତଲାକ୍' ବାବଦରେ ପ୍ରଶ୍ନ କରାଯିବାରୁ ପ୍ରଧାନମନ୍ତ୍ରୀ ମୋଦି କହିଲେ ' ସର୍ବୋଚ୍ଚ ନ୍ୟାୟାଳୟ ଦେଇଥିବା ଏକ ରାୟକୁ ଦୃଷ୍ଟିରେ ରଖି ତିନି ତଲାକ୍ ଉପରେ ନିୟମ ଆସିଛି। ଏହା ପୂର୍ବରୁ ଆସି ନ ଥିଲା। ବର୍ଷ ବର୍ଷ ଧରି କାହିଁକି 'ତିନି ତଲାକ୍' ଉଚ୍ଛେଦ ପାଇଁ ନିର୍ଦ୍ଦିଷ୍ଟ ପ୍ରୟାସ ହୋଇ ନ ଥିଲା ? ତିନି ତଲାକ୍ ଆଦୌ ଧାର୍ମିକ ପ୍ରସଙ୍ଗ ନୁହେଁ। ଏହା ଲିଙ୍ଗଗତ ନ୍ୟାୟ ବିଷୟର ପ୍ରଶ୍ନ। ଅନେକ ଇସଲାମିକ୍ ରାଷ୍ଟ୍ର ଏହାକୁ ବିରୋଧ କରିଛନ୍ତି।

ରାମମନ୍ଦିର ପ୍ରସଙ୍ଗ ଉପରେ ପ୍ରଧାନମନ୍ତ୍ରୀ ମୋଦି ବହୁତ ସ୍ପଷ୍ଟଭାବେ କହିଲେ 'ମୁଁ କଂଗ୍ରେସକୁ ନିବେଦନ କରିବାକୁ ଚାହୁଁଛି ଯେ, ରାମମନ୍ଦିର ଉପରେ ନ୍ୟାୟିକ ପ୍ରକ୍ରିୟାରେ ବିଳମ୍ବ କରିବାକୁ ସେମାନଙ୍କ ଓକିଲମାନଙ୍କୁ ବ୍ୟବହାର କରନ୍ତୁ ନାହିଁ। ନ୍ୟାୟିକ ପ୍ରକ୍ରିୟା ନିଜସ୍ୱ ପଥରେ ଯାଉ। ଏହାକୁ ରାଜନୈତିକ ଶବ୍ଦରେ ମାପନ୍ତୁ ନାହିଁ। ନ୍ୟାୟିକ ପ୍ରକ୍ରିୟା ସରିଲାପରେ, ସରକାର ହିସାବରେ ଆମର ଯାହା ଦାୟିତ୍ୱ ଆମେ ତାକୁ ତୁଲାଇବାକୁ ପ୍ରସ୍ତୁତ ଅଛୁ'।

ମବ୍ ଲିଂଚିଂ ଉପରେ ମୋଦିଜୀ କହିଲେ, 'ହିଂସାର କୌଣସି ଉଦାହରଣ ଆମ ପାଇଁ ଗ୍ରହଣୀୟ ନୁହେଁ। ଏହିପରି ଗୋଟିଏ ଘଟଣା ବି ନିନ୍ଦନୀୟ। ବାପୁ, ଆଚାର୍ଯ୍ୟ ବିନୋବା ଭାବେ ଏ ସମ୍ବନ୍ଧରେ କ'ଣ କହିଥିଲେ ତାହା ଆମେ ସ୍ମରଣ କରିବା ଉଚିତ୍। ଆମେ ଭାରତ ସମ୍ବିଧାନ ଏବଂ ରାଜ୍ୟନୀତି ପାଇଁ ନିର୍ଦ୍ଦେଶନାମାକୁ ମଧ୍ୟ ସ୍ମରଣ କରିବା କଥା। ଆମେ ଏହି ମହାପୁରୁଷଙ୍କ ବାଣୀ ଓ ଆମ ସମ୍ବିଧାନ କ'ଣ କହିଛି ତାକୁ ଅନୁସରଣ କରିବା କଥା'। ସବରୀମାଲା ପ୍ରସଙ୍ଗରେ ପ୍ରଧାନମନ୍ତ୍ରୀ ମୋଦି କହିଲେ, 'ଯେ ସବୁ ମନ୍ଦିରର ନିଜସ୍ୱ ବିଶ୍ୱାସ ପଦ୍ଧତି ରହିଛି। ଏମିତି ବି ମନ୍ଦିର ଅଛି ଯେଉଁଠିକୁ ପୁରୁଷମାନେ ପ୍ରବେଶ କରିବାର ଅନୁମତି ନାହିଁ। ସବରୀମାଲା ପ୍ରସଙ୍ଗରେ ନ୍ୟାୟାଧୀଶ କ'ଣ କହିଛନ୍ତି ଆମେ ତାକୁ ଭଲଭାବେ ପଢିବା ଉଚିତ।' ସ୍ୱଚ୍ଛ ଗଙ୍ଗା ମିଶନ ପ୍ରସଙ୍ଗରେ ପ୍ରଧାନମନ୍ତ୍ରୀ କହିଲେ 'ଗଙ୍ଗାକୂଳର ଗାଁ'ଗୁଡିକ ଖୋଲା ମଳତ୍ୟାଗ ମୁକ୍ତ (ଓଡିଏଫ୍) ହୋଇଛନ୍ତି ଏବଂ ଏହା ଏକ ବୃହତ୍ ଉପଲବ୍ଧି'।

ଲ୍ୟୁଟେନ୍ସ ଦଳ ପ୍ରସଙ୍ଗରେ ପ୍ରଧାନମନ୍ତ୍ରୀ କହିଲେ, 'ମୁଁ ସମାଜର ଅଣ-ଆଭିଜାତ୍ୟ ବର୍ଗରୁ ଆସିଛି ଏବଂ ଏଥିପାଇଁ ମୁଁ ଗର୍ବିତ। ମୁଁ ଦିଲ୍ଲୀର ଲ୍ୟୁଟେନ୍ସ ବିଭାଗ ଉପରେ ବିଜୟ ପାଇନାହିଁ, ମୋର ପୃଷ୍ଠଭୂମି ଭିନ୍ନ ଥିବାରୁ ମୁଁ ଏ ବିଭାଗର ଅଂଶ ହେବାକୁ ଚାହୁଁନାହିଁ'।[୪୯୯]

ଏଏନ୍ଆଇର ସ୍ମିତା ପ୍ରକାଶଙ୍କୁ ମୋଦି ଦେଇଥିବା ପ୍ରତ୍ୟେକ ଉତ୍ତର ବିଜେପିର ସମସ୍ତ କାର୍ଯ୍ୟକର୍ତ୍ତା ମାନଙ୍କ ନିକଟରେ ପହଁଚିଲା ଏବଂ ୨୦୧୯ ନିର୍ବାଚନରେ ବିଜେପିର ଦୃଷ୍ଟିକୋଣକୁ ସୁରକ୍ଷା ଦେବାପାଇଁ ଏସବୁ ଦୃଢ ଯୁକ୍ତି ପାଲଟିଲା। ଯେତେବେଳେ ବିରୋଧୀମାନେ ନେତୃତ୍ୱ, ଦୃଷ୍ଟିକୋଣ, ବ୍ୟାଖ୍ୟାନ, ନିର୍ବାଚନ ଅଭିଯାନର ରଣନୀତି ଏବଂ ମେଣ୍ଟ ଗଠନକୁ ନେଇ ସଂଘର୍ଷ କରୁଥିଲେ, ସେତେବେଳେ ମୋଦି ୨୦୧୯ ନିର୍ବାଚନ ପାଇଁ ବ୍ୟାଖ୍ୟାନର ସ୍ୱର ପ୍ରସ୍ତୁତ କରିସାରିଥିଲେ। ଏହି ସମୟରେ ବିରୋଧୀ କେବଳ ମୋଦିଙ୍କ ଦ୍ୱାରା ନିର୍ମିତ ବ୍ୟାଖ୍ୟାନର ହିଁ ଉତ୍ତର ଦେଉଥିଲେ।

ମହାଗଠବନ୍ଧନ ବା ମହାମେଣ୍ଟ ; ଯାହା କେବେ ସମ୍ଭବ ହେଲା ନାହିଁ

୨୦୧୯ ନିର୍ବାଚନ ପୂର୍ବରୁ କଂଗ୍ରେସ ଆଞ୍ଚଳିକ ଦଳଗୁଡିକୁ ଏକ ମହାମେଣ୍ଟ ଅଂଶ ଭାବେ ରଖିବାକୁ ନିରନ୍ତର ତଥା ଅସଫଳ ପ୍ରୟାସ କରିଥିଲା ଏବଂ ପ୍ରଧାନମନ୍ତ୍ରୀ ମୋଦିଙ୍କ ବିରୋଧରେ ଲଢିବାକୁ ପ୍ରସ୍ତୁତ ହେଉଥିଲା। ତେବେ ଏହି ବିଜେପି ବିରୋଧୀ ଦଳଗୁଡ଼ିକୁ ଏକତ୍ର କରି ଗୋଟିଏ ମଞ୍ଚକୁ ଆଣିବାର ପ୍ରୟାସ ଦୟନୀୟ ଭାବେ ବିଫଳ ହେଲା। ୨୦୧୮ର ତେଲେଙ୍ଗାନା ବିଧାନସଭା ନିର୍ବାଚନରେ ଆରମ୍ଭ ହୋଇଥିବା ଦୁଃସାହାସିକ ମେଣ୍ଟ ଅଭିଯାନ, ଯେଉଁଠି କଂଗ୍ରେସ, ମହାକୁଟୁମୀ ଏବଂ ଟିଡିପି ମଧ୍ୟରେ ମେଣ୍ଟ ସମ୍ପୂର୍ଣ୍ଣ ବିଫଳ ହୋଇଥିଲା, ଅନ୍ୟ ଯେ କୌଣସି ନିର୍ବାଚନ ପୂର୍ବ ମେଣ୍ଟ ଗଢିବା ବିଫଳତାର ପୂର୍ବ ସୂଚନା ଥିଲା।

ଅଧିକ ସଂଖ୍ୟକ ଅର୍ଥାତ୍ ୮୦ଟି ଲୋକସଭା ଆସନ ଥିବାରୁ ଉତ୍ତର ପ୍ରଦେଶ ଭାରତୀୟ ନିର୍ବାଚନ ପାଇଁ ଅତ୍ୟନ୍ତ ଗୁରୁତ୍ୱପୂର୍ଣ୍ଣ ରାଜ୍ୟ ଅଟେ। କଂଗ୍ରେସ ସୂତ୍ର ତଥା ସମନ୍ୱିତ ଗଣମାଧ୍ୟମ ସମ୍ପର୍କ ଉତ୍ତର ପ୍ରଦେଶରେ ଏକ ମହାମେଣ୍ଟ ବିଷୟରେ ଅବିଶ୍ୱସନୀୟ ଖବର ପ୍ରଚାର କରି ପ୍ରଧାନମନ୍ତ୍ରୀ ମୋଦି ବିରୋଧରେ ଏକ ପରିବେଶ ସୃଷ୍ଟି କରିବାକୁ ଚେଷ୍ଟା କରିଥିଲେ। ୨୦୧୪ ନିର୍ବାଚନରେ ମୋଦି ପୂରା ଉତ୍ତରପ୍ରଦେଶର ଲୋକସଭା ଆସନକୁ ଯେମିତି ନିଜ ଆଡକୁ ନେଇ ଆସିଥିଲେ। ସେ ଘଟଣାର ପୁନରାବୃତ୍ତି ନ ହେବା ପାଇଁ ଉତ୍ତରପ୍ରଦେଶରେ ଏକ ଉଲ୍ଲେଖନୀୟ ମେଣ୍ଟ ଦୁଇ ପ୍ରମୁଖ ପ୍ରତିଦ୍ୱନ୍ଦ୍ୱୀ ସମାଜବାଦୀ ପାର୍ଟି ଓ ବହୁଜନ ସମାଜ ପାର୍ଟି ମଧ୍ୟରେ ହେଲା। ଏହି ଦୁଇ ଆଞ୍ଚଳିକ ଦଳର ନେତାମାନେ ପରସ୍ପର ଶତ୍ରୁ ଭାବେ ଶପଥ ନେଲେ, ଯେବେ ସମାଜବାଦୀ ପାର୍ଟି କ୍ଷମତା ବଜାୟ ରଖିବା ଉଦ୍ଦେଶ୍ୟରେ ରାଜ୍ୟ ଅତିଥି ଭବନରେ ମାୟାବତୀଙ୍କୁ ଆକ୍ରମଣ କରିବାକୁ ଚେଷ୍ଟା କରିଥିଲେ। ଏହି ଘଟଣା ଅତିଥି ଭବନ କାଣ୍ଡ ନାଁରେ ପରିଚିତ ଥିଲା।[୫୦୦] ତେବେ ଲୋକସଭା ନିର୍ବାଚନ ୨୦୧୯ର ଦୌଡରେ ଉଭୟ ଦଳ ନିଜର ଦୁଇ ଦଶନ୍ଧିରୁ ଅଧିକ ଶତ୍ରୁତାକୁ ଭୁଲି ରାଜ୍ୟରେ କେବଳ ବିଜେପିକୁ ରାଜ୍ୟରେ କ୍ଷମତାରୁ ଦୂରେଇ ରଖିବାକୁ ମେଣ୍ଟ କଲେ। ଅଧିକନ୍ତୁ ୨୦୧୮ରେ ଗୋରଖପୁର ଏବଂ କାଇରାନାରେ ଉପନିର୍ବାଚନରେ ସୁବିଧାବାଦୀ ମେଣ୍ଟ କରି ନିର୍ବାଚନ କଥାରେ ବୋଧହୁଏ ମାୟାବତୀ ଏବଂ ଅଖିଳେଶ ବହୁତ ପ୍ରଭାବିତ ହୋଇ ଏପରି ନିର୍ଣ୍ଣୟ ନେଇଥିଲେ। କଂଗ୍ରେସ କିନ୍ତୁ ଉତ୍ତରପ୍ରଦେଶର ଏହି ମହାମେଣ୍ଟରେ ଯୋଗ ଦେବା ବାବଦରେ ଅନିଶ୍ଚିତ ଥିଲା। ୨୦୧୭ ର ଉତ୍ତର ପ୍ରଦେଶର ବିଧାନସଭା ନିର୍ବାଚନରେ ଅଖିଳେଶ ଏବଂ ରାହୁଲ ଗାନ୍ଧୀ ନିଜକୁ

'ଉତ୍ତରପ୍ରଦେଶର ପୁଅ' କହି ମେଣ୍ଟ କରି ନିର୍ବାଚନ ଲଢିଥିଲେ। କିନ୍ତୁ ସେମାନଙ୍କର ଏହି ଉଦ୍ୟମ ଦୟନୀୟ ଭାବେ ବିଫଳ ହୋଇଥିଲା ଏବଂ ଏହାର କିଛି ପ୍ରଭାବ ନ ଥିଲା। ୨୦୧୭ରେ ଉତ୍ତରପ୍ରଦେଶ ବିଧାନସଭା ନିର୍ବାଚନରେ ବିଜେପି ବହୁତ ଭଲ ପ୍ରଦର୍ଶନ କରି ୪୦୩ ଆସନରୁ ୩୧୨ ଆସନ ପାଇ ପୂର୍ଣ୍ଣ ବହୁମତ ପାଇଲା। ବାସ୍ତବରେ ସମାଜବାଦୀ ଓ ବହୁଜନ ସମାଜବାଦୀ ଦଳର ଶାସନରେ ଥିବା ରାଜ୍ୟରେ ବିଜେପିର ଏହା ଉତ୍ତମ ପ୍ରଦର୍ଶନ ଥିଲା। ପୂର୍ବରୁ ୧୯୯୧ ରେ ୨୨୧ ଆସନ ପାଇଥିବା ଦଳ ଏନ୍‌ଡିଏ ସହ ମେଣ୍ଟକରି ୨୦୧୭ରେ ସ୍ୱୟଂ ୩୧୨ ଆସନ ଏବଂ ଏନ୍‌ଡିଏ ସହ ମିଶି ୩୨୫ ଆସନ ପାଇଲା। ଏହି ନିର୍ବାଚନରେ କଂଗ୍ରେସ ଓ ସମାଜବାଦୀ ପାର୍ଟିର ମେଣ୍ଟ ସତ୍ତ୍ୱେ ବିଜେପିର ଏପରି ଉଜ୍ଜ୍ୱଳ ପ୍ରଦର୍ଶନ ନିଶ୍ଚିତ ଭାବେ କଂଗ୍ରେସ ପାଇଁ ପ୍ରବଳ ଅପମାନ ହେଇଥିବ ଏବଂ ତେଲେଙ୍ଗାନାର ନିର୍ବାଚନ ଧକ୍କା ପରେ ଆଉ କୌଣସି ମେଣ୍ଟ ଗଢିବା ପାଇଁ ଅନାଗ୍ରହୀ କରିଥିବ।

ତଥାପି କଂଗ୍ରେସ ସମାଜବାଦୀ ଏବଂ ବହୁଜନ ସମାଜ ପାର୍ଟି ସହ ମେଣ୍ଟ କରିବ କି ନାହିଁ ସ୍ପଷ୍ଟ ଭାବେ କହିଲା ନାହିଁ ଏବଂ ଏପରି ମେଣ୍ଟସମ୍ବନ୍ଧରେ ଆଲୋଚନା ଓ ଖବର ନିର୍ବାଚନ ଆରମ୍ଭ ହେବାଯାଏ ଜାରି ରହିଲା। କଂଗ୍ରେସର ଏହି ଅପେକ୍ଷା କରିବା ଖେଳରେ ନିରାଶ ହୋଇ ଅଖିଳେଶ ଓ ମାୟାବତୀ ୧୨ ଜାନୁଆରୀ ୨୦୧୯ରେ ବହୁତ ଧୁମ୍‌ଧାମ୍‌ରେ ନିଜ ମେଣ୍ଟର ଘୋଷଣା କଲେ। ଅଜିତ ସଂକଟ ରାଷ୍ଟ୍ରୀୟ ଲୋକ ଦଳ ମଧ୍ୟ ଏହି ମହାମେଣ୍ଟର ଏକ ଅଂଶ ଥିଲା ଏବଂ ମାତ୍ର ତିନୋଟି ଦଳର ମେଣ୍ଟ ହୋଇଥିବାରୁ ଲୋକେ ଏହାକୁ ମହାମେଣ୍ଟ ଭାବେ ଗ୍ରହଣ କରିବାକୁ ପ୍ରସ୍ତୁତ ନ ଥିଲେ। ବିଜେପି ବିରୋଧରେ ମିଳିତ ସାମ୍ମୁଖ୍ୟର ସେମାନଙ୍କ ଉଦ୍ୟମରେ ସାମିଲ୍ ନ ହେବାରୁ ଅଖିଳେଶ ଓ ମାୟାବତୀ କଂଗ୍ରେସ ସଭାପତି ରାହୁଲ ଗାନ୍ଧୀଙ୍କୁ ସମାଲୋଚନା କଲେ। ବାସ୍ତବରେ ଏହି ନେତାମାନେ ୨୦୧୯ ନିର୍ବାଚନ ଅନେକ ରାଲିରେ କଂଗ୍ରେସ ପ୍ରତି ଆକ୍ରମଣାତ୍ମକ ହୋଇଥିଲେ। ବାସ୍ତବରେ ସେମାନଙ୍କର ପ୍ରଥମ ଯୁଗ୍ମ ରାଲି ଉତ୍ତର ପ୍ରଦେଶର ଦେଓବନ୍ଦଠାରେ ଉଭୟ ଅଖିଳେଶ ଓ ମାୟାବତୀ କଂଗ୍ରେସକୁ 'ବୋଫର୍ସ ଦାଗୀ' ଏବଂ ଏତେ ବର୍ଷ ଶାସନ କରିବା ପରେ ମଧ୍ୟ କଂଗ୍ରେସ ବିଫଳ ହୋଇଛି ବୋଲି କହିଥିଲେ।[୫୦୧] କାନପୁରର ଏକ ରାଲିରେ ଅଖିଳେଶ ନିଜ ପୂର୍ବ ସହଯୋଗୀ କଂଗ୍ରେସ ଉପରେ ଏକ ଘୃଣ୍ୟ ଆରୋପ ଲଗାଇ କହିଲେ "ଆମେ କଂଗ୍ରେସ ସହ ମେଣ୍ଟ କରିଥିଲୁ, କିନ୍ତୁ ଦେଖିଲୁ ଯେ ସେମାନଙ୍କର ଅଂହକାର ସବୁଠୁ ବଡ"।[୫୦୨] ପ୍ରଧାନମନ୍ତ୍ରୀ ମୋଦି ବୋଧହୁଏ ମହାମେଣ୍ଟ ପାଇଁ ଏକ ସଠିକ ଖଣ୍ଡ ବାକ୍ୟ ଦେଇ ଏହାକୁ 'ମହାମିଳାୱଟ' (ଅତ୍ୟଧିକ ପ୍ରଦୂଷିତ) ବୋଲି କହି ସୁବିଧାବାଦୀ

ମହାମେଣ୍ଟର ପରିପ୍ରେକ୍ଷୀରେ ଭୋଟରଙ୍କୁ ଭୁଲ୍ ଠିକ୍ ବୁଝିବାରେ ସାହାଯ୍ୟ କଲେ। ମହାମେଣ୍ଟ ଅନୁଯାୟୀ ୮୦ଟି ଲୋକସଭା ଆସନରେ ସମାଜବାଦୀ ପାର୍ଟି ୩୮ ଏବଂ ବହୁଜନ ସମାଜପାର୍ଟି ୩୭ ଆସନରେ ଲଢ଼ିବାକୁ ସ୍ଥିର କଲେ। ବଳିଥିବା ୫ଟି ଆସନରୁ ତିନୋଟିରେ ରାଷ୍ଟ୍ରୀୟ ଲୋକଦଳ ଲଢ଼ିଲା ଏବଂ ଆମେଠି ଓ ରାଏବରେଲୀ ଆସନ କଂଗ୍ରେସର ପୂର୍ବତନ ଅଧ୍ୟକ୍ଷା ସୋନିଆ ଗାନ୍ଧୀ ଏବଂ ତତ୍କାଳୀନ ଅଧ୍ୟକ୍ଷ ରାହୁଲ ଗାନ୍ଧୀଙ୍କ ପାଇଁ ଛାଡ଼ି ଦିଆଗଲା।

କିନ୍ତୁ ସମାଜବାଦୀ ଏବଂ ବହୁଜନ ସମାଜପାର୍ଟି ମେଣ୍ଟକଂଗ୍ରେସଠାରୁ ମୌନ ସମର୍ଥନ ସୁଦ୍ଧା ପାଇଲା ନାହିଁ। ଆମେ ଅତି ଯତ୍ନର ସହିତ ଚୟନ କରିଛୁ, ତେଣୁ କଂଗ୍ରେସ ଜିତୁ ବା ବିଜେପିର ଭୋଟ୍ କମ୍ କରୁ ଏହା ଆଦୌ ଉତ୍ତର ପ୍ରଦେଶର ଗଠବନ୍ଧନ ଭୋଟ୍ ସଂଖ୍ୟା କମ୍ କରିବ ନାହିଁ ଏ କଥା ଲୋକସଭା ନିର୍ବାଚନର ଅବ୍ୟବହିତ ପୂର୍ବରୁ ଉତ୍ତର ପ୍ରଦେଶରେ ଅକସ୍ମାତ ଓହ୍ଲାଇଥିବା ପ୍ରିୟଙ୍କା ଗାନ୍ଧୀ ଭଦ୍ରା କହିଲେ।[୫୦୩] ପ୍ରିୟଙ୍କାଙ୍କ ଆଗମନ ମଧ୍ୟ ଖୁବ୍ ଆଲୋଚନାର ବିଷୟ ହେଲା ଏବଂ ଗଣମାଧ୍ୟମ ଦ୍ୱାରା ମଧ୍ୟ ବହୁଳଭାବେ ପ୍ରଚାରିତ ଓ ପ୍ରସାରିତ ହୋଇଥିଲା, ଉତ୍ତର ପ୍ରଦେଶର ମତଦାତାମାନଙ୍କ ପାଖରେ ଉନ୍ନତିର ଏକ ଭଲ ମାନଚିତ୍ର ରଖିବାରେ ବିଫଳ ହେଲେ।

ନିର୍ବାଚନ ପୂର୍ବରୁ ଉତ୍ତରପ୍ରଦେଶ ବ୍ୟତୀତ ଅନ୍ୟ କିଛି ସ୍ଥାନରେ ମଧ୍ୟ ମେଣ୍ଟ ଗଢ଼ିବାର ବିଫଳ ପ୍ରୟାସ ହୋଇଥିଲା। କିନ୍ତୁ ଏନ୍‌ଡିଏର ଅଂଶୀଦାର ଦଳମାନଙ୍କର ଦେଶ ପାଇଁ କାମ କରିବାର ସମାନ ଯୋଜନା ପରି ୟୁପିଏର ନେତାମାନେ ନିଜର ବ୍ୟକ୍ତିଗତ ମହତ୍ତ୍ୱାକାଂକ୍ଷା ଯୋଗୁ କୌଣସି ନିର୍ଣ୍ଣୟରେ ସହମତ ହୋଇପାରିଲେ ନାହିଁ। ଆପ୍ ନେତା କେଜରିୱାଲ ହତାଶ ହୋଇ କଂଗ୍ରେସ ନିକଟରେ ଦିଲ୍ଲୀ, ହରିଆଣା ଓ ପଞ୍ଜାବରେ ମେଣ୍ଟ କରିବାକୁ ଏକରକମ ଭିକ୍ଷା ମାଗିଲେ, କିନ୍ତୁ ଜାତୀୟ ରାଜଧାନୀ ଦିଲ୍ଲୀ ବ୍ୟତୀତ ଅନ୍ୟ କେଉଁଠି ମେଣ୍ଟ କରିବାକୁ କଂଗ୍ରେସ ଦଳ ରାଜି ହେଲା ନାହିଁ। ସମାନ ଭାବରେ ମମତା ବାନାର୍ଜୀଙ୍କ ତୃଣମୂଳ କଂଗ୍ରେସ ଓ ଭାରତୀୟ ଜାତୀୟ କଂଗ୍ରେସ ପଶ୍ଚିମବଙ୍ଗରେ ମେଣ୍ଟ କରିପାରିଲେ ନାହିଁ, ଯଦିଓ ସେମାନେ ପୂର୍ବରୁ ମେଣ୍ଟ ବିଷୟରେ ଆଲୋଚନା କରିଥିଲେ। ତୃଣମୂଳ କଂଗ୍ରେସ ପୂର୍ବରୁ ପଶ୍ଚିମବଙ୍ଗରେ ବାମପନ୍ଥୀମାନଙ୍କ ସହ ମେଣ୍ଟ କରିବାକୁ ଜାତୀୟ କଂଗ୍ରେସ ଦଳ ଚେଷ୍ଟା କରିଥିଲା। ତେଲେଙ୍ଗାନା ଏପରି ଏକ ମେଣ୍ଟକୁ ମୂଳରୁ ନାକଚ କରିଦେଇଥିଲା। କେରଳରେ କଂଗ୍ରେସ ଏବଂ ବାମପନ୍ଥୀମାନେ ପରସ୍ପର ସହ ଲଢ଼ୁଥିଲେ। ୨୦୧୯ ନିର୍ବାଚନ ପୂର୍ବରୁ ଏନ୍‌ଡିଏରୁ ବାହାରି ଯାଇଥିବା ତେଲଗୁ ଦେଶମ୍ ପାର୍ଟି ନିଜ ରାଜ୍ୟରେ କଂଗ୍ରେସ ସହ ମେଣ୍ଟ

କରିବାକୁ ଠିକ୍ ଭାବିଲା ନାହିଁ। କେବଳ ବିହାର, କର୍ଣ୍ଣାଟକ ଏବଂ ମହାରାଷ୍ଟ୍ରରେ କଂଗ୍ରେସ ସ୍ଥାନୀୟ ଦଳ ସହ ମେଣ୍ଟ କରିବାରେ ସକ୍ଷମ ହୋଇଥିଲା।

ପରିଶେଷରେ 'ବିରୋଧୀ ଏକତା'ର କିଛି ଫଟୋଗ୍ରାଫ ୨୦୧୮ରେ କର୍ଣ୍ଣାଟକଠାରେ କୁମାର ସ୍ୱାମୀଙ୍କ ଶପଥ ଗ୍ରହଣ ଉତ୍ସବରେ 'ଶକ୍ତି ପ୍ରଦର୍ଶନ' ଏବଂ ୨୦୧୯ ଜାନୁଆରୀରେ କଲିକତାଠାରେ ମମତା ବାନାର୍ଜୀଙ୍କ ଦ୍ୱାରା ଆୟୋଜିତ ରାଲି ବ୍ୟତୀତ ଏହି ସୁବିଧାବାଦୀ ମେଣ୍ଟ ପାଇଁ କ୍ୱଚିତ୍ କେହି ନିଷ୍ଠାର ସହ ଚେଷ୍ଟା କରିଥିଲେ।

ସର୍ଜିକାଲ୍ ଷ୍ଟ୍ରାଇକ୍ ୨.୦ : ମୋଦିଜୀଙ୍କ ନେତୃତ୍ୱ ପ୍ରମାଣିତ ହେଲା

୧୪ ଫେବୃଆରୀ ୨୦୧୯ରେ ଜମ୍ମୁ ଓ କଶ୍ମୀରର ପୁଲୱାମା ଜିଲ୍ଲାଠାରେ ପାକିସ୍ତାନ ପ୍ରାୟୋଜିତ ଆତଙ୍କବାଦୀ ଆକ୍ରମଣରେ ୪୦ ଜଣ ସୈନିକଙ୍କ ମୃତ୍ୟୁ ହେଲା। ଏହି ଘଟଣାର ୧୨ଦିନ ପରେ ଭାରତୀୟ ବାୟୁ ସେନା ପାକିସ୍ତାନରେ ଖାଇବର-ପଖତୁନଖୱା ପ୍ରଦେଶରେ ଅବସ୍ଥିତ ବାଲାକୋଟ୍‌ରେ ଥିବା ଜୈଶ – ଏ- ମହମ୍ମଦର ଆତଙ୍କବାଦୀ ଶିବିର ଉପରେ ଜୋରଦାର ଆକ୍ରମଣ କଲା। 'ବିଜ୍‌ନେସ ଟୁଡେ'ର ଏକ ଆଲେଖ୍ୟ ଅନୁଯାୟୀ ମଙ୍ଗଳବାର ଦିନ ଭୋର୍ ୩ଟା ୪୦ ସମୟରେ ୧୨ଟି ମିରାଜ ବିମାନ ପାକିସ୍ତାନୀ ସୁରକ୍ଷା ବାହିନୀ ଏବଂ ଜୈଶ- ଏ- ମହମ୍ମଦ ଆତଙ୍କବାଦୀଙ୍କ ଉପରେ ଆକ୍ରମଣ କରି ପ୍ରାୟ ଏକ ହଜାର କିଲୋଗ୍ରାମ ବୋମା ନିକ୍ଷେପ କରିଥିଲେ ଏବଂ ଏଥିରେ ପାଖାପାଖି ୩୫୦ ଆତଙ୍କବାଦୀ ନିହତ ହୋଇଥିଲେ।[୫୦୪] ୧୮ ସେପ୍ଟେମ୍ବର ୨୦୧୬ରେ ଉରି ସେକ୍ଟରରେ ୧୯ ଜଣ ଭାରତୀୟ ସୈନ୍ୟଙ୍କ ମୃତ୍ୟୁର ଜବାବରେ ୨୬ ସେପ୍ଟେମ୍ବର ୨୦୧୬ରେ ଭାରତୀୟ ସୈନ୍ୟମାନଙ୍କ ଦ୍ୱାରା ନିୟନ୍ତ୍ରଣ ରେଖା ନିକଟରେ ପାକିସ୍ତାନୀ ସୈନ୍ୟଙ୍କ ଉପରେ ଆକ୍ରମଣ କରିବା ପ୍ରଥମ ସର୍ଜିକାଲ୍ ଷ୍ଟ୍ରାଇକ୍ ଥିଲା। ସର୍ଜିକାଲ୍ ଷ୍ଟ୍ରାଇକ୍ ୨.୦ ପ୍ରଧାନମନ୍ତ୍ରୀ ମୋଦିଙ୍କ ତତ୍ତ୍ୱାବଧାନରେ କରାଯାଇଥିବା ଏକ ଅଣସାମରିକ ଅପରେସନ୍ ଥିଲା ଏବଂ ସମଗ୍ର ଦେଶ ଦ୍ୱାରା ଏହି ଘଟଣାର ପ୍ରଶଂସା କରାଯାଇଥିଲା। ଟୁଇଟରରେ 'ଭାରତ ଆକ୍ରମଣ କଲା # , ଜୋସ୍ ଆଜି ବହୁତ ଉଚ୍ଚା # , ମୋଦି ପାକିସ୍ତାନକୁ ଦଣ୍ଡ ଦେଲେ # , ଛପନ ଇଞ୍ଚ ଛାତିର କମାଲ୍ #, ଇତ୍ୟାଦି ଟୁଇଟ୍ ଘଣ୍ଟା ଘଣ୍ଟା ଧରି ଚାଲିଲା। 'ଅବଜରଭର ରିସର୍ଚ୍ଚ ଫାଉଣ୍ଡେସନ'ର ପ୍ରତିରକ୍ଷା ବିଶେଷଜ୍ଞ ରାକେଶ ସୁଦଙ୍କ ଅନୁଯାୟୀ ବାଲାକୋଟ ଏୟାର ଷ୍ଟ୍ରାଇକ୍ ସହିତ ଦୁଇଟି ନୂତନ ମାର୍କର ରଖାଯାଇଛି। ୧୯୭୧ ପରେ ଭାରତୀୟ ବାୟୁସେନା ପ୍ରଥମଥର ପାଇଁ ଏକ ଆକ୍ରମକ କାର୍ଯ୍ୟ ପାଇଁ ପାକିସ୍ତାନର ବାୟୁ ସୀମାରେ

ପ୍ରବେଶ କଲା । ଦ୍ୱିତୀୟରେ ଲକ୍ଷ୍ୟରେ ବିବାଦୀୟ ଅଞ୍ଚଳ ପାକିସ୍ତାନ ଅଧିକୃତ କଶ୍ମୀର ନ ଥିଲା ବରଂ ପାକିସ୍ତାନର ରାଜ୍ୟ ଖାଇବର ପଖତୁନଖୱା ଥିଲା ।[୫୦୫]

ଯେତେବେଳେ ସାରାଦେଶ ଭାରତୀୟ ବାୟୁସେନାକୁ ସେମାନଙ୍କ ବୀରତ୍ୱ ଓ ସାହସ ପାଇଁ ମନଖୋଲି ପ୍ରଶଂସା କରୁଥିଲେ, ସେତେବେଳେ କଂଗ୍ରେସ ନେତୃତ୍ୱରେ ବିରୋଧୀ ଦଳ ଏ ଆକ୍ରମଣର ପ୍ରମାଣ ମାଗିଲେ । କଂଗ୍ରେସ ନେତୃବୃନ୍ଦ ଯଥା ଦିଗବିଜୟ ସିଂ, କପିଲ ସିବଲ ଏବଂ ନବଜୋତ ସିଂ ସିଧୁ ପାକିସ୍ତାନ ଉପରେ ହୋଇଥିବା ବାୟୁସେନା ଆକ୍ରମଣର ପ୍ରମାଣ ମାଗିବାକୁ ଆଦୌ ବିଳମ୍ବ କରି ନ ଥିଲେ । ପଞ୍ଜାବର ମୁଖ୍ୟମନ୍ତ୍ରୀ କ୍ୟାପଟେନ୍ ଅମରିନ୍ଦର ସିଂ ମଧ୍ୟ କଂଗ୍ରେସର ଏହି ପ୍ରମାଣ ଖୋଜିବାରେ କୌଣସି ଭୁଲ୍ ନାହିଁ ବୋଲି କହିଥିଲେ ।[୫୦୬] ଅବଶ୍ୟ ସୁରକ୍ଷାବାହିନୀର ଦକ୍ଷତା ଉପରେ ଏହିପରି ପ୍ରଶ୍ନ ନିଶ୍ଚିତ ଭାବରେ ଭାରତୀୟ ପ୍ରତିରକ୍ଷା ବାହିନୀ ପାଇଁ ଏକ ନୈରାଶ୍ୟଜନକ କାର୍ଯ୍ୟ ଥିଲା । କଂଗ୍ରେସ ଏବଂ ଏହାର ସହଯୋଗୀ ଦଳମାନେ ଏପରି କାମ କରି ଶତ୍ରୁକୁ ଆନନ୍ଦିତ ହେବାର ସୁଯୋଗ ଦେଇଥିଲେ । ଏ ପ୍ରସଙ୍ଗରେ ମୋଦି କହିଲେ, 'ଯେଉଁ ସମୟରେ ଆତଙ୍କବାଦ ବିରୋଧରେ ସାରା ଦେଶ ଏକତା ଦେଖାଇବା କଥା, ସେ ସମୟରେ ୨୧ଟି ଦଳ ଦିଲ୍ଲୀରେ ଏକାଠି ହୋଇ ଏନ୍‌ଡିଏ ବିପକ୍ଷରେ କହୁଛନ୍ତି ।[୫୦୭] ତତ୍କାଳୀନ ଅର୍ଥମନ୍ତ୍ରୀ ସ୍ୱର୍ଗତଃ ଅରୁଣ ଜେଟଲୀ ବିରୋଧୀ ଦଳମାନଙ୍କୁ ସ୍ମରଣ କରାଇଲେ ଯେ ଯେତେବେଳେ ଆମେରିକା ଓସାମା ବିନ ଲାଡେନ୍ ଉପରେ ଆକ୍ରମଣ କଲା, ସେତେବେଳେ କେହି ଆମେରିକୀୟ ଏପରି କାର୍ଯ୍ୟ ବା ସେମାନଙ୍କ ଦେଶର ସୁରକ୍ଷା ଦଳର ଦକ୍ଷତା ଉପରେ ପ୍ରମାଣ ମାଗି ନ ଥିଲେ ।[୫୦୮]

ରାମ ମନ୍ଦିର – ବିଜେପି ଦୃଢ଼, କଂଗ୍ରେସର ଅଣପ୍ରତିବଦ୍ଧତା

୨୦୧୯ ଲୋକସଭା ନିର୍ବାଚନର କିଛି ମାସ ପୂର୍ବରୁ ବୋଧହୁଏ ବିରୋଧୀମାନଙ୍କର ପ୍ରରୋଚନାରେ ଅଯୋଧ୍ୟାର କିଛି ସମ୍ମାନନୀୟ ସାଧୁଙ୍କ ସମେତ ଆଉ କିଛି ଲୋକ ରାମମନ୍ଦିର ପ୍ରସଙ୍ଗ ଉପରେ ନିଜ ସ୍ୱର ଉଠାଇଲେ । ମାମଲାଟି ସେତେବେଳେ ଅଦାଲତରେ ଥିଲା । ସମ୍ପୂର୍ଣ୍ଣ ଦେଶ ଦଶନ୍ଧି ଦଶନ୍ଧି ଧରି ଶୀଘ୍ର ସମାଧାନ ଚାହୁଁଥିଲାବେଳେ, ବରିଷ୍ଠ କଂଗ୍ରେସ ନେତା ଓ ସର୍ବୋଚ୍ଚ ନ୍ୟାୟାଳୟର ଓକିଲ ଶ୍ରୀ କପିଲ ସିବଲ୍ ୨୦୧୭ର ଗୁଜରାଟ ବିଧାନସଭା ନିର୍ବାଚନ ସମୟରେ ସର୍ବୋଚ୍ଚ ନ୍ୟାୟାଳୟଙ୍କୁ ରାମ ଜନ୍ମଭୂମି ମାମଲାର ଶୁଣାଣି ସ୍ଥଗିତ ରଖିବାକୁ ଆବେଦନ କଲେ । 'ଶୁଣାଣି ଜୁଲାଇ ୨୦୧୯ ଯାଏ ସ୍ଥଗିତ ରଖାଯାଇ ପାରିବ । ଏତେ ତରତର ହେବାର କ'ଣ ଅଛି' ? ସିବଲ୍ ଅଦାଲତଙ୍କୁ କହିଥିଲେ ।[୫୦୯]

ଅତୀତରେ କହିଥିଲା ଭଳି ବିଜେପି ଏହିଥର ମଧ୍ୟ ଅଯୋଧ୍ୟାରେ ଭବ୍ୟ ରାମମନ୍ଦିର ନିର୍ମାଣ ପାଇଁ ପ୍ରତିବଦ୍ଧ ଥିଲା।

ଜାନୁଆରୀ ୨୦୧୯ରେ କେନ୍ଦ୍ର ସର୍ବୋଚ୍ଚ ନ୍ୟାୟାଳୟରେ ଏକ ରିଟ୍ ପିଟିସନ୍ ଦାଖଲ କରି ଉତ୍ତରପ୍ରଦେଶର ବିବାଦୀୟ ସ୍ଥାନ ଚାରିପାଖରେ ସରକାର ଦଖଲ କରିଥିବା ଖାଲି ଜମିକୁ ମୁକ୍ତ କରିବାକୁ ଅନୁରୋଧ କରିଥିଲେ। ଏହି ପିଟିସନ୍ ଦ୍ୱାରା ବିଜେପି ନେତୃତ୍ୱରେ ଏନ୍‌ଡିଏ ସରକାର ନ୍ୟାୟାଳୟକୁ ରାମଜନ୍ମଭୂମି ନ୍ୟାସ ସଙ୍ଗଠନ ଦ୍ୱାରା ଅଧିକୃତ ୩୩୩ ଏକର ବିବାଦୀୟ ଜମି, ଯାହାପରେ ସରକାର ଦ୍ୱାରା ଗ୍ରହଣ କରାଯାଇଥିଲା, ସେ ଜମିକୁ ବାଦ ଦେଇ ବାକି ୬୭ ଏକର ନିର୍ବିବାଦୀୟ ଜମିକୁ ମୁକ୍ତ କରିବାକୁ ଅନୁରୋଧ କଲେ। ଏହା ହୁଏତ ସେହି ନିର୍ବିବାଦୀୟ ରାମ ଜନ୍ମଭୂମି ଅଯୋଧ୍ୟାଠାରେ ଭବ୍ୟ ରାମମନ୍ଦିର ନିର୍ମାଣ କରିବାରେ ସାହାଯ୍ୟ କରିଥାନ୍ତା। କେନ୍ଦ୍ର ସରକାରଙ୍କୁ ଅଯୋଧ୍ୟା ମାମଲାର ଅତ୍ୟାବଶ୍ୟକତା ବୁଝିବାକୁ ଅନୁରୋଧ କରିଥିଲେ। ବିଜେପିର ଏହି ପଦକ୍ଷେପ ଉତ୍ତରପ୍ରଦେଶ ସିଆ ସେଣ୍ଟ୍ରାଲ୍ ୱାକଫ୍ ବୋର୍ଡ ଦ୍ୱାରା ମଧ୍ୟ ସମର୍ଥନ ପାଇଥିଲା। ଏହି ରିଟ୍ ପିଟିସନ୍ ଏକ ଉତ୍ତମ ପଦକ୍ଷେପ ଥିଲା। ଆମେ ସମସ୍ତେ ଜାଣୁ ଯେ ଅଯୋଧ୍ୟାରେ ଏକ ଭବ୍ୟ ରାମମନ୍ଦିର ନିର୍ମାଣ ହେବାର ଥିଲା। ଯଦି ସର୍ବୋଚ୍ଚ ନ୍ୟାୟାଳୟ ଏହି ନିର୍ବିବାଦୀୟ ଜମିକୁ ମୁକ୍ତ କରି ଦିଅନ୍ତି ତେବେ ମନ୍ଦିର ନିର୍ମାଣ କାର୍ଯ୍ୟ ତତ୍‌କ୍ଷଣାତ୍ ହୋଇପାରିବ – ଉତ୍ତର ପ୍ରଦେଶ ସିଆ ସେଣ୍ଟ୍ରାଲ୍ ୱାକ୍‌ଫ ବୋର୍ଡର ଚେୟାରମ୍ୟାନ୍ ରିଜ୍‌ଭି କହିଲେ।[୫୧୦]

ତେବେ ନିଜ ଅଳ୍ପସଂଖ୍ୟକ ତୁଷ୍ଟୀକରଣ ରାଜନୀତିରେ ଚତୁର ଖେଳାଳି କଂଗ୍ରେସ ସବୁଥର ପରି ଏଥର ମଧ୍ୟ ପ୍ରସଙ୍ଗଠୁ ଦୂରେଇ ଯାଇ ମନ୍ଦିର ନିର୍ମାଣ କାର୍ଯ୍ୟ ଆରମ୍ଭ କରିବାରେ ସରକାରଙ୍କର ଉଦ୍ୟମରେ ସାମିଲ୍ ହେଲା ନାହିଁ। କଂଗ୍ରେସ ବରଂ ୧୫ ବର୍ଷ ପୁରୁଣା ଅଦାଲତ ଆଦେଶକୁ ନେଇ ସ୍ଥିତାବସ୍ଥା ବଜାୟ ରଖିବାକୁ ଚାହିଁଲା। ଯେତେବେଳେ ବିଜେପି ସ୍ୱଷ୍ଟ ଭାବରେ ରାମମନ୍ଦିର ନିର୍ମାଣ ରାସ୍ତା ତିଆରି କରିବାକୁ ପ୍ରକୃତ ଉପାୟ କରିବାକୁ ଚେଷ୍ଟା କଲା, ସେତେବେଳେ କଂଗ୍ରେସ ୨୦୦୩ ମସିହାରେ ସର୍ବୋଚ୍ଚ ନ୍ୟାୟାଳୟ ଦେଇଥିବା ଏକ ଆଦେଶ ଆଧାରରେ ଦଶନ୍ଧି ପୁରୁଣା ନ୍ୟାୟକୁ ନେଇ ବିଜେପିକୁ କୌଣସି ପ୍ରକାରେ ସଫଳତା ପାଇବାର ପଥରୋଧ କଲା।

ପ୍ରଧାନମନ୍ତ୍ରୀ – କିଷାନ ଯୋଜନାରେ କୃଷକମାନଙ୍କ ସହ ସଂଯୋଗ

ଭାରତୀୟ ଜନସଂଖ୍ୟାର ଏକ ବୃହତ୍ ଅଂଶ କୃଷି କାର୍ଯ୍ୟ କରନ୍ତି। ଯେ

କୌଣସି ନିର୍ବାଚନରେ କୃଷକ ପ୍ରସଙ୍ଗ ସର୍ବଦା ଗୁରୁତ୍ୱପୂର୍ଣ୍ଣ। ରାଜସ୍ଥାନ, ମଧ୍ୟପ୍ରଦେଶ ଓ ଛତିଶଗଡ଼ ବିଧାନସଭା ନିର୍ବାଚନରେ କଂଗ୍ରେସ କୃଷକମାନଙ୍କ ଦୁଃଖକୁ ନିର୍ବାଚନୀ ଫାଇଦା ପାଇଁ ବ୍ୟବହାର କରିଥିଲା। ମୋଦି ସରକାର କିନ୍ତୁ କୃଷକମାନଙ୍କର ଜୀବନରେ ଦୀର୍ଘସ୍ଥାୟୀ ପ୍ରଭାବ ପାଇଁ କୃଷକମାନଙ୍କ ନିମନ୍ତେ ଏକ ଦୀର୍ଘସୂତ୍ରୀ ଯୋଜନା ପ୍ରଣୟନ କରିବାକୁ ଚାହିଁଲେ। ୧ ଫେବୃଆରୀ ୨୦୧୯ରେ କ୍ଷୁଦ୍ର ଓ ନାମମାତ୍ର କୃଷକମାନଙ୍କର ଆୟ ବଢାଇବା ପାଇଁ ବିଜେପି ନେତୃତ୍ୱରେ ଏନ୍‌ଡିଏ ସରକାର ପ୍ରଧାନମନ୍ତ୍ରୀ କିଷାନ ଯୋଜନା ଆରମ୍ଭ କଲା। କୃଷକଙ୍କ ଆୟକୁ ବଢାଇବାରେ ସାହାଯ୍ୟ କରିବା ଏବଂ ଫସଲର ଉପଯୁକ୍ତ ସ୍ୱାସ୍ଥ୍ୟ ଓ ଉପଯୁକ୍ତ ଅମଳକୁ ନିଶ୍ଚିତ କରିବା ପାଇଁ ଆବଶ୍ୟକ ବିଭିନ୍ନ ସାଧନ କ୍ରୟ କରିବାରେ ସେମାନଙ୍କୁ ସାହାଯ୍ୟ କରିବା ଉଦ୍ଦେଶ୍ୟରେ ଏହି ଯୋଜନା ଆରମ୍ଭ କରାଯାଇଥିଲା। ଏହି ଯୋଜନା ଦେଶର ୧୨.୫ କୋଟି କ୍ଷୁଦ୍ର ଓ ନାମମାତ୍ର କୃଷକମାନଙ୍କ ମଙ୍ଗଳ ନିମନ୍ତେ ଆରମ୍ଭ ହୋଇଥିଲା। ଏହି ଯୋଜନାରେ ୨ ହେକ୍ଟର ଯାଏ ଜମିର ମାଲିକ କୃଷକମାନଙ୍କୁ ୬ ହଜାର ଟଙ୍କା ବାର୍ଷିକ ଦିଆଯାଉଥିଲା। ବାସ୍ତବରେ ୧ ଏପ୍ରିଲ୍ ୨୦୧୯ ସୁଦ୍ଧା ୨.୨୫ କୋଟି କୃଷକ ୨ ହଜାର ଟଙ୍କା ପାଇସାରିଥିଲେ।[୫୧୧] ତିନି ଆଧାରର ସଂଗମ ଯୋଗୁ ଏତେବଡ ସଂଖ୍ୟାର ଟଙ୍କା ପଠାଇବା ସମ୍ଭବ ହୋଇଥିଲା ଏବଂ ଯୋଜନାଟି ହେଲା ଜନଧନ - ଆଧାର – ମୋବାଇଲ ଯୋଜନା ଏବଂ ଏହା ଗତ ୫ ବର୍ଷର ମୋଦି ସରକାରଙ୍କ କାର୍ଯ୍ୟକାଳ ଭିତରେ ସମ୍ଭବ ହୋଇଥିଲା।

ବିଜେପି ଏହି ଯୋଜନାକୁ ବର୍ଦ୍ଧିତ କରି ଦେଶର ସମସ୍ତ କୃଷକମାନଙ୍କ ପାଖରେ ପହଞ୍ଚାଇବାକୁ ପୂର୍ବରୁ ନିଷ୍ପତ୍ତି ନେଇସାରିଥିଲା। ଅଧିକନ୍ତୁ କ୍ଷୁଦ୍ର ଓ ନାମମାତ୍ର କୃଷକମାନଙ୍କୁ ୬୦ ବର୍ଷ ପରେ ସାମାଜିକ ନିରାପତ୍ତା ଦେବାକୁ ପେନସନ୍ ଯୋଜନା କରିବାକୁ ବିଜେପି ନିଜ ନିର୍ବାଚନ ଘୋଷଣା ପତ୍ରରେ ପ୍ରତିଶ୍ରୁତି ଦେଇସାରିଥିଲା। ଏହା ଉଲ୍ଲେଖନୀୟ ଯେ କେନ୍ଦ୍ର ସରକାରଙ୍କ ଦ୍ୱାରା ଦେଶର କୃଷକ ତଥା କୃଷି କ୍ଷେତ୍ରରେ ଉନ୍ନତି ପାଇଁ ନିଆଯାଇଥିବା ଅନେକ ପଦକ୍ଷେପ ମଧ୍ୟରେ ପ୍ରଧାନମନ୍ତ୍ରୀ – କିଷାନ ଯୋଜନା ମଧ୍ୟ ଏକ ଅଂଶ ଥିଲା। ପ୍ରଧାନମନ୍ତ୍ରୀ – କିଷାନ ଯୋଜନା ଉଭୟ କୃଷକ ଓ ଅର୍ଥନୈତିକମାନଙ୍କ ଦ୍ୱାରା ପ୍ରଶଂସିତ ହୋଇଥିଲା, କିନ୍ତୁ ପଶ୍ଚିମବଙ୍ଗ, ମଧ୍ୟପ୍ରଦେଶ ଏବଂ ରାଜସ୍ଥାନ ପରି ଅଣବିଜେପି ଶାସିତ ରାଜ୍ୟମାନେ ଏହା ଦ୍ୱାରା ମୋଦିଙ୍କ ପାଇଁ ସଦ୍‌ଭାବନା ବୃଦ୍ଧି ପାଇବା ଆଶଙ୍କାରେ ନିଜ ରାଜ୍ୟର କୃଷକ ସମ୍ବନ୍ଧୀୟ ତଥ୍ୟ ମଧ୍ୟ ଦେଲେ ନାହିଁ।[୫୧୨]

ନିର୍ବାଚନ ତାରିଖ ଘୋଷଣା

ଷୋଡ଼ଶ ଲୋକସଭାର କାର୍ଯ୍ୟକାଳ ସରିଆସୁଥିବାରୁ ଭାରତର ନିର୍ବାଚନ କମିଶନ ସପ୍ତଦଶ ଲୋକସଭା ପାଇଁ ପ୍ରାର୍ଥୀ ଚୟନ କରିବାର ନିର୍ବାଚନ କାର୍ଯ୍ୟସୂଚୀର ଘୋଷଣା ୧୦ ମାର୍ଚ୍ଚ ୨୦୧୯ରେ କଲେ। ନିର୍ବାଚନ କମିଶନ ସାଧାରଣ ନିର୍ବାଚନକୁ ସାତଟି ପର୍ଯ୍ୟାୟରେ ସ୍ଥିର କରିଥିଲେ – ୧୧ ଏପ୍ରିଲ୍ ପ୍ରଥମ କାଳରେ ୧୮ ଏପ୍ରିଲ୍ (୩ୟ ପର୍ଯ୍ୟାୟ) ୬ ମେ' (୫ମ ପର୍ଯ୍ୟାୟରେ) ୧୨ ମେ (ଷଷ୍ଠ ପର୍ଯ୍ୟାୟ) ୧୯ ମେ (ସପ୍ତମ ପର୍ଯ୍ୟାୟ) ସମୟରେ ହେବାର ଥିଲା। ତେବେ କିଛି ରାଜ୍ୟରେ ସାଧାରଣ ନିର୍ବାଚନ ଗୋଟିଏ ପର୍ଯ୍ୟାୟରେ ହେବାର ଥିଲା। ଏଥି ମଧ୍ୟରୁ ପ୍ରଥମ ପର୍ଯ୍ୟାୟରେ ତେଲେଙ୍ଗାନା, ଦ୍ୱିତୀୟ ପର୍ଯ୍ୟାୟ ୧୮ ଏପ୍ରିଲ୍‌ରେ, ତାମିଲନାଡୁ, ଗୁଜରାଟ ଓ କେରଳ ତୃତୀୟ ପର୍ଯ୍ୟାୟ ୨୩ ଏପ୍ରିଲ, ୬ ମେ' ଷଷ୍ଠ ପର୍ଯ୍ୟାୟରେ ଦିଲ୍ଲୀ ଏବଂ ହରିୟାଣା ଏବଂ ୧୯ ମେ ଅର୍ଥାତ୍ ଶେଷ ପର୍ଯ୍ୟାୟରେ ହିମାଚଳ ପ୍ରଦେଶ ଓ ପଞ୍ଜାବ ଆଦି ଅନ୍ତର୍ଭୁକ୍ତ ଥିଲେ। ଉତ୍ତରପ୍ରଦେଶ, ପଶ୍ଚିମବଙ୍ଗ ଓ ବିହାରରେ ୭ଟି ପର୍ଯ୍ୟାୟରେ ନିର୍ବାଚନ ହୋଇଥିଲା।

ଲୋକସଭା ନିର୍ବାଚନ ସହ ଆନ୍ଧ୍ରପ୍ରଦେଶ, ଓଡ଼ିଶା, ଅରୁଣାଚଳ ପ୍ରଦେଶ ଏବଂ ସିକ୍କିମ୍‌ରେ ସମାନ ସମୟରେ ବିଧାନସଭା ନିର୍ବାଚନ ଅନୁଷ୍ଠିତ ହୋଇଥିଲା। ନିର୍ବାଚନ କାର୍ଯ୍ୟସୂଚୀ ଘୋଷଣା ସହ ୨୦୧୯ ନିର୍ବାଚନ ଯୁଦ୍ଧ ଆରମ୍ଭ ହେଲା।

ମିଶନ ଶକ୍ତି ଏବଂ ଅସହାୟ ବିରୋଧୀ

୨୦୧୯ ଆରମ୍ଭରେ ଶତ୍ରୁ ସାଟେଲାଇଟ୍‌ଙ୍କୁ ଧ୍ୱଂସ କରିପାରିବାର କ୍ଷମତା ହାସଲ କରି ସାରା ବିଶ୍ୱରେ ଚତୁର୍ଥ ଦେଶ ଭାବେ ଭାରତ ଇତିହାସ ସୃଷ୍ଟି କଲା। ୨୭ ମାର୍ଚ୍ଚ ୨୦୧୯ରେ ଭାରତ ମିଶନ ଶକ୍ତିକୁ ସଫଳତାର ସହ ଉତ୍କ୍ଷେପଣ କଲା। ଯେଉଁଥିରେ ୨୦୦୦ କିଲୋମିଟର ଉଚ୍ଚତାରେ ନିମ୍ନ ପୃଥିବୀ କକ୍ଷ ପଥରେ ବିଚ୍ଛିନ୍ନ ଉପଗ୍ରହର ପୂର୍ବ ନିର୍ଦ୍ଧାରିତ ଲକ୍ଷ୍ୟକୁ ନଷ୍ଟ କରିବାକୁ ଏକ ଆଣ୍ଟି ସାଟେଲାଇଟ୍ ଟେଷ୍ଟ କ୍ଷେପଣାସ୍ତ୍ର ପଠାଯାଇଥିଲା। ଏହାର ଅର୍ଥ ହେଉଛି, ଗୁପ୍ତଚରଙ୍କ ଦ୍ୱାରା ଦେଶକୁ କ୍ଷତି ପହଞ୍ଚାଇବା ଶକ୍ତିମାନଙ୍କଠାରୁ ଭାରତ ନିଜକୁ ସୁରକ୍ଷିତ ରଖିପାରିବ। ଆଗରୁ ଆମେରିକା, ରୁଷିଆ ଓ ଚାଇନା ଏହି ତିନୋଟି ଦେଶ ନିକଟରେ ଏ ପ୍ରକାର କ୍ଷମତା ଥିଲା। ଏହି ମିଶନର ସଫଳତା ଦେଶର ବର୍ଦ୍ଧିତ ଜାତୀୟ ନିରାପତ୍ତାରେ ଆଉ ଏକ ଅତୁଳନୀୟ ଦିଗ ଯୋଡିଲା। ଭାରତୀୟ ପ୍ରତିରକ୍ଷା ଅନୁସନ୍ଧାନ ଏବଂ ବିକାଶ ସଙ୍ଗଠନ (ଡିଆରଡିଏ)

ଏବଂ ଭାରତୀୟ ମହାକାଶ ଅନୁସନ୍ଧାନ ସଙ୍ଗଠନ (ଇସ୍ରୋ) ଦ୍ୱାରା ମିଳିତ ଭାବେ କରାଯାଇଥିବା ଏହି ପରୀକ୍ଷଣ ମୋଦି ସରକାରଙ୍କର ଭାରତୀୟ ମହାକାଶ କାର୍ଯ୍ୟକ୍ରମକୁ ବିସ୍ତାର କରିବା ପାଇଁ ନିଆଯାଉଥିବା ପଦକ୍ଷେପ ସବୁ ଯେଉଁ କାର୍ଯ୍ୟକ୍ରମରେ ମଙ୍ଗଳଯାନ ଗଗନଯାନ ଆଦି ନିଆଯାଇଥିବା ପ୍ରମୁଖ ପଦକ୍ଷେପ ଯେମିତି ମଙ୍ଗଳଯାନ, ଗମନଯାନ ଓ ଅନ୍ୟ ପ୍ରକଳ୍ପ ପରି ଏକ ଦୃଢ ପଦକ୍ଷେପ ଥିଲା। ବର୍ତ୍ତମାନ ଦେଶ ଏମିତି ସ୍ୱଦେଶୀ ପ୍ରତିରକ୍ଷା କୌଶଳ ହାସଲରେ କାହାର କିଛି ସମସ୍ୟା ଥିଲା କି ? ଦେଶ ସ୍ୱାର୍ଥ ଉପରେ ନିଜ ସ୍ୱାର୍ଥ ରଖୁଥିବା ବ୍ୟକ୍ତିମାନଙ୍କ ବ୍ୟତୀତ ଆଉ କାହାରି ଅବସୋସ କରିବାର ନ ଥିଲା। କଂଗ୍ରେସ ଓ ଅନ୍ୟ ବିରୋଧୀ ଦଳମାନେ ଏକ ବିଚିତ୍ର କାରଣ ଖୋଜି ସରକାରଙ୍କୁ ସମାଲୋଚନା କଲେ। ପ୍ରଧାନମନ୍ତ୍ରୀ ମୋଦି ନିର୍ବାଚନ ଆଚରଣ ବିଧି ଉଲ୍ଲଂଘନ କରି ସରକାରୀ ଗଣମାଧ୍ୟମକୁ ମିଶନ ଶକ୍ତି ଘୋଷଣା ପାଇଁ ବ୍ୟବହାର କରିଛନ୍ତି ବୋଲି ବିରୋଧୀମାନେ ଅଭିଯୋଗ କଲେ। ଯେଉଁ ସମୟରେ ସେମାନଙ୍କର ଦେଶର କୃତିତ୍ୱ ଉପରେ ଗର୍ବ କରିବାର ଥିଲା ସେ ସମୟରେ କଂଗ୍ରେସ ସଭାପତି ରାହୁଲ ଗାନ୍ଧୀ ପ୍ରଧାନମନ୍ତ୍ରୀଙ୍କୁ ପରିହାସ କଲେ। ରାହୁଲ୍ ଟୁଇଟ୍ କଲେ 'ସାବାସ୍ ଡିଆରଡିଓ' ତୁମ କାର୍ଯ୍ୟ ପାଇଁ ମୁଁ ଅତ୍ୟଧିକ ଗର୍ବିତ। ମୁଁ ମଧ୍ୟ ପ୍ରଧାନମନ୍ତ୍ରୀଙ୍କୁ ବିଶ୍ୱ ନାଟକ ଦିବସର ଶୁଭେଚ୍ଛା ଜଣାଇ ଖୁସି ହେବି।[୫୧୩]

ସମାଜବାଦୀ ପାର୍ଟି ଅଧ୍ୟକ୍ଷ ଅଖିଲେଶ ଯାଦବ ଟୁଇଟ୍ କଲେ ଆଜି ନରେନ୍ଦ୍ର ମୋଦି ଏକ ଘଣ୍ଟା ପାଇଁ ମାଗଣା ଦୂରଦର୍ଶନ ସେବା ପାଇଲେ ଏବଂ ଦେଶର ଧ୍ୟାନକୁ ଭୂମିରେ ଥିବା ପ୍ରସଙ୍ଗଠୁ ଦୂରେଇ ରଖି ଆକାଶକୁ ସ୍ଥୁରିତ କଲେ।[୫୧୪] ରାହୁଲ ଗାନ୍ଧୀଙ୍କୁ ଅନୁସରଣ କରି ତୃଣମୂଳ କଂଗ୍ରେସ ମୁଖ୍ୟ ମମତା ବାନାର୍ଜୀ ଟୁଇଟ୍ କଲେ, "ଆଜିର ଘୋଷଣା ହେଉଛି ଆଉ ଏକ ସୀମାହୀନ ଡ୍ରାମା ଓ ପ୍ରଚାର ଏବଂ ଏହାଦ୍ୱାରା ମୋଦି ନିର୍ବାଚନ ସମୟରେ ରାଜନୈତିକ ଫାଇଦା ପାଇବା ପାଇଁ ଚେଷ୍ଟା କରୁଛନ୍ତି। ଏହା ନୈତିକ ଆଚରଣ ବିଧିର ମୋଟାମୋଟି ଉଲ୍ଲଂଘନ।[୫୧୫] ପ୍ରଧାନମନ୍ତ୍ରୀ ନୈତିକ ଆଚରଣ ବିଧି ଉଲ୍ଲଂଘନ କରିଛନ୍ତି ବୋଲି କହି ସିପିଆଇ(ଏମ୍)ର ସାଧାରଣ ସଂପାଦକ ଶ୍ରୀ ସୀତାରାମ ୟେଚୁରୀ ଭାରତର ନିର୍ବାଚନ କମିଶନଙ୍କ ନିକଟରେ ଲିଖିତ ଅଭିଯୋଗ କଲେ। ନିର୍ବାଚନ କମିଶନ ଏକ ୫ ଜଣିଆ କମିଟି ଗଢି ଅଭିଯୋଗଗୁଡିକୁ ଦେଖିବାକୁ କହିଲେ ଏବଂ ଅଭିଯୋଗ ମିଥ୍ୟା ପ୍ରମାଣିତ ହେଲା। କ୍ଷମତାରେ ଥିବା ପାର୍ଟିକୁ ସାମିଲ କରୁଥିବା ଆଚରଣ ବିଧିର ସପ୍ତମ ଭାଗ କୁହେ ଯେ ନିର୍ବାଚନ ସମୟରେ ସରକାରୀ ଗଣମାଧ୍ୟମର ଅପବ୍ୟବହାର କରି ରାଜନୈତିକ ସମାଚାର ଏବଂ ପ୍ରଚାରର ପକ୍ଷପାତପୂର୍ଣ୍ଣ ପ୍ରସାରଣ କରି କ୍ଷମତାରେ ଥିବା ଦଳକୁ ଆଶାକୁ ଆଗକୁ ବଢାଇବା ଉଦ୍ଦେଶ୍ୟ ଥିବାରୁ

ଏହାକୁ ସମ୍ପୂର୍ଣ୍ଣ ଏଡାଇ ଦିଆଗଲା।[୫୧୬] ଦୂରଦର୍ଶନ ଏବଂ ଅଲ୍‌ଇଣ୍ଡିଆ ରେଡିଓ ତଥା ୬୦ରୁ ଅଧିକ ଚ୍ୟାନେଲ ଖବର ସରବରାହ ସଂସ୍ଥାଠାରୁ ଉପାଦାନ ଗ୍ରହଣ କରୁଥିବାରୁ କମିଟି ସରକାରୀ ଗଣମାଧ୍ୟମ ଅପବ୍ୟବହାର ସମ୍ବନ୍ଧରେ ପ୍ରଚରିତ ଖବରକୁ ଭୁଲ୍ ବୋଲି କହିଲେ। ନୈତିକ ଆଚରଣ ବିଧିର ଷଷ୍ଠ ଅଧ୍ୟାୟର ଚତୁର୍ଥ ପାରାରେ ଥିବା ସରକାରୀ ଗଣମାଧ୍ୟମର ଅପବ୍ୟବହାର ସମ୍ବନ୍ଧରେ ଦିଆଯାଇଥିବା ବ୍ୟବସ୍ଥା ଅନୁସାରେ ଏହି ଘଟଣାରେ କିଛି ଭୁଲ୍ ନାହିଁ ବୋଲି କମିଟି କହିଲେ ଭାରତୀୟ ନିର୍ବାଚନ କମିଶନ ନିର୍ବାଚନ କମିଶନ ନିଜର ଫଇସଲା ଶୁଣାଇଲେ।[୫୧୭]

ଏହି ଫଇସଲା ପରେ ପରେ କଂଗ୍ରେସ ଦଳ ହଠାତ ଆଗଭର ହୋଇ ମିଶନ ଶକ୍ତି ଯୋଜନା ମନମୋହନ ସିଂଙ୍କ ସରକାର ଦ୍ୱାରା ଆରମ୍ଭ ହୋଇଥିଲା କହି ବାହାଦୁରୀ ନେଲେ। କଂଗ୍ରେସ ନେତା ଅହମ୍ମଦ ପଟେଲ ଟୁଇଟ କଲେ ଏହି ଆସାଟା ଯୋଜନା ୟୁପିଏ ସମୟରେ ଆରମ୍ଭ ହୋଇଥିଲା ଯାହା ଫଳପ୍ରଦ ହେଲା ଏବଂ କଂଗ୍ରେସ ମୁଖପାତ୍ର ରଣଦୀପ ସୁରଜେୱାଲା ଦାବି କଲେ ଯେ "ମିଶନ ଶକ୍ତିର ଆଧାର ୨୦୧୨ରେ ୟୁପିଏ ସରକାର ଦ୍ୱାରା ସ୍ଥାପିତ ହୋଇଥିଲା।[୫୧୮] ପ୍ରକୃତ ସତ୍ୟ ଏପରି ଥିଲା ଯେ ୨୦୧୨ରୁ ଡିଆରଡିଓ ଏପରି ଏକ ଯୋଜନା ପାଇଁ ପ୍ରସ୍ତୁତ ଥିଲା, କିନ୍ତୁ ସେ ସମୟର ରାଜନୈତିକ ନେତୃତ୍ୱ (କଂଗ୍ରେସ କ୍ଷମତାରେ ଥିଲା) ଏ ଯୋଜନାକୁ ମଞ୍ଜୁରୀ ଦେଇ ନ ଥିଲେ। ପୂର୍ବତନ ଡିଆରଡିଓ ମୁଖ୍ୟ ବିଜୟ ସାରସ୍ୱତ କହିଲେ ଯେ ୨୦୧୨-୧୩ରେ ଭାରତର ଆଣ୍ଟି ସାଟେଲାଇଟ୍ ମିସାଇଲ ଟେଷ୍ଟ ପାଇଁ ସବୁ ପ୍ରକାର କ୍ଷମତା ଥିବା ସତ୍ତ୍ୱେ ଏଥିପାଇଁ ରାଜନୈତିକ ମଞ୍ଜୁରୀ ମିଳି ନ ଥିଲା।[୫୧୯]

'ଆସାଟ୍'ର ଆରମ୍ଭ ନିଶ୍ଚିତ ଭାବେ ଉଚିତ ଦିଗରେ ଏକ ଭବିଷ୍ୟତ ପଦକ୍ଷେପ ଥିଲା ଏବଂ ସମସ୍ତଙ୍କ ଦ୍ୱାରା ପ୍ରଶଂସିତ ହୋଇଥିଲା। ଆତ୍ମରକ୍ଷା କ୍ଷେତ୍ରରେ ଭାରତର ପଦକ୍ଷେପକୁ ବିଶ୍ୱ ଧ୍ୟାନ ଦେଇଥିଲା ଏବଂ ପରୀକ୍ଷାର ଗୁରୁତ୍ୱକୁ ବିଶେଷଜ୍ଞମାନେ ସ୍ୱୀକାର କରିଥିଲେ। ଭାରତର ଆସାଟ ସାମର୍ଥ୍ୟର ନିକଟରେ ହୋଇଥିବା ପରୀକ୍ଷଣ ସମ୍ଭବତଃ ଅନ୍ୟ ଦେଶମାନଙ୍କ ଦ୍ୱାରା ଏକ ଅନୁଭବକୁ ଦର୍ଶାଏ ଯେ ଏହି କ୍ଷେତ୍ରରେ ମହାକାଶର ଅସ୍ତ୍ରଶସ୍ତ୍ର ନିୟନ୍ତ୍ରଣ ଚୁକ୍ତିରେ ପହଁଚିଗଲା। ତେବେ ଭାରତ 'ଥିବା' ବର୍ଗରୁ ବାଦ ପଡିବାକୁ ଚାହୁଁନାହିଁ। ରୋଡ୍ ଆଇଲ୍ୟାଣ୍ଡର ନିଉପୋର୍ଟର ନାଭାଲ ୱାର କଲେଜର ଜାତୀୟ ସୁରକ୍ଷା ବ୍ୟାପାର ପ୍ରଫେସର ଜୋନ୍ ଜନସନ- ଫିସ ସ୍ପେସ କମରେ କହିଲେ।[୫୨୦]

ମୋଦି ତାଙ୍କ ଅଭିଭାଷଣରେ କେବଳ ଦେଶକୁ ଆଶ୍ୱାସନା ଦେଉଥିଲେ ଯେ ତାଙ୍କ ସରକାର ଏଭଳି ଭବିଷ୍ୟତ ପ୍ରକଳ୍ପ ଦ୍ୱାରା ଭାରତକୁ ସୁରକ୍ଷିତ କରୁଛନ୍ତି। କଂଗ୍ରେସ କିନ୍ତୁ ଏହି ଐତିହାସିକ ପରାକ୍ରମୀ ସମୟରେ ଭାରତ ସହ ରହିବାରେ ବିଫଳ ହୋଇଥିଲା।

ବିଶେଷ ଉପସ୍ଥିତି : ନିର୍ବାଚନ ଋତୁରେ ପ୍ରିୟଙ୍କା ଗାନ୍ଧୀଙ୍କ ପୁନର୍ବାର ଆବିର୍ଭାବ

ଯେଉଁ ପଦକ୍ଷେପକୁ କଂଗ୍ରେସ ନିଜର ସର୍ବୋତ୍ତମ ପଦକ୍ଷେପ ବୋଲି ବିଶ୍ୱାସ କରୁଥିଲା ତାହା ଏକ ଅଦ୍ଭୁତ ଦାୟିତ୍ୱରେ ପରିଣତ ହେଲା । କଂଗ୍ରେସର ପ୍ରଥମ ପରିବାରର ଅନ୍ୟ ଜଣେ ସଦସ୍ୟ ପ୍ରିୟଙ୍କା ଗାନ୍ଧୀ ଭଦ୍ରା ୨୦୧୯ ନିର୍ବାଚନ ପ୍ରଚାର ଅଭିଯାନରେ ପ୍ରବେଶ କଲେ । ପ୍ରିୟଙ୍କା ୨୦୦୪ ରୁ ଜଣେ ନିର୍ବାଚନ ଋତୁର ରାଜନେତା ଭାବେ ପରିଚିତ ଥିଲେ ଏବଂ ଲୋକସଭା ନିର୍ବାଚନ ସମୟରେ ନିଜ ମା' ସୋନିଆ ଗାନ୍ଧୀ ଏବଂ ଭାଇ ରାହୁଲ ଗାନ୍ଧୀଙ୍କୁ ସେମାନଙ୍କ ନିର୍ବାଚନ କ୍ଷେତ୍ର ରାୟବରେଲୀ ଓ ଆମେଠିରେ ସାହାଯ୍ୟ କରିବାକୁ ଜାଗ୍ରତ ହେଉଥିଲେ । ଏଥର ମଧ୍ୟ ଯେତେବେଳେ ରାହୁଲ କଂଗ୍ରେସକୁ ପୁନର୍ଜୀବିତ କରିବାର ଏବଂ କଠିନ କାର୍ଯ୍ୟର ସମ୍ମୁଖୀନ ହୋଇଥିଲେ, ପ୍ରିୟଙ୍କାକୁ ତାଙ୍କର ରାଜନୈତିକ ସୁଷୁପ୍ତିରୁ ଜାଗ୍ରତ କରାଯାଇଥିଲା । ୨୩ ଜାନୁଆରୀ ୨୦୧୯ରେ ପ୍ରିୟଙ୍କାକୁ କଂଗ୍ରେସର ସାଧାରଣ ସଂପାଦକ ନିଯୁକ୍ତି କରାଗଲା ଏବଂ ପୂର୍ବ ଉତ୍ତରପ୍ରଦେଶର ଦାୟିତ୍ୱ ଦିଆଗଲା । ଏହା ତାଙ୍କର ରାଜନୀତିରେ ପ୍ରଥମ ଆନୁଷ୍ଠାନିକ ପ୍ରବେଶ ଥିଲା ଏବଂ ତାକୁ ସୀମିତ ଦାୟିତ୍ୱ ଦିଆଯାଇଥିଲା । କଂଗ୍ରେସ ଲଜ୍ଜାହୀନ ଭାବେ ବଂଶବାଦର ରାଜନୀତିକୁ ପ୍ରୋତ୍ସାହିତ କରି ଟୁଇଟ୍ କଲା । ଆମେମାନେ ପ୍ରଜ୍ୱଳିତ ଏବଂ ଚାଲିବା ପାଇଁ ପ୍ରସ୍ତୁତ ।[୫୨୧] ଏହା ସ୍ପଷ୍ଟ ଥିଲା ଯେ କଂଗ୍ରେସ ଏବଂ ଏହାର ସଭାପତି ରାହୁଲ ଗାନ୍ଧୀ ବିବ୍ରତ ଥିଲେ ଏବଂ ନିଜ ଭବିଷ୍ୟତ ରକ୍ଷା ପାଇଁ ଅନ୍ୟ ଜଣେ ଗାନ୍ଧୀ ଉପସ୍ଥିତ ଚାହୁଁଥିଲେ । ପ୍ରିୟଙ୍କାଙ୍କ ପ୍ରବେଶ ଘୋଷଣା କରୁଛି ଯେ ରାହୁଲ ଅନୁପଯୁକ୍ତ । ରିଜର୍ଭ ବ୍ୟାଙ୍କ ବୋର୍ଡର ଜଣେ ସ୍ୱାଧୀନ ସଦସ୍ୟ ଏସ୍ ଗୁରୁମୂର୍ତ୍ତି ଟୁଇଟ୍ କଲେ ।[୫୨୨] ବିଜେପି ନେତା ସମ୍ବିତ ପାତ୍ର କହିଲେ ରାହୁଲ ବିଫଳ ହୋଇଛନ୍ତି ଘୋଷଣା କରିଥିବାରୁ ମୁଁ କଂଗ୍ରେସକୁ ଶୁଭେଚ୍ଛା ଜଣାଉଛି । ପ୍ରିୟଙ୍କା ଗାନ୍ଧୀଙ୍କୁ ସମ୍ମୁଖକୁ ଆଣି ସେମାନେ ଏପରି କରୁଛନ୍ତି । କଂଗ୍ରେସ ଗୋଟିଏ ପରିବାର ଉପରେ ହିଁ କେନ୍ଦ୍ରୀଭୂତ ।[୫୨୩] ଅନ୍ୟ ଜଣେ ବରିଷ୍ଠ ବିଜେପି ନେତା ଜଗତ ପ୍ରକାଶ ନଡ୍ଡା ଏହି ରାଜନୈତିକ ବିକାଶକୁ ଅନ୍ତର୍ଭୁକ୍ତ କରି ନିଜ ଟୁଇଟରେ କହିଲେ ଗାନ୍ଧୀ କଂଗ୍ରେସ ପ୍ରାଇଭେଟ ଲିମିଟେଡର ଉତ୍ତରାଧିକାରକୁ ପ୍ରିୟଙ୍କା ଗାନ୍ଧୀ ଆଗକୁ ବଢାଇଲେ ଏବଂ ଆନୁଷ୍ଠାନିକ ଭାବେ ଭାରତୀୟ ଜାତୀୟ କଂଗ୍ରେସର ସାଧାରଣ ସଂପାଦକ ହେଲେ । କଂଗ୍ରେସ ଦ୍ୱାରା ପ୍ରଥମ ଥର ଏହା ଘୋଷଣା କଲେ ଯେ ସେମାନେ ରାହୁଲ ଗାନ୍ଧୀଙ୍କ ନେତୃତ୍ୱ ଉପରେ ଭରସା କରିପାରୁନାହାନ୍ତି । ଏହା ସତରେ ପରିବାରର କଂଗ୍ରେସ ।[୫୨୪] ଏହି ଘୋଷଣା ପରେ ମହାରାଷ୍ଟ୍ରର ଏକ ନିର୍ବାଚନ ରାଲିରେ ପ୍ରଧାନମନ୍ତ୍ରୀ ମୋଦି ଦଳୀୟ କର୍ମୀମାନଙ୍କୁ କହିଲେ

ଅନ୍ୟ ଦଳମାନେ ନିଜ ପରିବାରକୁ ଦଳ ବୋଲି ଗ୍ରହଣ କରୁଥିବାବେଳେ ବିଜେପି ଦଳକୁ ହିଁ ପରିବାର ବୋଲି ଗ୍ରହଣ କଲେ।[୫୨୫]

ଉତ୍ତରପ୍ରଦେଶର ଜନସାଧାରଣଙ୍କ ପାଇଁ କଂଗ୍ରେସ କ'ଣ କରିବାକୁ ଚାହୁଁଛି। ଏହା କହିବା ବଦଳରେ କଂଗ୍ରେସ ନେତାମାନେ ପ୍ରିୟଙ୍କାଙ୍କର ନିଜ ଜେଜେମା ଇନ୍ଦିରା ଗାନ୍ଧୀଙ୍କ ସହ କିପରି ସାଦୃଶ୍ୟ ଅଛି ସେ କଥା ପ୍ରଚାର କରିବାରେ ବ୍ୟସ୍ତ ଥିଲେ। ଇଣ୍ଡିଆ ଟୁଡେର ଏକ ରିପୋର୍ଟ ଅନୁଯାୟୀ ପ୍ରଚାର ଅଭିଯାନ ପାଇଁ ପ୍ରିୟଙ୍କା ବ୍ୟବହାର କରୁଥିବା ବସ୍‌ରେ ପ୍ରିୟଙ୍କାଙ୍କ ଛବି ଇନ୍ଦିରାଙ୍କ ଛବିର ପୃଷ୍ଠଭୂମି ଉପରେ ଥିଲା।[୫୨୬] କିଛି ଲୋକ ତାଙ୍କୁ ଛୋଟ ଇନ୍ଦିରା କହୁଥିଲେ।[୫୨୭] ଅଖିଳ ଭାରତୀୟ କଂଗ୍ରେସ କମିଟିର ଅଭିଯୋଗ କକ୍ଷର ଅଧ୍ୟକ୍ଷା ଅର୍ଚ୍ଚନା ଡାଲମିୟା ପ୍ରିୟଙ୍କା ଓ ଇନ୍ଦିରାଙ୍କ ମଧ୍ୟରେ ଥିବା ସାମ୍ୟତା ବିଶେଷ କରି ଶାରୀରିକ ଗଠନର ସାମ୍ୟତା ବିଷୟରେ ଏବଂ ଦୀର୍ଘ ଆଲେଖ୍ୟ ଲେଖିଲେ। ସେ ଲେଖିଲେ : ଏହି ସାମ୍ୟତା କେବଳ ପ୍ରିୟଙ୍କାଙ୍କର ନିଜ ଜେଜେମାଙ୍କ କେଶ ସଜ୍ଜା ମଧ୍ୟରେ ବା ତାଙ୍କ ନାକ କିପରି ଜେଜେମାଙ୍କ ନାକ ପରି ଥିଲା ଏଇଠି ଶେଷ ହୋଇନାହିଁ ବରଂ ପ୍ରିୟଙ୍କା ସମାନ ଅନୁବଂଶିକ ବ୍ୟକ୍ତିତ୍ୱର ଆଶୀର୍ବାଦ ମଧ୍ୟ ପାଇଛନ୍ତି। ସେ ସ୍ପଷ୍ଟ, ଲମ୍ବା ପାହୁଣ୍ଡ ପକାଇ ସିଧା ଚାଲୁଥିବା ସୁନ୍ଦର ଏବଂ ବହୁତ ଆକର୍ଷକ ବ୍ୟକ୍ତିତ୍ୱ ମଧ୍ୟ। ତାଙ୍କ ମୁହଁରେ ତୃପ୍ତିର ଏକ ଚମକ ଅଛି। କେବଳ ତାଙ୍କ ଚାରିପାଖରେ ରହିବା ମଧ୍ୟ ଲୋକଙ୍କୁ ତାଙ୍କ ଉଜ୍ଜ୍ୱଳତାରେ ସ୍ନାନ କରାଏ। ଏହା କେବଳ ତାଙ୍କ କରିସ୍ମାପୂର୍ଣ୍ଣ ସ୍ମିତହାସ ଦ୍ୱାରା ସମ୍ଭବ।[୫୨୮]

ଯଦିଓ ଆମେ ଦେଖିଲେ ଯେ ପ୍ରିୟଙ୍କାଙ୍କ ଏହି ସ୍ମିତହାସ୍ୟ କଂଗ୍ରେସର ତିଷ୍ଠି ରହିବା ପାଇଁ ଆବଶ୍ୟକ ଭୋଟ ଉତ୍ତରପ୍ରଦେଶରେ ଯୋଗାଡ଼ କରିବାରେ ସମର୍ଥ ହେଲାନାହିଁ ଏବଂ ପୁଣିଥରେ କଂଗ୍ରେସ ଉତ୍ତରପ୍ରଦେଶରେ ପରାଜୟ ଦେଖିଲା।

ପ୍ରିୟଙ୍କା ବାରାଣସୀରୁ ମୋଦିଙ୍କ ବିରୋଧରେ ପ୍ରତିଦ୍ୱନ୍ଦ୍ୱିତା କରୁଥିବା ଗୁଜବକୁ ଇନ୍ଧନ ଯୋଗାଇ କଂଗ୍ରେସ ଆଉ ଏକ ତ୍ରୁଟି କଲା, ଯେଉଁଥିରେ ରାହୁଲ ମଧ୍ୟ ଅଂଶୀଦାର ଥିଲେ। ବାସ୍ତବରେ ପ୍ରିୟଙ୍କା ନିଜେ ହିଁ ନିଜର ନିର୍ବାଚନ ଲଢ଼ିବା କଥା କହିବା ଆରମ୍ଭ କରିଥିଲେ, ଯେତେବେଳେ ସେ ଆମେଠିରେ ସାମ୍ବାଦିକମାନଙ୍କ ପ୍ରଶ୍ନର ଉତ୍ତର ଦେଇ କହିଲେ ଯେ 'ହଁ ଯଦି ମୋ ଦଳ ଚାହେଁ, ତେବେ ମୁଁ ନିଶ୍ଚୟ ଲଢ଼ିବି'। ପରେ ଯେତେବେଳେ ତାଙ୍କ ଦଳୀୟ କର୍ମୀ ତାଙ୍କ ମା' ସୋନିଆ ଗାନ୍ଧୀ ରାୟବରେଲୀକୁ ଆସି ସେମାନଙ୍କୁ ଭେଟିପାରୁନାହାନ୍ତି, ତେଣୁ ପ୍ରିୟଙ୍କା ଏଠାରୁ ନିର୍ବାଚନ ଲଢ଼ନ୍ତୁ ବୋଲି ଅନୁରୋଧ କଲେ, ସେତେବେଳେ ପ୍ରିୟଙ୍କା କହିଲେ 'ବାରଣାସୀ କାହିଁକି ନୁହେଁ'।[୫୨୯]

କଂଗ୍ରେସର ଏହି ପ୍ରକାର ଯେ କୌଣସି ପଦକ୍ଷେପକୁ ବିଜେପି ସ୍ୱାଗତ କଲା।

ରାହୁଲ କିନ୍ତୁ ଦଳ ପକ୍ଷରୁ ଏହାକୁ ଗୁରୁତର ସହ ବିଚାର କରାଯାଉଛି କି ନାହିଁ କହିଲେ ନାହିଁ କି ଗୁଜବକୁ ମଧ୍ୟ ବନ୍ଦ କଲେ ନାହିଁ। ବାସ୍ତବରେ କଂଗ୍ରେସର ବାରଣାସୀ ଲୋକସଭା ଆସନ ଉପରେ ଥିବା ରହସ୍ୟ ସମ୍ବନ୍ଧୀୟ ପ୍ରଶ୍ନରେ 'ଦି ହିନ୍ଦୁ' ଖବରକାଗଜକୁ କହିଲେ ' ମୁଁ ଆପଣମାନଙ୍କୁ ସନ୍ଦେହରେ ରହିବାକୁ ଛାଡିଦେବି। ସନ୍ଦେହ ସର୍ବଦା ମନ୍ଦ କଥା ନୁହେଁ'।[୫୩୦] ଚଳଚ୍ଚିତ୍ର ଜୀବନରେ ସନ୍ଦେହ ନିଶ୍ଚିତ ଭାବରେ ଭଲ, କିନ୍ତୁ ଯେତେବେଳେ ଏକ ସ୍ୱଚ୍ଛ ଚିତ୍ର ଚାହୁଁଥିବା କୋଟି କୋଟି ଭାରତୀୟଙ୍କ ଜୀବନ କଥା ଥିଲା, କଂଗ୍ରେସ ସେମାନଙ୍କୁ କୌଣସି ସମାଧାନ ଦେବାରେ ବିଫଳ ହେଲା।

ଶେଷରେ ପ୍ରିୟଙ୍କା ନିର୍ବାଚନ ଲଢିବାରୁ ବିରତ ରହିଲେ ଏବଂ କଂଗ୍ରେସ ଯୋଗାଯୋଗ ଯନ୍ତ୍ରକୁ ଶ୍ରେୟ ଦେବାକୁ ପ୍ରିୟଙ୍କାଙ୍କ ନିର୍ବାଚନ ନ ଲଢିବାର ଖବର ସେଇଦିନ ଆସିଲା, ଯେଉଁଦିନ ମୋଦି ବାରଣାସୀରେ ଅଭୂତପୂର୍ବ ରୋଡ୍ ଶୋ' କରୁଥିଲେ। ମଜାକଥା ହେଲା ପ୍ରିୟଙ୍କା କାହିଁକି ନିର୍ବାଚନ ଲଢିବେ ନାହିଁ ଏକଥା ନେଇ କଂଗ୍ରେସ ନେତାମାନଙ୍କ ମଧ୍ୟରେ ସହମତି ନ ଥିଲା। ଯେତେବେଳେ କଂଗ୍ରେସ ନେତା ଶାମ ପିଟ୍ରୋଡା କହିଲେ ଏ ନିଷ୍ପତ୍ତି କେବଳ ପ୍ରିୟଙ୍କା ନେଇଛନ୍ତି,[୫୩୧] ପ୍ରିୟଙ୍କା ନିଜେ କହିଲେ ଏହା ଦଳର ସାମୂହିକ ନିଷ୍ପତ୍ତି।[୫୩୨] ଏହା ସତ୍ତ୍ୱେ ଲୋକମାନଙ୍କ କଲ୍ୟାଣ ପାଇଁ ସ୍ୱଚ୍ଛ ଦୀର୍ଘମିଆଦୀ ଉଦ୍ଦେଶ୍ୟ ନ ଥିବାରୁ ରାହୁଲ ଗାନ୍ଧୀ ଏବଂ ପ୍ରିୟଙ୍କା ଗାନ୍ଧୀ ଭଦ୍ରାଙ୍କ ଭଳି ପାର୍ଟଟାଇମ୍ ରାଜନେତାଙ୍କ ନେତୃତ୍ୱ ପାଇଁ କଂଗ୍ରେସକୁ ବହୁମୂଲ୍ୟ ଦେବାକୁ ହେଲା। ଜନସାଧାରଣ କଂଗ୍ରେସର ବଂଶବାଦ ରାଜନୀତି ଏବଂ ଦିଶାହୀନ ନେତୃତ୍ୱକୁ ପ୍ରତ୍ୟାଖାନ କଲେ।

ରାହୁଲ୍ ଏବଂ ପ୍ରିୟଙ୍କାଙ୍କ ନିର୍ବାଚନ ସମୟର ହିନ୍ଦୁତ୍ୱ

ଦଶନ୍ଧି ପରେ ଦଶନ୍ଧି, ପ୍ରଧାନମନ୍ତ୍ରୀ ପରେ ପ୍ରଧାନମନ୍ତ୍ରୀ ସହ କଂଗ୍ରେସ ଅଳ୍ପସଂଖ୍ୟକ ତୁଷ୍ଟୀକରଣରେ ଅତ୍ୟଧିକ ଜଡିତ ଥିଲା ବୋଲି ସମସ୍ତଙ୍କୁ ଜଣାଥିଲା। ୧୯୮୫ ମସିହାରେ ରାଜୀବ ଗାନ୍ଧୀ ମୁସଲିମ ଭୋଟ ବ୍ୟାଙ୍କକୁ ତୁଷ୍ଟ କରିବାକୁ ଯାଇ ଶାହ ବାନୋ ମାମଲାରେ ସର୍ବୋଚ୍ଚ ନ୍ୟାୟାଳୟର ରାୟକୁ ରଦ୍ଦ କରି ଦେଇଥିଲେ ଏବଂ ୨୦୦୬ରେ ମନମୋହନ ସିଂ କହିଥିଲେ ଯେ ଅଳ୍ପସଂଖ୍ୟକ ବିଶେଷକରି ମୁସଲମାନମାନଙ୍କର ଦେଶର ପ୍ରାକୃତିକ ସମ୍ପଦ ଉପରେ ପ୍ରଥମ ଅଧିକାର ଅଛି।[୫୩୩] କଂଗ୍ରେସର ନିନ୍ଦନୀୟ ଅଳ୍ପସଂଖ୍ୟକ ତୁଷ୍ଟୀକରଣ ଏହିପରି ଥିଲା ଏବଂ ବହୁସଂଖ୍ୟକ ସମ୍ପ୍ରଦାୟ ଏବଂ ସେମାନଙ୍କର ଭାବନାକୁ ବର୍ଷ ବର୍ଷ ଧରି ଅବହେଳା କରାଯାଇଥିଲା।

୨୦୧୪ ଲୋକସଭା ନିର୍ବାଚନ ସମୟରେ ନିଜ ସ୍ଲୋଗାନ 'ସବକା ସାଥ୍

ସବକା ବିକାଶ' ଦ୍ୱାରା ପ୍ରଧାନମନ୍ତ୍ରୀ ମୋଦି କଂଗ୍ରେସର ଏହି ଭୋଟବ୍ୟାଙ୍କ ରାଜନୀତିକୁ ପଦାରେ ପକାଇଲେ ଏବଂ ସାରା ଦେଶବାସୀଙ୍କ ପାଇଁ ସମାନ ବ୍ୟବସ୍ଥା ଲାଗି ଆହ୍ୱାନ ଦେଲେ। ପରିଣାମ ସ୍ୱରୂପ ବିଜେପି ୧୯୮୪ ପରେ ୨୮୨ ଆସନ ପାଇ ସର୍ବବୃହତ ଦଳ ହେଲା ଏବଂ କଂଗ୍ରେସ ନିଜର ସଂସଦୀୟ କାର୍ଯ୍ୟକାଳରେ ସବୁଠାରୁ କମ୍ – ୪୪ଟି ଆସନ ପାଇଲା।

ପରେ କଂଗ୍ରେସ ନେତା ଏ.କେ. ଆଣ୍ଟୋନୀଙ୍କ ନେତୃତ୍ୱରେ ୨୦୧୪ରେ ଦଳର ନିର୍ବାଚନ ବିପର୍ଯ୍ୟୟର ସମୀକ୍ଷା ଲାଗି ଏକ କମିଟି ଗଢାଗଲା। କମିଟି କଂଗ୍ରେସର ଅତ୍ୟଧିକ ମୁସଲିମ ତୁଷ୍ଟୀକରଣକୁ ଦଳର ବିପର୍ଯ୍ୟୟର ଏକ ପ୍ରମୁଖ କାରଣ ବୋଲି କହିଲା।

ଏହି ରିପୋର୍ଟ କହିଲା :-

ଦଳର ଅଳ୍ପସଂଖ୍ୟକ ତୁଷ୍ଟୀକରଣ ନୀତି ବିପରୀତ ଫଳ ପ୍ରମାଣିତ ହେଲା- ଯେତେବେଳେ କିଛି କଂଗ୍ରେସ ନେତାଙ୍କର ବାରମ୍ବାର ମୁସଲିମ କୋଟା ବିଷୟରେ କହିବା ବହୁସଂଖ୍ୟକ ସମ୍ପ୍ରଦାୟଙ୍କୁ ବ୍ୟଥିତ ଓ ବିବ୍ରତ କରିଥିଲା। କମିଟି ଅନୁସନ୍ଧାନ କରି ଜାଣିଲେ ଯେ ସଂଖ୍ୟାଲଘୁ ଗୋଷ୍ଠୀ ମଧ୍ୟ ୟୁପିଏ ଦ୍ୱାରା ଘୋଷଣା ହୋଇଥିବା ଯୋଜନାର ଅସଫଳତା ଏବଂ କଥା ଓ କାମରେ ବହୁତ ଫରକ ଦେଖି ଅସନ୍ତୁଷ୍ଟ ହୋଇଥିଲେ।[୫୩୪]

ଆଣ୍ଟୋନୀ କମିଟି ରିପୋର୍ଟକୁ ଏକ ଧାଁ ଦଉଡ଼ ପ୍ରତିକ୍ରିୟା ଦେଇ ତତ୍କାଳୀନ କଂଗ୍ରେସ ସଭାପତି ରାହୁଲ ଗାନ୍ଧୀ ୨୦୧୭ରେ ଆଗକୁ ଥିବା ଗୁଜରାଟ ବିଧାନସଭା ନିର୍ବାଚନକୁ ଆଖିରେ ରଖି ହଠାତ୍ 'ମନ୍ଦିର ଯାତ୍ରା' ଆରମ୍ଭ କରିଦେଲେ ଏବଂ ପରେ ୨୦୧୮ରେ କୈଳାସ ମାନସରୋବର ତୀର୍ଥଯାତ୍ରାରେ ଗଲେ।[୫୩୫] ତଥ୍ୟ କୁହେ ଯେ ପୂର୍ବରୁ ତାଙ୍କ ଦଳର ଦିଗବିଜୟ ସିଂ ଏବଂ ପି. ଚିଦାମ୍ବରମଙ୍କ ଦ୍ୱାରା ପ୍ରଚରିତ ମିଥ୍ୟା 'ହିନ୍ଦୁ ଆତଙ୍କବାଦ'ର ଭୁଲ୍ ଯୋଗୁ କଂଗ୍ରେସ ଦଳରେ ଲାଗିଥିବା ହିନ୍ଦୁ ବିରୋଧୀ ଛବିକୁ ଲିଭାଇବାକୁ ରାହୁଲ ମନ୍ଦିର ଯାତ୍ରା କରି ଏକ ନରମ ହିନ୍ଦୁତ୍ୱ ଆପଣେଇବାକୁ ଚାହୁଁଥିଲେ। ରାହୁଲଙ୍କ ମନ୍ଦିର ଯାତ୍ରା ଗୁଜରାଟ ନିର୍ବାଚନ ପାଖାପାଖି ଆସିଲା। ୨୦୧୭ ଗୁଜରାଟ ବିଧାନସଭା ନିର୍ବାଚନ ସମୟରେ ସେ ସୋମନାଥ ମନ୍ଦିର, ରଣଛୋଡଜୀ ମନ୍ଦିର ଏବଂ ଅମ୍ବାଜୀ ମନ୍ଦିର ପରିଦର୍ଶନ କରିଥିଲେ। କର୍ଣ୍ଣାଟକ ବିଧାନସଭା ନିର୍ବାଚନ ଯାଏ ରାହୁଲଙ୍କର ଏହି ମନ୍ଦିରଯାତ୍ରା ଜାରି ରହିଲା। ୨୦୧୬ ଫେବୃଆରୀରୁ ଏପ୍ରିଲ୍ ମଧ୍ୟରେ ରାହୁଲଙ୍କ ନିର୍ବାଚନ ଅନୁପ୍ରାଣିତ ମନ୍ଦିର ଯାତ୍ରା ମଧ୍ୟରେ ଅନ୍ତର୍ଭୁକ୍ତ ଥିଲା, କର୍ଣ୍ଣାଟକର ଶରଣ ବସବେଶ୍ୱର ମନ୍ଦିର, ଶ୍ରୀ ଧର୍ମସ୍ଥଳ ମଞ୍ଜୁନାଥେଶ୍ୱର ମନ୍ଦିର ଏବଂ

କୁରୁଦ୍ରୁମୁଲେ ଗଣପତି ମନ୍ଦିର। ସେହି ବର୍ଷ ମେ ମାସରେ କର୍ଣ୍ଣାଟକ ବିଧାନସଭା ନିର୍ବାଚନ ହେଲା। କର୍ଣ୍ଣାଟକ ପରେ ପରେ ତିନୋଟି ହିନ୍ଦୁ ହାର୍ଟଲାଇନ ରାଜ୍ୟ- ମଧ୍ୟପ୍ରଦେଶ, ଛତିଶଗଡ଼ ଏବଂ ରାଜସ୍ଥାନରେ ୨୦୧୮ ନଭେମ୍ବରରେ ବିଧାନସଭା ନିର୍ବାଚନ ଅନୁଷ୍ଠିତ ହେଲା। ଆଉ ଥରେ ରାହୁଲଙ୍କ ମନ୍ଦିର ଯାତ୍ରା ଆରମ୍ଭ ହେଲା। ମଧ୍ୟପ୍ରଦେଶର ଉଜ୍ଜୟିନୀଠାରେ ଥିବା ମହାକାଳେଶ୍ୱର ମନ୍ଦିର, ରାଜସ୍ଥାନର ବ୍ରହ୍ମା ଏବଂ ବେଣେଶ୍ୱର ମନ୍ଦିର ରାହୁଲ ଅକ୍ଟୋବର ଓ ନଭେମ୍ବର ୨୦୧୮ ରେ ଦର୍ଶନ ପାଇଁ ଗଲେ।

୨୦୧୯ ଲୋକସଭା ନିର୍ବାଚନ ଆଗରେ ଥିବାରୁ ରାହୁଲ ଗାନ୍ଧୀ ଅମୃତସରର ସ୍ୱର୍ଣ୍ଣମନ୍ଦିର ଏବଂ ପରେ କେରଳର ଓ୍ୱାଏନାଡର ଥିରୁନେଲି ମନ୍ଦିର ଦର୍ଶନରେ ଗଲେ। ସେଇ ମାସରେ ତାଙ୍କ ଭଉଣୀ ପ୍ରିୟଙ୍କା କାଶୀ ବିଶ୍ୱନାଥଙ୍କୁ ଦର୍ଶନ କଲେ ଏବଂ ତାଙ୍କ ମା' ୟୁପିଏ ଅଧ୍ୟକ୍ଷା ସୋନିଆ ଗାନ୍ଧୀଙ୍କ ନାମାଙ୍କନ ପୂର୍ବରୁ ସେଠାରେ ହୋମଯଜ୍ଞ କରିଥିଲେ। ସେମାନଙ୍କର ଏହି ଉତ୍କଣ୍ଠିତ ମନ୍ଦିର ଦର୍ଶନ ସବୁ ଦେଖି ବିଜେପି ନେତ୍ରୀ ସ୍ମୃତି ଇରାନୀ ଏହା କହିବାକୁ ବାଧ୍ୟ ହେଲେ ଯେ 'ଯେଉଁମାନେ ରାମଙ୍କ ନାମ ମଧ୍ୟ ନେବାକୁ ଋହୁଁ ନ ଥିଲେ ସେମାନେ ଏବେ ମନ୍ଦିର ଦୌଡୁଛନ୍ତି ଏବଂ ପଇତା ପିନ୍ଧି ଭୋଟ ପାଇ ନିଜକୁ ରାମଭକ୍ତ ବୋଲାଉଛନ୍ତି'।[୫୩୬]

ନାୟ – କଂଗ୍ରେସ ଦ୍ୱାରା ଆଉ ଏକ ଗରିବୀ ହଟାଅ ସ୍ଲୋଗାନ

ଲୋକସଭା ନିର୍ବାଚନ ଉଷ୍ମତା ଭିତରେ ହିଁ କଂଗ୍ରେସ ନ୍ୟୂନତମ ଆୟ ଯୋଜନା (ନାୟ)ର ଘୋଷଣା କଲା। ଏହି ଯୋଜନା ଅନ୍ତର୍ଗତରେ କଂଗ୍ରେସ ଦଳ ଘୋଷଣା କଲା ଯେ କ୍ଷମତାକୁ ଆସିଲେ ସାରା ଦେଶର ଦରିଦ୍ରତମ ଜନସାଧାରଣଙ୍କ ମଧ୍ୟରୁ ୨୦ ପ୍ରତିଶତ ଲୋକଙ୍କ ବ୍ୟାଙ୍କ ଖାତାରେ ବାର୍ଷିକ ୭୨,୦୦୦ ଟଙ୍କା ଜମା କରିବ। ଏହି ଯୋଜନା ୧୯୭୧ରେ ଇନ୍ଦିରାଙ୍କ ନିର୍ବାଚନ ପ୍ରଋରରେ 'ଗରିବୀ ହଟାଅ'କୁ ସ୍ମରଣ କରାଉଥିଲେ। ଏହି ସ୍ଲୋଗାନ ଅଶୀ ଦଶକରେ ରାଜୀବ ଗାନ୍ଧୀଙ୍କ ଦ୍ୱାରା ମଧ୍ୟ ବ୍ୟବହାର କରାଯାଇଥିଲା। ଏବେ ସେହି ସମାନ କଥା ତାଙ୍କ ନାତି ରାହୁଲଙ୍କ ଦ୍ୱାରା ବ୍ୟବହାର ହେବାରୁ ଜଣାଗଲା ଯେ, ଏତେ ଦିନର କଂଗ୍ରେସ ଶାସନ ପରେ ଓ ଇନ୍ଦିରା ଏବଂ ରାଜୀବ ଗାନ୍ଧୀଙ୍କ ପ୍ରଧାନମନ୍ତ୍ରିତ୍ୱ ପରେ ମଧ୍ୟ ଦେଶପାଇଁ ଗରିବୀ ହଟାଅ ଯୋଜନାର ଆବଶ୍ୟକତା ଥିଲା।

ଇତ୍ୟବସରରେ ବିଶେଷଜ୍ଞମାନେ କହିଲେ ଯେ ନାୟ ଯୋଜନା ପ୍ରକୃତରେ ରୂପାନ୍ତରିତ ହୋଇପାରିବ ନାହିଁ। ପୂର୍ବତନ ନୀତି ଆୟୋଗ ଉପାଧ୍ୟକ୍ଷ ତଥା ଅର୍ଥନୀତିଜ୍ଞ

ଅରବିନ୍ଦ ପନଗରିୟା 'ଦି ଇକୋନମିକ୍ ଟାଇମ୍ସ'ରେ ଲେଖିଲେ ଏହି ଯୋଜନା କେବେହେଲେ ସମ୍ଭବ ହେବ ନାହିଁ, କାରଣ ଏଥିରେ ୩.୬ ଲକ୍ଷ କୋଟି ଟଙ୍କା ଆବଶ୍ୟକ ହେବ ଏବଂ ଏହା ୨୦୧୯-୨୦ ବଜେଟର ୧୩ ପ୍ରତିଶତ ହେବ।[୫୩୭] ନୀତି ଆୟୋଗର ଉପାଧ୍ୟକ୍ଷ ରାଜୀବ କୁମାର ତାଙ୍କ ନିଜ ମତ ରଖି କହିଲେ ଯେ ପ୍ରତିଥର ପରି କଂଗ୍ରେସ ନିର୍ବାଚନ ଜିତିବାକୁ ଲୋକଙ୍କ ହାତରେ ଜହ୍ନ ଧରାଇବାର ପ୍ରତିଶ୍ରୁତି ଦେଉଛି। ଲଗାତର ଟୁଇଟ୍ କରି ରାଜୀବ କୁମାର କହିଲେ ଯେ ପ୍ରସ୍ତାବିତ ଆୟ ଗ୍ୟାରେଣ୍ଟି ଯୋଜନା ଅର୍ଥନୀତି ପରୀକ୍ଷା, ଆର୍ଥିକ ଅନୁଶାସନ ପରୀକ୍ଷା, କାର୍ଯ୍ୟକାରିତା ପରୀକ୍ଷାରେ ସମ୍ପୂର୍ଣ୍ଣ ବିଫଳ ହୋଇଛି। ନିର୍ବାଚନରେ ଜିତିବା ପାଇଁ ହାତରେ ଜହ୍ନ ଧରାଇବା ପ୍ରତିଶ୍ରୁତି ଦେଇଥିବାର ପୂର୍ବ ରେକର୍ଡ ଅନୁଯାୟୀ କଂଗ୍ରେସ ସଭାପତି ଏକ ଯୋଜନା ଘୋଷଣା କରିଛନ୍ତି, ଯାହା ଆର୍ଥିକ ଶୃଙ୍ଖଳାକୁ ଧ୍ୱସ୍ତ କରିଦେବ, କାମଦାମ ନ କରିବାକୁ ପ୍ରୋତ୍ସାହନ ଯୋଗାଇବ ଏବଂ ଯାହା କଦାପି କାର୍ଯ୍ୟକାରୀ ହୋଇପାରିବ ନାହିଁ।[୫୩୮] ଏଏନଆଇକୁ ସାକ୍ଷାତକାର ଦେଇ, ରାଜୀବ କୁମାର କଂଗ୍ରେସ ଉପରେ ପୁଣି ଥରେ ବ୍ୟଙ୍ଗକଲେ। କହିଲେ ଏହା କଂଗ୍ରେସ ଦ୍ୱାରା ଗ୍ରହଣ କରାଯାଇଥିବା ଏକ ପୁରୁଣାଧାରା। ସେମାନେ ନିର୍ବାଚନ ଜିତିବା ପାଇଁ ଯାହା ଇଚ୍ଛା ତାହା କହିପାରନ୍ତି ଏବଂ କରିପାରନ୍ତି। ୧୯୬୬ରୁ ଦାରିଦ୍ର୍ୟ ଦୂର ହୋଇଥିଲା, ତା'ପରେ ଏକ ପଦବୀ ଏକ ପେନସନ ଲାଗୁହେଲା, ସମସ୍ତଙ୍କ ପାଇ ଶିକ୍ଷା ଯୋଜନାରେ ସମସ୍ତେ ଉପଯୁକ୍ତ ଶିକ୍ଷା ପାଉଛନ୍ତି! ତେଣୁ ଆପଣ ଦେଖନ୍ତୁ ସେମାନେ ସବୁ କୁହନ୍ତି ଏବଂ କରନ୍ତି।[୫୩୯]

ପୂର୍ବତନ ମୁଖ୍ୟ ଆର୍ଥିକ ପରାମର୍ଶଦାତା ଅରବିନ୍ଦ ସୁବ୍ରମନିୟମ କହିଲେ ଯେ 'ନାୟ' ପରି ଯୋଜନାଗୁଡ଼ିକ ଭଲ ଲକ୍ଷ୍ୟ ରଖାଯାଇଥିବା ସର୍ବଭାରତୀୟ ମୌଳିକ ଆୟ ଯୋଜନାଗୁଡିକର ମାନଦଣ୍ଡ ପୂରଣ କରେ ନାହିଁ ଏବଂ ଏକ ସ୍ୱଚ୍ଛ ହିତାଧିକାରୀ ଗୋଷ୍ଠୀଙ୍କୁ ଲକ୍ଷ୍ୟ କରି ଗଢ଼ାଯାଇଥିବାରୁ ଏ ଯୋଜନା ବରଂ ସମସ୍ୟା ସୃଷ୍ଟି କରେ।[୫୪୦] ତେଣୁ ଜଣାପଡୁଛି ଯେ କଂଗ୍ରେସର ଏହି 'ଖେଳ ପରିବର୍ତ୍ତନକାରୀ' ଯୋଜନା କେବଳ ଏକ ଭ୍ରମ ବ୍ୟତୀତ ଆଉ କିଛି ନୁହେଁ।

ରାହୁଲଙ୍କ 'ଚୌକିଦାର ଚୋର ହେ' ସ୍ଲୋଗାନ ବୁମେରାଂ ହେଲା

ମୁଖ୍ୟତଃ ଦୁଇଟି ବ୍ୟାଖ୍ୟାନ ଉପରେ ରାହୁଲଙ୍କ ୨୦୧୯ ଲୋକସଭା ନିର୍ବାଚନ ପର୍ଯ୍ୟବସିତ ଥିଲା। ରାଫେଲ ସୌଦାକୁ ନେଇ ପ୍ରଧାନମନ୍ତ୍ରୀଙ୍କୁ ପରିହାସ କରି 'ଚୌକିଦାର ଚୋର ହେ' କହିବା ଏବଂ ଲୋକମାନଙ୍କ ପାଖକୁ ଟଙ୍କା ପଠାଇବାର କାଳ୍ପନିକ ଯୋଜନା ନାୟକୁ ପ୍ରଚାର ସମୟରେ ଲୋକଙ୍କୁ କହିବା 'ଅବ୍ ହୋଗା ନାୟ'।

ଅର୍ଥନୀତିଜ୍ଞମାନେ 'ନାୟ' ଯୋଜନାକୁ ଅବାସ୍ତବ କହିଲେ ଏବଂ ଲୋକେ ଏହାକୁ ନିର୍ବାଚନ ସମୟର ମିଛ ପ୍ରତିଶ୍ରୁତି କହି ପ୍ରତ୍ୟାଖାନ କଲେ। ଯେତେବେଳେ 'ନାୟ' କୌଣସି ଆଧାର ଦେବାପରି ଦେଖାଗଲା ନାହିଁ, ରାହୁଲ୍ 'ଚୌକିଦାର ଚୋର୍ ହେ' ପରିହାସ ଉପରେ ଅଧିକ ଗୁରୁତ୍ୱ ଦେଲେ ଏବଂ ତାଙ୍କ ଦଳୀୟ କର୍ମୀ ଏ ସ୍ଲୋଗାନକୁ ସବୁ ନିର୍ବାଚନ ରାଲିରେ ବାରମ୍ବାର ଦୋହରାଇଲେ। କିଛି ଛୋଟପିଲାଙ୍କୁ 'ଚୌକିଦାର ଚୋର୍ ହେ' ସ୍ଲୋଗାନ ଓ ପ୍ରଧାନମନ୍ତ୍ରୀ ମୋଦିଙ୍କ ପାଇଁ କଦର୍ଯ୍ୟ ଭାଷାର ଗାଳି ଶିଖାଉଥିବା ସମୟରେ ପ୍ରିୟଙ୍କା ଗାନ୍ଧୀ କ୍ୟାମେରା ସାମ୍ନାରେ ଧରାପଡିଲେ। ଅପରପକ୍ଷରେ ମୋଦି ରାହୁଲଙ୍କ 'ଚୌକିଦାର ଚୋର୍' ବ୍ୟାଖାନକୁ ନିଜ ମୁଣ୍ଡକୁ ନେଇ ନିଜ ସମର୍ଥକମାନଙ୍କୁ 'ମୁଁ ବି ଚୌକିଦାର' କହିବାକୁ ପ୍ରତିଜ୍ଞା କରାଇଲେ। "ଆପଣଙ୍କ ଚୌକିଦାର ଦୃଢ ଅଛି ଏବଂ ଦେଶର ସେବା କରୁଛି। ମୁଁ କିନ୍ତୁ ଏକା ନାହିଁ। ଭ୍ରଷ୍ଟାଚାର ଏବଂ ସାମାଜିକ ଅପଶକ୍ତି ବିରୁଦ୍ଧରେ ଲଢୁଥିବା ସମସ୍ତ ବ୍ୟକ୍ତି ଜଣେ ଜଣେ ଚୌକିଦାର। ଦେଶର ଉନ୍ନତି ପାଇଁ କଠିନ ପରିଶ୍ରମ କରୁଥିବା ପ୍ରତ୍ୟେକ ବ୍ୟକ୍ତି ଜଣେ ଜଣେ ଚୌକିଦାର। ଆଜି ଭାରତ ମଧ୍ୟ କହୁଛି ମୁଁ ବି ଚୌକିଦାର। ଏକଥା ମୋଦି ତାଙ୍କ ଟୁଇଟରରେ ଲେଖିଲେ'।[୫୪୧] ସେ ତାଙ୍କ ବାର୍ତ୍ତା ଦେବାକୁ ତିନି ମିନିଟ୍‌ର ଏକ ଭିଡିଓ ମଧ୍ୟ ସାମାଜିକ ଗଣମାଧ୍ୟମରେ ଦେଲେ। ଏହି ଭିଡିଓରେ ଭାରତୀୟ ନାଗରିକମାନଙ୍କର ଏକ ବିବିଧ ରେଖା ଦର୍ଶାଇଥିଲା ଯେ ସେମାନେ ନିଜ ନିଜ ଘରର, ସମ୍ପ୍ରଦାୟର ତଥା ଶେଷରେ ଦେଶର ଚୌକିଦାର ହୋଇଥିବାରୁ ଗର୍ବିତ। ଲକ୍ଷ ଲକ୍ଷ ନାଗରିକ ନିଜ ସାମାଜିକ ଗଣମାଧ୍ୟମ ପ୍ରୋଫାଇଲ୍‌ରେ 'ଚୌକିଦାର' ଶବ୍ଦକୁ ଯୋଡିଲେ। ମୋଦି ଏତିକି କାର୍ଯ୍ୟରେ ଚୁପ୍ ରହିଲେ ନାହିଁ। ସେ ଭିଡିଓ କନଫରେନ୍ସ କରି ଚୌକିଦାର ବୃତ୍ତିରେ ଥିବା ୨୫ ଲକ୍ଷ ଲୋକଙ୍କ ସହ କଥା ହେଲେ। ୨୦୧୪ରେ ମଣିଶଙ୍କର ଆୟାରଙ୍କ 'ଚା ବାଲା' ପରିହାସ ପରି ୨୦୧୯ରେ ରାହୁଲଙ୍କ 'ଚୌକିଦାର ଚୋର ହେ' ବ୍ୟଙ୍ଗ କଂଗ୍ରେସ ଦଳ ପାଇଁ ବୁମେରାଂ ପ୍ରମାଣିତ ହେଲା।

ମୋଦିଙ୍କ ଉପରେ ଏ ବ୍ୟଙ୍ଗ କିପରି କାମ କଲା ନାହିଁ ଏ କଥା ଭାବି ରାହୁଲ ଆଶ୍ଚର୍ଯ୍ୟ ହେଲେ। ରାହୁଲଙ୍କ କାହାଣୀ ଶୁଣିବା ପାଇଁ କାଁ ଭାଁ କେହି ଥିଲେ। ରାହୁଲଙ୍କ ଦଳ ଏକ କାହାଣୀ ପ୍ରସ୍ତୁତ କରିଥିଲା ଯେ ମୋଦିଙ୍କ ନେତୃତ୍ୱାଧୀନ ବିଜେପି ସରକାର ୟୁପିଏ ସରକାରଙ୍କ ନିର୍ଣ୍ଣୟଠାରୁ ଅଧିକ ମୂଲ୍ୟରେ ରାଫେଲ୍ ଜେଟ୍ ବିମାନ କିଣୁଛନ୍ତି ଏବଂ ପ୍ରଧାନମନ୍ତ୍ରୀ ମୋଦି ଫ୍ରାନ୍ସ ସରକାର ଓ ଦାସୋଙ୍କୁ ଅନିଲ୍ ଅମ୍ବାନୀଙ୍କ କମ୍ପାନୀକୁ ଅଂଶୀଦାର ଭାବେ ନେବାକୁ ଚାପ ପକାଉଛନ୍ତି। ତେବେ ସତ୍ୟ ଏହାଠୁ ଅନେକ ଦୂରରେ ଥିଲା। ଫ୍ରାନ୍ସ ରାଷ୍ଟ୍ରପତି ଏମାନୁଏଲ ମାକ୍ରନ ସ୍ପଷ୍ଟ ଭାବେ କହିଲେ ଯେ ରାଫେଲ୍ ସୌଦା

ଉଭୟ ସରକାର ମଧ୍ୟରେ ସିଧାସଳଖ ବୁଝାମଣା। ଦାସୋ ଆଭିଏସନ୍‌ର ମୁଖ୍ୟ କାର୍ଯ୍ୟନିର୍ବାହୀ ଅଧିକାରୀ ଏରିକ ଟ୍ରାପିଅର କହିଲେ ଯେ କ୍ଷୁଦ୍ର ଅଂଶୀଦାର ଗ୍ରହଣ କରିବାକୁ ସେମାନଙ୍କ ଉପରେ କୌଣସି ଚାପ ପଡିନାହିଁ। ଭାରତର କମ୍ପଟ୍ରୋଲର ଏଣ୍ଡ ଅଡିଟର ଜେନେରାଲ (ସିଏଜି) ମଧ୍ୟ କହିଲେ ଯେ ମୋଦି ସରକାର ପୂର୍ବର ୟୁପିଏ ସରକାରଙ୍କ ବୁଝାମଣା ଅପେକ୍ଷା ୨.୮୬ ପ୍ରତିଶତ କମ୍ ଦାମ୍‌ରେ ଏହି କାରବାର ଶେଷ କରିଛନ୍ତି। ଏପରିକି ଏହି କାରବାର ସଂପର୍କୀୟ କଥାକୁ ନେଇ କଂଗ୍ରେସ ଦଳ ଯେତେବେଳେ ସର୍ବୋଚ୍ଚ ନ୍ୟାୟାଳୟରେ ଆବେଦନ କଲା, ସେତେବେଳେ ନ୍ୟାୟାଳୟ ଏହାକୁ ଖାରଜ କରିଦେଲେ ଏବଂ କହିଲେ ଯେ ରାଫେଲ୍ କିଣାରେ କୌଣସି ଦୁର୍ନୀତି ହୋଇନାହିଁ। ଯେତେବେଳେ ରାଫେଲ୍ ଜେଟ୍ ନିର୍ମାତା ଫ୍ରାନ୍ସ ସରକାର, ଭାରତର ସିଏଜି ଏବଂ ସର୍ବୋଚ୍ଚ ନ୍ୟାୟାଳୟ ଆଦି ସମସ୍ତେ ମୋଦିଙ୍କୁ ନିର୍ଦ୍ଦୋଷ କହିଲେ, ଭାରତର ଜନସାଧାରଣ ମୋଦିଙ୍କୁ ହିଁ ବିଶ୍ୱାସ କଲେ ଏବଂ କୋଟି କୋଟି ଟଙ୍କାର 'ନେସନାଲ ହେରାଲ୍ଡ' ଘୋଟାଲାରେ ଜାମିନ୍ ପାଇଥିବା ରାହୁଲଙ୍କୁ ଅବିଶ୍ୱାସ କଲେ।

ତଥାପି ରାହୁଲ ତାଙ୍କ 'ଚୌକିଦାର ଚୋର' ବ୍ୟାଖ୍ୟାନକୁ ଜାରି ରଖିଲେ। ରାଫେଲ୍ ଉପରେ ସର୍ବୋଚ୍ଚ ନ୍ୟାୟାଳୟଙ୍କ ପ୍ରକ୍ରିୟାଗତ ବିଚାର ଉପରେ ସେ ପୁଣି ଖେଳିବା ପାଇଁ ଏକ କୌଶଳ ପାଇଲେ। ସର୍ବୋଚ୍ଚ ନ୍ୟାୟାଳୟ ନିଜର ପୂର୍ବ ବିଚାର ସମୀକ୍ଷା କରିବା ଲାଗି ଲିକ୍ ହୋଇଥିବା ରାଫେଲ୍ ଦଲିଲ୍ ଗୁଡିକୁ ଗ୍ରହଣ କରିବାକୁ ଅନୁମତି ଦେବାର ଘୋଷଣା କଲେ। କଂଗ୍ରେସ ମୁଖ୍ୟ ଆଉ ପାଦେ ଆଗକୁ ଯାଇ ଆମେଠି ଠାରେ ନିଜ ରାଲିରେ କହିଲେ ଯେ ମାନ୍ୟବର ସର୍ବୋଚ୍ଚ ନ୍ୟାୟାଳୟ ସ୍ପଷ୍ଟ କରିଦେଲେ ଚୌକିଦାର ଜୀ (ମୋଦି) ଏକ ଚୋରି କରିଛନ୍ତି। ବିଜେପି ସାଂସଦ ମିନାକ୍ଷୀ ଲେଖି ରାହୁଲ ଗାନ୍ଧିଙ୍କ ବିରୋଧରେ ସର୍ବୋଚ୍ଚ ନ୍ୟାୟାଳୟରେ ଆପରାଧିକ ଅବମାନନା ଆବେଦନ କଲେ ଏବଂ କହିଲେ ଯେ କଂଗ୍ରେସ ସଭାପତି ନ୍ୟାୟାଳୟର ଏପରି ଆଦେଶକୁ ଜାଣିଶୁଣି ଭୁଲ୍ ବ୍ୟାଖ୍ୟା କରୁଛନ୍ତି, ଯାହା କେବଳ ପ୍ରତିରକ୍ଷା ମନ୍ତ୍ରଣାଳୟର 'ଲିକ୍' ଦସ୍ତାବିଜକୁ ରେକର୍ଡରେ ନେବାକୁ ଅନୁମତି ଦେଇଛି। ମିନାକ୍ଷୀ କହିଲେ 'ରାହୁଲ ତାଙ୍କ ବ୍ୟକ୍ତିଗତ ବିବୃତ୍ତିକୁ ସର୍ବୋଚ୍ଚ ନ୍ୟାୟାଳୟଙ୍କ ଆଦେଶ ଭାବରେ ଉପସ୍ଥାପିତ କରୁଛନ୍ତି ଏବଂ ଜନସାଧାରଣଙ୍କ ମନରେ ଏକ ନିର୍ମଳ ଭାବମୂର୍ତ୍ତି ସୃଷ୍ଟି କରିବାକୁ ଚେଷ୍ଟା କରୁଛନ୍ତି।[୫୪୨] ଯେତେବେଳେ ସର୍ବୋଚ୍ଚ ନ୍ୟାୟାଳୟର ଏକ ଖଣ୍ଡପୀଠ କହିଲେ ଯେ ରାଫେଲ୍ କାରବାରରେ ପ୍ରଧାନମନ୍ତ୍ରୀଙ୍କ ଭୂମିକା ବାବଦରେ ସେମାନେ କିଛି ମନ୍ତବ୍ୟ ଦେଇନାହାଁନ୍ତି ଏବଂ ରାହୁଲଙ୍କୁ ଏ ସମ୍ବନ୍ଧରେ ସ୍ପଷ୍ଟୀକରଣ ମାଗିଲେ, ରାହୁଲ ଆଉଥରେ ଘୋର ଲଜ୍ଜାର ସମ୍ମୁଖୀନ ହେଲେ। ପ୍ରଧାନମନ୍ତ୍ରୀଙ୍କ ଉପରେ ମନ୍ତବ୍ୟ ଦେଇ ତାଙ୍କୁ 'ଚୌକିଦାର ଚୋର' କହିଥିବା ପାଇଁ

ରାହୁଲଙ୍କୁ ଅଦାଲତରେ କ୍ଷମା ପ୍ରାର୍ଥନା କରିବାକୁ ପଡିଲା । ଫଳାଫଳରୁ ଏହା ସ୍ପଷ୍ଟ ହେଲା ଯେ କଂଗ୍ରେସର ୨୦୧୯ ନିର୍ବାଚନ ଅଭିଯାନ ପାଇଁ 'ଚୌକିଦାର ଚୋର' ବ୍ୟାଖାନ ସବୁଠୁ ମନ୍ଦ ବିନ୍ଦୁ ଥିଲା ।

ଏକଜିଟ୍ ପୋଲ ଏବଂ ଫଳାଫଳ

ସପ୍ତଦଶ ଲୋକସଭା ପାଇଁ ସାଧାରଣ ନିର୍ବାଚନ ୨୦୧୯ ମସିହା ୧୧ ଏପ୍ରିଲ୍‌ରୁ ୧୯ ମେ ମଧ୍ୟରେ ୭ଟି ଅଧ୍ୟାୟରେ ଅନୁଷ୍ଠିତ ହୋଇଥିଲା । ୨୩ ମେ'ରେ ଫଳାଫଳ ଆସିବାର ଥିଲା । ମତଦାନର ଶେଷ ପର୍ଯ୍ୟାୟ ସରିବାପରେ ୧୯ ମେ' ସନ୍ଧ୍ୟାରେ ଟିଭି ଚ୍ୟାନେଲଗୁଡିକ ଏକଜିଟ୍ ପୋଲ୍‌ର ପ୍ରସାରଣ କଲେ । ଅଧିକାଂଶ ଏକଜିଟ୍ ପୋଲ୍ ଏନ୍‌ଡିଏର ବହୁମତ ଓ ନରେନ୍ଦ୍ର ମୋଦିଙ୍କ ପ୍ରଧାନମନ୍ତ୍ରୀ ରୂପେ ଫେରିବା ନିଶ୍ଚିତ ଉପରେ ଭବିଷ୍ୟବାଣୀ କରିଥିଲେ ।

୨୦୧୯ ନିର୍ବାଚନରେ ବିଭିନ୍ନ ଦଳ ପାଇଁ ଏକଜିଟ ପୋଲ୍‌ର ଆକଳନ

ଏକଜିଟ୍ ପୋଲ୍ ସଂସ୍ଥା	ଏନ୍‌ଡିଏ	ବିଜେପି	ୟୁପିଏ	କଂଗ୍ରେସ	ଅନ୍ୟ ଦଳ
ଏବିପି - ନିଲସେନ୍	୨୬୭	୨୧୮	୧୨୭	୮୧	୧୪୮
ଇଣ୍ଡିଆଟୁଡେ - ଆକ୍ସିସ					
ମାଇଁ ଇଣ୍ଡିଆ	୩୩୯-୩୬୫		୭୭-୧୦୮		୬୯-୯୫
ଇଣ୍ଡିଆଟିଭି- ସିଏନ୍‌ଏକ୍ସ	୨୯୫	୨୪୦	୧୨୭	୮୪	୧୨୧
ନିଉଜ ଏକ୍ସ – ନେତା	୨୪୨		୧୬୪		୧୩୭
ନିଉଜ ନେସନ	୨୮୨-୨୯୦		୧୧୮-୧୨୬		୧୩୦-୧୩୮
ନିଉଜ -୧୮/ ସିଏନଏନ ଆଇବିଏନ ୧୦୨-୧୧୨		୩୩୬	୨୭୬	୮୨	୪୬
ନିଉଜ -୨୪ ଚାଣକ୍ୟ	୩୫୦	୩୦୦	୯୫	୫୫	୯୭
ଟାଇମ୍ସ ନାଓ	୩୦୬		୧୩୨		୧୦୪
ରିପବ୍ଲିକ ଟିଭି	୨୮୭	୨୩୬	୧୨୮		୧୨୭
ଏନ୍‌ଡିଟିଭି	୩୦୦		୧୨୭		୧୧୫
ରିପବ୍ଲିକ – ଜନ କି ବାତ୍	୨୯୫-୩୧୫	୨୫୪-୨୭୪	୧୨୨-୧୨୫	୭୧-୭୪	୧୦୨-୨୨୫

ସୂଚନା ସ୍ପଷ୍ଟ ଥିଲା – ଦେଶ ସୁବିଧାବାଦୀ ମେଣ୍ଟ ଏବଂ ଭ୍ରଷ୍ଟାଚାରୀ ଦଳକୁ ପ୍ରତ୍ୟାଖାନ କରି ପ୍ରଗତି ଓ ଉନ୍ନତିର ପଥରେ ଥିବା ରାଜନୀତିକୁ ଚୟନ କରିବାକୁ ଯାଉଥିଲା । ରାଜନୈତିକ ବିଶ୍ଳେଷକରୁ ରାଜନେତା ପାଲଟିଥିବା ଯୋଗେନ୍ଦ୍ର ଯାଦବ

ଏକଜିଟ ପୋଲ୍‌ରେ ନିଜର ଖରାପ ପ୍ରଦର୍ଶନ ପାଇଁ କଂଗ୍ରେସ ଉପରେ ଭୟଙ୍କର କ୍ରୋଧ ପ୍ରକାଶ କଲେ। ଯୋଗେନ୍ଦ୍ର ନିଜ ଟୁଇଟ୍‌ରେ ଲେଖିଲେ, 'କଂଗ୍ରେସର ବିଲୋପ ହେବା ଉଚିତ'। ଯଦି ଭାରତର ଧାରଣାକୁ ବଞ୍ଚାଇବା ପାଇଁ ଏହି ନିର୍ବାଚନରେ ବିଜେପିକୁ ଅଟକାଇ ପାରିବ ନାହିଁ , ତେବେ ଭାରତୀୟ ଇତିହାସରେ କଂଗ୍ରେସ ଦଳର କୌଣସି ସକରାତ୍ମକ ଭୂମିକା ନାହିଁ। ଆଜି ଏହି ଦଳ କୌଣସି ବିକଳ୍ପର ନିର୍ମାଣ ଲାଗି ସବୁଠୁ ବଡ ପ୍ରତିବନ୍ଧକର ପ୍ରତିନିଧିତ୍ୱ କରୁଛି।[୫୪୩] ତେବେ ବିରୋଧୀ ଦଳର ନେତାମାନେ ଏହି ସମ୍ଭାବନାକୁ ମାନିଲେ ନାହିଁ ଏବଂ ସେମାନଙ୍କ ମଧ୍ୟରୁ କିଛି ନେତା ଇଲୋକ୍ଟ୍ରୋନିକ ଭୋଟିଂ ମେସିନକୁ ଦାୟୀ କରିବା ଆରମ୍ଭ କଲେ। ବିରୋଧୀମାନଙ୍କ ମଧ୍ୟରୁ କିଛି ନେତା ଭୋଟ ଗଣନାର ଦୁଇଦିନ ଆଗରୁ ନିର୍ବାଚନ କମିଶନକୁ ଭେଟିଲେ ଏବଂ ପରେ ସର୍ବୋଚ୍ଚ ନ୍ୟାୟାଳୟରେ ଆବେଦନ କଲେ ଯେ ୫୦ ପ୍ରତିଶତ ଭିଭିପାଟର ଯାଞ୍ଚ ହେବା ଉଚିତ୍। ଉଭୟ ନିର୍ବାଚନ କମିଶନ ଓ ସର୍ବୋଚ୍ଚ ନ୍ୟାୟାଳୟ ଏ ଦାବିକୁ ଅଗ୍ରାହ୍ୟ କଲେ କାରଣ ଏହା ଲୋକସଭା ନିର୍ବାଚନ ଫଳାଫଳ ଆଣିବାରେ ଅଯଥା ବିଳମ୍ବ କରାଇଥାନ୍ତା ଏବଂ ସମୟସୀମା ମଧ୍ୟରେ ଲୋକସଭା ଗଠନ ହୋଇପାରି ନ ଥାନ୍ତା।

ବ୍ୟକ୍ତିଗତ ଭାବରେ ମଧ୍ୟ ବିରୋଧୀ ନେତାମାନେ ଏକଜିଟ୍ ପୋଲ୍‌କୁ ସମାଲୋଚନା କଲେ। ମମତା ବାନାର୍ଜୀ ଏହାକୁ 'ଏକଜିଟ ପୋଲ୍ ଗୁଜବ' କହିଲେ ଏବଂ କ୍ୟାପଟେନ୍ ଅମରିନ୍ଦର ସିଂ ଏହାର ସତ୍ୟାସତ୍ୟ ସନ୍ଦେହଜନକ ବୋଲି କହିଲେ। ଏନ୍. ଚନ୍ଦ୍ରାବାବୁ ନାଇଡୁ ମତ ଦେଲେ ଯେ ଅନେକ କ୍ଷେତ୍ରରେ ଏକଜିଟ ପୋଲ୍ ଭୁଲ୍ ଏବଂ ବାସ୍ତବତାରୁ ଅନେକ ଦୂରରେ ବୋଲି ପ୍ରମାଣିତ ହୋଇଛି। ଶଶୀ ଥରୁର୍ କହିଲେ ଯେ ସେ ସବୁ ଏକଜିଟ ପୋଲ୍ ନିର୍ଣ୍ଣୟକୁ ଭୁଲ ଭାବୁଛନ୍ତି। ଡିଏମ୍‌କେ ମୁଖ୍ୟ ଷ୍ଟାଲିନ୍ ମଧ୍ୟ ଏକଜିଟ୍ ପୋଲ୍‌ର ସମ୍ଭାବନାକୁ ପ୍ରତ୍ୟାଖ୍ୟାନ କଲେ। ସେ କହିଲେ ଯେ ଗଣମାଧ୍ୟମଗୁଡ଼ିକ ଯେତେ ସୁନ୍ଦରଭାବେ ଉପସ୍ଥାପନ କଲେ ବି ଆମେ ସେମାନଙ୍କ ଏକଜିଟ୍ ପୋଲ୍ ସମ୍ଭାବନାକୁ ବିଶ୍ୱାସ କରୁନାହିଁ। ଆମ ନେତା କରୁଣାନିଧିଙ୍କ ପରି, ଆମେ ଲୋକଙ୍କ ମତ ଉପରେ ବିଶ୍ୱାସ କରୁ ଏବଂ ଆଗ୍ରହର ସହ ଫଳାଫଳକୁ ଅପେକ୍ଷା କରିଛୁ।[୫୪୪] ଜମ୍ମୁ କଶ୍ମୀରର ନେତା ଓମାର ଅବଦୁଲ୍ଲା ଟିକେ ବାସ୍ତବବାଦୀ ହୋଇ ଟୁଇଟ୍ କଲେ 'ପ୍ରତ୍ୟେକ ଏକଜିଟ ପୋଲ୍ ଭୁଲ୍ ହେବନାହିଁ'।

ପ୍ରକୃତରେ ସାରାଦେଶ ଆଗ୍ରହର ସହ ଶେଷ ଫଳାଫଳକୁ ଅପେକ୍ଷା କରିଥିଲା ଏବଂ ମେ ୨୩ ମେ'ରେ ଯେତେବେଳେ ଏହା ଆସିବା ଆରମ୍ଭ ହେଲା, ଏହା ସ୍ପଷ୍ଟ ହୋଇଗଲା ଯେ ଫଳାଫଳର ଗତି ମୋଦିଙ୍କ ଦ୍ୱିତୀୟ ପାଳିର ଶାସନ ଆଡକୁ ଯାଉଛି। ସାରା ଦେଶ ଏକ ସ୍ୱରରେ କହିଥିଲା 'ଫିର ଏକ ବାର ମୋଦି ସରକାର' – ବିଜେପି

ନିଜେ ପ୍ରବଳ ଜନମତ ପାଇ ୩୦୩ ଆସନ ଜିତିଥିଲା ଏବଂ ୧୯୮୪ ପରେ କୌଣସି ଦଳ ଏକାକୀ ଏତେ ଆସନ ଜିତି ନ ଥିଲା। ୨୦୧୪ ନିର୍ବାଚନ ଅପେକ୍ଷା ବିଜେପି ଏ ନିର୍ବାଚନରେ ଭଲ ପ୍ରଦର୍ଶନ କରିଥିଲା। ବିଜେପି ନେତୃତ୍ୱରେ ଏନଡିଏ ମଧ୍ୟ ୨୦୧୪ର ୩୩୬ ତୁଳନାରେ ଏଥର ୩୫୩ ଆସନ ପାଇଲା। କଂଗ୍ରେସ ପୁଣିଥରେ ଉପୁଡିଗଲା ଏବଂ ଏହାର ନକାରାତ୍ମକ ତଥା ବଂଶବାଦର ରାଜନୀତି ଲୋକଙ୍କ ଦ୍ୱାରା ପ୍ରତ୍ୟାଖ୍ୟାତ ହୋଇଥିଲା। ଦଶନ୍ଧି ଦଶନ୍ଧି ଧରି ଶାସନ କରିଥିବା ଦଳର ଆସନ ସଂଖ୍ୟା ୨୦୧୪ରେ ୪୪ କୁ କମିଯାଇଥିଲା ଏବଂ ୨୦୧୯ରେ ଅଧିକ ୮ଟି ଆସନ ପାଇ କଂଗ୍ରେସ ଦଳ ୫୨ଟି ଆସନ ପାଇଲା। ସମାଜବାଦୀ ଏବଂ ବହୁଜନ ସମାଜ ପାର୍ଟିର ମହାମେଣ୍ଟ, ଯାହା ବିଷୟରେ ବହୁତ ଚର୍ଚ୍ଚା ହେଉଥିଲା, ଭୋଟରମାନଙ୍କ ଦ୍ୱାରା ଧୂଳି ଚଟିଥିଲେ ଏବଂ ଭୋଟରମାନେ ସେମାନଙ୍କର ଜାତିଆଣ ରାଜନୀତିକୁ ପ୍ରତ୍ୟାଖାନ କରିଥିଲେ। ସମାଜବାଦୀ -୫ ଓ ବହୁଜନ ସମାଜ ପାର୍ଟି – ୧୦ ଟି ଆସନ ପାଇ ଉତ୍ତରପ୍ରଦେଶର ୮୦ ଲୋକସଭା ଆସନରୁ ମିଳିତଭାବେ ୧୫ଟି ଆସନ ପାଇଥିଲେ। ରାୟବରେଲି ଆସନରେ ସୋନିଆ ଜିତିବାରୁ କଂଗ୍ରେସ ଦଳ ୟୁପିରେ ଗୋଟିଏ ଆସନ ପାଇଥିଲା। ନିର୍ବାଚନ ଲଢେଇର ଶ୍ରେଷ୍ଠ ଲଢେଇରେ ସ୍ମୃତି ଇରାନୀ କଂଗ୍ରେସ ଅଧ୍ୟକ୍ଷ ରାହୁଲ ଗାନ୍ଧୀଙ୍କୁ ତାଙ୍କ ନିରାପଦ ଆସନ ଆମେଠିଠାରେ ୫୫,୦୦୦ ଭୋଟରେ ପରାସ୍ତ କରିଥିଲେ। ୫ ବର୍ଷ ପୂର୍ବରୁ ଏମିତି ସମ୍ଭବ ହେବ ବୋଲି କିଏ ଭାବିଥିଲା। ଏହା ସତ୍ୟ ସପକ୍ଷରେ ଭୋଟ ଥିଲା।

ନିର୍ବାଚନ ଫଳାଫଳ ଗୋଟିଏ ବାର୍ତ୍ତା ସ୍ପଷ୍ଟ ରୂପେ ଦେଇଥିଲା- ଭାରତୀୟ ମତଦାତା କଂଗ୍ରେସର ନକାରାତ୍ମକ ରାଜନୀତିକୁ ପ୍ରତ୍ୟାଖାନ କରିଥିଲେ ଏବଂ ଅତ୍ୟଧିକ ଆଗ୍ରହରେ ଜାତୀୟ ନିରାପତ୍ତା ପାଇଁ ମତଦାନ କରିଛନ୍ତି ଓ ମୋଦିଙ୍କ ମନ୍ତ୍ର 'ସବ୍‌କା ସାଥ୍ ସବ୍ କା ବିଶ୍ୱାସ'କୁ ଭଲଭାବେ ହୃଦୟଙ୍ଗମ କରିଛନ୍ତି। ଏକଥା ସ୍ପଷ୍ଟ ଥିଲା ଯେ ପ୍ରଧାନମନ୍ତ୍ରୀ ମୋଦିଙ୍କ ନିର୍ଣ୍ଣାୟକ ନେତୃତ୍ୱ ଏବଂ ଉନ୍ନତିମୂଳକ କାର୍ଯ୍ୟ ଲୋକଙ୍କ ହୃଦୟ ଜିଣିବାରେ ସମର୍ଥ ହୋଇଥିଲା। ସେମାନେ ଦ୍ୱିତୀୟଥର ପାଇଁ ମୋଦିକୁ ଏକ ନିର୍ଣ୍ଣାୟକ ଜନାଦେଶ ଦେଇଥିଲେ, ଏକ ନୂଆ ଭାରତର ନିର୍ମାଣ କରିବାକୁ ଏବଂ ଯିଏ ଦେଶକୁ ଆତଙ୍କବାଦରୁ ସୁରକ୍ଷା ଦେଇପାରିବ ତଥା ନିଜ ଇତିହାସ ଓ ସଂସ୍କୃତିକୁ ନେଇ ଗର୍ବ କରିପାରିବ ଏବଂ ବିକଶିତ ଦେଶ ହେବା ପରେ ଗତିଶୀଳ ହୋଇପାରିବ।

୩୦ ମେ ୨୦୧୯ରେ ନରେନ୍ଦ୍ର ଦାମୋଦର ମୋଦି ଦ୍ୱିତୀୟଥର ପାଇଁ ପ୍ରଧାନମନ୍ତ୍ରୀ ଭାବେ ଶପଥ ନେଲେ।

ସ୍ୱୀକୃତି

ଭାରତୀୟ ଜନତା ପାର୍ଟିର ଇତିହାସକୁ ମୋ’ ପାଠକମାନଙ୍କ ପାଖରେ ପହଞ୍ଚାଇବାରେ ସହାୟତା କରିଥିବା ଅନେକ ଲୋକ ମୋର ଧନ୍ୟବାଦ ପାଇବାର ଯୋଗ୍ୟ। ଏହି ଅବସରରେ ମୋତେ ଗବେଷଣା ଓ ଏହି ପୁସ୍ତକ ସମ୍ପୂର୍ଣ୍ଣ କରିବାରେ ସହାୟତା କରିଥିବା ସମସ୍ତଙ୍କୁ ମୁଁ ମୋର ହୃଦୟଭରା ଧନ୍ୟବାଦ ଜ୍ଞାପନ କରୁଛି। ଏଇଠି ମୁଁ କିଛି ଲୋକଙ୍କ ନାମ ଉଲ୍ଲେଖ କରିବାକୁ ଚାହୁଁଛି, ଯେଉଁମାନଙ୍କ ବିନା ଏ ବହି ଲେଖିବା ସମ୍ଭବ ହୋଇ ନ ଥାନ୍ତା।

ମୋତେ ଗବେଷଣା ଏବଂ ସଠିକ୍ ସନ୍ଦର୍ଭ ଯୋଗାଇ ବହିଟିକୁ ପୂରା କରିବାରେ ସାହାଯ୍ୟ କରିଥିବା ରାକେଶ କ୍ରିଷ୍ଣନ, ଶମ୍ଭୁ ସାହୁ, ଅଭିନା କୋହଲି, ସୌରଭ ଝା ଏବଂ ବିକାଶ ସିଂଙ୍କୁ ମୁଁ ପ୍ରଥମେ ସ୍ମରଣ କରୁଛି। ମୋତେ ଏହାର ଅଭିଲେଖାଗାରରେ ପ୍ରବେଶ କରି ପୁସ୍ତକ ପାଇଁ ସୂକ୍ଷ୍ମ ବିବରଣୀ ସଂଗ୍ରହ କରି ପୁସ୍ତକଟିକୁ ସମୃଦ୍ଧ କରିବାରେ ସାହାଯ୍ୟ କରୁଥିବାରୁ ମୁଁ ନେହେରୁ ସ୍ମାରକ ପାଠାଗାର ଏବଂ ଏହାର କର୍ମକର୍ତ୍ତାମାନଙ୍କୁ ଧନ୍ୟବାଦ ଦେଉଛି।

ପୁସ୍ତକଟିର ସମ୍ପାଦନାରେ ସହାୟତା କରିଥିବାରୁ ମୁଁ ସ୍ୱପ୍ନିକା ଡୁଗୁଙ୍କୁ ଧନ୍ୟବାଦ ଦେଉଛି। ସମ୍ମାନନୀୟ ପ୍ରକାଶନ ସଂସ୍ଥା ରୂପା ପବ୍ଲିକେଶନ ଏବଂ ଏହାର କର୍ମକର୍ତ୍ତାମାନଙ୍କୁ ପୁସ୍ତକଟିର ପୁନଃ ସମ୍ପାଦନା, ଅଳଙ୍କରଣ ଏବଂ ପ୍ରକାଶନ ପାଇଁ ମୁଁ ସେମାନଙ୍କ ନିକଟରେ କୃତଜ୍ଞତା ଜଣାଉଛି। ମୋର ଗବେଷଣା ପାଇଁ ସାଧନ ଯୋଗାଇବାରେ ବହୁଳ ଭାବେ ସହାୟତା କରିଥିବା ପୁଷ୍କର ଶର୍ମାଙ୍କୁ ମୁଁ ଧନ୍ୟବାଦ ଦେଉଛି।

ମୋର ସବୁପ୍ରକାର ଅନ୍ୟମନସ୍କତା ଏବଂ ପରିବାରକୁ ଛାଡି ଏ କାମରେ ନିମଗ୍ନ ରହିବାରେ କୌଣସି ବାଧା ସୃଷ୍ଟି କରି ନ ଥିବାରୁ ମୋର ସ୍ତ୍ରୀ ଶ୍ୱେତା ଡୁଗୁ, ମୋ ପୁଅ ଅଭିରାମ ଏବଂ ମୋ ଝିଅ ନକ୍ଷତ୍ରାଙ୍କୁ ମୁଁ ଧନ୍ୟବାଦ ଦେବା ନିତାନ୍ତ ଆବଶ୍ୟକ। ପରିଶେଷରେ ମୋ ମା’ଙ୍କ ଆଶୀର୍ବାଦ ଏବଂ ମୋ ଉପରେ ସବୁବେଳେ ବିଶ୍ୱାସ ରଖୁଥିବା ମୋର ସ୍ୱର୍ଗତ ପିତାଙ୍କ ଆଶୀର୍ବାଦ ମଧ୍ୟ ଏହି ପୁସ୍ତକ ରଚନାରେ ସହାୟକ ହୋଇଛି।

INDEX

1. Sahana singh, The Educational Heritage of Ancient India : How an Ecosystem of learning was laid to waste, Notion press, 2017
2. Ibid
3. Dharmpal, The Beautiful tree : Indigenous Indian Education in the Eighteenth Century, Bibila Impex, 1983
4. Sita Ram Goel, The story of Islamic Imperialism in India, Vote of India 1994.
5. Shashi Tharoor, An Era of Darkness : The British Empire in India, Aleph Book Company, New Delhi, 2016, PP. 7 -8 .
6. Subhash Kak, The Colonial Influence : Swarajyamag.com 4.9.2016.
7. Verinder Gorver, Lala Lajpat Rai (Political thinkers of Modern India),
8. U.N. Mukherji, Hindus : A Dying Race Calcutta, 1909
9. "Constituent Assembly – Debates on 27 August 1947 .
10. Shulfa Kopf, The Biggest Show on Earth; The Jerusalem Post, 6 March 2003.
11. Gary Weiss, ' India's Jews, Forbes, 13 August 2007 .
12. Dr. J.K. Bajaj, 'Census 2011 : The Religious Imbalance Worsens, 28.01.2015.
13. Rajiv Malhotra Breaking India : 2011 .
14. Caste, Conversion and a "Thoroughly colonial Conspiracy," Nchtuk@org, 9.8.2017.
15. Kevin Hudson, ' The Indian Caste System and the British : Ethnographic Mapping and the construction of British Census in India.
16. Ibid
17. Michael Haan and Kevin Walby, ' Caste Confusion and Census Enumeration in Colonial India, 1871 – 1921, November 2012 .
18. Caste System : Revisiting the Historical Trajectory .
19. Dr. Nagaswamy Demolishes Dravidianism : Part 1; Youtube. Com 12.02.2018.
20. Swadeshi Indology 3 – Nilesh Oak's Plenary talk on Aryan Invasion Theories.
21. Dharmapal and T.M. Mukundan, The British Origin of Cow- slaughter In India.
22. Dharmapal and T.M. Mukundan, The British Origin of Cow- slaughter In India.
23. Sanjib Nayyar, The Truth about cow slaughter in India,' Rediff.com, 16.10.2015.

24. Vivek Agnihotri " The Siege within : Urban Naxalism in India Looming large, Swarajya, 9 March 2018 .
25. PTI, " Varavara Rao to Sudha Bhardwaj, who are the activist arrested over alleged maoist links, Hindustan Times 28 August 2018 .
26. Remembering Arya Samaj – A pioneering initiative in reviving Hinduism.
27. http:// www. Aryasamaj.com/enews/2012/jan/4.htm
28. Congress opposed to anti- conversion Bill ; The Hindu, 23 May 2016 .
29. Sharat Pradhan, When all else fails, Yogi Adityanath pushes the Hindutva buttion; Dailyo. In 30 october 2017 .
30. D. Gnaniah, Faizan Mustafa, K.N. Panikkar et al, ed. Ram Puniyani, Ghar wapsi, Conversions and freedom of religion, Media House, 2015 .
31. Liz Mathew, First time Church says : Dalit Christians face untouchability; The Indian Express 19 December 2016 .
32. Archbishop Arulapa condemns Vatican for promoting a Dalit Bishop as His Sucessor in Hyderabad India.
33. A palmyra leaf that sears us, The Hindu 16 September 2001 .
34. Ghaus Ansari, Muslim Caste in Uttar Pradesh : A study of Culture Contact, Ethnographic and folk culture society 1960 .
35. Tanweer Fazal, Dereserve these myths; The Indian Express 6 September 2006.
36. Sekhar Bandyopadhyay, From Plassey to Partition : A History of Modern India, Orient Black Swan, 2004, P 240 .
37. Makkhan Lal, Secular Politics Communal Agenda.
38. Shan Mohammad, Writing and speeches of Sir Syed Ahmad Khan, 1972.
39. Sir Syed Ahmad Khan on the present state of Indian Politics consisting of speeches and letters reprinted from the pioneer .
40. Shan Mohammad, Writing and speeches of Sir Syed Ahmad Khan 1972 .
41. B. Pattabhi Sitaramayya, The History of the Indian National Congress, The working Committee of the Congress 1935 .
42. https:// www. Newstatesman. Com/ asia/ 2008/12/ india- attacks – internal – threat .
43. J.A. Dubois A Description of the Character, Manners and customs of the people of India and of their Institutions, Religious and Civil, London Printed for Longman, Hurst, Rees, Orme, and Brown, Madras, 1879 .
44 Arun Shourie Indian Controversies, Rupa Publications, New Delhi, 1993.
45. Lord Dufferin, Speeches Delivered in India (1884 -88), London .
46. Makkhan lal, Secular Politics Communal Agenda, A History of politics in India from 1860 to 1953, Pragun Publications 2008.
47. A.J. Greenberger, the British image of India . A study in the literature of Imperalism 1880 – 1960, Oxford University press 1969 .
48. Makkhan lal Secular Politics Communal Agenda, A History of politics in India from 1860 to 1953, Pragun Publications 2008.
49. Mayank Singh, Indian Politics : The Dangerous game of Appeasement' Fair observer 21 February 2012 .
50. Sanjay Singh ' Congress leaked " Muslim appeasement' draft manifesto for

Telangana polls exposes confused, biopolar party, First post 27.11.2018.
51. Samajwadi Party demands quota for Muslim in Government jobs' the Economic times 18. December 2012.
52. Chandan Mitra ' Mamata Banerjee's Appeasement politics have created Real Danger, NDTV 5 July 2017.
53. W.W. Hunter report of the Indian Education Commission Calcutta, 1884.
54. Hafeez Malik, Sir Sayyid Ahmad Khan And Muslim Modernization in India And Pakistan Columbia University Press, New York, 1980.
55. Vivek V. Gumaste, 'Revisiting the Sachar report : 10 years on, the same old myths prevail; Huffpost India, 25 January 2017.
56. Vivek V. Gumaste, Revisiting the Sachar report : 10 Years on, the same old Myths prevail; Huffpost India 25 January 2017.
57. Bashir Ahmad Dar, " Religious throught of sayyid Ahmad Khan, Institute of Islamic Culture, Lahore 1957.
58. Gordon Johnson, 'Partition, Agitation and Congress: Bengal 1904 to 1908; Modern Asian Studies, volume 7 Issue 3, May 1973. PP. 533-588.
59. Article on Partition of Bengal.
60. Speeches by the Earl of Minto (1905-1910).
61. Aga Khan, the Memories of Aga Khan; World Enough and Time, Simon and Schuster, New York, 1954.
62. Makkhan Lal, Secular Politics Communal Agenda; A History of Politics in India from 1860 to 1953, Pragun Publication, New Delhi 2008.
63. Founders of Pakistan pledged loyalty to British rule of India.
64. Craig Baxter, the Jana Sangh : A Biography of an Indian Political Party, University of Pensyvania Press, 1969.
65. Prince of Wales to Minto Minto papers, N.I.S, 1 January 1907.
66. Krishna Kumar, 'Why Jinnah finds a connect with a section of Indian Muslim youth; Opindia.com, 22 May 2018.
67. Mushirul Hasan and Mohd Afzal Husain Qadri ' Nationalist and Separatist Trends in Aligarh 1915-47; Sage Journals, 1 March 1985.
68. Abhishek Banerjee, ' Forget Jinnah portrait, let Aligarh Muslim University become subject to Indian laws, Opindia.com, 4 may 2018.
69. Edited by James Stuart Olson and Robert Shadle, Historical Dictionary of the British Empire A- J, Greenwood publishing Group 1996, P. 759.
70. Ed. S.V. Bapat, The Reminiscences and Anedotes of Lokmanya Tilak, S.V. Bapat, Poona, 1925, P. 21.
71. M.A. Jinnah, Mohammad Ali Jinnah : An Ambasador of Unity, His Speeches and Writtings, 1912-1917, Atish Fishan Publications, 1989, Madras, PP. 47-48.
72. http:// www. Thearyasamaj.org/panditlekhram_en
73. http:// www. Hindujagruti.org/articles/86. Html
74. Paisa Akhbar, Lahore, 21 December 1909.
75. The Memoranda of the Hindu Sabha, Home Dept [A] Proceedings No. 29-31, December 1909, NAI.
76. Prabhu Bapu, Hindu Mahasabha in Colonial North India, 1915-1930 :

Constructing Nation and History, Routlege, 2013.
77. PTI Minorities must have first claim on resources' PM,' The Economic Times 9 December 2006,
78. Makkan Lal, Secular politics Communal Agenda, Pragun publication 2008.
79. Mahadev Desai Day to Day with Gandhi, Vol. 4 Sarva Seva Sangh Prakashan,1969 .
80. Sreemoy Talukdar, ' India's stand on Rohingya crisis laudable: Three-pronged policy covers security, humanitarian concerns', Firstpost 19 September 2017.
81. Dr. B.R. Ambedkar, Pakistan or the Partition of India, Samyak Prakashan, 2013 .
82. Mahadev Desai, Day – to Day with Gandhi, Vol -3, Sarva Seva Sangh Prakashan, 1968 .
83. Ranbir Vohra, The making of India. A political History, Routlege, 2012 .
84. Collected works of Mahatma Gandhi, vol -23 Apendix XIII (A) P.568
85. Sankar Ghose Mahatma Gandhi, Allied Publishers, 1991 .
86. Makkhan Lal, Secular Politics Communal Agenda; A History of politics in India from 1860 to 1953, Pragun Publication, 2008 .
87. Dr. B.R. Ambedkar, Pakistan or the partition of India Samyak Prakashan, 1945.
88. Ibid P. 98
89. Dar- Al – Harb, Encyclopedia. Com. https:// www. Encyclopedia.com/ relition/ encyclopedias almanacs- transcripts and maps/dar-al-harb
90. R.C. Majumdar, Struggle for freedom : The History and Culture of the Indian people, Bharatiya Vidya Bhavan Pp. 361-365 .
91. Ibid . P. 149-152
92. Colleted work of Mahtma Gandhi, Vol. 22 PP- 200-202 .
93. M.J. Akbar, the shade of Swords, Routledge, New Delhi 2002 .
94. Toward- freedom : An Autobiography of Jawaharlal Nehru.
95. Makkhan lal, Secular Politics communal Agenda.
96. Congress working committee resolution passed at the CWC meeting at Ahmedabad, as quoted in R.C. Majumdar's struggle for freedom.
97. R.C. Majumdar and A.K. Majumdar, India Struggle for freedom .
98. Upananda Brahmachari, Kerala is Kashmir in South India. Kerala Hindus are under strangulation by Jehadi Islam, Struggle for Hindu Existence.
99. India Today Web Desk, Govt. lauds India Today's operation conversion Mafia, Bjp calls for a ban on PFI Indiatoday.in 1 November 2017.
100. T.A. Ammerudheen, ' Popular front of India : A peek into the Kerala Muslim organization the government threatens to ban, Scroll.in, 3 November 2017.
101. Kerala love Jihad case : Supreme Court orders NIA probe; investigation to be monitored by retired SC judge' Firstpost, 16 August 2017.
102. Rajeev Srinivasan, 'Moplah Rebellion Part II : Hindus massacred on Maraad Beach; Rediff.com, 9 March 2003.
103. R.C. Majumdar Struggle for freedom. The History and Culture of the Indian People Bharatiya Vidya Bhawan 1969.
104. Ibid

105. Makkhan Lal Secular Politics Communal Agenda.
106. N.H. Palkar Dr. Hedgewar, Lokhit Prakashan, Pune .
107. Dr. B.R. Ambedkar Pakistan or the Partition of India, Samyak Prakashan, 1945.
108. Dhananjay Keer, Veer Savarkar, Popular Prakashan.
109. Kalekar Kaka, The Pratibha 15 January 1936 .
110. Chronology of Savarkar's life .
111. Italian and Indian Nationalism – Unity of Throught and Action .
112. Dhananjay Keer, Veer Savarkar .
113. Ibid PP . 37-38
114. Ibid PP. 60
115. TNN, PM hands over Shyamji Krishna Varma's reinstatement certificate to CM Anandiben; The Times of India, 19 December 2015 .
116. R.C. Majumdar, History of the freedom movement in India.
117. K.E. Edujee, The Inspiring story of Bhikaiji cama (1861-1936) .
118. Colonel Lord Sydenham of Combe, My working life, John Murray, London, 1927 P. 247 .
119. Dhananjay Keer, Savarkar and His Times, A. V. Keer, 1950.
120. Ibid, P. 113
121. V.D. Savarkar, My Transportation for life, Veer Savarkar Prakashan, 1984.
122. Ibid
123. Aravindan Neelakandan, 'Veer Savarkar : The man and Mission Beyond the Mercy petitions; Swarajya, 29 May 2017 .
124. Aravindan Neelakandan, ' Veer Savarkar : The Man and Mission Beyond the Mercy petitions; Swarajya, 29 May 2017 .
125. Ibid
126. Dhananjay Keer, Veer Savarkar .
127. http:// www. Oxfordislamicsstudies.com/ article/opr/t125/e491
128. Dhananjay Keer, Dr. Ambedkar : Life and Mission.
129. V.D. Savarkar, 'Preface' by the Publisher , Hindutva, PP. 9-11 .
130. Bhavna Vij- Aurora, ' What convinced Rahul Gandhi about the Need for Demonstrative Hindusim? Outlook, 25 March 2018.
131. TNN ' This election is between Karnataka and Nagpur says Rahul Gandhi, The times of India, 9 April 2018.
132. Hindutva is a Political ideology, Hinduism is not : Shashi Tharoor; The Quint.
133. Jagdish Chandra Jain Gandhi, the forgotten Mahatma.
134. Dhananjay Keer, Dr. Babasaheb Ambedkar : Life and mission.
135. Dhananjay Keer, Dr. Babasaheb Ambedkar : Life and mission.
136. Aravindan Neelakandan, 'Veer Savarkar : The Historian Extraordinaire,' Swarajya, 11 June 2013.
137. Aravindan Neelakandan, 'Veer Savarkar : The Man and Mission Beyond the Mercy petitions' Swarajya, 29 May 2017 .
138. Dhananjaya Keer, Dr. Babasaheb Ambedkar, Life and Mission .
139. From a letter quoted by Dhananjay Keer in Veer Savakar, 1950.
140. Prabhu Bapu, Hindu Mahasabha in Colonial North India, 1915-1930,

Routledge, 2013, PP. 51-52 .
141. Veer Sarvarkar Did Not get His Due: Lata' India Today, 10 December 2009.
142. http:// hindi.webdunia.com
143. Congress' tweet calls Savarkar "traitor", says he begged for his release; DNA India.
144. India Today Web Desk, "In plenary speech, Rahul says Mahatma died for India, BJP icon Savarkar begged British for mercy; India today.in, 18 March 2018.
145. Iftikhar Gilani, 'Rahul Gandhi's aggressive posture against Savarkar worries Congress leader's DNA India, 25 March 2016 .
146. Savarkar Portrait unveiled, The Hindu, 27 February 2003.
147. Ibid
148. Ibid
149. Bjp takes inspiration from Savarkar's love for India: Amit Shah lashes out of Rahul Gandhi over " Gandhi ours, Sarvarkar yours' remark Firstpost, 27 March 2016 .
150. N.H. Palkar, Dr. Hedgewar (Marathi), Bharatiya Vichar Sadhana, Fourth edition, Pune 1998, P. 61
151. Ibid, P. 121
152. Ibid
153. http:// Savarkar. Org .
154. Ibid
155. M.S. Golwalkar, Bunch of Thoughts, Sahitya Sindhu Prakashan, third edition, P. 348 .
156. Ibid, P. 417
157. C.K. Saji Narayanan, Don't foist fear Onto Nationalism; Outlook, 24 January 2018 .
158. Ratan Sharda, Secrets of RSS, Demystifying the Sangh, Manas publications,2011, P. 219 .
159. M.S. Golwalkar, Bunch of Thoughts, Sahitya Sindhu Prakashan, third edition.
160. Akhilesh Singh ' Parts of Golwalkar's " Bunch of Thought" not valid anymore: RSS chief Mohan Bhagwat; 'The Times of India, 19 September 2018.
161. M.S. Golwalkar, Bunch of Thoughts, Sahitya Sindhu Prakashan, third edition.
162. Ratan Sharda, Secrets of RSS: Demystifying the Sangh, Manas publications, 2011, P. 133.
163. Ibid, P. 135
164. Smriti Kak Ramachandran, ' No Hindu rashtra without muslims Hindutva based on unity in diversity: Mohan Bhagwat; Hindustan Times, 18 September 2018.
165. M.S. Golwalkar, Bunch of Thoughts , Sahitya Sindhu Prakashan, third edition
166. Ratan Sharda, Secrets of RSS, Demystifying the Sangh, Manas Publications, 2011 P. 136 .
167. Ibid, P. 137
168. Ibid, P. 224
169. Ratan Sharda, Secrets of RSS, Demystifying the Sangh, Manas publications,

2011, P. 226 .
170. Ratan Sharda, Secrets of RSS, Demystifying the Sangh, Manas Publications, 2011 P. 205 .
171. Ratan Sharda, RCS 360 0 : Demystifying Rashtirya Swayamsevak Sangh, Bloomsbury, 2018. P. 221 .
172. Ibid, P. 104 .
173. Ratan Sharda, Secrets of RSS: Demystifying the Sangh, Manas Publication, 2011, P. 208 .
174. Ibid, P. 209
175. Ibid , P. 234
176. Ibid, P. 233
177. Ibid, P. 234
178. Ibid P. 235
179. Ratan Sharda, Secrets of RSS: Demystifying the Sangh, Manas Publications, 2007.
180. Ibid P. 238
181. Makkhan Lal, Secular Politics Communal Agenda, A History of Politics in India from 1860 to 1953, Pragun Publication, New Delhi, 2008 P. 122
182. Ibid
183. Ibid, P. 123
184. Ibid P. 240
185. Ratan Sharda, Secrets of RSS: Demystifying the Sangh, Manas Publications, 2011
186. http:// mrm. Testbharati.com
187. Shridhar D. Damle and Walter K. Anderson, The RSS : A view to the inside, Penguin Viking , New Delhi, 2018, P. 99
188. Gaay Aur Islam, Goraksha Prakosth, 2016
189. Ratan Sharda, Secrets of RSS, Demystifying the Sangh, Manas Publications, 2011 .
190. Ibid, P. 147
191. https:// www. Patrika. Com / national news/ abvp- founder Balraj Madhok dies.
192. Ratan Sharda, Secrets of RSS: Demystifying the Sangh. \
193. Ibid, P. 152
194. Ibid, P. 157
195. Shridhar D. Damle and Walter K. Anderson, The RSS, A view to the inside.
196. Ibid, P. 122
197. M.S. Golwalkar, Bunch of Thoughts , Sahitya Sindhu Prakashan, third edition P. 93 .
198. Ibid, P. 100
199. Ibid, P. 100
200. Walter K. Andersen and Shridhar D. Damle, The Brotherhood in Saffron : The Rashtriya Swayamsevak Sangh and Hindu Revivalism, Westview press, 1987.
201. History of Bharatiya Jana Sangh 1952 – 1980 : Party Document, Volume 6

P.57 .
202. Ibid PP. 59 -60
203. Ibid, P. 73
204. Organizer Vol. III . Issue 22, 23 January 1950
205. Organizer Vol. IV, Issue 9, 9 October 1950, & Vol. IV, Issue 11, 23 October 1949 .
206. Organizer, 2nd October 1948
207. Justice on Trial, 1958, P. 78-79, Press release issued on 2 November 1948.
208. History of Bharatiya Jana Sangh 1952 -1980 . Party Document, Volume 6, PP.79 -80 . This section relies on Semar Guha's East Bengal Minorties since Delhi pact (1953) and his Massacre of Hindus in Dhaka (2000), and Harish Chander's Shyama Prasad Mookerjee: A contemporary Study, Delhi.
209. History of Bharatiya Jana Sangh 1952 – 1980 : Party Document Volume 6, P. 80 .
210. Samar Guha, 2000 Massacre of Hindus in Dhaka, in Harish Chander (ed) Shyama Prasad Mookerjee: A contemporary study, Delhi, P. 290 .
211. Letter from S.P. Mookerjee to Jawaharlal Nehru dated 6 April 1950 communicating his resignation.
212. Letter from Nehru to Patel, dated 27/28 August 1950 in Sardar Patel's Correspondence, 1945 -50, Vol. 10 PP. 221 .
213. Ibid P. 216
214. K.M. Munshi, Pilgrimage to freedom Bhartiya Vidya Bhavan Bombay, 1967, PP. 311-12
215. Organizer, Vol. III, Issue 35, 24 April 1950 .
216. Balraj Madhok, Political Trends in India, University of California Libraries, Delhi, 1959, P. 45 .
217. K.R. Malkani Principles for a New Political Party Vijay Pustak Bhandar, Delhi, 1951 .
218. S.P. Mookerjee, ' Introduction', Principles for a New Political Party, Vijay Pustak Bhandar, Delhi, 1951, P. 11 .
219. Balraj Madhok, Shri Shyama Prasad Mookerje – A Biography, Deepak Prakashan, Delhi, 1954, P. 62 .
220. In 1956, the states of Madhya Bharat, Vindhya Pradesh, and Bhopal were merged into Madhya Pradesh .
221. Note no 47 in History of Bharatiya Jana Sangh 1952 – 1980 : Party Document, Volume 6 P. 98 .
222. History of Bharatiya Jana Sangh 1952 -1980 : Party Document, Volume 6 PP. 93-95 .
223. Ibid
224. Ibid
225. Ibid
226. https:// shwetankspad.com
227. https:// www.bjp.org
228. For the complete text of the manifesto, see Bharatiya Jana Sangh 1952-70, published by Bharatiya Janata Party New Delhi PP. 282-294. The particular

is from PP. 283-288.
229. Jawarlal Nehru, Convocation address at Aligarh Muslim University, on 24.01.1948.
230. The Statesman, 12. 12. 1951.
231. Jawaharlal Nehru, The Discovery of India.
232. Craig Baxter, Jana Sangh: A Biography of an Indian Political Party.
233. Organizer, Vol. 18, 17 December, 1951.
234. Organizer, Vol. 11, 29 October 1951.
235. Balraj Madhok, Political Trends in India, University of California Libraries, Delhi, 1959 P. 62
236. Organizer, Vol. 25 February 1952.
237. Presidential address of Dr. Shyama Prasad Mookerjee at the first all India seassion of the Bharatiya Jana Sangh held in Kanpur, 29-31 December 1952.
238. History of Bharatiya Jana Sangh 1952- 1980 : Party Document.
239. Sardar Patel's Correspondence : 1945 -50 Vol. 1.
240. History of Bharatiya Jana Sangh 1952 -1980 : Party Document.
241. Sardar Patel's Correspondence : 1945 -50 Vol. 1.
242. The Hindu, 10 June 1946
243. Letter from Patel to Maharaja of Kashmir, dated 3 July 1947. In Sardar Patel's Correspondence : 1945-50.
244. Bharatiya Jana Sangh Party Documents 1952-1980, Vol.5: History of Jana Sangh P. 134.
245. Mehr Chand Mahajan to Patel in a letter dated 27 October 1947 in Sardar Patel's Correspondence : 1945-50, Vol. 1, P. 69.
246. Nehru to Patel in a letter dated 23 December 1947 In Sardar Patel's Correspondence : 1945-50 Vol. 1, PP. 121-22.
247. Ibid, P. 122
248. Sheikh Abdullah's Interview with Machael Davidson published in the Scotsman, on 14 April 1949.
249. Patel to Goapalswamy in a letter dated 16. October 1949, In sardar Patel's Correspondence : 1945- 50.
250. Organizer, Vol. 51 4 August 1953.
251. Organizer VI, 6, 22 September 1952.
252. Bharatiya Jana Sangh Party Documents 1952-1980, Vol. 4: History of Jana Sangh.
253. Mookerjee to Abdullah in a letter dated 23 February 1953, In integrate Kashmir Delhi, PP. 113-114.
254. Karan Singh, Heir Apparent : An Autobiography, Oxford University Press, Delhi, 1983, PP. 149-156.
255. Organizer, Vol. VI, Issue 39 11 May 1953.
256. Bharatiya Jana Sangh 1952-80 Party Documents, Vol. 6 P. 157
257. Interview with Atal Bihari Vajpayee in Delhi, as referred to in J.P. Mathur and Makkhan lal, History of Jana Sangha, 1952-1980 Vol. 6.
258. Bharatiya Jana Sangh 1952-80, Party Documents, Vol. 6, P. 160

259. J.P. Mathur and Makkhan Lal, History of Jana Sangha, 1952-1980, Vol.6 .
260. Hindustan Standard, 9 July 1953 .
261. Rajmohan Gandhi Patel : A life, Navjivan Trust , Ahmedabad, P. 517
262. Durga Das, India : From Curzon to Nehru and After, Rupa publications, New Delhi, 1969 P. 378
263. N.V. Gadgil, Government from Inside, Meenakshi Prakashan, Meerut, 1968, PP. 72-73 .
264. M.C. Sharma, Deendayal Upadhaya: Krittiva Evam Vichar, Prabhat Prakashan, 1994, New Delhi, PP 71-72 .
265. Kamal Kishore Goenka Deendayal Upadhyaya: Vyakti Darshan, New Delhi, P. 23
266. Deendayal Upadhyaya ' The Mission of Jana Sangh', Organizer: Silver jubilee Souvenir, 1964, P. 187
267. Organizer, VII 49, 25 July 1955
268. Interview with Atal Bihari Vajpayee on 24 April 2005 in New Delhi .
269. For details, see 'Report of the Christian Missionary Activities Enquiry Committee 1956, Nagpur.
270. CWC Resolution No 56.27 , Bharatiya Jana Sangh : Party Documents Vol.4.
271. Annual Report by Deendayal Upadhyaya on the occasion of the sixth Annual Session of the Party held at Ambala, dated 4-6 April 1958.
272. Atal Bihari Vajpayee, four Decades in Parliament Vol.3, Shipra Publications, New Delhi, 1996 P. 220 .
273. AIS resolution No. 55.8 (dated 1 January 1955), Bharatiya Jana Sangh: Party documents, 1973, Vol. 3 PP. 34- 35 .
274. Deendayal Upadhyaya, Political Diary, Suruchi Prakashan, New Delhi, 1992, PP. 47-51 .
275. Atal Bihari Vajpayee, four Decades in Parliament, Vol. 3, Shipra Publications, New Delhi, 1996.
276. Deendayal Upadhyaya in the RSS' magazine Panchajanya 18 June 1956.
277. Craig Baxter, The Jana Sangh : A Biography of an Indian Political Party, University of Pennsylvania Press 1971, PP. 208-209 .
278. Organizer, Volume 16 Issue 16 26 November 1962 .
279. Upananda Brahmachari; 'Remembering the 50 years of largest Hindu killing by Indira Gandhi in Goraksha Abhiyan in Delhi; Struggle for Hindu Existence, 7 November 2016.
280. 'CWC Resolution No. 67.4 (14 March 1967) Bharatiya Jana Sang : Party papers, Vol. IV PP. 194-196 .
281. A.I.G. Resolution No. 67.22 (26 December 1967) Bharatiya Jana Sangh : Party Papers, Vol. IV, PP 202-203
282. Ibid, PP 203 -204
283. AIGC Resolution No. 68.13 (7 September 1968), Bharatiya Jana Sangh : Party Documents, Vol. IV, P. 212
284. All India Resolution No. 69.05 (26 April 1969) Bharatiya Jana Sangh : Party Documents, Vol. IV, P. 219 .
285. Chandan Mitra, ' Government Should take this Chance to Shut down JNU',

NDT. 17 February 2016.
286. Ibid
287. Ibid
288. Vicky, 1973 : When Indira Gandhi eroded the Independence of the Judiciary and Morarji Desai restored it :, Oneindia.com, 13 January 2018.
289. AIS Resolution No. 71.02 (2 July 1971), Bharatiya Jana Sangh : Party Documents, Vol. III 1973, PP. 153-157.
290. Atal Bihari Vajpayee, 1996, Four Decades in Parliament, (edited by N.M. Gatate), New Delhi, PP. 305-307.
291. https:// www.bjp. Org
292. Bharatiya Jana Sangh, Party Document Vol. 6, 1952-1980 P. 338
293. Ibid,. PP. 338-339
294. Ibid,. P. 350
295. Bipan Chandra, In the Name of Democracy : JP movement and the Emergency, Penguin Random House India, 2017.
296. Bharatiya Jana Sangh, Party Document, Vol. 6 1952-1980, P. 358
297. Bharatiya Jana Sangh, Party Document Vol. 6, 1952-1980, P. 364
298. Sudheendra Kulkarni, ' RSS man? Difficult to typecast Nanaji', The Times of India, 1 March 2010.
299. Bharatiya Jana Sangh, Party Document, Vol. 6, 1952-1980, P. 421
300. Ibid, P. 422-423.
301. Ibid ., P. 430
302. Ibid, P. 441
303. Ibi., P. 442
304. http://www.ataljee. Org
305. The Janata Party fought the 1977 Lok Sabha elections on the Lok Dal symbol, later, in the 1980 Lok Sabha elections, it contested on its own symbol of the 'Chakra Haldar,' a man carrying a plough within a wheel.
306. L.K. Advani, My Country my life, Rupa publications, 2008, P. 308
307. L.K. Advani, My Country my life, Rupa publications, 2008, P. 310
308. Vijay Kumar Malhotra and J.C. Jaitli, 'Evolution of BJP : Party Document Vol-10' New Delhi 2006.
309. L.K. Advani, My Country My life, Rupa Publications, 2008.
310. Geeta Puri, Hindutva Politics in India: ' Genesis, Political Strategies and Growth of Bharatiya Janata Party, UBS Publisher's Distributors, 2005, P. 29
311. Vijay Kumar Malhotra and J.C. Jaitli, Evolution of BJP: Party Document Vol-10; New Delhi 2006.
312. L.K. Advani, My Country My life, Rupa Publications, 2008, P. 323
313. Ibid
314. Rajiv Gandhi; ' US Library of Congres.
315. Inder Malhotra, How Mr Clean lost his shine; The Indian Express 22.12.2014.
316. Rajiv Gandhi; US Library of Congress.
317. Inder Malhotra, How Mr Clean lost his shine; The Indian Express 22.12.2014.
318. Rasheed Kidwai, ' Who really influenced Rajiv Gandhi to act against Shah

Bano Judgement? The Print, 24 July 2018.
319. Shantanu Gupta, The Monk Who Became Chief Minister, Bloomsbury India.
320. Subhashini Ali, ' Shah Bano Judgement was a landmark in our social and political history; Today 26 December 2005 .
321. L.K. Advani, My Country my Life, Rupa Publications, 2008, P. 325 .
322. Detailed Profile : Shri Lal Krishna Advani; Indiagov.in.
323. L.K. Advani, My Country My life, Rupa Publications, 2008, P. 341
324. Swagatam, Vishva Hindu Parishad .
325. The Sangh Parivar is an umbrella group of Hindu nationalist groups, led by the RSS .
326. L.K. Advani, My Country My life, Rupa Publications, 2008.
327. Nalin Mehta, ' Calls for Ayodhya temple law mean it's Ram bharose again in 2019' The Times of India, 4 November 2018 .
328. L.K. Advani, My Country My life, Rupa Publications, 2008, P. 373 .
329. K. Bhusan and G. Katyal, Lal Krishna Advani : Deputy Prime Minister APH publishing 2002 .
330. Swadesh Singh, 'Sardar Vallabhbhai Patel : The Architect of Modern India,' Editorial, Volume – 30, 27 October – 2 November 2018 .
331. Vijay Kumar Malhotra and J.C. Jaitli, ' Evolution of BJP Party Document Vol-10' New Delhi 2006.
332. Patwa cremated, Advani recalls time spent with him,' Hindustan Times 30 December 2016 .
333. Sunderlal Patwa, "Doctor Dadi" among Padma awardees from Madhya Pradesh," The Times of India, 27 January 2017.
334. The Lion in Winter,' Rediff.com, 24 November 2003 .
335. Atul Chandra, ' 1991 – 2017 : The Epic Saga of Elections in Uttar Pradesh; Swarajya, 3 February 2017 .
336. Divyani Rattanpal ' How VP Singh stirred a Hornet's Nest with the Mandal Commission.' The Quint, 7 August 2017 .
337. Faizan Ahmad, ' Mandalisation of the Country, from BP Mandal to VP Singh' The Pioneer, 26 August 2018 .
338. Comrades of the right : How Vajpayee, Advani reshaped India's Politics,' Hindustan Times, 16 August 2018.
339. L.K. Advani My country My life, Rupa Publications, 2008.
340. Marya Shakil, LK Advani calls Atal Bihari Vajpayee his role model guide' News 18, 22 December 2014.
341. Kingshuk Nag, Atal Bihari Vajpayee: A man for All Seasons Rupa Publications 2016 .
342. Vijay Kumar Malhotra and J.C. Jaitli ' Evolution of BJP: Party Document Vol-10; New Delhi 2006 .
343. Ibid
344. Paraphrased from Vijay Kumar Malhotra and J.C. Jaitli ' Evolution of BJP: Party Document Vol-10' New Delhi, 2006 .
345. Shashi Shekhar ' Why Atal Bihari Vajpayee's 1996 speech is relevant before the 2014 elections; DNA 25 December 2013 .

346. Atharva Pandit ' Atal Bihari Vajpayee's 13 day rule : The shortest PM stint in India's history' Money control.com, 17 August 2018.
347. Kenneth J. Cooper, ' Indian Government falls After 13 days in Power,' The Washington post, 29 May 1996 .
348. Prabhash K. Dutta, ' When Atal Bihari Vajpayee offered outside support to a Congres government; India Today, 16 August 2018.
349. Atharva Pandit, ' Atal Bihari Vajpayee's 13 day rule : The shortest PM stint in India's history; Moneycontrol.com 17 August 2018 .
350. George lype, ' Why Sitaram Kesri depises HD Deve Gowda,' Rediff.com.
351. An editorial in the Indian Express titled 'Stealing the show' praised Atal Bihari Vajpayee's speech at the 1996 vote of confidence, saying, He was elevating himself to the role of a folk hero.'
352. Sonia Gandhi's Biography' Elections.in .
353. Working and Achievements of National Democratic Alliance .
354. Kingshuk Nag, Atal Bihari Vajpayee: A man for all Seasons, Rupa Publications, 2016 PP. 125-126 .
355. Ibid , P. 126
356. L.K.. Advani My Country My life Rupa Publications, 2008 P. 543-544
357. Kingshuk Nag, Atal Bihari Vajpayee: A man for all Seasons, Rupa Publications, 2016 P 129 .
358. Ruben Banerjee, ' CM Giridhar Gamang's vote in Parliament pleases Congress, but draws ire in Orissa,' India Today, 3 May 1999 .
359. Atal Behari Vajpayee ' My Musings from Kumarakom-1. Time to resolve problems of the past' The Hindu, 2 January 2001 .
360. https:// www. dawn.com
361. PTI, Indo – US ties progressed to a new level during Vajpayee- Bush regime: US Ambassador' The Hindu Business line, 16 August 2018.
362. Statement from President Clinton on the passing of Atal Bihari Vajpayee,' New York .
363. India's Look East policy, started under the P.V. Narasimha Rao government, was an effort made by India to cultivate and strengthen economic and strategic relations with the southeast Asia nations to solidify its standing as a regional power. The same policy is being taken forward by PM Narendra Modi as the 'Act East Policy'.
364. C. Rajamohan, Look East Policy Phase two, The Hindu 09.08.2003.
365. Sultan Shahin, ' India's " Look East" Policy pays off; Global policy forum, 11 October 2003 .
366. IANS, ' Atal Bihari Vajpayee laid foundation of Good Governance: Yogi Adityanath; NDTV, 17 August 2018 .
367. http:// www.bsnl.co.in
368. Prabhash K. Dutta, ' 5 decisions by Atal Bihari Vajpaye that changed India', India Today, 17 August 2018 .
369. Kingshuk Nag, Atal Bihari Vajpayee : A man for all seasons, Rupa Publications 2016 P. 161 .
370. Avishek G. Dastidar and Shalini Nair ' Golden Quadrilateral : Vajpayee's

biggest infra effort in roadways.' The Indian Express 17.08.2018.
371. PTI, ' Over 80% habitations connected with roads under PMGSY, The Economic times, 16.12.2017 .
372. Parvez Sultan ' The PM who put Delhi Metro project on the fast track, launched it,' Hindustan Times 18.08.2018 .
373. Dipak Mandal, ' Disinvetment received the biggest boost under Vajpayee,' Business Today, 17. 08.2018 .
374. P. Manoj Golden period of privatization,' The Hindu Businessline, 16.08.2018.
375. Dipak Mondal, Disinvestment received the biggest boost under Vajpayee,' Business Today, 17.08.2018 .
376. Lata Jha, ' The liberalization of Bollywood; livemint, 20. 07.2016 .
377. Rakesh Mohan Chaturvedi, LK Advani duo built BJP from scratch ; The Economic Times , 17 August 2018 .
378. L.K. Advani, My Country my life, Rupa Publications 2008, P. 840
379. Rajiv Srivastava, ' Modi's development plank pro- rich : Govindacharya' The Times of India, 05.08. 2013 .
380. Govindacharya calls Vajpayee ' mask' lands BJP in crisis, rediff.com .
381. K.N. Govindacharya, I called Vajpayee" Face of BJP" Media made it 'Mukhota" Govidacharya, Out look, 16. 08.2018.
382. Jaya Jaitly, life among the scorptions : Memories of a woman in India Politics, Rupa Publications, 2017 .
383. Ibid
384. Ibid, P. 212 and P. 238
385. Ibid, P. 237 – 8
386. Gujrat riot death toll revealed," BBC.co.uk, 11 May 2005.
387. Uday Mahurkar, Gujrat riots Parliament slams Narendra Modi for carnage, but Hinduvta hardiner may gain politically from anti- Muslim violence; India Today, 21.09.2012 .
388. Rajesh Singh " The real villains of Gujrat 2002; The pioneer 30.03.2014.
389. L.K. Advani ' Gujarat : Propaganda versu Reality; The Kashmir Telegraph 20.09.2011 .
390. Ibid
391. Ullekh N.P. ' How AB Vajpayee was foiled in his bid to have Narendra Modi removed as Gujarat Chief Minister,' Scroll, 13. 01. 2017 .
392. Ibid
393. Was Vajpayee's raj dharma remark to Modi cleverly edited to suit Congress narrative? Mynation.com, 16.08.2018.
394. How SIT report exonerate Modi: The highlights', News 18, 11 May 2012.
395. Niharika Mandhana, ' Court clears Narendra Modi in Riots Case,' The Wall Street journal 26 December 2013 .
396. Supreme Court trashes Rana Ayyub's Gujrat book, says it is based upon surmises, conjectures, and suppositions,' Opindia.com 5 July 2019.
397. Vijay Kumar Malhotra and J.C. Jaitli, ' Evolution of BJP Party Document Vol. 10, New Delhi, 2006.
398. Sudhendra Kulkarni, What made Bharat Ratna Vajpayee an Extraordinary

leader, NDTV 27 March 2015.
399. Lok Sabha Election 2019 : The Campaign to connect .
400. Radhika Ramaseshan ' Advani salutes ' secula' Jinnah' The Telegraph, 4 June 2005 .
401. Neena Vyas, 'Advani quits as BJP President,' The Hindu, 8 June 2005.
402. Bhavna Vji- Aurora, ' The face – off between Advani and RSS denies Gadkari a second term, will Rajnath make the most of his second chance? India Today 1 February 2013 .
403. Swapan Dasgupta ' A ' dying' Party?' Seminar January 2010.
404. A historic day for Indian democracy : Advani' rediff.com, 23.12.2007.
405. Swapan Dasgupta, ' A 'dying" Party? Seminar January 2010.
406. 2009 Elections in India,
407. 2009 Maharashtra legislative Assembly election .
408. The Adarsh Housing Society is a posh, thirty – one – storey building constructed on prime real estate in Colaba, Mumbai for the welfare of war windows and personnel of India's Ministry of Defence . Over a period of several years Politician, bureaurcats and military officers allegedly conspired to bend several rules converning land ownership, zoning, floor space index and membership, getting flats allotted for themselves in this cooperative society at below-market rates . The Scam was unearthed in November 2010. Which forced and then Chief minister of Maharashtra Ashok chavan to resign.
409. CBI busts huge fake housing loan scam, Decan Herald, 24.11.2010.
410. The Raja- Radia Tapes Outlook 18.November 2010 .
411. PTI, 2G verdict : A Raja virtually gifted away important national asset,' says Supreme Court . The Times of India, 02.02. 2012 .
412. The Top 10 everything of 2011 : 10 Anna Hazare's Hunger fast Rock India, Time 07.12.2011.
413. PTI, Jan Lakpal Bill : Anna Hazare drives UPA government into a political corner, says US media,' The Economic Times, 18.08.2011.
414. Corrupt repressive and stupid,' The Hindu, 17.08.2011 .
415. India elections : BJP's Narendra Modi secures Gujarat win,' BBC.com, 20.12.2012 .
416. Ibid
417. Vivek Sinha, ' The rise and rise of social media', Hindustan Times 29.03.2012.
418. Ashok Malik, ' Assembly elections 2012 : Modi has won solely on the basis of aspirational politics, not the politics of identity, The Economic Times 21.12.2012.
419. Ibid
420. Is Modi the Answer for India's Opposition? Milan Vaishnav, CNN,14.06.2013.
421. Modi crowned as PM candidate NDA support claimed' Goanews. Com 13.09.2013 .
422. B. Muralidhar Reddy it's official: Modi is BJP's choice', The Hindu, 13.09.2013.
423. https:// www. thehindu.com
424. Lance price, The Modi Effect : Inside Narendra Modi's Campaign to Transform

India, Hodder & Stoughton, 2015 .
425. Ibid P. 45
426. Ishrat Jahan was LeT operative says David Headley', The Indian Express, 24.09.2017 .
427. Prashant Jha, How the BJP Wins: Inside India's Greatest Election Machine, Juggernaut 2017 .
428. Ibid
429. PTI, " Hindu terror' politics had its geneis a decade ago,' Deccan Herald, 2 April 2019.
430. R.V.S. Mani, Hindu Terror : Insider Account of Ministry of Home Affairs 2006-2010, Vitasta publishing , 2018 .
431. Abhinandan Mishra, " Book by MHA officer reveals how UPA manufactured Hindu terror narrative,' The Sunday Guardian, 2 June 2018.
432. Ibid
433. PTI, Congress played religious politics after Mumbai attacks: Wikileaks' The Economic Times, 11 December 2010 .
434. Lance price, The Modi Effect : Inside Narendra Modi's Campaign to Transform India Hodder & Stoughton, 2015, P. 237 .
435. Ibid, P. 238
436. Ibid P. 241
437. Uday Mahurkar, Marching with a Billion: Analysing Narendra Modi's Government at Midterm Ameya Inspiring Books, 2017 .
438. Sandip Ghose ' Modi's foreign policy : Look beyond "travel bills', the PM did some excellent work, Daily 08.01.2019 .
439. C. Raja Mohan, Modi's world: Expanding India's sphere of influence, Harper Collins India, 2015 .
440. Harsh V. Pant, "Three years of Narendra Modi's foreign policy' Observer Research foundation 31 May 2017 .
441. Karan Bhasin, Resurgent India : Moving Towards A more Proactive Foreign Policy' Swarajya 12. 03. 2019 .
442. Arijit Barman and Dipanjan Roy Chaudhury, ' PM Narendra Modi expands on his foreign policy vision of India as a strategic global player' The Economic Times, 25.01.2018 .
443. Why Chabahar port is a win – win for India; Hindustan Times, 26. 12.2018.
444. Afghan President Ghani flags off first cargo to India via Chabahar port in Iran Devdisourse. Com 25.02.2019.
445. Jaideep Mazumdar' India's foreign policy came of age in 2017 Swarajya, 26.12.2017 .
446. Karan Bhasin, ' Resurgent India: Moving Towards A more proactive foreign policy; Swarajya 12.03.2019.
447. Navtan Kumar ' India's passport power improved by 11 ranks in the last four years . The Sunday Guardian 16.03.2019.
448. https://www.novinite.com / view _ new.php.?id = 93088
449. https :// indianexpress.com/article/india/india-news-india/2008- ahmedabad-blasts-accused – nabbed –from- Karnataka-2864613/

450. https:// web.archive.org/web/20080915175046/http:// timesofindia.indiatimes.com/Serial_blasts_rock_Delhi_18_dead/ articleshow/3479914.cms
451. https://www.britannica.com/event/Mumbai-terrorist-attacks-of -2008.
452. https://timesofindia.indiatimes.com/india/One-arrested-for -Assam- serial-blasts/articleshow/ 3658239.cms? referral=PM
453. News 24 archive
454. https://web.archive.org/web/20060711235332.
455. https://timesofindia.indiatimes.com
456. Within minutes of information of the attack reaching the CM's office, Gandhinagar's district police chief R.B. Brahmbhatt was dispatched to the scence. Additionally, the State Commando force was instructed to also arrive at the Akshardham temple complex. Chief Minister of Gujrat Narendra Modi called the Deputy Prime Minister L.K. Advani in Delhi and asked for the Natioanal Security Guards (NSG), who reached within a few hours. Polic and NSG killed both the attackers before the next dawn.
457. https:// mha.gov.in/sites/default/files/ keyinitiatives_07062017.
458. https:// mha.gov.in/sites /default/files/ keyinitiatives_07062017.
459. Bharti Jain, 'Centre removes 44 districts from list of Maoist – hit areas,' The Times of India, 16 April 2018 .
460. Franz- Stefan Gady, India: First S-400 Air Defense system Delivery By October 2020. The Diplomat, 03.01.2019.
461. https:// www. pmindia.gov.in/en/major_initiatives/pradhan-mantri-jan-dhan-yojana/
462. Sunil Dhawan, "All about Pradhan Mantri Jeevan Jyoti Bima Yojana,' The Economic Times, 17 May 2018.
463. Sunil Dhawan, Pradhan Mantri Suraksha Bima Yojana: Accidental death, disability cover @ Rs. 12 p.a." The Economic Times, 23 October 2018.
464. Mission Indradhanush, Isightsonindia.com, 05.01.2019.
465. Reuters, " All villages electrified ahead of deadline, PM Modi tweets' The Hindu, 29 April 2018.
466. The Government considers a village electrified if it has basic electrical infrastructure and 10 percent of its households and public places, including schools, local administrative offices and health centres have power.
467. http://www.ujala.gov.in
468. Ibid
469. Ibid
470. PTI Narendra Modi's MUDRA Yojana generates 5.5 crore jobs, says report, The Economic Times 09.09.2017.
471. Dibyendu Mondal, ' Mudra plan helped over 12 crore people in 3 years, The Sunday Guardian 14 April 2018.
472. Rahul Kanwal PM Narendra Modi's demonetization move gave economy Rs. 5 lakh crore advantage' India Today, 25 May 2017.
473. PTI, Demonetisation led to more tax collection, higher growth : Arun Jately' The Economic Times, 30.08.2018.

474. Puja Mehera, India's gross fiscal deficit to exceed target', The Hindu 03.04.2016 .
475. India Inflation rate, https://tradingeconomics.com/india/inflation-cpi.
476. PTI, IMF Chief Economist Maurice obstfield praises GST reform says Indias growth "very solid", Business Today 10.12.2018.
477. https:// pib.nic.in/newsite/print release.aspx?
478. https:// publicadministration.un.org/egovkb/portals/egovkb/documents/un/ 2018.
479. http:// www.bjp.org/image/pdf-2016/ acheivements_and_initiatives_of_government _24.05.2016.
480. M.S. Swaminathan, The agriculture mission: How the modi government is shaping the future of farming and farmers,. The Times of India, 06.08.2018.
481. https:// www.narendramodi.in/healthy-india-541377.
482. Minhaz Merchant, Narendra Modi five years in power : 10 most important achievements' Daily 09.02.2019.
483. https:// www.pmindia.gov.in/en/major_initiatives/niti-aayog-transforming-indias-development-agenda/
484. Yogima Seth Sharma, 8.5 million jobs created under government's flagship employment generation scheme,. The Economic Times, 07.11.2018.
485. Jayant Sinha, " There no jobs drought : We will have more data soon, meanwhile here's what the evidence tells us,' The Times of India, 10. 04.2018.
486. MSME firms created up to 14.9 million new jobs per annum in four years : CII survey, Business Today, 08.03.2019.
487. A look at Parliament's falling productivity and what can be done to make it work; The Economic Times, 24.03.2018.
488. Prabin Kalita, " Naked men" spark panic in Assam, 3 lynched; The Times of India 20.06.2013 .
489. http:// www. ofmi.org/ lynched- gang- raped- dalit- girl- championed- by – south- asian- Americans/
490. Atiq Khan CBI claims to have cracked DSP Zia- ul- Haque's murder'. The Hindu, 13.06.2016.
491. Case registered against Arundhati, Geelani", The Hindu, 26 October 2016.
492. Makarand R. Paranjape, " Award wapsi: What really happened is still a mystery; DNA, 11.08.2018.
493. D.P. Satish, JD (S) – Cong Combine to Fight Karnataka Civic Polls Separetely, BJP predicts Govt's fall post Elections,' News 18, 03.09.2018.
494. Elizabeth Roche, '9 out of 10 Indians approve of Narendra Modi, says pew survey,' Live Mint, 17.11.2017.
495. https:// timesofindia.indiatimes.com/india/mega-times-group-poll 71-9 of – Indians- say- they- will- vote- for – narendra –modi –as-pm-again –in 2019.
496. https:// www.narendramodi.in/key- points-from-pm-modi-s- interview-to-ani-542850 .
497. Aashish Chandorkar, "Narendra Modi's interview to ANI shows he's

positioning himself as the insurgent once again in 2019 Firstpost, 2 January 2019.
498. https://www.indiatoday.in/mail- today/story/pm-first- 2019 inverview - modi- bucks-rss- pressure- on- ayodhya- issue – 1421718- 2019-01-02
499. https:// twitter.com // pmoindia/status/ 18010262031?
500. Ravish Tiwari, The story of the Guest House,' The Indian Express, 16.01.2019.
501. In first joint rally, Mayawati Akhilesh attack cong, BJPs say not much difference in their policies . The Indian Express 07.04.2019.
502. PTI, Akhilesh attacks Cong for its "big ego"" Mocks BJP chaiwala," Business standard, 24.04.2019.
503. Archis Mohan, Congress strategy is to help SP- BSP gathbandhan in Uttar Pradesh: Priyanka in Amethi, Business standard 02.05.2019.
504. Surgical Strike 2.0 : "Its your turn to get ready for our surprise," says Pakistan Army to India after LAF destroys jaish terror camps in Balakot.
505. Rakesh Sood, "Does Balakot define a new normal? Observer Research foundation, 22.03.2019.
506. Congress has right to demand proof on Balakot : Capt Amarinder,' The Pioneer, 04.05.2019.
507. Balakot Airstrikes : Enemies smilling at Opposition's demand for proof, says Narendra Modi," Midday, 04.03.2019.
508. PTI, Opposition scored self – goal by questioning success of Balakot air strike.FM, Businessline, 16.03.2019 .
509. Harish V. Nair, "Ram Mandir issue hearing : When Kapil Sibal asked Supreme Court not to fall into BJPs "trap", India Today, 06.11.2017.
510. Clerics question timing of Centre's Ayodhya petition in Supreme Court, Shia board hails it,' Hindustan times 29.01.2019.
511. PM Kisan scheme : 2.25 crore farmers received Rs. 2,000 since April; Business Today 08. 05.2019.
512. https:// m.economictimes.com/news/politics- and- nation/many- congress- ruled –states-
513. https:// twitter.com/ Rahul Gandhi/ Status/ 1110818665585360896.
514. https:// twitter.com/yadavakhilesh/1110803935260860416
515. https://twitter.com/ Mamata Official/ status / 1110817691143569408
516. Space for campaign " On PM Modi's address on ASAT test ; The Hindu 02.04.2019.
517. PM's Mission Shakti Speech Didn't Violate Poll code. Election Commission; NDTV 30.03.2019.
518. As BJP celebrates ASAT Test, Congress Says Credit Goes to Manmohan Govt. The wire 27.03.2019.
519. Anti- satellite missile test not directed at any country, No intention of entering arms race: India; Outlook 27.03.2019 .
520. Doris Elin Salazar, ' India's Anti- Satelite Missile Test is a Big Deal . Here's Why; Space . Com. 30. 03. 2019.
521. https:// twitter.com/INC India/status/1087974889049473024

522. Lain Marlow ' A New Gandhi Enters Politics and Shakes up India's Election Bloomberg, 25.01.2019.
523. Shows Rahul has failed" BJP others react to Priyanka Gandhi's Political foray' Moneycontrol.com 23.01.2019.
524. https:// twitter.com/ JP Nadda/status/ 1087995717422116867
525. PTI Family is party in Many cases but party is family in BJP says Modi; The Hindu 23.01.2019.
526. Kriti Mehta ' Priyanka Gandhi Vadra charm : The Indira Gandhi 2.0 factor; India Today, 11.02.2019.
527. https:// twitter.com/ Dhillon Vijay/ status/ 1087999263353786368
528. Archana Dalmia, Priyanka has a lot of things in common with her grandmother . Indira Gandhi says Archana Dalmia, India Today 29.04.2014.
529. I will leave you in suspense, " says Rahul Gandhi on Sister Priyanka Contesting from Varanasi. News 18. 18.04.2019.
530. Sandeep Phukan " Rahul Gandhi : PM is missing the link between national security and livelihood security : The Hindu 18.04.2019.
531. PTI, Priyanka's own decision not to contest from Varnasi: Sam Pitroda, The Times of India 26.04.2019.
532. IANS, It was collective decision not to contest from Varanasi: Priyanka Gandhi: The Economic Times 30.04.2019.
533. PTI, Minorities must have first claim on resources PM; The Economic Times, 09.12.2006.
534. Aurangzeb Naqshbandi ' Antony panel report lists our reasons for LS Poll rout; Hindustan Times 17.08.2014.
535. 34 Kms in 13 hours : Rahul Gandhi goes on Kailash Mansarovar Yatra trek; India Today 07.09.2018.
536. TNN Smriti Irani slams temple run of Rahul Gandhi Priyanka Gandhi Vadra before Loksabha elections; The Times of India 28.03.2019.
537. View : Congress NYAY scheme is neither fair nor feasible; The Economic Times 30.03.2019.
538. EC Asks NITI Aayog's Rajiv Kumar to Explain Criticism of Congress NYAY; The Wire 27.03.2019.
539. Niti Aayog's Kumar faces EC heat, asked to explain remarks on Rahul's minimum income scheme . Financial express 27.03.2019.
540. Arup Roychoudhury ' NYAY, PM KISAN problematic, target narrow group: Arvind Subramanian' Business Standard , 01.04.2019.
541. https:// twitter.com/ narendramodi/status/ 1106759555315314689?
542. Chowkidar Chor hai : Rahul Gandhi says sorry to Supreme Court for using its name " India Today 22.04.2019.
543. https:// twitter.com/ _ Yogendra Yadav/ status/ 1130159481084506112
544. How opposition leaders reacted to exit polls predictions, India Today, 20 May 2019.

www.ingramcontent.com/pod-product-compliance
Lightning Source LLC
Chambersburg PA
CBHW031053080526
44587CB00011B/670
* 9 7 8 1 6 4 5 6 0 1 3 6 4 *